红 • 橙 • 黄 • 绿 • 蓝

红色代表负电荷
比较集中的部位

蓝色代表正电荷
比较集中的部位

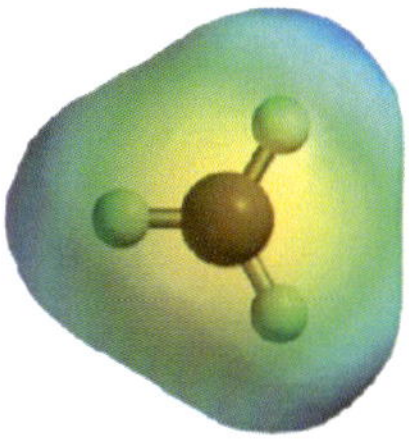

图 2-10 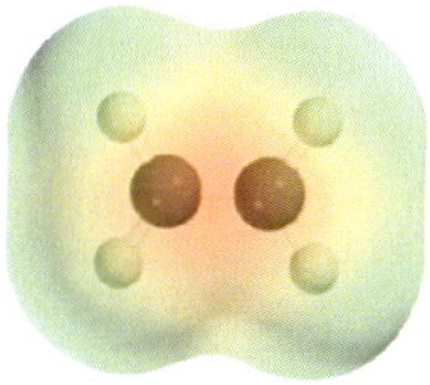 图 5-3 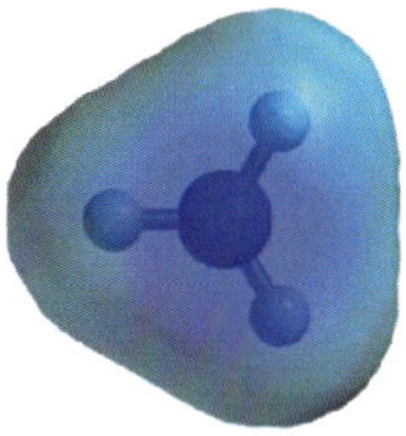 图 5-6 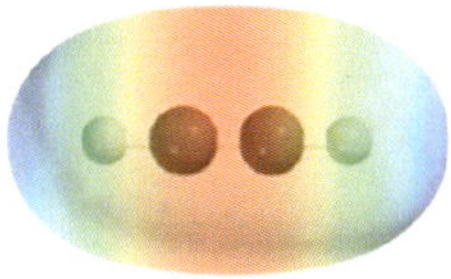 图 5-14

图 6-1 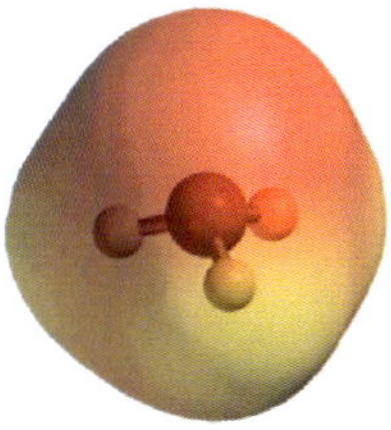 图 6-9 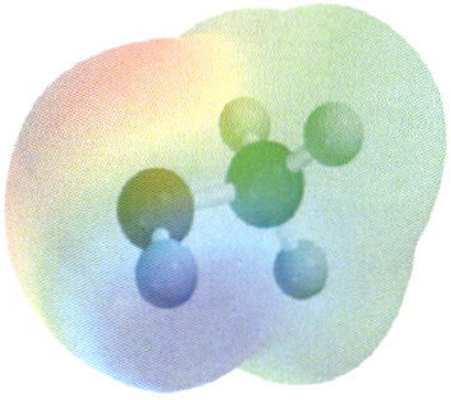 图 7-4  图 7-5(b)

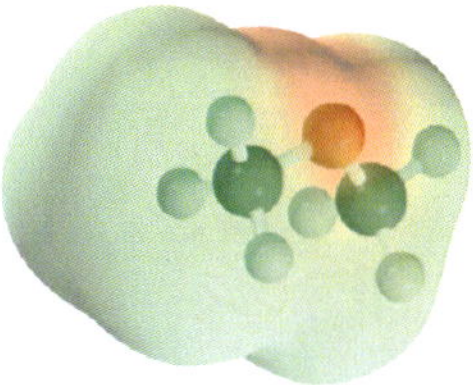

图 7-7  图 8-4 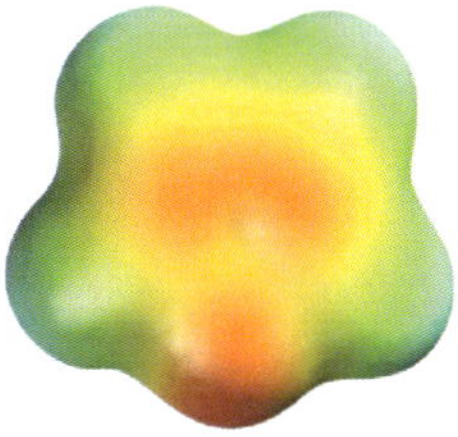 图 8-8(a) 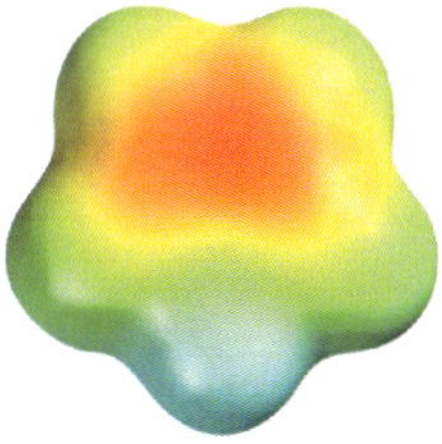 图 8-8(b)

图 8-8(c)  图 8-9 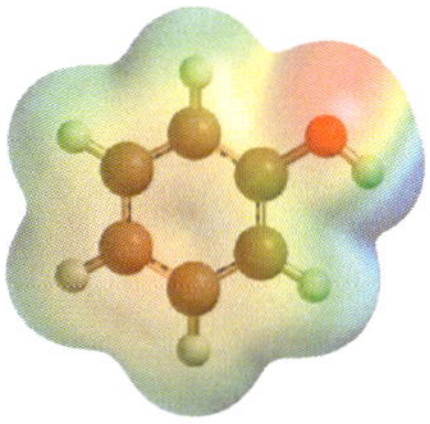 图 9-2 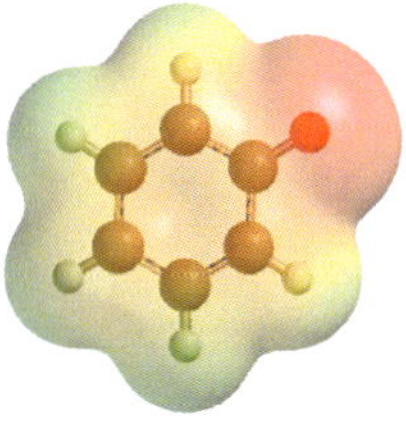 图 9-3

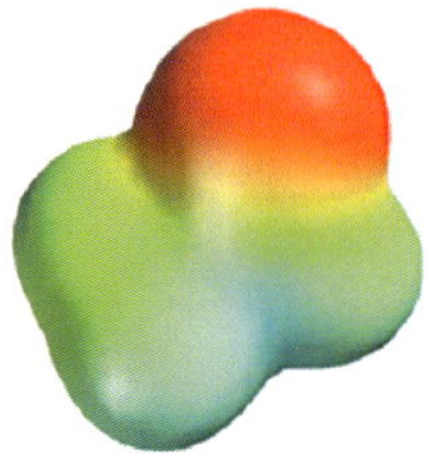

图 10-2(a)

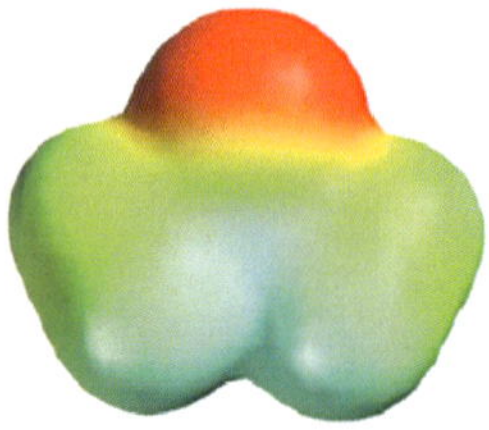

图 10-2(b)

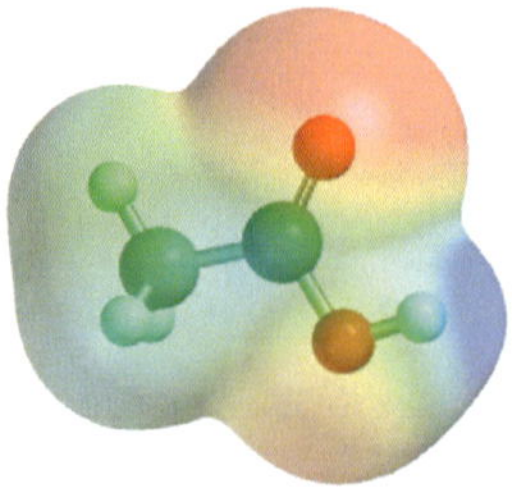

图 11-2

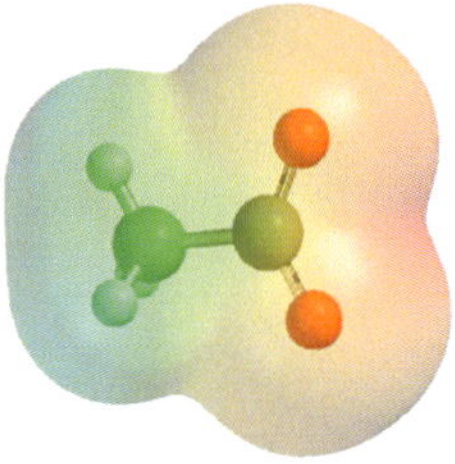

图 11-4

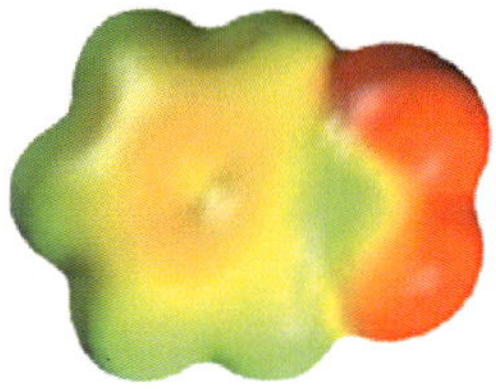

图 13-1(b)

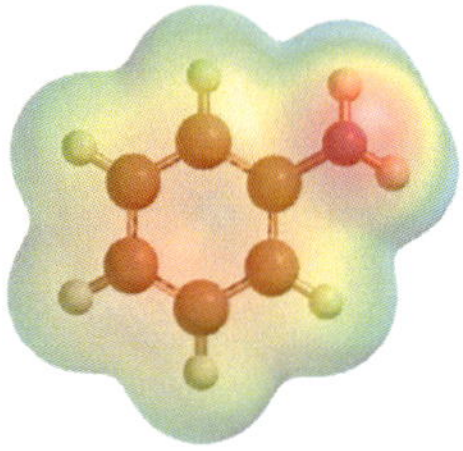

图 13-2

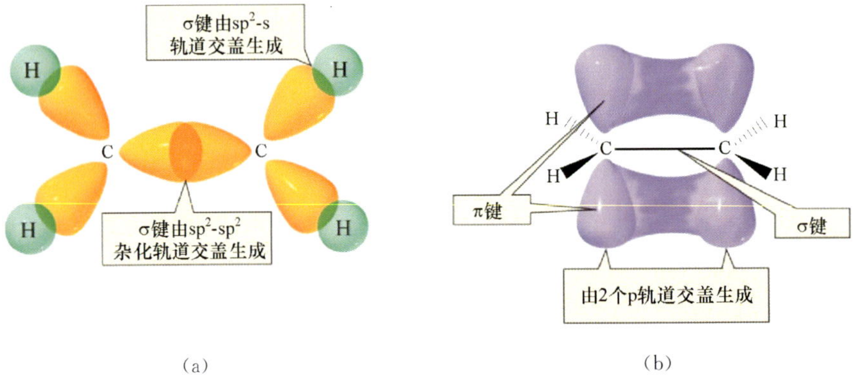

σ键由sp²-s
轨道交盖生成
H
H
C
C
H
H
σ键由sp²-sp²
杂化轨道交盖生成
(a)
H
H
C
C
H
H
π键
σ键
由2个p轨道交盖生成
(b)

图 5-1

180°
σ键由sp-s
轨道交盖生成
H
C
C
H
σ键由sp-sp
杂化轨道交盖生成
(a)
分别各由2个p轨道
交盖生成2个π键
H
C
C
H
(b)

图 5-12

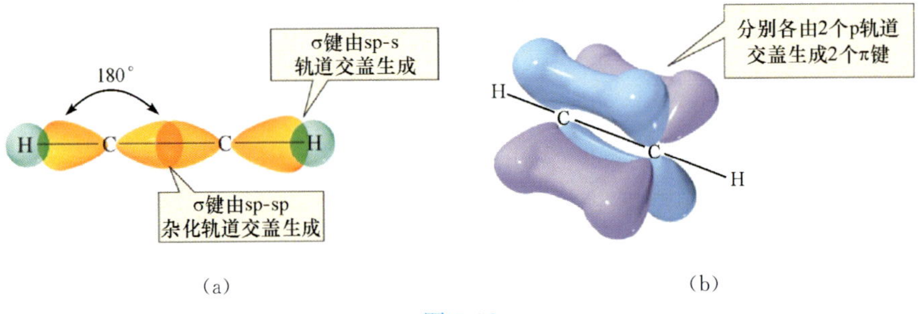

有机化学原理

冯骏材　朱成建　俞寿云　编

科学出版社

北京

内 容 简 介

本书根据有机化合物的结构、有机反应和有机合成等核心内容，在官能团体系的基础上，结合各官能团特征反应和主要反应机理之间的联系，并兼顾难点适当分散和所涉内容的多少，对章节进行了适当的调整。在有关章节中增加了部分非常有用的新反应。

本书共18章，对各官能团化合物，强调各官能团的结构特征，注重从官能团的结构和有机反应机理讨论有机反应对结构的依赖性和反应结果的必然性。增编的“主要官能团之间的转换”突出了各类化合物之间的联系，有利于对已学反应的巩固和合成能力的提高。

本书内容丰富，叙述简洁，便于理解和自学。

本书可作为高等学校化学类及近化学专业有机化学课程的本科生教材，也可供相关专业的教师和科研人员参考。

图书在版编目(CIP)数据

有机化学原理/冯骏材，朱成建，俞寿云编. —北京：科学出版社，2015.6

ISBN 978-7-03-044981-8

Ⅰ.①有… Ⅱ.①冯… ②朱… ③俞… Ⅲ.①有机化学-高等学校-教材
Ⅳ.①O62

中国版本图书馆 CIP 数据核字(2015)第 130191 号

责任编辑：丁　里 / 责任校对：赵桂芬　张小霞
责任印制：张　伟 / 封面设计：迷底书装

科学出版社出版
北京东黄城根北街16号
邮政编码：100717
http://www.sciencep.com

北京建宏印刷有限公司印刷
科学出版社发行　各地新华书店经销
*
2015年6月第一版　开本：787×1092　1/16
2022年7月第六次印刷　印张：42 1/4　插页：1
字数：1 027 000

定价：128.00 元

(如有印装质量问题，我社负责调换)

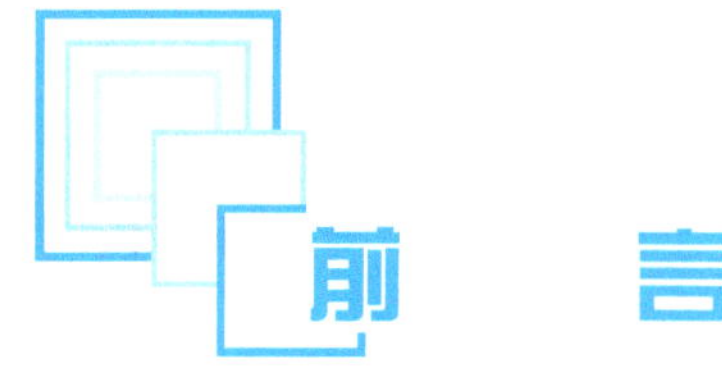

前　言

随着有机化学的发展和有机化学与其他相关学科之间的相互交叉、渗透和融合，有机化学已成为化学类专业和相关学科各专业的一门重要的基础课。在此期间，有机化学教材也在不断总结、更新的基础上得到了相应的提升和发展，逐渐形成了各具特色的完整体系。编者在对近几年国内外主要有机化学教材调研的基础上，根据目前的教学对象和多年教学的体会，本着既要用适当少的篇幅，又要能有效阐明有机化学的基本概念和理论、基本知识和方法的原则，编写时对内容的选择、组织和编排作了适当的调整和尝试，并经过讨论、总结、整理和修改完成了本书。编写时既考虑到内容的系统性、完整性，又注意到文字的简洁和可读性。本书在讨论各官能团化合物的特征反应时，充分注意到从官能团结构和反应机理进行阐述，从反应过程中的过渡态及中间体的特征讨论产物的区域选择性和立体选择性的必然性，启发学生根据结构、基本原理和基本理论加深对性质的理解和推理，增强举一反三的能力。

本书的特点是：

(1) 除静态立体化学、波谱基本原理和专章外，本书在官能团体系的基础上，按照官能团主要反应结合相应的反应机理对章节进行了适当的调整，加强了对基本概念、基本反应、基本理论的讨论，突出了各知识点的内在联系，有利于从反应本质理解反应的结果和必然性。

(2) 全书突出官能团的结构特征，强调各类化合物性质对相应结构的依赖关系。在讨论各类官能团化合物的特征反应时，注意从反应机理的角度讨论反应的特点、影响反应和产物的因素。

(3) 卤代烃、醇和醚虽属不同官能团化合物，但它们的主要反应是饱和碳原子上的亲核取代反应。因此，从它们的内在联系考虑，对相应章节进行了相对集中的调整，有利于从饱和碳原子上的亲核取代反应及其机理和影响因素讨论它们的反应和产物的特征。

(4) 芳香族杂环化合物仅对含单杂原子的五元杂环和六元杂环及苯并五元杂环和苯并六元杂环进行了讨论。由于环上的反应与苯系芳香环的反应有许多共同的特点，将它们放在一起讨论，通过环上电子云密度和反应中间体的比较，有利于理解和掌握相关反应。各典型杂环的合成一般都有相应的经典方法，由于合成方法中涉及一些多官能团化合物，因此将典型杂环化合物的合成方法安排在第 14 章作简单介绍。

(5) 有机化合物的中文命名与国际纯粹与应用化学联合会(IUPAC)系统命名存在一些不同的地方。随着国际学术交流的不断增加，为了避免交流中的误解，全国科学技术名词审定委员会、中国化学会化学名词审定委员会、有机化合物命名审定委员会根据近几年 IUPAC 对系统命名法的建议，也对《有机化合物命名原则》进行了相应的修订。本书基本上按照有机化合物命名审定委员会 2010 年推荐版作了相应的调整。为了使读者有一个比较和适应的过程，有些地方给出了两种命名。

(6) 由于目前对国外人名的中文翻译并不统一，译名的读音差别也较大，因此本书对于国外人名基本上使用原文，不给出中文译名。对于大家公认的傅-克反应和格氏试剂，也只在书中重复出现时使用译名。

(7) 关于压力、偶极矩等的单位，本着便于交流的原则，本书沿用目前国外有机化学教材和有机化学文献中的习惯用法，分别用大气压、D 表示，但在首次出现时给出了与国际单位制相应的换算关系。

(8) 在羧酸衍生物后，即在对有机化合物主要官能团的性质讨论已有了一定了解的基础上，另外增加了一章“主要官能团的相互转换”，以官能团的形成方式对各官能团的性质和相互联系进行复习和扩展，有利于巩固已学的反应，也有利于掌握各类官能团化合物的合成制备。

(9) 专章部分仅对基本知识作简单的介绍，使不同专业的读者能根据需要在深入学习时有初步的基础。

本书在编写过程中注意给读者留有一定的拓宽空间和自由度，读者可以根据需要结合有关教材的相关章节和适当的习题书，有效地扩展相关知识点。

本书由冯骏材主要执笔，朱成建、俞寿云共同参与编写而成。

本书的编写出版首先要感谢科学出版社丁里编辑在编写过程中给予的帮助、关心和指导，借此机会向她表示衷心的感谢。

本书的编写出版还要感谢南京大学化学化工学院和有机化学学科的历届领导、年长于我们的老师和共同进行有机化学教学的同事，感谢他们在本书编写过程中提出的宝贵意见和给予的有益帮助。

限于编者的水平，书中难免存在疏漏或不妥之处，恳请同行和广大读者不吝批评指正。

编　者

2015 年 3 月于南京大学

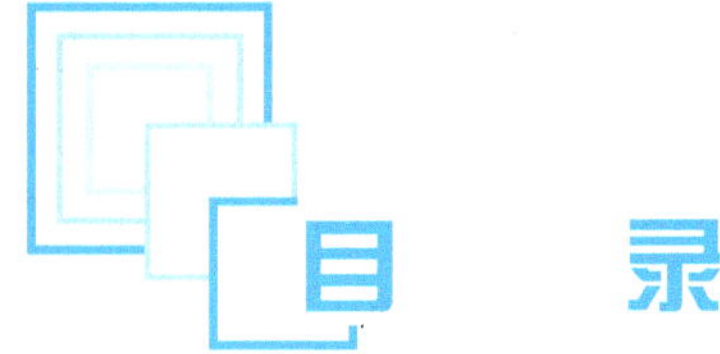

目　录

第1章 绪　论

主要内容

➢有机化合物和有机化学及其与其他学科的联系。

➢有机化合物的结构式，Kekulé 结构式和 Lewis 结构式。

➢有机化合物中的化学键，价键理论，杂化轨道理论，sp^3、sp^2、sp 杂化轨道，分子轨道理论。

➢共价键的键角、键长、键能和键的极性。

➢诱导效应。

➢有机化合物的分类和官能团。

➢有机化合物的同分异构，构造、构型和构象。

➢有机化学反应，自由基反应、离子反应和协同反应。

➢有机反应机理和反应势能曲线。

➢有机化学中的酸碱理论，酸碱质子理论和酸碱电子理论。

➢共振论简单介绍。

有机化学(organic chemistry)是研究有机化合物(organic compound)的组成、结构、性质和制备的一门既非常重要，又相对比较年轻的学科。它不仅在化学领域中占有绝对重要的地位，并且在与其他学科(如生物、环境、医学、药物、材料、地学等)之间形成新的相互渗透、相互交叉和相互融合的研究领域，而且有的已经取得令人兴奋和鼓舞的成果。同时，相关学科中出现的有机问题也给有机化学的未来发展提供了重要的研究资源。有机化学的基本原理、研究方法和实验手段已成为推动诸多相应学科发展的必备基础。

1.1 有机化合物和有机化学

1.1.1 有机化学发展简史

长期以来人类为了自己的生存、繁衍和发展，开展了大量的社会活动、生产活动以及科学研究活动，这对有机化学的形成和发展起了积极的促进和推动作用。早期人们就懂得从植物中提取染料、药物、香料、糖，用谷物来酿酒制醋，用蚕丝制衣服，用植物纤维造纸等。这都是人类利用有机化合物为人们的生活和生产服务做出的贡献。18世纪，从动物和植物中发现的化合物已越来越多，对它们的认识也逐渐积累了丰富的经验，特别对有机化合物的分离和纯化有了很大的进展后，已能初步认识到从动、植物中得到的化合物在性质上有许多共同之处，而与当时从矿物中得到的化合物有明显的区别。因此，当时就把这些从有生命机体的动物和植物中得到的物质称为有机化合物，简称有机物。为了区别于研究矿物质的无机化学，1806年，瑞典化学家Berzelius J首先把研究有机化合物的化学称为有机化学。

直到19世纪初，当时已知的有机化合物还都来自于有生命的生物，而没有能在实验室被人工合成。享有盛名的Berzelius在当时也认为从动、植体中得到的化合物，只能在生物体的细胞中，受一种特殊的作用力才能被制造出来，是不能在实验室中被制造出来的。由此有机化合物被赋予了许多神秘的色彩，这就是在相当一段时间内阻碍了有机化学发展的“生命力”学说。尽管1828年德国化学家Wöhler F在实验室里合成了尿素，但由于当时合成尿素的原料氰酸铵(NH_4CNO)还没有能直接从无机物制得，所以“生命力”学说还没有从根本上被动摇。

$$\underset{\text{氰酸铵}}{NH_4CNO} \xrightarrow{\triangle} \underset{\text{尿素}}{H_2NCONH_2}$$

直到1845年Kolbe H合成了乙酸，1854年Berthelot M合成了油脂，以及更多的有机化合物在实验室被合成成功，才彻底否定了阻碍有机合成发展的“生命力”学说，从而开始了有机合成的新时代，化学家能在实验室不断合成出新的有机化合物。到19世纪中后期，有机合成已进入迅速发展阶段，先后在合成染料、合成香料、合成药物、合成炸药等领域都取得突破性进展。

尽管生命力并不存在，但生命过程中的化学却始终是有机化学中重要的研究内容。现在，人们不但能在实验室合成出与天然存在的有机物完全相同的有机化合物，还能合成出天然并不存在而比天然有机物用途更广、品质更优良的新的有机化合物。因此，“有机化合物”和“有机化学”的含义已不是当时定义的概念了，但由于沿用已久，一直保留到现在。

随着有机化合物的数目日益增多，分析技术的不断发展，特别是在1830年，德国化学家Liebig J V在前人的研究基础上，成功地发展了测定有机化合物的定量方法，证明了几乎所有的有机化合物中都含碳，已经认识到有机化合物就是由碳元素为主构成的一大类化合物。因此，1848年Gmelin L把有机化合物定义为“碳化合物”。有机化学就是研究碳化合物的化学(chemistry of carbon compound)。

19世纪50年代，化学家已普遍认识到有机化合物的性质不仅与分子的组成有关，还与分子内原子之间的连接顺序和方式有关，这为有机化学结构理论的建立打下了基础。1857年，德国化学家Kekulé F A和英国化学家Couper A S先后分别提出了碳原子的四价理论，并明确提出碳原子之间可以相互连接成链状和环状结构。此后，Kekulé还建立了苯的结构学说。60年代法国化学家Pasteur L在Berzelius发现物质的旋光性的基础上，分离出了不同旋光的酒石酸钠铵晶体。1874年，荷兰化学家van't Hoff J H和法国化学家Le Bel J A同时分别提出了碳的四面体构型学说，这为在环已烷的结构中提出椅式构象和船式构象奠定了理论基础，从此揭开了有机立体化学新的一页。

进入20世纪后，随着结构理论的建立，量子化学的引入，现代分离和分析技术的发展，以及计算机的广泛应用，有机化学和有机合成得到了全面发展。例如，英国化学家Lewis G N的结构理论、美国化学家Pauling L创立的轨道杂化理论和共振论、德国化学家Hückel E提出的 Hückel 分子轨道法、美国化学家 Woodward R B 和 Hoffmann R 共同提出的分子轨道对称守恒原理等都对有机化学的发展做出了重要贡献。与此同时，研究有机化学的物理方法，如红外光谱、核磁共振谱、质谱、紫外光谱、X 射线衍射技术、色谱技术、晶体电子显微学等都有了很快的发展，这对有机化合物官能团的鉴定、分子空间结构的确定都起了很重要的作用。其间有机合成也得到了突飞猛进的发展，不断创造出自然界不存在的新物质。现在，化学家每年都要合成出 100 万种以上的新化合物。牛胰岛素的成功合成以及由 Kroto H W、Curl R F 和 Smalley R E 发现的以 C_{60} 和 C_{70} 为代表的全碳球状原子簇富勒烯(fullerene)是 20 世纪自然科学史上的重大成果之一。有机化学正以其很强的实用性和创造性的科学魅力，极大地吸引着众多的化学家、生物学家、物理学家、材料学家的关注。

有机化合物在性质上具有与无机化合物明显不同的特点：①由于碳与碳之间连接方式的多样性和连接时几乎没有碳原子数的限制，因此有机化合物的品种繁多；②容易燃烧；③绝大多数有机化合物都难溶于水，而易溶于有机溶剂；④具有比无机化合物低得多的熔点，一般都不超过 400℃；⑤有机化合物的反应速率相对较小，反应慢，通常需要加热或加催化剂，而且副反应多。因此，有机化合物的研究必须由它的独立学科——有机化学来完成。

1.1.2 有机化学与众多学科之间的紧密联系

科学和技术的发展决定了有机化学已成为现代科学技术的重要基础学科。有机化学与其他学科，如生命科学、材料科学、环境科学、医学、食品科学等的联系越来越密切，已进入相互渗透、相互交叉、相互融合的新阶段。不同学科在从不同角度和不同层面揭示物质结构的本质和物质运动客观规律的同时，既发展了有机化学，又促进了相关学科的进步，从而使相当一些新兴的边缘学科，如生物有机化学、物理有机化学、量子有机化学、海洋有机化学、材料有机化学、环境有机化学、食品有机化学、星际有机化学等得到迅速发展，因而从整体上提高了自然科学的研究水平。这将在人类征服自然、改善生活环境、征服疾病对人类的困扰、延长人类寿命、提高生活质量和创建人类和谐社会等方面发挥出重大作用。

有机化学与生命科学之间有着特别的紧密联系和不解之缘，凡是历史长河流经之处都有有机化学伴随生命活动的痕迹，充分说明有机化合物是生命赖以形成、进化和发展的物质基础，有机物的发现将意味着生命存在的可能。人们现在还努力在其他星球寻找是否存在有机物，以判断是否有生命存在的可能。20 世纪，科学家利用有机化学的理论和研究方法，与生物化学紧密结合，使探索生命过程奥秘的生命科学研究进入了一个崭新的时代。20 世纪 60 年代，我国科学家在世界上首次合成了具有生物活性的蛋白质——牛胰岛素，随后 80 年代又合成了酵母丙氨酸转移核糖核酸，这是在揭示生物体生命过程的化学本质上取得的重大成就。20 世纪后半期，Watson J 和 Crick F 根据 DNA 分子中各原子之间的键长、键角及对氢键配对的概念，提出了 DNA 双螺旋结构的分子模型。Merrifield 发明了多肽固相合成方法，成功地实现了长片段多肽和寡核苷酸的合成。这极大地推动了与有机化学紧密联系的分子生物学的发展。90 年代后期兴起的化学生物学更是一门用化学理论和研究方法在分子水平上探索生命科学问题的学科。这些都充分反映了有机化学与其他学科之间交叉和融合的力量。总之，生物的多样性使有机化学的研究充满了活力，生命科学中的化学问题已成为未来有机化学发展的重要研究资源和推动力。重视捕捉和研究生命科学中的有机化学问题，势必会在有机化学的理论、研究方法和实验手段等方面有所发现和突破。有机化学与其他诸多学科的相互渗透、融合将推动众多学科向更深的领域挺进。

有机化学的发展在推动其他学科进步的同时，在推进国民经济现代化建设方面也起了极为重要的作用。有机合成的发展推动了有机合成工业的突飞猛进，人们利用煤焦油、石油、天然气、煤、海水等为有机合成工业的主要原料，合成出众多天然并不存在而性能比天然有机化合物更优良的有机化合物，从而促进了农药、医药、食品、纺织、炸药、能源、燃料、特种功能材料等领域的发展，为农业、工业、国防和科学技术的现代化做出了贡献。

在当今人类的物质生活中，几乎已经离不开有机化学了。有机化合物为人类的衣食住行提供了丰富的物质基础，不仅为人类提供了碳水化合物、脂肪、蛋白质等生存的基本要素，还提供了纤维、染料、燃料、食品添加剂、调味品、洗涤剂、药物、化妆品等各种物质，从而丰富了人们的生活。有机化学作为一门学科，它的形成和发展大大推动了社会生产力的发展，促进了人类社会文明的进步和生活质量的提高。

进入 21 世纪，人类社会可持续发展战略所涉及的人口、生态、环境和经济等方面的问题成了国际社会普遍关注的焦点，有机化学面临新的挑战和机遇。有机化学家不得不考虑为了创造一个友好的人类生存的生态环境，如何从低碳经济的高度研究原子经济性高的有机合成方法，探究对环境基本无污染的绿色合成工艺和技术。

1.2 有机化合物的结构

了解和掌握有机化合物的分子结构是学习有机化学的关键，是研究有机物分子行为，掌握有机物性质、反应、制备和生物活性的基础。碳原子的四价理论、碳原子的正四面体学说和不对称碳原子的概念都为正确书写有机化合物的结构式奠定了理论基础。

1.2.1 Kekulé 结构式

当用 Kekulé 结构式表示有机化合物的结构时，根据原子的化合价用短横“—”将各原子连接在一起。例如

```
     H            H   H          H         H
     |            |   |           \       /
  H—C—H        H—C—C—H           C = C          H—C≡C—H
     |            |   |           /       \
     H            H   H          H         H

    甲烷           乙烷              乙烯              乙炔
```

环己烷　　苯　　乙醇

```
      H   H
      |   |
   H—C—C—OH
      |   |
      H   H
```

其中的短横表示成键的电子对，而非键电子略去不标出。Kekulé 结构式也称价键结构式。

Kekulé 结构式还可以写成相应的键线式及简化的紧缩式。例如

键线式：

丙烷  丁烷 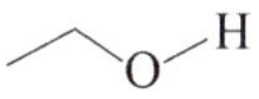 乙醇 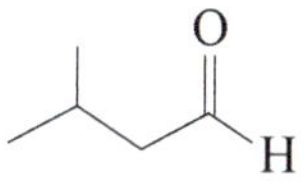 异戊醛

在键线式中各键之间的连接点及端点都代表有一个碳原子，如果不是碳原子，则必须标出相应的原子。

紧缩式：

CH_4	$CH_3CH_2CH_3$	$CH_2{=}CH_2$	CH_3CH_2OH
甲烷	丙烷	乙烯	乙醇

Kekulé 结构式只表示有机化合物分子中原子互相连接的顺序。

1.2.2 Lewis 结构式

Kekulé 结构式中各原子之间的成键电子是用短横表示的，而未成键的电子略去不写。但在 Lewis 结构式中，必须把成键的电子和原子最外层的未成键电子都用“·”表示出来。书写时，除氢原子外，其他中性原子的外层电子结构应满足稳定的八隅体结构，但每个主族元素的最外层电子不得多于 8 个。这种用“·”表示分子中各原子之间成键的结构式称为 Lewis 结构式。例如

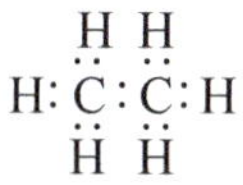

乙烷 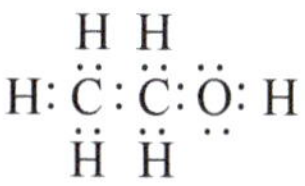 乙醇 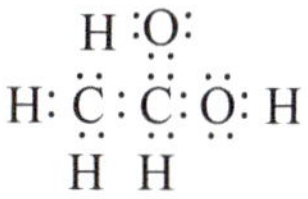 乙酸

Lewis 结构式不仅反映了原子互相连接的顺序，还反映了键的饱和性。

在 Lewis 结构式中，当某个原子与其他原子成键时共用电子的一半电子数加上该原子上未参与成键的电子数不等于该原子的价电子数时，该原子就带有电荷。例如，质子化的水分子的 Lewis 结构式为

$$H:\ddot{O}:H^{+}\ (\text{O 上另连一个 H})$$

参与成键的共用电子数的一半为$\frac{1}{2}\times(2\times3)=3$，$3+2=5$，而氧原子的价电子数为 6，所以带一个正电荷。

问题 1-1 将下列 Kekulé 结构式改写成 Lewis 结构式。

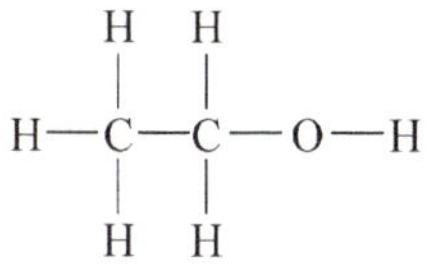

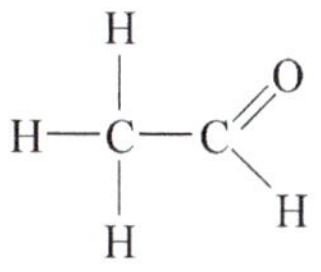

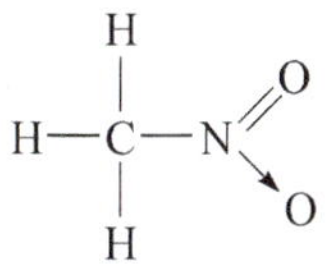

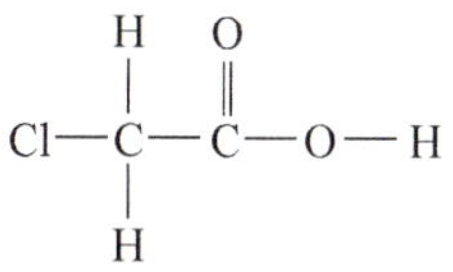

(在 Kekulé 结构式中，两原子之间用“→”连接时，表示这一对成键电子是由一个原子提供的)

Lewis 结构式尽管对分子中每个原子最外层电子的分布情况表达得比较直观和详细，但在书写时比较烦琐，因此通常都用 Kekulé 结构式的各种表达形式，但在必要时可以对未成键的电子加上“·”表示。例如

```
   H   H
   |   |
H—C—C—ÖH
   |   |
   H   H
```

$\diagup\!\diagdown\ddot{\underset{..}{O}}\diagup H$　　　$CH_3CH_2\ddot{O}H$

这种表示方法既能区别成键电子对和未成键电子对，而且书写也比较简便，特别在对描述反应过程中各原子和价键的变化时更为方便，因此经常使用。

1.3 有机化合物中的化学键

1.3.1 原子轨道

在原子中，电子围绕原子核运动，由于电子的运动具有波粒二象性，即同时具有微粒性和波动性，因此电子的运动遵循量子力学规律，不能同时测出某一个电子运动中的准确位置和能量，只能相对地描述出电子运动时在某一位置出现的概率，即在(电子出现)概率高的区域内比概率低的区域内发现电子的机会多。这种电子出现概率的高低可以形象地称为厚薄不等的“电子云”。根据量子力学观点，电子的运动状态是空间坐标的函数，可以用波函数 $\phi(x,y,z)$ 来描述，ϕ 称为原子轨道。对于 1s 电子而言，其波函数 $\phi(x,y,z)$ 是电子与原子核之间的距离 r 的函数。

电子在原子核周围某一小体积内出现的概率可以用波函数 ϕ^2 表示，ϕ^2 越大说明电子在这小体积内出现的概率越大，即电子在小体积内出现的概率与 ϕ^2 成正比例关系。对 1s 电子而言，ϕ^2 的数值随着电子与原子核之间的距离 r 的增加而迅速减小，即电子在原子核周围出现的概率最大。如果用很多很多个不同的点代表电子出现的概率，则可以得到密度不同的云雾似的电子图案，称为电子云。对 1s 电子的电子云，可以画出一个包括占总概率 90%～95% 在内的电子出现概率的界面图，这就是形象地表示原子轨道的图，1s 电子的原子轨道就是对原子核呈球形对称的球，如图 1-1 所示。

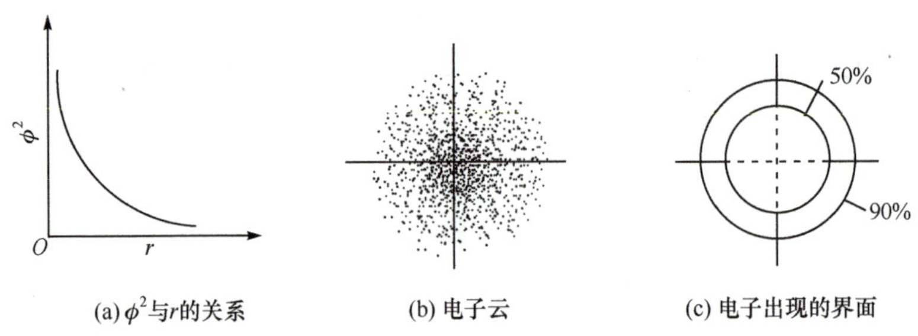

(a) ϕ^2与r的关系　　(b) 电子云　　(c) 电子出现的界面

图 1-1　1s 电子的电子云和原子轨道示意图

2s 电子的轨道与 1s 电子的轨道一样，也是球形对称的，其轨道比 1s 轨道大，能量比 1s 轨道高。

p 轨道的电子云主要集中在原子核两边一定的区域内，电子云的界面呈哑铃状，沿着经过原子核的直线呈轴对称分布，2p 轨道的能量比 2s 轨道高。2p 轨道有三个能量相等的轨道，它们为 p_x、p_y、p_z，分别围绕 x、y、z 轴呈轴对称分布，且互相垂直。它们都有一个经原子核的节面，p_x 轨道的节面为 yz 轴所在平面，p_y 轨道的节面为 xz 轴所在平面，p_z 轨道的节面为 xy 轴所在平面，如图 1-2 所示。p 轨道在节面两边的两半部分的相位不同，通常用符号“＋”和“－”来表示不同相位。

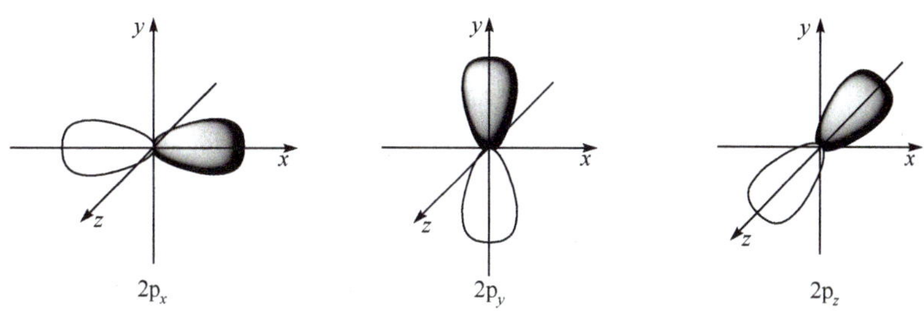

图 1-2　2p 轨道示意图

1.3.2　价键理论

价键理论是量子化学用来处理化学键的一种近似方法。价键理论认为：当成键的两个原子相互靠近时，成键原子的原子轨道相互重叠，形成共价键，轨道相互重叠的程度越高，形成的共价键越强，即键能就越大。轨道重叠后，原来仅围绕各自原子运动的、自旋相反的两个成键电子，这时在原子轨道重叠的区域内为两个成键的原子所共有，它们围绕成键的两个原子在一定的轨道上运动。以氢分子为例，当两个氢原子相互靠近时，两个自旋相反的 1s 电子的原子轨道可以相互重叠，生成氢分子，如图 1-3 所示。

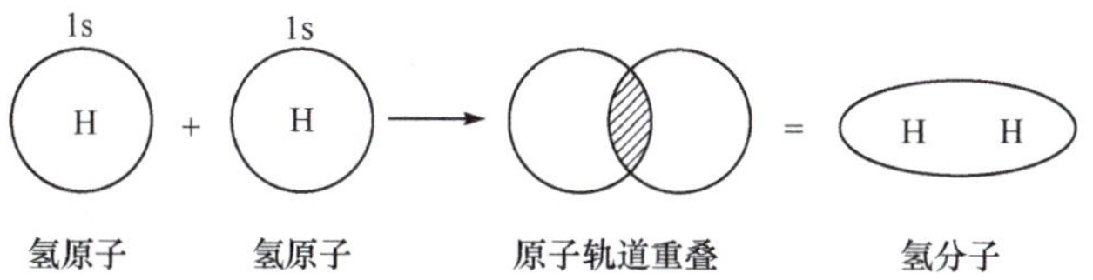

图 1-3　s 轨道与 s 轨道重叠成键示意图

在氢分子中，两个 1s 电子为两个氢原子共有，组成的键称为共价键，共价键的电子云围绕 H—H 键轴呈对称分布，这种共价键称为 σ 键。这种由两个原子各出一个电子构成共价键的方式也称为电子配对法。共价键具有一定的键长和键能。

将量子化学对氢分子共价键的讨论定性地推广到其他双原子分子或多原子分子中的共价键，也可以得到令人满意的结果。

一个原子的 s 轨道还可以与另一个原子的 p 轨道相互重叠，当 s 轨道沿着 p 轨道的对称轴重叠时，可以达到最大程度的重叠，这时生成的共价键的电子云围绕键轴呈对称分布，所以生成的共价键也是 σ 键（图 1-4）。

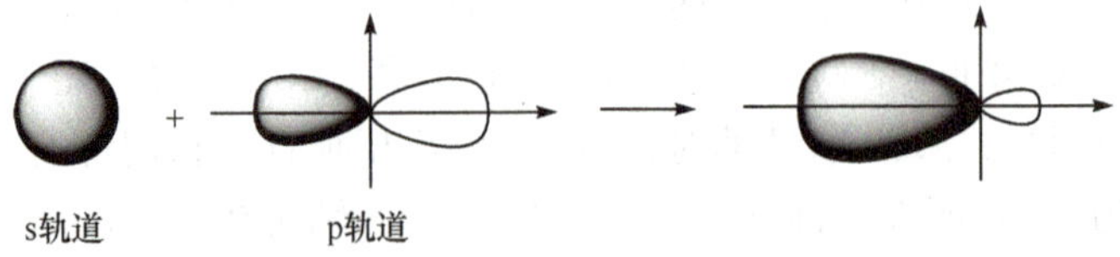

图 1-4　s 轨道与 p 轨道重叠成键示意图

当一个原子的 p 轨道与另一个原子的 p 轨道相互重叠时，会有两种不同情况。如果是沿轨道的对称轴相互重叠，则也是生成 σ 共价键。如果两个原子的 p 轨道的对称轴互相平行，则它们只能从轨道的侧面重叠，p 轨道从侧面达到最大重叠生成共价键，其电子云分布在两个原子键轴所在平面的上方和下方，这种共价键称为 π 键(图 1-5)。

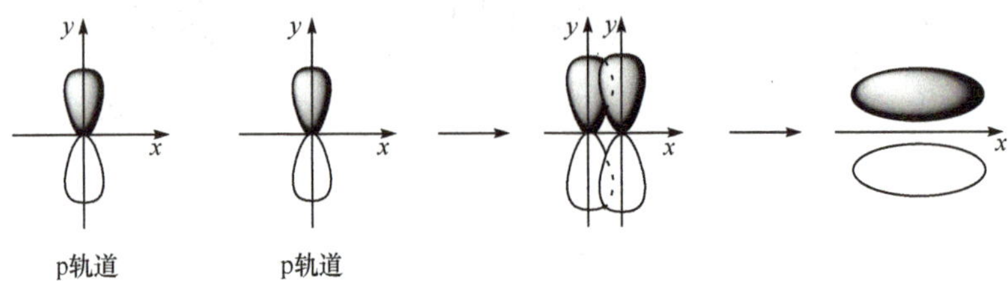

图 1-5　p 轨道与 p 轨道侧面重叠成键示意图

甲烷分子式为 CH_4，碳原子的电子构型为 $1s^2 2s^2 2p_x^1 2p_y^1 2p_z^0$，只有两个没有配对的电子，但在甲烷分子中碳原子表现为等同的四价。这是由碳原子中的一个 2s 电子跃迁到 $2p_z$ 轨道上，外层电子构型为 $2s^1 2p_x^1 2p_y^1 2p_z^1$，成为四个没有配对的电子。由于 2s 轨道和 2p 轨道的能量相近，这四个原子轨道可以杂化，杂化后组成四个完全等同的能量相等、方向性更强的杂化轨道，称为 sp^3 杂化轨道。每个 sp^3 杂化轨道具有 1/4 s 成分和 3/4 p 成分。由于 p 轨道有波函数不同的两瓣，因此在与 2s 轨道杂化后，波函数相同的一瓣增大，波函数不同的一瓣缩小，这样与其他原子轨道交盖成键的能力更强。杂化轨道之间需要保持最远的距离，所以杂化轨道的空间排列具有一定的方向性，其轨道对称轴分别指向以碳原子为中心的正四面体的四个顶点，sp^3 杂化轨道的对称轴彼此之间的夹角为 109.5°。图 1-6 为 sp^3 杂化轨道示意图。

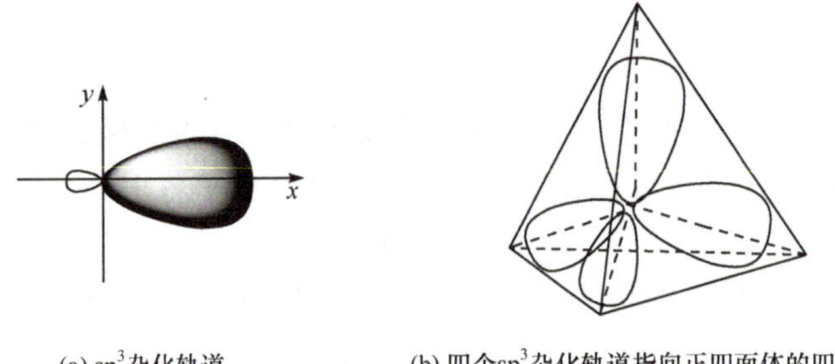

图 1-6　sp^3 杂化轨道示意图

碳原子的一个 2s 电子跃迁到 $2p_z$ 轨道上后，除 2s 轨道可以与三个 2p 轨道发生 sp^3 杂化外，还可以由一个 2s 轨道与两个 2p 轨道发生杂化，得到三个完全等同的 sp^2 杂化轨道；以及由一个 2s 轨道与一个 2p 轨道发生杂化，得到两个完全等同的 sp 杂化轨道。

在 sp^2 杂化中，它们的对称轴在同一平面上，彼此的夹角为 120°，分别指向正三角形的三个顶点。每个 sp^2 杂化轨道具有 1/3 s 成分和 2/3 p 成分。剩下的一个没有参与杂化的 p 轨道垂直于三个 sp^2 杂化轨道所在的平面。图 1-7 为 sp^2 杂化轨道示意图。

在 sp 杂化中，它们的对称轴在同一直线上，彼此的夹角为 180°。每个 sp 杂化轨道具有 1/2 s 成分和 1/2 p 成分。剩下的两个没有参与杂化的 p 轨道不仅相互垂直，且均垂直于两个 sp 杂化轨道的对称轴。图 1-8 为 sp 杂化轨道示意图。

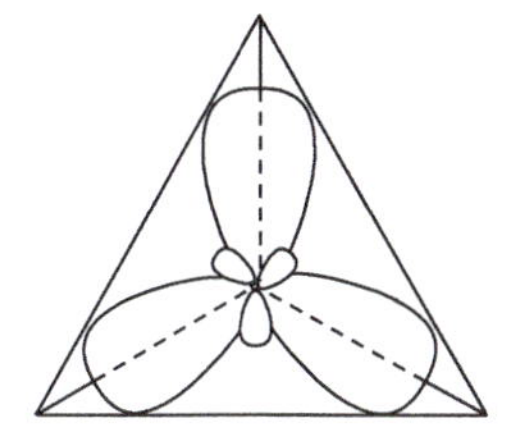

图 1-7　sp^2 杂化轨道示意图

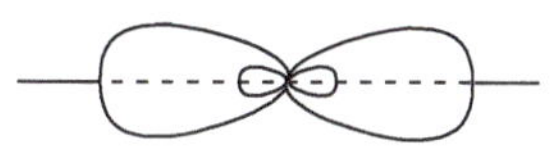

图 1-8　sp 杂化轨道示意图

价键理论从两个原子相互作用形成的共价键来讨论化学键，因此形成共价键的一对共用电子被定域在两个原子之间运动，这实际上是有局限性的，特别是对于电子离域的共轭体系，很难用价键理论给出满意的解释。但由于仅讨论两个原子之间的共价键时十分简单、形象，容易被接受，所以被化学界使用至今。

1.3.3　分子轨道理论

分子轨道理论是用量子力学理论处理氢分子共价键的方法来推广和处理多原子分子的一种价键理论。通俗地说，分子轨道是指电子围绕多原子分子的原子核运动的状态，分子轨道用波函数 ψ 表示。波函数 ψ 是应用原子轨道线性组合(LCAO)得到的近似结果，组成分子轨道的原子轨道必须在能量上相近，对称性相同，并能最大程度地重叠，这样组成的分子轨道能量最低。按照分子轨道理论，组成分子轨道的原子轨道数目和组合成的分子轨道数目相等，各分子轨道也有不同的能级，具有一定的能量。电子在分子轨道上的排布遵循能量最低原理、Pauli不相容原理和 Hund 规则，即电子首先填充在能级最低的分子轨道上，且每个分子轨道上只能容纳两个自旋相反的电子，然后按分子轨道能级，依次将电子从低能级轨道向高能级轨道填充。对氢分子而言，两个氢原子的 1s 轨道组合成两个分子轨道，其中一个分子轨道是两个原子轨道的波函数相加组成的，即两个相位相同的波函数叠加，结果是两个原子之间的波函数增强，其形成的分子轨道能量比原子轨道的能量低，称为成键轨道(bonding orbital)，用 $\psi_1 = \phi_1 + \phi_2$ 表示；另一个分子轨道是两个原子轨道的波函数相减组成的，是两个相位相反的波函数叠加，结果是两个原子之间的波函数相互抵消形成一个节点，在节点处的电子云为零，其形成的分子轨道能量比原子轨道的能量高，称为反键轨道(antibonding orbital)，用 $\psi_2 = \phi_1 - \phi_2$ 表示。图 1-9 为氢原子波函数相同和相反的两个轨道叠加结果示意图。

在基态下，氢分子的两个电子占在成键轨道上，且它们自旋反平行，电子云主要集中在两个原子核之间，从而组成化学键，使体系的能量降低，形成稳定的分子。而在反键轨道上，由于

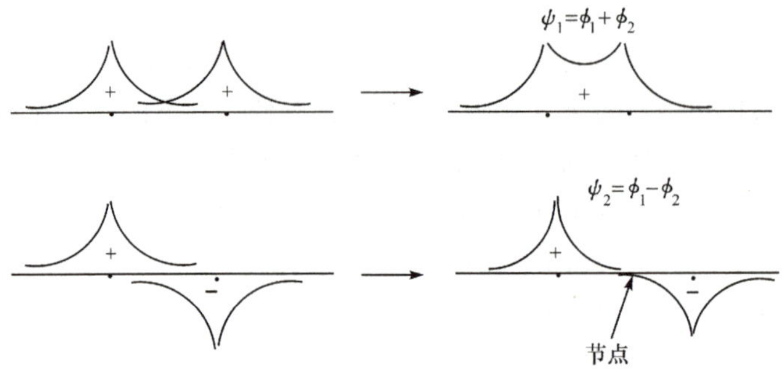

图 1-9　氢原子波函数相同和相反的两个轨道叠加结果示意图

两个原子核之间的电子云趋近于零，不能组成化学键，基态下的反键轨道上实际是空的，没有电子。图 1-10 为氢分子的分子轨道及基态时电子排布示意图。

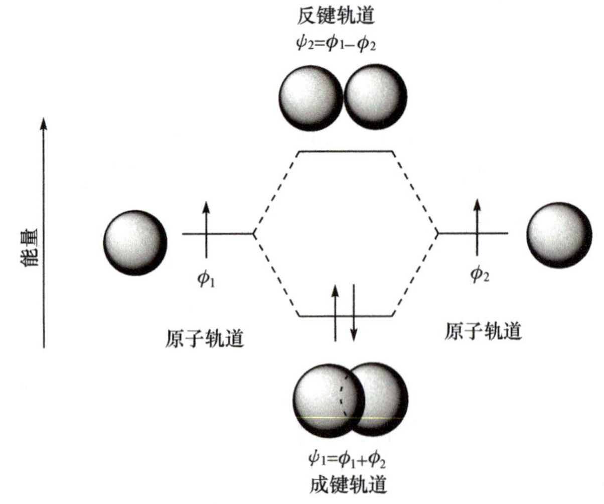

图 1-10　氢分子的分子轨道及基态时电子排布示意图

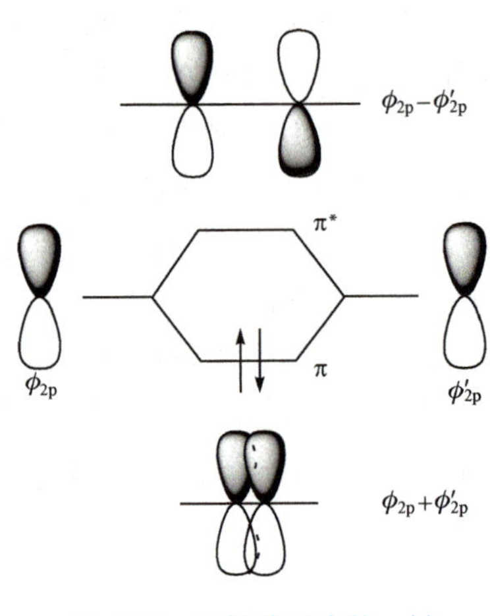

图 1-11　乙烯分子中的 π 键

对于结构为 $CH_2=CH_2$ 的乙烯分子，两个碳原子都以 sp^2 杂化轨道相互重叠，生成 C—C σ 键，同时都以 sp^2 杂化轨道与四个氢原子的 1s 轨道重叠，生成四个 C—H σ 键。两个碳原子和四个氢原子都在同一平面内。每个碳原子上还有一个没有参加杂化的、垂直于 sp^2 杂化轨道所在平面的 p_z 轨道。当 C—C σ 键旋转到一定位置时，这两个 p_z 轨道的对称轴处于平行状态，这时两个 p_z 原子轨道可以从侧面重叠，组合成两个分子轨道，一个是成键的 π 轨道，另一个是反键的 π^* 轨道。基态时，两个原来在 p_z 轨道上的电子在成键轨道上组成电子对，生成的键称为 π 键(图 1-11)。

用价键理论描述乙烯分子中 C—C σ 键和 C—H σ 键

状态比用分子轨道法处理的方法简单和直接得多。

问题 1-2　分别写出 $CH_2=CH_2$ 和 CH_3Cl 分子中各原子间是如何成键的。

1.3.4　共价键的键角、键长、键能和键的极性

在有机化合物中，最基本的化学键有离子键、共价键和配价键。例如，乙酸钠是带正电荷的 Na^+ 和带负电荷的 CH_3COO^- 之间靠强烈的静电作用结合的，它们之间的化学键为离子键。两个原子各提供一个电子，当自旋相反时互相结合，配对成两原子之间的共用电子对，这样形成的化学键为共价键。原子形成共价键的数目与该原子未成对的价电子数一致，这就是共价键的饱和性。有机分子中各原子之间的化学键主要是共价键。配价键是一种特殊的共价键，形成共价键的一对电子由成键前的一个原子提供，提供电子对的原子称为给予体，接受电子的原子称为接受体。

1. 键角

分子中某个二价或二价以上的原子与其他两个原子形成的两个化学键之间的夹角称为键角(bond angle)。键角给出的信息对讨论有机分子的空间构型十分重要。例如，甲烷分子中，两个碳氢键之间的夹角(∠HCH)为 109.5°，甲烷分子为正四面体构型，碳原子位于正四面体的中心，碳原子为 sp^3 杂化，氢原子位于正面体的四个顶点上。在甲醇(CH_3OH)中，碳氧键和氧氢键之的夹角(∠COH)为 108.9°，接近 109.5°，由此可判断醇羟基(—OH)中的氧原子也为 sp^3 杂化。键角反映了共价键的方向性。

2. 键长

分子中形成共价键的两原子核之间的距离称为共价键的键长(bond length)。共价键的键长现在已经能用 X 射线衍射法、电子衍射法等手段准确测定。相同的共价键的键长在不同化合物中，由于受化学环境的影响会略有差别。表 1-1 是一些常见共价键的平均键长。

表 1-1　部分共价键的平均键长　　(单位:pm)

共价键	键长	共价键	键长	共价键	键长
C—C	154	C—O	143	O—H	96
C=C	134	C=O	122	C—F	141
C≡C	120	C_{sp^3}—H	110	C—Cl	177
C—N	147	C_{sp^2}—H	107	C—Br	191
C=N	128	C_{sp}—H	105	C—I	213
C≡N	116	N—H	103		

3. 键能

共价键的键能(bond energy)是从共价键的生成或断裂的角度来衡量共价键强度的物理

量。在标准(1atm①、25℃)状况下，将 1mol 理想气体分子 A—B 解离(均裂)为理想气态的 A 原子和 B 原子所需吸收的能量称为 A—B 的解离能(dissociation energy)。对于多原子分子，由于同类共价键的解离能也不同(如在 CH_4 中，四个 C—H 键的解离能是不相等的)，因此键能只是同类共价键解离能的平均值。只有在双原子分子中，键的解离能就是键能。部分共价键的键能见表 1-2。

表 1-2　部分共价键的键能　(单位：$kJ \cdot mol^{-1}$)

共价键	键能	共价键	键能	共价键	键能
C—C	347.3	C—H	414.2	C—F	485.3
C═C	610.9	O—H	464.4	C—Cl	338.9
C≡C	836.8	N—H	389.1	C—Br	284.5
C—N	305.4	F—H	568.2	C—I	217.6
C═N	615.0	Cl—H	431.8	F—F	154.8
C≡N	891.2	Br—H	366.1	Cl—Cl	242.7
C—O	359.8	I—H	298.2	Br—Br	192.5
C═O	736.4(醛)	O—O	196.6	I—I	150.6
	748.9(酮)	N—N	163.2		

4. 共价键的极性

由两个相同原子形成的双原子分子的共价键，其成键的电子云对称地分布在两原子之间，这种共价键称为非极性共价键(nonpolar covalent bond)，如 H—H、Cl—Cl、C—C 等共价键都是非极性共价键。而由电负性不同的两个原子形成的共价键，其成键的电子云在两原子之间的分布是不对称的，较多地偏向电负性比较大的原子，这种共价键称为极性共价键(polar covalent bond)，如 H—Cl、O—H、C—Cl、C—O、C—N 等共价键都是极性共价键。在极性共价键中，电负性较大的原子带有部分负电荷，而电负性较小的原子带有部分正电荷，由于电子云的偏移，产生了正电荷中心和负电荷中心，两个电荷中心的符号相反、大小相等的电荷构成一个偶极。用正电荷或负电荷的电荷值 q 与正、负电荷中心之间的距离 d 相乘，其乘积称为偶极矩(dipole moment)，用 μ 表示：

$$\mu = qd$$

偶极矩是一个矢量，有大小和方向，其方向用 $\nrightarrow$ 表示。键的偶极矩的方向是从电负性较小的原子指向电负性较大的原子，如 H—F。偶极矩的单位用 D(Debye)表示，$1D = 10^{-18}$ esu · cm②。H—F 的偶极矩为 1.7×10^{-18} esu · cm，即为 1.7D。

部分极性共价键的偶极矩见表 1-3。

---

① 1atm＝101.3kPa＝101 325Pa≈0.1MPa，25℃＝298.15K。

② 偶极矩的单位也可以用 C · m(库仑 · 米)表示，$1D = 3.336 \times 10^{-30}$ C · m。本教材中使用 D 为偶极矩的单位。

表 1-3　部分极性共价键的偶极矩　　(单位:D)

极性共价键	偶极矩	极性共价键	偶极矩
H—F	1.7	C—F	1.4
H—Cl	1.1	C—O	0.7
H—Br	0.8	C—N	0.22
H—I	0.4	C═O	2.4
H—C	0.3	C═N	1.4
H—N	1.3	C≡N	3.6
H—O	1.5		

共价键偶极矩的大小反映了共价键的极性大小。非极性共价键中由于正、负电荷中心重叠,因此偶极矩为零。

分子的偶极矩是分子中各共价键偶极矩的矢量和。偶极矩不等于零的分子称为极性分子(polar molecule)。而由非极性共价键形成的分子是非极性分子(nonpolar molecule)。

1.3.5　诱导效应

在共价键中,当成键的两个不同原子的电负性不同,则形成共价键的一对电子偏向于电负性较大的原子一边,使电负性较大的原子带部分负电荷,电负性较小的原子带部分正电荷。这种效应还可以通过 σ 键传递到相邻的原子上。例如,一个碳链与一个氯原子相连:—C_3—C_2 —C_1—Cl,氯原子的电负性比碳原子的电负性大,使氯原子带部分负电荷,用 δ^- 表示,C_1 上带部分正电荷,用 δ^+ 表示。C_1 上的部分正电荷又使 C_1—C_2 键上一对共价电子偏向于 C_1,使 C_2 上带比 C_1 少一些的正电荷,而 C_2 又使 C_3 带比 C_2 更少一些的正电荷:

$$—\overset{\delta\delta\delta^+}{C_3}—\overset{\delta\delta^+}{C_2}—\overset{\delta^+}{C_1}—\overset{\delta^-}{Cl}$$

氯原子的影响经过 C_1 传递到 C_2,又由 C_2 传递到 C_3,电子这种移动方式是通过诱导作用进行的,称为诱导效应(inductive effect)。诱导效应是一种永久的电子效应,诱导效应沿碳链传递时很快减弱,一般在传递两三个碳原子后,就可以略去不计。

诱导效应通常用 I 表示,在比较原子或基团的诱导效应时常以氢原子作为标准。凡原子或基团的吸电子能力比氢原子大的,具有吸电子的诱导效应,用 −I 表示,如—F、—Cl、—Br、—I、—OH、—OCH_3、—NO_2 等。若吸电子能力比氢原子小的,具有给电子的诱导效应,用 +I 表示,如—CH_3 等烷基。

1.4　有机化合物的分类和官能团

有机化合物的数目繁多,为了更有效地学习和研究它们,必须要对众多的有机化合物按照分子的结构特征进行科学的分类。

目前,国内外有机化学家对有机化合物主要采用两种分类方法:一种是按照有机化合物分子的骨架特征,分为链状化合物(chain compounds)和环状化合物(cyclic compounds);另一种是按照有机化合物分子中的特征官能团(characteristic functional groups,或称为特性基团),将有机化合物分成几大类型的化合物。

1.4.1 按有机分子的骨架特征分类

1. 链状化合物

链状化合物是指分子中碳原子与碳原子,或者碳原子与其他原子通过单键、双键、叁键相互连接成链状的化合物。例如

$CH_3CH_2CH_2CH(CH_3)CH_3$	$CH_3CH{=}CHCH_2CH_3$	$CH_3CH_2OCH_2CH_3$	$CH_3CH(OH)CH_2COOH$
2-甲基戊烷	戊-2-烯	乙醚	3-羟基丁酸

2. 环状化合物

环状化合物又可分为碳环化合物(carbocyclic compounds)和杂环化合物(heterocyclic compounds)。碳环化合物是指分子中碳原子相互连接成环的化合物。例如

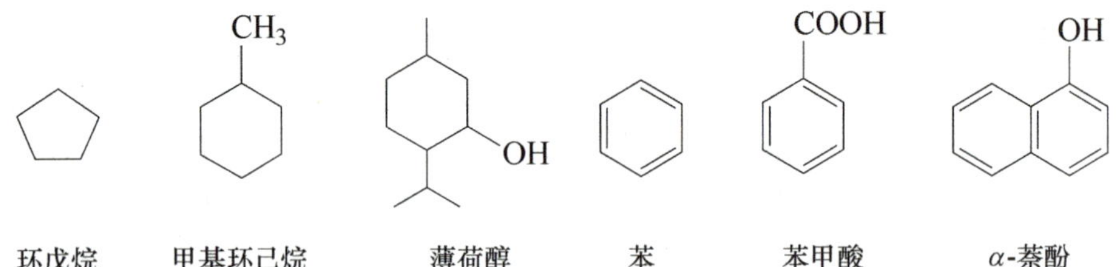

环戊烷　甲基环己烷　薄荷醇　苯　苯甲酸　α-萘酚

在碳环化合物中,当环上的一个或几个碳原子被其他杂原子取代的环状化合物称为杂环化合物。例如

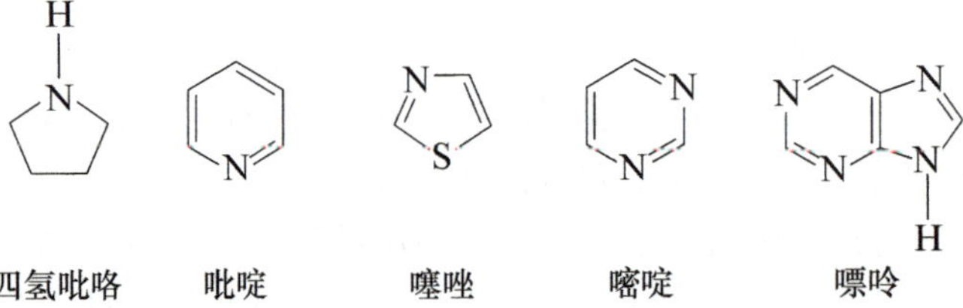

四氢吡咯　吡啶　噻唑　嘧啶　嘌呤

在环状化合物中,有一类是环上有不少碳碳双键或碳杂原子双键的环状化合物,它们在化学反应中表现出十分特殊的化学性质和稳定性,称为芳香族化合物(见第8章)。

1.4.2 按有机化合物的官能团分类

在有机化合物的分子结构中,某些能代表和决定该类化合物特性的原子或原子团称为官能团或称特性基团。例如,乙醇(酒精)CH_3CH_2OH、苯酚 C_6H_5OH 的官能团为羟基(—OH);乙酸(醋酸)CH_3COOH、苯甲酸 C_6H_5COOH 的官能团为羧基(—COOH)等。掌握官能团的结构特征对识别有机化合物、命名有机化合物以及了解有机化合物的基本物理性质和化学性质都具有重要意义。目前国内外的有机化学教材大多采用按官能团分类的方式为主,同时吸

纳了按骨架分类的某些优点来安排章节。有机化合物的一些主要官能团如表 1-4 所示。

表 1-4　有机化合物的一些主要官能团

化合物分类	官能团	官能团名称	化合物举例	化合物名称
烯烃	$>C=C<$	碳碳双键	$H_2C=CH_2$	乙烯
炔烃	$—C≡C—$	碳碳叁键	$H—C≡C—H$	乙炔
卤代烃	—X(F、Cl、Br、I)	卤素	CH_3CH_2Cl	氯乙烷
醇	—OH	醇羟基	CH_3CH_2OH	乙醇
酚	—OH	酚羟基	C_6H_5OH	苯酚
醚	C—O—C	醚链	$C_2H_5OC_2H_5$	乙醚
醛	—CHO	醛基	CH_3CHO	乙醛
酮	C═O	酮羰基	CH_3COCH_3	丙酮
羧酸	—COOH	羧基	CH_3COOH	乙酸
酯	—COOR	酯基	$CH_3COOC_2H_5$	乙酸乙酯
酸酐	$(—CO)_2O$	酸酐基	$(CH_3CO)_2O$	乙酸酐
酰胺	$—CONH_2(R_2)$	酰胺基	$CH_3CONHC_6H_5$	乙酰苯胺
酰卤	—COX	酰卤基	CH_3COCl	乙酰氯
腈	—C≡N	氰基	CH_3CN	乙腈
硝基化合物	$—NO_2$	硝基	$C_6H_5NO_2$	硝基苯
胺	$—NH_2(R_2)$	氨基	$C_6H_5NH_2$	苯胺
硫醇	—SH	巯基	CH_3SH	乙硫醇
硫酚	—SH	巯基	C_6H_5SH	苯硫酚
磺酸	$—SO_3H$	磺酸基	$C_6H_5SO_3H$	苯磺酸

1.5　有机化合物的同分异构体

几乎所有的有机化合物中都含有碳原子,而碳原子的电子结构决定了它可以与其他原子形成四个共价键,碳原子与碳原子之间不仅能形成共价单键,还能以共价双键和共价叁键相连。碳原子与碳原子之间不仅能形成直链,还可以有支链,还能形成环。因此,在有机化合物中,具有相同分子式而结构不同的现象普遍存在,这种现象称为同分异构现象(isomerism)。分子式相同而结构不同的有机化合物称为同分异构体(isomer)。有机化合物中的同分异构体主要有构造异构体和立体异构体两大类。

1.5.1　构造异构体

构造异构体主要包括碳架异构体、官能团的位置异构体和官能团异构体。

碳架异构体是指分子中碳原子之间连接的次序不同而产生的异构体。例如

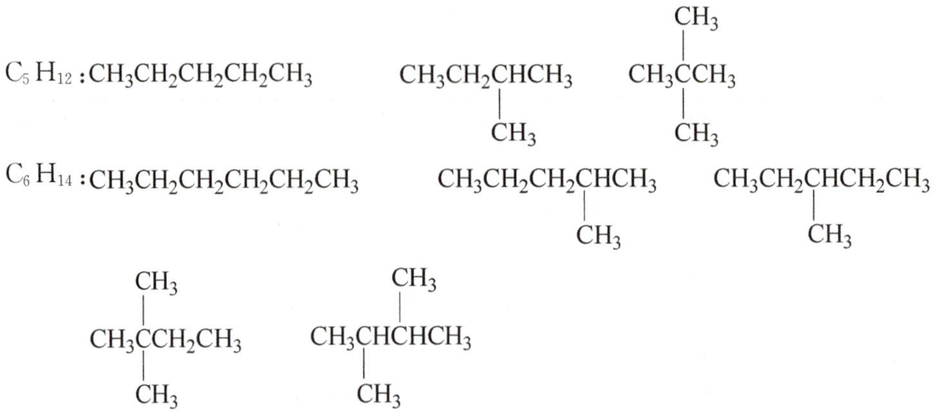

C_5H_{12}:$CH_3CH_2CH_2CH_2CH_3$　　$CH_3CH_2CH(CH_3)CH_3$　　$CH_3C(CH_3)_2CH_3$

C_6H_{14}:$CH_3CH_2CH_2CH_2CH_2CH_3$　　$CH_3CH_2CH_2CH(CH_3)CH_3$　　$CH_3CH_2CH(CH_3)CH_2CH_3$

$CH_3C(CH_3)_2CH_2CH_3$　　$CH_3CH(CH_3)CH(CH_3)CH_3$

官能团位置异构体是指官能团在碳架(包括碳链和碳环)上位置不同而产生的异构体。例如

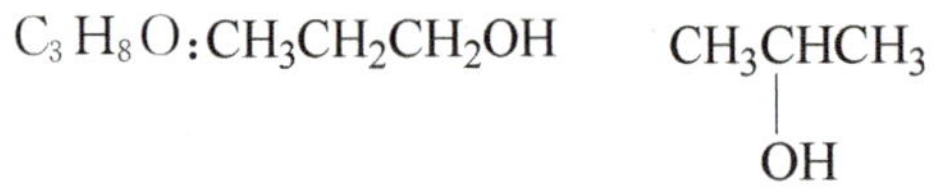

C_3H_8O:$CH_3CH_2CH_2OH$　　$CH_3CH(OH)CH_3$

这是官能团羟基与碳架上的不同碳原子连接而产生的官能团位置异构体。

官能团异构体是指分子式相同,但含不同种类官能团的不同类化合物的异构体。例如

C_2H_6O:CH_3CH_2OH　　CH_3OCH_3

这是醇和醚两种不同类化合物的官能团异构体。

在含有较多原子的有机分子中,可能会同时包括碳架异构体、官能团位置异构体和官能团异构体。例如

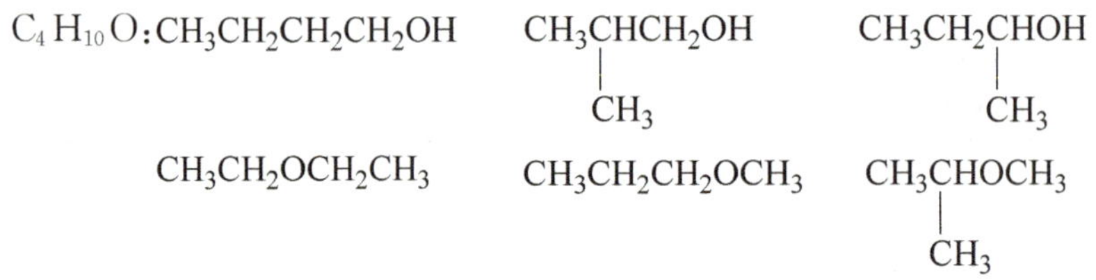

$C_4H_{10}O$:$CH_3CH_2CH_2CH_2OH$　　$CH_3CH(CH_3)CH_2OH$　　$CH_3CH_2CH(CH_3)OH$

$CH_3CH_2OCH_2CH_3$　　$CH_3CH_2CH_2OCH_3$　　$CH_3CH(CH_3)OCH_3$

1.5.2 立体异构体

立体异构体是指分子中原子或基团相互的连接次序相同,即它们的构造相同,却因原子或基团在空间的排列不同而产生的不同异构体。立体异构体主要包括构型异构体(configuration stereoisomer) 和构象异构体(conformational stereoisomer)。

在构型异构体中,因碳碳双键或碳环上的碳碳单键不能自由旋转而产生的异构体称为几何异构体(geometric isomer)或顺反异构体(cis-trans isomer)。例如

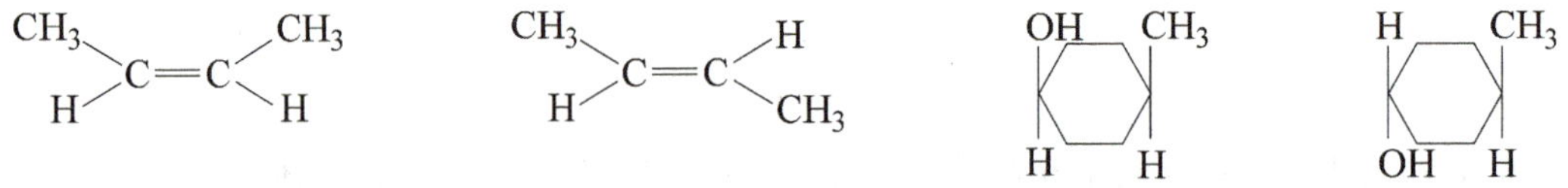

顺丁-2-烯
(或*cis*-丁-2-烯)

反丁-2-烯
(或*trans*-丁-2-烯)

顺-4-甲基环己醇

反-4-甲环己醇

因分子内缺乏某些对称元素，使分子与它的镜像和左右手一样，相似而不能重叠，这种构型异构体称为旋光异构体(optical isomer)。例如，1969 年上市的抗炎药布洛芬(ibuprofen)，它有以下两个构型异构体，右边的结构有药效，而左边的结构却是无药效的，它们相似而不能重叠，是旋光异构体。

构象异构也是立体异构的一种。由于分子中碳碳 σ 键的旋转而引起原子在空间的排列不同，这样产生的异构体称为构象异构体。由于碳碳 σ 键的旋转并不影响 σ 共价键的电子云沿键轴的对称分布，所以 σ 键的旋转是自由的，旋转可以是连续的，因此在理论上构象异构体可以是无穷多个。图 1-12 是乙烷分子的最不稳定的重叠式构象和最稳定的交叉式构象。

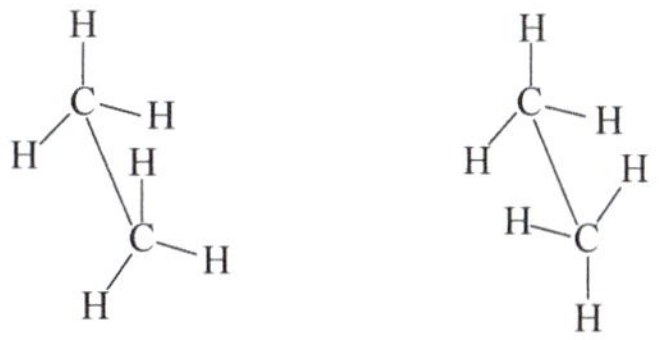

(a) (b)

图 1-12 乙烷分子的重叠式构象(a)和交叉式构象(b)

随着分子组成复杂化，分子的构象和构型也趋于复杂，但对于具有某种构型的分子而言，它可以以一种相对较稳定的构象存在。

问题 1-3 写出分子式为 C_4H_8 的可能结构，并指出它们互为什么异构关系。

1.6 有机化学反应

有机化学反应是研究有机化合物在一定条件下，反应物(底物)分子中的某些共价键发生断裂，原子或原子团重新组合成新共价键，生成新分子的过程。因此，共价键的断裂方式及断裂后分子片段的结构和性质等都是有机反应研究过程中的重要问题。按照共价键的断裂和生成形式，通常把有机反应分为自由基反应(free radical reaction)、离子型反应(ionic reaction)和协同反应(concerted reaction)。

1.6.1 自由基反应

反应物中的共价键在断裂时，共价键的一对电子被断裂后的两碎片(原子或基团)所分享，各得一个电子，这种断裂称为共价键的均裂(homolysis)。

$$\text{A:B} \xrightarrow[\text{均裂}]{} \text{A}\cdot + \cdot\text{B} \quad \text{或} \quad \text{A—B} \xrightarrow[\text{均裂}]{} \text{A}\cdot + \cdot\text{B}$$

其中鱼钩箭头是表示单个电子的转移方向。均裂产生的带有孤立电子的原子或基团称为自由基，由自由基引发的反应称为自由基反应。

在自由基反应中，自由基是反应的活性中间体，通常寿命很短，只能瞬间存在。常见的自由基有卤素自由基、氧自由基和碳自由基，碳自由基具有平面结构。

1.6.2 离子型反应

共价键断裂时，构成原共价键的一对电子完全被断裂后的两碎片（原子或基团）中的某一碎片所独享，这种断裂称为共价键的异裂（heterolytic）。

$$\mathrm{A\!:\!B} \xrightarrow[\text{异裂}]{} \mathrm{A^+ + :B^-} \qquad \text{或} \qquad \mathrm{A{-}B} \xrightarrow[\text{异裂}]{} \mathrm{A^+ + :B^-}$$

其中弯箭头是表示一对电子的转移方向。异裂产生带正电荷的离子和带负电荷的离子。共价键异裂时，一般是电负性较大的原子形成负离子，而电负性较小的原子形成正离子。例如，极性共价键 C—O、C—N、C—X 发生异裂时，除都产生碳正离子外，分别产生氧负离子、氮负离子、卤素负离子。由碳碳共价键异裂产生碳正离子和碳负离子，碳正离子和碳负离子都可能是有机反应的活性中间体（active intermediates），它们仅仅只能在瞬间或极短时间内存在于反应过程中。碳正离子也具有平面结构，碳负离子则具有四面体结构。在有机化学的取代反应、加成反应、消除反应和重排等反应中，都可观察到由碳碳共价键异裂产生的活性中间体。由共价键的异裂产生的正离子或负离子参与的有机反应称为离子型反应。

1.6.3 协同反应

除上述自由基反应和离子型反应外，还有一些有机反应在反应过程中不产生自由基和离子等反应中间体，反应也不受溶剂极性的影响和酸碱的催化。反应在光或热作用下进行，产物受光或热的影响而不同，反应中原有共价键的断裂和新共价键的形成是同时发生的，是协同一步完成的，反应通常经过环状过渡态。例如，Diels-Alder 反应（见 15.5.1），其中原 π 键的断裂和新 π 键及新 σ 键的生成就是经过六元环状过渡态协同一步完成的。

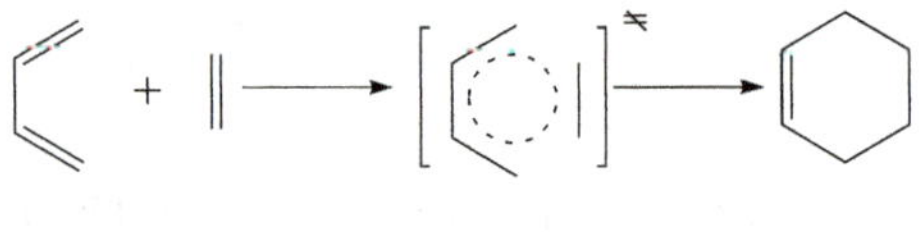

1.6.4 有机反应机理和反应势能曲线

有机反应式只反映在反应条件下反应物和生成物之间的数量关系，但不能说明反应原料是如何变成反应产物的，中间经过哪些中间步骤。描述反应物如何转变成生成物的全过程称为反应机理（reaction mechanism）。反应机理是在总结了大量实验事实的基础上得出的理论解释，一个成功的反应机理不但要能解释已有的实验事实，而且能成为设计新实验的依据，对新的实验结果有准确的预料性；不但要能解释主要产物的形成，还要能解释副产物的生成。一旦发现有新的实验事实与原有的反应机理相矛盾时，则必须要对原有的反应机理进行修正或提出全新的反应机理。因此，反应机理是在不断地发展和完善。这里还必须指出，现在还不是对所有的反应都能提出明确的反应机理。

反应机理通常是依据对反应物和生成物的结构、立体化学特征和反应动力学数据的研究而推测出来的理论解释。

描述反应进程中势能变化的曲线称为反应势能曲线，通过对反应势能曲线的分析，可以推测由反应物转变为生成物过程中，各阶段的结构和相应势能的变化情况。图 1-13 为放热反应的势能曲线示意图。

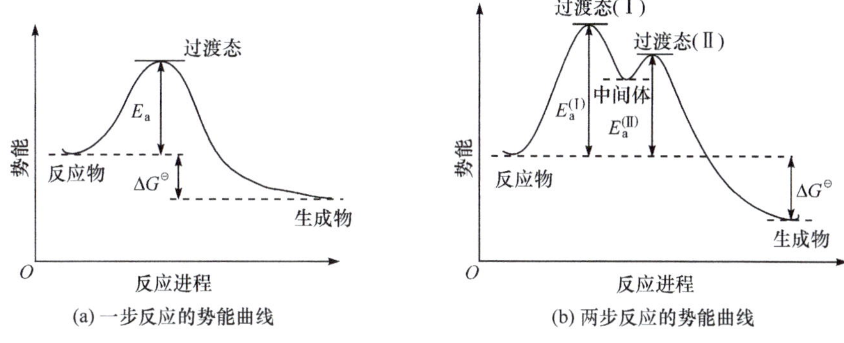

(a) 一步反应的势能曲线　　(b) 两步反应的势能曲线

图 1-13　放热反应的势能曲线示意图

图 1-13 中的横坐标为反应进程，纵坐标为势能。$\Delta G^\ominus$ 是标准状态下生成物与反应物的势能差，当 $\Delta G^\ominus<0$ 时，反应释放出能量，为放热反应；当 $\Delta G^\ominus>0$ 时，反应需要吸收能量，为吸热反应。其中图 1-13(a) 为一步放热反应的势能曲线，在由反应物转变为生成物的过程中，有一个势能比反应物和生成物都高的势能最高点，与此势能最高点相应的结构称为过渡态（transition state），过渡态与反应物之间的势能差即为该一步反应的反应活化能（activated energy）。图 1-13(b) 为两步放热反应的势能曲线，在两步反应中，反应要经过两个过渡态，在两个过渡态之间有一个势能较低点，与此势能较低点相应的结构称为反应中间体（reaction intermediates）。由于它的势能比反应物和生成物都高，反应性质非常活泼，而且存在的寿命非常短暂，因此又称为反应活性中间体。

1.6.5 Hammond 假说

尽管反应中间体的寿命非常短暂，但它是结构明确而客观真实存在的一种状态，有的中间体甚至可以被分离或捕获到。但过渡态是一种无法分离和捕获的假想状态，其结构也是介于反应物结构和生成物结构之间的假设状态，可能接近反应物结构或接近生成物结构。

过渡态的结构与它的势能高低相关，势能的高低直接关系到反应活化能的大小，关系到反应速率的快慢。Hammond 假说认为，在基元反应中，过渡态的结构和能量与它两边在势能上更接近的反应物或生成物更类似。因此，在图 1-13(a) 一步放热反应中，过渡态的结构与反应物更接近。

在多步反应中，也可以用 Hammond 假说，根据反应物、中间体和生成物来讨论过渡态的假想结构。在图 1-13(b) 两步放热反应中，过渡态（Ⅰ）和过渡态（Ⅱ）的结构都更接近中间体的结构。

1.7 有机化学反应中的酸碱理论

在有机反应中，常伴随有酸碱反应，而有机化学对酸碱概念的理解也更宽，广泛被应用的是酸碱质子理论和酸碱电子理论。

1.7.1 酸碱质子理论

酸碱质子理论中最具代表性的是 Brønsted-Lowry 理论。按照 Brønsted-Lowry 理论，酸是质子的给予体，碱是质子的接受体。当气体 HCl 溶于水，即发生酸碱反应，极性分子 HCl 给出 H^+，而水分子接受 H^+，从而生成 H_3O^+ 和 Cl^-。

$$\underset{\text{酸}}{H-Cl} + \underset{\text{碱}}{H-\ddot{\underset{..}{O}}-H} \longrightarrow \underset{\text{共轭酸}}{\left[H-\underset{\underset{H}{|}}{\ddot{O}}-H\right]^+} + \underset{\text{共轭碱}}{Cl^-}$$

在这里，水分子 H_2O 作为碱接受 H^+，生成它的共轭酸 H_3O^+；HCl 作为酸失去 H^+，生成它的共轭碱 Cl^-。

当水分子 H_2O 与氨基负离子反应时，H_2O 作为酸成了 H^+ 的给予体。

$$\underset{\text{酸}}{H-\ddot{\underset{..}{O}}-H} + \underset{\text{碱}}{{}^{-}\!:\!\underset{\underset{H}{|}}{\ddot{N}}-H} \longrightarrow \underset{\text{共轭碱}}{{}^{-}\!:\!\ddot{\underset{..}{O}}-H} + \underset{\text{共轭酸}}{H-\underset{\underset{H}{|}}{\ddot{N}}-H}$$

对于酸，其给出质子的倾向越大，说明酸性越强。酸性强弱通常用酸在水中的解离常数 K_a 来衡量。

$$HA+H_2O \xrightleftharpoons{K_a} A^- + H_3O^+$$

$$K_a=\frac{[A^-][H_3O^+]}{[HA]}$$

酸的强度用 pK_a 或 $-\lg K_a$ 表示，而 $pK_a=-\lg K_a$。强酸具有较小的 pK_a 值（较大的 K_a 值），而弱酸具有较大的 pK_a 值（较小的 K_a 值）。

对于碱，其接受质子的倾向越大，说明碱性越强。碱性强弱可以用碱的解离常数 K_b 来衡量。

$$B^- + H_2O \xrightleftharpoons{K_b} BH + OH^-$$

$$K_b=\frac{[BH][OH^-]}{[B^-]}$$

碱的强度用 pK_b 或 $-\lg K_b$ 表示，而 $pK_b=-\lg K_b$。pK_b 越小，表示碱性越强。

如果水的解离常数用 K_w 表示，则 $K_a \cdot K_b = K_w = 1.0\times10^{-14}$，即 $pK_a + pK_b = 14$。

按照 Brønsted-Lowry 理论，CH_3COOH、CH_3OH 等有机化合物都含有羟基（—OH），它们都可以由羟基提供质子（H^+），所以它们都可以被认为是酸，只是 CH_3COOH 的酸性比 CH_3OH 强。而 CH_3NH_2、CH_3OH 等有机化合物都能接受质子，质子与 N 或 O 原子上的未共用电子对形成共价键，生成相应的共轭酸，所以它们都可以被认为是碱，只是 CH_3NH_2 的碱性比 CH_3OH 强。在这里 CH_3OH 既可以看成提供质子的酸，又可以看成接受质子的碱，H_2O 也是如此，作为酸或碱，这完全取决于它所处的环境。

1.7.2 酸碱电子理论

酸碱电子理论即通常所说的 Lewis 酸碱理论。Lewis 酸碱理论认为接受电子对的是酸，能提供电子对的是碱。因此，无机酸、有机酸中的 H^+ 能接受电子对，它们都可以被认为是 Lewis 酸。

$$Cl-H + :\ddot{O}H_2 \rightleftharpoons H_3O^+ + Cl^-$$

Lewis酸 Lewis碱 水合氢离子

凡能提供质子的如 H_2O、CH_3COOH、C_6H_5OH、CH_3CH_2OH 等都可认为是 Lewis 酸。

多种金属离子（如 Mg^{2+}）以及ⅢA 族元素的化合物（如 BF_3 和 $AlCl_3$ 等）都有外层没有被电子填满的价电子层，可以接受电子，所以也都认为它们是 Lewis 酸。

$$AlCl_3 + :N(CH_3)_3 \rightleftharpoons Cl_3Al^-{-}N^+(CH_3)_3$$

Lewis酸 Lewis碱

许多金属化合物，特别是过渡金属化合物，如 $TiCl_4$、$FeCl_3$、$ZnCl_2$ 和 $SnCl_4$ 都可认为是 Lewis 酸。

凡能提供未共用电子对的，如二价氧原子上有两对未共用电子，三价氮原子上有一对未共用电子，它们相应的化合物可以与 Lewis 酸形成共价键，因此它们可以被认为是 Lewis 碱。例如，H_2O 作为 Lewis 碱，用氧原子上的未共用电子对与 H^+ 键合成水合氢离子。有机化合物如 CH_3OH、CH_3OCH_3、CH_3SCH_3、CH_3CHO、CH_3COCH_3、CH_3COOH、CH_3COOCH_3、$(CH_3)_3N$、CH_3CONH_2 等都可以被认为是 Lewis 碱。这里必须指出的是，某些物质如水、醇和羧酸等，它们既可以提供能接受电子对的 H^+ 而作为 Lewis 酸，又可以提供氧原子或其他杂原子上的未共用电子对而作为 Lewis 碱。因此，Lewis 酸碱理论比 Brönsted-Lowry 酸碱理论包含的范围更宽，不少有机反应都可以理解为 Lewis 酸和 Lewis 碱的反应。在反应式中同样用弯箭头“⌒↘”表示电子的移动方向，弯箭头的指向是由富电子的原子指向缺电子的原子。

问题 1-4 有机酸碱理论中的质子理论与电子理论有什么区别？

1.8 共振结构理论简介和共振式

1.8.1 共振论简介

共振论是 1931 年由 Pauling 首先提出的用来描述分子价键结构的一种电子结构理论。

对于绝大多数分子，可以写出单一的结构式，并能用其说明该分子的性质。例如，乙烷、乙烯和乙炔分子只有单一的价键结构式，分别表示为

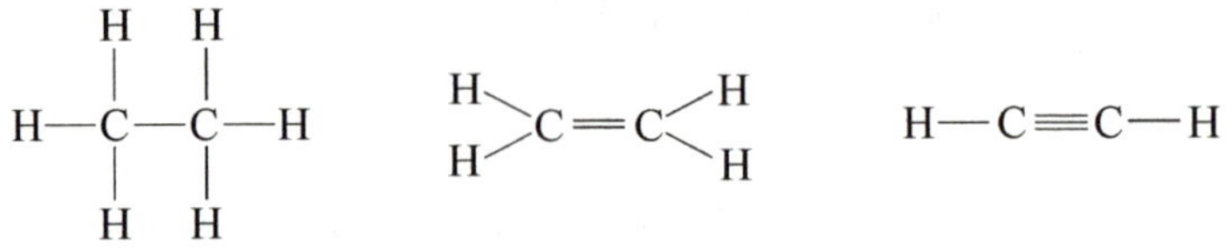

$$\begin{array}{c}H\ \ H\\ |\ \ \ |\\ H-C-C-H\\ |\ \ \ |\\ H\ \ H\end{array}\qquad \begin{array}{c}H\\ \ \end{array}\!\!>C=C<\!\!\begin{array}{c}H\\H\end{array}\qquad H-C\equiv C-H$$

但有些分子却不能用单一的价键结构式来描述，它或许可以写出两个或两个以上的价键结构式。例如，丁-1,3-二烯可以写出下列 7 个价键结构式：

$$CH_2{=}CH{-}CH{=}CH_2 \longleftrightarrow \overset{-}{C}H_2{-}CH{=}CH{-}\overset{+}{C}H_2 \longleftrightarrow \overset{+}{C}H_2{-}CH{=}CH{-}\overset{-}{C}H_2$$

$$\longleftrightarrow \overset{+}{C}H_2{-}\overset{-}{C}H{-}CH{=}CH_2 \longleftrightarrow \overset{-}{C}H_2{-}\overset{+}{C}H{-}CH{=}CH_2 \longleftrightarrow$$

$$CH_2{=}CH{-}\overset{-}{C}H{-}\overset{+}{C}H_2 \longleftrightarrow CH_2{=}CH{-}\overset{+}{C}H{-}\overset{-}{C}H_2$$

但在这些价键结构式中，任何一个价键结构式都不能完全满意地用来表征该分子的性质。鉴于这种情况，共振论认为：当一个分子、离子或自由基可以写出一个以上的价键结构式时，其真实分子、离子或自由基的状态并不能用众多价键结构式中的任何一个来表示，而是介于这众多价键结构式之间的状态。真实分子既客观存在但又是假想中的，其结构是多个价键结构式共振的结果，称为共振杂化体。这多个价键结构式称为共振杂化体的共振式，共振式之间用双向箭头“⟷”表示它们之间的共振关系。这些价键结构式只是分子永远达不到的、并不存在的极限式。必须提醒的是：共振杂化体并不是各极限式的混合物，也不是互变的平衡体系，而是一个确定的真实分子、离子或自由基的单一体，只是不能用任何一个极限结构式来表达。正因为无法用一个合适的结构式来表达这种共振杂化体，所以实际上只能借用一些实际并不存在的极限结构式来代表共振杂化体而已。

各个价键结构式对共振杂化体的贡献大小并不相同，相应的价键结构式越稳定，对共振杂化体的贡献也越大。

1.8.2 共振结构式书写的基本原则

(1) 在各共振结构式中，各元素必须符合合理的化合价，如碳原子必须符合四价的原则，凡第二周期的元素其价电子层的电子不能多于 8 个等。例如

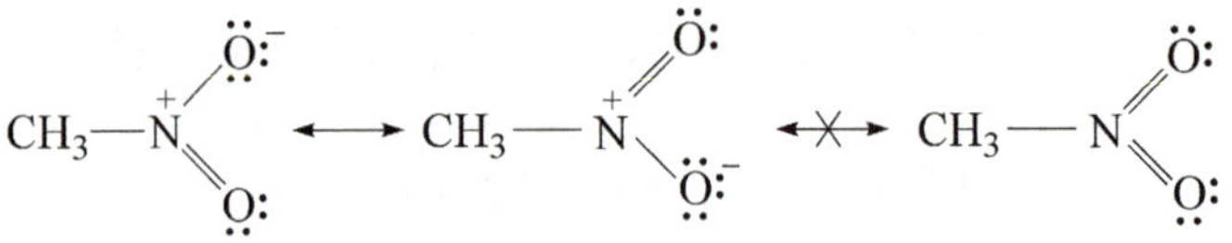

$$CH_3{-}\overset{+}{N}\begin{array}{l}\diagup \ddot{\underset{..}{O}}{:}^{-}\\ \diagdown\!\!\diagdown \ddot{O}{:}\end{array} \longleftrightarrow CH_3{-}\overset{+}{N}\begin{array}{l}\diagup\!\!\diagup \ddot{O}{:}\\ \diagdown \ddot{\underset{..}{O}}{:}^{-}\end{array} \;\not\longleftrightarrow\; CH_3{-}N\begin{array}{l}\diagup\!\!\diagup \ddot{O}{:}\\ \diagdown\!\!\diagdown \ddot{O}{:}\end{array}$$

(2) 在同一化合物的各共振结构式中，各原子在空间的位置固定不变，各共振结构式之间只是因电子的转移而导致电子的排布不同。例如

$$CH_2{=}CH{-}\overset{+}{C}H{-}CH_3 \longleftrightarrow \overset{+}{C}H_2{-}CH{=}CH{-}CH_3 \qquad CH_2{=}\underset{\underset{OH}{|}}{C}CH_3 \;\not\longleftrightarrow\; CH_3\underset{\underset{O}{\|}}{C}CH_3$$

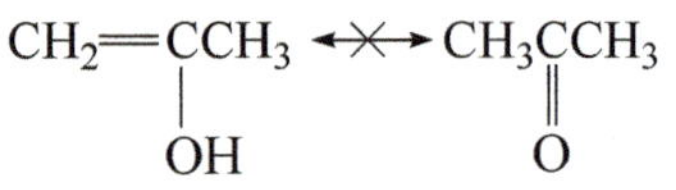

（3）在同一化合物的各共振结构式中，必须保持配对电子或未配对电子的数目相同。例如

$$CH_2{=}CH{-}\dot{C}H_2 \longleftrightarrow \dot{C}H_2{-}CH{=}CH_2$$

$$CH_2{=}CH{-}\dot{C}H_2 \nleftrightarrow \dot{C}H_2{-}\dot{C}H{-}\dot{C}H_2$$

1.8.3　极限结构式的贡献

（1）在同一化合物的各共振结构式中，凡属于周期表中第一和第二周期的原子都满足稀有气体元素电子构型的，对共振杂化体的贡献比没有满足相应电子构型的大。例如

$$H_2C{=}\overset{+}{\underset{..}{O}}H \longleftrightarrow H_2\overset{+}{C}{-}\underset{..}{\ddot{O}}H$$

前者碳原子和氧原子外层都满足八电子结构，后者碳原子外层不满足八电子结构，所以前者对共振杂化体的贡献较大。

（2）同一化合物的各共振结构式对共振杂化体的贡献大小不一样。等价的共振结构式对共振杂化体的贡献相同。例如

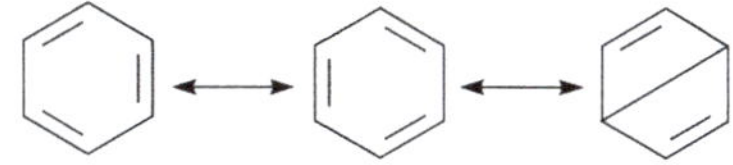

前两个共振结构式对苯的共振杂化体的贡献较大，贡献也相同。

（3）在同一化合物的各共振结构式中，共价键数目多的比共价键数目少的共振结构式稳定，稳定的共振结构式对共振杂化体的贡献也大。没有电荷分离的比有电荷分离的对共振杂化体的贡献大。例如

$$CH_2{=}CH{-}CH{=}CH_2 \longleftrightarrow \overset{-}{\ddot{C}}H_2{-}CH{=}CH{-}\overset{+}{C}H_2 \longleftrightarrow \overset{+}{C}H_2{-}CH{=}CH{-}\overset{-}{\ddot{C}}H_2$$

第一个共振式有 11 个共价键，又没有电荷分离，所以比后两个只有 10 个共价键且有电荷分离的结构式稳定，对共振杂化体的贡献也大。

（4）凡键角和键长变形较大的共振结构式，对共振杂化体的贡献小。例如，在苯的共振结构式中，Dewar 苯就比环己三烯结构式对苯的共振杂化体贡献小。

Dewar苯

（5）在各共振结构式中，凡负电荷处在电负性较大的原子上比处在电负性较小的原子上稳定。例如

$$:\bar{C}H_2{-}CH{=}\ddot{O}: \longleftrightarrow CH_2{=}CH{-}\underset{..}{\ddot{O}}{:}^{-}$$

在两个共振结构式中，后者负电荷处在电负性较大的氧原子上，因此后者比前者稳定，对共振杂化体的贡献也大。

（6）对共振杂化体，凡能写出参加共振的极限结构式的数目越多，则该共振杂化体也就越稳定。

问题 1-5　指出下列各对共振结构式中，哪一个共振结构式对共振杂化体的贡献较大。

(1) $(CH_3)_2\overset{+}{C}—CH═CH_2 \longleftrightarrow (CH_3)_2C═CH—\overset{+}{C}H_2$

(2) $CH_3\dot{C}HCH═CH_2 \longleftrightarrow CH_3CH═CH\dot{C}H_2$

(3) $^{-}CH_2C(=O)CH_3 \longleftrightarrow CH_2═C(O^{-})CH_3$

(4) $CH_2═CH—\ddot{\underset{..}{Br}}: \longleftrightarrow :\bar{C}H_2—CH═\overset{+}{\underset{..}{Br}}$

小　　结

1. 有机化学是研究碳化合物的化学。有机化学的发展是人类为了生存、繁衍和发展而长期进行的社会活动、生产活动和科学研究的必然结果。有机化学与其他学科之间的相互交叉、相互渗透和相互融合，特别是与生命科学的紧密关联，为有机化学提供了丰富的研究资源，使有机化学的发展充满了活力和魅力。

2. 有机化合物中的化学键和分子结构。

Kekulé 结构式和 Lewis 结构式。

价键理论、原子轨道、分子轨道和杂化轨道概念。

有机化合物都是含共价键的化合物。分子结构包括分子的构造、构型和构象。

有机化合物的同分异构分为构造异构和立体异构。

构造异构主要包括碳架异构、官能团的位置异构和官能团异构。

立体异构主要包括构型异构(几何异构和旋光异构)和构象异构。

有机化合物中的主要官能团，官能团的性质反映了该类化合物的主要性质。

3. 诱导效应是通过 σ 键传递到相邻原子上的电子效应，是一种永久的电子效应，诱导效应沿碳链传递时很快减弱，一般在传递两三个碳原子后，就可以略去不计。吸电子的诱导效应用－I 表示，给电子的诱导效应用＋I 表示。

4. 有机反应：有机反应的类型分为自由基反应、离子型反应和协同反应。

5. 有机反应机理和反应势能曲线。过渡态、反应活化能、反应中间体概念。Hammond 假说。

6. 有机酸碱理论：主要的有 Brönsted-Lowry 质子理论和 Lewis 电子理论。

7. 共振论简单介绍，共振结构式书写必须遵循的基本原则。

习　　题

1. 什么是有机化合物？
2. 简述碳原子的 sp^3、sp^2 和 sp 杂化的含义和特征。

3. 什么是碳碳 σ 键、碳碳 π 键？定性地比较它们的键能有什么不同。

4. 写出分子为 CH_3CH_2Br、CH_3COCH_3、CH_3COOH、CH_3CN、CH_3CONH_2 的 Kekulé 结构式和 Lewis 结构式。

5. 将下列 Kekulé 结构式改写成相应的键线式和紧缩式。

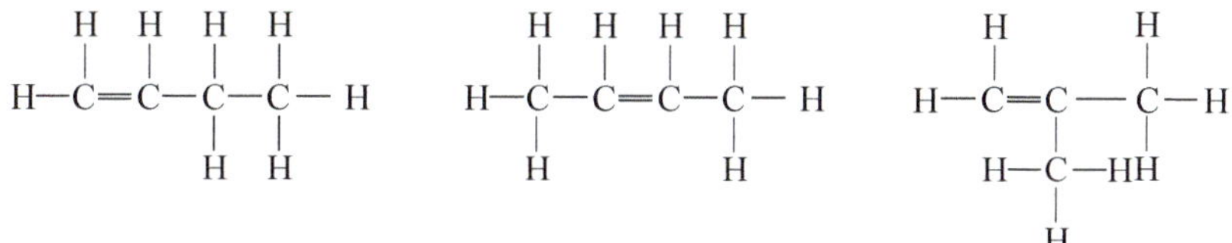

6. 将下列键线式改写成相应的 Kekulé 结构式。

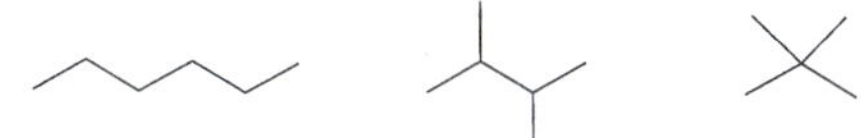

7. 什么是同分异构现象？同分异构分为哪两类？试分别举例说明。

8. 写出分子中只有三个碳原子，分别含有下列官能团的化合物。

(1) >C=C<　　(2) —C≡C—　　(3) —Br　　(4) —OH

(5) —O—　　(6) —CH=O（—C(H)=O）　　(7) —C(—)=O　　(8) —C≡N

9. 有机化合物有哪几种主要的分类方法？

10. 简述共价键的几种断裂方式，分别说明其特点。

11. 什么是 Lewis 酸和 Lewis 碱？它们有什么特点？

第 2 章　烷烃与环烷烃

主要内容

- 烷烃的结构。
- 烷烃的同系列、构造异构和命名。
- 烷烃的物理性质。
- 烷烃的构象。
- 烷烃的化学性质，自由基卤化反应和机理。
- 环烷烃的构造异构、顺反异构和命名。
- 环烷烃的构象、环己烷的椅式构象和船式构象。

分子中只含有碳和氢两种元素的有机化合物称为碳氢化合物，简称烃(hydrocarbon)。根据烃分子中的碳架，烃可以分为开链烃(chain hydrocarbon)和环烃(cyclic hydrocarbon)。根据烃分子中碳原子之间连接的方式不同，烃还可以分为饱和烃(saturated hydrocarbon)和不饱和烃(unsaturated hydrocarbon)。凡碳原子之间都以单键相连的烃称为饱和烃，碳原子之间除单键以外还含有双键或叁键的烃称为不饱和烃。环烃是指分子中含有环状结构的烃，环烃又可分为脂环烃(alicyclic hydrocarbon)和芳香烃(aromatic hydrocarbon)。烃分子中的氢原子被其他原子或原子团取代后，可以衍生出一系列不同的有机化合物，它们都可以看成烃的衍生物，烃和烃的衍生物都是有机合成的重要原料或中间体。

2.1　烷　　烃

2.1.1　烷烃的结构

在开链烃中，碳原子之间都以单键相连，其余的价都与氢原子相连，并为氢原子所饱和，因此这种烃称为饱和烃，也称为烷烃(alkane)。

最简单的烷烃是甲烷。甲烷分子中的碳原子与四个氢原子相连，C—H 键的键长为 110pm，∠HCH 为 109.5°，四个氢原子正好位于以碳原子为中心的正四面体的四个顶点上。因此，甲烷中的碳原子是 sp^3 杂化的，它以四个 sp^3 杂化轨道分别与四个氢原子的 1s 轨道重叠，形成四个等同的 C—H σ 键。甲烷的正四面体结构和形成示意图分别如图 2-1 和图 2-2 所示。

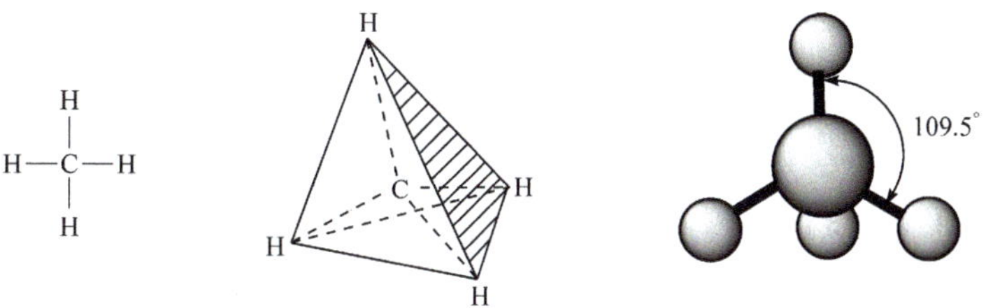

图 2-1　甲烷的正四面体结构示意图

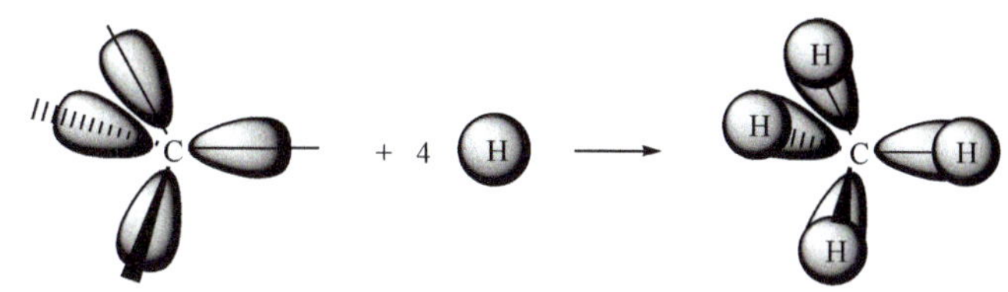

图 2-2　甲烷分子的形成示意图

在甲烷以外的其他烷烃中，各原子之间也都以 σ 键相连，分别构成碳碳 σ 键和碳氢 σ 键。烷烃中的 C—C 键的平均键长为 154pm，C—H 键的平均键长为 109pm。键角接近 109.5°，所以烷烃中的碳原子都是 sp^3 杂化的。

乙烷（CH_3—CH_3）分子中，两个碳原子各以一个 sp^3 杂化轨道相互重叠，形成 C—C σ 键，其余的 sp^3 杂化轨道分别与氢原子的 1s 轨道重叠，形成六个 C—H σ 键。乙烷的形成示意图如图 2-3 所示。

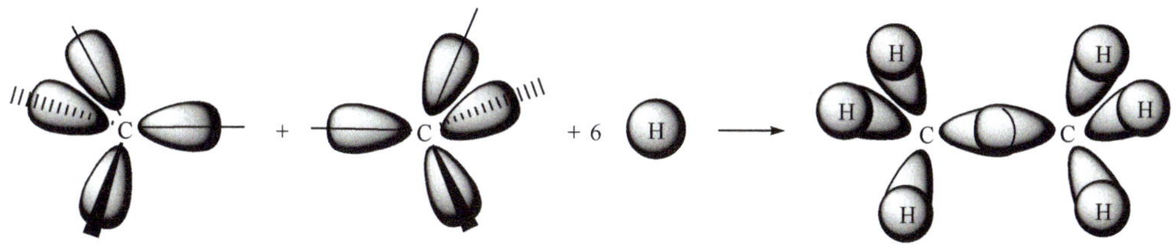

图 2-3　乙烷分子的形成示意图

由于烷烃分子中的碳碳键都是由碳原子的 sp^3 杂化轨道相互交盖而成的 σ 键组成，∠CCC 接近 109.5°，所以在所谓直链烷烃中，经多个碳原子连接成的分子形状并不是直线形的，而碳原子是呈锯齿形排列的。

因此，所谓直链是指不带支链的碳链。直链烷烃就是碳原子依次连续连接，没有任何分支的链状烷烃。

2.1.2　烷烃的同系列

甲烷的分子式为 CH_4，乙烷、丙烷、丁烷和戊烷的分子式分别为 C_2H_6、C_3H_8、C_4H_{10} 和 C_5H_{12}。两个烷烃分子式之间差为 CH_2 或它的整数倍，相邻的后面一个烷烃的分子相当于在前面一个烷烃分子的碳氢键之间插入一个 CH_2，甲烷则相当于在两个氢原子之间插入一个 CH_2，因此烷烃的分子式相当于 $n(CH_2)+2H(n=1,2,3,\cdots)$，即烷烃的通式可表示为 C_nH_{2n+2}。烷烃这种具有同一通式、结构和性质相似的一系列化合物称为同系列(homologous series)。同系列中的各化合物之间互称为同系物(homolog)，CH_2 称为同系列的系差。同系物中，除第一个化合物外，它们的化学性质相似，物理性质则随碳原子数的增加而呈有规律的变化。

甲烷中的四个 C—H 键都相等，因此将 CH_2 插入任一个 C—H 键之间都一样，只得到一种乙烷。同理，乙烷中的六个 C—H 键也都相等，因此在 C—H 键之间插入 CH_2 也只得到一种丙烷。

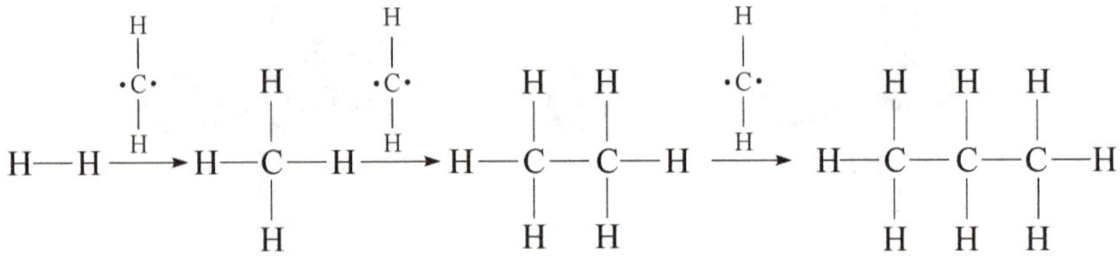

氢　　甲烷　　乙烷　　丙烷

但在丙烷中，由于中间碳原子上的氢与两端碳原子上的氢不同，因此将 CH_2 插入中间碳原子上的 C—H 键之间和插入两端碳原子上的 C—H 键之间结果是不同的，会衍生出两种不同的都具有四个碳原子的烷烃，一种称为丁烷，另一种称为异丁烷。丁烷与异丁烷具有相同的分子式，互为异构体。

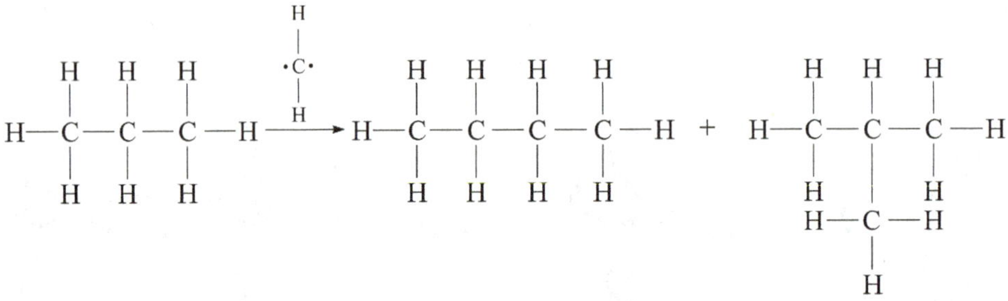

丙烷　　丁烷　　异丁烷

依此类推，分析前一个烷烃中不同 C—H 键的情况，可以推导出多一个碳原子的烷烃异构体。丁烷和异丁烷中各有两个不同的 C—H 键，它们各可以衍生出两种戊烷，但它们之间都各有一种异戊烷相同而重复，所以戊烷有三种异构体。

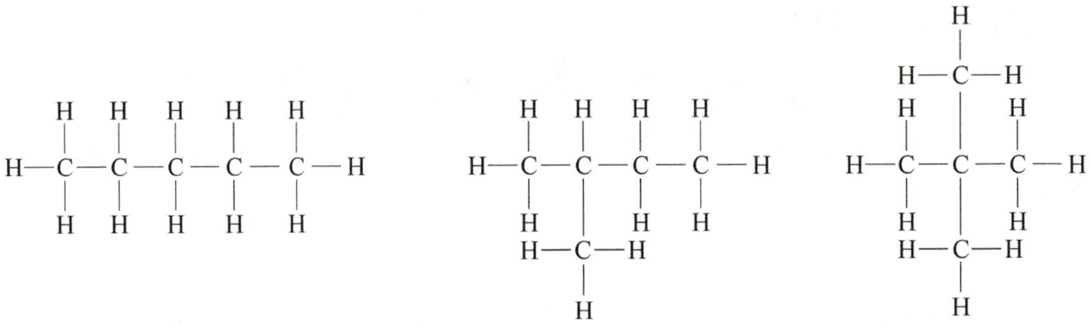

戊烷　　异戊烷　　新戊烷

从戊烷的三种异构体可以看出：其中碳原子与碳原子相互连接的环境并不完全一样，有的碳原子仅与另一个碳原子相连，称为伯碳原子；有的碳原子与另外两个、三个或四个碳原子相连，它们分别称为仲碳原子、叔碳原子和季碳原子。伯、仲、叔碳原子上的氢原子分别称为伯氢、仲氢、叔氢。例如，在异戊烷中，C_1、C_4、和 C_5 都只与一个碳原子相连，它们都是伯碳原子，它们所连的氢都是伯氢。C_3 与两个碳原子相连，它是仲碳原子，连接的氢为仲氢。C_2 与三个碳原子相连，它是叔碳原子，连接的氢为叔氢。伯、仲、叔碳原子也常分别用 1°C、2°C、3°C 表示。

```
      H    H    H    H
      |    |    |    |
   H—C1—C2—C3—C4—H
      |    |    |    |
      H    |    H    H
        H—C5—H
           |
           H
```

异戊烷

2.1.3　烷烃的同分异构

从前文可知，从四个碳原子开始，具有相同分子式的烷烃的结构就不止一种，丁烷有两种，戊烷有三种。这种分子式相同而结构不同的化合物称为同分异构体，这种现象称为同分异构现象。这是由于分子中碳原子与碳原子之间相互连接的次序不同而产生的，这种分子中碳原子与碳原子之间相互连接的次序和方式称为构造(constitution)。分子中原子之间凡因构造不同而产生的异构体称为构造异构体。上述的两种丁烷之间或三种戊烷之间，它们互为构造异构体。构造包含在结构之中，结构除包括构造外，还包括后面要逐步介绍的构型和构象等。

由于烷烃的构造异构是指碳原子与碳原子之间连接的次序不同，因此这种构造异构又称为碳架异构。碳架异构的推导必须按一定的顺序进行。例如，推出分子式为 C_7H_{16} 的庚烷的构造异构体，可按以下步骤进行：

(1) 写出主碳链为 7C 的碳架，即 C—C—C—C—C—C—C。

(2) 写出主碳链为 6C 的碳架，即 C—C—C—C—C—C，再把一个碳原子作为支链连在不同的碳原子上，得到

```
C—C—C—C—C—C  和  C—C—C—C—C—C。
   |                    |
   C                    C
```

(3) 写出主碳链为 5C 的碳架 C—C—C—C—C，①固定 1 个碳原子在 C_2 上，得到

```
C—C—C—C—C
   |
   C
```

；②把剩余的 1 个碳原子作为支链连在不同的碳原子上，得到

```
   C
   |
C—C—C—C—C ， C—C—C—C—C  和  C—C—C—C—C
   |            |  |              |     |
   C            C  C              C     C
```

；③在主碳链为 5C 的碳架上，重新把 1 个碳原子固定在 C_3 上，得到

```
C—C—C—C—C
      |
      C
```

，再把剩余的 1 个碳原子作为支链连在

有关的不同碳原子上，得到 $\begin{array}{ccccccccc} & & & & C & & & & \\ & & & & | & & & & \\ C & — & C & — & C & — & C & — & C \\ & & & & | & & & & \\ & & & & C & & & & \end{array}$ 和 $\begin{array}{ccccccccc} C & — & C & — & C & — & C & — & C \\ & & & & | & & & & \\ & & & & C & & & & \\ & & & & | & & & & \\ & & & & C & & & & \end{array}$ 。

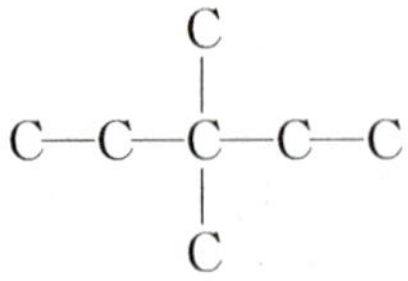

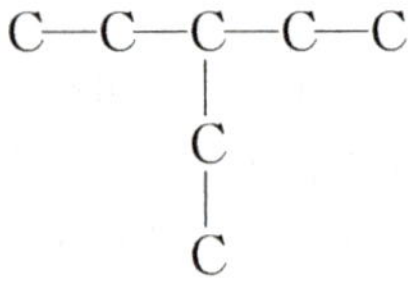

(4) 写出主碳链为 4C 的碳架 C—C—C—C，①将 2 个碳原子分别固定在 C_2 上，得到 $\begin{array}{ccccccc} & & C & & & & \\ & & | & & & & \\ C & — & C & — & C & — & C \\ & & | & & & & \\ & & C & & & & \end{array}$ ；② 把剩余的 1 个碳原子作为支链，连在有关的碳原子上，得到 $\begin{array}{ccccccc} & & C & & & & \\ & & | & & & & \\ C & — & C & — & C & — & C \\ & & | & & | & & \\ & & C & & C & & \end{array}$ 。

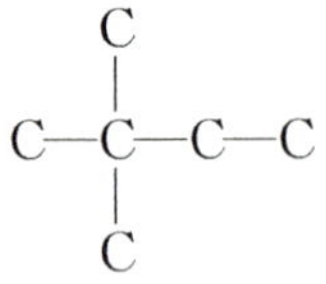

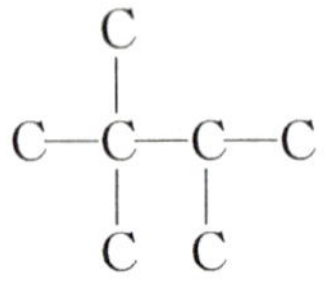

(5) 在各异构体上用氢原子将各碳原子饱和，得到以下 9 个构造异构体：

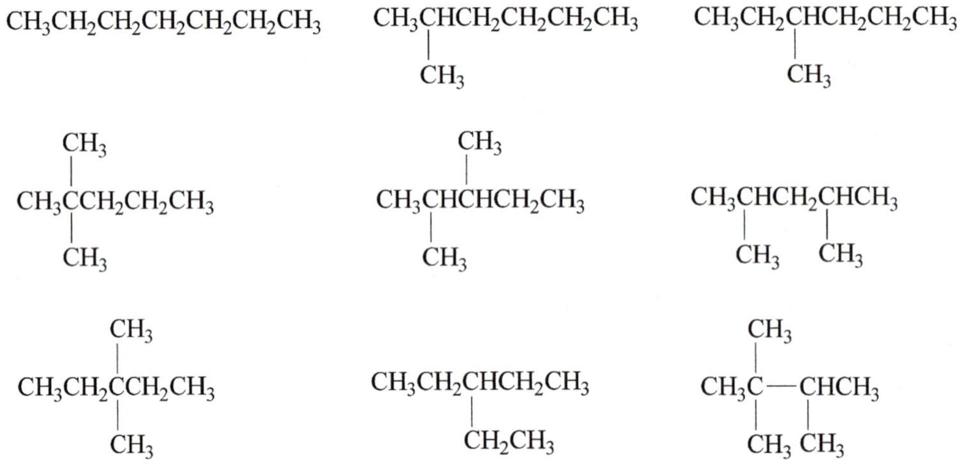

$$CH_3CH_2CH_2CH_2CH_2CH_2CH_3 \qquad \begin{array}{l} CH_3\underset{\displaystyle |}{C}HCH_2CH_2CH_2CH_3 \\ \quad CH_3 \end{array} \qquad \begin{array}{l} CH_3CH_2\underset{\displaystyle |}{C}HCH_2CH_2CH_3 \\ \qquad\quad CH_3 \end{array}$$

$$\begin{array}{c} CH_3 \\ | \\ CH_3CCH_2CH_2CH_3 \\ | \\ CH_3 \end{array} \qquad \begin{array}{l} \qquad\quad CH_3 \\ \qquad\quad | \\ CH_3CHCHCH_2CH_3 \\ \quad | \\ \quad CH_3 \end{array} \qquad \begin{array}{l} CH_3CHCH_2CHCH_3 \\ \quad | \qquad\quad | \\ \quad CH_3 \quad CH_3 \end{array}$$

$$\begin{array}{c} CH_3 \\ | \\ CH_3CH_2CCH_2CH_3 \\ | \\ CH_3 \end{array} \qquad \begin{array}{l} CH_3CH_2CHCH_2CH_3 \\ \qquad\quad | \\ \qquad\quad CH_2CH_3 \end{array} \qquad \begin{array}{l} \quad CH_3 \\ \quad | \\ CH_3C—CHCH_3 \\ \quad | \qquad | \\ \quad CH_3\ CH_3 \end{array}$$

烷烃还可以简写为键线式，每个转折点表示为 CH_2，键线的端点表示为 CH_3。上述各异构体可简写为

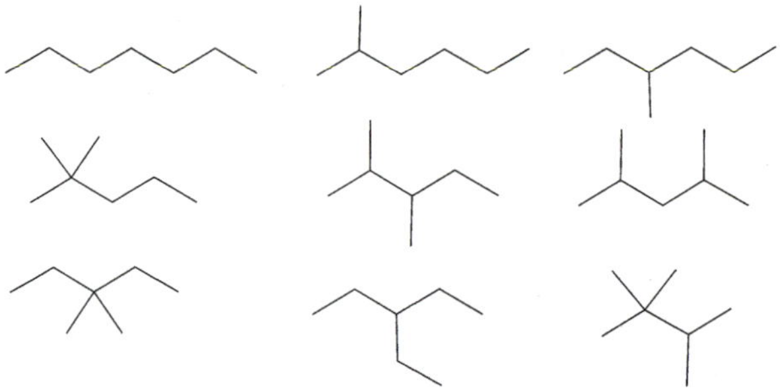

烷烃构造异构体的数目随着分子中碳原子数的增加而迅速增加，如表 2-1 所示。

表 2-1　烷烃构造异构体的数目

碳原子数	构造异构体数	碳原子数	构造异构体数
1	1	7	9
2	1	8	18
3	1	9	35
4	2	10	75
5	3	15	4 347
6	5	20	366 319

2.1.4　烷烃的命名

在有机化学发展的初期，由于人们对有机化合物的结构还不清楚，认识很是表面，因此对为数不多的有机化合物往往根据它们的来源或某些特性而给出某个名称，如把由池沼中植物腐烂产生的甲烷气体称为沼气。随着有机化学的发展，人们发现的有机化合物越来越多，对它们的认识也逐渐由性质深化到构造，从而逐渐产生了按构造命名的普通命名法和系统命名法。

1. 普通命名法

对于含有 1～10 个碳原子的直链烷烃，分别用天干名称甲、乙、丙、丁、戊、己、庚、辛、壬和癸等表示直链上的碳原子数，后面再加上“烷”字表示属于烷烃系列，即得到甲烷、乙烷、丙烷、丁烷等名称。对于含有 10 个碳原子以上的直链烷烃，则用中文数字十一、十二、十三等表示直链上的碳原子数，称为十一烷、十二烷、十三烷等。烷烃英文名称的词尾是 ane。例如

$CH_3(CH_2)_4CH_3$　　$CH_3(CH_2)_7CH_3$　　$CH_3(CH_2)_{14}CH_3$

己烷(hexane)　　壬烷(nonane)　　十六烷(hexadecane)

以上是不带支链的直链烷烃的命名，有时会在名称前面用“正”字表示其不带支链，但通常都会省略。

对于某些特殊支链的烷烃可用“异”某烷、“新”某烷命名。例如，在碳链的一端具有 $CH_3-\underset{\underset{CH_3}{|}}{CH}-$ 结构且再没有其他支链的烷烃，则按碳原子总数称为“异某烷”。而对于在碳链一端具有 $CH_3-\overset{\overset{CH_3}{|}}{\underset{\underset{CH_3}{|}}{C}}-$ 结构且再没有其他支链的烷烃，则按碳原子总数称为“新某烷”。例如

$CH_3-\underset{\underset{CH_3}{|}}{CH}-CH_2CH_3$　　$CH_3-\overset{\overset{CH_3}{|}}{\underset{\underset{CH_3}{|}}{C}}-CH_3$　　$CH_3-\overset{\overset{CH_3}{|}}{\underset{\underset{CH_3}{|}}{C}}-CH_2CH_3$

异戊烷(isopentane)　　新戊烷(neopentane)　　新己烷(neohexane)

但通常所说的异辛烷却具有特定的结构，这是工业上习惯用的商品名称，它不符合上述关于“异某烷”的规定。

$$\begin{array}{c} \quad\ CH_3 \qquad\quad CH_3 \\ \quad\ | \qquad\qquad\ | \\ CH_3-C-CH_2-CH-CH_3 \\ | \qquad\qquad\qquad \\ CH_3 \qquad\qquad\quad \end{array}$$

异辛烷(isooctane)

2. 系统命名法

烷烃的异构体随着碳原子数目的增加迅速增多，构造也更复杂多样，因此必须要有一个更系统、更全面、应用范围更广且能被大家认可的命名法。1892 年 4 月，部分世界著名化学家在日内瓦召开的国际化学会议上讨论拟定了关于有机化合物的系统命名原则，后经国际纯粹和应用化学联合会(International Union of Pure and Applied Chemistry，简称 IUPAC)多次修订，于 1979 年正式公布了“有机化学命名法”，并为世界各国化学家所采用。近几年，IUPAC 对有机化合物的命名多次提出了补充和修改的建议，2004 年又在 1993 年的基础上进行了修订。我国则根据此命名法，结合我国文字的特点，对原有的“有机化学物质的系统命名原则”(1960 年)进行多次修订，于 1980 年制定出版了《有机化学命名原则》，2010 年开始对“1980 版”进行了修订。在修订稿《有机化合物中文命名原则》中，对“取代基在有机化合物系统命名中的排序问题”作了较大调整，本书在取代基的排序上则遵照“2010 修订稿”和 2004 年 IUPAC 的规则作相应调整。

按照中文的系统命名法有以下几种情况：

(1) 直链烷烃的命名与普通命名法相同，按照直链上的碳原子数分别称为甲烷、乙烷、丙烷、……、十一烷、十二烷等。

(2) 对支链烷烃，把支链当成连在主碳链上的取代基命名。在烷烃的碳原子上去掉一个氢原子，剩余的一价原子团称为烷基，通常用 R—表示，烷基的通式为 C_nH_{2n+1}。例如

CH_3- 甲基(methyl，简写为Me)

CH_3CH_2- 乙基(ethyl，简写为Et)

$CH_3CH_2CH_2-$ 丙基(propyl，简写为*n*-Pr)

$CH_3CH_2CH_2CH_2-$ 丁基(butyl，简写为*n*-Bu)

具有 $CH_3-CH(CH_3)\cdots CH_2-$ 结构的烷基称为异某基。例如

$CH_3-CH(CH_3)-CH_2-$ 异丁基(isobutyl，简写为*i*-Bu)

$CH_3-CH(CH_3)-CH_2-CH_2-$ 异戊基(isopentyl，简写为*i*-pent)

$CH_3-CH(CH_3)-CH_2-CH_2-CH_2-$ 异己基(isohexyl，简写为*i*-hexyl)

$CH_3-CH(CH_3)-$ 称为异丙基(isopropyl，简写为 *i*-Pr)。

具有$CH_3—CH_2\cdots\underset{\displaystyle CH_3}{\underset{|}{CH}}—$结构的烷基称为仲某基。例如

$$CH_3—CH_2—\underset{\displaystyle CH_3}{\underset{|}{CH}}—$$

仲丁基(sec-butyl,简写为*s*-Bu)

$$CH_3—CH_2—CH_2—\underset{\displaystyle CH_3}{\underset{|}{CH}}—$$

仲戊基(*s*-pentyl)

具有$CH_3\cdots\overset{\displaystyle CH_3}{\overset{|}{\underset{\displaystyle CH_3}{\underset{|}{C}}}}—$结构的烷基称为叔某基。例如

$$CH_3—\overset{\displaystyle CH_3}{\overset{|}{\underset{\displaystyle CH_3}{\underset{|}{C}}}}—$$

叔丁基(tert-butyl,简写为*t*-Bu)

$$CH_3—CH_2—\overset{\displaystyle CH_3}{\overset{|}{\underset{\displaystyle CH_3}{\underset{|}{C}}}}—$$

叔戊基(*t*-pentyl)

$(CH_3)_3CCH_2—$称为新戊基。

(3) 选择最长的碳链作为主碳链,按主链上的碳原子数称为某烷,并从最靠近取代基的一端开始对主碳链碳原子用阿拉伯数字进行编号,使第一个出现的取代基编号最小。例如

$$\begin{array}{l} \qquad\quad CH_3 \\ \quad\;\, {}^{3}\quad {}^{2}|\quad {}^{1} \\ CH_3CHCHCH_3 \\ \quad\;\, {}^{4}|\quad {}^{5} \\ \quad\;\, CH_2CH_3 \end{array}$$

2,3-二甲基戊烷(2,3-dimethylpentane)

$$\begin{array}{l} \qquad\qquad\;\, {}^{3}\quad {}^{2}\quad\; {}^{1} \\ CH_3CH_2CHCH_2CH_3 \\ \qquad\quad\;\; {}^{4}|\quad {}^{5}\quad {}^{6} \\ \qquad\quad\;\; CH_2CH_2CH_3 \end{array}$$

3-乙基己烷(3-ethylhexane)

$$\begin{array}{l} \qquad\qquad\qquad\qquad\quad CH_3 \\ \qquad\qquad\qquad\qquad\quad\;\; | \\ CH_3CHCH_2CH_2CH_2CCH_2CH_3 \\ \qquad\; | \qquad\qquad\qquad\;\; | \\ \qquad CH_3 \qquad\qquad\quad\; CH_3 \end{array}$$

2,6,6-三甲基辛烷(2,6,6-trimethyloctane)(而不是3,3,7-三甲基辛烷)

当有一种以上的最长碳链可供选择时,应选择碳链上取代基多的碳链作为主碳链。例如

$$\begin{array}{l} \qquad\qquad\qquad\qquad\quad CH_3 \\ {}^{8}\qquad {}^{7}\qquad {}^{6}\quad {}^{5}\qquad {}^{4}|\quad {}^{3} \\ CH_3CH_2CHCH_2CHCHCH_2CH_3 \\ \qquad\qquad\;\; | \qquad\qquad\; {}^{2}| \\ \qquad\quad CH_2CH_3 \qquad CHCH_3 \\ \qquad\qquad\qquad\qquad\qquad\;\; | \\ \qquad\qquad\qquad\qquad\quad\; {}^{1}CH_3 \end{array}$$

3,6-二乙基-2,4-二甲基辛烷(3,6-diethyl- 2,4-dimethyloctane)

书写命名时，将取代基在主链上的位置用阿拉伯数字和取代基的名称写在母体名称的前面，相同取代基按同类合并，阿拉伯数字之间用逗号“，”分开，阿拉伯数字与中文字之间用短横“-”隔开。

当含有几个不同的支链取代基时，取代基的先后排列则遵循 IUPAC 的命名原则，即按取代基的第一个英文字母的先后顺序排列（但前缀如 di、tri、tetra、sec 和 tert 等不包括在取代基的字母中）。例如

$$\begin{array}{c} CH_3\quad CH_3 \\ CH_3CH_2CHCHCHCH_2CH_2CH_3 \\ CH_2CH_3 \end{array}$$

应命名为 4-乙基-3，5-二甲基辛烷（不用 3，5-二甲基-4-乙基辛烷）。

（4）当两个不同的取代基都距链端相同位置时，则使取代基第一个字母在前的取代基编号小。例如

$$\begin{array}{c} CH_3 \\ CH_3CH_2CHCHCH_2CH_3 \\ CH_2CH_3 \end{array}$$

应命名为 3-乙基-4-甲基己烷（不用 3-甲基-4-乙基己烷）。

但对于多取代基的化合物，编号时要遵循最低序列原则，即第一个取代基取最小编号时，要能使第二个取代基的编号处于最小位置。例如

$$\begin{array}{c} CH_3\ \ CH_2CH_3 \\ CH_3CH_2C{-}CHCH_2CH_3 \\ CH_3 \end{array} \qquad \begin{array}{c} CH_3\quad CH_2CH_3 \\ CH_3CH_2CHCHCH_2CHCH_2CH_3 \\ CH_3 \end{array}$$

（Ⅰ）　　　　　　　　（Ⅱ）

化合物（Ⅰ）的正确命名应为 4-乙基-3，3-二甲基己烷，而不是 3-乙基-4，4-二甲基己烷（前者是 3、$\underline{3}$ 和 4，后者是 3、$\underline{4}$ 和 4）。化合物（Ⅱ）的正确命名应为 6-乙基-3，4-二甲基辛烷，而不是 3-乙基-5，6-二甲基辛烷（前者是 3、$\underline{4}$ 和 6，后者是 3、$\underline{5}$ 和 6）。

对带支链的取代基，则从游离价碳原子开始编号。例如

$$\begin{array}{c} CH_3CH_2CH_2CHCH_2CH_2CH_3 \\ {}^{1}CHCH_3 \\ {}^{2}CH_3 \end{array} \qquad \begin{array}{c} CH_2CH_3 \\ CH_3CH_2CHCH_2CHCH_2CH_2CH_3 \\ CH_3\overset{1}{C}CH_3 \\ {}^{2}CH_3 \end{array}$$

4-(1-甲基乙基)庚烷　　　　**5-(1,1-二甲基乙基)-3-乙基辛烷**

4-(1-methylethyl)heptane　　　　**5-(1,1-dimethylethyl)-3-ethyloctane**

这里必须注意的是：在后一个例子中，二甲基乙基是作为一个取代基，所以是以 dimethylethyl

和 ethyl 的第一个字母排序的。

在 IUPAC 命名中，也允许直接使用普通命名法中的异、仲、叔和新等常见的烷基命名。

问题 2-1　写出分子式为 C_6H_{14} 的各异构体，并用系统命名法命名。

问题 2-2　用不同符号标出上述各异构体中的伯碳原子、仲碳原子和叔碳原子，以及伯氢、仲氢和叔氢。

问题 2-3　用系统命名法命名下列烷烃。

(1) $\begin{array}{c} \quad CH_3\ \ CH_3 \\ \quad | \qquad | \\ CH_3CCH_2CHCH_3 \\ | \\ CH_3 \end{array}$　(2) $\begin{array}{c} \qquad CH_3 \quad CH_2CH_3 \\ \qquad | \qquad\quad | \\ CH_3CH_2CHCHCH_2CHCH_2CH_3 \\ | \\ CH_3 \end{array}$　(3) $\begin{array}{c} CH_2CH_3 \\ | \\ CH_3CH_2CHCH_2CHCH_2CH_3 \\ \qquad\qquad | \\ \qquad\qquad CH_3 \end{array}$

2.1.5　烷烃的构象

1. 乙烷的构象

在乙烷分子中，C—C 是由两个碳原子用 sp^3 杂化轨道正面交盖而形成的 σ 键，C—C σ 键的旋转并不影响轨道的交盖，因此理论上 C—C σ 键的旋转应该是自由的。但在乙烷的球棍模型中，如果将一个甲基相对固定不动，将另一个甲基沿着 C—C σ 键旋转时，会发现两个甲基上的氢原子之间有着不同的相对排列关系，从透视的角度观察，前后两个甲基上的氢原子有的是处于重叠状态的，有的是处于交叉状态的。这种因 C—C σ 键的旋转而产生的原子在空间的不同排列称为构象(conformation)。这种因构象不同而产生的异构称为构象异构。

在乙烷的构象中，有两种最重要的构象：一种是两个甲基上的氢原子彼此相距最近的构象，这是重叠式构象；另一种是两个甲基上的氢原子彼此相距最远的构象，这是交叉式构象。它们分别可用模型表示如下：

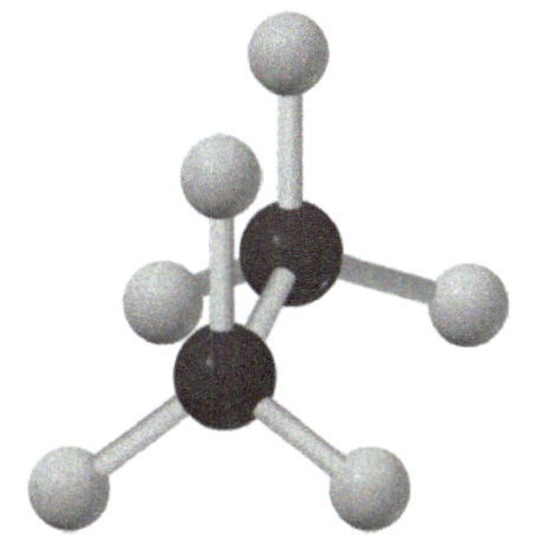

乙烷重叠式构象

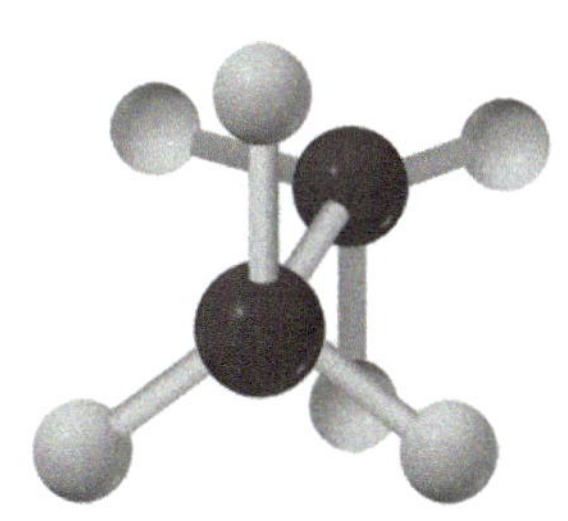

乙烷交叉式构象

相应的透视式可表示为

重叠式　　交叉式

其中用实线连接的原子在纸平面上，用虚线连接的原子在纸平面后面，用楔形线连接的原子在纸平面前面。

乙烷的重叠式构象和交叉式构象还可以分别用锯架式和 Newman 投影式表示：

锯架式重叠式构象　　锯架式交叉式构象　　Newman式重叠式构象　　Newman式交叉式构象

在 Newman 投影式中，是将 C—C 键垂直于纸平面，两个碳原子处于透视的重叠状态，前面的碳原子处于三个 C—H 键的交点上，后面的碳原子用圆圈表示。若将乙烷的两个碳原子分别用 C_1 和 C_2 标记，则 H—C_1—C_2 所在平面与 C_1—C_2—H 所在平面的夹角(ϕ)称为两面夹角或扭转角(图 2-4)。在乙烷的重叠式构象中，两面夹角等于 0°，在交叉式构象中，两面夹角等于 60°。

在乙烷的重叠式构象中，两个重叠氢原子之间的距离为 229pm，小于两个氢原子的 van der Waals 半径之和(120pm×2)，两个氢原子之间存在一定排斥力(图 2-5)，是势能最高的不稳定构象。

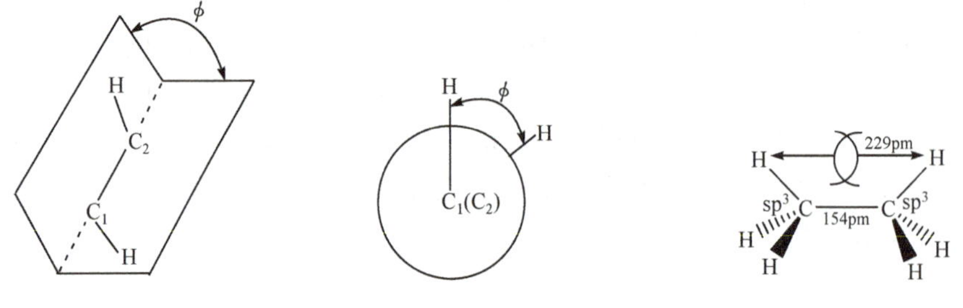

图 2-4　扭转角

图 2-5　乙烷重叠式构象中两个氢原子之间的排斥力示意图

而在交叉式构象中，两个碳原子上的两个氢原子之间的距离为 250pm，大于两个氢原子的 van der Waals 半径之和，是势能最低的稳定构象，两构象的能垒为 12.1kJ · mol^{-1}。

随着乙烷中 C—C σ 键的旋转，除重叠式构象和交叉式构象外，还有无穷多个介于两者之间的构象，它们的势能随各原子在空间的排列不同而不同。其势能与构象的关系可用图 2-6 表示。图中曲线上的任意一点都代表无穷构象中的一种构象及其相对应的势能大小。

在乙烷中，C—C 键的旋转可以基本上被认为是“自由”的，因为分子在室温下热运动产生的能量(~84kJ · mol^{-1})足以克服重叠式构象和交叉式构象之间的能垒差(约 12kJ · mol^{-1})。在 25℃时，乙烷中 C—C 键的转旋可达到 10^{11} 次 · s^{-1}，温度越高，旋转越快，因此这些构象异构体不能被分离出来。但 C—C 键的旋转又不是完全自由的，结果分子总是趋向于以势能较低的交叉式构象为主。

2. 丁烷的构象

正丁烷相当于乙烷的两个碳原子上各有一个氢原子被甲基取代的化合物，当 C_1—C_2 σ 键、

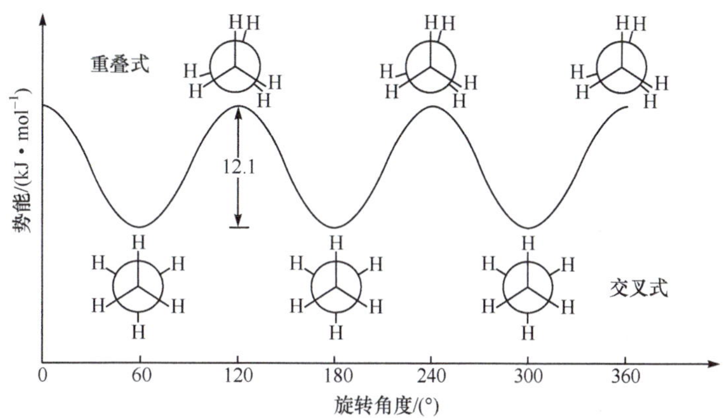

图 2-6　乙烷的构象与势能关系示意图

C_2—C_3 σ 键和 C_3—C_4 σ 键旋转时都会产生相应的不同构象，这里主要讨论因 C_2—C_3 σ 键旋转而产生的典型构象。可以分别用 Newman 投影式表示为

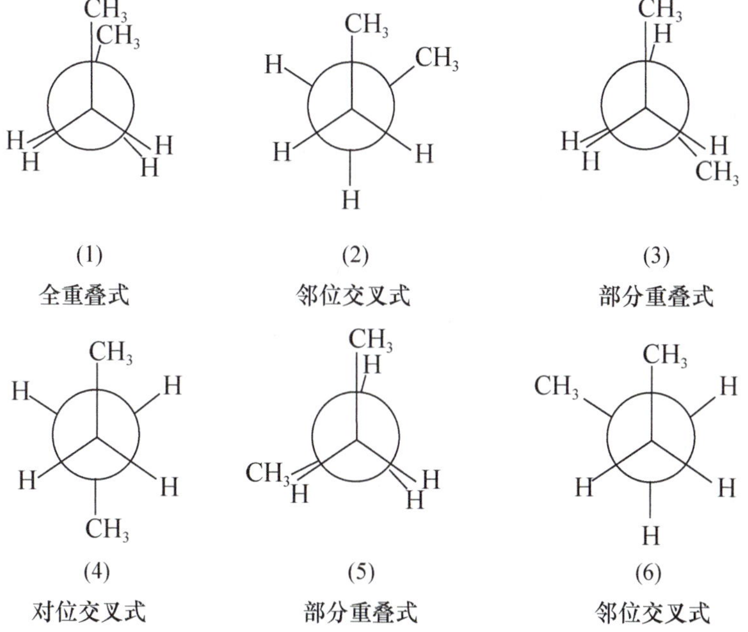

在重叠式构象(1)、(3)和(5)中，(1)中的甲基与甲基、氢与氢都处于重叠位置，而(3)和(5)中是甲基与氢、氢与氢的重叠，所以(1)、(3)和(5)都是不稳定构象，而(1)是势能最高的不稳定构象。

在交叉式构象(2)、(4)和(6)中，(4)中两个体积大的甲基处于相对位置，相距最远，而(2)和(6)中两个体积大的甲基处于相邻位置，相距较近，但相对于重叠式构象，(2)、(4)和(6)都是稳定构象，其中(4)是势能最低的最稳定构象，又称优势构象。在最稳定的构象(4)中，四个碳原子处于同一平面上，如果 C_1 和 C_4 的氢都表示成构象式，则相邻碳原子上的氢原子都处于交叉式位置。

最不稳定的构象式(1)的势能比最稳定的构象式(4)高 18.8kJ・mol^{-1}，不稳定的构象式(3)和(5)比构象式(4)高 15.9kJ・mol^{-1}，邻位交叉式构象(2)和(6)比构象式(4)高 3.7kJ・mol^{-1}。因此，室温下构象(4)约占 70%，构象(2)和(6)约占 30%，其他构象占的份额很小，可以忽略不计。这也说明分子总是趋于以稳定的构象存在。

正丁烷的构象与势能的关系可用图 2-7 表示。

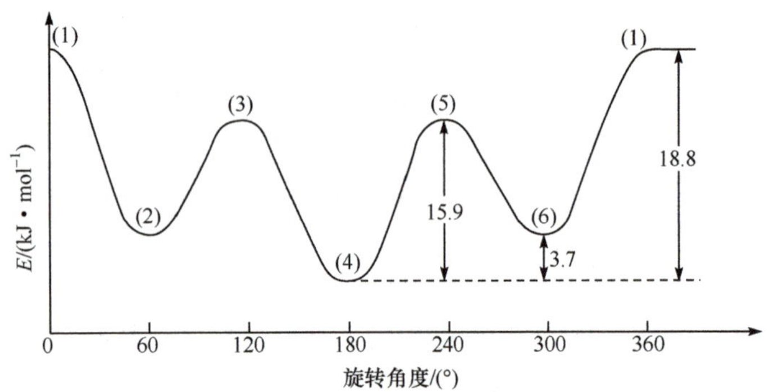

图 2-7　正丁烷的构象与势能关系示意图

在多碳原子的直链烷烃中，尽管也存在多种不同构象，但其构象存在的主要形式是相邻两个碳原子之间都取最稳定的全交叉式构象，碳原子呈锯齿形链状排列。例如

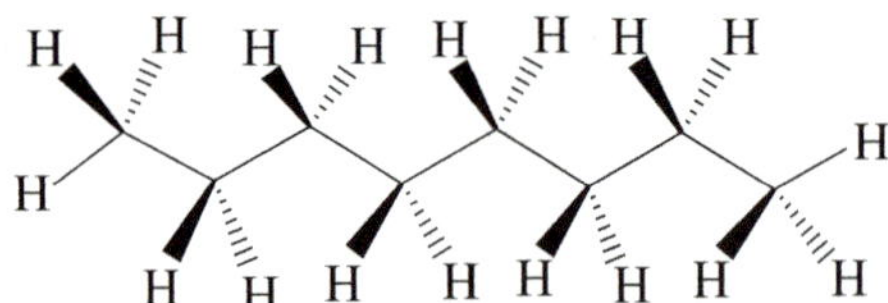

直链烷烃的这种构象有利于分子在固态的晶体结构中排列得更紧密。

烷烃分子的构象对烷烃的物理性质和化学性质都有很大的影响。

问题 2-4　按题意用 Newman 投影式画出下列化合物相应的构象。

(1) 1,1,2,2-四溴乙烷最稳定的交叉式构象

(2) 3-甲基戊烷中以 C_2—C_3 键为基准的最稳定构象

问题 2-5　将下列正丁烷的 Newman 投影式改写成锯架式。

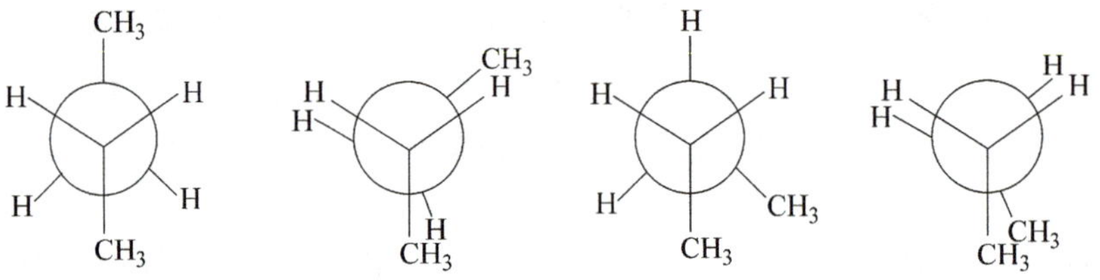

2.1.6　烷烃的物理性质

有机化合物的物理性质通常包括物态(气态、液态、固态)、沸点、熔点、相对密度、溶解度、

折射率、比旋光度和波谱性质等。在一定条件下,单一的纯净有机化合物的物理性质都有相对应的数值,这称为物理常数。通过物理常数的测定,常可以鉴定有机化合物和有机化合物的纯度。

物理性质与分子的结构有关,同系列有机化合物的物理常数随碳原子数的增加而有一定的变化规律。

在室温(20℃)和常压(760mmHg①)下,C_1～C_4 的烷烃为气体,C_5～C_{16}的直链烷烃为液体,C_{17}以上的直链烷烃为固体。部分烷烃的物理常数见表 2-2。

表 2-2 部分烷烃的物理常数

化合物	熔点/℃	沸点/℃	相对密度
甲烷(methane)	−182.6	−161.7	
乙烷(ethane)	−183.3	−88.6	
丙烷(propane)	−187.1	−42.2	
丁烷(butane)	−138.4	−0.5	
异丁烷(2-methylpropane)	−159.0	−12.0	
戊烷(pentane)	−129.7	36.1	0.626
异戊烷(2-methylbutane)	−160.0	28	0.620
新戊烷(2,2-dimethylpropane)	−16.6	9.5	0.614
己烷(hexane)	−94.0	68.7	0.659
异己烷(2-methylpentane)	−159.0	60.3	0.654
3-甲基戊烷(3-methylpentane)	−118	63.3	0.676
2,2-二甲基丁烷(2,2-dimethylbutane)	−98	50	0.649
2,3-二甲基丁烷(2,3-dimethylbutane)	−129	58	0.668
庚烷(heptane)	−90.5	98.4	0.684
辛烷(octane)	−56.8	125.6	0.703
壬烷(nonane)	−53.7	150.7	0.718
癸烷(decane)	−29.7	174.1	0.730
十一烷(undecane)	−25.6	195.9	0.740
十二烷(dodecane)	−9.7	216.3	0.749
十三烷(tridecane)	−5.5	235.4	0.756
十四烷(tetradecane)	6	253.5	0.763
十五烷(pentadecane)	10.0	270.5	0.769
十六烷(hexadecane)	18.1	287.1	0.773
十七烷(heptadecane)	22.0	302.6	0.778
十八烷(octadecane)	28	317.4	0.777

1. 沸点

直链烷烃的沸点随着碳原子数的增多而有规律地升高。相邻两个直链烷烃的沸点差随着

① mmHg 为非法定单位,1mmHg=1.333 22×10^2Pa。

烷烃相对分子质量的增加而逐渐缩小(图 2-8)。因此,低级烷烃之间的沸点差别较大,而高级烷烃之间的沸点差别较小,高级烷烃的分离比低级烷烃困难得多。

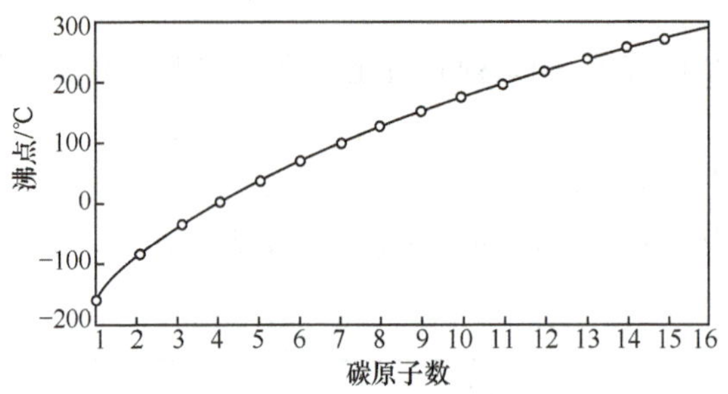

图 2-8 直链烷烃的沸点与含碳原子数的关系示意图

沸点的高低与分子之间的作用力大小有关,作用力越大,沸点越高。烷烃是非极性分子,分子之间的引力主要是分子在运动过程中产生的诱导偶极与诱导偶极之间的作用力,即色散力。色散力的大小与分子中的原子数目、大小和分子形状有关,烷烃分子中的碳原子和氢原子数目越多,色散力越大,沸点也越高。然而色散力只有在很近的距离内才能有效地作用,由于烷烃的支链阻碍了分子之间的紧密靠拢,所以支链烷烃的色散力比同碳原子数的直链烷烃小,沸点低。因此,在同分异构体中,直链烷烃的沸点比支链烷烃高,支链越多,沸点越低。

2. 熔点

总体来说,直链烷烃的熔点随着相对分子质量的增加而升高,但熔点不仅与相对分子质量有关,还与分子的对称性、分子之间的作用力及在晶体结构中的排列等有关。含奇数碳原子的直链烷烃的熔点比与它相邻的两个含偶数碳原子的直链烷烃的熔点低,这是因为在奇数碳原子的烷烃中,两个端点的碳原子处在锯齿形结构的同侧,其对称性不如处于异侧的偶数碳原子的直链烷烃,后者在晶格中的排列比前者更紧密,所以熔点也较前者高。这种现象随着相对分子质量的增加而逐渐减小(图 2-9)。

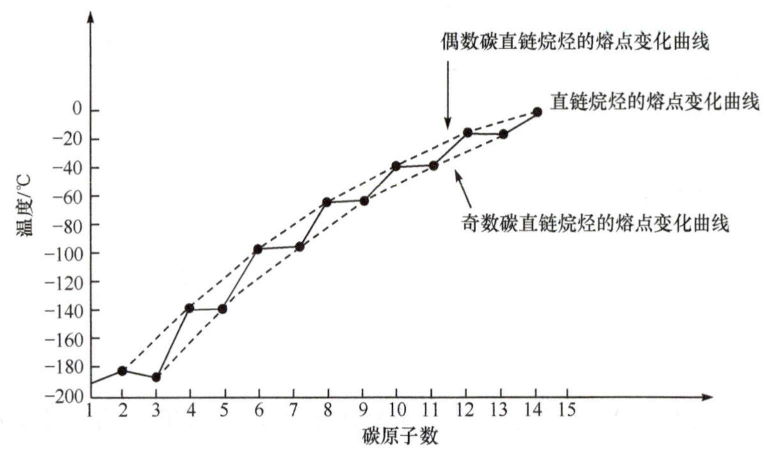

图 2-9 直链烷烃的熔点随含碳原子数变化的示意图

一般来说，支链烷烃分子之间的作用力比直链烷烃小，熔点也略低于同碳原子数的直链烷烃，但当分子趋于球形结构时，由于其具有高度的对称性，熔点反而更高，如高度对称的新戊烷的熔点比正戊烷高 113℃。

3. 相对密度

烷烃比水轻，相对密度为 0.424～0.780，都小于 1。低级直链烷烃的相对密度随着相对分子质量的增加而增大，最大接近于 0.780。

4. 溶解度

烷烃分子是非极性分子，根据“相似相溶”的经验规律，易溶于非极性或极性弱的有机溶剂，如乙醚、苯、四氯化碳等，而不溶于极性溶剂水。

问题 2-6 写出 C_5H_{12} 中熔点和沸点最接近的异构体，并给出理由。

问题 2-7 将下列烷烃按沸点由高到低排列。

(1) 辛烷 (2) 2,5-二甲基己烷 (3) 3-甲基庚烷 (4) 四甲基丁烷

2.1.7 烷烃的卤化反应及机理

烷烃是饱和烃，碳原子都为 sp^3 杂化，分子中只有 C—C σ 键 和 C—H σ 键，其键能分别为 347.3kJ · mol^{-1} 和 414.2kJ · mol^{-1}，只有提供较高的能量才能使相应的 σ 键断裂，因此烷烃具有很高的化学稳定性。在通常情况下，烷烃与常见的强酸、强碱、强氧化剂及强还原剂都不发生反应。但在适宜的反应条件下，如光照、高温或在催化剂的作用下，烷烃也能发生共价键均裂的自由基反应，生成多种极其重要的工业产品。

1. 甲烷的氯化

甲烷和氯在黑暗中不发生反应，如果在光照、加热到较高温度(300～400℃)或在催化剂存在的条件下，会发生剧烈的反应，分子中的氢被氯原子取代，生成氯代甲烷和氯化氢，同时释放出大量的热。

$$CH_4 + Cl_2 \xrightarrow[\text{或}\triangle]{h\nu} \underset{\text{一氯甲烷}}{CH_3Cl} + HCl + \text{热}$$

式中，$h\nu$ 表示光照，△表示加热。

反应中生成的一氯甲烷可以继续与氯发生反应，生成二氯甲烷、三氯甲烷和四氯化碳。

$$CH_3Cl + Cl_2 \longrightarrow \underset{\text{二氯甲烷}}{CH_2Cl_2} + HCl$$

$$CH_2Cl_2 + Cl_2 \longrightarrow \underset{\text{三氯甲烷}}{CHCl_3} + HCl$$

$$CHCl_3 + Cl_2 \longrightarrow \underset{\text{四氯甲烷}}{CCl_4} + HCl$$

甲烷的氯化较难停留在一氯甲烷的阶段，通常都是得到四种氯化产物的混合物。但控制反应条件和反应物的相对比例，可以使某一种氯化产物是反应的主要产物。

这种有机化合物分子中的某一个原子或原子团被其他原子或原子团取代，生成新的化合物的反应称为取代反应(substitution reaction)。烷烃分子中的氢被卤素原子取代生成卤代烃的取代反应称为卤化反应(halogenation reaction)。

2. 甲烷的氯化反应机理

甲烷的氯化是经自由基引发的取代反应，称为自由基取代反应。自由基是通过共价键的均裂产生的反应活性中间体，自由基反应通常在高温或气相中进行。在烷烃的氯化反应中，由于 Cl—Cl 键的解离能相对较低，在光照或加热的条件下，Cl—Cl 容易发生共价键的均裂，生成两个氯原子，称为氯自由基 Cl·，这一步是自由基反应的链引发(initiation)步骤。

$$\mathrm{Cl:Cl} \xrightarrow[\text{或}\triangle]{h\nu} 2\mathrm{Cl}\cdot \qquad (2\text{-}1)$$

氯自由基非常活泼，当与甲烷分子碰撞时，可以从甲烷分子中夺取一个氢原子，生成氯化氢和带有孤立电子的甲基自由基。

$$\mathrm{Cl}\cdot + \mathrm{CH_4} \longrightarrow \mathrm{HCl} + \underset{\text{甲基自由基}}{\mathrm{CH_3}\cdot} \qquad (2\text{-}2)$$

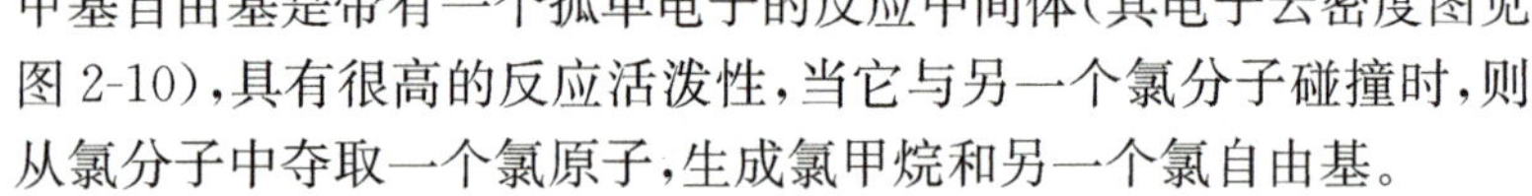

甲基自由基是带有一个孤单电子的反应中间体(其电子云密度图见图 2-10)，具有很高的反应活泼性，当它与另一个氯分子碰撞时，则从氯分子中夺取一个氯原子，生成氯甲烷和另一个氯自由基。

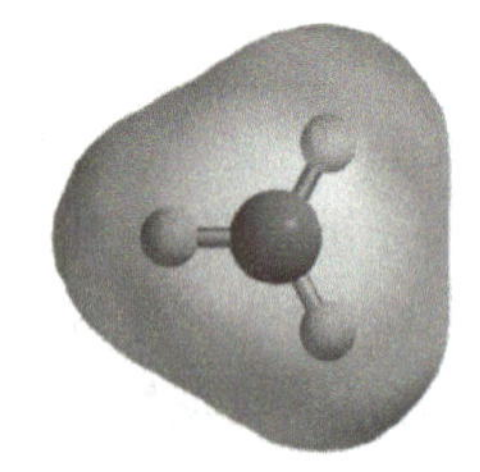

图 2-10　甲基自由基的电子云密度图

$$\mathrm{CH_3}\cdot + \mathrm{Cl_2} \longrightarrow \underset{\text{氯甲烷}}{\mathrm{CH_3Cl}} + \mathrm{Cl}\cdot \qquad (2\text{-}3)$$

由反应(2-3)新生的氯自由基又可以重复反应(2-2)，这种连锁似的反复循环的反应称为自由基链反应(free radical chain reaction)。反应(2-2)和反应(2-3)称为链的增长(chain propagation)。反应(2-2)和反应(2-3)是由一个自由基产生另一个不同自由基的过程，这也是完成取代反应的过程。随着自由基链反应进行到一定阶段后，自由基之间碰撞的概率也逐渐增加，自由基之间的碰撞使活泼自由基转变为相应的中性分子，自由基反应中断，这称为链的终止。例如

$$\mathrm{Cl}\cdot + \mathrm{Cl}\cdot \longrightarrow \mathrm{Cl_2}$$

$$\mathrm{CH_3}\cdot + \mathrm{CH_3}\cdot \longrightarrow \mathrm{CH_3CH_3}$$

$$\mathrm{CH_3}\cdot + \mathrm{Cl}\cdot \longrightarrow \mathrm{CH_3Cl}$$

自由基链反应通常都有链引发、链增长和链终止三个阶段。

反应(2-1)中，需要从外界吸收足以使氯分子发生均裂的能量，即 $\Delta H^{\ominus}=+242.2\mathrm{kJ\cdot mol^{-1}}$，所以必须在光照或加热的条件下才能进行。反应(2-2) 为吸热反应，需吸热 $7.5\mathrm{kJ\cdot mol^{-1}}$；反应(2-3)为放热反应，放热 $112.9\mathrm{kJ\cdot mol^{-1}}$。综合链增长的反应(2-2)和反应(2-3)，总结果为放热反应，$\Delta H^{\ominus}=(7.5-112.9)\mathrm{kJ\cdot mol^{-1}}=-105.4\mathrm{kJ\cdot mol^{-1}}$。由于反应(2-2)的反应活化能为 $16.7\mathrm{kJ\cdot mol^{-1}}$，反应(2-3)的反应活化能为 $8.3\mathrm{kJ\cdot mol^{-1}}$，所以反应(2-2)是链增长反应的速率决定步骤。甲烷的氯化反应中链增长过程的反应势能曲线示意图如图 2-11 所示。

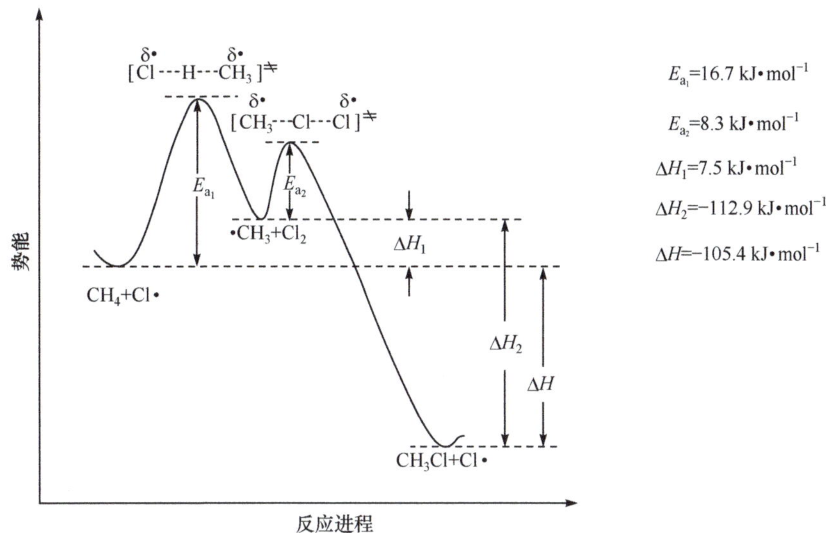

图 2-11　甲烷的氯化反应中链增长过程的反应势能曲线示意图

无论是吸热反应还是放热反应，反应都至少必须经过一个过渡态才能完成。在甲烷的氯化过程中，经过两个过渡态，$[\overset{\delta\cdot}{Cl}\text{----}H\text{----}\overset{\delta\cdot}{CH_3}]^{\neq}$为第一过渡态，$[\overset{\delta\cdot}{CH_3}\text{----}Cl\text{----}\overset{\delta\cdot}{Cl}]^{\neq}$为第二过渡态。在这两个过渡态之间有一个峰谷的底部，这是反应的中间体。甲基自由基是甲烷氯化反应的活性中间体。

随着甲烷氯化反应的进行，甲烷的量不断减少，氯甲烷的量不断增加，因此氯自由基从氯甲烷中夺取氢原子，生成氯化氢和氯甲基自由基的概率增加，然后生成二氯甲烷等，这就是甲烷氯化时，控制反应条件，使主要产物是氯甲烷外，还得到副产物二氯甲烷、三氯甲烷和四氯化碳的原因。

$$Cl\cdot + CH_3Cl \longrightarrow HCl + \underset{\text{氯甲基自由基}}{ClCH_2\cdot}$$

$$ClCH_2\cdot + Cl_2 \longrightarrow \underset{\text{二氯甲烷}}{CH_2Cl_2} + Cl\cdot$$

$$Cl\cdot + CH_2Cl_2 \longrightarrow HCl + \underset{\text{二氯甲基自由基}}{Cl_2CH\cdot}$$

$$Cl_2CH\cdot + Cl_2 \longrightarrow \underset{\text{三氯甲烷}}{CHCl_3} + Cl\cdot$$

$$Cl\cdot + CHCl_3 \longrightarrow HCl + \underset{\text{三氯甲基自由基}}{Cl_3C\cdot}$$

$$Cl_3C\cdot + Cl_2 \longrightarrow \underset{\text{四氯化碳}}{CCl_4} + Cl\cdot$$

一般来说，酸、碱的存在或溶剂极性的改变对自由基反应的影响很小。

3. 卤素自由基取代反应的活性

由于反应(2-2)这步的活化能最高，是烷烃卤化反应的速率决定步骤，因此比较甲烷与不同卤素自由基在反应速率决定步骤中的活化能大小，就可以了解卤素自由基取代反应的相对活性。

	(键解离能)		(键解离能)	$\Delta H^{\ominus}/(\mathrm{kJ \cdot mol^{-1}})$	$E_a/(\mathrm{kJ \cdot mol^{-1}})$
X·	$+CH_3—H$	$\xrightarrow{h\nu} CH_3\cdot +$	H—X		
F	439.3		568.2	−128.9	+4.2
Cl			431.8	+7.5	+16.7
Br			366.1	+73.2	+75.3
I			298.3	+141	>+141

从键的解离能可以近似得到相应的反应热。在氟自由基与甲烷反应的速率决定步骤中，尽管需要克服$+4.2\mathrm{kJ \cdot mol^{-1}}$的活化能，但反应时会释放出大量的热。而当反应一旦发生，则由于大量释放出的热难以转移，温度迅速升高，反应异常猛烈，且放出的大量热往往会使碳碳键发生断裂，反应难以控制，甚至发生爆炸。碘化反应的活化能大于$141\mathrm{kJ \cdot mol^{-1}}$，反应难以进行(碘化反应总体而言是吸热反应)。氯化反应的活化能为$+16.7\mathrm{kJ \cdot mol^{-1}}$，溴化反应的活化能为$+75.3\mathrm{kJ \cdot mol^{-1}}$，因此烷烃的卤化反应主要是氯化和溴化，且氯化比溴化更容易进行。但溴对伯、仲、叔三种氢原子取代的选择性比氯高，在室温条件下，伯、仲、叔三种氢原子被溴化的相对活性比为 1∶82∶1600。因此，选用溴化反应可以得到产率和纯度都比氯化反应高的卤代烃。例如，2,2,3-三甲基丁烷溴化时，可以得到 2-溴-2,3,3-三甲基丁烷为主要产物。

$$(CH_3)_3CCH(CH_3)_2 + Br_2 \xrightarrow[CCl_4]{h\nu} (CH_3)_3CC(Br)(CH_3)_2$$

2,2,3-三甲基丁烷 → 2-溴-2,3,3-三甲基丁烷 (96%)

4. 其他烷烃的氯化和烷基自由基的稳定性

由于乙烷中的六个氢原子都是等同的，因此乙烷氯化时得到的一取代氯乙烷只有一种。但丙烷中有两种不同的氢原子，即六个伯氢原子和两个仲氢原子，因此氯化时得到两种不同的一取代氯丙烷，即 1-氯丙烷和 2-氯丙烷。

$$CH_3CH_2CH_3 + Cl_2 \xrightarrow[250℃]{h\nu} CH_3CH_2CH_2Cl + CH_3CH(Cl)CH_3$$

1-氯丙烷 43%　　2-氯丙烷 57%

由于丙烷中伯氢原子数与仲氢原子数的比为 3∶1，如果氯原子与各个氢原子碰撞反应的概率相等，则产物中的 1-氯丙烷应该是 2-氯丙烷的 3 倍，实际上 2-氯丙烷比 1-氯丙烷还要多，这说明仲氢原子比伯氢原子的反应活性大，其活性比为

$$\frac{\text{仲氢}}{\text{伯氢}}=\frac{57/2}{43/6}=\frac{4}{1}$$

丁烷和异丁烷氯化时得到的一氯化产物分别为

$$CH_3CH_2CH_2CH_3 + Cl_2 \xrightarrow[25℃]{h\nu} \underset{\substack{\text{1-氯丁烷} \\ 28\%}}{CH_3CH_2CH_2CH_2Cl} + \underset{\substack{\text{2-氯丁烷} \\ 72\%}}{CH_3\underset{\substack{|\\Cl}}{C}HCH_2CH_3}$$

$$CH_3\underset{\substack{|\\CH_3}}{C}HCH_3 + Cl_2 \xrightarrow[25℃]{h\nu} \underset{\substack{\text{1-氯-2-甲基丙烷} \\ 63\%}}{CH_3\underset{\substack{|\\CH_3}}{C}HCH_2Cl} + \underset{\substack{\text{2-氯-2-甲基丙烷} \\ 37\%}}{CH_3\overset{\substack{CH_3\\|}}{\underset{\substack{|\\Cl}}{C}}CH_3}$$

丁烷中有四个仲氢原子和六个伯氢原子，因此反应活性比为

$$\frac{\text{仲氢}}{\text{伯氢}}=\frac{72/4}{28/6}=\frac{3.9}{1}$$

而异丁烷中有一个叔氢原子和九个伯氢原子，因此反应活性比为

$$\frac{\text{叔氢}}{\text{伯氢}}=\frac{37/1}{63/9}=\frac{5.3}{1}$$

由此可以得出烷烃在氯化反应中不同氢原子的活性次序为

叔氢＞仲氢＞伯氢

从烷烃的氯化反应机理分析，在反应速率决定步骤中，烷烃发生 C—H 键的均裂生成反应中间体烷基自由基，均裂时伯、仲和叔氢原子的碳氢解离能是不同的，解离能小的比解离能大的容易均裂，生成的烷基自由基中间体也越稳定。

	叔氢	仲氢	伯氢
	$-\overset{|}{\underset{|}{C}}-H$	$-\overset{|}{C}H-H$	$-CH_2-H$
键解离能/($kJ \cdot mol^{-1}$)	376.6	393.3	405.8

因此，烷基自由基的稳定性为叔碳自由基＞仲碳自由基＞伯碳自由基。烷基自由基的稳定性也可以从生成它的活化能来分析，从烷烃的氯化反应势能曲线（图 2-11）可以看出，两个过渡态的结构都与烷基自由基中间体类似。根据 Hammond 假说，在烷烃氯化反应中，中间体烷基自由基的稳定性与生成它的过渡态的势能有关，过渡态的势能越低，中间体烷基自由基的稳定性就越高，所以烷基自由基的稳定性为叔碳自由基＞仲碳自由基＞伯碳自由基。由于中间体烷基自由基越稳定，生成它的反应活化能越小，反应就越容易进行，因此叔氢的卤化反应速率最快，伯氢的卤化反应速率最慢。

5. 烷烃自由基的构型

凡带有孤立电子的原子或原子团都称为自由基。自由基中的未配对电子具有顺磁性，因此可以利用电子的顺磁共振谱(也称电子自旋共振谱，简写为 ESR)对自由基进行检测。在烷烃的卤化反应中，烷烃自由基是碳原子带有一个未配对电子的碳自由基中间体，应用 ESR 和其他物理方法等手段可以推测碳自由基的构型，碳自由基的构型与该碳原子上所连的原子或基团有关。一般认为甲基自由基为平面构型或者为偏离平面仅约 5°而接近于平面的角锥型，后者由于角锥型的高度很低，能迅速翻转为另一个角锥型。

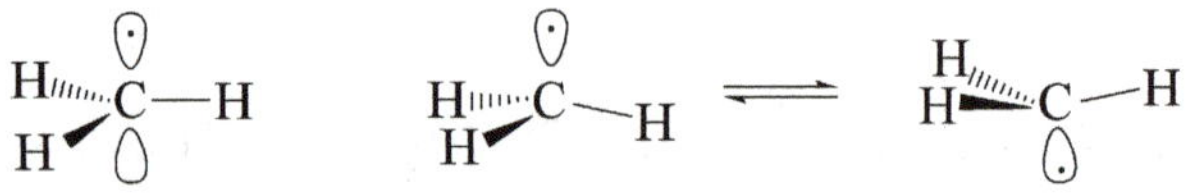

平面构型　　　　迅速翻转的角锥型

而三叔丁基甲基自由基可能为角锥型。其他的烷基自由基一般都为高度不等的角锥型。

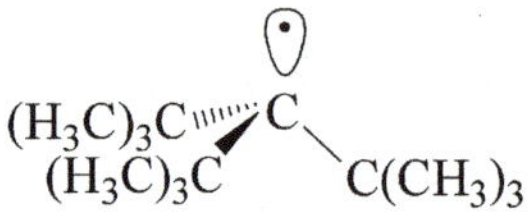

$(H_3C)_3C$　$(H_3C)_3C$　$C(CH_3)_3$

角锥型的三叔丁基甲基自由基

问题 2-8　烷烃 C_5H_{12} 与溴发生自由基取代反应，生成一溴取代物 $C_5H_{11}Br$。写出 $C_5H_{11}Br$ 的所有构造异构体。

问题 2-9　假设伯氢、仲氢和叔氢在氯化反应中的活性比为 1∶4∶5，试计算 2-甲基丁烷氯化时各种一氯化产物的百分比。

2.1.8　烷烃的燃烧

烷烃在足够空气中完全燃烧生成二氧化碳和水，并释放出大量的热。

$$C_nH_{2n+2}+\left(\frac{3n+1}{2}\right)O_2 \longrightarrow nCO_2+(n+1)H_2O+\text{热}$$

$$\Delta H_c^\ominus = H^\ominus_{\text{产物}} - H^\ominus_{\text{反应物}}$$

$H^\ominus$ 是化合物在标准状态(1atm 下的理想气体、纯粹液体或结晶固体)下的焓，在放热反应中，产物的焓小于反应物的焓，所以 $\Delta H^\ominus$ 为负值。

在标准状态(25℃，1atm)下，1mol 纯粹烷烃完全燃烧生成二氧化碳和水时所释放出的热($\Delta H_c^\ominus$)称为燃烧热(heat of combustion)，单位为 kJ · mol^{-1}，燃烧热为负值。燃烧热是可以被精确测量的热化学数据。对于含相同数目碳原子的烷烃，各异构体完全燃烧时消耗氧的量相同，但燃烧时所释放出的热量不等。例如，下列 4 个不同辛烷异构体的燃烧值分别为

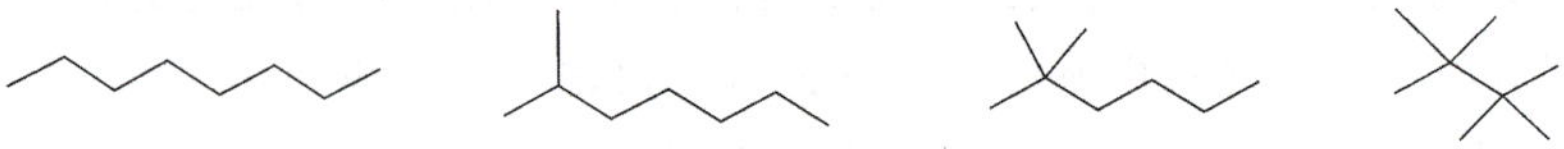

$\Delta H_c^\ominus$/(kJ · mol^{-1})	−5474.2	−5469.2	−5462.1	−5455.4

由此可以看出，直链烷烃比支链烷烃燃烧时所释放出的热量多，支链越多，燃烧时所释放出的热量越少。烷烃燃烧所释放出的热量少，说明它的势能低，而相对稳定性高。支链烷烃相对比相同碳原子数的直链烷烃稳定。

由于汽油和柴油的主要成分为不同碳链的烷烃混合物，因此这也是它们在内燃机中燃烧的基本反应。烷烃燃烧时要消耗大量的氧，以 $n=5$ 的戊烷为例，1 体积的戊烷完全燃烧，需要消耗 8 体积的氧(或 40 体积的空气)。如果氧供给不足，则烷烃燃烧不完全，会生成有毒的一氧化碳。

2.1.9 烷烃的热裂

在无氧条件下，烷烃在高温(约 800℃)发生碳碳键均裂，生成烷基自由基。两个烷基自由基可以互相结合成烷烃分子；也可以一个烷基自由基被另一个烷基自由基夺去一个氢原子，即发生碳氢键的断裂，生成一个烯烃分子和一个烷烃分子。例如

$$CH_3CH_2CH_2CH_2CH_2CH_3 \xrightarrow{\triangle} \begin{cases} CH_3\cdot + CH_3CH_2CH_2CH_2CH_2\cdot \\ CH_3CH_2\cdot + CH_3CH_2CH_2CH_2\cdot \\ CH_3CH_2CH_2\cdot + CH_3CH_2CH_2\cdot \end{cases}$$

生成烯烃分子：

$$CH_3\cdot + CH_3\overset{H}{\overset{|}{C}}H-\dot{C}H_2 \longrightarrow CH_4 + CH_3CH=CH_2$$

$$CH_3CH_2\cdot + CH_3CH_2CH_2\cdot \longrightarrow CH_3CH_3 + CH_3CH=CH_2$$

生成烷烃分子：

$$CH_3\cdot + CH_3CH_2\cdot \longrightarrow CH_3CH_2CH_3$$

$$CH_3CH_2\cdot + CH_3CH_2CH_2\cdot \longrightarrow CH_3CH_2CH_2CH_2CH_3$$

2.1.10 烷烃的工业来源和用途

烷烃主要来源于天然资源石油和天然气。天然气的主要成分是相对分子质量小的低级烷烃的混合物，通常含不低于 75%的甲烷、约 15%的乙烷和 5%的丙烷，其余的为相对分子质量较大的烷烃。我国四川的天然气中甲烷的含量高达 95%左右。天然气是一种价格低廉、品质优良、热效率高而清洁的燃料。

在 0℃、大于 30atm 的条件下，甲烷能生成水合物 $CH_4\cdot nH_2O$，这种天然气水合物(natural gas hydrate)称为可燃冰，它是甲烷分子被包裹在由水分子通过氢键形成的笼状晶格中形成的。1m^3 可燃冰可释放出 160～180m^3 的天然气。由于可燃冰燃烧后不产生任何残渣和废气，有可能会成为未来替代石油、煤等的洁净能源。

石油是一种成分相当复杂、富含各种烷烃的混合物，其成分随着石油的产地不同而不同，必须根据不同的要求经特殊的方法将其分离成几个不同部分，然后再分别利用。在石油工业中，通过分馏将石油分离成几个不同的部分(称为馏分)而被利用。气体部分是沸点在20℃以下、含C_1～C_4的液化石油气，液体部分主要分为石油醚、汽油、航空煤油、煤油、柴油和高沸点的重油等。相邻的各馏分之间在沸点和含碳原子数上都互相交叉覆盖，而没有明确的界限和区分。要将石油各组分完全分离提纯是极其困难的，所以纯净的烷烃还须通过合成的方法制得。

汽油是广泛使用的燃料油。由于汽油在内燃机中燃烧时会发生爆震，这会降低发动机的功率和损伤发动机，因此通常在汽油中加入添加剂以降低汽油的爆震性。质量越好的汽油其爆震性越小，汽油的质量可以用辛烷值表示。汽油的辛烷值高，代表汽油的质量好，爆震性小。直链烷烃的辛烷值比支链烷烃低，我们把2,2,4-三甲基戊烷(商业名称为异辛烷)的辛烷值定为100，汽油的辛烷值就是按照一定的测量方法比较得出的。

过去常在汽油中添加四乙基铅作为抗震剂，以提高汽油的辛烷值，但由于铅化合物有毒，严重污染大气，危害人类健康，现已被叔丁基甲基醚及其他新型抗震剂所代替。

2.2 环 烷 烃

环烷烃(cycloalkane)是分子只有碳和氢两种元素而含有环状结构的烷烃。相对于开链烷烃，环烷烃多了一个成环的碳碳键，而少了两个氢原子，因此单环环烷烃的通式为C_nH_{2n}，具有一个不饱和度。烃的不饱和度是根据分子中的实际氢原子数(m)与理论上的最大可能的氢子数($2n+2$)比较得到的。不饱和度通常用(Ω)表示。

$$\text{不饱和度}=\frac{(2n+2)-m}{2}$$

单环环烷烃少两个氢原子$m=2n$，不饱和度为1。

根据碳环上碳原子数目多少，环烷烃可分为小环(三、四元环)、普通环或正常环(五元环至七元环)、中环(八元环至十一元环)和大环(十二元环以上)。

2.2.1 环烷烃的异构和命名

1. 环烷烃的异构

在单环环烷烃中，碳环的大小、碳环上的不同取代基和取代基在碳环上的位置不同都会产生构造异构体。只有仅含三个碳原子的环丙烷没有异构体。为了简化起见，环烷烃可用多边形表示，多边形的每个顶点表示亚甲基(—CH_2—)。例如

C_3H_6: △ 环丙烷　　C_4H_8: □ 环丁烷　　△—CH_3 甲基环丙烷

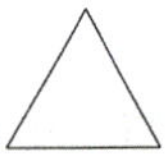

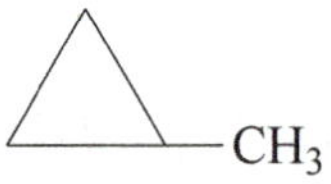

C_5H_{10}：

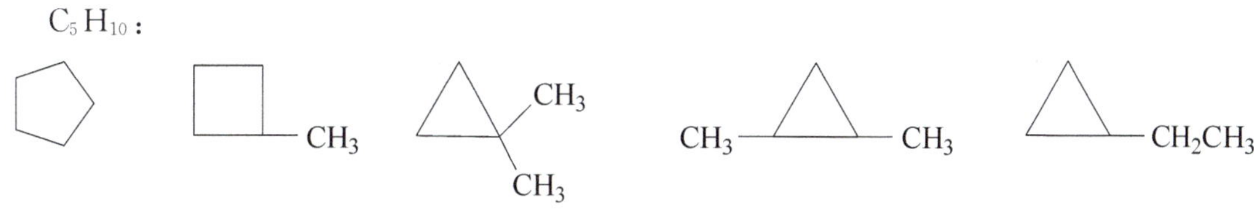

环戊烷　甲基环丁烷　1,1-二甲基环丙烷　1,2-二甲基环丙烷　乙基环丙烷

其中，1,2-二甲基环丙烷中的两个甲基可以在碳环的同一边或分别在两边。

顺-1,2-二甲基环丙烷　反-1,2-二甲基环丙烷

它们之间不能相互转变，否则会引起碳环共价键的断裂，它们是物理性质不同的两个异构体。这种异构现象称为顺反异构(cis-trans-isomerism)或几何异构。两个甲基在环的同一边时称为顺式异构体，在环的两边时称为反式异构体。凡是分子的构造相同，而分子中原子在空间的排列方式不同的化合物互称为立体异构体(steroisomers)。顺反异构体是立体异构体中的一类，这种立体异构体的构造相同，而分子中原子在空间的排列方式不同，这种异构称为构型异构。环烷烃中的顺反异构属于构型异构。

2. 环烷烃的命名

这里主要讨论单环取代烷烃的命名。环烷烃在命名时通常以环作为母体，根据环上的碳原子数目称为环某烷。环上的支链作为取代基，命名时将取代基放在母体环某烷的前面。如果有多个取代基时，则须将环上碳原子编号，编号的次序遵循 IUPAC 规则。对于二取代的环烷烃，则按照取代基第一个英文字母的次序依次编号；对于多取代的环烷烃，编号时同样也遵循最低序列原则，即能使第二个取代基的编号处于最小的位置。例如

1-甲基-3-丙基环戊烷 (1-methyl-3-propyl cyclopentane)　1-乙基-3-甲基环己烷 (1-ethyl-3-methyl cyclohexane)　1-异丙基-4-丙基环己烷 (1-isopropyl-4-propyl cyclohexane)　4-乙基-2-甲基-1-丙基环己烷 (4-ethyl-2-methyl-1-propyl cyclohexane)

当多取代环烷烃有多种编号选择时，则按照取代基第一个字母的次序编号。例如

应命名为 1-乙基-3-甲基-5-丙基环己烷(1-ethyl-3-methyl-5-propylcyclohexane)。

有时，当支链取代基较长，碳环又比较简单，则也可以把环当成取代基命名。例如

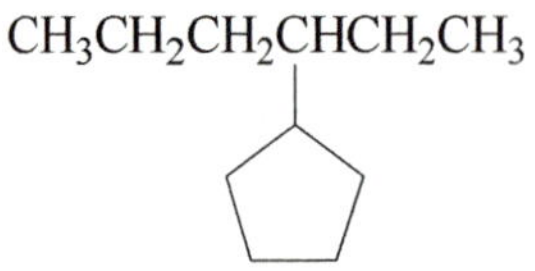

CH3CH2CH2CHCH2CH3

3-环戊基己烷
(3-cyclopentylhexane)

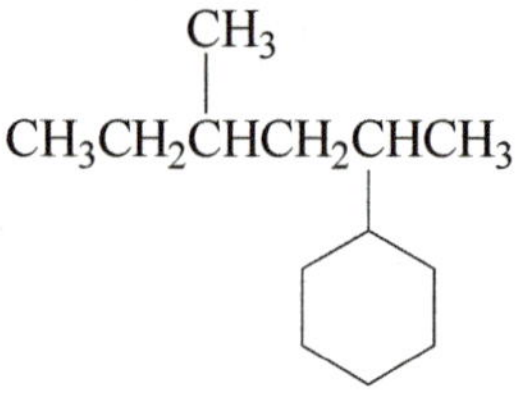

CH3
CH3CH2CHCH2CHCH3

2-环己基-4-甲基己烷
(2-cyclohexyl-4-methylhexane)

有顺反异构体时，则将顺、反构型标在命名的最前面。例如

H3C
CH3
H
H

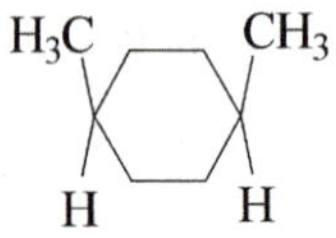

顺-1,4-二甲基环己烷
(*cis*-1,4-dimethylcyclohexane)

H3C
H
H
CH3

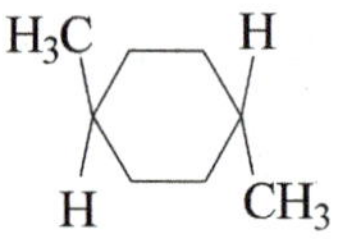

反-1,4-二甲基环己烷
(*trans*-1,4-dimethylcyclohexane)

问题 2-10　写出分子式为 C_7H_{14}、含五元环和六元环的各异构体，并用系统命名法命名。

问题 2-11　写出 1,3,4-三甲基环己烷所有的异构体，给出完整的命名。

桥环烷烃(bridged hydrocarbon)是指共用两个或两个以上碳原子的多环烷烃。例如

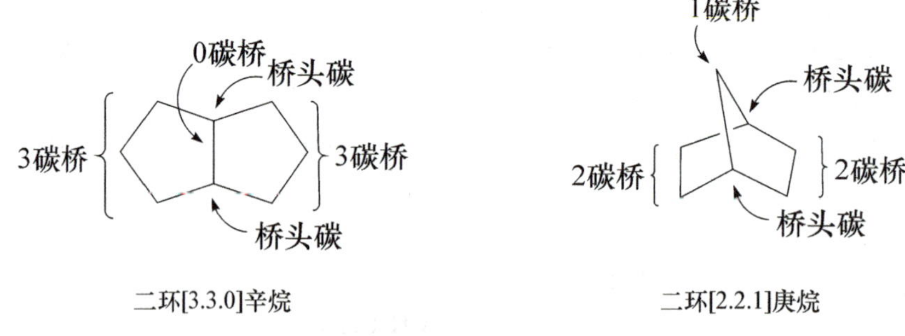

0碳桥
桥头碳
3碳桥
3碳桥
桥头碳

二环[3.3.0]辛烷

1碳桥
桥头碳
2碳桥
2碳桥
桥头碳

二环[2.2.1]庚烷

共用的碳原子称为桥头碳(bridgehead)，两个桥头之间可以是一个键或碳链，这称为碳桥。将桥环烷烃转变为开链化合物时，按照最少需要断裂的碳碳键数目称为几环。桥环烷烃命名时，根据环上的碳原子总数称为某烷，在几环和某烷之间的方括号内用阿拉伯数字表示每个碳桥上的碳原子(不含桥头碳)数目，阿拉伯数字由大到小按顺序列出，阿拉伯数字之间用脚点隔开。将桥环烷烃上的碳原子进行编号时，从第一个桥头碳原子开始，经相对最长的碳桥到第二个桥头碳原子，然后沿第二长的碳桥回到第一个桥头碳原子，再按碳桥逐渐缩短的原则对其余的碳桥编号。例如

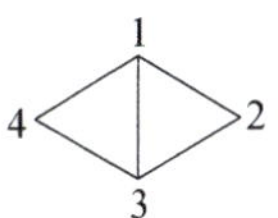

二环[1.1.0]丁烷

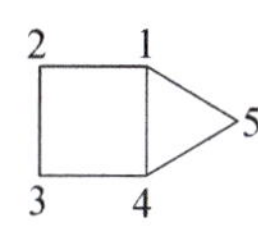

二环[2.1.0]戊烷

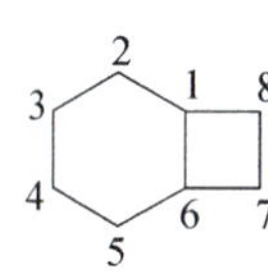

二环[4.2.0]辛烷

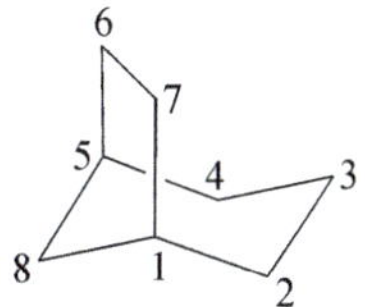

二环[3.2.1]辛烷

若桥环烷烃上有取代基，则要尽可能选择使取代基编号最小的编号顺序。例如

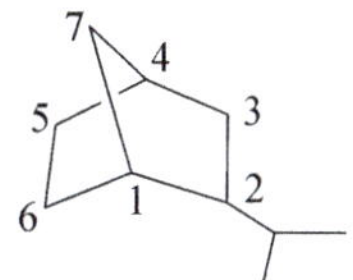

2-异丙基二环[2.2.1]庚烷

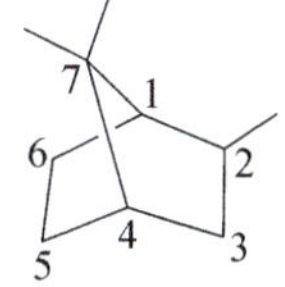

2,7,7-三甲基二环[2.2.1]庚烷

螺环烷烃是指两个单环共用一个碳原子的多环烷烃，共用的碳原子称为螺原子。例如

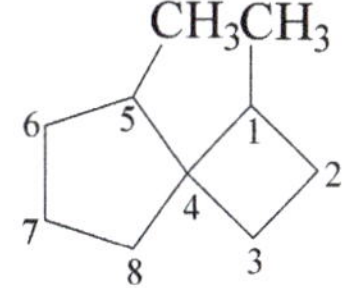

1,5-二甲基螺[3.4]辛烷

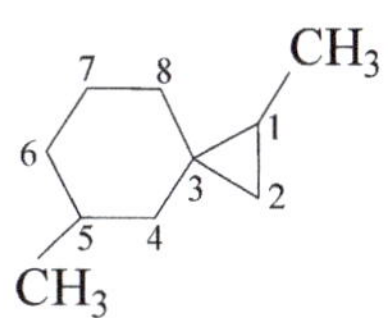

1,5-二甲基螺[2.5]辛烷

命名时根据螺环的碳原子数称为螺某烷，将除螺原子以外的碳环上的碳原子数用阿拉伯数字由小到大排列在“螺”字后面的方括号内，阿拉伯数字之间用脚点隔开。螺环烷烃的编号是从小环靠近螺原子的碳原子开始依次编号，经螺原子再对第二个环依次编号，当环上有取代基时，同样要尽可能使环上的取代基编号最小。

2.2.2　环烷烃的物理性质

环烷烃的沸点和熔点都比相同碳原子数的链状烷烃高，其相对密度也比相同碳原子数的链状烷烃略高。在常温下，C_3～C_4 环烷烃为气体，C_5～C_{11} 环烷烃为液体，C_{12} 以上的高级环烷烃除个别外，都为固体。环烷烃与烷烃一样，都不溶于水。部分环烷烃的沸点、熔点和相对密度见表 2-3。

表 2-3　部分环烷烃的物理常数

化合物	熔点/℃	沸点/℃	相对密度
环丙烷(cyclopropane)	−127.6	−32.7	
环丁烷(cyclobutane)	−80	12.5	
环戊烷(cyclopentane)	−93.9	49.3	0.7457
环己烷(cyclohexane)	6.6	80.7	0.7785
环庚烷(cycloheptane)	−12.0	118.5	0.8098
环辛烷(cyclooctane)	14.3	150.0	0.8349

2.2.3 环烷烃的自由基取代反应

环烷烃与烷烃相似，在光照或加热条件下，可以与卤素发生自由基取代反应。例如

$$\text{环己烷} + Cl_2 \xrightarrow{h\nu} \text{氯代环己烷}$$

$$\text{环戊烷} + Br_2 \xrightarrow{\triangle} \text{溴代环戊烷}$$

$$\text{环丁烷} + Br_2 \xrightarrow{h\nu} \text{溴代环丁烷}$$

环丙烷与卤素反应得不到自由基取代产物。

2.2.4 小环环烷烃的开环加成

1. 加氢

在适当的催化剂(如 Ni 或 Pt/C 等)作用下，小环环烷烃与氢反应，得到开环的加成产物烷烃。例如

$$\text{环丙烷} + H_2 \xrightarrow[50℃]{Pt/C} \underset{\text{丙烷}}{CH_3CH_2CH_3}$$

$$\text{环丁烷} + H_2 \xrightarrow[125℃]{Pt/C} \underset{\text{丁烷}}{CH_3CH_2CH_2CH_3}$$

$$\text{环戊烷} + H_2 \xrightarrow[300℃]{Pt/C} \underset{\text{戊烷}}{CH_3CH_2CH_2CH_2CH_3}$$

从以上的反应条件不难看出，环戊烷的稳定性比环丁烷和环丙烷都高，环丙烷的稳定性最低。

2. 加溴

即使在常温下，环丙烷与溴反应也只得到开环的加成产物。

$$\triangle + Br_2 \longrightarrow \underset{\text{1,3-二溴丙烷}}{BrCH_2CH_2CH_2Br}$$

环丙烷及取代环丙烷能使 Br_2-CCl_4 溶液褪色。

在常温下环丁烷与溴不反应，加热时也可以得开环的加成产物。

$$\square + Br_2 \xrightarrow{\triangle} \underset{|\atop Br}{CH_2}CH_2CH_2\underset{|\atop Br}{CH_2}$$

3. 加溴化氢

环丙烷及烷基取代的环丙烷与溴化氢反应，都得到开环的加成产物。

$$\triangle + HBr \longrightarrow \underset{\text{1-溴丙烷}}{CH_3CH_2CH_2Br}$$

$$\triangle\!-CH_3 + HBr \longrightarrow \underset{\text{2-溴丁烷}}{CH_3CH_2\underset{|\atop Br}{CH}CH_3}$$

环丁烷以上的环烷烃通常则难于或不能与溴化氢发生开环加成反应。

2.2.5　环烷烃的氧化和燃烧

在室温条件下，环烷烃对常见的氧化剂（如高锰酸钾和臭氧等）稳定，不被氧化。然而，在加热条件下用强氧化剂，或在催化剂作用下用空气氧化，环烷烃可以被氧化为相应的氧化产物。例如

$$\text{环己烷} + O_2 \xrightarrow[\substack{150\sim160℃ \\ 8\sim10atm}]{\text{钴催化剂}} \underset{\text{环己醇}}{\text{C}_6\text{H}_{11}-OH} + \underset{\text{环己酮}}{\text{C}_6\text{H}_{10}=O}$$

氧化产物都可以进一步被氧化为己二酸（尼龙-6 的原料）。

环烷烃在空气中充分燃烧，生成二氧化碳和水，同时释放出大量的热。

$$(CH_2)_n + \frac{3}{2}nO_2 \longrightarrow nCO_2 + nH_2O + \text{热}$$

释放出的热即为相应环烷烃的燃烧热。部分环烷烃的燃烧热及每个 CH_2 的平均燃烧热见表 2-4。

表 2-4 部分环烷烃的燃烧热及每个 CH_2 的平均燃烧热

环烷烃 $(CH_2)_n$	n	燃烧热/(kJ·mol^{-1})	每个 CH_2 的平均燃烧热/(kJ·mol^{-1})	环张力/(kJ·mol^{-1})
环丙烷	3	2091	697.0	115
环丁烷	4	2744	686.0	109
环戊烷	5	3320	664.0	27
环己烷	6	3952	658.7	0
环庚烷	7	4637	662.4	27
环辛烷	8	5310	663.8	42
环壬烷	9	5891	664.6	54
环癸烷	10	6636	663.6	50
环十五烷	15	9885	659.0	6
无支链开链烃			658.6	—

根据同分异构体的燃烧热的大小可以比较它们的相对稳定性。而对于不同的环烷烃，由于各自的碳原子与氢原子数不同，燃烧热各不相同，不能直接用它们的燃烧热来比较稳定性，但可以用它们每个 CH_2 的平均燃烧热来比较。从表 2-4 可以看出，环己烷的每个 CH_2 的平均燃烧热最小，与无支链开链烃的每个 CH_2 的平均燃烧热相等，环丙烷每个 CH_2 的平均燃烧热最大，所以环丙烷的势能最高，而稳定性最低。

2.2.6 环烷烃的张力与稳定性

三元和四元碳环化合物是在 1883 年首先由 Perkin W H 成功合成，但发现这些小环化合物，特别是三元碳环化合物很容易开环，不如五元和六元碳环化合物稳定。为了解释这样的事实，1885 年德国化学家 Baeyer A von 提出了张力学说(strain theory)。该学说认为：碳环化合物中所有碳原子都在同一平面上，并排列成正多边形状。碳碳键之间的夹角就是正多边形的内角，由于各正多边形的内角不等，因此碳碳键之间的夹角与正四面体要求的键角(109.5°)有不同程度的偏离，每个碳碳键偏离的程度＝(109.5°－正多边形的内角)/2。三元至八元碳环化合物中碳碳键偏离的程度见表 2-5。

表 2-5 碳环化合物内角偏离正常角程度比较

碳环化合物	三元环	四元环	五元环	六元环	七元环	八元环
碳环化合物的内角	60°	90°	108°	120°	128.6°	135°
碳碳键偏离的程度	+29.7°	+9.7°	+0.7°	−5.3°	−10.05°	−12.8°

键角的偏离使化合物产生的张力称为角张力，也称为 Baeyer 张力。按照 Baeyer 张力学说，应该是五元环最稳定，从六元环以上，随着碳环的增大，键角的偏离程度也加大，碳环的稳定性应逐渐降低。但后来发现合成的大环化合物却都是稳定的，从表 2-4 也可以看出，大于环戊烷的环烷烃中每个 CH_2 的平均燃烧热变化都不大，而趋于一个恒值，这说明了大的碳环化合物都是稳定的，这与 Baeyer 张力学说不符。这主要是因为大碳环化合物中的碳原子并不是

像 Baeyer 假定的在同一平面上，它们可以不在同一平面上而使碳碳键的键角保持或接近正常值，所以没有明显的角张力。角张力主要是指三元或四元小环化合物中，或者由于某些原因使键角偏离正常值的张力。

2.2.7　环己烷和取代环己烷的构象分析

1. 环己烷的构象

在环己烷中，键角都接近正四面体的键角 109.5°，是六个碳原子不在同一平面内的、没有张力的环状化合物。用碳原子的正四面体模型可以组合成椅式和船式两个典型的环己烷构象模型，其锯架式模型如图 2-12 所示。

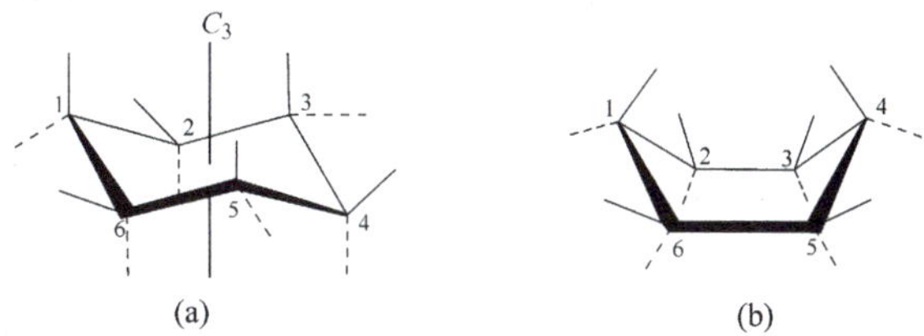

图 2-12　环己烷的椅式构象(a)和船式构象(b)

在环己烷的椅式构象中，C_1、C_3 和 C_5 在同一平面内，而 C_2、C_4 和 C_6 在另一平面内，两平面彼此平行，它们之间的距离为 50pm。在分子的椅式构象中，存在一个 C_3 对称轴，它通过分子的中心并垂直于上述两个相互平行的平面，分子沿着 C_3 对称轴旋转 360°/3，得到的分子构象与未旋转前的分子构象完全一样。在 C_1、C_3 和 C_5 碳原子上各有一个向上的 C—H 键，它们都与 C_3 对称轴平行，且垂直于这三个碳原子所在的平面；在 C_2、C_4 和 C_6 碳原子上各有一个向下的 C—H 键，也都与 C_3 对称轴平行，且垂直于这三个碳原子所在的平面。这六个平行于 C_3 对称轴，分别向上和向下交替排列的垂直于两平面的键称为直立键，也称 a 键(a 是 axial 的字首，轴的意思)。另外，在 C_1、C_3 和 C_5 碳原子上还各有一个 C—H 键与这三个碳原子所在的平面向下倾斜 19°伸向环外，在 C_2、C_4 和 C_6 碳原子上各有一个 C—H 键与这三个碳原子所在的平面向上倾斜 19°伸向环外，这六个向上和向下交替排列的伸向环外的键称为平伏键，也称 e 键(e 是 equatorial 的字首，赤道的意思)。环己烷的椅式构象经过 C—C 键的旋转，可以由一个椅式构象转变为另一个椅式构象，转变后原来的 a 键转变为 e 键，原来的 e 键转变为 a 键。例如

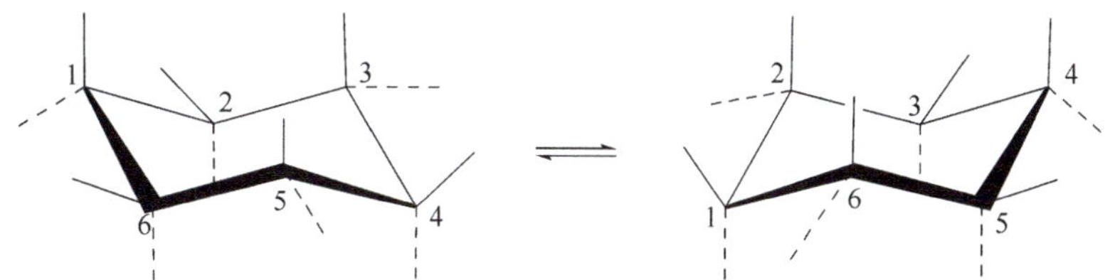

在椅式构象中，也可以把 C_2、C_3、C_5 和 C_6 看成在同一平面内，C_1 和 C_4 则位于这平面的两边，分别可看成椅子背和椅子脚。

在船式构象中，C_2、C_3、C_5 和 C_6 在同一平面内，可看成船体，C_1 和 C_4 则在这平面的上方，

可看成船头或船尾。在环己烷的椅式构象和船式构象中，尽管它们的键角都符合正四面体的正常键角 109.5°，都没有角张力，但在椅式构象中，每相邻两个碳原子之间都是交叉式的稳定构象；而在船式构象中，船沿的 $C_2—C_3$ 和 $C_5—C_6$ 之间却是最不稳定的全重叠式构象。另外，环上氢原子之间的相对空间障碍也不同。在椅式构象中，氢原子之间的距离都大于两个氢原子的半径之和 240pm。而在船式构象中，在船头和船尾及船沿上的两个氢原子之间的距离分别为 180pm 和 227pm，都小于两个氢原子半径之和。

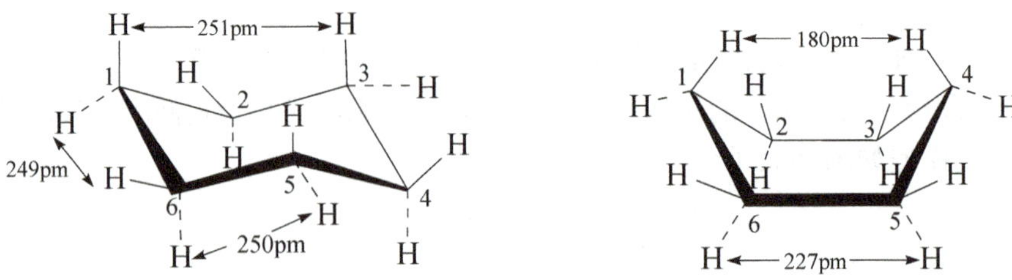

因此，相对来说，环己烷的椅式构象比船式构象稳定。在室温下，主要以椅式构象存在，船式构象只有椅式构象的约千分之一。

环己烷的椅式构象和船式构象用 Newman 投影式可分别表示为

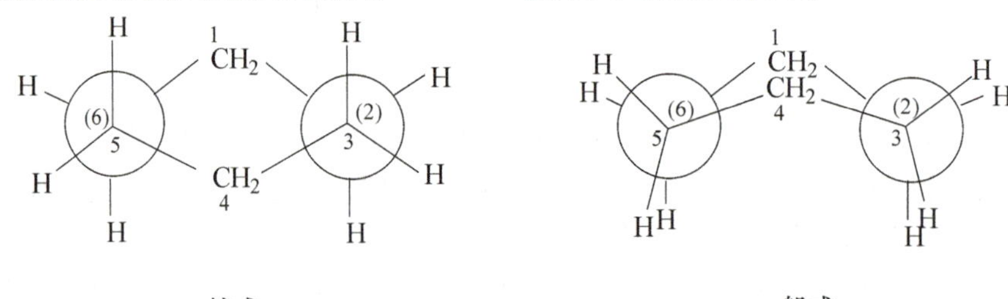

椅式　　　　船式

在环己烷的构象中，除典型的椅式构象和船式构象外，随着碳碳单键的旋转还可以得到无数个不同势能的构象异构体，如半椅式构象和扭船式构象。

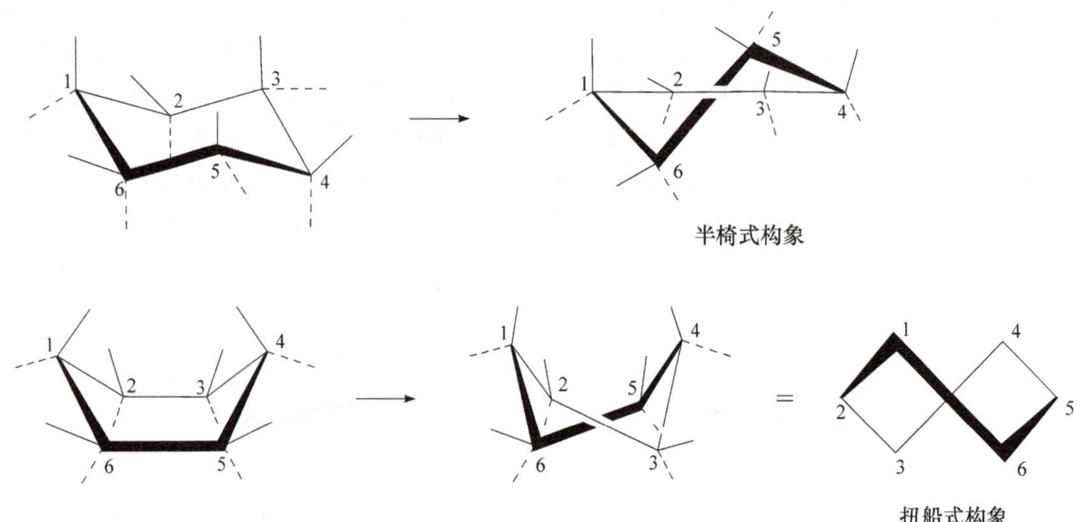

半椅式构象

扭船式构象

在各种构象中，椅式构象的势能最低，半椅式构象的势能最高，扭船式构象的势能比船式构象略低。各种构象的势能关系如图 2-13 所示。

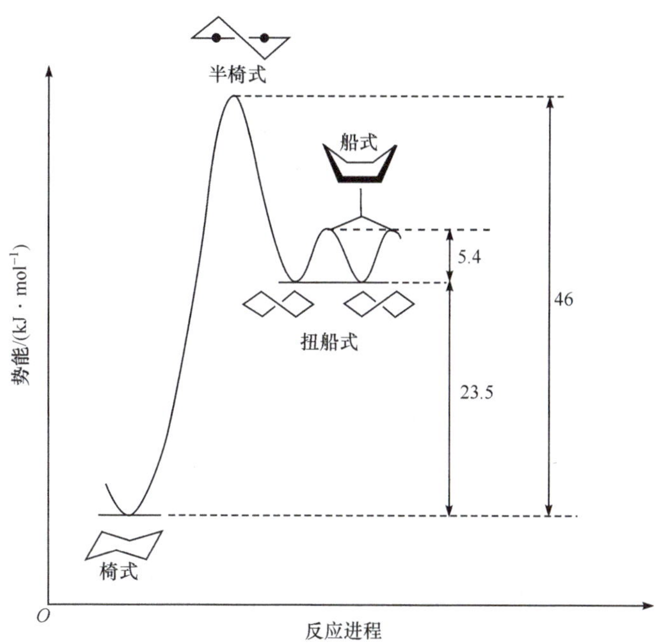

图 2-13　环己烷的各种不同构象与相应的势能关系

2. 一取代环己烷的构象

环己烷中的一个氢原子被其他原子或原子团取代后得到单取代环己烷。单取代环己烷的椅式构象中，取代基(R)可占在 e 键或 a 键上，然而这两种构象的势能不等，稳定性不同，R 在 e 键的构象比在 a 键的构象稳定。

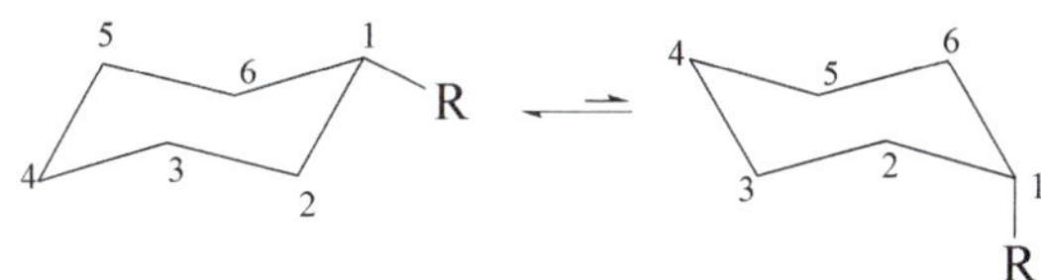

这主要是由于当 R 处于 e 键时，在 $C_1—C_6$ 和 $C_1—C_2$ 的构象中 $C_1—R$ 键与 $C_6—C_5$ 键和 $C_2—C_3$ 键都是对位交叉；当 R 处于 a 键时，在 $C_1—C_6$ 和 $C_1—C_2$ 的构象中 $C_1—R$ 键与 $C_6—C_5$ 键和 $C_2—C_3$ 键都是邻位交叉。另外，a 键上的取代基 R 与 C_3 和 C_5 上 a 键上的氢原子之间因相距较近而产生 van der Waals 斥力(当 R＝H 时，没有这种力)，使势能升高，这也称为 1,3-二直立键的相互作用，而当 R 在 e 键时没有这种斥力。因此，单取代环己烷中，通常都是以取代基在 e 键上的构象占优势。而且这种优势随着取代基的增大变得更加明显。例如，甲基环己烷中，e-甲基构象占 95%左右，而在叔丁基环己烷中，e-叔丁基构象则占 99.9%以上。

在一取代环己烷中，e-取代构象与 a-取代构象之间处于平衡状态。

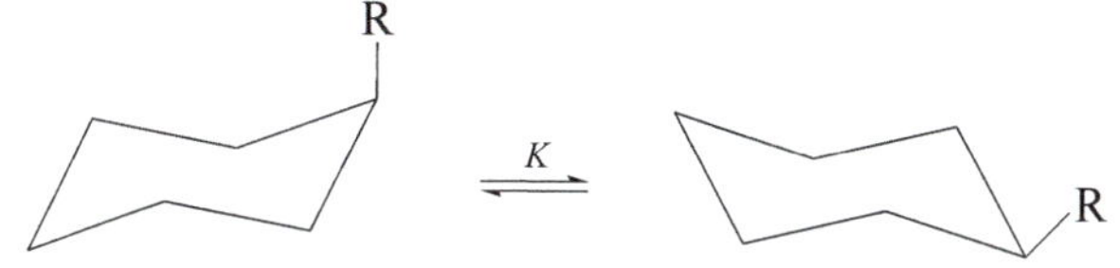

其平衡常数

$$K=\frac{[\text{e-取代构象}]}{[\text{a-取代构象}]}$$

平衡常数 K 可以通过 e-取代构象和 a-取代构象平衡时 Gibbs 自由能的变化推导出，即

$$\Delta G_{ea}^{\ominus}=G_{e}^{\ominus}-G_{a}^{\ominus}=-RT\ln K$$

部分一取代环己烷的平衡常数 K 值(25℃)见表 2-6。

表 2-6 部分一取代环己烷的平衡常数 K 值(25℃)

取代基	H	CH_3	CH_3CH_2	$(CH_3)_2CH$	$(CH_3)_3C$	CN	F	Cl	Br	I	OH
平衡常数 K	1	18	21	35	4800	1.4	1.5	2.4	2.2	2.2	5.4

根据平衡常数 K 值可以得到在一取代环己烷中各取代基占 e 键或 a 键的比例。例如，对于甲基环己烷，其平衡常数

$$K=\frac{[\text{e-取代构象}]}{[\text{a-取代构象}]}=\frac{18}{1}$$

$$\text{甲基占在 e 键上的比例}/\%=\frac{[\text{e-取代构象}]}{[\text{a-取代构象}]+[\text{e-取代构象}]}\times 100=\frac{18}{18+1}\times 100=95$$

在叔丁基环己烷中

$$\text{叔丁基占在 e 键上的比例}/\%=\frac{4800}{4800+1}\times 100=99.97$$

3. 二取代环己烷的构象

在二取代环己烷中，除取代基在环上的位置不同而产生的构造异构外，还存在两取代基是在碳环的同一边或两边的顺、反式构型异构。例如，1-异丙基-2-甲基环己烷的顺、反式构型异构体为

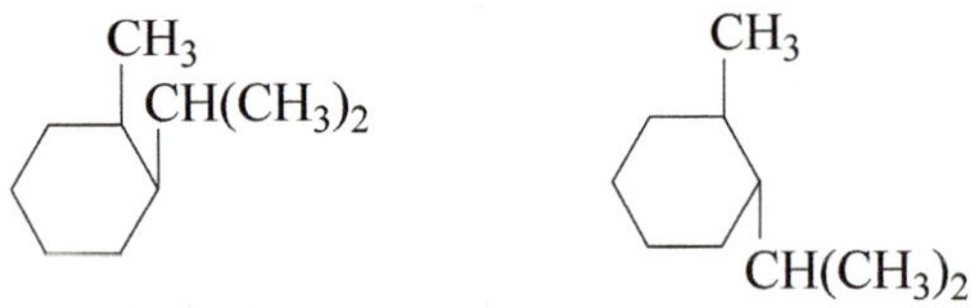

它们的稳定构象式分别为

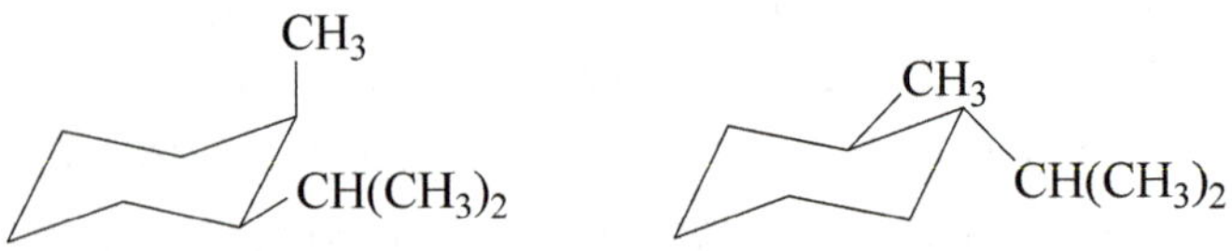

取代环己烷的椅式构象可以简写成平面投影式，书写方法是从环己烷椅式构象的上方向下透视，环己烷用六边形表示，环上取代基指向环上方的用楔形线连接，指向环下方的用虚线连接，上述两构象式可以用平面表示方法简写如下：

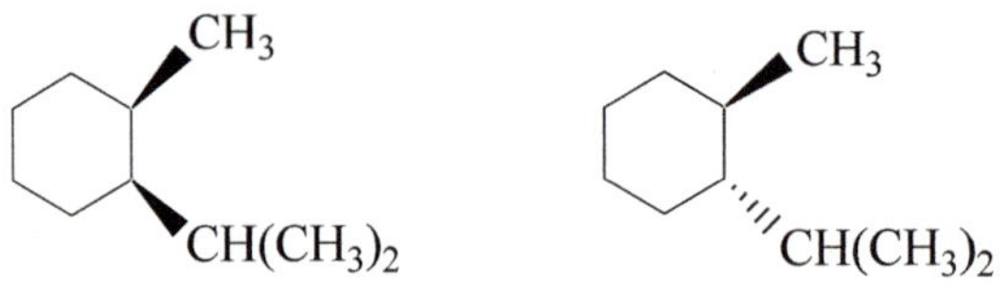

1-异丙基-3-甲基环己烷和 1-异丙基-4-甲基环己烷是 1-异丙基-2-甲基环己烷的取代基位置异构体，它们的构型异构和相应的稳定构象式分别表示为

1-异丙基-3-甲基环己烷：

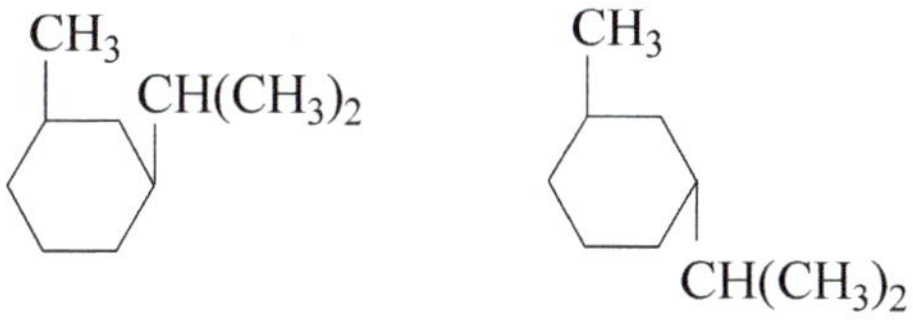

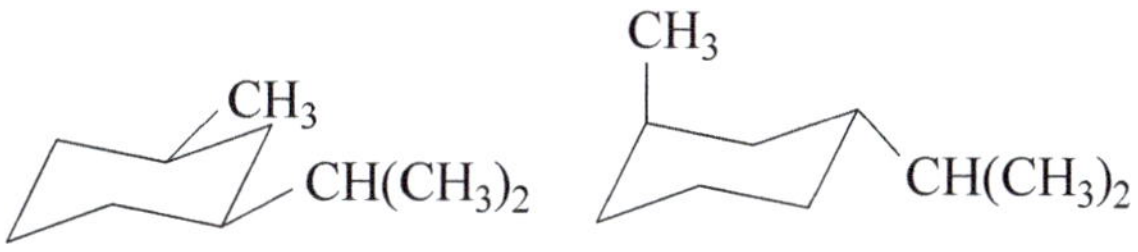

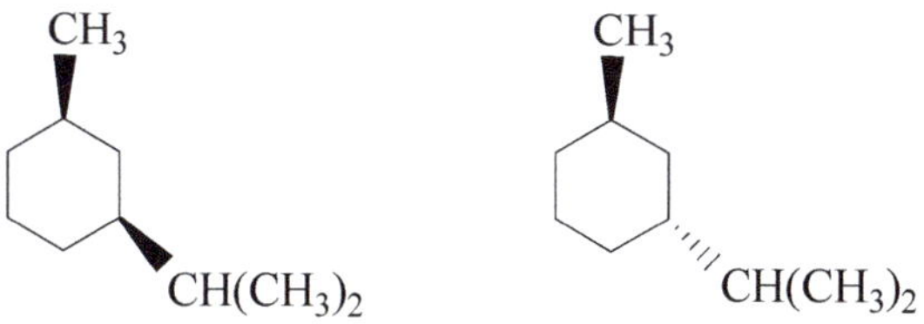

1-异丙基-4-甲基环己烷：

对于二取代及多取代环己烷，在顺式和反式构型给定的情况下，总是较多的取代基及较大的取代基处于 e 键的构象是优势构象。例如

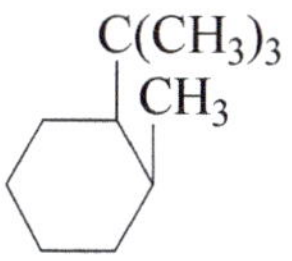

和

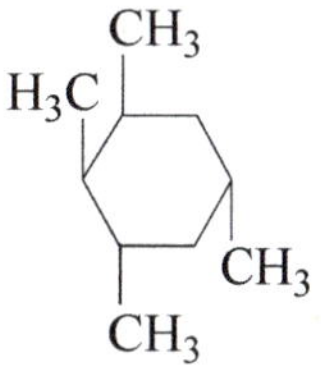

相应的稳定构象分别为

(CH$_3$)$_3$C
CH$_3$

和

CH$_3$
H$_3$C
CH$_3$
CH$_3$

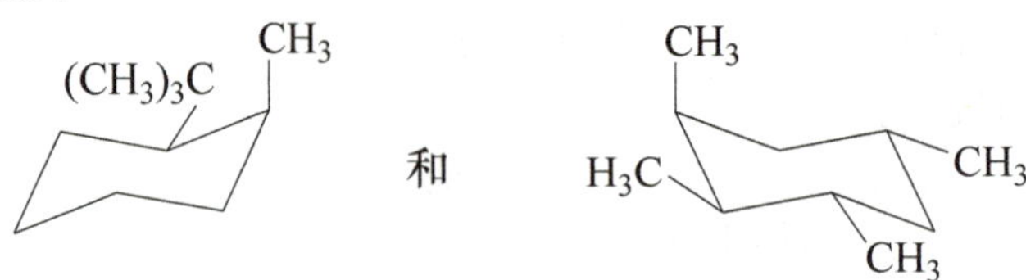

对于顺-1,4-二叔丁基环己烷,由于不可能在椅式构象中满足两个叔丁基都占在 e 键上,但又要尽量避免占在 a 键上而产生太大的张力,只能迫使环发生扭曲,采取扭船式构象。

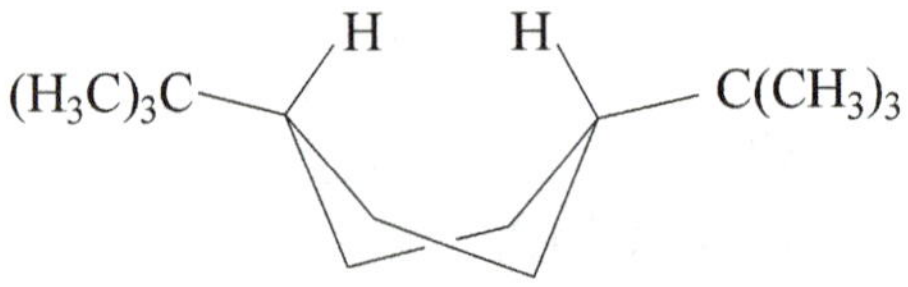

H
H
(H$_3$C)$_3$C
C(CH$_3$)$_3$

顺-1,4-二叔丁基环己烷(扭船式构象)

问题 2-12　写出下列取代环己烷的稳定构象式。

(1)
H$_3$C
C(CH$_3$)$_3$

(2)
CH(CH$_3$)$_2$
H$_3$C
CH$_3$

(3)
H$_3$C
C(CH$_3$)$_3$
CH$_3$

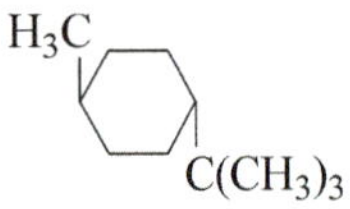

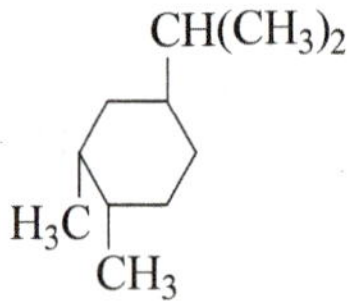

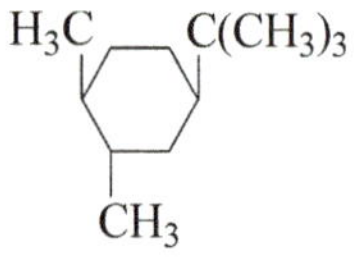

2.2.8　十氢化萘的构象

十氢化萘(decahydronaphthalene)是由两个环己烷共用一个 C—C 键稠合而成的二环化合物。

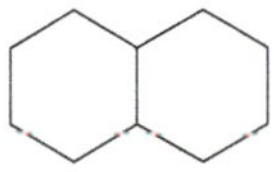

十氢化萘

在十氢化萘的构象中,两个环己烷都取稳定的椅式构象。如果一个椅式构象沿着另一个椅式构象的 e 键和 a 键稠合,则得到顺式的十氢化萘;如果沿着另一个椅式构象的 e 键和 e 键稠合,则得到反式的十氢化萘。

a
e
a
e
H
H

顺十氢化萘

H
e
e
e
e
H

反十氢化萘

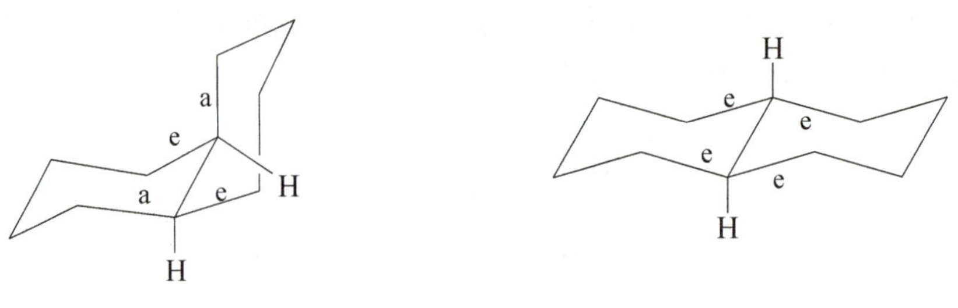

通过 ee 键稠合的反十氢化萘是比 ea 键稠合的顺十氢化萘更稳定的构象。

顺十氢化萘和反十氢化萘的平面投影式可表示为

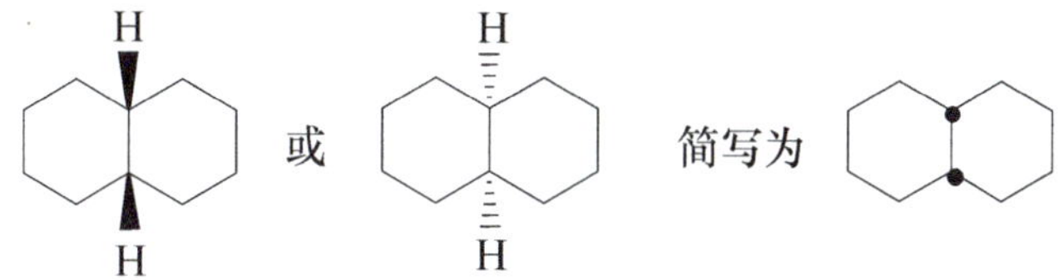

顺十氢化萘

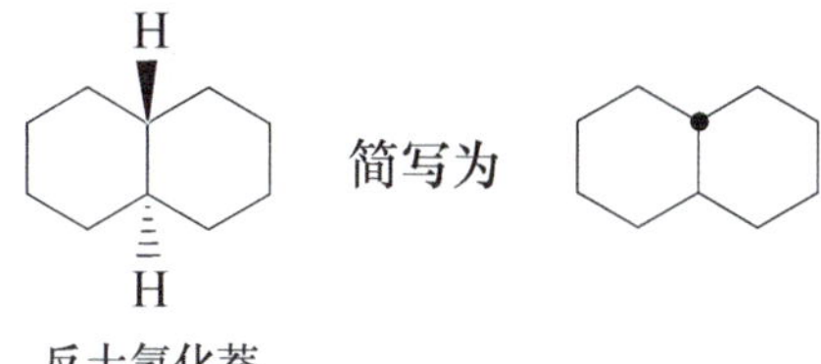

反十氢化萘

式中，楔形键粗的一端表示离观察者较近，圆点表示被省去而伸向上方的氢原子。

2.2.9　部分其他环烷烃的构象

在环烷烃中，碳环上的碳原子都是 sp^3 杂化。在环丙烷中，由于三个碳原子只能处在同一平面上，从它的几何形状分析，其碳碳之间的键角应为 60°，因此两个碳原子的 sp^3 杂化轨道难以沿着键轴方向正面有效交盖成碳碳 σ 键，而是成类似香蕉状弯曲的碳碳 σ 键。这种弯曲的碳碳 σ 键重叠程度很不好，键角也不为正常的 109.5°，其∠CCC 为 105.5°，∠HCH 为 115°（图 2-14）。相邻碳原子上的 C—H 键都处于重叠式的位置，是不稳定的重叠式构象。

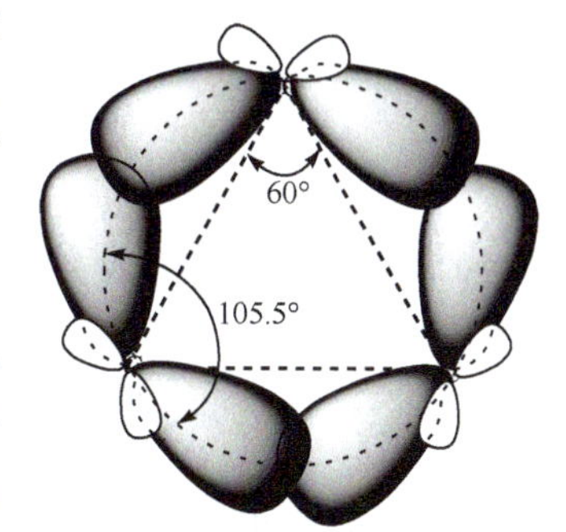

图 2-14　环丙烷中碳环上 sp^3 杂化轨道重叠示意图

这种不能很好重叠而成的碳碳 σ 键极容易断裂，体系的热力学能也升高，因此小环环烷烃的稳定性比相同碳原子数的开链烷烃低，如环丙烷和环丁烷等的碳环很容易打开。这种环的不稳定性通常称为环的张力，环的张力可以用它与环己烷中每个 CH_2 的平均燃烧热的差值乘以相应的碳原子数来衡量。例如，环丙烷的张力为 $3\times(697.0-658.7)=114.9(kJ\cdot mol^{-1})$，环丁烷的张力为 $4\times(686.0-658.7)=109.2(kJ\cdot mol^{-1})$。在小环环烷烃中，由于键角的偏离程度较大，因此在小环的张力中角张力尤为突出。

环丁烷的环张力比环丙烷小，因环上有四个碳原子，为了减少环的张力，四个碳原子可以不在同一平面上。在环丁烷的各构象中，平面型和折叠型是两个极限构象。在平面型构象中，相邻碳原子上的碳氢键都处于重叠状态，因此势能比折叠型的高。在折叠型构象中，$C_1C_2C_3$ 所在平面与 $C_1C_3C_4$ 所在平面的夹角约为 35°，而相邻碳原子上的碳氢键也不处于重叠状态，其扭转角约为 25°，因此折叠型是比平面型稳定的构象。但由于二者之间的势能仅差 $6.3kJ\cdot mol^{-1}$，因此在环丁烷的构象中，平面型构象也占有一定的比例，而且折叠型构象还可以通过平面型构象翻转为势能相等的另一个折叠型构象（图 2-15）。

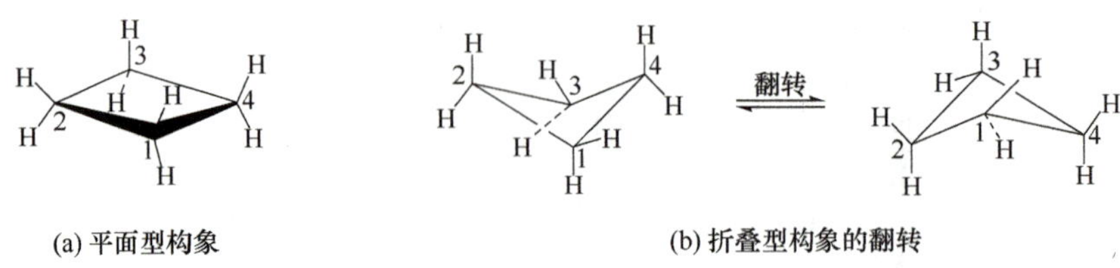

图 2-15　环丁烷的构象

环戊烷比环丁烷的张力更小。由于正五边形的内角为 108°，已经与正四面体的键角接近，但如果取平面型构象，相邻碳原子上的碳氢键都会处于不稳定的重叠式构象，因此环戊烷主要取折叠式的信封型构象和半椅式构象。在信封型构象中，其中四个碳原子在同一平面上，另一碳原子在此平面的上方或下方约 50pm 处，且不在平面内的碳原子不是固定的，而是不断地在五个碳原子之间轮换更迭(图 2-16)。

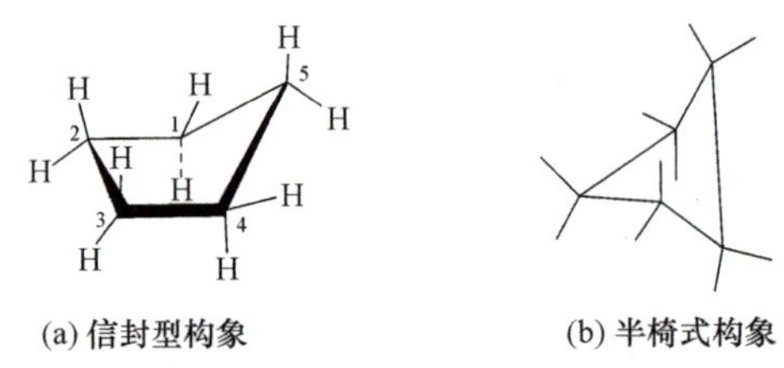

图 2-16　环戊烷的构象

小　结

1. 开链烷烃的通式为 C_nH_{2n+2}，环烷烃的通式为 C_nH_{2n}。烷烃分子中的碳原子都是 sp^3 杂化，各原子之间都以 σ 键相连。烷烃通常不与强酸、强碱、强氧化剂及强还原剂反应，表现为较高的稳定性。烷烃是非极性分子，不溶于水。

2. 烷烃分子失去一个氢原子后剩余的部分称为烷基。根据支链的不同可有仲某基、叔某基、异某基、新某基等之分。

3. 烷烃的命名分为普通命名法和系统命名法。普通命名法仅适用于直链烷烃及具有特定结构特征的简单烷烃。直链烷烃的系统命名与普通命名相同；支链烷烃的系统命名遵循 IUPAC 的原则，简单总结为“一长、二多、三小”。“一长”是指选择最长的碳链作为主链，称为某烷；“二多”是指当有一种以上的最长碳链可供选择时，应选择碳链上取代基多的碳链作为主链；“三小”是指当主碳链选定后，主链编号时从最靠近取代基的一端开始，使离链端最近的取代基编号最小，当两个不同的取代基都距链端相同位置时，则使取代基英文名的第一个字母在前的取代基编号小。对于多取代基的化合物，编号时要遵循最低序列原则，即在最靠近链端的取代基开始编号的前提下，也要能使第二个取代基的编号处于最小位置。书写时按取代基的第一个英文字母的先后顺序排列。

4. 环烷烃的命名一般以环烃为母体，称为环某烷。支链作为取代基放在母体环某烷的前面。对于多取代环烷烃，则需将环上碳原子编号，编号的次序遵循 IUPAC 规则。对于二取代的环烷烃，则按照取代基英文名的第一个字母的顺序依次编号；对于多取代的环烷烃，编号时同样也遵循最低序列原则，即能使第二个取代基的编号处于最小位置。

5. 开链烷烃中的碳与碳的连接次序不同产生构造异构。环烷烃中除由于环的大小不同、取代基不同及位置不同产生构造异构外，还会产生顺反异构。

6. 在光照或加热条件下，烷烃的卤化反应按自由基机理进行。自由基反应分为链引发、链增长和链终止三个阶段。卤素的反应活性为(F_2)>Cl_2>Br_2>(I_2)，烷基自由基的稳定性为叔碳自由基>仲碳自由基>伯碳自由基，烷烃中氢原子的反应活性为叔氢>仲氢>伯氢。

7. 由于烷烃中碳碳σ键的旋转产生不同的构象，典型的有交叉式构象和重叠式构象。环己烷的典型构象是椅式构象和船式构象，其中椅式构象是优势构象。取代环己烷的取代基处于平伏键(e 键)上的构象比处在直立键(a 键)上的构象稳定。

8. 十氢化萘的稳定构象中，两个环己烷都是椅式构象。两个椅式构象以 e 键和 a 键稠合的为顺式的十氢化萘，以 e 键和 e 键稠合的为反式的十氢化萘。

习　题

1. 用系统命名法命名下列化合物。

(1) $CH_3CH_2CH_2CH(CH_3)_2$

(2) $(CH_3)_3CCH(CH_3)_2$

(3) 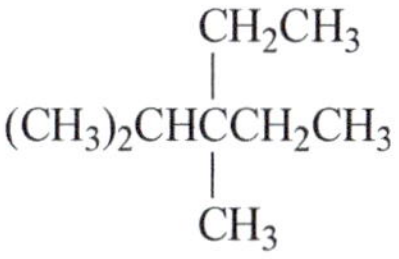
CH_2CH_3
$(CH_3)_2CHCCH_2CH_3$
CH_3

(4) 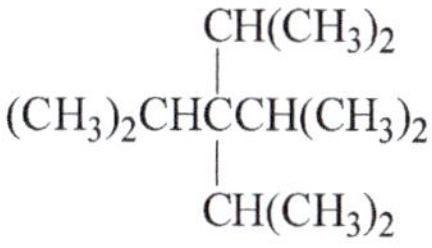
$CH(CH_3)_2$
$(CH_3)_2CHCCH(CH_3)_2$
$CH(CH_3)_2$

(5) 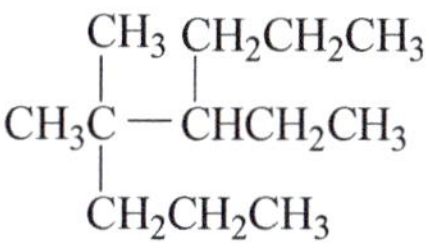
CH_3　$CH_2CH_2CH_3$
$CH_3C—CHCH_2CH_3$
$CH_2CH_2CH_3$

(6) 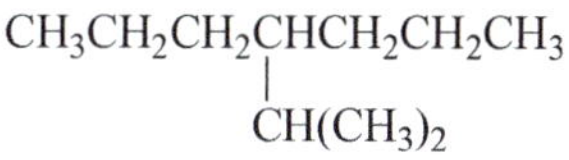
$CH_3CH_2CH_2CHCH_2CH_2CH_3$
$CH(CH_3)_2$

(7) 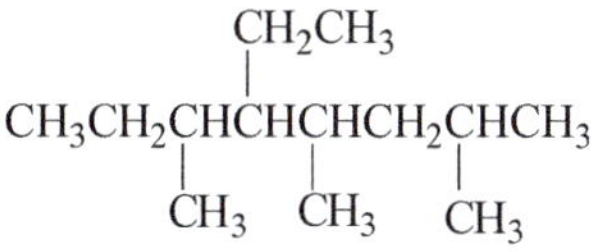
CH_2CH_3
$CH_3CH_2CHCHCHCH_2CHCH_3$
CH_3　CH_3　CH_3

(8) 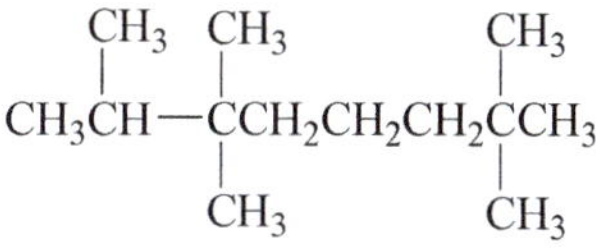
CH_3　CH_3　　CH_3
$CH_3CH—CCH_2CH_2CH_2CCH_3$
CH_3　　CH_3

2. 用系统命名法命名下列环状化合物。

(1)

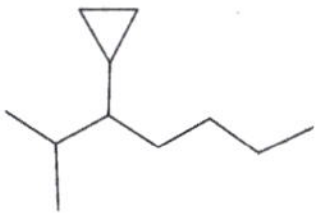

(2)

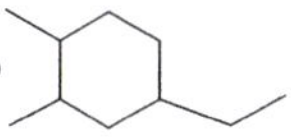

(3) 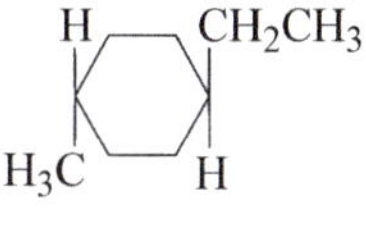 H　CH_2CH_3　H_3C　H

(4) 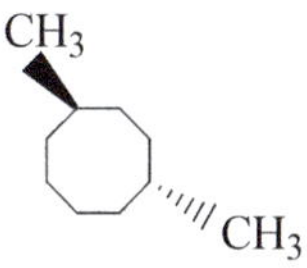 CH_3　CH_3

(5) 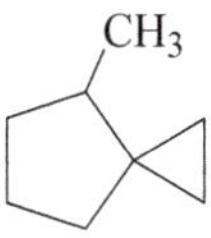 CH_3

(6) 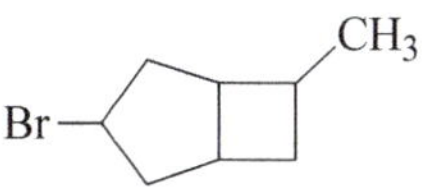 Br　CH_3

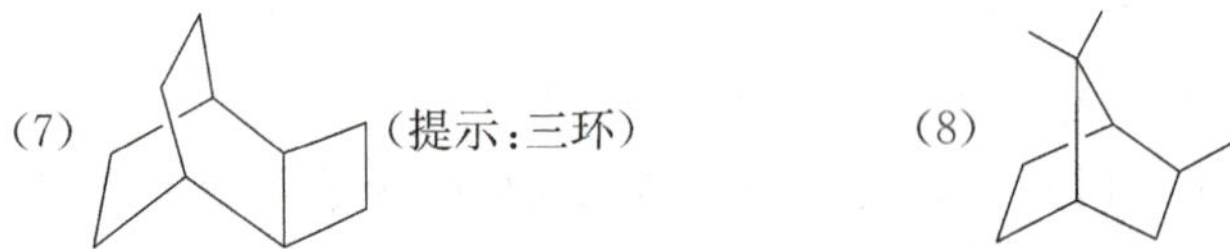

3. 写出符合下列条件的烷烃的构造式,并用系统命名法命名。

(1) 只含有伯氢原子的戊烷　　(2) 只含有一个叔氢原子的戊烷

(3) 只含有伯氢和叔氢的己烷　　(4) 有三种一氯取代的戊烷

(5) 只有三种一氯取代的己烷　　(6) 只有一个叔碳原子和三种一氯取代的己烷

4. 某烷烃的分子式为 C_7H_{14},只有一个伯碳原子,试写出它可能的结构式,并用系统命名法命名。

5. 将下列化合物按沸点由高到低排列。

(1) 2-甲基己烷　　(2) 正庚烷　　(3) 3,3-二甲基戊烷

(4) 新戊烷　　(5) 2,2,3-三甲基丁烷

6. 比较戊烷各异构体的稳定性,并给出理由。

7. 写出 2,4,4-三甲基己烷发生氯化反应时可能得到的一氯代产物。

8. 写出甲基环戊烷一溴取代产物的可能异构体。

9. 相对分子质量为 86 的哪一种或哪几种烷烃在溴化时可以得到下列产物?

(1) 二种一溴取代物　　(2) 三种一溴取代物

(3) 四种一溴取代物　　(4) 五种一溴取代物

10. 用 Newman 投影式表示下列化合物的交叉式构象,并比较其相对稳定性。

(1) $CH_3CH_2—CH_2CH_3$　　(2) $(CH_3)_2CH—CH(CH_3)_2$　　(3) $(CH_3)_3C—C(CH_3)_3$

11. 画出下列取代环己烷的稳定构象式。

12. 写出下列各组化合物的优势构象式,并进行适当讨论。

(1) 顺-1-溴-4-叔丁基环己烷和反-1-溴-4-叔丁基环己烷

(2) 顺-1-溴-顺-3,5-二甲基环己烷和反-1-溴-顺-3,5-二甲基环己烷

13. 分别写出丁烷、2,3-二甲基丁烷的一氯取代产物的异构体,并分别估计它们的相对含量(假设伯、仲、叔氢原子在氯化反应时被取代的活性比为 1∶4∶5.1)。如果改为溴化,则各异构体的一溴化取代产物的相对含量又是多少(假设伯、仲、叔氢原子在溴化反应时被取代的活性比为 1∶82∶1600)?

14. 写出下列化合物相应的稳定构象式。

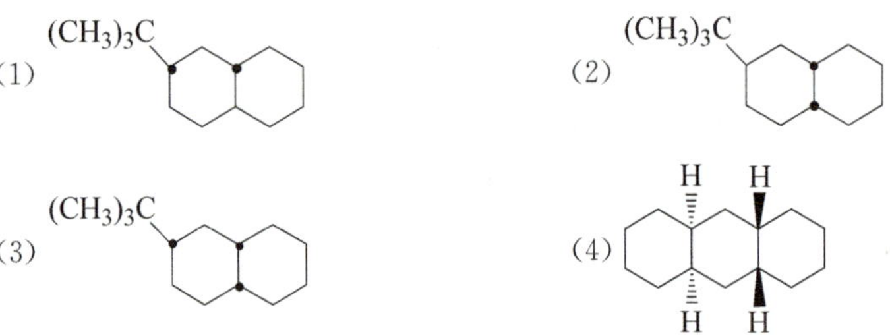

15. 判断下列环烷烃的结构是否正确，并给出合理的解释。

16. 比较顺-1,3-二甲基环己烷和反-1,3-二甲基环己烷两种异构体的燃烧热大小，并给出理由。

17. 某烷烃的相对分子质量为 114，在光照下与氯气反应，仅能生成一种一氯取代产物，试推测其结构式。

18. 用化学方法区别下列各组化合物。

(1) 丙烷和环丙烷　　(2) 1,2-二甲基环丙烷和环戊烷

第3章 对映异构

主要内容

➢产生对映异构的条件，在手性环境中的不同性质。

➢旋光、偏光、比旋光度。

➢手性与对称性、手性分子和对称元素。

➢对映异构体构型标记法(D/L和R/S标记法)。

➢含一个、两个手性碳原子化合物的对映异构。

➢环状化合物的对映异构。

➢对映异构与构象。

➢无手性碳原子化合物的对映异构(包括丙二烯型、联苯型和螺旋型分子)。

➢外消旋体的拆分。

有机化合物的结构是有机化学的重要内容之一，结构包括构造、构型和构象。构型和构象属于立体化学的范畴。构造相同而构型不同的分子称为构型异构体，顺反异构和对映异构(enantiomerism)均属于立体异构(stereoisomerism)中的构型异构。本章主要讨论对映异构。

如果你认真地观察一下周围的人、动物和植物，就会发现一个现象，有些物体很像人的左手与右手，相似而不能重叠。如果将右手放在镜子前，镜子里的像恰好和左手一样，即左手和右手的关系是物体与镜像的关系。左耳与右耳之间也是这种关系。在有机化合物的分子中也发现有这种现象，它们的构造相同，各原子或基团在空间的相对位置关系相似，但不能重叠，是物体与镜像的关系。这是因为分子缺乏某种对称元素，分子本身和它的镜像不能重叠，互为物体与镜像的关系，这种异构称为对映异构。在自然界中，大多数构成生命体系的构件分子和功能分子仅以对映异构体中的一种对映体存在。研究对映异构对研究有机化学的反应机理、反应产物的立体结构，以及具有生物活性的对映体在人体这个不对称的环境中的不同化学行为、生物代谢过程中的严格立体专一性都具有重要意义。因此，研究有机化合物的结构和生物活性的关系以及从分子水平探索生命过程的奥秘都离不开对对映异构的认识。

3.1 旋　光　性

对映异构体是互为物体和镜像的立体异构体，它们的熔点、沸点、相对密度、折射率、在非手性溶剂中的溶解度以及光谱图等都相同，在与非手性试剂反应时所表现的化学性质也相同，但对偏振光却表现为不同的作用，一个使偏振光向右旋，另一个使偏振光向左旋，它们对偏振光表现为不同的旋光性(optical activity)。因此，对映异构也称旋光异构。旋光性的测量是识别对映异构体的重要方法。

3.1.1 偏光

光是一种电磁波光波。普通光的光波可以在各个不同平面上振动，它的振动方向与其传播方向垂直。但当普通光通过一个 Nicol 棱镜时，凡光波的振动方向与 Nicol 棱镜的晶轴不相平行的光线都基本上被阻挡而不能通过，只有振动方向与 Nicol 棱镜的晶轴相平行的光线才能通过。这种通过 Nicol 棱镜只能在一个方向上振动的光线称为平面偏振光，简称偏光(图 3-1)。

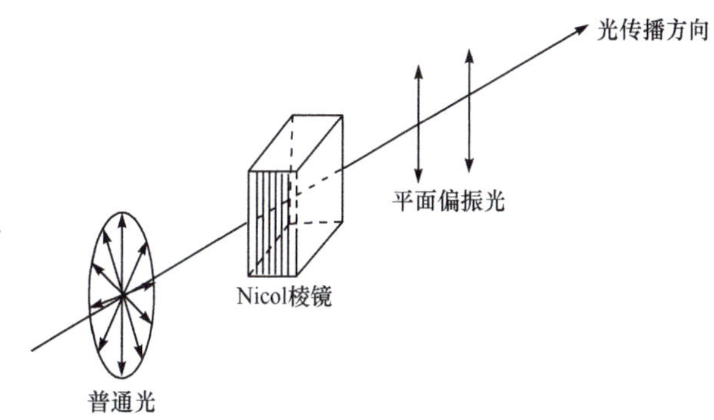

图 3-1　平面偏振光的产生(双箭头表示光的振动方向)

3.1.2 旋光性和比旋光度

当偏光通过某种介质或它的溶液时，有的介质对偏光的振动平面没有任何影响，但有的介质却使偏光的振动平面发生旋转(图 3-2)。

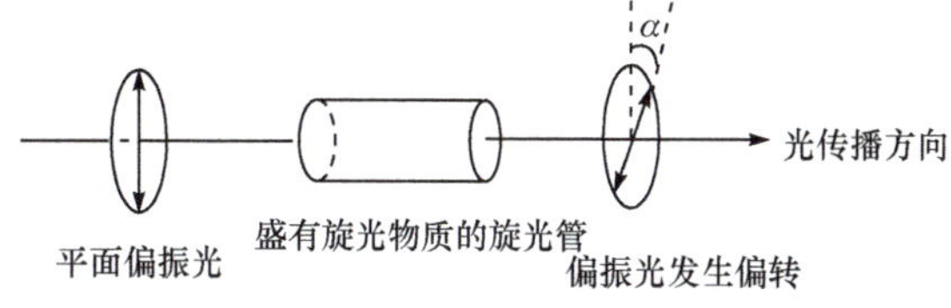

图 3-2　旋光物质使偏振光发生旋转

旋光仪就是根据这个原理而设计的用于测定物质是否旋光以及旋光能力大小的仪器(图 3-3)。

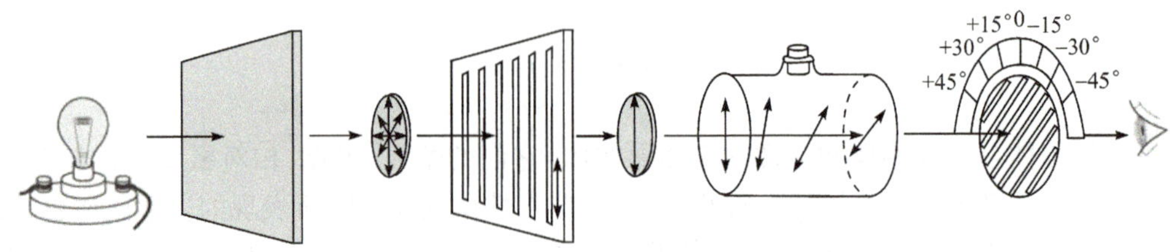

图 3-3　旋光仪示意图

这种能使偏振面旋转的性质称为物质的旋光性，具有旋光性的物质称为旋光物质。有的旋光物质使偏光振动平面向右旋，称为右旋体，右旋方向用(＋)或(d)表示；有的旋光物质使偏光振动平面向左旋，称为左旋体，左旋方向用(－)或(l)表示。使偏光振动平面旋转的角度用 α 表示，称为旋光度(也称旋光角)，可以通过旋光仪测定。旋光度与偏光所遇到的旋光物质的分子数(介质的密度或溶液的浓度)、偏光通过介质的距离(旋光管的长度)等密切相关，另外还与温度、波长及溶剂的性质等有关。然而，在一定的条件下，旋光物质的旋光度为一常数，通常用比旋光度$[\alpha]_D^t$ 表示(注：也可以用质量旋光本领表示)：

$$[\alpha]_D^t=\frac{\alpha}{l\times\rho}$$

式中，t 为测定时的温度；D 表示钠光源；α 为波长 589.3nm 的钠光条件下直接从旋光仪上观察到的旋光度；l 为盛液管的长度，dm；ρ 为被测物质溶液的质量浓度，$g \cdot mL^{-1}$。因此，比旋光度是 1mL 含有 1g 溶质的溶液放在长度为 1dm 的盛液管中测出的旋光度。比旋光度同时反映了某旋光物质的旋光方向和旋光能力的大小。

当被测物质为纯液体物质时，则 ρ 代表的是该液体的密度。

若用 c 表示被测物质在 100mL 溶液中溶质的质量浓度$[g \cdot (100mL)^{-1}]$，则上式可改写为

$$[\alpha]_D^t=\frac{100\alpha}{l\times c}$$

问题 3-1　若测得某光学活性物质溶液的旋光度为＋170°，如何确定其为＋170°，而不是－190°？

3.2　手性与分子结构的对称性

3.2.1　手性分子

乳酸为 2-羟基丙酸，在用模型表示其立体结构时，可以是两个极为相似但又不能重叠的结构模型，它们之间的关系很像人的左、右手，互为物体与镜像的关系，相似而不能重叠，这种性质称为手性(chirality)。具有手性特征的分子称为手性分子(chiral molecule)。2-羟基丙酸是手性分子，其三维结构式可分别表示为

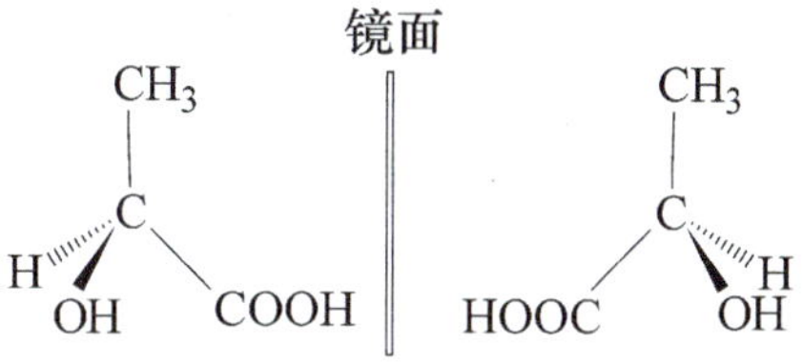

镜面

CH_3 　 CH_3

H　C　COOH　HOOC　C　H

OH　OH

凡分子实体与其镜像能互相叠合的分子称为非手性分子。分子是否具有手性，与分子本身的对称性有关，通常可以通过分析分子是否具有对称面和对称中心判断分子是否为手性分子。

3.2.2 对称元素

1. 对称轴

对称轴用符号 C_n 表示。若在分子内可以找到一个轴，当分子绕这个轴转动 $2\pi/n$，分子中每一个原子都与未转动前分子中的等价原子相重叠，也就是说分子通过对称轴的操作，即转动 $2\pi/n$ 后得到的新构型与原来的构型是等价的，则该分子具有 n 阶对称轴。例如

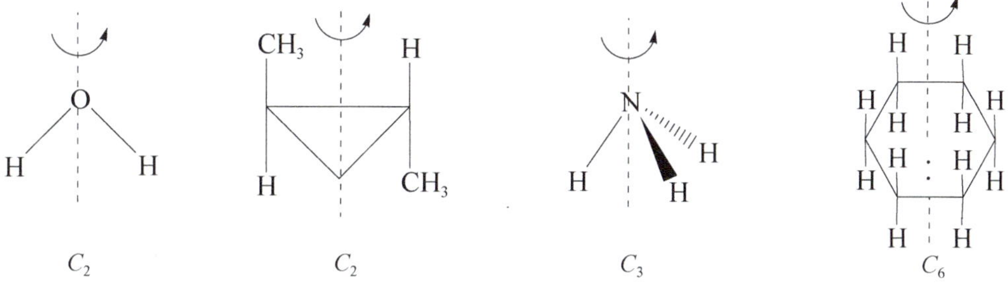

水分子和反-1,2-二甲基环丙烷具有二阶对称轴（C_2），氨分子具有三阶对称轴（C_3），环己烷具有六阶对称轴（C_6）。

2. 对称面

对称面用符号 σ 表示。若在分子内可以找到一个平面，这个平面相当于一个镜面，把分子切割成互为实体与镜像的两部分，则这个平面称为该分子的对称面。通过对称面的操作称为反映。二氯甲烷是具有一个对称面的分子，分子中各原子通过对称面的反映操作后得到的新构型与原来的构型是等价的，即分子与它的镜像能重叠。因此，凡具有对称面的分子是非手性分子。

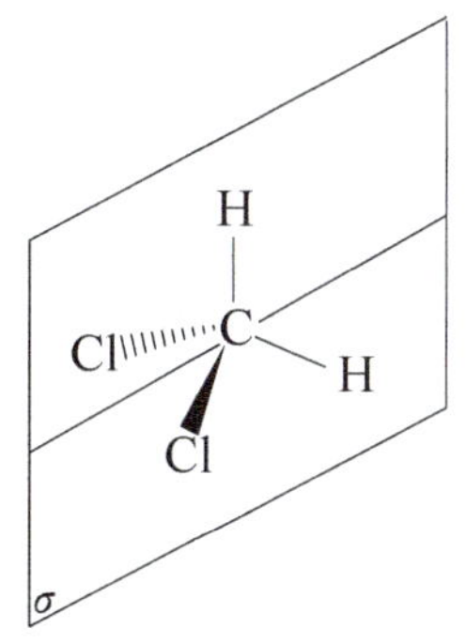

分子中除手性基团外，其余的原子或基团如—CH_3、—CH_2CH_3、—OH、—OR、—C_6H_5、—NO_2、—COR、—CHO、—NHR、—NRR′等都可以看成一个球，能被对称面切割为等价的两半。

3. 对称中心

对称中心用符号 i 表示。若在分子内可以找到一个点，从分子中任何一个原子或基团开始，向该点连线并将其延长，如能在等距离处遇到相同的原子或基团，则这个点就称为该分子的对称中心。通过对称中心的操作称为反演。分子中各原子或基团通过反演操作后得到的新构型与原来的构型是等价的，即凡具有对称中心的分子是非手性分子。例如

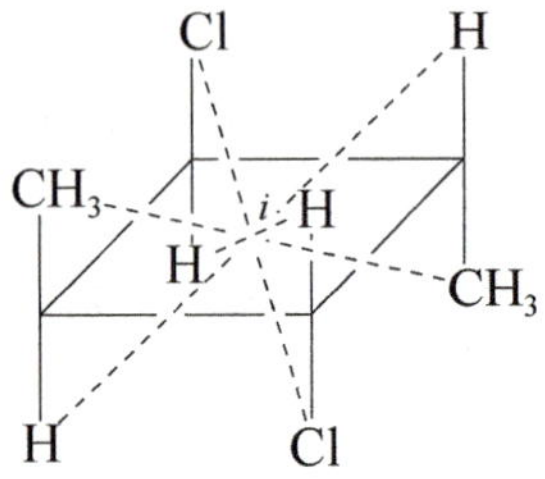

对称中心的反演操作相当于对称面的反映操作加上对称轴的 C_2 操作。例如

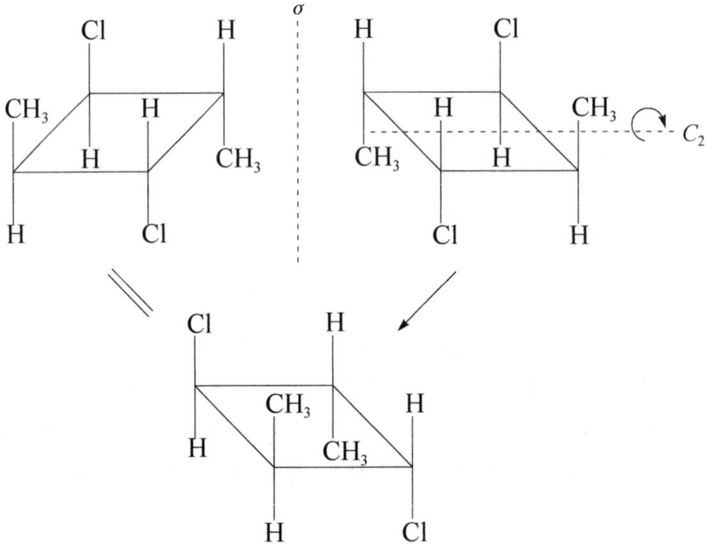

一般来说，如果一个分子既没有对称面，又没有对称中心，就可以初步判断该分子是手性分子。而对称轴不能作为判断分子是否为手性分子的依据。例如，反-1,2-二甲基环丙烷没有对称面和对称中心，是手性分子，但它可以有对称轴(C_2)。

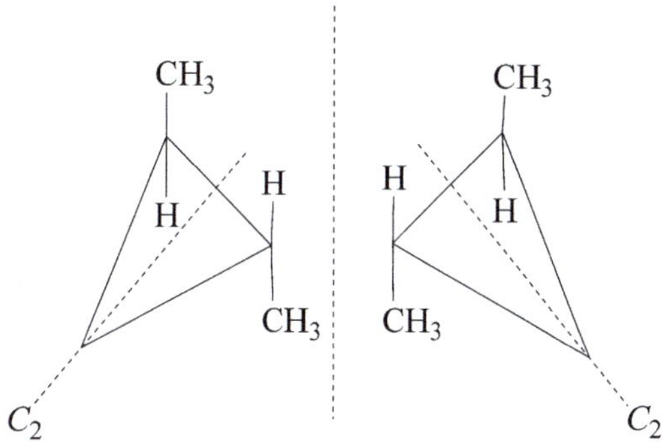

问题 3-2　找出下列化合物的对称元素。

(1) 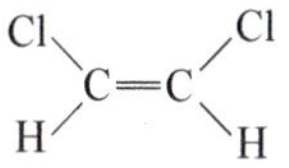 Cl(H)C=C(Cl)H

(2) 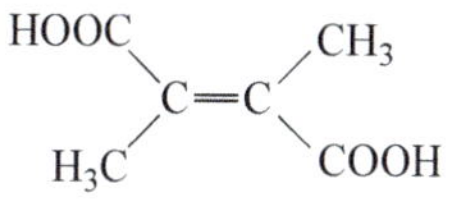 HOOC(H₃C)C=C(CH₃)COOH

(3) 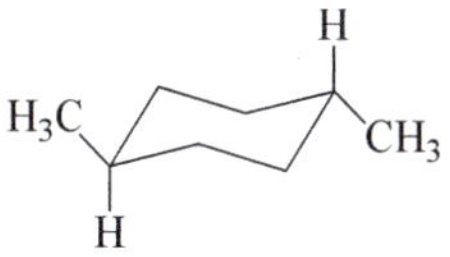 H₃C、H、H、CH₃（环己烷）

(4) 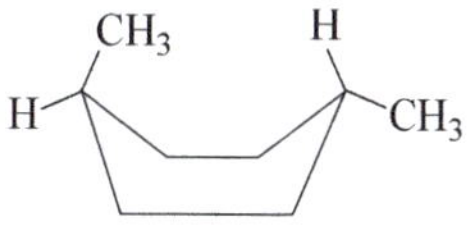 H、CH₃、H、CH₃（环己烷）

3.3　含一个手性碳原子化合物的对映异构

肌肉在运动中产生的乳酸具有右旋的性质，是右旋体，即(+)-乳酸，$[\alpha]=+3.82°$ (H_2O)。而由糖发酵得到的乳酸具有左旋的性质，是左旋体，即(−)-乳酸，$[\alpha]=-3.82°$ (H_2O)，右旋乳酸和左旋乳酸的比旋光度数值相等，方向相反。右旋乳酸和左旋乳酸的关系是物体与镜像的关系，相似而不能重叠，它们的熔点相同，都是53℃。

凡是连有四个互不相同的原子或基团的碳原子称为手性碳原子(chiral carbon，或称不对称碳原子)，一般用 C^* 表示，手性碳原子是手性中心(chiral center)的一个特例。手性中心还可以是 Si、N、P 和过渡金属等原子。乳酸分子含有一个手性碳原子，是它的手性中心，手性碳原子上的 CH_3、OH、COOH 和 H 围绕这个手性中心的不对称排列产生互为物体和镜像的两种构型，它们相似而不能重叠，这两种构型可以用透视式表示如下：

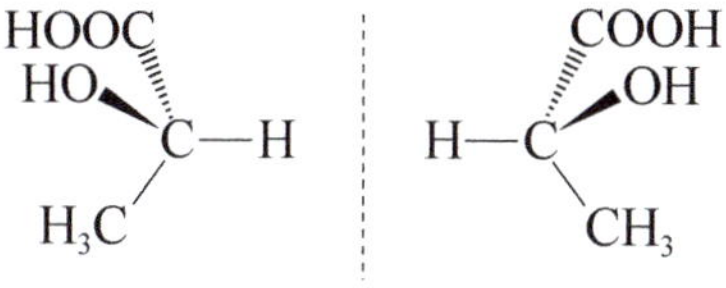

HOOC、HO、C—H、H_3C　｜　COOH、OH、H—C、CH_3

或者用更为简便的 Fischer 投影式表示如下：

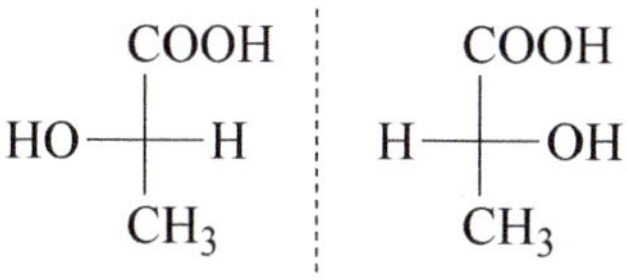

COOH；HO—+—H；CH_3　｜　COOH；H—+—OH；CH_3

Fischer 投影式是将一个手性碳原子的四面体球棍模型投影在纸面上得到的，投影时假定把手性碳原子放在纸平面上，四面体的两个顶点，即两个原子或基团指向前方，用横线表示，四面体的另外两个顶点，即另外两个原子或基团指向后方，用竖线表示，通常简写成“十”字形（“十”的交叉点处代表不能被写出的碳原子）。一般总是把含碳原子的基团放在竖线相连的位置上，且将氧化态高的碳原子放在竖线的上方，氧化态低的碳原子放在竖线的下方。例如

COOH（C 上方，虚楔键）；HO（实楔键）、H（实楔键）、CH_3（虚楔键） 的Fischer投影式为 COOH / HO—┼—H / CH_3

Fischer 投影式不能在纸平面内随意转动，当在纸平面内转动 90°或它的奇数倍时，原来应在纸平面前方横线上的两个原子或基团就变为在纸平面后方的竖线上，按 Fischer 投影式书写的规定，原来投影式转动后其原子或基团在纸平面的前后关系发生了颠倒，则构型发生了翻转，由原来的构型变为其镜像的构型。但 Fischer 投影式可以在纸平面内旋转 180°或它的整数倍，因为这种旋转并不改变原来原子或基团在纸平面的前后关系，所以旋转后构型保持不变。Fischer 投影式也不能离开纸平面翻转 180°，否则将变为它的镜像。

3.3.1 对映异构体构型标记法

1. D/L 标记法

1951 年以前，人们一直无法确定手性碳原子的绝对构型（真实构型），光学活性化合物的构型都采用相对方法来确定，即(＋)-甘油醛的构型用 Fischer 投影式表示时，把 CHO 写在手性碳原子的上方，CH_2OH 写在下方，H 写在左边，OH 写在右边，人为地规定(＋)-甘油醛的构型为 D 型。而(－)甘油醛的构型用 Fischer 投影式表示时，其中 CHO 和 CH_2OH 的位置不变，而把 H 写在右边，OH 写在左边，它的构型人为地规定为 L 型。

CHO / H—┼—OH / CH_2OH

D-(+)-甘油醛

CHO / HO—┼—H / CH_2OH

L-(−)-甘油醛

乳酸的构型则参照甘油醛的构型而命名为 D 型乳酸和 L 型乳酸。

COOH / H—┼—OH / CH_3

D-(−)-乳酸

COOH / HO—┼—H / CH_3

L-(+)-乳酸

这种以 D-或 L-甘油醛的构型为参照标准而确定的构型称为相对构型(relative configuration)，D/L 是相对构型的标记方法。D 型和 L 型与旋光的方向(＋)和(－)之间没有任何对应关系。D/L 构型标记法多用于糖类化合物和氨基酸。

2. *R*/*S* 标记法

能反映分子中原子真实排列状态的构型称为绝对构型(absolute configuration)。绝对构型用 *R* 或 *S* 标记,根据 IUPAC 命名法的建议,将与手性碳原子相连的四个不同原子或基团按照“顺序规则”(sequence rule)排列,从而确定为 *R* 构型或 *S* 构型。甘油醛的互为物体和镜像的两种异构体的绝对构型分别标记为

```
      CHO                CHO
 H ───┼─── OH      HO ───┼─── H
      CH2OH              CH2OH
 (R)-(+)-甘油醛     (S)-(−)-甘油醛
```

1) 顺序规则

将原子或基团按先后顺序排列的规则称为“顺序规则”。其要点如下:

(1) 单原子基团按原子序数的大小次序排列,原子序数大的为优先基团。具有相同原子序数的同位素原子,按相对原子质量大小排列,相对原子质量大的为优先基团。有机化合物中常见元素的优先次序排列如下:

$$I>Br>Cl>S>P>Si>F>O>N>C>B>Li>T>D>H$$

(2) 对于多原子基团,先比较游离价原子的优先次序,如果相同,则比较直接与游离价原子相连的其他原子的优先次序。比较时,将其他原子按优先次序排列,然后按顺序比较其优先程度,直到有区别为止。例如,比较—CH_2OH 和—CH_2Cl,由于游离价上同为碳原子,再比较与碳原子相连的其他原子,它们可分别表示为—C(O,H,H)和—C(Cl,H,H),由于 Cl 比 O 优先,因此—CH_2Cl 比—CH_2OH 次序优先。

(3) 对于含双键和叁键的重键基团,可以将其当成同时连有两个或三个相同的原子。例如

```
                      C   C                             C   C
                      |   |                             |   |
—CH═CH2     看成    —C — C—H        —C≡CH     看成    —C — C—H
                      |   |                             |   |
                      H   H                             C   C

                      O                                 N   C
                      |                                 |   |
 >C═O       看成    —C — O          —C≡N      看成    —C — N
                      |   |                             |   |
                          C                             N   C
```

2) *R*/*S* 构型的确定

将与手性碳原子相连的四个原子或基团 a、b、c、d 按顺序规则排列,假定优先次序为 a>b>c>d,且把优先次序最小的原子或基团放在离自己最远处(图 3-4)。如果由 a→b→c 是按顺时针方向排列的,则手性碳原子的构型用 *R*(rectus,拉丁文“右”的意思)表示;如果由 a→b→c 是按逆时针方向排列的,则构型用 *S*(sinister,拉丁文“左”的意思)表示。由于 *R*/*S* 构型

标记法是根据手性碳原子所连的原子或基团在空间的真实位置而确定的，它能确切地反映分子中原子或基团在手性碳原子周围的排列情况，因此 R/S 标记反映的是手性碳原子的绝对构型。

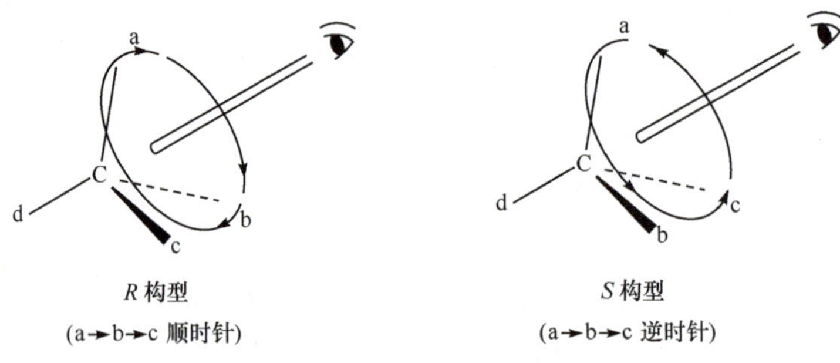

图 3-4　R/S 构型的确定

对于 Fischer 投影式，由于规定在竖线上的原子或基团在纸平面的后面，若优先次序最小的基团 d 在竖线上，则符合上述观察条件，这时由 a→b→c 若按顺时针方向排列，则手性碳原子构型为 R 构型；由 a→b→c 若按逆时针方向排列，则为 S 构型。

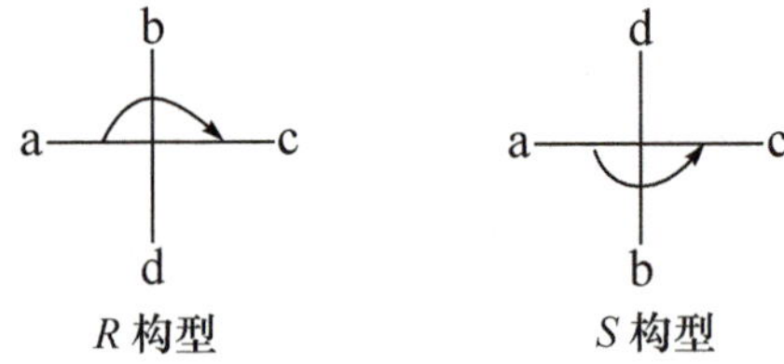

若优先次序最小的基团 d 在横线上，则与上述观察条件相对，这时由 a→b→c 若按顺时针方向排列，则手性碳原子构型为 S 构型；由 a→b→c 若按逆时针方向排列，则为 R 构型。

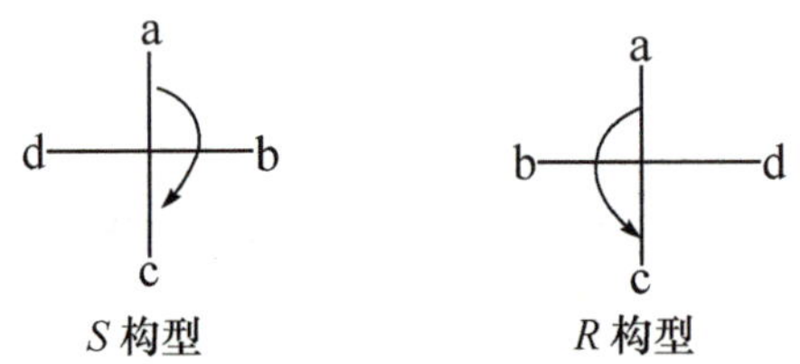

旋光方向与构型 R/S 及 D/L 之间没有任何对应关系。

问题 3-3　用 R/S 标记下列化合物中手性碳原子的构型。

(1) OH, H_3C, COOH, H

(2) H, HS, COOH, CH_3

(3) H, H_3C, COOH, D

(4) Cl, H, $CH(CH_3)_2$, $CH{=}CH_2$

(5) $CH{=}CH_2$, H, $CH_2C{\equiv}CH$, CH_2CH_3

(6) O, Cl, H

(7) CH_3, H, CH_2Cl, $CH(CH_3)_2$

(8) $C{\equiv}N$, CH_3, $C{\equiv}CH$, CH_2OH

3.3.2　对映体和外消旋体

含有一个手性碳原子的化合物可以写出两个互为物体和镜像的不同构型，它们不能重叠，代表着两种不同的分子。这种互为物体和镜像且不能重叠的分子互称为对映体（enantiomer），一对对映体的旋光能力相等，但旋光方向相反。右旋乳酸和左旋乳酸就是互为对映体的关系。互为对映体的分子热力学能相等。它们在非手性环境中的性质基本上没有区别，如对映体的熔点、沸点、在非手性溶剂中的溶解度和与非手性试剂的反应速率都相同。但在手性环境下，如与手性试剂的反应或在手性催化剂或手性溶剂中的反应速率则不相同。生物体内的酶和各种底物都是手性的，因此对映体在生物体内的生理活性往往表现出很大的差别。例如，左旋氯霉素有疗效，而右旋氯霉素没有疗效；左旋尼古丁的毒性比右旋尼古丁大得多；左旋香芹酮与右旋香芹酮的香气不相同等。

对于一对对映体，等物质的量的左旋体与右旋体混合，它们的旋光性恰好互相抵消，得到无旋光的混合物，称为外消旋体（racemates），用（±）或（*dl*）表示。由于在外消旋体中，左旋体和右旋体分子之间的亲和力不同于纯净的左旋体或右旋体分子之间的亲和力，因此外消旋体的物理性质如熔点、密度、溶解度等也不同于纯净的左旋体或右旋体。例如，左旋乳酸与右旋乳酸的熔点均为 53℃，而外消旋乳酸的熔点为 18℃。

当外消旋体中左旋体分子与右旋体分子之间的亲和力大于纯净旋光体分子之间的亲和力时，外消旋体称为“外消旋化合物”，其熔点大多高于纯净旋光体。当纯净旋光体分子之间的亲和力大于左旋体分子与右旋体分子之间的亲和力时，则在形成晶体过程中，左旋体和右旋体将可能分别各自形成晶体，这种外消旋体称为“外消旋混合物”，其熔点大多低于纯净旋光体。还有一种情况是左旋体分子与右旋体分子之间的亲和力和纯净旋光体分子之间的亲和力都接近，在形成晶体时左旋体分子与右旋体分子随机结合，这样形成的外消旋体称为外消旋固体溶液，它们的熔点、溶解度与纯净旋光体基本相同。

3.3.3　手性化合物的对映异构过量值

在对映异构体中，分子中各原子之间的距离都相同，当在非手性条件（包括反应底物、试剂、催化剂、溶剂等）下合成手性化合物时，由于生成右旋体和左旋体的过渡态能量相等，即反应活化能相等，反应的速率相等，生成右旋体和左旋体的概率相等，因此得到的产物都是外消旋体。如果在手性条件下合成手性化合物，通常也只能得到左旋体或右旋体为主要产物，而很难得到单一的手性化合物分子。这时通常用对映异构体过量值（enantiomeric excess，简称 ee 值）表示手性化合物的纯度。

$$\text{ee 值}=\frac{\text{产物中构型多的量}-\text{产物中构型少的量}}{\text{产物中构型多的量}+\text{产物中构型少的量}}\times 100\%$$

$$=\text{产物中构型多的百分含量}-\text{产物中构型少的百分含量}$$

例如，合成某手性化合物时，得到 *R* 构型产物为 98%，对映体 *S* 构型产物为 2%，则 ee 值为 96%。

目前,已经可以通过手性气相色谱或手性高效液相色谱的方法准确地测定出试样的ee值。

3.4 含两个和两个以上不相同手性碳原子化合物的对映异构

3.4.1 含两个不相同手性碳原子化合物的对映异构

例如,2,3,4-三羟基丁醛($\underset{OH}{\underset{|}{CH_2}}\underset{OH}{\underset{|}{CH}}—\underset{OH}{\underset{|}{CH}}CHO$)是含有两个不相同手性碳原子的化合物,C_2 和 C_3 都可以有两种不同的构型,因此可以组合成以下四个不同的构型异构体,组成两对对映异构体。

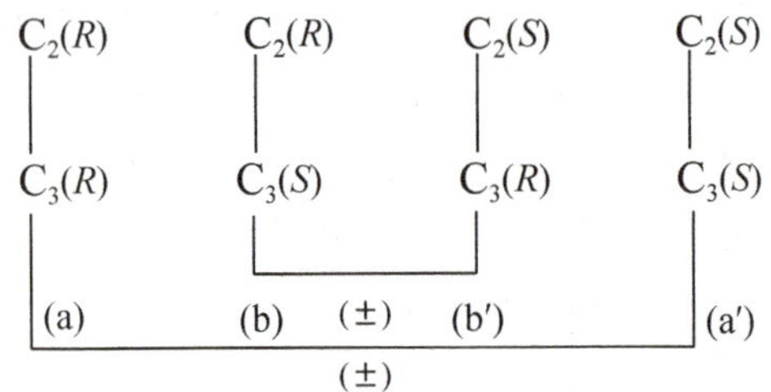

其中(a)和(a′)、(b)和(b′)互为对映体,分别组成外消旋体。用 Fischer 投影式表示时,可以按对映体的方式先后写出。

(Ⅰ)	(Ⅱ)	(Ⅲ)	(Ⅳ)
CHO	CHO	CHO	CHO
H—R—OH	HO—S—H	H—R—OH	HO—S—H
H—R—OH	HO—S—H	HO—S—H	H—R—OH
CH_2OH	CH_2OH	CH_2OH	CH_2OH

其中,(Ⅰ)和(Ⅱ)、(Ⅲ)和(Ⅳ)互为对映异构体,并各分别组成一个外消旋体。而(Ⅰ)与(Ⅲ)、(Ⅳ)之间和(Ⅱ)与(Ⅲ)、(Ⅳ)之间并没有对映关系,它们彼此称为非对映体。非对映体不仅旋光能力不同,它们的物理性质和化学性质也不相同。

从上述例子可以看出,每一个手性碳原子都有对映的两个不同构型。因此,含一个手性碳原子的化合物应有两个互为物体和镜像的旋光异构体,它们互为对映体,它们等物质的量的混合组成一个外消旋体。含两个不相同的手性碳原子的化合物应有 2^2 个对映异构体,共组成 2^{2-1} 个外消旋体。依此类推,含 n 个不相同手性碳原子的化合物应有 2^n 个对映异构体,组成 2^{n-1} 个外消旋体。

3.4.2 含三个不相同手性碳原子化合物的对映异构

含有三个不相同手性碳原子的化合物应有 $2^3=8$ 个异构体,组成四对对映异构体。

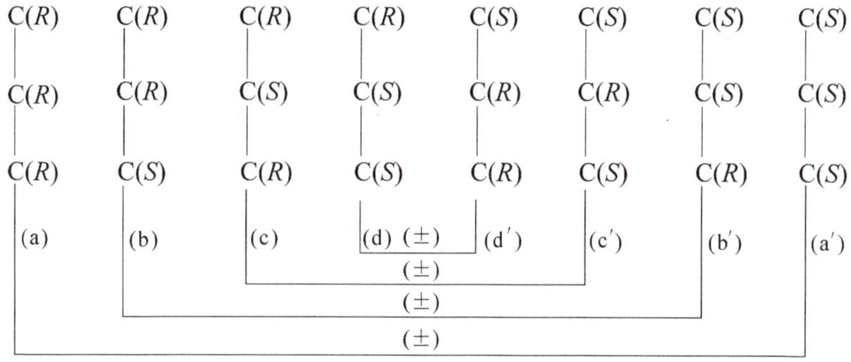

例如，2，3，4，5-四羟基戊醛有三个不相同的手性碳原子，有八个旋光异构体，组成四对外消旋体。

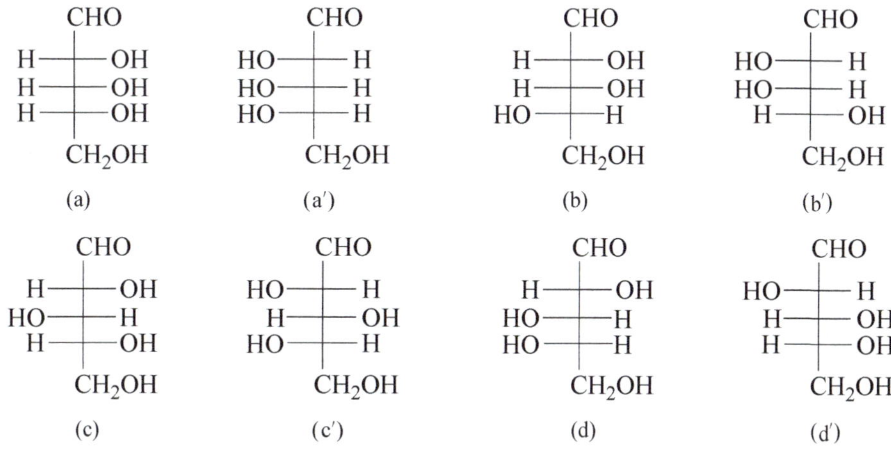

其中，(a)和(a′)、(b)和(b′)、(c)和(c′)、(d)和(d′)组成四对对映体。

当分子中同时有一个手性碳原子和一个碳碳双键时，由于手性碳原子有 R 或 S 构型，而碳碳双键有 E 或 Z 构型(见 5.1.2)，因此这种分子也可能有四个立体异构体。例如，戊-3-烯-2-醇是含有一个手性碳原子和一个碳碳双键的分子，它有四个立体异构体。

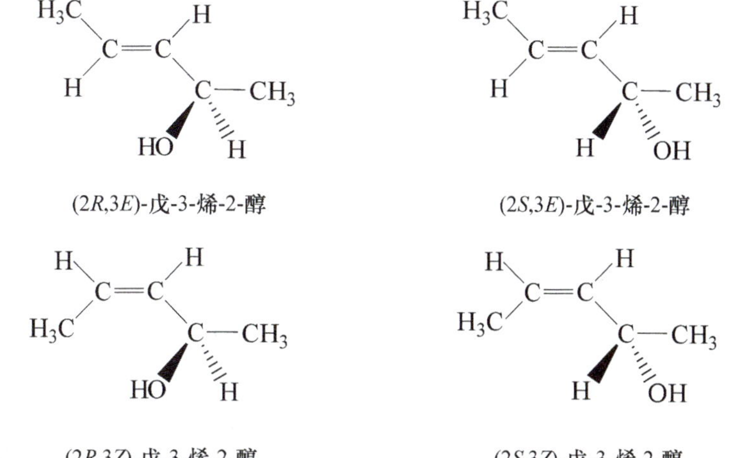

(2*R*,3*E*)-戊-3-烯-2-醇　(2*S*,3*E*)-戊-3-烯-2-醇

(2*R*,3*Z*)-戊-3-烯-2-醇　(2*S*,3*Z*)-戊-3-烯-2-醇

其中(2*R*,3*E*)-戊-3-烯-2-醇和(2*S*,3*E*)-戊-3-烯-2-醇、(2*R*,3*Z*)-戊-3-烯-2-醇和(2*S*,3*Z*)-戊-3-烯-2-醇分别互为对映异构体。

3.4.3 含两个相同手性碳原子化合物的对映异构

对于含两个相同手性碳原子的化合物，其异构体的数目少于 2^2 个。例如，2,3-二羟基丁二酸(酒石酸)中含有两个相同的手性碳原子，它们都连有相同的四个彼此不同的基团，按一般写法可以写出四个异构体。

(Ⅰ)	(Ⅱ)	(Ⅲ)	(Ⅳ)
COOH	COOH	COOH	COOH
H—┼—OH	HO—┼—H	H—┼—OH	HO—┼—H
HO—┼—H	H—┼—OH	H—┼—OH	HO—┼—H
COOH	COOH	COOH	COOH

其中，(Ⅰ)与(Ⅱ)互为物体和镜像，不能重叠，互为对映体。尽管(Ⅲ)与(Ⅳ)也是物体与镜像的关系，但按照 Fischer 规则把(Ⅳ)在纸平面内旋转 180°后，其构型保持不变，然而旋转后的(Ⅳ)与(Ⅲ)却能重叠，因此(Ⅲ)与(Ⅳ)为同一化合物。实际上(Ⅲ)与(Ⅳ)中都有一个对称面，对称面两边的手性碳原子互为镜像，它们的旋光方向相反，数值相等，互相抵消，因此整个分子是没有旋光的，它们称为内消旋体(mesomer)。凡是分子中含有相同手性碳原子的化合物，其对映异构体的数目少于 2^n 个。内消旋体和外消旋体都没有旋光，但没有旋光的原因完全不同，外消旋体是可以拆分为两个具有旋光性分子的化合物，而内消旋体是一种有手性碳原子而没有旋光的分子，它不存在对映异构体。

问题 3-4　用 Fischer 投影式写出下列化合物可能的异构体。

(1) $CH_3CHCHCH_3$ (两个 CH 上分别连 Br、OH)

(2) $ClCH_2—CH—CH—CH—CH_2Cl$ (三个 CH 上各连 OH)

3.5 含假手性碳原子的化合物

例如，2,3,4-三羟基戊二酸是具有三个手性碳原子的化合物，因为具有相同的手性碳原子，所以只能写出四个异构体。

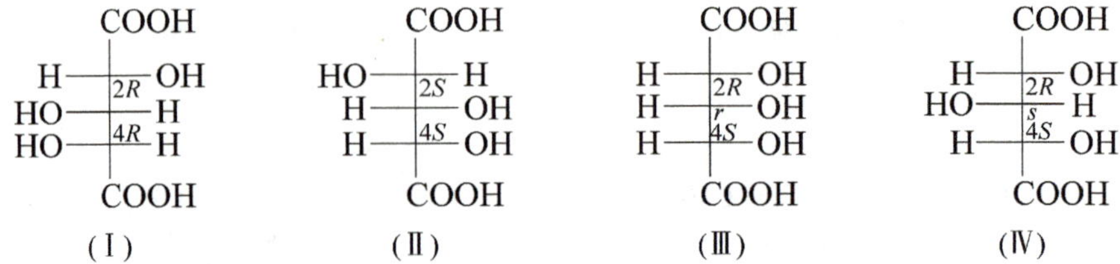

其中，(Ⅰ)与(Ⅱ)互为对映异构体，(Ⅲ)与(Ⅳ)中都有一对称面，因此没有对映异构体。

仔细考察(Ⅲ)和(Ⅳ)，由于 C_2 和 C_4 的构型不同，因此在两式中，C_3 都属于手性碳原子，手性碳原子应当没有对称元素，但它们都有一个对称面，所以(Ⅲ)和(Ⅳ)都不是手性分子，是没有光学活性的内消旋体，C_3 这种碳原子称为假手性碳原子。在(Ⅲ)和(Ⅳ)中的假手性碳原子的构型不同，通常用 r 和 s 表示，这里 C_2 是 R 构型，C_4 是 S 构型，按照顺序规则，R 构型优先于 S 构型，因此(Ⅲ)中的 C_3 是 r 构型，(Ⅳ)中的 C_3 是 s 构型。

在考察手性碳原子化合物的对称性时，构型为 R 的镜像必定为 S 构型，非手性的基团可以看成一个球，能被对称面切割为互为镜像的两半，但手性基团却不能被切割为互为镜像的两半，手性基团没有对称面。

3.6 环状化合物的对映异构

环状化合物的构型异构包括了顺反异构和对映异构。对于二元以上取代的环状化合物，根据取代基在环平面的同侧或异侧，存在顺反异构体，然后根据各顺反异构体有无对称面或对称中心，再判断是否有对映异构。例如，1，2-环丙烷二甲酸中，根据两羧基(—COOH)在环丙烷的同侧与异侧有顺反异构体，(Ⅰ)、(Ⅱ)与(Ⅲ)是顺反异构，在反式异构体(Ⅰ)和(Ⅱ)中，因为没有对称面和对称中心，所以是手性的，(Ⅰ)与(Ⅱ)互为对映异构体，等物质的量的(Ⅰ)与(Ⅱ)构成外消旋体。(Ⅲ)分子中有一对称面，所以没有手性，是内消旋体。

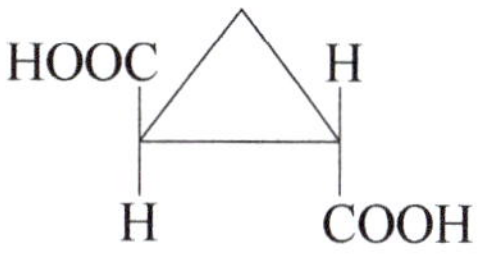

HOOC H H COOH
(Ⅰ)

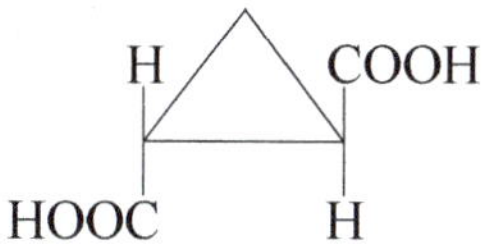

H COOH HOOC H
(Ⅱ)

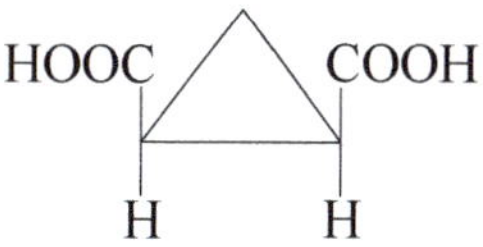

HOOC COOH H H
(Ⅲ)

又如，1，3-二甲基环己烷中，(Ⅰ)的两个甲基在环的同一边，为顺式，分子内有一对称面，所以无手性。(Ⅱ)和(Ⅲ)为反式，分子内没有对称面和对称中心，是手性分子，它们互为对映体。

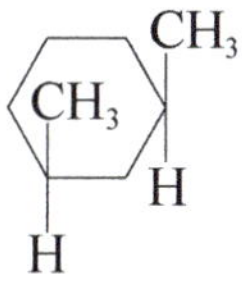

CH_3 CH_3 H H
(Ⅰ)

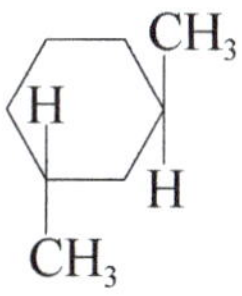

CH_3 H H CH_3
(Ⅱ)

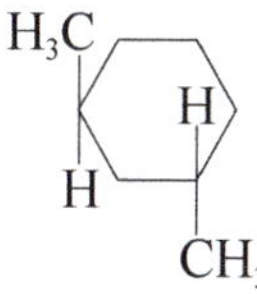

H_3C H H CH_3
(Ⅲ)

问题 3-5 写出下列化合物的立体异构体，并用 R/S 标记手性碳原子的构型。

(1) 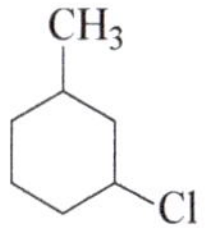 CH_3 Cl

(2) 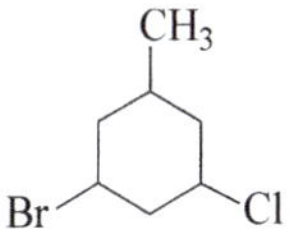 CH_3 Br Cl

(3) CH_3 Cl $CH(CH_3)_2$

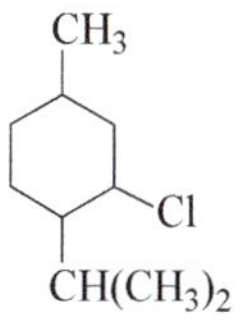

问题 3-6 写出下列化合物的可能立体异构体。

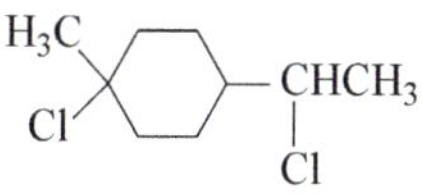

H_3C Cl CHCH$_3$ Cl

3.7 对映异构与构象

在考虑化合物是否具有手性时，只分析它们的某一个构象或构型。以内消旋的 2,3-二羟基丁二酸为例，其重叠式和三种交叉式构象的 Newman 投影式及锯架式分别表示如下：

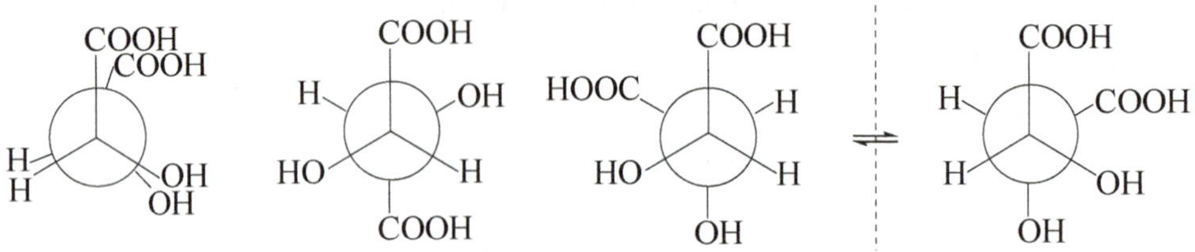

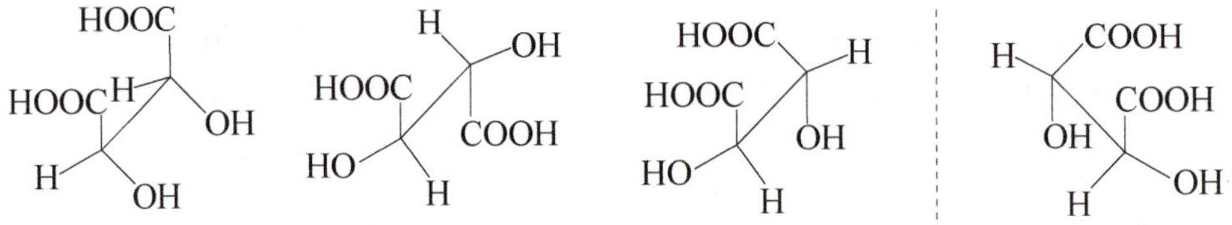

(Ⅰ)　(Ⅱ)　(Ⅲ)　(Ⅳ)

(Ⅰ)是重叠式构象，分子内有对称面，(Ⅱ)是对位交叉式构象，分子内有对称中心，所以(Ⅰ)和(Ⅱ)都是非手性的。然而，在(Ⅰ)和(Ⅱ)之间还有许多构象，它们既没有对称面又没有对称中心，如(Ⅲ)和(Ⅳ)是手性的，互为对映体，但由于(Ⅲ)与(Ⅳ)的热力学能相等，在构象平衡中出现的概率相等，各自所占的份额也相同。与(Ⅲ)和(Ⅳ)相似的其他手性构象也有类似的结果，它们的构象一定是成对出现的，在构象平衡中的份额相同。因此，它们各自对偏光的影响相互抵消，表现为没有旋光性。所以，只要分子的任何一种构象有对称面或对称中心，就可以认为该分子没有手性。因此，在判断 2,3-二羟基丁二酸的各异构体是否有手性时，只要考虑它们各异构体的 Fischer 投影式(重叠式构象)的对称性就可以了。

在判断取代环烷烃衍生物是否具有手性时，最简单的方法是只考察该化合物平面构型式的对称性。以 1,2-二甲基环己烷为例，有顺式和反式两种构型异构，分别为

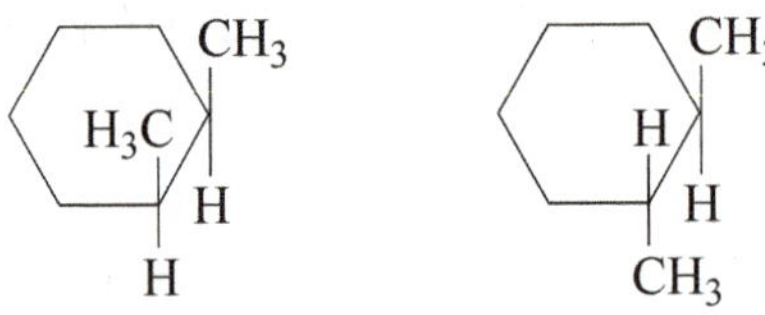

(Ⅰ)　(Ⅱ)

(Ⅰ)为顺-1,2-二甲基环己烷，分子内有对称面，是非手性分子。而它的椅式构象却没有对称面和对称中心，按理与相应的镜像不能叠合，但实际上是没有光学活性的同一化合物。

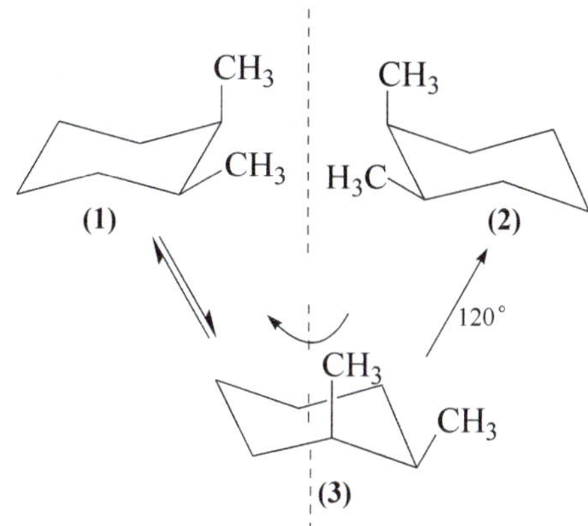

构象(**1**)与(**2**)互为对映，是物体与镜像的关系，由于(**1**)经构象翻转后可以得到(**3**)，而(**1**)与(**3**)热力学能相等，在构象平衡中两构象的份额也相等，但当(**3**)以式中的虚线为轴旋转 120°即得到(**1**)的镜像(**2**)，也就是(**1**)与(**2**)在构象平衡中的份额相等，它们对偏光的影响相互抵消，因此顺-1,2-二甲基环己烷没有旋光性，与从平面构型式分析的结果一致。

(Ⅱ)为反-1,2-二甲基环己烷，分子内没有对称面和对称中心，是手性分子。从构象分析也得到相同的结果，但从平面构型式分析比从构象式分析简单和直观得多。

3.8　无手性碳原子化合物的对映异构

3.8.1　丙二烯型分子

丙二烯 $CH_2=C=CH_2$ 中，C_1 和 C_3 为 sp^2 杂化，C_2 为 sp 杂化。因此，三个碳原子排列在一条直线上，两个 π 键互相垂直［图 3-5(a)］，C_1 和 C_3 上所连接的两个原子分别在相互垂直的两平面内［图 3-5(b)］。当 C_1 和 C_3 上的两个原子或基团都不相同时，分子与它的镜像就不能重叠，是一个没有对称面和对称中心的不对称分子，分子有手性。实际上，分子内存在一个轴，即互相垂直的两个 π 键所在平面的交线，分子的手性是由 C_1 上两个不同原子或基团和 C_3 上两个不同原子或基团在这个轴的两侧成不对称排列引起的，因此这个轴称为手性轴。例如，戊-2,3-二烯分子中并不存在不对称碳原子，但有一对对映异构体。

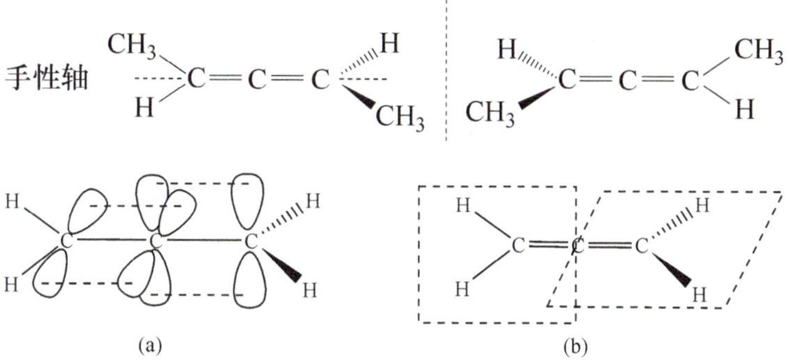

图 3-5　丙二烯结构示意图

螺环是两个环烃共有一个碳原子的多环烃，共有的碳原子称为螺原子。在螺环中，由于连在同一螺原子上的两环的环平面也相互垂直，与丙二烯型化合物相似。例如，在2，6-二甲基螺[3.3]庚烷中，当 C_2 和 C_6 上所连的两原子或基团都不相同时，该分子内就没有对称面和对称中心，分子有手性，有一对对映异构体。

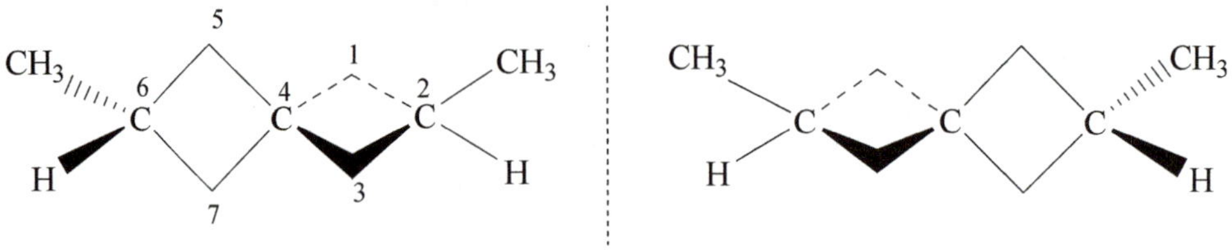

2,6-二甲基螺[3.3]庚烷

3.8.2 联苯型分子

在联苯型分子中，当四个邻位取代基的体积足够大时，连接两个苯环的 σ 键的旋转受阻，这时两个苯环可以不在同一平面上。若每一个苯环上的两个邻位取代基又不相同，则分子内没有对称面和对称中心，是手性分子，存在一对彼此不能重叠的对映体。例如

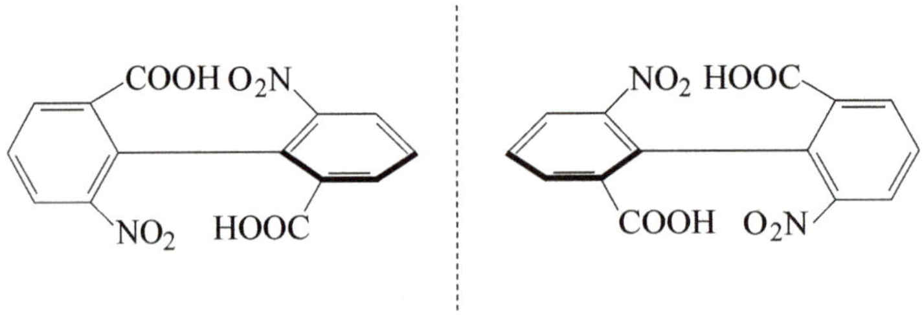

3.8.3 螺旋型分子

菲是一个苯环的1，2-位和3，4-位分别与另外两个苯环稠合的分子。在菲分子中，三个苯环成折线共平面排列，当菲分子的4，5-位上引入足够大的基团时，由于空间因素，环发生螺旋似的扭曲，分子没有对称面和对称中心，分子与它的镜像不能重叠，因此具有手性。例如

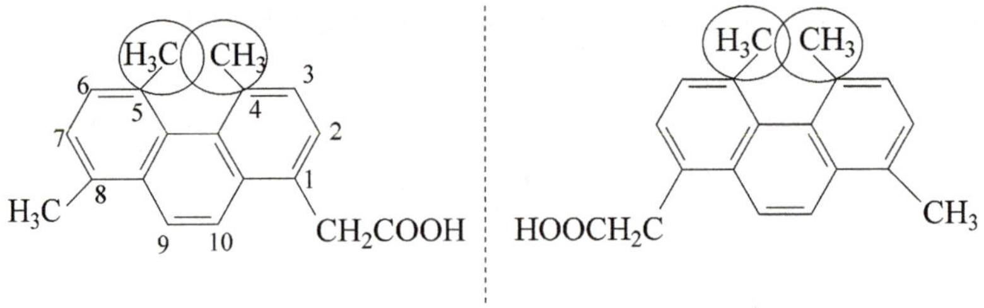

4,5,8-三甲基菲-1-乙酸

在由六个苯环稠合在一起的六螺环烃中，首尾两个苯环不在同一平面上，整个分子呈环形螺旋状，没有对称面和对称中心，分子与它的镜像不能重叠，有一对对映异构体。

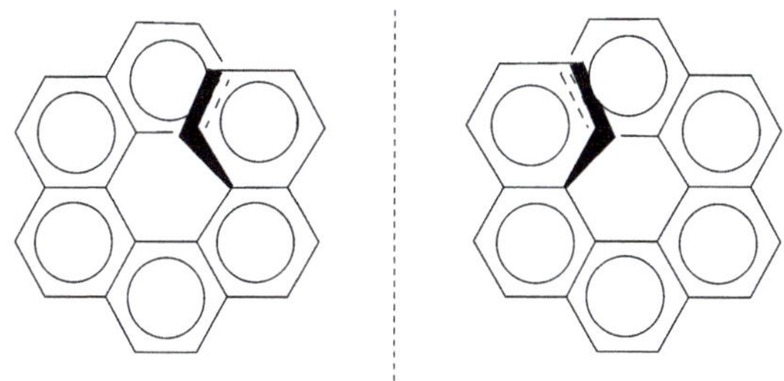

六螺环烃(六螺苯)

问题 3-7　写出甲基环己醇的可能异构体。

问题 3-8　写出 2,9-二甲基螺[5.5]十一烷的可能异构体。

CH_3　CH_3

3.9　外消旋体的拆分

外消旋体是等物质的量的一对对映异构体的混合物。对映异构体之间除旋光方向相反外,其他物理性质都相同,如酒石酸的右旋体、左旋体和内消旋体的物理常数见表 3-1,因此不能用一般的物理方法将外消旋体分离。采用某些特殊方法把外消旋体分离成右旋体和左旋体的过程称为外消旋体的拆分。

表 3-1　酒石酸部分立体异构体的物理常数

酒石酸的立体异构体	熔点/℃	$[\alpha]_D$(20%水溶液)	相对密度	溶解度/$[g \cdot (100mL\ H_2O)^{-1}]$
(+)-	168～170	+12°	1.7598	139.0
(−)-	168～170	−12°	1.7598	139.0
meso	206	—	1.6660	125.0

常用的外消旋体拆分方法有以下几种。

3.9.1　酶解法

酶是一种手性分子,具有高度的立体选择性,因此利用某些微生物或其产生的酶的专一催化活性,可以选择性地分解或转化对映体中某一种异构体,从而达到将对映体分离的目的。例如,合成得到的外消旋 α-氨基酸,经乙酰化后得到的乙酰氨基酸仍为对映的外消旋体,后者在一种蛋白水解酶(如羧肽酶)作用下水解,蛋白水解酶只能识别并专一性水解 L-乙酰氨基酸,将其水解为 L-α-氨基酸。L-α-氨基酸和没有被水解的 D-乙酰氨基酸是性质不同的非对映体关系,因此可以利用在某一溶剂中的溶解度不同将它们分离。

$$R-\underset{\underset{NH_2}{|}}{CH}-COOH \longrightarrow R-\underset{\underset{NHCOCH_3}{|}}{CH}-COOH \xrightarrow{\text{蛋白水解酶}}$$

外消旋α-氨基酸　　外消旋乙酰氨基酸

$$H_2N-\overset{\overset{COOH}{|}}{\underset{\underset{R}{|}}{C}}-H \quad + \quad H-\overset{\overset{COOH}{|}}{\underset{\underset{R}{|}}{C}}-NHCOCH_3$$

L-α-氨基酸　　D-乙酰氨基酸

3.9.2 诱导结晶法

将外消旋体制成相应的过饱和溶液，然后在此饱和溶液中加入少量此外消旋体中的任意一种旋光体晶体作为晶种，冷却后诱导其相同旋光体优先结晶析出，过滤后再在滤液中加入外消旋体，重新制成过饱和溶液，这时溶液中另一种旋光体相对过量，冷却后优先析出。如此反复结晶，即可把外消旋体拆分为相应的对映异构体。

3.9.3 色谱分离法

这里主要指用手性固定相的色谱柱直接分离对映异构体的方法。当外消旋体通过填有光学活性吸附剂制成的柱色谱柱时，一对对映体各自与光学活性吸附剂作用后变为一对非对映体，由于它们被吸附剂吸附的强弱不同，因此它们从吸附剂上洗脱的速率也将不同，从而达到分离的目的。手性固定相已成目前有机化学中的一个重要研究课题。

3.9.4 形成非对映体法

将外消旋体中的一对对映体利用化学方法形成非对映体，而非对映体的物理性质不同，可用通常的物理方法（如柱色谱或重结晶等）将它们分离。最后把已分开的非对映体变为原来的旋光化合物，从而达到拆分的目的。例如

$$(\pm)\text{-RCOOH} + 2(-)\text{-R}'\text{NH}_2 \longrightarrow \boxed{\begin{array}{l}(+)\text{-RCOOH}\cdot(-)\text{-R}'\text{NH}_2\\(-)\text{-RCOOH}\cdot(-)\text{-R}'\text{NH}_2\end{array}} \xrightarrow{\text{分离}}$$

非对映异构体

$$(+)\text{-RCOOH}\cdot(-)\text{-R}'\text{NH}_2 + (-)\text{-RCOOH}\cdot(-)\text{-R}'\text{NH}_2 \xrightarrow{\text{HCl}}$$

$$(+)\text{-RCOOH} + (-)\text{-RCOOH} + 2(-)\text{-R}'\text{NH}_2\cdot\text{HCl}$$

用于拆分对映体的旋光物质通常称为拆分剂。常用的拆分剂有旋光的碱性或酸性的天然产物，如（－）-番木鳖碱、（－）-奎宁、（－）-马钱子碱、（－）-苹果酸和（＋）-酒石酸等。

外消旋的醇也可以先与手性酸形成非对映异构的酯后再进行分离，从而达到拆分的目的。

3.10 对映异构与生物活性

在没有外部手性条件(如手性溶剂、手性试剂、手性催化剂等手性环境)的影响下,对映异构体除对平面偏振光的旋转方向不同外,具有完全相同的物理性质和化学性质。由于生物体是一个手性环境,如酶和细胞表面受体是手性的,当具有生物活性的药物是对映体时,它也以手性的方式与受体部位相互作用,因此一对对映体在人体内可能有完全不同的作用。由于作用方式不同,其作用的效果当然也不同。当外消旋药物的两个对映体在体内以不同的途径被吸收、活化和降解时,其中可能有一种对映体具有活性,另一种对映体不但没有活性,甚至有毒。例如,用于治疗帕金森氏病的L-(—)-多巴(DOPA)是 S 构型的,而其 R 构型对映体不仅没有治疗作用,还因不能被人体的酶代谢,而聚集在人体内产生危险。

(*S*)-多巴　　(*R*)-多巴

20世纪60年代,发生在欧洲的一个悲剧就是使用了具有镇静和止吐药效的外消旋体沙利度胺(thalidomide)。沙利度胺也称反应停,虽然 R 构型的异构体确实具有减缓孕妇反应的作用,但由于 S 构型的异构体是极强的胎儿致畸剂,因此凡是服用过这种药物的孕妇产下的大多是畸形婴儿。而其 R 构型的异构体即使在高剂量时,在动物实验中也不引起畸变。

(*S*)-沙利度胺　　(*R*)-沙利度胺

又如,(*S*)-天冬酰胺具有苦味,而(*R*)-天冬酰胺具有甜味。

(*S*)-天冬酰胺, 苦味　　(*R*)-天冬酰胺, 甜味

(*R*)-香芹酮具有留兰香味,而(*S*)-香芹酮具有芫荽香味。

(*R*)-香芹酮, 留兰香味　　(*S*)-香芹酮, 芫荽香味

从制备的角度来看，无论是合成药物、食品添加剂还是合成香料，如果在外消旋体中仅只有其中一种光学对映体是有用的，要把外消旋混合物拆分开，不但费时费功，而且极不经济。因此，不对称合成，即研究如何利用不对称催化、生物酶和微生物等方法高效、高选择地合成只含单一旋光体的有机化合物已成为当前合成有机化学中相当活跃的前沿领域之一。

小　　结

立体异构是指构造相同的分子中，因原子在空间的排列方式不同而产生的异构体。立体异构分为顺反异构、对映异构和构象异构。

对映异构是分子内缺乏某些对称元素，使分子与其镜像之间像左右手一样，相似而不能重叠，它们互为对映体。对映体之间除对偏振光的作用不同外，其物理性质、化学性质及化学反应性能基本相同（只有在手性溶剂或手性试剂等手性条件下才有不同），这种分子称为手性分子或光学活性分子。

1. 对映体的标记方法

对映体的构型通常用 R/S 表示。把与不对称碳原子相连的四个原子或基团按顺序规则排出其优先顺序，把排列最小（最不优先）的原子或基团放在观察者的最远处，如果这时靠近观察者的三个原子或基团按其优先顺序是顺时针方向排列的则为 R 构型；若是逆时针方向排列的则为 S 构型。另外，在糖和氨基酸中，常用以甘油醛为参照标准的 D/L 标记。用 R/S 标记的是绝对构型，用 D/L 标记的是相对构型。

2. 对称元素

对称面：在分子内可以找到一个面，通过这个面将分子中的各原子或基团进行反映操作，得到的分子与原来的分子是等价的，这个面称为该分子的对称面，用 σ 表示。分子中除手性基团外，其余的原子或基团（如—CH_3、—CH_2CH_3、—OH、—OR、—C_6H_5、—NO_2、—COR、—CHO、—NHR、—NRR′等）都可以看成一个球，可以被对称面切割为等价的两半。对于平面分子，分子所在的平面就是该分子的对称面。

对称中心：在分子内可以找到一个点，通过这个点将分子中的各原子或基团进行反演操作，得到的分子与原来的分子是等价的，这个点称为该分子的对称中心，用 i 表示。

对称轴：在分子内可以找到一个轴，将分子沿这个轴旋转 $2\pi/n$，得到的分子与原来的分子是等价的，这个轴称为该分子的 n 阶对称轴，对称轴用 C_n 表示。

对称元素与手性分子：在大多数情况下，可以利用分子中是否存在对称面和对称中心来判断该分子是否为手性分子。如果分子内既没有对称面，又没有对称中心，可以认为该分子是手性分子。而对称轴不能作为判断分子是不是手性分子的依据，手性分子内可以有对称轴。

3. 具有手性中心和手性轴的分子

手性中心：在结构为 C_{abcd} 的分子中，a、b、c、d 四个原子或基团围绕碳原子这个中心呈不对称排布，使其分子与镜像不能重叠，它们互为对映体，这个中心称为手性中心，手性中心可以是 C、Si、P、N 和过渡金属原子等，手性碳原子只是手性中心的一个特例。含有一个不对称碳原子的分子是光学活性分子。

等物质的量的对映体组成没有旋光的外消旋体。

丙二烯型化合物、螺环化合物和联苯型化合物中都没有手性碳原子，是没有对称面和对称中心的手性化合物。具有旋光的丙二烯型化合物和螺环化合物分子中有一个手性轴。

4. 含多个不对称碳原子的化合物

含 n 个不相同手性碳原子的化合物，在理论上应有 2^n 个立体异构体，组成 2^{n-1} 对外消旋体。凡含有相同手性碳原子的化合物，其立体异构体的数目少于 2^n 个。

5. 碳环化合物的顺反异构和对映异构

在讨论碳环化合物的顺反异构和对映异构时，只需把碳环看成在同一平面内的环体系，而不必考虑其构象，这样讨论的结果与实际情况完全一致，而且还简单得多。

6. 构象异构

由于分子中 σ 键的旋转，分子各原子或基团在空间的排列不同，产生的异构现象称为构象异构。

习　题

1. 下列叙述是否正确？为什么？

(1) 有手性的化合物一定具有光学活性。

(2) S 构型的手性化合物一定是左旋(−)的对映体。

(3) 非光学活性的物质一定是非手性化合物。

(4) 具有手性碳原子的化合物一定具有手性。

(5) S 构型的反应物经反应后变为 R 构型的产物，一定伴随着构型的翻转。

(6) 凡化合物的分子中只要缺乏对称面、对称中心或对称轴中的任何一个对称元素，就可以判断该化合物是光学活性的。

2. 用 Fischer 投影式写出 1,3-二溴-2-甲基丁烷的各异构体，并用 R/S 标出各手性碳原子的构型。

3. 判断下列各化合物应该有多少个立体异构体。

(1) 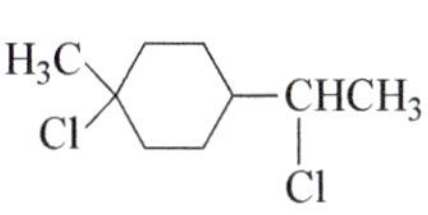 H_3C, Cl, $CHCH_3$, Cl

(2) 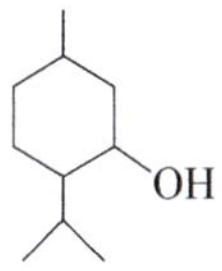 OH 薄荷醇

(3) 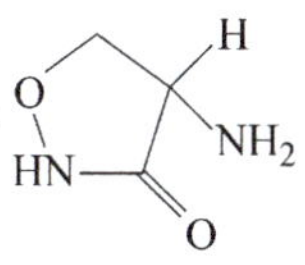 O, HN, H, NH_2, O 环丝氨酸

(4) 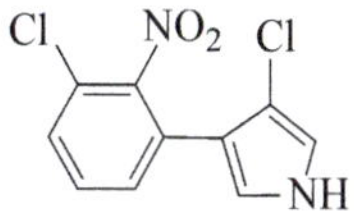 Cl, NO_2, Cl, NH 吡硝菌素

(5) 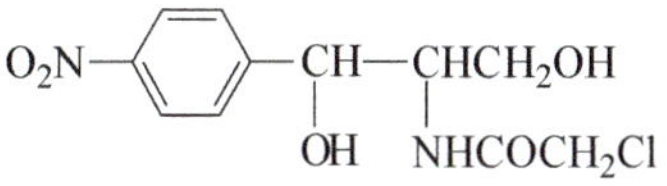 O_2N—C₆H₄—CH—$CHCH_2OH$, OH, $NHCOCH_2Cl$ 氯霉素

(6) 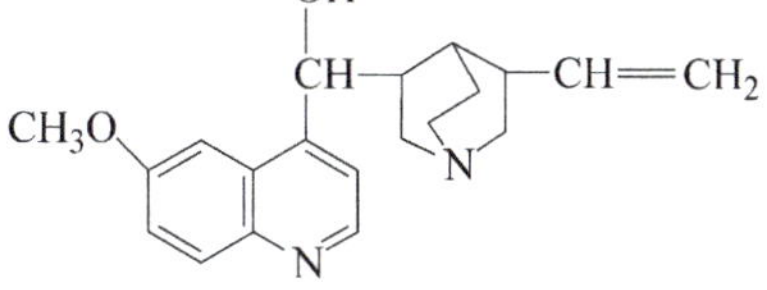 OH, CH, $CH=CH_2$, CH_3O, N, N 奎宁

4. 写出1,2,3-三甲基环戊烷的所有立体异构体,并找出它们之间的相互关系。

5. 下列化合物中,哪些有光学活性?

(1) 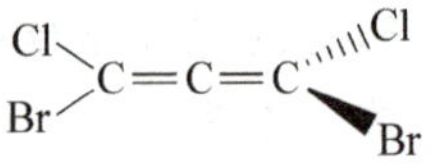 (2)

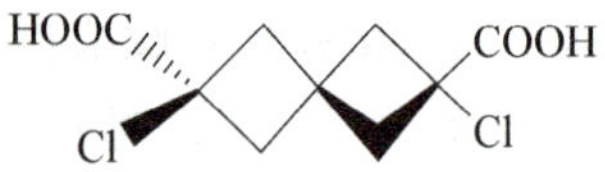

(3) 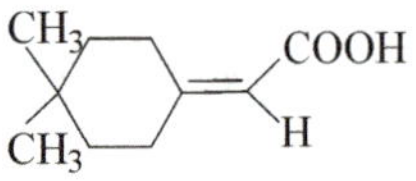 (4)

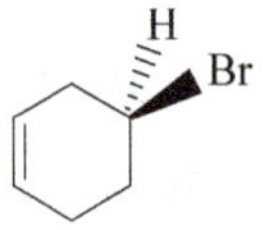

(5) 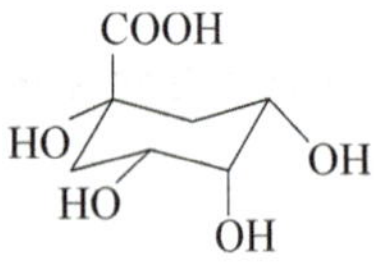 (6)

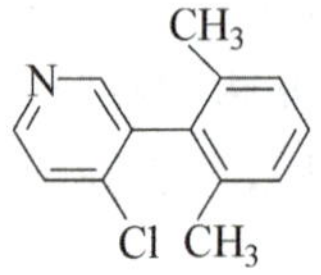

(7) 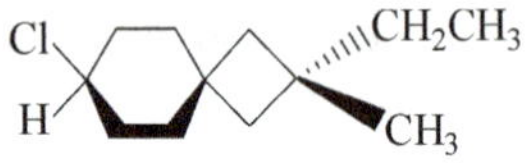 (8)

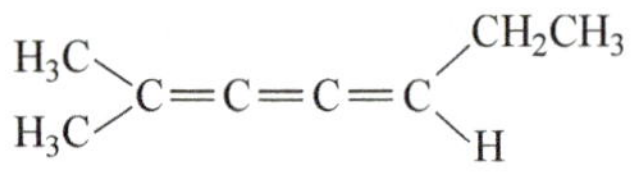

6. 用 R/S 标出下列化合物的构型。

(1) 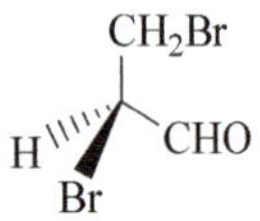 (2) 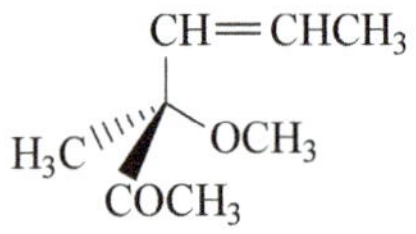 (3)

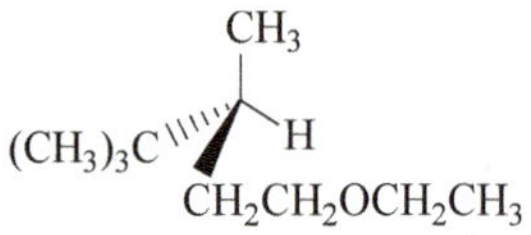

(4) 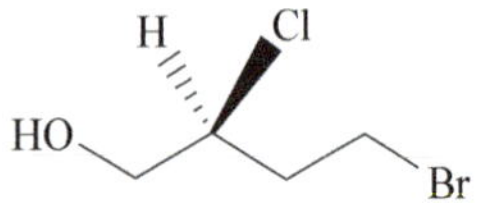 (5) 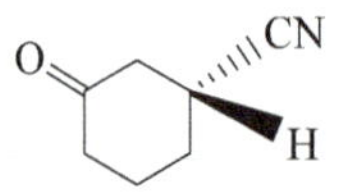 (6)

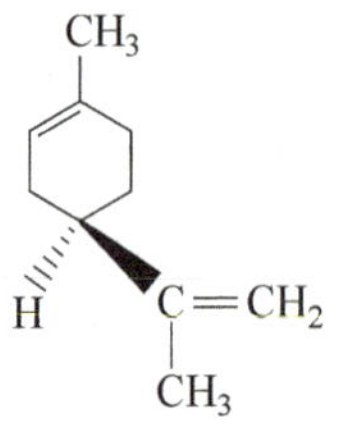

(7) 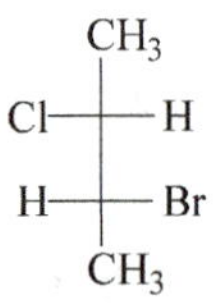 (8)

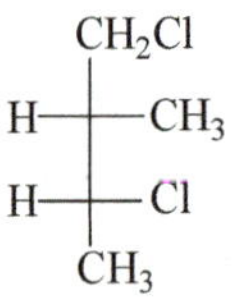

7. 用三维式画出下列化合物的结构式。

(1) (S)-2-羟基丙酸　(2) (R)-3-氯-4-甲基戊-1-烯

(3) (R)-3-甲基-3-甲氧基己-4-烯-2-酮　(4) (2R,3R)-2,3-二氯丁烷

(5) (1S,2R)-2-氯环戊醇　(6) (1S,3S)-3-甲基环己醇

(7) (2S,3R)-2-氯-3-羟基丁二酸　(8) (1S,3R,5S)-3-氯-1-甲基-5-硝基环己醇

8. 将下列化合物用Fischer投影式表示。

(1) (S)-$CH_3CHBrCl$　(2) (R)-2-羟基丙酸

(3) (S)-2-羟基丙腈　(4) (S)-α-氨基苯乙酸

(5) (2S,3S,4R)-3-溴-2,3-二氯戊烷

9. 写出2-氯螺[4.5]癸烷和8-氯螺[4.5]癸烷的可能异构体。

10. 写出甲基环己醇的可能异构体。

11. 从印度烟叶中可分离得到一种称为山梗烷定的化合物,其结构为

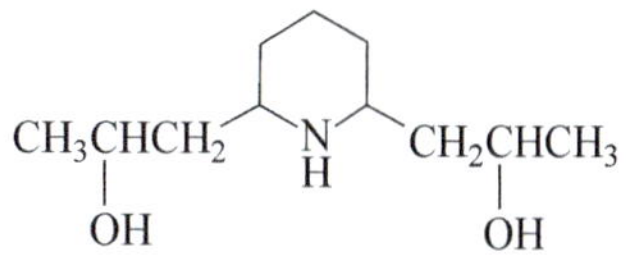

$$\mathrm{CH_3\underset{\displaystyle OH}{\underset{|}{C}}HCH_2}-\underset{\text{(哌啶环, N—H)}}{\mathrm{NH}}-\mathrm{CH_2\underset{\displaystyle OH}{\underset{|}{C}}HCH_3}$$

它可用作商品戒烟剂。它无旋光性,也不可拆分为有旋光的化合物。试用构象式表示其立体结构。

12. 在 Pt 催化下,将下列构型的 3,4-二甲基戊-1-烯加氢,得到 2,3-二甲基戊烷,写出加氢产物,标明原料与产物的构型,并说明理由。

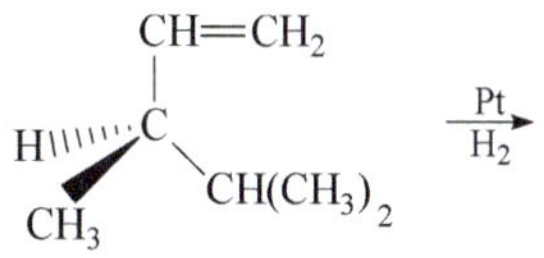

$$\mathrm{H}\cdots\overset{\displaystyle CH{=}CH_2}{\overset{|}{C}}(\blacktriangleleft CH_3)-CH(CH_3)_2 \xrightarrow[H_2]{Pt}$$

第 4 章　波谱分析基础

主要内容

➢核磁共振谱：基本原理、^{1}H NMR 谱图特征、特征质子的化学位移、自旋偶合和自旋裂分、^{13}C NMR 谱图特征和化学位移。

➢红外光谱：基本原理、IR 谱图特征、重要官能团的特征吸收峰。

➢质谱：基本原理、MS 谱图特征、裂解。

➢紫外光谱：基本原理、价电子的跃迁、UV 谱图特征。

有机化合物结构的确证一直是有机化学研究的重要环节。早期确定有机化合物的结构都是利用化学方法进行的，因此要确定一个未知化合物的结构是相当麻烦的，费时费力。对于分子结构复杂且量又很少的有机化合物，仅靠化学方法确定其结构则显得无能为力。20 世纪 50 年代以来，随着物理学和计算机科学的理论及技术的迅速发展，一些现代分析仪器不断被研制出来，为有机化合物的结构确定提供了有力的证据和极大的方便。在有机化合物的结构确定中，最常用的有核磁共振谱、红外光谱、紫外光谱和质谱。

本章仅对以上四大波谱技术的原理和应用作简单的介绍，仅要求读者在基本了解四大波谱技术原理的基础上，能对简单的谱图进行识别和初步解析。

4.1　核磁共振谱

20 世纪 40 年代，以 Bloch F 和 Purcell E M 为首的两个研究小组几乎同时发现了核磁共振(nuclear magnetic resonance，NMR)现象，并共同获得 1952 年 Nobel 物理学奖。50 年代，核磁共振就已开始应用于有机化合物的结构鉴定。随着傅里叶变换(FT)技术在核磁共振中的应用，核磁共振光谱得到快速发展，目前已经有了二维核磁共振和三维核磁共振技术。利用核磁共振谱图可以得到有机化合物分子中 C—H 和 C—C 架构的重要信息。因此，核磁共振已经成为鉴定有机化合物分子结构的最有效的工具，而且已被广泛应用于医学、生物学等领域的研究。

4.1.1　核磁共振的基本原理

原子核存在不断的自旋运动，不同原子核的自旋运动状态不同，它们可以用自旋量子数 I

表示，某些质量数为奇数的原子核如^1H、^{13}C、^{19}F 和^{31}P 等，它们的自旋量子数为 1/2，其原子核可以看成一种电荷分布均匀的自旋球体，都可以产生相应的 NMR 信号。

在外界磁场作用下，自旋量子数 I 为 1/2 的质子(氢核，^1H)自旋产生的磁矩有顺磁场方向和逆磁场方向两种取向，与磁场方向相同的用＋1/2 表示，为低能级；与磁场方向相反的用－1/2 表示，为高能级。两个能级差为 ΔE，ΔE 与外界磁场的磁感应强度(B_0)成正比，其关系式为

$$\Delta E=\gamma \frac{h}{2\pi}B_0 \tag{4-1}$$

式中，γ 为磁旋比，是核的特征常数，与核的种类有关；h 为 Planck 常量；B_0 为磁感应强度，单位为 T(tesla 的简写)。

由式(4-1)可以看出，ΔE 与 B_0 呈线性关系，ΔE 随着 B_0 的增大而增大，如图 4-1 所示，$\Delta E_2>\Delta E_1$。

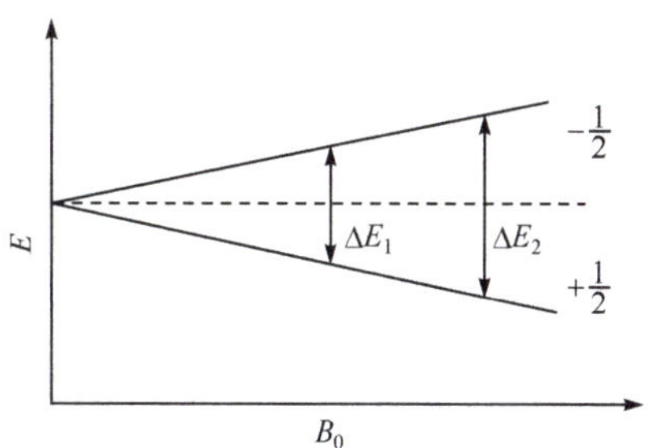

图 4-1　能量差与磁感应强度关系示意图

若用一定频率的电磁波照射外磁场中的自旋原子核，当电磁波照射的能量恰好等于自旋原子核两种不同取向的能量差时，处于低能级的自旋核就吸收电磁波的辐射能跃迁到高能级，这种现象称为核磁共振。这时，发生核磁共振现象的核将产生一个无线电射频的吸收信号，即核磁共振现象发生的条件为

$$h\nu=\Delta E=\gamma \frac{h}{2\pi}B_0 \tag{4-2}$$

由式(4-2)可以得到 $\nu=\frac{\gamma}{2\pi}B_0$。由此可见，当核磁共振现象发生时，吸收的电磁波的辐射频率取决于原子核的类别和外加磁场的磁感应强度。

对于^1H，磁旋比 γ 为 $2.675\times10^8\,T^{-1}\cdot s^{-1}$，如果外加磁场的磁感应强度为 7.046T，则可以计算出核磁共振仪需要的工作频率为 300MHz。

$$\begin{aligned}\nu&=\frac{\gamma}{2\pi}B_0\\&=\frac{2.675\times10^8}{2\times3.1416}T^{-1}\cdot s^{-1}\times7.046T\\&=300\times10^6\,Hz=300MHz\end{aligned}$$

如果外加磁场的磁感应强度为 14.092T，则需要 600MHz 工作频率的核磁共振仪。目前常用

的有 90MHz、200MHz、300MHz、400MHz、600MHz 等不同型号的核磁共振仪。

在测量核磁共振谱时，为了使某原子核发生共振，可以采用两种方式：一种是固定磁场强度，逐渐改变电磁波的辐射频率，称为扫频；另一种是固定电磁波的辐射频率，逐渐改变磁场强度，称为扫场。核磁共振仪一般都采用扫场的方法进行测量。扫场时，当磁感应强度达到一定值(B_0)时，使 ν 值恰好等于照射频率，这时试样中某一类型原子核便发生能级的跃迁，接收器就会接收到信号，由记录仪记录下来。

图 4-2 是核磁共振仪的工作原理示意图。核磁共振仪的主要部件有强度很大的永久磁体、试样管、处于试样管周围的射频源、射频放大器、射频接收器和信号记录仪。

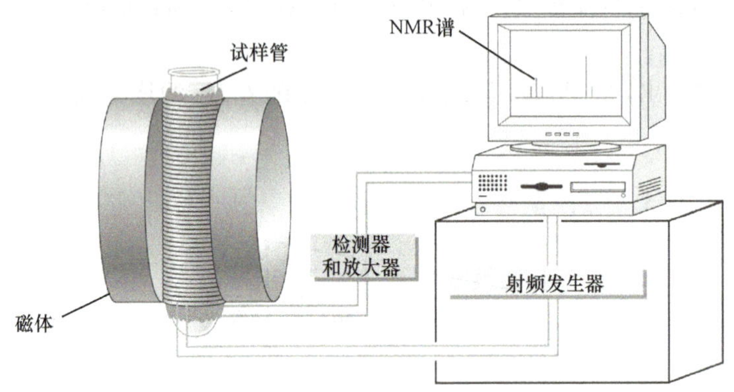

图 4-2　核磁共振仪的工作原理示意图

^{1}H 的核磁共振称为质子磁共振，简写为 PMR 或 ^{1}H NMR，是有机化学中应用最多的核磁共振。在确定有机化合物的结构时，核磁共振谱提供了重要的结构信息，起了相当重要的作用。^{1}H NMR 谱图通常能给出结构中氢的化学位移、自旋裂分和偶合常数、吸收峰面积（积分曲线）。

4.1.2　屏蔽效应和化学位移

按照公式 $\nu=\dfrac{\gamma}{2\pi}B_0$，在一定的磁场作用下，所有的 ^{1}H 似乎都会吸收同一个照射频率，产生相同的核磁共振吸收电信号。但由于有机化合物中的氢核并不是孤立的，其原子核外有电子，而且核外的电子密度随着氢核所处的环境不同而不同，这些运动着的核外电子在外界磁场作用下产生一个与外界磁场方向相反的感应磁场 B'，因此 ^{1}H 实际感受到的磁场强度比 B_0 小，即

$$B_{实际}=B_0-B'$$

这种现象称为核外电子对质子产生的屏蔽效应。质子周围电子密度越大，产生的屏蔽效应越大，这时只有增加磁场强度才能使质子发生共振吸收，即这种质子的共振吸收出现在高场。如果氢核处在感应磁场方向与外界磁场方向同向的环境中，则 ^{1}H 实际感受到的磁场强度比 B_0 大，称为去屏蔽效应，这时需要减弱磁场强度才能使质子发生共振吸收，即这种质子的共振吸收出现在低场。

由于有机化合物中的氢所处的化学环境不同，因此氢核感受到的屏蔽效应也不同，它们在

核磁共振谱上的吸收峰出现的位置也不同，这种出现吸收峰的位置的不同称为化学位移(chemical shift)。由于核外电子产生的感应磁场与外加磁场相比小得多，只有外加磁场的百万分之几，因此直接精确测量不同质子的核磁共振吸收信号频率之差是相当困难的。但如果选用四甲基硅烷[$(CH_3)_4Si$，TMS]作为内标物质，然后精确测量待测质子相对于内标物质的吸收频率，即采用相对数值表示法却是比较方便的。

为了使不同型号的核磁共振仪上测出的化学位移数值都一致，规定化学位移的计算公式为

$$化学位移(\delta)=\frac{\nu_{样品}-\nu_{标准}}{\nu_{仪器}}\times 10^6$$

式中，$\nu_{样品}$ 为被测样品的共振频率；$\nu_{标准}$ 为 TMS 的共振频率；$\nu_{仪器}$ 为所用核磁共振仪的共振频率。

由于硅的电负性比碳小，因此 TMS 中氢核外的电子密度相对较高，受到的屏蔽效应较大，其核磁共振的吸收信号在高场出现。通过对核磁共振仪的调试，将 TMS 的核磁共振信号设置为零点，即 TMS 吸收峰的化学位移(δ)值为零。这时，绝大多数有机化合物中的质子信号相对于 TMS 都出现在低场，即化学位移(δ)值在核磁共振谱图的记录纸上都在零的左边。并规定质子吸收信号出现在零右边的 δ 值为负值，在零左边的 δ 值为正值。

化学位移(δ)值小的，说明共振吸收频率也小，质子吸收信号出现在高场；而化学位移(δ)值大的，说明共振吸收频率也大，质子吸收信号出现在低场。

4.1.3　分子结构对化学位移的影响

质子的化学位移与质子所处的化学环境密切相关。化学环境不同，质子经受的屏蔽效应不同，其化学位移也不同，凡能使质子经受的屏蔽效应减小的因素会使质子的化学位移移向低场。因此，碳原子上取代基的电负性越强，同一碳原子上氢的化学位移越移向低场。例如

CH_3X 中 X 电负性增大的方向和甲基中质子经受的屏蔽效应减弱的方向 →

CH_3X	CH_4	CH_3I	CH_3Br	CH_3Cl	CH_3OH	CH_3F
δ	0.23	2.16	2.68	3.05	3.40	4.26

→ 质子核磁共振吸收信号向低场移动和 δ 增大的方向

然而，烯烃中双键碳原子上的质子和芳烃中芳环上的质子经受的屏蔽效应比烷烃中的质子弱得多，它们相应的核磁共振信号出现在低场。例如

	$H_2C{=}CH_2$	C_6H_6	$H-C\equiv C-H$	H_3C-CH_3
δ	5.3	7.3	2.8	0.9

烯烃和芳烃中 π 电子在外界磁场(B_0)中所产生的感应磁场的方向与 B_0 的方向相反，但它们

的质子却都处在感应磁场与外界磁场(B_0)方向一致的区域内[图 4-3(a)、(b)],烯烃双键碳原子上的质子和芳环上的质子经受的是减小的屏蔽效应或去屏蔽效应,即处于去屏蔽区,因此它们的核磁共振吸收峰处于低场,δ 值比烷烃中 H 的 δ 值大。而在乙炔分子中,叁键中的两个 π 键形成圆柱状,由于炔氢处于 π 电子环电流产生的感应磁场方向与外界磁场(B_0) 方向相反的区域内,即炔氢处于屏蔽区[图 4-3(c)],因此它的核磁共振吸收峰移向高场,δ 值较小。

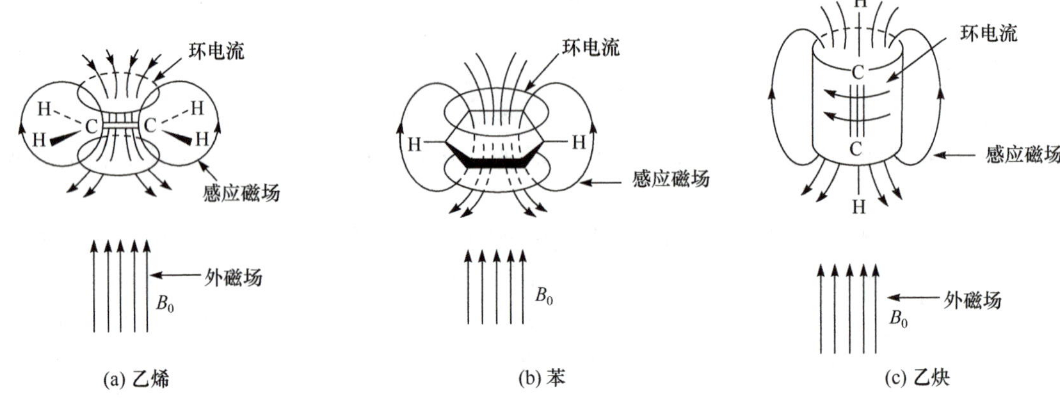

图 4-3 乙烯、苯环和乙炔碳原子上的质子在 π 电子所产生的感应磁场中

4.1.4 有机化合物中常见氢的化学位移

由于有机化合物中氢所处的化学环境不同,其^{1}H 的化学位移不同,根据化学位移的差异可以推测有机化合物的分子结构,因此了解不同氢的化学位移值是十分有用的。表 4-1 是部分氢的化学位移值。

表 4-1 不同类型质子的化学位移

质子类型	化学位移	质子类型	化学位移
$RC\underline{H}_3$	0.9	—CH̲O	9～10
$R_2C\underline{H}_2$	1.25	H̲—C—C═O	2.1～2.5
$R_3C\underline{H}$	1.5	F—C—H̲	4～4.5
C═C—C—H̲	1.6～2.6	Cl—C—H̲	3～4
C═C—H̲	4.5～6.5	Br—C—H̲	3.3～4.1
C≡C—H̲	1.7～3.5	I—C—H̲	3.1～4.2
Ar—C—H̲	2.2～2.8	$RO—C\underline{H}R_2$	3.5～4
Ar—H̲	6～8.5	RCOOH̲	10～12*
Ar—O—H̲	4～8*	$RC\underline{H}_2COOR'$	2～2.2
RO—H̲	0.5～5.5*	$RN\underline{H}_2$、$R_2N\underline{H}$	0.5～5*
C═C—O—H̲	15～19*	$RCON\underline{H}_2$、$RCON\underline{H}R'$	5～9.4*

* 与氧和氮原子直接相连的质子的化学位移与测定时所用溶剂、溶液的浓度和温度都有关。

4.1.5 化学等价质子和化学不等价质子

在分子中，化学环境相同的质子称为化学等价质子，化学等价质子具有相同的化学位移。因此，分子中有多少组不同的等价质子，在^1H NMR谱图中就有多少组相对应的吸收峰信号。化学等价质子的判断对利用^1H NMR谱图解析分子的结构是十分重要的。判断化合物分子中的质子是否化学等价，可以有一个比较简单的方法，即用一个试验基团将被判断的质子分别取代，如果被分别取代后得到的是同一结构，则这几个质子是化学等价质子。例如，将丙烷分子中两个甲基上的两个质子分别用氯原子取代，得到的是相同结构的1-氯丙烷，因此丙烷分子中两个甲基上的六个质子是化学等价质子。同样用氯原子分别取代丙烷分子中亚甲基上的两个质子，得到的是相同结构的2-氯丙烷，因此丙烷分子中亚甲基上的两个质子也是化学等价质子。

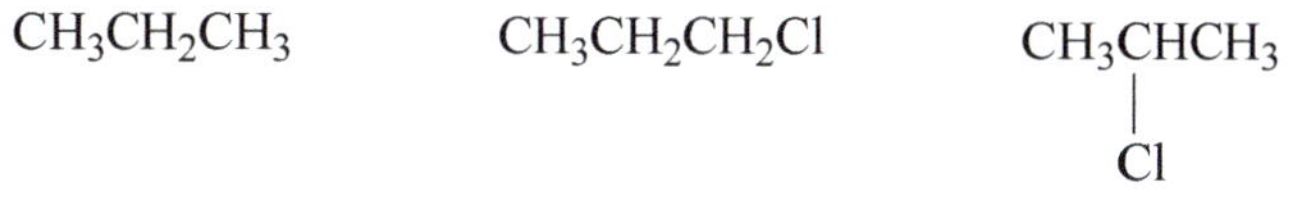

$CH_3CH_2CH_3$ 丙烷

$CH_3CH_2CH_2Cl$ 1-氯丙烷

$CH_3CH(Cl)CH_3$ 2-氯丙烷

如果用氯原子分别取代2-溴丙烯分子中双键碳原子上的两个质子，则分别得到(*Z*)-2-溴-1-氯丙烯和(*E*)-2-溴-1-氯丙烯，它们是两个非对映异构体，因此2-溴丙烯分子中双键碳原子上的两个质子是化学不等价质子。

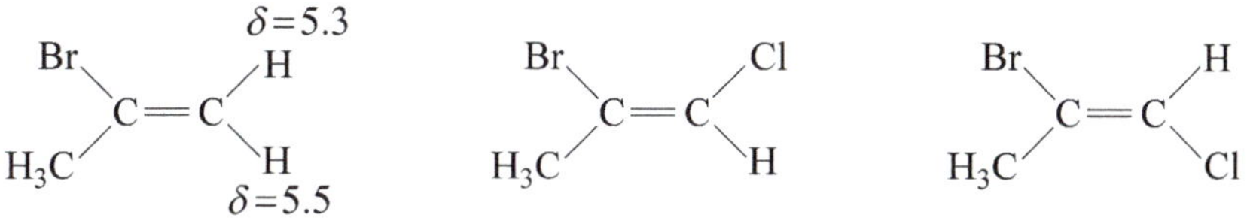

2-溴丙烯：Br(H$_3$C)C=CH$_2$（$\delta=5.3$，$\delta=5.5$）

(*Z*)-2-溴-1-氯丙烯：Br(H$_3$C)C=C(Cl)H

(*E*)-2-溴-1-氯丙烯：Br(H$_3$C)C=C(H)Cl

4.1.6 核磁共振谱图中的积分曲线

在^1H NMR谱图中，每组峰的面积代表该吸收峰的强度，而吸收峰的强度与该吸收峰的质子数成正比，因此根据各组吸收峰的面积比，可以推测出不同类型质子的数目比。现在用的核磁共振仪都具有自动积分功能，可以直接在谱图上记录代表质子数比的阶梯曲线，这就是积分曲线(integration curve)。不同化学位移处的积分曲线的高度比即代表不同类的质子数比。例如，对二甲苯的^1H NMR谱图如图4-4所示。

现在的核磁共振仪一般都能直接给出不同质子的化学位移值和积分值。例如，从乙醇的^1H NMR谱图(图4-5)中可以直接知道不同化学位移的质子数。

4.1.7 自旋偶合和自旋裂分

分子中化学等价的质子具有相同的化学位移，但该化学位移的核磁共振谱图的峰形会受邻位碳原子上氢的影响，并不是简单的单峰。例如，1,1-二氯乙烷有两组不等价质子，化学位移(δ)2.1和5.8分别代表分子中CH_3和CH的质子吸收峰，但它们都不是简单的单峰(图4-6及放大部分)，而分别是双峰和四重峰，这种现象称为裂分。从吸收峰信号裂分的情况可以获得更多关于结构的信息。

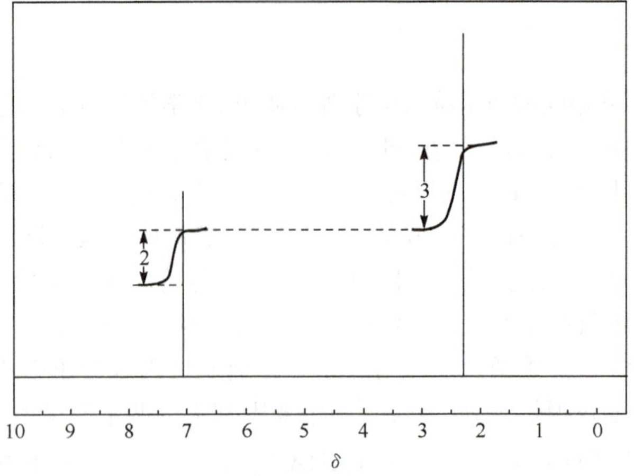

图 4-4　对二甲苯的^{1}H NMR 谱图

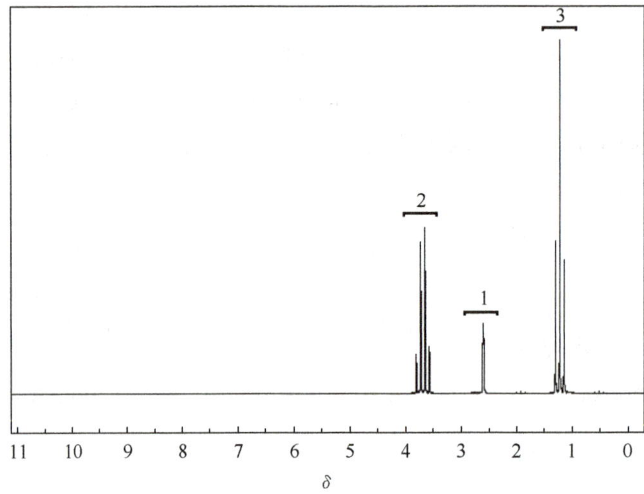

图 4-5　乙醇的^{1}H NMR 谱图

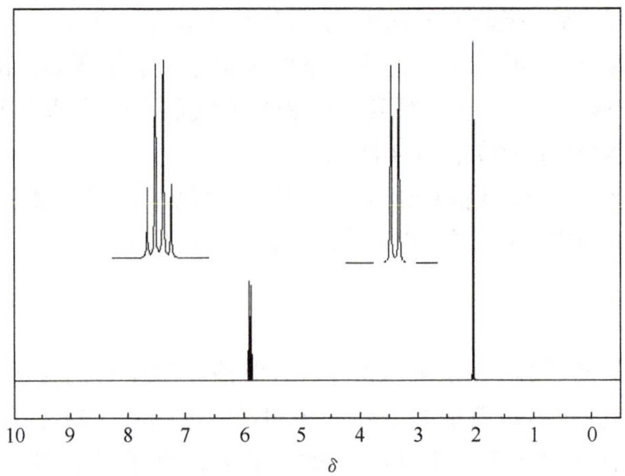

图 4-6　1,1-二氯乙烷的^{1}H NMR 谱图

裂分是由邻位碳原子上的质子的自旋产生的。假定某碳原子上的质子为 H_a，而邻位碳原子上有一个与 H_a 化学不等价的质子 H_b，在外磁场作用下，H_b 的自旋会产生很小的磁场，其取向为与外磁场同向平行或反向平行两种。取同向平行的使邻位碳原子上的 H_a 感应到稍强的外磁场强度，其共振吸收稍向低场位移。取反向平行的使邻位碳原子上的 H_a 感应到稍弱的外磁场强度，其共振吸收稍向高场位移，H_b 使相邻的 H_a 裂分为双峰。如果在质子 H_a 的邻位碳原子上有两个与 H_a 化学不等价的质子 H_b，则 H_b 自旋产生的很小磁场，其取向相对于外磁场有三种取向组合。两个 H_b 使相邻的 H_a 裂分为三重峰。同理，三个 H_b 使相邻的 H_a 裂分为四重峰（图 4-7）。分子中相邻质子之间的自旋影响称为自旋偶合（spin-spin coupling）。自旋偶合使核磁共振信号分裂为多重峰，称为自旋裂分（spin splitting）。

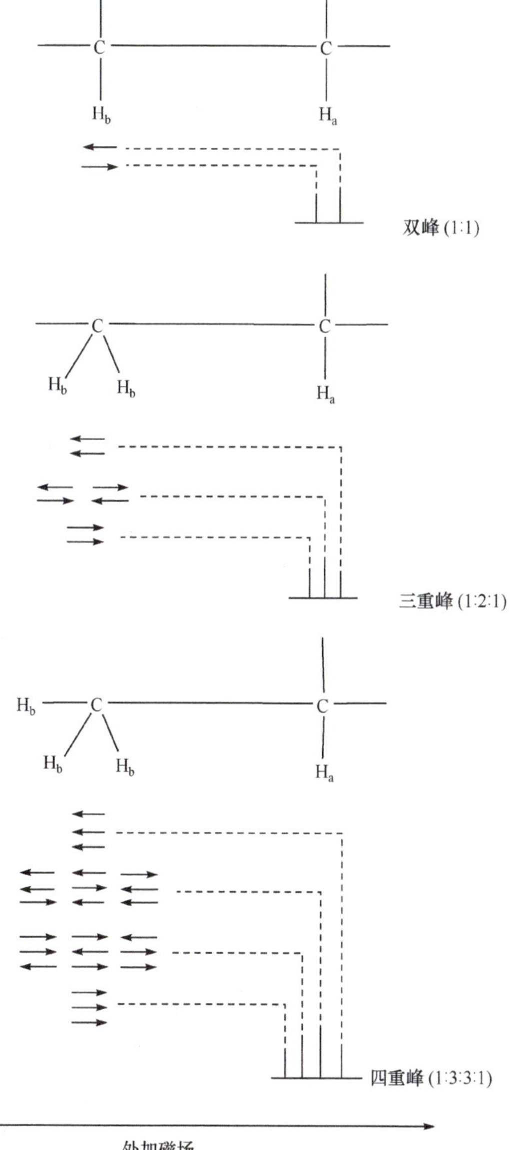

图 4-7　相邻氢核吸收峰裂分示意图

峰的裂分数目与邻近的质子数有关，当与某一个质子邻近的质子数为 n 时，核磁共振信号裂分为 $n+1$ 重峰。裂分峰的相对面积比（强度比）符合二项展开式的各项系数的比（表 4-2）。

表 4-2　峰的裂分数及峰的强度比

峰的裂分数	裂分后各峰的强度比
双峰(d)	1∶1
三重峰(t)	1∶2∶1
四重峰(q)	1∶3∶3∶1
五重峰	1∶4∶6∶4∶1
六重峰	1∶5∶10∶10∶5∶1
七重峰	1∶6∶15∶20∶15∶6∶1

五重峰以上一般称为多重峰(m)。

根据以上分析，在 1,1-二氯乙烷（CH_3—$CHCl_2$）中，CH_3 受邻位上 1 个质子的影响裂分为双峰，而 CH 受邻位上 3 个质子的影响裂分为四重峰。在 2-碘丙烷（CH_3—CHI—CH_3）中，由于两个甲基上的质子是化学等价质子，因此 CH 裂分为七重峰，而 CH_3 裂分为双峰。如果某质子的两个邻位上的质子化学不等价，不等价质子数分别为 n 和 n'，则该质子裂分为 $(n+1)(n'+1)$ 重峰。例如，1-硝基丙烷（$CH_3CH_2CH_2NO_2$）中，由于 C_1 与 C_3 上的质子是化学不等价的，因此 C_2 上的质子裂分为 $(3+1)\times(2+1)=12$ 重峰。

相邻两个裂分峰之间的距离称为偶合常数(coupling constant)，用字母 J 表示，其单位为 Hz。偶合常数的大小代表偶合作用的强弱。因为自旋偶合是相邻磁核之间的相互作用通过成键电子传递的结果，所以偶合常数不随外磁场的改变而变化，即与核磁共振仪所用的频率无关。

只有化学不等价的两个质子之间相隔少于或等于三个单键时，才能发生自旋偶合。而在乙烷中，由于两个甲基是等价质子，它们的化学位移相同，化学位移相同的质子彼此之间不产生自旋偶合，因此乙烷的 ^1H NMR 谱图中只有一个简单的单峰，而没有发生裂分。

值得注意的是，在同一碳原子上的两个 H 也不一定是化学等价的。例如，下列结构中，直接连在手性碳原子上的亚甲基中的两个质子 H_a 和 H_b 是化学不等价的，H_a 和 H_b 之间发生的偶合称为同碳偶合(geminal coupling)。

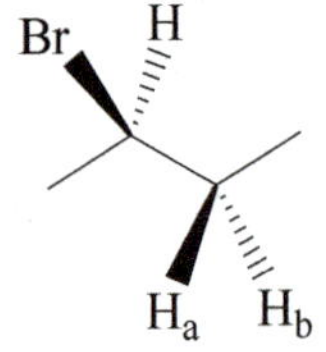

问题 4-1　如何利用 ^1H NMR 谱图区别 $BrCH_2CH_2CH_2Br$ 和 $BrCH_2CH_2CH_2NO_2$？

问题 4-2　以下是化合物 $Cl_2CHCH(OCH_2CH_3)_2$ 的 ^1H NMR 谱图，试指出各吸收峰所对应的氢。

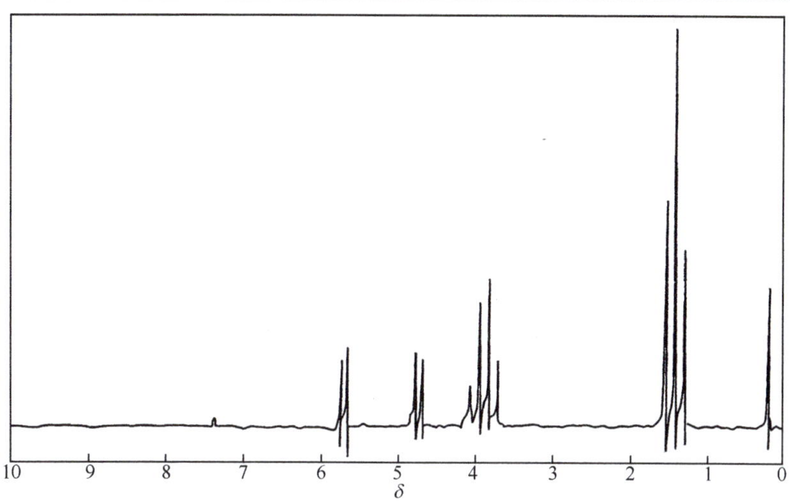

4.1.8　活泼氢的共振吸收特征

直接与氧原子、氮原子和硫原子相连的氢为活泼氢，如在醇、酚、胺和羧酸中，羟基中的氢及氨基中的氢都是活泼氢。活泼氢可以与其他电负性较大的原子形成氢键，也可以与其他分子中的氢发生交换。这种通过氢键缔合的能力和氢交换的速率与样品的纯度、浓度、温度和溶剂等密切相关，因此它们的化学位移呈现在一个比较宽的范围内，如醇羟基中质子的化学位移为 2.0～5.5，脂肪族氨基质子的化学位移为 1.5～4.0，羧基中质子的化学位移为 10～12。羟基氢能否与邻近的质子发生偶合裂分，与氢交换速率和测试样品的具体条件有关。

由于活泼氢在不同的测试条件下，其^{1}H NMR 谱图信号具有可变性，因此有时较难识别。这时可以在试样中加入 D_2O，通过重氢交换的方法确证，当加入 D_2O 后，消失的信号即为原来活泼氢的信号。

4.1.9　碳核磁共振谱

有机化合物的骨架主要是碳原子构成的，因此研究碳原子的核磁共振谱、了解和掌握碳原子的信息对确证有机分子的碳架和有机结构的鉴定具有十分重要的意义。自然界的碳元素中，丰度最高的是^{12}C，但由于^{12}C 的质量数和原子序数都为偶数，其自旋量子数 I 值为零，因此^{12}C 没有核磁共振信号。而^{13}C 的自旋量子数 I 值为 1/2，有核磁共振信号，因此碳核磁共振谱实际上是指^{13}C NMR。

然而，与^{1}H 相比，^{13}C 核的磁旋比只有^{1}H 核的 1/4，而核磁共振的灵敏度又与核磁旋比的三次方成正比。因此，即使是^{13}C 和^{1}H 的自然丰度都一样，^{13}C 核磁共振的灵敏度也只有^{1}H 核的 1/64。而^{1}H 的自然丰度为 99.98%，^{13}C 的自然丰度却只有^{12}C 的 1.108%，在相同磁场强度下，^{13}C 被检出的相对灵敏度只有^{1}H 的 1/6400，因此不能采用与^{1}H 核磁共振相同的方法来检测^{13}C 的核磁共振信号，因为其信号极其微弱，完全被淹没在仪器的噪声中。尽管采用多次扫场（可能达几千次）可以使噪声部分相互抵消，但由于操作时间过长，无法在实际中应用。傅里叶变换核磁共振仪能在短时间内进行多次扫描，从而解决了操作上的问题。

1. ^{13}C NMR的质子去偶

在^{13}C的核磁共振谱中，由于^{13}C的自然丰度很低，有机分子中两个^{13}C位于相邻位置的可能性极小，因此^{13}C的核磁共振谱中不需要考虑两个^{13}C核之间的自旋偶合。但^{13}C与直接相连的氢核之间也会产生自旋偶合作用，从而使裂分的谱线彼此重叠，谱图变得复杂而难以分辨。因此，常用质子去偶的方法消除^{13}C与所有氢核之间的偶合作用，使^{13}C的信号都变为单峰，不等价的^{13}C核都有它们独立的单峰信号。

2. ^{13}C的化学位移

在^{13}C的核磁共振谱中，^{13}C的化学位移是以四甲基硅烷中的碳核为内标，规定$\delta_{TMS}=0$，在其左边的化学位移值大于0，化学位移范围为0～220或250，右边的化学位移值小于0。^{13}C的化学位移值主要与自旋核周围的电子屏蔽作用有关，当碳原子上连有吸电子基团时，化学位移逐渐移向低场，即化学位移值逐渐增加。表4-3是有机分子中部分碳原子的^{13}C化学位移范围。

表4-3　部分碳原子的^{13}C化学位移范围

碳的类型	化学位移	碳的类型	化学位移
R—CH_3(1°)	0～35	醛、酮羰基碳	190～220
R—CH_2—R(2°)	15～45	羧酸、酯、酰卤、酰胺羰基碳	160～185
R_3CH(3°)	25～60	伯胺α-碳	40～60
炔碳(sp)	65～90	仲胺α-碳	50～70
烯碳(sp^2)	100～150	叔胺α-碳	65～75
苯环上碳	110～175	醚的α-碳	40～85

由表4-3可以看出，烷烃碳的化学位移在高场，伯碳、仲碳、叔碳的化学位移值逐渐增加。环丙烷碳的化学位移值为2.3，五元、六元环烷烃的碳化学位移值为24～30。醛、酮、羧酸、酯、酰卤、酰胺等羰基碳的化学位移都在低场，而且它们之间很少重叠，比较容易识别。

3. ^{13}C NMR谱图的特征

(1) 在^{13}C NMR谱图中，由于^{13}C的含量极低，^{13}C—^{13}C偶合的可能性极小，可以不予考虑，而^{13}C—^{1}H的偶合已用质子去偶的方法消除，因此^{13}C的信号都为独立的单峰。

(2) ^{13}C的化学位移范围较宽，各独立单峰之间不易重叠，容易识别。即使是伯、仲、叔碳之间的化学位移略有交叉，也可以借助^{13}C的DEPT(distortionless enhancement by polarization，不失真的极化转移增强)谱解决。^{13}C的DEPT核磁共振谱是采用一种特殊的技术分辨伯、仲、叔碳信号的方法，季碳在该谱中不产生信号(^{13}C的DEPT核磁共振谱可参见有关专著)。

(3) 在^{13}C NMR谱图中，各信号峰的面积不能反映各信号碳原子的数目比，即它们之间没有相应定量关系，因此^{13}C NMR谱图中没有积分曲线。

4.2 红外光谱

红外光是波长范围为0.78～500μm的电磁波。用波长范围为2.5～25μm(频率为4000～400cm^{-1})的红外光照射试样分子，能引起分子中振动(包括伸缩振动和弯曲振动)能级的跃迁，这样测得的红外光谱称为红外吸收光谱，简称红外光谱(infrared spectroscopy，IR)。

所有的有机化合物都有其特有的红外光谱图，红外光谱图中各个特征吸收峰的位置强度和峰形等能为确证有机化合物的结构提供丰富的信息。

4.2.1　红外光谱的基本原理

有机分子中各原子之间以化学键相互连接，以共价键相连接的两原子就像以不同强度的弹簧连接不同质量的小球，它以不同的形式不停地振动（图 4-8），其振动的频率与弹簧的强度和小球的质量有关。对于有机分子，连接两原子的振动频率取决于原子的质量和共价键的强度。

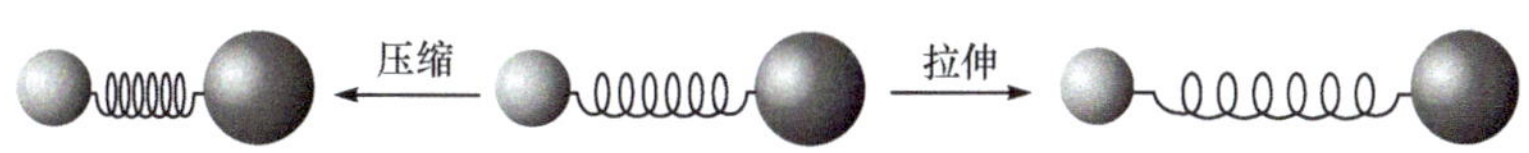

图 4-8　双原子分子振动示意图

共价键的振动主要有伸缩振动和弯曲振动。伸缩振动是沿着键轴方向的振动，振动时键长发生变化。弯曲振动是键角发生变化的振动，也称变形振动，弯曲振动又可分为面内弯曲振动和面外弯曲振动两种。图 4-9 是—CH_2—的伸缩振动和弯曲振动示意图，图中符号“＋”和“－”表示垂直于纸平面的不同方向的前后运动。

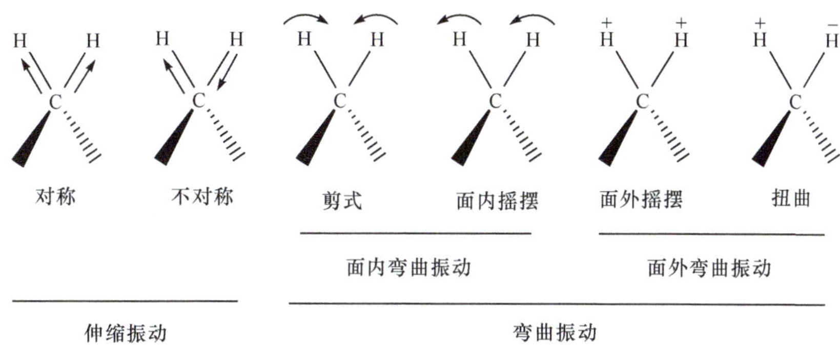

图 4-9　—CH_2—的伸缩振动和弯曲振动示意图

双原子分子的伸缩振动可以近似地看成简谐振动。按照 Hooke 定律，其振动频率为

$$\nu=\frac{1}{2\pi}\sqrt{k\left(\frac{1}{m_1}+\frac{1}{m_2}\right)}=\frac{1}{2\pi}\sqrt{k\frac{m_1+m_2}{m_1m_2}}=\frac{1}{2\pi}\sqrt{\frac{k}{\mu}} \tag{4-3}$$

$$\mu=\frac{m_1m_2}{m_1+m_2}$$

式中，k 为键的力常数，$N\cdot cm^{-1}$；m_1 和 m_2 为两原子的质量，g；μ 为折合质量。由于频率（ν）、波数（σ）和光速（σ）的关系为 $\nu=\sigma c$，因此式（4-3）也可以用波数表示为

$$\sigma=\frac{1}{2\pi c}\sqrt{k\left(\frac{1}{m_1}+\frac{1}{m_2}\right)}=\frac{1}{2\pi c}\sqrt{\frac{k}{\mu}} \tag{4-4}$$

不同原子的原子质量不同，不同类型化学键的力常数 k 值不同。

由式（4-4）可知，这些振动频率主要取决于所涉及的原子质量和连接两原子的化学键的类型。原子质量越小，即折合质量越小，振动频率越高；化学键的键长越短，键能越大，力常数 k 值越大，振动频率也越高。

当化合物分子吸收一定频率的红外辐射光，且辐射光的频率与分子振动频率相等时，红外辐射提供的能量恰好能使分子从一个低的振动能级跃迁到另一高的振动能级，从而产生红外吸收光谱。分子在振动过程中，只有能引起偶极矩的大小或方向发生变化的分子才能产生红外吸收光谱。

由于有机化合物的结构不同，键合的原子质量、各化学键的力常数也不相同，因此对红外光的吸收频率不同，从而不同的有机化合物都有其特征的红外光谱图。

4.2.2 红外光谱图和重要有机官能团的特征吸收

图 4-10 和图 4-11 分别是邻二甲苯和 1-苯基丙-1-酮的红外光谱图。

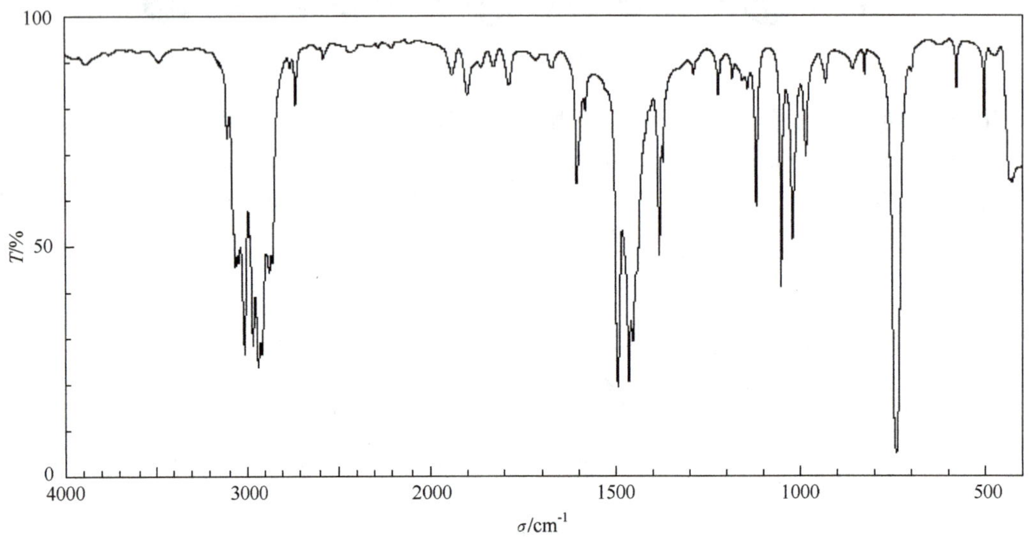

图 4-10 邻二甲苯的红外光谱图

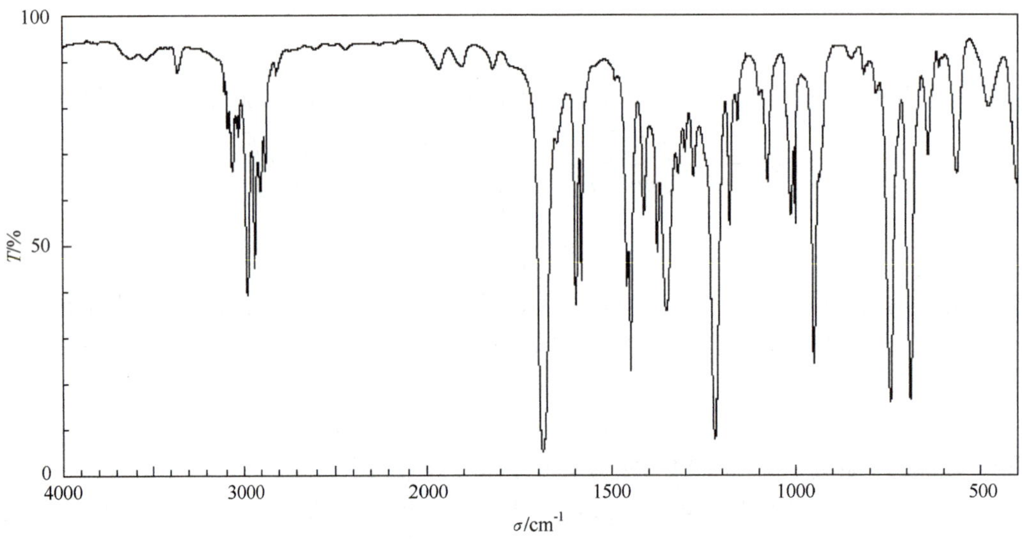

图 4-11 1-苯基丙-1-酮的红外光谱图

在红外光谱图中，横坐标为波长（μm）或波数（cm^{-1}），表示吸收峰的位置；纵坐标为透射百分数（T）或吸光度（A），表示吸收峰的强度，两者的关系为 $A=\lg(1/T)$。

红外光谱图一般分为两个区域，波数在 4000～1350cm^{-1} 为官能团区，主要是伸缩振动产生的吸收峰，在该区域内的吸收峰较少，但特征性较强。碳碳叁键、碳碳双键的力常数 k 值都比碳碳单键大，因此相对于碳碳单键（1200～800cm^{-1}）而言，碳碳叁键（2600～2200cm^{-1}）、碳碳双键（1680～1600cm^{-1}）的红外吸收峰都在高波数区，在官能团区域内。同样，碳氮叁键（2260～2220cm^{-1}）、碳氧双键（1780～1650cm^{-1}）、碳氮双键（1690～1640cm^{-1}）及氮氧双键等的红外吸收峰也都在官能团区域内。

对于 O—H、N—H、C—H 键，由于 H 的质量相对最小，因此折合质量 μ 值就小，它们伸缩振动的红外吸收峰也都在高波数区。而在 C—H 键中，碳原子的杂化状态不同，C—H 键的键强度也不同，含 s 成分多的键强度大，其伸缩振动频率更偏向高波数区，因此 C_{sp}—H、C_{sp^2}—H 和 C_{sp^3}—H 的伸缩振动频率分别在～3300cm^{-1}、～3100cm^{-1} 和小于 3000cm^{-1}。图 4-12 为己烷、己-1-烯和己-1-炔的 C—H 伸缩振动的红外光谱图部分。

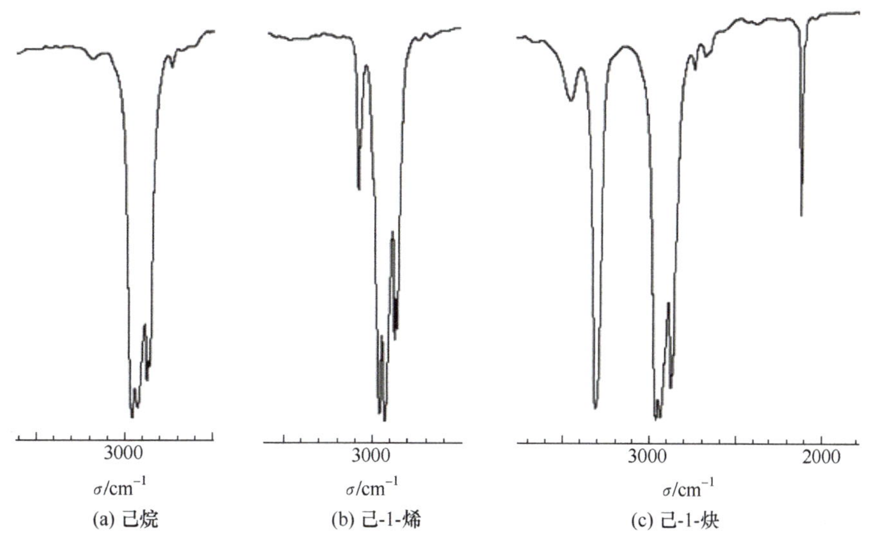

图 4-12　己烷、己-1-烯和己-1-炔的 C—H 伸缩振动的红外光谱图部分

波数在 1350～650cm^{-1} 为指纹区。C—O、C—X、C—C 等骨架的伸缩振动及力常数 k 值较小的弯曲振动的红外吸收峰都在指纹区。指纹区中的吸收峰相当密集和复杂，就像人的指纹一样，各人不同，因此称为指纹区。只要分子的结构稍有不同，指纹区中吸收峰的位置及峰形就有细微差别的反映，因此可以利用已知物鉴别未知物。

在红外吸收光谱中，分子中原子的杂化状态、诱导效应、共轭效应（见 5.2.4）等能影响电子分布状态而引起化学键力常数变化的因素都会改变基团的特征吸收频率。

表 4-4 是各类有机化合物中基团的特征吸收频率。

表 4-4 有机基团的特征红外吸收频率

基 团	波数/cm^{-1}	强 度
A. 烷基		
C—H(伸缩)	2962～2853	m～s
$—CH(CH_3)_2$	1385～1380 1370～1365	s
$—C(CH_3)_3$	1395～1385	m
	～1365	s
B. 烯烃基		
C—H(伸缩)	3095～3010	m
C═C(伸缩)	1680～1620	v
R—CH═CH_2(C—H 面外弯曲)	1000～985 920～905	s
R_2C═CH_2(C—H 面外弯曲)	900～880	s
(*Z*)-RCH═CHR(C—H 面外弯曲)	730～675	s
(*E*)-RCH═CHR(C—H 面外弯曲)	975～960	s
C. 炔烃基		
≡C—H(伸缩)	～3300	s
C≡C(伸缩)	2260～2100	s
D. 芳烃基		
Ar—H	～3030	v
芳环取代类型(C—H 面外弯曲)		
一取代	710～690 770～730	v,s
邻二取代	770～735	s
间二取代	725～680 810～750	s
对二取代	840～790	s
E. 醇、酚和羧酸		
OH(醇、酚)	3600～3200	b,s
OH(羧酸)	3600～2500	b,s
F. 醛、酮、酯和羧酸		
C═O(伸缩)	1750～1690	s
G. 胺		
N—H(伸缩)	3500～3300	m
H. 腈		
C≡N(伸缩)	2600～2200	m

注:m 表示中;s 表示强;v 表示可变;b 表示宽。

对于红外光谱,分析时不仅要注意吸收峰的位置,还要注意吸收峰的强度和形状。图 4-13 是红外吸收光谱中常见的几种峰形。根据峰形不同,能获得更多关于结构的信息。例如,烷烃中 C—H 伸缩振动在 2960～2850cm^{-1}处有一强的吸收峰。甲基的弯曲振动在 1380cm^{-1}附近有吸收峰,孤立甲基只在 1380cm^{-1}附近出现单峰。如果出现的是双峰,则可能为异丙基或叔丁基。

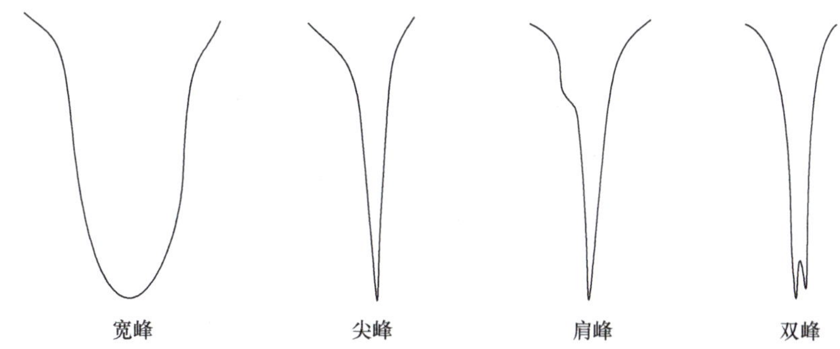

图 4-13　红外吸收光谱中常见的几种峰形

红外光谱可用于有机化合物中各特征官能团的鉴别，特别对已知有机化合物，红外光谱可以作为判断或验证结构中是否存在某些官能团的依据。

问题 4-3　以下是化合物 $CH_3CH_2CH_2CH_2C \equiv CH$ 的 IR 谱图，试指出(a)、(b)和(c)各吸收峰所对应的伸缩振动。

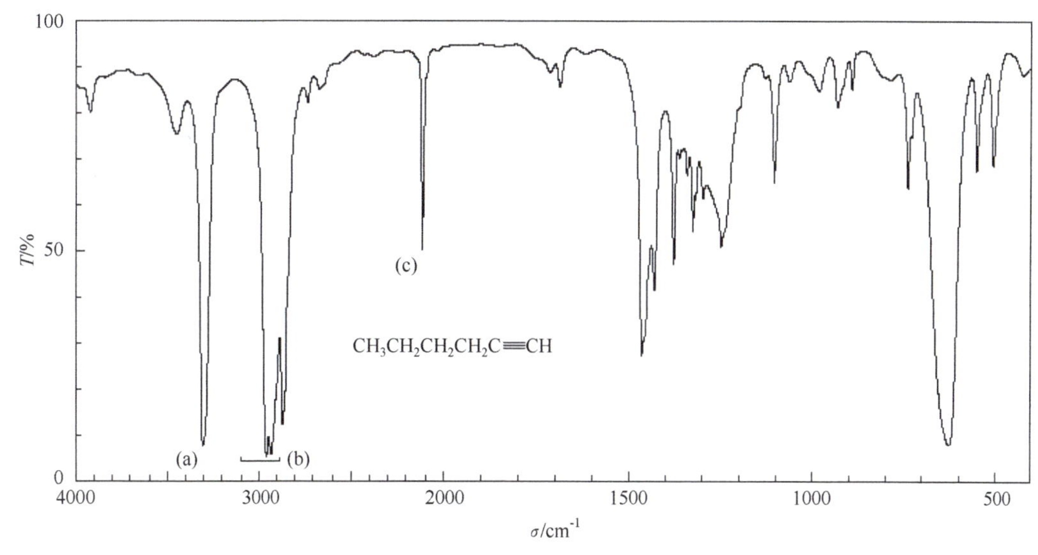

4.3 质　　谱

质谱(mass spectroscopy，MS)是有机化合物结构分析和结构确证的重要方法，通过质谱可以得到被测化合物的相对分子质量、碎片离子的精确质量，还可以给出分子式的相关信息。近几年，随着快原子轰击、电喷雾离子化、基质辅助激光解吸离子化等技术的发展以及各种色谱-质谱联用，质谱在结构分析和确证中的应用范围大大拓宽，特别在生物大分子的研究领域取得了可喜的进展。

4.3.1 质谱的基本原理

通常的质谱分析是在高真空中,先将试样分子在离子源中气化,同时在高能量(70eV)的电子流轰击(electron impact,EI)下失去电子,生成带正电荷的分子离子,以及进一步裂解成的正离子碎片。此外,还有自由基、中性分子和其他自由基正离子等小碎片。所有带正电荷离子受到电场(800~8000V)的加速,然后在强磁场[最大值 80 000G(8T)]作用下以弧形轨迹偏离向前,弧形轨迹的偏离程度与正离子的质荷比(m/z)有关。质荷比越小,离子向前的弧形轨迹偏离就越大,即轨迹的弯曲程度越大。反之,质荷比越大,离子向前的弧形轨迹偏离就越小,即轨迹的弯曲程度越小。这样,不同质荷比的离子就在强磁场作用下被分离开来,当磁场强度逐渐增强时,这些质荷比不同的正离子就按质荷比(m/z)大小依次通过离子出口狭缝到达收集器,然后通过电子处理系统将产生的信号记录下来,形成被测试样的质谱图。不带正电荷的各种碎片则被真空抽出(图 4-14)。

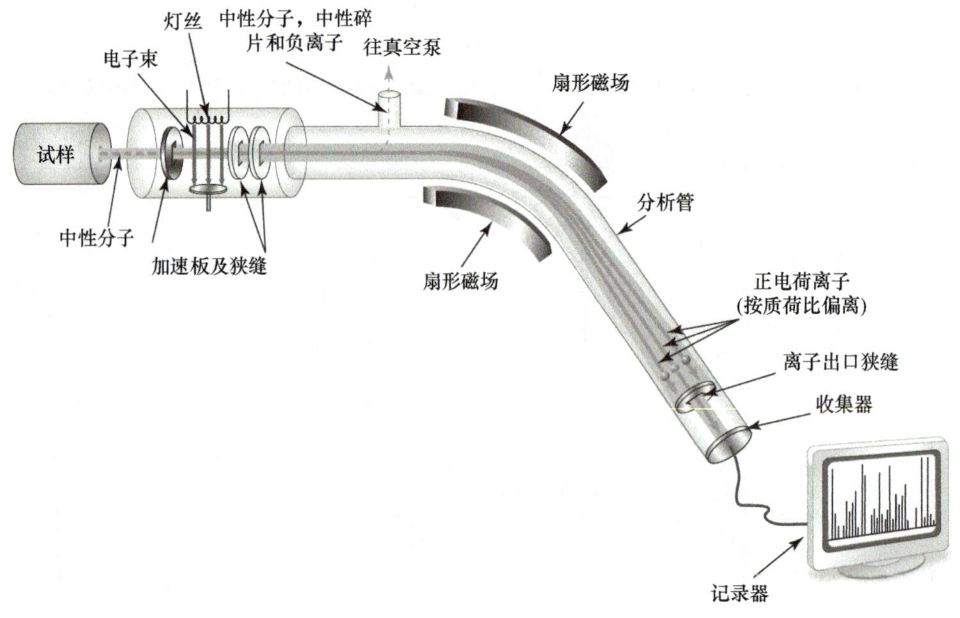

图 4-14 质谱仪工作示意图

4.3.2 质谱图

质谱图中横坐标为质荷比(m/z),由于记录下的大多数是带单位正电荷的离子,因此各个不同的 m/z 就等于是各碎片的质量。纵坐标为相对丰度,以图中高低不等的柱状峰分别代表不同离子,其中丰度最高的碎片离子峰称为基峰(base peak),把它的丰度定为 100,其他碎片峰的丰度则是相对于基峰的百分比。图 4-15 是己烷的质谱图,图中质荷比为 57 的峰最强,是它的基峰,质荷比为 86 的峰是它的分子离子峰。

在质谱图中,出现的碎片峰与分子的结构和裂解的方式有关。由于裂解是按一定的规律进行的,因此利用碎片离子峰和峰与峰之间的关系,可以为试样的结构分析提供十分有用的信

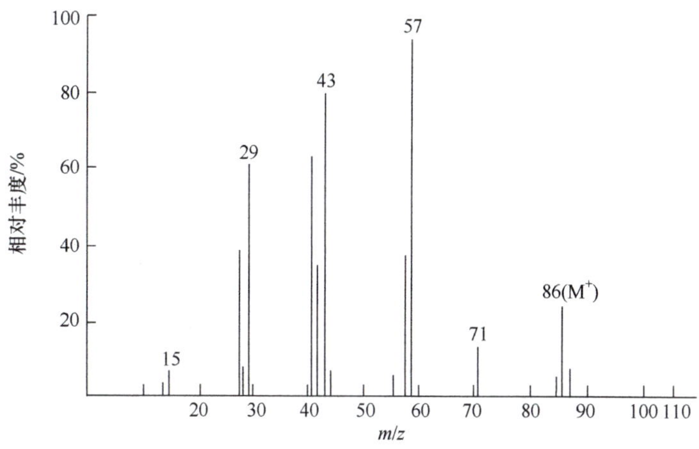

图 4-15　己烷的质谱图

息，根据裂解的碎片离子峰，可以推测有机化合物的结构。例如，在图 4-15 中，71 峰与 86 峰之间差 15，相当于分子离子峰失去一个甲基，裂解成质量数较小的碎片。

$$CH_3(CH_2)_4CH_3 \xrightarrow{-e} \underset{86}{CH_3(CH_2)_3CH_2{-}CH_3}^{\rceil +\cdot} \longrightarrow \underset{71}{CH_3(CH_2)_3CH_2}^{\rceil +} + \cdot CH_3$$

$$\underset{71}{CH_3(CH_2)_2{-}CH_2{-}CH_2}^{\rceil +} \longrightarrow \underset{43}{CH_3CH_2CH_2}^{\rceil +} + CH_2{=}CH_2$$

4.3.3　分子离子峰、碎片离子峰和同位素离子峰

1. 分子离子峰

分子经高能电子流轰击，失去一个电子而形成的离子称为分子离子，是一种自由基正离子，一般用 $M^{+\cdot}$ 表示。失去的电子可以是成键的 π 电子或 σ 电子，也可以是非键的 n 电子，其中以 n 电子最易失去，而 σ 电子最难失去。

在质谱图中，分子离子峰的质荷比（m/z）即代表了该化合物的相对分子质量。大多数有机化合物都会出现分子离子峰，但由于分子离子峰的相对强度与相应分子的结构和离子的稳定性有关，有些化合物的分子离子很不稳定，在用高能电子流轰击（EI）的质谱图中，分子离子峰的强度极小或不能显示，这时可以改用快原子轰击（FAB）或电喷雾离子化（ESI）等技术将分子离子化，将得到满意的分子离子峰。

判断离子峰是否是分子离子峰，要注意分子离子峰的相对质量是否符合氮规律，即不含氮原子或含偶数氮原子的有机化合物的相对分子质量一定为偶数；含奇数氮原子的有机化合物的相对分子质量一定为奇数。另外，分子离子峰与邻近碎片峰之间的相对质量差要符合进一步裂解而丢失相应基团的规律。

2. 碎片离子峰

分子离子进一步发生化学键的断裂而生成的离子称为碎片离子。由于 EI 源是采用 70eV 高能量的电子流，而将有机分子轰击成分子离子只需要十几电子伏特的能量，因此有足够的剩余能量可以使分子离子发生化学键的裂解或程度不同的再进一步裂解，从而产生各种质量不等的碎片离子。在裂解成各碎片离子的过程中伴随电子的转移，单电子转移用鱼钩弯箭头(⌒)表示，双电子转移用弯箭头(⌒)表示。

杂原子外面的 n 电子最容易被轰击而失去，对于含氮、氧、卤素等杂原子的官能团化合物，分子离子的正电荷和单电子都在这些杂原子上，这种分子离子容易通过 α-断裂或 β-断裂形成碎片离子。这些杂原子的官能团与 α-原子(碳或其他原子)之间发生的断裂称为 α-断裂，与官能团相连的 α-碳和 β-碳之间发生的断裂称为 β-断裂。含羰基的醛、酮等化合物的分子离子发生 α-断裂生成氧原子上带正电荷的碎片离子。例如

$$\underset{\text{醛、酮分子离子}}{R-\overset{\overset{+\cdot}{O}\,\|}{C}-H(R')} \xrightarrow{\alpha\text{-断裂}} \underset{\text{碎片离子}}{R-C\equiv O^{+}} + \cdot H(R')$$

醇、醚、胺、卤代烃的分子离子发生 β-断裂生成杂原子上带正电荷的碎片离子。

$$\underset{\text{胺分子离子}}{R-\underset{\beta}{CH_2}-\underset{\alpha}{CH_2}-\overset{+\cdot}{N}H-R'} \xrightarrow{\beta\text{-断裂}} R\dot{C}H_2 + \underset{\text{碎片离子}}{CH_2=\overset{+}{N}H-R'}$$

$$\underset{\text{醇(醚)分子离子}}{R-\underset{\beta}{CH_2}-\underset{\alpha}{CH_2}-\overset{+\cdot}{O}-H(R')} \xrightarrow{\beta\text{-断裂}} R\dot{C}H_2 + \underset{\text{碎片离子}}{CH_2=\overset{+}{O}-H(R')}$$

$$\underset{\text{卤代烃分子离子}}{R-\underset{\beta}{CH_2}-\underset{\alpha}{CH_2}-\overset{+\cdot}{X}} \xrightarrow{\beta\text{-断裂}} R\dot{C}H_2 + \underset{\text{碎片离子}}{CH_2=\overset{+}{X}}$$

卤代烃、醚、胺的分子离子发生 α-断裂生成碳正离子。

$$R-CH_2-\overset{+\cdot}{X}\,(OR)\,(NR_2) \xrightarrow{\alpha\text{-断裂}} \underset{\text{碎片离子}}{R\overset{+}{C}H_2} + \dot{X}\,(OR)\,(NR_2)$$

分子离子进一步裂解时还会生成重排的离子碎片。

烷烃的分子离子峰较弱，支链烷烃的分子离子峰更弱，由于分子离子容易在碳链的支链处发生断裂，因此相应的碎片离子的丰度较大。例如，2，3-二甲基丁烷的分子离子峰裂解后可以观察到 43 的碎片峰。

$$\left[CH_3-\underset{\displaystyle CH_3}{\underset{|}{CH}}-\underset{\displaystyle CH_3}{\underset{|}{CH}}-CH_3\right]^{+\cdot} \longrightarrow CH_3-\underset{\displaystyle CH_3}{\underset{|}{\overset{+}{CH}}} + \underset{\displaystyle CH_3}{\underset{|}{\dot{C}H}}-CH_3$$

$m/z=43$

3-乙基己烷的质谱图中可以观察到在支链处断裂的 43、29、71、85 碎片峰。

3. 同位素离子峰

由于元素存在相应的同位素，因此在质谱图的分子离子峰的右边还会出现丰度较小，但质荷比大于分子离子的 M+1、M+2 等峰，这就是同位素离子峰。同位素离子峰的强度与同位素的丰度有关。自然界常见元素的同位素及其相对丰度见表 4-5。

表 4-5　自然界常见元素的同位素及其相对丰度

元　素	相对丰度/%					
碳	^{12}C	100	^{13}C	1.08		
氢	^{1}H	100	^{2}H	0.016		
氮	^{14}N	100	^{15}N	0.38		
氧	^{16}O	100	^{17}O	0.04	^{18}O	0.20
氟	^{19}F	100				
硫	^{32}S	100	^{33}S	0.78	^{34}S	4.40
氯	^{35}Cl	100	^{37}Cl	32.5		
溴	^{79}Br	100	^{81}Br	98.0		
碘	^{127}I	100				

由于自然界氯丰度最大的是 ^{35}Cl，而 ^{37}Cl 的丰度只相当于 ^{35}Cl 的 32.5%，因此当质谱图中的分子离子峰右边出现 M+2 峰，并且峰的强度约为分子离子峰强度的 1/3 时，分子中可能含有一个氯原子。而自然界溴丰度最大的是 ^{79}Br，而 ^{81}Br 的丰度相当于 ^{79}Br 的 98.0%，因此当质谱图中的分子离子峰右边出现 M+2 峰，并且峰的强度约与分子离子峰强度相当时，分子中可能含有一个溴原子。同位素离子峰对于判断分子中的氯原子和溴原子是十分有用的。

4.4 紫外光谱

紫外光的波长范围为 10～400nm，其中 10～200nm 为远紫外区，200～400nm 为近紫外区，紫外光谱(ultraviolet spectroscopy，UV)通常是近紫外区的吸收光谱。而 400～800nm 为可见光的波长范围，常用的分光光度计均包括紫外光和可见光两部分。

4.4.1 紫外光谱的基本原理

有机分子中的价电子吸收了一定波长的光能，从基态跃迁到较高能级的激发态，产生一定的吸收谱带。多数有机分子中价电子跃迁的吸收波长均落在紫外-可见光区域内。因此，紫外吸收光谱是指分子中价电子的跃迁而产生的光谱，也称电子光谱。

有机分子中主要有 σ 电子、π 电子和 n 电子。在基态时，σ 电子和 π 电子都处在相应的成键轨道上，n 电子处在非键轨道上，因此最常见的电子跃迁有 $\sigma\rightarrow\sigma^*$、$n\rightarrow\sigma^*$、$\pi\rightarrow\pi^*$、$n\rightarrow\pi^*$ 跃迁。其跃迁所需的能量（ΔE）也不同，大小次序为 $\sigma\rightarrow\sigma^* > n\rightarrow\sigma^* > \pi\rightarrow\pi^* > n\rightarrow\pi^*$，电子跃迁示意图如图 4-16 所示。

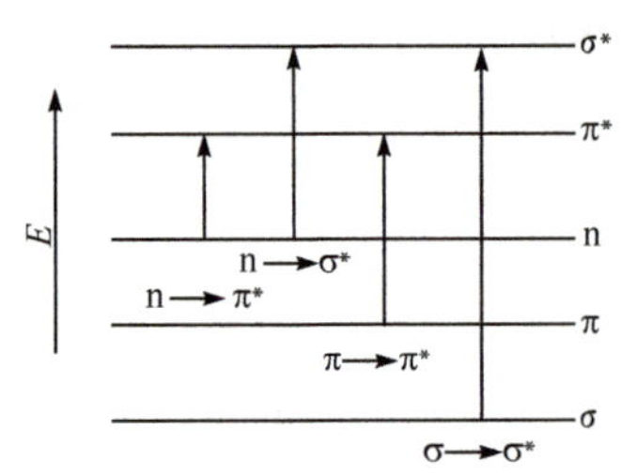

图 4-16　电子跃迁示意图

4.4.2　紫外光谱图和特征吸收

1. 紫外光谱图

由于电子发生能级跃迁时，同时伴随着振动和转动能级的变化，因此紫外吸收光谱图由一条连续的曲线组成。

紫外光谱图的横坐标为波长（λ），单位为 nm。纵坐标为吸光度 A，其定义为

$$A=\lg\frac{I_0}{I} \tag{4-5}$$

式中，I_0 为入射单光强度；I 为透射单光强度。由于吸光度 A 与被测溶液的浓度 c（$mol\cdot L^{-1}$）和液层的厚度 l（cm）有关，因此吸光度遵循 Lambert-Beer 定律。

$$A=\lg\frac{I_0}{I}=\lg\frac{1}{T}=\kappa cl$$

式中，T 为透射率，$T=I/I_0$，用百分数表示；κ 为摩尔吸收系数（或称为摩尔消光系数），$L\cdot mol^{-1}\cdot cm^{-1}$ 或 $cm^2\cdot mol^{-1}$。

紫外光谱图提供的重要信息是吸光度极大处的波长 λ_{max} 及其摩尔吸收系数 κ。紫外光谱图的纵坐标除用吸光度 A 外，有时也用 T、κ 或 $\lg\kappa$。

2. 生色团与助色团

紫外-可见光谱与化合物的结构紧密相关，能够吸收紫外-可见光而产生电子跃迁的孤立官能团称为生色团，它们通常具有 π 电子的结构特征。例如

>C=C<，—C≡C—　>C=O，—N=N—，—C≡N，—NO₂（$-N\begin{smallmatrix}\nearrow O\\ \searrow O\end{smallmatrix}$）

另外，有些官能团其本身是饱和基团（通常含有未共用电子对的杂原子），在波长 200nm 以上没有吸收，但它们都具有非键的未共用电子对（n 电子），当与生色团相连时，能形成非键电子与 π 电子之间的共轭（p-π 共轭，见 5.2.4），使生色团的吸收波长向长波方向移动，并使吸收强度增加，这些基团称为助色团，如—OH、—OR、—SR、—NH_2、—Cl 等。

3. 有机化合物与特征吸收

对于烷烃分子，只能产生 $\sigma\rightarrow\sigma^*$ 的跃迁，由于跃迁的能级差很大，吸收的紫外光波长很短，如甲烷和乙烷的最大吸收波长分别为 125nm 和 135nm，在远紫外区范围，因此烷烃在紫外-可见区没有吸收带。

对于含饱和杂原子的化合物，尽管有 $n\rightarrow\sigma^*$ 跃迁，但大多在近紫外区仍没有明显的吸收，如甲醇的最大吸收波长为 183nm，仍在远紫外区范围。因此，醇、硫醇、胺、溴代烃、碘代烃等

在近紫外区均没有明显吸收。

对于孤立的碳碳不饱和键化合物，尽管 $\pi \rightarrow \pi^*$ 跃迁比 $\sigma \rightarrow \sigma^*$ 跃迁的能量差小，吸收的波长要长，如乙烯和乙炔的最大吸收波长分别为 165nm 和 173nm，仍在远紫外区范围。它们作为生色团，只要没有助色团协同作用，仍然在近紫外区没有吸收。

对于碳-杂原子或杂原子-杂原子不饱和键化合物，如 $\rangle C{=}O$ 、$—N{=}N—$等，其 $\sigma \rightarrow \sigma^*$ 和 $\pi \rightarrow \pi^*$ 跃迁的最大吸收波长在远紫外区，$n \rightarrow \sigma^*$ 跃迁的最大吸收波长也常在远紫外区。尽管 $n \rightarrow \pi^*$ 跃迁的最大吸收波长在紫外区，但强度很弱。例如，丙酮分子中，$n \rightarrow \pi^*$ 跃迁的 λ_{max} 为 279nm，$\kappa = 15 cm^2 \cdot mol^{-1}$。

当分子中有多个 π 键处于共轭（见 5.2.4）状态时，$\pi \rightarrow \pi^*$ 跃迁的最大吸收波长随共轭体系的增大而向长波方向移动。对于共轭多烯 $H{\leftarrow}CH{=}CH{\rightarrow}_n H$，紫外吸收的 λ_{max} 随 n 增加而增大。例如

n	2	3	4	5	6	7	8
λ_{max}/nm	217	268	304	334	364	390	415

在紫外光谱中，凡能使最大吸收峰向长波方向移动的现象称为红移，反之，能使最大吸收峰向短波方向移动的现象称为蓝移。

小　　结

1. 核磁共振是在外磁场作用下，有磁矩的原子核吸收电磁波，产生自旋能级的跃迁得到的共振波谱。处于不同化学环境中的质子具有不同的化学位移。^1H NMR 谱图提供的峰的数目、相应的化学位移、峰的裂分情况、积分曲线和重水交换等能为化合物的结构推测提供丰富的信息。^{13}C NMR 谱图能提供关于有机分子碳架和结构的重要信息，对结构的确证具有十分重要的意义。

2. 红外光谱是分子从一个振动能级跃迁到另一个振动能级产生的吸收光谱。红外光谱图分为官能团区和指纹区，不同的官能团在官能团区都有相应的特征吸收峰，可用于官能团的鉴定，指纹区的吸收峰比较密集，对鉴别是否为同一化合物十分有用。红外光谱吸收峰的峰形有宽峰、尖峰、肩峰和双峰等，根据峰形能获得更多关于结构的信息。

3. 质谱是分子在高能电子束的轰击下，生成带正电荷的分子离子和进一步裂解的碎片离子，然后在电场和磁场的作用下，不同离子按质荷比排列的谱图。能提供相对分子质量和相关结构的信息。分子离子进一步裂解为碎片离子时有一定的规律可循。

4. 紫外吸收光谱是由分子中价电子的跃迁而产生的光谱。常见的电子跃迁有 $\sigma \rightarrow \sigma^*$、$n \rightarrow \sigma^*$、$\pi \rightarrow \pi^*$、$n \rightarrow \pi^*$ 跃迁。紫外光谱的最大吸收峰（λ_{max}）的位置和吸收强度能提供一定的结构信息。

习　　题

1. 某烷烃分子式为 C_8H_{18}，其 ^1H NMR 谱图中只有一个单峰，$\delta_H = 0.9$，试推测该烷烃的结构。

2. 推测下列化合物中标有下划线的质子在[1]H NMR谱图中的峰形（单峰、双峰、三重峰等）。

(1) $CH_3—C\underline{H}(CH_3)—CH_3$　　(2) $C\underline{H}_3—C\underline{H}_2—CCl_2—C\underline{H}_3$

(3) $C\underline{H}_3—C\underline{H}_2—C(=O)—CH_3$　　(4) $C\underline{H}_3—O—C\underline{H}_2—C\underline{H}_2—C\underline{H}Cl_2$

3. 某氯代烃分子式为 C_4H_9Cl，其[1]H NMR谱图中有两组峰分别为 $\delta_H=1.0$（三重峰），$\delta_H=1.5$（双峰），两组峰的面积相等，各相当于3个质子，试推测该氯代烃的结构。根据该结构，它应该有几组峰？

4. 如何用[1]H NMR谱图区别下列各组化合物？

(1) $CH_3CH_2CH_2Br$ 和 $CH_3CH(Br)CH_3$

(2) $CH_3CH_2—C(=O)—H$ 和 $CH_3—C(=O)—CH_3$

5. 在红外光谱中，吸收频率为 $2000\sim2400cm^{-1}$ 的主要官能团有哪些？

6. 在下列官能团中，红外光谱吸收频率最高的是哪一个？哪两个官能团的红外光谱吸收频率比较接近？

(1) $>C=C<$　(2) $—C\equiv C—$　(3) $>C=O$　(4) $—C\equiv N$　(5) $—O—H$

7. 下列各组化合物中，哪一个化合物的紫外吸收波长较长？

(1) $CH_3CH=CH—CH=CHNH_2$ 和 $CH_2=CH—CH_2—CH=CHNH_2$

(2) 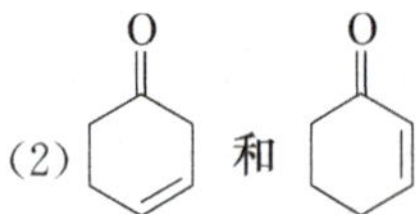

8. 根据以下某一取代卤代烃的[1]H NMR和MS数据推测其结构。

δ_H：1.0(t,3H)，1.9(m,2H)，3.4(t,3H)。

m/z：122(M^+)，124(M+2)，两峰的丰度相当。

9. $CH_3CH_2CH_2CH_2CH_3$ 的质谱图如下：

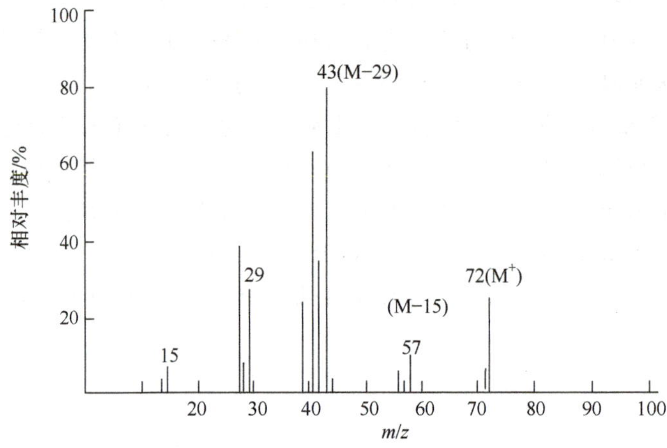

试解释各主要峰的形成。

第5章 不饱和烃

主要内容

➢烯烃、共轭二烯烃和炔烃的结构特征、异构和命名。

➢烯烃、共轭二烯烃和炔烃的物理性质和化学性质。与亲电试剂的亲电加成,氧化和加氢;烯烃与 HBr 的自由基加成,烯烃 α-氢的卤化反应,烯烃与卡宾的反应,氢化热;共轭二烯烃的 1,2-加成和 1,4-加成;Diels-Alder 反应。

➢亲电加成反应及反应机理(包括碳正离子和环状鎓离子中间体,协同机理),影响亲电加成反应速率的因素,亲电加成反应的区域选择性和立体选择性。

➢共轭效应。

不饱和烃是指分子中含有碳碳不饱和键的碳氢化合物,本章主要讨论含碳碳双键的烯烃、二烯烃和含碳碳叁链的炔烃。

5.1 烯　　烃

烯烃(alkene)是分子中含有碳碳双键($\rangle C=C\langle$)的不饱和碳氢化合物。含一个 C=C 的烯烃称为单烯烃,链状的单烯烃比相应的烷烃少两个氢原子,通式为 C_nH_{2n},不饱和度(Ω)为1。单烯烃与单环环烷烃互为构造异构体。

烯烃广泛地存在于自然界中,如松节油中的 α-蒎烯、柠檬中的柠檬烯、α-法尼烯等。

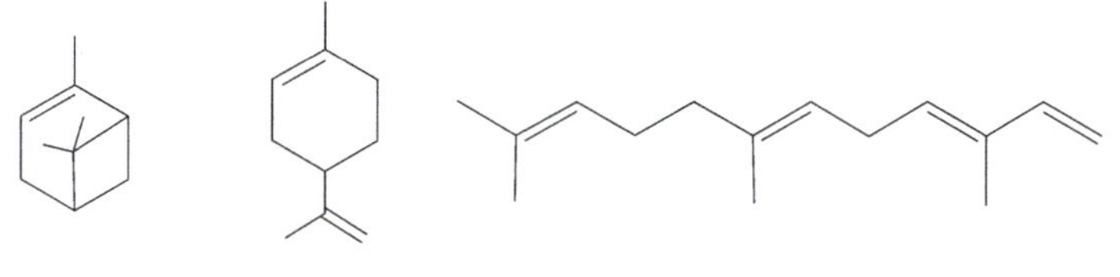

α-蒎烯　　柠檬烯　　α-法尼烯

烯烃是有机合成的重要中间体,烯烃分子中碳碳双键经过一系列反应可以转变为多种有机化合物。烯烃可以聚合成重要的高分子材料。

将石油中某些馏分或湿天然气经过高温裂解可以得到乙烯和丙烯等重要的有机合成工业的基本原料,乙烯的产量是衡量一个国家石油化学工业水平的标志之一。

5.1.1 烯烃的结构

烯烃中的碳碳双键是烯烃的官能团，烯烃的性质主要是在官能团碳碳双键上发生的。因此，先讨论清楚碳碳双键的结构，再讨论双键的反应是十分必要的。

烯烃中结构最简单的是乙烯（$\mathrm{H_2C{=}CH_2}$）。在乙烯分子中，∠HCH 为 117.2°，∠HCC 为 121.4°，接近 120°，因此乙烯及其他烯烃的碳碳双键中两个碳原子都是 sp^2 杂化的。

$$\mathrm{H_2C{=}CH_2}\quad \angle HCH = 117.2^\circ,\ \angle HCC = 121.4^\circ$$

在乙烯中，双键的两个碳原子各用一个 sp^2 杂化轨道沿轴方向互相交盖重叠，形成碳碳 σ 键，每个碳原子再各用两个 sp^2 杂化轨道分别与两个氢原子的 1s 轨道交盖重叠形成两个碳氢 σ 键，共生成四个碳氢 σ 键。每个 sp^2 杂化碳原子上还有一个未参与杂化的 p 轨道，它垂直于三个 sp^2 杂化轨道所在的平面。当两个碳原子上 p 轨道的对称轴互相平行时，可以最大程度地从侧面互相重叠，从而形成 π 键，因此碳碳双键是由一个 σ 键和一个 π 键组成的。图 5-1 和图 5-2 分别为乙烯分子中的 σ 键和 π 键示意图和立体结构模型示意图。

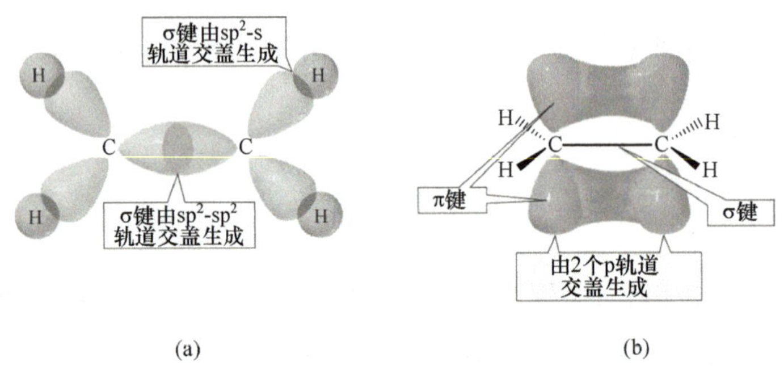

图 5-1 乙烯分子中的 σ 键(a)和 π 键(b)示意图

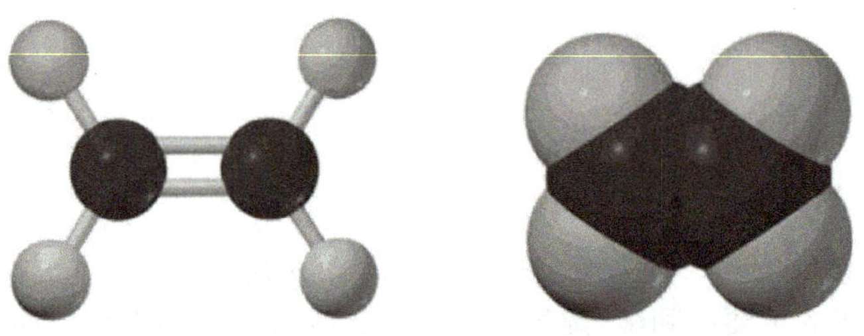

图 5-2 乙烯的立体结构模型示意图

在乙烯分子中，一个碳碳 σ 键和四个碳氢 σ 键在同一平面内，因此乙烯分子为平面结构，由 p 轨道从侧面重叠形成的 π 键则垂直于分子平面，π 电子云分布在分子平面的上下[图 5-1(b)]，电子云较集中的区域在碳碳双键之间(图 5-3)。碳碳双键的结构决定了两个碳原子不能再以碳碳 σ 键为轴而自由旋转，否则将引起构成 π 键的两个 p 轨道的重叠程度降低，导致 π 键的断裂。

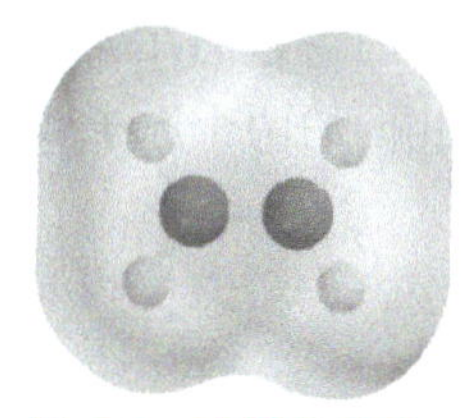
图 5-3　乙烯分子的 π 电子云分布图

π 键是两个 p 轨道从侧面重叠而成的，重叠程度比 σ 键小，键能也小。碳碳双键的平均键能为 $610.9kJ \cdot mol^{-1}$，而碳碳单键的平均键能为 $347.3kJ \cdot mol^{-1}$。因此，π 键的键能可近似地视为上述两键能之差，即为 $263.6kJ \cdot mol^{-1}$。碳碳双键的键长为 134pm，比乙烷的碳碳单键(154pm)短。

5.1.2　烯烃的同分异构和命名

1. 烯烃的同分异构

烯烃的异构分为构造异构和顺反异构。

1) 构造异构

烯烃的构造异构包括碳架异构和官能团碳碳双键所在的位置异构，因此烯烃的异构比烷烃的异构复杂。例如，链状戊烯有以下五种构造异构体：

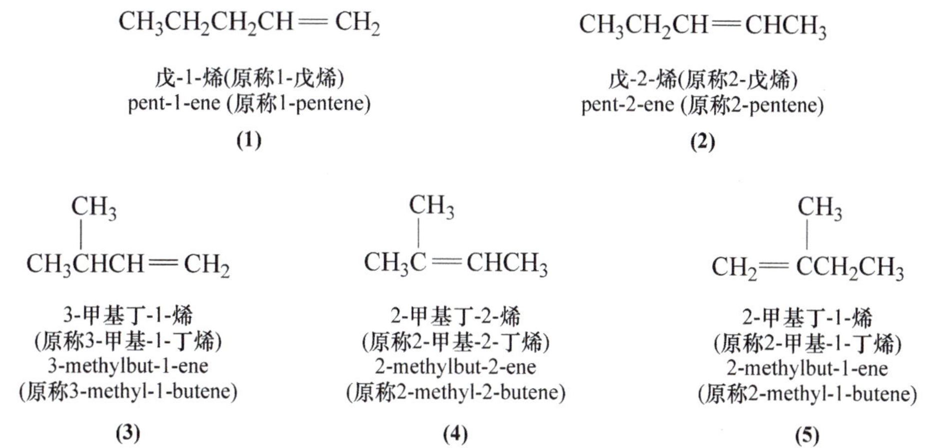

(**1**)、(**2**)与(**3**)、(**4**)和(**5**)之间是碳架异构，而(**1**)与(**2**)及(**3**)或(**4**)与(**5**)之间是双键的位置异构。

烯烃的构造异构体可以从相应的烷烃异构体经过双键位置的变动推出。由于季碳原子已经与四个碳原子相连，因此季碳原子上不能再连双键。

问题 5-1　写出分子式为 C_7H_{14}，最长碳链为 5 个碳原子的烯烃的各种构造异构体。

---

2) 顺反异构

顺反异构是一种构型异构，是立体异构的一种。由于碳碳双键由一个 σ 键和一个 π 键组成，因此碳碳双键不能自由旋转。当碳碳双键的两个碳原子上所连的两个原子或基团不同时，就会因为它们在碳碳双键的两边有不同的排列方式而产生顺反异构体，这称为顺反异构现象。凡相同的两个原子或基团在双键同一侧的为顺式，相同的两个原子或基团在双键异侧的为反式。

顺式：

反式：

例如，在丁-2-烯中，当两个甲基或两个氢原子在双键所在平面同侧的为顺式异构体，在异侧的为反式异构体。烯烃中的顺反异构体，由于碳碳双键不能自由旋转，因此在室温及没有任何试剂作用下，是不能相互转化的稳定化合物。若要顺反异构体转化，则需要克服的活化能是碳碳 σ 键旋转活化能的 10～15 倍。顺丁-2-烯和反丁-2-烯是物理性质不同，构型不同，互为同分异构的两个不同化合物。

顺丁-2-烯
(*cis*-but-2-ene)

反丁-2-烯
(*trans*-but-2-ene)

在顺反异构体中，原子相互连接的次序相同，只是在空间的排列方式不同，即构型不同，顺丁-2-烯和反丁-2-烯互为构型异构。在顺丁-2-烯中，两个甲基或两个氢原子在碳碳双键的同一边；而在反丁-2-烯中，两个甲基或两个氢原子位于碳碳双键的两边。在顺丁-2-烯中，两个甲基之间的 van der Waals 斥力比反丁-2-烯大，因此反丁-2-烯相对比顺丁-2-烯稳定。

凡烯键的两个碳原子上各连有不同的原子或基团时，都会产生顺反构型异构体。

只要碳碳双键中任何一个碳原子上连有两个相同的原子或基团，都不会产生顺反异构体。

由于几何原因，在较小的环状烯烃中，碳碳双键不可能存在反式构型。只有当碳环较大时，才可能存在反式构型，如环辛烯中双键可以存在反式构型。

反式环辛烯没有对称面和对称中心，是手性分子，可以得到一对对映体。

顺、反构型不同的烯烃还表现出不同的生物活性。例如，人工合成的己烯雌酚是一种雌性激素，反式构型的生物活性比顺式构型的高 7～10 倍。

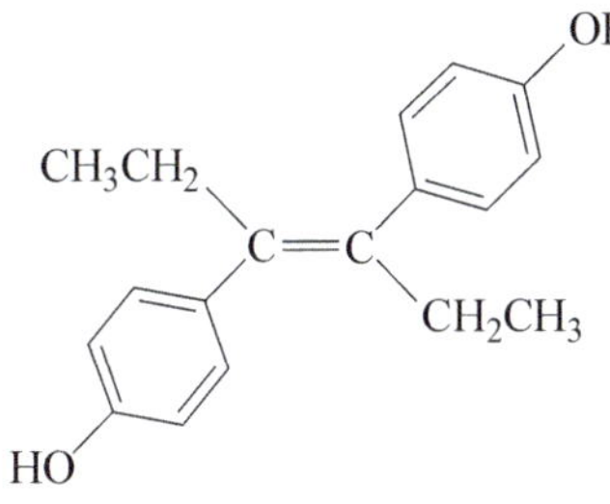

$$(CH_3CH_2)(HO\text{-}C_6H_4)C{=}C(C_6H_4\text{-}OH)(CH_2CH_3)$$

反己烯雌酚

$$(CH_3CH_2)(HO\text{-}C_6H_4)C{=}C(CH_2CH_3)(C_6H_4\text{-}OH)$$

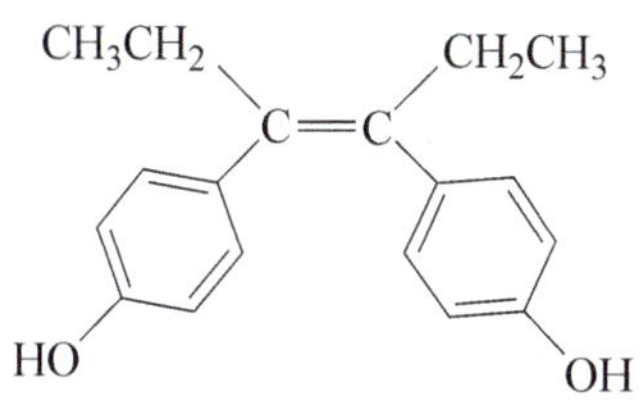

顺己烯雌酚

又如，具有降血脂作用的亚油酸及花生四烯酸分子中的碳碳双键都是顺式构型。

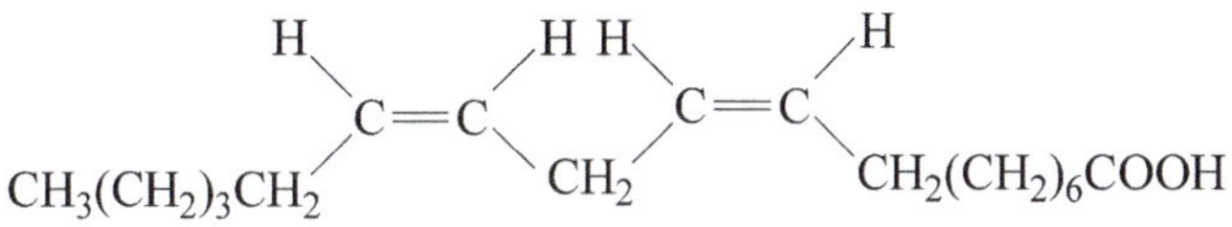

$$CH_3(CH_2)_3CH_2CH{=}CHCH_2CH{=}CHCH_2(CH_2)_6COOH$$

亚油酸

$$CH_3(CH_2)_3CH_2CH{=}CHCH_2CH{=}CHCH_2CH{=}CHCH_2CH{=}CHCH_2(CH_2)_2COOH$$

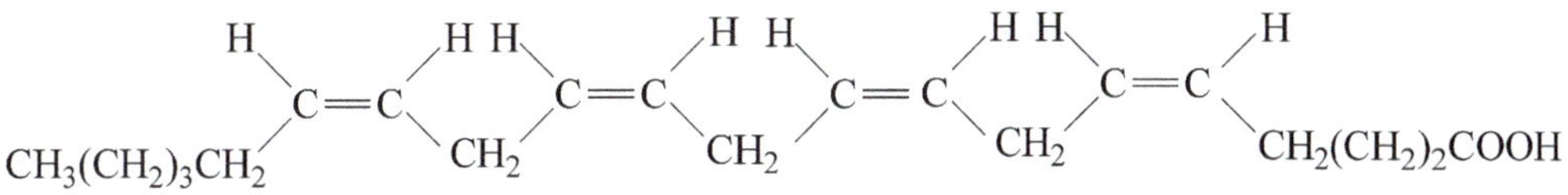

花生四烯酸

问题 5-2　写出 2-氯丁-2-烯的构型异构体。

问题 5-3　小于 8 个碳原子的环状烯烃不可能有反式异构体存在，试从烯烃的结构出发给出合理的解释。

---

2. 烯烃的命名

1）普通命名法

简单的烯烃常用普通命名法命名。例如

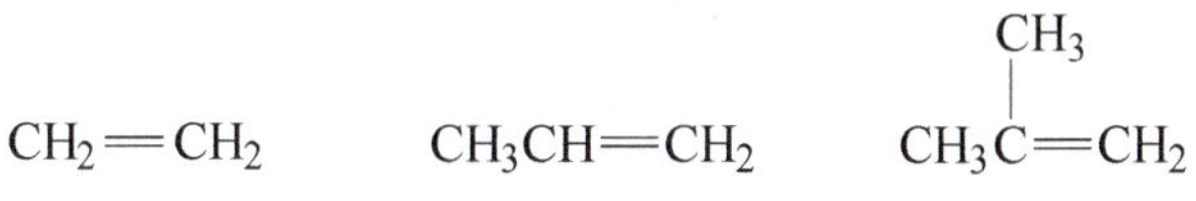

$CH_2{=}CH_2$	$CH_3CH{=}CH_2$	$CH_3C(CH_3){=}CH_2$
乙烯 (ethylene)	丙烯 (propylene)	异丁烯 (isobutylene)

2）系统命名法

复杂的烯烃必须按系统命名法命名，其要点如下：

(1) 选择含碳碳双键的最长碳链为主链[①]，按主链上的碳原子数目称为某烯。多于十个碳原子的烯烃用中文数字表示，称为某碳烯，如十一碳烯。

(2) 从靠近碳碳双键的一端开始，将主链的碳原子依次编号，使双键碳原子的编号最小。

(3) 双键的最小编号用阿拉伯数字标出，放在烯烃母体名称“烯”字前面，代表双键的位置。然后在烯烃母体前面写出取代基的名称及表示取代基位置的编号。对于不同取代基，则按照取代基英文名的第一个字母的顺序先后列出。例如

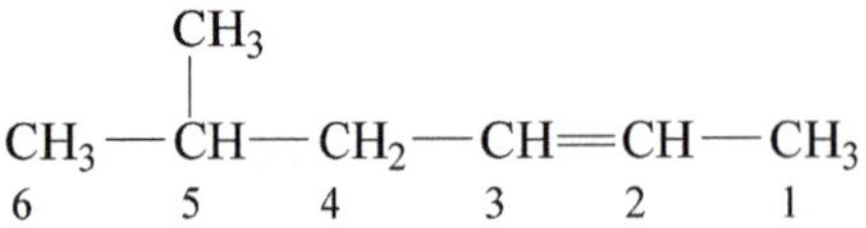

$$\underset{6}{CH_3}-\underset{5}{\overset{\overset{\displaystyle CH_3}{|}}{CH}}-\underset{4}{CH_2}-\underset{3}{CH}=\underset{2}{CH}-\underset{1}{CH_3}$$

5-甲基己-2-烯(原称5-甲基-2-己烯)
5-methylhex-2-ene (原称5-methyl-2-hexene)

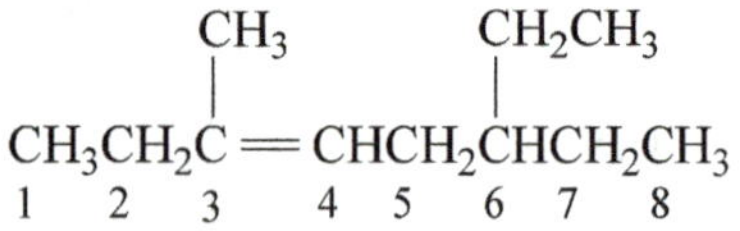

$$\underset{1}{CH_3}\underset{2}{CH_2}\underset{3}{\overset{\overset{\displaystyle CH_3}{|}}{C}}=\underset{4}{CH}\underset{5}{CH_2}\underset{6}{\overset{\overset{\displaystyle CH_2CH_3}{|}}{CH}}\underset{7}{CH_2}\underset{8}{CH_3}$$

6-乙基-3-甲基辛-3-烯(原称6-乙基-3-甲基-3-辛烯)
6-ethyl-3-methyloct-3-ene (原称6-ethyl-3-methyl-3-octene)

环外双键用“亚基”表示。例如

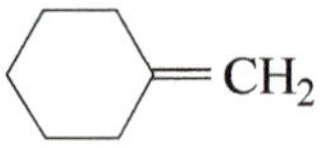

(环己烷环)$=CH_2$

甲亚基环己烷(methylidenecyclohexane)

(4) 凡有顺反异构体的，将构型标记在最前面。

命名的书写遵循以下顺序：构型-取代基-母体名。例如

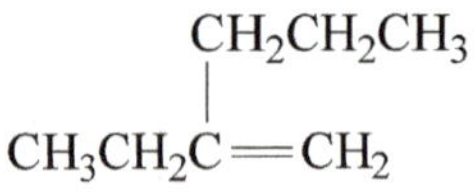

$$CH_3CH_2\overset{\overset{\displaystyle CH_2CH_2CH_3}{|}}{C}=CH_2$$

2-乙基戊-1-烯(原称2-乙基-1-戊烯)
2-ethylpent-1-ene (原称2-ethyl-1-pentene)

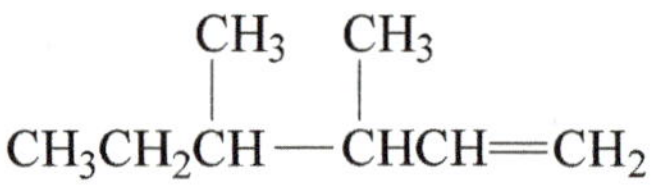

$$CH_3CH_2\overset{\overset{\displaystyle CH_3}{|}}{CH}-\overset{\overset{\displaystyle CH_3}{|}}{CH}CH=CH_2$$

3,4-二甲基己-1-烯(原称3,4-二甲基-1-己烯)
3,4-dimethylhex-1-ene (原称3,4-dimethyl-1-hexene)

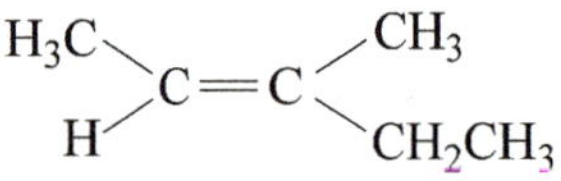

$$\begin{matrix} H_3C & & CH_3 \\ & C=C & \\ H & & CH_2CH_3 \end{matrix}$$

顺-3-甲基戊-2-烯(原称顺-3-甲基-2-戊烯)
cis-3-methylpent-2-ene
(原称*cis*-3-methyl-2-pentene)

$$\begin{matrix} Br & & CH_3 \\ & C=C & \\ H_3C & & CH_2CH_3 \end{matrix}$$

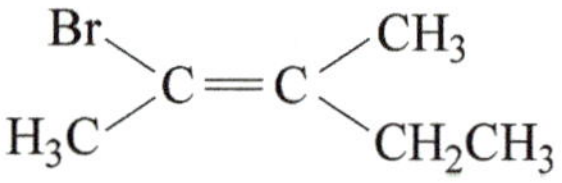

反-2-溴-3-甲基戊-2-烯(原称反-2-溴-3-甲基-2-戊烯)
trans-2-bromo-3-methylpent-2-ene
(原称*trans*-2-bromo-3-methyl-2-pentene)

当碳碳双键的两个碳原子上有相同原子或基团时，可以用顺、反表示其构型，即相同原子或基团位于碳碳双键的同侧时，用顺式表示，当位于碳碳双键的异侧时，用反式表示。但当双键的两个碳原子上没有相同原子或基团时，则无法用顺、反表示其构型。例如

---

① 根据《有机化合物命名原则》2010年推荐版和2004年IUPAC建议，当烯烃分子中含碳碳双键的碳链不是最长碳链时，系统命名时应选择不含碳碳双键在内的最长碳链为母体。例如，$CH_3CH_2CH_2\underset{\underset{\displaystyle CH_2}{\|}}{C}CH_2CH_3$ 命名为3-甲亚基己烷(3-methylidenehexane)，而不是2-乙基戊-1-烯。当烯键不含在最长碳链中时，则将含烯键的部分按取代基命名。

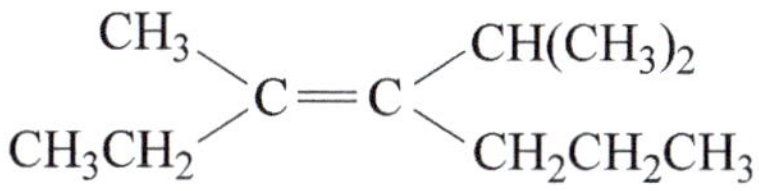

$$\mathrm{(CH_3)(CH_3CH_2)C{=}C(CH(CH_3)_2)(CH_2CH_2CH_3)} \quad 与 \quad \mathrm{(CH_3)(CH_3CH_2)C{=}C(CH_2CH_2CH_3)(CH(CH_3)_2)}$$

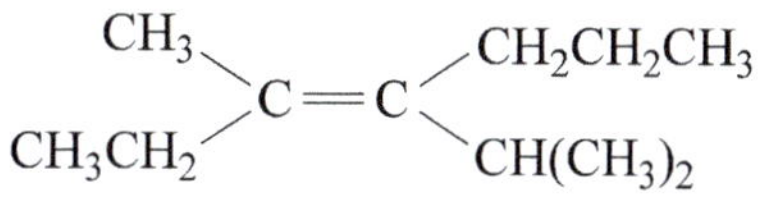

两烯烃是不同的构型异构体，但无法用顺、反来区别它们，而必须按照 IUPAC 命名法，采用 *Z*-（德文，Zusammen，同一边）或 *E*-（德文，Entgegen，相反）来表示其构型的不同。

用 *Z* 或 *E* 表示烯键的构型时，必须先将碳碳双键两个碳原子上的原子或基团按照顺序规则分别比较其优先程度，如果两个碳原子上的优先基团在双键的同侧，则为 *Z* 构型；如果两个碳原子上的优先基团在双键的异侧，则为 *E* 构型。例如，在上面的左式中，由于—CH_2CH_3 优先于—CH_3，—$CH(CH_3)_2$ 优先于—$CH_2CH_2CH_3$，优先基团在双键的异侧，为 *E* 构型；而在右式中，由于优先基团在双键的同侧，为 *Z* 构型。它们的系统命名分别为(*E*)-4-异丙基-3-甲基庚-3-烯和(*Z*)-4-异丙基-3-甲基庚-3-烯。

顺、反和 *E*、*Z* 是表示烯键不同构型的两种命名方法，它们之间没有任何对应关系。例如

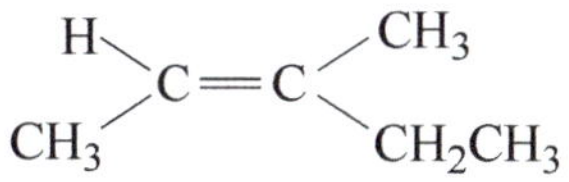

$$\mathrm{(H)(CH_3)C{=}C(CH_3)(CH_2CH_3)} \qquad \mathrm{(H)(CH_3)C{=}C(H)(CH_2CH_3)}$$

反-3-甲基戊-2-烯
(*Z*)- 3-甲基戊-2-烯

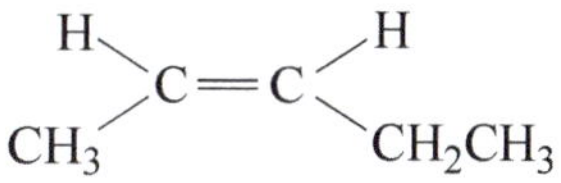

顺戊-2-烯
(*Z*)-戊-2-烯

在维生素 A_1 分子中，位于 7、9、11 和 13 位上的碳碳双键的构型都是 E 构型。

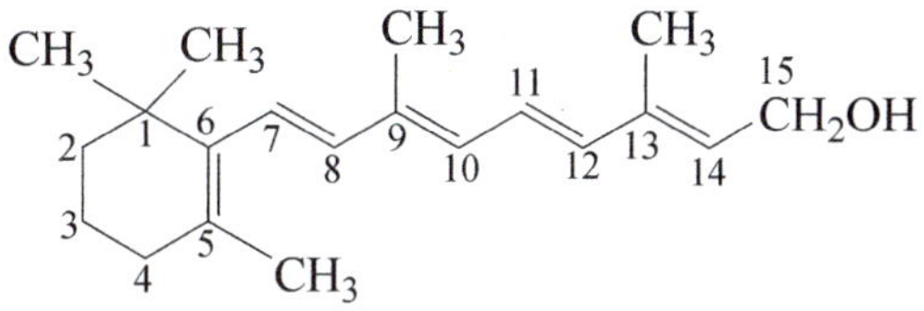

维生素A_1

烯烃去掉一个氢原子后的一价基称为烯基，烯基在命名时，其编号应从游离价所在的碳原子开始。例如

$CH_2{=}CH—$
乙烯基
[ethenyl(vinyl)]

$CH_3CH{=}CH—$
1-丙烯基(丙烯基)
[1-propenyl(propenyl)]

$CH_2{=}CHCH_2—$
2-丙烯基(烯丙基)
[2-propenyl(allyl)]

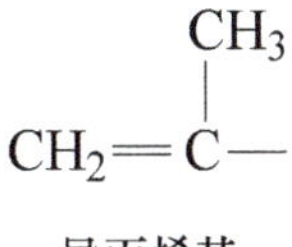

$CH_2{=}C(CH_3)—$
异丙烯基
(isopropenyl)

$CH_3CH_2CH{=}CH—$
1-丁烯基
(1-butenyl)

$CH_3CH{=}CHCH_2—$
2-丁烯基
(2-butenyl)

含有两个游离价的基称为亚基。例如

$H_2C{=}$
甲亚基
(methylidene)

$CH_3CH{=}$
乙亚基
(ethylidene)

$(CH_3)_2C{=}$
异丙亚基
(isopropylidene)

—CH_2—　亚甲基(又称甲叉) (methylene)

—CH_2CH_2—　1,2-亚乙基 (1,2-ethylene)

—$CH_2CH_2CH_2$—　1,3-亚丙基 (trimethylene)

问题 5-4　将下列烯烃用系统命名法命名。

(1) $CH_3CH(CH_3)CH=CHCH_3$

(2) $(BrCH_2)(CH_3)C=C(CH_3)(CH_2CH_3)$

(3) $(H)(CH_3)C=C(\text{环丙基})(CH_2CH_3)$

(4) $(H)(D)C=C(CH(CH_3)_2)(CH_2CH_3)$

(5) 1-甲基-5-乙基环己-1,3-二烯结构（取代基 CH_3、CH_2CH_3）

(6) 环己二烯环上连 $CH=CHCH_3$ 和 $CH_2CH=CH_2$

5.1.3　烯烃的物理性质

烯烃与烷烃的物理性质有相似的规律。室温下，含 2～4 个碳原子的烯烃为气体，含 5～18 个碳原子的烯烃为液体，含 19 个碳原子以上的烯烃为固体。烯烃的沸点和熔点都随着相对分子质量的增加而升高，支链烯烃的沸点比直链烯烃的沸点低。顺式异构体相对于反式异构体而言，前者的极性较大，通常比后者的沸点高；但前者在晶格中的排列不如后者紧密，通常比后者的熔点低。烯烃的相对密度小于 1，但比相应的烷烃略大。烯烃不溶于水，易溶于非极性的有机溶剂。常见烯烃的物理常数见表 5-1。

表 5-1　常见烯烃的物理常数

化合物	熔点/℃	沸点/℃	相对密度
乙烯(ethene)	−169.4	−102.4	0.610
丙烯(propene)	−185.2	−47.7	0.610
丁-1-烯(but-1-ene)	−185.0	−6.5	0.643
顺丁-2-烯[(*Z*)-but-2-ene,*cis*-but-2-ene]	−139.0	3.7	0.621
反丁-2-烯[(*E*)-but-2-ene,*trans*-but-2-ene]	−105.5	0.9	0.604
2-甲基丙烯(2-methylpropene)	−141.0	−6.6	0.627
戊-1-烯(pent-1-ene)	−138.0	30.2	0.643
顺戊-2-烯[(*Z*)-pent-2-ene]	−151.4	36.9	0.655
反戊-2-烯[(*E*)-pent-2-ene]	−136.0	36.4	0.648
2-甲基丁-2-烯(2-methylbut-2-ene)	−134.1	38.4	0.662
己-1-烯(hex-1-ene)	−138.0	64	0.675

续表

化合物	熔点/℃	沸点/℃	相对密度
2,3-二甲基丁-2-烯(2,3-dimethylbut-2-ene)	−74.6	73.5	0.705
庚-1-烯(hept-1-ene)	−119.0	93.0	0.698
辛-1-烯(oct-1-ene)	−104	123.0	0.716
癸-1-烯(non-1-ene)	−81.0	172.0	

烯烃的偶极矩：碳碳双键上的碳原子为 sp^2 杂化，s 成分占 1/3，而在 sp^3 杂化的碳原子中，s 成分占 1/4，按照碳原子的杂化理论，在杂化轨道中，s 成分越大，说明电子越靠近原子核，相应碳原子的电负性越大，不同杂化形式的碳原子的电负性大小次序为 $sp > sp^2 > sp^3$。在丙烯中，由于甲基碳原子为 sp^3 杂化，碳碳双键中的碳原子为 sp^2 杂化，碳原子的电负性后者比前者大，因此丙烯分子有一定的偶极矩，其方向为

$$CH_3—CH═CH_2$$

$$\mu=0.35D$$

由于分子的偶极矩为分子中各偶极矩的矢量和，因此在顺、反不同构型的异构体中，表现了不同的偶极矩。例如，反丁-2-烯和顺丁-2-烯的偶极矩分别为

反丁-2-烯 $\mu=0$　　顺丁-2-烯 $\mu=0.33D$

由于顺丁-2-烯中偶极之间的相互作用，因此沸点比反丁-2-烯高。

烯烃的红外光谱特征：═C—H 伸缩振动在 3100～3010cm^{-1}，C═C 伸缩振动在 1680～1620cm^{-1}；氢核磁共振谱(^{1}H NMR)特征：═C—<u>H</u> 化学位移在 4.5～6.5；碳核磁共振谱(^{13}C NMR)特征：═<u>C</u>—H 化学位移在 123。

5.1.4 烯烃的亲电加成反应

烯烃具有比烷烃活泼的化学性质。烯烃的化学性质主要由烯烃的官能团碳碳双键的性质决定。与碳碳 σ 键相比，碳碳双键中 π 键的键能相对较弱，π 电子受原子核的束缚力较小，流动性较大，在外界电场的影响下容易发生极化，易受亲电试剂(electrophilic reagent)的进攻。在与亲电试剂的反应中，π 键发生断裂，形成两个更强的 σ 键，这种反应称为碳碳双键上的亲电加成(electrophilic addition)反应。与烯烃发生亲电加成反应的常见试剂有：卤素(Br_2、Cl_2)、无机酸(H_2SO_4、HCl、HBr、HI、HOCl、HOBr)及有机酸等。

1. 加卤化氢

烯烃与卤化氢反应生成一卤代烃。

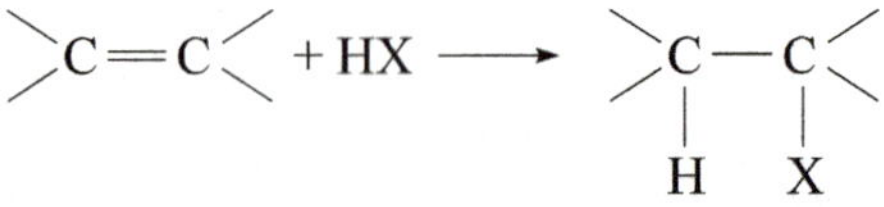

$$>C=C< + HX \longrightarrow >\underset{H}{\underset{|}{C}}-\underset{X}{\underset{|}{C}}<$$

通常是将干燥的卤化氢气体通入烯烃中，反应一般在烃类及中等极性的无水溶剂中进行，常用的有戊烷(C_5H_{12})、苯(C_6H_6)、二氯甲烷(CH_2Cl_2)、三氯甲烷($CHCl_3$)和乙酸(CH_3COOH)等，它们既可以溶解烯烃，又可以溶解卤化氢。例如

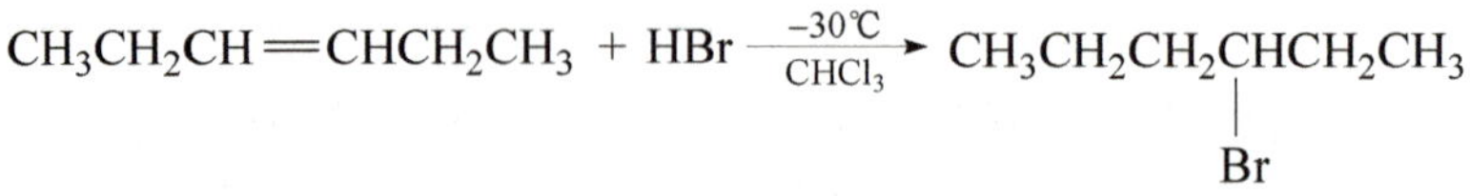

$$CH_3CH_2CH=CHCH_2CH_3 + HBr \xrightarrow[CHCl_3]{-30℃} CH_3CH_2CH_2\underset{Br}{\underset{|}{C}}HCH_2CH_3$$

3-溴己烷(76%)

对于乙烯及其他对称型的烯烃分子，在与卤化氢加成时，无论氢原子或卤素原子加到碳碳双键的哪个碳原子上，得到的产物都相同。但结构不对称的烯烃与卤化氢加成时，可以生成取向不同的两种产物。

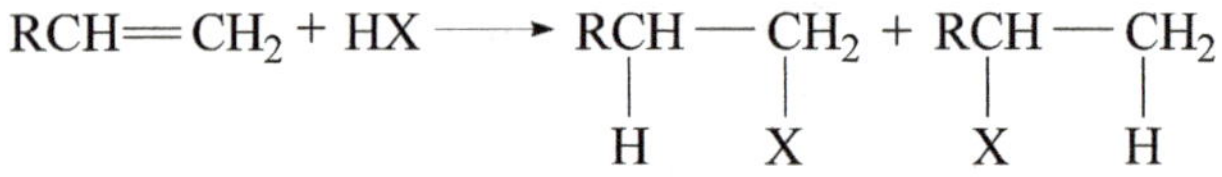

$$RCH=CH_2 + HX \longrightarrow \underset{(\mathrm{I})}{R\underset{H}{\underset{|}{C}}H-\underset{X}{\underset{|}{C}}H_2} + \underset{(\mathrm{II})}{R\underset{X}{\underset{|}{C}}H-\underset{H}{\underset{|}{C}}H_2}$$

大量的实验事实说明，当结构不对称的烯烃与卤化氢发生亲电加成反应时，氢原子加在含氢较多的双键碳原子上的产物是主要产物，即在上述反应中，(Ⅱ)是主要产物。这种当反应的取向有可能产生几个异构体时，只生成或主要生成一个产物的反应称为区域选择性反应(regioselective reaction)。烯烃的这种区域选择性反应规律是由俄国化学家 Markovnikov V V 首先总结出来的，也称马氏规则。例如

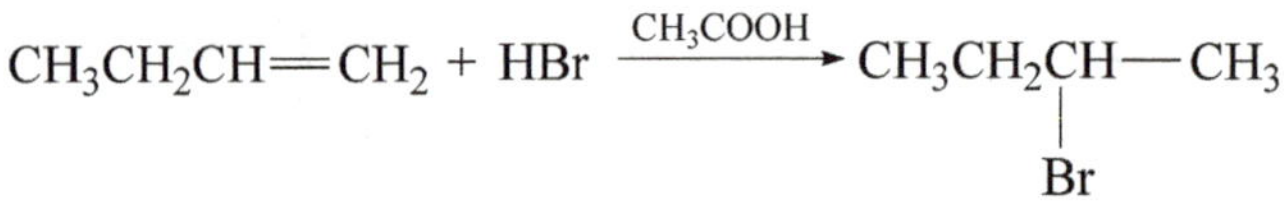

$$CH_3CH_2CH=CH_2 + HBr \xrightarrow{CH_3COOH} \underset{80\%}{CH_3CH_2\underset{Br}{\underset{|}{C}}H-CH_3}$$

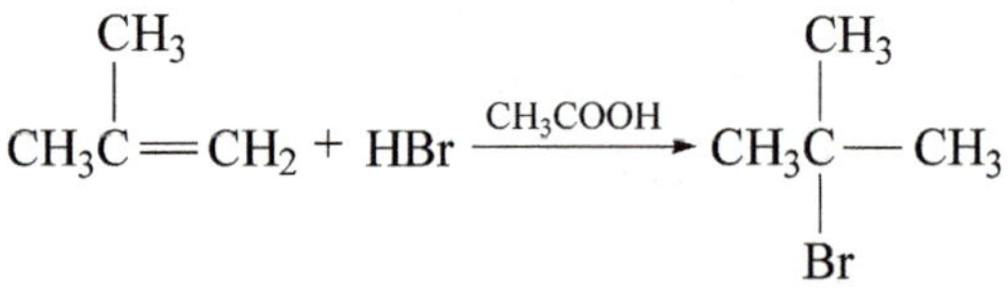

$$CH_3\overset{CH_3}{\overset{|}{C}}=CH_2 + HBr \xrightarrow{CH_3COOH} \underset{90\%}{CH_3\overset{CH_3}{\overset{|}{\underset{Br}{\underset{|}{C}}}}-CH_3}$$

1）烯烃与卤化氢加成反应的机理

烯烃与卤化氢的加成反应分两步进行：首先，卤化氢中带正电荷的质子作为亲电试剂进攻碳碳双键上的 π 电子云，π 键断开，形成中间体碳正离子(carbonium ion)，然后碳正离子中间体与溶液中的卤素负离子结合，生成卤代烷。

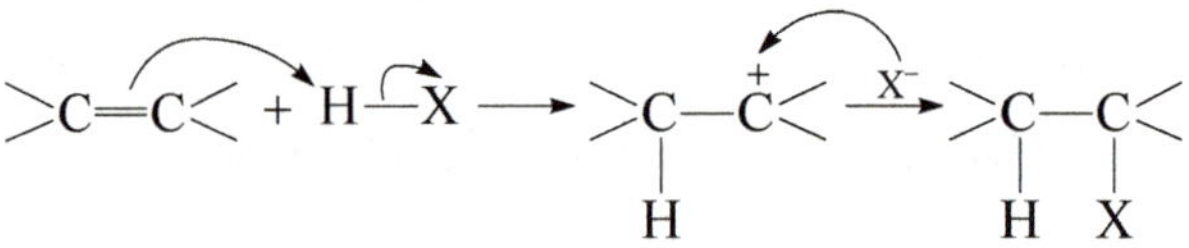

$$>C=C< + H-X \longrightarrow >\underset{H}{\underset{|}{C}}-\overset{+}{C}< \xrightarrow{X^-} >\underset{H}{\underset{|}{C}}-\underset{X}{\underset{|}{C}}<$$

由于第一步反应要发生 π 键的断裂，因此第一步反应是反应慢的一步，为反应速率的决定步骤。其反应的势能曲线示意图如图 5-4 所示。

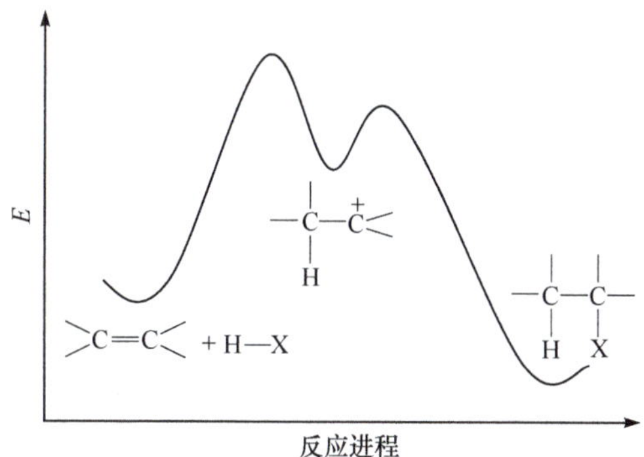

图 5-4 烯烃加卤化氢的势能曲线示意图

质子在进攻结构不对称的烯烃时，可能生成两种不同的碳正离子中间体。例如

$$\mathrm{RCH{=}CH_2 + H{-}X \longrightarrow \underset{\displaystyle H}{\underset{|}{RCH}}{-}\overset{+}{C}H_2 + R\overset{+}{C}H{-}\underset{\displaystyle H}{\underset{|}{CH_2}} \xrightarrow{X^-} \underset{\displaystyle H}{\underset{|}{RCH}}{-}\underset{\displaystyle X}{\underset{|}{CH_2}} + \underset{\displaystyle X}{\underset{|}{RCH}}{-}\underset{\displaystyle H}{\underset{|}{CH_2}}}$$

前者是伯碳正离子，其稳定性小于后者的仲碳正离子(见下页)，根据 Hammond 假说，经过渡态而生成仲碳正离子中间体所需克服的反应活化能也比生成伯碳正离子中间体所需的反应活化能小(图 5-5)，即 $E_2<E_1$，则生成仲碳正离子中间体的反应速率较快，因此经仲碳正离子中间体得到的相应卤代烃在反应混合物中所占的份额也大，即主要得到符合马氏规则的产物。在有些情况下可能是唯一产物，表现为不对称烯烃与卤化氢加成反应的区域选择性。

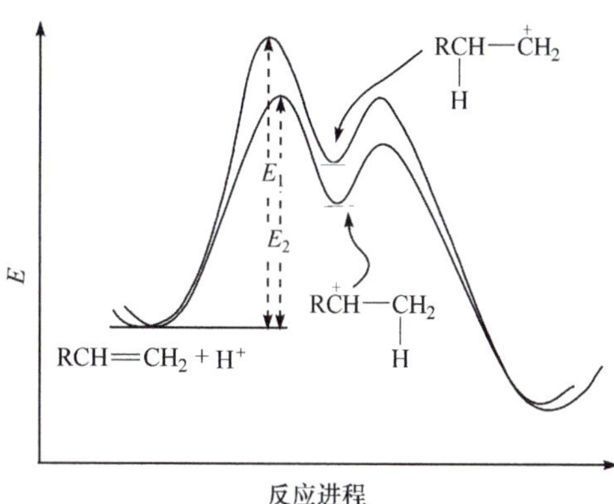

图 5-5 不对称烯烃加卤化氢的势能曲线示意图

反应的区域选择性越高，主要反应产物的产率越高，产品越纯。利用马氏规则可以预测反应的主要产物。例如，异丁烯与溴化氢加成的主要产物应是 2-溴-2-甲基丙烷。

$$\mathrm{CH_3{-}\overset{\displaystyle CH_3}{\overset{|}{C}}{=}CH_2 + HBr} \longrightarrow \begin{cases} \mathrm{(CH_3)_2\underset{\displaystyle Br}{\underset{|}{C}}CH_3} & \text{2-溴-2-甲基丙烷(90\%)} \\ \mathrm{(CH_3)_2CHCH_2Br} & \text{1-溴-2-甲基丙烷(10\%)} \end{cases}$$

卤化氢与烯烃的反应活性次序为 HI>HBr>HCl，与其酸性强弱程度一致。这是因为第一步反应中，H^+ 加到碳碳双键上是反应速率决定步骤。氟化氢与烯烃尽管也能发生亲电加成反应，但通常会导致烯烃的聚合。

浓的氢碘酸及氢溴酸也能直接与烯烃发生亲电加成，但用浓盐酸时需要加入三氯化铝催化。

2）反应中间体碳正离子的相对稳定性

碳正离子中间体中，中心碳原子为 sp^2 杂化，正电荷在垂直于三个 sp^2 杂化轨道所在平面的 p 轨道上。由于 sp^2 杂化的碳原子比 sp^3 杂化的碳原子的电负性略大，因此与碳正离子相连接的烷基能经给电子的诱导效应和超共轭效应（见 5.2.4）来分散碳正离子上的正电荷，正电荷被分散的程度越高，碳正离子越稳定。在叔碳正离子中，正电荷可以被分散到三个烃基上；而在仲碳正离子中，只有两个烃基可以分散正电荷；在伯碳正离子中，仅有一个烃基分散正电荷。

$$(CH_3)_3\overset{+}{C} \qquad (CH_3)_2\overset{+}{C}H \qquad CH_3CH_2\overset{+}{C}H_2$$

叔碳正离子　　仲碳正离子　　伯碳正离子

因此，碳正离子的稳定性次序为叔碳正离子>仲碳正离子>伯碳正离子，即

$$R_3\overset{+}{C} > R_2\overset{+}{C}H > R\overset{+}{C}H_2 > \overset{+}{C}H_3$$

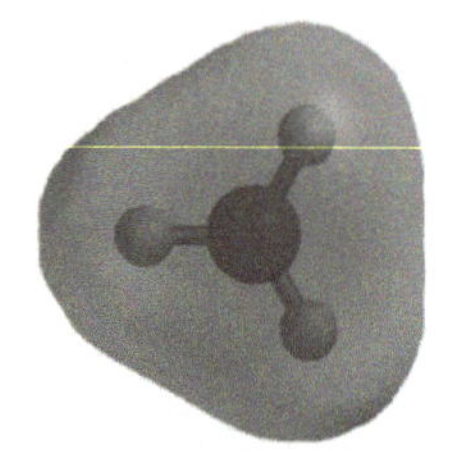

图 5-6　甲基正离子的电子云密度分布图

从甲基正离子的电子云密度分布图（图 5-6）看出，是正电荷主要集中在碳原子上。

如果从反应机理出发，考虑反应中碳正离子中间体的稳定性，就很容易理解 Markovnikov 的区域选择性规则。马氏规则可以理解为：当不对称烯烃与不对称的亲电试剂发生亲电加成反应时，经过相对比较稳定的碳正离子中间体的相应产物是主要产物。例如，在三氟丙烯与碘化氢的加成反应中，由于碳正离子中间体的稳定性为 $CF_3CH_2—\overset{+}{C}H_2 > CF_3\overset{+}{C}H—CH_3$，因此加成主要按 $CF_3CH═CH_2 + HI \longrightarrow CF_3CH_2—CH_2I$ 反应进行。而所谓氢加到含氢较多的双键碳原子上，只是当时总结出的相对比较狭义的概念。

当烯烃的碳碳双键上直接连有 X、O、N 等具有孤电子对的原子时，在加卤化氢时得到以下两个不同的碳正离子中间体（Ⅰ）和（Ⅱ）：

$$R—CH═CH—Cl \xrightarrow{H^+} R—CH_2—\overset{+}{C}H—Cl \quad 和 \quad R—\overset{+}{C}H—CH_2—Cl$$

（Ⅰ）　　（Ⅱ）

中间体(Ⅰ)中因带孤电子对的 p 轨道和带正电荷的 p 轨道共轭，所以稳定性大于(Ⅱ)。这种烯烃与卤化氢的加成产物仍遵循马氏规则。例如

$$ClCH=CH_2 + HCl \longrightarrow Cl_2CHCH_3$$

问题 5-5　写出下列烯烃与 HBr 发生亲电加成的主要产物。

(1) $CH_3CH_2CH=CH_2$

(2) 亚甲基环己烷（环己基 $=CH_2$）

(3) $(CH_3)_2C=CHCH_3$

(4) 1-乙基环己烯（环己烯—CH_2CH_3）

(5) $C_2H_5OCH=CH_2$

(6) $(CH_3)_3\overset{+}{N}-CH=CH_2$

问题 5-6　写出下列反应的产物。

$$CH_3CH=CHCH_2Cl + HBr \longrightarrow$$

问题 5-7　利用烯烃与 HBr 的亲电加成反应制备 3-溴己烷和 2-溴戊烷，选择什么样的烯烃最合适?

3）经碳正离子中间体的碳架重排产物

由于碳正离子的稳定性不同，因此在经碳正离子中间体的反应中，往往可以观察到碳正离子的重排，由不太稳定的碳正离子重排成相对较稳定的碳正离子，然后得到相应的产物。

在碳正离子中间体的重排中，往往是碳正离子邻位碳原子上的氢原子或烷基带着一对电子迁移到原来的碳正离子上，形成比原来碳正离子更稳定的碳正离子中间体。凡经过碳正离子中间体的反应，发生碳正离子重排的现象是很普遍的。例如

$$CH_3-C(CH_3)_2-CH=CH_2 + H-Cl \longrightarrow CH_3-C(CH_3)_2-\overset{+}{C}H-CH_3 \xrightarrow{Cl^-} CH_3-C(CH_3)_2-CHCl-CH_3 \quad (17\%)$$

甲基迁移：

$$CH_3-C(CH_3)_2-\overset{+}{C}H-CH_3 \longrightarrow CH_3-\overset{+}{C}(CH_3)-CH(CH_3)-CH_3 \xrightarrow{Cl^-} CH_3-CCl(CH_3)-CH(CH_3)-CH_3 \quad (83\%)$$

$$CH_3-CH(CH_3)-CH=CH_2 + H-Cl \longrightarrow CH_3-CH(CH_3)-\overset{+}{C}H-CH_3 \xrightarrow{Cl^-} CH_3-CH(CH_3)-CHCl-CH_3 \quad (40\%)$$

氢迁移：

$$CH_3-CH(CH_3)-\overset{+}{C}H-CH_3 \longrightarrow CH_3-\overset{+}{C}(CH_3)-CH_2-CH_3 \xrightarrow{Cl^-} CH_3-CCl(CH_3)-CH_2-CH_3 \quad (60\%)$$

碳正离子重排属于分子内重排的一种形式，通常经过原子或基团的迁移，能得到一个更稳定的体系。在分子内的重排过程中，发生重排的原子或基团通常只是从分子的某一部分迁移到分子的另一部分，而始终没有脱离原来的分子。

碳正离子重排还可以发生环的扩大或缩小。例如

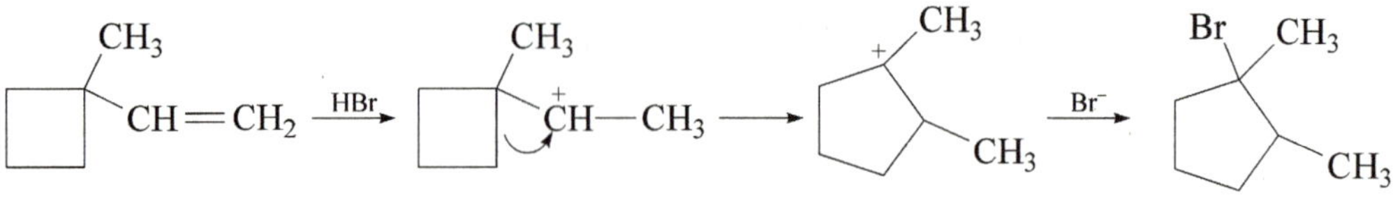

这是因为五元环比四元环稳定。

碳正离子为平面结构，负离子可以在碳正离子所在平面的两边与它结合，生成相应的加成产物。若碳正离子上所连三个基团不相同，则得到一对互为对映体的加成产物。例如

$$CH_3CH_2CH{=}CH_2 + HCl \longrightarrow CH_3CH_2\overset{*}{C}H(Cl)CH_3(\pm)$$

其对映体的生成可表示如下：

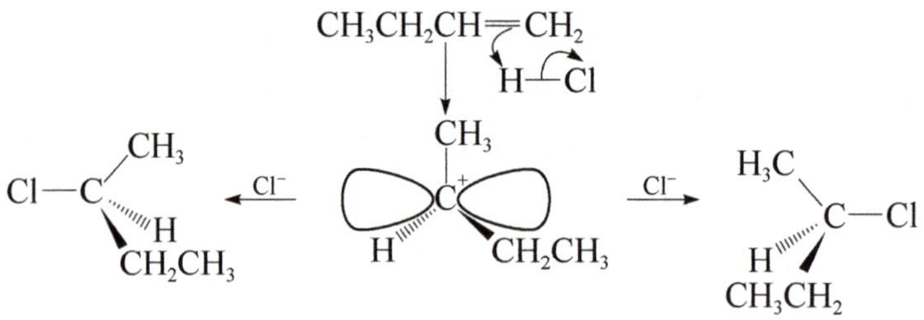

凡因几何原因不能形成平面结构的碳正离子是不稳定的，甚至难以形成。

问题 5-8　对下列反应提出合理的解释。

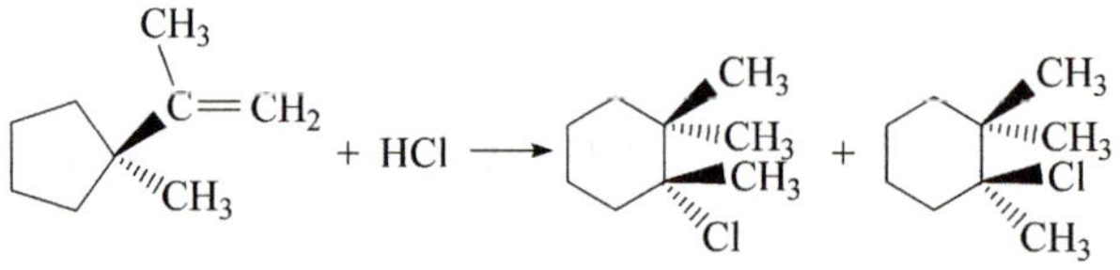

---

2. 加硫酸

将烯烃与冷硫酸（0℃左右）混合，即形成加成产物硫酸氢酯，硫酸氢酯在水存在下加热很容易得到水解产物醇。这是由烯烃间接水合制备醇的一种方法。

$$CH_2{=}CH_2 + H_2SO_4(98\%) \longrightarrow CH_3CH_2OSO_2OH \xrightarrow[\triangle]{H_2O} CH_3CH_2OH + H_2SO_4$$

$$CH_3CH{=}CH_2 + H_2SO_4(80\%) \longrightarrow CH_3CH(OSO_2OH)CH_3 \xrightarrow[\triangle]{H_2O} CH_3CH(OH)CH_3 + H_2SO_4$$

$$(CH_3)_2C{=}CH_2 + H_2SO_4(60\%) \longrightarrow (CH_3)_2\underset{\displaystyle |\atop \displaystyle OSO_2OH}{C}CH_3 \xrightarrow[\triangle]{H_2O} (CH_3)_2\underset{\displaystyle |\atop \displaystyle OH}{C}CH_3 + H_2SO_4$$

从上述例子可以看出，烯键上连有给电子基团时，由于电子云的密度增加，反应可以在浓度较低的硫酸存在下进行，烯键的亲电加成反应显得更容易。反应与加卤化氢相似，也是烯烃先与质子加成，经碳正离子中间体，然后得到加成产物，因此不对称烯烃与硫酸的加成反应遵循马氏规则。

3. 酸催化下直接水合

烯烃在酸催化下直接与水加成，生成相应的醇。反应通常使用 50% 的硫酸催化，在此条件下并不生成硫酸氢酯。第一步是烯键的质子化，π 键被打开，生成碳正离子中间体，然后碳正离子中间体与水分子结合，再失去质子得到相应的醇。

$$CH_3CH{=}CH_2 \xrightarrow{H_2SO_4} CH_3\overset{+}{C}H{-}CH_3 \xrightarrow{H_2\ddot{O}} CH_3\underset{\displaystyle |\atop \displaystyle \overset{+}{\ddot{O}}H_2}{CH}{-}CH_3 \xrightarrow{H_2O} CH_3\underset{\displaystyle |\atop \displaystyle OH}{CH}{-}CH_3 + H_3O^+$$

$$(CH_3)_2C{=}CHCH_3 \xrightarrow{50\%H_2SO_4/H_2O} (CH_3)_2\underset{\displaystyle |\atop \displaystyle OH}{C}CH_2CH_3$$

90%

$$\text{亚甲基环丁烷}{=}CH_2 \xrightarrow{50\%H_2SO_4/H_2O} \text{1-甲基环丁醇（环上同碳连 }CH_3\text{ 与 }OH\text{）}$$

80%

加成产物符合马氏规则。反应经碳正离子中间体，有可能发生碳正离子的重排，生成相应的重排产物。

因为生成碳正离子是决定反应速率的慢步骤，所以双键碳原子上的给电子取代基将有利于碳正离子中间体的稳定，这意味着生成稳定碳正离子中间体的反应活化能就低，使加成反应容易进行。例如，乙烯、丙烯和 2-甲基丙烯在 50%硫酸催化下的相对反应速率为

	$H_2C{=}CH_2$	$H_2C{=}CHCH_3$	$H_2C{=}C(CH_3)_2$
相对速率	1.0	1.6×10^6	2.5×10^{11}

随着石油工业的发展，可以利用丰富的乙烯和丙烯资源，通过酸催化下的水合反应，大规模生产重要的化工原料乙醇和异丙醇。

烯烃在 H_2SO_4 作用下先生成碳正离子中间体，然后与亲核试剂水分子结合生成醇，如果用亲核试剂醇分子代替水分子，则得到醚。例如

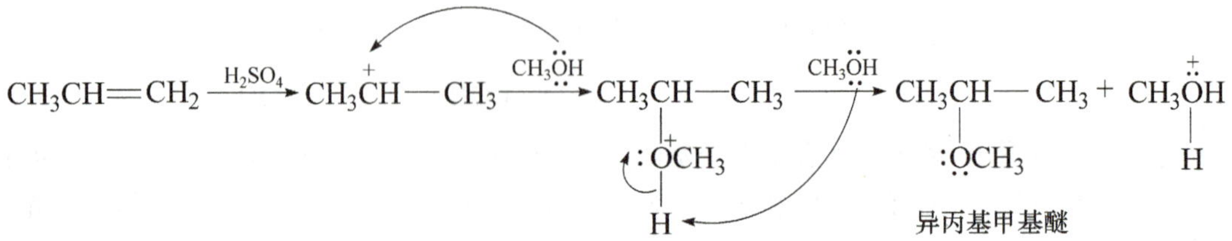

$$CH_3CH{=}CH_2 \xrightarrow{H_2SO_4} CH_3\overset{+}{C}H{-}CH_3 \xrightarrow{CH_3\ddot{O}H} CH_3CH(\overset{+}{O}(H)CH_3){-}CH_3 \xrightarrow{CH_3\ddot{O}H} CH_3CH(\ddot{O}CH_3){-}CH_3 + CH_3\overset{+}{O}H_2$$

异丙基甲基醚

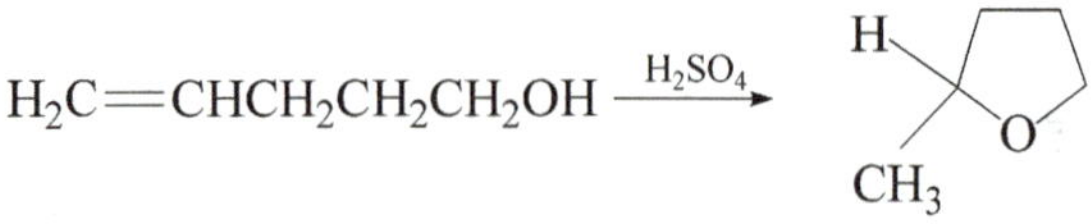

$$H_2C{=}CHCH_2CH_2CH_2OH \xrightarrow{H_2SO_4}$$ 2-甲基四氢呋喃

2-甲基四氢呋喃

4. 加卤素

烯烃与卤素(Br_2、Cl_2)发生亲电加成反应生成邻二卤代烷，四氯化碳、三氯甲烷和二氯甲烷是常用的惰性反应溶剂。例如

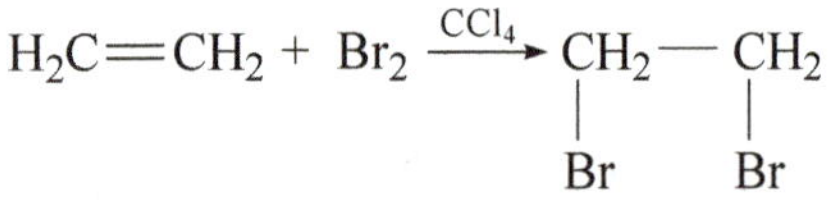

$$H_2C{=}CH_2 + Br_2 \xrightarrow{CCl_4} CH_2Br{-}CH_2Br$$

氟太活泼，与烯烃的反应非常剧烈，且放出大量的热，烯烃在反应中会发生分解，只有在特殊的条件下才能顺利地发生加成反应。而碘很不活泼，与烯烃不发生离子型加成反应。

溴与烯烃的加成反应分两步进行。首先，溴与烯烃反应，生成环状的溴鎓离子(cyclic bromonium ion)中间体，然后溴负离子从溴鎓离子的背面进攻碳原子，发生 S_N2 反应(见 6.3.1)，得到反式加成产物。

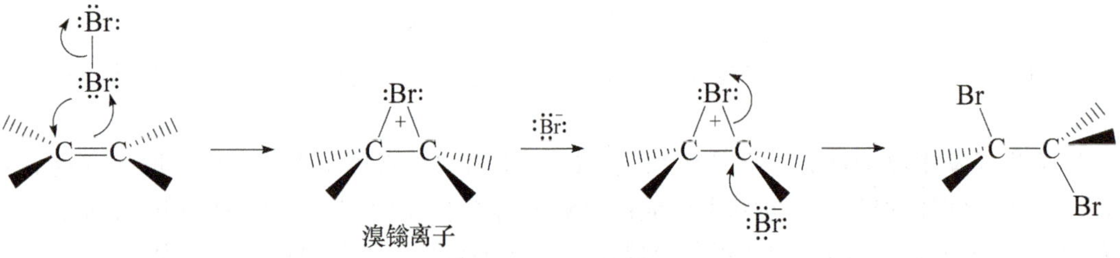

溴鎓离子

在环状的溴鎓离子中间体中，由于碳原子和溴原子外层都能满足八隅体的电子结构，因此溴鎓离子中间体比相应的碳正离子稳定。在烯烃与 Br_2 和 Cl_2 的加成反应中，没有观察到碳架的重排，也说明了反应不是经过碳正离子中间体进行的。例如，3-甲基丁-1-烯加溴得到 1,2-二溴-3-甲基丁烷，没有碳架重排的加成产物。

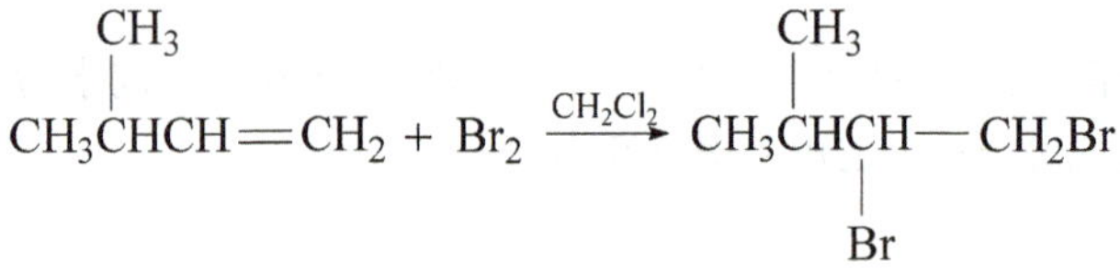

$$CH_3CH(CH_3)CH{=}CH_2 + Br_2 \xrightarrow{CH_2Cl_2} CH_3CH(CH_3)CHBr{-}CH_2Br$$

1,2-二溴-3-甲基丁烷

由于烯键与溴的加成是通过环状溴鎓离子中间体进行的，因此环戊烯加溴主要得到反-1,2-二溴环戊烷。

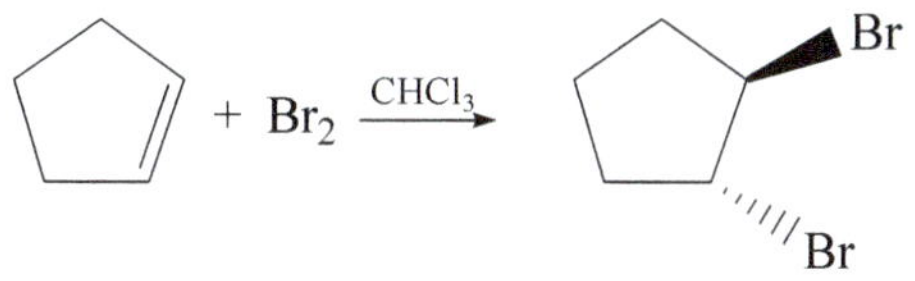

反-1,2-二溴环戊烷(80%)

这种某一个立体异构体的产物占优势的反应称为立体选择性反应(stereoselective reaction)。

顺丁-2-烯与溴加成得到的主要产物是一对外消旋体，而反丁-2-烯与溴加成得到的主要产物是一个内消旋体，这也说明了它们的加成是经过环状溴鎓离子中间体进行的。

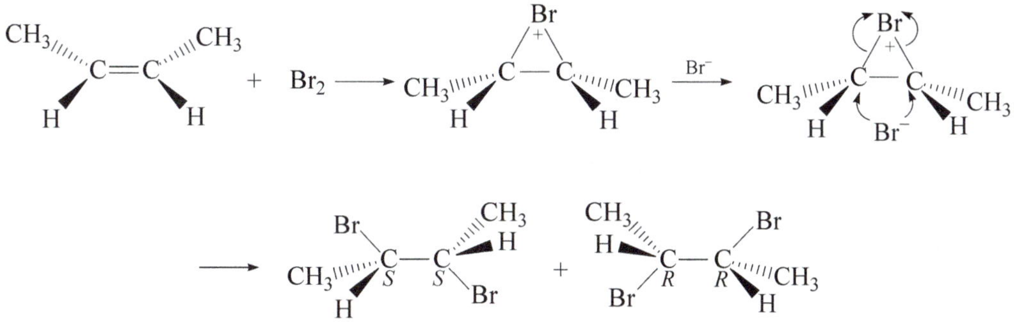

(外消旋体)

用 Fischer 尔投影式可表示为

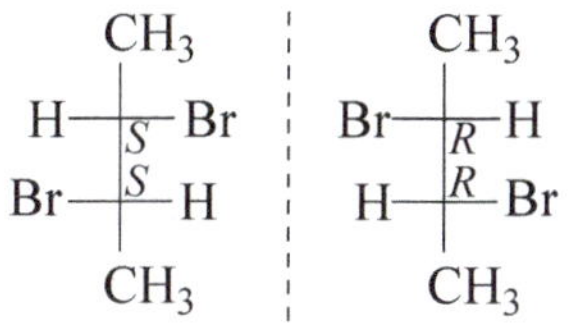

在 Fischer 投影式中，两个相同或相似基团连在碳链异侧的称为苏阿型(简称苏型，threo)。

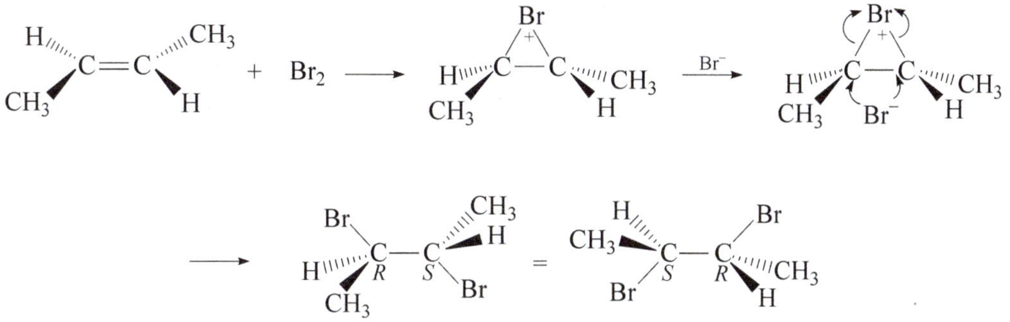

(内消旋体)

用 Fischer 投影式可表示为

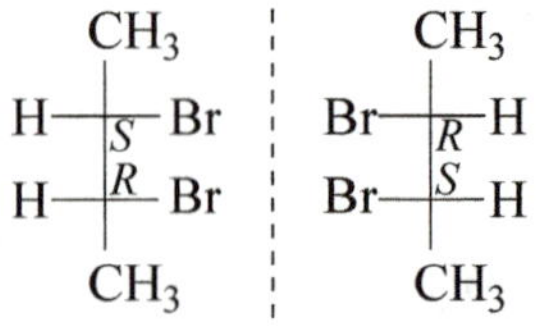

$$\begin{array}{c|c} \begin{array}{c} CH_3 \\ H - \overset{S}{C} - Br \\ H - \overset{R}{C} - Br \\ CH_3 \end{array} & \begin{array}{c} CH_3 \\ Br - \overset{R}{C} - H \\ Br - \overset{S}{C} - H \\ CH_3 \end{array} \end{array}$$

在 Fischer 投影式中，两个相同或相似基团连在碳链同侧的称为赤藓型（简称赤型，erythro）。

这种从不同立体异构体的反应物，经高度的立体选择性得到不同构型产物的反应称为立体专一性反应（stereospecific reaction）。

根据不同取代烯烃与溴加成的反应速率，同样可以观察到碳碳双键上的烷基取代基对溴鎓离子中间体起到稳定的作用，从而有利于加成反应。例如，乙烯、丙烯、2-甲基丙烯和 2,3-二甲基丁-2-烯与溴加成的相对反应速率为①

	$H_2C=CH_2$	$H_2C=CHCH_3$	$H_2C=C(CH_3)_2$	$(CH_3)_2C=C(CH_3)_2$
相对速率	1.0	2.0	10.4	14

溴的四氯化碳溶液为红棕色，当把它滴加到烯烃中时，因加成反应立即进行，红棕色立即消失，所以 5%溴的四氯化碳溶液可用作烯烃的定性检验试剂。

氯与溴相似，与烯烃加成时，大多数情况下也是通过环状的卤鎓离子中间体进行亲电加成，主要得到反式加成产物。

但是当烯键上连有苯基或其他芳基时，由于在与氯的加成中生成的碳正离子的稳定性增加，反应往往主要经碳正离子中间体或经离子对（见 6.3.3）途径进行，因此结果是既有反式加成产物，又有顺式加成产物。

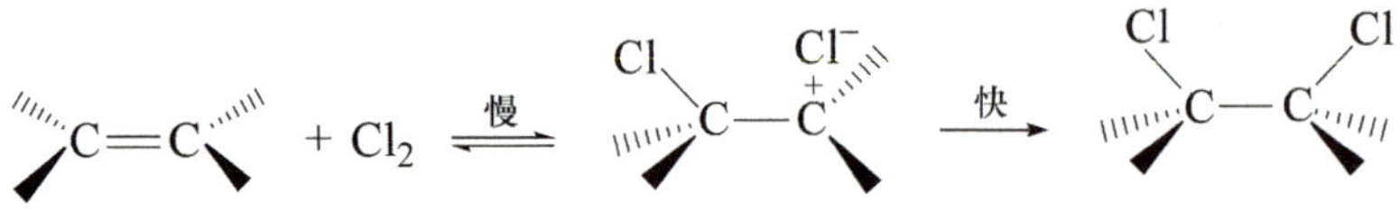

$$C=C + Cl_2 \xrightleftharpoons{慢} \underset{离子对}{Cl-C-\overset{+}{C}\ Cl^-} \xrightarrow{快} \underset{顺式加成产物}{Cl-C-C-Cl}$$

例如，氯与（*Z*）-1-苯丙烯的亲电加成，产物中有 32%的反式加成产物和 68%的顺式加成产物。

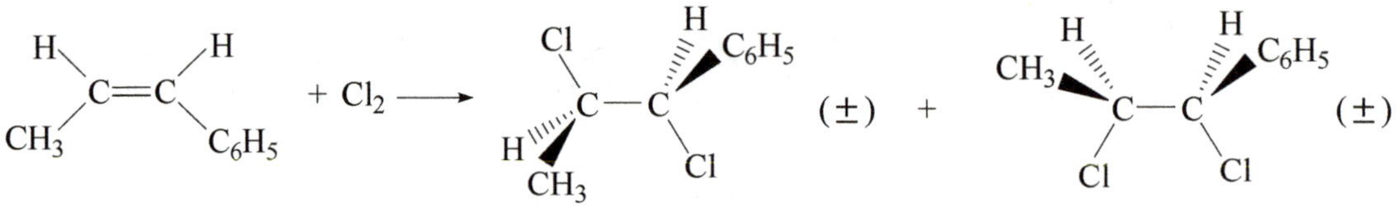

$$\underset{H_3C\quad C_6H_5}{\overset{H\quad H}{C=C}} + Cl_2 \longrightarrow \underset{32\%}{(\pm)} + \underset{68\%}{(\pm)}$$

5. 加 Br_2/H_2O 或 Cl_2/H_2O

氯或溴的稀水溶液或稀的碱性水溶液与烯烃发生加成反应，得到 *β*-卤代醇，相当于在碳碳双键上加上一分子次卤酸。

① 25℃时，在甲醇溶剂中测出的相对反应速率差别更大，为 1∶61∶5400∶920 000。

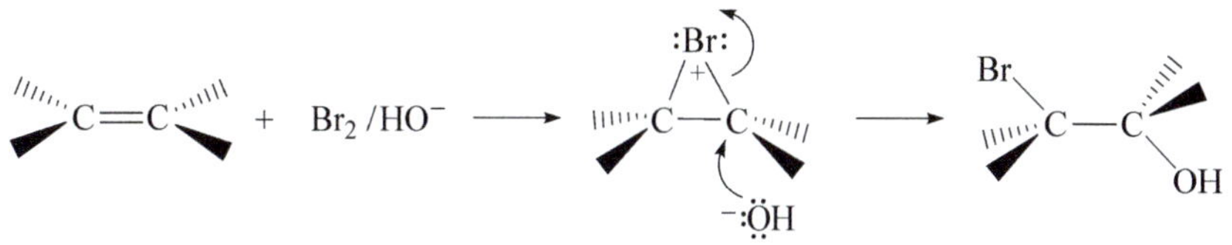

或

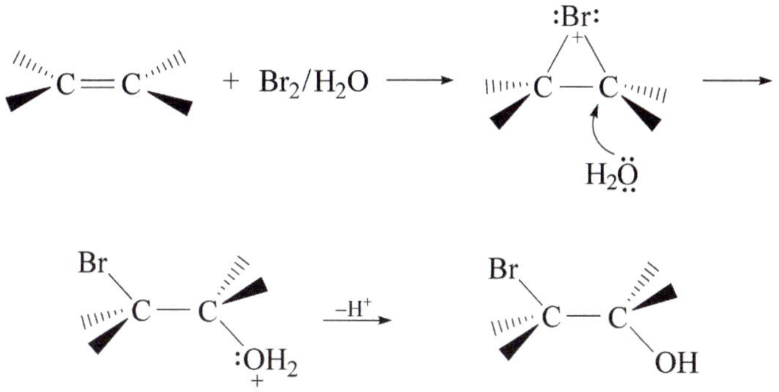

反应时首先形成环状卤素鎓离子中间体，然后 HO^- 或 H_2O 从环状卤素鎓离子背面进攻，得到反式加成产物。例如

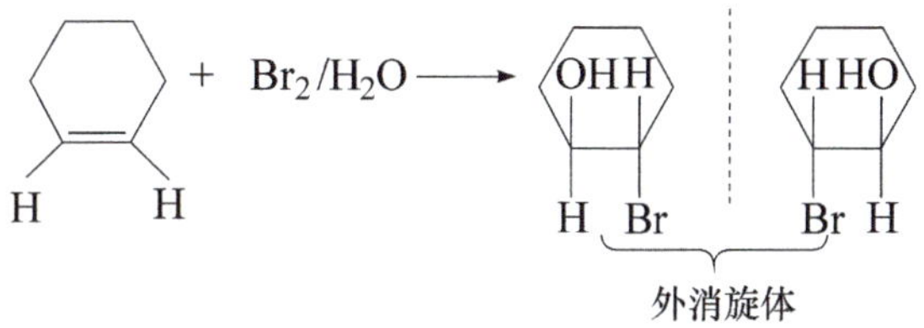

外消旋体

当与结构不对称的烯烃发生加成反应时，由于在卤素鎓离子中间体中，正电荷较多地分布在含烃基较多的碳原子上，使其具有碳正离子的性质，它更容易被 HO^- 或 H_2O 从卤素鎓离子背面进攻，因此产物既符合反式加成，也遵守马氏规则。例如

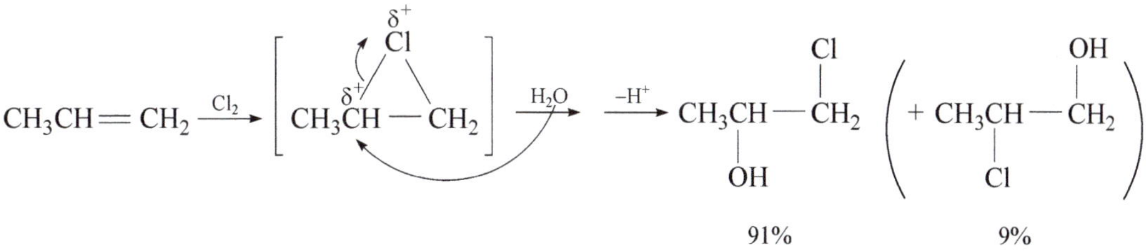

$$CH_3CH{=}CH_2 \xrightarrow{Cl_2} \left[CH_3\overset{\delta^+}{C}H - CH_2 \text{ (}\overset{\delta^+}{Cl}\text{ bridged)} \right] \xrightarrow{H_2O} \xrightarrow{-H^+} \underset{91\%}{CH_3CH(OH)-CH_2Cl} \left(+ \underset{9\%}{CH_3CH(Cl)-CH_2OH} \right)$$

如果用 Cl_2/CH_3OH 与烯烃加成，则得到卤代醚。例如

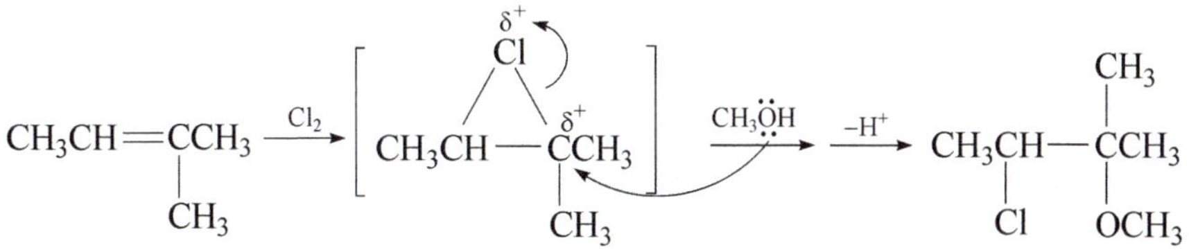

$$CH_3CH{=}C(CH_3)CH_3 \xrightarrow{Cl_2} \left[CH_3CH - \overset{\delta^+}{C}(CH_3)CH_3 \text{ (}\overset{\delta^+}{Cl}\text{ bridged)} \right] \xrightarrow{CH_3\ddot{O}H} \xrightarrow{-H^+} CH_3CH(Cl)-C(CH_3)(OCH_3)CH_3$$

问题 5-9 写出 1-甲基环己烯分别与 Br_2、Br_2/H_2O 发生亲电加成反应的主要产物。

(1) 1-甲基环己烯 $+ Br_2 \longrightarrow$　　(2) 1-甲基环己烯 $+ Br_2/H_2O \longrightarrow$

6. 羟汞化-去汞反应

在含水的四氢呋喃(THF)溶剂中，烯烃与乙酸汞[$Hg(OCOCH_3)_2$]加成，生成 β-羟基有机汞化合物，然后用还原剂硼氢化钠($NaBH_4$)还原，去汞化，得到醇。例如

$$CH_3CH_2CH_2CH{=}CH_2 \xrightarrow[H_2O/THF]{Hg(OCOCH_3)_2} CH_3CH_2CH_2CH(OH){-}CH_2HgOCOCH_3 \xrightarrow[OH^-]{NaBH_4} CH_3CH_2CH_2CH(OH){-}CH_3$$

戊-2-醇(93%)

羟汞化-去汞反应具有很好的区域选择性和立体选择性，第一步是形成环状的汞鎓离子，而在环状的汞鎓离子中，汞离子总是偏在碳碳双键位阻较小、含氢较多的一边，然后是水分子从环状的汞鎓离子的另一边进攻碳原子，得到加成产物，去汞化后相当于以反式在碳碳双键上加上一分子水。对于不对称烯烃，羟基总是加在含氢较少的双键碳原子上，加成产物符合马氏规则。例如

$$(CH_3)_3CCH{=}CH_2 \xrightarrow[THF]{Hg(OCOCH_3)_2} \text{环状汞鎓离子}(\overset{+}{H}gOCOCH_3) \xrightarrow{H_2\ddot{O}} (CH_3)_3C(H)C(\overset{+}{O}H_2){-}C(H)(H)HgOCOCH_3$$

$$\xrightarrow{-H^+} (CH_3)_3C(H)C(HO){-}C(H)(H)HgOCOCH_3 \xrightarrow{NaBH_4} (CH_3)_3C(H)C(HO){-}C(H)(H)H = (CH_3)_3CCH(OH)CH_3$$

由于可以从碳碳双键所在平面的两边形成环状的汞鎓离子，因此加成产物是一对外消旋体。例如

$$CH_3CH_2CH{=}CH_2 \xrightarrow[THF]{Hg(OCOCH_3)_2} \text{环状汞鎓离子}(\overset{+}{H}gOCOCH_3\text{在上方}) + \text{环状汞鎓离子}(\overset{+}{H}gOCOCH_3\text{在下方})$$

$$\xrightarrow{H_2O} \xrightarrow{NaBH_4} CH_3CH_2(H)C(HO){-}CH_3\ (R) + CH_3CH_2(H)C(HO){-}CH_3\ (S)$$

羟汞化-去汞反应是烯烃的间接水合法，尽管操作简便，产率高，但由于汞的毒性大，只适合在实验室中用于少量制备。

在羟汞化-去汞反应中，如果用醇或酸代替原来的水，则分别得到醚和酯。例如

$$CH_3CH_2CH_2CH_2CH=CH_2 \xrightarrow[2)\ NaBH_4]{1)\ Hg(OCOCH_3)_2\ ,\ C_2H_5OH} CH_3CH_2CH_2CH_2\underset{\underset{OC_2H_5}{|}}{CH}-CH_3$$

醚

$$CH_3CH_2CH_2CH_2CH=CH_2 \xrightarrow[2)\ NaBH_4]{1)\ Hg(OCOCH_3)_2\ ,\ CH_3COOH} CH_3CH_2CH_2CH_2\underset{\underset{OCOCH_3}{|}}{CH}-CH_3$$

酯

反应同样具有相应的区域选择性和立体选择性。

7. 硼氢化-氧化反应

甲硼烷（BH_3）或乙硼烷（B_2H_6）作为亲电试剂与烯烃发生加成反应，生成的烷基硼烷用过氧化氢氧化，得到相应的醇，这种反应称为硼氢化-氧化反应。

$$RCH=CH_2 \xrightarrow{B_2H_6} \left[\begin{array}{c} H\cdots BH_2 \\ \vdots \quad \vdots \\ R(H)C\cdots CH_2 \end{array}\right] \longrightarrow (RCH_2CH_2)_3B \xrightarrow[HO^-]{H_2O_2} RCH_2CH_2OH$$

简单的烯烃与甲硼烷加成时，可能生成三烷基甲硼烷，但随着碳碳双键上取代基的增多或体积增大，由于空间立体障碍的影响，生成二烷基甲硼烷[$(RCH_2CH_2)_2BH$]或一烷基甲硼烷[$(RCH_2CH_2)BH_2$]。

对于结构不对称的烯烃，由于甲硼烷中硼原子的缺电子性和相对体积较大，硼原子总是加到烯键中电子云密度较大而取代位阻较小的双键碳原子上。这样形成的过渡态中，δ^+落在原双键取代基较多的碳原子上，过渡态相对比较稳定。例如，丙烯与甲硼烷发生加成反应，可形成（Ⅰ）和（Ⅱ）两种过渡态，而过渡态（Ⅰ）的稳定性比（Ⅱ）高，因此反应经过过渡态（Ⅰ）转变为相应的烷基硼烷。

$$\begin{array}{c} H \quad\ H \\ CH_3-\overset{\delta^+}{C}\cdots C-H \\ \vdots \qquad \vdots \\ H\cdots \underset{\delta^-}{BH_2} \\ (\text{Ⅰ}) \end{array} \quad 和 \quad \begin{array}{c} H \quad\ H \\ CH_3-C\cdots \overset{\delta^+}{C}-H \\ \vdots \qquad \vdots \\ \underset{\delta^-}{H_2B}\cdots H \\ (\text{Ⅱ}) \end{array}$$

烯烃与甲硼烷生成的烷基硼烷用过氧化氢氧化后得到相应的醇，最终产物相当于烯键上以反马氏规则加入一分子水。硼烷-四氢呋喃络合物（$H_3B\cdot THF$）是使用很方便的硼氢化试剂，只要在 0℃时将试剂加入烯烃的四氢呋喃溶液中，反应就能顺利进行。例如

$$H_3C-\overset{CH_3}{\overset{|}{C}}=CHCH_3 \xrightarrow{BH_3\cdot THF} H_3C-\overset{\delta^+}{C}\cdots CCH_3 \ (\text{with } CH_3,\ H;\ H\cdots BH_2^{\delta^-}) \longrightarrow H_3C-\underset{H}{\overset{CH_3}{C}}-\underset{BH_2}{\overset{H}{C}}CH_3 \xrightarrow[^-OH]{H_2O_2} (CH_3)_2CH\underset{OH}{C}HCH_3$$

3-甲基丁-2-醇(98%)

末端烯烃经硼氢化-氧化后可以得到伯醇。

$$CH_3-\underset{CH_3}{\overset{CH_3}{C}}-CH=CH_2 \xrightarrow[THF]{B_2H_6} (CH_3-\underset{CH_3}{\overset{CH_3}{C}}-CH_2-CH_2)_3-B$$

$$\xrightarrow[OH^-]{H_2O_2} CH_3-\underset{CH_3}{\overset{CH_3}{C}}-CH_2-CH_2-OH$$

烯烃的硼氢化-氧化反应的区域选择性很高。例如，在 2-甲基丁-1-烯和 2-甲基丁-2-烯与甲硼烷的反应中，硼原子加在空间位阻较小的双键碳原子上的比例大得多。

$$CH_3CH_2\overset{CH_3}{C}=CH_2 \qquad CH_3\overset{CH_3}{C}=CHCH_3$$

空间位阻较小　　空间位阻较小

硼原子加在不同碳原子上的比例　1%　99%　　2%　98%

由于硼氢化的加成反应经过环状四中心过渡态，因此是立体专一性的顺式加成反应。烷基甲硼烷被氧化后得到顺式加成产物。例如

$$\text{1-甲基环戊烯}-CH_3 + B_2H_6 \xrightarrow{O(CH_2CH_2OCH_3)_2} \text{(CH}_3\text{, H, H, BH}_2) \xrightarrow[^-OH]{H_2O_2} \text{(CH}_3\text{, H, H, OH)}$$

硼氢化-氧化反应不但其区域选择性和立体选择性都很高，而且在反应中不发生碳架的重排。

9-硼二环[3.3.1]壬烷(9-BBN)是可以由 1,5-环辛二烯与 B_2H_6 反应得到的硼试剂。

$$\text{1,5-环辛二烯} \xrightarrow{B_2H_6} \text{9-BBN (H–B)}$$

9-BBN

由于 9-BBN 的位阻较大，因此它与烯烃反应时具有更高的区域选择性。

烯键在酸催化下的水合反应和硼氢化-氧化反应都相当于碳碳双键打开，加上一分子水得到醇。但两者反应的区域选择性不同，前者的产物符合马氏规则，反应没有立体选择性；而后者的产物在区域选择性上是反马氏规则的，在立体选择性上是选择性很高的顺式加成。

烯烃的硼氢化-氧化反应是由 Purdue 大学的化学家 Brown H C 首先发现的，从而实现了在不对称烯烃上以反马氏规则加入一分子水的反应。烯烃与甲硼烷的反应引起了化学家对硼化学领域的广泛研究，Brown 也因此在 1979 年获得 Nobel 化学奖。

甲硼烷不稳定，通常两分子甲硼烷相互结合生成乙硼烷。乙硼烷为无色有毒气体，在空气中能自燃。反应时常用乙硼烷的醚溶液或四氢呋喃溶液。

5.1.5 烯烃的自由基加成反应

在过氧化物存在下，溴化氢与结构不对称的烯烃反应，生成反马氏规则的加成产物。

$$CH_3CH{=}CH_2 + HBr \xrightarrow{ROOR} CH_3CH_2CH_2Br$$

这是因为在过氧化物存在下，溴化氢与烯烃的反应是自由基加成(free radical addition)，而不是离子型加成。过氧化物中 O—O 键的键能相对较弱，均裂后产生烷氧基自由基，烷氧基自由基夺取溴化氢中的氢原子，产生溴原子，溴原子与碳碳双键反应，π 键被打开，溴原子加到双键一端的碳原子上，生成碳原子自由基中间体，然后溴化氢中的氢原子加到碳原子自由基上，得到加成产物。其反应机理如下：

$$RO{-}OR \longrightarrow 2RO\cdot$$

$$RO\cdot + H{-}Br \longrightarrow ROH + Br\cdot$$

$$CH_3CH{=}CH_2 + Br\cdot \longrightarrow CH_3\dot{C}HCH_2Br$$

$$CH_3\dot{C}HCH_2Br + H{-}Br \longrightarrow CH_3CH_2CH_2Br + Br\cdot$$

式中，弯鱼钩箭头代表共价键均裂后的单电子移动方向。

由于中间体碳自由基的稳定性次序为叔碳自由基>仲碳自由基>伯碳自由基>甲基自由基，即稳定性为

$$R_3\dot{C} > R_2\dot{C}H > R\dot{C}H_2 > \dot{C}H_3$$

因此溴原子总是加到结构不对称的烯烃中含氢较多的碳原子上，生成相对比较稳定的碳自由基中间体，然后与氢原子结合，生成反马氏规则的加成产物。

1933 年美国化学家 Kharasch M S 首先发现和总结了这一反马氏规则的现象，因此这种现象又称 Kharasch 效应。

只有在溴化氢与烯烃的加成中才能观察到 Kharasch 效应。因为当用氯化氢及碘化氢代替溴化氢反应时，由于氯化氢的键能较大，生成氯自由基这一步的反应活化能较高，而碘化氢

尽管均裂的解离能不大，但碘自由基对碳碳双键的加成这一步所需的反应活化能却较高，因此在它们的链增长步骤中都有一步反应是活化能较高的吸热反应，从而阻碍了链反应的进行。

烯烃与溴化氢的自由基加成也可以在光照的条件下进行。例如

$$\text{(cyclopentylidene)}=CH_2 + HBr \xrightarrow{h\nu} \text{cyclopentane-C(H)}CH_2Br$$

溴甲基环戊烷(60%)

在不同条件下，溴化氢与烯烃可以按自由基加成或离子型的亲电加成，加成机理不同，加成产物中原子连接的位置不同，从而得到区域选择性不同的两种溴代烃。

问题 5-10　写出下列反应的主要产物。

(1) $(CH_3)_2CHCH=CH_2 \xrightarrow{BH_3\cdot THF} \xrightarrow[OH^-]{H_2O_2}$

(2) 1-甲基环己烯 $\xrightarrow{BH_3\cdot THF} \xrightarrow[OH^-]{H_2O_2}$

(3) 2-甲基降冰片烯 $\xrightarrow{BH_3\cdot THF} \xrightarrow[OH^-]{H_2O_2}$

5.1.6　烯烃 α-氢的卤化

在高温(500～600℃)条件下，烯烃与卤素反应，烯烃 α-位上的氢被卤素取代，生成 α-卤代烯烃。例如

$$CH_3CH=CH_2 \xrightarrow[Cl_2]{500\sim600℃} ClCH_2CH=CH_2$$

80%~85%

与烷烃的卤化反应相似，反应按自由基机理进行。

链引发：

$$Cl_2 \xrightarrow{\triangle} 2Cl\cdot$$

链增长：

$$\cdot Cl + CH_3CH=CH_2 \longrightarrow \cdot CH_2CH=CH_2 + HCl$$

烯丙基自由基

$$\cdot CH_2CH=CH_2 + Cl_2 \longrightarrow ClCH_2CH=CH_2 + Cl\cdot$$

反应经过中间体烯丙基自由基，由于烯丙基自由基中存在 p-π 共轭(见 5.2.4)，其稳定性比叔碳自由基还高，因此生成烯丙基自由基的速度也最快，不会发生自由基加成反应。另外，尽管卤素与烯烃的亲电加成反应和烯烃 α-氢的自由基卤化反应会同时发生，但若控制反应在高温并在反应中保持卤素的低浓度，则有利于自由基取代反应。实验室常用 *N*-溴代丁二酰亚胺

(*N*-bromosuccinimide，简称 NBS)作为烯烃 α-氢的溴化试剂，在光或引发剂[如$(C_6H_5COO)_2$，过氧化苯甲酰]作用下，在 CCl_4 等惰性溶剂中反应，烯烃 α-氢被溴化，生成溴代烯烃。这样，反应可以在较低的温度下进行。例如

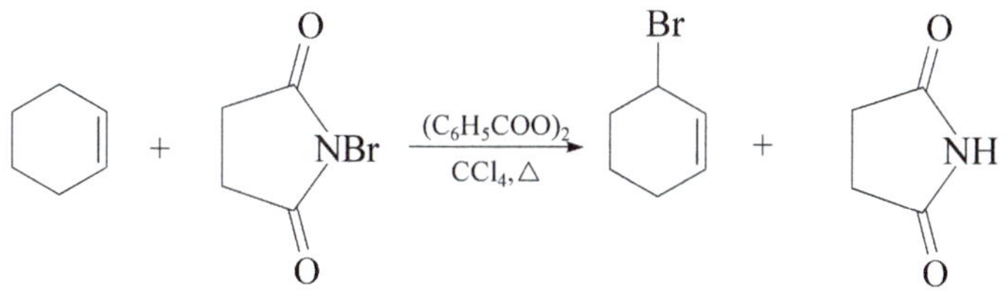

环己烯 + NBS $\xrightarrow[CCl_4,\triangle]{(C_6H_5COO)_2}$ 3-溴环己烯 (82%~87%) + 琥珀酰亚胺

在反应中，NBS 与反应体系中的极少量的水汽或酸作用，慢慢释放出溴，保持反应中溴的低浓度。

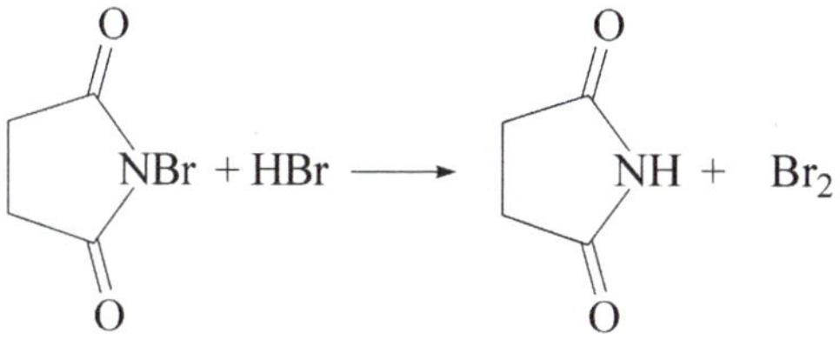

NBS + HBr ⟶ 琥珀酰亚胺(NH) + Br_2

引发剂的作用是引发溴生成溴自由基。

自由基链引发：

$$(C_6H_5COO)_2 \xrightarrow{\triangle} 2C_6H_5COO\cdot$$

$$C_6H_5COO\cdot \longrightarrow C_6H_5\cdot + CO_2$$

$$C_6H_5\cdot + Br_2 \longrightarrow C_6H_5Br + Br\cdot$$

然后是自由基链增长，得到烯烃 α-氢的溴取代产物。

自由基链增长：

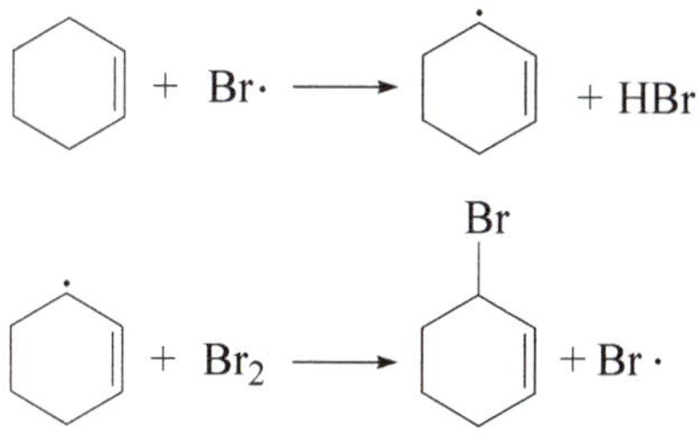

环己烯 + Br· ⟶ 环己烯基自由基 + HBr

环己烯基自由基 + Br_2 ⟶ 3-溴环己烯 + Br·

问题 5-11 写出下列烯烃溴取代的反应产物。

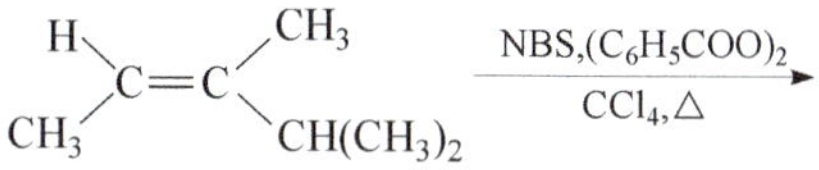

$$\underset{CH_3}{\overset{H}{>}}C{=}C\underset{CH(CH_3)_2}{\overset{CH_3}{<}} \xrightarrow[CCl_4,\triangle]{NBS,(C_6H_5COO)_2}$$

5.1.7 烯烃与卡宾的加成反应

卡宾(carbene)又称碳烯，是含二价碳的中性化合物，通式用 $R_2C:$ 表示，R＝H、R、X 等。碳原子与两个原子或基团以共价键结合，碳原子上还有两个电子。最简单的卡宾是亚甲基卡宾($:CH_2$)，它是比碳正离子和碳自由基还不稳定的反应活性中间体。亚甲基卡宾可以由重氮甲烷或烯酮在光照或加热条件下分解得到。

$$\underset{\text{重氮甲烷}}{CH_2N_2} \xrightarrow{h\nu\text{或}\triangle} :CH_2$$

$$\underset{\text{乙烯酮}}{CH_2{=}C{=}O} \xrightarrow{h\nu\text{或}\triangle} :CH_2$$

刚分解出的卡宾具有单线态(singlet state)状态，中心碳原子为 sp^2 杂化，其中两个 sp^2 杂化轨道与两个原子或基团形成共价键，另一个 sp^2 杂化轨道上是两个未成键电子，它们的自旋方向相反，互相配对，可以表示为 $\uparrow\downarrow CH_2$。另外，碳原子还有一个空的 p 轨道，它垂直于三个 sp^2 杂化轨道所在的平面。卡宾的另一种状态为三线态(triplet state)，它与单线态卡宾的电子构型不同。在三线态卡宾中，中心碳原子为 sp 杂化，两个 sp 杂化轨道分别与两个原子或基团形成共价键，碳原子上还有两个互相垂直的 p 轨道，每个 p 轨道容纳一个电子，这两个未成键的电子自旋方向相同，互相不配对，可以表示为 $\uparrow CH_2 \uparrow$。三线态卡宾具有双自由基的性质，具有比单线态卡宾低的能量，被认为是卡宾的基态，而单线态被认为是卡宾的激发态，两种状态卡宾之间的能量差为 $35\sim38kJ\cdot mol^{-1}$。

卡宾碳原子周围只有 6 个电子，属于缺电子体系，很不稳定，是一类寿命极短(1s 以下)、不能被分离的反应活性中间体。

二卤代卡宾通常可用多卤代烷在碱作用下发生 α-消除反应得到。由三氯甲烷得到二氯卡宾 $\uparrow\downarrow CCl_2$，由三溴甲烷得到二溴卡宾 $\uparrow\downarrow CBr_2$。例如

$$CHCl_3 + (CH_3)_3COK \xrightarrow{(CH_3)_3COH} {}^-CCl_3 \xrightarrow{-Cl^-} :CCl_2$$

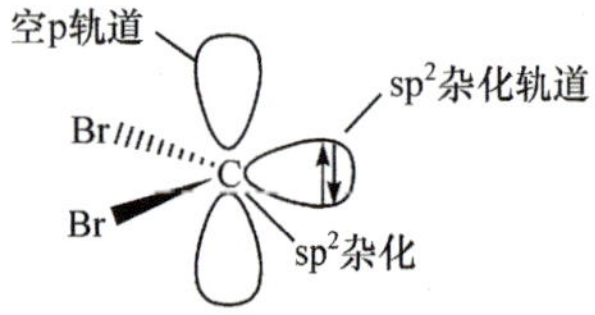

空p轨道
sp^2杂化轨道
sp^2杂化
Br
Br
C

图 5-7 二溴卡宾结构示意图

二卤卡宾具有单线态结构，与亚甲基卡宾的单线态结构一样，中心碳原子为 sp^2 杂化，自旋相反的一对电子占在 sp^2 杂化轨道上(图 5-7)。

由于二卤卡宾只能从双键所在平面的一边或另一边与烯键发生亲电的协同加成，因此是立体专一性的顺式加成。例如

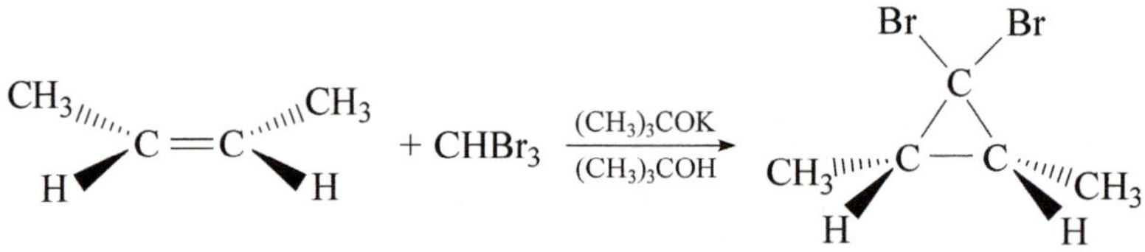

$$\text{(顺)}CH_3CH{=}CHCH_3 + CHBr_3 \xrightarrow[(CH_3)_3COH]{(CH_3)_3COK} \text{顺-1,1-二溴-2,3-二甲基环丙烷}$$

这是合成三元环的一种方法。

二卤甲烷与 Zn(Cu)反应生成有机锌化合物，后者与烯烃发生加成反应，形成三元环，是立体专一性反应，可用于制备环丙烷的衍生物。例如

$$CH_2I_2 + Zn(Cu) \longrightarrow ICH_2ZnI$$

$$\rangle C{=}C\langle + ICH_2ZnI \longrightarrow \text{[过渡态：}C{\cdots}C\text{ 与 }CH_2\text{ 部分成键，}I{\cdots}ZnI\text{]} \longrightarrow \text{环丙烷}(C{-}C{-}CH_2\text{ 三元环})$$

反应中并没有形成活性中间体亚甲基卡宾，但反应结果是 CH_2 加到碳碳双键上，形成三元环，类似于卡宾的反应，因此 ICH_2ZnI 也称类卡宾(carbenoid)。

问题 5-12　写出下列反应的产物。

$$\text{(H)(CH}_3\text{)C=C(CH}_2\text{C}_6\text{H}_5\text{)(H)} \xrightarrow[Zn(Cu),(CH_3CH_2)_2O]{CH_2I_2}$$

5.1.8　氧化反应

1. 臭氧化反应

臭氧分子的结构可用共振式表示如下：

$$O{=}\overset{+}{O}{-}\overset{-}{O} \longleftrightarrow \overset{+}{O}{-}O{-}\overset{-}{O} \longleftrightarrow \overset{-}{O}{-}O{-}\overset{+}{O}$$

在烯烃的惰性溶剂(如 CCl_4)溶液中，于低温下通入含 6%～8%(体积分数)臭氧的氧气，臭氧分子立即与烯烃发生加成反应，生成分子臭氧化物，后者重排成臭氧化物，臭氧化物经水解处理，分解为相应的醛、酮或醛和酮的混合物。

$$\rangle C{=}C\langle + O_3 \longrightarrow \text{分子臭氧化物} \longrightarrow \text{臭氧化物} \longrightarrow \rangle C{=}O + O{=}C\langle$$

分子臭氧化物　　臭氧化物

臭氧化物经水解后得到两个羰基化合物和过氧化氢，为了防止水解产物(特别是—CHO，醛基)被进一步氧化，需要在还原性条件(如加入还原剂锌粉或二甲硫醚)下水解。例如

$$(CH_3)_2C{=}CHCH_2CH_3 \xrightarrow{O_3} \xrightarrow{H_2O} CH_3\overset{O}{\overset{\|}{C}}CH_3 + CH_3CH_2CHO + H_2O_2$$

$$CH_3CH_2CHO + H_2O_2 \longrightarrow CH_3CH_2COOH + H_2O$$

$$(CH_3)_2C{=}CHCH_2CH_3 \xrightarrow{O_3} \xrightarrow{Zn/H_2O} CH_3\overset{O}{\overset{\|}{C}}CH_3 + CH_3CH_2CHO + Zn(OH)_2$$

水解产物由烯烃的结构决定，如 CH_2 ═得到 CH_2 ═O，RCH ═得到 RCH ═O，RR′C ═得到 RR′C ═O。因此，根据臭氧化物的水解产物，可以推测烯烃中双键的位置和碳架的构造。

问题 5-13　下列是烯烃经臭氧化-还原性水解得到的羰基化合物，试推测原来的烯烃结构。

(1) $(CH_3)_2C=O + CH_3CH_2CHO$

(2) $CH_3COCH_2CH_2CH_2CH(CH_3)CHO$

(3) 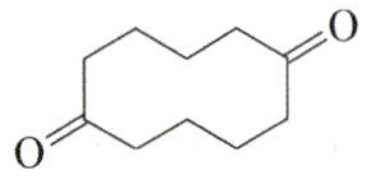 环辛-1,5-二酮（结构式）

烯烃的臭氧化反应也可用于由烯烃合成醛或酮。例如

$$CH_3(CH_2)_5CH=CH_2 \xrightarrow[2)\ (CH_3)_2S]{1)\ O_3,\ CH_3OH} \underset{\text{庚醛(75\%)}}{CH_3(CH_2)_5CHO} + \underset{\text{甲醛}}{HCHO}$$

$$CH_3(CH_2)_3C(CH_3)=CH_2 \xrightarrow[2)\ H_2O,Zn]{1)\ O_3} \underset{\text{己-2-酮(60\%)}}{CH_3(CH_2)_3C(CH_3)=O} + \underset{\text{甲醛}}{HCHO}$$

2. 高锰酸钾和四氧化锇氧化

烯烃在稀、冷高锰酸钾溶液中(中性或碱性条件)被氧化，反应经五元环中间体，水解生成顺式邻位二醇。例如，(*E*)-丁-2-烯氧化得到一对对映体，(*Z*)-丁-2-烯氧化得到内消旋体。

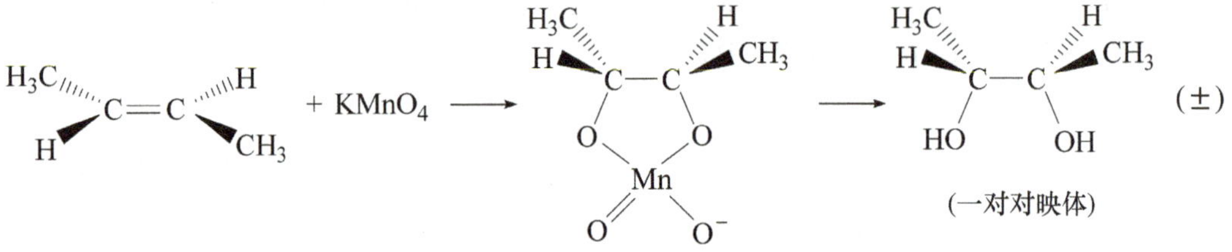

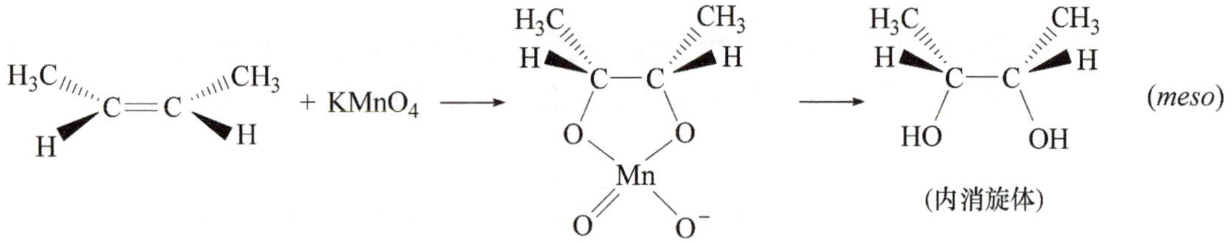

(*E*)-丁-2-烯 + $KMnO_4$ ⟶ 环状锰酸酯中间体 ⟶ 丁-2,3-二醇 (±)

(一对对映体)

(*Z*)-丁-2-烯 + $KMnO_4$ ⟶ 环状锰酸酯中间体 ⟶ 丁-2,3-二醇 (*meso*)

(内消旋体)

在烯烃中滴入高锰酸钾的稀水溶液，紫色立即褪去，并生成褐色的二氧化锰沉淀，此反应可用于烯烃的定性鉴定。

烯烃在较强的反应条件(如酸性条件、加热或浓的高锰酸钾溶液)下氧化，反应难以停留在二醇的阶段，烯烃被进一步氧化为酮、酸或酮和酸的混合物。链端的$=CH_2$被氧化为二氧化碳。例如

$$CH_3CH_2CH{=}CH_2 \xrightarrow[H_2O,HO^-]{KMnO_4} CH_3CH_2COOH + CO_2 + H_2O$$

$$CH_3CH_2\underset{\displaystyle CH_3}{\underset{|}{C}}{=}CHCH_3 \xrightarrow[H_2O,HO^-]{KMnO_4} CH_3CH_2\underset{\displaystyle CH_3}{\underset{|}{C}}{=}O + CH_3COOH$$

根据烯烃被高锰酸钾氧化的产物，可以推测原来烯烃的结构。

在非水溶剂（如乙醚、四氢呋喃）中，用四氧化锇（OsO_4）也能将烯烃氧化为顺式的邻位二醇。

$$>C{=}C< \xrightarrow{OsO_4} \text{(环状锇酸酯)} \xrightarrow{H_2O} \underset{HO\quad OH}{>C{-}C<} + OsO_3$$

四氧化锇氧化的产率比高锰酸钾高，但由于四氧化锇的价格相当昂贵，而且毒性很大，因此使用受到很大的限制。通常使用催化量的四氧化锇加过氧化氢，过氧化氢的作用是将反应后的三氧化锇重新氧化成四氧化锇，如此反复进行，使氧化反应得以完成。例如

$$\text{环己烯} + OsO_4 \xrightarrow{H_2O_2} \text{顺-1,2-环己二醇}$$

$$\text{顺-3-己烯} \xrightarrow[H_2O_2]{OsO_4} \text{3,4-己二醇} = \text{(Fischer投影式: } C_2H_5;\ H-OH;\ H-OH;\ C_2H_5)$$

3. 烯烃的环氧化

烯烃在过酸（RCOOOH）氧化下，生成环氧化物，称为环氧化(epoxidation)反应。

$$RCH{=}CH_2 + RCOOOH \longrightarrow RCH{-}CH_2\ (\text{O 桥}) + RCOOH$$

环氧化反应是立体专一性的顺式加成反应。例如，顺丁-2-烯经过酸氧化得到的环氧化物为内消旋体，反丁-2-烯经过酸氧化得到的环氧化物为外消旋体。

$$\text{顺丁-2-烯} \xrightarrow{RCOOOH} \text{环氧化物}\ (meso)$$

$$\text{反丁-2-烯} \xrightarrow{RCOOOH} \text{环氧化物}\ (\pm)$$

生成的环氧化物仍保留原来烯烃的构型。

当碳碳双键所在平面两侧的空间位阻不同时，环氧键在空间位阻小的一侧的产物是主要产物。例如

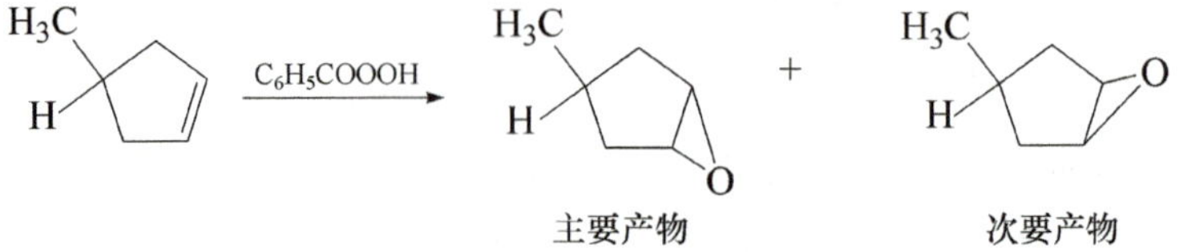

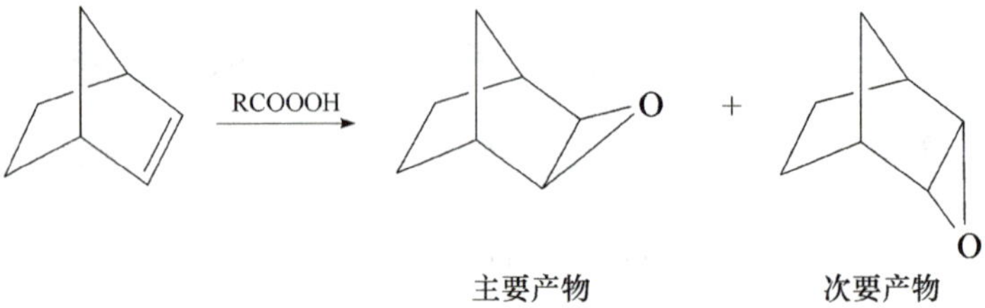

H_3C, H; $\xrightarrow{C_6H_5COOOH}$ 主要产物 + 次要产物

$\xrightarrow{RCOOOH}$ 主要产物 + 次要产物

环氧化物在 H^+ 或 OH^- 中水解，得到两个 OH 处于反位的邻二醇。例如

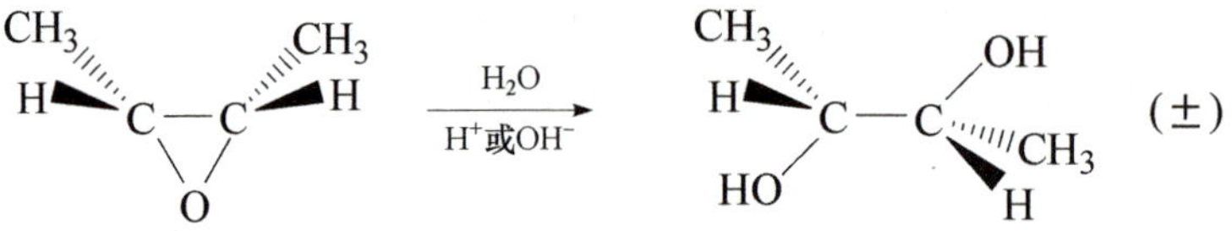

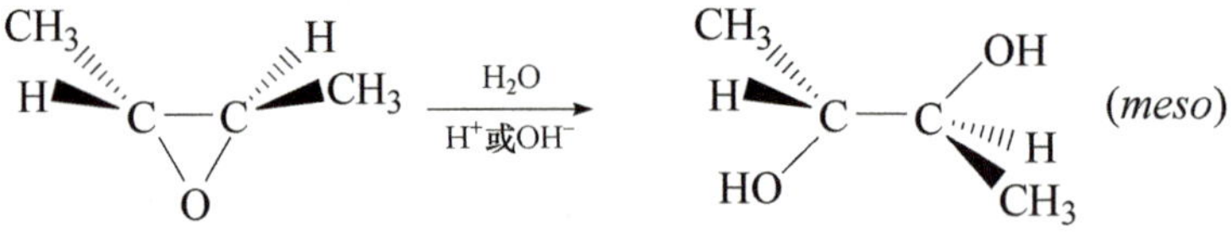

$\xrightarrow[H^+或OH^-]{H_2O}$ (±)

$\xrightarrow[H^+或OH^-]{H_2O}$ (*meso*)

环氧化物的开环反应是具有立体专一性的 S_N2(见 6.3.1)反应。

问题 5-14　写出 1-甲基环戊烯与下列试剂反应的产物。

(1) $KMnO_4/OH^-$，H_2O　　(2) B_2H_6，H_2O_2/OH^-

(3) $CHCl_3$，*t*-BuOK/*t*-BuOH　　(4) *m*-$ClC_6H_4CO_3H$，H_2O

5.1.9　烯烃的催化加氢

烯烃直接加氢反应的活化能很高，较难进行，但铂、钯、铑和镍等金属催化剂可以降低烯烃加氢反应的活化能，使加氢反应易于进行。烯烃催化加氢生成相应的烷烃，并释放出一定的热，称为氢化热。因此，通过对单烯烃的氢化热的测量，可以衡量烯烃的相对稳定性。例如，丁-1-烯、顺丁-2-烯和反丁-2-烯催化加氢时的氢化热分别为

$$CH_3CH_2CH{=}CH_2 + H_2 \xrightarrow{催化剂} CH_3CH_2CH_2CH_3 \quad \Delta H^\ominus = -125.5kJ \cdot mol^{-1}$$

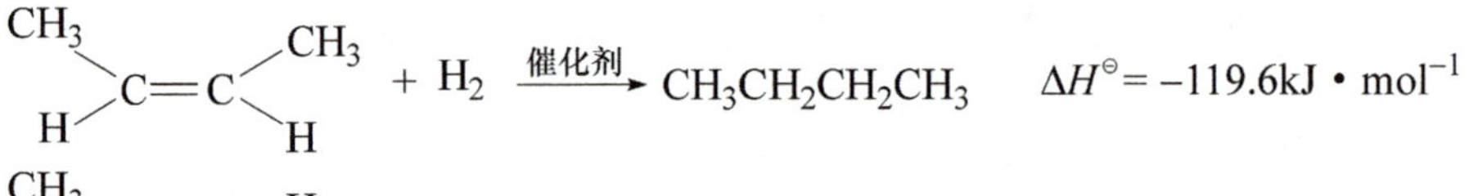

$$(CH_3)(H)C{=}C(CH_3)(H)\ (顺) + H_2 \xrightarrow{催化剂} CH_3CH_2CH_2CH_3 \quad \Delta H^\ominus = -119.6kJ \cdot mol^{-1}$$

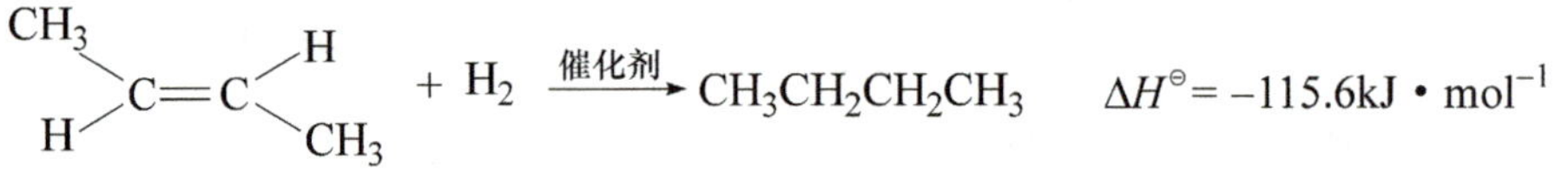

$$(CH_3)(H)C{=}C(H)(CH_3)\ (反) + H_2 \xrightarrow{催化剂} CH_3CH_2CH_2CH_3 \quad \Delta H^\ominus = -115.6kJ \cdot mol^{-1}$$

丁-2-烯的氢化热比丁-1-烯的氢化热小，反丁-2-烯的氢化热又比顺丁-2-烯的氢化热小，这说明丁-2-烯比丁-1-烯稳定，反丁-2-烯又比顺丁-2-烯稳定。

烯烃的氢化热随着碳碳双键上烷基取代基的增加而降低。

烯烃氢化热降低和稳定性增强的方向 ⟹

$H_2C{=}CH_2$　　$RHC{=}CH_2$　　$RHC{=}CHR$　　$R_2C{=}CHR$　　$R_2C{=}CR_2$

这说明碳碳双键上烷基取代基的增加有利于增强烯烃的稳定性。

烯烃的催化加氢在催化剂的表面进行，一般认为氢分子被吸附在催化剂表面上，并发生键的断裂，生成活泼的氢原子，同时烯烃的 π 键与催化剂表面络合而被活化，烯键的碳原子与活泼氢原子结合，还原成烷烃，然后从催化剂表面解离。其过程如图 5-8 所示。

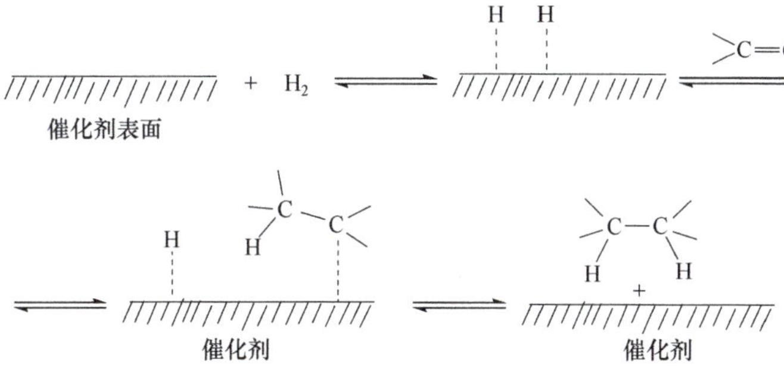

图 5-8　烯烃催化加氢示意图

因此，烯烃催化加氢主要得到顺式加成产物。例如

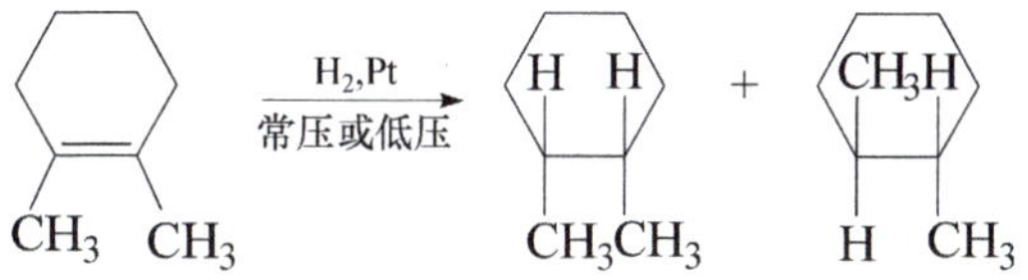

双键碳原子上取代基的多少直接影响烯烃分子在催化剂表面的吸附，取代基越少，越容易被吸附在催化剂的表面，其加氢的反应速率越快。因此，一烷基取代的烯烃比二烷基、三烷基和四烷基取代的烯烃更容易加氢。烯烃催化加氢的相对速率为

乙烯＞一元取代乙烯＞二元取代乙烯＞三元取代乙烯＞四元取代乙烯

当碳碳双键两边的空间位阻不相等时，总是从空间位置小的一边顺式加氢的产物是主要产物或唯一产物。例如

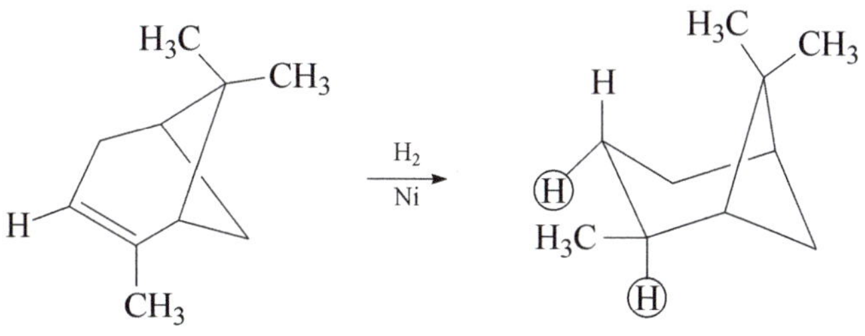

烯烃的催化加氢反应是定量进行的，通过测量反应中被吸收的氢的体积，可以确定烯烃中碳碳双键的数目。催化氢化反应是可逆反应，通常在高温条件下，脱氢反应将成为主要反应。

5.1.10 烯烃的聚合

烯烃在催化剂或引发剂作用下，烯键中的 π 键打开，按一定方式把众多烯烃分子以 σ 键连接成长链的大分子，称为烯烃的聚合(polymerization)。

$$n\,RCH{=}CH_2 \longrightarrow \left[\begin{matrix} CH & - & CH_2 \\ | & & \\ R & & \end{matrix}\right]_n$$

聚合的产物称为聚合物(polymer)。参加聚合反应的烯烃分子称为单体(monomer)。

烯烃单体的聚合大多为链式聚合，聚合的条件不同，聚合过程也不同，主要有自由基聚合和离子(正离子或负离子)聚合等。

乙烯在过氧化物引发下聚合生成聚乙烯是自由基聚合。

$$n\,H_2C{=}CH_2 \xrightarrow[ROOR]{200℃,2000atm} {-}\!\!\left[CH_2{-}CH_2\right]_n$$

其过程包括链引发、链增长和链终止：

$$RO{-}OR \longrightarrow 2RO\cdot$$

$$RO\cdot + H_2C{=}CH_2 \longrightarrow ROCH_2\dot{C}H_2$$

$$ROCH_2\dot{C}H_2 + H_2C{=}CH_2 \longrightarrow ROCH_2CH_2CH_2\dot{C}H_2$$

$$ROCH_2CH_2CH_2\dot{C}H_2 \xrightarrow{H_2C=CH_2} \cdots \xrightarrow{H_2C=CH_2} RO(CH_2CH_2)_n\cdot$$

$$RO(CH_2CH_2)_n\cdot + RO(CH_2CH_2)_m\cdot \longrightarrow RO(CH_2CH_2)_n{-}(CH_2CH_2)_mOR$$

$$RO(CH_2CH_2)_n\cdot + RO(CH_2CH_2)_m\cdot \longrightarrow RO(CH_2CH_2)_nH + RO(CH_2CH_2)_{m-1}CH{=}CH_2$$

四氟乙烯在过氧化物引发下发生自由基聚合生成聚四氟乙烯。

$$n\,F_2C{=}CF_2 \xrightarrow[ROOR]{80℃,40\sim100atm} {-}\!\!\left[CF_2{-}CF_2\right]_n$$

聚乙烯、聚丙烯、聚丁-1-烯和聚氯乙烯等都是很重要的工业高分子材料，有着很广泛的用途。聚乙烯用作食品包装、食用薄膜、电绝缘材料及塑料等；聚丙烯用作包装薄膜、塑料、合成丙纶纤维等；聚丁-1-烯用作工程塑料；聚氯乙烯用作管材、板材等建筑材料、农用薄膜、人造革、软管、纤维和塑料等；聚四氟乙烯称为塑料王，用作耐化学腐蚀和耐高温的材料、电子绝缘材料和化工机械材料。

5.1.11 烯烃的实验室制备

烯烃中乙烯是目前生产量最大的有机化工产品，乙烯、丙烯和丁烯等低级烯烃可以从石油工业的油厂气和裂化气中分离得到，也可以利用天然气或炼油过程中的液体馏分经高温裂化和去氢得到。而烯烃的实验室制备通常有以下几种。

醇在强酸作用下脱水(见 7.1.7)。

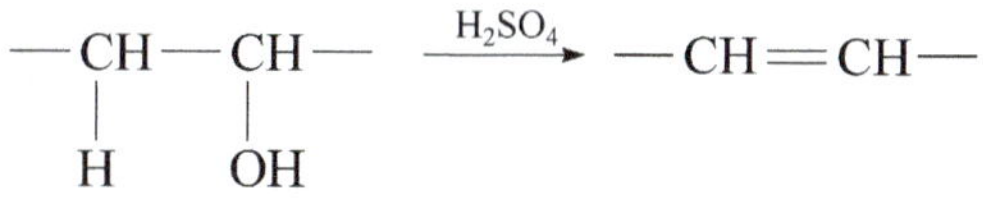

$$-\underset{\displaystyle H}{\underset{|}{CH}}-\underset{\displaystyle OH}{\underset{|}{CH}}- \xrightarrow{H_2SO_4} -CH{=}CH-$$

例如

$$CH_3\overset{\displaystyle CH_3}{\overset{|}{\underset{\displaystyle OH}{\underset{|}{C}}}}-CH_3 \xrightarrow[\triangle]{H_2SO_4} \underset{82\%}{(CH_3)_2C{=}CH_2}$$

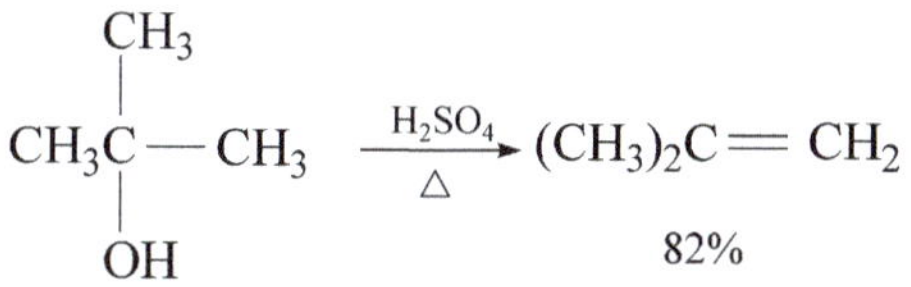

卤代烃在碱作用下脱卤化氢(见 6.4 节)。

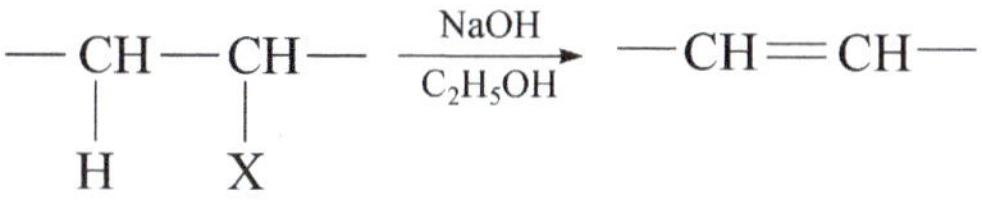

$$-\underset{\displaystyle H}{\underset{|}{CH}}-\underset{\displaystyle X}{\underset{|}{CH}}- \xrightarrow[C_2H_5OH]{NaOH} -CH{=}CH-$$

例如

$$\text{溴代环己烷} \xrightarrow[C_2H_5OH]{NaOH} \underset{81\%}{\text{环己烯}}$$

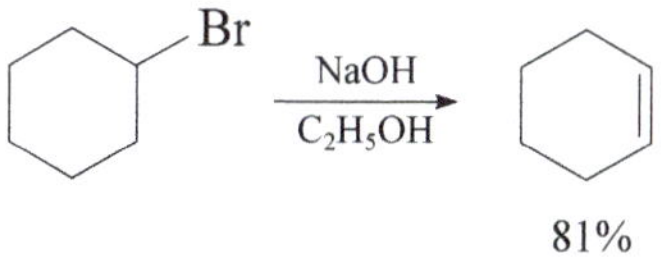

碳碳双键形成的其他方法见 14.2 节。

5.2　二　烯　烃

分子内含有两个碳碳双键的烯烃称为二烯烃,二烯烃的通式为 C_nH_{2n-2},不饱和度为 2。根据两个双键所在的相对位置不同,二烯烃可以分为以下三类:

(1) 孤立二烯烃(isolated diene)。分子中两个碳碳双键被一个或一个以上 CH_2 隔开的二烯烃称为孤立二烯烃,如戊-1,4-二烯($CH_2{=}CH{-}CH_2{-}CH{=}CH_2$)。它们的性质与一般的烯烃相似。

(2) 共轭二烯烃(conjugated diene)。分子中两个碳碳双键被一个单键隔开的二烯烃称为共轭二烯烃,如丁-1,3-二烯($CH_2{=}CH{-}CH{=}CH_2$)。共轭二烯烃具有特殊的结构和性质,下面将重点讨论。

(3) 累积二烯烃(cumulative diene)。分子中的一个碳原子同时连有两个碳碳双键的二烯烃称为累积二烯烃,如丙二烯($CH_2{=}C{=}CH_2$)。

5.2.1　共轭二烯烃的命名

共轭二烯烃的命名:首先选择含共轭二烯在内的最长碳链为主链,作为该二烯的母体,称为某二烯。然后从最靠近双键的一端开始对母体二烯进行编号,把双键的位置标在母体名称的前面。再把取代基的名称及位置写在二烯名称的前面。如果双键有构型异构需要说明,则用 E 或 Z 表示,放在名称的最前面。例如

$$CH_2{=}\underset{\displaystyle CH_3}{\underset{|}{C}}{-}CH{=}CH_2$$

2-甲基丁-1,3-二烯
(2-methylbuta-1,3-diene)

CH_3CH_2, H, C═C, H, CH_3, C═C, H_3C, H

(2*Z*,4*E*)-3-甲基庚-2,4-二烯
[(2*Z*,4*E*)-3-methylhepta-2,4-diene]

共轭二烯烃分子中所有原子都在同一平面上，可以有两种较稳定的不同构象异构体。当两个碳碳双键在碳碳单键同侧时，其构象用 *s*-顺表示；当两个碳碳双键在碳碳单键异侧时，其构象用 *s*-反表示。例如

H, CH_2, C, C, H, CH_2

s-顺丁-1,3-二烯

H, CH_2, C, C, H_2C, H

s-反丁-1,3-二烯

s-反式构象的势能比 *s*-顺式低 10.5～13.0kJ · mol^{-1}，由 *s*-顺式转变为 *s*-反式要克服 26.8～29.2kJ · mol^{-1}的活化能，但在室温下分子的热运动足够提供这样多的能量，完全能克服由 *s*-顺式转变为 *s*-反式所需要的活化能，因此 *s*-顺式与 *s*-反式处于迅速互变的动态平衡中。

5.2.2 共轭二烯烃的结构

丁-1,3-二烯是最简单的共轭二烯烃，在常温常压下为气体，沸点为－4.5℃，熔点为－108.9℃。

在丁-1,3-二烯中，每个碳原子都是 sp^2 杂化，碳原子之间均以 sp^2 杂化轨道相互重叠交盖，形成碳碳 σ 键，同时以 sp^2 杂化轨道与氢原子的 1s 轨道重叠交盖，形成碳氢 σ 键。每个碳原子的三个 sp^2 杂化轨道均在同一平面内，四个碳原子上所剩下的 p 轨道垂直于该平面。当丁-1,3-二烯分子中所有碳原子和氢原子都在同一平面上时，四个碳原子上 p 轨道的对称轴相互平行，可以从侧面最大程度地重叠交盖，形成离域的大 π 键。

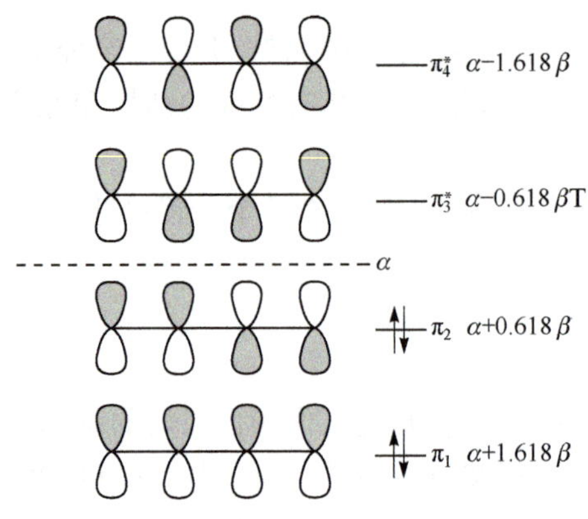

图 5-9　丁-1,3-二烯的分子轨道

分子轨道理论认为，丁-1,3-二烯中四个 p 轨道可线性组合成四个分子轨道(图 5-9)，分别表示为 π_1、π_2、π_3^* 和 π_4^*。π_1 中没有节面，π_2、π_3^* 和 π_4^* 中分别有一个、两个和三个节面。π_1 和 π_2 是成键轨道，轨道的能量低于原子轨道的能量，π_1 轨道中的 π 电子分布在四个碳原子上，π_2 轨道中的 π 电子分布在 C_1—C_2 和 C_3—C_4 之间。因此，在丁-1,3-二烯中，所有的碳碳键都具有 π 键的特征，只是 C_1—C_2 和 C_3—C_4 之间具有更强的 π 键特征。π_3^* 和 π_4^* 是反键轨道，轨道的能量高于原子轨道的能量。基态时四个 π 电子都占据在成键轨道上，反

键轨道上没有电子。π_2 是电子已经占有的能量最高的轨道，称为 HOMO(highest occupied molecular orbital)。π_3^* 是电子未占有的能量最低的轨道，称为 LUMO(lowest unoccupied molecular orbital)。

5.2.3 共轭二烯烃的特征

1. 键长趋向平均化

丁-1,3-二烯的键长和键角数据如下：

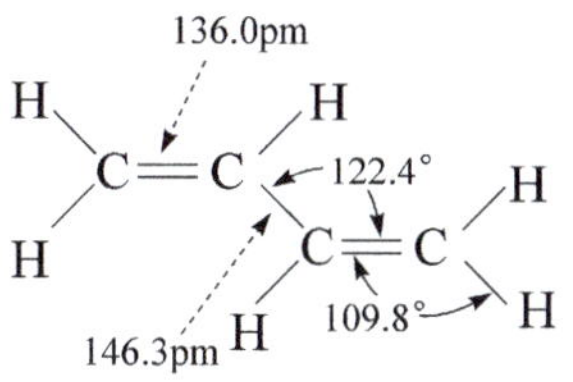

136.0pm
122.4°
109.8°
146.3pm

在丁-1,3-二烯中，$C_1—C_2$ 和 $C_3—C_4$ 的键长为 136.0pm，比乙烯中碳碳双键的键长(134.0pm)长，而 $C_2—C_3$ 的键长为 146.3pm，小于烷烃中碳碳单键的键长(154.0pm)。这是共轭烯烃中键长趋于平均化的特征。共轭二烯的紫外吸收特征：$\lambda_{max}=217$nm。

2. 共轭二烯体系的稳定性

烯烃的稳定性可以用氢化热的数值来说明，分子中每个碳碳双键的平均氢化热越小，分子就越稳定。孤立二烯烃的氢化热约为单烯烃的氢化热的两倍。例如，丙烯的氢化热为 125.2kJ・mol^{-1}，丁-1-烯的氢化热为 126.8kJ・mol^{-1}，戊-1,4-二烯的氢化热为 254.4kJ・mol^{-1}，相当于单烯烃氢化热的两倍。而共轭二烯烃丁-1,3-二烯的氢化热为 238.9kJ・mol^{-1}，比孤立二烯烃戊-1,4-二烯的氢化热低，说明共轭二烯烃比孤立二烯烃稳定。共轭体系越大，每个碳碳双键的平均氢化热越小，体系的稳定性越高。

3. 共轭加成

共轭二烯烃与亲电试剂发生加成反应，除得到一般与单独的碳碳双键加成(1,2-加成)产物外，还可以得到加在共轭体系两端的加成(1,4-加成) 产物。后者是共轭体系整体参与的加成反应，也称共轭加成。

5.2.4 共轭效应

在单键和双键交替出现的分子体系中，π 电子的运动不再局限在双键的两个碳原子之间，而是扩大到单、双键交替的整个大体系中，这种现象称为离域(delocalization)，电子的离域作用贯穿在整个共轭体系中。这种电子效应通过共轭体系传递的现象称为共轭效应。共轭效应用 C 表示，+C 表示给电子的共轭效应，−C 表示吸电子的共轭效应。

1. π-π 共轭

在丁-1,3-二烯分子中，四个碳原子上都有一个垂直于 sp^2 杂化轨道所在平面的 p 轨道。当四个 p 轨道的对称轴相互平行时，它们可以从侧面最大程度地重叠交盖，形成一个离域的大

π 键。共价键的离域使体系的能量降低，体系更稳定。这种由 p 轨道组成的两个或多个 π 键之间的共轭称为 π-π 共轭。在共轭体系中，多个 π 键之间的这种相互作用称为共轭(conjugation)作用。共轭作用是一种电子的离域共享作用。

2. p-π 共轭

在烯丙基正离子、烯丙基自由基和烯丙基负离子中，它们的三个碳原子都是 sp^2 杂化，当三个碳原子都在同一平面上时，p 轨道的对称轴互相平行，这时三个 p 轨道可以最大程度地从侧面重叠交盖。

$CH_2{=}CH{-}\overset{+}{C}H_2$　　$CH_2{=}CH{-}\dot{C}H_2$　　$CH_2{=}CH{-}\bar{C}H_2$

烯丙基正离子　　烯丙基自由基　　烯丙基负离子

由三个 p 轨道可以组成三个分子轨道，其中 π_1 是成键轨道，π_2 是非键轨道，π_3^* 是反键轨道。烯丙基正离子在基态时，两个 p 电子都在成键轨道上，两个电子的总能量为 $2\alpha+2.828\beta$，比孤立碳碳双键轨道上的两个电子的能量 $2\alpha+2\beta$ 低。这种由 π 键和 p 轨道组成的共轭称为 p-π 共轭。

在烯丙基自由基中，有三个 p 电子，在成键轨道 π_1 上有一对 p 电子，在非键轨道 π_2 上有一个 p 电子，三个电子的总能量为 $3\alpha+2.828\beta$，比非共轭体系状态的能量 $3\alpha+2\beta$ 低，烯丙基自由基中的 p-π 共轭使烯丙基自由基比非共轭的自由基更稳定。

在烯丙基负离子中，有四个 p 电子，在成键轨道 π_1 和非键轨道 π_2 上各有一对电子，四个电子的总能量为 $4\alpha+2.828\beta$，比非共轭体系状态的能量 $4\alpha+2\beta$ 低，烯丙基负离子中的 p-π 共轭使烯丙基负离子比非共轭的负离子更稳定。

含三个碳原子的共轭体系的分子轨道如图 5-10 所示。

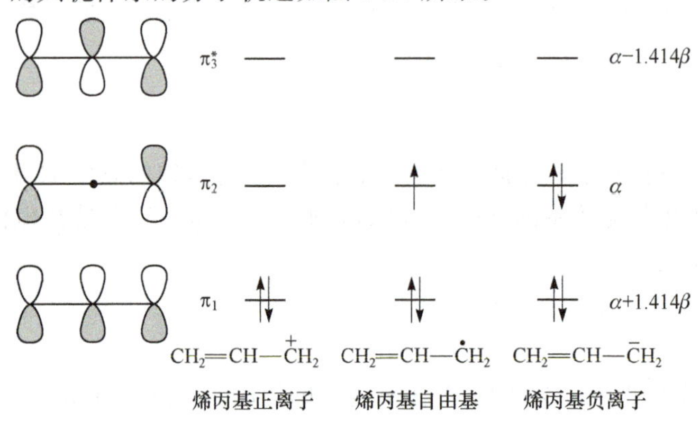

图 5-10　含三个碳原子的共轭体系的分子轨道

3. σ-π 共轭和 σ-p 共轭

σ-π 共轭和 σ-p 共轭是一种超共轭效应。已经知道在碳碳双键上连有烷基的烯烃相对比较稳定。例如，在 $CH_3CH{=}CH_2$ 中，甲基中的 C—H σ 键的电子可以和邻近 π 键上的电子发生共轭，称为 σ-π 共轭，共轭的结果使烯烃中碳碳双键的稳定性增加。在碳正离子中，

$CH_3\overset{+}{C}H_2$ 比 $\overset{+}{C}H_3$ 稳定，叔碳正离子和仲碳正离子相对更稳定。这是因为碳正离子与相连烷基中的 C—H σ 键的电子和带正电荷的 p 轨道可以发生共轭，称为 σ-p 共轭。σ-π 共轭和 σ-p 共轭相对于 π-π 共轭和 p-π 共轭而言，共轭作用较小。在超共轭效应中，烷基一般是给电子的，其给电子能力大小与烷基参与超共轭的碳氢键的数目有关。

在烯烃中，碳碳双键上所连的甲基（或烷基）越多，则 σ-π 共轭程度越高，相对稳定性也越大。因此，烯烃的稳定性大致有以下次序：

$$(CH_3)_2C{=}C(CH_3)_2 > (CH_3)_2C{=}CHCH_3 > (CH_3)_2C{=}CH_2 \sim CH_3CH{=}CHCH_3$$

$$> CH_3CH{=}CH_2 > CH_2{=}CH_2$$

在自由基稳定次序中，有叔碳自由基>仲碳自由基>伯碳自由基，这也是因为 σ-p 共轭程度不同。

5.2.5 共轭二烯烃的反应

1. 加卤化氢和卤素

丁-1，3-二烯与等物质的量的某些亲电试剂（如氯化氢、溴化氢、溴等）发生加成反应时，除得到与一个单独双键反应的 1，2-加成产物外，还得到试剂加到共轭双键两端碳原子上的产物，同时在中间两个碳原子之间形成新的双键，这是由整个共轭体系参与反应的 1，4-共轭加成产物。例如

$$CH_2{=}CH{-}CH{=}CH_2 \xrightarrow{HBr} \underset{\text{1,2-加成产物}}{\underset{|}{\overset{}{CH_2}}\!\!\!\!\!\underset{H}{}{-}\underset{Br}{\underset{|}{CH}}{-}CH{=}CH_2} + \underset{\text{1,4-加成产物}}{\underset{\substack{|\\H}}{CH_2}{-}CH{=}CH{-}\underset{\substack{|\\Br}}{CH_2}}$$

$$CH_2{=}CH{-}CH{=}CH_2 \xrightarrow{Br_2} \underset{\text{1,2-加成产物}}{\underset{\substack{|\\Br}}{CH_2}{-}\underset{\substack{|\\Br}}{CH}{-}CH{=}CH_2} + \underset{\text{1,4-加成产物}}{\underset{\substack{|\\Br}}{CH_2}{-}CH{=}CH{-}\underset{\substack{|\\Br}}{CH_2}}$$

丁-1，3-二烯与亲电试剂的加成也是分两步进行的。

$$CH_2{=}CH{-}CH{=}CH_2 + Br_2 \longrightarrow \begin{cases} \underset{\substack{|\\Br}}{CH_2}{-}\overset{+}{C}H{-}CH{=}CH_2 \xrightarrow{Br^-} \underset{\substack{|\\Br}}{CH_2}{-}\underset{\substack{|\\Br}}{CH}{-}CH{=}CH_2 \\ \updownarrow \\ \underset{\substack{|\\Br}}{CH_2}{-}CH{=}CH{-}\overset{+}{C}H_2 \xrightarrow{Br^-} \underset{\substack{|\\Br}}{CH_2}{-}CH{=}CH{-}\underset{\substack{|\\Br}}{CH_2} \end{cases}$$

1，2-加成产物和 1，4-加成产物的比例与反应条件有关。一般来说，在低温下反应，1，2-加成速率较快，主要得到 1，2-加成产物。反应温度升高，有利于 1，4-加成产物的生成。1，2-加成反应所需的反应活化能低，反应速率快；1，4-加成反应所需的反应活化能高，反应速率慢。因此，

1,2-加成是速率控制(动力学控制)产物,1,4-加成是平衡控制(热力学控制)产物。

丁-1,3-二烯发生 1,2-加成和 1,4-加成的势能变化示意图如图 5-11 所示。

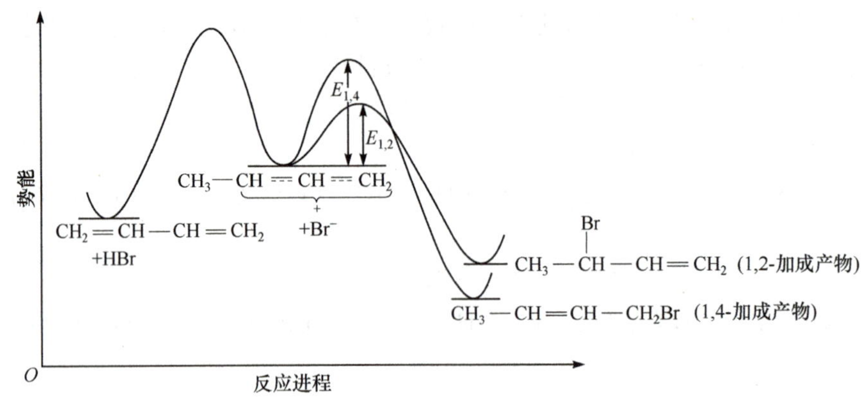

图 5-11 丁-1,3-二烯发生 1,2-加成和 1,4-加成的势能变化示意图

丁-1,3-二烯与溴或溴化氢加成,在低温下主要得到 1,2-加成产物,反应温度升高时主要得到 1,4-加成产物。

$$CH_2{=}CH-CH{=}CH_2 + Br_2 \longrightarrow \underset{\textstyle Br}{\underset{|}{CH_2}}-\underset{\textstyle Br}{\underset{|}{CH}}-CH{=}CH_2 + \underset{\textstyle Br}{\underset{|}{CH_2}}-CH{=}CH-\underset{\textstyle Br}{\underset{|}{CH_2}}$$

−15℃	55%	45%
60℃	10%	90%

$$CH_2{=}CH-CH{=}CH_2 + HBr \longrightarrow \underset{\textstyle H}{\underset{|}{CH_2}}-\underset{\textstyle Br}{\underset{|}{CH}}-CH{=}CH_2 + \underset{\textstyle H}{\underset{|}{CH_2}}-CH{=}CH-\underset{\textstyle Br}{\underset{|}{CH_2}}$$

−80℃	81%	19%
25℃	44%	56%

在 1,4-加成产物中,主要得到反式构型的产物。

2. Diels-Alder 反应

1928 年,德国化学家 Diels O 和 Alder K 在研究丁-1,3-二烯与顺丁烯二酸酐的反应时,发现共轭二烯烃与含烯键或炔键的化合物能相互作用,生成含六元环的化合物。这种特殊的环加成反应称为 Diels-Alder 反应(见 15.5.1)。

丁-1,3-二烯 + 顺丁烯二酸酐 ⟶

能与共轭二烯烃发生 Diels-Alder 环加成反应的烯烃或炔烃称为亲二烯体(dienophiles)。凡共轭二烯烃上有给电子基团和亲二烯体上有吸电子基团都有利于 Diels-Alder 反应的进行。由于 Diels-Alder 反应在有机合成中的重要性和广泛用途，1950 年 Diels 和 Alder 获得 Nobel 化学奖。

Diels-Alder 反应中，共轭二烯烃必须取 *s*-顺式构象。如果由于某些几何原因，*s*-反式构象不能转变为 *s*-顺式构象，则不能发生 Diels-Alder 反应。例如

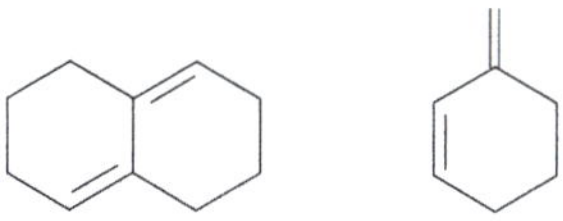

上述两个共轭二烯烃都不能发生 Diels-Alder 反应。

Diels-Alder 反应为可逆反应。成环正反应的反应温度相对较低，反应温度升高则发生逆向的开环反应。成环的正反应和开环的逆反应在合成上都有很大的用途。

问题 5-15 写出下列反应的主要产物。

(1) $CH_2{=}C(CH_3){-}CH{=}CH_2 + HBr \xrightarrow{\text{无过氧化物}}$

(2) 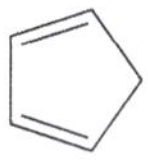 环戊二烯 $+ CH_2{=}CHCN \longrightarrow$

5.2.6 重要的共轭二烯烃

1. 丁-1,3-二烯

丁-1,3-二烯是生产合成橡胶的主要原料，随着石油工业的发展以及新催化剂的发现和应用，丁-1,3-二烯已能主要通过石油的裂解和脱氢得到。在 Ziegler-Natta 催化剂(R_3Al+$TiCl_4$)作用下，丁-1,3-二烯聚合成全顺式的聚丁二烯，用于顺丁橡胶(BR)的合成。

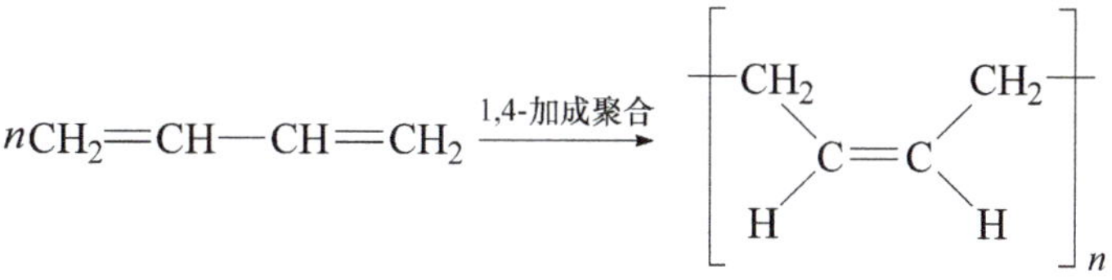

$$nCH_2{=}CH{-}CH{=}CH_2 \xrightarrow{\text{1,4-加成聚合}} \left[\begin{array}{c} -CH_2 \quad\quad CH_2- \\ \diagdown \quad \diagup \\ C{=}C \\ \diagup \quad \diagdown \\ H \quad\quad\quad H \end{array} \right]_n$$

聚丁二烯

丁-1,3-二烯还可以与苯乙烯或丙烯腈共聚，分别生成丁苯橡胶(SBR)或丁腈橡胶(NBR)。

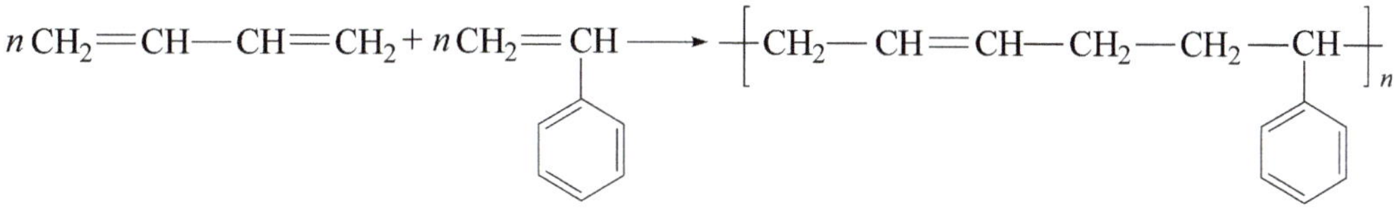

$$nCH_2{=}CH{-}CH{=}CH_2 + nCH_2{=}CH(C_6H_5) \longrightarrow \left[CH_2{-}CH{=}CH{-}CH_2{-}CH_2{-}CH(C_6H_5) \right]_n$$

SBR

$$n\,CH_2{=}CH{-}CH{=}CH_2 + n\,CH_2{=}\underset{\large CN}{\underset{|}{CH}} \longrightarrow \left[CH_2{-}CH{=}CH{-}CH_2{-}CH_2{-}\underset{\large CN}{\underset{|}{CH}} \right]_n$$

NBR

2. 2-甲基丁-1,3-二烯

2-甲基丁-1,3-二烯又称异戊二烯，是天然橡胶解聚后的单体，天然橡胶是异戊二烯的全顺式聚合物。

$$n\,CH_2{=}\overset{\large CH_3}{\overset{|}{C}}{-}CH{=}CH_2 \longrightarrow \left[\begin{matrix} CH_3 & & H \\ & C{=}C & \\ {-}CH_2 & & CH_2{-} \end{matrix} \right]_n$$

先后研究和发展起来的全顺式聚合的催化剂主要有 Ziegler-Natta 催化剂体系、丁基锂催化剂和稀土催化剂体系，它们能使异戊二烯主要以全顺式的方式聚合，其性能与天然橡胶十分接近，可以替代天然橡胶用于生产相关的橡胶制品。

5.3 炔　　烃

分子中含有碳碳叁键(—C≡C—)的不饱和碳氢化合物称为炔烃，碳碳叁键是炔烃的官能团。单炔烃比相应的烷烃少四个氢原子，炔烃的通式为 C_nH_{2n-2}，不饱和度为 2。

5.3.1 炔烃的结构

最简单的炔烃是乙炔，价键结构式为 H—C≡C—H，乙炔分子中∠HCC 为 180°，四个原子在同一条直线上，是线形分子。炔键碳原子为 sp 杂化，两个碳原子以 sp 杂化轨道互相交盖重叠，构成碳碳 σ 键，再各用一个 sp 杂化轨道与氢原子的 1s 轨道交盖重叠，构成碳氢 σ 键。每个碳原子各留下两个互相垂直的 p 轨道，当两个碳原子的 p 轨道彼此平行时，它们从侧面交盖重叠，构成两个相互垂直的 π 键，碳碳叁键是由一个 σ 键和两个 π 键构成的(图 5-12)。π 电子云对称分布在碳碳 σ 键轴周围，呈圆柱体形，其示意图如图 5-13 所示。因此，碳碳 σ 键的电子云在两个碳原子的中心处，而这里的 π 电子云密度是最低的。

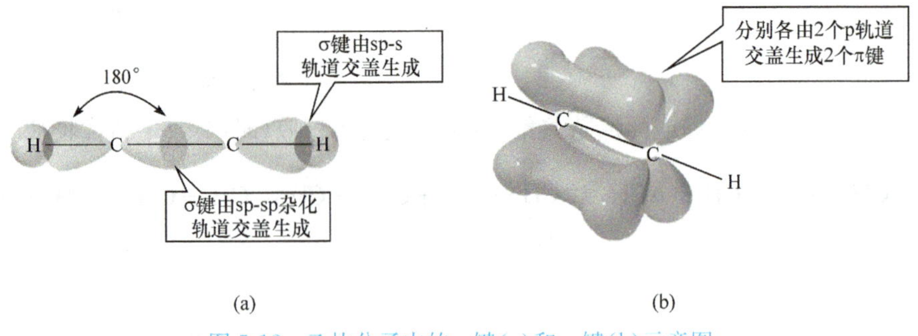

图 5-12　乙炔分子中的 σ 键(a)和 π 键(b)示意图

乙炔分子的立体结构模型示意图如图 5-13 所示。

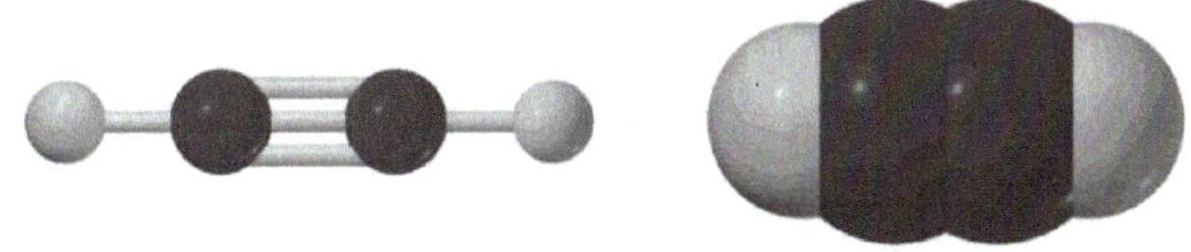

图 5-13　乙炔的立体结构模型示意图

乙炔分子的 π 电子云分布图如图 5-14 所示。

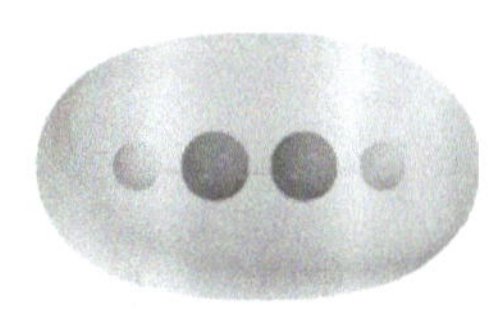

图 5-14　乙炔分子的 π 电子云分布图

炔键碳原子是 sp 杂化，s 成分占 1/2，而在 sp^2 杂化和 sp^3 杂化中，s 成分分别占 1/3 和 1/4，因此碳碳叁键的键长比碳碳双键和碳碳单键短，碳碳叁键的键长为 120pm，炔键上的碳氢键也较短，只有 106pm。

碳原子的电负性与其杂化时 s 成分多少有关，s 成分增加，电负性也增大，不同杂化碳原子的电负性次序为 $sp > sp^2 > sp^3$。在 sp 杂化中，形成 C—H 键的电子对主要偏向于在碳原子的周围，使氢原子容易形成带正电荷的氢离子，炔烃显示了比水弱而比氨强的“酸”性。

5.3.2　炔烃的同分异构和命名

1. 炔烃的同分异构

炔烃的异构主要有碳架异构和官能团碳碳叁键所在的位置异构。它们都属于构造异构。例如，戊炔有以下三种异构体：

$$CH_3CH_2CH_2C\equiv CH \qquad CH_3CH_2C\equiv CCH_3 \qquad CH_3\underset{}{\overset{\overset{CH_3}{|}}{C}}HC\equiv CH$$

戊-1-炔 (pent-1-yne)　　戊-2-炔 (pent-2-yne)　　3-甲基丁-1-炔 (3-methylbut-1-yne)

由于炔键碳原子不允许再连有侧链，因此炔烃的异构比烯烃简单，异构体的数目也相对少于烯烃。

问题 5-16　从炔烃的结构解释，为什么小于 9 个碳原子的环状炔烃不可能存在。

---

2. 炔烃的命名

简单的炔烃可以按乙炔的衍生物来命名。例如

$$HC\equiv CH \qquad CH_2=CHC\equiv CH \qquad CH_3C\equiv CCH_3$$

乙炔 (acetylene)　　乙烯基乙炔 (vinylacetylene)　　二甲基乙炔 (dimethylacetylene)

炔烃的系统命名法与烯烃相似，其要点如下：

（1）选择含碳碳叁键的最长碳链为主链[①]，按主链上的碳原子数目称为某炔。多于十个碳原子以上的炔烃用中文数字表示，称为某碳炔，如十一碳炔。

（2）从靠近碳碳叁键的一端开始，将主链的碳原子依次编号，使叁键碳原子的编号最小。

（3）在炔烃母体名称"炔"字前面，用阿拉伯数字标出叁键的最小编号，代表叁键的位置。再在前面写出取代基的名称及表示取代基位置的编号。对于不同取代基，按照取代基英文名第一个字母的顺序先后列出。例如

$CH_3CH_2C\equiv CCH_3$

戊-2-炔
(pent-2-yne)

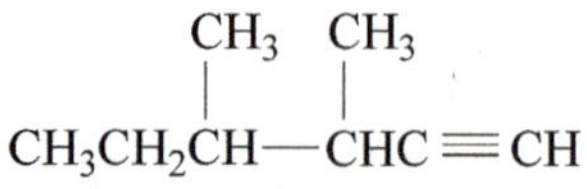

$CH_3CH_2CH(CH_3)-CH(CH_3)C\equiv CH$

3,4-二甲基己-1-炔
(3,4-dimethylhex-1-yne)

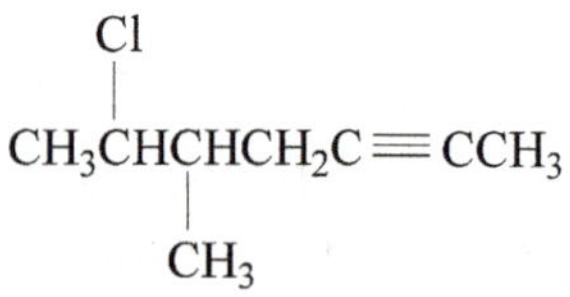

$CH_3CH(Cl)CH(CH_3)CH_2C\equiv CCH_3$

6-氯-5-甲基庚-2-炔
(6-chloro-5-methylhept-2-yne)

（4）分子中同时含有双键和叁键时，从最靠近不饱和键的链端开始编号，使第一个出现的不饱和键的编号尽可能小。若在链两端等同位置遇到双键和叁键，则从靠近碳碳双键的一端开始编号。例如

$CH_3CH=CHC\equiv CH$

戊-3-烯-1-炔
(pent-3-en-1-yne)

$CH_3C\equiv CCH=CH_2$

戊-1-烯-3-炔
(pent-1-en-3-yne)

$CH\equiv CCH_2CH=CH_2$

戊-1-烯-4-炔
(pent-1-en-4-yne)

书写时烯在前，炔在后，构型表示放在最前面。例如

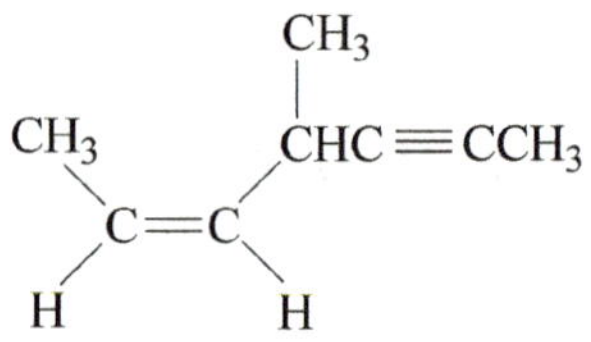

$(CH_3)HC=CH(CH(CH_3)C\equiv CCH_3)$ （顺式，两H同侧）

(2*Z*)-4-甲基庚-2-烯-5-炔
[(2*Z*)-4-methylhept-2-en-5-yne]

常见炔基有

$HC\equiv C-$

乙炔基
(ethynyl)

$CH_3C\equiv C-$

丙炔基
(prop-1-ynyl)

$HC\equiv CCH_2-$

炔丙基
(prop-2-ynyl)

按系统命名法丙炔基为丙-1-炔基，炔丙基为丙-2-炔基。

在命名较复杂的炔烃化合物时，也可以把炔基当作取代基。例如

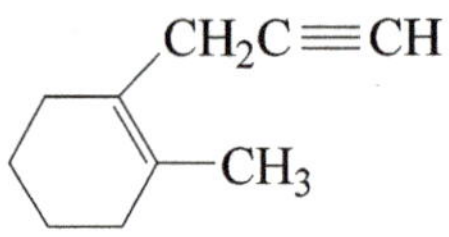

（环己烯环上，双键两端碳分别连 $CH_2C\equiv CH$ 与 CH_3）

1-甲基-2-(丙-2-炔基)-环己烯
[1-methyl-2-(prop-2-ynyl)-cyclohexene]

---

① 当炔键不含在最长碳链中时，则将含炔键的部分按取代基命名。

问题 5-17　写出分子式为 C_6H_{10} 的炔烃的所有构造异构体，并用系统命名法命名。

问题 5-18　用系统命名法命名下列化合物。

(1) $CH_2{=}CHCH_2C{\equiv}CCH_2CH_3$　　(2) $CH_3CH{=}CHC{\equiv}CCH_3$

(3) $CH_3C{\equiv}C{-}\underset{\displaystyle CH{=}CH_2}{\underset{|}{C}}{=}CHCH_2CH_3$

(4) $CH_3{-}\overset{\displaystyle CH_3}{\overset{|}{CH}}{-}C{\equiv}C{-}\overset{\displaystyle CH_3}{\overset{|}{\underset{\displaystyle CH_3}{\underset{|}{C}}}}CH_3$

(5) H_3C 与 H 在左侧碳上，H 与 $C{\equiv}CH$ 在右侧碳上：

$$\begin{matrix} H_3C & & & & H \\ & C & = & C & \\ H & & & & C{\equiv}CH \end{matrix}$$

(6)

$$\begin{matrix} H_3C & & & & C{\equiv}C{-}C{\equiv}CH \\ & C & = & C & \\ H & & & & H \end{matrix}$$

5.3.3 炔烃的物理性质

相对分子质量低的炔烃，如乙炔、丙炔和丁-1-炔在室温下为气体。简单炔烃的沸点、熔点和相对密度一般比相同碳原子的烷烃和烯烃高，炔烃的相对密度小于 1，难溶于水，易溶于烷烃、四氯化碳(CCl_4)、乙醚($CH_3CH_2OCH_2CH_3$)、苯等有机溶剂。

红外光谱特征：C≡C—H 伸缩振动在 3310～3000cm^{-1}，C≡C 伸缩振动在 2260～2100cm^{-1}；氢核磁共振谱特征：C≡C—H 化学位移为 1.7～3.5；碳核磁共振谱特征：炔键碳的化学位移为 65～90。

常见炔烃的熔点和沸点见表 5-2。

表 5-2　常见炔烃的熔点和沸点

化合物	熔点/℃	沸点/℃
乙炔(ethyne)	−81.8	−84.0
丙炔(propyne)	−101.5	−23.2
丁-1-炔(but-1-yne)	−125.9	8.1
丁-2-炔(but-2-yne)	−32.3	27.0
戊-1-炔(pent-1-yne)	−106.5	40.0
戊-2-炔(pent-2-yne)	−109.5	56.1
3-甲基丁-1-炔(3-methylbut-1-yne)	−89.7	29.0
己-1-炔(hex-1-yne)	−132.4	71.4
己-2-炔(hex-2-yne)	−89.6	84.5
己-3-炔(hex-3-yne)	−103.2	81.4
庚-1-炔(hept-1-yne)	−80.9	99.8
辛-1-炔(oct-1-yne)	−79.6	126.2
壬-1-炔(non-1-yne)	−36.0	160.6
癸-1-炔(dec-1-yne)	−40.0	182.2

由于炔键碳原子与烯键碳原子的杂化状态不同，前者为 sp 杂化，s 成分占 1/2；后者为 sp^2 杂化，s 成分占 1/3，因此炔烃分子的极性比烯烃强，偶极矩也不同。例如，丁-1-炔的 μ=0.8D，而丁-1-烯的 μ=0.3D。

5.3.4 炔烃的酸性

由于 sp 杂化碳原子的电负性比 sp^2 和 sp^3 杂化碳原子的电负性大，因此炔键碳原子上 C—H 键中的一对共价电子更靠近碳原子，导致末端炔烃中的 C—H 键更容易发生异裂，释放出质子，表现为炔键碳原子上的氢比烯键碳原子上的氢和烷烃碳原子上的氢的酸性强。在炔烃、烯烃和烷烃中，酸性强弱次序为

$$\begin{array}{cccc} & HC\equiv CH & CH_2=CH_2 & CH_3-CH_3 \\ pK_a & \sim 25 & \sim 44 & \sim 60 \end{array}$$

乙炔及 RC≡CH 型的炔烃在液氨中与强碱氨基钠反应，炔键上的氢被置换，生成相应的炔化钠。

$$\begin{array}{ccccc} & RC\equiv CH + NaNH_2 & \longrightarrow & RC\equiv CNa & + NH_3 \\ pK_a & \sim 25 & & & 34 \end{array}$$

由于炔键上氢的酸性比氨强 10^9 倍，因此反应时可以完全转变为相应的炔化钠。炔化钠是能提供碳负离子（$RC\equiv C^-$）的试剂，在有机合成中有着重要的用途。

乙炔及 RC≡CH 型的炔烃与硝酸银或氯化亚铜的氨溶液反应，立即生成炔化银的白色沉淀或炔化亚铜的砖红色沉淀。

$$\underset{\text{乙炔}}{HC\equiv CH} + 2Ag(NH_3)_2NO_3 \longrightarrow \underset{\text{乙炔银}}{AgC\equiv CAg}\downarrow + 2NH_4NO_3 + 2NH_3$$

$$\underset{\text{乙炔}}{HC\equiv CH} + 2Cu(NH_3)_2Cl \longrightarrow \underset{\text{乙炔亚铜}}{CuC\equiv CCu}\downarrow + 2NH_4Cl + 2NH_3$$

炔化银及炔化亚铜的溶解度很小，反应后它们立即从水溶液中沉淀出来，反应灵敏，现象显著，可用于乙炔及 RC≡CH 型炔烃的定性检验。生成的金属炔化物在干燥时很危险，甚至在被撞击或震动情况下就会发生强烈爆炸，生成金属和碳。因此，在反应结束后，必须加入稀硝酸使其分解。

问题 5-19　用化学方法区别下列化合物。

$CH_3CH_2CH_2CH_2CH_3$　　$CH_3CH_2CH_2CH_2C\equiv CH$　　$CH_3CH_2CH_2CH_2CH=CH_2$

5.3.5 炔烃的亲电加成反应

炔烃与烯烃一样可以发生亲电加成反应，但由于炔键碳原子为 sp 杂化，其碳原子的电负

性比烯键碳原子(sp^2 杂化)的电负性略大，电子与 sp 杂化的碳原子结合得更紧密，因此炔键与亲电试剂发生亲电加成反应比烯键慢。当分子中同时有烯键和炔键(互相处于孤立而不共轭状态)时，亲电加成首先在烯键上发生。

1. 加卤化氢

炔烃与卤化氢加成，生成相应的卤代烃，但加成比烯烃慢。炔烃加卤化氢分两步进行，先加一分子卤化氢，生成乙烯式卤代烃，后者再加一分子卤化氢，生成偕二卤代烷，加成产物遵循马氏规则。例如

$$CH_3C\equiv CH + HCl \longrightarrow \underset{\text{乙烯式卤代烃}}{CH_3-\underset{\displaystyle Cl}{\underset{|}{C}}=CH_2} \xrightarrow{HCl} \underset{\text{偕二卤代烷}}{CH_3CCl_2CH_3}$$

在乙烯式卤代烃中，由于卤原子使双键的反应活性降低，因此控制反应条件可以使反应停留在加一分子卤化氢的阶段。例如

$$CH_3(CH_2)_3C\equiv CH + HI \longrightarrow \underset{\text{2-碘己-1-烯}}{CH_3(CH_2)_3\underset{\displaystyle I}{\underset{|}{C}}=CH_2}$$

炔键在链中间时，加一分子卤化氢则生成反式加成产物。

$$\underset{\text{己-3-炔}}{CH_3CH_2C\equiv CCH_2CH_3} + HCl \longrightarrow \underset{(Z)\text{-3-氯己-3-烯}}{\begin{matrix} H & & CH_2CH_3 \\ & C=C & \\ CH_3CH_2 & & Cl \end{matrix}}$$

不对称的炔烃，即炔键两边的烷基不同的炔烃，加卤化氢时没有明显的区域选择性，一般得到两种异构体的混合物。

炔烃与卤化氢的加成也经过碳正离子中间体，炔键加氢质子得到的是乙烯式碳正离子，稳定性不如烷基碳正离子。相关碳正离子的稳定性次序如下：

$$R_3\overset{+}{C} > R_2\overset{+}{C}H > R\overset{+}{C}H_2 \approx \underbrace{R\overset{+}{C}=CH_2 > RCH=\overset{+}{C}H}_{\text{乙烯式碳正离子}} \approx \overset{+}{C}H_3$$

因此，不同类型的炔烃与卤化氢发生亲电加成反应的速率次序为

$$RC\equiv CR' > RC\equiv CH > HC\equiv CH$$

与烯烃相似，在过氧化物存在下，炔烃与溴化氢按自由基机理加成，得到反马氏规则的加成产物。例如

$$CH_3(CH_2)_3C\equiv CH + HBr \xrightarrow{ROOR} CH_3(CH_2)_3CH=CHBr \xrightarrow[ROOR]{HBr} CH_3(CH_2)_3CH_2-CHBr_2$$

2. 水合反应

在汞盐(如硫酸汞)催化下,炔烃在稀酸(10% H_2SO_4)水溶液中,与水发生加成反应,先生成烯醇,然后烯醇异构化转变为更稳定的羰基($\gt C{=}O$)化合物。

$$RC{\equiv}CH + H{-}\overset{+}{O}H_2 \longrightarrow R\overset{+}{C}{=}CH_2 \xrightarrow{H_2\ddot{O}} \underset{+\ddot{O}H_2}{\underset{|}{RC}}{=}CH_2 \xrightarrow[-H^+]{H_2\ddot{O}} \underset{\text{烯醇}}{\underset{:\ddot{O}-H}{\underset{|}{RC}}{=}CH_2} \longrightarrow \underset{\text{酮}}{R{-}\underset{O}{\underset{\|}{C}}{-}CH_3}$$

炔烃加水的反应产物遵循马氏规则,因此只有乙炔加水生成乙醛,其他的炔加水都生成酮。例如

$$HC{\equiv}CH + H_2O \xrightarrow[HgSO_4]{H_2SO_4} CH_3CHO$$

$$CH_3CH_2CH_2C{\equiv}CCH_2CH_2CH_3 + H_2O \xrightarrow[HgSO_4]{H_2SO_4} CH_3CH_2CH_2\underset{O}{\underset{\|}{C}}CH_2CH_2CH_2CH_3$$

链端炔烃加水生成甲基酮。

$$RC{\equiv}CH + H_2O \xrightarrow[HgSO_4]{H_2SO_4} R{-}\underset{O}{\underset{\|}{C}}{-}CH_3$$

炔键在链中间的不对称炔烃加水生成两种酮的混合物。

$$RC{\equiv}CR' + H_2O \xrightarrow[HgSO_4]{H_2SO_4} R\underset{O}{\underset{\|}{C}}CH_2R' + RCH_2\underset{O}{\underset{\|}{C}}R'$$

由于汞盐的毒性很大,最近已有用铜或锌的磷酸盐代替汞盐作催化剂的报道。

3. 加卤素

1mol 炔烃与 2mol 氯或溴加成,生成四卤代烷。炔烃与卤素的加成比烯烃慢,加氯时需在三氯化铁($FeCl_3$)或氯化亚锡($SnCl_2$)催化下进行。例如

$$CH_3C{\equiv}CH + Cl_2 \xrightarrow{FeCl_3} CH_3{-}\underset{Cl}{\underset{|}{C}}{=}CHCl \xrightarrow{Cl_2} CH_3CCl_2CHCl_2$$

当分子内同时存在烯键和炔键时,烯键优先与卤素加成。例如

$$\underset{\text{戊-1-烯-4-炔}}{CH_2{=}CHCH_2C{\equiv}CH} + Br_2(1equiv) \longrightarrow \underset{\text{4,5-二溴戊-1-炔}}{\underset{Br}{\underset{|}{CH_2}}{-}\underset{Br}{\underset{|}{CH}}CH_2C{\equiv}CH}$$

炔烃能使 Br_2/CCl_4 溶液褪色，但褪色的速度比烯烃慢。Br_2/CCl_4 溶液可用作炔烃的定性鉴定试剂。

4. 硼氢化反应

炔烃与乙硼烷发生顺式加成反应，硼原子加到炔键上位阻较小的一端，生成相应的乙烯基硼烷，乙烯基硼烷用过氧化氢在碱性条件下氧化，得到烯醇，相当于炔键按反马氏规则加上一分子水。烯醇不稳定，立即异构化成醛或酮。

$$RC{\equiv}CH + B_2H_6 \longrightarrow \left[\begin{matrix} R & & H \\ & C{=}C & \\ H & & \end{matrix}\right]_3 B \xrightarrow[HO^-]{H_2O_2} \left[\begin{matrix} R & & H \\ & C{=}C & \\ H & & OH \end{matrix}\right] \longrightarrow RCH_2CHO$$

由于硼原子加到炔键上位阻较小的一端，因此链端炔烃经硼氢化-氧化后得到醛。不对称 1,2-二取代乙炔通常得到两种酮的混合物，因此没有制备的意义。

乙烯基硼烷经酸处理生成顺式烯烃。例如

$$C_2H_5C{\equiv}CC_2H_5 + B_2H_6 \longrightarrow \left[\begin{matrix} CH_3CH_2 & & CH_2CH_3 \\ & C{=}C & \\ H & & \end{matrix}\right]_3 B \xrightarrow{CH_3COOH} \begin{matrix} CH_3CH_2 & & CH_2CH_3 \\ & C{=}C & \\ H & & H \end{matrix}$$

(*Z*)-己-3-烯

问题 5-20　写出下列反应的主要产物。

(1) $(CH_3)_2CHCH_2C{\equiv}CH + H_2O \xrightarrow[HgSO_4]{H_2SO_4}$

(2) $(CH_3)_2CHCH_2C{\equiv}CH \xrightarrow[THF]{B_2H_6} \xrightarrow[HO^-]{H_2O_2,\ H_2O}$

5.3.6　炔烃的氧化

炔烃经臭氧化-水解或高锰酸钾氧化，碳碳叁键发生断裂，生成相应的羧酸。例如

$$CH_3(CH_2)_3C{\equiv}CH \xrightarrow[CCl_4]{O_3} \xrightarrow{H_2O} \underset{\text{戊酸}}{CH_3(CH_2)_3COOH} + \underset{\text{甲酸}}{HCOOH}$$

$$CH_3CH_2CH_2C{\equiv}CCH_2CH_3 \xrightarrow[HO^-]{KMnO_4} \xrightarrow{H^+} \underset{\text{丁酸}}{CH_3CH_2CH_2COOH} + \underset{\text{丙酸}}{CH_3CH_2COOH}$$

根据生成的氧化产物羧酸的结构，可以推测炔键所在的位置。与烯烃一样，炔烃能使 $KMnO_4$ 溶液褪色，同时生成二氧化锰沉淀。$KMnO_4$ 溶液可用作炔烃的定性鉴定试剂。

问题 5-21 写出下列炔烃分别被臭氧和碱性高锰酸钾溶液氧化的主要产物。

(1) $CH_3CH_2CH_2C\equiv CH$ (2) $(CH_3)_2CHCH_2C\equiv CCH_3$

5.3.7 炔烃的加氢和还原

在通常的铂或钯催化剂催化下，炔烃加氢生成烷烃，反应很难停留在烯键的阶段。

用特殊方法制备的 Lindlar Pd 催化剂(将金属钯细粉沉淀在碳酸钙上，再用乙酸铅溶液处理，降低其活性)使炔烃催化加氢，能得到只加一分子氢的顺式烯烃。例如

$$CH_3(CH_2)_7C\equiv C(CH_2)_7COOH + H_2 \xrightarrow{\text{Lindlar Pd}} \underset{H}{\overset{CH_3(CH_2)_7}{}}\!\!>C=C<\!\!\underset{H}{\overset{(CH_2)_7COOH}{}}$$

硬脂炔酸　　　　油酸(顺式)

在吡啶中，将钯沉淀在硫酸钡上制得的催化剂也能使炔键顺式加一分子氢，得到顺式烯烃的衍生物。

在液氨中，用碱金属(Li、Na、K)还原炔烃，主要生成反式烯烃。例如

$$CH_3CH_2C\equiv CCH_2CH_3 \xrightarrow[2)NH_3,\ H_2O]{1)Na,\ NH_3(l)} \underset{H}{\overset{CH_3CH_2}{}}\!\!>C=C<\!\!\underset{CH_2CH_3}{\overset{H}{}}$$

反应过程如下：首先是金属钠溶于液氨给出电子(呈深蓝色溶液的溶剂化电子)。

$$Na + NH_3(l) \longrightarrow \underset{\text{深蓝色溶液}}{NH_3\cdot e^-\ (\text{溶剂化电子})} + Na^+$$

然后，炔键获得一个溶剂化电子形成负离子自由基。

$$R-C\equiv C-R' + e^- \longrightarrow \underset{\ominus\text{(:)}}{\overset{R}{}}\!\!>C=C<\!\!\underset{R'}{\overset{(\cdot)}{}}$$

*E*型负离子自由基

E 型负离子自由基从液氨中得到质子，趋向于形成稳定的 *E* 型乙烯式自由基。

$$\underset{\ominus\text{(:)}}{\overset{R}{}}\!\!>C=C<\!\!\underset{R'}{\overset{(\cdot)}{}} + H-\ddot{N}H_2 \longrightarrow \underset{H}{\overset{R}{}}\!\!>C=C<\!\!\underset{R'}{\overset{(\cdot)}{}} + :\ddot{N}H_2^-$$

*E*型乙烯式自由基

E 型乙烯式自由基再从溶液中得到一个电子生成 *E* 型乙烯式负离子。

$$\underset{H}{\overset{R}{}}\!\!>C=C<\!\!\underset{R'}{\overset{(\cdot)}{}} + e^- \longrightarrow \underset{H}{\overset{R}{}}\!\!>C=C<\!\!\underset{R'}{\overset{(:)^-}{}}$$

*E*型乙烯式负离子

E 型乙烯式负离子从液氨中得到质子生成 E 型烯烃。

$$\begin{matrix}R & & \\ & C{=}C & \ddot{\cdot}^{-} \\ H & & R'\end{matrix} + H{-}\ddot{N}H_2 \longrightarrow \begin{matrix}R & & H \\ & C{=}C & \\ H & & R'\end{matrix} + \ddot{N}H_2^-$$

炔烃利用 Lindlar Pd 催化加氢和 Na＋NH_3(l)还原，可以分别得到顺式和反式烯烃，在合成具有一定构型的烯烃时是很有用的。例如，雌性苍蝇的性引诱素为(Z)-十三碳-4-烯，可通过下列方法合成得到：

$$CH_3CH_2CH_2C{\equiv}CH \xrightarrow{NaNH_2} CH_3CH_2CH_2C{\equiv}CNa \xrightarrow{CH_3(CH_2)_6CH_2Cl}$$

$$CH_3CH_2CH_2C{\equiv}CCH_2(CH_2)_6CH_3 \xrightarrow[H_2]{\text{Lindlar Pd}} \begin{matrix}CH_3CH_2CH_2 & & CH_2(CH_2)_6CH_3 \\ & C{=}C & \\ H & & H\end{matrix}$$

这是立体构型专一性很强的一个例子。

炔键在碳链中间的炔烃用氢化铝锂还原时也生成 E 型烯烃。例如

$$CH_3CH_2C{\equiv}CCH_2CH_3 + LiAlH_4 \xrightarrow[\triangle]{THF,O(CH_2CH_2OCH_3)_2} \begin{matrix}CH_3CH_2 & & H \\ & C{=}C & \\ H & & CH_2CH_3\end{matrix}$$

问题 5-22　写出下列反应的产物。

(1) $CH_3CH_2C{\equiv}CCH_2CH_3 \xrightarrow{Na,NH_3(l)} \xrightarrow{D_2,Pd/C}$

(2) $CH_3CH_2C{\equiv}CCH_2CH_3 \xrightarrow{H_2/\text{Lindlar Pd}} \xrightarrow{D_2,Pd/C}$

5.3.8　炔烃的制备

1. 二卤代烷脱卤化氢

邻二卤代烷和偕二卤代烷(两个卤原子连在同一个碳原子上的卤代烷)在碱性试剂作用下，脱去两分子卤化氢生成炔烃。反应分两步进行，先脱去一分子卤化氢生成乙烯式卤代烃，这一步比较容易。而乙烯式卤代烃中，由于卤素与双键之间存在 p-π 共轭，碳卤键得到增强，需要在剧烈的条件(如强碱、高温)下才能再脱去卤化氢，生成炔烃。

$$\left.\begin{matrix}-\underset{X}{\underset{|}{CH}}-\underset{X}{\underset{|}{CH}}- \\ \text{邻二卤代烷} \\ -\overset{X}{\overset{|}{\underset{X}{\underset{|}{C}}}}-CH_2- \\ \text{偕二卤代烷}\end{matrix}\right] \xrightarrow[-HX,\text{容易}]{\text{碱}} \underset{\text{乙烯式卤代烃}}{-\underset{X}{\underset{|}{C}}{=}CH-} \xrightarrow[-HX,\text{难}]{\text{碱}} -C{\equiv}C-$$

因此，由邻二卤代烷和偕二卤代烷制备炔烃需在强碱和高温条件下进行，常用的碱性试剂有氢氧化钠(钾)的醇溶液或氨基钠。例如

$$CH_3(CH_2)_7\underset{\substack{|\\ Br}}{C}HCH_2Br \xrightarrow[NH_3,\triangle]{3NaNH_2} CH_3(CH_2)_7C\equiv CNa \xrightarrow{H_2O} \underset{54\%}{CH_3(CH_2)_7C\equiv CH}$$

$$(CH_3)_3CCH_2CHCl_2 \xrightarrow[NH_3,\triangle]{3NaNH_2} (CH_3)_3CC\equiv CNa \xrightarrow{H_2O} \underset{56\%\sim60\%}{(CH_3)_3CC\equiv CH}$$

制备链端炔烃的邻二卤代烷可以很方便地由链端烯烃与卤素加成得到。例如

$$(CH_3)_2CHCH=CH_2 \xrightarrow{Br_2} (CH_3)_2CH\underset{\substack{|\\ Br}}{C}H-CH_2Br \xrightarrow[2)\ H_2O]{1)\ NaNH_2,NH_3} \underset{52\%}{(CH_3)_2CHC\equiv CH}$$

用叔丁醇钾的二甲亚砜溶液作为强碱，也可以由邻二卤代烷和偕二卤代烷脱卤化氢得到链端炔烃。

2. 乙炔及链端炔烃的烷基化

乙炔与氨基钠反应，生成相应的共轭碱乙炔钠。

$$HC\equiv CH + NaNH_2 \longrightarrow \underset{\text{乙炔钠}}{HC\equiv CNa} + NH_3$$

乙炔钠是能提供碳负离子的强亲核试剂，与卤代烃发生亲核取代反应(见 6.3 节)，生成链端炔烃。

$$HC\equiv CNa + CH_3CH_2CH_2CH_2Br \xrightarrow{NH_3} \underset{70\%\sim77\%}{CH_3CH_2CH_2CH_2C\equiv CH}$$

链端炔烃也可以转变为相应的共轭碱，与卤代烃发生亲核取代反应，得到二取代乙炔。例如

$$(CH_3)_2CHCH_2C\equiv CH \xrightarrow[NH_3]{NaNH_2} (CH_3)_2CHCH_2C\equiv CNa \xrightarrow{CH_3Br} \underset{81\%}{(CH_3)_2CHCH_2C\equiv CCH_3}$$

因此，从乙炔可以制得两个不同烷基取代的乙炔。例如

$$HC\equiv CH \xrightarrow[2)\ CH_3CH_2Br]{1)\ NaNH_2,NH_3} HC\equiv CCH_2CH_3 \xrightarrow[2)\ CH_3Br]{1)\ NaNH_2,NH_3} \underset{81\%}{CH_3C\equiv CCH_2CH_3}$$

必须注意的是，由于乙炔或链端炔烃的共轭碱是强碱，因此烷基化时只能用伯卤代烃，仲卤代烃和叔卤代烃则容易发生消除反应，生成相应的烯烃(见 6.4 节)。

小　　结

1. 烯烃和炔烃的结构

1) 碳碳双键和碳碳叁键

碳碳双键是烯烃的官能团，又称烯键，由一个 σ 键和一个 π 键组成。烯键上的两个碳原子

为 sp^2 杂化，各用一个 sp^2 杂化轨道互相交盖重叠，生成碳碳 σ 键，各用一个垂直于三个 sp^2 杂化轨道所在平面的 p 轨道从侧面交盖重叠，生成 π 键。π 键的键能比 σ 键的键能弱。烯键两个碳原子及与两个碳原子所连的原子或基团在同一平面内。碳碳双键中 π 电子受原子核的束缚较小，流动性较大，容易在外界电场的影响下发生极化，受亲电试剂的进攻发生亲电加成反应。

碳碳叁键是炔烃的官能团，又称炔键，由一个 σ 键和两个 π 键组成。炔键上的两个碳原子为 sp 杂化，各用一个 sp 杂化轨道互相交盖重叠，生成碳碳 σ 键，各用两个相互垂直的 p 轨道从侧面交盖重叠，生成两个 π 键。炔键中两个碳原子及与两个碳原子所连的原子或基团在同一直线上。π 键的键能比 σ 键的键能弱。碳碳叁键受亲电试剂的进攻发生亲电加成反应。

2）不饱和度

烯烃和炔烃的通式分别为 C_nH_{2n} 和 C_nH_{2n-2}，不饱和度分别为 1 和 2。

2. 烯烃和炔烃的异构和命名

烯烃和炔烃的异构都有属于构造异构的碳架异构和不饱和键所在的位置异构。炔烃的异构比烯烃简单，烯烃有属于构型异构的顺反异构，炔烃没有顺反异构。

烯烃和炔烃的命名及书写如下：选择含双键或叁键在内的最长碳链为母体，称某烯或某炔；从距双键或叁键最近的一端开始给碳链编号，把双键或叁键碳原子中较小的编号用阿拉伯数字标在母体名称“烯”或“炔”字的前面，表示双键或叁键的位置；把取代基及取代基位置的编号放在烯烃或炔烃母体的前面；烯烃中双键有不同构型时，把构型标在最前面。

烯烃的构型异构可以用顺、反或 Z、E 表示。但顺、反和 Z、E 之间没有任何对应关系。

3. 烯烃的化学反应

1）离子型加成反应

(1) 加卤化氢。特点：反应经碳正离子中间体，分两步进行，产物符合马氏规则，可能有经碳正离子重排的加成产物。反应活性为 HI＞HBr＞HCl。与 HCl 加成时最好有 $AlCl_3$、$ZnCl_2$ 等 Lewis 酸催化。

(2) 加卤素。特点：反应经卤素鎓离子中间体，分两步进行，得到反式加成产物，一般不发生碳架的重排。反应活性为 $Cl_2>Br_2>I_2$。

(3) 水合反应。特点：反应在酸催化下经碳正离子中间体，分两步进行，相当于双键上加入一分子水，产物为醇，符合马氏规则。反应中容易发生碳架的重排。

(4) 加次卤酸。特点：反应一般也经卤素鎓离子中间体，分两步进行，得到反式加成产物 β-卤代醇，产物符合马氏规则。

2）自由基加成反应

在过氧化物存在下，烯烃与 HBr(仅限 HBr)发生自由基加成反应，对于不对称烯烃，加成产物是反马氏规则的卤代烃。

3）协同的加成反应

协同反应通常是指当反应底物与反应试剂反应生成相应的产物，反应过程中仅有过渡态而没有中间体的反应。

(1) 硼氢化-氧化反应。特点：烯烃的硼氢化-氧化反应是顺式加成反应，经烷基甲硼烷，在碱性条件下被过氧化氢氧化为醇。相当于在双键上以反马氏规则加上一分子水。

(2) 与卡宾的加成。卡宾又称碳烯，通式为 R_2C：(R=H、R、X)。卡宾本身只能作为反应活性中间体存在。烯烃与卡宾以顺式加成，生成环丙烷衍生物。

4) 氧化反应

(1) 高锰酸钾氧化。烯烃与稀、冷高锰酸钾的碱性溶液反应，经五元环中间体生成顺式的邻位二醇。在较高温度或酸性条件下氧化，则碳碳双键发生断裂，根据烯键的结构不同，生成酮或酸。

(2) 过酸氧化。烯烃与过酸反应生成环氧化物，后者在水溶液中开环，生成反式的邻位二醇。

5) 催化加氢

在过渡金属 Pt、Pd、Ni 等催化下，烯烃和氢分子被吸附在催化剂表面，生成相应的加氢产物烷烃。碳碳双键上的取代基增多，加氢速率减慢。

6) 烯键 α-氢的卤化

在光照、加热或自由基引发剂存在下，卤素与烯烃反应，在烯键的 α-位发生自由基卤化反应，生成相应的烯丙基卤代烃。

4. 烯烃的实验室制备

实验室制备烯烃的方法主要有醇在酸作用下脱水和卤代烃在碱作用下脱卤化氢。

5. 共轭二烯的反应

(1) 1,2-加成及 1,4-共轭加成。低温条件下，主要得到动力学控制的 1,2-加成产物；较高反应温度下，主要得到热力学控制的 1,4-加成产物。

(2) Diels-Alder 反应。共轭二烯与亲二烯体经环状过渡态的协同机理进行 1,4-共轭加成，生成六元环化合物。

凡富电子的共轭二烯和缺电子的亲二烯体都有利于 Diels-Alder 反应的进行。

6. 炔烃的化学反应

炔烃的化学反应主要包括炔键上的反应和末端炔烃炔键上活性氢的反应。

1) 炔键上的亲电加成

(1) 加卤化氢。特点：炔烃加卤化氢遵循马氏规则；因卤素原子的吸电子效应，反应可以停留在加一分子卤化氢的阶段，主要生成反式加成产物，加成的速率比烯烃慢。

(2) 加卤素。特点：炔烃与等物质的量的卤素加成生成反式二卤代烯烃，与 2mol 卤素加成生成四卤代烷。加成反应速率比烯烃慢。

(3) 水合反应。在酸和汞盐催化下，炔键水合生成符合马氏规则的加成产物烯醇，烯醇不稳定，立即互变生成羰基化合物醛或酮。链端炔烃生成甲基酮。

2) 硼氢化-氧化反应

炔键的硼氢化-氧化反应机理与烯烃相似，生成反马氏规则的加成产物烯醇，烯醇互变生成相应的醛或酮。链端炔烃生成醛。

3) 炔烃的氧化

炔键经臭氧、高锰酸钾等氧化剂氧化，发生炔键断裂，生成羧酸。

4）炔烃的还原

（1）炔烃催化加氢一般很难停留在烯烃的阶段，但用 Lindlar Pd 催化，加氢可以停留在烯键的阶段，得到顺式烯烃。

（2）炔烃用碱金属在液氨中还原，可以得到反式烯烃。

5）末端炔烃炔键上活性氢的反应

炔键上的氢具有一定的酸性，可以与强碱作用生成相应的金属炔化物。后者是能提供碳负离子的强碱，也是一个很强的亲核试剂。

7. 炔烃的制备

炔烃的制备方法主要有邻二卤代烃和偕二卤代烃脱卤化氢，以及乙炔和链端炔烃的烷基化。

8. 共轭效应

共轭效应是共轭体系中的电子离域共享作用，共轭效应用 C 表示。+C 表示给电子的共轭效应，−C 表示吸电子的共轭效应。有 π-π 共轭、p-π 共轭、σ-π 超共轭和 σ-p 超共轭。

习　题

1. 写出己烯的所有异构体，并用系统命名法命名。
2. 写出共轭的甲基戊二烯的同分异构体，并用系统命名法命名。
3. α-法尼烯是存在于苹果皮或天然蜡中的一种物质，其结构为

请给出它的系统命名。

4. 完成下列反应式，写出主要产物。

（1）$(CH_3)_3CCH{=}CH_2 + HBr \longrightarrow$

（2）$(CH_3)_2C{=}CHCH_3 \xrightarrow[2)\ Zn/H_2O]{1)\ O_3}$

（3）（1-甲基环戊烯，CH_3）$\xrightarrow[2)\ (CH_3)_2S]{1)\ O_3}$

（4）（环己烯）$+ Cl_2/H_2O \longrightarrow$

（5）（环己烯基）$-CH_3 + KMnO_4 \longrightarrow$

（6）$H_3C(H)C{=}C(CH_2CH_3)(CH_3) \xrightarrow{CH_3CO_3H,H_2O}$

（7）$(CH_3)_2C{=}CH_2 \xrightarrow[2)\ H_2O_2,NaOH]{1)\ B_2H_6}$

（8）$CH_3CH{=}CH_2 + HBr \xrightarrow{ROOR}$

（9）（1,3-环己二烯）$+ CH_2{=}CHCHO \xrightarrow{\triangle}$

（10）$CH_3CH_2C{\equiv}CH + H_2O \xrightarrow[H_2SO_4]{HgSO_4}$

5. 写出下列两个反应的主要产物，并给予适当解释。

（1）$HOCH_2CH_2CH_2CH{=}CH_2 + Br_2 \xrightarrow{CH_2Cl_2}$

(2) $HOCH_2CH_2CH_2CH_2CH{=}CH_2 + Br_2 \xrightarrow{CH_2Cl_2}$

6. 己-3-烯与 Br_2 加成，生成不旋光的内消旋体，己-3-烯的构型是什么？

7. 比较下列各组化合物或中间体中哪一个相对较稳定，并给予适当解释。

(1) $(CH_3)_2C{=}CHCH_2CH_3$ 和 $CH_3CH{=}CHCH(CH_3)_2$

(2) $CH_3\overset{+}{C}HCH_3$ 和 $CH_3\overset{+}{C}HCH_2Cl$

(3) 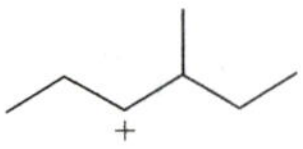 [碳正离子结构] 和 [碳正离子结构]

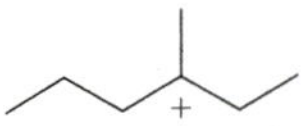

(4) (*E*)-丁-2-烯和 2-甲基丁-2-烯

(5) (*Z*)-己-2-烯和(*E*)-己-2-烯

(6) 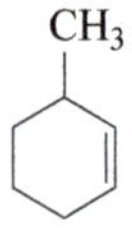 3-甲基环己烯 和 1-甲基环己烯

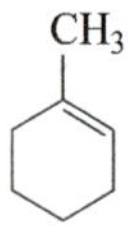

8. 利用化学方法区别下列各组化合物。

(1) $CH_3CH_2C{\equiv}CCH_3$, $CH_3(CH_2)_3C{\equiv}CH$, $CH_3CH{=}CHCH{=}CH_2$

(2) 环己-1,3-二烯, 亚甲基环己烯(=CH_2)

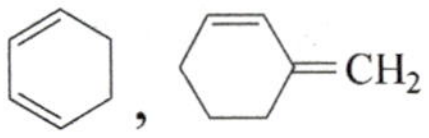

9. 写出顺-2,3-二氘代丁-2-烯和反-2,3-二氘代丁-2-烯发生硼氢化-氧化反应的产物。

10. 完成下列反应式，写出主要产物。

(1) $H_2C{=}C(CH_3){-}C(CH_3){=}CH_2 + HBr \longrightarrow$

(2) $CH_3CH{=}CH{-}CH{=}CH_2 + HBr \xrightarrow{ROOR}$

(3) $CH_3C{\equiv}CCH_3 + D_2 \xrightarrow{Lindlar\ Pd}$

(4) $C_6H_5CH{=}CH{-}CH{=}CH_2 + Br_2(1mol) \longrightarrow$

(5) 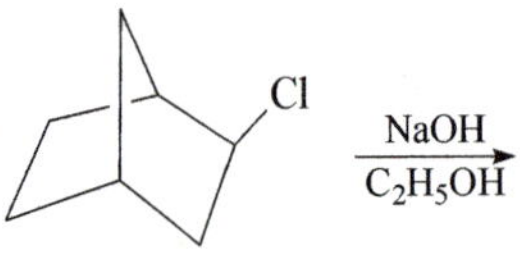 2-氯降冰片烷（Cl） $\xrightarrow[C_2H_5OH]{NaOH}$

(6) 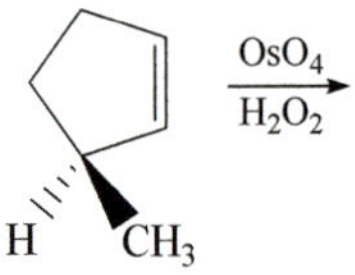 3-甲基环戊烯（H, CH_3） $\xrightarrow[H_2O_2]{OsO_4}$

(7) 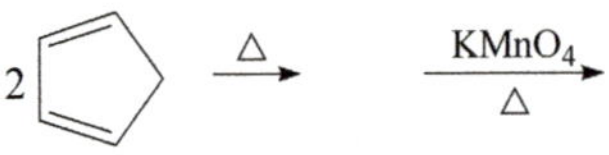 2 环戊二烯 $\xrightarrow{\triangle}$ $\xrightarrow[\triangle]{KMnO_4}$

11. 用反应机理解释下列实验事实。

(1) $(CH_3)_2CHCH{=}CH_2 + HBr \longrightarrow (CH_3)_2CBrCH_2{-}CH_3 + (CH_3)_2CHCHBr{-}CH_3$

(2) 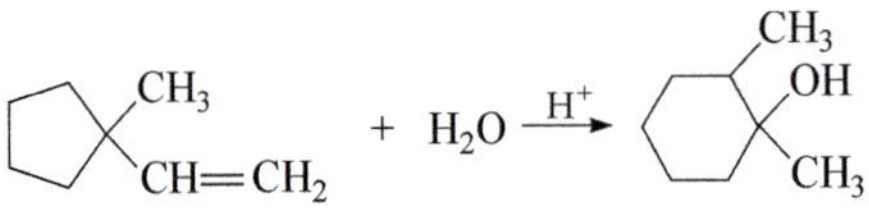 1-甲基-1-乙烯基环戊烷（CH_3, $CH{=}CH_2$） $+ H_2O \xrightarrow{H^+}$ 1,2-二甲基环己醇（CH_3, OH, CH_3）

12. 写出下列反应的产物。

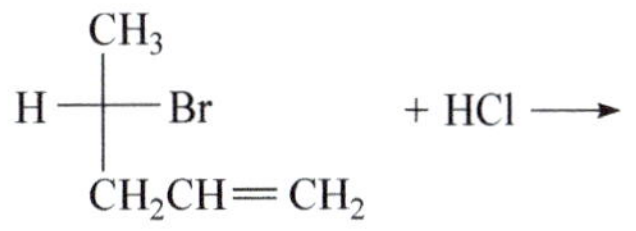

(Fischer 投影式：上 CH_3，左 H，右 Br，下 $CH_2CH=CH_2$) $+ HCl \longrightarrow$

13. 对下列反应提出合理的反应机理。

(1) 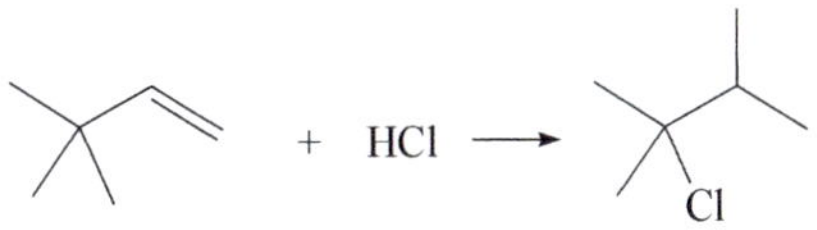 Cl

(2) 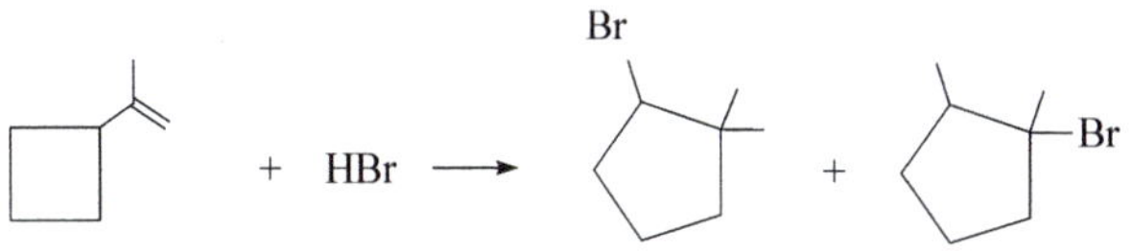 $+ HBr \longrightarrow$ Br + Br

(3) $CH=CH_2$, CH_3 $+ H_2O \xrightarrow{H_2SO_4}$ OH, CH_3, CH_3

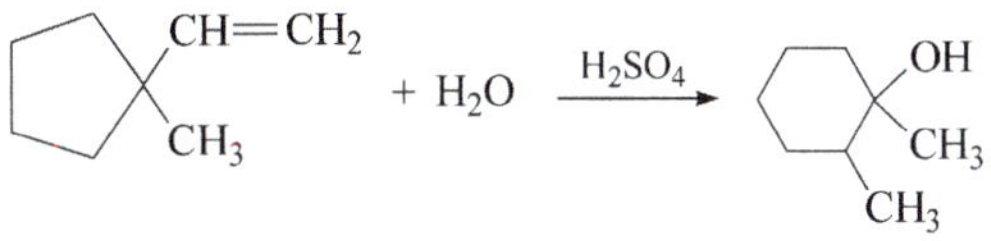

14. 由烯烃经过 O_3 氧化和$(CH_3)_2S$处理分别得到下列化合物 A 和 B，推出对应于化合物 A 和 B 的前体烯烃的结构。

A：O　O

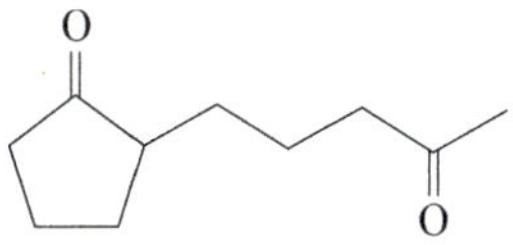

B：O=C(H)　C(H)=O

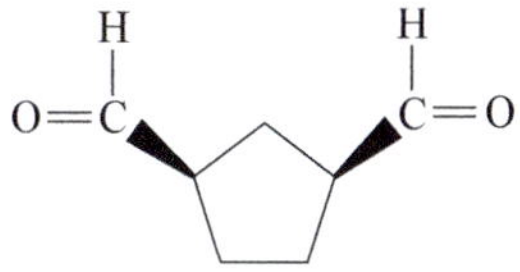

15. 用反应机理对下列反应结果提出合理的解释。

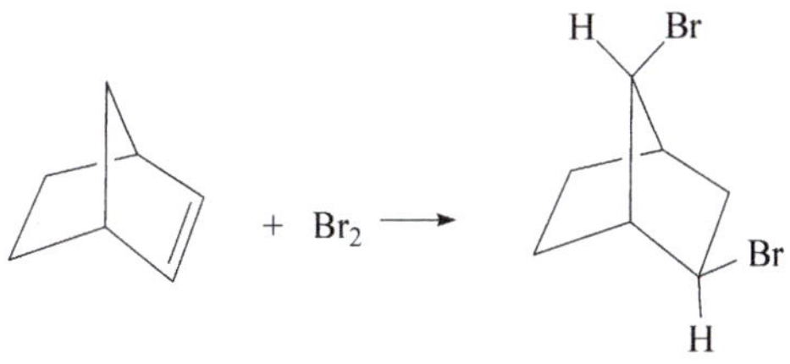

$+ Br_2 \longrightarrow$ H Br　Br　H

16. 讨论 2-甲基丁-1,3-二烯与 HBr 发生 1,4-共轭加成反应的中间体和产物。

17. 用反应机理解释下列反应结果。

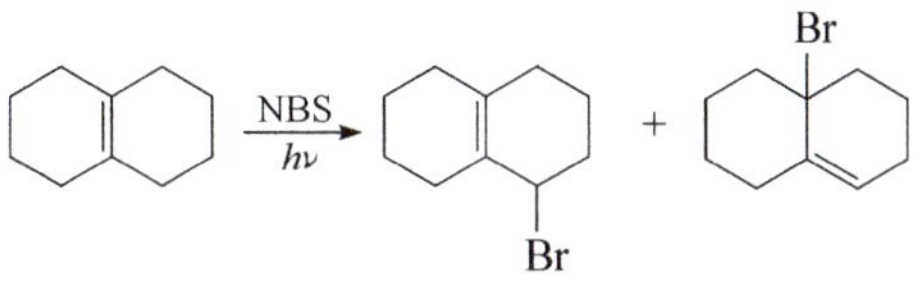

$\xrightarrow[h\nu]{NBS}$ Br + Br

18. 以乙炔为起始原料，用必要的无机和有机试剂合成下列化合物。

(1) 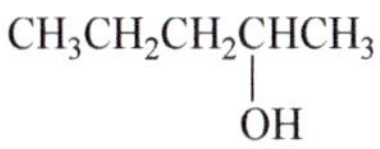 $CH_3CH_2CH_2CH(OH)CH_3$　　(2) $CH_3CH_2CH_2CH_2C(=O)CH_3$

(3) $CH_3CH_2CH(Br)CH_2Br$　　(4) 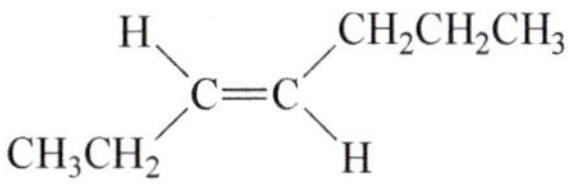 (H)(CH_3CH_2)C=C($CH_2CH_2CH_3$)(H)

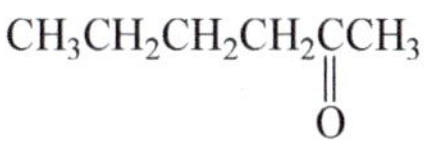

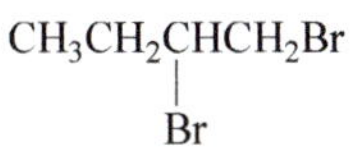

19. 推测下列化合物的结构。

(1) 化合物 **A**，分子式为 $C_{15}H_{24}$，催化氢化可以吸收 4mol H_2，得到下列还原产物 $(CH_3)_2CHCH_2CH_2CH_2CH(CH_3)CH_2CH_2CH_2CH(CH_3)CH_2CH_3$。**A** 经臭氧化-还原性水解后，得到两分子 CH_2O、一分子 CH_3COCH_3、一分子 $CH_3CH_2COCH_2CHO$ 和一分子 $OHCCH_2CH_2COCHO$。试推出化合物 **A** 的结构(不考虑构型)。

(2) 化合物 **A**，分子式为 C_6H_{12}，能使 Br_2/CCl_4 溶液褪色，A 经热的酸性高锰酸钾溶液氧化得到 C_4H_9COOH，此酸可以拆分为一对对映异构体。试推测 **A** 的结构，并用反应式表示其反应。

(3) 某碳氢化合物 **A**，分子式为 C_8H_{12}，能使 $KMnO_4$ 溶液及 Br_2/CCl_4 溶液褪色，与 $HgSO_4/H_2SO_4$ 溶液反应得一羰基化合物，与氯化亚铜的氨溶液反应生成砖红色沉淀，经臭氧化后，用水处理得环己基甲酸(环己基—COOH)。试推测 **A** 的结构，并用反应式表示各步反应。

20. 某不饱和烃化合物 **A**，分子式为 C_8H_{12}，有光学活性，催化加氢后得到没有光学活性的化合物 **B**，分子式为 C_8H_{18}。在 Lindlar Pd 催化下，**A** 加氢得到 **C**，分子式为 C_8H_{14}，有光学活性。而 **A** 与 Na/液氨反应，则得到没有光学活性的 **D**。试推测 **A**～**D** 的结构，并写出相应的反应式。

第 6 章 脂肪族卤代烃

主要内容

➢卤代烃的结构特征、分类和命名。

➢卤代烃的物理性质和化学性质。

➢以卤代烃为反应底物，饱和碳原子上的亲核取代反应的特征；S_N1 和 S_N2 反应机理，影响 S_N1 和 S_N2 反应的主要因素和产物的立体化学特征。

➢以卤代烃为反应底物，E1 和 E2 反应的特征；影响 E1 和 E2 反应的因素，消除反应的立体化学要求，消除产物的择向性及构型特征。

➢亲核取代反应和消除反应的竞争。

➢格氏试剂和二烃基铜锂的制备，卤代烃的还原等相关反应。

➢乙烯式卤代烃和烯丙式卤代烃的结构特征和反应活性。

卤代烃(halohydrocarbons)是指烃分子中的一个或几个氢原子被卤素原子取代后生成的化合物总称。脂肪族一卤代烃的通式为 RX，卤原子是卤代烃的官能团。相对来说，卤代烃中以氯代烃和溴代烃最为重要。卤代烃主要为人工合成产物，自然界只有在海洋生物中存在少数某些卤代烃。

6.1 卤代烃的结构、分类和命名

6.1.1 卤代烃的结构

卤代烃中卤原子直接与碳原子相连，由于卤原子的电负性比碳原子大，生成的 C—X 键为极性共价键，共价键的一对电子偏向卤原子一边，卤原子带部分负电荷，与卤原子相连的碳原子(称为 α-碳原子)带部分正电荷($C^{\delta+}—X^{\delta-}$)。一氟甲烷的电子云密度分布图如图 6-1 所示，一氯甲烷的电子云密度分布与一氟甲烷相似。

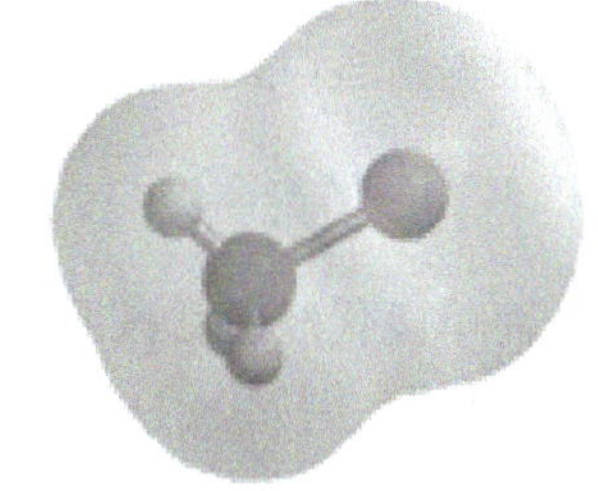

图 6-1 一氟甲烷的电子云密度分布图

卤代烃中 C—X 键具有一定的偶极矩。在多原子分子中，分子的偶极矩是该分子中各个键的偶极矩的矢量和。卤代甲烷与甲烷都具有四面体的结构，因此四卤代甲烷的偶极矩为零。各卤代甲烷的偶极矩见表 6-1。

表 6-1　卤代甲烷的偶极矩　（单位：D）

X	CH_3X	CH_2X_2	CHX_3	CX_4
F	1.82	1.97	1.65	0
Cl	1.94	1.60	1.03	0
Br	1.79	1.45	1.02	0
I	1.64	1.11	1.00	0

分子的偶极矩对分子的物理性质和化学性质有直接的影响。

6.1.2　卤代烃的分类

卤代烃主要根据与卤原子相连的烃基结构的不同分类。卤原子与脂肪烃基相连的称为脂肪族卤代烃，脂肪族卤代烃又可以按烃基是饱和或不饱和分为饱和卤代烃或不饱和卤代烃。例如

$CH_3CH_2CH_2Cl$　　$CH_3CH{=}CHCl$　　$CH_3C{\equiv}CCH_2Cl$

饱和卤代烃　　不饱和卤代烃

卤原子直接与芳香环相连的称为芳香族卤代烃。

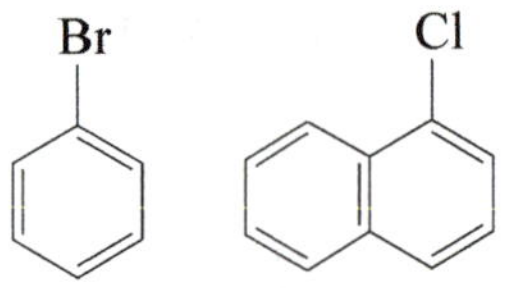

Br　Cl

芳香族卤代烃

根据所含卤原子数目不同，卤代烃可分为一卤代烃和多卤代烃。对于一卤代烃，根据卤原子连接的碳原子为伯碳原子、仲碳原子或叔碳原子，分别称为伯卤代烃、仲卤代烃或叔卤代烃。例如

RCH_2X	R_2CHX	R_3CX
伯卤代烃	仲卤代烃	叔卤代烃

根据所含卤素不同，卤代烃又可分为氟代烃、氯代烃、溴代烃和碘代烃。

6.1.3　卤代烃的命名

简单卤代烃通常按照普通命名法命名，根据与卤原子相连的烃基不同称为“某基卤”或“卤(代)某烃”。例如

$CH_3CH_2CH_2I$	$CH_2{=}CHCH_2Br$	$(CH_3)_2CHCH_2CH_2Cl$
(正)丙基碘 (*n*-propyl iodide)	烯丙基溴 (allyl bromide)	异戊基氯 (isopentyl chloride)

CH_3CH_2Cl　　　　$CH_2{=}CHBr$　　　　C_6H_5—Cl

氯乙烷 (ethyl chloride)　　溴乙烯 (vinyl bromide)　　氯苯 (chlorobenzene)

普通命名法只适用于简单的卤代烃，比较复杂的卤代烃都必须按照系统命名法命名。一般选择含有卤原子的最长碳链为主链，而把卤素作为烃的取代基，然后按烃的命名原则命名。对于不饱和卤代烃，也是将卤素作为取代基，遵循不饱和烃的命名原则命名，编号时使不饱和键的位次为最低。若有立体构型，则将构型标在名称的最前面。例如

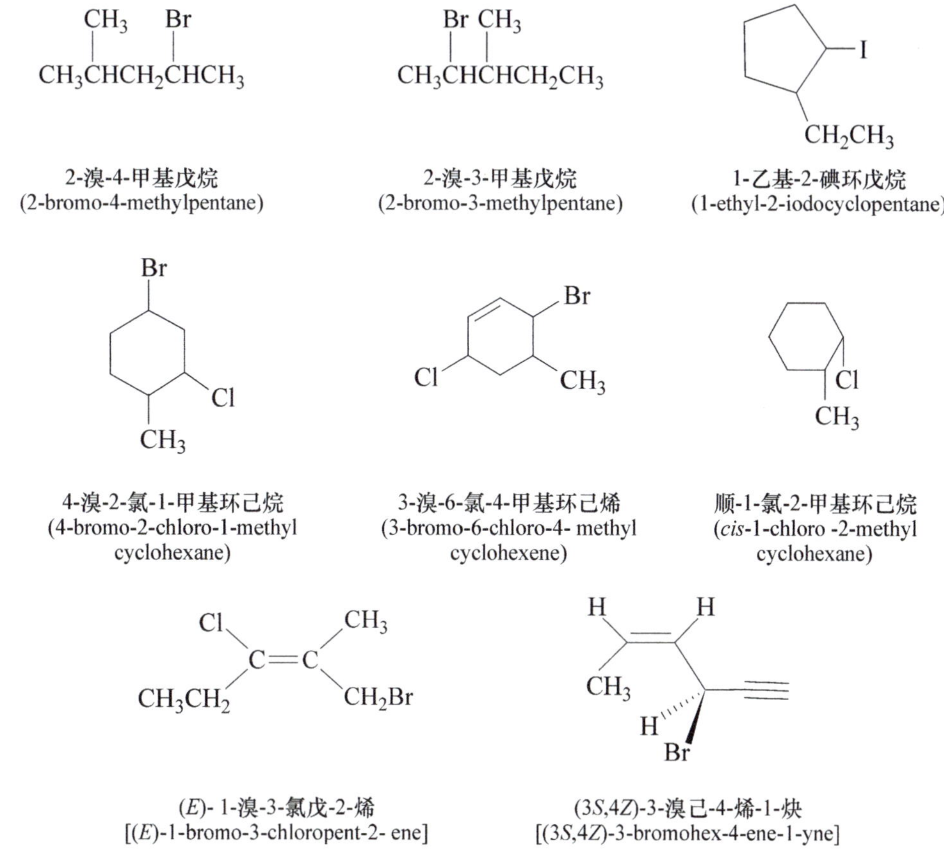

2-溴-4-甲基戊烷 (2-bromo-4-methylpentane)　　2-溴-3-甲基戊烷 (2-bromo-3-methylpentane)　　1-乙基-2-碘环戊烷 (1-ethyl-2-iodocyclopentane)

4-溴-2-氯-1-甲基环己烷 (4-bromo-2-chloro-1-methyl cyclohexane)　　3-溴-6-氯-4-甲基环己烯 (3-bromo-6-chloro-4- methyl cyclohexene)　　顺-1-氯-2-甲基环己烷 (*cis*-1-chloro -2-methyl cyclohexane)

(*E*)- 1-溴-3-氯戊-2-烯 [(*E*)-1-bromo-3-chloropent-2- ene]　　(3*S*,4*Z*)-3-溴己-4-烯-1-炔 [(3*S*,4*Z*)-3-bromohex-4-ene-1-yne]

某些多卤代烃经常使用俗名。例如，三氯甲烷($CHCl_3$)常称为氯仿(chloroform)。

问题 6-1　写出 $C_5H_{11}Cl$ 的所有同分异构体，并用系统命名法命名。

问题 6-2　用系统命名法命名下列化合物。

(1) $(CH_3)_3CCH_2Br$

(2) $CH_3CHC(CH_2CH_3)(Br)CH_2CH_2CH_3$（$CH_3CH(Br)C(Br)(CH_2CH_3)CH_2CH_2CH_3$）

(3) 环己烷，取代基 CH_3、CH_2Br

(4) 环己烷，取代基 Cl、Cl

6.2 卤代烃的物理性质及波谱特征

由于卤代烃比相同碳原子数烷烃的相对分子质量大，并且 C—X 键的存在使分子的极性增大，因此卤代烃的沸点都比相应的烷烃高。大多数卤代烃在室温下为液体，少数卤代烃如氯甲烷、溴甲烷、氯乙烷、氯乙烯和 C_4 以下的一氟卤代烃等为气体，高级卤代烃则为固体。对于烃基相同的卤代烃，沸点随卤素原子的不同以及相对分子质量的增加而升高。在链状卤代烃的同分异构体中，支链分子的沸点比直链低，支链越多，沸点越低。卤代烃的相对密度比相应的烷烃大，除链状的一氟代烃、一氯代烃的相对密度小于 1，比水轻外，溴代烃和碘代烃及多卤代烃的相对密度都大于 1，比水重。常见卤代烃的沸点和相对密度见表 6-2。

表 6-2　常见卤代烃的沸点和密度

化合物	结构式	沸点/℃	相对密度
氟甲烷(fluoromethane)	CH_3F	−78.4	0.84^{-60}
氯甲烷(chloromethane)	CH_3Cl	−23.8	0.9^{22}
溴甲烷(bromomethane)	CH_3Br	3.6	1.73^{0}
碘甲烷(iodomethane)	CH_3I	42.5	2.28^{20}
氟乙烷(fluoroethane)	CH_3CH_2F	−37.7	0.72^{20}
氯乙烷(chloroethane)	CH_3CH_2Cl	13.1	0.91^{15}
溴乙烷(bromoethane)	CH_3CH_2Br	38.4	1.46^{20}
碘乙烷(iodoethane)	CH_3CH_2I	72.3	1.95^{20}
1-氟丙烷(1-fluoropropane)	$CH_3CH_2CH_2F$	−2.5	0.78^{-3}
1-氯丙烷(1-chloropropane)	$CH_3CH_2CH_2Cl$	46.6	0.89^{20}
1-溴丙烷(1-bromopropane)	$CH_3CH_2CH_2Br$	70.8	1.35^{26}
1-碘丙烷(1-iodopropane)	$CH_3CH_2CH_2I$	102.5	1.74^{20}
氟乙烯(fluoroethylene)	$CH_2{=}CHF$	−72	0.68^{26}
氯乙烯(chloroethylene)	$CH_2{=}CHCl$	−13.9	0.91^{20}
溴乙烯(bromoethylene)	$CH_2{-}CHBr$	15.6	1.52^{14}
碘乙烯(iodoethylene)	$CH_2{=}CHI$	56	2.04^{20}
3-氯丙-1-烯(3-chloroprop-1-ene)	$CH_2{=}CHCH_2Cl$	45	0.94^{20}
3-溴丙-1-烯(3-bromoprop-1-ene)	$CH_2{=}CHCH_2Br$	70	1.40^{20}
3-碘丙-1-烯(3-iodoprop-1-ene)	$CH_2{=}CHCH_2I$	102	1.84^{22}
氟苯(fluorobenzene)	C_6H_5F	85	1.02^{20}
氯苯(chlorobenzene)	C_6H_5Cl	132	1.10^{20}
溴苯(bromobenzene)	C_6H_5Br	155.5	1.52^{20}
碘苯(iodobenzene)	C_6H_5I	188.5	1.82^{20}
二氯甲烷(dichloromethane)	CH_2Cl_2	40	1.34^{20}
三氯甲烷(chloroform)	$CHCl_3$	61	1.49^{20}
四氯甲烷(tetrachloromethane)	CCl_4	77	1.60^{20}

卤代烃不溶于水，可溶于多种有机溶剂，如脂肪烃、芳烃、醚、醇、乙酸乙酯等。由于卤代烃能溶解多种有机化合物，因此三氯甲烷、二氯甲烷等常作为有机溶剂使用，但是卤代烃如氯仿、四氯化碳等会引起肝脏慢性中毒，还可能有致癌作用，使用时应特别注意。

在卤代烃的^{1}H NMR 谱中，由于卤素的电负性比碳原子大，直接与卤原子相连的碳原子(α-碳原子)上的电子密度减小，因此该碳原子上的质子受到的屏蔽效应也减小，质子的化学位移向低场移动，且化学位移值随卤原子电负性的增加而增加。例如

	F—C—$\underline{H}$	Cl—C—$\underline{H}$	Br—C—$\underline{H}$	I—C—$\underline{H}$
δ	4~4.5	3~4	2.5~4	2.5~4

对于卤代烃的^{13}C NMR 谱，有

	—$\underline{C}$—Cl	—$\underline{C}$—Br
δ	20～40	25～50

卤代烃的红外光谱中，因为 C—X 键的伸缩振动吸收都在指纹区，所以没有实际上的鉴定意义。

在卤代烃的质谱(MS)中，最值得注意的是同位素峰。在溴代烃的质谱中，M+2 处会出现强度与 M 峰几乎相等的同位素峰；而在氯代烃的质谱中，M+2 处会出现强度为 M 峰强度 1/3 的同位素峰，它们在判断分子中是否含有溴原子或氯原子时相当有用。

6.3　卤代烃的亲核取代反应

卤原子是卤代烃的官能团，卤代烃的化学反应主要发生在碳卤键(C—X)上。由于碳卤键是碳原子带部分正电荷、卤素原子带部分负电荷($C^{\delta+}—X^{\delta-}$)的极性共价键，这种共价键容易在极性试剂的作用下发生异裂，结果卤原子被其他原子或基团取代，生成各种类型的化合物。这里直接与卤原子相连的、带部分正电荷的碳原子是反应的中心碳原子(α-碳原子)，极性试剂通常是带有负电荷的离子或带有未共用电子对的中性分子，称为亲核试剂(nucleophilic reagent)。其反应通式为

$$Nu^- + R—X \longrightarrow R—Nu + X^-$$

式中，R—X 称为反应底物(substrate)；Nu^- 为亲核试剂；X^- 为反应中被取代的基团，称为离去基团(leaving group)。反应时，亲核试剂进攻卤代烃中带部分正电荷的中心碳原子，且提供未共用电子对与碳原子生成新的共价键，而卤代烃中的碳卤键发生共价键的异裂，卤原子带着碳卤键中的一对共价电子离去。这种带部分正电荷的碳原子上的原子或基团在亲核试剂的进攻下被取代的反应称为亲核取代(nucleophilic substitution，简写为 S_N，S 代表取代，N 代表亲核)反应。反应式中的弯箭头表示电子转移的方向，箭头所指的位置是将要生成新的共价键或形成孤电子对的位置。

卤代烷(haloalkane)能与多种亲核试剂反应，分子中的卤原子被不同的原子或基团取代，从而生成不同类型的化合物，因此亲核取代反应是十分重要的反应。

常见的负离子亲核试剂有 HO^-、RO^-、CN^-、X^-、NH_2^-、O_2NO^-、$R'C\equiv C^-$ 等，实际使用时是用它们相应的碱金属化合物或金属盐。

$$\underset{\text{卤代烷}}{RX} + \underset{\text{氢氧化钠}}{NaOH} \longrightarrow \underset{\text{醇}}{ROH} + NaX$$

$$\underset{\text{卤代烷}}{RX} + \underset{\text{醇钠}}{R'ONa} \longrightarrow \underset{\text{醚}}{ROR'} + NaX$$

$$\underset{\text{卤代烷}}{RX} + \underset{\text{氰化钠}}{NaCN} \longrightarrow \underset{\text{腈}}{RCN} + NaX$$

$$\underset{\text{卤代烷}}{RX} + \underset{\text{氨基钠}}{NaNH_2} \longrightarrow \underset{\text{胺}}{RNH_2} + NaX$$

$$\underset{\text{卤代烷}}{RX} + \underset{\text{炔化钠}}{R'C{\equiv}CNa} \longrightarrow \underset{\text{炔}}{R'C{\equiv}CR} + NaX$$

$$\underset{\text{卤代烷}}{RX} + \underset{\text{硝酸银}}{AgONO_2} \longrightarrow \underset{\text{硝酸酯}}{RONO_2} + AgX\downarrow$$

卤素离子作为亲核试剂时，发生卤素的交换。由于碘化钠溶于丙酮，而溴化钠和氯化钠不溶于丙酮，因此异丙基溴与碘化钠/丙酮（NaI/CH_3COCH_3）溶液反应，可以得到异丙基碘，生成的溴化钠则从丙酮中沉淀出来。

$$\underset{\text{异丙基溴}}{CH_3\underset{|\atop Br}{C}HCH_3} + \underset{\text{碘化钠}}{NaI} \xrightarrow{CH_3COCH_3} \underset{\text{异丙基碘}}{CH_3\underset{|\atop I}{C}HCH_3} + \underset{\text{溴化钠}}{NaBr\downarrow}$$

常见的中性分子作为亲核试剂的有 H_2O、$R'OH$、NH_3、$R'NH_2$ 等。

$$\underset{\text{卤代烷}}{RX} + \underset{\text{水}}{H_2O} \longrightarrow \underset{\text{醇}}{ROH} + HX$$

$$\underset{\text{卤代烷}}{RX} + \underset{\text{醇}}{R'OH} \longrightarrow \underset{\text{醚}}{ROR'} + HX$$

$$\underset{\text{卤代烷}}{RX} + \underset{\text{氨}}{NH_3} \longrightarrow \underset{\text{胺}}{RNH_2} + HX$$

问题 6-3　写出正溴丁烷与下列试剂反应的产物。

(1) KOH/H_2O　(2) $NaCN/H_2O$　(3) C_2H_5ONa/C_2H_5OH

(4) $AgNO_3/C_2H_5OH$　(5) NaI/CH_3COCH_3

在众多的有机化学反应机理中，饱和碳原子上的亲核取代反应是相对研究得较多、较成熟的反应机理。有机化学家从反应动力学、反应的立体化学、反应底物的结构、亲核试剂的性质、离去基团的性质及溶剂对反应速率的影响等方面对亲核取代反应进行了系统的研究，然后在大量实验事实的基础上，首先由英国化学家 Ingold C K 和 Hugkes E D 推测出两种典型的亲核取代反应机理，即双分子亲核取代（S_N2）反应和单分子亲核取代（S_N1）反应。

6.3.1　双分子亲核取代(S_N2)反应机理

在双分子亲核取代反应中，亲核试剂（Nu^-）从离去基团（L）的背面进攻中心碳原子。当亲核试剂与中心碳原子之间逐渐成键时，离去基团与中心碳原子之间的键逐渐断裂，新键的形成和旧键的断裂是同步进行的协同过程。从这个意义上说，可以认为离去基团是被亲核试剂赶下去的，其反应过程如图 6-2 所示。

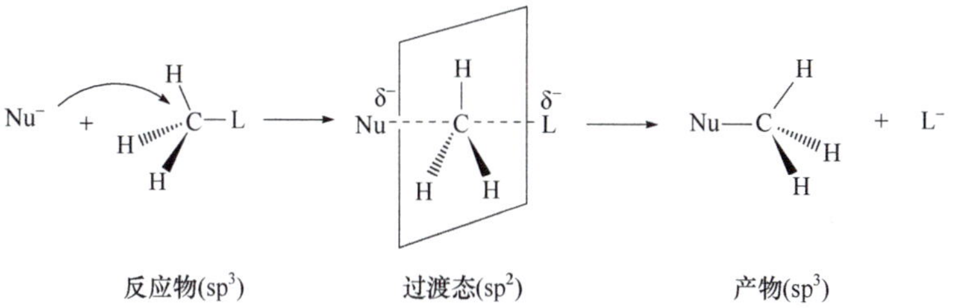

反应物(sp^3)　　过渡态(sp^2)　　产物(sp^3)

图 6-2　双分子亲核取代(S_N2)反应示意图

反应经过一个过渡态，在过渡态中，中心碳原子为 sp^2 杂化，与其他原来相连的原子(或基团)在同一平面内，中心碳原子还有一个垂直于该平面的 p 轨道，该 p 轨道的一侧与亲核试剂 Nu^- 的轨道交盖重叠，而另一侧与离去基团 L 的轨道交盖重叠(图 6-2 过渡态)，因此过渡态中的中心碳原子与亲核试剂和离去基团在同一直线上。

过渡态的势能是整个取代反应中势能的最高点，它与反应底物之间的势能差称为该反应的活化能。

1. S_N2 反应的特征

1) 反应动力学

以溴甲烷碱性水解为例，在 80%的 C_2H_5OH/H_2O 溶液中反应时，测得其反应速率(v)同时与溴甲烷的浓度和碱(HO^-)的浓度成正比，在动力学上为二级反应。

$$CH_3Br + HO^- \longrightarrow CH_3OH + Br^-$$

$$v = k_2[CH_3Br][HO^-]$$

式中，k_2 为反应速率常数。在 S_N2 反应中，从反应物到产物只经过一个过渡态，因此为一步反应。S_N2 反应的势能曲线如图 6-3 所示，图中 E_{act} 为反应活化能。

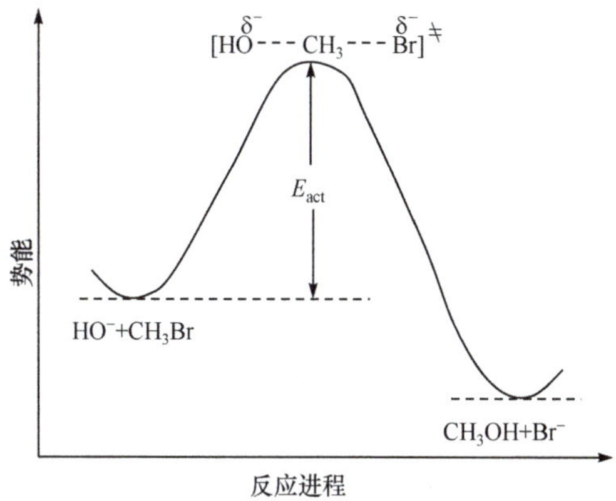

图 6-3　双分子亲核取代(S_N2)反应进程势能曲线图

2）立体化学

在 S_N2 反应中，亲核试剂可以从离去基团的同一边或离去基团的背面进攻中心碳原子。若从离去基团的同一边进攻，则亲核试剂与带部分负电荷的离去基团之间，除空间障碍外，还因同种电荷相互排斥使反应活化能升高，不利于反应的进行。若从离去基团的背面进攻，则反应活化能较低，容易形成相对较稳定的过渡态，反应易于进行。Ingold 等用旋光的 2-碘辛烷与同位素碘负离子反应，实验中测得同位素碘在反应中的交换速率 k_2 和外消旋化的速率 k'_2 分别为 $(13.6\pm1.1)\times10^{-4}\,mol^{-1}\cdot L\cdot s^{-1}$ 和 $(26.2\pm0.3)\times10^{-4}\,mol^{-1}\cdot L\cdot s^{-1}$，其 k_2 与 k'_2 的比约为 1∶2。实验结果与在 S_N2 反应中亲核试剂从离去基团的背面进攻中心碳原子的假设相符合。因为当一分子反应物发生了构型翻转的碘交换的亲核取代反应后，外消旋化时还必须用掉另一分子没有反应的原构型分子，所以外消旋化的速率为碘交换的亲核取代反应速率的 2 倍。

I^{*-} + $CH_3(CH_2)_5$(H)(CH_3)C—I ⟶ I^*—C(H)(CH_3)$(CH_2)_5CH_3$ + I^-

(S)-2-碘辛烷　　　　(R)-2-碘辛烷

在 S_N2 反应中，中心碳原子由反应底物时的 sp^3 杂化转变为过渡态时的 sp^2 杂化，这时亲核试剂与离去基团分布在中心碳原子的两边，且与中心碳原子处在同一直线上，中心碳原子与它上面的其他三个基团处于同一平面内。随着反应的进行，这三个基团由原来靠近亲核试剂的一边经过渡态翻转到靠近离去基团的一边，最终离去基团被亲核试剂取代，中心碳原子发生了构型的翻转，这是 S_N2 反应的立体化学特征，可以作为 S_N2 反应机理判断的依据。这种构型的转化称为 Walden 转化（图 6-4）。

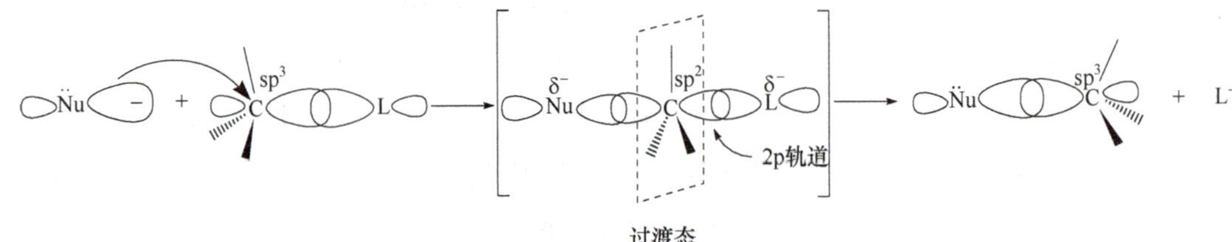

图 6-4　Walden 转化示意图

3）影响 S_N2 亲核取代反应的因素

从双分子亲核取代反应的动力学公式 $v=k_2[R—L][Nu^-]$ 可以看出，反应速率与反应底物 R—L 和亲核试剂 Nu^- 有关。因此，可以分别从反应底物（包括烃基的结构和离去基团的性质）和亲核试剂两方面讨论对亲核取代反应的影响。

A. 反应底物中烃基的结构

S_N2 反应是一步反应，反应底物在亲核试剂进攻下，经过渡态转变为产物，过渡态势能的高低直接关系到反应活化能的大小，过渡态势能越低就越稳定，反应的活化能就越低，反应越容易进行，反应速率越快。在过渡态中，由于有五个基团排布在中心碳原子的周围，相对于反应底物来说，空间变得更加拥挤，导致过渡态的势能升高，反应活化能增大。因此，对于反应底物，因烃基结构不同而导致的空间因素对 S_N2 反应的活性有重要影响。当中心碳原子上的氢被烷基取代后，亲核试剂从离去基团的背面进攻中心碳原子时的空间位阻增加，过渡态势能升高，反应活化能增大，反应速率减小。

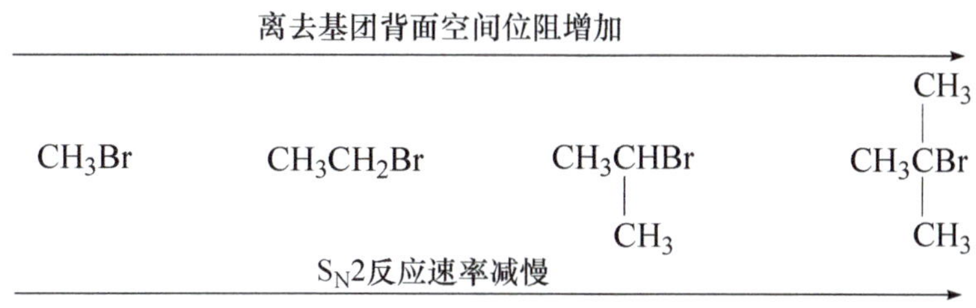

例如

$$R—Br + Li—I \longrightarrow R—I + Li—Br$$

R	CH_3	CH_3CH_2	$(CH_3)_2CH$	$(CH_3)_3C$
相对反应速率	221 000	1350	1	～0

因此，对反应底物为伯、仲、叔卤代烃而言，其 S_N2 反应的活性次序为

$$CH_3—L>RCH_2—L>R_2CH—L>R_3C—L$$

同理，若中心碳原子邻位碳原子（β-碳原子）上的支链增加，也由于亲核试剂进攻中心碳原子时的空间位阻增加，因此 S_N2 反应的活性降低，反应速率减慢。例如，β-碳原子上不同支链的伯溴代烷发生乙醇溶剂解反应的相对速率为

	CH_3CH_2Br	$CH_3CH_2CH_2Br$	$(CH_3)_2CHCH_2Br$	$(CH_3)_3CCH_2Br$
相对反应速率	1.0	0.28	0.030	0.000 000 42

卤代烃与碘化钠的丙酮溶液发生卤素交换的亲核取代反应通常按 S_N2 机理进行。

$$\underset{\displaystyle Br}{CH_3\underset{|}{C}HCH_3} + NaI \xrightarrow[63\%]{丙酮} \underset{\displaystyle I}{CH_3\underset{|}{C}HCH_3} + NaBr\downarrow$$

因此，反应速率为伯卤代烃>仲卤代烃>叔卤代烃。由于碘化钠溶于丙酮，而氯化钠或溴化钠不溶于丙酮，因此利用氯化钠或溴化钠在丙酮中沉淀的生成速率不同可以区别伯、仲、叔卤代烃。

问题 6-4　将下列溴代烃按 S_N2 反应的活性大小排序。

1-溴-2-甲基丁烷，1-溴-3-甲基丁烷，2-溴-2-甲基丁烷，1-溴戊烷

问题 6-5　写出下列反应产物，并解释原因。

(1) (R)-$CH_3\underset{\underset{\displaystyle Br}{|}}{C}HCH_2CH_3 + CH_3O^- \longrightarrow$

(2) (cyclohexane ring bearing CH_3, Br on top carbons and H, H on bottom) $+ HO^- \longrightarrow$

B. 离去基团

离去基团是反应底物的构成部分，因此离去基团的离去能力直接与亲核取代反应的速率有关。在 S_N2 反应中，离去基团在亲核试剂对中心碳原子进攻的同时逐渐离开中心碳原子，这里发生了 C—L 键的异裂，L 带着一对共价电子以 L^- 形式离去。因此，若 C—L 键弱，且 L 有较强的承受负电荷的能力，容易以 L^- 形式离去，是好的离去基团；若 C—L 键强，且 L 对负电荷的承受能力较弱，不容易以 L^- 形式离去，是差的离去基团。L 对负电荷的承受能力与 L^- 的碱性有关，L 承受负电荷的能力强，即 L^- 相对较稳定，其碱性相对较弱。因此，离去基团 L^- 的碱性越弱，越容易离去，是好的离去基团。由于卤素负离子的碱性次序为 $I^- < Br^- < Cl^- < F^-$，因此离去能力为 $I^- > Br^- > Cl^- > F^-$。对于不同卤素的卤代烃，其亲核取代反应的活性次序为

$$R—I > R—Br > R—Cl > R—F$$

碘代烃的反应率最快，氟代烃最慢。例如

$$RCH_2X + HO^- \longrightarrow RCH_2OH + X^-$$

X	F	Cl	Br	I
相对反应速率	1	200	10 000	30 000

若离去基团的碱性较强，如 HO^-、RO^- 和 NH_2^- 都是强碱，它们都不是好的离去基团，在亲核取代反应中，它们都难以直接被其他亲核试剂取代。这种情况下，需要将它们转变为好的离去基团，才能使取代反应顺利进行。

C. 亲核试剂

在 S_N2 反应中，离去基团是在亲核试剂对中心碳原子的亲核进攻下逐渐离去的，因此亲核试剂的亲核能力直接与取代反应的速率有关。

亲核试剂可以是带有负电荷的离子或带有未共用电子对的中性分子。在多数情况下，试剂的亲核性与其碱性大小的顺序一致。若亲核试剂中的亲核原子为同周期元素，则亲核性大小顺序与碱性强弱顺序相同，如 $CH_3^- > H_2N^- > HO^- > F^-$。但亲核性与碱性毕竟不完全一样，试剂的亲核性大小是根据它对亲核取代反应速率的影响来判断的，而碱性大小是根据它对酸碱平衡位置的影响来判断的，判断的标准不同，结果也不完全相同。

对于同族元素，由于亲核试剂通常是用其负离子相应的盐，而常用的溶剂是水或醇等质子溶剂，在这种质子溶剂中，负离子的亲核性大小与其相应的碱性往往表现为不一致性。相对来说，对于带相同电荷的离子，离子半径小的负电荷更集中，其与溶剂质子生成氢键而溶剂化的能力也强；而离子半径大的负电荷相对较分散，其与溶剂质子生成氢键而溶剂化的能力相对较弱。然而，负离子在发生亲核取代反应前必须克服溶剂分子的溶剂化作用，离子半径大的负离子相对较容易克服溶剂化作用而显得有较强的亲核性。因此，对于同族元素，亲核性有 $I^- > Br^- > Cl^- > F^-$，$RS^- > RO^-$。

离子半径大小增加 →

F^-　　Cl^-　　Br^-　　I^-

在质子溶剂中的亲核性增加 →

← 在非质子溶剂中的亲核性增加

如果反应在非质子溶剂(如 N,N-二甲基甲酰胺、二甲亚砜等)中进行,因为没有生成氢键的溶剂化效应,所以其亲核性为 $I^- < Br^- < Cl^- < F^-$,与负离子的碱性强弱一致。

中性分子的亲核性比相应的共轭碱负离子的亲核性小,如亲核性有 $HO^- > H_2O$、$RO^- > ROH$、$RCOO^- > RCOOH$、$NH_2^- > NH_3$、$RNH^- > RNH_2$。对于相同亲核原子的亲核试剂,碱性大的,亲核性也大,如 $RO^- > RCOO^-$。

在 S_N2 反应中,亲核试剂的空间因素也影响其亲核性,空间位阻大的亲核试剂不利于与底物中的中心碳原子接近,表现为较低的亲核能力。例如,烷氧基负离子的亲核能力随烷基体积的增大而减小,即 $CH_3O^- > CH_3CH_2O^- > (CH_3)_2CHO^- > (CH_3)_3CO^-$。

问题 6-6　下列各对 S_N2 反应中,哪一个反应速率较快?

(1) ① $CH_3CH_2CH_2CH_2Br + CH_3OH \longrightarrow CH_3CH_2CH_2CH_2OCH_3 + HBr$

② $CH_3CH_2CH_2CH_2Br + CH_3O^- \longrightarrow CH_3CH_2CH_2CH_2OCH_3 + Br^-$

(2) ① $CH_3CH_2I + {}^-OH \longrightarrow CH_3CH_2OH + I^-$

② $CH_3CH_2I + {}^-SH \longrightarrow CH_3CH_2SH + I^-$

(3) ① $CH_3CH_2I(1.0mol \cdot L^{-1}) + CH_3S^-(1.0mol \cdot L^{-1}) \longrightarrow CH_3CH_2SCH_3 + I^-$

② $CH_3CH_2I(1.0mol \cdot L^{-1}) + CH_3S^-(2.0mol \cdot L^{-1}) \longrightarrow CH_3CH_2SCH_3 + I^-$

(4) ① $CH_3CH_2Br + SCN^- \xrightarrow{C_2H_5OH/H_2O} CH_3CH_2SCN$

② $CH_3CH_2Br + SCN^- \xrightarrow{C_2H_5OH/H_2O} CH_3CH_2NCS$

6.3.2　单分子亲核取代(S_N1)反应机理

在单分子亲核取代反应中,离去基团首先带着一对共价电子以负离子形式(L^-)离开反应底物,这里发生的是共价键的异裂,同时生成碳正离子活泼中间体,因此这一步是反应速率的决定步骤。然后是碳正离子中间体与亲核试剂结合,生成取代产物。因此,单分子亲核取代(S_N1)反应通常分两步进行。

$$R_2-\overset{\overset{\large R}{|}}{\underset{\underset{\large R_1}{|}}{C}}-L \xrightleftharpoons{\text{慢}} R_2-\overset{\overset{\large R}{|}}{\underset{\underset{\large R_1}{|}}{C^+}} + L^-$$

$$Nu^- + R_2-\overset{\overset{\large R}{|}}{\underset{\underset{\large R_1}{|}}{C^+}} \xrightarrow{\text{快}} R_2-\overset{\overset{\large R}{|}}{\underset{\underset{\large R_1}{|}}{C}}-Nu$$

碳正离子中间体中的中心碳原子为 sp^2 杂化的平面结构,空的 p 轨道垂直于 sp^2 杂化轨道所

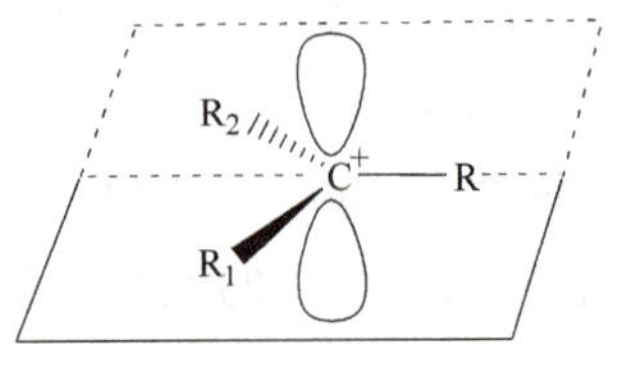

图 6-5 碳正离子的平面结构示意图

在的平面(图 6-5)。

1. S_N1 反应的特征

1) 反应动力学

以叔丁基溴的碱性水解为例,测得其反应速率(v)只与叔丁基溴的浓度成正比,而与碱的浓度无关,因此称为单分子亲核取代反应。

$$(CH_3)_3CBr + HO^- \xrightarrow{H_2O} (CH_3)_3C—OH + Br^-$$

$$v = k_1[(CH_3)_3CBr]$$

叔丁基溴按 S_N1 水解反应的势能曲线如图 6-6 所示。

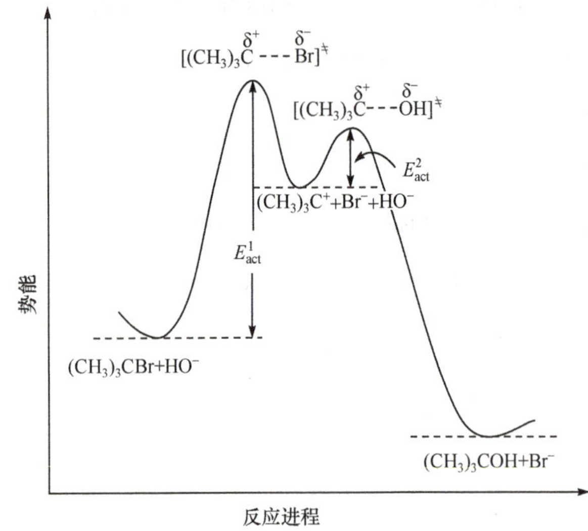

图 6-6 单分子亲核取代(S_N1)反应进程势能曲线图

由图 6 6 可以看出,在单分子亲核取代(S_N1)反应中,经过两个反应过渡态,其反应活化能分别为 E_{act}^1 和 E_{act}^2,碳正离子活性中间体的能量处于能量曲线峰谷的底部,第一步反应要发生 C—Br 键的异裂,是反应速率的决定步骤,第一步的活化能 E_{act}^1 大于第二步的活化能 E_{act}^2,因此整个反应速率只与叔丁基溴的浓度有关。碳正离子的势能很高,极不稳定,是反应性很强的反应中间体,碳正离子生成后立即与亲核试剂结合生成取代产物。

2) 立体化学

由于反应中间体的中心碳原子为 sp^2 杂化,决定了碳正离子为平面构型,空的 p 轨道垂直于碳正离子所在的平面,因此亲核试剂可以从该平面的两边接近 p 轨道而成键,生成取代产物(图 6-7)。

如果中心碳原子在取代产物中是手性碳原子,则取代产物应该是外消旋化的,这是 S_N1 反应的立体化学特征,可以作为 S_N1 反应机理判断的依据。

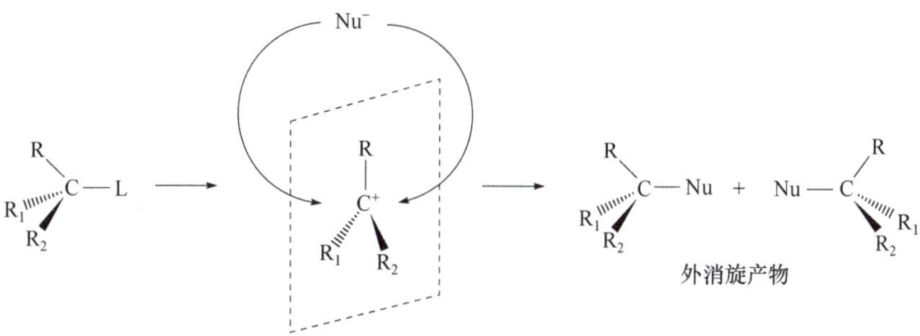

图 6-7　外消旋化示意图

2. 影响 S_N1 亲核取代反应的因素

从单分子亲核取代反应的动力学公式 $v=k_1[R—L]$可以看出，反应速率只与反应底物 R—L 有关，而与亲核试剂 Nu^- 无关。因此，只需从反应底物（包括烃基的结构和离去基团的性质）和影响反应中间体碳正离子的稳定性等方面讨论对亲核取代反应的影响。

A. 反应底物中烃基的结构

S_N1 反应是经过碳正离子中间体的两步反应。第一步生成碳正离子中间体是反应速率的决定步骤，碳正离子越稳定，说明其势能越低，根据 Hammond 假说，其生成碳正离子时的过渡态的势能也越低，过渡态的势能低说明相应的反应活化能也低，因此碳正离子容易形成，反应容易进行，反应速率就快。而碳正离子的稳定性与其正电荷的分散程度有关，凡有利于正电荷分散的因素都使碳正离子的稳定性增加。碳正离子的稳定性次序为叔碳正离子＞仲碳正离子＞伯碳正离子。

$$(CH_3)_3C^+>(CH_3)_2CH^+>CH_3CH_2{}^+>CH_3{}^+$$

因此，对于反应底物为伯、仲、叔卤代烃，其 S_N1 反应的活性次序为

$$R_3C—L>R_2CH—L>RCH_2—L>CH_3—L$$

碳正离子中，中心碳原子为 sp^2 杂化，中心碳原子及与其直接相连的三个原子在同一平面内。如果由于几何原因，碳正离子难以达到平面结构，则 S_N1 反应很难进行。卤素连在桥头碳原子上的卤代烃，由于桥环的刚性，桥头碳既不易形成平面结构的碳正离子，又不利于亲核试剂从卤素的背面进攻和构型的翻转，因此它们很难发生亲核取代反应。例如，下列一些桥头碳上的溴代烃，尽管都是叔溴代烃，也难以发生 S_N1 反应。

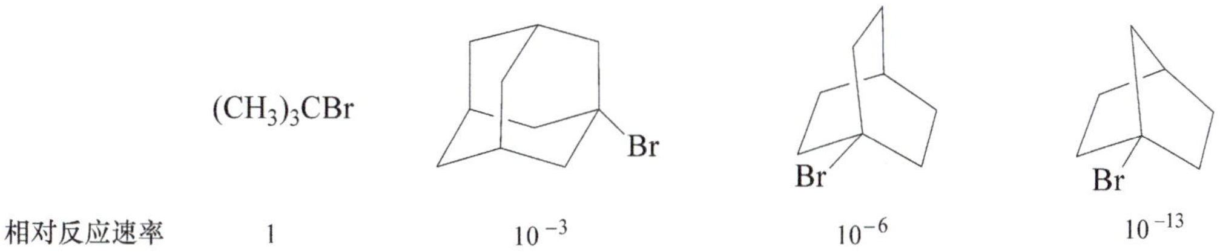

卤代烃与硝酸银的乙醇溶液作用生成硝酸酯和卤化银沉淀，反应是按 S_N1 机理进行的亲核取代反应。

$$RX + AgNO_3 \xrightarrow{C_2H_5OH} RONO_2 + AgX\downarrow$$

其反应速率为叔卤代烃>仲卤代烃>伯卤代烃。因此,根据反应中卤化银沉淀生成的速率不同,可以区别伯、仲、叔卤代烃。

B. 离去基团

离去基团的离去能力对 S_N1 反应和 S_N2 反应的影响具有相同的趋势,但离去能力大的离去基团对 S_N1 反应的影响更大、更有利。对于相同烃基的卤代烃,其 S_N1 反应活性为 RI>RBr>RCl>RF。在卤代烃的 S_N1 反应中,加入 Ag^+、Hg^{2+} 等离子,这时离去基团就不是卤素负离子,而是离去能力更大、溶解度极小的 AgX 或 HgX_2,在此条件下卤代烃的亲核取代反应基本上都按 S_N1 机理进行。例如

$$CH_3-\underset{CH_3}{\overset{CH_3}{C}}-CH_2Br \xrightarrow{AgNO_3} CH_3-\underset{CH_3}{\overset{CH_3}{C}}-CH_2^+ \longrightarrow CH_3-\underset{+}{\overset{CH_3}{C}}-CH_2CH_3 \xrightarrow{NO_3^-} CH_3-\underset{ONO_2}{\overset{CH_3}{C}}-CH_2CH_3$$

在上述 S_N1 反应中,可以看出碳架发生了重排,这是因为反应最初生成的伯碳正离子中间体经邻位碳原子上甲基的迁移,生成了更稳定的叔碳正离子。在 S_N1 反应中,常可观察到碳架重排的产物。

C. 溶剂

由于在 S_N1 反应中,通常是由中性分子经过渡态电离成带正电荷的反应中间体,其过渡态相对于反应底物而言电荷是增加的,因此极性溶剂或溶剂的极性增加有利于带正电荷中间体的稳定、过渡态的稳定以及反应活化能的降低,使反应速率加快。例如,叔丁基氯在不同极性溶剂中按 S_N1 机理发生溶剂解反应的相对速率见表 6-3。

表 6-3 叔丁基氯在部分不同介电常数溶剂中的溶剂解速率比较

溶剂	介电常数*(ε)	相对速率
乙酸(CH_3COOH)	6.2	1
甲醇(CH_3OH)	32.7	4
甲酸(HCOOH)	58.5	5 000
水(H_2O)	80.2	150 000

* 根据溶剂的介电常数可以近似地估计其极性的大小。

问题 6-7 将下列溴代烃按 S_N1 反应的活性大小排序。

2-溴-2-甲基戊烷,2-氯-2-甲基戊烷,3-氯戊烷,2-碘-2-甲基戊烷

问题 6-8 下列各对 S_N1 反应中,哪一个反应速率较快?

(1) ① $(CH_3)_3CBr + CH_3OH \longrightarrow (CH_3)_3COCH_3 + HBr$

② $(CH_3)_3CBr + H_2O \longrightarrow (CH_3)_3COH + HBr$

(2) ① $(CH_3)_3CBr + CH_3OH \longrightarrow (CH_3)_3COCH_3 + HBr$

② $(CH_3)_3CI + CH_3OH \longrightarrow (CH_3)_3COCH_3 + HI$

（3）① $(CH_3)_3CCl(1.0mol \cdot L^{-1}) + CH_3O^-(0.01mol \cdot L^{-1}) \xrightarrow{CH_3OH} (CH_3)_3COCH_3 + Cl^-$

② $(CH_3)_3CCl(1.0mol \cdot L^{-1}) + CH_3O^-(0.001mol \cdot L^{-1}) \xrightarrow{CH_3OH} (CH_3)_3COCH_3 + Cl^-$

6.3.3 离子对反应机理

在 S_N1 反应中，中间体是碳正离子，中心碳原子为 sp^2 杂化，具有平面结构，如果亲核试剂从碳正离子所在平面的两边进攻中心碳原子的概率相等，则产物中构型翻转和构型保持的机会也相等。对于中心碳原子为手性碳的旋光化合物，其 S_N1 反应应当得到完全外消旋化的产物，但也有不少的实例表明，其生成的产物并没有完全外消旋化，往往构型翻转的产物多于构型保持的产物。例如，旋光的 1-氯-1-苯乙烷在 40%（体积分数，下同）水-丙酮中水解，生成 1-苯乙醇，其反应动力学特征符合 S_N1 的溶剂解反应，但产物中 95%外消旋化，5%构型净转化，也就是说反应中有 95%/2+5%=52.5%发生了构型的翻转，95%/2=47.5%保持了构型。

$$C_6H_5-\overset{*}{C}H(CH_3)-Cl \longrightarrow C_6H_5-\overset{+}{C}H(CH_3) \xrightarrow{40\%水-丙酮} C_6H_5-CH(OH)-CH_3$$

95%外消旋化

又如，(S)-2-溴辛烷在 60%水-乙醇中水解，产物中 66%外消旋化，34%构型净转化。

$$\underset{(S)\text{-2-溴辛烷}}{CH_3(CH_2)_5CH(CH_3)Br} \xrightarrow[S_N1反应条件]{60\%水-乙醇} \underset{(R)\text{-2-辛醇}(67\%)}{HO-CH(CH_3)(CH_2)_5CH_3} + \underset{(S)\text{-2-辛醇}(33\%)}{CH_3(CH_2)_5CH(CH_3)-OH}$$

为了更好地解释这种溶剂解反应中反应动力学与立体化学之间存在的差异，Winstein S 用离子对（ion-pair）反应机理解释这种实验现象。离子对反应机理认为：当底物分子按 S_N1 机理发生溶剂解反应时，中心碳原子与离去基团之间发生共价键的异裂，这时生成的碳正离子和相应的负离子仍紧密地靠在一起，构成紧密离子对（intimate ion pair），紧密离子对周围被溶剂分子包围，并将各离子对隔离开来。然后，有少量溶剂分子进入紧密离子对的两离子之间，但两离子仍然组成一个离子对，这称为溶剂分隔离子对（solvent separated ion pair）。随着溶剂分子不断渗入，正、负离子之间的距离不断扩大，正、负离子分别被溶剂分子包围并溶剂化，这称为溶剂化自由离子（free ion），其过程可简单表示如下：

$$RX \rightleftharpoons \underset{紧密离子对}{R^+X^-} \rightleftharpoons \underset{溶剂分隔离子对}{R^+ \| X^-} \rightleftharpoons \underset{溶剂化自由离子}{R^+ + X^-}$$

（内返：$R^+X^- \to RX$；外返：$R^+\|X^-$、$R^+ + X^- \to RX$）

整个过程是可逆的，反向过程称为返回(return)。由紧密离子对经反向过程重新结合成原来的共价化合物称为内返(internal return)。由溶剂化自由离子和溶剂分隔离子对经反向过程重新结合成原来的共价化合物均称为外返(external return)。反应底物在解离过程中的各阶段除与底物的结构有关外，还与反应的溶剂有关，在非极性溶剂中，有利于形成紧密离子对和溶剂分隔离子对的状态；而强极性溶剂中，则有利于形成溶剂化自由离子的状态。紧密离子对、溶剂分隔离子对和溶剂化自由离子都可以与溶剂分子或其他亲核试剂结合生成取代产物。如果取代反应发生在紧密离子对阶段，则溶剂分子或亲核试剂只能从离去基团的背面进攻，生成构型翻转的产物。如果取代反应发生在溶剂分隔离子对阶段，由于离去基团的空间阻碍，亲核试剂从离去基团的背面进攻比正面进攻有利，概率也大，这时得到的产物中，构型翻转的比构型保持的多，即可能得到部分构型翻转和部分外消旋化产物。只有当取代反应发生在溶剂化自由离子阶段，溶剂分子或亲核试剂从离去基团的背面和正面进攻的概率才相等，得到完全外消旋化的产物。因此，离子对机理可以满意地解释在有些动力学为一级的 S_N1 反应中，产物不是完全外消旋化，而是构型翻转的产物多于构型保持的产物。碳正离子越稳定，寿命越长，取代产物的外消旋化程度就越高。

6.4 消除反应

反应物在某些试剂作用下消除某些小分子的反应称为消除反应(elimination reaction)。一卤代烷在氢氧化钠的乙醇溶液、乙醇钠的乙醇溶液或甲醇钠的甲醇溶液等强碱作用下，共热后脱去小分子卤化氢生成烯烃的反应称为卤代烃的消除反应。

$$-\underset{\text{H}}{\overset{|\beta}{\underset{|}{\text{C}}}}-\underset{\text{X}}{\overset{|\alpha}{\underset{|}{\text{C}}}}- + \text{NaOH} \xrightarrow{CH_3CH_2OH} \rangle\text{C}=\text{C}\langle + \text{NaX} + H_2O$$

一卤代烃中直接与 α-碳原子相连的碳原子称为 β-碳原子，依此类推有 γ-碳原子等。β-碳原子上的氢称为 β-氢。一卤代烷的消除反应是消除卤原子和 β-碳原子上的氢，所以也称 β-消除反应。

β-消除反应的主要机理有单分子消除(E1)和双分子消除(E2)。

6.4.1 单分子消除(E1)

叔卤代烷的消除反应主要按单分子机理进行。反应动力学显示为一级反应，其反应速率仅与反应物卤代烷的浓度成正比。

$$反应速率=k[卤代烷]$$

单分子消除为两步反应。例如，叔丁基溴在无水乙醇溶液中首先发生碳溴键的异裂，溴带着一对电子以溴负离子形式离去，生成碳正离子中间体，然后溶剂分子乙醇作为 Lewis 碱进攻 β-碳原子上的氢原子，使碳氢键发生异裂，原来碳氢键上的共用电子对与相邻的带正电荷的碳原子生成碳碳单键，最后得到烯烃。

$$\mathrm{CH_3-\underset{Br}{\overset{CH_3}{\underset{|}{\overset{|}{C}}}}-CH_3 \xrightleftharpoons{-Br^-} CH_3-\overset{CH_3}{\overset{|}{\underset{+}{C}}}-CH_2-H \xrightarrow{C_2H_5\ddot{O}H} CH_3-\overset{CH_3}{\overset{|}{C}}=CH_2}$$

生成碳正离子的这一步是速率慢的一步，是反应的速率控制步骤，由于这一步只涉及底物卤代烃分子，而与碱无关，因此是单分子的消除反应，简称 E1。E1 反应的势能曲线图与 S_N1 反应相似(图 6-8)。

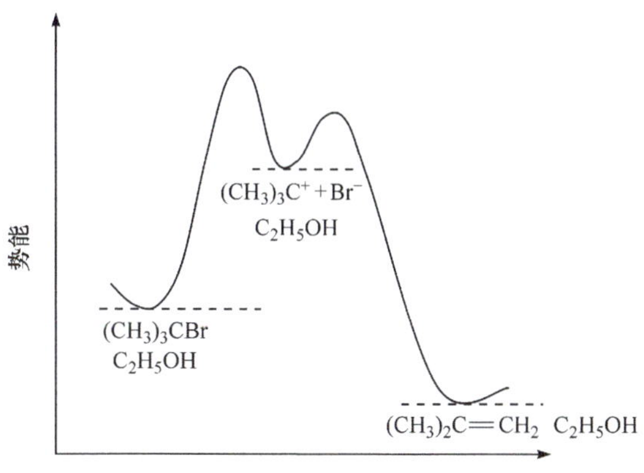

图 6-8　E1 反应的势能曲线图

在弱碱或稀碱作用下，叔卤代烃和部分仲卤代烃主要发生典型的单分子消除反应。α-碳原子上有给电子(+I 或+C 效应)取代基，则有利于碳正离子的稳定，卤素作为离去基团，离去能力大的都对单分子消除反应有利。极性质子溶剂如 H_2O、ROH、HCOOH 等有利于碳正离子稳定性增加，也对单分子消除反应有利。

由于单分子消除反应经过碳正离子中间体，因此有时可观察到碳正离子重排后的消除产物。例如

$$\mathrm{CH_3\underset{CH_3}{\overset{CH_3}{\underset{|}{\overset{|}{C}}}}-\underset{Br}{\underset{|}{C}}HCH_3 \xrightarrow[-Br^-]{E1反应} \underset{仲碳正离子}{CH_3\underset{CH_3}{\overset{CH_3}{\underset{|}{\overset{|}{C}}}}-\underset{+}{C}HCH_3} \xrightarrow{甲基迁移} \underset{叔碳正离子}{CH_3\overset{CH_3}{\overset{|}{\underset{+}{C}}}-\underset{CH_3}{\underset{|}{C}}HCH_3} \xrightarrow{-H^+} \underset{重排消除产物}{(CH_3)_2C=C(CH_3)_2}}$$

在单分子消除反应中，如果有两个或两个以上不同的 β-氢，则可以在碳链的不同方向消除，生成不同的烯烃。实验事实是从含氢最少的 β-碳原子上消除氢原子，而生成碳碳双键上取代基最多的烯烃是主要产物。例如

$$\mathrm{CH_3CH_2\underset{Br}{\overset{CH_3}{\underset{|}{\overset{|}{C}}}}CH_3 \xrightarrow{CH_3CH_2OH} \underset{\substack{2-甲基丁-2-烯\\(主要产物)}}{CH_3CH=C(CH_3)_2} + \underset{\substack{2-甲基丁-1-烯\\(次要产物)}}{CH_3CH_2\overset{CH_3}{\overset{|}{C}}=CH_2}}$$

这条规律是由俄国化学家 Zaitsev A M 于 1875 年根据当时已经知道的大量实验事实首先总结得出的，所以称为 Zaitsev 规则，生成的碳碳双键上取代基最多的烯烃称为 Zaitsev 烯烃。在不同方向消除不同 β-碳原子上氢的选择性又称为消除反应的区域选择性（regioselectivity）。

如果消除产物有顺反构型异构体，则主要得到稳定性更高的 E 型异构体。例如

$$CH_3(CH_2)_2CH_2\underset{\displaystyle Br}{\underset{|}{C}}HCH_2(CH_2)_2CH_3 \xrightarrow{CH_3CH_2OH}$$

$$\underset{(E)\text{-壬-4-烯}(77\%)}{\overset{CH_3(CH_2)_2}{H}\!\!>\!C{=}C\!<\!\!\overset{H}{(CH_2)_3CH_3}} + \underset{(Z)\text{-壬-4-烯}(23\%)}{\overset{CH_3(CH_2)_2}{H}\!\!>\!C{=}C\!<\!\!\overset{(CH_2)_3CH_3}{H}}$$

6.4.2 双分子消除(E2)

在双分子消除反应中，卤代烷在碱作用下消除 HX 生成烯烃，反应动力学显示为二级反应，对卤代烷和碱各为一级，其反应速率与反应物卤代烷的浓度和碱的浓度成正比。

$$\text{反应速率}=k[\text{卤代烷}][\text{碱}]$$

对于反应物，其 C_α—X 和 C_β—H 键的断裂及 C_α 和 C_β 之间 π 键的生成是协同进行的。例如，2-溴丁烷在乙醇钠的乙醇溶液中的消除过程如下：

$$CH_3CH_2O^- \quad CH_3-\overset{H}{\overset{|}{C}}H-\underset{\displaystyle Br}{\underset{|}{C}}H-CH_3 \longrightarrow \left[\begin{array}{c} CH_3CH_2\overset{\delta^-}{O}\cdots H \\ \vdots \\ CH_3-CH{=\!=}CH-CH_3 \\ \vdots \\ Br^{\delta^-} \end{array}\right]^{\neq}$$

$$\longrightarrow \overset{CH_3}{H}\!\!>\!C{=}C\!<\!\!\overset{H}{CH_3} + CH_3CH_2OH + Br^-$$

双分子消除是一步反应，过程中经过由两种分子参与的过渡态，没有反应中间体。由于在形成 E2 消除反应的过渡态时，C_α—X 和 C_β—H 键已逐渐变弱，C_α 和 C_β 由 sp^3 杂化逐渐过渡到 sp^2 杂化，而 C_α 和 C_β 上的 p 轨道也同时逐渐形成，为了使逐渐形成的 p 轨道能从侧面平行交盖成 π 键，因此要求 H—C—C—X 四个原子必须在同平面上。反式共平面的消除构象是比较稳定的对位交叉式构象，而顺式共平面的消除构象是不稳定的重叠式构象，因此 E2 消除通常是 H—C—C—X 处于反式共平面的反式消除。

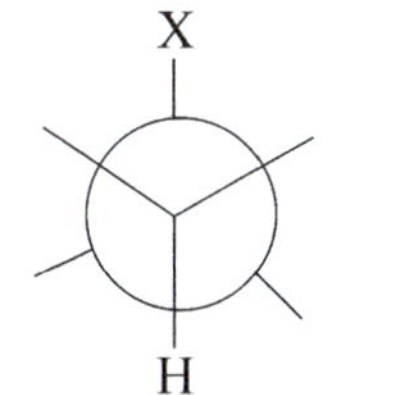

反式共平面的消除构象

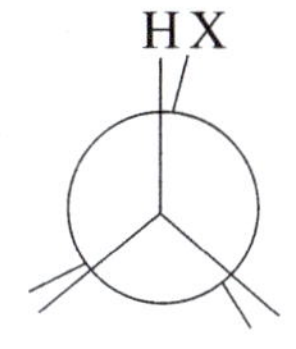

顺式共平面的消除构象

在 E2 反式共平面的消除反应中，如果反式共平面的消除构象是相对稳定的构象，则在此构象下消除的产物就是主要产物。例如

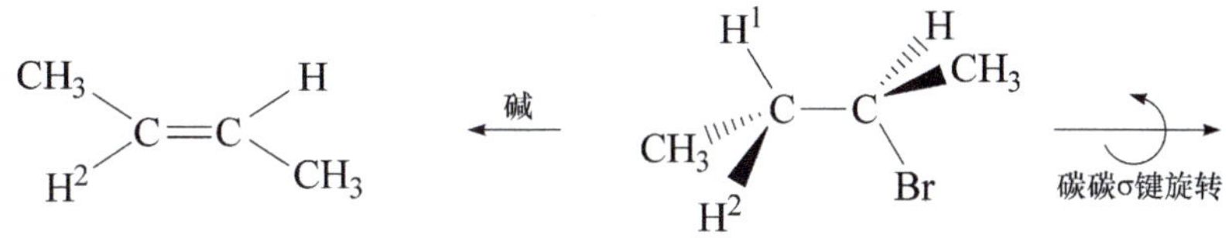

稳定的主要产物 ←碱— 稳定消除构象 —碳碳σ键旋转→

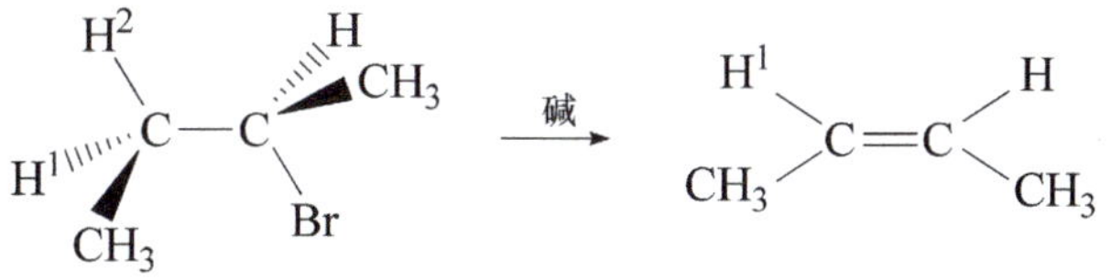

较不稳定消除构象 —碱→ 较不稳定的次要产物

在 E2 反应的过渡态中，C_α 和 C_β 之间的 π 键已开始逐渐形成，已经具有部分碳碳双键的性质，与影响烯烃稳定性的因素一样，即在 C_α 和 C_β 上取代基多的过渡态相对比取代基少的过渡态稳定。例如，2-溴丁烷在 E2 反应中的两种过渡态，前者比后者稳定，生成前者的反应活化能相对比生成后者的低，生成前者的反应速率快。

较稳定　　较不稳定

因此，在 E2 反应中，当有两种不同 β-氢时，消除时一般也是含氢较少的 β-碳原子提供 β-氢，生成碳碳双键上取代基相对较多的烯烃为主要产物，即产物也符合 Zaitsev 规则，这个结果与 E1 反应相似。例如

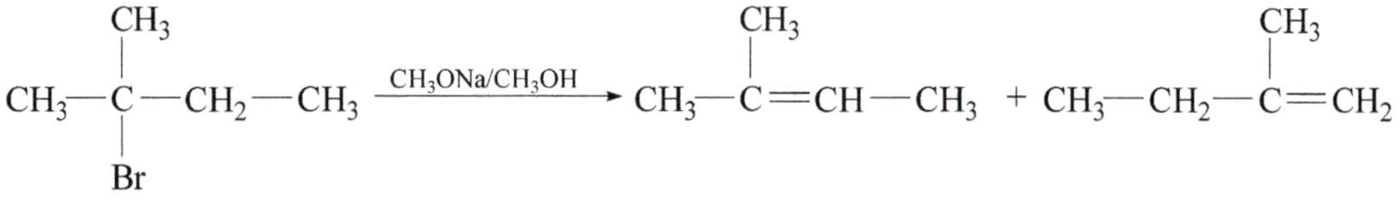

$$CH_3-\underset{Br}{\overset{CH_3}{C}}-CH_2-CH_3 \xrightarrow{CH_3ONa/CH_3OH} CH_3-\overset{CH_3}{C}=CH-CH_3 + CH_3-CH_2-\overset{CH_3}{C}=CH_2$$

2-溴-2-甲基丁烷　　2-甲基丁-2-烯(70%)　　2-甲基丁-1-烯(30%)

由于 E2 反应的产物烯烃符合 Zaitsev 规则，而叔卤代烃总是比仲卤代烃和伯卤代烃消除卤化氢后得到的烯烃在双键上的取代基多，因此在 E2 反应中，它们的反应活性次序为叔卤代烃>仲卤代烃>伯卤代烃。

$$R-\underset{Br}{\overset{R}{C}}CH_2R \xrightarrow{E2} (R)_2C{=}CHR$$

叔卤代烃　　三烷基取代烯烃

$$R-\underset{Br}{CH}CH_2R \xrightarrow{E2} R-CH{=}CHR$$

仲卤代烃　　二烷基取代烯烃

$$\underset{Br}{CH_2}CH_2R \xrightarrow{E2} CH_2{=}CHR$$

伯卤代烃　　一烷基取代烯烃

在某些 E2 反应中，如果碱的体积较大，而 β-氢周围的位阻环境又不一样，这时体积大的碱有利于进攻空间位阻小的 β-氢，主要产物不是更稳定的烯烃，结果不符合 Zaitsev 规则。例如

$$CH_3-\underset{Br}{\overset{CH_3}{C}}-CH_2-CH_3 + CH_3\underset{CH_3}{\overset{CH_3}{C}}O^- \xrightarrow[(CH_3)_3COH]{E2} H_2C{=}\overset{CH_3}{C}-CH_2CH_3 + CH_3-\overset{CH_3}{C}{=}CH-CH_3$$

2-溴-2-甲基丁烷　　2-甲基丁-1-烯(72%)　　2-甲基丁-2-烯(28%)

碱的体积大小对消除产物的比例有直接的影响。例如

$$CH_3-\underset{Br}{\overset{CH_3}{C}}-\overset{CH_3}{CH}-CH_3 + RO^- \xrightarrow[(CH_3)_3COH]{E2} H_2C{=}\overset{CH_3}{C}-\overset{CH_3}{CH}CH_3 + CH_3-\overset{CH_3}{C}{=}\overset{CH_3}{C}-CH_3$$

2-溴-2,3-二甲基丁烷　　2,3-二甲基丁-1-烯　　2,3-二甲基丁-2-烯

RO^-:		2,3-二甲基丁-1-烯	2,3-二甲基丁-2-烯
	$(CH_3)_3CO^-$	73%	27%
	$(CH_3CH_2)_3CO^-$	92%	8%

这种生成的主要产物是碳碳双键上取代基最少的烯烃称为 Hofmann 烯烃。

由于 C—D 键的键能比 C—H 键的键能强约 $12kJ\cdot mol^{-1}$，因此 C—H 键断裂所需的反应活化能比 C—D 键断裂所需的反应活化能小，在反应中 C—H 键的断裂速率比 C—D 键的断裂速率快。这就是反应中的动态同位素效应，它可以根据两种反应中的速率常数比来衡量：

$$动态同位素效应=\frac{k_H}{k_D}$$

在 E2 反应的过渡态中，其反应速率决定步骤中的 C_β—H 键已开始断裂，通过实验可以测定出其动态同位素效应为 3～8。例如

$$\underset{\underset{\displaystyle Br}{|}}{CH_3CHCH_3} + CH_3CH_2ONa \xrightarrow[CH_3CH_2OH]{k_H} H_2C{=}CHCH_3$$

$$\underset{\underset{\displaystyle Br}{|}}{CD_3CHCD_3} + CH_3CH_2ONa \xrightarrow[CH_3CH_2OH]{k_D} D_2C{=}CHCD_3$$

$$\frac{k_H}{k_D}=6.7$$

在 E1 反应中，由于其反应速率决定步骤是 C—X 键电离生成碳正离子，而 C—H 键的断裂是在反应速率决定步骤之后，因此它的动态同位素效应接近 1。

在 E1 和 E2 反应的速率决定步骤中都包含 C—X 键的断裂和卤原子的离去，因此对于不同卤原子的卤代烃，其消除反应速率一般来说为 RI>RBr>RCl。

问题 6-9　对下列反应提出合理的反应机理。

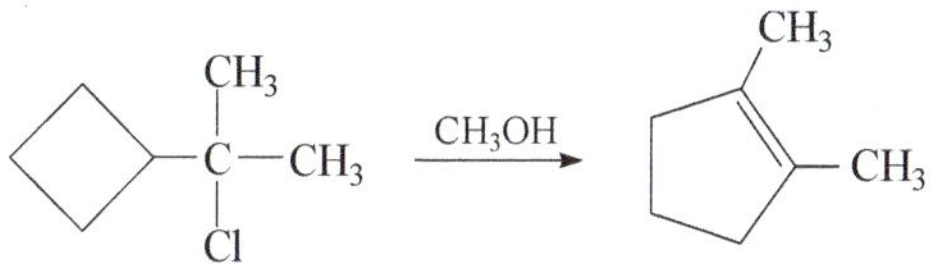

$$\text{环丁基}-\underset{Cl}{\overset{CH_3}{C}}-CH_3 \xrightarrow{CH_3OH} \text{1,2-二甲基环戊烯}$$

问题 6-10　写出下列反应的产物。

(1) $CH_3-\underset{CH_3}{CH}-\underset{Cl}{CH}-CH_3 \xrightarrow{NH_3}$

(2) 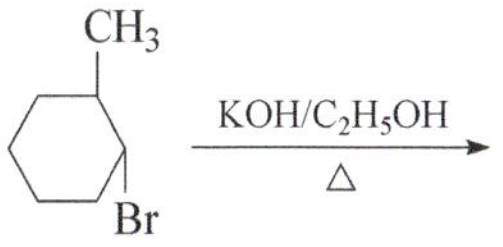 1-溴-2-甲基环己烷 $\xrightarrow[\triangle]{KOH/C_2H_5OH}$

问题 6-11　在 $(CH_3)_3COK/(CH_3)_3COH$ 中，顺-4-叔丁基环己基溴发生消除反应比反-4-叔丁基环己基溴快 500 倍，试解释原因。

6.4.3 E1cB 反应

E1cB(unimolecular elimination through the conjugate base)是指反应底物经共轭碱进行的单分子消除反应。消除反应分两步进行，首先是 β-H 在碱作用下离去，生成共轭碱 β-碳负离子，然后是离去基团带着一对电子离去，同时生成 π 键。

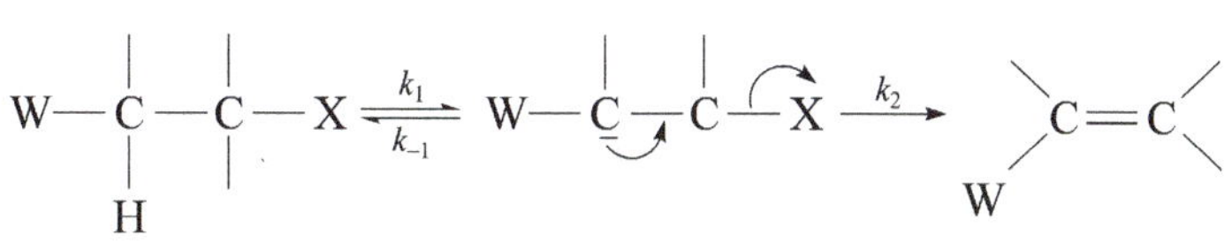

$$W-\underset{H}{\overset{|}{C}}-\underset{|}{\overset{|}{C}}-X \underset{k_{-1}}{\overset{k_1}{\rightleftharpoons}} W-\overset{|}{\bar{C}}-\overset{|}{C}-X \xrightarrow{k_2} \underset{W}{\gt}C{=}C\lt$$

在 E1cB 反应中，先发生 C_β—H 键的异裂，然后才是 C—X 键的异裂。实际上，E1cB 反应的类型并不多，它要求 β-碳原子上连有吸电子的取代基(W)，能使 β-H 的酸性增强且形成的碳负离子的稳定性提高，还要求离去基团的离去倾向小。β-羟基酮在碱作用下的消除反应(见 10.5.3)是典型的 E1cB 反应(按照 E1cB 反应，这里与离去基团羟基相连的碳原子为 α-碳原子，与 α-碳原子相连的碳原子为 β-碳原子)，羰基的吸电子效应使 β-H 的酸性增强，在碱作用下先离去，同时形成的碳负离子又能与吸电子的羰基形成 p-π 共轭而比较稳定，且羟基又是不好的离去基团，因此反应按 E1cB 进行。例如，在碱催化下两分子丙酮缩合生成 α,β-不饱和酮的反应(这里所指的 α,β-碳原子与 E1cB 反应中指的不是同一碳原子)过程如下：

$$2\,CH_3COCH_3 \underset{H_2O}{\overset{HO^-}{\rightleftharpoons}} (CH_3)_2C(OH)-CH_2-COCH_3 \xrightarrow{HO^-} [(CH_3)_2C(OH)-\ddot{C}H^- -COCH_3 \longleftrightarrow (CH_3)_2C(OH)-CH{=}C(O^-)CH_3] \rightarrow \underset{\triangle}{\overset{HO^-}{\longrightarrow}} (CH_3)_2C{=}CH-COCH_3$$

对于 E2 反应，尽管其中 C_α—X 键和 C_β—H 键的断裂以及 C_α 和 C_β 之间 π 键的生成是协同进行的，但 C_α—X 键和 C_β—H 键的断裂不一定完全同步，如果 C_β—H 键的断裂比 C_α—X 键的断裂早一些，则它的过渡态就接近或类似于 E1cB 反应；如果 C_α—X 键的断裂比 C_β—H 键的断裂早一些，则它的过渡态就接近或类似于 E1 反应。因此，E1、E2 和 E1cB 只是消除反应过程中的三个既不同又相互关联的极限情况下的典型机理。

6.4.4 亲核取代反应和消除反应的竞争

亲核取代反应和消除反应是在同一反应体系中，由同一亲核试剂进攻反应底物的 α-碳原子和 β-氢原子而引起的竞争反应，两种反应通常是同时发生和相互竞争的。

$$Nu^- + H-\overset{|}{\underset{|}{C}}-\overset{|}{\underset{|}{C}}-X \xrightarrow{S_N2} H-\overset{|}{\underset{|}{C}}-\overset{|}{\underset{|}{C}}-Nu$$

$$Nu^- + H-\overset{|}{\underset{|}{C}}-\overset{|}{\underset{|}{C}}-X \xrightarrow{E2} >C{=}C<$$

影响取代反应和消除反应比例的因素有反应底物的结构、试剂的亲核性(或碱性)和极性、溶剂的种类和极性、反应温度等。但最主要的因素是卤代烃的结构和试剂的碱性。

凡有利于碳碳双键的形成和稳定性增加的因素都对消除反应有利。对于卤代烃，β-碳原子上连有吸电子取代基，可增强 β-氢的酸性，有利于消除反应。α-碳原子或 β-碳原子的烷基增多，或连有能与生成的碳碳双键形成共轭体系的取代基，都有利于消除反应。

试剂的碱性增强有利于消除反应，如 $C_2H_5O^-$ 的碱性比 CH_3COO^- 强，因此有利于消除反应。例如

$$CH_3\underset{\displaystyle CH_3}{\overset{|}{C}}H-Br + C_2H_5ONa \xrightarrow[55℃]{C_2H_5OH} CH_3\underset{}{C}H(CH_3)-OC_2H_5 + CH_3CH=CH_2$$

$$\text{S}_\text{N}2(21\%) \qquad \text{E2}(79\%)$$

$$CH_3CH(CH_3)-Br + CH_3COO^- \longrightarrow CH_3CH(CH_3)-OCOCH_3$$

$$\text{S}_\text{N}2(100\%)$$

因此，卤代烃的消除是用氢氧化钠或氢氧化钾的醇溶液，因为醇钠或醇钾的碱性更强。

$$NaOH + C_2H_5OH \rightleftharpoons H_2O + C_2H_5ONa$$

反应温度也会影响消除/取代的比例，由于消除反应的活化能较高，因此升高反应温度有利于消除反应。例如

$$CH_3C(CH_3)(Br)-CH_3 + C_2H_5ONa \xrightarrow[25℃]{C_2H_5OH} CH_3C(CH_3)(OC_2H_5)-CH_3 + CH_3C(CH_3)=CH_2$$

$$\text{S}_\text{N}1(9\%) \qquad \text{E2}(91\%)$$

$$CH_3C(CH_3)(Br)-CH_3 + C_2H_5ONa \xrightarrow[55℃]{C_2H_5OH} CH_3C(CH_3)=CH_2 + C_2H_5OH$$

$$\text{E1+E2}(100\%)$$

另外，碱的体积大小对消除/取代的比例也有影响，体积大的碱作为亲核试剂，不利于进攻 α-碳原子生成取代产物，而有利于进攻 β-H 生成消除产物。例如

$$CH_3(CH_2)_{15}CH_2CH_2Br \xrightarrow[CH_3O^-,65℃]{CH_3OH} CH_3(CH_2)_{15}CH=CH_2 + CH_3(CH_2)_{15}CH_2CH_2OCH_3$$

$$\text{E2}(1\%) \qquad \text{S}_\text{N}2(99\%)$$

$$CH_3(CH_2)_{15}CH_2CH_2Br \xrightarrow[(CH_3)_3CO^-,40℃]{(CH_3)_3COH} CH_3(CH_2)_{15}CH=CH_2 + CH_3(CH_2)_{15}CH_2CH_2OC(CH_3)_3$$

$$\text{E2}(85\%) \qquad \text{S}_\text{N}2(15\%)$$

溶剂的极性增大有利于取代反应。

伯、仲、叔卤代烃在发生亲核取代反应和消除反应时，大都是竞争进行的，它们相互之间的竞争关系可以大概总结如表 6-4 所示。

表 6-4 伯、仲、叔卤代烃在 S_N1、S_N2、E1、E2 中的竞争关系

CH_3X	RCH_2X	R_2CHX	R_3CX
仅是 SN2 反应	主要是 S_N2 反应；对位阻大的强碱如 $(CH_3)_3CO^-$，则主要是 E2 反应	对弱碱如 CN^-、$RCOO^-$，主要是 S_N2 反应；对强碱如 RO^-，则主要是 E2 反应	不发生 S_N2 反应；溶剂解则发生 S_N1/E1 反应；低温有利于 S_N1 反应；对强碱如 RO^-，则主要是 E2 反应

6.5 卤代烃与金属反应

卤代烃能与金属原子(如 Li、Mg 等)反应生成碳-金属键，这种含碳-金属键的化合物称为有机金属化合物(organometallic compound)。

在无水乙醚[$(C_2H_5)_2O$]或四氢呋喃(THF)中，卤代烃与金属镁反应，生成能溶于无水乙醚或四氢呋喃溶剂的卤代烃基镁，通常可表示为 R—MgX(R 为烃基，X 为卤素)。

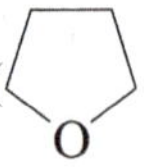

$$RX + Mg \xrightarrow{\text{无水乙醚}} RMgX$$

$$CH_3CH_2Br + Mg \xrightarrow{\text{无水乙醚}} CH_3CH_2MgBr$$

RMgX 在稀的醚溶液中与两分子醚形成配位化合物。

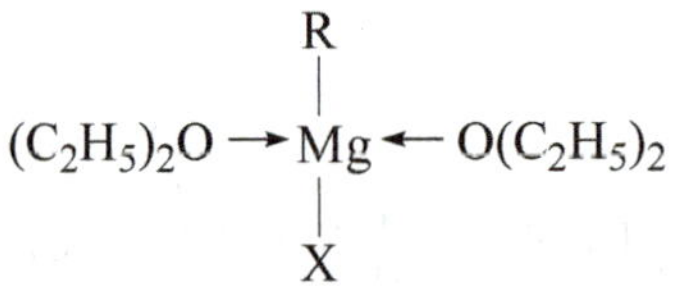

$$(C_2H_5)_2O \rightarrow \underset{\substack{|\\X}}{\overset{\substack{R\\|}}{Mg}} \leftarrow O(C_2H_5)_2$$

RMgX 是 1901 年由法国化学家 Grignard V 首先发现的，因此又称为 Grignard 试剂，简称格氏试剂。格氏试剂在有机合成上有着广泛的用途，Grignard V 也因此获得 1912 年 Nobel 化学奖。

伯卤代烃、仲卤代烃和叔卤代烃都可以与金属镁反应生成相应的格氏试剂。对于不同的卤代烃，生成格氏试剂的反应活性次序为 RI>RBr>RCl>RF。

单电子转移(SET)机理认为：格氏试剂的生成反应是在金属镁表面进行的，卤代烃首先获取由金属镁转移给它的一个电子，生成自由基负离子(radical anion)，后者解离为卤负离子和烷基自由基，烷基自由基在金属表面与 · MgX 结合生成 RMgX。

$$R—X + Mg \longrightarrow RX^{\bar{\cdot}} + Mg^{\dot{+}}$$
$$RX^{\bar{\cdot}} \longrightarrow R\cdot + X^-$$
$$R\cdot + \cdot MgX \longrightarrow RMgX$$
$$X^- + Mg^{\dot{+}} \longrightarrow \cdot MgX$$

在格氏试剂中，碳-金属键（$C^{\delta^-}—Mg^{\delta^+}$）是具有很强极性的共价键，非常活泼，与含有活泼氢的化合物（如水、醇、氨、末端炔烃等）发生反应，分解出烷烃。

$$RMgX \begin{cases} \xrightarrow{H_2O} RH + Mg(OH)X \\ \xrightarrow{R'OH} RH + Mg(OR')X \\ \xrightarrow{NH_3} RH + Mg(NH_2)X \\ \xrightarrow{HC\equiv CR'} RH + R'C\equiv CMgX \end{cases}$$

水能使格氏试剂碘化甲基镁分解，释放出 CH_4 气体，因此可以根据释放出的 CH_4 体积定量地测定某体系中的微量水。

$$CH_3MgI + H_2O \longrightarrow CH_4\uparrow + Mg\begin{matrix} I \\ OH \end{matrix}$$

格氏试剂与重水（D_2O）反应可以使 C—Mg 键转变成 C—D 键，这是在有机化合物中导入同位素 D 的一种方法。例如

$$(CH_3)_3CMgCl + D_2O \longrightarrow (CH_3)_3CD + Mg\begin{matrix} Cl \\ OD \end{matrix}$$

$$(CH_3)_2CHCHCH_3(MgBr) + D_2O \longrightarrow (CH_3)_2CHCHCH_3(D) + Mg\begin{matrix} Br \\ OD \end{matrix}$$

格氏试剂是很重要的有机合成试剂，能提供具有很强亲核性的碳负离子，甲基负离子的负电荷主要集中在碳原子上（图 6-9）。

格氏试剂与羰基（$>C=O$）化合物反应可制备不同的醇，与 CO_2 反应可制备不同的酸。

$$RMgX + >C=O \longrightarrow R—\overset{|}{\underset{|}{C}}—OMgX \xrightarrow{H_3O^+} R—\overset{|}{\underset{|}{C}}—OH$$

醇

$$RMgX \xrightarrow{CO_2} RCOOMgX \xrightarrow{H_3O^+} RCOOH$$

酸

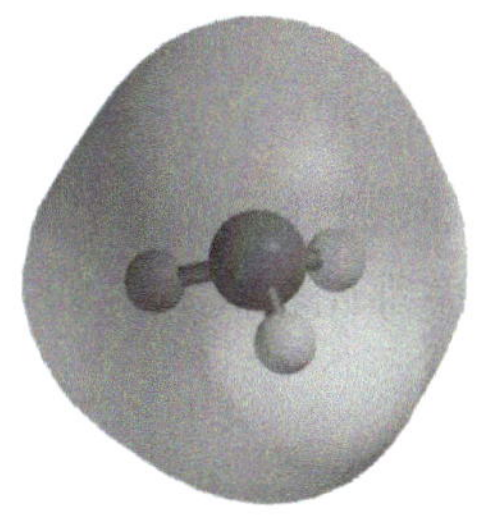

图 6-9　甲基负离子的电子云密度分布图

在无水乙醚或烷烃等惰性溶剂中，卤代烃与金属锂反应，生成能溶于反应溶剂的烃基锂(R—Li)化合物。例如

$$CH_3CH_2CH_2CH_2Br + 2Li \xrightarrow[-10℃]{(C_2H_5)_2O} \underset{80\%\sim90\%}{CH_3CH_2CH_2CH_2Li} + LiBr$$

$$(CH_3)_3CCl + 2Li \xrightarrow[-30℃]{(C_2H_5)_2O} \underset{75\%}{(CH_3)_3CLi} + LiCl$$

烷基锂中的 C—Li 键是离子键，其反应性比格氏试剂更活泼。

在低温和氮气或氩气等惰性气流中，烷基锂与碘化亚铜在醚中反应，生成二烷基铜锂。

$$2RLi + CuI \xrightarrow[\text{或THF}]{(C_2H_5)_2O} \underset{\text{二烷基铜锂}}{R_2CuLi} + LiI$$

其过程可能是烷基锂先与碘化亚铜反应生成烷基铜(Ⅰ)，烷基铜(Ⅰ)再与另一分子烷基锂结合生成能溶于乙醚或四氢呋喃溶剂的二烷基铜锂。

$$\begin{matrix} R—Li \\ Cu—I \end{matrix} \longrightarrow \underset{\text{烷基铜(Ⅰ)}}{RCu} + LiI$$

$$\begin{matrix} RCu \\ R—Li \end{matrix} \longrightarrow \underset{\text{二烷基铜锂}}{[R—Cu—R]^- Li^+}$$

二烷基铜锂与卤代烃反应，两个分子中的烷基通过碳碳键的形成生成烷烃。例如

$$(CH_3)_2CuLi + CH_3(CH_2)_8CH_2I \xrightarrow[0℃]{(C_2H_5)_2O} \underset{90\%}{CH_3(CH_2)_8CH_2—CH_3}$$

由于反应机理与 S_N2 反应相似，因此与伯卤代烃的反应比与仲卤代烃或叔卤代烃的反应更容易。

格氏试剂、烷基锂和二烷基铜锂中直接与金属相连的碳原子带负电荷或部分负电荷，可以作为碳亲核试剂广泛用于生成 C—C 键的合成反应中，它们都是应用很广泛的有机金属试剂。

6.6 卤代烃的还原

卤代烷可以被氢化铝锂($LiAlH_4$)还原，生成相应的烷烃，还原通常在无水乙醚、无水四氢呋喃(THF) 或无水乙二醇二甲醚($CH_3OCH_2CH_2OCH_3$)等溶剂中进行。伯卤代烃被还原的产率都比较高。例如

$$CH_3(CH_2)_6CH_2X + LiAlH_4 \xrightarrow[25℃]{\text{无水四氢呋喃}} CH_3(CH_2)_6CH_3 + AlH_3 + LiX$$

X=Cl (24h)	73%
Br (1h)	99%
I (1h)	100%

氢化铝锂被认为是可以提供氢负离子(H^-)的试剂，还原时氢负离子以游离或不完全游离的形式进攻伯卤代烃中的 α-碳原子，得到还原产物烷烃，反应具有 S_N2 机理的特征。

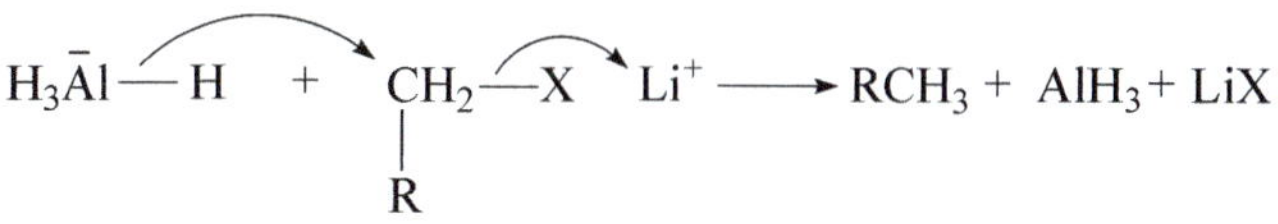

$$H_3\bar{A}l—H + \underset{R}{\underset{|}{CH_2}}—X\ Li^+ \longrightarrow RCH_3 + AlH_3 + LiX$$

卤代烃的还原活性为伯卤代烃＞仲卤代烃。叔卤代烃容易发生消除反应，不宜用氢负离子还原剂还原。氢化铝锂将卤代烃还原为烷烃是实验室制备纯粹烷烃的重要方法。

硼氢化钠($NaBH_4$)或硼氢化钾(KBH_4)也是可以提供氢负离子的还原剂，能将卤代烃还原为烷烃。例如

$$CH_3(CH_2)_6CH_2X + NaBH_4 \xrightarrow{\text{乙二醇二甲醚}} CH_3(CH_2)_6CH_3$$

X=Cl (25℃, 24h)	25%
Br (45℃, 1h)	77%
I(45℃, 1h)	91%

硼氢化钠或硼氢化钾的还原能力都比氢化铝锂小，反应也比较温和，不需要无水溶剂，能在水或醇溶剂中使用。

6.7　相转移催化剂及其催化作用

在有机化学反应中常用到无机盐试剂，如在亲核取代反应中用无机盐的负离子作为亲核试剂，但大多数无机盐易溶于水而不溶或难溶于有机溶剂，大多数有机化合物可溶于有机溶剂而难溶或不溶于水，而醇等质子溶剂对无机盐中的负离子发生溶剂化作用，负离子被溶剂分子包围，不利于反应的进行。为了解决反应中的这一问题，一种方法是寻找既能溶解有机物又能溶解无机物这两种反应物的溶剂，如非质子极性溶剂中的二甲基甲酰胺(DMF)、二甲亚砜(DMSO)和六甲基磷酰胺(HMPT)等，它们在分子中都存在偶极：

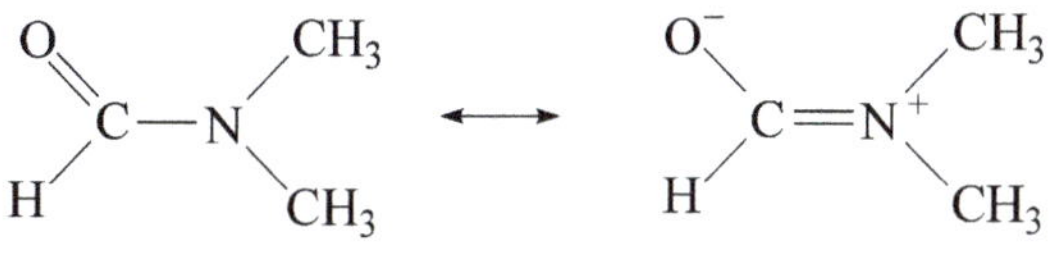

$$HC(=O)—N(CH_3)_2 \longleftrightarrow HC(O^-)=N^+(CH_3)_2$$

DMF

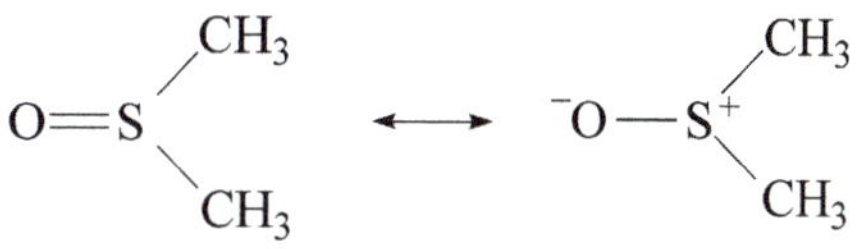

$$O=S(CH_3)_2 \longleftrightarrow {}^-O—S^+(CH_3)_2$$

DMSO

$$O=P[N(CH_3)_2]_3 \longleftrightarrow {}^-O—P^+[N(CH_3)_2]_3$$

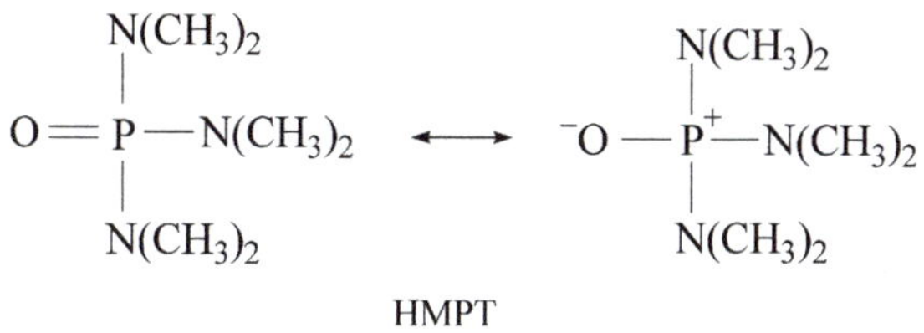

HMPT

偶极中带正电荷的一端被甲基或二甲基氨基所包围，带负电荷的一端是裸露的，它们能把无机盐中带正电荷的金属离子包围，而无机盐中的负离子比较“自由”，表现为高的反应活性，使亲核取代反应易于进行。但这类溶剂的沸点较高，不易回收，产物的分离比较困难，且溶剂

的价格较高。

另一种方法是用一种催化剂，它能在互不相溶的有机相和水相之间，通过其界面将水相中无机盐的负离子(如 CN^- 等)转移到有机相中，使它在有机相中与反应底物反应，同时将反应中生成的另一种负离子带到水相中，催化剂在两相之间的“转移”过程中并没有消耗，因此称为相转移催化剂(phase-transfer catalyst)。适当大小烃基的季铵盐($R_4N^+X^-$)或季鏻盐($R_4P^+X^-$)是常用的相转移催化剂，相转移催化剂能提高反应的速率，在有机合成中得到广泛的应用。例如，1-氯辛烷的癸烷溶液与氰化钠的水溶液反应，由于反应底物和亲核试剂分别处于互不相溶的两相中，反应难以发生，但在其中加入少量季铵盐，则反应可以在较短的时间(<2h)内完成，并且产率很高。

$$\underset{(\text{癸烷溶液})}{CH_3(CH_2)_6CH_2Cl} + \underset{(\text{水溶液})}{NaCN} \xrightarrow{R_4N^+Br^-} \underset{95\%}{CH_3(CH_2)_6CH_2CN}$$

在水相中，季铵盐($R_4N^+Br^-$)中的正离子和无机盐中的负离子可以形成离子对($R_4N^+CN^-$)，由于季铵盐中烃基的大小适当，离子对能溶于有机相，从而将无机盐中的负离子(CN^-)转移到有机相中。而有机溶剂的极性很小，溶剂分子与负离子之间的作用很小，具有较大体积的正离子(R_4N^+)被有机溶剂分子分散而与负离子之间的距离增大，与负离子之间的作用力也减小，因此负离子在有机相中几乎成“裸露”状态，其反应活性大，使相应的反应易于进行，反应速率增大。其相转移催化反应的过程如下：

水相　$\underset{\text{反应试剂}}{Na^+CN^-} + \underset{\text{相转移催化剂}}{Q^+X^-} \rightleftharpoons Q^+CN^- + Na^+X^-$

将 X^- 转移至水相（↑↓）　　将 CN^- 转移至有机相（↑↓）

有机相　$\underset{\text{反应产物}}{RCN} + Q^+X^- \longleftarrow Q^+CN^- + \underset{\text{反应底物}}{RX}$

相转移催化剂不仅对许多亲核取代反应有很好的催化作用，其他类型的反应有些也可以被相转移催化剂催化。例如，烯烃的高锰酸钾氧化，在加入少量相转移催化剂后，可以得到极好的反应产率。

$$\underset{(\text{苯溶液})}{CH_3(CH_2)_5CH{=}CH_2} + \underset{(\text{水溶液})}{KMnO_4} \xrightarrow[35^\circ C]{R_4N^+X^-} \underset{99\%}{CH_3(CH_2)_5COOH} + HCOOH$$

在这个氧化反应中，被转移的负离子是高锰酸根负离子(MnO_4^-)。

6.8 卤代烯烃

卤代烯烃是指烯烃分子中的一个或多个氢原子被卤原子取代后的产物。一卤代烯烃分子含有卤原子和碳碳双键两个官能团，属于双官能团化合物。在卤代烯烃中，由于卤原子和碳碳双键的相对位置不同，因此卤代烯烃中的卤原子具有与一般卤代烃的卤原子不同的化学活性。

6.8.1 乙烯式卤代烃

卤原子直接与双键碳原子相连的卤代烯烃称为乙烯式卤代烃，其通式可表示为 RCH ═CHX。

在乙烯式卤代烃中，由于卤原子中占在 p 轨道上的未共用电子对与碳碳双键的 π 键处于 p-π 共轭的状态(图 6-10)，这种三中心四电子的共轭体系使碳卤键具有部分双键的性质，因此乙烯式卤代烃中碳卤键的键长比一般的碳卤单键短，键能大。

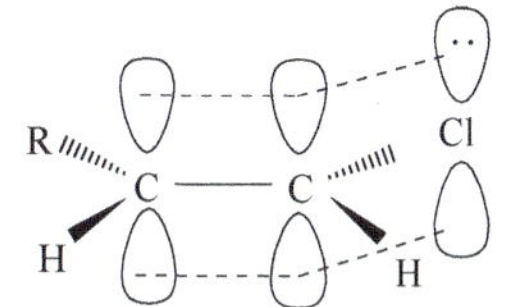

图 6-10　乙烯式卤代烃中的 p-π 共轭

乙烯式卤代烃的这种结构决定了卤原子的不活泼性，由于 π 电子对亲核试剂的排斥，因此亲核试剂不能从卤原子的背面进攻，不能发生 S_N2 反应；而 $RCH═\overset{+}{C}H$ 又极不稳定，难以形成，也不能发生 S_N1 反应。乙烯卤代烃几乎不与一般的亲核试剂(如 HO^-、RO^-、CN^-、NO_3^- 和 NH_3 等)反应，如乙烯式卤代烃与 $AgNO_3/C_2H_5OH$ 溶液长时间加热也观察不到反应的发生。

乙烯式卤代烃尽管不够活泼，但仍可以与金属镁和金属锂反应，生成相应的有机金属化合物。乙烯式卤代烃与金属镁可以在沸点比乙醚高的四氢呋喃溶剂中反应，生成相应的格氏试剂。例如

$$H_2C═CHCl \xrightarrow[\text{THF, 60℃}]{Mg} \underset{92\%}{H_2C═CHMgCl}$$

乙烯式卤代烃与金属锂生成相应的有机锂化合物。例如

$$H_2C═\underset{\displaystyle Br}{\underset{|}{C}}CH_3 + 2Li \xrightarrow{(C_2H_5)_2O} H_2C═\underset{\displaystyle Li}{\underset{|}{C}}CH_3 + LiBr$$

乙烯式卤代烃可以很顺利地与二烃基铜锂发生偶联反应。例如

$$(CH_3CH_2CH_2CH_2)_2CuLi + \text{(1-溴环己烯)} \xrightarrow{(C_2H_5)_2O} \underset{80\%}{\text{(1-丁基环己烯)}\ CH_2CH_2CH_2CH_3}$$

氯乙烯($CH_2═CHCl$)是最常见和最简单的乙烯式卤代烯烃，不能发生通常的亲核取代反应。氯乙烯分子中的碳碳双键也因氯原子的－I 效应影响变得比乙烯更难发生亲电加成。氯乙烯有致癌作用。

6.8.2 烯丙式卤代烃

烯丙式卤代烃是指在碳碳双键的 α-碳原子上的氢被卤原子取代的卤代烯烃。烯丙基氯($CH_2═CH—CH_2Cl$)是最具代表性的烯丙式卤代烃。

烯丙基氯与氯乙烯不同，烯丙基氯分子中的氯原子很活泼，很容易与一般的亲核试剂(如 HO^-、RO^-、CN^-、NO_3^- 和 NH_3 等)发生亲核取代反应。烯丙基氯属于伯卤代烃，这对发生 S_N2 反应是有利的。但若烯丙基氯中的氯原子先带着一对电子以氯负离子离去，生成烯丙基碳正离子，因为 α-碳原子上带正电荷的 p 轨道可以与碳碳双键上的 π 键形成三中心两电子的

p-π 共轭(图 6-11),有利于正电荷的分散,能形成稳定的烯丙基碳正离子,所以对 S_N1 反应也是有利的,烯丙式卤代烃发生 S_N1 反应的活性甚至比叔卤代烃还大。因此,烯丙基氯具有很高的反应活性。

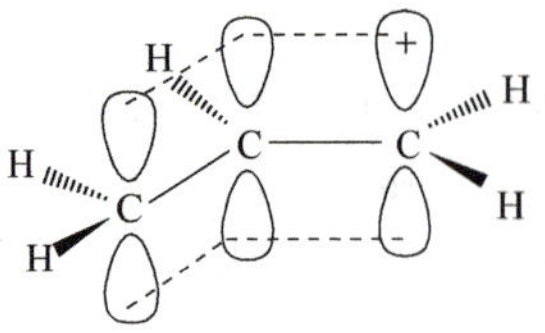

$$\overset{\delta^+}{CH_2}\text{---}CH\text{---}\overset{\delta^+}{CH_2}$$

图 6-11 烯丙基碳正离子的 p-π 共轭

在烯丙式卤代烃的 S_N1 反应中,烯丙基正离子可以写出两个共振式,因此得到两个不同的取代产物。例如

$$CH_3CH{=}CHCH_2Br \underset{}{\overset{S_N1}{\rightleftharpoons}} CH_3CH{=}CH\overset{+}{C}H_2 \longleftrightarrow CH_3\overset{+}{C}HCH{=}CH_2$$

$$CH_3CH{=}CH\overset{+}{C}H_2 \xrightarrow{H_2O} CH_3CH{=}CHCH_2OH \qquad CH_3\overset{+}{C}HCH{=}CH_2 \xrightarrow{H_2O} CH_3\underset{\displaystyle OH}{\underset{|}{C}H}CH{=}CH_2$$

问题 6-12 比较下列反应速率的大小。

(1) $CH_3CH{=}CHCH_2Cl + H_2O \xrightarrow{\triangle} CH_3CH{=}CHCH_2OH + HCl$

(2) $CH_2{=}CHCH_2CH_2Cl + H_2O \xrightarrow{\triangle} CH_2{=}CHCH_2CH_2OH + HCl$

问题 6-13 如何用化学方法区别下列化合物?

$$CH_3\underset{\displaystyle CH_3}{\underset{|}{C}H}CH{=}CHCl,\ CH_3\underset{\displaystyle CH_3}{\underset{|}{C}}{=}CHCH_2Cl,\ CH_3\underset{\displaystyle Cl}{\underset{|}{C}H}CH_2CH_3$$

6.9 卤代烃的制备

6.9.1 烃的自由基卤化

烷烃的自由基卤化反应(见 2.1.7)是合成卤代烃的有效方法,尽管伯氢、仲氢和叔氢卤化的反应活性不同,但只要烷烃分子中同时存在几种不同的氢,卤化的结果总是得到不同卤代烃的混合物。不过只要原材料便宜,卤代烃容易被分离或得到单一产物,工业上或实验室也常用烷烃的自由基卤化反应制得卤代烃。例如

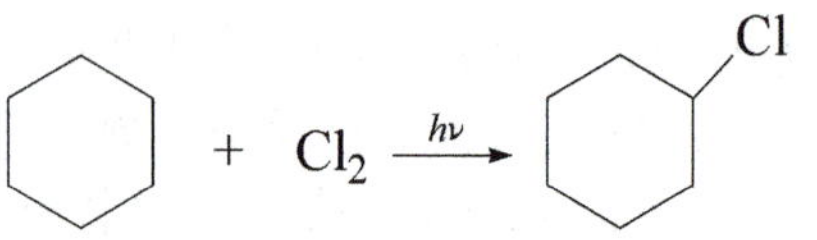

$$\text{环己烷} + Cl_2 \xrightarrow{h\nu} \text{氯代环己烷(50\%)}$$

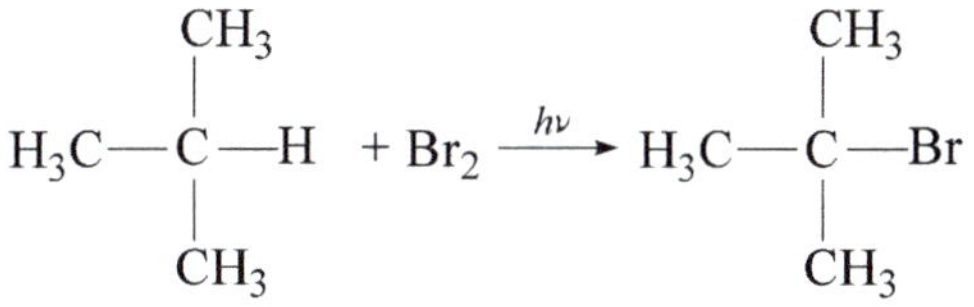

$$\underset{\text{异丁烷}}{(CH_3)_3C-H} + Br_2 \xrightarrow{h\nu} \underset{\text{叔丁基溴(90\%)}}{(CH_3)_3C-Br}$$

溴自由基卤化反应的选择性比氯高得多。

6.9.2 不饱和烃与卤化氢和卤素加成

烯烃与卤化氢加成生成卤代烃(见 5.1.4 和 5.3.5),产物遵循马氏规则。例如

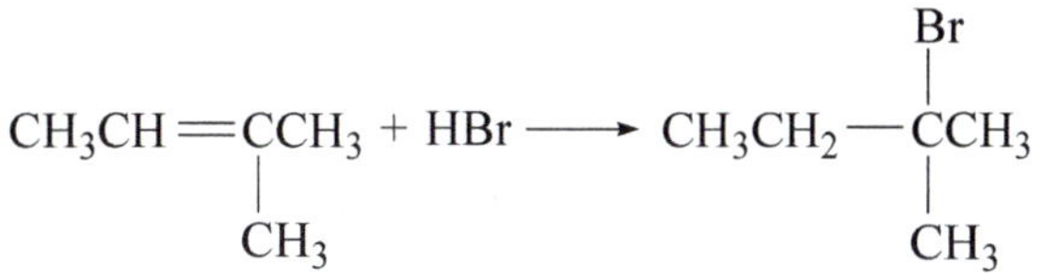

$$\underset{\text{2-甲基丁-2-烯}}{CH_3CH{=}C(CH_3)CH_3} + HBr \longrightarrow \underset{\text{2-溴-2-甲基丁烷}}{CH_3CH_2-CBr(CH_3)-CH_3}$$

烯烃与卤素发生反式加成,生成邻二卤代烃。例如

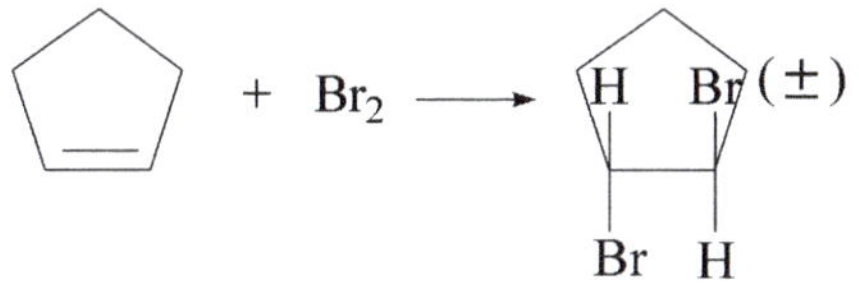

$$\text{环戊烯} + Br_2 \longrightarrow \text{反-1,2-二溴环戊烷}\ (\pm)\quad 92\%$$

炔烃与卤化氢加成,生成偕二卤代烃,产物遵循马氏规则。例如

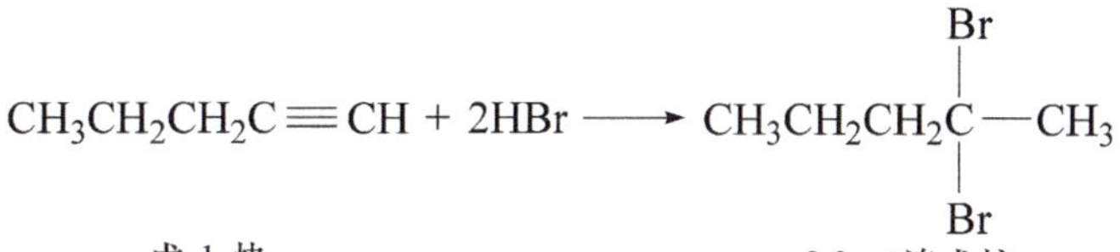

$$\underset{\text{戊-1-炔}}{CH_3CH_2CH_2C{\equiv}CH} + 2HBr \longrightarrow \underset{\text{2,2-二溴戊烷}}{CH_3CH_2CH_2CBr_2-CH_3}$$

炔烃与 2mol 卤素反应生成四卤代烃。例如

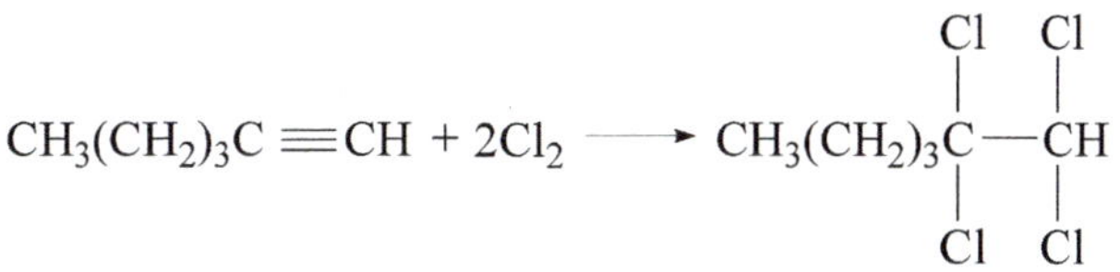

$$\underset{\text{己-1-炔}}{CH_3(CH_2)_3C{\equiv}CH} + 2Cl_2 \longrightarrow \underset{\text{1,1,2,2-四氯己烷(100\%)}}{CH_3(CH_2)_3CCl_2-CHCl_2}$$

6.9.3 醇与氢卤酸反应

醇与氢卤酸反应也可以制备卤代烃(见 7.1.5)。例如

$$\underset{\text{正丁醇}}{CH_3CH_2CH_2CH_2OH} \xrightarrow{HBr,H_2SO_4} \underset{\text{正溴丁烷}}{CH_3CH_2CH_2CH_2Br}$$

小　结

1. 烃分子中的氢原子被卤素原子取代后生成的化合物称为卤代烃。其通式为 RX，卤原子是卤代烃的官能团。

2. 卤代烃的主要反应是由 C—X 键引起的亲核取代反应、消除反应以及与金属的反应。

3. 着重讨论亲核取代反应的 S_N1 和 S_N2 两种反应机理及影响 S_N1 和 S_N2 反应的因素。

(1) S_N2 反应为双分子反应，反应速率与卤代烷和亲核试剂的浓度成正比；反应一步完成，旧键的断裂与新键的生成协同进行；反应过程中亲核试剂从离去基团的背面进攻中心碳原子，取代产物发生构型翻转。在 S_N2 反应中，亲核试剂的亲核性强、极性小的溶剂或非极性溶剂对 S_N2 反应有利。对不同卤代烃的反应活性次序为 CH_3X＞伯卤代烷＞仲卤代烷＞叔卤代烷。

(2) S_N1 反应为单分子反应，对于卤代烃，反应速率只与反应底物卤代烷的浓度有关；取代反应分两步进行，首先是 C—X 键的异裂，生成具平面构型的活性中间体碳正离子；亲核试剂再从碳正离子所在平面的两边与之结合，分别生成构型保持和构型翻转的产物；因 S_N1 反应经碳正离子中间体，所以有时可以观察到碳架重排的产物生成。在 S_N1 反应中，生成的碳正离子越稳定，S_N1 反应越容易进行，溶剂的极性增大，对 S_N1 反应有利。不同卤代烃的反应活性次序为叔卤代烷＞仲卤代烷＞伯卤代烷＞CH_3X。

离子对反应机理更好地解释了溶剂解反应中反应动力学与立体化学之间存在的差异。

4. 讨论消除反应的 E1、E2 和 E1cB 反应机理。

(1) E1 反应为两步反应，首先生成活性中间体碳正离子，然后消除 β-氢，消除产物遵循 Zaitsev 规则。对于卤代烃，其 E1 反应的活性次序为叔卤代烷＞仲卤代烷＞伯卤代烷。E1 反应中有时可以观察到碳架重排产物的生成。

(2) E2 反应为一步反应，β-消除的两基团处于反式共平面。由于过渡态中已具有碳碳双键的性质，因此消除产物遵循 Zaitsev 规则。其消除的活性次序为叔卤代烷＞仲卤代烷＞伯卤代烷。

(3) E1cB 是反应底物经共轭碱进行的单分子消除反应。首先是 β-H 在碱作用下离去，生成共轭碱 β-碳负离子，然后是离去基团带着一对电子离去，同时生成 π 键，反应分两步进行。

(4) 消除反应中的 E1、E2 和 E1cB 是三个既不同又相互关联的极限情况下的典型机理。

5. 卤代烃可以与金属反应，分别制得格氏试剂和二烷基铜锂，它们是重要的合成试剂。

6. 在卤代烯烃中，最具有代表性特征的是乙烯式卤代烃($RCH{=}CHX$)和烯丙式卤代烃($RCH{=}CH{-}CH_2X$)，它们的结构不同，反应活性不同。

习　题

1. 用系统命名法命名下列化合物。

(1) $(CH_3)_2CH-C(CH_3)_2-CHBrCH_3$

(2) 1-甲基-3-(溴甲基)环己烷结构式：环己烷上一个 CH_3 和一个 CH_2Br

(3) $CH_3CH_2CH(CH_3)CH(CH(CH_3)_2)CH_2CHClCH_3$

(4) $CH_3CH_2CH_2$—C(CH_2CH_3)(Cl)(Br)　　(5) 环己烯-C(Cl)(H)　　(6) Br, H, C_2H_5, CH_3, H, Br（纽曼投影式）

(7) CH_3CH_2—C(CH_2CH_2Br)(H)(CH_3)　　(8) Br—C(CH_3)(Cl)(CH_2CH_3)　　(9) CH_3, H—Br, Br—H, CH_3（费歇尔投影式）

2. 根据下列名称写出相应化合物的结构式。

(1) 2-氯-3-甲基丁烷　　(2) 2-溴-3-氯戊烷

(3) 2,3-二溴-1-氯丙烯　　(4) 3-溴-1,1,2-三氯丙烷

3. 写出 1-溴戊烷与下列试剂反应的主要产物。

(1) $NaOH/H_2O$　　(2) $AgNO_3/CH_3CH_2OH$

(3) 乙炔钠/NH_3(l)　　(4) $NaCN/CH_3CH_2OH$

(5) NaI/CH_3COCH_3　　(6) C_2H_5ONa/CH_3CH_2OH

4. 比较下列各组碳正离子的稳定性次序。

(1) $CH_3CH_2CH_2CH_2\overset{+}{C}H_2$，　$CH_3CH_2\overset{+}{C}HCH_2CH_3$，　$CH_3CH_2\overset{+}{C}(CH_3)_2$

(2) $CH_3CH{=}CH\overset{+}{C}H_2$，　$CH_3CH_2CH_2\overset{+}{C}H_2$，　$CH_3CH_2\overset{+}{C}HCH_3$

5. 写出下列反应的主要产物。

(1) $CH_3CH_2CH(Br)CH(CH_3)CH_2CH_3 \xrightarrow[\triangle]{KOH/C_2H_5OH}$

(2) $CH_3CH{=}CHCH(Br)CH_2CH_3 \xrightarrow[\triangle]{KOH/C_2H_5OH}$

(3) 环己烯 + Br_2(1mol) $\longrightarrow$ $\xrightarrow[\triangle]{KOH/C_2H_5OH}$

(4) $CH_3C(Cl){=}CHCH(Br)CH_3$ + NaCN $\longrightarrow$

(5) $CH_3CH_2C{\equiv}CH \xrightarrow[2)\ CH_3CH_2Br]{1)\ NaNH_2}$

(6) CH_3CH_2I + $NaOCH(CH_3)CH_2CH_3 \longrightarrow$

(7) 1-碘-1-甲基环戊烷 + $CH_3ONa \xrightarrow[CH_3OH]{50℃}$

(8) $(CH_3CH_2)_3CBr \xrightarrow[25℃]{CH_3OH}$

(9) Cl, OH $\xrightarrow{NaOH}$

(10) H_3C, H, I, CH_3 $\xrightarrow[25℃]{CH_3OH}$

6. 用简单的化学方法区别下列化合物。

3-溴戊-2-烯、4-溴戊-2-烯、5-溴戊-2-烯

7. 比较下列碳正离子的稳定性。

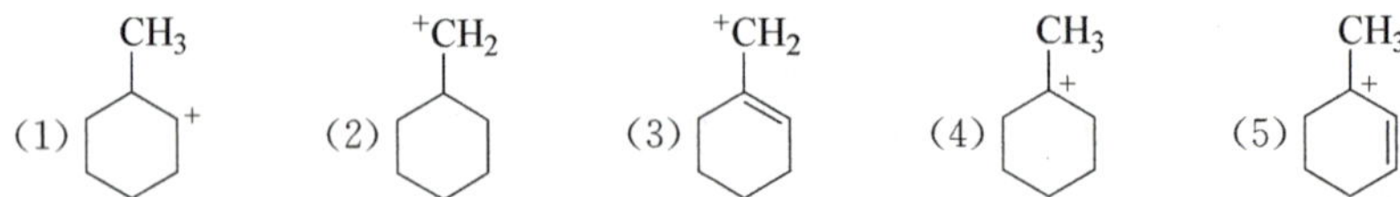

8. 比较 1-氯二环[2.2.2]辛烷和 1-氯二环[4.4.0]癸烷发生 S_N1 和 S_N2 反应时的反应活性，并给出适当解释。

1-氯二环[2.2.2]辛烷　　1-氯二环[4.4.0]癸烷

9. 对下列现象给出合理的解释。

(1) 1-氯丁烷在含水乙醇中与 NaOH 反应，生成相应的 $CH_3CH_2CH_2CH_2OH$，若加入少量 NaI，能催化反应加快。

(2) 在强碱作用下，CH_3CH_2I 发生 β-消除反应比 CD_3CH_2I 快。

(3) 2-溴-3-甲基丁烷水解仅得到 2-甲基丁-2-醇。

10. 写出下列化合物发生 E1 反应时的主要产物。

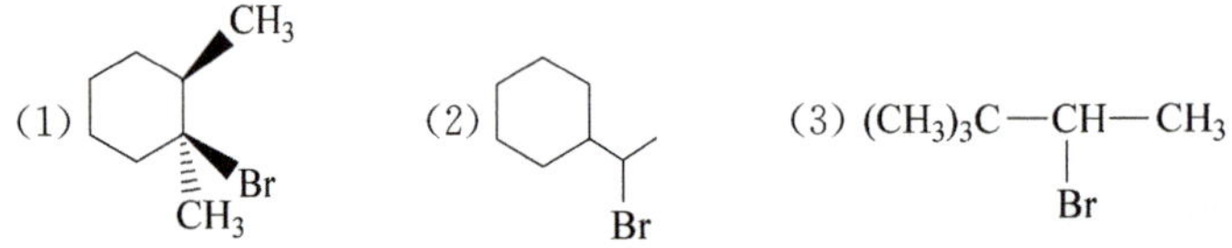

11. 在下列亲核取代反应中，当亲核试剂的浓度增加时，对反应有什么影响？为什么？

(1) H, Br + CH_3O^- ⟶ H, OCH_3 + Br^-

(2) Br + CH_3S^- ⟶ SCH_3 + Br^-

(3) CH_3, Br + CH_3COO^- ⟶ CH_3, $OCOCH_3$ + Br^-

12. 比较下列各组取代的卤代环己烷在 KOH/C_2H_5OH 溶液中消除卤化氢的速率大小，并给出适当解释。

(1) Br, H_3C, H, H 和 Br, H, H, CH_3　　(2) H, H, CH_3, Cl 和 H, CH_3, H, CH_3, H, Cl

13. 下列两个化合物与 $AgNO_3/C_2H_5OH$ 反应，哪一个反应相对较快？

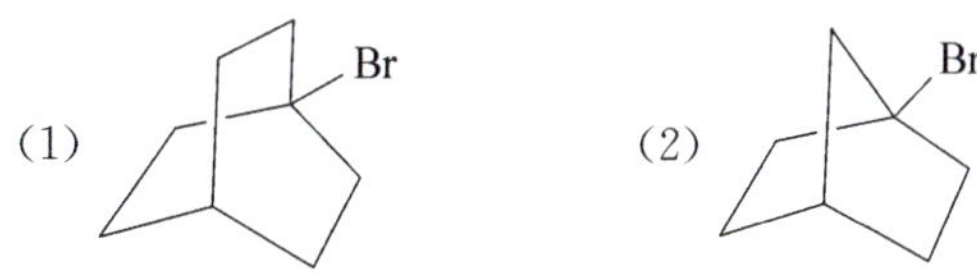

14. 下列各对化合物中，哪一个在 C_2H_5ONa/C_2H_5OH 条件下更容易发生 E2 消除？为什么？

(1)$CH_2=CHCH_2CH_2Cl$ 和 $CH_3CH_2CH_2CH_2Cl$

(2) $(CH_3)_3C$-环己基-Cl（楔形键）和 $(CH_3)_3C$-环己基-Cl（虚楔键）

15. 在下列各组反应中，哪一个的消除/取代比例较高？

(1) $CH_3CH(CH_3)-CBr(CH_3)CH_3$ 或 $CH_3CH_2CH_2-CBr(CH_3)CH_3$ 在含水乙醇溶液中加热

(2) $CH_3C(CH_3)_2-CH_2-CBr(CH_3)CH_3$ 在 C_2H_5OK/C_2H_5OH 或 $(CH_3)_3COK/(CH_3)_3COH$ 中反应

16. 用反应机理解释下列反应结果。

2-溴-1-亚甲基环戊烷 $\xrightarrow{CH_3OH}$ 1-(CH_2OCH_3)环戊烯 + 3-亚甲基环戊烯 + 2-(OCH_3)-1-亚甲基环戊烷

17. 对下列反应提出合理的可能机理。

$$H_2C=CHCH(Br)CH_3 \xrightarrow[H_2O]{LiBr} CH_3CH=CHCH_2Br$$

18. 化合物 **A**，分子式为 C_5H_{12}，**A** 是其同分异构体中熔点与沸点的差距最小的一种异构体，它的一溴取代物 **B** 只有一种，**B** 发生 S_N1 或 S_N2 反应都很慢，但在 Ag^+ 催化下能生成 Zaitsev 烯烃 **C**。试推测 **A**～**C** 的结构式。

19. 化合物 **A**，分子式为 C_4H_9Br，其 ^1H NMR 数据(δ)如下：1.04(d,6H)，1.93(m,1H)，3.33(d,2H)。试推测化合物 **A** 的结构式。

第7章 醇和醚

主要内容

➢醇和醚的结构特征、分类和命名。

➢醇和醚的物理性质和化学性质。

➢以饱和碳原子上的亲核取代反应为依据，醇羟基的取代和醚链的断裂等反应的特征及影响反应产物的因素。

➢醇分子中的消除反应及影响因素、消除的立体化学、消除产物的择向性及构型特征。

➢醇的氧化和其他相关的反应。

➢环醚在酸性和碱性条件下开环反应的特征。

➢醇和醚的合成及相关官能团之间的相互转换。

脂肪烃分子中的氢原子被羟基(OH)和烷氧基(RO)取代的产物分别称为醇和醚。

$$\underset{\text{醇}}{RCH_2—OH} \qquad \underset{\text{醚}}{RCH_2—OR'}$$

从结构上分析，醇和醚与卤代烃有相似的部分，它们都是饱和碳原子上的氢原子被吸电子取代基取代的产物，因此它们的某些主要反应有共同的特征。

7.1 醇

脂肪烃分子中的一个或几个氢原子被羟基(—OH)取代后的化合物称为醇(alcohol)，醇羟基是醇的官能团。一元醇的结构通式为R—OH。按照醇分子中羟基所连的碳原子不同，醇可分为伯醇、仲醇和叔醇，醇羟基连在伯碳原子、仲碳原子和叔碳原子上的醇分别称为伯醇、仲醇和叔醇。

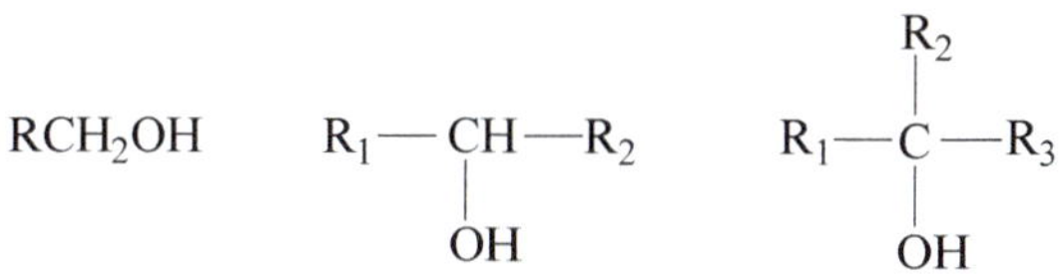

$$\mathrm{RCH_2OH} \qquad \mathrm{R_1{-}\underset{\displaystyle |\atop \displaystyle OH}{CH}{-}R_2} \qquad \mathrm{R_1{-}\overset{\displaystyle R_2 \atop \displaystyle |}{\underset{\displaystyle |\atop \displaystyle OH}{C}}{-}R_3}$$

伯醇　　仲醇　　叔醇

例如

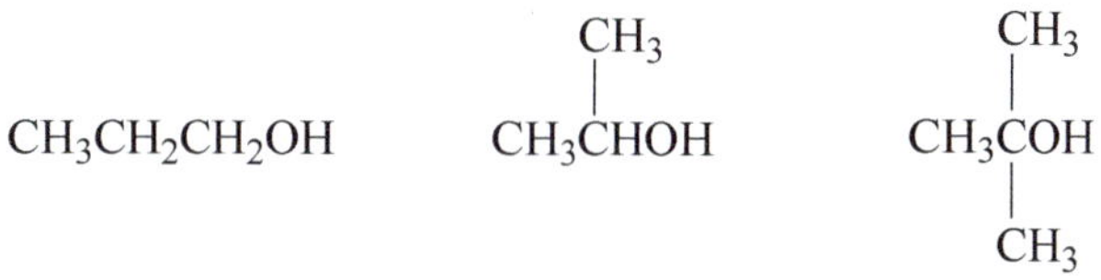

$$\mathrm{CH_3CH_2CH_2OH} \qquad \mathrm{CH_3\overset{\displaystyle CH_3\atop \displaystyle |}{C}HOH} \qquad \mathrm{CH_3\overset{\displaystyle CH_3\atop \displaystyle |}{\underset{\displaystyle |\atop \displaystyle CH_3}{C}}OH}$$

正丙醇（伯醇）　　异丙醇（仲醇）　　叔丁醇（叔醇）

根据分子中所含羟基的数目，醇又可分为一元醇、二元醇等。含两个羟基以上的醇通称为多元醇。例如

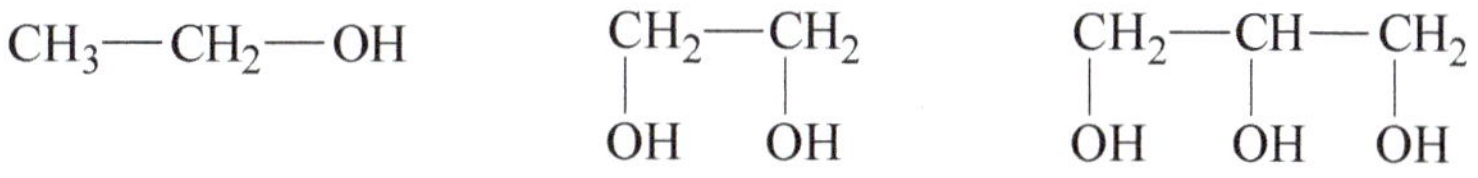

$$\mathrm{CH_3{-}CH_2{-}OH} \qquad \mathrm{\underset{\displaystyle |\atop \displaystyle OH}{CH_2}{-}\underset{\displaystyle |\atop \displaystyle OH}{CH_2}} \qquad \mathrm{\underset{\displaystyle |\atop \displaystyle OH}{CH_2}{-}\underset{\displaystyle |\atop \displaystyle OH}{CH}{-}\underset{\displaystyle |\atop \displaystyle OH}{CH_2}}$$

乙醇（一元醇）　　乙二醇（二元醇）　　丙三醇（三元醇）

两个以上羟基连在同一个碳原子上的多元醇不稳定，容易脱水生成羰基化合物。

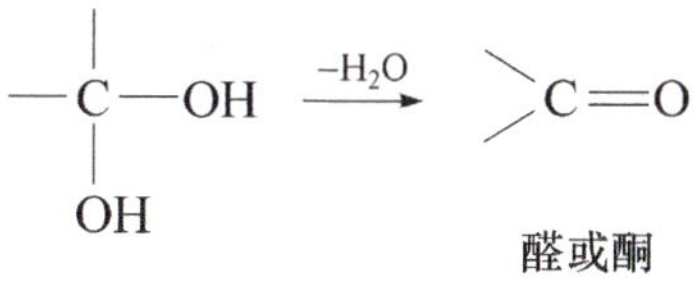

$$\mathrm{-\overset{\displaystyle |}{\underset{\displaystyle |\atop \displaystyle OH}{C}}{-}OH \xrightarrow{-H_2O} >C{=}O}$$

醛或酮

$$\mathrm{-\overset{\displaystyle OH\atop \displaystyle |}{\underset{\displaystyle |\atop \displaystyle OH}{C}}{-}OH \xrightarrow{-H_2O} -C\langle{}^{\displaystyle O}_{\displaystyle OH}}$$

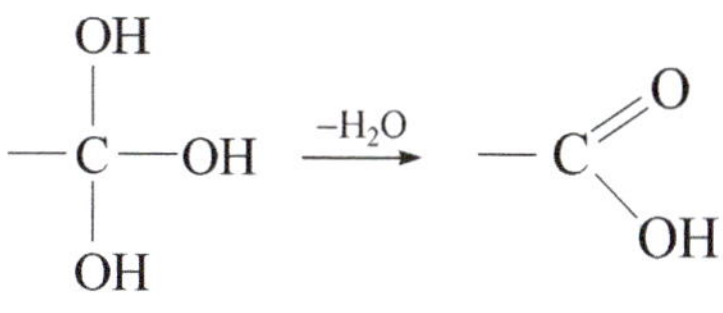

羧酸

7.1.1 醇的结构和命名

1. 醇的结构

醇的结构特点是羟基直接与饱和碳原子（sp^3 杂化的碳）相连，在醇分子中，∠COH 与 sp^3 杂化轨道的夹角接近，醇羟基中的氧与水分子中氧的杂化状态相同，都为 sp^3 杂化。例如，甲醇中的∠COH 为 108.9°，氧原子上两对未共用电子占在两个 sp^3 杂化轨道上（图 7-1）。

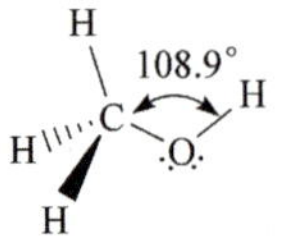

C—H	109.5pm	∠COH	108.9°
C—O	143pm	∠HCH	109°
O—H	96pm	∠HCO	110°

图 7-1　甲醇分子中的键长和键角

在醇分子中，由于氧原子的电负性较大，因此 O—H 键和 C—O 键都是极性共价键。醇分子有一定的偶极矩，甲醇的偶极矩大小与水分子的偶极矩相近。例如

μ=1.71D　　　　μ=1.85D

若羟基直接与不饱和碳原子相连，如 RCH═CHOH，称为烯醇，烯醇不稳定，很容易异构化为醛或酮。

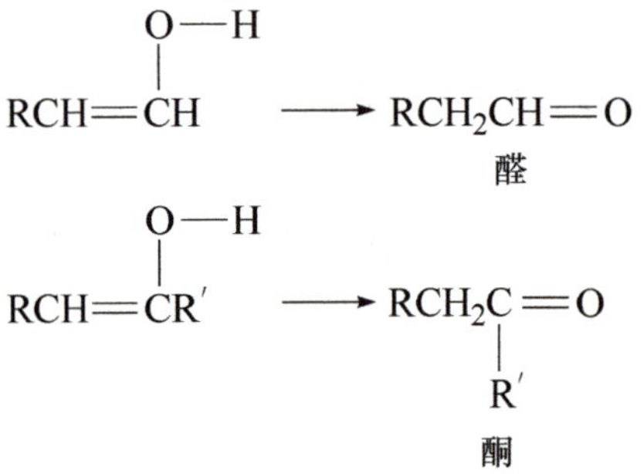

$$RCH{=}CH(OH) \longrightarrow RCH_2CH{=}O \text{（醛）}$$

$$RCH{=}CR'(OH) \longrightarrow RCH_2C(R'){=}O \text{（酮）}$$

醇的异构可以有碳架异构和官能团位置异构。例如

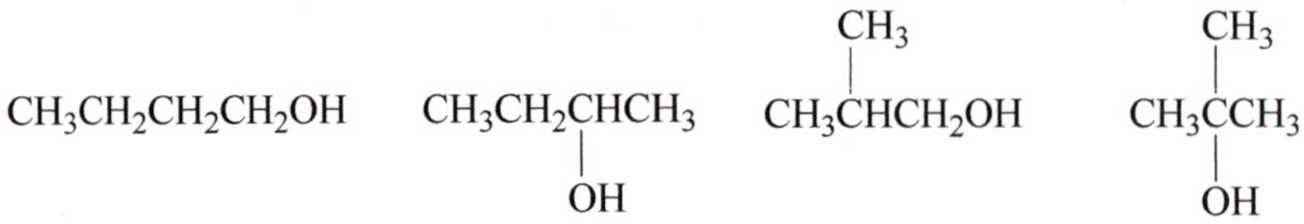

$CH_3CH_2CH_2CH_2OH$　　$CH_3CH_2CH(OH)CH_3$　　$CH_3CH(CH_3)CH_2OH$　　$CH_3C(CH_3)(OH)CH_3$

2. 醇的命名

对于结构比较简单的醇，通常用普通命名法命名，即根据相应的烃基称为某醇，烃基的“基”字则可以省去。例如

CH_3OH	$(CH_3)_2CHOH$	$CH_3CH_2CH_2CH_2OH$	$CH_3CH(CH_3)CH_2OH$
甲醇 (methyl alcohol)	异丙醇 (isopropyl alcohol)	正丁醇 (*n*-butyl alcohol)	异丁醇 (isobutyl alcohol)

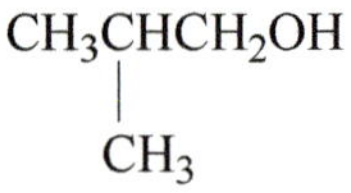

$CH_3CH_2CH(OH)CH_3$	$(CH_3)_3COH$	$C_6H_5CH_2OH$
仲丁醇 (*sec*-butyl alcohol)	叔丁醇 (*tert*-butyl alcohol)	苯甲醇 (苄醇) [phenylmethanol (benzyl alcohol)]

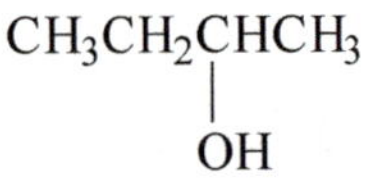

羟甲基(—CH_2OH)直接与芳环相连的醇称为芳香醇。例如，苄醇(苯环—CH_2OH)是羟甲基与苯环直接相连的芳香醇，苄醇又称苯甲醇。

对于结构比较复杂的醇则用系统命名法命名。在系统命名法中，由于醇羟基是官能团，因此必须遵循下列原则：①选择含醇羟基的最长碳链作为主链(对于含碳碳不饱和键的一元醇，则要选择包含醇羟基和碳碳不饱和键在内的最长碳链作为主链)，按主链的碳原子数目称为某醇；②对主链用阿拉伯数字编号时，要从最靠近羟基的一端开始，使羟基的位次编号最小；③把用阿拉伯数字表示的羟基位次放在某醇名称“醇”的前面，即为母体名称；④不饱和键或取代基的名称、数目、位次分别放在主链名称之前，构型放在最前面。例如

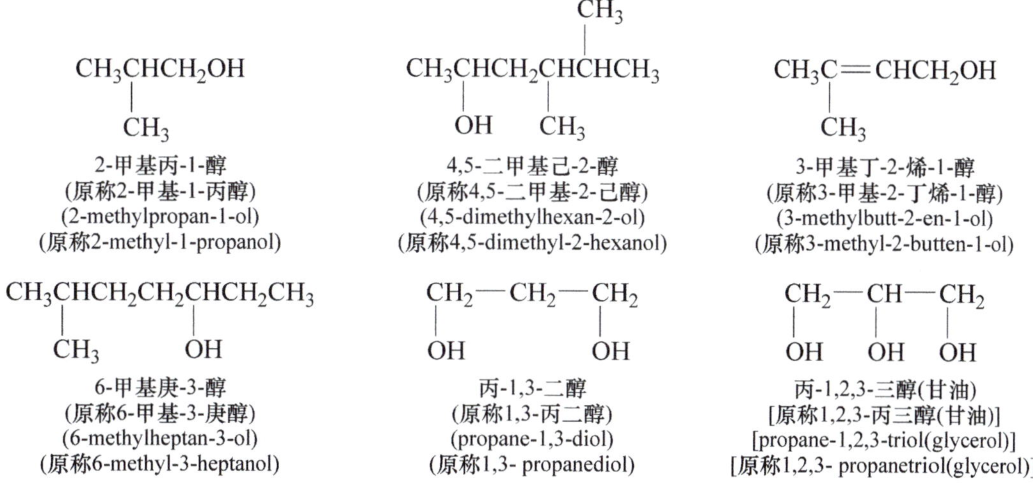

2-甲基丙-1-醇
(原称2-甲基-1-丙醇)
(2-methylpropan-1-ol)
(原称2-methyl-1-propanol)

4,5-二甲基己-2-醇
(原称4,5-二甲基-2-己醇)
(4,5-dimethylhexan-2-ol)
(原称4,5-dimethyl-2-hexanol)

3-甲基丁-2-烯-1-醇
(原称3-甲基-2-丁烯-1-醇)
(3-methylbutt-2-en-1-ol)
(原称3-methyl-2-butten-1-ol)

6-甲基庚-3-醇
(原称6-甲基-3-庚醇)
(6-methylheptan-3-ol)
(原称6-methyl-3-heptanol)

丙-1,3-二醇
(原称1,3-丙二醇)
(propane-1,3-diol)
(原称1,3- propanediol)

丙-1,2,3-三醇(甘油)
[原称1,2,3-丙三醇(甘油)]
[propane-1,2,3-triol(glycerol)]
[原称1,2,3- propanetriol(glycerol)]

脂环醇的命名是在脂环烃基的名称后面加上“醇”字，作为醇的母体，然后从羟基所在的环碳原子开始编号，其他命名原则与脂肪醇类似，把取代基的名称、位次放在母体名称前面，有构型的则将构型标在最前面。对于多元脂环醇，则必须标出所有醇羟基的位置和数目。例如

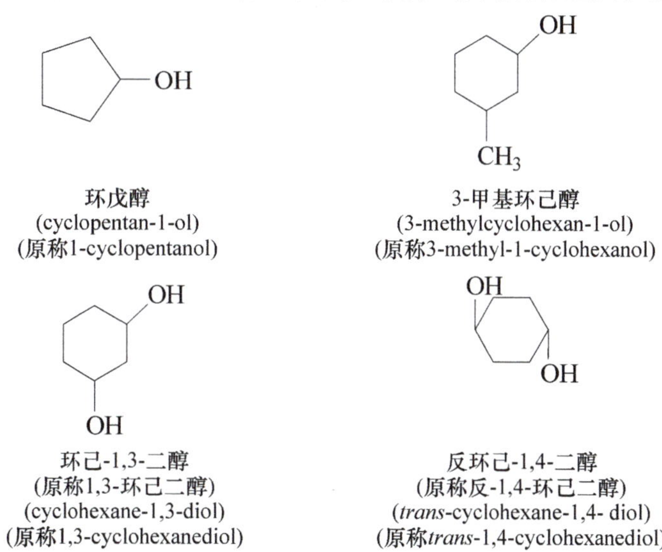

环戊醇
(cyclopentan-1-ol)
(原称1-cyclopentanol)

3-甲基环己醇
(3-methylcyclohexan-1-ol)
(原称3-methyl-1-cyclohexanol)

环己-1,3-二醇
(原称1,3-环己二醇)
(cyclohexane-1,3-diol)
(原称1,3-cyclohexanediol)

反环己-1,4-二醇
(原称反-1,4-环己二醇)
(*trans*-cyclohexane-1,4- diol)
(原称*trans*-1,4-cyclohexanediol)

问题 7-1 用系统命名法命名下列化合物或写出相应的结构式。

(1) $CH_3\overset{OH}{\underset{CH_3}{C}}CH_2CH_2CH_3$　　(2) $CH_3\overset{OH}{C}H\underset{CH_2OH}{C}HCH_2CH_3$　　(3) $C_6H_5-CH_2CH_2\overset{OH}{\underset{CH_3}{C}}CH_3$

(4) Fischer 投影式：上 CH_3，左 H，右 OH，下 CH_2CH_3　　(5) 环戊烯环上一个碳原子连 CH_3（虚楔）和 OH（实楔）　　(6) CH_3CH_2(H)C=C(H)$\underset{OH}{C}HCH_3$（CH_3CH_2 与 $CH(OH)CH_3$ 处于双键两侧）

(7) 4-氯-2-乙基丁-1-醇　　(8) 3-甲基戊-2,4-二醇　　(9) 顺环己-1,4-二醇

7.1.2 醇的物理性质

C_4 及以下的低级饱和一元醇为无色中性液体，具有不同程度的"酒味"。

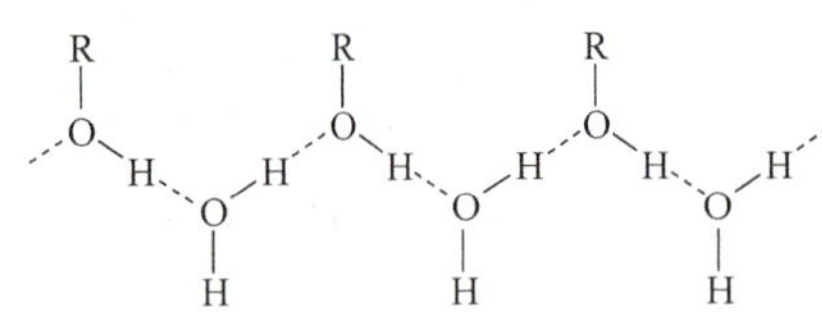

图 7-2 一元醇与水分子通过氢键相互缔合的示意图

醇在水中的溶解度与醇分子中烃基的大小和羟基的多少有关，因为醇羟基可以与水分子之间通过氢键相互缔合(图 7-2)。对于 C_3 以下的甲醇、乙醇和丙醇，由于烃基在分子中占的比例较小，而醇羟基在分子中所占的比例较大，因此可以以任意比例与水混溶。

含 5～11 个碳原子的醇为黏稠性逐渐增大的油状液体，具有不同的带刺激性的不愉快气味。从 C_4 开始，随着醇羟基在分子中占的比例越来越小，醇在水中的溶解度也越来越小，丁醇也仅部分溶于水；C_{12} 以上的高级醇为无嗅、无味的蜡状固体，几乎不溶于水。由于多元醇中羟基在分子中占的比例增大，且可以有多个醇羟基与水分子通过氢键互相缔合，因此多元醇在水中的溶解度比一元醇大，大多能与水混溶。部分醇的物理常数见表 7-1。

表 7-1 部分醇的物理常数

化合物	熔点/℃	沸点/℃	相对密度	溶解度/[g·(100g H_2O)$^{-1}$]
甲醇(methanol)	−97.8	64.7	0.7914	∞
乙醇(ethanol)	−117.3	78.3	0.7893	∞
正丙醇(propan-1-ol)	−126.0	97.8	0.8035	∞
丙-2-醇(propan-2-ol)	−88	82.3	0.7855	∞
正丁醇(butan-1-ol)	−90	117.8	0.8060	7.9
仲丁醇(butan-2-ol)	−114.8	99.6	0.8026	12.5
异丁醇(2-methylpropan-1-ol)	−108	107.0	0.7978	10
叔丁醇(2-methylpropan-2-ol)	25.8	82.4	0.7812	∞
正戊醇(pentan-1-ol)	−78.5	138.0	0.8144	微溶
异戊醇(3-methylbutan-1-ol)	−117	131.5	0.8152	微溶

续表

化合物	熔点/℃	沸点/℃	相对密度	溶解度/[$g\cdot(100g\ H_2O)^{-1}$]
正己醇(hexan-1-ol)	−52	156.5	0.8136	微溶
正庚醇(heptan-ol)	−36	176	0.822	微溶
正辛醇(octan-1-ol)	−15	196	0.827	微溶
环戊醇(cyclopentanol)	−17	141	0.9488	微溶
环己醇(cyclohextanol)	−17	141	0.948	微溶
苯甲醇(phenylmethanol)	−15.3	205.3	1.0419	4
乙二醇(ethanediol)	−12.6	197.5	1.113	∞
丙-1,2-二醇(propane-1,2-diol)	−59	189	1.038	∞
丙-1,2,3-三醇(propane-1,2,3-triol)	18	290	1.260	∞

饱和一元醇的相对密度小于1,但比相应的烷烃大,芳香醇的相对密度大于1。

醇的沸点随着相对分子质量的增大而升高,分子式相同的醇,支链越多,沸点越低。醇分子的羟基之间也可以通过氢键相互缔合(图 7-3),因此醇的沸点都比相对分子质量相近的烃类化合物高。

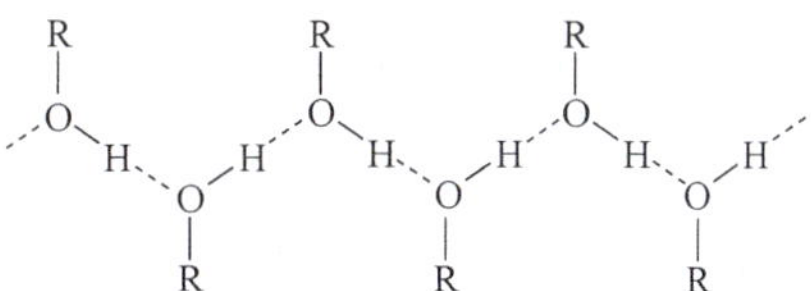

图 7-3 一元醇分子之间通过氢键相互缔合的示意图

固态醇中醇羟基基本上以缔合状态存在,液态醇中醇羟基处于部分缔合状态,只有在气态时可以主要以游离分子存在。

乙醇与水能形成恒沸混合物,其沸点为 78℃(乙醇 95.57%,水 4.43%,体积分数),因此不能用通常的蒸馏方法将乙醇中的水除去。

甲醇的毒性很强,有麻醉作用,能严重损害视神经系统,饮用 10mL 甲醇就能使眼睛失明,致死剂量为 25~100mL。工业乙醇及变性乙醇中都含有一定量的甲醇,严禁用作勾兑酒类的原料。

红外光谱特征:醇羟基的 O—H 伸缩振动吸收峰通常在 3650~3200cm^{-1},为羟基的特征吸收峰。游离的醇羟基的伸缩振动位于 3650~3500cm^{-1}(尖峰,强度一般较弱),只有当醇在气态和非极性的极稀溶液中才能观察到此峰;分子间氢键缔合的羟基吸收峰位于 3400~3200cm^{-1}(强峰,较宽),分子内缔合的羟基吸收峰位于 3500~3000cm^{-1}。另外,醇羟基的 C—O键伸缩振动在指纹区的 1200~1025cm^{-1} 也有特征吸收峰,伯醇在 1050cm^{-1},仲醇在 1100cm^{-1},叔醇在 1150cm^{-1},可作为区别伯醇、仲醇和叔醇的旁证。

核磁共振谱:在氢谱中,醇中羟基质子的化学位移(δ)值因受样品中氢键的形成程度、样品的浓度、温度及溶剂等的影响而不同,一般为 0.5~5.5,其吸收峰可以通过重水(D_2O)交换而消失。α-碳上氢的化学位移为 3.3~4.0。在碳谱中,α-碳的化学位移(δ)为 60~75。

质谱:醇分子的分子离子峰(M)很小,通常可观察到失去水分子得到的 M−18 峰。M−18峰也是最容易被误为是醇的分子离子峰。β-断裂是醇的分子离子峰裂解为各碎片的主要方式。

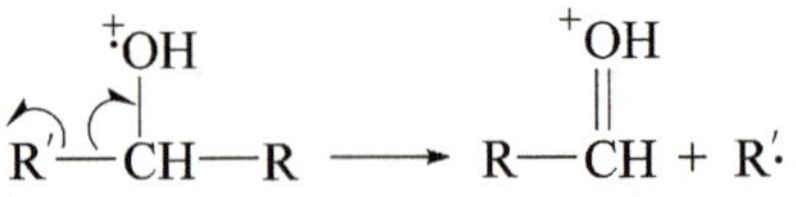

当 R＝H 时，则为伯醇 $R'CH_2OH$，即得到 $m/z=31$ 的离子峰 $CH_2=\overset{+}{O}H$。当 $R=CH_3$、CH_3CH_2、…时，则会观察到 45、59、…离子峰。

问题 7-2　解释下列现象。

(1) 环己醇的水溶性大于己-1-醇的水溶性。

(2) 反式和顺式环戊-1,2-二醇的红外光谱在 3570～3450cm^{-1}有一宽带。当用 CCl_4 稀释后，顺式异构体的这一谱带保持不变，而反式异构体的谱带向高频方向移动，且峰形变得尖锐。

7.1.3　醇的酸性和碱性

醇的化学性质主要由官能团羟基决定。由于氧的电负性较大，C—O 键和 O—H 键都是极性很强的共价键，因此当发生化学反应时，可以发生 O—H 键断裂，表现为醇羟基中氢被活泼金属取代的酸的性质，也可以发生 C—O 键断裂，表现为醇羟基被其他原子或基团取代的亲核取代反应，以及消除羟基及 β-H 的消除反应。另外，直接连接羟基的 α-碳上的氢容易发生脱氢反应和氧化反应。

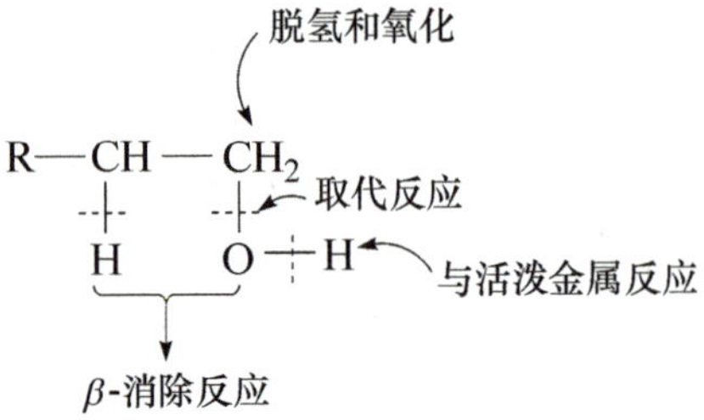

1. 酸性

从结构上看，醇可以看成是水分子的烃基取代物，二者在性质上有相似的地方。

在醇羟基中，由于氧原子的电负性比氢原子的电负性大，因此氧氢之间的共用电子对偏向氧原子一边(图 7-4)，醇羟基中的氢表现为一定的酸性。

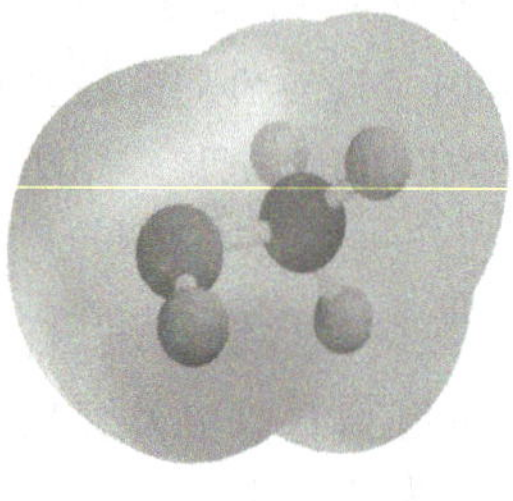

图 7-4　甲醇的电子云密度分布图

醇分子解离时生成烷氧基负离子和质子：

$$RO-H + H_2O \overset{K_a}{\rightleftharpoons} RO^- + H_3O^+$$

$$K_a=\frac{[H_3O^+][RO^-]}{[ROH]} \qquad pK_a=-\lg K_a$$

醇具有一定的酸性($pK_a=16\sim18$)，其酸性比水($pK_a=15.7$)弱。在溶液中，醇的酸性强弱次序一般为

$$CH_3OH>RCH_2OH>R_2CHOH>R_3COH$$

这是因为在溶液中，烷氧基负离子被溶剂化，而溶剂化作用大小直接与烷氧基负离子的稳定性有关。R_3CO^- 中由于 α-碳原子上有三个烷基，即 R_3C 的体积较大，空间位阻影响了溶剂分子与带负电荷的氧原子接近，因此溶剂化作用相对较小，负电荷不易被分散，R_3CO^- 的稳定性较差，相应醇分子中的质子不容易解离，平衡偏向未解离的醇一边，说明其酸性较小。而伯醇中，由于 RCH_2 的体积较小，溶剂化作用相对较大，RCH_2O^- 中的负电荷容易被分散，因此 RCH_2O^- 的稳定性较好，相应醇分子中的质子容易解离，说明其酸性较大。仲醇的酸性则介于伯醇与叔醇之间。

2. 碱性

醇羟基的氧原子上有两对孤电子对，它们可以与质子结合形成𨦡盐(oxonium salt)，使醇具有一定的碱性。

醇不仅能从强酸接受质子生成𨦡盐，而且能与 Lewis 酸结合生成𨦡盐。例如

$$R—\ddot{O}H + HI \rightleftharpoons R—\overset{+}{\ddot{O}}H \ \ I^- \\ \qquad\qquad\qquad\qquad\quad |\\ \qquad\qquad\qquad\qquad\quad H$$

$$R—\ddot{O}H + BF_3 \rightleftharpoons R—\ddot{O}H \\ \qquad\qquad\qquad\qquad\quad |\\ \qquad\qquad\qquad\qquad\quad BF_3$$

醇的酸性或碱性大小与醇分子中烃基的电子效应有关。烃基的给电子能力越强，相应醇的碱性就越强，酸性则越弱。烃基的吸电子能力越强，相应醇的碱性就越弱，酸性则越强。烃基的电子效应和空间位阻效应都会影响醇的酸性大小。

7.1.4 与活泼金属的反应

醇的酸性比水还弱，只能与活泼金属(如 Na、K、Mg 等)反应，羟基中 O—H 键上的氢被金属原子取代，生成金属烷氧基化合物，称为醇金属，烷氧基钠也称为醇钠。例如

$$ROH + Na \longrightarrow \underset{\text{醇钠}}{RONa} + \frac{1}{2}H_2\uparrow$$

$$2ROH + Mg \longrightarrow \underset{\text{醇镁}}{(RO)_2Mg} + H_2\uparrow$$

$$6ROH + 2Al \longrightarrow \underset{\text{醇铝}}{2(RO)_3Al} + 3H_2\uparrow$$

伯醇、仲醇、叔醇与金属钠的反应活性不同，其活性次序为甲醇>伯醇>仲醇>叔醇，与相应醇的酸性强弱次序一致。叔醇需要与更活泼的金属钾反应才能完全生成醇金属。由于醇与活泼碱金属的反应比水与活泼碱金属的反应缓慢得多，反应中释放出的热量也不足以使生成的氢气燃烧，因此在实验室中可以用乙醇或异丙醇分解废弃的金属钠外皮和钠屑。

随着醇分子中烃基碳链的增长，醇与金属钠的反应速率逐渐减小，高级醇与金属钠甚至很难发生反应。

由于醇的酸性比水弱，因此醇钠是比氢氧化钠更强的碱，醇钠遇水立即全部水解，重新游离出醇。例如

$$CH_3CH_2ONa + HOH \rightleftharpoons CH_3CH_2OH + NaOH$$

酸性越强的醇，其相应共轭碱（RO^-）的碱性越弱，因此伯醇、仲醇、叔醇的共轭碱的碱性强弱次序为叔醇钠>仲醇钠>伯醇钠>甲醇钠。根据不同的情况，在有机合成中可选用不同的醇金属作为强碱或亲核试剂使用，甲醇钠、乙醇钠和叔丁醇钠都是常用的试剂。

问题 7-3　比较正丁醇、仲丁醇和叔丁醇的酸性强弱次序及其相应醇钠的碱性强弱次序。

7.1.5　与氢卤酸的反应

醇与氢卤酸反应，羟基被卤素取代，生成卤代烃。

$$R—OH + HX \longrightarrow R—X + H_2O$$

例如

$$CH_3CH_2CH_2OH + HI \xrightarrow{\triangle} CH_3CH_2CH_2I + H_2O$$

$$CH_3CH(OH)CH_2CH_3 + HBr \xrightarrow{\triangle} CH_3CH(Br)CH_2CH_3 + H_2O$$

$$(CH_3)_3COH + HCl \xrightarrow{25℃} (CH_3)_3CCl + H_2O$$

在醇分子中，碳原子与羟基之间的碳氧键是极性共价键，共用电子对偏向电负性较大的氧原子一边，碳原子则带部分正电荷，反应中碳氧键发生异裂，羟基可以被亲核试剂取代，生成相应的亲核取代产物。醇与氢卤酸的反应是羟基被卤素取代的亲核取代反应，卤素负离子（X^-）是亲核试剂。由于羟基负离子是强碱，不是好的离去基团，因此必须先把羟基转变为好的离去基团，才能使反应顺利进行。在酸作用下，羟基先质子化生成鎓盐，然后在亲核试剂卤素负离子的进攻下，质子化的羟基以水分子形式离去，最终生成取代产物卤代烃。因此，醇与氢卤酸的反应是在酸催化下饱和碳原子上的亲核取代反应。这是制备卤代烃的重要反应。

大多数伯醇与氢卤酸的反应基本上按 S_N2 机理进行。

$$RCH_2—\ddot{O}H \underset{}{\overset{H—X}{\rightleftharpoons}} RCH_2—\overset{+}{O}H_2 \xrightarrow{:\ddot{X}:^-} \left[:\overset{\delta^-}{\ddot{X}}\cdots\underset{R}{CH_2}\cdots\overset{\delta^+}{O}H_2 \right] \xrightarrow{-H_2O} X—CH_2R$$

而叔醇、大多数仲醇和烷基位阻较大的伯醇与氢卤酸的反应基本上按 S_N1 机理进行。

$$(CH_3)_3C—\ddot{O}H \overset{H—X}{\rightleftharpoons} (CH_3)_3C—\overset{+}{O}H_2 \longrightarrow (CH_3)_3\overset{+}{C} \xrightarrow{:\ddot{X}:^-} (CH_3)_3C—X$$

反应经过碳正离子中间体。

新戊醇是β-位上位阻较大的伯醇，它与氢溴酸反应主要得到经碳正离子重排的产物 2-溴-2-甲基丁烷。

$$(CH_3)_3C-CH_2-\ddot{O}H + H-Br \xrightarrow{S_N1} (CH_3)_3C-CH_2-\overset{+}{\ddot{O}}H_2$$

新戊醇

$$\longrightarrow CH_3\overset{+}{C}(CH_3)-CH_2CH_3 \xrightarrow{Br^-} CH_3C(CH_3)(Br)-CH_2CH_3$$

2-溴-2-甲基丁烷

由于伯碳正离子不稳定，这里可能是水分子的离去和β-碳上甲基带着一对电子的迁移同时进行。

烯丙醇（$H_2C{=}CHCH_2OH$）、苯甲醇（$C_6H_5-CH_2OH$）与氢卤酸的反应也和叔醇一样，主要按 S_N1 机理进行，中间经过具有 p-π 共轭体系的特征、相对较稳定的烯丙基碳正离子或苯甲基碳正离子中间体。

$$CH_2{=}CH-\overset{+}{C}H_2 \longleftrightarrow \overset{+}{C}H_2-CH{=}CH_2 \qquad C_6H_5-\overset{+}{C}H_2$$

烯丙基碳正离子　　　　苯甲基碳正离子

伯醇、仲醇和叔醇与氢卤酸反应的活性不同，其反应活性次序为烯丙(型)醇、苯甲(型)醇、叔醇＞仲醇＞伯醇。对于氢卤酸，其反应活性次序为 HI＞HBr＞HCl，这与其卤代酸的酸性和相应卤素负离子的亲核能力（I^-＞Br^-＞Cl^-）大小一致。

在室温下，若用反应活性最小的浓盐酸分别与伯、仲、叔醇反应，只有叔醇能顺利反应，经振荡后立即出现浑浊，然后有叔氯代烃分层析出（氯代烷不溶于浓酸）。在同样条件下，由于 Cl^- 的亲核性比 Br^- 和 I^- 都弱，因此伯醇和仲醇与浓盐酸基本上不反应，必须在无水氯化锌催化下，同时加热，反应才能进行，而室温下还观察不到反应。

$$CH_3CH_2CH_2OH + HCl \xrightarrow[\triangle]{ZnCl_2} CH_3CH_2CH_2Cl + H_2O$$

这里无水氯化锌作为 Lewis 酸与醇羟基中氧原子上的未共用电子对形成配合物，使羟基转变成离去能力比 H_2O 更好的离去基团，促使取代反应顺利进行。

$$R-CH_2-\ddot{O}(H): + ZnCl_2 \rightleftharpoons R-CH_2-\overset{+}{\ddot{O}}(H)-\overset{-}{Z}nCl_2$$

$$Cl^- + R-CH_2-\overset{+}{\ddot{O}}(H)-\overset{-}{Z}nCl_2 \longrightarrow RCH_2Cl + [Zn(OH)Cl_2]^-$$

$$[Zn(OH)Cl_2]^- + H^+ \rightleftharpoons ZnCl_2 + H_2O$$

伯醇和仲醇与中等反应性的浓氢溴酸反应也需要在加热或在浓硫酸催化下加热才能进行。

$$CH_3(CH_2)_5CH_2OH + HBr \xrightarrow{120℃} \underset{87\%\sim90\%}{CH_3(CH_2)_5CH_2Br} + H_2O$$

$$\text{环己醇(C}_6H_{11}\text{—OH)} + HBr \xrightarrow{80\sim100℃} \underset{73\%}{C_6H_{11}\text{—Br}} + H_2O$$

仲醇的反应比伯醇快。

将溶有无水氯化锌的浓盐酸(称为 Lucas 试剂)在室温下分别与 C_6 和 C_6 以下的伯醇、仲醇、叔醇反应,立即使反应溶液出现浑浊的是叔醇,数分钟后才出现浑浊现象的是仲醇,而放置 1h 仍无反应的是伯醇。因此,Lucas 试剂可用作 C_6 和 C_6 以下的伯醇、仲醇、叔醇的区别试剂(C_6 以上的醇在 Lucas 试剂中基本不溶解,难以区别反应前后的变化)。

问题 7-4 如何用化学方法区别下列化合物?

3-甲基丁-2-醇、2-甲基丁-2-醇、3-甲基丁-1-醇

问题 7-5 醇与浓氢溴酸水溶液反应可以顺利地得到相应的溴代烃,但与浓的溴化钠水溶液反应却得不到相应的溴代烃,为什么?

当醇与氢卤酸的反应按 S_N1 机理进行时,由于经过碳正离子中间体,因此有时可以观察到经碳架发生重排的产物。例如

$$CH_3CH(CH_3)CH(OH)CH_3 + HBr \rightleftharpoons CH_3CH(CH_3)CH(\overset{+}{O}H_2)CH_3 \rightleftharpoons CH_3CH(CH_3)\overset{+}{C}HCH_3 \xrightarrow{1,2\text{-氢迁移}} CH_3\overset{+}{C}(CH_3)CH_2CH_3$$

$$CH_3CH(CH_3)\overset{+}{C}HCH_3 \xrightarrow{Br^-} CH_3CH(CH_3)CHBrCH_3$$

$$CH_3\overset{+}{C}(CH_3)CH_2CH_3 \xrightarrow{Br^-} CH_3CBr(CH_3)CH_2CH_3$$

2-溴-3-甲基丁烷(次要产物)　　2-溴-2-甲基丁烷(主要产物)

$$(CH_3)_3C\text{—}CH(\ddot{O}H)\text{—}CH_3 \overset{H\text{—}Cl}{\rightleftharpoons} (CH_3)_3C\text{—}CH(\overset{+}{O}H_2)\text{—}CH_3 \longrightarrow (CH_3)_3C\text{—}\overset{+}{C}H\text{—}CH_3$$

$$\longrightarrow (CH_3)_2\overset{+}{C}\text{—}CH(CH_3)\text{—}CH_3 \xrightarrow{:\ddot{Cl}:^-} (CH_3)_2CCl\text{—}CH(CH_3)\text{—}CH_3$$

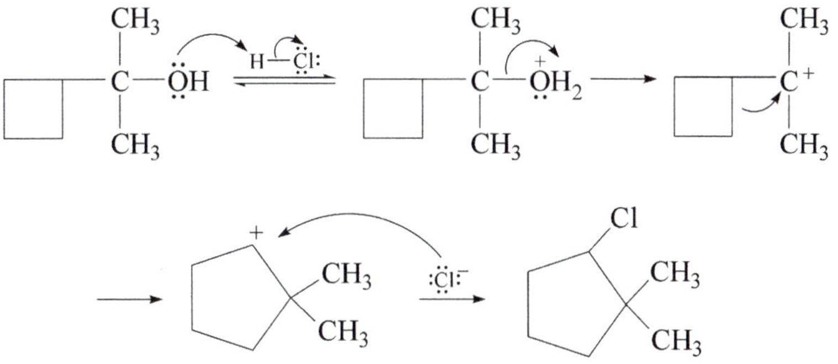

$$\text{环丁基}-C(CH_3)_2-\ddot{O}H \xrightleftharpoons{H-\ddot{Cl}:} \text{环丁基}-C(CH_3)_2-\overset{+}{O}H_2 \longrightarrow \text{环丁基}-\overset{+}{C}(CH_3)_2$$

$$\longrightarrow \text{2,2-二甲基环戊基正离子}(\overset{+}{C}) \xrightarrow{:\ddot{Cl}:^-} \text{1-氯-2,2-二甲基环戊烷}$$

问题 7-6 写出下列反应的主要产物。

(1) 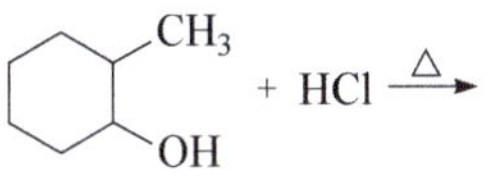 2-甲基环己醇 $+ HCl \xrightarrow{\triangle}$ (2) 1-(2-甲基环己基)乙醇（CH_3, $\overset{OH}{|}CHCH_3$） $+ HCl \xrightarrow{\triangle}$

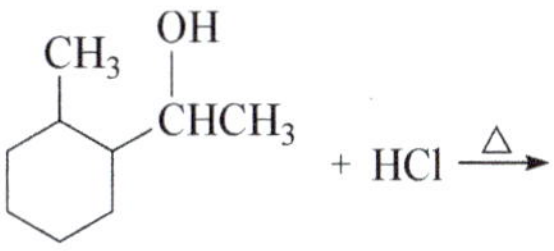

为了避免醇和氢卤酸反应时发生碳架重排，有时可改用卤化磷(PX_3、PX_5)或氯化亚砜($SOCl_2$)为卤代试剂。例如

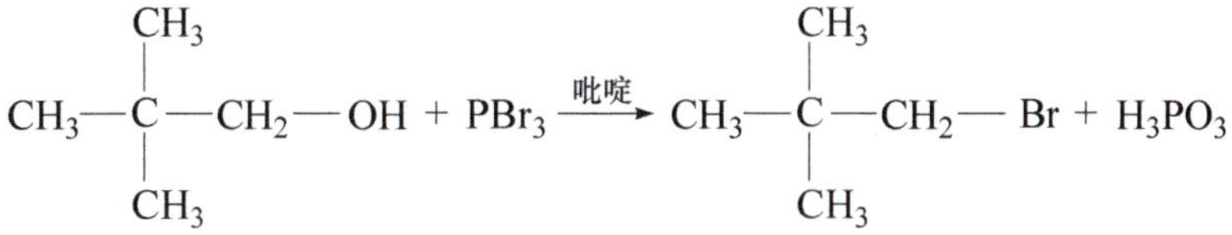

$$CH_3-\overset{CH_3}{\underset{CH_3}{C}}-CH_2-OH + PBr_3 \xrightarrow{\text{吡啶}} CH_3-\overset{CH_3}{\underset{CH_3}{C}}-CH_2-Br + H_3PO_3$$

其反应过程如下：

$$RCH_2\ddot{O}H + \underset{Br}{\overset{Br}{P}}-Br \xrightarrow{-Br^-} RCH_2-\underset{H}{\overset{+}{\ddot{O}}}PBr_2$$

$$:\ddot{Br}:^- + RCH_2-\underset{H}{\overset{+}{\ddot{O}}}PBr_2 \longrightarrow RCH_2Br + HOPBr_2$$

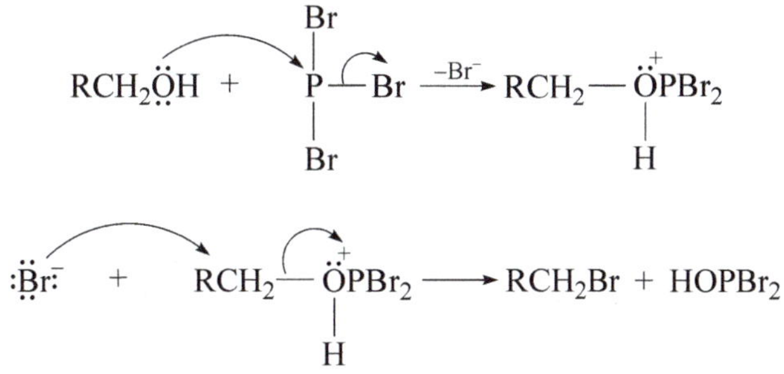

伯醇与卤化磷反应常按 S_N2 机理进行，因为不生成碳正离子，所以不会发生碳架的重排。叔醇和烯丙醇则主要按 S_N1 机理进行。

当伯醇与卤化磷反应时，常用 PCl_5 代替 PCl_3，因为用 PCl_3 时常生成亚磷酸酯[$(RO)_3P$]而使氯代烃的产率不高。

$$R-OH + PCl_5 \longrightarrow R-Cl + HCl + POCl_3$$

醇与氯化亚砜($SOCl_2$，又称亚硫酰氯，b. p. 79℃)反应生成氯代烷。反应条件温和，反应速率快，产率高。由于副产物 SO_2 和 HCl 都是气体，因此不仅产物容易分离和纯化，而且反应容易进行完全。例如

$$CH_3CH_2CH_2CH_2CH_2OH + SOCl_2 \xrightarrow{\triangle} CH_3CH_2CH_2CH_2CH_2Cl + SO_2\uparrow + HCl\uparrow$$

其反应过程可能是醇先对氯化亚砜进行亲核加成，消除 HCl 后得到氯代亚硫酸酯，然后氯代亚硫酸酯中的氯原子从正面进攻中心碳原子，发生分子内的亲核取代（intramolecular nucleophilic substitution，简写为 S_Ni）反应，得到中心碳原子构型保持的亲核取代产物。

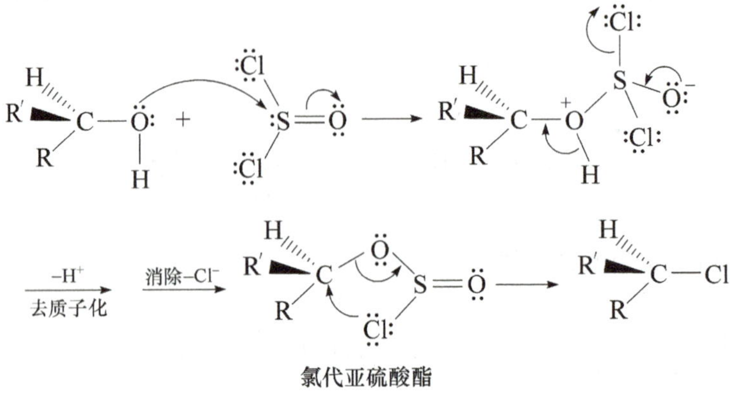

氯代亚硫酸酯

反应中的氯代亚硫酸酯在低温时可以分离出来，当分离出的氯代亚硫酸酯加热后，即分解为氯代烷和二氧化硫。

如果在反应体系中加入吡啶或叔胺等弱碱，由于它们的亲核性不强，而又足够与反应中的 HCl 生成盐，生成的盐中有游离的 Cl^-，它可以从离去基团（—OSOCl）的背面进攻氯代亚硫酸酯的中心碳原子，以 S_N2 机理反应得到构型翻转的取代产物。

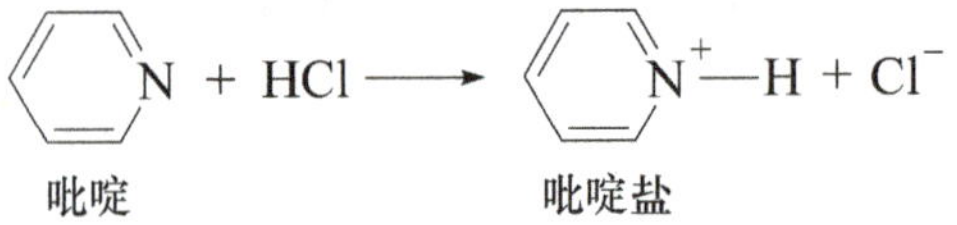

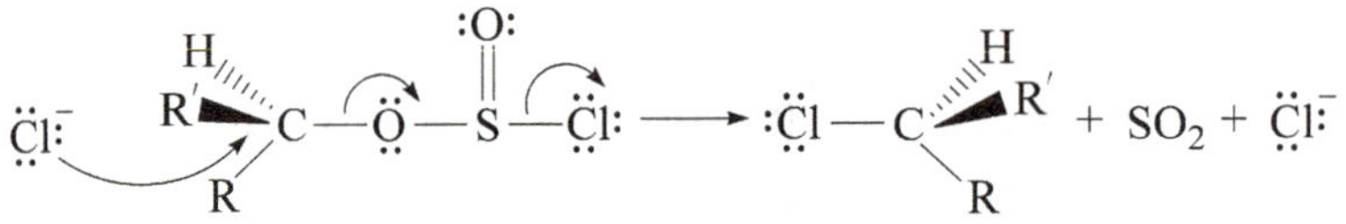

吡啶　　吡啶盐

亚硫酰溴不稳定，难以制得，不能用其制备相应的溴代烃。

在醇与氢卤酸的反应中，醇羟基先质子化，将不好的离去基团羟基转变为水分子再离去，生成相应的卤代烃。如果先将醇（伯醇与仲醇）与磺酰氯[如苯磺酰氯（$C_6H_5SO_2Cl$）、对甲苯磺酰氯（p-$CH_3C_6H_4SO_2Cl$）、甲磺酰氯（CH_3SO_2Cl）、三氟甲磺酰氯（CF_3SO_2Cl）]反应，醇羟基转变成离去能力很好的磺酸酯，然后与卤素负离子反应，则很容易得到相应卤素取代的亲核取代产物。例如

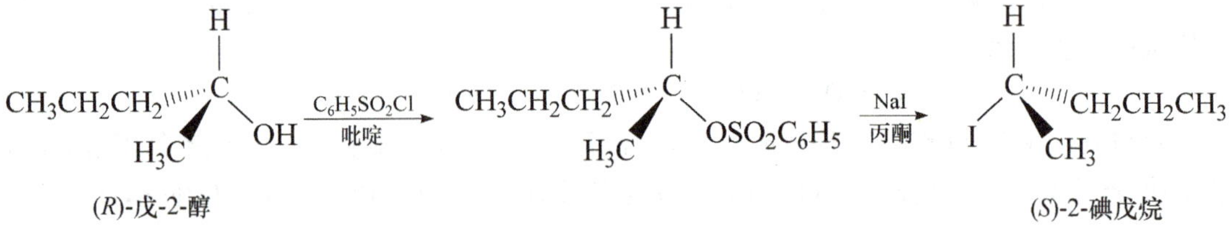

(R)-戊-2-醇　　(S)-2-碘戊烷

当醇羟基与手性碳原子相连时，因为生成磺酸酯这一步不涉及 C—O 键的变化，所以中心碳原子的构型保持不变。而当磺酸酯与卤负离子反应时，则按 S_N2 机理进行，得到中心碳原子的

构型发生翻转的亲核取代产物。

醇的磺酸酯可以与多种亲核试剂反应，生成多种取代产物，在合成上有着广泛的用途。例如

$$CH_3CH_2CH_2CH_2OH \xrightarrow[\text{吡啶}]{C_6H_5SO_2Cl} CH_3CH_2CH_2CH_2OSO_2C_6H_5 \xrightarrow{:\bar{C}\equiv N} CH_3CH_2CH_2CH_2C\equiv N$$

相对来说，醇是一类比较容易得到而且价格低廉的有机化合物，醇通过卤代反应得到相应的卤代烃，将一个不好的离去基团(羟基)转变为一个好的离去基团(卤素)，从而可以用于一些不同类有机化合物的合成。

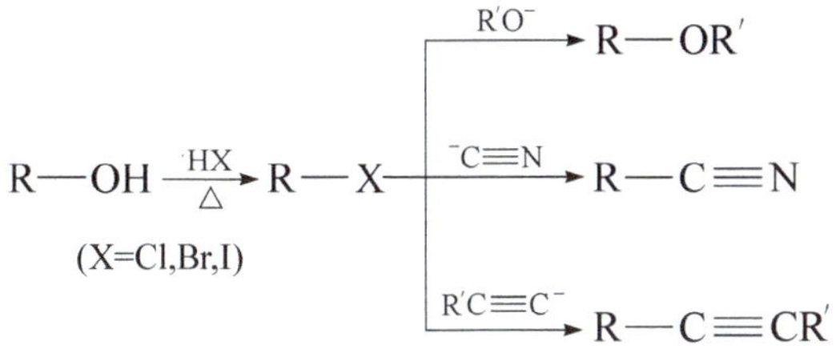

$$R—OH \xrightarrow[\triangle]{HX} R—X \begin{cases} \xrightarrow{R'O^-} R—OR' \\ \xrightarrow{^-C\equiv N} R—C\equiv N \\ \xrightarrow{R'C\equiv C^-} R—C\equiv CR' \end{cases}$$

(X=Cl,Br,I)

问题 7-7 写出手性醇(S)-CH_3CHDOH 分别与(1) HCl，(2) $SOCl_2$＋吡啶，(3) $SOCl_2$ 在非极性溶剂和无碱性条件下的反应产物，并用反应机理对结果作适当解释。

当醇羟基的邻近碳原子上连有亲核性的溴原子时，这种 β-溴代醇与氢溴酸反应的速率相对较快，而且产物具有一定的立体化学特征。例如，当(2*R*,3*S*)-3-溴丁-2-醇用浓氢溴酸处理时，得到内消旋体(2*R*,3*S*)-2,3-二溴丁烷；而(2*S*,3*S*)-3-溴丁-2-醇用浓氢溴酸处理时，得到外消旋体(2*R*,3*R*)-2,3-二溴丁烷和(2*S*,3*S*)-2,3-二溴丁烷。反应式分别如下：

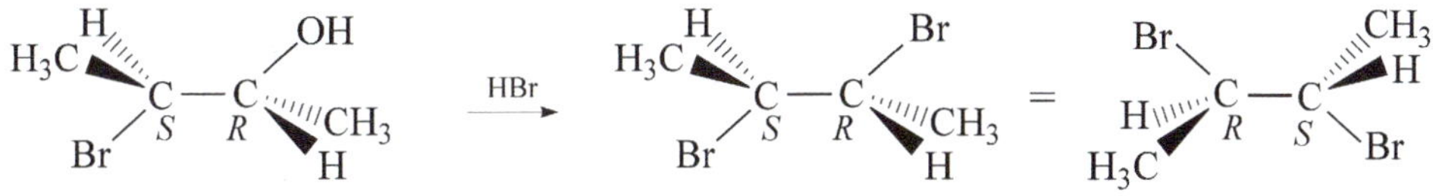

(2*R*,3*S*)-3-溴丁-2-醇 $\xrightarrow{HBr}$ (2*R*,3*S*)-2,3-二溴丁烷(内消旋体)

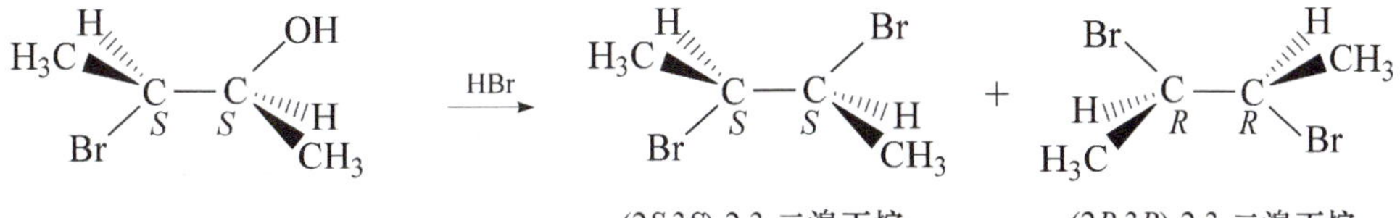

(2*S*,3*S*)-3-溴丁-2-醇 $\xrightarrow{HBr}$ (2*S*,3*S*)-2,3-二溴丁烷 + (2*R*,3*R*)-2,3-二溴丁烷

外消旋体

在亲核取代反应中，当离去基团的邻近碳原子上连有亲核性的原子或基团时，由于它们对原来亲核取代反应的介入，对反应速率起很大的促进作用，而且对产物的立体化学有重要影响，这种作用称为邻基参与(neighboring group participation)。

(2*R*,3*S*)-3-溴丁-2-醇与浓氢溴酸的反应过程如下：

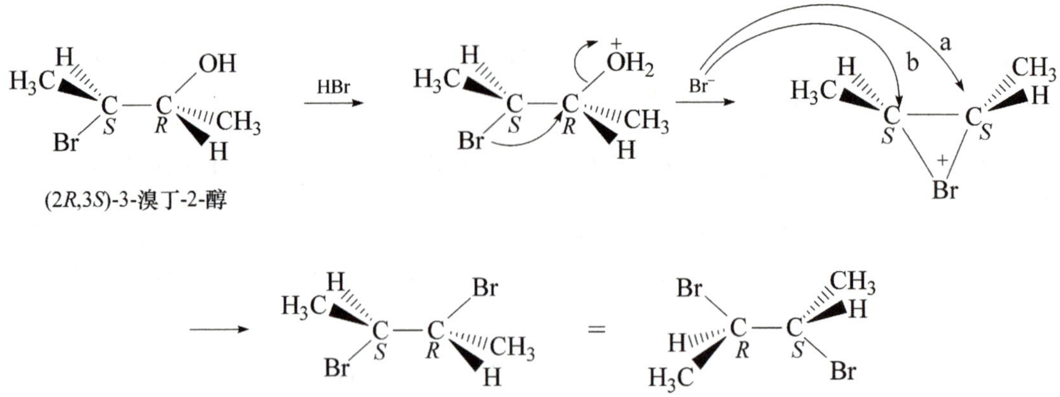

(2*R*,3*S*)-3-溴丁-2-醇

a途径进攻产物　　　b途径进攻产物

(2*R*,3*S*)-3-溴丁-2-醇与浓氢溴酸反应，首先是醇羟基质子化，转变为一个好的离去基团，直接与离去基团相连的碳原子成为缺电子中心，这时邻位碳上的溴原子由于原子半径较大，外层电子云极化率较高，对分子内缺电子中心发生亲核进攻，从而有利于离去基团的离去。邻位碳上溴原子的亲核进攻形成环状溴鎓离子，原来连着羟基的 C_2 构型发生翻转。最后溴负离子经过 a 途径或 b 途径进攻溴鎓离子，被进攻的碳原子发生构型翻转，开环得到相应的反应产物。从 C_2 和 C_3 的构型分析，产物中两个碳原子的构型都保持或者都翻转，这是此反应的立体化学特征。由于邻基参与促进离去基团离去往往是反应的速率决定步骤，因此有邻基参与的反应速率都比较快。

(2*S*,3*S*)-3-溴丁-2-醇与浓氢溴酸的反应过程与上述反应类似：

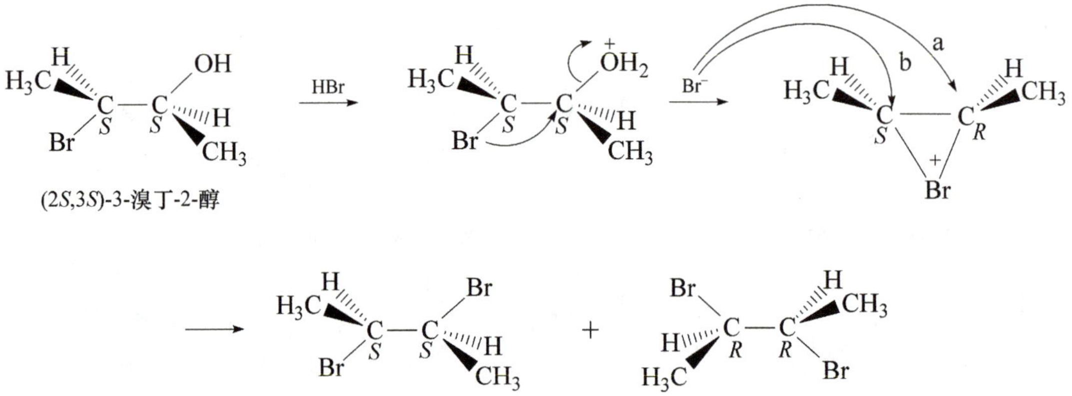

(2*S*,3*S*)-3-溴丁-2-醇

a途径进攻产物　　　b途径进攻产物

7.1.6 与无机含氧酸的反应

醇与无机含氧酸(如硝酸、亚硝酸、硫酸和磷酸等)反应，脱去一分子水，生成无机酸酯。醇与硝酸反应生成硝酸酯。

$$ROH + HONO_2 \xrightarrow{H^+} RONO_2 + H_2O$$

一般认为醇作为亲核试剂对酸的氮氧双键中带正电荷的部分进行亲核进攻，然后失去一分子水，得到产物酯。

$$R-\ddot{O}H + HO-\overset{+}{N}(=O)-O^- \longrightarrow R-\overset{H}{\overset{|}{O}}-\overset{OH}{\overset{|}{N^+}}(O^-)-O^- \longrightarrow R-\ddot{O}-\overset{OH}{\overset{|}{N^+}}(O^-)-\ddot{O}H$$

$$\xrightarrow{H^+} R-\ddot{O}-\overset{OH}{\overset{|}{N^+}}(O^-)-\overset{+}{O}H_2 \longrightarrow R-\ddot{O}-\overset{O}{\overset{\|}{N^+}}-O^- \ (=RONO_2)$$

醇与亚硝酸反应则生成亚硝酸酯。

$$ROH + HONO \xrightarrow{H^+} RONO + H_2O$$

甘油与硝酸反应可生成甘油三硝酸酯(glyceryl trinitrate)。

$$\begin{matrix} CH_2-OH \\ | \\ CH-OH \\ | \\ CH_2-OH \end{matrix} + 3HONO_2 \xrightarrow{H_2SO_4} \begin{matrix} CH_2-ONO_2 \\ | \\ CH-ONO_2 \\ | \\ CH_2-ONO_2 \end{matrix} + 3H_2O$$

甘油三硝酸酯

甘油三硝酸酯(也称硝酸甘油或硝化甘油)有扩张冠状动脉的作用，目前在临床上仍用作缓解心绞痛的药物。硝酸甘油与多数硝酸酯一样，受震动、撞击或受热后能猛烈分解而发生爆炸，所以硝酸甘油可用作烈性炸药的主要成分。1867 年 Nobel 发明的安全炸药就是由硝酸甘油和硅藻土等成分组成。

硫酸为二元酸，与一分子醇生成酸性硫酸酯，与两分子醇则生成中性硫酸酯。例如

$$CH_3CH_2OH + HOSO_2OH \longrightarrow CH_3CH_2OSO_2OH + H_2O$$

硫酸氢乙酯（酸性硫酸酯）

$$CH_3CH_2OH + CH_3CH_2OSO_2OH \longrightarrow CH_3CH_2OSO_2OCH_2CH_3 + H_2O$$

硫酸二乙酯（中性硫酸酯）

硫酸二甲酯和硫酸二乙酯都为无色油状液体，在有机合成中是向分子中导入甲基或乙基的很好的烷基化试剂。但硫酸二甲酯有剧毒，使用时应特别注意。高级醇($C_8 \sim C_{18}$)的酸性硫酸酯的钠盐(如 $C_{12}H_{25}OSO_2ONa$)是合成洗涤剂的主要原料。

磷酸是三元酸，与醇反应可生成磷酸烷基酯、磷酸二烷基酯和磷酸三烷基酯。

$$\underset{\text{磷酸烷基酯}}{RO-\overset{O}{\overset{\|}{P}}-OH \atop \quad\;\; | \atop \quad\;\; OH} \qquad \underset{\text{磷酸二烷基酯}}{RO-\overset{O}{\overset{\|}{P}}-OR \atop \quad\;\; | \atop \quad\;\; OH} \qquad \underset{\text{磷酸三烷基酯}}{RO-\overset{O}{\overset{\|}{P}}-OR \atop \quad\;\; | \atop \quad\;\; OR}$$

磷酸烷基酯　　磷酸二烷基酯　　磷酸三烷基酯

某些农药及生物体内的核糖核酸(RNA)、脱氧核糖核酸(DNA)和三磷酸腺苷(adenosine triphosphate,ATP)都含有磷酸酯的结构单元。

7.1.7 醇的脱水反应

醇与浓硫酸共热可发生脱水反应。醇在分子内脱水生成烯烃,醇分子之间脱水则生成醚。

1. 分子内脱水

醇在浓 H_2SO_4 或其他 Lewis 酸催化下加热,醇羟基与 β-H 发生分子内消除反应,脱去一分子水生成烯烃,这种反应称为醇的 β-消除反应。例如

$$\underset{\boxed{H \qquad OH}}{CH_2-CH_2} \xrightarrow[170℃]{96\%H_2SO_4} CH_2=CH_2 + H_2O$$

大多数醇的分子内脱水反应主要按 E1 机理进行。反应分两步进行,首先醇羟基在酸作用下质子化,生成𬭩盐,水分子离去后生成碳正离子中间体,然后在水分子作用下消除 β-H,生成烯烃。例如

$$CH_3-\overset{CH_3}{\underset{CH_3}{C}}-\ddot{O}H \xrightarrow{H^+} CH_3-\overset{CH_3}{\underset{CH_3}{C}}-\overset{+}{\ddot{O}}H_2 \xrightarrow[\text{慢}]{-H_2O} CH_3-\overset{CH_2-H}{\underset{CH_3}{C^+}} \xrightarrow{-H^+} CH_3-\underset{CH_3}{C}=CH_2$$

生成碳正离子中间体这一步是反应的速率决定步骤,因此相对来说,中间体碳正离子越稳定就越容易形成。由于碳正离子的稳定性次序为叔碳正离子>仲碳正离子>伯碳正离子,因此伯、仲、叔醇发生 β-消除生成烯烃的活性次序为叔醇>仲醇>伯醇。

当醇羟基有两种以上不同的 β-H 时,消除可以在不同的方向进行,而主要产物是碳碳双键上取代基相对较多的烯烃,即消除产物符合 Zaitsev 规则。例如

$$CH_3CH_2\underset{OH}{CH}CH_3 \xrightarrow[80\sim90℃]{62\%H_2SO_4} CH_3CH=CHCH_3 + H_2O$$

$$CH_3CH_2\overset{CH_3}{\underset{OH}{C}}CH_3 \xrightarrow[80\sim90℃]{46\%H_2SO_4} CH_3CH=\overset{CH_3}{C}CH_3 + H_2O$$

这与卤代烃按 E1 机理消除的主要产物相似。另外,从上述反应可以看出,仲醇、叔醇比伯醇

相对容易消除，它们发生消除反应时，可以不必用浓硫酸催化，并且可以在相对较低的温度下进行。

当醇发生 β-消除反应生成的烯烃有 E 或 Z 构型时，一般是 E 构型产物为主要产物。例如

$$CH_3CH_2CH(OH)CH_2CH_3 \xrightarrow[100℃]{60\%H_2SO_4} \underset{(E)\text{-戊-2-烯}(75\%)}{(H_3C)HC{=}CH(CH_2CH_3)} + \underset{(Z)\text{-戊-2-烯}(25\%)}{(H_3C)HC{=}CH(CH_2CH_3)}$$

由于醇的脱水反应主要是按 E1 机理进行，因此某些结构特殊的醇在发生消除反应时也可以观察到碳架重排。例如

$$CH_3-C(CH_3)_2-CH(OH)-CH_3 \xrightarrow{85\%H_3PO_4} \underset{(\text{I})\ 33\%}{H_2C{=}C(CH_3)-CH(CH_3)-CH_3} + \underset{(\text{II})\ 64\%}{CH_3-C(CH_3){=}C(CH_3)-CH_3} + \underset{(\text{III})\ 3\%}{CH_3-C(CH_3)_2-CH{=}CH_2}$$

仲醇在酸作用下，形成的仲碳正离子经邻位甲基的迁移，重排成更稳定的叔碳正离子，然后生成主要符合 Zaitsev 规则的烯烃(Ⅱ)。其重排过程如下：

$$CH_3-C(CH_3)_2-CH(OH)-CH_3 \xrightarrow{H^+} CH_3-C(CH_3)_2-CH(\overset{+}{O}H_2)-CH_3 \longrightarrow CH_3-C(CH_3)_2-\overset{+}{C}H-CH_3 \xrightarrow{\text{甲基迁移}} CH_3-\overset{+}{C}(CH_3)-CH(CH_3)-CH_3$$

$$CH_3-C(CH_3)_2-\overset{+}{C}H-CH_3 \xrightarrow{-H^+} \underset{(\text{III})}{CH_3-C(CH_3)_2-CH{=}CH_2}$$

$$CH_3-\overset{+}{C}(CH_3)-CH(CH_3)-CH_3 \xrightarrow{-H^+} \underset{(\text{II})}{CH_3-C(CH_3){=}C(CH_3)-CH_3} + \underset{(\text{I})}{H_2C{=}C(CH_3)-CH(CH_3)-CH_3}$$

对于伯醇，由于伯碳正离子的稳定性差，因此当伯醇的羟基质子化后，不是离去水分子生成伯碳正离子，而是在 H_2O 离去的同时 β-H 发生迁移，生成相应的仲碳正离子，这里水分子离去和氢迁移是协同进行的，然后仲碳正离子失去质子生成相应的烯烃。例如，丁-1-醇在 H_2SO_4 作用下加热去水生成丁-1-烯(12%)和丁-2-烯(88%)，其过程可表示如下：

$$CH_3CH_2CH_2CH_2OH \overset{H^+}{\rightleftharpoons} CH_3CH_2\underset{\mid \atop H}{C}H—CH_2—\overset{+}{\ddot{O}}\begin{matrix}H\\ H\end{matrix} \xrightarrow[-H_2O,慢]{水分子离去和氢迁移协同进行}$$

$$CH_3CH_2\overset{+}{C}HCH_3 \xrightarrow[快]{失去质子} \underset{\substack{cis\text{-丁-2-烯}(32\%)\\ trans\text{-丁-2-烯}(56\%)}}{CH_3CH{=}CHCH_3} + \underset{\text{丁-1-烯}(12\%)}{CH_3CH_2CH{=}CH_2}$$

乙醇在浓 H_2SO_4 催化下发生 β-消除生成乙烯主要按 E2 机理进行。乙醇中羟基质子化后以水分子形式离去和 β-H 在水分子的协助下离去是同步进行的，反应是一步完成的。而这个速率决定步骤与两个分子有关，因此是按 E2 机理进行的消除反应。

$$H_2\ddot{O}: + H—CH_2—CH_2—\overset{+}{\ddot{O}}\begin{matrix}H\\ H\end{matrix} \xrightarrow{慢} H_3O^+ + H_2C{=}CH_2 + H_2\ddot{O}:$$

2. 分子间脱水

将低级伯醇与浓 H_2SO_4 或浓 H_3PO_4 共热，在比分子内脱水较低的反应温度下，主要生成分子间脱水的产物醚。例如，乙醇分子间脱水可生成乙醚。

$$CH_3CH_2OH + HOCH_2CH_3 \xrightarrow[140℃]{浓H_2SO_4} \underset{乙醚}{CH_3CH_2OCH_2CH_3} + H_2O$$

两分子乙醇脱水生成乙醚的反应主要按 S_N2 机理进行。反应过程如下：

$$CH_3CH_2\ddot{O}H + H^+ \longrightarrow CH_3CH_2\overset{+}{\ddot{O}}H_2$$

$$CH_3CH_2\ddot{O}H + \underset{\mid \atop CH_3}{C}H_2—\overset{+}{\ddot{O}}H_2 \longrightarrow CH_3CH_2\underset{\mid \atop H}{\overset{+}{O}}CH_2CH_3 \xrightarrow[CH_3CH_2OH]{-H^+} CH_3CH_2OCH_2CH_3$$

由于羟基不是好的离去基团，因此必须在酸作用下先质子化，然后在另一分子醇的亲核进攻下，以水分子的形式离去，经䥲盐再除去质子得到醚。

若用两种不同的伯醇发生上述反应，则得到三种不同醚的混合物，因此不能用此反应制得两个烃基不同的醚。

仲醇、叔醇在同样反应条件下容易发生分子内脱水，因此由仲醇脱水制得相应醚的产率不高，而有利于消除生成烯烃，叔醇则主要得到烯烃。

由于五元环和六元环的相对稳定性，因此 1，4-二醇及 1，5-二醇受热，分子内脱水生成环

醚，此反应可用于环醚的制备。例如

$$\begin{matrix} CH_2-CH_2 \\ | \quad\quad | \\ CH_2 \quad CH_2 \\ | \quad\quad | \\ OH \quad\; OH \end{matrix} \xrightarrow{H_3O^+} \text{(四氢呋喃)} + H_2O$$

四氢呋喃

$$HOCH_2CH_2CH_2CH_2CH_2OH \xrightarrow[\triangle]{H_2SO_4} \text{(氧杂环己烷)} + H_2O$$

氧杂环己烷(76%)

问题 7-8　对下列反应提出合理的机理。

$$\text{环戊基}-CH_2OH \underset{}{\overset{H_2SO_4}{\rightleftharpoons}} \text{1-甲基环戊烯}-CH_3 + H_2O$$

问题 7-9　写出下列醇在酸催化下分子内脱水的主要产物。

(1) 1-甲基环己醇　　(2) 环己基甲醇

(3) 1-苯基丁-2-醇　　(4) 2,2-二甲基丙-1-醇

7.1.8　氧化和脱氢反应

在有机化学中，通常把分子中氧增加或氢减少的反应称为氧化(oxidation) 反应。

在伯醇和仲醇中，直接与羟基相连的 α-碳原子上的氢(α-氢)受羟基的影响，可以被氧化剂 $K_2Cr_2O_7/H_2SO_4$、CrO_3/H_2SO_4、$CrO_3/HOAc$、$KMnO_4$ 或浓 HNO_3 等氧化，氧化产物与醇的结构和氧化反应的条件有关。

1. 铬酸的氧化

当伯醇用 $K_2Cr_2O_7/H_2SO_4$ 溶液等上述含铬氧化剂氧化时，伯醇先被氧化成醛，然后醛被进一步氧化成羧酸。

$$\underset{\text{伯醇}}{RCH_2OH} \xrightarrow{[O]} \underset{\text{醛}}{RCHO} \xrightarrow{[O]} \underset{\text{羧酸}}{RCOOH}$$

仲醇氧化生成酮，酮不易被继续氧化，因此仲醇的氧化可以停留在酮的阶段。

$$\underset{\text{仲醇}}{R-\underset{\underset{OH}{|}}{CH}-R'} \xrightarrow{[O]} \underset{\text{酮}}{R-\underset{\underset{O}{\|}}{C}-R'}$$

叔醇中 α-碳原子上不含氢原子，因此叔醇不能被氧化，也不存在相应的羰基化合物。

Cr(Ⅵ)是很有效的氧化剂,$Na_2Cr_2O_7$ 和 CrO_3 在酸性条件下转变为铬酸(H_2CrO_4)。

$$Na_2Cr_2O_7 + H_2O + 2H_2SO_4 \longrightarrow 2HO-\overset{\overset{\displaystyle O}{\|}}{\underset{\underset{\displaystyle O}{\|}}{Cr}}-OH + 2Na^+ + 2HSO_4^-$$

$$CrO_3 + H_2O \xrightarrow{H_2SO_4} HO-\overset{\overset{\displaystyle O}{\|}}{\underset{\underset{\displaystyle O}{\|}}{Cr}}-OH \rightleftharpoons H^+ + {}^-O-\overset{\overset{\displaystyle O}{\|}}{\underset{\underset{\displaystyle O}{\|}}{Cr}}-OH$$

然后铬酸与醇发生反应,生成相应的铬酸酯,后者水解得到羰基化合物。例如

$$(CH_3)_2CH-OH + HO-\overset{\overset{\displaystyle O}{\|}}{\underset{\underset{\displaystyle O}{\|}}{Cr}}-OH \longrightarrow (CH_3)_2CH-\ddot{O}-\overset{\overset{\displaystyle O}{\|}}{\underset{\underset{\displaystyle O}{\|}}{Cr}}-OH + H_2O$$

$$H_2\ddot{O}: + (CH_3)_2CH-\ddot{O}-\overset{\overset{\displaystyle O}{\|}}{\underset{\underset{\displaystyle :O}{\|}}{Cr}}-OH \longrightarrow H_3\overset{+}{O}: + (CH_3)_2C=\ddot{O}: + \overset{\overset{\displaystyle O}{\|}}{:Cr}(\ddot{O}:^-)-OH$$

对于相对分子质量低的伯醇氧化,由于相应醛的沸点比醇的沸点低,因此可以选择适当的反应温度,使反应中生成的醛不断地被蒸馏出来,从而使醛脱离氧化体系避免被进一步氧化。例如

$$\underset{\text{正丁醇}}{CH_3CH_2CH_2CH_2OH} \xrightarrow[H_2O]{Na_2Cr_2O_7/H_2SO_4} \underset{\text{正丁醛(52\%)}}{CH_3CH_2CH_2CHO}$$

但若醛不能在反应条件下被分离脱离氧化体系,则将被进一步氧化为相应的羧酸。

将吡啶(C_5H_5N)加入 CrO_3 的盐酸溶液中,生成橙红色晶体氯铬酸吡啶盐(pyridinium chlorochromate,PCC)。用 PCC 或 Sarrett 试剂(CrO_3-二吡啶络合物)溶于无水二氯甲烷或氯仿的溶液作氧化剂,在室温下就可以将伯醇氧化成醛,且可以停留在醛的阶段。

PCC:$C_5H_5\overset{+}{N}HCrO_3\overset{-}{Cl}$　　　　Sarrett 试剂:$(C_5H_5N)_2 \cdot CrO_3$

例如

$$\underset{\text{正庚醇}}{CH_3(CH_2)_5CH_2OH} \xrightarrow[CH_2Cl_2]{PCC} \underset{\text{正庚醛(78\%)}}{CH_3(CH_2)_5CHO}$$

反应需在无水溶剂中进行,如果溶剂中有水存在,则醛被进一步氧化为酸。

PCC 或 Sarrett 氧化剂一般都不影响分子中的碳碳不饱和键。例如

$$C_6H_5CH{=}CHCH_2OH + CrO_3(C_5H_5N)_2 \xrightarrow[25℃]{CH_2Cl_2} C_6H_5CH{=}CHCHO$$

苯丙烯醇　　　　苯丙烯醛

Sarrett 氧化剂具有吸湿性，易着火，不易保存。如果将 CrO_3 先溶解于最少量的水中，再加入吡啶，则得到亮橙色的固体，为重铬酸吡啶盐[$(C_5H_5NH)_2Cr_2O_7$，pyridinium dichromate，PDC]，熔点 144～146℃，稳定易保存。氧化反应通常在二甲基甲酰胺(DMF)溶剂中进行。伯醇氧化到醛，仲醇氧化到酮。例如

2-环己烯-1-醇 $\xrightarrow{PDC,DMF}$ 2-环己烯-1-酮 86%

2. 次氯酸钠/乙酸的氧化

由于 Cr(Ⅵ)试剂的毒性，对环境的污染比较严重，因此在使用上受到限制。化学家开发了其他用于醇的选择性氧化剂，其中次氯酸(HOCl)是一种极为普通又是环境友好的氧化剂。由于次氯酸并不稳定，因此通常使用次氯酸钠(NaOCl)和乙酸(CH_3COOH)的混合物，在低温(0℃)下进行反应，伯醇被氧化为醛，仲醇被氧化为酮。例如

环己醇 $\underset{}{\overset{H-OCl}{\rightleftharpoons}}$ 质子化环己醇 (H, +OH; $^-$:ÖCl 进攻) $\longrightarrow$ 环己基次氯酸酯 (Ö—Cl, H; :B) $\longrightarrow$ 环己酮 85%

$$(CH_3)_2CHCH_2\underset{\large OH}{CH}CH_2CH_2CH_3 \xrightarrow[CH_3COOH/H_2O]{NaOCl} (CH_3)_2CHCH_2\underset{\large O}{\overset{}{C}}CH_2CH_2CH_3$$

2-甲基庚-4-醇　　　　2-甲基庚-4-酮(77%)

3. Swern 氧化

氯化二甲基硫鎓离子[$(CH_3)_2S^+Cl$]能将伯醇氧化为醛，仲醇氧化为酮，这称为 Swern 氧化。在二氯甲烷溶剂中，二甲亚砜(DMSO)与草酰氯[$(COCl)_2$]于低温下反应很方便地得到氯化二甲基硫鎓离子。

$$(CH_3)_2\overset{+}{S}-\overset{-}{O} + \begin{matrix}O{=}C-Cl\\ |\\ O{=}C-Cl\end{matrix} \xrightarrow[-78℃]{CH_2Cl_2} (CH_3)_2\overset{+}{S}-Cl + CO_2 + CO + Cl^-$$

二甲亚砜　　　草酰氯　　　氯化二甲基硫鎓离子

然后，氯化二甲基硫鎓离子与醇反应，醇分子中的氧原子取代氯化二甲基硫鎓离子中的氯原子，生成烷氧基二甲基硫鎓离子。

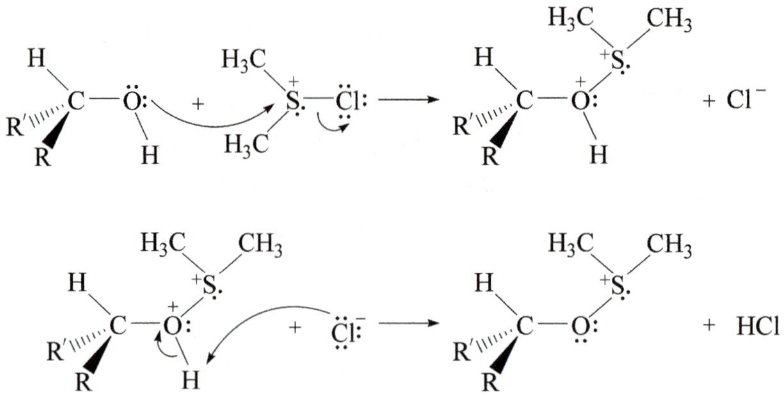

烷氧基二甲基硫鎓离子

最后，烷氧基二甲基硫鎓离子经弱碱三乙胺处理得到氧化产物醛或酮。

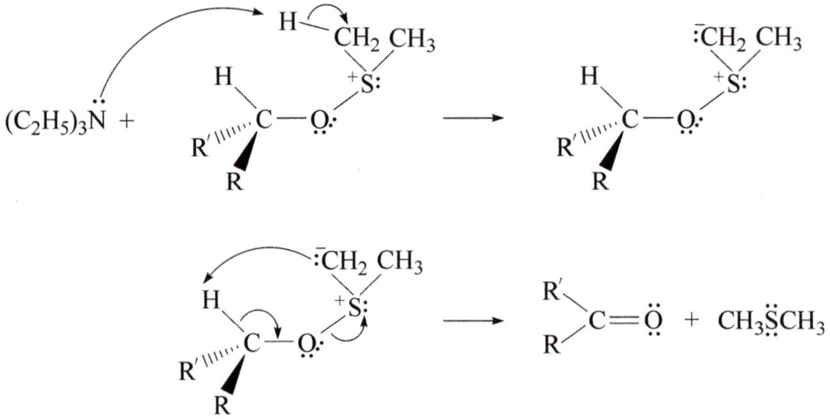

例如

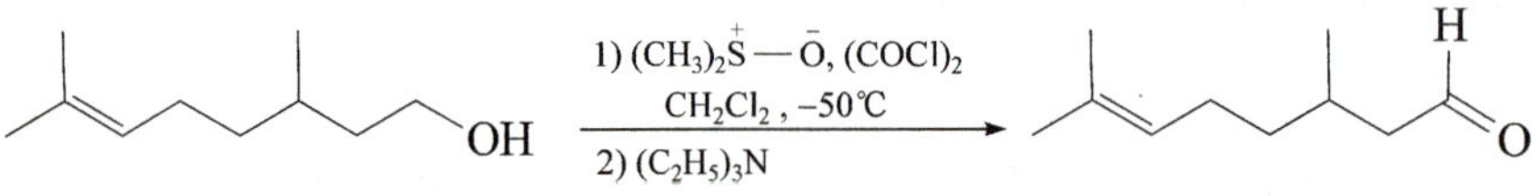

1) $(CH_3)_2\overset{+}{S}-\overset{-}{O}$, $(COCl)_2$, CH_2Cl_2, −50℃；2) $(C_2H_5)_3N$

香茅醇　　香茅醛(83%)

1) DMSO, $(COCl)_2$, CH_2Cl_2, −60℃；2) $(C_2H_5)_3N$

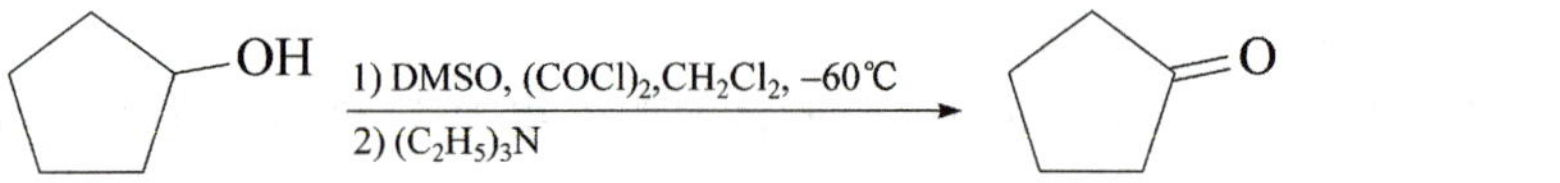

90%

在磷酸盐催化下，利用二甲亚砜和二环己基碳化二亚胺(DCC)也能将伯醇氧化到醛，仲醇氧化到酮。

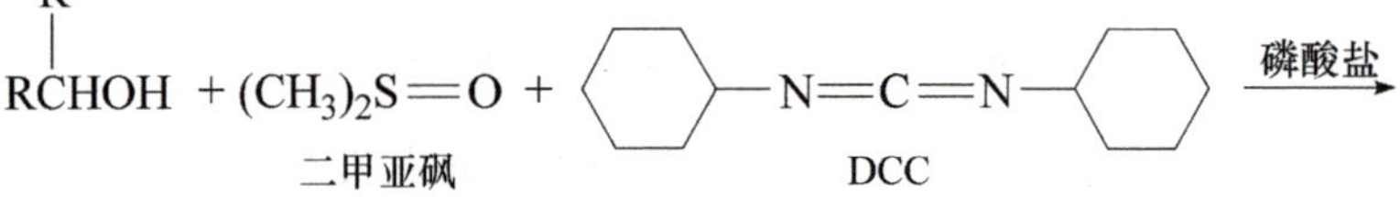

$$\text{RCH(R')OH} + (CH_3)_2S{=}O + \text{C}_6\text{H}_{11}{-}N{=}C{=}N{-}\text{C}_6\text{H}_{11} \xrightarrow{\text{磷酸盐}}$$

二甲亚砜　　DCC

$$\underset{\substack{|\\R'}}{RC}{=}O + (CH_3)_2S + C_6H_{11}{-}NH{-}\overset{\substack{O\\\|}}{C}{-}NH{-}C_6H_{11}$$

二甲硫醚　　　　*N*,*N*′-二环己基脲

4. 活性二氧化锰和高锰酸钾的氧化

活性二氧化锰是选择性氧化烯丙位醇的氧化剂，烯丙位的伯醇和仲醇分别被氧化为 α,β-不饱和醛和 α,β-不饱和酮，反应条件温和，选择性好，分子中的碳碳双键和碳碳叁键均不受影响，饱和醇也不能被氧化。例如

$$\text{(3,11,17-三羟基甾-4-烯)} \xrightarrow[CHCl_3,25℃]{MnO_2} \text{(11,17-二羟基甾-4-烯-3-酮)}$$

62%

$$HOCH_2CH_2CH{=}CH\overset{\substack{OH\\|}}{C}HCH_3 \xrightarrow{MnO_2} HOCH_2CH_2CH{=}CH\overset{\substack{O\\\|}}{C}CH_3$$

高锰酸钾和硝酸都是强氧化剂，能将伯醇氧化到羧酸，仲醇氧化到酮。例如

$$CH_3(CH_2)_4CH_2OH \xrightarrow[10\sim20℃]{71\%HNO_3} CH_3(CH_2)_4COOH$$

己酸(80%)

$$C_6H_5{-}\overset{\substack{OH\\|}}{C}HCH_3 \xrightarrow[H_2O]{KMnO_4} C_6H_5{-}\overset{\substack{O\\\|}}{C}CH_3$$

苯乙酮(72%)

叔醇中由于没有 α-氢，因此不能被氧化成羰基化合物。若在更强烈的条件下氧化，如将叔醇与酸性高锰酸钾一起加热，则发生碳链断裂，生成复杂的氧化产物，例如

$$CH_3{-}\underset{\substack{|\\CH_3}}{\overset{\substack{CH_3\\|}}{C}}{-}OH \xrightarrow[\triangle]{KMnO_4,H^+} CH_3{-}\overset{\substack{O\\\|}}{C}{-}CH_3 + H{-}\overset{\substack{O\\\|}}{C}{-}H$$

$$CH_3{-}\overset{\substack{O\\\|}}{C}{-}CH_3 \longrightarrow CH_3COOH + CO_2 \qquad H{-}\overset{\substack{O\\\|}}{C}{-}H \longrightarrow CO_2 + H_2O$$

5. Oppenauer 氧化

在异丙醇铝/丙酮作用下将仲醇氧化成酮的反应称为 Oppenauer 氧化。氧化过程中仲醇将氢原子经环状过渡态的形式转移到丙酮分子上，仲醇被氧化为酮，丙酮被还原为异丙醇。其反应机理可能如下：

$$R_1-\overset{OH}{\overset{|}{C}H}-R_2 + (i\text{-}PrO)_3Al + H_3C-\overset{O}{\overset{\|}{C}}-CH_3 \rightleftharpoons (i\text{-}PrO)_2Al\begin{matrix}\overset{\delta^-}{O}-C(R_1)(R_2)H \\ \uparrow \\ O=\overset{\delta^+}{C}(CH_3)_2\end{matrix} \rightleftharpoons$$

$$\left[(i\text{-}PrO)_2Al\begin{matrix}O\text{---}C(R_1)(R_2) \\ \vdots \quad H \\ O\text{---}C(CH_3)_2\end{matrix}\right]^{\neq} \rightleftharpoons (i\text{-}PrO)_2Al\begin{matrix}\leftarrow O=C(R_1)(R_2) \\ O-C(H)(CH_3)_2\end{matrix} \xrightarrow{\text{醇解}} R_1-\overset{O}{\overset{\|}{C}}-R_2$$

Oppenauer 氧化只在醇和酮之间发生氢原子的转移，因此分子中的碳碳双键等不受影响。例如

$$H_2C=CH\overset{CH_3}{\overset{|}{C}}=CHCH=CH\overset{OH}{\overset{|}{C}H}CH_3 \xrightleftharpoons[C_6H_6]{(i\text{-}PrO)_3Al/CH_3COCH_3}$$

$$H_2C=CH\overset{CH_3}{\overset{|}{C}}=CHCH=CH\overset{O}{\overset{\|}{C}}CH_3 + CH_3\overset{OH}{\overset{|}{C}H}CH_3$$

反应中必须加入过量的丙酮，使反应平衡向氧化产物一边移动。尽管 Oppenauer 氧化也能将伯醇氧化为醛，但由于产物醛在反应条件下易发生醇醛缩合反应(见 10.5.3)，因此 Oppenauer 氧化比较适合用于仲醇的氧化。

6. 醇的催化脱氢

在 300～500℃的高温条件下，将伯醇、仲醇的蒸气通过活性铜、银或铜铬氧化物等催化剂，可使醇脱氢而生成相应的醛或酮。

$$R-CH_2OH \xrightarrow[325℃]{Cu} R-CHO + H_2$$

$$R-\overset{OH}{\overset{|}{C}H}-R' \xrightarrow[325℃]{Cu} R-\overset{O}{\overset{\|}{C}}-R' + H_2$$

例如

$$\text{环己醇(}C_6H_{11}-OH\text{)} \xrightarrow[300\sim350℃]{CuCrO_4} \text{环己酮(}C_6H_{10}=O\text{)}$$

$$\underset{\displaystyle\mathrm{OH}}{\mathrm{CH_3\underset{|}{C}HCH_3}} \xrightarrow[400\sim480℃]{\mathrm{Cu}} \mathrm{CH_3\underset{\underset{\displaystyle O}{\|}}{C}CH_3}$$

活性铜催化下丙-2-醇的高温脱氢是工业上制备丙酮的一种方法。

叔醇因没有 α-氢而不发生脱氢反应，但可能生成脱水产物烯烃。

问题 7-10 完成下列反应。

(1) 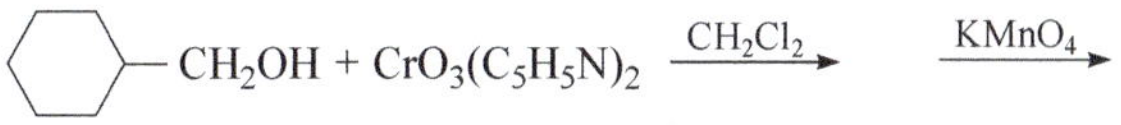 $\text{环己基}-CH_2OH + CrO_3(C_5H_5N)_2 \xrightarrow{CH_2Cl_2} \quad \xrightarrow{KMnO_4}$

(2) $CH_3(CH_2)_4\underset{\underset{\displaystyle OH}{|}}{C}HCH{=}CH_2 \xrightarrow[CH_2Cl_2]{PDC}$

(3) $CH_3(CH_2)_8CH_2OH \xrightarrow[2)\ (C_2H_5)_3N]{1)\ DMSO,(COCl)_2,CH_2Cl_2,-60℃}$

7.1.9 1,2-二醇的反应

1,2-二醇及含两个以上羟基的多元醇除具有一元醇的一般性质外，1,2-二醇因两个羟基处于邻位，还表现出某些特殊性质。

1. 高碘酸氧化

1,2-二醇可被高碘酸(HIO_4)氧化，氧化时 1,2-二醇的两个碳原子之间的 C—C 键发生断裂，生成相应的醛、酮或羧酸等化合物。

$$R-\underset{\underset{\displaystyle OH}{|}}{CH}-\underset{\underset{\displaystyle OH}{|}}{CH}-R' + HIO_4 \longrightarrow \underset{\text{醛}}{R-\underset{\underset{\displaystyle O}{\|}}{C}-H} + \underset{\text{醛}}{H-\underset{\underset{\displaystyle O}{\|}}{C}-R'} + HIO_3 + H_2O$$

反应经过五元环的酯中间体完成。例如

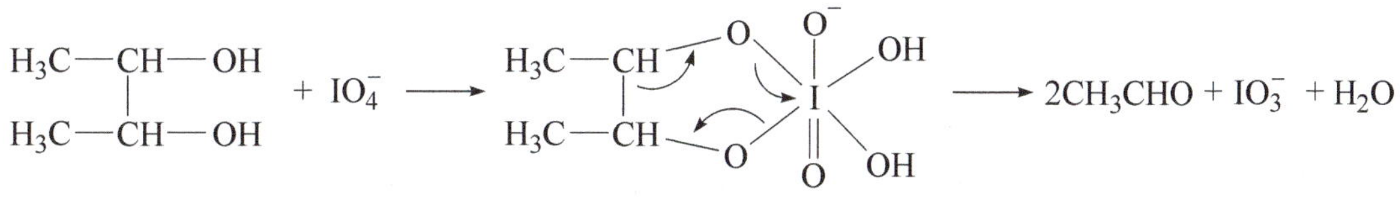

$$\begin{matrix} H_3C-CH-OH \\ | \\ H_3C-CH-OH \end{matrix} + IO_4^- \longrightarrow \begin{matrix} H_3C-CH-O \\ | \\ H_3C-CH-O \end{matrix}\!\!>\!\!\overset{O^-}{\underset{O}{I}}(OH)_2 \longrightarrow 2CH_3CHO + IO_3^- + H_2O$$

1,2-二醇中，只有与高碘酸反应可以形成五元环的酯中间体的才能被氧化，因此顺式的环状邻位二醇比反式的环状邻位二醇容易被高碘酸氧化。若 1,2-二醇由于结构原因，甚至在构象上也不利于形成五元环的酯中间体，则这样的邻位二醇不被高碘酸氧化。例如

OH OH (CH$_3$)$_3$C OH OH

这些反式的环状邻位二醇在构象上都不能形成五元环的酯中间体，也不能转变为有利于形成五元环的酯中间体的构象，因此它们都不能被高碘酸氧化。

2-甲基丁-2,3-二醇被高碘酸氧化生成乙醛和丙酮。

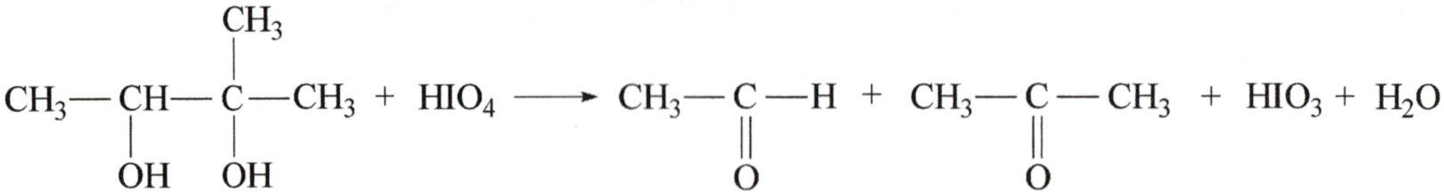

$$CH_3—CH(OH)—C(OH)(CH_3)—CH_3 + HIO_4 \longrightarrow \underset{\text{乙醛}}{CH_3—C(=O)—H} + \underset{\text{丙酮}}{CH_3—C(=O)—CH_3} + HIO_3 + H_2O$$

丙-1,2,3-三醇衍生物被高碘酸氧化时，需消耗 2mol HIO_4，中间碳原子被氧化为甲酸。

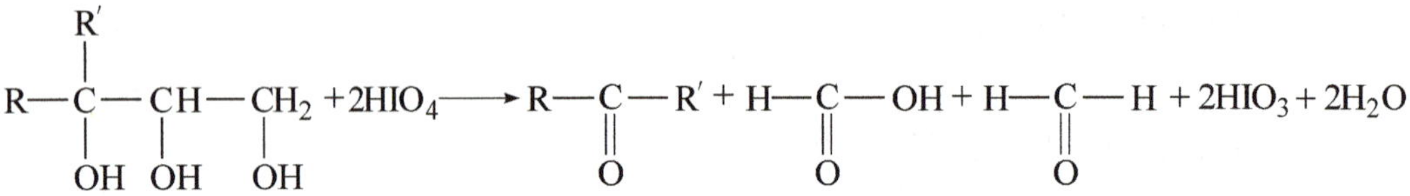

$$R—C(R')(OH)—CH(OH)—CH_2(OH) + 2HIO_4 \longrightarrow \underset{\text{酮}}{R—C(=O)—R'} + \underset{\text{甲酸}}{H—C(=O)—OH} + \underset{\text{甲醛}}{H—C(=O)—H} + 2HIO_3 + 2H_2O$$

1mol 丙三醇(甘油)经 HIO_4 氧化，得 2mol 甲醛和 1mol 甲酸。

$$CH_2OH—CHOH—CH_2OH + 2HIO_4 \longrightarrow \underset{\text{甲酸}}{HCOOH} + \underset{\text{甲醛}}{2HCHO} + 2HIO_3 + 2H_2O$$

含有 α-羟基的醛、酮也能被 HIO_4 氧化，发生与上述邻二醇类似的反应。

1,2-二醇也可被四乙酸铅[$Pb(OCOCH_3)_4$]氧化，氧化产物与高碘酸氧化的产物类似。

2. 频哪醇重排

在酸作用下，1,2-二醇可以发生碳架重排，生成相应的酮。例如

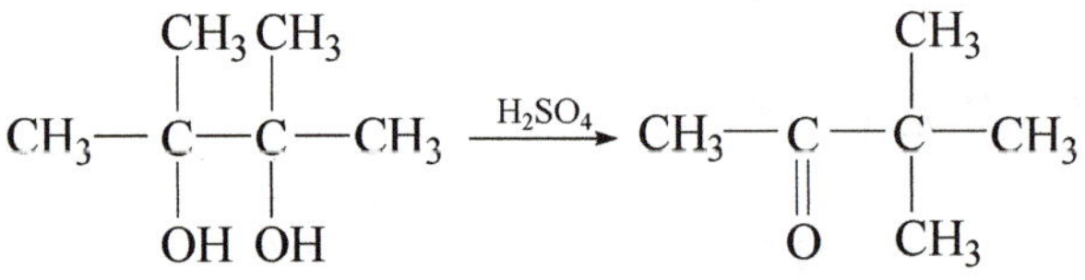

$$\underset{\text{频哪醇}}{CH_3—C(CH_3)(OH)—C(CH_3)(OH)—CH_3} \xrightarrow{H_2SO_4} \underset{\text{频哪酮}}{CH_3—C(=O)—C(CH_3)_2—CH_3}$$

其反应机理可能为邻二醇中的一个羟基先质子化，质子化的羟基以水分子形式离去，在生成碳正离子中间体的同时，处于离去基团(指水分子)反位的邻位碳原子上的烷基带着一对电子迁移到碳正离子中间体上，然后羟基氧原子上的未共用电子对向碳原子转移，失去质子后给出产物频哪酮。

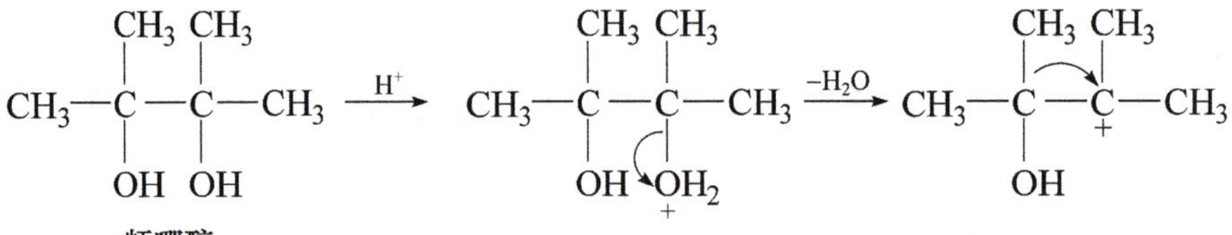

$$\underset{\text{频哪醇}}{CH_3—C(CH_3)(OH)—C(CH_3)(OH)—CH_3} \xrightarrow{H^+} CH_3—C(CH_3)(OH)—C(CH_3)(\overset{+}{O}H_2)—CH_3 \xrightarrow{-H_2O} CH_3—C(CH_3)(OH)—\overset{+}{C}(CH_3)—CH_3$$

$$\longrightarrow CH_3-\overset{+}{C}(\ddot{O}H)-C(CH_3)_2-CH_3 \longrightarrow CH_3-C(=\overset{+}{O}H)-C(CH_3)_2-CH_3 \xrightarrow{-H^+} CH_3-C(=O)-C(CH_3)_2-CH_3$$

频哪酮

频哪醇重排是分子内的重排反应，不同频哪醇之间也不会发生交叉的重排产物，因此可以认为质子化羟基的离去与邻位烃基的迁移是同步进行的，迁移基团的构型在重排时保持不变。

当频哪醇分子中的四个烃基不同时，即结构不对称的 1，2-二醇，首先是考虑优先形成一个相对比较稳定的碳正离子中间体，然后是迁移能力较大的烃基优先带着一对电子同步迁移到碳正离子中间体上，再经电子转移，失去质子，得到频哪酮。例如

$$H_3C-C(CH_3)(OH)-C(C_6H_5)(OH)-C_6H_5 \xrightarrow{H^+} H_3C-C(CH_3)(OH)-C(C_6H_5)(\overset{+}{O}H_2)-C_6H_5 \xrightarrow{-H_2O} H_3C-C(CH_3)(OH)-\overset{+}{C}(C_6H_5)-C_6H_5$$

$$H_3C-\overset{+}{C}(\ddot{O}H)-C(C_6H_5)(CH_3)-C_6H_5 \xrightarrow{-H^+} H_3C-C(=O)-C(C_6H_5)(CH_3)-C_6H_5$$

由于碳正离子（Ⅰ）比（Ⅱ）稳定，因此最后得到的主要产物是甲基迁移的重排产物。

稳定性：

$$\underset{(\text{I})}{H_3C-C(CH_3)(OH)-\overset{+}{C}(C_6H_5)-C_6H_5} > \underset{(\text{II})}{H_3C-\overset{+}{C}(CH_3)-C(C_6H_5)(OH)-C_6H_5}$$

烃基的迁移次序是芳基优先于烷基。例如

$$H_3C-C(C_6H_5)(OH)-C(C_6H_5)(OH)-CH_3 \xrightarrow{H^+} H_3C-C(C_6H_5)(OH)-C(C_6H_5)(\overset{+}{O}H_2)-CH_3 \xrightarrow{-H_2O} H_3C-C(C_6H_5)(OH)-\overset{+}{C}(C_6H_5)-CH_3$$

$$\longrightarrow H_3C-\overset{+}{C}(\ddot{O}H)-C(C_6H_5)(C_6H_5)-CH_3 \xrightarrow{-H^+} H_3C-C(=O)-C(C_6H_5)(C_6H_5)-CH_3$$

当芳基上有强给电子基团时，其迁移能力优先于有弱给电子基团或没有给电子基团的芳基。下列是几个取代芳基在频哪醇重排中迁移能力的比较：

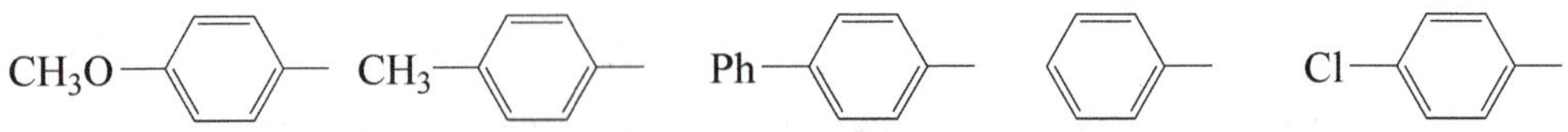

$CH_3O-C_6H_4-$　$CH_3-C_6H_4-$　$Ph-C_6H_4-$　C_6H_5-　$Cl-C_6H_4-$

迁移的相对速率:　500　16　12　1　0.7

在频哪醇重排中,当质子化的羟基作为离去基团与迁移的烃基处于反位时,则有利于重排的进行,反应速率快,否则反应速率较慢。例如

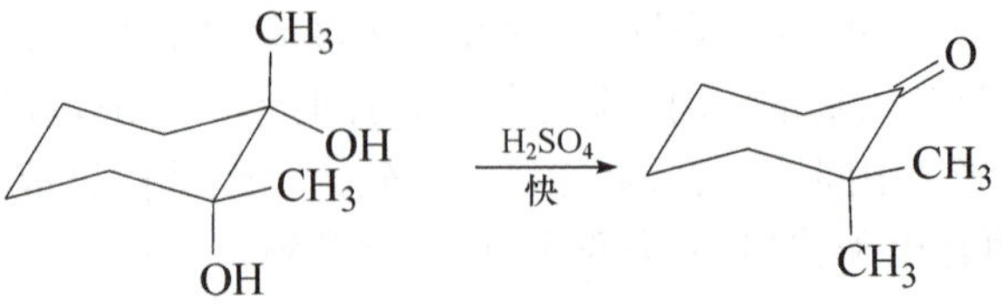

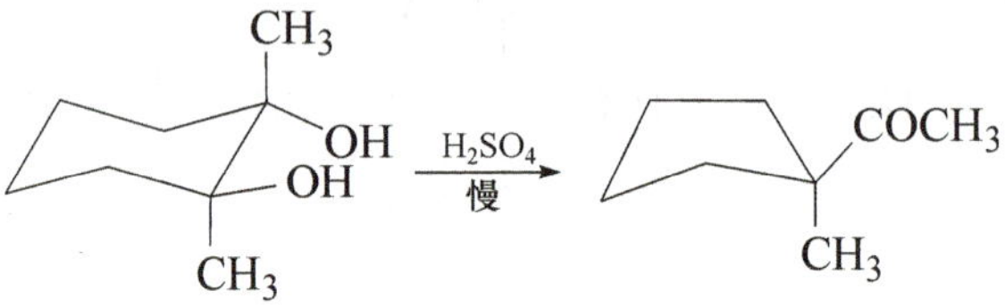

CH_3, OH, CH_3, OH $\xrightarrow[\text{快}]{H_2SO_4}$ O, CH_3, CH_3

CH_3, OH, OH, CH_3 $\xrightarrow[\text{慢}]{H_2SO_4}$ $COCH_3$, CH_3

频哪醇重排的产物是羰基(C═O)的 α-位上为季碳原子的化合物,这是用其他合成方法难以得到的。

问题 7-11　完成下列反应。

(1) 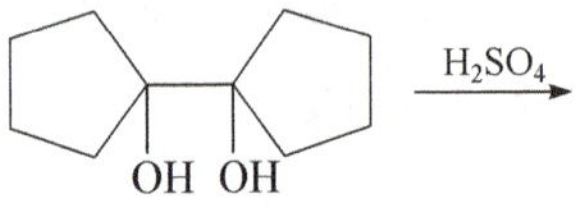 OH OH $\xrightarrow{H_2SO_4}$

(2) 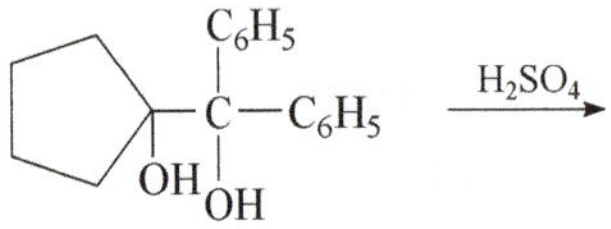 C_6H_5, C—C_6H_5, OH, OH $\xrightarrow{H_2SO_4}$

问题 7-12　对下列反应提出合理的机理。

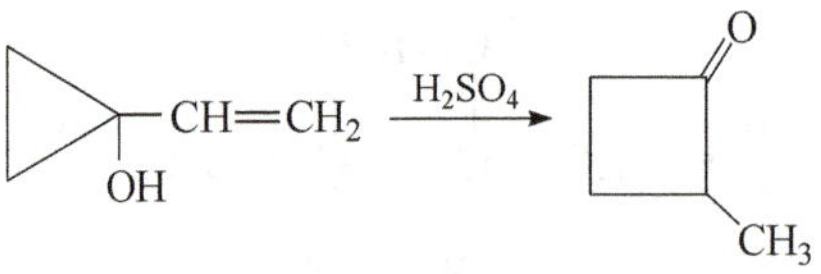

CH═CH_2, OH $\xrightarrow{H_2SO_4}$ O, CH_3

7.1.10　重要的低级醇

重要的低级饱和一元醇有甲醇、乙醇和正丙醇,多元醇有乙二醇和丙三醇。

1. 甲醇

最早甲醇是由木材干馏得到的,所以甲醇又称木醇。甲醇为无色的易燃液体,沸点为65℃,能与水和大多数有机溶剂混溶。

甲醇的工业制法是将一氧化碳与氢气混合，在高温、高压下通过催化剂(ZnO/Cr_2O_3)得到。

$$CO + H_2 \xrightarrow[400℃,\ 200\sim300atm]{ZnO/Cr_2O_3} CH_3OH$$

这样制得的甲醇几乎是定量的，纯度可以达到99%。20世纪末改用活化的铜氧化物作催化剂，可使合成反应在250℃和50atm条件下进行。

甲醇与水不生成恒沸混合物，从甲醇和水的混合物中分馏出的甲醇的纯度在99%左右。这样得到的甲醇再用金属镁处理，利用生成的甲氧基镁与水作用生成甲醇和不溶的氧化镁，从而可以除去其中的微量水，再经蒸馏可得到含量在99.9%以上的无水甲醇。

$$2CH_3OH + Mg \xrightarrow{-H_2} (CH_3O)_2Mg \xrightarrow{H_2O} 2CH_3OH + MgO$$

甲醇与氯化钙能生成络合物 $CaCl_2 \cdot 4CH_3OH$，因此不能用氯化钙作为甲醇的干燥剂。

甲醇有毒，误饮后可能会造成双目失明的严重伤害。误饮25mL左右甲醇即有可能危及生命，甚至死亡。

甲醇除用作溶剂外，还是主要用于制备甲醛和叔丁基甲基醚(TBME，用于提高汽油辛烷值)的原料。甲醇还可以按不同比例与汽油混合，用作不同要求的燃料。

2. 乙醇

乙醇可以由糖类化合物(如干薯、马铃薯和含淀粉的物质)经发酵制得。饮用的酒主要用这种方法生产。

乙醇为无色的易燃液体，沸点为78℃，能与水和大多数有机溶剂混溶。乙醇与水能生成恒沸混合物，直接用蒸馏的方法只能得到含量为95.6%的乙醇(含水4.4%)。在普通乙醇中加入一定量的苯再蒸馏，先蒸馏出的是乙醇-苯-水的三元共沸混合物(其中乙醇18.5%，苯74.0%，水7.5%)，沸点为64.9℃；接着蒸馏出的是乙醇-苯的二元共沸混合物(其中乙醇32.4%，苯67.6%)，沸点为68.3℃；苯除净后最后蒸馏出的为无水乙醇，这样制得的无水乙醇仍然含有微量的水($<1\%$)。与甲醇相似，这微量的水也可以用金属镁处理除去。

乙醇与氯化钙也能生成络合物 $CaCl_2 \cdot 3CH_3CH_2OH$，因此也不能用氯化钙作为乙醇的干燥剂。

含有甲醇的乙醇称为变性乙醇，工业乙醇是含有一定量甲醇的变性乙醇，严禁用其来勾兑饮用酒。

乙醇是化学工业的重要原料，广泛用作试剂和溶剂。

乙醇对人体有毒害，少量饮用能起兴奋作用，大量饮用则会引起麻醉，甚至中毒。

3. 乙二醇

乙二醇又称甘醇，构造式为 $HOCH_2CH_2OH$，为无色略带甜味的黏稠性液体。由于分子中有两个羟基，分子之间通过氢键相互缔合的能力增强，因此其熔点和沸点都比相近相对分子质量的一元醇高，乙二醇的熔点为−13℃，沸点为197℃。

乙二醇能与水混溶，但几乎不溶于乙醚。

乙二醇的工业生产是由环氧乙烷水解得到，一种是在压力下加热直接水合，另一种是硫酸催化下直接水合，产率都在 90%以上。

$$\underset{\text{(环氧乙烷)}}{H_2C\overset{O}{—}CH_2} + H_2O \xrightarrow[\text{或}0.5\%H_2SO_4,\ 50\sim70℃]{22atm,190\sim220℃} \underset{>90\%}{\underset{OH}{CH_2}—\underset{OH}{CH_2}}$$

乙二醇主要用作涤纶和某些高聚物的合成原料。另外，乙二醇能降低水的凝固点，因此乙二醇的水溶液可以用作汽车发动机的抗冻剂。

4. 丙三醇

丙三醇又称甘油，构造式为 $HOCH_2CH(OH)CH_2OH$，为无色带甜味的黏稠性液体，熔点为 20℃，沸点为 290℃(分解)或 182℃/20mmHg。

丙三醇的工业生产是以丙烯为原料，经下列反应制得：

$$CH_3CH{=}CH_2 \xrightarrow[500℃]{Cl_2} \underset{Cl}{CH_2}CH{=}CH_2 \xrightarrow{HOCl} \underset{Cl}{CH_2}\underset{OH}{CH}—\underset{Cl}{CH_2} + \underset{Cl}{CH_2}\underset{Cl}{CH}—\underset{OH}{CH_2}$$

$$\xrightarrow[-HCl]{Ca(OH)_2} \underset{Cl}{CH_2}CH\overset{}{—}CH_2\ (\text{CH—CH}_2\text{ 间以 O 成环}) \xrightarrow{NaOH,H_2O} \underset{OH}{CH_2}\underset{OH}{CH}—\underset{OH}{CH_2}$$

丙三醇广泛用于医药、纺织、食品和化妆品工业中，也可用作合成树脂的原料。甘油三硝酸酯还是制备无烟炸药的主要成分。

7.1.11 一元醇的制备

在自然界，醇主要以羧酸酯的形式存在动植物体中，这些醇类可以经过天然产物的发酵和水解得到。

1. 以烯烃为原料的反应

烯烃在酸催化下的水合、烯烃的硼氢化-氧化都可以得到相应的醇(见 5.1.4)。

烯烃的羟汞化-还原脱汞反应也可以制得相应的醇。例如

$$(CH_3)_3CCH{=}CH_2 \xrightarrow{Hg(OAc)_2,THF,\ H_2O} (CH_3)_3C\underset{OH}{CH}—\underset{HgOAc}{CH_2} + HOAc$$

$$(CH_3)_3C\underset{OH}{CH}—\underset{HgOAc}{CH_2} \xrightarrow{NaBH_4,OH^-} \underset{94\%}{(CH_3)_3C\underset{OH}{CH}CH_3}$$

在实验室操作时，先将烯烃加入乙酸汞$[Hg(OAc)_2]$的含水四氢呋喃(THF)溶液中，约 1h 后，第一步羟汞化反应完成，然后加入硼氢化钠的碱溶液，还原脱汞，纯化后得到产物醇。羟汞化-还原脱汞反应的区域选择性很高，醇的结构与烯烃在酸催化下的水合反应相同，但不会发生碳架的重排。

2. 羰基化合物的还原

羰基化合物是指含碳氧双键（$\gt C{=}O$）的化合物，醛、酮、羧酸和羧酸酯分子中都含有羰基，它们都可以被不同的还原剂还原，分别得到伯醇或仲醇。

1）催化氢化

醛和酮在铂、钯、镍等催化剂作用下氢化，分别被还原为伯醇和仲醇（见 10.6.2）。

$$R-\overset{O}{\overset{\|}{C}}-H \xrightarrow{H_2,Pt} R-CH_2-OH$$

$$R-\overset{O}{\overset{\|}{C}}-R' \xrightarrow{H_2,Pt} R-\overset{OH}{\overset{|}{C}H}-R'$$

反应通常在醇溶剂中于加压条件下进行。

酯可以被催化氢化为两分子的醇，铜铬氧化物（$CuO \cdot CuCrO_4$）是工业生产中最常用的有效催化剂（见 12.5 节）。

$$RCOOR' + H_2 \xrightarrow[\triangle,压力]{CuO \cdot CuCrO_4} RCH_2OH + R'OH$$

羧酸难以用催化氢化的方法还原。

2）用金属氢化物还原

金属氢化物通常指氢化铝锂和硼氢化钠。它们都可以将醛、酮还原为相应的伯醇、仲醇（见 10.6.2）。

$$R-\overset{O}{\overset{\|}{C}}-H \xrightarrow[或NaBH_4]{LiAlH_4} \xrightarrow{H_2O} RCH_2OH$$

$$R-\overset{O}{\overset{\|}{C}}-R \xrightarrow[或NaBH_4]{LiAlH_4} \xrightarrow{H_2O} R\overset{OH}{\overset{|}{C}H}R'$$

氢化铝锂的还原能力比硼氢化钠强，但氢化铝锂必须在无水溶剂中使用，而硼氢化钠可以在质子溶剂（如醇），甚至水溶剂中使用。

氢化铝锂能还原羧酸和羧酸酯为伯醇，硼氢化钠不能还原羧酸和羧酸酯（见 12.5 节）。

$$RCOOR' \xrightarrow{LiAlH_4} \xrightarrow{H_2O} RCH_2OH + R'OH$$

$$RCOOH \xrightarrow{LiAlH_4} \xrightarrow{H_2O} RCH_2OH$$

但在乙醇溶剂中，由硼氢化钠和无水氯化锂组成的混合试剂却能将羧酸酯还原为伯醇，这是因为在反应中混合的两种试剂生成了还原能力比硼氢化钠强的硼氢化锂。

$$NaBH_4 + LiCl \xrightarrow{C_2H_5OH} LiBH_4 + NaCl$$

3. 用格氏试剂等合成醇

1）格氏试剂与醛、酮的反应

格氏试剂与醛、酮反应时，格氏试剂中带部分负电荷的烃基进攻带部分正电荷的羰基碳，羰基中碳氧 π 键被打开，形成新的碳碳键，生成加成产物卤化烃氧基镁，经酸性水解得到醇。

$$\underset{\text{格氏试剂}}{\overset{\delta^-}{R}-\overset{\delta^+}{MgX}} + \underset{\text{醛或酮}}{>\overset{\delta^+}{C}=\overset{\delta^-}{O}} \longrightarrow \underset{\text{卤化烃氧基镁}}{R-\overset{|}{\underset{|}{C}}-OMgX} \xrightarrow{H_3O^+} \underset{\text{醇}}{R-\overset{|}{\underset{|}{C}}-OH}$$

格氏试剂与醛(RCHO，除甲醛外)反应生成仲醇。

$$\overset{\delta^-}{\boxed{R}}-\overset{\delta^+}{MgX} + R'-\overset{\delta^+}{C}(H)=O^{\delta^-} \longrightarrow R'-\overset{OMgX}{\underset{H}{C}}-\boxed{R} \xrightarrow{H_3O^+} \underset{\text{仲醇}}{R'-\overset{OH}{\underset{H}{C}}-\boxed{R}}$$

从碳架分析，生成的仲醇相当于醛的羰基碳原子上增加了一个格氏试剂中的烃基。例如

$$\underset{\text{溴化丁基镁}}{\boxed{CH_3CH_2CH_2CH_2}MgBr} + \underset{\text{乙醛}}{CH_3\overset{O}{\overset{\|}{C}}H} \xrightarrow{(C_2H_5)_2O} \xrightarrow{H_3O^+} \underset{\text{己-2-醇}}{\boxed{CH_3CH_2CH_2CH_2}\underset{OH}{\underset{|}{C}}HCH_3}$$

当醛 RCHO 中的 R＝H 时，即为甲醛(HCHO)，格氏试剂与甲醛反应则生成增加一个碳原子的伯醇。例如

$$\underset{\text{溴化丁基镁}}{\boxed{CH_3CH_2CH_2CH_2}MgBr} + \underset{\text{甲醛}}{H\overset{O}{\overset{\|}{C}}H} \xrightarrow{(C_2H_5)_2O} \xrightarrow{H_3O^+} \underset{\text{戊-1-醇(92\%)}}{\boxed{CH_3CH_2CH_2CH_2}CH_2OH}$$

格氏试剂与酮(R′COR″)反应生成叔醇。例如

$$\boxed{CH_3CH_2}MgBr + \underset{\text{戊-2-酮}}{CH_3CH_2CH_2-\overset{O}{\overset{\|}{C}}-CH_3} \xrightarrow{(C_2H_5)_2O} \xrightarrow{H_3O^+} \underset{\text{3-甲基己-3-酮(90\%)}}{CH_3CH_2CH_2-\overset{OH}{\underset{\boxed{CH_2CH_3}}{C}}-CH_3}$$

格氏试剂是合成叔醇的首选方法。

链端炔烃与格氏试剂反应生成炔属格氏试剂(RC≡CMgBr)，后者与通常的格氏试剂一样，可以与醛、酮反应生成相应的醇。例如

$$CH_3(CH_2)_3C\equiv CH + CH_3CH_2MgBr \xrightarrow{(C_2H_5)_2O} CH_3(CH_2)_3C\equiv CMgBr + CH_3CH_3$$

$$\boxed{CH_3(CH_2)_3C\equiv C}MgBr + HCHO \xrightarrow{(C_2H_5)_2O} \xrightarrow{H_3O^+} \boxed{CH_3(CH_2)_3C\equiv C}CH_2OH$$

溴化己-1-炔基镁　　甲醛　　庚-2-炔-1-醇(82%)

与格氏试剂类似的有机锂试剂也可以与醛、酮反应生成相应的醇。

$$\overset{\delta^-}{R}-\overset{\delta^+}{Li} + \overset{\delta^+}{C}=\overset{\delta^-}{O} \longrightarrow R-\underset{|}{\overset{|}{C}}-OLi \xrightarrow{H_3O^+} R-\underset{|}{\overset{|}{C}}-OH$$

烷基锂试剂　　醛或酮　　烃氧基锂　　醇

$$\boxed{H_2C=CH}Li + C_6H_5CHO \xrightarrow{(C_2H_5)_2O} \xrightarrow{H_3O^+} C_6H_5-CH(OH)-\boxed{CH=CH_2}$$

乙烯基锂　　苯甲醛　　1-苯基丙-2-烯-1-醇(76%)

$$\boxed{c\text{-}C_3H_5}-Li + CH_3\overset{O}{\overset{\|}{C}}C(CH_3)_3 \xrightarrow{(C_2H_5)_2O} \xrightarrow{H_3O^+} \boxed{c\text{-}C_3H_5}-\underset{CH_3}{\overset{OH}{C}}-C(CH_3)_3$$

环丙基锂　　3,3-二甲基丁-2-酮　　2-环丙基-3,3-二甲基丁-2-醇(71%)

2）格氏试剂与酯和酰卤的反应

$$\overset{\delta^-}{\boxed{R}}-\overset{\delta^+}{MgX} + R'-\overset{\delta^+}{C}(=\overset{\delta^-}{O})-OR'' \longrightarrow \boxed{R}-\underset{R'}{\overset{OMgX}{C}}-OR'' \longrightarrow \boxed{R}-\overset{O}{\overset{\|}{C}}-R'$$

$$\xrightarrow{\boxed{R}-MgX} \boxed{R}-\underset{\boxed{R}}{\overset{OMgX}{C}}-R' \xrightarrow{H_3O^+} \boxed{R}-\underset{\boxed{R}}{\overset{OH}{C}}-R'$$

叔醇

格氏试剂与酯反应生成叔醇，其中两个烃基来自格氏试剂，还有一个烃基是酯中羧酸的烃基。例如

$$\boxed{CH_3CH_2}MgBr + C_6H_5-\overset{O}{\overset{\|}{C}}-OCH_3 \longrightarrow C_6H_5-\overset{^-O}{\overset{|}{C}}(\boxed{CH_2CH_3})-OCH_3 \longrightarrow C_6H_5-\overset{O}{\overset{\|}{C}}-\boxed{CH_2CH_3}$$

苯甲酸甲酯　　　　苯丙酮

$$\xrightarrow{\boxed{CH_3CH_2}MgBr} C_6H_5-\overset{OMgBr}{\overset{|}{C}}(\boxed{CH_2CH_3})-\boxed{CH_2CH_3} \xrightarrow{H_3O^+} C_6H_5-\overset{OH}{\overset{|}{C}}(\boxed{CH_2CH_3})-\boxed{CH_2CH_3}$$

3-苯基戊-3-醇

如果酯中的 R′＝H，即甲酸酯，它与格氏试剂反应则生成仲醇，其中两个烃基都来自格氏试剂。例如

$$2H_2C{=}CHCH_2MgBr + H-\overset{O}{\overset{\|}{C}}-OC_2H_5 \xrightarrow{(C_2H_5)_2O} \xrightarrow{H_3O^+} (H_2C{=}CHCH_2)_2CHOH$$

溴化烯丙基镁　　甲酸乙酯　　庚-1,6-二烯-4-醇(80%)

格氏试剂与碳酸二乙酯或碳酸二甲酯反应生成叔醇，三个烃基都来自格氏试剂。

$$\overset{\delta^-}{\boxed{R}}-\overset{\delta^+}{MgX} + R'O-\overset{\delta^+}{C}(=\overset{\delta^-}{O})-OR' \longrightarrow \boxed{R}-\overset{OMgX}{\overset{|}{C}}(OR')-OR' \xrightarrow{H_3O^+} \boxed{R}-\overset{O}{\overset{\|}{C}}-OR' \xrightarrow{\boxed{R}-MgX}$$

$$\boxed{R}-\overset{OMgX}{\overset{|}{C}}(\boxed{R})-OR' \longrightarrow \boxed{R}-\overset{O}{\overset{\|}{C}}-\boxed{R} \xrightarrow{\boxed{R}-MgX} \boxed{R}-\overset{OMgX}{\overset{|}{C}}(\boxed{R})-\boxed{R} \xrightarrow{H_3O^+} \boxed{R}-\overset{OH}{\overset{|}{C}}(\boxed{R})-\boxed{R}$$

叔醇

例如

$$3CH_3CH_2MgBr + CH_3O\overset{O}{\overset{\|}{C}}OCH_3 \xrightarrow{(C_2H_5)_2O} \xrightarrow{H_3O^+} CH_3CH_2\overset{OH}{\overset{|}{C}}(CH_2CH_3)CH_2CH_3$$

溴化乙基镁　　碳酸二甲酯　　3-乙基戊-3-醇(85%)

格氏试剂与酰卤(RCOX)反应生成叔醇，其中两个烃基来自格氏试剂，还有一个烃基是酰卤中的烃基。其结果和格氏试剂与羧酸酯的反应相似。

$$\overset{\delta^-}{\boxed{R}}-\overset{\delta^+}{MgX} + R'-\overset{\delta^+}{C}(=O^{\delta^-})-Cl \longrightarrow \boxed{R}-C(OMgX)(R')-Cl \xrightarrow{-MgXCl} \boxed{R}-C(=O)-R'$$

$$\xrightarrow{\boxed{R}-MgX} \boxed{R}-C(OMgX)(\boxed{R})-R' \xrightarrow{H_3O^+} \boxed{R}-C(OH)(\boxed{R})-R'$$

叔醇

例如

$$2CH_3CH_2MgBr + CH_3CH_2CH_2C(=O)Cl \xrightarrow{(C_2H_5)_2O} \xrightarrow{H_3O^+} CH_3CH_2CH_2C(OH)(CH_2CH_3)CH_2CH_3$$

丁酰氯　　　　3-乙基己-3-醇

3）格氏试剂与环氧乙烷的反应

$$\overset{\delta^-}{\boxed{R}}-\overset{\delta^+}{MgX} + H_2C\overset{O}{—}CH_2 \xrightarrow{(C_2H_5)_2O} \boxed{R}-CH_2-CH_2(OMgX) \xrightarrow{H_3O^+} \boxed{R}-CH_2-CH_2-OH$$

产物是相当于在格氏试剂的烃基上增加了两个碳原子的伯醇。例如

$$\boxed{CH_3(CH_2)_2CH_2}-MgBr + CH_2\overset{O}{—}CH_2 \xrightarrow{(C_2H_5)_2O}$$

溴化丁基镁　　　　环氧乙烷

$$\boxed{CH_3(CH_2)_3}CH_2-CH_2(OMgBr) \xrightarrow{H_3O^+} \boxed{CH_3(CH_2)_3}CH_2-CH_2(OH)$$

己-1-醇(61%)

4. 卤代烃的水解

卤代烃与稀的氢氧化钠溶液反应可以得到相应的醇，反应按照卤代烃的亲核反应机理进行(见 6.3 节)。由于卤代烃通常是由醇的卤化制得，因此只有容易制得的卤代烃才可以用于醇的制备。例如

$$H_2C{=}CHCH_2Cl \xrightarrow{NaOH} H_2C{=}CHCH_2OH$$

烯丙基氯　　　　烯丙醇

$$C_6H_5{-}CH_2Cl \xrightarrow{NaOH} C_6H_5{-}CH_2OH$$

苄氯　　　　苯甲醇(苄醇)

烯丙基氯和苄氯可以分别由丙烯和甲苯经自由基氯化反应得到。

7.1.12 硫醇

硫醇是指醇分子中的氧原子被硫原子取代后的化合物，其通式为 RSH，硫醇的官能团是—SH(巯基)。简单硫醇的命名只需在相应醇的"醇"字前加上"硫"字即可。例如

CH_3SH　　CH_3CH_2SH　　$HSCH_2CH_2SH$

甲硫醇　　乙硫醇　　乙-1,2-二硫醇

对于结构比较复杂的硫醇化合物，可以把—SH(巯基)作为取代基。例如

$$CH_3CH(SH)CH_2OH$$

2-巯基丙-1-醇

硫醇与醇比较，硫原子的电负性比氧原子小(图 7-5)，因此硫醇的偶极矩比相应的醇小。例如

C_2H_5OH　　$\mu=1.70D$

C_2H_5SH　　$\mu=1.52D$

由于硫醇分子之间基本上不能通过氢键相互缔合，因此硫醇的沸点比相对分子质量相近的醇低，但比相对分子质量相近的烷烃高。例如，甲硫醇和乙硫醇的沸点分别为 6.2℃和 37℃，而甲醇和乙醇的沸点分别为 65℃和 78℃。硫醇与水分子之间通过氢键缔合的能力也很小，硫醇在水中的溶解度也比相应的醇小得多，常温下，乙硫醇在 100mL 水中仅能溶解 1.5g。

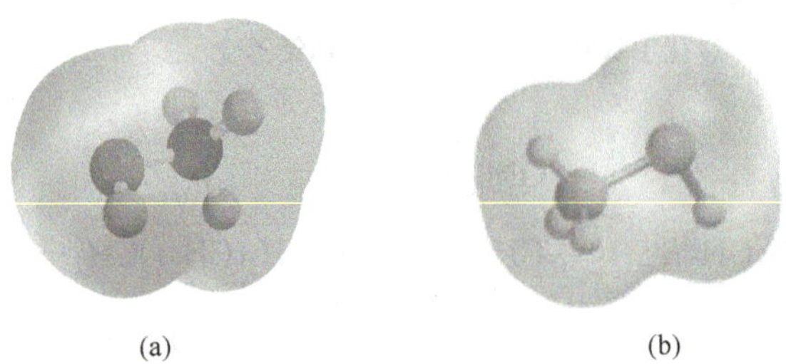

图 7-5　甲醇(a)和甲硫醇(b)的电子云密度分布比较

低级硫醇具有强烈而令人讨厌的特殊恶臭气味，在空气中含有 $0.19\mu g \cdot L^{-1}$ 的乙硫醇时就可以嗅出它的恶臭味。硫醇可用作臭味剂，在城市燃气中加入少量的叔丁硫醇，可用于燃气泄漏的警示。但硫醇的臭味随着相对分子质量的增加而减弱，含 9 个碳原子以上的硫醇具有令人愉快的气味。

硫醇中 S—H 键的红外伸缩振动吸收在 2600～2500cm^{-1}。

卤代烃能与 KSH 或 NaSH 发生亲核取代反应，可用于烷基硫醇的制备。例如

$$CH_3(CH_2)_4CH_2Br \xrightarrow[C_2H_5OH]{KSH} \underset{67\%}{CH_3(CH_2)_4CH_2SH}$$

由于硫原子比氧原子的半径大，负电荷在硫原子上比在氧原子上更分散，即 RS^- 比 RO^- 稳定，因此硫醇的酸性比醇的酸性强。硫醇的 pK_a 为 9～12，如乙硫醇的 pK_a 为 10.5，乙醇的 pK_a 为 16。硫醇是酸性比水和醇强的一种弱酸。硫醇难溶于水，但在水溶液中仍有下列平衡：

$$RSH + H_2O \rightleftharpoons RS^- + H_3O^+$$

硫醇与碱金属能形成相应的硫醇盐。硫醇溶于氢氧化钠溶液，生成易溶于水的硫醇钠，反应可逆。例如

$$CH_3CH_2SH + NaOH \rightleftharpoons \underset{\text{乙硫醇钠}}{CH_3CH_2SNa} + H_2O$$

硫醇还能与重金属离子如 Hg^{2+}、Pb^{2+}、Ag^+、Cu^{2+}、Cd^{2+} 等形成不溶于水的硫醇盐。例如

$$2RSH + HgCl_2 \longrightarrow (RS)_2Hg\downarrow + 2HCl$$

利用硫醇的这种性质，临床上将某些含巯基的化合物作为重金属的解毒剂。例如，二巯基丙醇 $\left(\begin{array}{ccc} CH_2 — & CH — & CH_2OH \\ | & | & \\ SH & SH & \end{array}\right)$ 能夺取已与人体内酶结合的金属离子，生成更稳定的硫醇盐，然后通过尿液将其排出体外。

虽然烷硫基负离子（RS^-）是比烷氧基负离子（RO^-）更弱的碱，但 RS^- 的亲核性却比 RO^- 强，常作为亲核试剂用于含硫化合物的合成。RS^- 作为弱碱的强亲核试剂，即使与仲卤代烃反应时也主要得到按 S_N2 机理进行的取代产物。例如

$$\underset{\underset{Br}{|}}{CH_3CHCH_2CH_3} + NaSCH_3 \xrightarrow[S_N2]{CH_3OH} \underset{\underset{\underset{\text{硫醚}}{SCH_3}}{|}}{CH_3CHCH_2CH_3}$$

硫醚与卤代烃进一步反应生成锍盐。

$$CH_3—\ddot{\underset{\cdot\cdot}{S}}—CH_3 + CH_3—I \longrightarrow \underset{\text{碘化三甲基锍盐}}{CH_3—\overset{\overset{CH_3}{|}}{\overset{+}{\underset{\cdot\cdot}{S}}}—CH_3 \quad I^-}$$

带正电荷的硫醚离子是一个极好的离去基团，因此三烷基锍盐可以与亲核试剂按 S_N2 机理发生亲核取代反应。

$$H\ddot{\underset{\cdot\cdot}{O}}:^- \quad CH_3—\overset{\overset{CH_3}{|}}{\overset{+}{\underset{\cdot\cdot}{S}}}—CH_3 \longrightarrow CH_3—\ddot{\underset{\cdot\cdot}{O}}H + CH_3—\ddot{\underset{\cdot\cdot}{S}}—CH_3$$

硫醇的氧化与醇的氧化不同,醇的氧化发生在碳原子上,而硫醇的氧化发生在硫原子上。

硫醇可以被弱氧化剂氧化为二硫化合物,甚至空气中的氧也能慢慢地将硫醇氧化为二硫化合物。例如

$$2CH_3CH_2SH \xrightarrow{H_2O_2} CH_3CH_2S—SCH_2CH_3$$

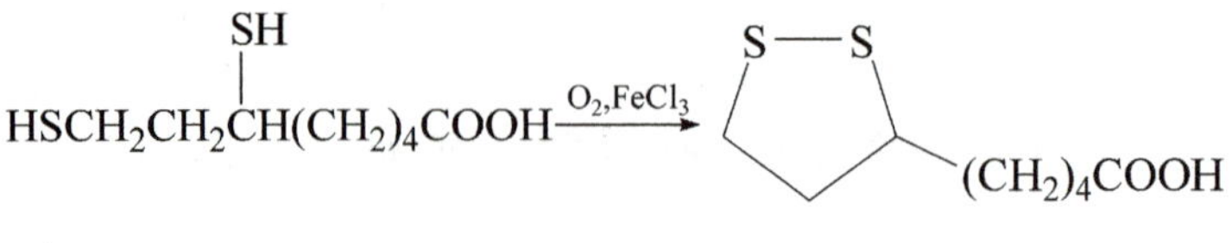

$$HSCH_2CH_2CH(SH)(CH_2)_4COOH \xrightarrow{O_2,FeCl_3} \text{(1,2-二硫戊环-3-基)}(CH_2)_4COOH$$

6,8-二巯基辛酸　　　　α-辅酶硫辛酸(78%)

硫醇在强氧化剂(如高锰酸钾、硝酸等)作用下可以被氧化为相应的磺酸。例如

$$CH_3CH_2SH \xrightarrow[H^+]{KMnO_4} CH_3CH_2SO_3H$$

问题 7-13　选用适当的硫醇和试剂合成

$$H_2C═CHCH(CH_3)SCH_2CH_3$$

问题 7-14　对下列反应提出合理的机理。

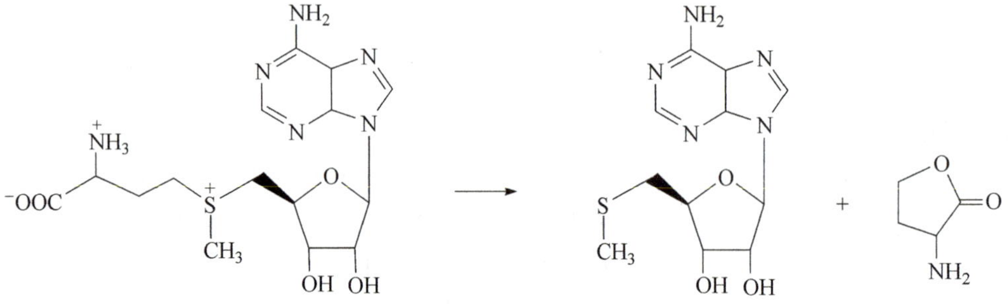

S-腺苷甲硫氨酸 → 5'-甲硫腺苷 + α-氨基-γ-丁内酯

7.2　逆合成分析

有机合成是化学工作者以容易得到的化合物为起始原料(starting material,简写为 SM),通过有机反应,组合成具有一定碳架、一定官能团和一定构型目标分子(target molecule,简写为 TM)的过程。然而,对于较为复杂的目标分子,直接分析出合成的起始原料却有一定的难度,需要根据目标分子推测出合成它的可能前体(precursor),如果前体中的某个结构仍然比较复杂,则必须将其视为新目标分子再推测出合成它的可能前体,直到推测出的前体为可以购得的商品为止,这称为有机合成的逆合成分析(retrosynthetic analysis),是由 Corey E J 在 1967 年首先提出的。逆合成分析是根据逻辑推理的思维分析方法。

逆合成分析用空心的双线箭头"⟹"表示,箭头的指向是由目标分子指向前体。以从格氏试剂合成醇为例,假如目标分子为伯醇,则按照利用格氏试剂合成伯醇的反应,其前体可以

是少一个碳原子的格氏试剂和甲醛或少两个碳原子的格氏试剂和环氧乙烷，其逆合成分析的书写形式分别为

$$RCH_2CH_2OH \Longrightarrow RCH_2MgX + HCHO$$

或

$$RCH_2CH_2OH \Longrightarrow RMgX + \overset{\displaystyle O}{H_2C\!-\!CH_2}$$

如果目标分子为仲醇，则有两种情况，一种情况是两个 R 不同，这时它的前体是醛和格氏试剂，但有两种不同的选择。

$$RCHO + R'MgX \Longleftarrow \underset{\displaystyle OH}{\underset{|}{RCHR'}} \Longrightarrow RMgX + R'CHO$$

另一种情况是两个 R 相同，这时它的前体是甲酸乙酯和格氏试剂，物质的量比为 1∶2。

$$\underset{\displaystyle OH}{\underset{|}{RCHR}} \Longrightarrow 2RMgX + H-\overset{\displaystyle O}{\overset{\|}{C}}-OC_2H_5$$

例如，己-3-醇的合成，其逆合成分析表示为

$$\underset{\displaystyle OH}{CH_3CH_2\underset{|}{C}HCH_2CH_2CH_3} \Longrightarrow CH_3CH_2CHO + CH_3CH_2CH_2MgBr$$

$$CH_3CH_2CHO \Longrightarrow CH_3CH_2CH_2OH \Longleftarrow CH_3CH_2CH_2Br \Longleftarrow CH_3CH_2CH_2MgBr$$

因此，其合成路线为

$$CH_3CH_2CH_2OH \xrightarrow[\text{吡啶}]{PBr_3} CH_3CH_2CH_2Br$$

$$CH_3CH_2CH_2OH \xrightarrow{[O]} CH_3CH_2CHO \qquad CH_3CH_2CH_2Br \xrightarrow{Mg,\ (C_2H_5)_2O} CH_3CH_2CH_2MgBr$$

$$CH_3CH_2CHO + CH_3CH_2CH_2MgBr \longrightarrow CH_3CH_2\underset{\displaystyle OMgBr}{\underset{|}{C}}HCH_2CH_2CH_3 \xrightarrow{H_3O^+} CH_3CH_2\underset{\displaystyle OH}{\underset{|}{C}}HCH_2CH_2CH_3$$

如果目标分子为叔醇，则根据 R 的情况不同，前体有多种选择。

$$R_1COR_3 + R_2MgX \Longleftarrow R_1-\underset{\displaystyle OH}{\underset{|}{\overset{\displaystyle R_2}{\overset{|}{C}}}}-R_3 \Longrightarrow R_1MgX + R_2COR_3$$

$$R_1-\underset{\displaystyle OH}{\underset{|}{\overset{\displaystyle R_2}{\overset{|}{C}}}}-R_3 \Longrightarrow R_3MgX + R_1COR_2$$

$$R_1COX + 2R_2MgX \Longleftarrow R_1-\underset{\displaystyle OH}{\underset{|}{\overset{\displaystyle R_2}{\overset{|}{C}}}}-R_2 \Longrightarrow R_1COOC_2H_5 + 2R_2MgX$$

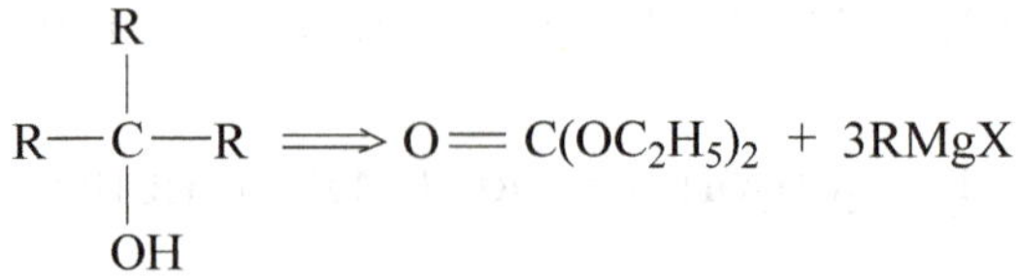

$$R-\underset{OH}{\overset{R}{C}}-R \Longrightarrow O=C(OC_2H_5)_2 + 3RMgX$$

例如,3-乙基己-3-醇的合成,这是具有两个相同烃基的叔醇,其逆合成分析为

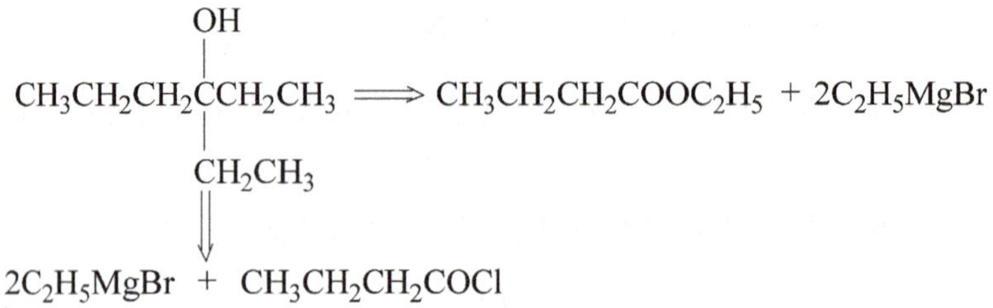

$$CH_3CH_2CH_2\underset{CH_2CH_3}{\overset{OH}{C}}CH_2CH_3 \Longrightarrow CH_3CH_2CH_2COOC_2H_5 + 2C_2H_5MgBr$$

$$\Downarrow$$

$$2C_2H_5MgBr + CH_3CH_2CH_2COCl$$

因此,其合成路线为

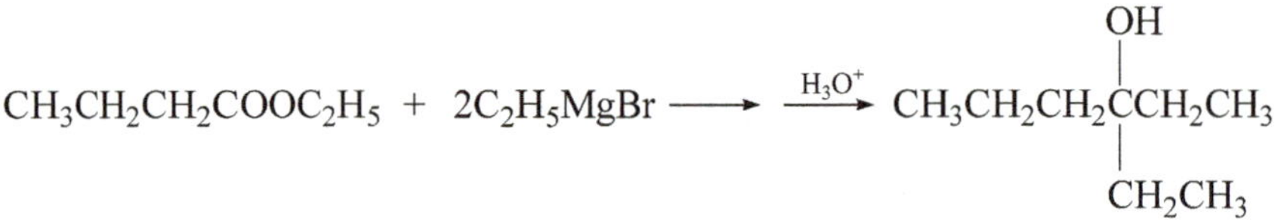

$$CH_3CH_2CH_2COOC_2H_5 + 2C_2H_5MgBr \longrightarrow \xrightarrow{H_3O^+} CH_3CH_2CH_2\underset{CH_2CH_3}{\overset{OH}{C}}CH_2CH_3$$

或

$$CH_3CH_2CH_2COCl + 2C_2H_5MgBr \longrightarrow \xrightarrow{H_3O^+} CH_3CH_2CH_2\underset{CH_2CH_3}{\overset{OH}{C}}CH_2CH_3$$

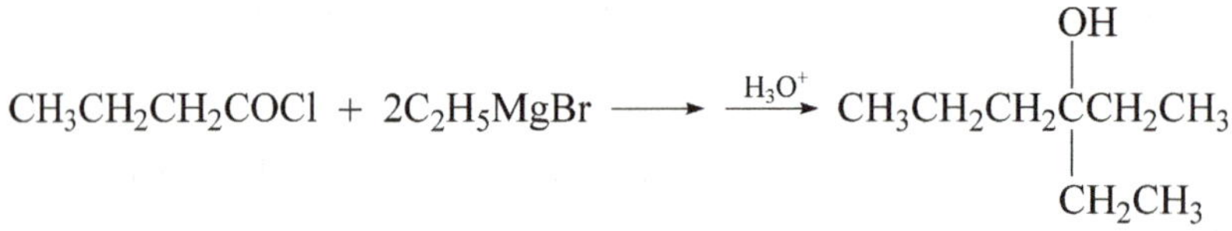

问题 7-15　由指定原料合成下列化合物(无机试剂和溶剂可任意选用)。

(1) 以丁-1-烯为有机原料合成 $CH_3CH_2CH_2CH_2\underset{OH}{\overset{CH_3}{C}}CH_2CH_3$

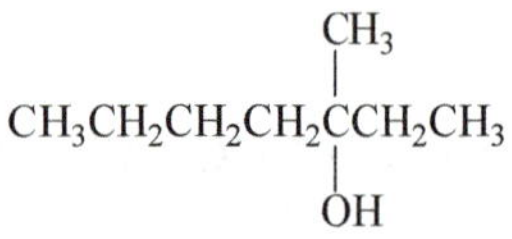

(2) 由环己烯和丁-2-醇合成 环己基-$\underset{OH}{\overset{CH_3}{C}}CH_2CH_3$

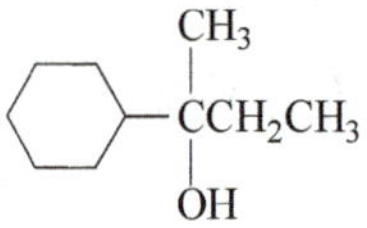

7.3　醚和环氧化合物

醚(ether)可看成醇(或酚)中羟基上的氢被烃基取代的产物,或者看成水分子的二烃基取代产物。环氧化合物(epoxide)通常是指具有三元环的环醚及其衍生物。

7.3.1　醚的结构和命名

水分子中两个氢原子被烷基或芳基取代后的化合物称为醚。醚的通式为 R—O—R(R′)、

Ar—O—R 或 Ar—O—Ar(Ar′),醚键(C—O—C)是醚的官能团。在醚分子中,氧原子连接的两个烃基相同的称为简单醚,两个烃基不相同的称为混合醚,其中含有芳烃基的称为芳香醚。

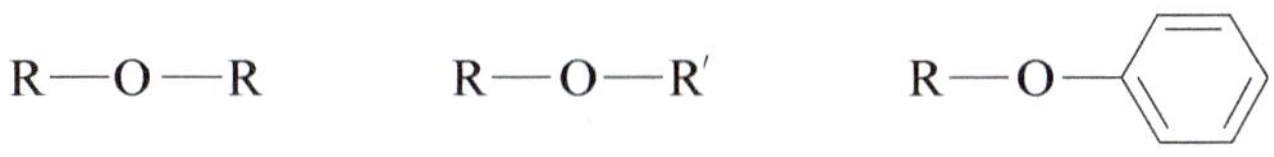

R—O—R　　R—O—R′　　R—O—C_6H_5

简单醚　　混合醚　　芳香醚

脂肪醚键的∠COC 为 110°左右,C—O 键的键长为 141pm 左右,与醇中的 C—O 键相近,因此脂肪醚中的氧原子为 sp^3 杂化。甲醚的结构如图 7-6(a)所示。

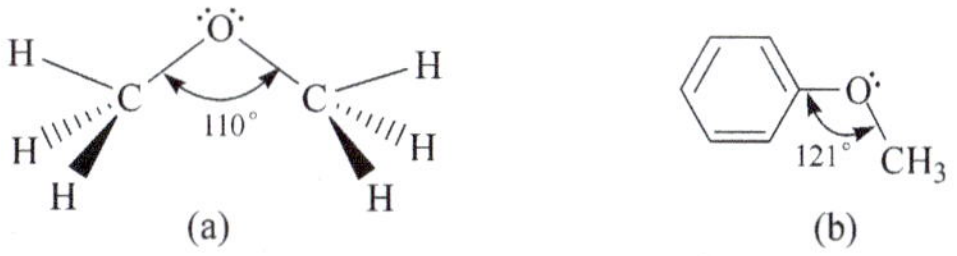

但烷芳混合醚和二芳醚的∠COC 为 120°左右,如苯甲醚的∠COC 为 121°,$C_{芳环}$—O 键的键长为 136pm,比脂肪醚中的 C—O 键短,因此其氧原子为 sp^2 杂化,如图 7-6(b)所示。氧原子上有一对未共用电子对处于 p 轨道上,与芳环中的 π 键形成 p-π 共轭。

图 7-6　甲醚(a)和苯甲醚(b)中醚键的夹角

环醚是氧杂环烷烃。例如

（环氧乙烷、四氢呋喃、1,4-二氧六环结构式）

三元环醚及其衍生物作为环氧化合物具有某些特殊的性质。

醚的命名相对比较简单,对于简单醚,按照烃基的名称,称为二某基醚。但在一般情况下,"二"和"基"字可以省略。例如

$$CH_3CH_2OCH_2CH_3$$

(二)乙(基)醚

[diethyl ether(ethyl ether)]

C_6H_5—O—C_6H_5　　CH_3—C_6H_4—O—C_6H_4—CH_3

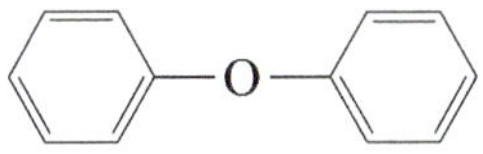

二苯(基)醚 (diphenyl ether)　　4,4′-二甲基二苯醚 (4,4′-dimethyldiphenyl ether)

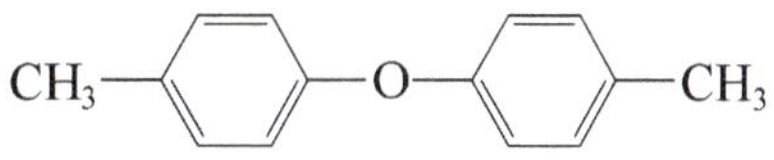

命名混合醚时,则必须按烃基英文名称的第一个字母的先后顺序,在"醚"字前面把两个烃基名称都列出。例如

$CH_3OCH_2CH_3$	$CH_3OCH(CH_3)_2$	$CH_3CH(CH_3)OCH(CH_3)CH_2CH_3$	C_6H_5—OCH_2CH_3
乙甲醚 (ethyl methyl ether)	异丙甲醚 (isopropyl methyl ether)	仲丁基异丙基醚 (*sec*-butyl isopropyl ether)	乙苯醚 (ethyl phenyl ether)

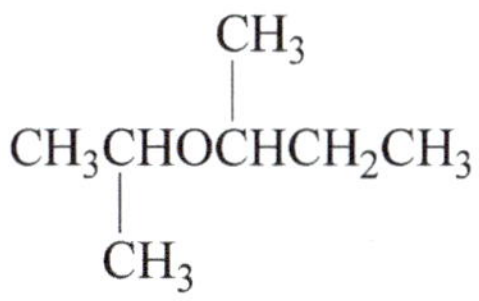

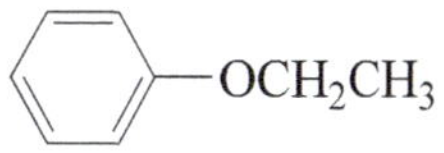

对于结构比较复杂的醚,可以按烃的衍生物命名,选择较大的烃基作为母体,烷氧基作为取代基。例如

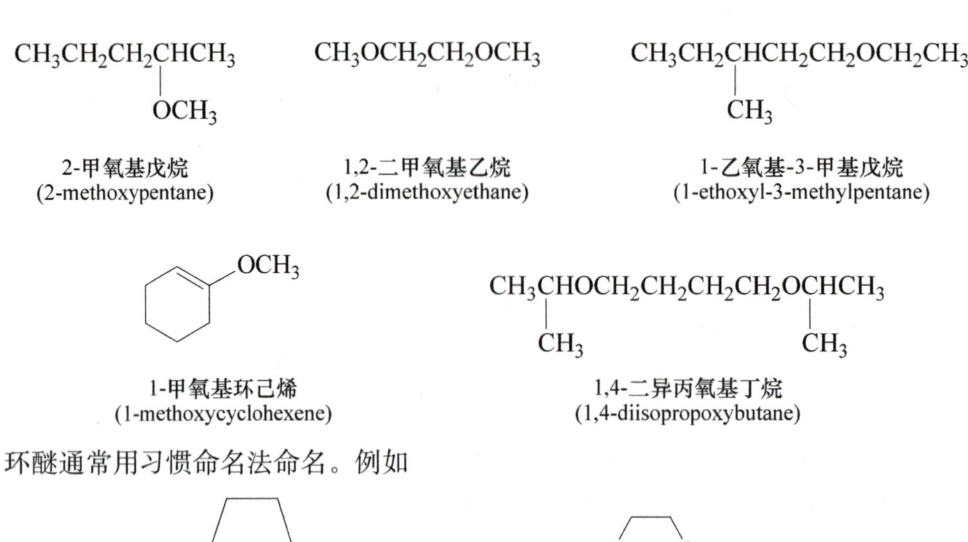

2-甲氧基戊烷 (2-methoxypentane)　　1,2-二甲氧基乙烷 (1,2-dimethoxyethane)　　1-乙氧基-3-甲基戊烷 (1-ethoxyl-3-methylpentane)

1-甲氧基环己烯 (1-methoxycyclohexene)　　1,4-二异丙氧基丁烷 (1,4-diisopropoxybutane)

环醚通常用习惯命名法命名。例如

四氢呋喃 (tetrahydrofuran)　　1,4-二氧杂环己烷或1,4-二氧六环 (1,4-dioxane)

命名环氧化合物时，必须将环氧键所在碳原子的位置标出，放在“环氧某烷”的前面。例如

$CH_2—CH_2$ (O)　　$CH_2—CH—CH_3$ (O)　　$CH_3—CH—CH—CH_3$ (O)

环氧乙烷 [ethylene oxide (oxirane)]　　环氧丙烷 (1,2-propylene oxide)　　2,3-环氧丁烷 (2,3-epoxybutane)

分子中有多个—OCH_2CH_2—结构单元连接成的大的环醚化合物称为冠醚（crown ether）。由于冠醚的命名较为复杂，通常用特殊的命名法命名，简称为“*m*-冠-*n*”，*m* 表示环上的原子总数，*n* 表示环上的氧原子总数。例如

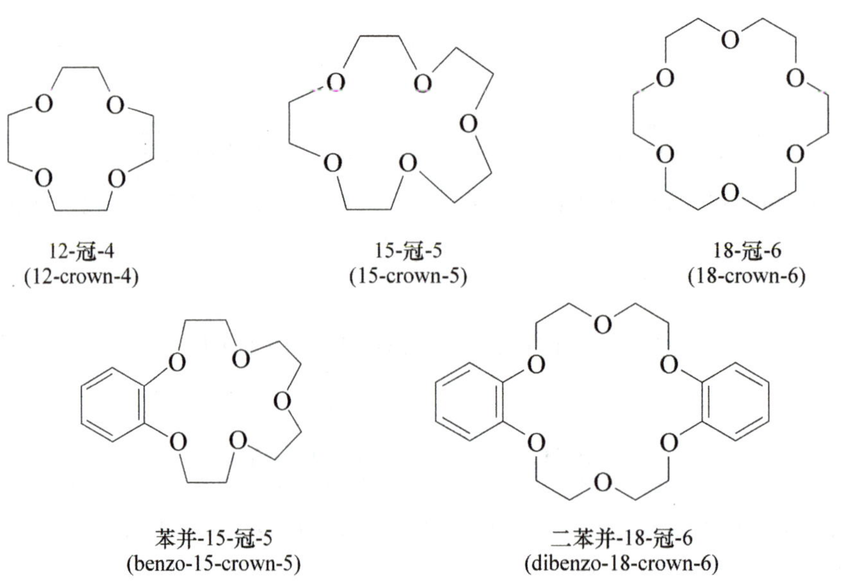

12-冠-4 (12-crown-4)　　15-冠-5 (15-crown-5)　　18-冠-6 (18-crown-6)

苯并-15-冠-5 (benzo-15-crown-5)　　二苯并-18-冠-6 (dibenzo-18-crown-6)

问题 7-16 用系统命名法命名下列化合物或写出相应的结构式。

(1) $CH_3OCH_2CH_2CH_2CH_3$　　(2) $(CH_3)_2CHOCH_2CH_3$

(3) $CH_3CH_2OCH_2CH{=}CH_2$　　(4) 3-甲氧基己烷

(5) 反-1,3-二甲氧基环戊烷　　(6) 乙二醇单甲醚

7.3.2 醚的物理性质

常温下甲醚和乙甲醚是气体,其他低级烷基醚均为无色液体。

由于醚分子中没有能与氧原子缔合的活泼氢,因此醚分子之间不能通过氢键相互缔合,其沸点比相对分子质量相同的醇的沸点低得多,仅与相对分子质量相当的烷烃相近。例如,乙醚的沸点为 34.5℃,正丁醇的沸点为 117.8℃,正戊烷的沸点为 36.1℃(它们的相对分子质量分别为 74、74 和 72)。

但醚键中氧原子上的孤电子对能与水分子形成氢键,相对分子质量较小的醚在水中的溶解度比烷烃大。例如,乙醚在水中的溶解度约为 $8g \cdot (100mL)^{-1}$,与丁醇在水中的溶解度接近,相对分子质量较大的醚都难溶于水。但有些环醚(如四氢呋喃、1,4-二氧六环等)由于结构的原因,能与水分子形成更强或更多的氢键,因此它们能与水混溶。部分醚的物理常数见表 7-2。

表 7-2 部分醚的物理常数

化合物	熔点/℃	沸点/℃	相对密度
甲醚(dimethyl ether)	−138.5	−23	0.6610
乙醚(diethyl ether)	−116.6	34.5	0.7137
正丙醚(dipropyl ether)	−12.2	90.1	0.7360
异丙醚(isopropyl ether)	−85.9	68	0.7241
正丁醚(dibutyl ether)	−95.3	142	0.7689
甲苯醚(methyl phenyl ether)	−37.5	155	0.9961
二苯醚(diphenyl ether)	26.8	257.9	1.0748
环氧乙烷(ethylene oxide)	−111.3	11	0.8824
四氢呋喃(tetrahydrofuran)	−108	65.4	0.8892
1,4-二氧六环(1,4-dioxane)	11.8	101	1.0337

醚具有相对比较稳定的化学性质,且能溶解许多有机化合物,是优良的有机溶剂。乙醚的挥发性很大,着火点低,与一定比例的空气混合能形成爆炸性混合物,使用时必须特别小心。乙醚有麻醉作用,曾用作外科手术的全身麻醉剂。

醚的红外光谱中,$1300 \sim 1060cm^{-1}$有 C—O—C 伸缩振动的特征吸收峰。其中烷基醚的吸收峰在 $1150 \sim 1050cm^{-1}$;而芳香醚中,由于芳香醚的 C—O 键的强度比烷基醚的 C—O 键的强度大,其吸收峰在 $1275 \sim 1200cm^{-1}$。醇、羧酸和酯在这一区域也有 C—O 键的伸缩振动吸收峰,但它们还有相应的羟基和羰基的特征吸收峰。

在醚的^1H NMR 中，由于醚键上氧原子的吸电子作用，α-碳原子上质子的化学位移向低场移动，其δ值为3～4。例如

$$\begin{array}{cccc} & R—O—C\underline{H}_3 & R—O—C\underline{H}_2CH_3 & R—O—C\underline{H}(CH_3)_2 \\ \delta & 3.30 & 3.36 & 3.55 \end{array}$$

在^{13}C NMR 中，醚链α-碳原子的化学位移值δ为65～90。

7.3.3 鎓盐的生成

链状醚是化学性质相当稳定而不活泼的化合物，对碱、稀酸、氧化剂及还原剂都非常稳定，常温下与金属钠也无反应，因此醚常用作化学反应的溶剂，金属钠可以用于醚的干燥。醚在浓的强酸作用下能发生醚链的断裂。

醚键的氧原子上有未共用电子对，是负电荷集中的区域（图7-7），可以作为 Lewis 碱与强酸中的质子结合，生成鎓盐。例如

$$CH_3CH_2\ddot{\underset{\cdot\cdot}{O}}CH_2CH_3 + 浓\ H_2SO_4 \longrightarrow \left[CH_3CH_2\underset{H}{\ddot{O}}CH_2CH_3\right]^+ HSO_4^-$$

鎓盐

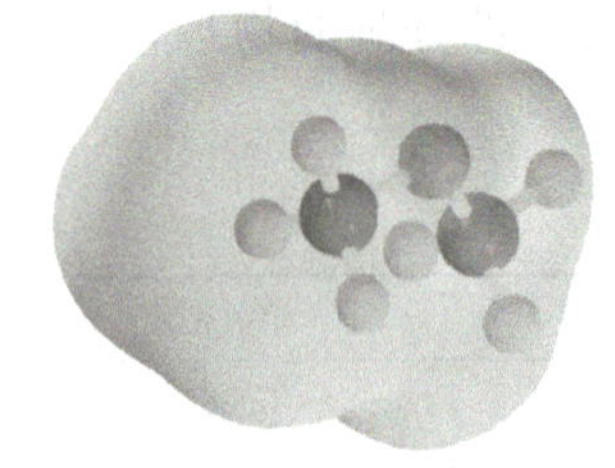

图7-7 乙醚的分子云密度分布图

因此，醚可以溶于浓硫酸、浓盐酸等强酸中。鎓盐只存在于浓酸中，当用冰水稀释后即可分解为原来的醚。

醚作为 Lewis 碱，还可以与缺电子的 Lewis 酸（如甲硼烷、三氟化硼、三氯化铝、格氏试剂等）作用，生成相应的配合物。例如

$$R_2O: + BH_3 \longrightarrow R_2O: \rightarrow BH_3$$

$$R_2O: + BF_3 \longrightarrow R_2O: \rightarrow BF_3$$

$$R_2O: + AlCl_3 \longrightarrow R_2O: \rightarrow AlCl_3$$

$$2R_2O: + R'MgX \longrightarrow R_2O: \rightarrow \underset{X}{\overset{R'}{Mg}} \leftarrow :OR_2$$

甲硼烷和三氟化硼都是常用的反应试剂，但它们都是有毒气体，甲硼烷还易燃甚至发生爆炸，因此通常都使用它们的醚溶液，如甲硼烷的四氢呋喃（$BH_3 \cdot THF$）溶液和三氟化硼的乙醚[$BF_3 \cdot O(C_2H_5)_2$]溶液已有商品出售。

7.3.4 醚键的断裂

鎓盐的生成削弱了醚键中的C—O键，因此当醚和浓的氢碘酸或氢溴酸共热时，醚键发生断裂，生成相应的醇和卤代烃。

$$R—O—R' + HI \xrightarrow{\triangle} RI + R'OH$$

反应中，首先是醚生成鎓盐，然后卤素负离子进攻鎓盐中与氧原子直接相连的一个烃基上的

α-碳原子，发生亲核取代反应，烷氧基以醇分子形式离去，剩余部分生成卤代烃。例如，乙醚和氢碘酸的反应过程如下：

$$CH_3CH_2-\ddot{\underset{\cdot\cdot}{O}}-CH_2CH_3 \xrightleftharpoons{H^+} CH_3CH_2-\underset{H}{\overset{+}{O}}-CH_2CH_3$$

$$I^- + \underset{CH_2}{\overset{CH_3}{|}}-\underset{H}{\overset{+}{O}}-CH_2CH_3 \xrightarrow{S_N2} CH_3CH_2I + CH_3CH_2OH$$

反应按 S_N2 机理进行。对于不对称的混合醚，由于卤素负离子优先进攻醚中小的烷基或 α-碳上取代基少的烷基，因此总是醚中小的烷基或 α-碳上取代基少的烷基生成卤代烃，另一烷基生成醇。例如

$$CH_3-O-CH_2\underset{CH_3}{\underset{|}{CH}}CH_3 + HI \xrightarrow{100℃} CH_3I + HOCH_2\underset{CH_3}{\underset{|}{CH}}CH_3 \xrightarrow{过量HI} ICH_2\underset{CH_3}{\underset{|}{CH}}CH_3$$

醇在过量氢卤酸作用下也可以转变成卤代烃。

氢卤酸断裂醚键的能力为 HI>HBr>HCl，与它们的酸性强弱次序和相应卤素负离子的亲核性强弱次序一致，而氢氟酸不容易使醚键断裂。

如果是醚键中 C—O 键断裂后能形成稳定碳正离子的混合醚，则与氢卤酸反应按 S_N1 机理进行。例如

$$CH_3CH_2-O-C(CH_3)_3 + HI \longrightarrow CH_3CH_2-\underset{H}{\overset{+}{O}}-C(CH_3)_3 \xrightarrow{S_N1} CH_3CH_2OH + \overset{+}{C}(CH_3)_3$$

$$\overset{+}{C}(CH_3)_3 \begin{cases} \xrightarrow{-H^+} CH_2{=}C(CH_3)_2 \\ \xrightarrow{I^-} IC(CH_3)_3 \end{cases}$$

叔碳正离子在此反应条件下除与卤素负离子结合生成卤代烃外，也很容易失去质子生成相应的烯烃。

对于由烷基和芳基组成的混合醚，由于卤素负离子既不可能按 S_N2 机理进攻芳基碳原子，也不可能形成芳基正离子，因此烷芳混合醚与氢卤酸反应时，总是芳基形成酚，烷基形成卤代烃。例如

$$C_6H_5-OCH_3 + HI \xrightarrow{S_N2} \underset{苯酚}{C_6H_5-OH} + CH_3I$$

氢碘酸不能使酚转变为碘代芳烃。

叔丁基苯基醚断裂时按 S_N1 机理进行，叔丁基碳正离子主要转变为异丁烯。例如

$$C_6H_5-OC(CH_3)_3 + HI \xrightarrow{S_N1} C_6H_5-OH + (CH_3)_2C=CH_2$$

问题 7-17　完成下列反应式。

$$\text{环戊基}-O-CH_2CH_3 + HBr \longrightarrow$$

问题 7-18　对下列反应提出合理的机理。

$$\text{四氢呋喃} \xrightarrow{\text{过量HBr}} Br-CH_2CH_2CH_2CH_2-Br$$

7.3.5　过氧化物的生成

虽然醚对氧化剂相对比较稳定，但如果长期与氧化剂及空气中氧接触，或被光照射，醚可被自动氧化生成过氧化物，自动氧化通常发生在α-碳氢键之间。例如，在空气中存放已久的乙醚可能含有被空气中的氧气所氧化而生成的过氧化物。

$$CH_3CH_2-O-CH_2CH_3 \xrightarrow{O_2} CH_3CH_2-O-\underset{\displaystyle OOH}{\underset{|}{C}HCH_3}$$

过氧化物

过氧化物不易挥发，在蒸馏乙醚时，随着乙醚不断被蒸出，烧瓶残留液中的过氧化物浓度不断增加，而一定高浓度的过氧化物在受热、震动或摩擦等外界因素作用下极易发生分解爆炸，因此蒸馏醚时切忌蒸干。

使用或蒸馏存放较长时间的乙醚时，必须先检验是否有过氧化物存在。检验的方法是取少量乙醚与酸性碘化钾溶液一起混摇，若有过氧化物存在，则有碘生成，它能使淀粉试纸变蓝，从而确认过氧化物的存在。若在醚中加入硫酸亚铁溶液一起振摇，可以除去醚中的过氧化物，然后分离纯化。

乙醚应在低温于棕色瓶中存放，并尽量避免光照和与空气或氧化剂接触，必要时可加入少量抗氧剂。

7.3.6　硫醚

硫原子取代醚分子中的氧原子而得到的化合物称为硫醚，最简单的硫醚是二甲硫醚(CH_3SCH_3)。硫醚比醚活泼，可以被氧化为亚砜或砜。

$$\underset{\text{硫醚}}{R-S-R} \xrightarrow[CH_3COOH]{H_2O_2} \underset{\text{亚砜}}{R-\overset{\displaystyle O}{\overset{\|}{S}}-R} \xrightarrow[CH_3COOH]{H_2O_2} \underset{\text{砜}}{R-\overset{\displaystyle O}{\overset{\|}{\underset{\underset{\displaystyle O}{\|}}{S}}}-R}$$

硫化合物的亲核性比相应氧化合物的亲核性强，硫醚与位阻小的卤代烃能生成锍盐。例如

$$CH_3SCH_3 + CH_3I \longrightarrow CH_3-\overset{\cdot\cdot}{S}^{+}(CH_3)-CH_3 \quad I^-$$

二甲硫醚　　　　碘化三甲基锍(100%)

三烷基锍盐是很好的烷基化试剂。例如

$$C_5H_5N: + CH_3-\overset{\cdot\cdot}{S}^{+}(CH_3)-CH_3 \; I^- \longrightarrow C_5H_5\overset{+}{N}-CH_3 \; I^- + CH_3SCH_3$$

吡啶　　　　碘化三甲基锍　　　　碘化*N*-甲基吡啶　　　　二甲硫醚

7.3.7 1,2-环氧化合物和冠醚

1,2-环氧化合物是具有三元环的环醚，它不同于普通的醚，由于三元环的张力很大，化学性质相当活泼，在酸性、中性或碱性条件下都可以发生开环反应，是有机合成的重要中间体。生物体内的某些活性物质中也具有 1,2-环氧化合物结构单元。

1. 环氧乙烷

环氧乙烷是 1,2-环氧化合物中最简单的成员，是化学工业和制药工业的重要原料。室温下，环氧乙烷为无色、有毒气体，沸点为 11℃，可溶于水、醇和乙醚。通常环氧乙烷于钢瓶内加压储存。环氧乙烷和空气能形成爆炸性混合物。在金属银催化下，乙烯直接氧化生成环氧乙烷，这是工业生产环氧乙烷的主要方法。

$$CH_2{=}CH_2 + O_2 \xrightarrow[250℃,压力]{Ag} \underset{\diagdown O \diagup}{CH_2-CH_2}$$

用碱 $Ca(OH)_2$ 或 NaOH 处理氯乙醇也可以得到环氧乙烷。

$$\underset{Cl}{CH_2}-\underset{OH}{CH_2} + Ca(OH)_2 \longrightarrow \underset{\diagdown O \diagup}{CH_2-CH_2} + CaCl_2$$

环氧乙烷中具有张力较大的三元环，因此不稳定，容易与多种化学试剂反应，表现为化学性质的活泼性。环氧乙烷容易在酸、碱和其他较强亲核试剂的作用下发生开环，生成多种化合物。例如

$$\underset{\diagdown O \diagup}{CH_2-CH_2} \begin{cases} \xrightarrow[H_2O]{NaOH} HOCH_2CH_2OH \\ \xrightarrow[HOR]{NaOR} HOCH_2CH_2OR \\ \xrightarrow[H_2O]{NH_3} HOCH_2CH_2NH_2 \\ \xrightarrow{HX} HOCH_2CH_2X \\ \xrightarrow{RMgX} RCH_2CH_2OMgX \xrightarrow[H_2O]{H} RCH_2CH_2OH \end{cases}$$

环氧乙烷的开环反应具有 S_N2 机理的特征。例如

$$\underset{\diagdown O \diagup}{CH_2—CH_2} + {}^-OCH_2CH_3 \longrightarrow \underset{O^-}{CH_2}—\overset{OCH_2CH_3}{CH_2} \xrightarrow{CH_3CH_2OH} \underset{OH}{CH_2}—\overset{OCH_2CH_3}{CH_2}$$

格氏试剂是提供碳负离子的试剂，格氏试剂与环氧乙烷发生 S_N2 反应，开环得到增加两个碳原子的伯醇。例如

$$C_6H_5—CH_2MgCl + \underset{\diagdown O \diagup}{H_2C—CH_2} \xrightarrow{(C_2H_5)_2O} C_6H_5—CH_2CH_2CH_2OMgCl$$

$$\xrightarrow{H_3O^+} \underset{71\%}{C_6H_5—CH_2CH_2CH_2OH}$$

取代不对称的环氧化合物在按照 S_N2 机理开环时，有不同的区域选择性。在中性和碱性反应条件下，亲核试剂主要进攻含取代基最少、位阻较小的碳原子，从而生成相应的开环产物。例如

$$CH_3—\underset{\diagdown O \diagup}{CH—CH_2} + {}^-OCH_2CH_3 \longrightarrow CH_3—\underset{O^-}{CH}—\overset{OCH_2CH_3}{CH_2} \xrightarrow{CH_3CH_2OH} CH_3—\underset{OH}{CH}—\overset{OCH_2CH_3}{CH_2}$$

$$CH_3—\underset{\diagdown O \diagup}{CH—CH_2} + CH_3NH_2 \longrightarrow CH_3—\underset{O^-}{CH}—CH_2\overset{+}{N}H_2CH_3 \longrightarrow CH_3—\underset{OH}{CH}—CH_2NHCH_3$$

$$(H_3C)_2\underset{\diagdown O \diagup}{C—CH_2} + CH_3C\equiv C^- \longrightarrow CH_3—\underset{CH_3}{\overset{O^-}{C}}—CH_2C\equiv CCH_3 \xrightarrow{H^+} CH_3—\underset{CH_3}{\overset{OH}{C}}—CH_2C\equiv CCH_3$$

环氧化合物在开环反应中，亲核试剂总是从氧桥的反位进攻中心碳原子，得到反式的开环产物。如果亲核试剂进攻的碳原子为手性碳原子，则开环后被亲核试剂进攻的碳原子发生构型翻转。例如

$$\text{(2}R\text{,3}R\text{)-2,3-环氧丁烷} \xrightarrow{NH_3,H_2O} \text{(2}R\text{,3}S\text{)-3-氨基丁-2-醇(70\%)}$$

(2*R*,3*R*)-2,3-环氧丁烷　　(2*R*,3*S*)-3-氨基丁-2-醇(70%)

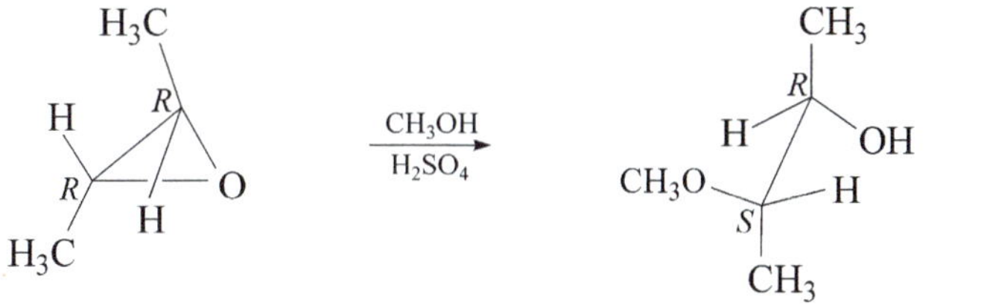

(2*R*,3*R*)-2,3-环氧丁烷 $\xrightarrow[H_2SO_4]{CH_3OH}$ (2*R*,3*S*)-3-甲氧基丁-2-醇(57%)

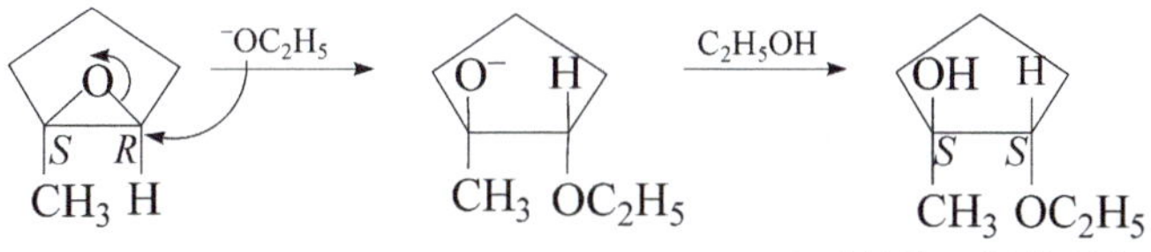

1-甲基-1,2-环氧环戊烷 $\xrightarrow{^-OC_2H_5}$ $\xrightarrow{C_2H_5OH}$ 2-乙氧基-1-甲基环戊-1-醇

在酸性介质中，首先是在环氧化合物的氧原子上质子化，生成相应的鎓盐，正电荷可以部分地分布在两个中心碳原子上，但对于烷基取代不对称的环氧化合物，其部分正电荷相对集中地分布在取代烷基较多的碳原子上更稳定，这可以从下列式中得到解释：

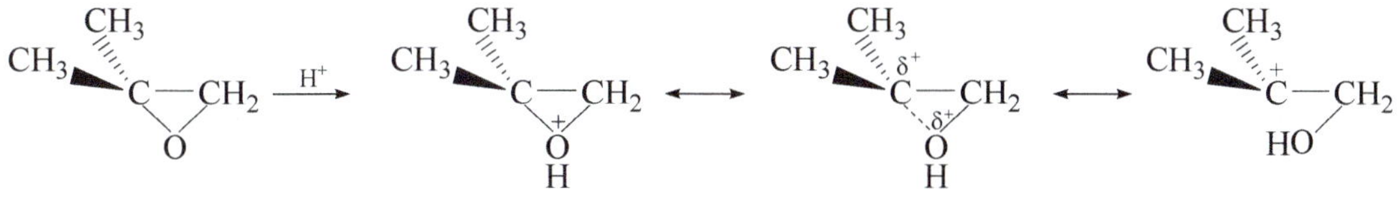

因此，亲核试剂从氧环的背面优先进攻取代烷基多、正电荷相对更集中的中心碳原子，从而得到相应的开环产物，这可以认为是含有 S_N1 成分的 S_N2 开环反应。例如

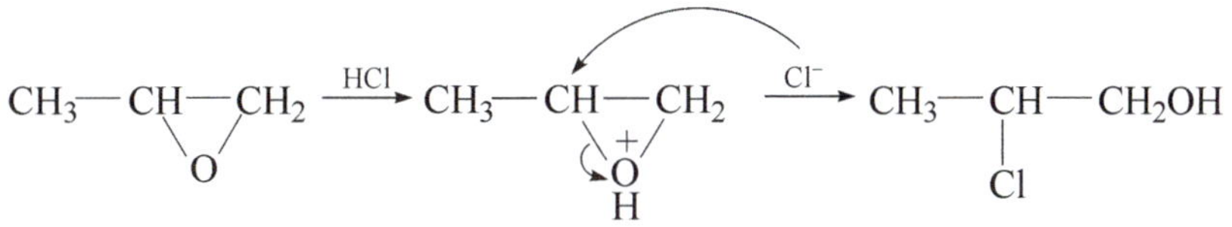

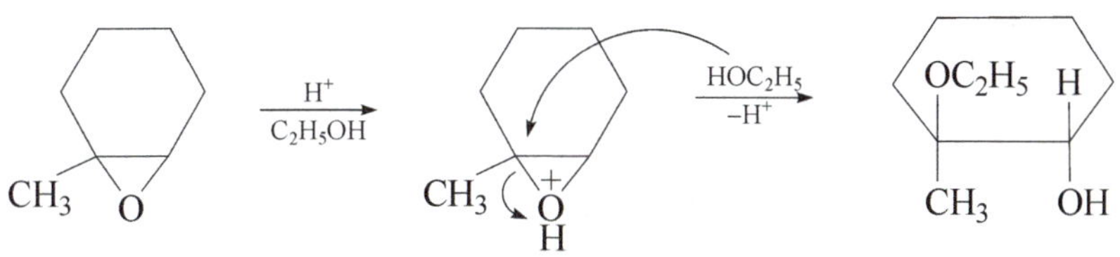

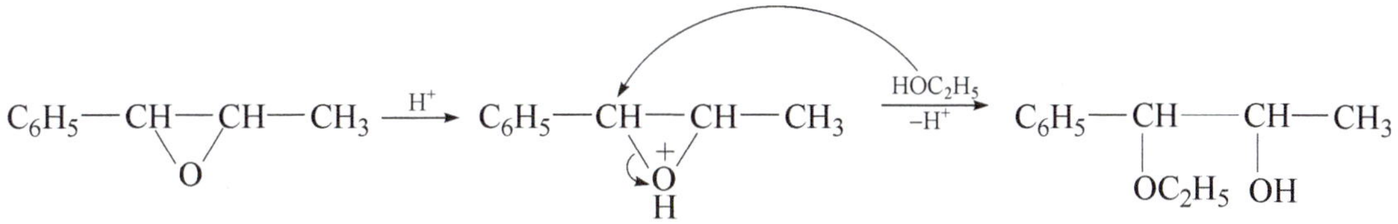

$$CH_3-CH-CH_2 (\text{环氧}) \xrightarrow{HCl} CH_3-CH-CH_2 (\overset{+}{O}H) \xrightarrow{Cl^-} CH_3-CH(Cl)-CH_2OH$$

$$\xrightarrow[C_2H_5OH]{H^+} \xrightarrow[-H^+]{HOC_2H_5}$$

$$C_6H_5-CH-CH-CH_3 (\text{环氧}) \xrightarrow{H^+} C_6H_5-CH-CH-CH_3 (\overset{+}{O}H) \xrightarrow[-H^+]{HOC_2H_5} C_6H_5-CH(OC_2H_5)-CH(OH)-CH_3$$

由以上可以看出，环氧化合物在中性、碱性和酸性条件下的开环区域选择性和相应的开环产物是不同的。

问题 7-19 写出下列反应的产物。

(1) $CH_3CH_2CH_2CH_2OCH_3$ + HI(1mol) ⟶

(2) $CH_3CH_2CHCH_2CH_3$ + HI(过量) ⟶（$CH_3CH_2CHCH_2CH_3$ 的 CH 上连有 OCH_3）

(3) CH_2—$CHCH_2CH_3$（CH_2 与 CH 之间以 O 相连成环）$\xrightarrow[C_2H_5OH]{C_2H_5ONa}$

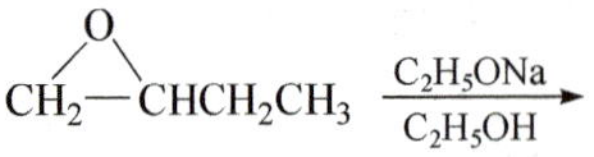

(4) 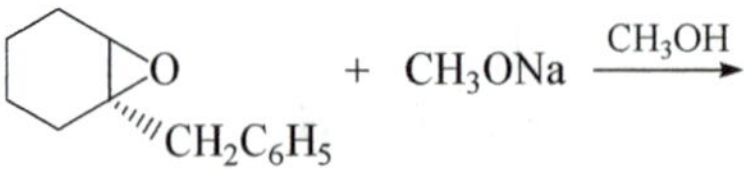 环己烷并环氧化物（含 O，环碳上连 $CH_2C_6H_5$） + CH_3ONa $\xrightarrow{CH_3OH}$

问题 7-20 对下列反应提出合理的机理。

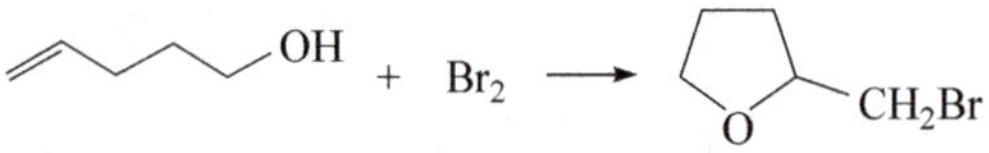

4-戊烯-1-醇（结构式，OH） + Br_2 ⟶ 四氢呋喃环（O）上连 CH_2Br

2. 冠醚

冠醚最早是由美国杜邦公司的 Pedersen C J 在 1962 年合成的，第一个合成的冠醚是二苯并-18-冠-6。

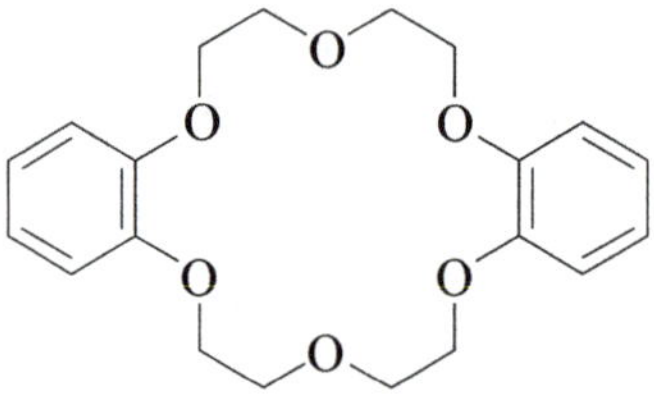

二苯并-18-冠-6

由于冠醚都有一个由不同氧原子数组成的环状空腔，能根据空腔大小不同络合不同半径的金属离子，因此引起了化学家的浓厚兴趣，到 1968 年底已合成出了 60 种环中含有 4~20 个氧原子的冠醚。自 1967 年 Pedersen 的工作发表后，在短短的几十年中，几千种新的冠醚化合物被合成出来，其中特别是美国化学家 Cram C J 和法国化学家 Lehn J M 做了重要工作，Lehn 首先合成了穴醚。1987 年 Cram、Lehn 和 Pedersen 共同荣获了 Nobel 化学奖。

冠醚对离子型化合物中的金属离子有络合作用，且能使金属离子稳定在冠醚的空腔中，从而可将不溶于非极性有机溶剂的离子型化合物转移到有机相中进行化学反应，起到了相转移催化剂的作用。例如，18-冠-6 能与高锰酸钾生成络合物：

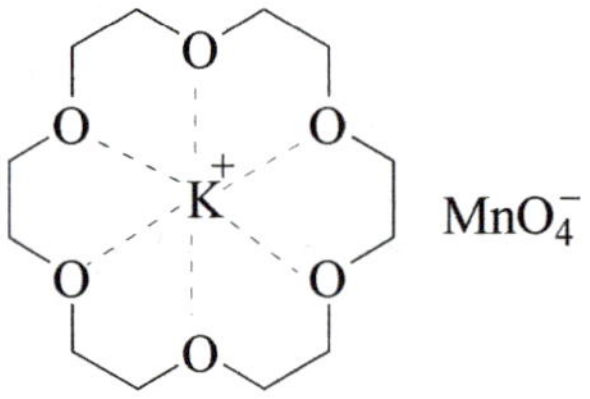

18-冠-6 络合 K^+ MnO_4^-

此络合物可溶于苯及其他有机溶剂而显紫红色，这就把不溶于非极性溶剂的 $KMnO_4$ 带入非极性的有机溶剂中。若将 18-冠-6 与 KCN 络合，则在非极性的有机溶剂中，CN^- 就成了“裸露”的负离子，使 CN^- 与卤代烃的亲核取代反应更顺利地进行。例如，在苯溶剂中和 18-冠-6 催化下，1-溴辛烷与 KF 反应，得到高产率的取代产物。

$$CH_3(CH_2)_6CH_2Br \xrightarrow[\text{18-冠-6}]{KF, C_6H_6, 90℃} \underset{92\%}{CH_3(CH_2)_6CH_2F}$$

冠醚分子中不同大小的空腔可以针对性地容纳和络合离子半径不同的金属离子，如 12-冠-4 只能容纳和络合 Li^+，15-冠-5 仅能容纳 Na^+ 并形成稳定的络合物，而 18-冠-6 则容纳和络合离子半径较大的 K^+，因此冠醚可用来分离金属离子。冠醚与金属离子的这种关系常称为主-客体关系，冠醚为主体，金属离子为客体。这种一个主体只能与某一个特定客体相互作用的专一性称为分子识别(molecular recognition)。

7.4 醚的合成反应及官能团之间的转换

7.4.1 Williamson 合成法

醇钠与卤代烃等在无水条件下发生亲核取代反应，生成醚的反应称为 Williamson 合成。

$$\underset{\text{醇钠}}{RONa} + \underset{\text{卤代烃}}{R'X} \longrightarrow \underset{\text{简单醚或混合醚}}{R{-}O{-}R'} + NaX$$

Williamson 合成可以用于简单醚和混合醚的制备。醇钠提供烷氧基负离子(RO^-)，通常烷氧基负离子是用醇与 Na、K 或 NaH 反应制得。

$$ROH + NaH \longrightarrow RO^- + Na^+ + H_2$$

$$ROH + Na(K) \longrightarrow RO^- + Na^+(K^+) + 1/2\,H_2$$

Williamson 合成一般为 S_N2 反应。

$$RO^- + \underset{\underset{R'}{|}}{CH_2}{-}X \longrightarrow ROCH_2R' + X^-$$

而亲核试剂醇钠都为强碱，因此在合成混合醚时，通常选用不易发生消除反应的伯卤代烃和另一个烷氧基钠。例如，叔丁基乙基醚的合成必须选用溴乙烷和叔丁氧基负离子反应，得到的主要产物才是叔丁基乙基醚。

$$CH_3CH_2Br + CH_3{-}\underset{\underset{CH_3}{|}}{\overset{\overset{CH_3}{|}}{C}}{-}O^- \longrightarrow CH_3CH_2{-}O{-}\underset{\underset{CH_3}{|}}{\overset{\overset{CH_3}{|}}{C}}{-}CH_3$$

如果选用叔丁基溴和乙氧基负离子反应，则主要得到消除产物异丁烯。

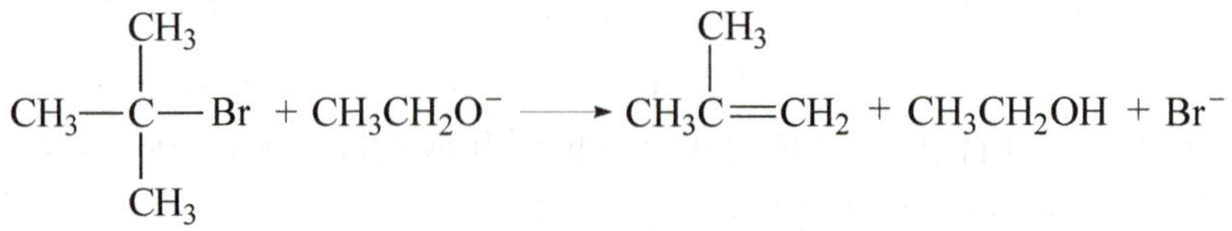

$$CH_3—\overset{\overset{CH_3}{|}}{\underset{\underset{CH_3}{|}}{C}}—Br + CH_3CH_2O^- \longrightarrow CH_3\overset{\overset{CH_3}{|}}{C}=CH_2 + CH_3CH_2OH + Br^-$$

问题 7-21　选择适当的原料，利用 Williamson 合成法合成下列醚化合物。

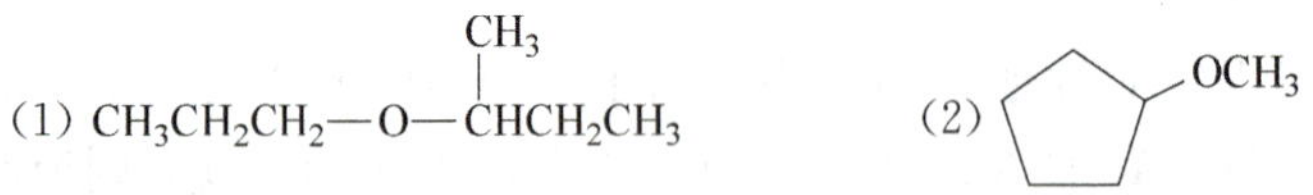

(1) $CH_3CH_2CH_2—O—\overset{\overset{CH_3}{|}}{C}HCH_2CH_3$　　(2) 环戊基—OCH_3

若在同一个分子内同时存在卤原子和能形成烷氧基负离子的羟基，且两基团处于符合分子内发生 S_N2 反应的空间有利位置，则可以发生分子内的 Williamson 反应，得到相应的环醚。例如

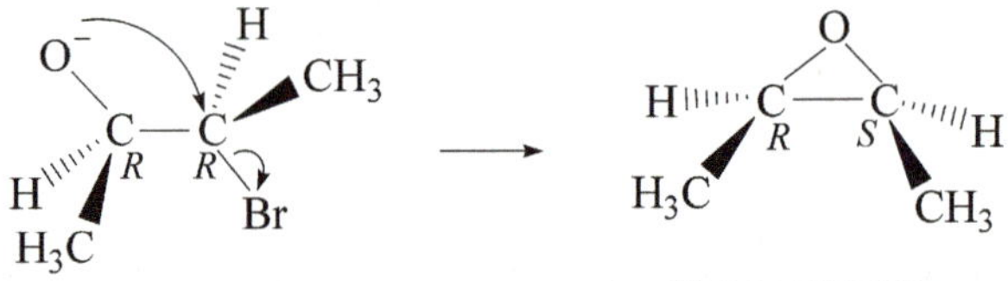

顺-2,3-环氧丁烷

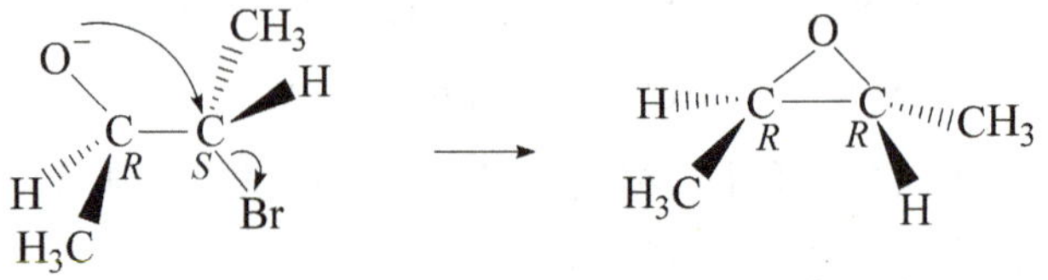

反-2,3-环氧丁烷

又如，环己烯与次氯酸加成，主要得到反式加成产物，在氢氧化钠存在下可以得到环氧化物，也是经过分子内的 Williamson 反应进行的。

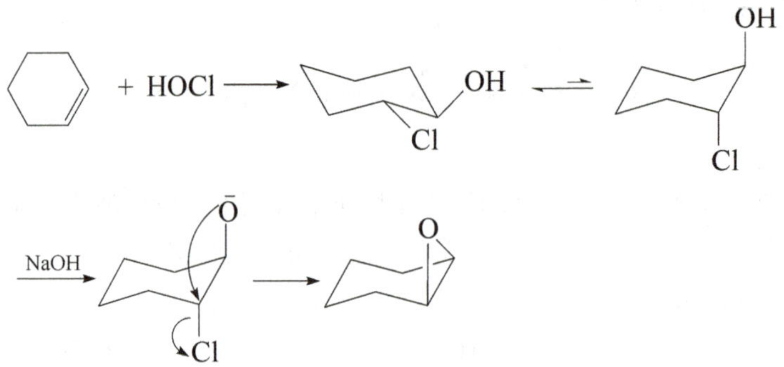

Williamson 反应也是合成冠醚的常用方法。例如

$$\text{二缩三乙二醇} + \text{1,2-二(2-氯乙氧基)乙烷} \xrightarrow[\triangle]{KOH,THF/H_2O} \text{18-冠-6}$$

二缩三乙二醇　　1,2-二(2-氯乙氧基)乙烷　　18-冠-6

7.4.2 醇分子间脱水

在浓硫酸催化和一定温度下，两分子醇之间脱去一分子水生成醚。

$$2ROH \xrightarrow[\triangle]{\text{浓}H_2SO_4} ROR + H_2O$$

此方法适用于由低级的伯醇合成相应的简单醚。例如，从乙醇合成乙醚。

$$2CH_3CH_2OH \xrightarrow[130\sim140℃]{\text{浓}H_2SO_4} CH_3CH_2OCH_2CH_3 + H_2O$$

在酸催化下，一分子醇中的羟基先质子化，形成鎓盐，羟基质子化后，即转变为更好的离去基团，然后在另一分子醇的亲核进攻下得到产物醚，反应按 S_N2 机理进行。

$$CH_3CH_2\ddot{O}H \xrightleftharpoons{H^+} CH_3CH_2-\overset{+}{\ddot{O}}H_2$$

$$CH_3CH_2\ddot{O}H + \underset{CH_3}{\underset{|}{CH_2}}-\overset{+}{\ddot{O}}H_2 \xrightarrow{-H_2O} CH_3CH_2\underset{H}{\underset{|}{\overset{+}{\ddot{O}}}}CH_2CH_3 \xrightleftharpoons{-H^+} CH_3CH_2OCH_2CH_3$$

反应必须控制在一定的温度下进行，若温度过高，如在 170℃以上，则得到的主要产物是乙烯。

酸性催化剂除硫酸外，还可以用磷酸、对甲基苯磺酸($CH_3C_6H_4SO_3H$)、离子交换树脂、硅胶、氧化铝、氯化锌和三氟化硼等。例如，工业上就是用氧化铝作催化剂，在 300℃下使乙醇脱水制得乙醚。

$$2CH_3CH_2OH \xrightarrow[300℃,-H_2O]{Al_2O_3} CH_3CH_2OCH_2CH_3$$

仲醇在酸催化下生成简单醚主要按 S_N1 机理进行。例如

$$(CH_3)_2CHOH \xrightleftharpoons{H^+} (CH_3)_2CH-\overset{+}{\ddot{O}}H_2 \xrightleftharpoons{-H_2O} (CH_3)_2\overset{+}{C}H$$

$$(CH_3)_2\overset{+}{C}H + (CH_3)_2CHOH \rightleftharpoons (CH_3)_2CH\underset{H}{\overset{+}{O}}CH(CH_3)_2 \xrightleftharpoons{-H^+} (CH_3)_2CHOCH(CH_3)_2$$

叔醇在酸催化下主要得到消除产物烯烃。

由于叔碳正离子具有较好的相对稳定性，而伯醇又难以形成相应的伯碳正离子，因此在酸催化条件下，叔醇先质子化，离去水分子，形成叔碳正离子，然后与过量的伯醇结合，消除质子后得到相应的混合醚。此方法可以用于这类混合醚的制备。例如

$$(CH_3)_3COH + CH_3CH_2OH\ (\text{过量}) \xrightarrow[70℃]{15\%H_2SO_4} (CH_3)_3COCH_2CH_3$$

叔丁基乙基醚(95%)
(*tert*-butyl ethyl ether)

不同的伯醇或仲醇在酸催化下失水，只能得到醚的混合物。

1,4-二醇、1,5-二醇在酸催化下，可以在分子内失去一分子水，生成五元或六元环醚。例如

$$\text{HO(CH}_2)_4\text{OH} \xrightarrow[\triangle]{H_2SO_4} \text{HO(CH}_2)_4\overset{+}{O}H_2 \xrightarrow{-H_2O} \text{环}\overset{+}{O}H \xrightarrow{-H^+} \text{四氢呋喃}$$

四氢呋喃(90%)

7.4.3 烯烃与醇的加成

在酸性催化剂作用下，烯烃与醇加成生成醚，反应遵循马氏规则。例如

$$CH_3CH_2CH{=}CH_2 + H{-}\overset{+}{O}(H)CH_3 \rightleftharpoons CH_3CH_2\overset{+}{C}HCH_3 \xrightleftharpoons{CH_3\ddot{O}H}$$

$$CH_3CH_2CH(\overset{+}{O}(H)CH_3)CH_3 \xrightleftharpoons{CH_3\ddot{O}H} CH_3CH_2CH(\ddot{O}CH_3)CH_3(\pm) + H{-}\overset{+}{O}(H)CH_3$$

仲丁基甲基醚
(*sec*-butyl methyl ether)

由于反应经过碳正离子中间体，因此如果加成后产生新的手性碳原子，则将得到一对对映异构体。另外，有时还得到碳架重排的产物。例如

$$(CH_3)_3CCH{=}CH_2 + H{-}\overset{+}{O}(H)CH_3 \rightleftharpoons (CH_3)_3C\overset{+}{C}HCH_3$$

$$\rightleftharpoons (CH_3)_2\overset{+}{C}CH(CH_3)_2 \xrightleftharpoons{CH_3\ddot{O}H} (CH_3)_2C(OCH_3)CH(CH_3)_2$$

2-甲氧基-2,3-二甲基丁烷

如果用醇作溶剂，将烯烃与汞盐[如 $Hg(OCOCH_3)_2$、$Hg(OCOCF_3)_2$]反应，然后用还原剂还原去汞化，就得到醚。

$$RCH{=}CH_2 + Hg(OCOCH_3)_2 + R'OH \longrightarrow RCH(OR'){-}CH_2HgOCOCH_3 \xrightarrow{NaBH_4} RCH(OR'){-}CH_3$$

此反应与烯烃羟汞化得到醇的反应相似(见 5.1.4)，反应产物符合马氏规则，而且不会发生碳架的重排。例如

$$(CH_3)_2C{=}CHCH_3 \xrightarrow[CH_3CH_2OH]{Hg(OCOCH_3)_2} (CH_3)_2\underset{\displaystyle OCH_2CH_3}{\underset{|}{C}}-\overset{\displaystyle HgOCOCH_3}{\overset{|}{C}}HCH_3 \xrightarrow{NaBH_4} (CH_3)_2\underset{\displaystyle OCH_2CH_3}{\underset{|}{C}}-CH_2CH_3$$

2-乙氧基-2-甲基丁烷

$$(CH_3)_3CCH{=}CH_2 \xrightarrow[CH_3CH_2OH]{Hg(OCOCH_3)_2} (CH_3)_3C\underset{\displaystyle OCH_2CH_3}{\underset{|}{C}}H-CH_2HgOCOCH_3 \xrightarrow{NaBH_4} (CH_3)_3C\underset{\displaystyle OCH_2CH_3}{\underset{|}{C}}H-CH_3$$

2-乙氧基-3,3-二甲基丁烷

小　　结

1. 烃分子中的氢原子被羟基取代后生成的化合物称为醇。其通式为 ROH,羟基是醇的官能团。醇分子中羟基上的氢原子被烃基取代的产物称为醚。其通式为 ROR、ArOR 或 ArOAr,醚键是醚的官能团。

2. 醇的主要反应是由 O—H 上活性氢引起的反应和羟基引起的亲核取代反应、消除反应、氧化反应。

3. 醇羟基的亲核取代反应分为 S_N1 和 S_N2 两种反应机理。

叔醇及烯丙式醇与氢卤酸反应时,主要按 S_N1 机理进行。伯醇与氢卤酸反应时,主要按 S_N2 机理进行。

4. 在浓硫酸作用下,醇失水成烯的反应主要按 E1 机理进行,其消除的活性次序为叔醇>仲醇>伯醇。

5. 伯醇和仲醇分别被氧化为醛和酮是重要的氧化产物。氧化剂不同,氧化的条件不同,氧化产物也不同。通常有铬酸氧化、次氯酸钠/乙酸氧化、Swern 氧化、活性二氧化锰和高锰酸钾氧化、Oppenauer 氧化等。

6. 在酸性条件下,醚首先生成𬭩盐,然后发生醚链的断裂,醚链的断裂其本质是亲核取代反应。烃基的结构与醚链的断裂机理及产物有关。

7. 环氧化合物在酸性或碱性条件下都可以发生开环反应,反应的试剂不同,生成的开环产物不同,水解开环得到邻位二醇。但不对称的环氧化合物在酸性和碱性条件下开环的区域选择性不同,产物不同。

8. 醇的合成有烯烃在酸催化下的水合、烯烃的硼氢化-氧化、烯烃的羟汞化-还原脱汞反应,醛、酮、羧酸和羧酸酯的还原,卤代烃的水解,格氏试剂与醛、酮、酯、酰氯、环氧乙烷等试剂的反应。格氏试剂几乎可以用于合成各种不同结构的醇,是合成醇的极为重要的试剂。

9. Williamson 合成法是最重要的醚的合成方法。对于混合醚,必须准确选择卤代烃和醇钠。醇分子之间脱水只适用于由低级的伯醇合成相应的简单醚。

习 题

1. 命名下列化合物。

(1) 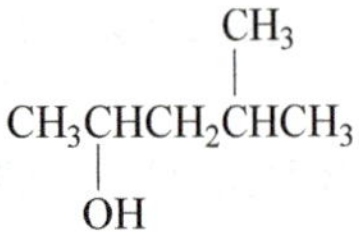 $CH_3CH(OH)CH_2CH(CH_3)CH_3$

(2) $CH_3CH(OH)C(CH_3)=CH_2$

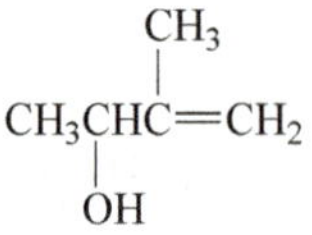

(3) $HOCH_2CH_2CH_2CH_2OH$

(4) 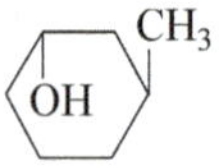 环己醇，带OH和CH_3取代基（结构式）

(5) $HC\equiv CCH_2CH_2CH_2OH$

(6) 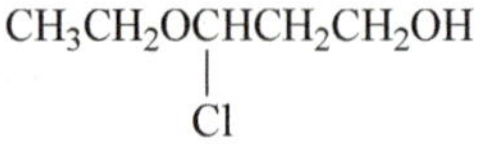 $CH_3CH_2OCH(Cl)CH_2CH_2OH$

(7) $CH_3OCH_2CH_2OCH_2CH_2OCH_3$

(8) $CH_2=CHCH_2-O-CH=CH_2$

(9) 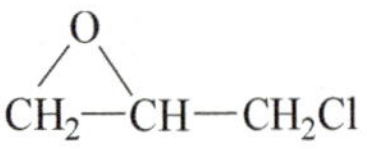 $CH_2-CH-CH_2Cl$（CH_2与CH间以O成环氧）

(10) 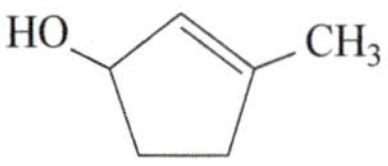 HO、CH_3取代环戊烯（结构式）

2. 根据下列名称写出相应化合物的结构式。

(1) 2-乙基-3-甲基丁-1-醇
(2) 反环己-1,3-二醇
(3)(*Z*)-丁-2-烯-1-醇
(4) 4-甲基环己-2,5-二烯-1-醇
(5) 乙烯基对甲苯基醚
(6) 1,3-二甲氧基环己烷
(7) 5,6-环氧庚-1-烯

3. 乙二醇、乙二醇单甲醚和乙二醇二甲醚的相对分子质量和沸点如下：

	CH_2OH-CH_2OH	$CH_2OH-CH_2OCH_3$	$CH_2OCH_3-CH_2OCH_3$
相对分子质量	62.07	76.09	90.12
沸点/℃	197	125	84

试解释为什么沸点随它们相对分子质量的增加而降低。

4. 写出下列反应的主要产物。

(1) 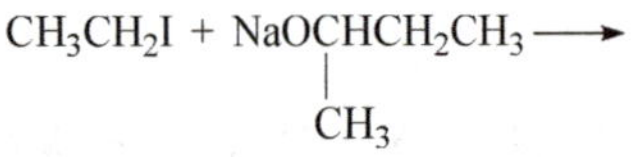 $CH_3CH_2I + NaOCH(CH_3)CH_2CH_3 \longrightarrow$

(2) 2,2-二甲基四氢呋喃 $+ HI \longrightarrow$

(3) 带两个CH_2OH的环辛烯 $\xrightarrow[CHCl_3]{MnO_2}$

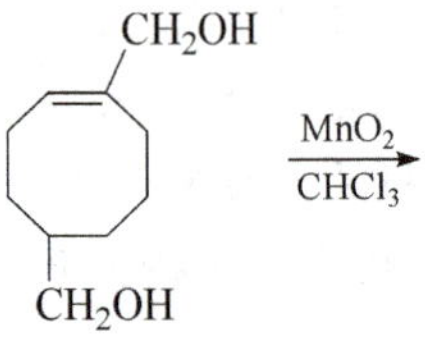

(4) 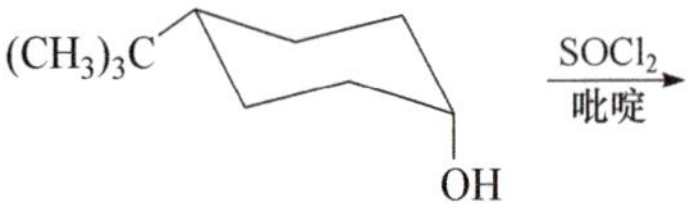 4-叔丁基环己醇（$(CH_3)_3C$，OH） $\xrightarrow[吡啶]{SOCl_2}$

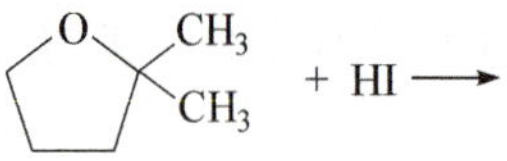

(5) 2-甲基环己醇 $\xrightarrow[\triangle]{H_2SO_4}$

(6) $(CH_3)_2CHCH_2OH \xrightarrow{CrO_3/(C_5H_5N)_2}$

(7) $CH_3CH_2CH(CH_3)CH_2OCH_2CH_3 \xrightarrow{浓HI}$

(8) 2,2-二甲基环己醇 $\xrightarrow[\triangle]{H_2SO_4}$

(9) 1-环己基乙醇 $\xrightarrow[CH_3COOH,0℃]{NaOCl}$

(10) 1-甲基-7-氧杂双环[4.1.0]庚烷 $\xrightarrow[2)\ H_3O^+]{1)\ CH_3MgI}$ $\xrightarrow[\triangle]{Al_2O_3}$

5. 用简单的化学方法区别下列化合物。

3-甲基丁-2-醇、2-甲基丁-2-醇、3-甲基丁-1-醇

6. 将(*R*)-丁-2-醇中羟基上的氧以^{18}O标记，然后进行以下反应：

$$(R)\text{-}CH_3CH_2CH(^{18}OH)CH_3 \xrightarrow{CH_3SO_2Cl} CH_3CH_2CH(^{18}OSO_2CH_3)CH_3 \xrightarrow[H_2O/二氧六环]{H_2O} CH_3CH_2CH(OH)CH_3 + CH_3SO_2^{18}O^-$$

反应中绝对构型有没有发生变化？如果有变化，是发生在哪一步？试用 Fischer 投影式表示其反应过程。

7. 叔丁醇与 HBr 按 S_N1 机理发生下列取代反应：

$$(CH_3)_3C-OH \xrightarrow{HBr} (CH_3)_3C-\overset{+}{O}H_2 \xrightarrow[-H_2O,慢]{S_N1} (CH_3)_3\overset{+}{C} \xrightarrow{Br^-} (CH_3)_3C-Br$$

其逆反应为

$$(CH_3)_3C-Br \xrightarrow[-Br^-,慢]{S_N1} (CH_3)_3\overset{+}{C} \xrightarrow{H_2O} (CH_3)_3C-\overset{+}{O}H_2 \xrightarrow{-H^+} (CH_3)_3C-OH$$

试讨论当溶剂的极性增加时，是对正反应有利还是对逆反应有利。

8. 用反应机理解释下列反应。

$$H_2\overset{*}{C}(-O-)CHCH_2Cl \xrightarrow[CH_3OH]{CH_3ONa} CH_3O\overset{*}{C}H_2CH(-O-)CH_2 \quad 而不是 \quad H_2\overset{*}{C}(-O-)CHCH_2OCH_3$$

9. 对下列反应提出合理的机理。

(1) 2-(2-(2-羟基-2-丙基)苯基)乙醇 $\xrightarrow[\triangle]{H_2SO_4}$ 1,1-二甲基异色满

(2) 2-(3-溴丙基)环氧乙烷 $\xrightarrow{CH_3O^-}$ 2-(甲氧基甲基)四氢呋喃 $+ Br^-$

(3) 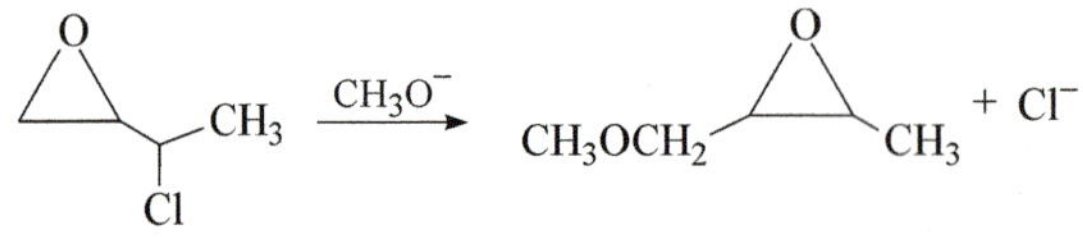 2-(1-氯乙基)环氧乙烷 $\xrightarrow{CH_3O^-}$ CH_3OCH_2-环氧乙烷-CH_3 + Cl^-

(4) 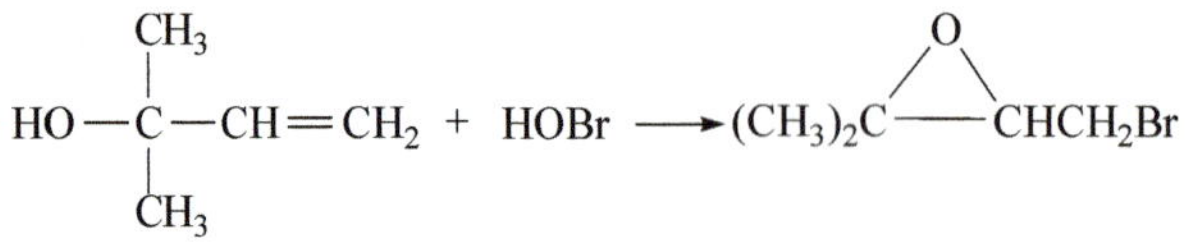 $HO-C(CH_3)_2-CH=CH_2$ + HOBr $\longrightarrow$ $(CH_3)_2C$—(O)—$CHCH_2Br$

(5) 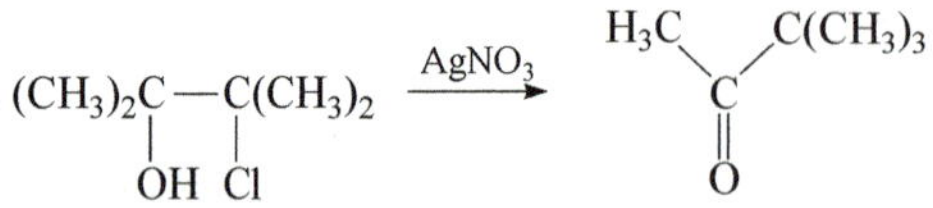 $(CH_3)_2C(OH)-C(CH_3)_2Cl$ $\xrightarrow{AgNO_3}$ $H_3C-C(=O)-C(CH_3)_3$

10. 顺己-3-烯-1-醇具有绿叶和青草的特殊气味，试由乙炔和必要的有机、无机试剂合成。

11. 比较下列各组邻二醇的结构，哪一个不能被高碘酸氧化？为什么？

(1) 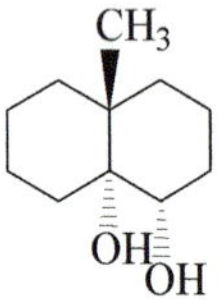 两种带 CH_3 的十氢萘邻二醇（OH、OH）和

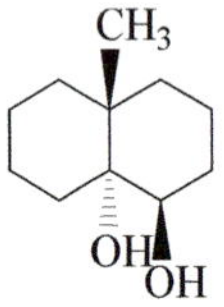

(2) 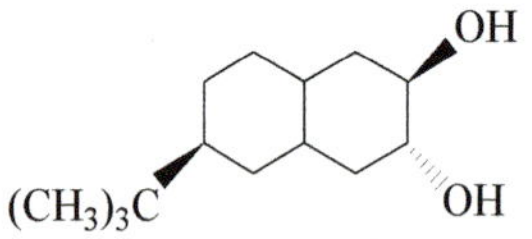 两种带 $(CH_3)_3C$ 的十氢萘邻二醇（OH、OH）和

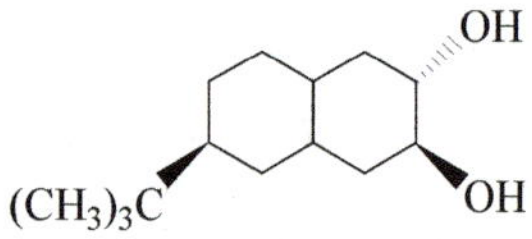

12. 分别以(1) 戊-1-烯，(2) 1-溴戊烷，(3) 1-溴丁烷，(4) 1-溴丙烷为原料，设计合成戊-1-醇的方法。

13. 由指定原料合成下列化合物。

(1) 由乙烯及必要的试剂合成 $CH_3CH_2CH_2CH_2OH$

(2) 由不超过两个碳原子的原料合成 CH_3CH_2CH—(O)—CH_2 和 CH_3CH—(O)—$CHCH_3$

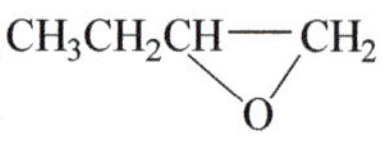

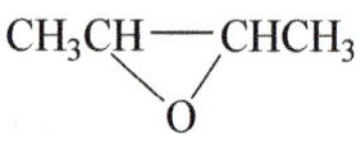

(3) 由环己烯和不超过两个碳原子的有机化合物及必要的试剂合成 1-乙氧基-1-甲基环己烷（OCH_2CH_3，CH_3）

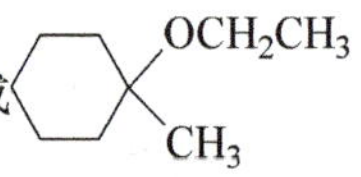

(4) 以环己烯、丁-2-醇为有机原料和其他无机试剂合成 环己基-$C(OH)(CH_3)CH_2CH_3$

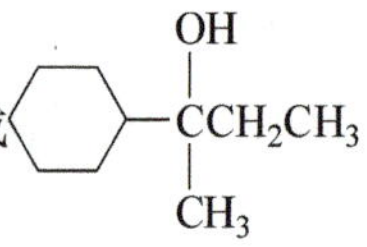

(5) 由 CH_2 和不超过三个碳原子的有机原料及无机试剂合成 OH

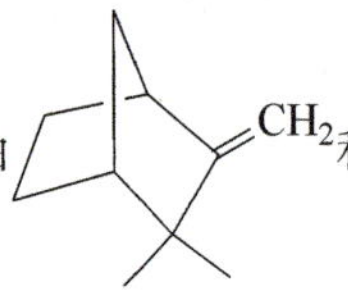

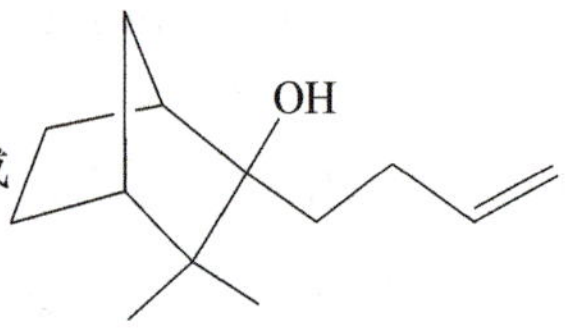

14. 化合物 **A**，分子式为 $C_5H_{12}O$，与金属钠反应能释放出氢气，**A** 与浓硫酸共热生成化合物 **B**。**B** 用冷高锰酸钾水溶液处理得到化合物 **C**，**C** 经高碘酸氧化得到 CH_3COCH_3(丙酮)和 CH_3CHO(乙醛)。**B** 与稀硫酸水溶液反应又可得到 **A**。试推测 **A**～**C** 的结构式，并用反应式表示反应过程。

15. 化合物 **A**，分子式为 $C_5H_{10}O$，与 Br_2/CCl_4 溶液或金属钠都呈负反应，与稀盐酸或稀氢氧化钠反应都得到

分子式为 $C_5H_{12}O_2$ 的化合物 **B**,**B** 与等物质的量的高碘酸水溶液反应得到甲醛和分子式为 C_4H_8O 的化合物 **C**,**C** 与 I_2-NaOH 反应得到黄色沉淀。试推测 **A**～**C** 的结构式,并用反应式表示各步反应。

16. 化合物 **A**,与稀、冷 $KMnO_4$ 溶液反应生成含有一个溴原子的 1,2-二醇 **B**,与溴反应生成三溴化合物 **C**,**A** 容易与 $NaOH/H_2O$ 溶液反应,生成 **D** 和 **E**,**D** 和 **E** 经催化加氢后分别给出两种互为异构体的饱和一元醇 **F** 和 **G**,**E** 比 **F** 更容易脱水,**F** 在酸催化下脱水后生成两个互为异构体的烯烃化合物,**G** 脱水后仅得到一个烯烃化合物,但这些烯烃化合物经催化加氢都得到正丁烷。试推测 **A**～**G** 的结构式,并写出相应的反应式。

17. 化合物 **A**,分子式为 $C_6H_{14}O$,红外光谱显示 $3000cm^{-1}$ 以上无吸收峰,**A** 的 ^1H NMR 数据(δ)如下:1.2(d,12H),3.6(m,2H)。试推测化合物 **A** 的结构式。

第 8 章　苯和单杂原子芳香族杂环化合物

主要内容

➢苯及其芳香族化合物的结构特征。

➢苯及其同系物的物理性质和波谱特征。

➢苯及其同系物的化学性质，芳环上的四大亲电取代反应和机理，从反应机理解释亲电取代反应的定位规则。

➢非苯芳香族化合物的结构特征及芳香性和 Hückel 规则。

➢含单杂原子的五元杂环和六元杂环的命名和物理性质。

➢含单杂原子的五元杂环（呋喃、吡咯、噻吩）和六元杂环（吡啶）的结构特征及其化学性质。

➢含单杂原子的苯并五元杂环和苯并六元杂环的结构特征及其化学性质。

➢杂环上的亲电取代和亲核取代反应机理。

芳香烃（aromatic hydrocarbon）简称芳烃。由于这类化合物最初主要是从天然的香树脂和香精油中取得的，且具有某种芳香气味，因此称为芳香烃。与脂肪族化合物不同，它们分子中大多具有平面或接近平面的碳环结构；都具有较高的碳氢比，显示了高度不饱和性；往往含有被称为“苯环”的具有六个碳原子的碳环结构单元；碳环中碳碳键的键长趋于平均化；碳环具有特殊的化学稳定性，不容易发生氧化和加成反应而容易发生取代反应；在核磁共振谱中，环内氢的化学位移移向高场，环外氢的化学位移移向低场。芳烃的这些性质称为芳香性（aromaticity），不再是原先的芳香气味的含义，实际上已发现有许多芳烃不但没有香味，反而具有难闻的气味，因此仅凭气味对有机化合物分类是不科学的。

芳烃通常是指分子中有含有苯环结构的碳环化合物，而不含苯环结构的芳烃称为非苯芳香族化合物。

8.1 苯

8.1.1 苯的结构和稳定性

1. 苯的结构

苯是最简单的芳香烃，首先是由 Faraday M 于 1825 年从照明气中分馏得到的，分子式为 C_6H_6，不饱和度为 4。近代物理方法证明，在苯分子中，六个碳原子和六个氢原子在同一平面上，六个碳原子组成平面正六边形，碳碳键键长为 140pm，比碳碳双键(134 pm)长，比碳碳单键(154pm)短。∠CCH 和∠CCC 都为 120°，因此可以认为苯分子中六个碳原子都是以 sp^2 杂化轨道与相邻碳原子的 sp^2 杂化轨道相互交盖重叠，组成六个等同的碳碳 σ 键，同时每个碳原子都以 sp^2 杂化轨道与氢原子的 1s 轨道相互交盖重叠，组成六个等同的碳氢 σ 键，如图 8-1(a)所示。每个碳原子上还剩有一个未参与杂化而垂直于 sp^2 杂化轨道对称轴所在平面的 p 轨道，如图 8-1(b)所示。它们从侧面交盖重叠，形成一个环状离域的 π 轨道，其电子云分布在碳环的上方和下方，即所谓的大 π 键，如图 8-1(c)所示。

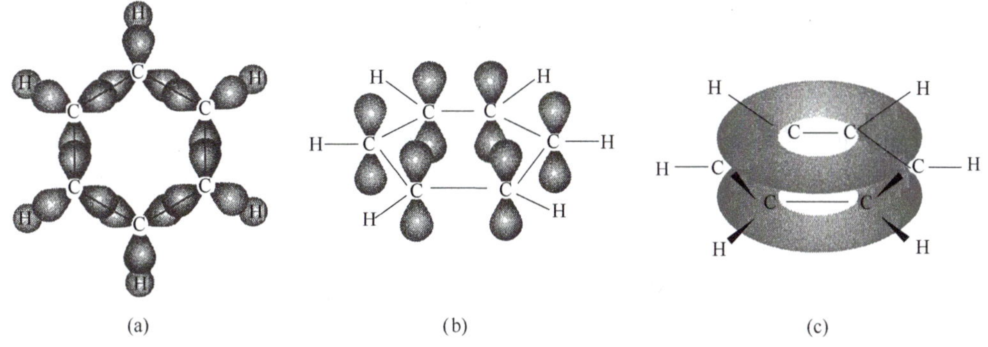

图 8-1　苯的分子轨道结构示意图

按照分子轨道理论，苯分子中六个碳原子上的六个 p 轨道可以线性组合成六个 π 分子轨道，分别用 ψ_1、ψ_2、ψ_3、ψ_4、ψ_5 和 ψ_6 表示。ψ_1、ψ_2、ψ_3 是三个成键轨道，其中 ψ_1 没有节面，是能量最低的 π 分子轨道，ψ_2 和 ψ_3 各有一个节面，是能量较低和相等的一对简并轨道。ψ_4、ψ_5、ψ_6 是三个反键轨道，其中 ψ_6 有三个节面，是能量最高的 π 分子轨道，ψ_4 和 ψ_5 各有两个节面，是能量较高和相等的一对简并轨道。基态时，苯分子的六个 π 电子正好填满 ψ_1、ψ_2、ψ_3 三个能量低的成键 π 分子轨道，而 ψ_4、ψ_5 和 ψ_6 三个能量高的反键轨道则是空着的，如图 8-2 所示。

苯分子中的 π 电子云可以看成由 ψ_1、ψ_2、ψ_3 三个成键的 π 分子轨道叠加的结果，电子云分布在碳环的上下，呈对称均匀分布，形成环状的离域体系。由于环上的碳碳键也是均等的，因此苯环上的碳碳键长完全相等，苯环呈正六边形状态。如果按照由六个 π 电子组成三个孤立的碳碳双键，其能量总和应为 3 个 $2(\alpha+\beta)$，即 $6\alpha+6\beta$，但在苯分子中，ψ_1 的能量为 $2(\alpha+2\beta)$，ψ_2 的能量为 $2(\alpha+\beta)$，ψ_3 的能量为 $2(\alpha+\beta)$，其能量总和为 $6\alpha+8\beta$，比三个孤立双键的总能量低 2β，这就是苯的离域能。离域能越大，体系越稳定，因此苯环是一个非常稳定的体系。

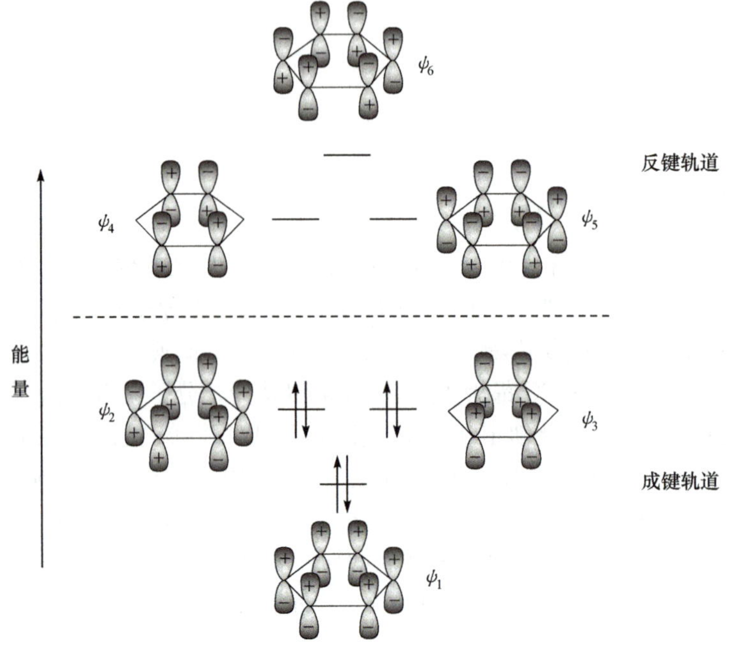

图 8-2 苯分子的 π 分子轨道和能级示意图

苯的结构表达式：在苯环中，碳碳键完全等同，没有单、双键之分。关于苯结构的表达式尽管经历了一个半世纪左右的讨论，但到目前为止，还没有讨论出一个表达式能完美地代表苯的真实结构。因此，在现在的化学文献和教材中，仍通常用 Kekulé 结构式或离域式表示苯的结构。

(a) (b)

Kekulé式 离域式

(a)和(b)两个 Kekulé 式是借用环己三烯的价键式来表示苯的结构，它既不能解释为什么苯环上的碳碳键完全等同和不易发生加成反应，也不能说明为什么苯的邻位二元取代产物只有一种。按照 Kekulé 结构式，苯的邻位二元取代物应该有以下(a′)和(b′)两种：

R R R R

(a′) (b′)

但实际上只有一种，即(a′)和(b′)等同，Kekulé 用环上的单、双键的不断互相摆动来解释它们的一致性。共振论则认为这是苯的两个贡献最大的等价 Kekulé 结构式共振的结果，它们的共振杂化体才是苯的真实结构。

在离域式中，碳环中用圆圈表示 π 电子的离域和环上电子云分布的均匀性，它能解释为什么苯环上六个碳原子和六个氢原子完全相等，即具有相等的碳碳键长和环的完全对称性。但对于由几个苯环稠合的芳香化合物，它们的碳碳键长并不完全相等，环也不完全对称，用圆圈表示 π 电子时很容易造成误解，另外对于取代苯，也不能反映取代基的邻位、间位和对位上电荷的不等性。

2. 苯环的稳定性

苯环的 Kekulé 表达式与假想的环己三烯一样，但二者的意义不同，假想的环己三烯是具有三个碳碳双键的环状不饱和烃，因此它的氢化热应为单个碳碳双键氢化热的 3 倍，即 3×119.3kJ · mol^{-1}＝357.9kJ · mol^{-1}，但苯的氢化热只有 208.5kJ · mol^{-1}，比假想的环己三烯的氢化热少 149.4kJ · mol^{-1}，甚至比环己-1，3-二烯的氢化热 231.8kJ · mol^{-1}还低(图 8-3)。

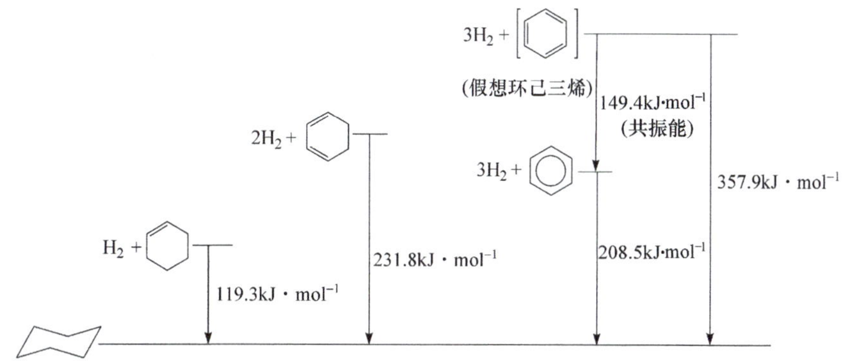

图 8-3　苯的共振能

这说明苯环中并没有明确的碳碳单键和碳碳双键之分，π 电子云的离域使键长趋于平均化，其离域能(也称共振能)为 149.4kJ · mol^{-1}，因此不易发生加成反应，而相对容易发生保留稳定苯环结构的取代反应，反映了苯环的芳香性。

8.1.2　芳香烃的异构和命名

芳香烃可分为单环芳香烃和多环芳香烃，其异构体主要由芳环上取代基的相对位置不同及多环之间的连接或稠合方式不同而产生。

1. 单环芳香烃

单环芳香烃是指分子中仅含一个苯环结构单元的芳烃。

由于苯环上六个碳氢键完全等同，当苯环上任意一个氢原子被同一取代基取代时都得到相同的一元取代苯，因此苯只有一种一元取代物，没有取代位置不同的异构体。一元取代苯命名时通常以苯为母体，称为某基苯，有时“基”字可以省略。例如

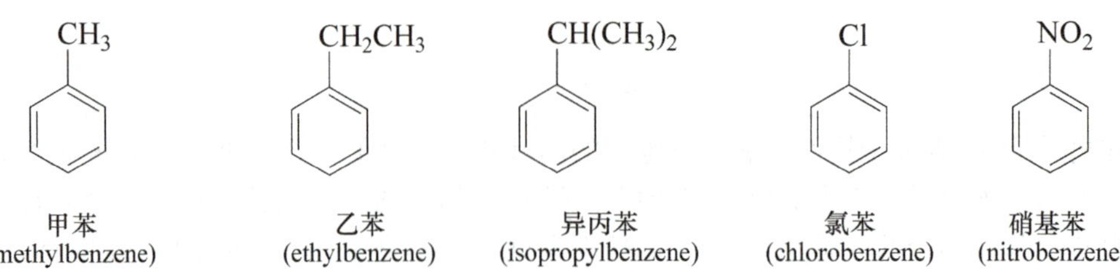

甲苯 (methylbenzene)　乙苯 (ethylbenzene)　异丙苯 (isopropylbenzene)　氯苯 (chlorobenzene)　硝基苯 (nitrobenzene)

甲苯甲基上去掉一个氢原子剩下的基团($C_6H_5CH_2$—)称为苄基(benzyl),简写为 Bn—。

当苯环上所连的烃基碳链较长、较复杂或连有不饱和烃基时,常把苯环作为取代基,把长链烃基或不饱和烃基作为母体来命名。例如

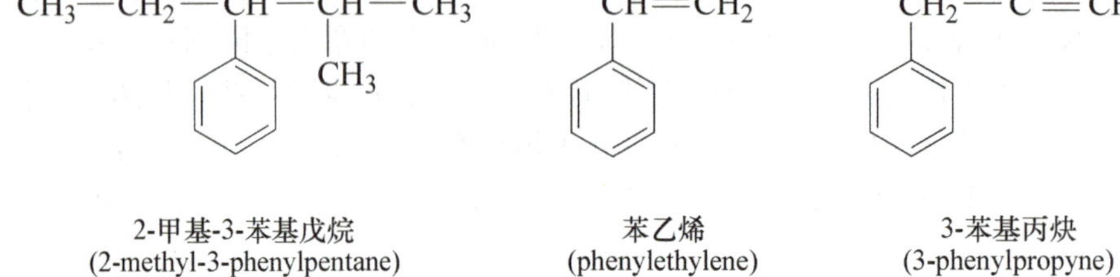

2-甲基-3-苯基戊烷 (2-methyl-3-phenylpentane)　苯乙烯 (phenylethylene)　3-苯基丙炔 (3-phenylpropyne)

苯分子中去掉一个氢原子剩下的基团(C_6H_5—)称为苯基(phenyl),简写为 Ph—。

苯环上两个氢原子被取代的为二取代苯,二取代苯有三个位置异构体,可以用阿拉伯数字1,2-、1,3-、1,4-或邻(*o*,ortho)、间(*m*,meta)、对(*p*,para)表示二取代基的相对位置。当有不同取代基时,则按照取代基英文名称的第一个字母的顺序,使首个字母在前面的基团位次尽可能小,并按此顺序先后列出。例如

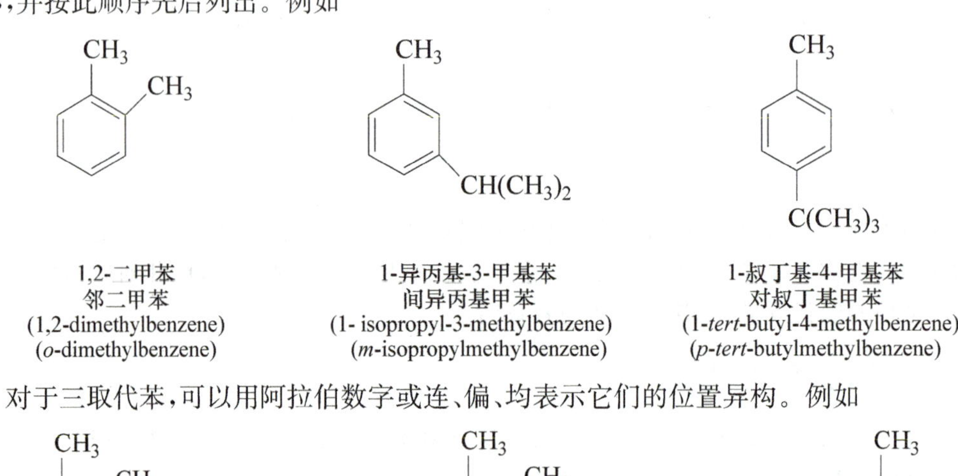

1,2-二甲苯
邻二甲苯
(1,2-dimethylbenzene)
(*o*-dimethylbenzene)

1-异丙基-3-甲基苯
间异丙基甲苯
(1- isopropyl-3-methylbenzene)
(*m*-isopropylmethylbenzene)

1-叔丁基-4-甲基苯
对叔丁基甲苯
(1-*tert*-butyl-4-methylbenzene)
(*p*-*tert*-butylmethylbenzene)

对于三取代苯,可以用阿拉伯数字或连、偏、均表示它们的位置异构。例如

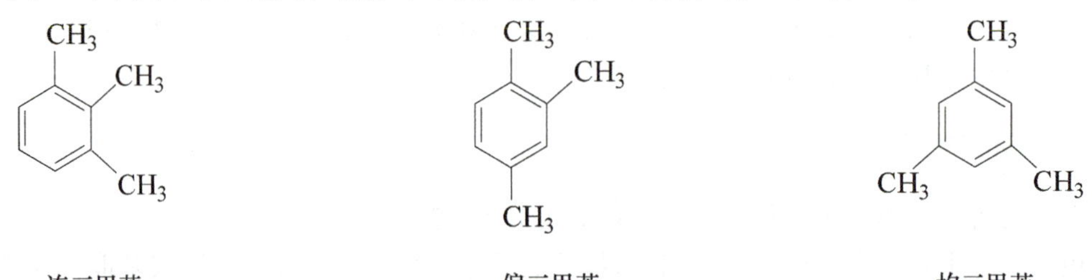

连三甲苯
1,2,3-三甲苯
(1,2,3-trimethylbenzene)

偏三甲苯
1,2,4-三甲苯
(1,2,4-trimethylbenzene)

均三甲苯
1,3,5-三甲苯
(1,3,5-trimethylbenzene)

对于多取代苯,编号时要遵循最低序列原则,书写时则按英文名称的第一个字母的顺序先

后列出。例如

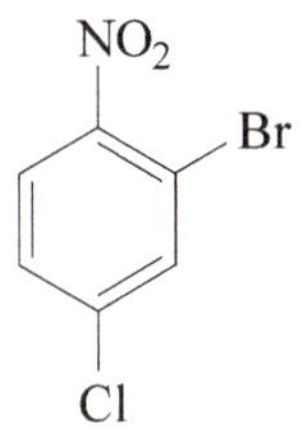

2-溴-4-氯-1-硝基苯 (2-bromo-4-chloro-1-nitrobenzene)　　4-溴-1-氯-2-硝基苯 (4-bromo-1-chloro-2-nitrobenzene)　　1-溴-4-氯-2-硝基苯 (1-bromo-4-chloro-2-nitrobenzene)

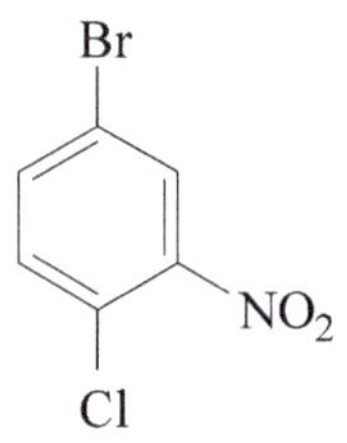

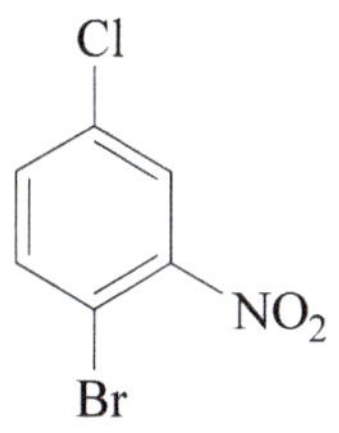

如果某些取代基已能“融入”母体名称中，如苯甲醛、苯酚、苯胺、苯甲酸等，这些被“融入”的取代基总是在 1-位上。例如

2-氯苯甲醛　　5-溴-2-硝基苯甲酸　　3-溴-4-氯苯酚　　4-氯-2-甲基苯胺

问题 8-1　命名下列基团。

(1) $C_6H_5CH_2—$　　(2) $(C_6H_5)_2CH—$　　(3) $C_6H_5CH_2CH_2—$

(4) $C_6H_5CH=CH—$　　(5) $C_6H_5CH(CH_3)—$

问题 8-2　写出苯环上含有 CH_3、CH_3CH_2 和 $CH(CH_3)_2$ 三个取代基的各种异构体，并用系统命名法命名。

问题 8-3　命名下列化合物。

(1) 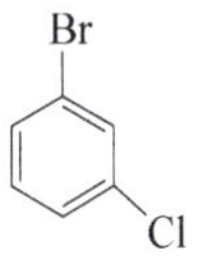　(2) 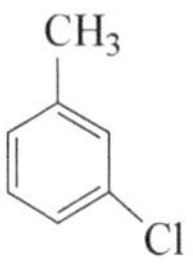　(3) 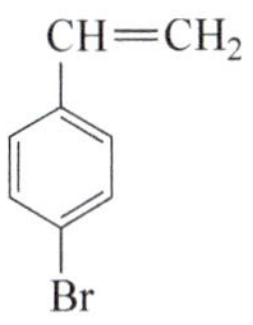　(4) 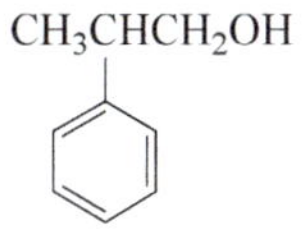　(5)

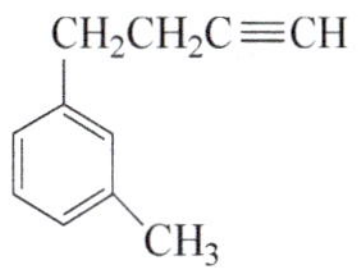

---

2. 多环芳香烃

多环芳香烃是指分子中含有两个或两个以上苯环的芳香烃。根据苯环的连接方式不同，分为联苯型芳香烃、多苯代脂烃和稠环芳香烃等。

1) 联苯型芳香烃

苯环之间以单键相连的多环芳香烃称为联苯型芳香烃。通常以联苯为母体命名，从苯环的连接处开始，对各环上的碳原子进行独立编号。例如

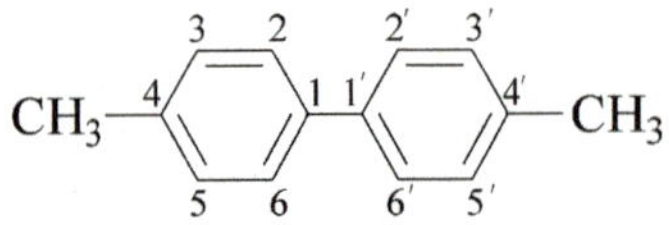

4,4′-二甲基联苯
(4,4′-dimethylbiphenyl)

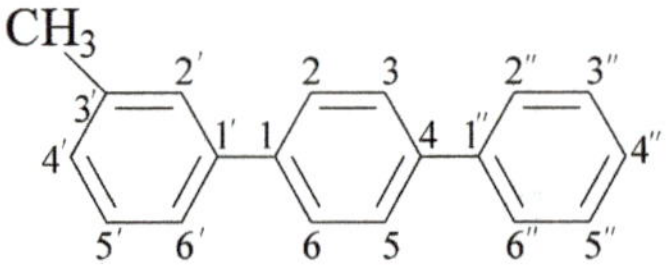

3′-甲基-1,4-联三苯
(3′-methyl-1,4-triphenyl)

2）多苯代脂烃

脂肪烃分子中的氢原子被多个苯环取代的产物称为多苯代脂烃。通常以脂肪烃为母体，苯作为取代基命名。例如

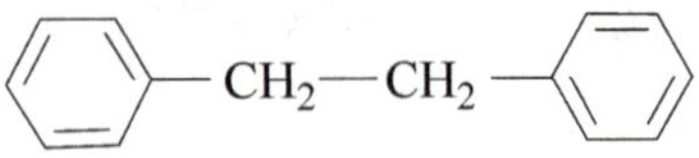

1,2-二苯乙烷
(1,2-diphenylethane)

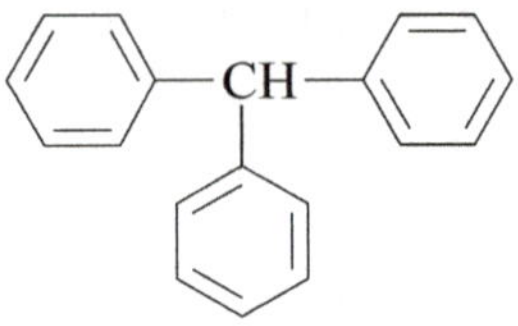

三苯甲烷
(triphenylmethane)

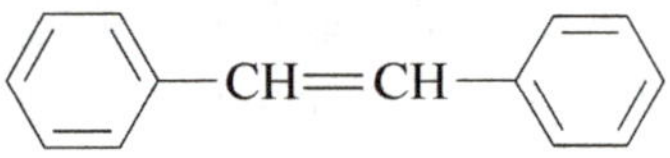

1,2-二苯乙烯
(1,2-diphenylethylene)

3）稠环芳香烃

两个或两个以上苯环彼此共用两个相邻的碳原子连接起来的芳香烃称为稠环芳香烃。它们都有固定的编号方式。例如

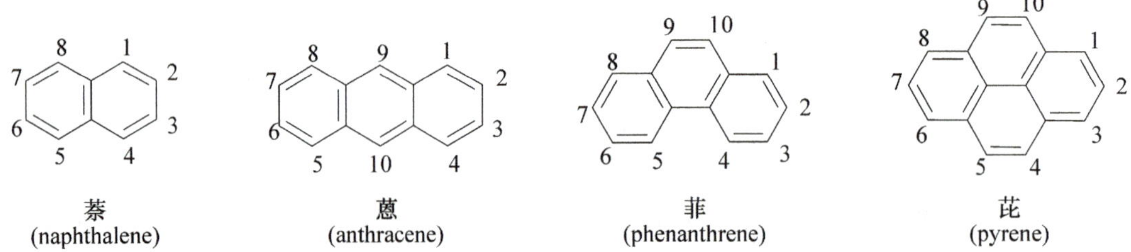

萘
(naphthalene)

蒽
(anthracene)

菲
(phenanthrene)

芘
(pyrene)

萘分子的1、4、5、8位是等同的，称为α-位；2、3、6、7位是等同的，称为β-位。蒽分子的1、4、5、8位是等同的，称为α-位；2、3、6、7位是等同的，称为β-位；9、10位是等同的，称为γ-位。菲分子的1、8位，3、6位，4、5位，2、7位和9、10位是等同的。芘分子的1、3、6、8位是等同的，2、7位是等同的，4、5、9、10位是等同的。

8.1.3 苯及其同系物的物理性质

苯及苯型芳香烃多数为无色液体，相对密度小于1，但比相对分子质量相近的烷烃和烯烃的相对密度略大。它们不溶于水，而易溶于有机溶剂，如石油醚、醇、醚等。苯及其同系物的沸点和熔点均随相对分子质量的增加而升高。苯及其同系物大多有毒，长期吸入低浓度的苯蒸气会引起造血器官、神经系统及肝脏的损伤，并能导致白血病。如果吸入高浓度的苯蒸气则会引起急性中毒，造成中枢神经的损伤，甚至死亡。

在二取代苯的三种异构体中，由于对位异构体比邻位和间位异构体的对称性高，对称性高的分子在晶格中排列更紧密，因此相对而言，熔点也最高。表8-1列出部分芳香烃的物理常数。

表 8-1　苯及其同系物的物理常数

化合物	熔点/℃	沸点/℃	相对密度
苯(benzene)	5.5	80.1	0.8786
甲苯(toluene)	−95	110.6	0.8669
乙苯(ethylbenzene)	−95	136.2	0.8670
丙苯(propylbenzene)	−99.5	159.2	0.8620
异丙苯(cumene)	−96	152.4	0.8618
丁苯(butylbenzene)	−88	183	0.8601
仲丁苯(*sec*-butylbenzene)	−75	173	0.8621
叔丁苯(*tert*-butylbenzene)	−57.8	169	0.8665
邻二甲苯(*o*-xylene)	−25.2	144.4	0.8802
间二甲苯(*m*-xylene)	−47.9	139.1	0.8642
对二甲苯(*p*-xylene)	13.3	138.2	0.8611
连三甲苯(hemimellitene)	−25.5	176.1	0.8942
偏三甲苯(pseudocumene)	−43.9	169.2	0.8758
均三甲苯(mesitylene)	−44.7	164.6	0.8651

苯及芳香族化合物的核磁共振氢谱(^{1}H NMR)和红外光谱(IR)与脂肪族化合物有明显不同。在核磁共振氢谱中，苯环上的氢处在去屏蔽区，因此苯环上氢的化学位移出现在低磁场(δ 一般为 7~8)，可以用来鉴别芳环的存在。在核磁共振碳谱(^{13}C NMR)中，苯环上碳的化学位移 δ 为 120~150。尽管烯烃碳原子也在此范围内，但可以结合它们的氢谱和红外谱图加以区别。

在红外光谱中，单环芳烃的红外光谱主要有环上碳架 C═C 的伸缩振动，分别在 $1600cm^{-1}\pm25cm^{-1}$(m)、$1500cm^{-1}\pm25cm^{-1}$(s)处有两个吸收峰；环上 C—H 的伸缩振动在 3100~$3010cm^{-1}$(m)有一个吸收峰；芳环 C—H 面外弯曲振动在 900~$690cm^{-1}$有吸收峰。

烷基苯的质谱中通常会观察到苄基型裂解，生成苄基正离子，其 m/z 为 91，苄基正离子重排后得到环庚三烯正离子，m/z 也为 91。

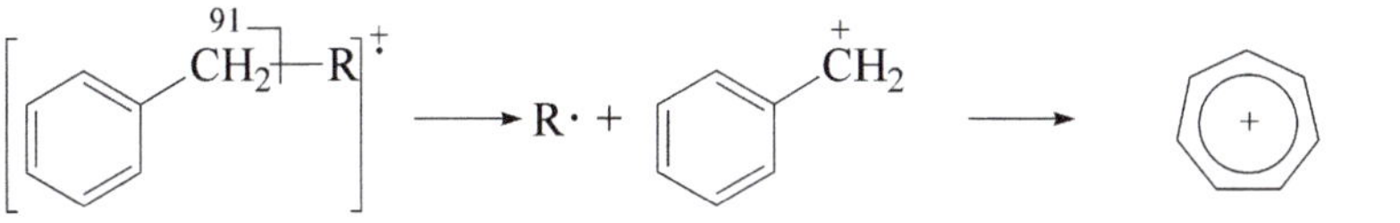

$$\left[\text{C}_6\text{H}_5\overset{91}{-}\text{CH}_2\text{—R}\right]^{+\cdot} \longrightarrow \text{R}\cdot + \text{C}_6\text{H}_5\overset{+}{\text{C}}\text{H}_2 \longrightarrow \text{C}_7\text{H}_7^+$$

苄基正离子 m/z=91　　环庚三烯正离子 m/z=91

8.1.4　苯和芳环上的亲电取代反应及其机理

在苯及其同系物中，尽管它们具有高度的不饱和性，但苯环具有闭合的环状共轭结构，环上 π 电子的高度离域和碳碳键长平均化使苯环成为一个势能相对较低的稳定体系。一般情况下，苯环不容易发生烯烃那样的加成反应和氧化反应。从苯环的电子云密度分布图(图 8-4)可以看出，苯环是富电子体系，具有亲核性，容易被亲电试剂进攻，发生苯环上的亲电取代反应，这也是芳香族化合物共有的性质。

图 8-4　苯环的电子云密度分布图

芳环上的氢被亲电试剂(带正电荷的离子或缺电子的中性分子)取代的反应称为芳环上的亲电取代反应。其反应过程如下：

$$\text{C}_6\text{H}_6 + E^+ \rightleftharpoons [\text{C}_6\text{H}_6E]^+ \longrightarrow \text{C}_6\text{H}_5E + H^+$$

亲电试剂　　σ络合物　　取代产物

反应的中间体是σ络合物，由于生成σ络合物需要破坏苯环的共轭体系，所以要克服较高的反应活化能。因此，经过渡态生成σ络合物这一步是芳环上亲电取代反应的速率决定步骤。其反应过程的势能曲线如图 8-5 所示。

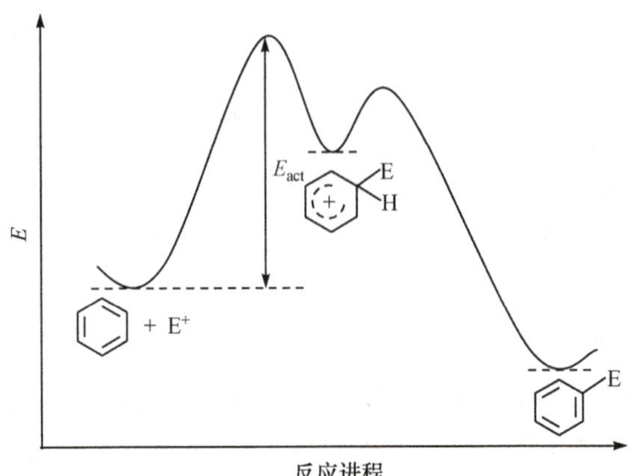

图 8-5　芳环上亲电取代反应进程势能曲线图

σ络合物是反应中间体，是一个带正电荷的芳基正离子(arenium ion)，其中含有一个由五个碳原子和四个π电子组成的共轭体系，其共振结构式可表示为

E　H　⟷　E　H　⟷　E　H　=　E　H

问题 8-4　从苯的结构讨论为什么在苯环上容易发生亲电取代反应，而难发生亲电加成反应。

---

1. 卤化反应

苯环上的氢被卤素取代生成相应卤代苯的反应称为苯的卤化反应(halogenation reaction)。在三卤化铁等 Lewis 酸催化剂作用下，苯与溴或氯反应，生成溴苯或氯苯，同时释放出溴化氢或氯化氢气体。

$$\text{C}_6\text{H}_6 + Br_2 \xrightarrow{FeBr_3} \text{C}_6\text{H}_5Br\ (80\%) + HBr$$

三溴化铁的作用是先与溴作用，形成亲电性比溴更强的络合物：

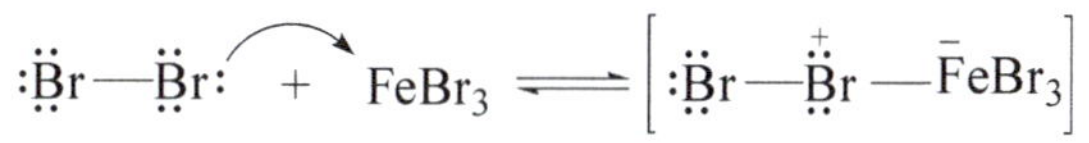

$$:\ddot{Br}-\ddot{Br}: + FeBr_3 \rightleftharpoons [:\ddot{Br}-\overset{+}{\ddot{Br}}-\overset{-}{Fe}Br_3]$$

然后络合物作为亲电试剂进攻苯环，同时两个溴原子之间的共价键发生异裂，生成反应中间体芳基正离子 σ 络合物，这一步是吸热反应，是反应活化能相对较高的慢的一步，是反应速率的决定步骤。最后，σ 络合物在负离子作用下失去质子，恢复稳定的苯环结构，生成卤代苯，这一步是反应活化能相对较低的快的一步，是放热反应。总的反应是放热的，放出 $45kJ \cdot mol^{-1}$ 的热。

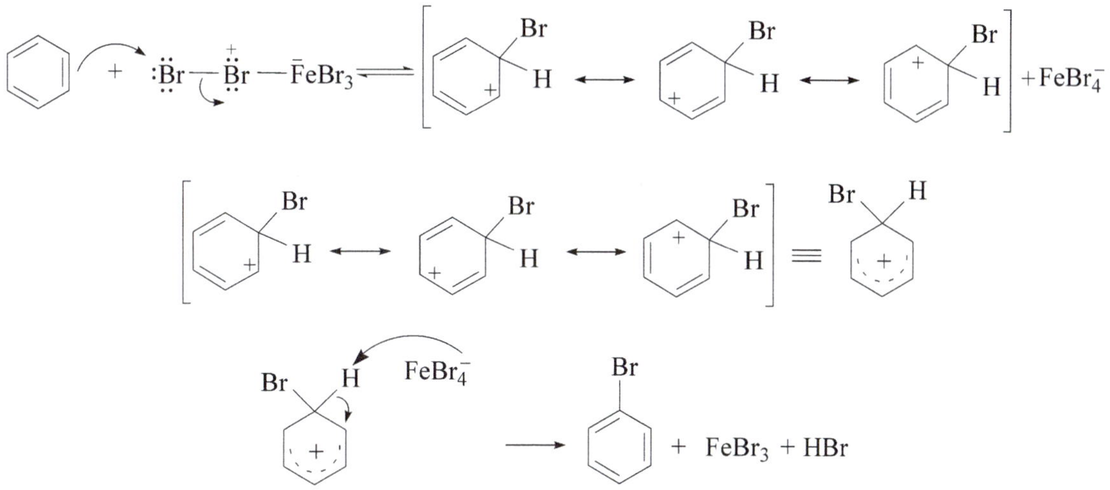

$$C_6H_6 + :\ddot{Br}-\overset{+}{\ddot{Br}}-\overset{-}{Fe}Br_3 \rightleftharpoons [\text{σ 络合物共振式}] + FeBr_4^-$$

$$\text{σ 络合物 (Br, H)} + FeBr_4^- \longrightarrow C_6H_5Br + FeBr_3 + HBr$$

由于铁粉可以与卤素反应生成三卤化铁，因此反应时常用铁粉直接催化反应。

苯的氯化与溴化相似，可以在三氯化铁或三氯化铝催化下进行。

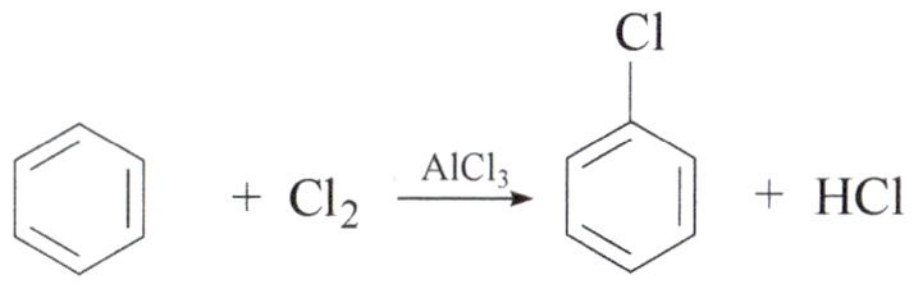

$$C_6H_6 + Cl_2 \xrightarrow{AlCl_3} C_6H_5Cl + HCl$$

85%

常用的卤素有氯和溴，与苯环发生取代反应的活性是氯>溴。氟的亲电性很强，反应太剧烈，难以控制。苯环上的氯化和溴化反应通常为不可逆反应。

苯的碘化需要在酸性氧化剂（如硝酸或过乙酸）存在下才能顺利进行。

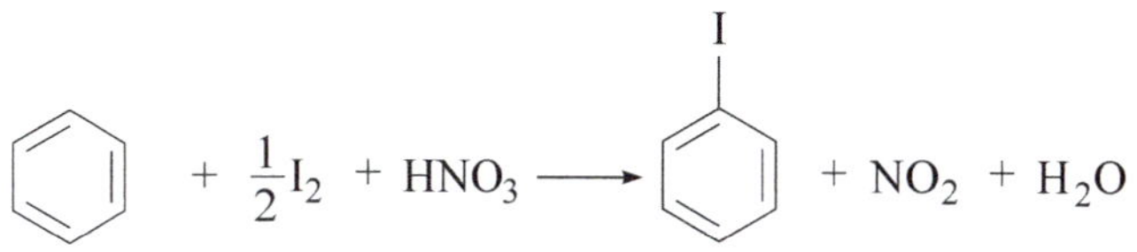

$$C_6H_6 + \frac{1}{2}I_2 + HNO_3 \longrightarrow C_6H_5I + NO_2 + H_2O$$

85%

硝酸的作用是将碘氧化成亲电的碘正离子。

$$H^+ + HNO_3 + \frac{1}{2}I_2 \longrightarrow I^+ + NO_2 + H_2O$$

2. 硝化反应

苯环上的氢被硝基（—NO_2）取代的反应称为苯的硝化反应（nitration reaction）。将苯与浓硝酸共热可以得到苯环上的氢被取代的硝基苯，但反应缓慢，而且反应温度高，有相当的危险性。如果改用浓硝酸和浓硫酸的混合物（也称混酸），则可以在较低的温度下很快完成苯的硝化反应，生成硝基苯。

$$C_6H_6 + HNO_3(浓) \xrightarrow[30\sim40℃]{H_2SO_4(浓)} C_6H_5NO_2\ (95\%) + H_2O$$

浓硫酸作为催化剂，其作用是促使硝酸形成亲电试剂硝酰正离子（$\overset{+}{N}O_2$）。

$$HNO_3 + 2H_2SO_4 \rightleftharpoons \overset{+}{N}O_2 + 2HSO_4^- + H_3O^+$$

$$C_6H_6 + {}^{+}NO_2 \longrightarrow [C_6H_6NO_2]^+ \xrightarrow{HSO_4^-} C_6H_5NO_2 + H_2SO_4$$

苯的硝化反应为不可逆反应。

芳环上的硝基可以很方便地被还原为氨基，通过芳环上的硝化、还原，可制得芳香族胺类化合物（见 13.3.3）。

3. 磺化反应

苯环上的氢被磺酸基（—SO_3H）取代的反应称为苯的磺化反应（sulfonation reaction）。苯与浓硫酸或发烟硫酸（浓 H_2SO_4＋SO_3）共热，生成苯磺酸。

$$C_6H_6 + H_2SO_4(浓) \overset{\triangle}{\rightleftharpoons} C_6H_5SO_3H + H_2O$$

亲电试剂是缺电子的 SO_3。用浓硫酸时，也是先形成缺电子的 SO_3，再与苯发生亲电取代反应。

$$2H_2SO_4 \rightleftharpoons H_3O^+ + HSO_4^- + SO_3$$

$$C_6H_6 + {}^{+}S(=O)_2-O^- \overset{\triangle}{\rightleftharpoons} [C_6H_6SO_3^-]^+ \overset{H_2SO_4}{\rightleftharpoons} [C_6H_6SO_3H]^+ \overset{-H^+}{\rightleftharpoons} C_6H_5SO_3H$$

磺化反应是可逆的，这是它与卤化和硝化反应的不同之处，将产物苯磺酸在稀的酸性水溶液中加热回流，则水解生成原料苯和硫酸。

$$C_6H_5SO_3H + H_2O \underset{\triangle}{\overset{H^+}{\rightleftharpoons}} C_6H_6\ (95\%) + H_2SO_4$$

脱磺酸基的过程相当于磺化反应途径的逆过程。

$$C_6H_5SO_3^- + H^+ \rightleftharpoons \left[C_6H_6(H)(SO_3^-)^+ \right] \rightleftharpoons C_6H_6 + SO_3$$

$$(SO_3 + H_2O \rightleftharpoons H_2SO_4)$$

因此，在合成上为了不让新引入的基团进入苯环上的某些位置，就可以用磺酸基把这个位置先占据，当新的基团被引入后，再利用水解法将磺酸基去掉。

例如，以间苯二酚为原料合成2-硝基-1,3-苯二酚，则必须先将某些容易被硝基进攻的位置用磺酸基占据，当硝基进入两个酚羟基之间以后，再通过水解的方法除去磺酸基。

$$\text{间苯二酚} \xrightarrow{H_2SO_4} \text{4,6-二磺酸基-1,3-苯二酚} \xrightarrow{HNO_3} \text{2-硝基-4,6-二磺酸基-1,3-苯二酚} \underset{\triangle}{\xrightarrow{H_2O}} \text{2-硝基-1,3-苯二酚}$$

由于磺酸基是水溶性基团，因此可以通过在有机分子中导入磺酸基的方法增加其水溶性。对于芳香族化合物，利用芳环上的磺化反应是增加其水溶性的方法之一。

4. Friedel-Crafts 反应

1) Friedel-Crafts 烷基化反应

在无水 $AlCl_3$、$ZnCl_2$ 等 Lewis 酸催化下，苯与卤代烷反应，苯环上的氢被烷基取代，生成烷基取代苯，称为 Friedel-Crafts(简称傅-克)烷基化反应。例如

$$C_6H_6 + (CH_3)_3C-Cl \xrightarrow[0℃]{AlCl_3} C_6H_5C(CH_3)_3\ (60\%) + HCl$$

叔卤代烃或仲卤代烃在三氯化铝作用下生成亲电试剂烷基碳正离子，然后碳正离子向苯环亲电进攻，生成亲电取代产物。

$$(CH_3)_3C-\ddot{Cl}: + AlCl_3 \rightleftharpoons (CH_3)_3C^+ + AlCl_4^-$$

$$\text{C}_6\text{H}_6 + (\text{CH}_3)_3\text{C}^+ \longrightarrow [\text{C}_6\text{H}_6\text{C}(\text{CH}_3)_3]^+ \xrightarrow{\text{AlCl}_4^-} \text{C}_6\text{H}_5\text{C}(\text{CH}_3)_3$$

卤代甲烷和伯卤代烃的相应碳正离子很不稳定，不能形成相应的碳正离子，但在傅-克烷基化的反应条件下，它们都可以与苯发生烷基化反应，这时实际上的亲电试剂可能是卤代甲烷和伯卤代烃与三氯化铝形成的复合物。

$$\text{CH}_3\text{CH}_2\text{Cl} + \text{AlCl}_3 \rightleftharpoons \text{CH}_3\text{—}\overset{\delta^+}{\text{CH}_2}\text{---Cl---}\overset{\delta^-}{\text{AlCl}_3}$$

$$\text{C}_6\text{H}_6 + \text{CH}_3\overset{\delta^+}{\text{CH}_2}\text{---Cl---}\overset{\delta^-}{\text{AlCl}_3} \longrightarrow [\text{C}_6\text{H}_6\text{CH}_2\text{CH}_3]^+ \xrightarrow{\text{AlCl}_4^-} \text{C}_6\text{H}_5\text{CH}_2\text{CH}_3$$

苯与正丙基氯在三氯化铝催化下生成 30％正丙基苯和 70％异丙基苯。

$$\text{C}_6\text{H}_6 + \text{CH}_3\text{CH}_2\text{CH}_2\text{Cl} \xrightarrow{\text{AlCl}_3} \underset{30\%}{\text{C}_6\text{H}_5\text{CH}_2\text{CH}_2\text{CH}_3} + \underset{70\%}{\text{C}_6\text{H}_5\text{CH}(\text{CH}_3)_2}$$

反应可能按下列两种机理同时进行，因此得到两种产物的混合物。

$$\text{C}_6\text{H}_6 + \text{CH}_3\text{CH}_2\overset{\delta^+}{\text{CH}_2}\text{---Cl---}\overset{\delta^-}{\text{AlCl}_3} \longrightarrow [\text{C}_6\text{H}_6\text{CH}_2\text{CH}_2\text{CH}_3]^+ \xrightarrow{\text{AlCl}_4^-} \text{C}_6\text{H}_5\text{CH}_2\text{CH}_2\text{CH}_3$$

$$\text{CH}_3\text{CH}_2\text{CH}_2\text{—}\ddot{\text{Cl}}\text{:} + \text{AlCl}_3 \underset{}{\overset{-\text{AlCl}_4^-}{\rightleftharpoons}} \text{CH}_3\text{CH}_2\overset{+}{\text{C}}\text{H}_2 \xrightarrow{\text{重排}} \text{CH}_3\overset{+}{\text{C}}\text{HCH}_3$$

$$\text{C}_6\text{H}_6 + \text{CH}_3\overset{+}{\text{C}}\text{HCH}_3 \longrightarrow [\text{C}_6\text{H}_6\text{CH}(\text{CH}_3)_2]^+ \xrightarrow{\text{AlCl}_4^-} \text{C}_6\text{H}_5\text{CH}(\text{CH}_3)_2$$

在傅-克烷基化反应中，除卤代烃可以用作烃化剂外，凡能在 Lewis 酸作用下形成碳正离子的试剂都可以用作烷基化试剂。例如

$$\text{C}_6\text{H}_6 + \text{环己烯} \xrightarrow{\text{H}_2\text{SO}_4} \underset{65\%\sim68\%}{\text{C}_6\text{H}_5\text{—C}_6\text{H}_{11}}$$

$$C_6H_6 + C_6H_5CH_2OH \xrightarrow{H_2SO_4} C_6H_5CH_2C_6H_5$$

这里亲电试剂分别为 $C_6H_{11}^+$ 和 $C_6H_5CH_2^+$。

在烷基化反应中，当生成的碳正离子相对不太稳定时，它就有重排成相对比较稳定的碳正离子的倾向。例如，苯与异丁基氯反应只得到唯一产物叔丁基苯。

$$C_6H_6 + (CH_3)_2CHCH_2Cl \xrightarrow[0℃]{AlCl_3} C_6H_5C(CH_3)_3 + HCl$$

唯一产物

烷基化反应中的碳架重排现象十分普遍。当用大于三个碳原子的伯卤代烃或伯醇为烷基化试剂时，烷基化的主要产物是碳架发生重排的烷基苯，因此不能直接用傅-克烷基化反应在苯环上导入大于三个碳原子的直链烷基。碳架的重排除受烷基的结构影响外，催化剂的种类、反应的温度等也对重排的程度有影响。

在烷基化反应中，由于导入的烷基使苯环的反应活性增大，烷基苯比苯更容易发生亲电取代反应，因此在傅-克烷基化反应中，常伴随有多烷基化产物。例如

$$C_6H_6 + CH_3Cl \xrightarrow[70\sim80℃]{AlCl_3} C_6H_5CH_3 + 1,2\text{-}C_6H_4(CH_3)_2 + 1,4\text{-}C_6H_4(CH_3)_2 + 1,2,4\text{-}C_6H_3(CH_3)_3$$

傅-克烷基化反应是可逆反应，在强活性催化剂作用下，既可以发生去烷基化，也可以发生再烷基化。因此，在低温时得到的速度控制产物会随着反应温度的升高转变为平衡控制产物。例如

$$C_6H_6 + CH_3Cl \xrightarrow[0℃]{AlCl_3} 1,2,4\text{-}C_6H_3(CH_3)_3 \xrightarrow[100℃]{AlCl_3} 1,3,5\text{-}C_6H_3(CH_3)_3$$

速度控制产物　　　　平衡控制产物

在无水氯化锌作用下，苯与甲醛和氯化氢反应生成苄基氯，称为氯甲基化反应。反应与傅-克烷基化反应相似，首先是甲醛与氯化氢作用，形成亲电试剂，亲电试剂进攻苯环，生成苯甲醇，苯甲醇再与氯化氢作用生成苄基氯。

$$HCHO + HCl \longrightarrow [H_2C{=}\overset{+}{O}H]\bar{Cl} \longleftrightarrow [H_2\overset{+}{C}{-}OH]\bar{Cl}$$

亲电试剂

$$C_6H_6 + [H_2\overset{+}{C}-OH]\bar{Cl} \xrightarrow{ZnCl_2} \text{(σ络合物)} \longrightarrow C_6H_5CH_2OH \xrightarrow{HCl} C_6H_5CH_2Cl$$

2）Friedel-Crafts 酰基化反应

在无水 $AlCl_3$ 等 Lewis 酸催化下，苯与酰卤或酸酐反应，苯环上的氢被酰基取代，生成酰基取代苯，称为 Friedel-Crafts 酰基化反应。例如

$$C_6H_6 + CH_3COCl \xrightarrow{AlCl_3} C_6H_5COCH_3 \quad 95\%$$

反应中，酰卤在三氯化铝作用下先形成亲电试剂酰基正离子，然后酰基正离子向苯环发生亲电进攻，经过 σ 络合物得到苯环上的酰基取代产物。

$$R-\overset{O}{\overset{\|}{C}}-Cl + AlCl_3 \rightleftharpoons R-\overset{O}{\overset{\|}{C}}\cdots\overset{+}{Cl}\cdots\bar{A}lCl_3 \rightleftharpoons [R-\overset{+}{C}=O \longleftrightarrow R-C\equiv\overset{+}{O}] + AlCl_4^-$$

酰基正离子

$$C_6H_6 + R-C\equiv\overset{+}{O} \longrightarrow \text{(σ络合物)}$$

$$\text{(σ络合物)} + AlCl_4^- \longrightarrow C_6H_5COR + AlCl_3 + HCl$$

傅-克酰基化反应是制备芳香酮(酮羰基直接与芳环相连的酮)的主要方法。酰氯通常由羧酸与氯化亚砜反应制得。

$$\underset{\text{羧酸}}{RCOOH} + \underset{\text{氯化亚砜}}{SOCl_2} \longrightarrow \underset{\text{酰氯}}{RCOCl} + SO_2 + HCl$$

然而，不能用相应的酰化反应在苯环上导入甲酰基($H-\overset{O}{\overset{\|}{C}}-$)。如果在一定压力和催化剂($AlCl_3$/CuCl)作用下，将一氧化碳、氯化氢气体混合与苯反应，能在苯环上导入甲酰基，得到相应的苯甲醛，称为 Gattermann-Koch 反应。

$$C_6H_6 + CO + HCl \xrightarrow{AlCl_3/CuCl} C_6H_5CHO$$

这可能是在催化剂作用下，一氧化碳和氯化氢先反应，形成亲电试剂甲酰基正离子，然后与苯反应。此反应广泛用于苯甲醛的工业生产。

$$CO + HCl \rightleftharpoons \left[H-\overset{\overset{O}{\|}}{C}-Cl\right] \xrightarrow{AlCl_3/CuCl} \left[H-\overset{+}{C}=\ddot{O}: \longleftrightarrow H-C\equiv\overset{+}{O}:\right] + AlCl_4^-$$

甲苯发生 Gattermann-Koch 反应，主要生成对甲基苯甲醛。Gattermann-Koch 反应有一定的局限性，除芳环上有强吸电子基团的不能反应外，烷基苯、酚、酚醚等也因副反应多，不宜用此方法制得相应的芳香醛。

在傅-克酰基化反应中，由于酰基正离子不会发生重排，因此傅-克酰基化反应中不会产生碳架重排的取代产物。酰基是吸电子取代基，它使苯环上的电子云密度降低，苯环的反应活性减小，因此傅-克酰基化反应不会产生多酰基化取代产物。例如

$$C_6H_6 + CH_3CH_2COCl \xrightarrow{AlCl_3} C_6H_5COCH_2CH_3$$

通过傅-克酰基化反应生成酰基取代苯，然后将羰基（C═O）还原成 CH_2（见 10.6.2），这是间接在芳环上导入长直链烷基的有效方法。

傅-克酰基化反应常用的酰基化试剂除酰氯外，还有酸酐和羧酸。例如

$$C_6H_6 + \underset{\text{乙酸酐}}{(CH_3CO)_2O} \xrightarrow{AlCl_3} \underset{76\%\sim83\%}{C_6H_5COCH_3} + CH_3COOH$$

$$C_6H_5(CH_2)_3COOH \xrightarrow{AlCl_3} \text{α-四氢萘酮}$$

芳环上有强吸电子取代基（如—NO_2、—SO_3H、—CN 等）时，通常不能发生傅-克烷基化或酰基化反应，因此硝基苯可以作为傅-克反应的溶剂。

问题 8-5　写出下列 Friedel-Crafts 反应的主要产物。

(1) $C_6H_6 + (CH_3)_2CHCH_2Br \xrightarrow{AlCl_3}$

(2) $C_6H_6 + (CH_3)_3CCH_2OH \xrightarrow{BF_3}$

---

(3) $C_6H_5CH_2CH_2CH_2CH_2Cl \xrightarrow{AlCl_3}$

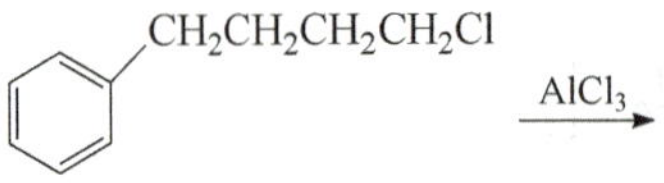

(4) 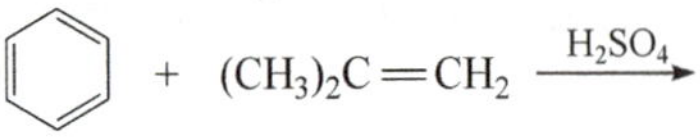 $C_6H_6 + (CH_3)_2C{=}CH_2 \xrightarrow{H_2SO_4}$

(5) $C_6H_6 + O_2N-C_6H_4-COCl \xrightarrow{AlCl_3}$

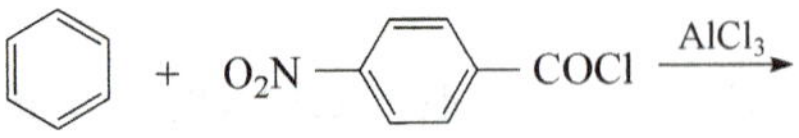

(6) 2-苯基环己基-$CH_2COCl \xrightarrow{AlCl_3}$

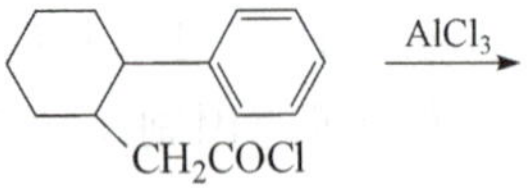

8.1.5 芳香烃的氧化反应

1. 苯和烷基苯的氧化

苯环是相当稳定的体系，一般不被强氧化剂(如高锰酸钾等)氧化。但在特殊催化剂(如五氧化二钒)存在下氧化，则苯环被破坏，生成氧化产物顺丁烯二酸酐。

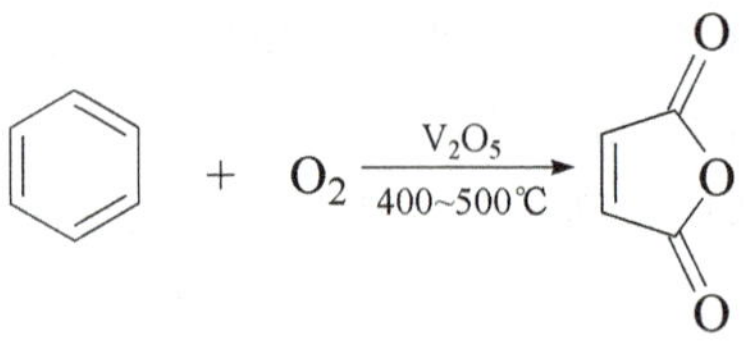

$$C_6H_6 + O_2 \xrightarrow[400\sim500℃]{V_2O_5} \text{顺丁烯二酸酐}$$

顺丁烯二酸酐

烷基取代苯，只要 α-碳原子上含有氢(α-H)，无论烷基多长，经高锰酸钾等氧化剂氧化，α-碳原子转变成羧基(—COOH)，即生成相应的苯甲酸产物。例如

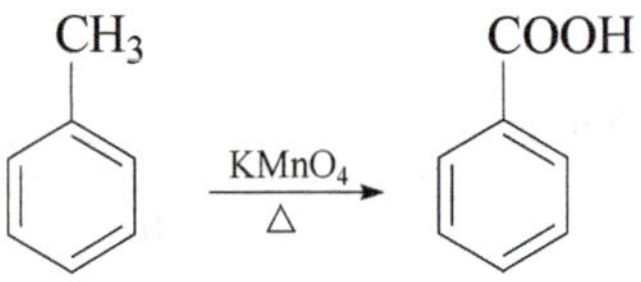

$$C_6H_5CH_3 \xrightarrow[\triangle]{KMnO_4} C_6H_5COOH$$

苯甲酸

$$p\text{-}O_2N-C_6H_4-CH(CH_3)_2 \xrightarrow[\triangle]{KMnO_4} p\text{-}O_2N-C_6H_4-COOH$$

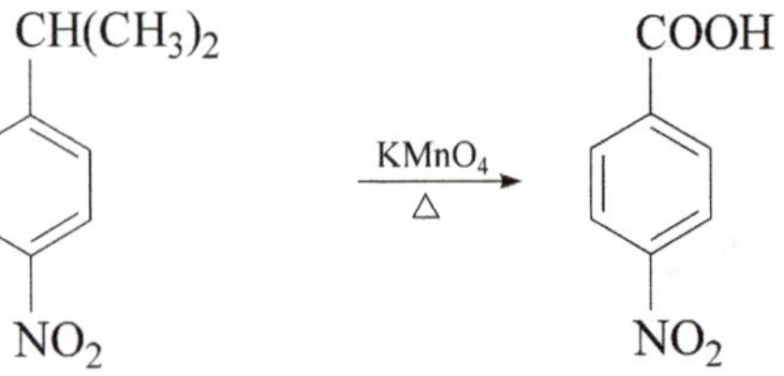

对硝基苯甲酸

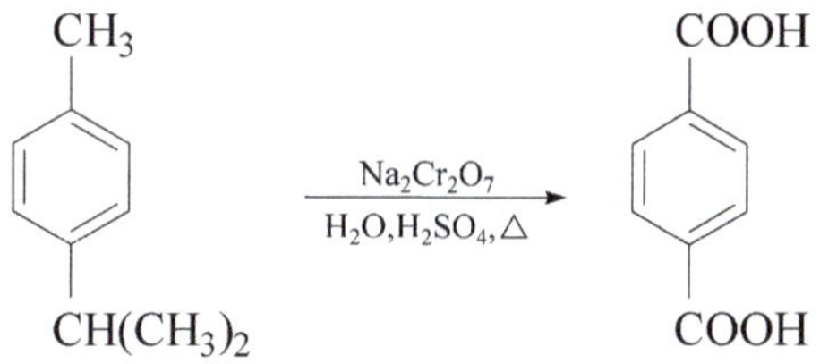

$$p\text{-}CH_3C_6H_4CH(CH_3)_2 \xrightarrow[H_2O,H_2SO_4,\triangle]{Na_2Cr_2O_7} p\text{-}HOOCC_6H_4COOH$$

对苯二甲酸(45%)

但当与苯环直接相连的 α-碳原子上不含氢时，则侧链不会被氧化。例如，叔丁基苯在较强烈的条件下氧化，不是侧链被氧化，而是苯环被氧化破坏，生成三甲基乙酸。

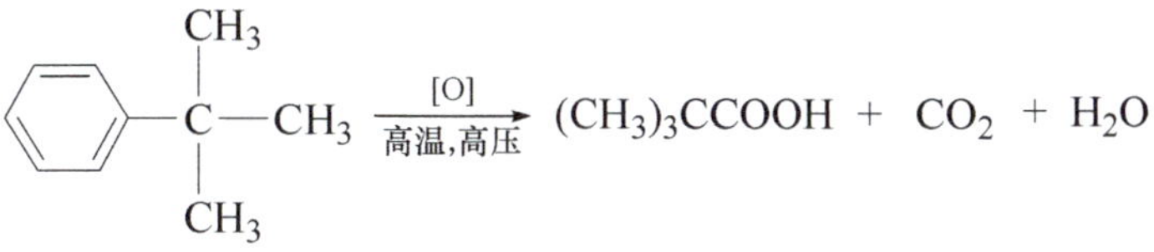

$$C_6H_5C(CH_3)_3 \xrightarrow[高温,高压]{[O]} (CH_3)_3CCOOH + CO_2 + H_2O$$

叔丁基苯　　　　三甲基乙酸

2. 萘环的氧化

萘环比苯环容易被氧化，普通氧化剂即可以将萘环氧化，且萘环比萘环上的侧链还容易被氧化。例如

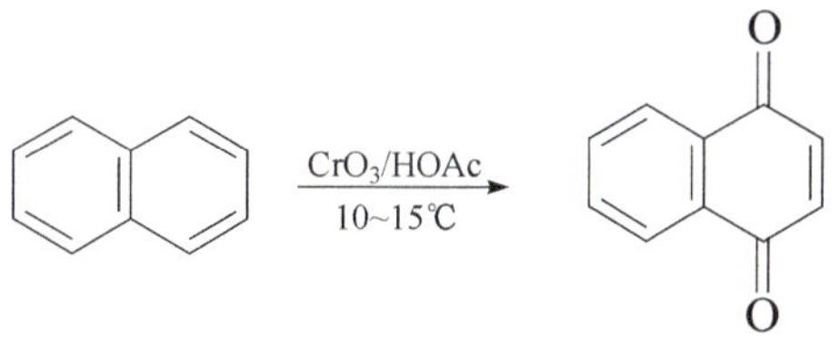

$$萘 \xrightarrow[10\sim15℃]{CrO_3/HOAc} 1,4\text{-萘醌}$$

1,4-萘醌

$$2\text{-甲基萘} \xrightarrow[25℃]{CrO_3/HOAc} 2\text{-甲基-1,4-萘醌}$$

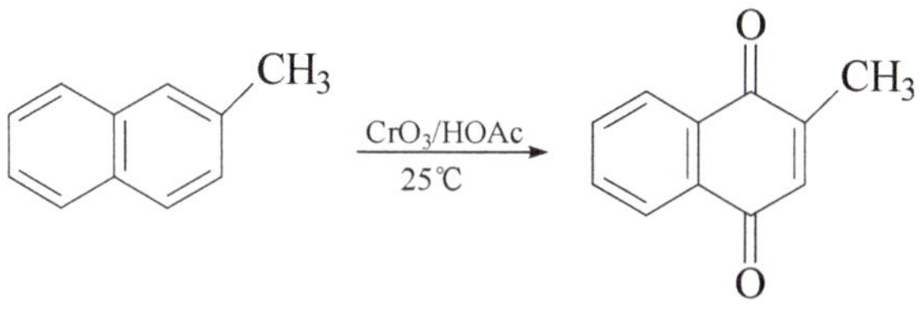

2-甲基-1,4-萘醌

强氧化剂则可以使萘环破裂。例如

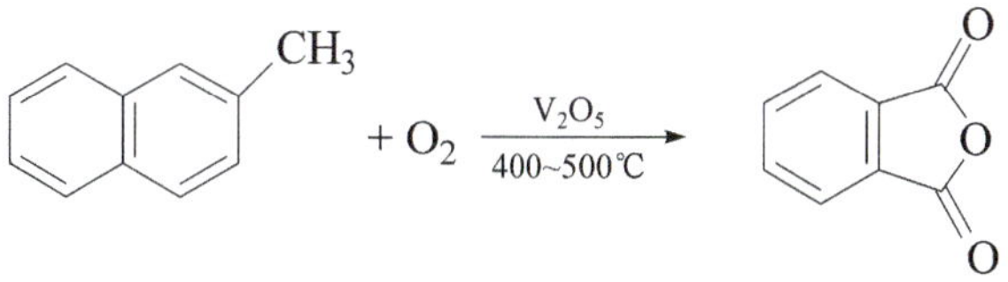

$$2\text{-甲基萘} + O_2 \xrightarrow[400\sim500℃]{V_2O_5} 邻苯二甲酸酐$$

邻苯二甲酸酐

蒽和菲的 9、10 位相对比较容易被氧化，生成相应的蒽醌和菲醌。

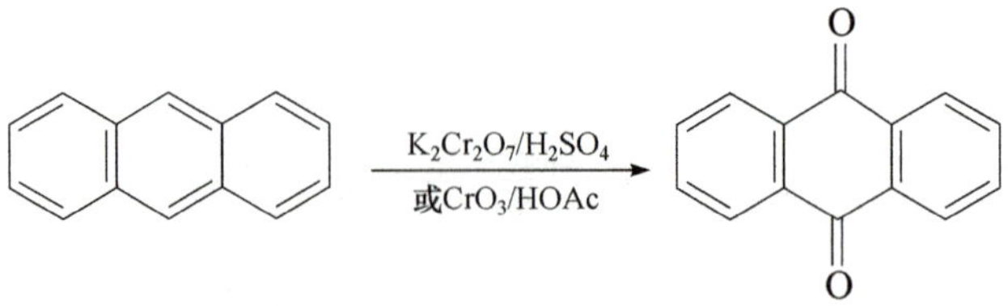

$$\xrightarrow[\text{或}CrO_3/HOAc]{K_2Cr_2O_7/H_2SO_4}$$

9,10-蒽醌

$$\xrightarrow[\text{或}CrO_3/HOAc]{K_2Cr_2O_7/H_2SO_4}$$

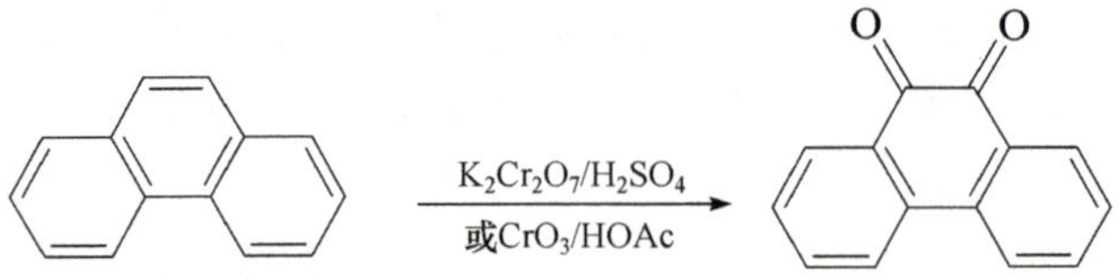

9,10-菲醌

问题 8-6　写出下列氧化的主要产物。

(1) 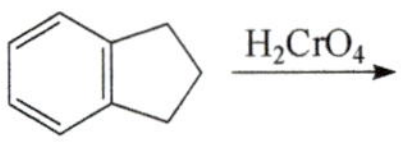 $\xrightarrow{H_2CrO_4}$

(2) 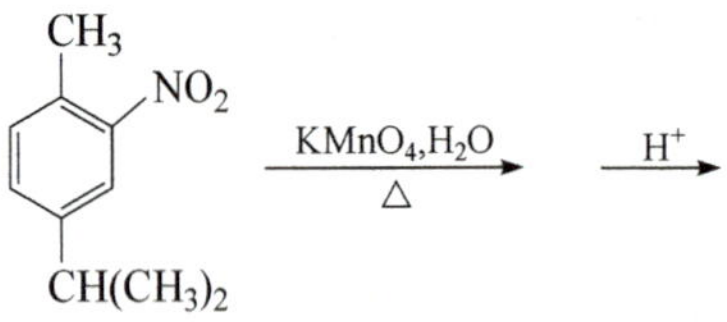 CH_3 NO_2 $CH(CH_3)_2$ $\xrightarrow[\triangle]{KMnO_4,H_2O}$ $\xrightarrow{H^+}$

8.1.6　烷基芳香烃侧链上的卤化反应

卤素与苯或其他芳香烃除在三卤化铁存在下可以在芳环上发生亲电取代反应外，卤素还可以在光照或加热条件下与烷基苯反应，侧链 α-位碳原子上的氢被卤素取代，生成苄基卤代烃。例如，甲苯氯化得到氯甲基苯(苄氯)。

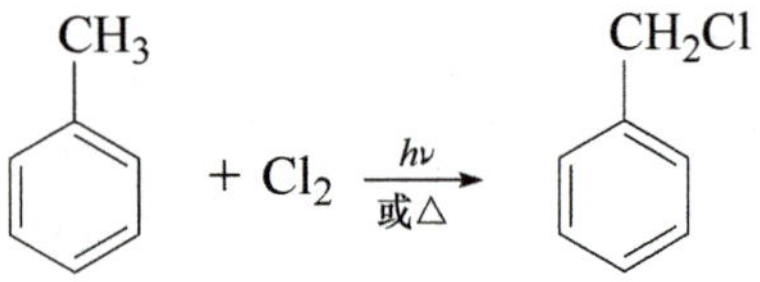

CH_3 $+ Cl_2 \xrightarrow[\text{或}\triangle]{h\nu}$ CH_2Cl

氯甲基苯(苄氯)

氯甲基苯进一步氯化生成二氯甲基苯。

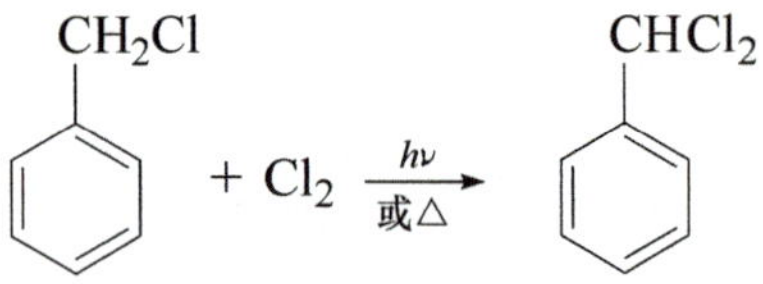

CH_2Cl $+ Cl_2 \xrightarrow[\text{或}\triangle]{h\nu}$ $CHCl_2$

反应按自由基机理进行。

$$Cl_2 \xrightarrow[\text{或}\triangle]{h\nu} 2Cl\cdot$$

$$Cl\cdot + C_6H_5CH_3 \longrightarrow C_6H_5\dot{C}H_2 + HCl$$

苄基自由基

$$C_6H_5\dot{C}H_2 + Cl_2 \longrightarrow C_6H_5CH_2Cl + Cl\cdot$$

中间经过苄基自由基中间体。由于苄基自由基可以写出四个共振结构式，因此烷基苯的 α-位比烷烃更容易被卤化。

$\cdot CH_2$ $\longleftrightarrow$ CH_2 $\longleftrightarrow$ CH_2 $\longleftrightarrow$ CH_2

在相似的反应条件下，溴与烷基苯也发生自由基取代反应，生成 α-碳原子上的氢被溴取代的苄溴取代物。例如

$$C_6H_5CH_2CH_3 \xrightarrow[h\nu]{Br_2} C_6H_5CHBrCH_3$$

$$p\text{-}O_2NC_6H_4CH_3 + Br_2 \xrightarrow[h\nu]{CCl_4, 80℃} p\text{-}O_2NC_6H_4CH_2Br \quad 71\%$$

溴的反应活泼性不如氯，因此溴的反应选择性比氯强。

N-溴代丁二酰亚胺(NBS)也是使用很方便的自由基溴代试剂，这时需要加入过氧化物[如过氧化苯甲酰，$(C_6H_5COO)_2$]作为自由基引发剂。例如

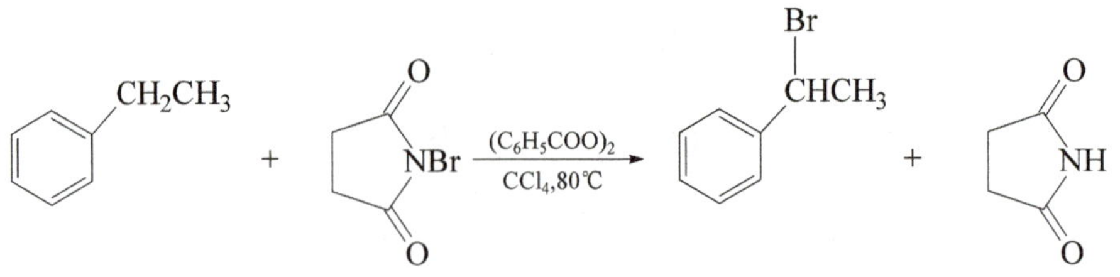

$$C_6H_5CH_2CH_3 + \text{NBS} \xrightarrow[CCl_4, 80^\circ C]{(C_6H_5COO)_2} C_6H_5CHBrCH_3 + \text{琥珀酰亚胺}$$

NBS　　87%

8.1.7 芳香烃的还原

苯及其同系物在碱金属(Na、K 或 Li)和液氨与醇的混合液中可以被还原为环己-1,4-二烯类化合物,这个反应称为 Birch 还原。苯被还原为环己-1,4-二烯。

$$C_6H_6 \xrightarrow[NH_3(l)/C_2H_5OH]{Na} \text{环己-1,4-二烯}$$

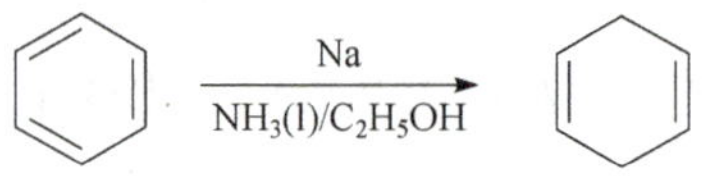

Birch 还原的反应机理如下:

$$Na + NH_3(l) \longrightarrow Na^+ + (e^-)NH_3$$

溶剂化电子

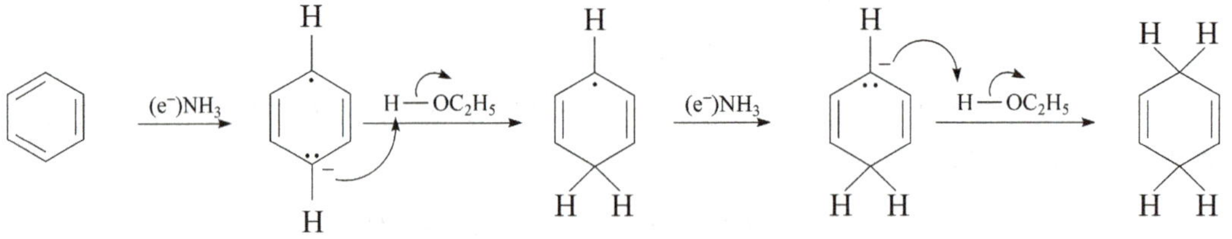

$$C_6H_6 \xrightarrow{(e^-)NH_3} \text{负离子自由基} \xrightarrow{H-OC_2H_5} \text{自由基} \xrightarrow{(e^-)NH_3} \text{负离子} \xrightarrow{H-OC_2H_5} \text{环己-1,4-二烯}$$

负离子自由基　　自由基　　负离子

首先是钠与液氨反应,生成溶剂化电子,苯从中获得一个电子形成负离子自由基,负离子自由基从醇分子中夺取一个质子生成自由基,自由基再获得一个溶剂化电子形成负离子,最后负离子从醇分子中夺取一个质子生成环己-1,4-二烯。

一烷基取代苯或一烷氧基取代苯发生 Birch 还原时,生成 1-烷基取代或 1-烷氧基取代的环己-1,4-二烯,即与给电子基团烷基或烷氧基相连的碳原子上具有双键。例如

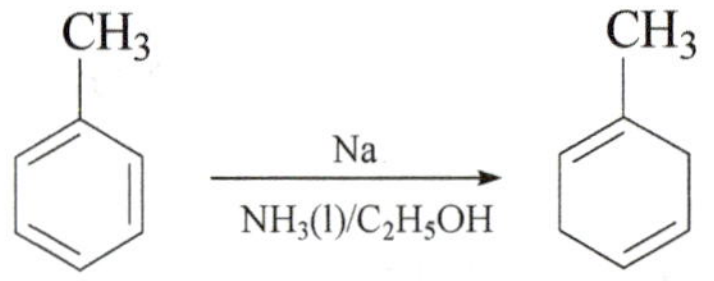

$$C_6H_5CH_3 \xrightarrow[NH_3(l)/C_2H_5OH]{Na} \text{1-甲基环己-1,4-二烯}$$

88%

$$C_6H_5OCH_3 \xrightarrow[NH_3(l)/C_2H_5OH]{Na} \text{1-甲氧基环己-1,4-二烯}$$

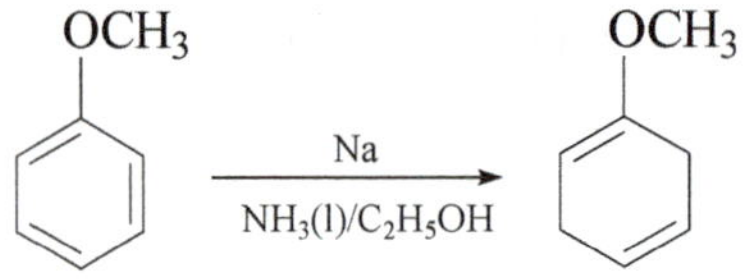

邻二甲苯经 Birch 还原则得到 1,2-二甲基环己-1,4-二烯。

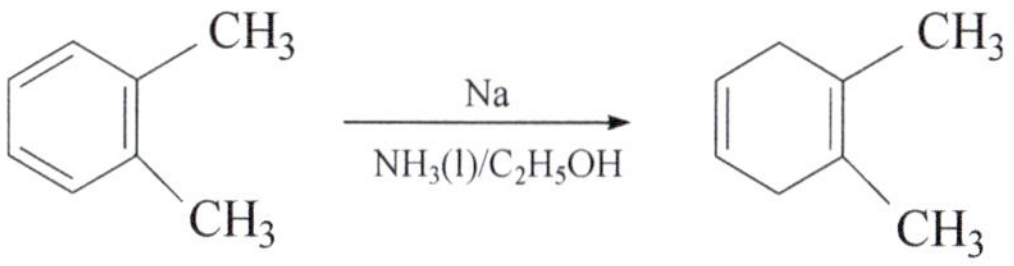

具有吸电子基团的一取代苯发生 Birch 还原时，生成的产物是取代基连在饱和碳原子上的环己-1，4-二烯。例如

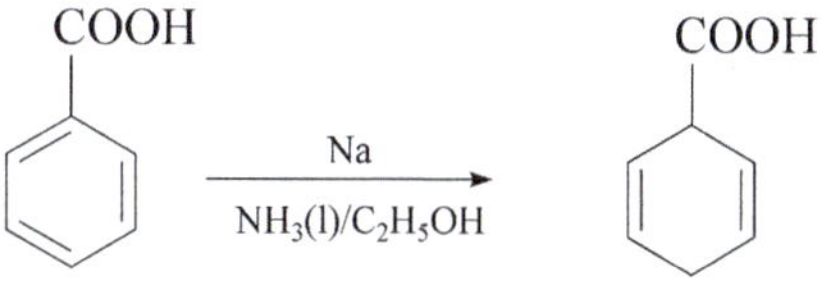

环己-2,5-二烯-1-羧酸

如果取代基上有与苯环共轭的碳碳双键，Birch 反应首先还原侧链上的共轭双键，生成烷基苯，再还原为 1-烷基取代的环己-1，4-二烯。侧链上不与苯环共轭的碳碳双键则不被还原。例如

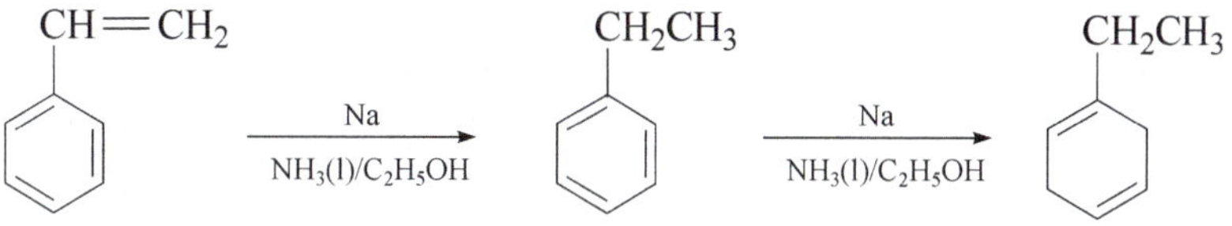

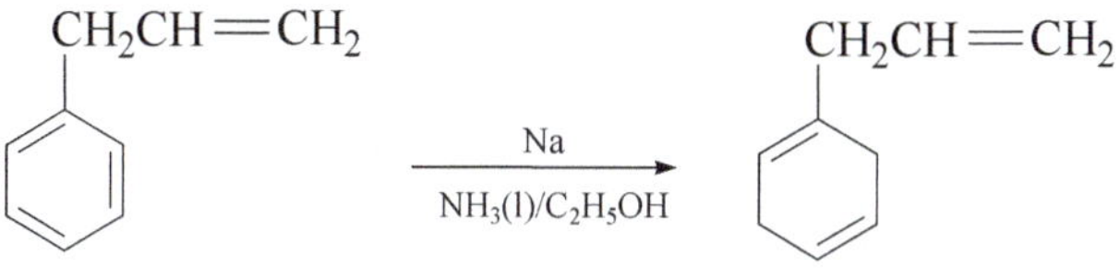

Birch 反应提供了一个由芳烃合成非共轭的环己二烯的方法。

问题 8-7　为什么苯甲酸经 Birch 还原得到环己-2，5-二烯-1-羧酸？试从反应机理进行解释。

问题 8-8　完成下列反应式。

(1) 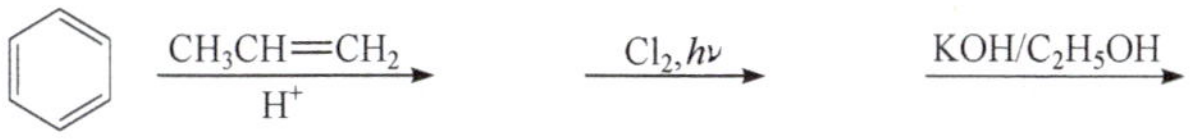 $\xrightarrow[H^+]{CH_3CH{=}CH_2}$ $\xrightarrow{Cl_2, h\nu}$ $\xrightarrow{KOH/C_2H_5OH}$

(2) $C_6H_5C(CH_3){=}CH_2 \xrightarrow[NH_3(l)/C_2H_5OH]{Na}$

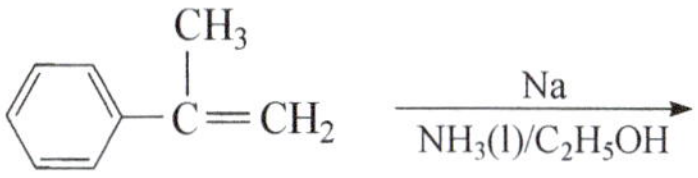

8.1.8　苯环上亲电取代反应的定位规律

1. 定位规律

当一取代苯再进行亲电取代反应时，新导入的取代基可以进入原有取代基的邻位、间位和对位，生成三种不同的二取代物的位置异构体。

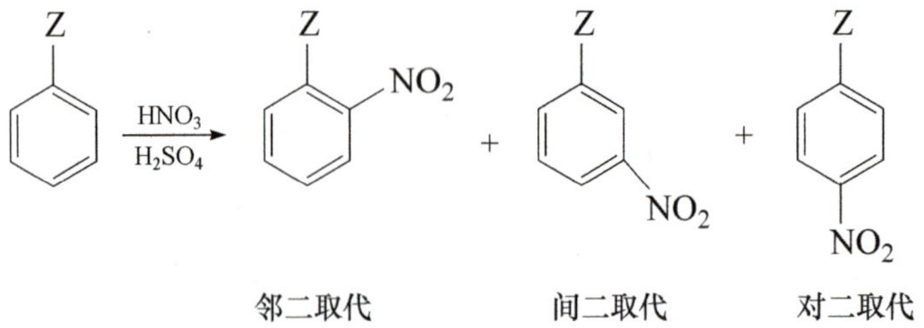

$$\text{C}_6\text{H}_5\text{Z} \xrightarrow[H_2SO_4]{HNO_3} o\text{-}Z\text{-}C_6H_4NO_2 + m\text{-}Z\text{-}C_6H_4NO_2 + p\text{-}Z\text{-}C_6H_4NO_2$$

邻二取代　　间二取代　　对二取代

如果取代反应发生在5个位置上的概率基本相等，即各个位置占20%的取代概率，则邻位二取代物应占40%，对位二取代物占20%，间位二取代物占40%。实际上，取代产物中新取代基导入的位置并不遵循概率的规律，而主要受控于苯环上原有取代基的性质，分别得到新取代基在原有取代基的邻、对位为主的产物（>60%）或在原有取代基的间位为主的产物（40%）。显然，苯环上原有的取代基对新导入的取代基有定位作用，这称为取代基的定位效应（orientation effect）。能导致邻、对位产物大于60%的原取代基称为邻、对位定位基（ortho-para directing group），能导致间位产物大于40%的原取代基称为间位定位基（meta directing group）。

苯环上原有取代基不仅影响和决定新的取代基导入苯环的位置，还对芳香环再发生亲电取代反应的难易程度产生影响，即影响芳香环发生亲电取代反应的活性。原有取代基能通过共轭效应或诱导效应使苯环上的电子云密度升高的，则原有取代基称为活化基团（activating groups），活化基团都是邻、对位定位基。例如，甲基是邻、对位定位基，是活化基团。原有取代基能通过共轭效应或诱导效应使苯环上的电子云密度降低的，则原有取代基称为钝化基团（deactivating groups），钝化基团基本上都是间位定位基（卤素除外，卤素是邻、对位定位基，但卤素是弱钝化基团）。例如，硝基是间位定位基，是钝化基团。带有活化基团的苯环在发生亲电取代反应时，所需的反应活化能比苯反应时低，反应速率比苯快，反应比苯容易。带有钝化基团的苯环在发生亲电取代反应时，所需的反应活化能比苯反应时高，反应速率比苯慢，反应比苯困难。

1）邻、对位定位基

邻、对位定位基绝大多数（卤素除外）都是使苯环活化的基团，能使亲电试剂进攻它的邻、对位的取代产物的产率超过60%。从经验规律判断，在邻、对位定位基中，直接与苯环相连的原子大多以单键与其他原子相连（苯基、烯基等除外），即不含重键，且直接与苯环相连的原子多数具有未共用电子对。

常见的邻、对位定位基如下：

$—NR_2$，$—NHR$，$—NH_2$，$—OH$，$—NHCOCH_3$，$—OCH_3$，$—OCOCH_3$，$—C_6H_5$，$—R$，$—F$，$—Cl$，$—Br$，$—I$

强活化（$—NR_2$，$—NHR$，$—NH_2$，$—OH$）；中等活化（$—NHCOCH_3$，$—OCH_3$，$—OCOCH_3$）；弱活化（$—C_6H_5$，$—R$）；弱钝化（$—F$，$—Cl$，$—Br$，$—I$）

2）间位定位基

间位定位基都是使苯环钝化的基团。它使亲电试剂主要进攻其间位，并使间位取代产物的产率超过40%。从经验规律判断，在间位定位基中，直接与苯环相连的原子大多以重键与其他原子相连（$—CX_3$ 除外），或带有正电荷，或带有多个吸电子原子的基团（如$—CX_3$）。

常见的间位定位基如下：

$—N^+R_3$，$—NO_2$，—CN，$—SO_3H$，—CHO，$—COCH_3$，—COOH，—COOR，$—CONH_2$，$—CF_3$ 等

强钝化

上述两类定位基从左到右的排列顺序大致就是其对苯环亲电取代反应的活化或钝化作用由强到弱的排列顺序。

这里必须指出，所谓邻、对位定位基是指新导入的取代基主要进入它的邻位和对位，仅含有少量间位产物。同样，所谓间位取代基是指新导入的取代基主要进入它的间位，而邻、对位产物是少量的，见表 8-2。

表 8-2　一取代苯硝化反应的相对速率及其产物组成

反应物	相对速率*	反应产物/%		
		邻位	对位	间位
甲苯($C_6H_5CH_3$)	25	63	34	3
苯酚(C_6H_5OH)	很快	55	45	～0
氯苯(C_6H_5Cl)	0.03	30	70	～0
溴苯(C_6H_5Br)	0.03	37	63	～0
硝基苯($C_6H_5NO_2$)	6×10^{-8}	6	1	93
苯甲酸(C_6H_5COOH)	慢	19	1	80

* 以苯的硝化反应速率为 1。

当二取代苯再进行亲电取代反应时，则第三个取代基进入苯环的位置和速率由原来两个取代基的综合效应决定。如果原有两个取代基的定位效应一致，则新导入的取代基进入的位置比较容易推测，取代在它们共同定位的位置上，但以位阻相对较小的位置为主。例如

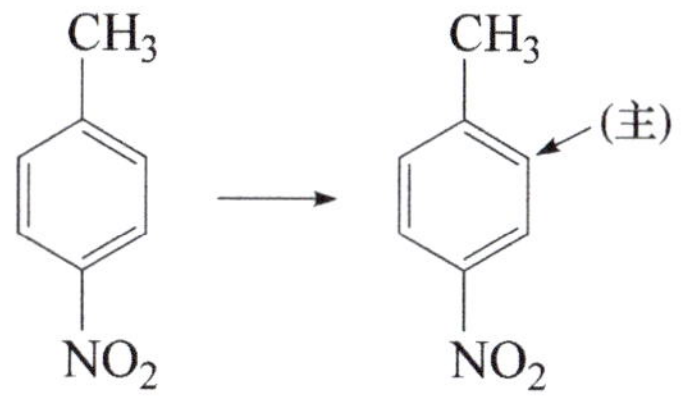

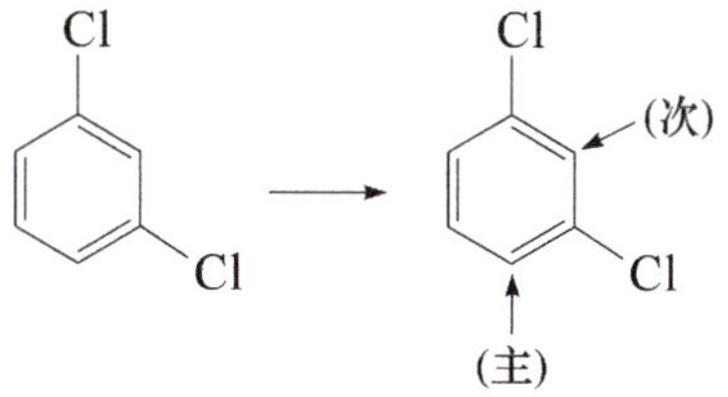

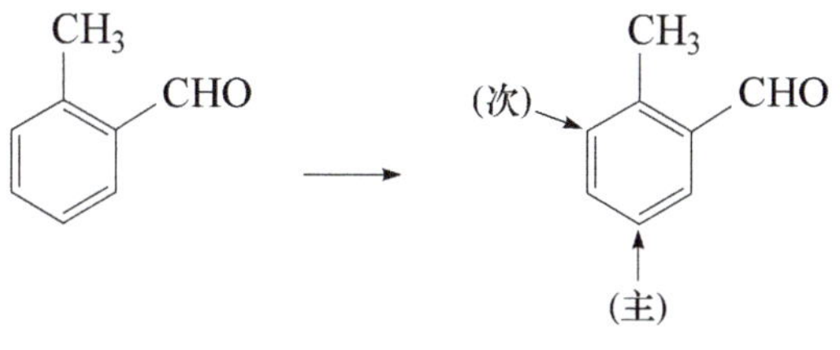

如果原有两个取代基的定位效应不一致，这时推测新导入取代基进入的位置必须根据原

有不同定位基的情况具体分析。如果两个取代基属于同类型的定位基，则第三个取代基进入苯环的主要位置由定位效应更强的定位基决定，同样以位阻相对较小的位置为主。例如

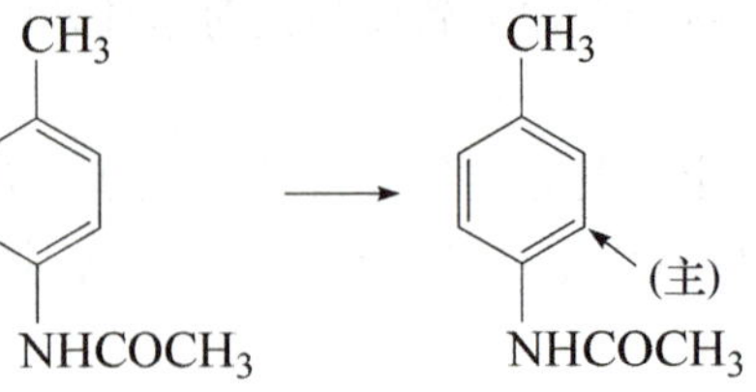

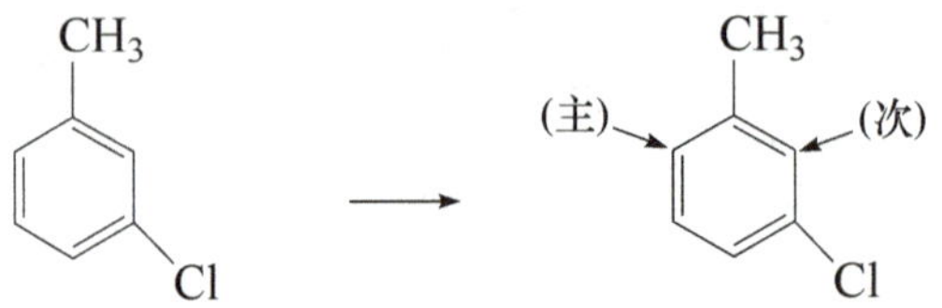

CH3　　　　CH3
NHCOCH3 ⟶ NHCOCH3 (主)

CH3　　　　CH3
Cl ⟶ (主) (次) Cl

如果两个取代基分别属于不同类型的定位基，则第三个取代基进入苯环的位置主要由邻、对位定位基决定。例如

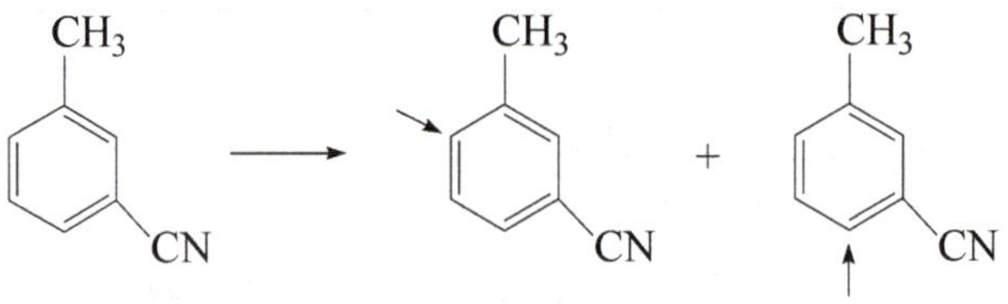

CH3　　CH3　　CH3
CN ⟶ CN + CN

当这两个取代基的定位能力差别不大时，得到混合物。例如

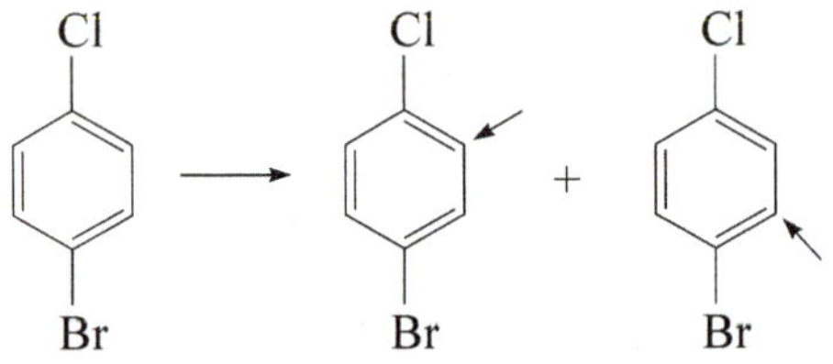

Cl　　Cl　　Cl
Br ⟶ Br + Br

甲基是使苯环活化的邻、对位定位基，因此甲苯的硝化可以在室温下进行。而硝基是使苯环钝化的间位定位基，因此硝基苯的硝化必须在加热(95℃以上)条件下才能进行。

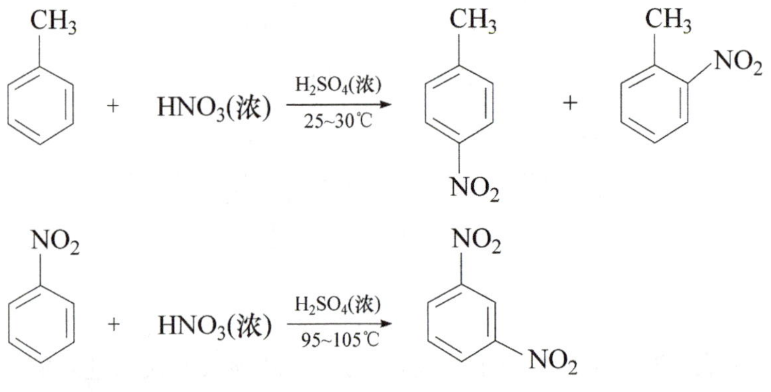

$$C_6H_5CH_3 + HNO_3(浓) \xrightarrow[25\sim30℃]{H_2SO_4(浓)} p\text{-}CH_3C_6H_4NO_2 + o\text{-}CH_3C_6H_4NO_2$$

$$C_6H_5NO_2 + HNO_3(浓) \xrightarrow[95\sim105℃]{H_2SO_4(浓)} m\text{-}C_6H_4(NO_2)_2$$

问题 8-9 用箭头表示下列化合物苯环发生一溴化时溴取代的主要位置。

(1) 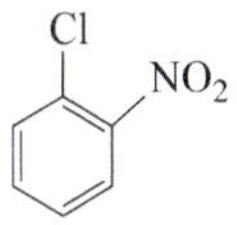 Cl, NO_2 (2) Br, SO_3H (3) CH_3, $COOCH_3$

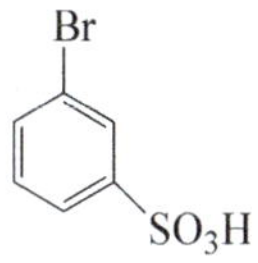

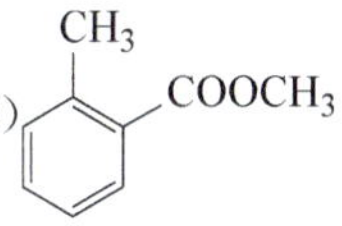

(4) 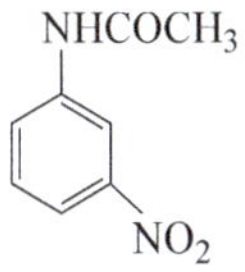 $NHCOCH_3$, NO_2 (5) 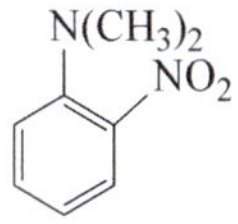 $N(CH_3)_2$, NO_2 (6) 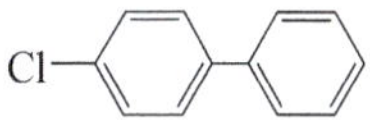 Cl

问题 8-10 能否用苯为原料经二次亲电取代反应得到下列二取代苯？如能得到，请写出相应的反应式。

(1) 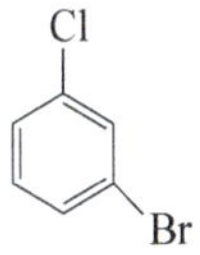 Cl, Br (2) 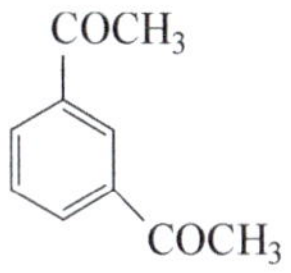 $COCH_3$, $COCH_3$ (3) NO_2, $COCH_3$ 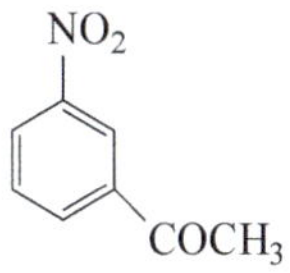 (4) 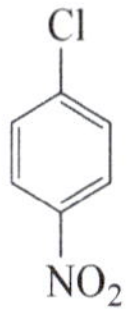 Cl, NO_2

2. 定位规律的理论解释

邻、对位定位基为给电子取代基(卤素除外)，使苯环上电子云密度增加，在定位基的邻位和对位电子云密度增加尤为显著，对苯环亲电取代反应有活化作用，因此苯环上有邻、对位定位基(卤素除外)的取代苯，其发生亲电取代反应的活性比苯大。间位定位基对苯环则起吸电子作用，使苯环上电子云密度降低，对苯环亲电取代反应有钝化作用，因此苯环上有间位定位基的取代苯，其发生亲电取代反应的活性比苯小。

从反应机理看，由于一取代苯发生亲电取代反应的机理与苯相似，芳基正离子为反应活性中间体，因此有利于活性中间体稳定性增加的因素将使反应速率增大。邻、对位定位基(卤素除外)为给电子取代基，有利于活性中间体芳基正离子电荷的分散，使稳定性提高，反应活性比苯大。当亲电试剂取代在它的邻、对位时生成的芳基正离子比取代在间位时生成的芳基正离子更稳定，因此给电子基团(卤素除外)既是活化基团，又是邻、对位定位基。而间位定位基为吸电子取代基，不利于活性中间体芳基正离子电荷的分散，使稳定性降低，反应活性比苯小。但当亲电试剂取代在它的间位时生成的芳基正离子比取代在邻、对位时生成的芳基正离子相对稳定些，因此吸电子基团是钝化基团，是间位定位基。

取代基的定位规律可以用下列式子说明，G 为给电子的活化基团时，亲电试剂进攻 G 的邻、对位生成的芳基正离子中都有一个极限式中的正电荷直接与 G 相连，正电荷得到有效分散，所以取代在邻、对位时生成的中间体 σ 络合物比进攻间位所生成的 σ 络合物稳定性高。因此，给电子的活化基团 G 为邻、对位定位基。

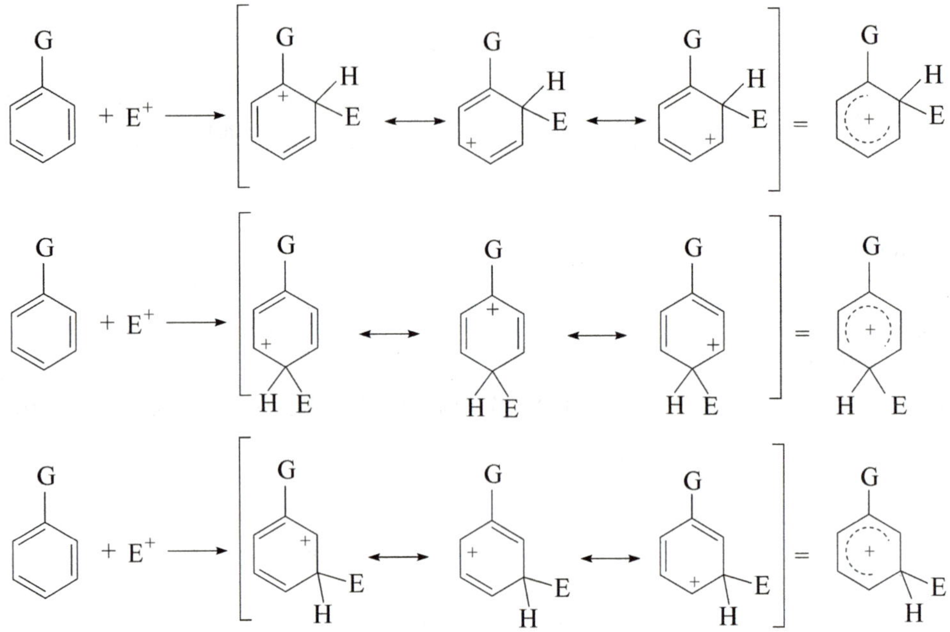

而当G为吸电子的钝化基团时，亲电试剂进攻G的间位所生成的中间体σ络合物中，却没有一个极限式中的正电荷与吸电子的基团G直接相连，所以亲电试剂进攻G的间位比进攻邻、对位所生成的σ络合物稳定性高。因此，吸电子的钝化基团G为间位定位基。

3. 定位规律的应用

苯环上取代基定位规律的重要性在于通过它设计和选择最合理的合成路线，谋求主要产物能得到最好的产率，并力求避免复杂的分离手续。

例如，以甲苯为原料，分别合成重要的中间体间硝基苯甲酸和对硝基苯甲酸。

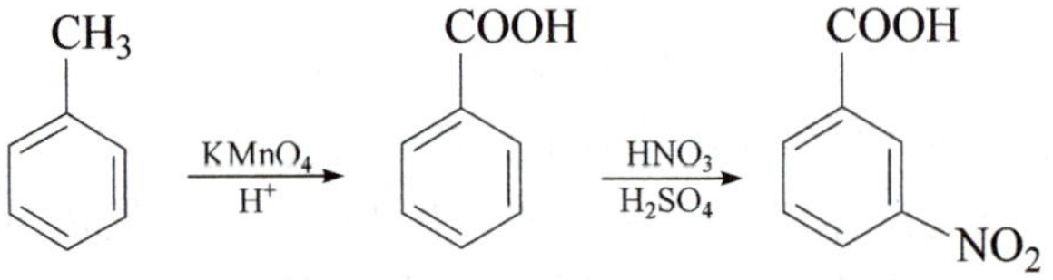

合成间硝基苯甲酸的反应涉及先氧化后硝化两步反应。先将甲基氧化为羧基(—COOH)，可使硝基进入羧基的间位成为主要产物。若先硝化后再氧化，则硝化时硝基主要进入甲基的邻、对位，主要得到邻硝基甲苯和对硝基甲苯，再氧化则得到邻硝基苯甲酸和对硝基苯甲酸。

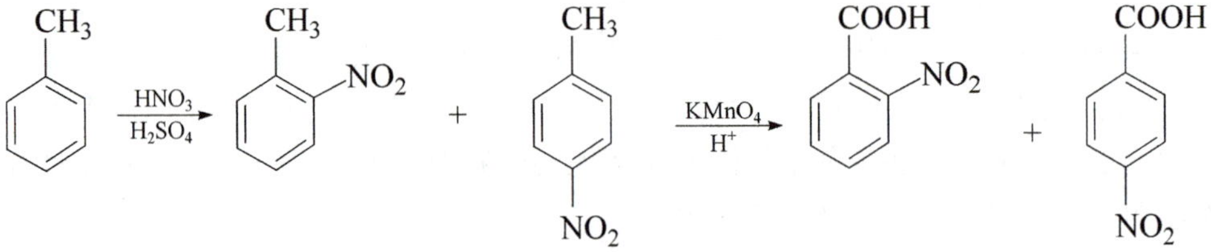

由于对硝基苯甲酸的对称性比邻硝基苯甲酸高，因此前者的熔点比后者高，可以用重结晶的方法分离，从而得到对硝基苯甲酸。

从反应类型看，上述两反应都涉及氧化反应和硝化反应，并且反应试剂相同，但反应的顺序不同，最终的主要产物就不同，这就是芳环上取代基定位规律的意义。

问题 8-11　写出下列化合物发生一硝化的主要产物。

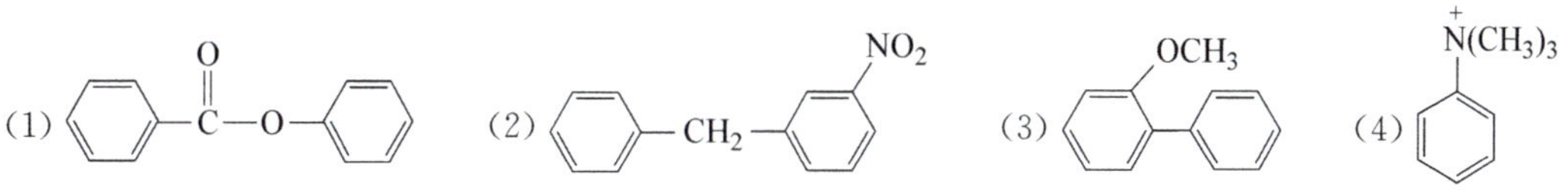

(1) O, C—O　(2) CH_2, NO_2　(3) OCH_3　(4) $\overset{+}{N}(CH_3)_3$

8.1.9　非苯型芳香烃和 Hückel 规则

苯环是具有 C_6H_6 结构单元的一种环状共轭多烯烃，能否把苯环的芳香性结构特征推广到苯环以外的环状共轭多烯烃中呢？1931 年，Hückel 运用分子轨道理论研究并计算了这些分子的 π 电子能级，从而提出了判断芳香性的简单规则，即著名的 Hückel 规则。Hückel 规则认为：在单环平面共轭体系中，只有 π 电子数为 $4n+2(n=0,1,2,3,\cdots)$ 时，该体系才具有芳香性，这就是 Hückel 的 $4n+2$ 规则，简称 $4n+2$ 规则。

Hückel 规则不但能判断有单、双键交替出现的单环多烯（轮烯）的芳香性，也可用于判断单环多烯烃离子的芳香性。

图 8-6 是 C_3H_3 至 C_8H_8 的单环多烯体系的分子轨道能级图。由图 8-6 可知，它们都有一个能量最低的成键轨道，然后是两个能量较高的简并轨道，当单环多烯中的 π 电子正好能填满相应的成键轨道时，体系趋于稳定。这时填满成键轨道上的 π 电子数为 2（占在能量最低的成键轨道上）和 $4n$（占在 n 对简并轨道上）个，即填满这些成键轨道需要 $(4n+2)$ 个 π 电子，这时体系最稳定，具有芳香性。例如，苯含有 6 个 π 电子，在基态下，有 2 个 π 电子占在能量最低的成键轨道上，另外 4 个 π 电子占在一对简并的成键轨道上。这样，6 个 π 电子正好填满 3 个成键轨道，因此苯具有芳香性。

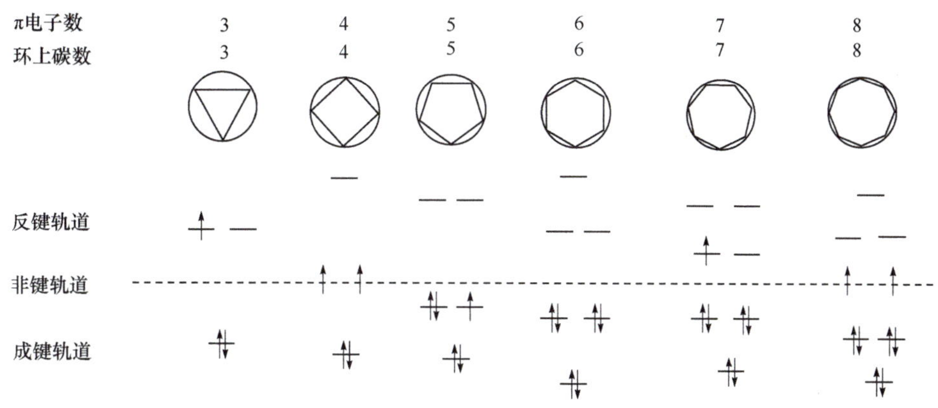

图 8-6　单环多烯体系的分子轨道能级图

从图 8-6 可以看出，对于环丁二烯和环辛四烯，除成键轨道被 π 电子填满外，还各有两个自旋方向相同的 π 电子分别占在两个非键轨道上，它们并不配对，相当于双自由基，因此它们

都是不符合 $4n+2$ 规则、没有芳香性的单环多烯，实际上环辛四烯不具有平面构型。而对于三元、五元、七元环多烯，因为环上 π 电子总数不符合 $4n+2$ 规则，有的是成键轨道上被 π 电填满后还有多余的 π 电子占在反键轨道上，有的是成键轨道上还没有被足够的 π 电子填满，所以它们都是没有芳香性的环多烯。显然，对于环丙烯正离子、环庚三烯正离子和环戊二烯负离子，它们都是具有单环共轭体系的平面结构，且它们的 π 电子数符合 $4n+2$ 规则，因此是有芳香性的。

环丙烯正离子

环庚三烯正离子

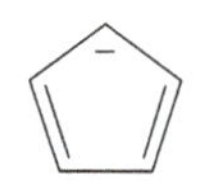

环戊二烯负离子

凡是不含苯环的芳香性(符合 Hückel 的 $4n+2$ 规则) 化合物统称为非苯型芳香烃。非苯型芳香烃包括某些轮烯和芳香离子。

单环共轭多烯也称为轮烯(annulene)，通式为 C_nH_n。除上面讨论的环丁二烯(C_4H_4)和环辛四烯(C_8H_8)可分别称为[4]轮烯和[8]轮烯外，环癸五烯($C_{10}H_{10}$)、环十四碳七烯($C_{14}H_{14}$)、环十八碳九烯($C_{18}H_{18}$)同样可分别称为[10]轮烯、[14]轮烯、[18]轮烯(方括号中的数字代表成环碳原子数)，其结构式分别为

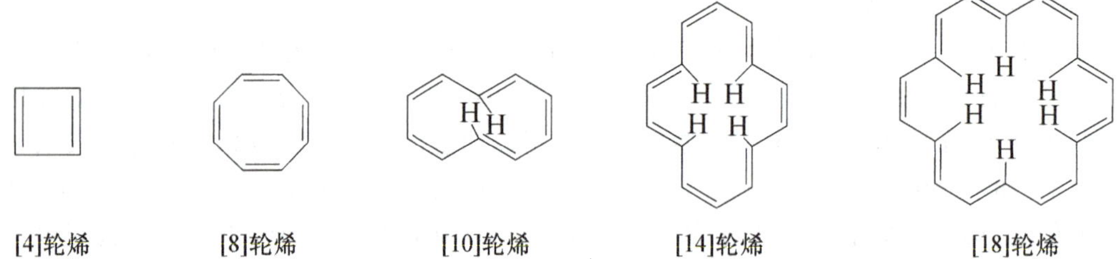

[4]轮烯　　[8]轮烯　　[10]轮烯　　[14]轮烯　　[18]轮烯

在[10]轮烯中，由于环内两个氢原子之间的斥力，环不能保持在同一平面内，因此尽管环上 π 电子数符合 $4n+2$ 规则，仍不具有芳香性。[14]轮烯和[18]轮烯因为能形成单环共平面，环上 π 电子数也符合 $4n+2$ 规则，所以都具有芳香性。而[16]轮烯尽管可以是单环共平面结构，但环上 π 电子数不符合 $4n+2$ 规则，因此无芳香性。

问题 8-12　判断下列结构哪些有芳香性。

(1)　(2)　(3)　(4)　(5)

8.1.10　稠环芳烃

1. 萘

萘是由两个苯环共用一条边而稠合的最简单的稠环化合物。萘为无色闪光晶体，分子式

为 $C_{10}H_8$，熔点为 80.5℃，沸点为 218℃，容易升华。萘分子中碳原子和氢原子都在同一平面内，是平面型分子。萘的共振能为 $255kJ \cdot mol^{-1}$，比两个苯环的共振能小，因此萘的稳定性比苯低。萘的化学性质与苯相似，可以在环上发生卤化、硝化、磺化和 Friedel-Crafts 等亲电取代反应。萘环上的亲电取代反应可以发生在 α-位和 β-位。为了简单起见，只考虑 σ 络合物共振结构式中贡献较大的结构，即能保留一个完整苯环的共振结构式，亲电取代反应发生在 α-位可以写出两个共振结构式，而发生在 β-位只能写出一个共振结构式，因此取代在 α-位比取代在 β-位生成的 σ 络合物稳定。

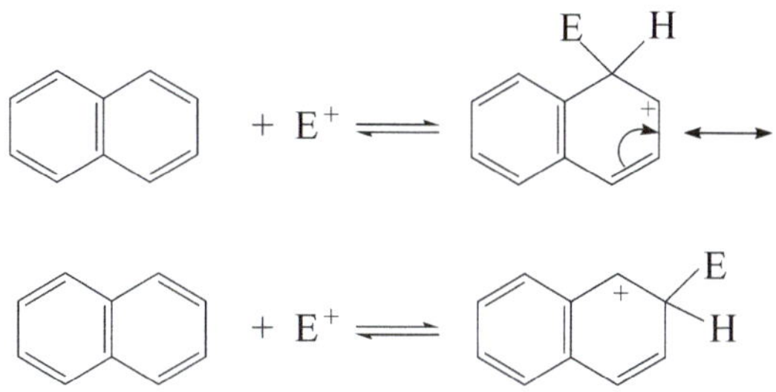

$+ E^+ \rightleftharpoons$ E H + $\longleftrightarrow$ E H +

$+ E^+ \rightleftharpoons$ + E H

由此可见，萘发生亲电取代反应时，α-位比 β-位活泼，主要得到 α-位取代产物。例如

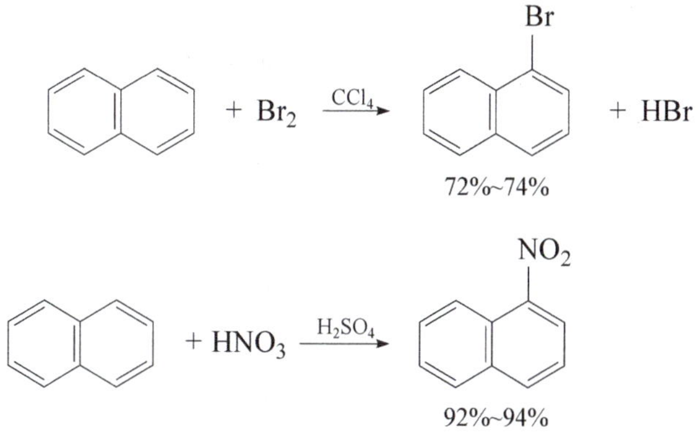

$+ Br_2 \xrightarrow{CCl_4}$ Br $+ HBr$

72%~74%

$+ HNO_3 \xrightarrow{H_2SO_4}$ NO_2

92%~94%

在磺化反应中，因为 α-位和 β-位的活性不同，生成 α-萘磺酸的速率也比生成 β-萘磺酸快，所以萘与浓硫酸在较低温度下反应，主要得到速度控制产物 α-萘磺酸；而在 150℃ 以上反应时，主要得到相对更稳定的平衡控制产物 β-萘磺酸。

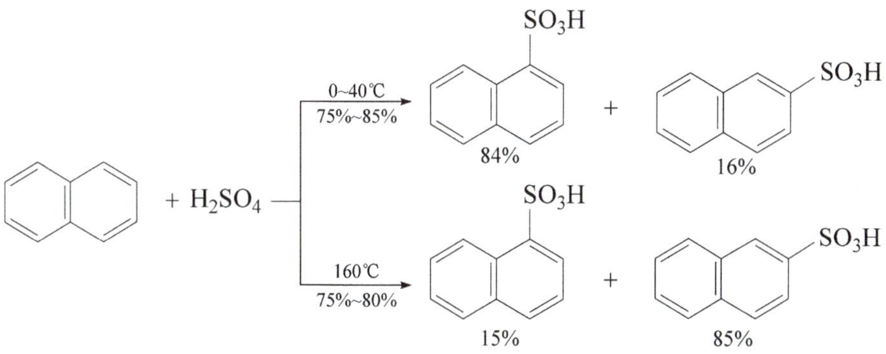

$+ H_2SO_4$

0~40℃, 75%~85%: SO_3H (84%) + SO_3H (16%)

160℃, 75%~80%: SO_3H (15%) + SO_3H (85%)

萘用氯磺酸（$ClSO_3H$）磺化只得到 α-萘磺酸。

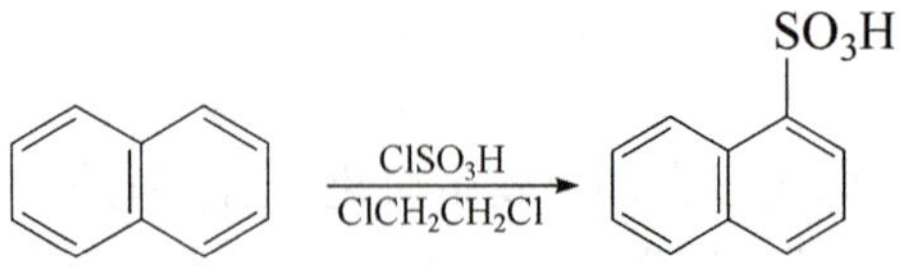

SO_3H

$\xrightarrow[ClCH_2CH_2Cl]{ClSO_3H}$

萘的傅-克酰基化反应通常得到 α-酰化和 β-酰化产物的混合物。但当用三氯化铝作催化剂时，在二硫化碳等非极性溶剂中反应，主要得到 α-酰化产物；而在硝基甲烷或硝基苯等极性溶剂中反应，主要得到 β-酰化产物。

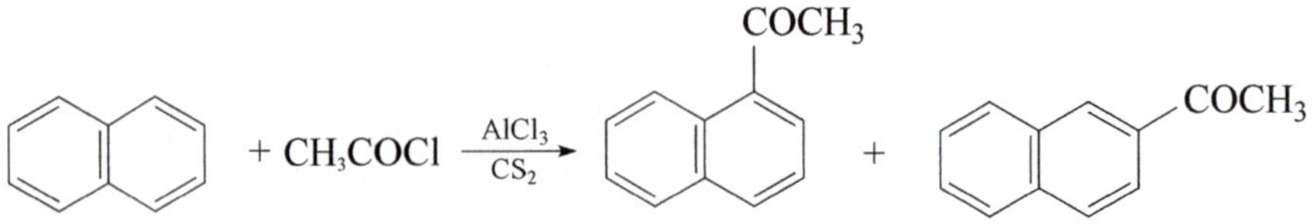

$COCH_3$

$+ CH_3COCl \xrightarrow[CS_2]{AlCl_3}$ + $COCH_3$

75%　　25%

$+ CH_3COCl \xrightarrow[CH_3NO_2]{AlCl_3}$ $COCH_3$

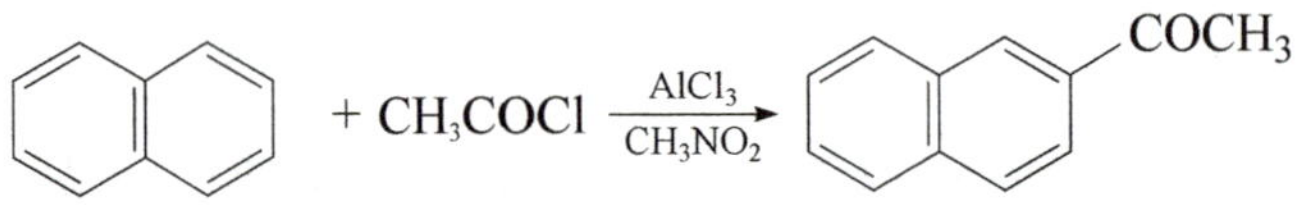

90%

萘可以被催化加氢，根据反应条件不同可以得到四氢化萘和十氢化萘。

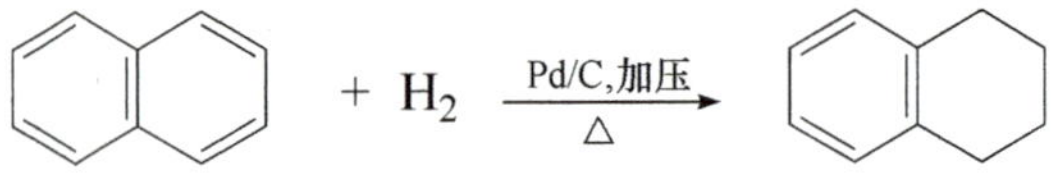

$+ H_2 \xrightarrow[\triangle]{Pd/C,加压}$

四氢化萘

H　　H

$+ H_2 \xrightarrow[\triangle]{Pt,加压}$ +

H　　H

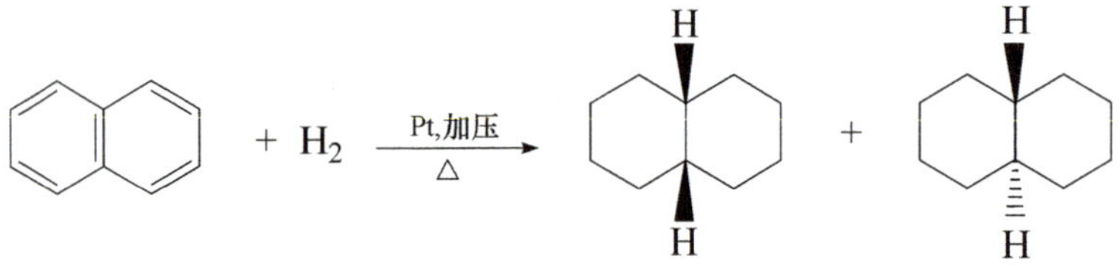

顺十氢化萘(25%)　　反十氢化萘(75%)

萘也可以发生 Birch 还原，分别得到 1,4-二氢化萘和 1,4,5,8-四氢化萘。

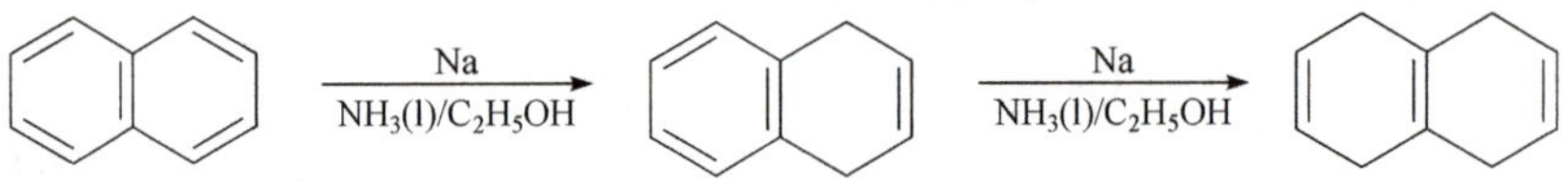

$\xrightarrow[NH_3(l)/C_2H_5OH]{Na}$ $\xrightarrow[NH_3(l)/C_2H_5OH]{Na}$

1,4-二氢化萘　　1,4,5,8-四氢化萘

2. 蒽和菲

蒽和菲都是由三个苯环稠合的化合物。当苯环用相对的两条边分别各稠合一个苯环，三个苯环成“一”字形排列的称为蒽。当苯环用相间隔的两条边分别各稠合一个苯环，三个苯环成“人”字形排列的称为菲。

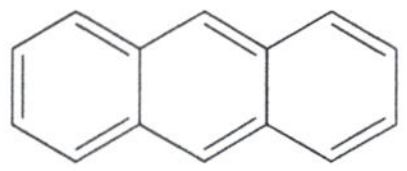

蒽 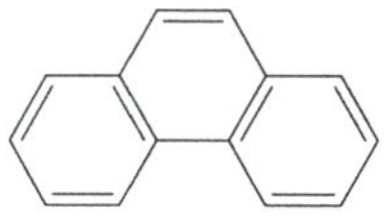　　　　菲

蒽和菲的共振能分别为 347kJ · mol^{-1} 和 381kJ · mol^{-1}，因此菲比蒽稳定，但都比三个苯环的共振能小。其稳定性比苯低，甚至比萘也低。

蒽和菲都存在于煤焦油中。蒽为无色具有蓝色荧光的片状晶体，熔点为 216℃，沸点为 340℃，溶于苯，难溶于乙醇和乙醚，不溶于水。菲为无色晶体，熔点为 101℃，沸点为 340℃，溶于苯和乙醚，溶液呈蓝色荧光，不溶于水。

蒽和菲的 9、10 位具有较高的反应活性，可以发生加成、氧化和取代等。例如

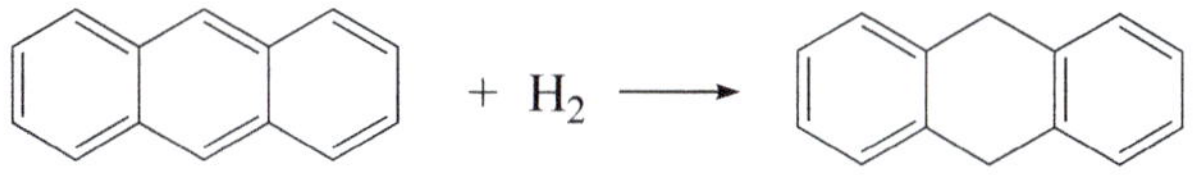

$+ H_2 \longrightarrow$

9,10-二氢蒽

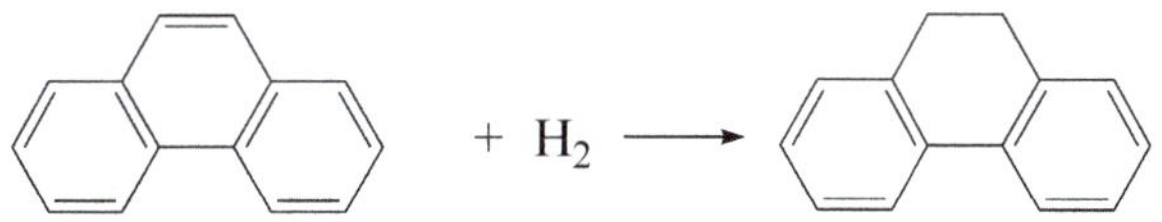

$+ H_2 \longrightarrow$

9,10-二氢菲

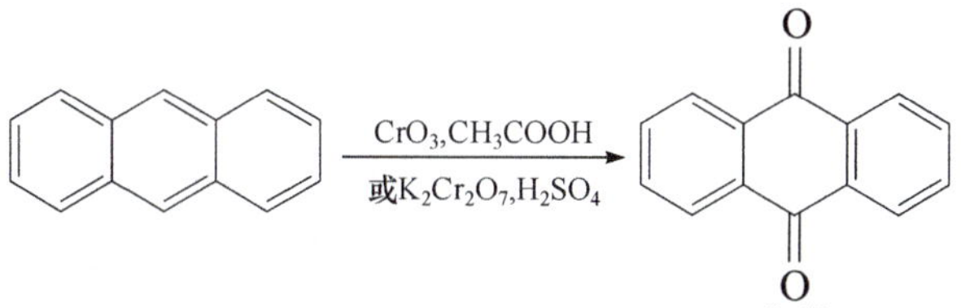

$\xrightarrow[\text{或}K_2Cr_2O_7,H_2SO_4]{CrO_3,CH_3COOH}$

蒽醌

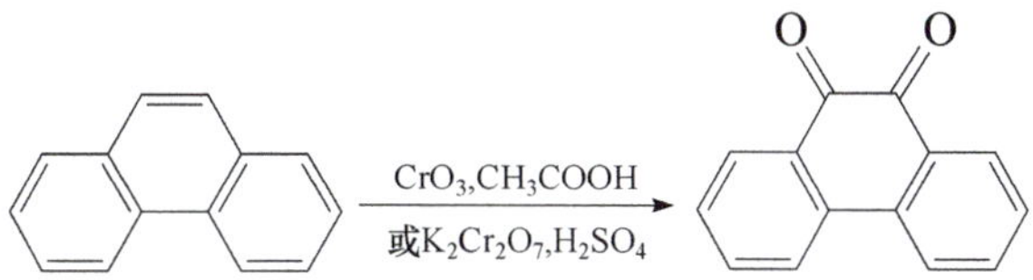

$\xrightarrow[\text{或}K_2Cr_2O_7,H_2SO_4]{CrO_3,CH_3COOH}$

菲醌

$+ Cl_2 \xrightarrow[CS_2]{0℃}$ Cl

$+ Br_2 \xrightarrow{CCl_4}$ Br

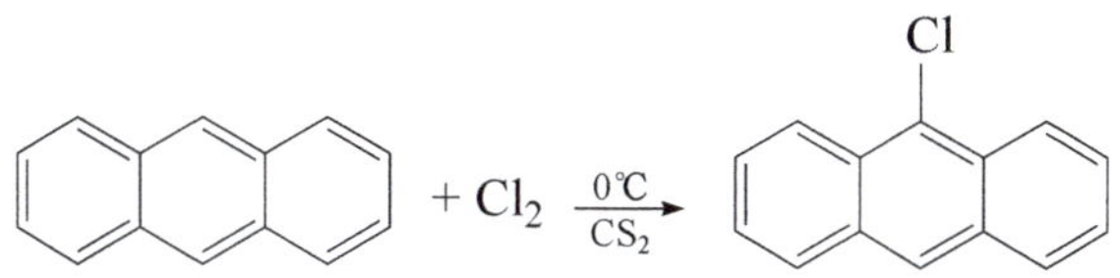

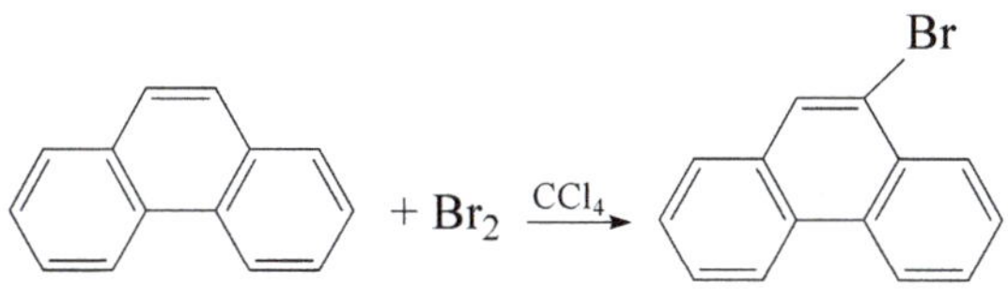

蒽在 9，10-位还可以与亲二烯体发生 Diels-Alder 反应。例如

马来酐

在稠环芳烃中，特别是多环稠环芳烃，不少具有致癌作用，称为致癌烃。例如

苯[a]并芘　　　　芘　　　　二苯[a,h]并蒽

特别是苯[a]并芘具有强烈的致癌作用。苯[a]并芘在生物体内被肝脏内的细胞色素 P450 氧化，在不同部位分别被羟基化和环氧化，然后与细胞中的 DNA 作用，使 DNA 烃化，从而干扰细胞的正常增殖，引起癌变。

8.1.11 富勒烯

富勒烯(fullerene)又称 C_{60}(现在把包括 C_{60} 在内的所有含偶数碳原子的类似分子通称为富勒烯)，是由 60 个碳原子组成的纯碳分子，整个分子结构酷似足球，故又称足球烯(footballene)。60 个碳原子构成有 60 个顶点的 32 面体，其中 12 个五边形，20 个六边形，组成了封闭球面。其结构示意图如图 8-7 所示。

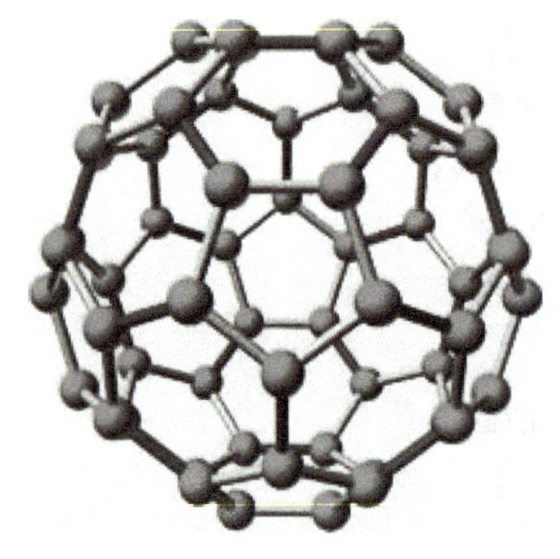

图 8-7　富勒烯结构示意图

C_{70} 的结构与 C_{60} 相似，是由 70 个碳原子构成的封闭球面，是有 70 个顶点的 37 面体，其中 12 个五边形，25 个六边形。

在 C_{60} 中，每个碳原子以 sp^2 杂化轨道与相邻的碳原子相连，因此每个碳原子上都剩有带 1 个电子的 p 轨道，这 60 个 p 轨道在 C_{60} 球壳的外部和内腔形成有 60 个 π 电子的球面大 π 键，是一个相当稳定的大 π 共轭体系，六元环与六元环稠合的碳碳键长为 139pm，六元环与五元环稠合的碳碳键长为 143pm。在 C_{60} 中，在球面上一个碳原子与它正对面球面上的碳原子之间有 0.7nm 的距离，因此 C_{60} 有一个笼状的内腔，可以填入金属原子而形成“超原子”分子，可预料会有特殊的性质，如已发现掺钾的 C_{60} 具有超导性。另外，C_{60} 可形成具有电子特性的碳纳米管，还可能成为新型的催化剂或催化剂的载体。

自 1985 年 C_{60} 被发现以来，尽管只有 30 多年的历史，但已对物理学、化学、材料学、电子

学、生物学和医药学等领域产生了极大的影响，极大地丰富了相应学科的研究内容，提高了科学的理论水平，并且 C_{60} 在这些学科和微电子器件等多种技术中显示了巨大的潜在应用前景。为此，瑞典皇家科学院将 1996 年 Nobel 化学奖授予了 C_{60} 的发现者 Curl R F（美国人）、Kroto H W（英国人）和 Smalley R E（美国人）三位教授，以奖励他们为化学的发展所作出的卓越贡献。

8.2　含单个杂原子的芳香族杂环化合物

在环状有机化合物分子中，除碳原子外的其他成环原子称为杂原子（heteroatom），最常见的杂原子有 O、S、N。凡在碳环上含有杂原子的环状化合物称为杂环化合物（heterocyclic compound）。

杂环化合物的分布相当广泛，有机化合物的一半以上都是含有杂环的化合物，广泛地存在于自然界的天然产物中，众多中草药的有效成分及与生命科学密切相关的叶绿素、血红素、生物酶、核酸等都是含有杂环的化合物。现在，许多天然杂环化合物，甚至是结构极其复杂（如维生素 B_{12}）的杂环分子都已实现人工合成，而且能合成许多自然界不存在的，可用作药物、杀虫剂、染料、超导材料、工程材料的杂环化合物。

杂环化合物可以分为芳香性杂环化合物和非芳香性杂环化合物，后者的性质与相应的开链化合物相似，如环醚、内酯、环状酸酐和内酰胺等，它们仅在相关章节中讨论。

本节只讨论环上 π 电子数符合 $4n+2$ 规则，只含单个杂原子的五元和六元杂环芳香族化合物的结构和性质。

8.2.1　五元杂环和六元杂环的结构

芳香族五元杂环主要指呋喃、吡咯和噻吩，芳香族六元杂环主要指吡啶。

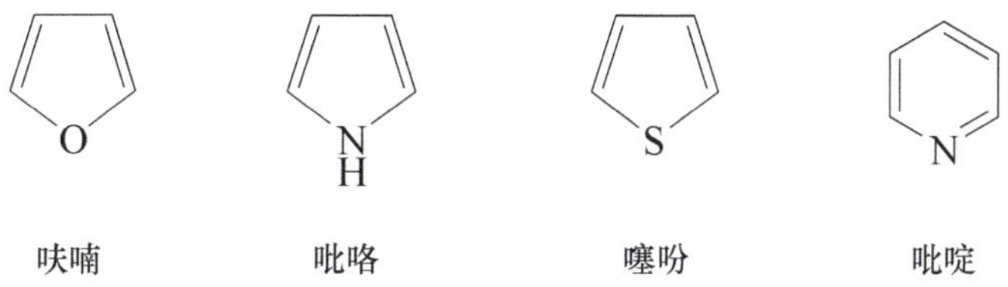

呋喃　　吡咯　　噻吩　　吡啶

1. 呋喃、吡咯和噻吩的结构

呋喃、吡咯和噻吩环上的四个碳原子和一个杂原子都是 sp^2 杂化。环上相邻两原子之间都各用 sp^2 杂化轨道互相交盖形成 σ 键，环上五个原子在同一平面内，每个原子上还有一个未参与杂化的 p 轨道。碳原子的 p 轨道上各有一个未配对的 p 电子，而杂原子的 p 轨道上有一对 p 电子，这些 p 轨道的对称轴相互平行，并从侧面相互交盖，组成由 6 个 p 电子构成的、闭合的大 π 共轭体系，π 电子数符合 Hückel $4n+2$ 规则，因此呋喃、吡咯和噻吩都是具有芳香性的杂环化合物。

呋喃、吡咯和噻吩的环是“五中心六电子”的共轭体系，环上的电子云密度比苯环大（图 8-8），因此环上的亲电取代反应也比苯容易。

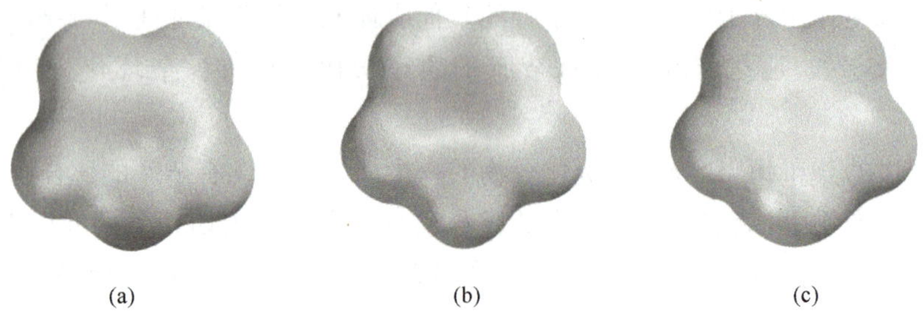

图 8-8　呋喃(a)、吡咯(b)和噻吩(c)环上的电子云密度分布图

呋喃、吡咯和噻吩的共振能分别为 66.9kJ・mol^{-1}、87.8 kJ・mol^{-1}和 121.3 kJ・mol^{-1}，都比苯的共振能(150 kJ・mol^{-1})小，其稳定性和芳香性次序为苯>噻吩>吡咯>呋喃。

由于呋喃、吡咯和噻吩的芳香性比苯小，因此它们环上的单、双键并没有像苯环那样完全平均化，它们的键长分别为

143.1pm　136.1pm　O　136.2pm　μ=0.70D

142.9pm　137.1pm　N　H　138.3pm　μ=1.81D

142.3pm　137.0pm　S　171.4pm　μ=0.51D

因此，它们比苯容易发生加成反应。而它们的 C—H 键键长为 107.5～108.1pm，变化不大。

在呋喃、吡咯和噻吩中，杂原子各提供一对电子参与环的共轭，具有+C 的共轭效应，而杂原子都具有−I 的诱导效应，两种电子效应的方向相反，部分被抵消。呋喃和噻吩的偶极矩都比相应的饱和杂环小。在吡咯中，由于 N 的电负性比 O 和 S 小，+C 效应大于−I 效应，其偶极矩的方向与四氢吡咯相比较，方向性也发生了变化。

O　μ=1.73D

N　H　μ=1.58D

S　μ=1.90D

2. 吡啶的结构

吡啶环相当于苯环上的一个碳原子被一个氮原子取代。环上的五个碳原子和一个氮原子

都是 sp^2 杂化。它们都各用两个 sp^2 杂化轨道在相邻两个原子之间互相交盖形成 σ 键，环上六个原子在同一平面内，每个原子上还有一个未参与杂化的 p 轨道。碳原子和氮原子的 p 轨道上各有一个未配对的 p 电子，这些 p 轨道的对称轴相互平行，并从侧面相互交盖，组成由 6 个 p 电子构成的、闭合的大 π 共轭体系，π 电子数符合 Hückel $4n+2$ 规则。吡啶是芳香性杂环化合物，共振能为 $133.5kJ \cdot mol^{-1}$，比苯的共振能略小。氮原子上还有一对未共用电子对处在它的 sp^2 杂化轨道上，与环在同一平面上，伸向环外。由于吡啶环上氮原子的 $-I$ 和 $-C$ 效应，因此吡啶的偶极矩比六氢吡啶大。吡啶环上的电子云密度分布图如图 8-9 所示。

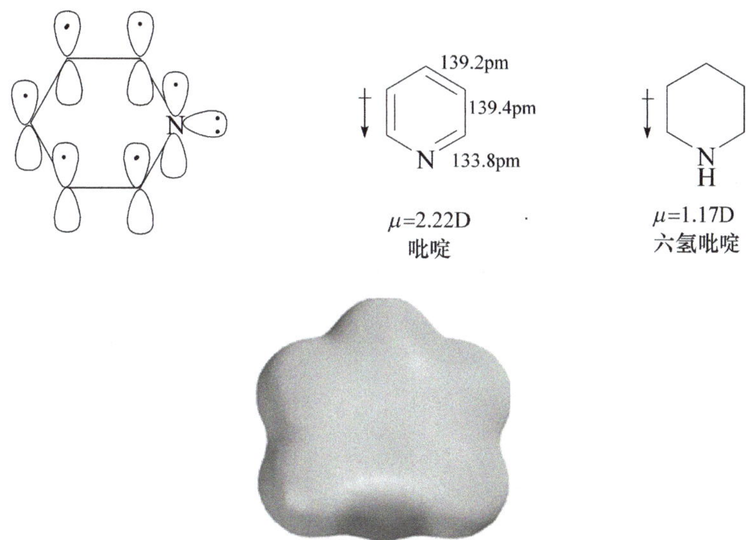

图 8-9 吡啶环上的电子云密度分布图

8.2.2 五元杂环和六元杂环的命名

杂环母体的名称通常根据杂环英文名称的音译，在同音的汉字左边加上“口”字，如呋喃(furan)、吡咯(pyrrole)、噻吩(thiophene)、吡啶(pyridine)。

当母体环上有取代基时，则必须对环进行编号。对于单个杂原子的环，通常从杂原子开始，用阿拉伯数字或 α、β、γ 依次进行编号。例如

对于多个氮原子的环，编号从带氢原子的氮原子开始，使其编号为 1，然后使其他氮原子的编号尽可能小。如果环上有两个以上不相同的杂原子，则按照 O、S、N 的顺序编号，使化合价小的、原子序数小的原子的编号尽可能小。例如

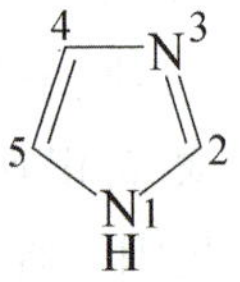

咪唑 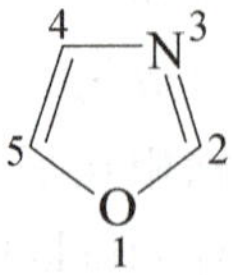　　噁唑 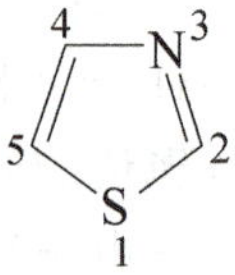　　噻唑 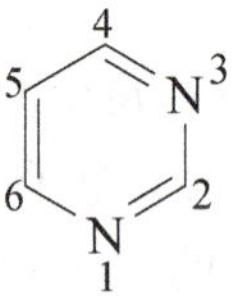　　嘧啶

有些杂环有固定的特有编号。例如

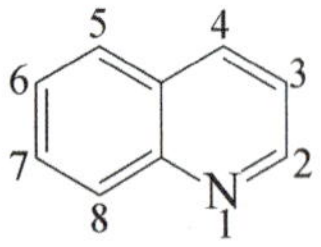

喹啉 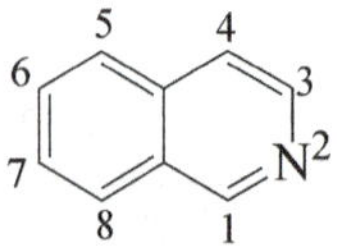　　异喹啉 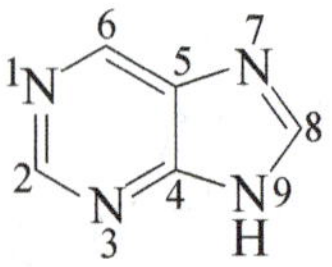　　嘌呤

问题 8-13　命名下列杂环化合物或写出相应的结构式。

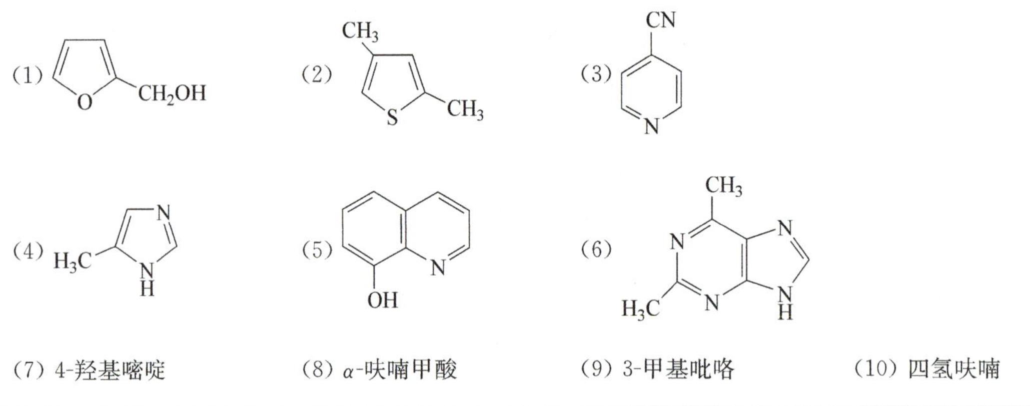

(7) 4-羟基嘧啶　　(8) α-呋喃甲酸　　(9) 3-甲基吡咯　　(10) 四氢呋喃

8.2.3　物理性质

呋喃存在于松木焦油中，为无色液体，具有类似氯仿的气味，难溶于水，易溶于有机溶剂。

吡咯存在于煤焦油和骨焦油中，为无色油状液体，有微弱的类似苯胺的气味，难溶于水，易溶于醇和醚，暴露在空气中颜色逐渐变深。

噻吩存在于煤焦油和页岩油中，为无色液体，不溶于水，溶于有机溶剂。石油中含有的少量噻吩不仅影响石油的质量，还会使石油加工中所用的催化剂中毒。在浓硫酸存在下，靛红与噻吩一起加热显蓝色，反应很灵敏，可用于噻吩的检验。

吡啶存在于煤焦油中，为无色具有特殊恶臭的液体，能与水和多种有机溶剂(如乙醇、乙醚等)混溶，能溶解大部分有机化合物和许多无机化合物，有的无机盐能与吡啶生成络合物。吡啶是很好的溶剂和合成的重要原料。

呋喃、吡咯、噻吩和吡啶的沸点、熔点、相对密度和^{1}H NMR 数据(δ)见表 8-3。

表 8-3　呋喃、吡咯、噻吩和吡啶的部分物理常数

化合物	沸点/℃	熔点/℃	相对密度	δ
呋喃	31.4	−85.6	0.9336	7.42(α-H),6.37(β-H)
吡咯	131	−24	0.9691	6.68(α-H),6.22(β-H)
噻吩	84.4	−38.3	1.0649	7.30(α-H),7.10(β-H)
吡啶	115	−40	0.9780	8.16 (α-H),7.25(β-H),7.64(γ-H)

8.2.4　呋喃、吡咯、噻吩环上的亲电取代反应

呋喃、吡咯、噻吩环上的电子密度都比苯大，因此它们环上发生亲电取代反应都比苯容易。根据环上电子密度的分析，亲电取代反应的活性次序为吡咯＞呋喃＞噻吩＞苯。

呋喃、吡咯、噻吩环上的亲电取代反应主要发生在 α-位，这可以从反应中间体的稳定性看出。取代反应发生在 α-位时，其中间体可写出三个共振结构式，而反应发生在 β-位时，其中间体只能写出两个共振结构式，因此亲电试剂进攻 α-位比进攻 β-位生成的中间体稳定。

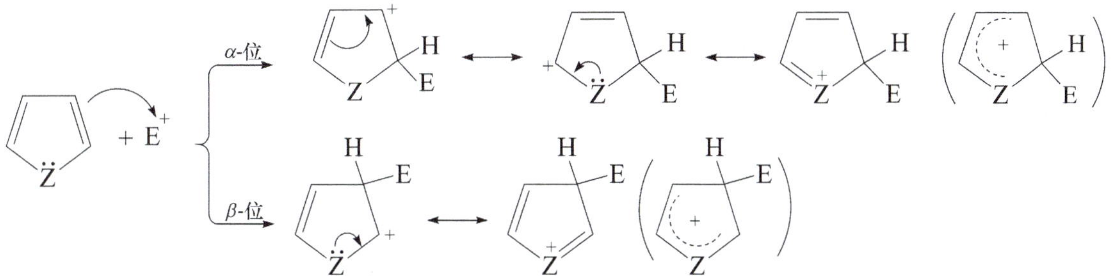

由于呋喃、吡咯、噻吩的稳定性不如苯，但环上的亲电取代反应又比苯容易，因此发生亲电取代反应时，可选用较弱的亲电试剂并在比较温和的条件下进行。

1. 卤化反应

卤化反应必须在低温及用溶剂稀释等温和的条件下进行，这样可以避免多卤取代产物的产生。例如

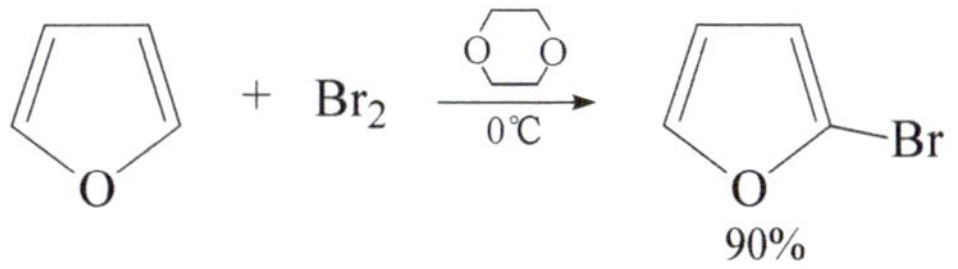

呋喃的溴化必须在稀溶液和低温下反应，才能得到 2-溴呋喃，否则得到 2,3,4,5-四溴呋喃。

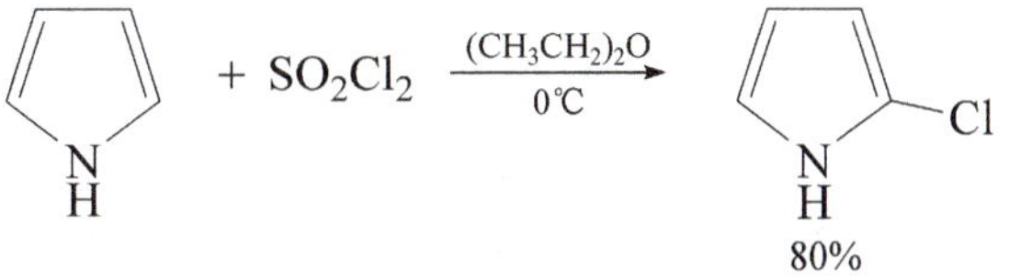

$$\text{噻吩} + Br_2 \xrightarrow{CH_3COOH} \text{2-溴噻吩}\ (78\%)$$

2. 硝化反应

硝化反应也必须在低温下用硝酸乙酰酯等弱的硝化试剂进行。

$$(CH_3CO)_2O + HNO_3 \longrightarrow \underset{\text{硝酸乙酰酯}}{CH_3C(=O)ONO_2} + CH_3COOH$$

$$\text{吡咯} + HNO_3 \xrightarrow{(CH_3CO)_2O} \text{2-硝基吡咯}\ (83\%)$$

$$\text{噻吩} \xrightarrow[0℃,70\%]{HNO_3,(CH_3CO)_2O,CH_3COOH} \text{2-硝基噻吩} + \text{3-硝基噻吩}\quad (6:1)$$

$$\text{呋喃} + HNO_3 \xrightarrow{(CH_3CO)_2O} \left[\text{2-H-2-}NO_2\text{-呋喃鎓离子}\right] \xrightarrow{CH_3COO^-} \text{2-}CH_3COO\text{-5-}NO_2\text{-2,5-二氢呋喃} \xrightarrow{\text{吡啶}} \text{2-硝基呋喃}$$

3. 磺化反应

磺化反应通常用温和的非质子磺化试剂，如吡啶和三氧化硫的加合物。

$$\text{吡咯} + \text{吡啶}^+\text{-}SO_3^- \xrightarrow{100℃} \text{吡咯-2-}SO_3^- \cdot \text{吡啶}H^+ \xrightarrow{HCl} \text{吡咯-2-}SO_3H\ (90\%)$$

$$\text{呋喃} + \text{吡啶}^+\text{-}SO_3^- \xrightarrow[\text{室温}]{ClCH_2CH_2Cl} \xrightarrow{HCl} \text{呋喃-2-}SO_3H\ (60\%)$$

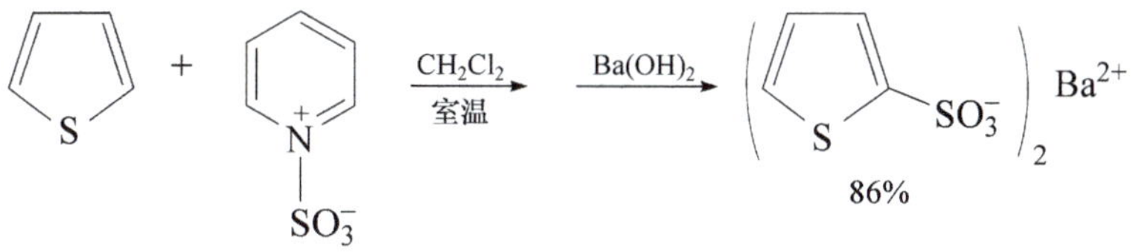

噻吩 + 吡啶-SO_3 $\xrightarrow[\text{室温}]{CH_2Cl_2}$ $\xrightarrow{Ba(OH)_2}$ (2-噻吩-SO_3^-)$_2$ Ba^{2+}　86%

噻吩对酸相对比较稳定，磺化反应比苯容易，在室温下用浓硫酸直接使噻吩磺化，可以得到溶于浓硫酸的 α-噻吩磺酸。

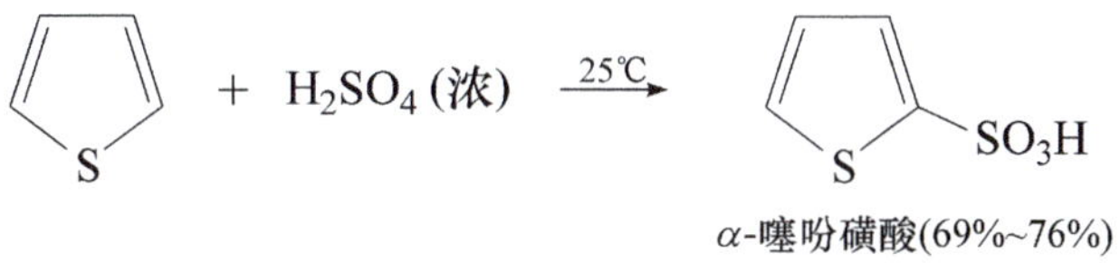

噻吩 + H_2SO_4(浓) $\xrightarrow{25℃}$ 2-噻吩-SO_3H

α-噻吩磺酸(69%~76%)

从煤焦油得到的粗苯中往往含有少量沸点与苯相近的噻吩，难以用分馏的方法除去。若将含噻吩的苯与浓硫酸在室温下一起振荡，噻吩即被磺化而溶于浓硫酸中，从而分离除去，制得无噻吩苯。

4. 酰化反应

呋喃、吡咯、噻吩能顺利进行芳环上的酰化反应，它们的活性比苯大，酰化试剂除用酰氯外，还可以用活性比酰氯小的酸酐，吡咯酰化时不需要催化剂催化，噻吩可用比 $AlCl_3$ 弱的催化剂 $SnCl_4$ 催化，呋喃则用更弱的 BF_3 催化。

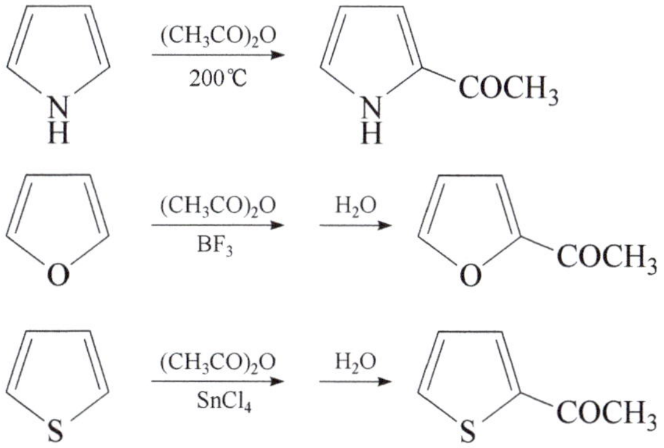

吡咯 $\xrightarrow[200℃]{(CH_3CO)_2O}$ 2-$COCH_3$-吡咯

呋喃 $\xrightarrow[BF_3]{(CH_3CO)_2O}$ $\xrightarrow{H_2O}$ 2-$COCH_3$-呋喃

噻吩 $\xrightarrow[SnCl_4]{(CH_3CO)_2O}$ $\xrightarrow{H_2O}$ 2-$COCH_3$-噻吩

8.2.5 呋喃、吡咯、噻吩的加成反应

1. 加氢

呋喃、吡咯、噻吩催化加氢，生成相应的饱和杂环，分别称为四氢呋喃、四氢吡咯、四氢噻吩。

$$\text{呋喃} + H_2 \xrightarrow[100\text{atm},80\sim100^\circ C]{\text{Raney Ni}} \text{四氢呋喃}$$

$$\text{吡咯(N-H(R))} + H_2 \xrightarrow[70\sim350\text{atm},150\sim200^\circ C]{\text{Raney Ni}} \text{四氢吡咯(N-H(R))}$$

$$\text{噻吩} + H_2 \xrightarrow{MoS_2} \text{四氢噻吩}$$

2. Diels-Alder 加成

呋喃、吡咯、噻吩具有共轭二烯的性质，可以与亲二烯体发生 Diels-Alder 反应。

$$\text{呋喃} + \text{马来酸酐} \longrightarrow \text{加成产物}\quad 80\%$$

$$\text{噻吩} + \text{马来酸酐} \xrightarrow[15\text{kbar}^{①}]{CH_2Cl_2,100^\circ C} \text{加成产物}\quad 42\%$$

只有当吡咯的氮原子上连有较强的吸电子取代基时，才能顺利地发生 Diels-Alder 反应。

$$\text{N-}COOC_2H_5\text{吡咯} + C_2H_5OOC-C\equiv C-COOC_2H_5 \longrightarrow \text{加成产物(N-}COOC_2H_5\text{，两个}COOC_2H_5)$$

8.2.6 吡咯的某些特殊反应

吡咯在强酸介质中，α-碳原子接受质子，生成正离子。

① bar 为非法定单位，$1\text{bar}=10^5\text{Pa}$。

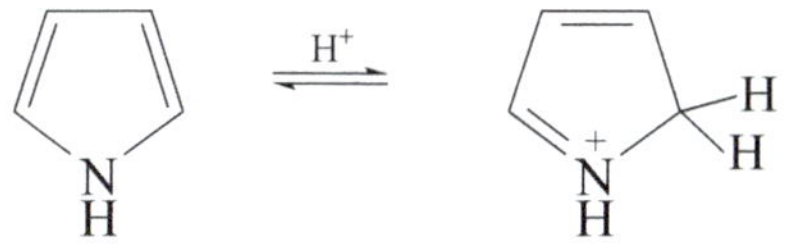

生成的正离子具有很强的亲电性，可以进攻未质子化的吡咯环，最终生成吡咯聚合物。

吡咯具有环状的仲胺结构，其共轭酸的 $pK_a=17.5$，碱性比一般的仲胺弱，而显弱酸性，这是因为氮原子上的未共用电子对参与环的共轭后，氮氢键上的成键电子也向氮原子偏移，结果使氮原子上的氢的活性增加，酸性增强。吡咯可以与金属钾、金属钠、氢氧化钾和氢氧化钠反应，生成吡咯盐。例如

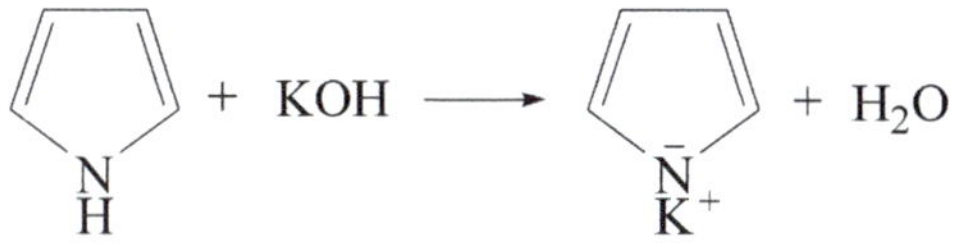

$$+ \ KOH \longrightarrow \ + \ H_2O$$

吡咯负离子具有亲核性，与卤代烃或酰卤反应分别生成 *N*-烃基化或 *N*-酰基化产物（酰卤羰基上的亲核取代）。

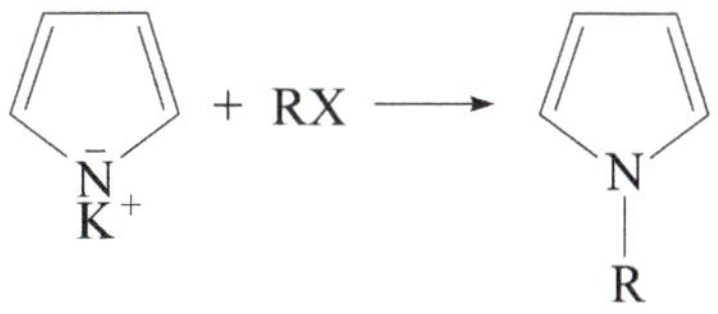

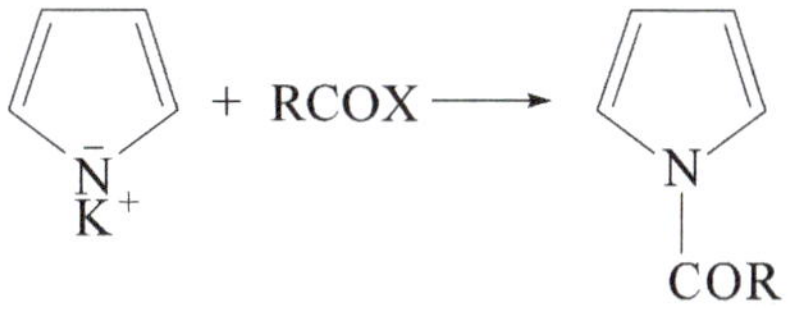

$$+ \ RX \longrightarrow$$

$$+ \ RCOX \longrightarrow$$

氮原子上的氢还能分解格氏试剂，生成卤化吡咯基镁，后者与 CO_2 反应，生成相应的羧酸。

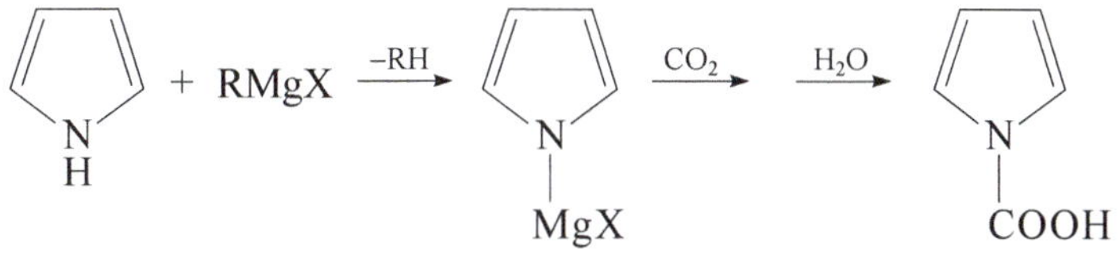

$$+ \ RMgX \xrightarrow{-RH} \xrightarrow{CO_2} \xrightarrow{H_2O}$$

吡咯与 DMF/$POCl_3$ 能发生 Vilsmeier 反应。

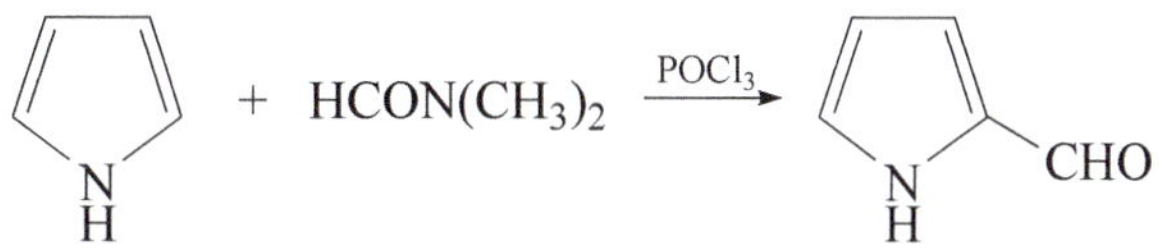

$$+ \ HCON(CH_3)_2 \xrightarrow{POCl_3}$$

吡咯与 $CHCl_3$/NaOH 能发生 Reimer-Tiemann 反应。

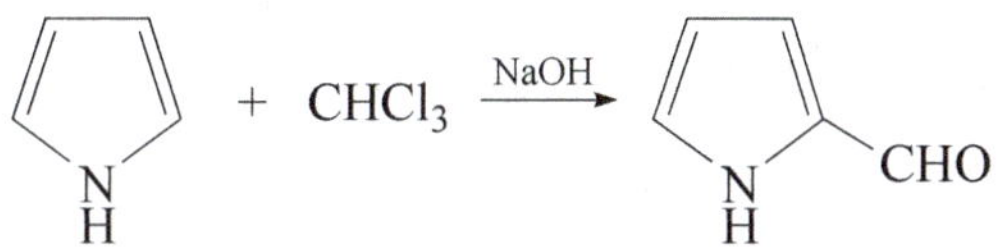

$$+ \ CHCl_3 \xrightarrow{NaOH}$$

吡咯环上的电子云密度较高，可以与重氮盐发生偶联反应。例如

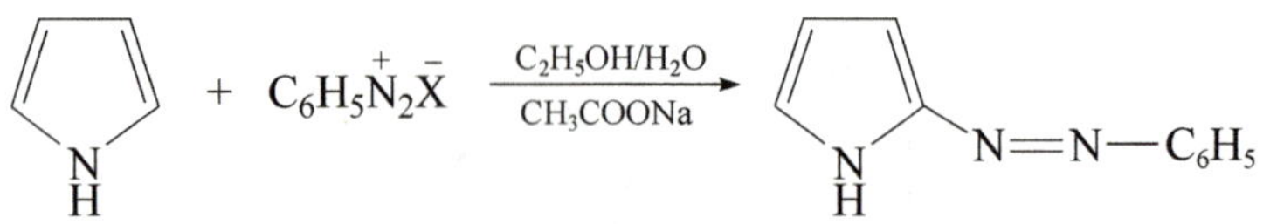

$$\text{吡咯} + C_6H_5\overset{+}{N}_2\overset{-}{X} \xrightarrow[CH_3COONa]{C_2H_5OH/H_2O} \text{2-吡咯基}-N{=}N-C_6H_5$$

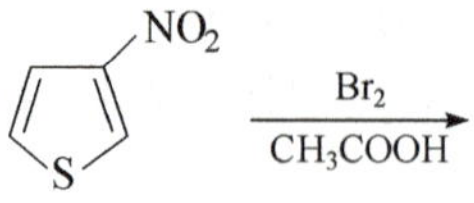

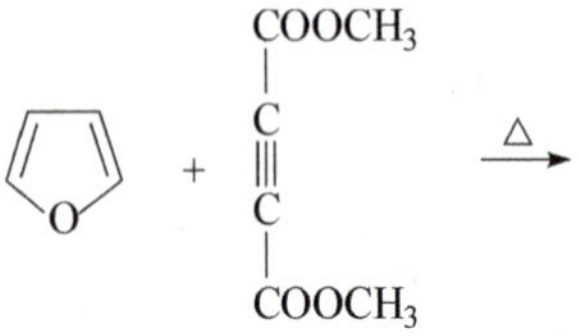

问题 8-14　写出下列反应的主要产物。

(1) 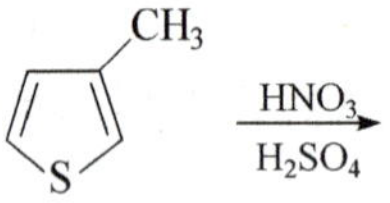 3-甲基噻吩 $\xrightarrow[H_2SO_4]{HNO_3}$　　(2) 3-硝基噻吩 $\xrightarrow[CH_3COOH]{Br_2}$

(3) 呋喃 + $CH_3OOC-C\equiv C-COOCH_3$ $\xrightarrow{\triangle}$　　(4) 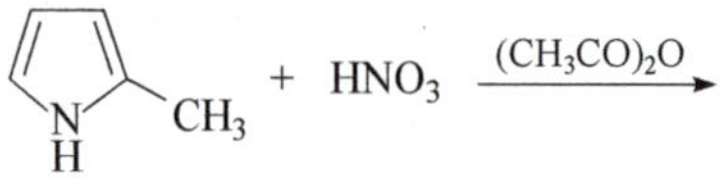 2-甲基吡咯 + HNO_3 $\xrightarrow{(CH_3CO)_2O}$

8.2.7　吡啶的碱性与亲核性

吡啶为弱碱，其共轭酸的 pK_a=5.23，碱性比脂肪胺弱，但比苯胺强。吡啶只能与强酸生成盐。例如

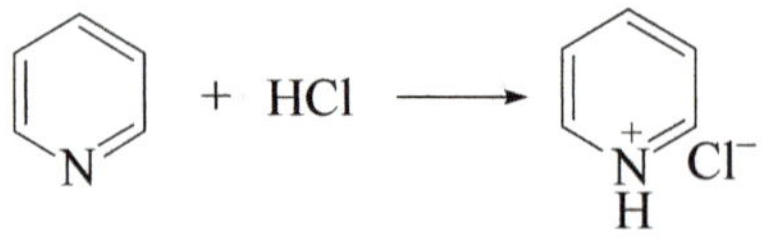

$$\text{吡啶} + HCl \longrightarrow \text{吡啶}\overset{+}{N}H\ Cl^-$$

吡啶具有良好的亲核性，能作为亲核试剂与卤代烃反应，生成 N-烷基吡啶鎓盐。例如，吡啶与碘甲烷反应生成碘化 N-甲基吡啶，为水溶性结晶固体。

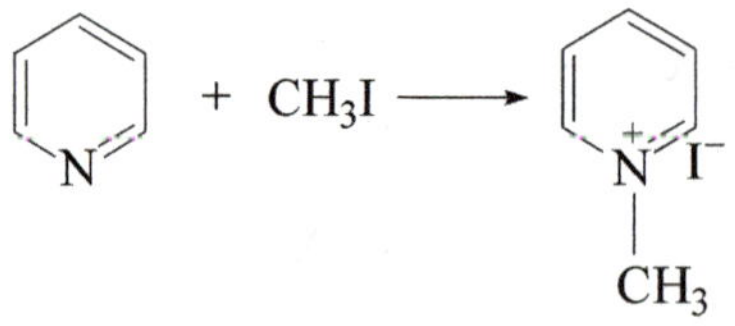

$$\text{吡啶} + CH_3I \longrightarrow \text{吡啶}\overset{+}{N}-CH_3\ I^-$$

8.2.8　吡啶环上的取代反应

1. 亲电取代反应

吡啶环上的亲电取代反应主要发生在 β-位，这可以从反应中间体的稳定性看出。在 α-位和 γ-位反应时，其中间体的三个共振结构式中，都有一个极限式中的氮原子上有正电荷，特别不稳定，而在 β-位反应时，其中间体的三个共振结构式中，氮原子上都没有正电荷，因此亲电试剂进攻 β-位比进攻 α-位和 γ-位生成的中间体稳定。

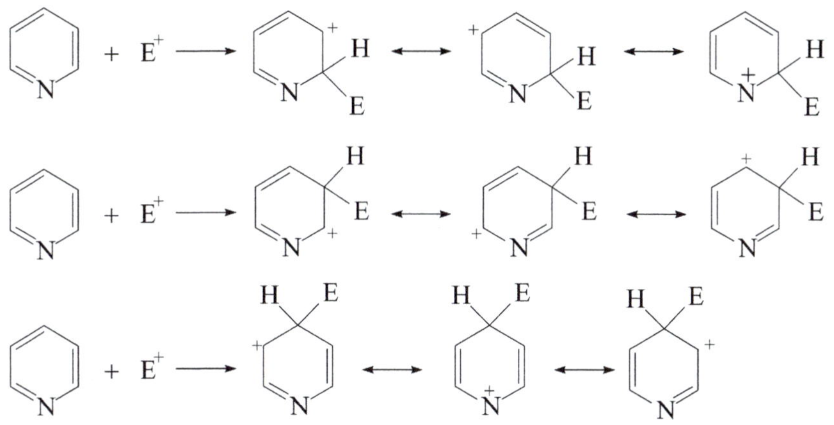

由于吡啶环上氮原子的－I 效应和－C 效应，吡啶环上的电子密度比苯环低，因此吡啶环上的亲电取代反应的活性比硝基苯还低。另外，吡啶中碱性的氮原子还可以与亲电试剂 E^+ 结合，氮原子带正电荷，更不利于在环上发生亲电取代反应。

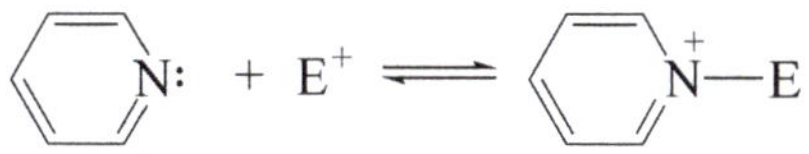

因此，吡啶只有在强烈的反应条件下才能发生卤化、磺化和硝化反应，主要得到 β-位取代产物。吡啶不能发生傅-克反应。例如

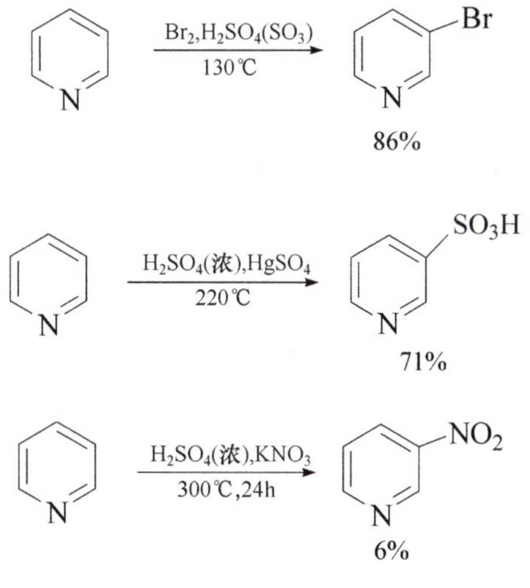

$Br_2,H_2SO_4(SO_3)$, 130℃ — 86%

H_2SO_4(浓), $HgSO_4$, 220℃ — 71%

H_2SO_4(浓), KNO_3, 300℃, 24h — 6%

2. 亲核取代反应

卤代吡啶的亲核取代反应与卤代硝基苯的亲核取代反应相似，反应按加成-消除机理进行。例如

$$\text{2-氯吡啶} + CH_3ONa \xrightarrow{CH_3OH} \text{2-甲氧基吡啶 (95\%)}$$

$$\text{4-溴吡啶} + H_2O \xrightarrow{110℃} \text{4-羟基吡啶 (65\%)}$$

反应经过吡啶负离子中间体。由于2-位和4-位卤代吡啶生成的负离子中间体中都有一个相对比较稳定的、负电荷在电负性较大的氮原子上的共振结构式，因此2-卤代吡啶和4-卤代吡啶比3-卤代吡啶更容易发生亲核取代反应。

在强亲核试剂作用下，吡啶环上的氢原子也可以被亲核试剂取代，生成相应的亲核取代产物。例如，吡啶与氨基钠在 N,N-二甲基苯胺溶液中加热得到2-氨基吡啶，称为Chichibabin反应。

$$\text{吡啶} \xrightarrow[100℃]{NaNH_2, C_6H_5N(CH_3)_2} \text{2-氨基吡啶 (75\%)}$$

反应机理可能为

$$\text{吡啶} + Na^+ \longrightarrow \text{N-钠吡啶鎓} \xrightarrow{NH_2^-} \text{加成中间体} \xrightarrow{-H_2} \text{2-NHNa吡啶} \xrightarrow{H_2O} \text{2-}NH_2\text{吡啶}$$

吡啶与苯基锂反应得到2-苯基吡啶。

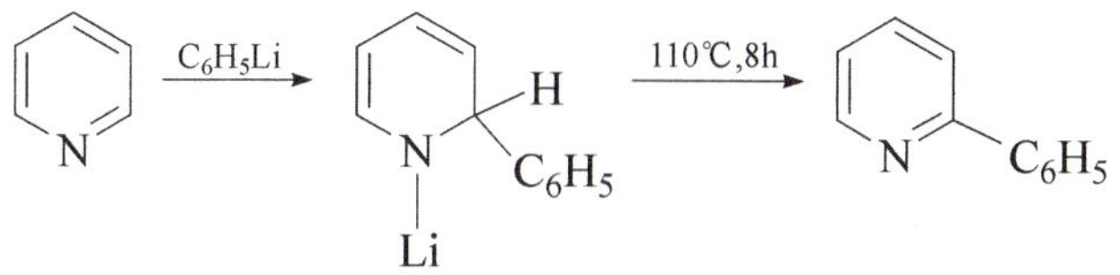

8.2.9　吡啶的氧化和还原反应

吡啶环对氧化剂比苯环还稳定，不易被氧化剂氧化，在强氧化剂作用下，总是吡啶环上的侧链被氧化，生成相应的吡啶甲酸。例如

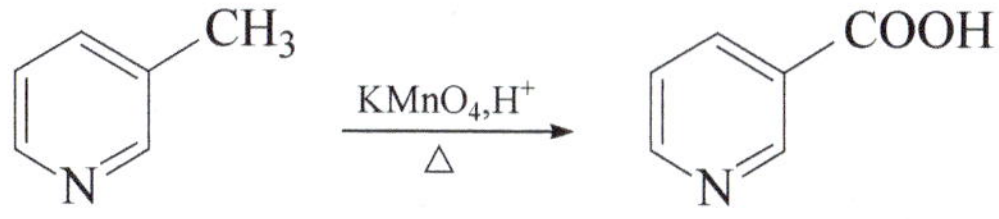

3-吡啶甲酸(烟酸)

4-苯基吡啶氧化时得到 4-吡啶甲酸，这也说明了吡啶环的稳定性。

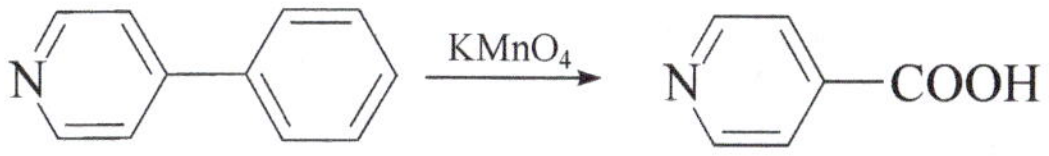

4-吡啶甲酸(异烟酸)

吡啶用过酸或 30% H_2O_2/CH_3COOH 氧化，生成 *N*-氧化吡啶。

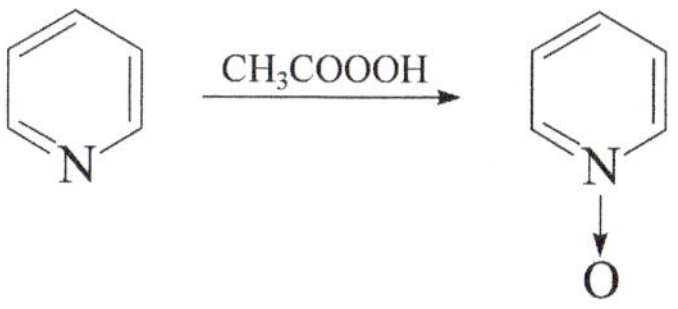

N-氧化吡啶

吡啶用催化加氢或钠加乙醇还原时，生成六氢吡啶。

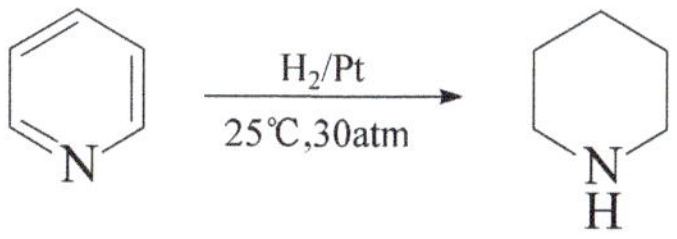

六氢吡啶

问题 8-15　完成下列反应式。

(1) 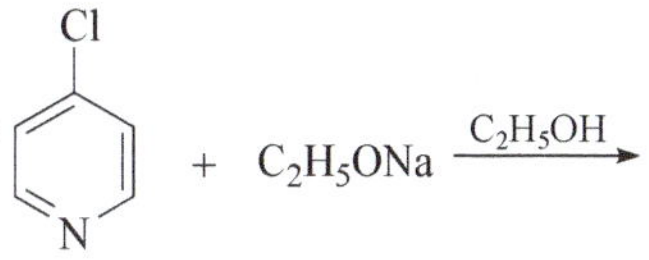 4-氯吡啶 + C_2H_5ONa $\xrightarrow{C_2H_5OH}$

(2) 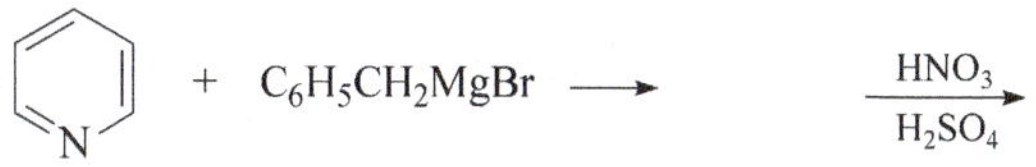 吡啶 + $C_6H_5CH_2MgBr$ $\longrightarrow$ $\xrightarrow[H_2SO_4]{HNO_3}$

8.3 典型苯并五元杂环和苯并六元杂环及其性质

8.3.1 吲哚及其衍生物

吲哚是苯环与吡咯环的2,3-位稠合得到的产物,是芳香性杂环化合物。其结构式为

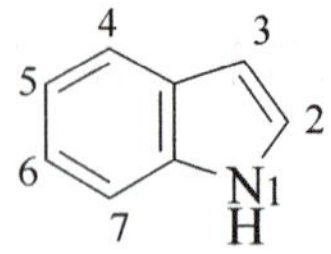

吲哚

吲哚存在于煤焦油及茉莉油中,为无色晶体,熔点为52℃,有粪便臭气味,但极稀的纯吲哚溶液有令人愉快的香气,可用于香精的配制。吲哚微溶于水和氯仿,易溶于乙酸乙酯,在中性或酸性溶液中不稳定。吲哚的吡咯环上的电子密度比苯环高,亲电试剂与吲哚反应时,主要得到电子密度较高的吡咯环上的亲电取代产物。亲电试剂可以进攻C_2和C_3,进攻C_3生成的反应中间体可以写出两个保持完整苯环结构的共振式,而进攻C_2生成的反应中间体只能写出一个有完整苯环结构的共振式,因此前者的反应中间体比后者稳定,亲电取代反应主要发生在C_3上。

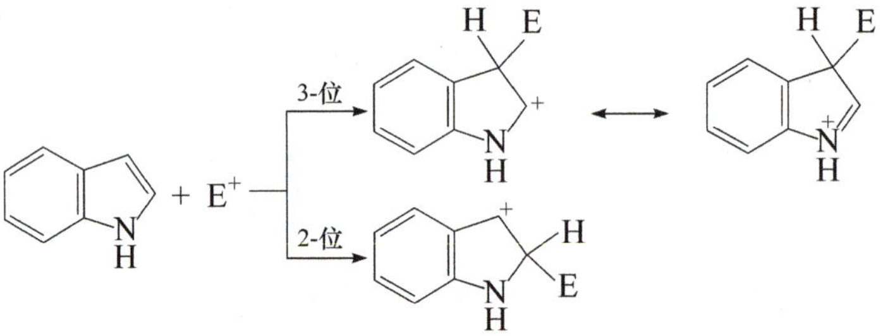

吲哚衍生物有广泛的用途,有的存在于自然界中,如3-吲哚乙酸,是一种植物生长调节激素;有的通过人工合成,如翁达西隆(Ondansetron),临床上用于抑制癌症的化疗和放疗导致的恶心和呕吐。

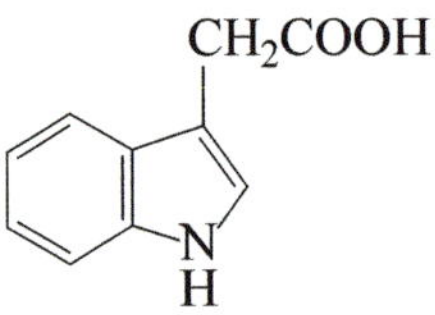

3-吲哚乙酸 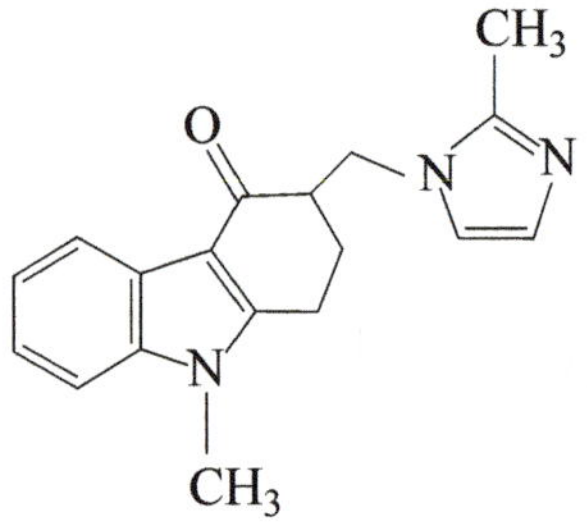　　翁达西隆

8.3.2 喹啉和异喹啉

喹啉和异喹啉是苯环分别与吡啶环的2,3-位和3,4-位稠合得到的产物,是芳香性杂环化

合物。其结构式分别为

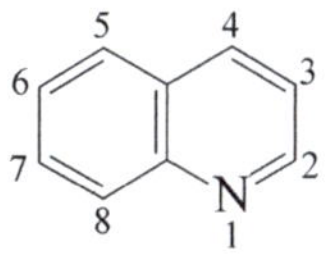

喹啉 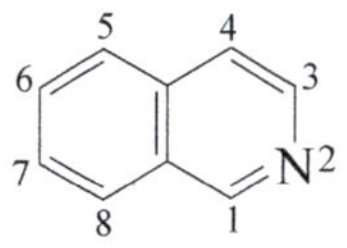　　　　异喹啉

喹啉为无色油状液体，沸点为 238℃，有特殊臭味，具有弱碱性，其共轭酸的 $pK_a=4.94$，难溶于水，易溶于有机溶剂。

异喹啉为具有香味的低熔点固体，熔点为 25℃，沸点为 243℃，也具有弱碱性，碱性比喹啉略强，其共轭酸的 $pK_a=5.40$，微溶于水，易溶于有机溶剂，能随水蒸气挥发。

在喹啉和异喹啉中，苯环上的电子密度比吡啶环上高，因此它们与亲电试剂反应时，亲电试剂主要进攻苯环，得到 5-位和 8-位的取代产物。例如

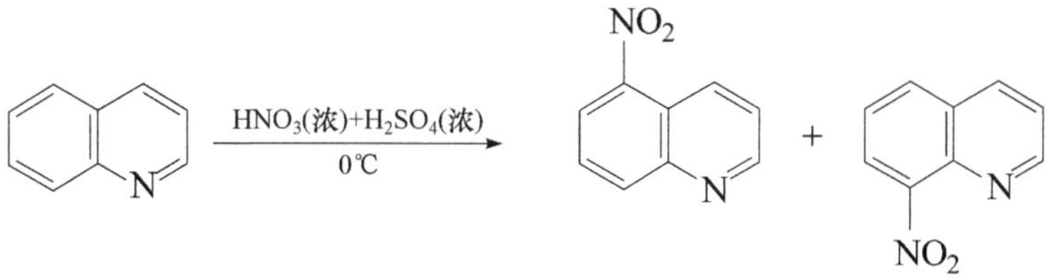

HNO_3(浓)+H_2SO_4(浓)，0℃

5-硝基喹啉(50%)　　8-硝基喹啉(48%)

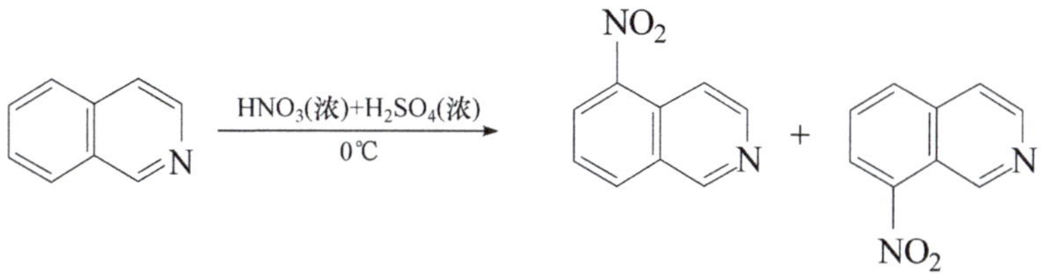

HNO_3(浓)+H_2SO_4(浓)，0℃

5-硝基异喹啉(72%)　　8-硝基异喹啉(8%)

喹啉和异喹啉的磺化、卤化等亲电取代反应也主要得到 5-位和 8-位取代产物。

喹啉和异喹啉的亲核取代反应则主要发生吡啶环上。例如，喹啉和异喹啉发生下列反应，分别得到 2-氨基喹啉和 1-氨基异喹啉。

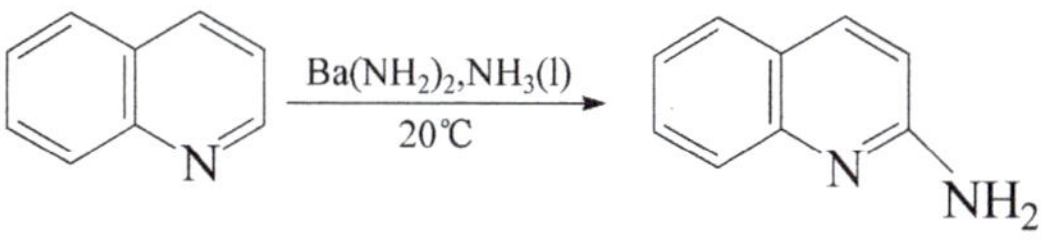

$Ba(NH_2)_2$,NH_3(l)，20℃

2-氨基喹啉(80%)

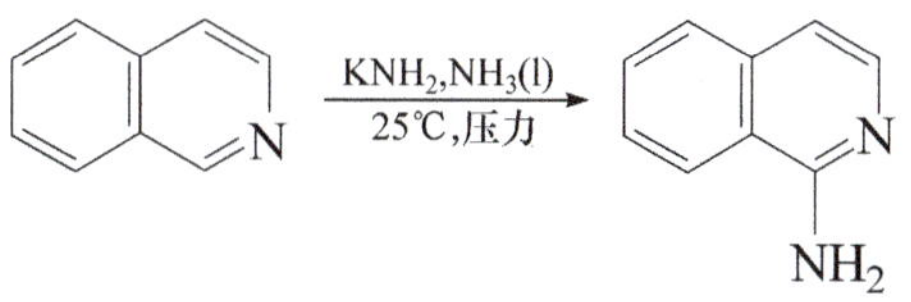

KNH_2,NH_3(l)，25℃,压力

1-氨基异喹啉(83%)

问题 8-16　完成下列反应式，写出主要反应产物。

(1) 
N
KMnO4
OH⁻
H3O⁺

(2) 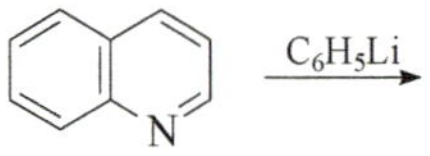
N
C6H5Li

小　　结

1. 苯是最简单的芳香烃。苯分子中，碳原子都以 sp^2 杂化轨道组成碳碳 σ 键和碳氢 σ 键，六个碳原子和六个氢原子都在同一平面上，每个碳原子都用未参与杂化的 p 轨道从侧面交盖构成闭合的共轭大 π 体系。苯环是碳碳键长和电子云高度平均化，易发生取代反应，而不易发生加成反应的稳定性体系。

萘是最简单的稠环芳香烃，分子中也形成闭合的共轭大 π 体系，但环上碳碳键长和电子云没有完全平均化，萘的芳香性比苯小。

2. 苯环上易发生卤化、硝化、磺化、Friedel-Crafts 烷基化和酰基化等亲电取代反应。取代苯在发生亲电取代反应时，苯环上原有取代基的性质直接影响新导入的取代基进入苯环上的位置，这就是苯环上取代基的定位效应。原有取代基称为定位基，定位基可分为邻、对位定位基和间位定位基两类。苯环难以被氧化，当具有 α-H 的烷基苯被氧化时，无论烷基长短，都是 α-C 被氧化成羧基。

3. 凡是在具有单环共平面的共轭体系中，其 π 电子数为 $4n+2(n=0,1,2,3,\cdots)$ 时，即符合 Hückel 规则，则体系具有芳香性。

4. 呋喃、噻吩和吡咯是单杂原子五元杂环化合物，是具有“五中心六电子”的富电子芳香性杂环。从共振能判断其芳香性由强到弱的次序为苯>噻吩>吡咯>呋喃。杂环上的亲电取代反应活性次序为吡咯>呋喃>噻吩>苯。亲电取代反应主要发生在 α-位。呋喃、噻吩、吡咯可以发生 Diels-Alder 反应。吡咯氮原子上的氢具有弱酸性。

5. 吡啶为缺电子的六元芳香杂环，具有弱碱性。吡啶环较难发生亲电取代反应，在强烈反应条件下，主要得到 β-位的取代产物。吡啶发生亲核取代反应比较容易，主要得到 α-位和 γ-位的取代产物。吡啶环对氧化剂比苯环稳定。

习　　题

1. 命名下列化合物。

(1) 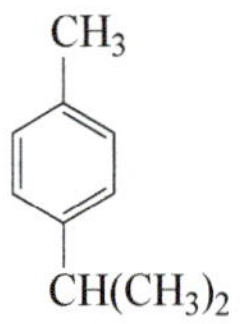
CH3
CH(CH3)2

(2) 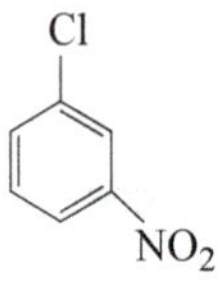
Cl
NO2

(3) 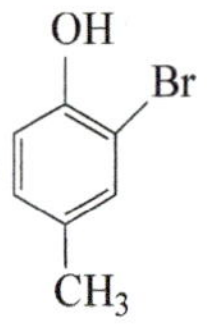
OH
Br
CH3

(4) 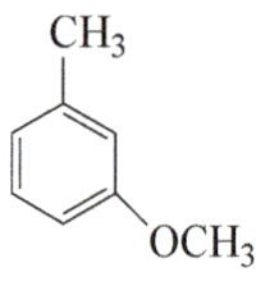
CH3
OCH3

(5) 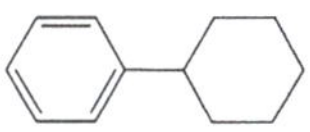　(6) 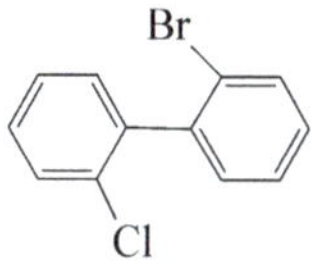　(7)

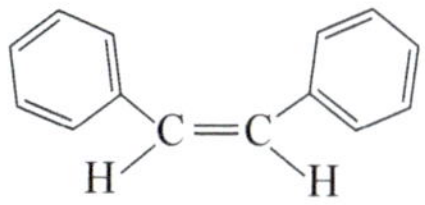

2. 命名下列杂环化合物。

(1) 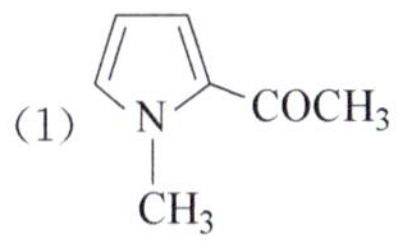

(2) 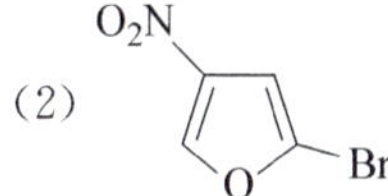

(3) 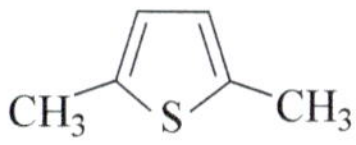　(4)

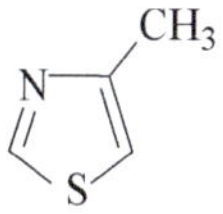

(5) 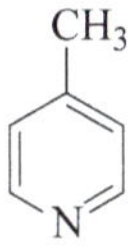　(6) 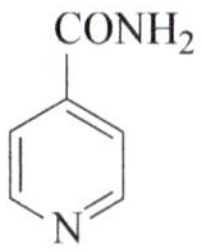　(7) 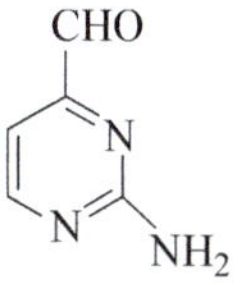　(8)

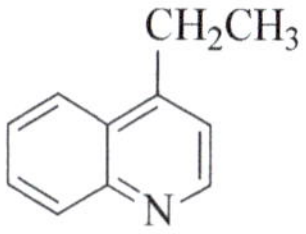

(9)　(10) 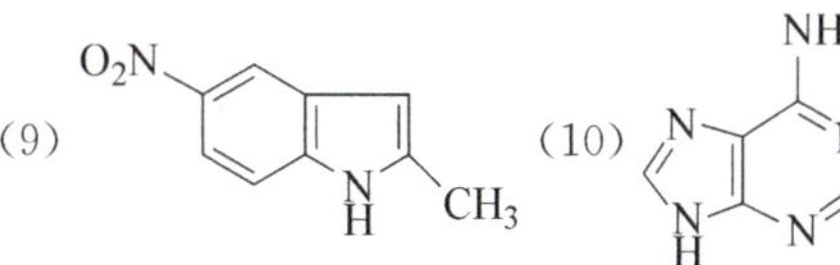

3. 写出下列化合物的结构式。

(1) 对甲基苯乙烯　(2) 1,4-二苯基丁-2-炔　(3) 2,4′-二甲基二苯甲烷

(4) 3-苯基苯酚　(5) 2,4-二硝基溴苯　(6) 5-异丙基-2-甲基苯酚

4. 写出分子式为 C_9H_{12} 单环芳烃的所有异构体,并用系统命名法命名。

5. 写出二甲苯在苯环上发生一氯取代的可能产物,并用系统命名法命名。

6. 判断下列结构是否具有芳香性。

(1) 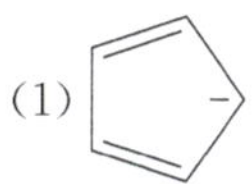

(2) 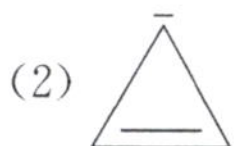

(3) 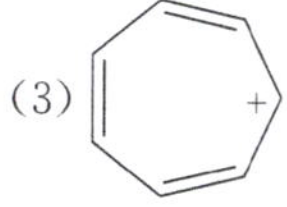

(4) 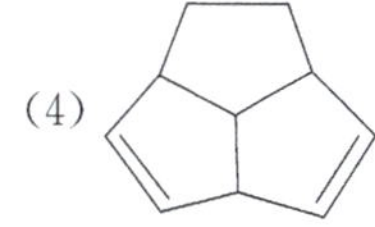

(5) 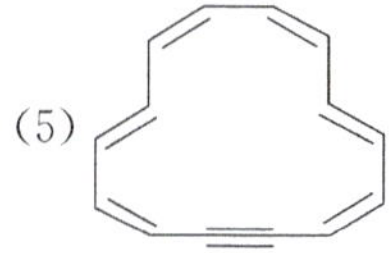

(6) 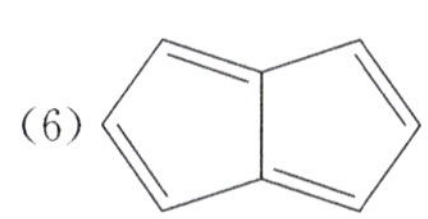

(7) 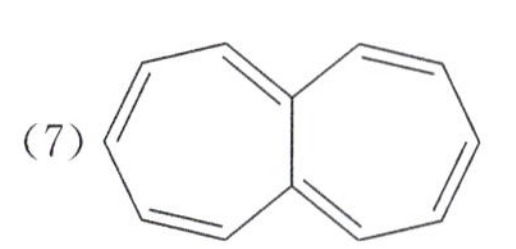

(8) 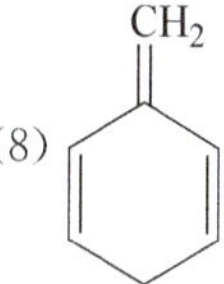

7. 将下列各组化合物按碱性大小排序。

(1) 吡咯、吡啶、六氢吡啶　(2) 吡啶、4-甲基吡啶、4-氨基吡啶、4-氰基吡啶

8. 将下列化合物一硝化,用箭头表示硝基进入芳环的主要位置。

(1) 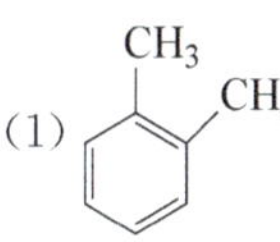

(2) 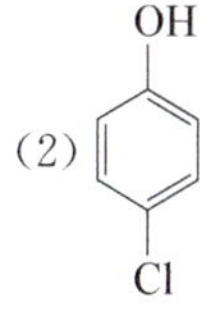

(3) 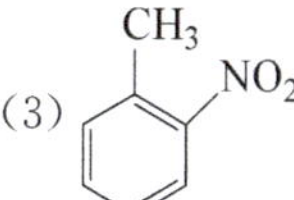

(4) 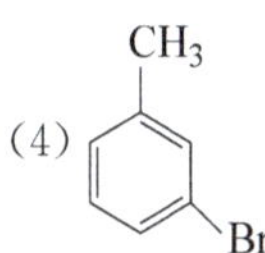

(5) 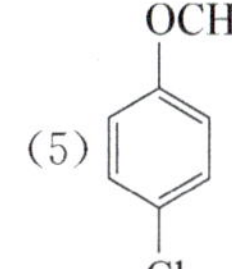

(6)

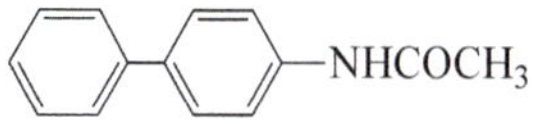

9. 呋喃可以发生 Diels-Alder 反应，请解释下列三个呋喃衍生物表现出的不同反应活性。

(1) 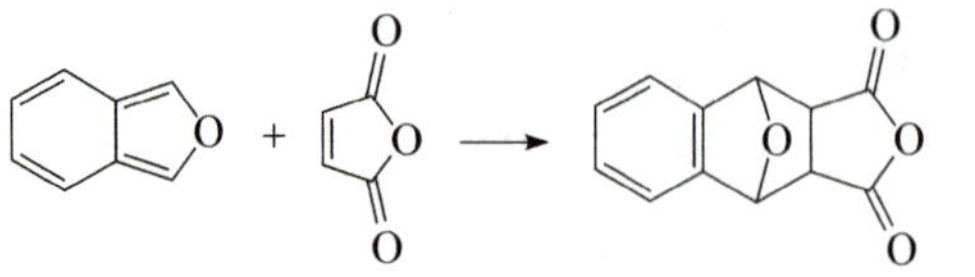 −50℃，反应很快

(2) 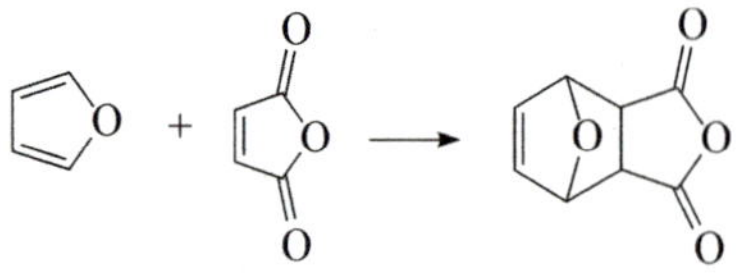 反应在室温进行

(3) 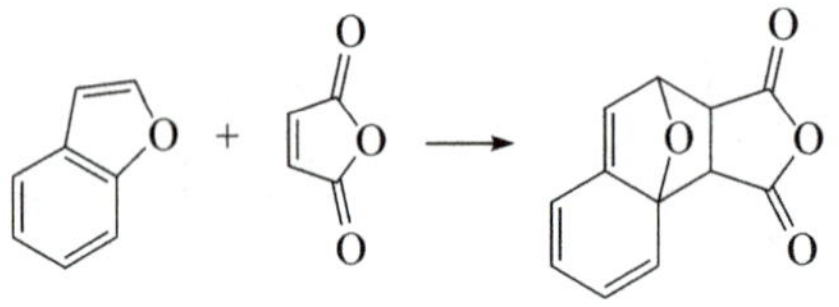 加热到100℃，不反应

10. 比较下列各组化合物进行亲电取代反应的活性次序，指出各组中不能发生 Friedel-Crafts 反应的化合物。

(1) 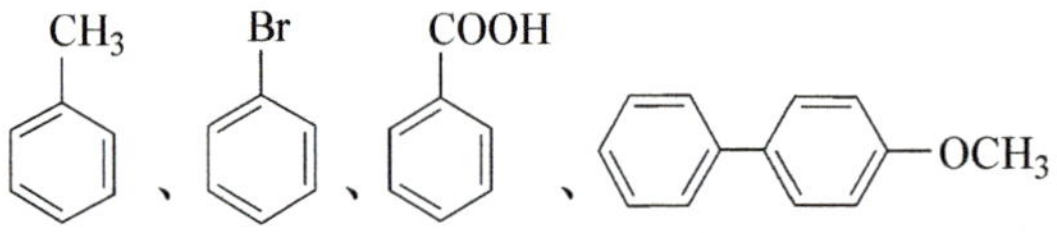

(2) 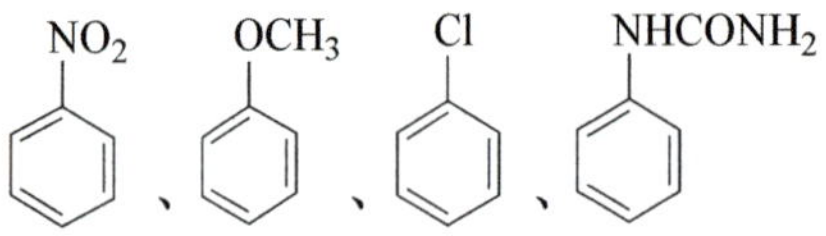

11. 给下列反应提出合理的反应机理。

(1) 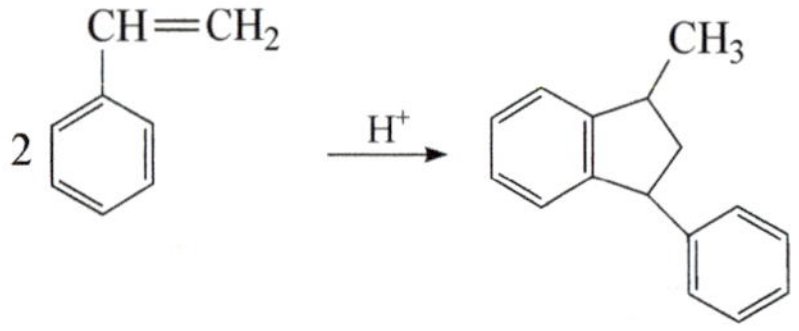

(2) 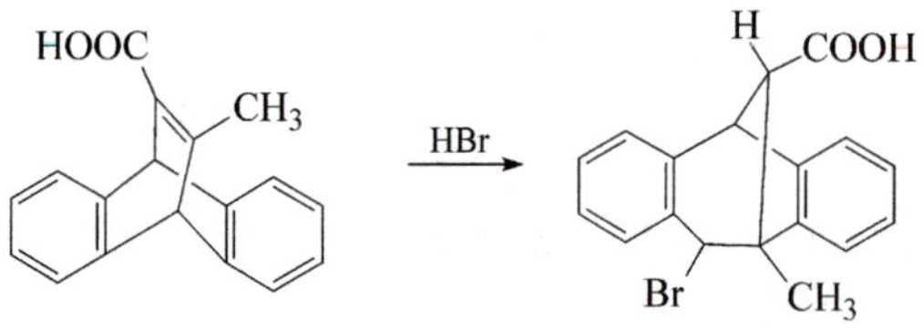

12. 写出下列反应的产物。

(1) 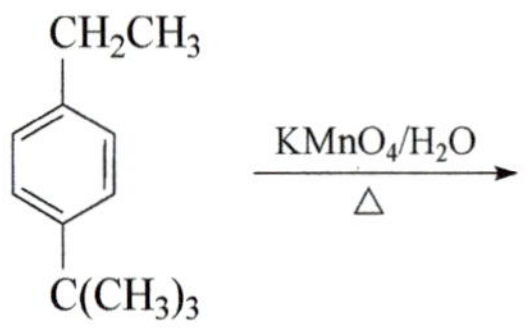

(2) 苯 + 丁二酸酐 $\xrightarrow{AlCl_3}$

(3) 4-硝基联苯 (NO_2) $\xrightarrow{HNO_3/H_2SO_4}$

(4) 甲苯 (CH_3) $\xrightarrow[Fe]{Br_2}$ $\xrightarrow[h\nu]{Cl_2}$ $\xrightarrow{NaCN}$

(5) 甲苯 (CH_3) $\xrightarrow{H_2SO_4}$ $\xrightarrow[Fe]{Br_2}$ $\xrightarrow[H_2O]{H^+}$

(6) 2-甲基萘 (CH_3) $\xrightarrow{HNO_3/H_2SO_4}$

(7) 甲苯 (CH_3) $\xrightarrow[AlCl_3]{CH_3COCl}$ $\xrightarrow[H_2SO_4]{HNO_3}$

(8) 甲苯 (CH_3) $\xrightarrow[H_2SO_4]{HNO_3}$ $\xrightarrow[Fe]{Br_2}$ $\xrightarrow{[O]}$

(9) $C_6H_5-CH_2CH_2CH_3$ $\xrightarrow[h\nu]{Cl_2}$ $\xrightarrow[NaOH]{C_2H_5OH}$ $\xrightarrow{HBr}$

(10) 甲苯 (CH_3) $\xrightarrow[H_2SO_4]{HNO_3}$ $\xrightarrow[Fe]{Br_2}$ $\xrightarrow[h\nu]{Cl_2}$ $\xrightarrow{CH_3C\equiv CNa}$ $\xrightarrow[\text{Lindlar Pd}]{H_2}$

13. 写出下列反应的主要产物。

(1) 噻吩 (S) $\xrightarrow[AlCl_3]{CH_3CH_2COCl}$

(2) 糠醛 (O, CHO) + HCHO $\xrightarrow{\text{浓}NaOH}$

(3) 3,4-二氯吡啶 (Cl, Cl, N) + $C_6H_5NH_2$ $\xrightarrow{\triangle}$

(4) 糠醛 (O, CHO) + $CH_3\overset{O}{\overset{\|}{C}}CH_3$ $\xrightarrow{\text{稀}NaOH}$

(5) 吲哚 (N, H) + $C_6H_5\overset{+}{N_2}\overset{-}{Cl}$ $\xrightarrow[C_2H_5OH,H_2O]{CH_3COONa}$

(6) 喹啉 (N) $\xrightarrow[25℃,\text{压力}]{NaNH_2,NH_3(l)}$ $\xrightarrow{H_2O}$

(7) 异喹啉 (N) $\xrightarrow[25℃,\text{压力}]{NaNH_2,NH_3(l)}$ $\xrightarrow{H_2O}$

14. 以苯为原料及其他适当的试剂合成(1) 对溴苯甲酸,(2) 邻溴苯甲酸,(3) 间溴苯甲酸。

15. 以苯或甲苯为原料及其他适当的试剂合成下列化合物。

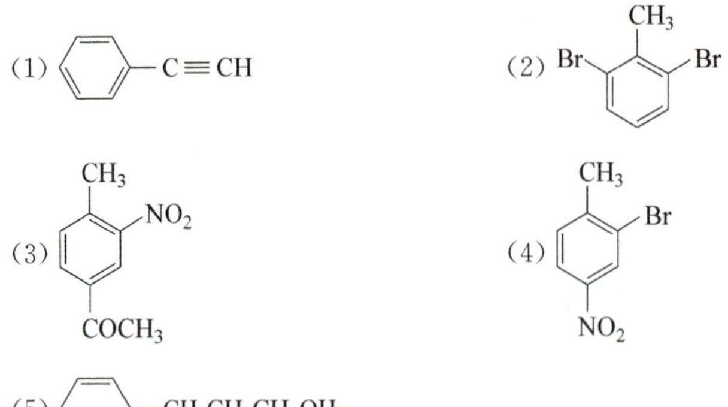

(5) $C_6H_5CH_2CH_2CH_2OH$

16. 以苯或甲苯为原料及其他适当的试剂合成(1) 4-溴-3-硝基苯甲酸,(2) 4-溴-2-硝基苯甲酸,(3) 2-溴-4-硝基苯甲酸,(4) 3,5-二硝基苯甲酸。

17. 化合物 **A** 和 **B** 是分子式为 C_9H_{12} 的两个同分异构体,其^{1}H NMR 数据(δ)如下:

A:1.25(d,6H),2.95(7 重峰,1H),7.25(m,5H)

B:2.25(s,9H),6.78(s,3H)

试推测化合物 **A** 和 **B** 的结构式。

18. 化合物 **A**,分子式为 $C_{16}H_{16}$,有顺、反构型异构,在室温下能使 Br_2/CCl_4 溶液和稀、冷 $KMnO_4$ 溶液迅速褪色,化合物 **A** 经温和条件下催化加氢化,能吸收 1mol H_2,生成化合物 **B**,分子式为 $C_{16}H_{18}$,**A** 和 **B** 经 $K_2Cr_2O_7/H_2SO_4$ 氧化,都只得到化合物 **C**,分子式为 $C_8H_6O_4$,**C** 在 Fe 粉存在下与 Cl_2 反应,只能得到一种一氯取代物 **D**。试推测 **A**~**D** 的结构式,并写出相应的反应式。

19. 化合物 **A** 和 **B** 是分子式为 $C_9H_{10}O$ 的同分异构体,**A** 和 **B** 与浓 H_2SO_4 加热反应都得到化合物 **C**,分子式为 C_9H_8,**C** 经温和催化加氢得到 **D**,分子式为 C_9H_{10},**D** 用 HNO_3/H_2SO_4 硝化只分离得到两种一硝化产物。试推测 **A**~**D** 的结构式。

20. 下图是分子式为 C_7H_8 的某化合物的 IR 和^{1}H NMR 谱,试推测其结构式,并指出^{1}H NMR 中各峰和 IR 中主要峰的归属。

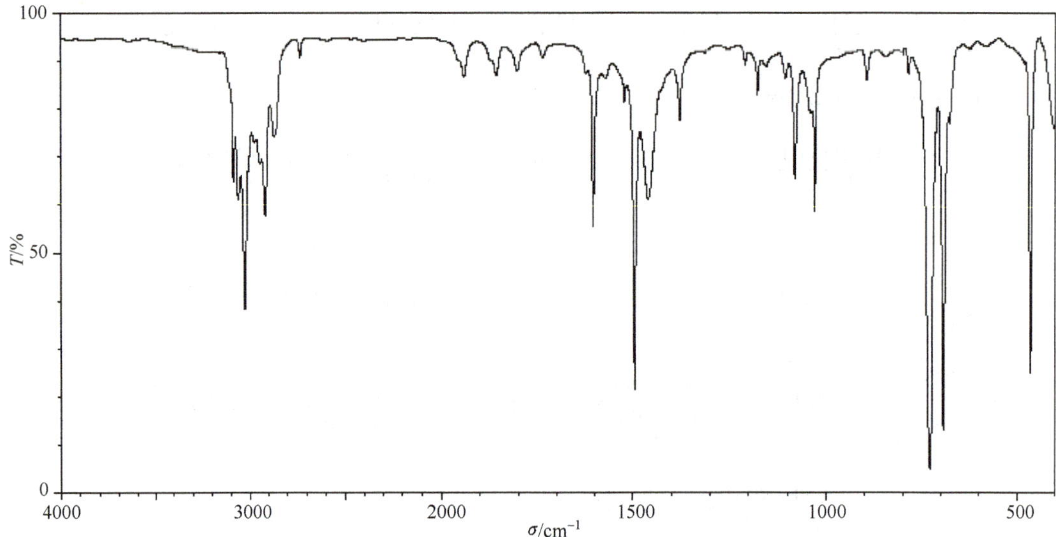

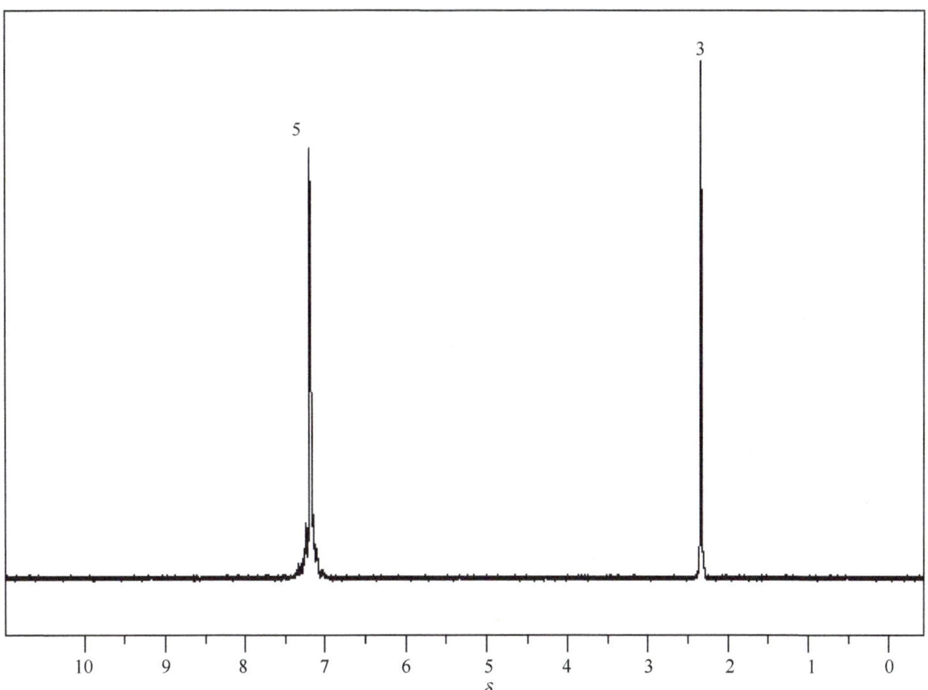
5
3
10
9
8
7
6
5
4
3
2
1
0
δ

第 9 章　芳香族卤代烃和酚

主要内容

➢卤代芳烃和酚的结构特征。

➢酚的物理性质和波谱特征。

➢卤代芳烃环上的亲核取代反应(包括消除-加成和加成-消除)及机理。

➢卤代芳烃和酚的亲电取代反应。

➢酚的酰化成酯和 Fries 重排反应;Kolbe-Schmitt 反应;Claisen 重排反应;酚环上的甲酰化反应,Reimer-Tiemann 反应、Vilsmeier 反应。

➢酚的氧化反应。

➢酚的主要制备方法。

9.1　芳香族卤代烃

9.1.1　芳香族卤代烃的结构

卤素原子与芳环直接相连的化合物称为芳香族卤代烃(也称卤代芳烃)。氯苯是卤代芳烃的一个简单例子,在氯苯中,由于氯原子的电负性比碳原子大,因此氯原子表现为－I 效应,而与氯相连的芳环上的碳原子都为 sp^2 杂化,因此氯原子上的 p 电子可以与芳环上的 π 电子形成 p-π 共轭,氯原子表现为＋C 效应。

由于两种电子效应的方向相反,因此氯苯的偶极矩比氯代环己烷小。

如果从氯苯的共振结构式来看，碳氯键具有部分双键的性质，碳氯键有所增强。

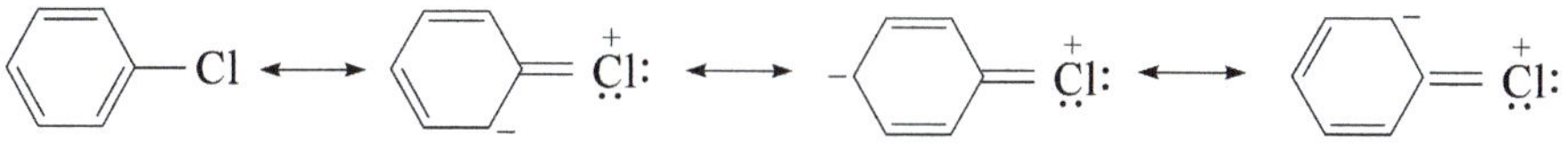

氯苯分子中的碳氯键键长比氯代烷中的短，而键的解离能比氯代烷中的大。

	CH_3CH_2—Cl	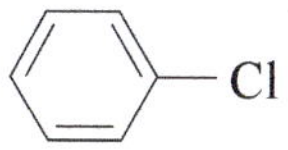 氯苯
C—Cl键键长/pm	179	172
C—Cl键的解离能/($kJ \cdot mol^{-1}$)	335	402

因此，与脂肪族卤代烃相比，芳香族卤代烃中的卤素不太容易发生被亲核试剂取代的亲核取代反应。

9.1.2　芳香族卤代烃的亲电取代反应

卤代芳烃与苯一样，在亲电试剂和相应的反应条件下，可以在芳环上发生亲电取代反应（卤化、磺化、硝化和 Friedel-Crafts 反应），主要得到邻、对位取代产物。例如，氯苯硝化主要得到对硝基氯苯和邻硝基氯苯，它们在硝化产物中的比例分别为 69%和 30%。

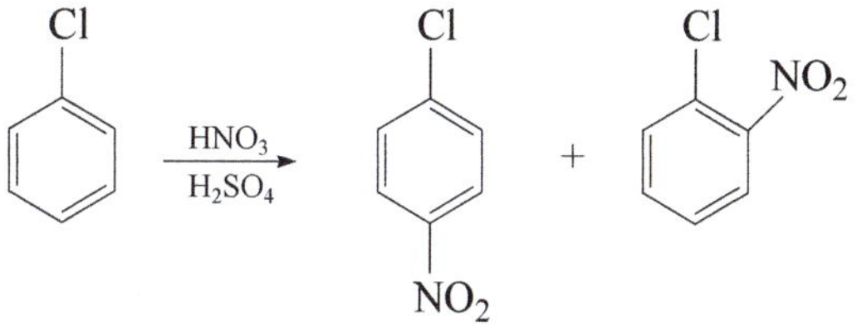

HNO_3 / H_2SO_4

69%　30%

从氯苯发生亲电取代反应时生成的 σ 络合物中间体的稳定性可以看出，当亲电试剂进攻氯的邻、对位时，其 σ 络合物中间体可以写出四个共振极限式，其中有一个极限式是正电荷处在氯原子上，在此共振极限式中，原子的外层电子都能满足稀有气体的 8 电子构型，是相对最稳定的共振极限式。当亲电试剂进攻氯的间位时，其 σ 络合物中间体只能写出三个共振极限式，没有正电荷处在氯原子上的稳定极限式。因此，氯是邻、对位定位基。氯的吸电子效应使苯环上的电子云密度降低，亲电取代反应比苯环慢，如氯苯的硝化比苯的硝化约慢 30 倍。因此，氯及其他卤原子是使苯环钝化的邻、对位定位基。

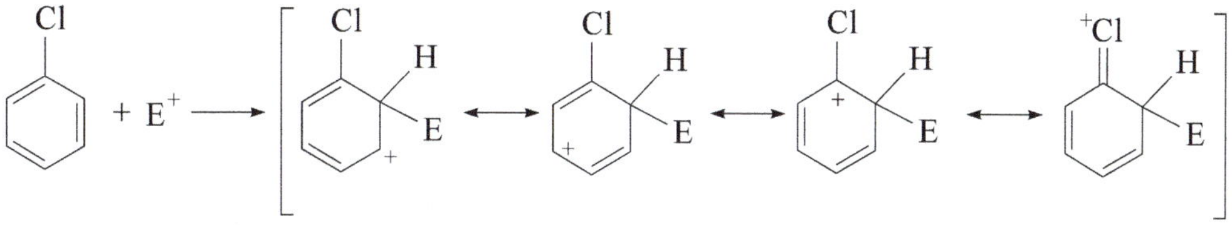

$+ E^+ \longrightarrow$

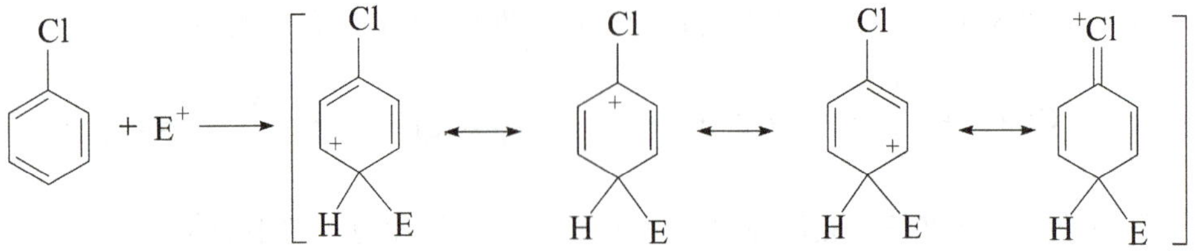

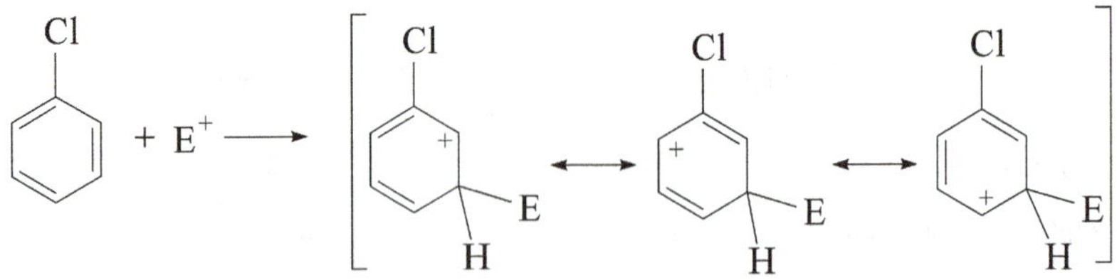

9.1.3 芳香族卤代烃的亲核取代反应

芳香族卤代烃除在芳环上发生相应的亲电取代反应外，在相对比较剧烈的反应条件下，芳环上的卤素仍然可以被亲核试剂取代，发生芳环上的亲核取代反应。例如，氯苯在加压和高温条件下与氢氧化钠的水溶液反应，经酸化后得到苯酚；氯苯与氨基钾在液氨中反应得到苯胺。

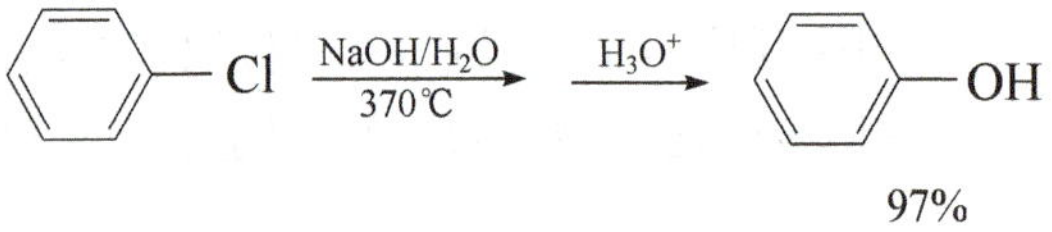

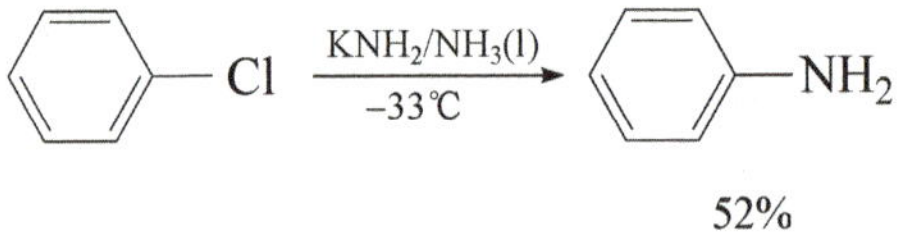

NaOH/H_2O，370℃；H_3O^+　97%

$KNH_2/NH_3(l)$，−33℃　52%

由于苯基正离子不稳定，因此不可能发生与脂肪族卤代烃相似的 S_N1 反应。而因为苯环的阻碍，亲核试剂也不能从直接与卤原子相连的苯环碳原子的背面进攻，所以也不可能发生与脂肪族卤代烃相似的 S_N2 反应。

芳香族卤代烃的亲核取代反应通常按加成-消除和消除-加成机理进行。

1. 加成-消除机理

芳环上有硝基等吸电子取代基时，卤代芳烃与亲核试剂可以按加成-消除机理发生芳环上的亲核取代反应。

反应动力学研究：在多数情况下，芳环上经加成-消除机理进行的亲核取代反应，其反应速率与反应底物和亲核试剂的浓度有关。

$$v=k[\text{芳香族卤代烃}][\text{亲核试剂}]$$

加成-消除机理在形式上与 S_N2 相似，反应分两步进行。

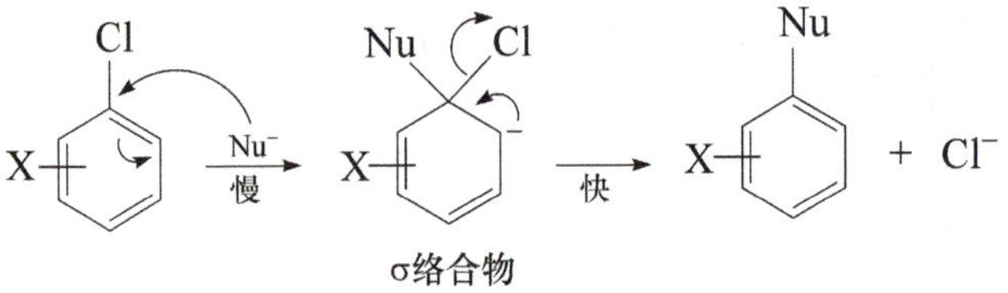

Nu^-，慢；快；$+ Cl^-$

σ络合物

第一步是加成，亲核试剂向芳环上直接与卤素相连的碳原子进攻，生成 σ 络合物负离子中间体（又称 Meisenheimer 络合物），在多数情况下，这一步是决定反应速率的慢步骤。第二步是离去基团离去，恢复芳环结构，生成亲核取代产物，这一步是反应速率快的步骤，因此离去基团的离去能力对反应速率的影响很小。

如果在离去基团的邻、对位上有硝基等吸电子取代基，则反应容易进行。因为邻、对位上的硝基可以通过共轭作用很好地分散负离子中间体中的负电荷，使中间体的稳定性增加。

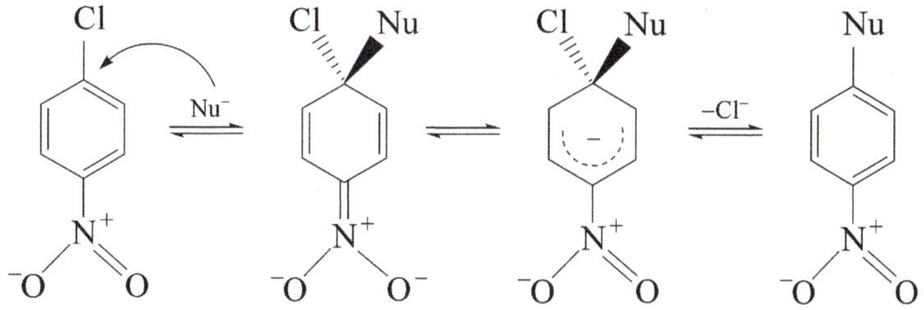

而在离去基团间位上的硝基却没有此作用。因此，在离去基团的邻、对位上增加硝基或其他强吸电子基团，能使反应更加容易进行。例如

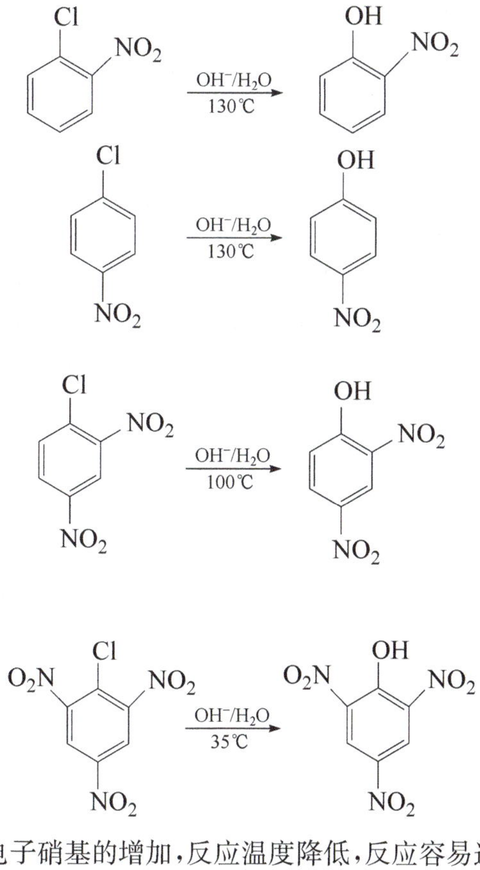

随着氯原子邻、对位上吸电子硝基的增加，反应温度降低，反应容易进行。

又如，对硝基氯苯与甲醇钠反应生成对硝基苯甲醚。

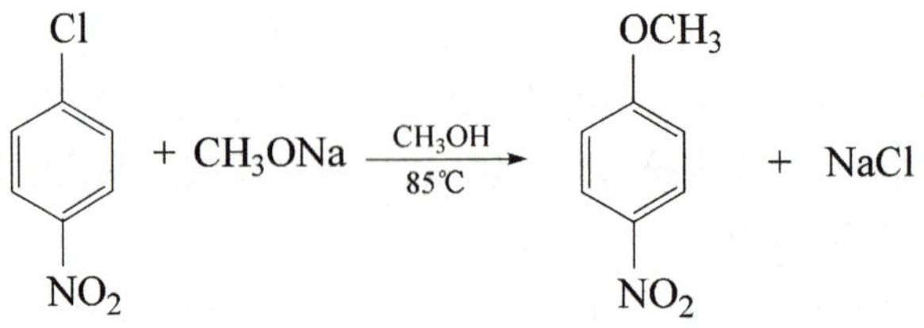

$$\text{对硝基氯苯} + CH_3ONa \xrightarrow[85℃]{CH_3OH} \text{对硝基苯甲醚} + NaCl$$

对硝基苯甲醚(92%)

反应速率随着苯环上的硝基增加而增快。

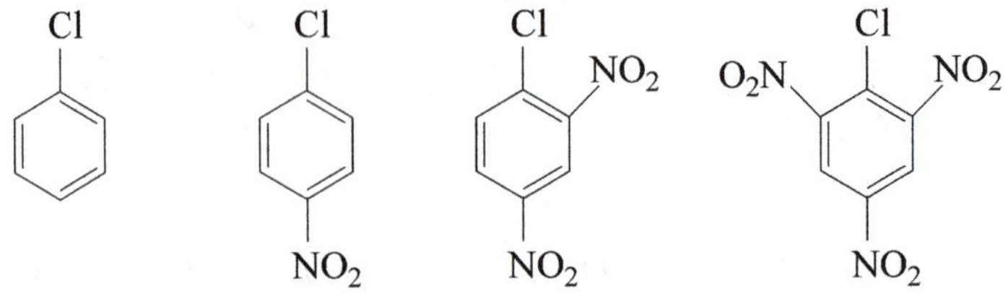

	氯苯	对硝基氯苯	2,4-二硝基氯苯	2,4,6-三硝基氯苯
反应速率	1.0	7×10^{10}	2.4×10^{15}	太快无法测量

带有未共用电子对的中性分子也可以作为亲核试剂。例如

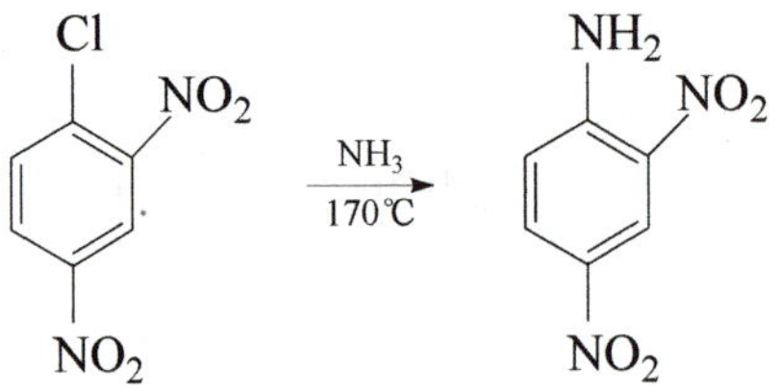

$$\text{2,4-二硝基氯苯} \xrightarrow[170℃]{NH_3} \text{2,4-二硝基苯胺}$$

68%~76%

离去基团除卤素、—OR 外，其他如—NO_2、—SOPh、—SO_2Ph 等也可以作为离去基团。离去基团的电负性越大，越有利于亲核试剂的进攻和 σ 络合物负离子中间体的形成。由于氟的电负性最大，因此芳香族卤代烃中，芳环上亲核取代反应速率最快的是芳香族氟代烃。例如

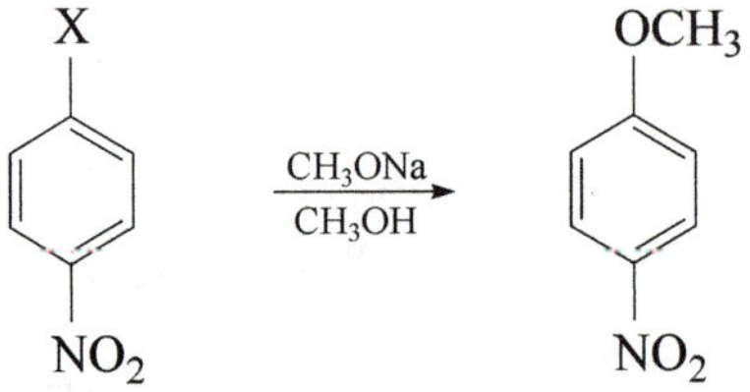

$$\text{对硝基卤苯(X)} \xrightarrow[CH_3OH]{CH_3ONa} \text{对硝基苯甲醚}$$

X	F	Cl	Br	I
相对反应速率	312	1.0	0.8	0.4

问题 9-1 写出下列反应的主要产物。

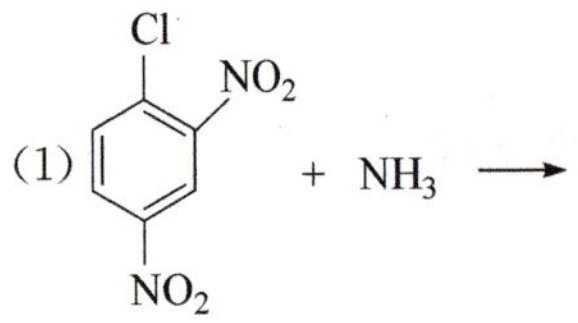

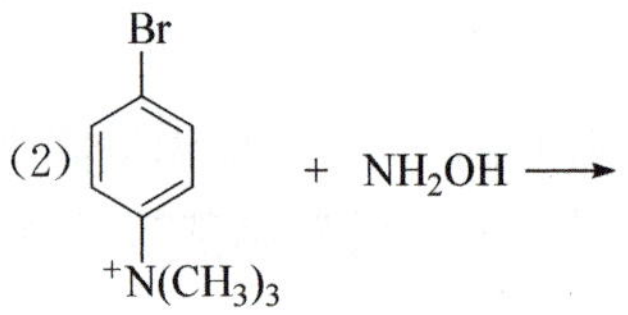

(1) 2,4-二硝基氯苯 + NH_3 ⟶

(2) 对溴苯基三甲基铵离子（Br 与 $^+N(CH_3)_3$ 处于对位） + NH_2OH ⟶

---

(3) 2,4-二硝基氯苯 + $CH_3CH_2CH_2OH \xrightarrow{(CH_3CH_2)_3N}$

2. 消除-加成机理

芳环上没有强吸电子基团的卤代芳烃，如氯苯与 $NaNH_2/NH_3(l)$ 强碱反应，氯原子被氨基取代，生成苯胺，这也是芳环上的亲核取代反应。以同位素^{14}C标记的氯苯-1-^{14}C为例，在液氨中与氨基钾反应，生成几乎等量的苯胺-1-^{14}C和苯胺-2-^{14}C的混合物。

$$\text{氯苯-1-}^{14}C \xrightarrow[43\%]{KNH_2, NH_3, -33℃} \text{苯胺-1-}^{14}C(48\%) + \text{苯胺-2-}^{14}C(52\%)$$

用消除-加成的苯炔机理可以很好地解释上述结果。反应分两步进行：首先氨基负离子作为强碱进攻氯原子邻位上的氢，消除氯和氢后，生成不稳定的反应活性中间体苯炔(benzyne)，然后亲核试剂对苯炔中的叁键进行亲核加成，生成相应的取代产物。

$$\text{氯苯-1-}^{14}C \xrightarrow{:\bar{N}H_2} \text{苯炔} + :NH_3 + :\ddot{C}l:^-$$

苯炔

$$\text{苯炔} + :\bar{N}H_2 \xrightarrow{(1)/(2)} \text{(负离子中间体 1)} + \text{(负离子中间体 2)}$$

$$\text{(负离子中间体)} + H—\ddot{N}H_2 \longrightarrow \text{苯胺-1-}^{14}C + \text{苯胺-2-}^{14}C + :\bar{N}H_2$$

由于苯炔中标记的碳原子和它邻位的碳原子是完全等同的，因此受氨基负离子进攻的概率也相等，最后生成产率几乎相等的苯胺-1-^{14}C和苯胺-2-^{14}C。

必须指出，苯炔中的叁键完全不同于炔烃中的叁键，炔烃叁键中的两个碳原子都为 sp 杂化，两个 π 键都是 p 轨道从侧面交盖而成的。而苯炔中叁键的两个碳原子都仍然为 sp^2 杂化，p 轨道参与在苯环的大 π 键中，而叁键中另一个 π 键是 sp^2 杂化轨道从侧面部分地交盖而成，它处在苯环的同一平面上，与苯环的 π 轨道并不重叠。因此，苯炔是不稳定的活性中间体。

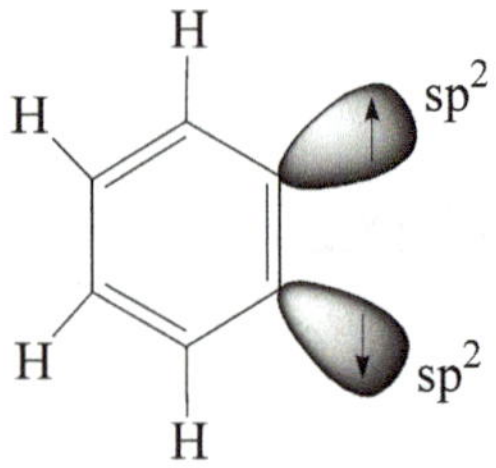

H
sp²
H
H
sp²
H

对于取代的卤代芳烃，在碱作用下首先生成取代苯炔中间体，然后亲核试剂对苯炔叁键进行亲核加成，加成的区域选择性受控于原有取代基的性质。实验事实说明，苯环上原有取代基主要通过诱导效应对加成的区域选择性产生影响。例如

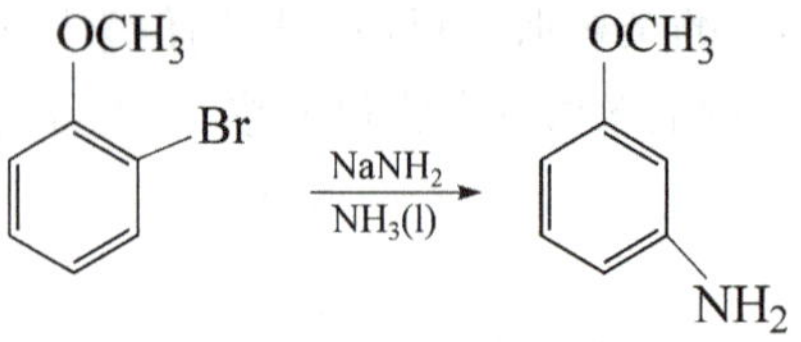

$$\text{2-}CH_3O\text{-}C_6H_4Br \xrightarrow[NH_3(l)]{NaNH_2} \text{3-}CH_3O\text{-}C_6H_4NH_2 \tag{9-1}$$

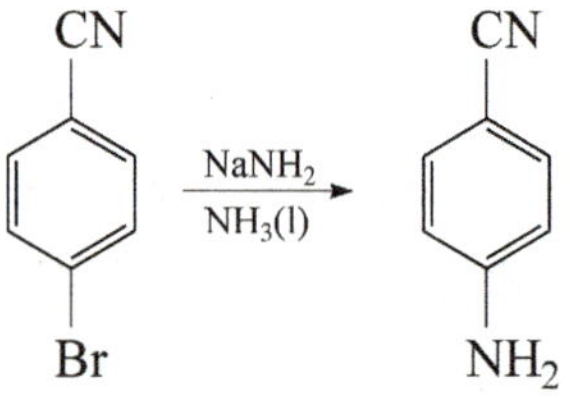

$$\text{4-}NC\text{-}C_6H_4Br \xrightarrow[NH_3(l)]{NaNH_2} \text{4-}NC\text{-}C_6H_4NH_2 \tag{9-2}$$

反应(9-1)中的活泼中间体为（3-甲氧基苯炔，OCH_3）。3-甲氧基苯炔与氨基负离子加成时，中间体中的负电荷在 sp^2 杂化轨道上（OCH_3，NH_2），因此 CH_3O—只能通过诱导效应影响负电荷的稳定性。由于 CH_3O—具有 −I 效应，相比而言，中间体(a)中的负电荷比中间体(b)中的负电荷分散程度更好，因此(a)比(b)处于能量相对较低的状态，中间体(a)比(b)稳定。

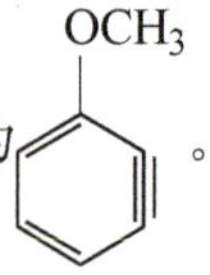

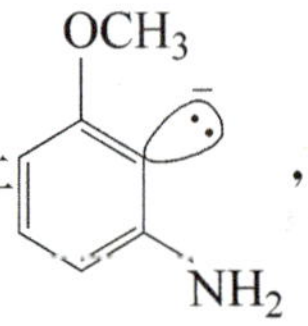

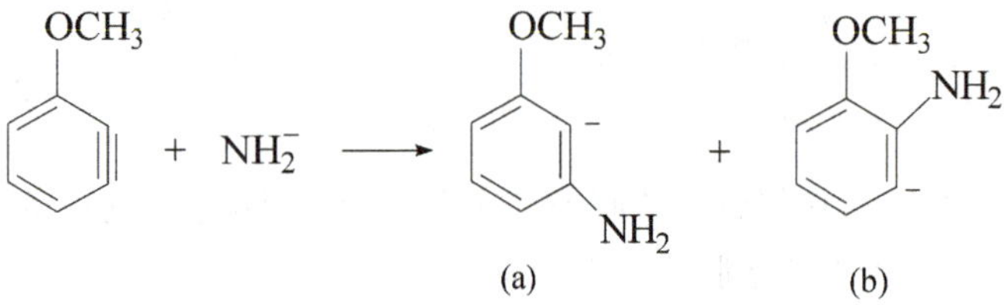

$$\text{3-甲氧基苯炔} + NH_2^- \longrightarrow \underset{(a)}{\text{(}OCH_3\text{, }NH_2\text{, }^-\text{)}} + \underset{(b)}{\text{(}OCH_3\text{, }NH_2\text{, }^-\text{)}}$$

主要产物是相对比较稳定的中间体(a)从液氨中取得一个质子得到 3-甲氧基苯胺。

反应(9-2)中的活泼中间体为 [3-氰基苯炔结构式]。4-氰基苯炔与亲核试剂加成时,同样具有$-I$效应的—CN也只能通过诱导效应影响负电荷的稳定性,因此中间体(c)比(d)稳定。

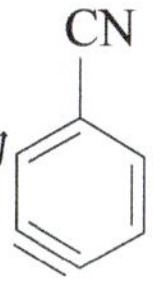

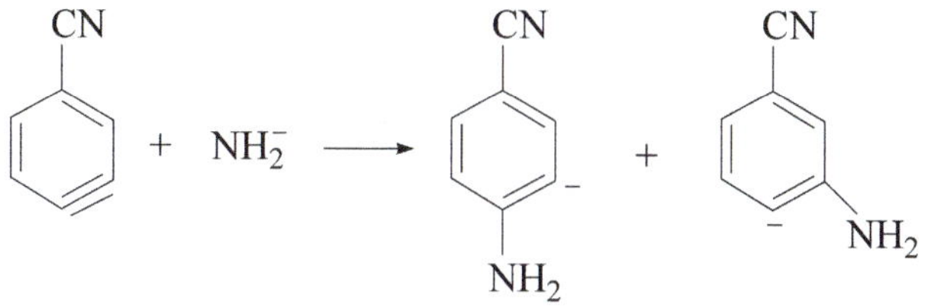

[反应式:4-氰基苯炔 + NH_2^- → 中间体(c) + 中间体(d)]

(c) (d)

主要产物是中间体(c)从液氨中取得一个质子得到4-氰基苯胺。由于诱导效应随着传递距离的增加迅速减弱,因此反应(9-2)的区域选择性有时不如反应(9-1)。

对于具有一元取代基(Z)的卤代苯,在发生消除-加成反应时,苯炔中间体的形式可归纳为(e)和(f)两种:

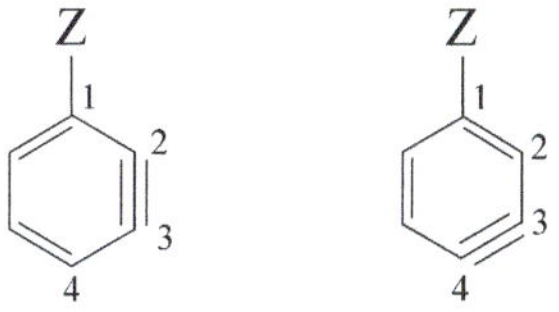

[结构式(e)、(f)]

(e) (f)

对于形式(e),当Z具有吸电子诱导效应时,亲核试剂进攻C_3的产物是主要的;当Z具有给电子诱导效应时,亲核试剂进攻C_2的产物是主要的。而对于形式(f),当Z具有吸电子诱导效应时,亲核试剂进攻C_4的产物是主要的;当Z具有给电子诱导效应时,亲核试剂进攻C_3的产物是主要的。但当Z只有弱的电子效应时,则没有明显的选择性,往往得到混合物。

在Z取代的一卤代苯中,当卤原子在取代基Z的间位时,卤素的两个邻位氢不同,消除时生成的中间体是形式(e)还是形式(f),则取决于卤原子邻位上两个氢的酸性大小,碱首先进攻卤素邻位上酸性较强的氢,而氢的酸性大小又受控于取代基Z的诱导效应。例如

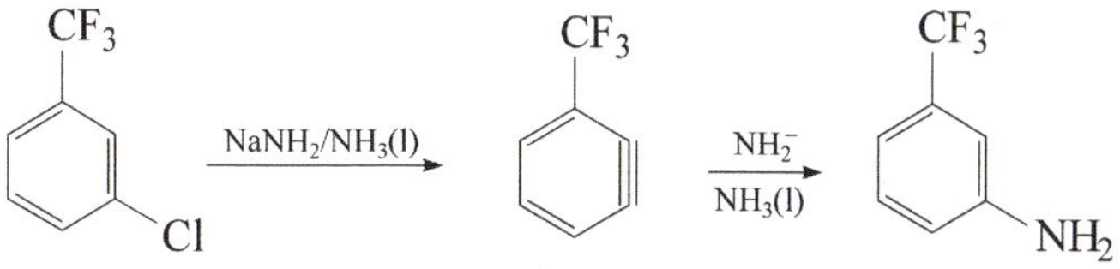

[反应式:3-氯三氟甲苯 $\xrightarrow{NaNH_2/NH_3(l)}$ 3-三氟甲基苯炔 $\xrightarrow[NH_3(l)]{NH_2^-}$ 3-三氟甲基苯胺]

3-三氟甲基苯炔 3-三氟甲基苯胺

这是因为三氟甲基邻位上氢的酸性比对位上氢的酸性大,所以生成中间体3-三氟甲基苯炔,然后生成产物3-三氟甲基苯胺。

苯炔中的碳碳叁键能作为亲二烯体,与共轭二烯发生Diels-Alder反应。将邻溴氟苯与金属镁在四氢呋喃溶剂中反应,当有共轭二烯存在时可分离得到Diels-Alder反应的加成产物。例如

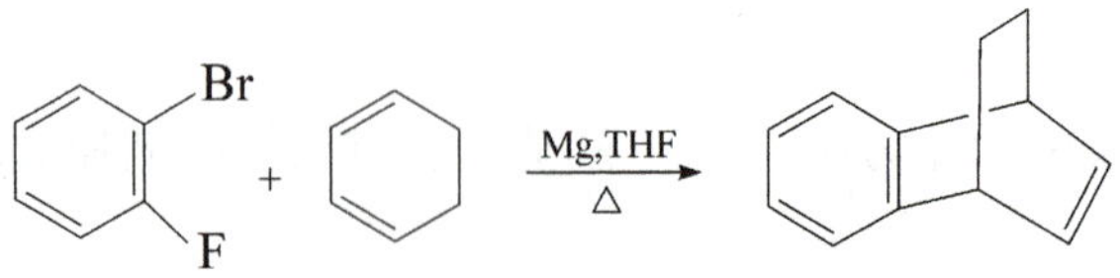

$$\text{邻溴氟苯 (2-bromofluorobenzene)} + \text{1,3-环己二烯} \xrightarrow[\triangle]{Mg, THF} \text{加成产物}$$

这说明在四氢呋喃溶剂中，邻溴氟苯用金属镁处理可以得到反应中间体苯炔。

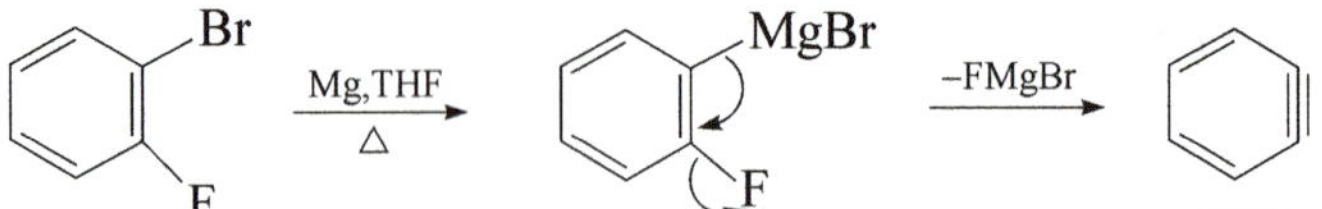

$$\text{邻溴氟苯} \xrightarrow[\triangle]{Mg, THF} \text{邻氟苯基溴化镁 (MgBr, F)} \xrightarrow{-FMgBr} \text{苯炔}$$

苯炔

问题 9-2　写出下列反应的主要产物。

(1) 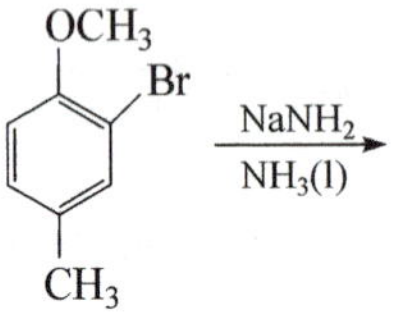 2-溴-4-甲基苯甲醚 (OCH_3, Br, CH_3) $\xrightarrow[NH_3(l)]{NaNH_2}$　　(2) 对溴甲苯 (CH_3, Br) $\xrightarrow[NH_3(l)]{NaNH_2}$

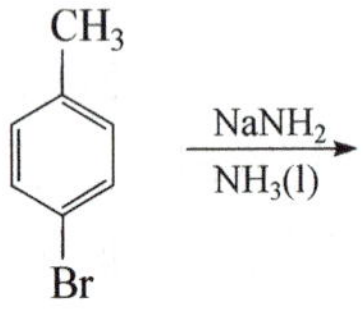

9.1.4　Heck 反应

在钯催化剂和碱(如三乙基胺、三丁基胺)作用下，烯烃碳碳双键上的氢被芳香族卤代烃中的芳基取代的反应称为 Heck 反应。

$$Ar—X + \underset{}{H}C{=}C\,Z \xrightarrow[\text{碱}]{\text{钯催化剂}} ArC{=}C\,Z + HX$$

在产物中，总是烯烃的碳碳双键上空间位阻相对较小的氢被芳基取代，生成苯乙烯型化合物。当烯键有一个取代基(Z)时，产物中芳基与取代基(Z)处于双键的反位。例如

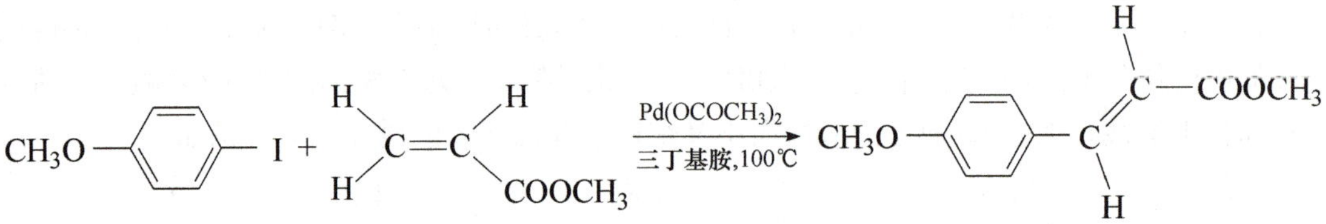

$$CH_3O-C_6H_4-I + H_2C{=}CHCOOCH_3 \xrightarrow[\text{三丁基胺},100℃]{Pd(OCOCH_3)_2} CH_3O-C_6H_4-CH{=}CH-COOCH_3$$

常用的钯催化剂是乙酸钯(Ⅱ)[$Pd(OCOCH_3)_2$]，乙酸钯(Ⅱ)在反应条件下形成活性 $Pd^{(0)}$，$Pd^{(0)}$ 与配体(L)形成催化复合物 $Pd^{(0)}L_2$。其反应过程如下：

(1) 催化复合物对碳卤键 C—X 的插入，即氧化加成。

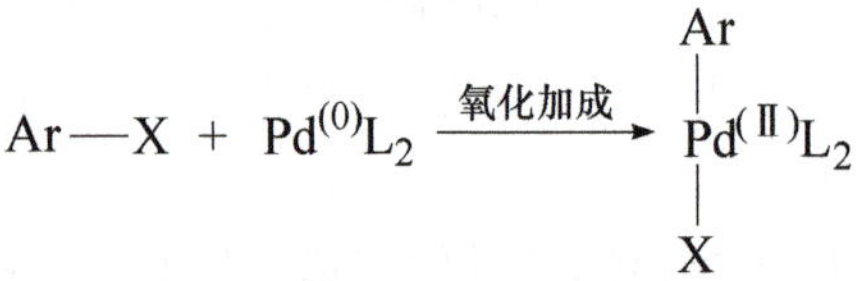

$$Ar—X + Pd^{(0)}L_2 \xrightarrow{\text{氧化加成}} Ar—Pd^{(Ⅱ)}L_2—X$$

(2) 插入产物与烯键形成 π 复合物，π 键打开生成 C—Pd 键，芳基带着一对电子与碳碳双键位阻小的一端生成新的 C—C 键，然后通过 C—C 键旋转改变构象，顺式消除 LXPd—H，得

到芳基与烯键上的取代基处于反位的芳基化产物。

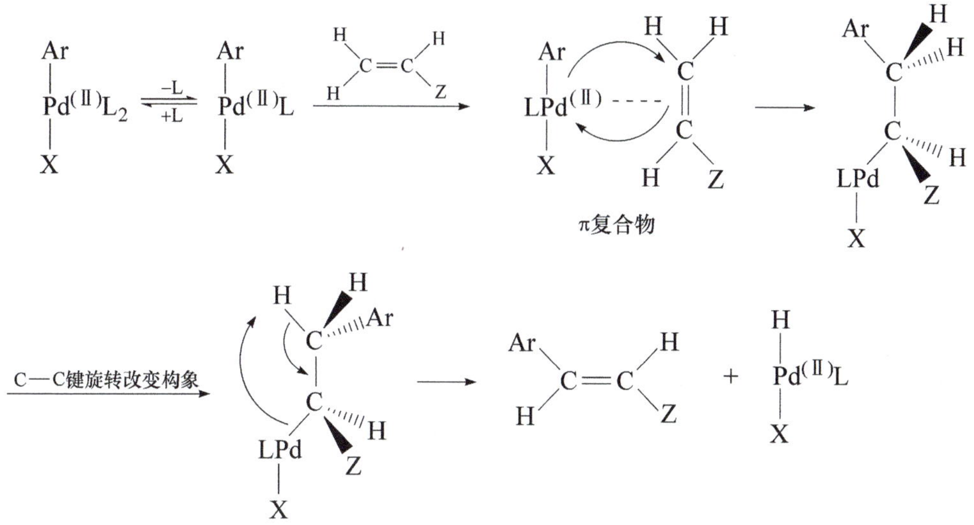

π复合物

C—C键旋转改变构象

（3）催化剂在碱三乙胺作用下还原为原来的 $Pd^{(0)}$，循环起催化作用。

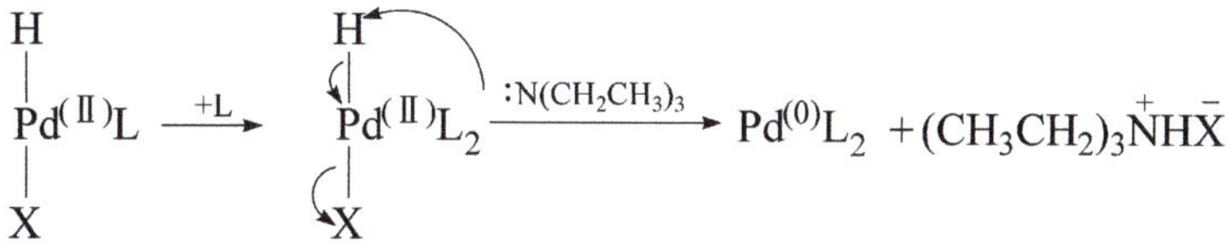

$$Pd^{(II)}L(H)(X) \xrightarrow{+L} Pd^{(II)}L_2(H)(X) \xrightarrow{:N(CH_2CH_3)_3} Pd^{(0)}L_2 + (CH_3CH_2)_3\overset{+}{N}H\overset{-}{X}$$

因此，Heck 反应中只需要加入催化量的乙酸钯（Ⅱ），卤代芳烃：乙酸钯（Ⅱ）＝100：1（物质的量比）。

常用的芳香族卤代烃有碘代烃和溴代烃，碘代芳烃的反应活性最大。

Heck 反应是经由烯烃的芳基化反应合成苯乙烯型化合物的重要反应。由于苯乙烯及其衍生物是重要的工业原料，而乙烯式卤代烃又极不活泼，不能用作傅-克反应的烃化剂，因此以前是先制得乙基取代苯的衍生物，再催化脱氢得到苯乙烯衍生物。

乙烯式卤代烃也可以与烯烃发生相应的 Heck 反应。例如

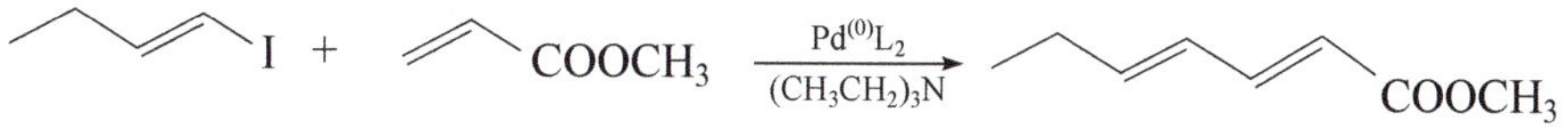

$$\text{I} + \text{COOCH}_3 \xrightarrow[(CH_3CH_2)_3N]{Pd^{(0)}L_2} \text{COOCH}_3$$

问题 9-3　写出下列反应的主要产物。

（1）Br + NH$_2$ $\xrightarrow[(CH_3CH_2)_3N]{PdL_2}$

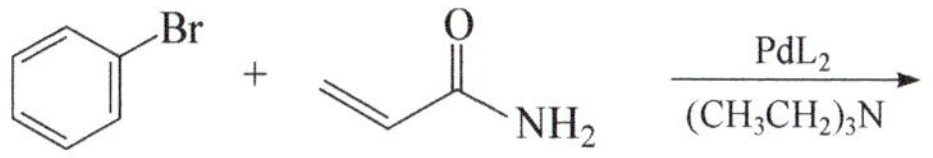

（2）I + O $\xrightarrow[(CH_3CH_2)_3N]{PdL_2}$

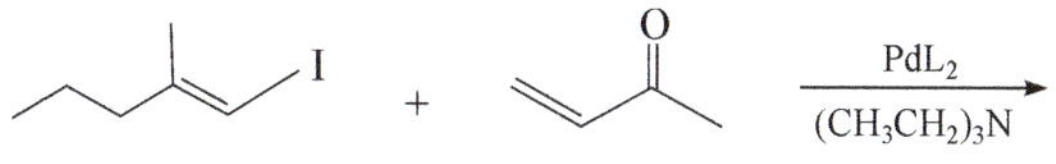

9.2 酚

9.2.1 酚的结构和命名

羟基直接与芳环相连的化合物称为酚，通式为 Ar—OH，酚中的羟基称为酚羟基。最简单的酚是苯酚，俗称石炭酸(carbolic acid)，结构式为—OH。

酚羟基与醇羟基不同，酚羟基中的氧原子为 sp^2 杂化，氧原子的两对未共用电子对中的一对处于 sp^2 轨道上，另有一对未共用电子对处于未杂化的 p 轨道上，在苯酚中，氧原子提供一对未共用的 p 电子与苯环的大 π 键形成七中心八电子的 p-π 共轭体系(图 9-1)。羟基与苯环之间的 p-π 共轭作用使苯环上的电子云密度升高，有利于芳环上亲电取代反应的进行。苯酚环上的电子云密度分布如图 9-2 所示。

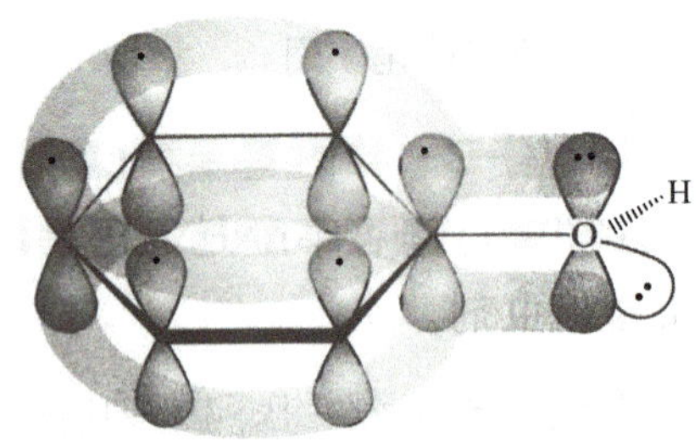

图 9-1　苯酚的 p-π 共轭体系示意图

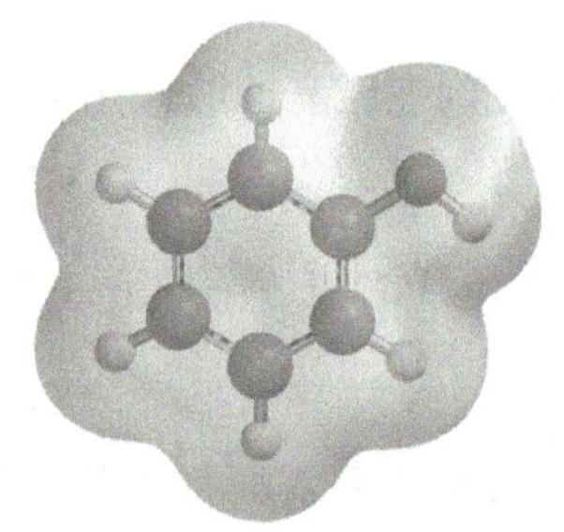

图 9-2　苯酚环上的电子云密度分布图

取代酚的命名通常以酚为母体。例如

OH　　　OH　　　OH

苯酚　　α-萘酚　　β-萘酚

OH CH_3　　　OH CH_3　　　OH CH_3

邻甲苯酚 (2-甲苯酚)　　间甲苯酚 (3-甲苯酚)　　对甲苯酚 (4-甲苯酚)

甲基取代苯酚的邻、间、对三种异构体的混合物简称甲酚，其皂溶液俗称来苏儿(lysol)，临床上用作消毒剂。

按照芳环上酚羟基的数目不同，酚可分为一元酚、二元酚和三元酚等，含两个以上酚羟基的酚为多元酚。例如

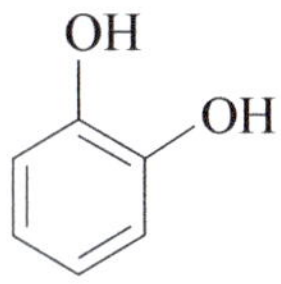

邻苯二酚
(1,2-苯二酚，儿茶酚)

对苯二酚
(1,4-苯二酚，氢醌)

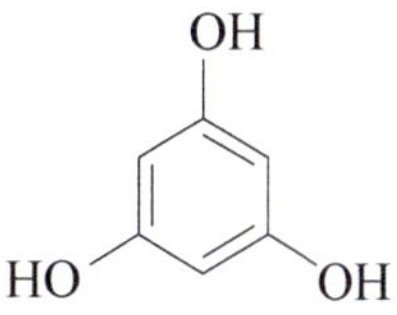

均苯三酚
(1,3,5-苯三酚)

9.2.2 酚的物理性质

由于酚羟基像醇羟基一样，也能在分子之间生成氢键，因此酚的熔点和沸点均比相对分子质量相近的芳烃和卤代芳烃高。酚的相对密度小于 1。表 9-1 列出部分酚的物理常数。

表 9-1　部分酚的物理常数

化合物	熔点/℃	沸点/℃	溶解度/[g·(100mL H_2O)$^{-1}$]
苯酚(phenol)	43	181.8	8.2
邻甲苯酚(*o*-methylphenol)	30.9	191	2.5
间甲苯酚(*m*-methylphenol)	11.3	203	0.5
对甲苯酚(*p*-methylphenol)	34.8	202	1.8
邻氯苯酚(*o*-chlorophenol)	7	174.9	2.8
间氯苯酚(*m*-chlorophenol)	32	219.8	2.6
对氯苯酚(*p*-chlorophenol)	42	214	2.7
邻硝基苯酚(*o*-nitrophenol)	46	216	0.2
间硝基苯酚(*m*-nitrophenol)	97	分解	1.3
对硝基苯酚(*p*-nitrophenol)	115	分解	1.6
1-萘酚(1-naphthol)	96	279	—
2-萘酚(2-naphthol)	122	285	0.1
邻苯二酚(catechol)	105	246	45.1
间苯二酚(resoreinol)	110	276	147.3
对苯二酚(hydroquinone)	170	285	6
2,4-二硝基苯酚(2,4-dinitrophenol)	113	分解	0.6
2,4,6-三硝基苯酚(2,4,6-trinitrophenol)	122	分解	1.4

酚的红外光谱：酚具有芳环和羟基的红外吸收特征，酚羟基与醇羟基的红外吸收相似。分子间氢键没有缔合的游离 O—H 键伸缩振动吸收峰在 3640～3610cm^{-1}；分子间经氢键缔合的 O—H 键伸缩振动在 3600～3200cm^{-1}产生宽峰。酚的 C—O 键伸缩振动吸收带在 1220cm^{-1}附近。

^{1}H NMR：酚羟基质子的化学位移 δ 为 4～12，与酚的浓度、溶剂、温度有关，如对甲苯酚羟基质子的化学位移 δ 为 5.1。

^{13}C NMR：直接与酚羟基相连的碳的化学位移 δ 为 155 左右。苯酚与苯和苯甲醚的各碳

原子的化学位移δ比较如下：

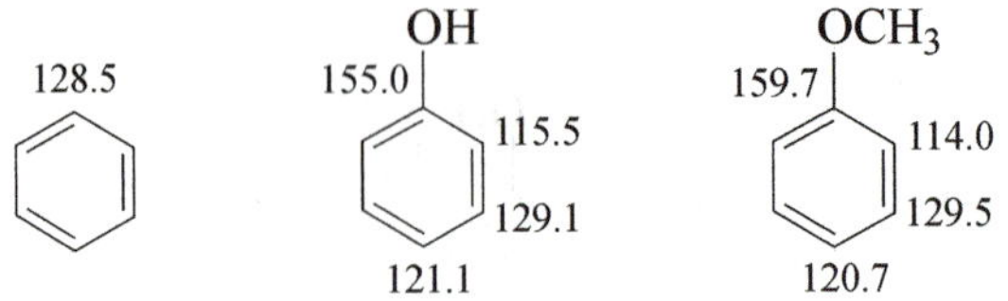

苯：128.5；苯酚：C1 155.0，邻位 115.5，间位 129.1，对位 121.1；苯甲醚（OCH_3）：C1 159.7，邻位 114.0，间位 129.5，对位 120.7

9.2.3 酚的酸性

苯酚能溶于水，但溶解度不大[8.2g·(100mL H_2O)$^{-1}$]。苯酚的 $pK_a=10$，是比乙酸(CH_3COOH)还要弱的酸，但比醇的酸性强得多，能溶于碳酸钠水溶液，而不溶于碳酸氢钠水溶液。这是因为羟基与苯环形成 p-π 共轭后，羟基氧上的未共用电子对向苯环方向分散，氧上的电子云密度降低，削弱了 O—H 键，有利于氢以质子的形式离去，而显酸性。

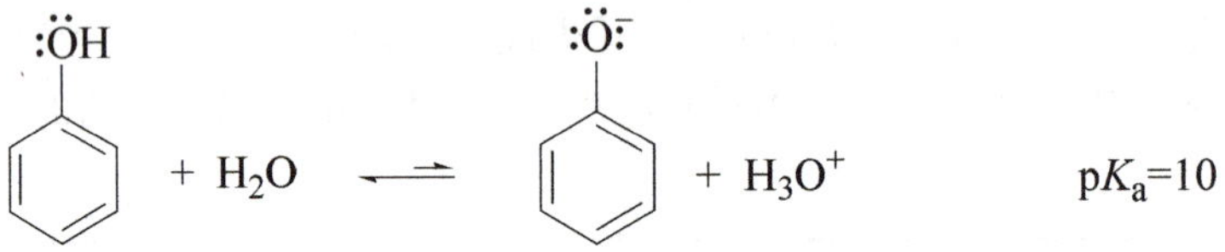

$$C_6H_5\ddot{O}H + H_2O \rightleftharpoons C_6H_5\ddot{O}^- + H_3O^+ \qquad pK_a=10$$

羟基上质子离去后生成的苯氧负离子可以写出以下四个经典共振结构式：

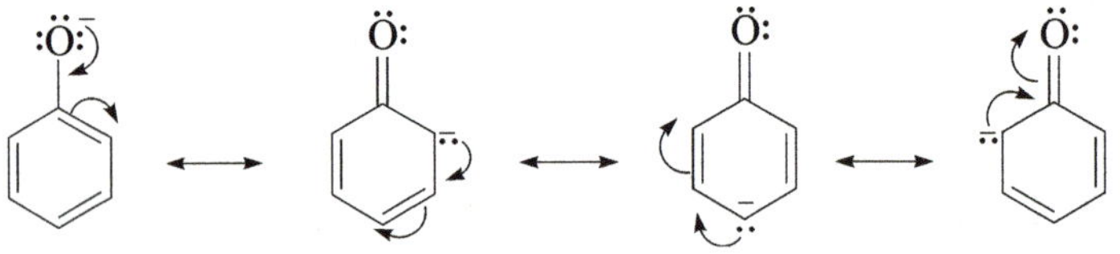

在经典共振结构式中，氧原子上的负电荷能很好地分散到苯环的大共轭体系中，使苯氧负离子更稳定，因此苯酚具有一定的酸性。酚能溶于氢氧化钠的水溶液，生成酚钠。例如

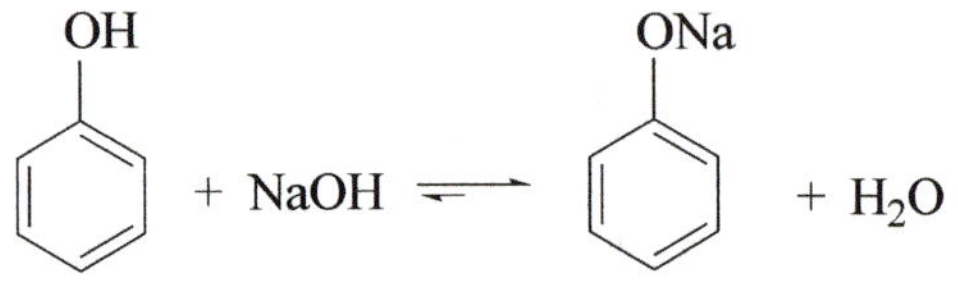

$$C_6H_5OH + NaOH \rightleftharpoons C_6H_5ONa + H_2O$$

在酚钠的水溶液中加入酸可游离出酚，使溶液变浑浊。

由于苯酚的酸性比碳酸($pK_a=6.35$)弱，因此向苯酚钠的水溶液中通入二氧化碳也能使溶液变浑浊，游离出苯酚。

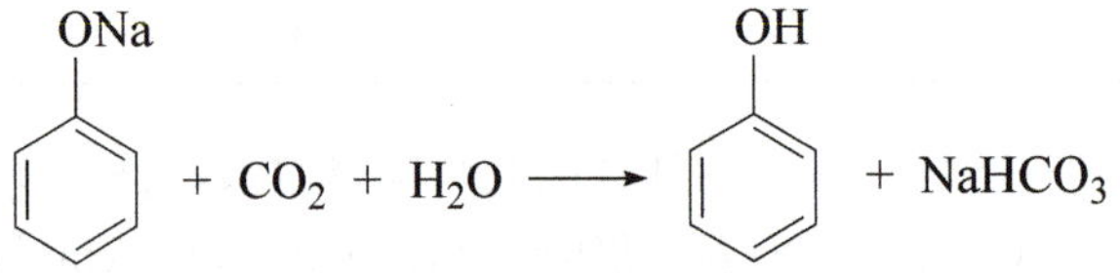

$$C_6H_5ONa + CO_2 + H_2O \longrightarrow C_6H_5OH + NaHCO_3$$

由此可见，酚能溶于氢氧化钠溶液，而不溶于碳酸氢钠溶液。此性质可用于酚与其他中性和酸性有机化合物的分离和鉴定。

若苯环上有卤素或硝基等吸电子取代基，酚的酸性增强。特别当硝基在羟基的邻、对位时，苯氧基负离子的负电荷可以通过共轭体系分散到硝基上，因此邻硝基苯酚和对硝基苯酚比间硝基苯酚的酸性强。多硝基苯酚的酸性更强。

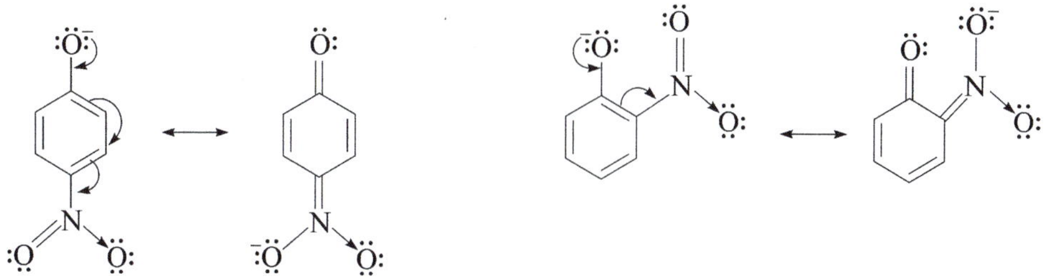

某些硝基取代苯酚的 pK_a 值(25℃)如下：

	苯酚	邻硝基苯酚	对硝基苯酚	间硝基苯酚	2,4-二硝基苯酚	2,4,6-三硝基苯酚
pK_a	10.00	7.22	7.15	8.39	4.09	0.25

酚钠中的苯氧基负离子具有亲核性，与伯卤代烃反应生成烷芳混合醚，反应按 S_N2 机理进行。例如

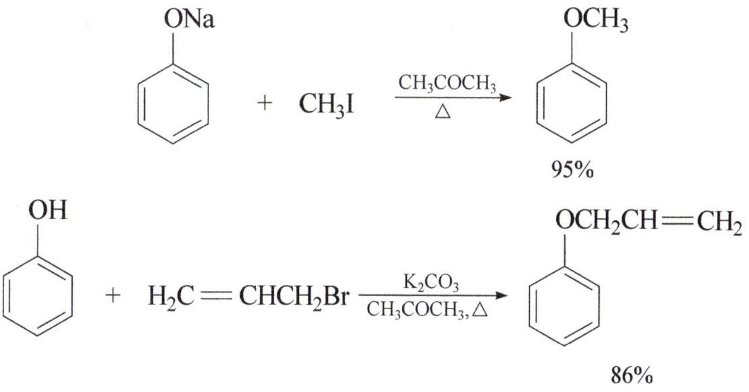

$$C_6H_5ONa + CH_3I \xrightarrow[\triangle]{CH_3COCH_3} C_6H_5OCH_3 \quad 95\%$$

$$C_6H_5OH + H_2C{=}CHCH_2Br \xrightarrow[CH_3COCH_3,\triangle]{K_2CO_3} C_6H_5OCH_2CH{=}CH_2 \quad 86\%$$

仲卤代烃和叔卤代烃则主要得到消除产物。

问题 9-4　将下列化合物按酸性由强到弱排列。

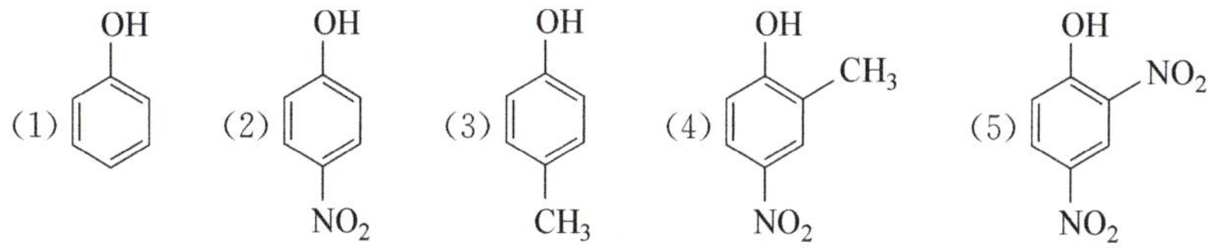

(1) 苯酚(OH)　(2) 对硝基苯酚(OH, NO_2)　(3) 对甲基苯酚(OH, CH_3)　(4) 2-甲基-4-硝基苯酚(OH, CH_3, NO_2)　(5) 2,4-二硝基苯酚(OH, NO_2, NO_2)

9.2.4　酚羟基的酰化成酯和 Fries 重排

在酸或碱催化下，酚与酰卤或酸酐反应生成酯，酚羟基上的酰化反应是速度控制产物，比酚的芳环上的酰化反应(热力学控制产物)快。

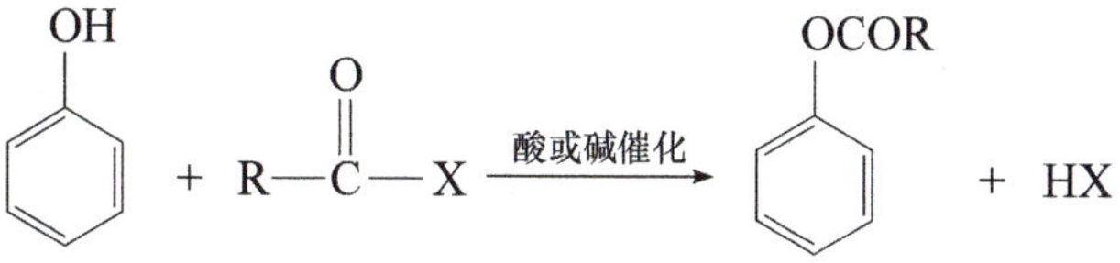

$$C_6H_5OH + R{-}\overset{O}{\overset{\|}{C}}{-}X \xrightarrow{\text{酸或碱催化}} C_6H_5OCOR + HX$$

例如

$$\text{邻硝基苯酚} + (CH_3CO)_2O \xrightarrow{H_2SO_4} \text{邻硝基苯基乙酸酯 (OCOCH}_3\text{, NO}_2\text{)} + CH_3COOH$$

93%

阿司匹林(aspirin)就是由水杨酸(邻羟基苯甲酸)与乙酸酐反应制得。

$$\text{水杨酸 (OH, COOH)} + (CH_3CO)_2O \xrightarrow{H_2SO_4} \text{乙酰水杨酸 (OCOCH}_3\text{, COOH)} + CH_3COOH$$

酚酯在 Lewis 酸催化下加热,发生酰基重排,得到更稳定的热力学控制产物邻羟基芳香酮或对羟基芳香酮的混合物,称为 Fries 重排。三氯化铝是很有效的 Fries 重排催化剂。例如

$$\text{C}_6\text{H}_5\text{OCOC}_6\text{H}_5 \xrightarrow[\triangle]{AlCl_3} \text{邻羟基二苯甲酮 (OH, COC}_6\text{H}_5\text{)} + \text{对羟基二苯甲酮 (OH, COC}_6\text{H}_5\text{)}$$

重排的位置与反应温度有关,一般在低温下主要生成对位产物,而在较高温度下主要生成邻位产物。

$$\text{间甲苯基苯甲酸酯 (OCOC}_6\text{H}_5\text{, CH}_3\text{)} \xrightarrow[\triangle]{AlCl_3} \begin{cases} \xrightarrow{25℃} \text{4-羟基-2-甲基二苯甲酮 (OH, CH}_3\text{, COC}_6\text{H}_5\text{)} \quad 80\% \\ \xrightarrow{165℃} \text{2-羟基-4-甲基二苯甲酮 (OH, COC}_6\text{H}_5\text{, CH}_3\text{)} \quad 95\% \end{cases}$$

9.2.5 Kolbe-Schmitt 反应

在加热和加压条件下,干燥的酚钠或酚钾与二氧化碳反应生成邻羟基苯甲酸(水杨酸)或对羟基苯甲酸的反应称为 Kolbe-Schmitt 反应。

$$\text{C}_6\text{H}_5\text{ONa} \xrightarrow[125℃,100atm]{CO_2} \text{邻羟基苯甲酸钠 (OH, COONa)} \xrightarrow{H^+} \text{水杨酸 (OH, COOH)}$$

79%

其反应机理可表示如下：

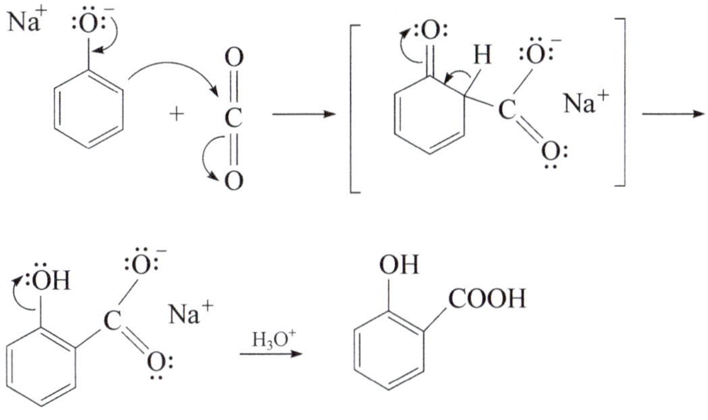

治疗肺结核病的有效药物 4-氨基-2-羟基苯甲酸(也称对氨基水杨酸,简称 PAS)就是利用 Kolbe-Schmitt 反应生产的。

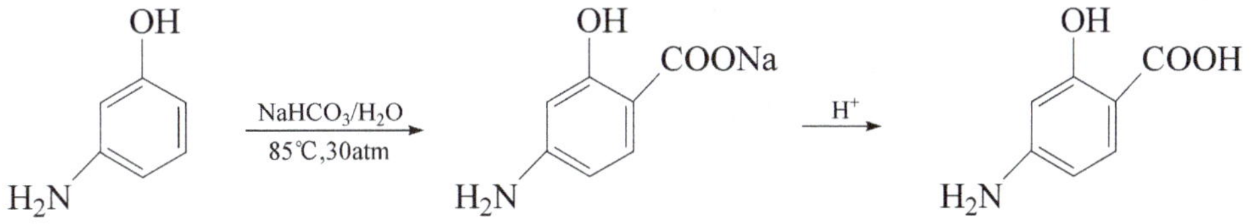

4-氨基-2-羟基苯甲酸(PAS)

酚钾和二氧化碳在较高温度下反应,有利于生成对位异构体。

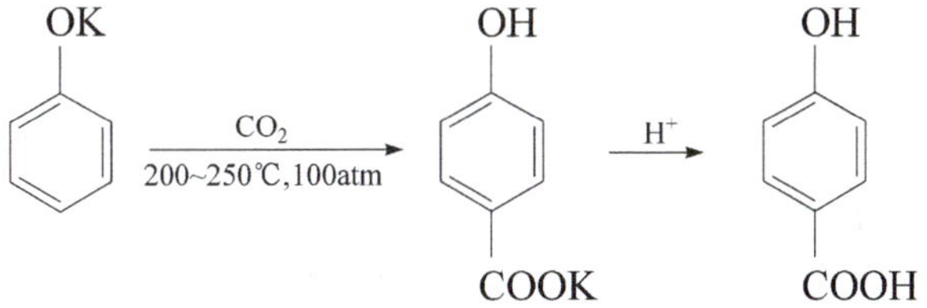

水杨酸为无色针状晶体,熔点为 159℃,$pK_a = 2.98$,比苯甲酸($pK_a = 4.21$)和对羟基苯甲酸($pK_a = 4.56$)的酸性强,可能因为其共轭碱能形成分子内氢键,所以稳定性增加。

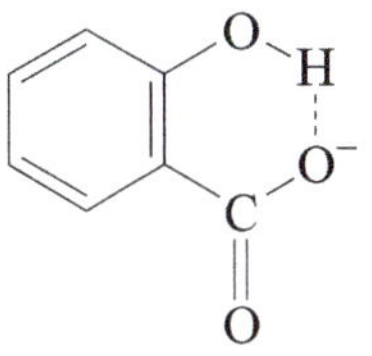

水杨酸加热容易脱羧,生成苯酚。

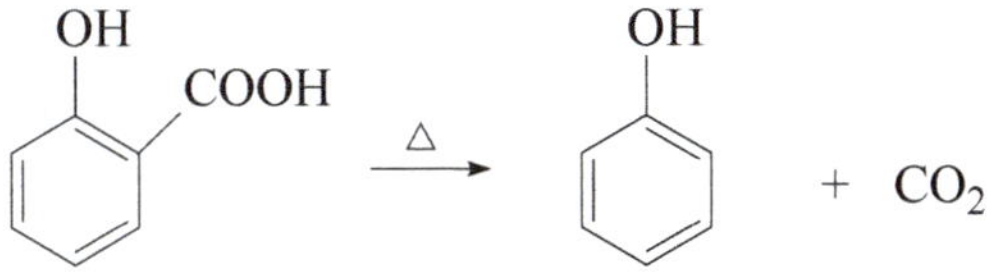

9.2.6 Claisen 重排

酚的烯丙基醚在高温时可以重排成邻烯丙基苯酚，称为 Claisen 重排。

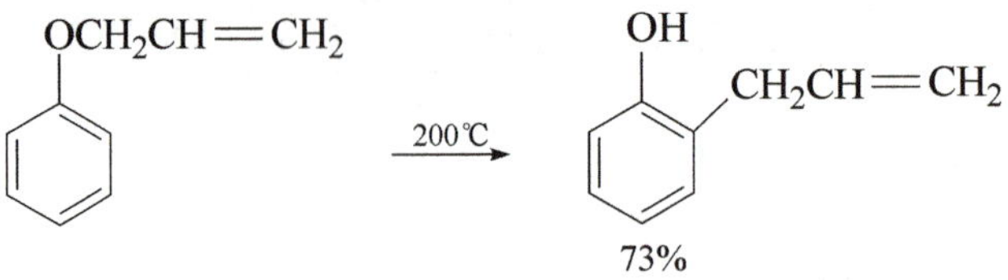

$$C_6H_5OCH_2CH{=}CH_2 \xrightarrow{200℃} o\text{-}HOC_6H_4CH_2CH{=}CH_2 \quad (73\%)$$

Claisen 重排是通过环状过渡态的协同反应(见 15.6.3)。

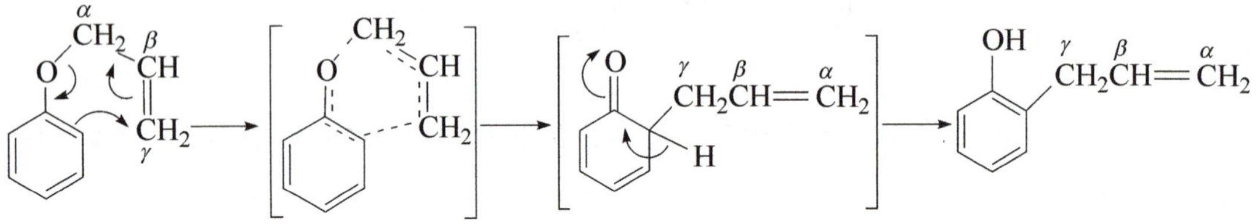

重排中是烯丙基的 γ-碳原子连在苯环的邻位碳原子上。

如果苯环上的两个邻位都已被占据，则重排时烯丙基迁移到对位。例如

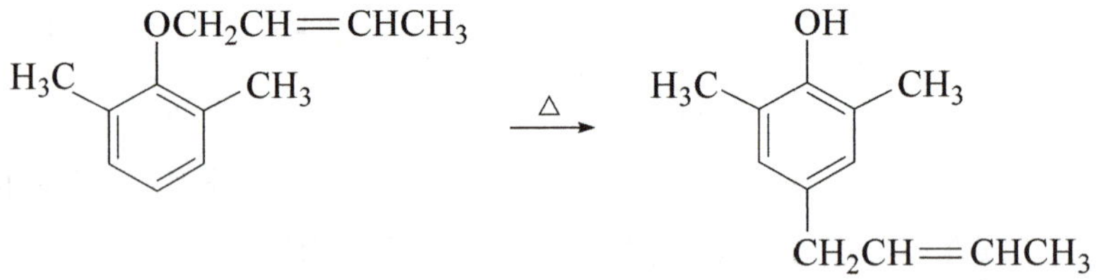

$$2,6\text{-}(CH_3)_2C_6H_3OCH_2CH{=}CHCH_3 \xrightarrow{\triangle} 4\text{-}(CH_3CH{=}CHCH_2)\text{-}2,6\text{-}(CH_3)_2C_6H_2OH$$

反应通过二次 Claisen 重排，先重排到邻位，再一次重排到对位，因此最后与苯环对位相连的仍然是 α-碳原子。

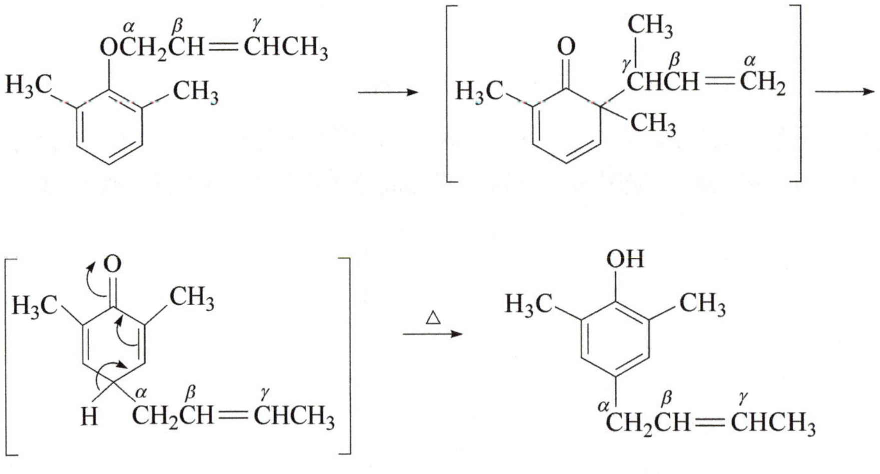

问题 9-5　如何实现下列转变？

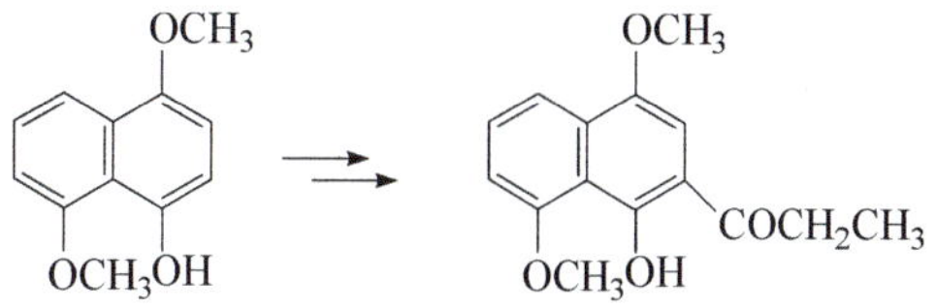

问题 9-6　完成下列反应式。

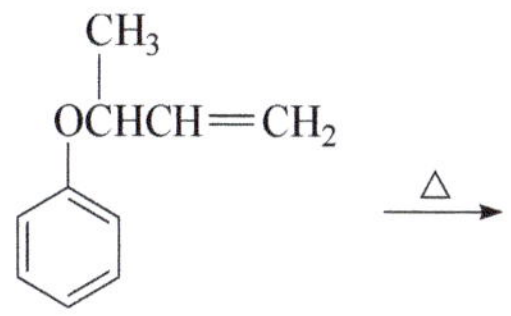

9.2.7　芳环上的亲电取代反应

酚羟基是芳环上很强的邻、对位活化基团，因此酚在芳环上发生亲电取代反应时，主要取代在酚羟基的邻、对位，反应比苯容易，条件也更缓和。

1. 卤化反应

在低温和非极性溶剂（如二氯乙烷、氯仿、二硫化碳或四氯化碳）中，不需要任何催化剂，苯酚与溴反应，可以得到高产率的对溴苯酚。

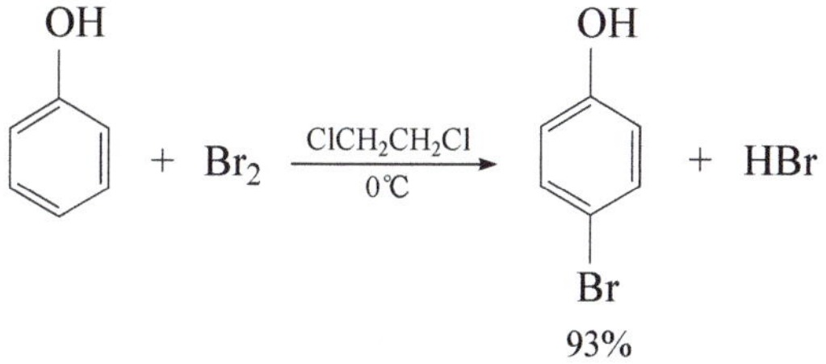

$$C_6H_5OH + Br_2 \xrightarrow[0^\circ C]{ClCH_2CH_2Cl} p\text{-}BrC_6H_4OH\ (93\%) + HBr$$

在极性溶剂中，如向苯酚的水溶液中滴加溴水，立即产生 2,4,6-三溴苯酚的白色沉淀，反应能定量完成。此反应可用于苯酚的定性和定量分析。

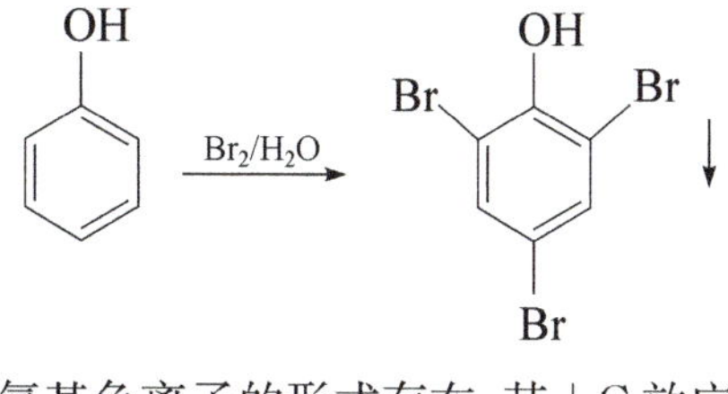

$$C_6H_5OH \xrightarrow{Br_2/H_2O} 2,4,6\text{-}Br_3C_6H_2OH \downarrow$$

苯酚在碱性溶液中以苯氧基负离子的形式存在，其+C 效应使苯氧基负离子的邻、对位的电子云密度升高（图 9-3），使卤化反应更容易进行。

例如

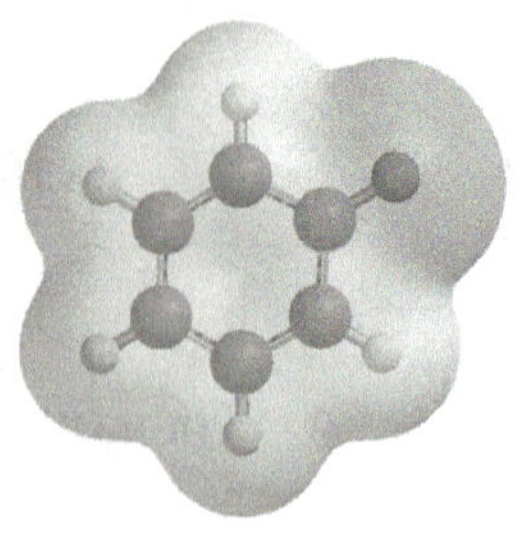

图 9-3 苯氧基负离子的电子云密度分布图

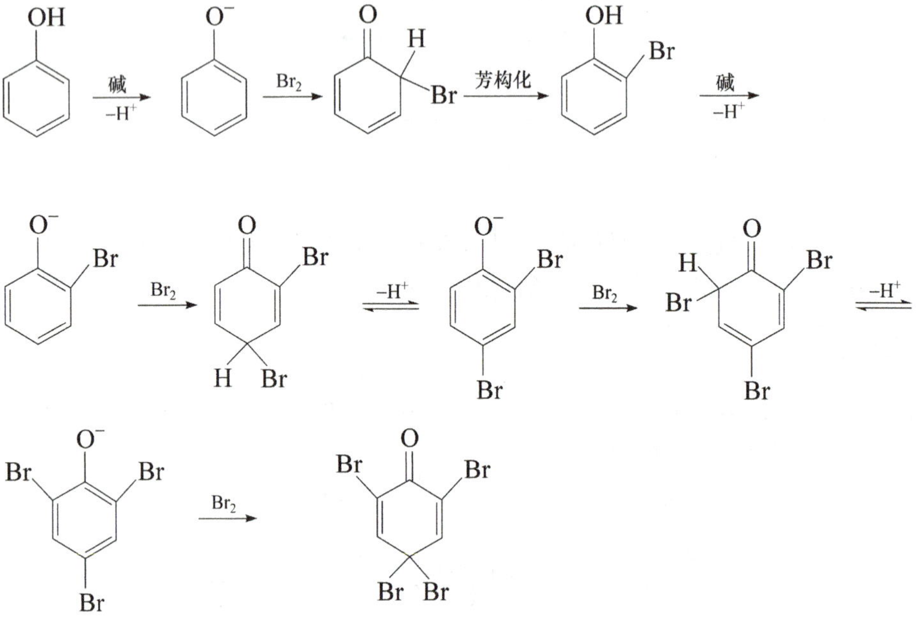

2,4,4,6-四溴环己-2,5-二烯酮

2,4,4,6-四溴环己-2,5-二烯酮用亚硫酸氢钠溶液洗涤，得到 2,4,6-三溴苯酚。

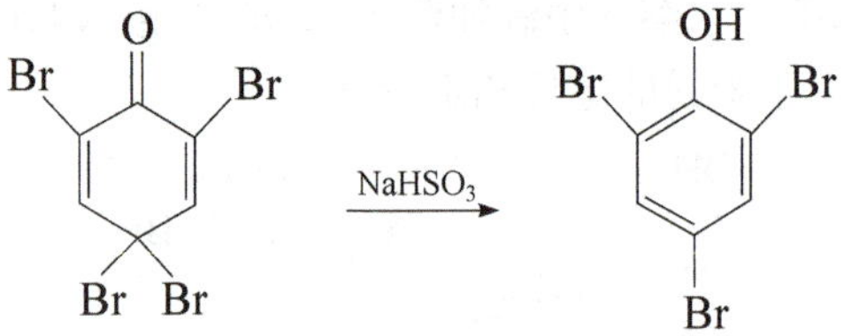

$\xrightarrow{NaHSO_3}$

2. 磺化反应

苯酚很容易在硫酸作用下发生磺化反应，室温下用浓硫酸磺化生成邻羟基苯磺酸和对羟基苯磺酸的混合物，而在 100℃反应时，无论是用稀硫酸还是浓硫酸磺化，都主要得到平衡控制产物对羟基苯磺酸。

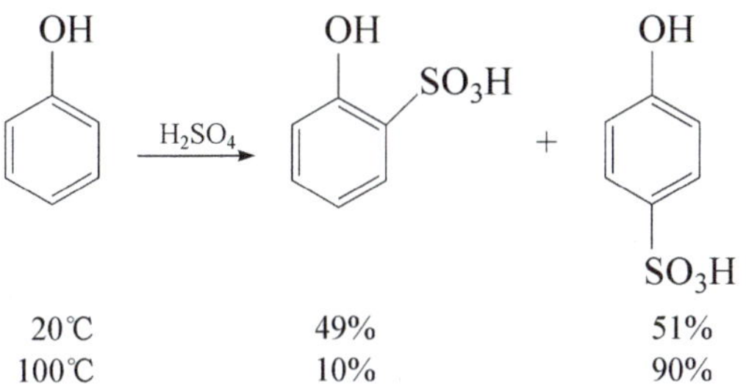

OH OH OH
$\xrightarrow{H_2SO_4}$ SO_3H + SO_3H

20℃	49%	51%
100℃	10%	90%

将在室温下磺化得到的邻羟基苯磺酸和对羟基苯磺酸混合物与硫酸一起加热，也得到主要是对羟基苯磺酸占优势的混合物。

3. 硝化和亚硝化反应

室温下苯酚就可以被稀硝酸硝化，生成邻硝基苯酚和对硝基苯酚的混合物。尽管因为苯酚容易被氧化而产率较低，但由于邻、对位异构体容易被分离和提纯，因此在制备上仍有一定的意义。

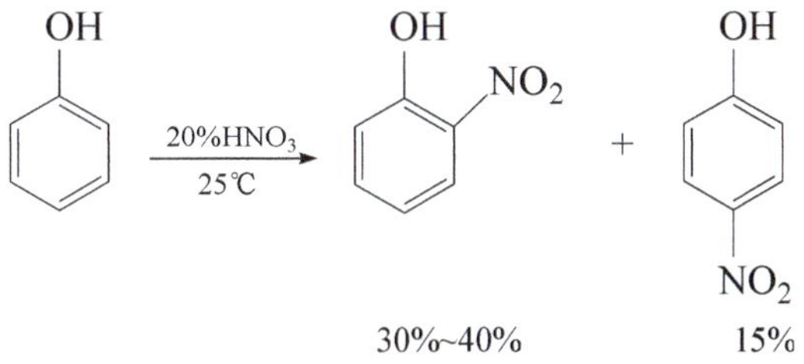

OH OH OH
$\xrightarrow[25℃]{20\%HNO_3}$ NO_2 + NO_2

30%~40%　　15%

邻硝基苯酚能在分子内形成氢键，在分子之间及与水分子之间形成氢键的可能性很小，而对硝基苯酚在分子之间及与水分子之间都可以形成氢键，因此邻硝基苯酚比对硝基苯酚在水中的溶解度小，而挥发度较大，所以邻硝基苯酚可以随水蒸气被蒸馏出来，而对硝基苯酚不能随水蒸气蒸馏，从而达到分离的目的。

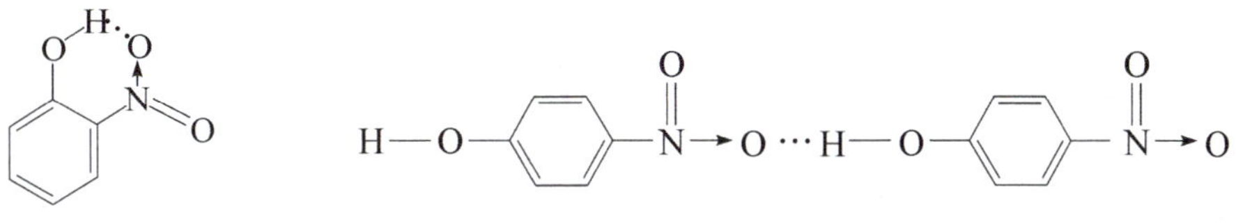

邻硝基苯酚形成分子内氢键

H—O—C₆H₄—N(=O)→O ⋯ H—O—C₆H₄—N(=O)→O

对硝基苯酚形成分子间氢键

2,4,6-三硝基苯酚(苦味酸)可以用对羟基苯甲酸硝化或 4-羟基苯-1,3-磺酸硝化制得。

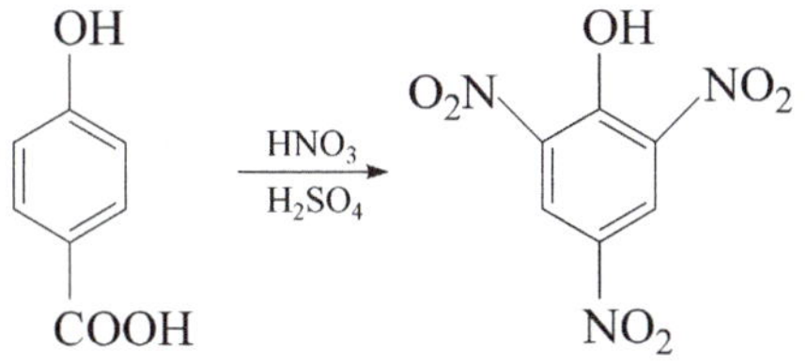

OH (COOH) $\xrightarrow[H_2SO_4]{HNO_3}$ OH, O_2N, NO_2, NO_2

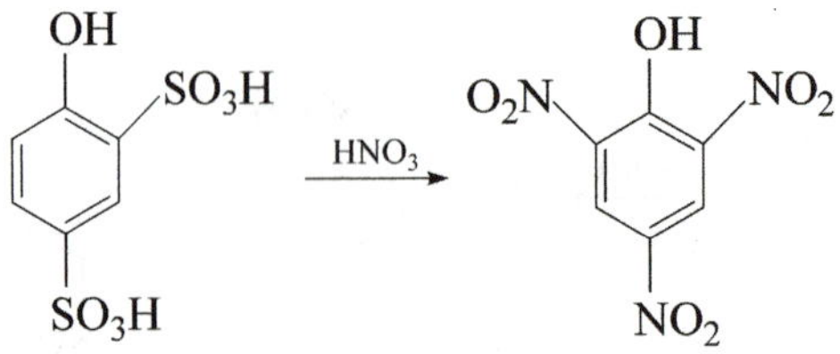

$$\text{2-OH-1,5-}(SO_3H)_2C_6H_3 \xrightarrow{HNO_3} \text{2,4,6-}(NO_2)_3C_6H_2OH$$

若用苯酚直接硝化,则因反应条件强烈,苯酚未被硝化前已大部分被硝酸氧化。

苯酚在酸性溶液中与亚硝酸反应,生成对亚硝基苯酚。反应是通过亚硝基正离子对酚发生的亲电取代反应。

$$C_6H_5OH \xrightarrow[5\sim10℃]{NaNO_2,H_2SO_4} p\text{-}ON\text{-}C_6H_4\text{-}OH$$

对亚硝基苯酚用水重结晶,得到熔点为133℃的黄色针状晶体。对亚硝基苯酚与对苯醌单肟是互变异构体。

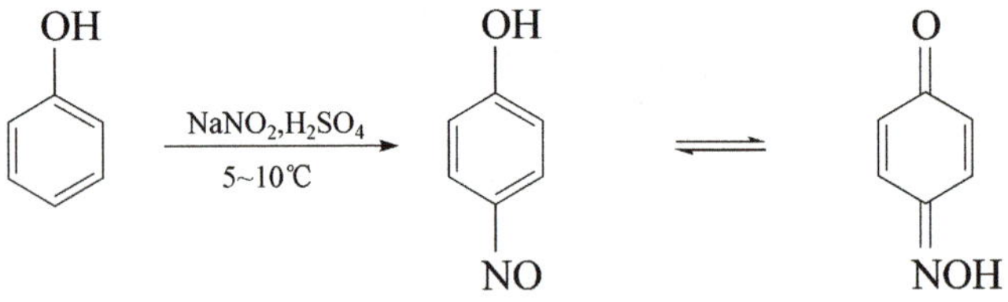

$$C_6H_5OH \xrightarrow[5\sim10℃]{NaNO_2,H_2SO_4} p\text{-}ON\text{-}C_6H_4\text{-}OH \rightleftharpoons O{=}C_6H_4{=}NOH$$

对亚硝基苯酚(黄色)　　对苯醌单肟(棕色)

4. Friedel-Crafts 反应

酚的芳环上电子云密度较高,因此很容易发生 Friedel-Crafts 反应。但由于酚能与三氯化铝形成络合物,因此一般用其他较弱的 Lewis 酸作催化剂,反应主要得到对位取代产物。例如

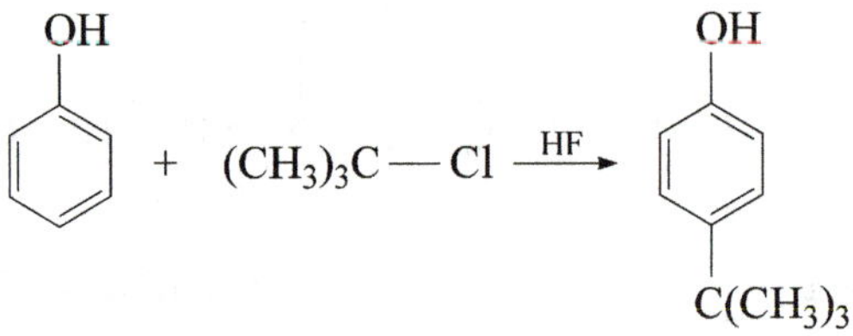

$$C_6H_5OH + (CH_3)_3C{-}Cl \xrightarrow{HF} p\text{-}(CH_3)_3C\text{-}C_6H_4\text{-}OH$$

在酰基化反应中,如果用 BF_3、$ZnCl_2$ 作催化剂,则可以直接用羧酸作酰化剂。例如

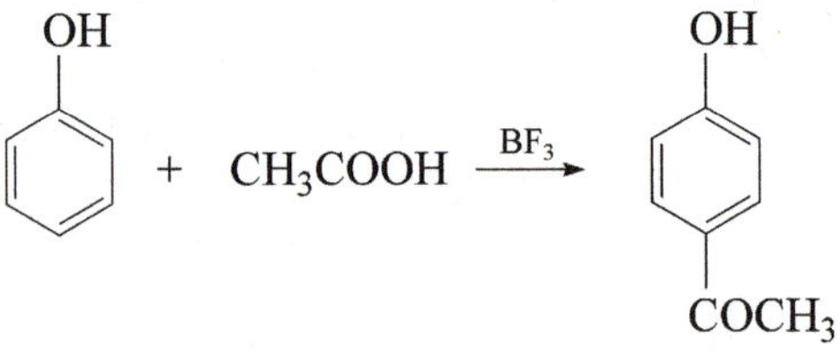

$$C_6H_5OH + CH_3COOH \xrightarrow{BF_3} p\text{-}CH_3CO\text{-}C_6H_4\text{-}OH \quad 95\%$$

9.2.8 甲酰化反应

1. Reimer-Tiemann 反应

将苯酚与氯仿在 10%的氢氧化钠碱性溶液中加热，主要生成邻羟基苯甲醛(水杨醛)。这种用氯仿在碱性溶液中使酚类化合物发生甲酰化生成酚醛的反应称为 Reimer-Tiemann 反应。例如

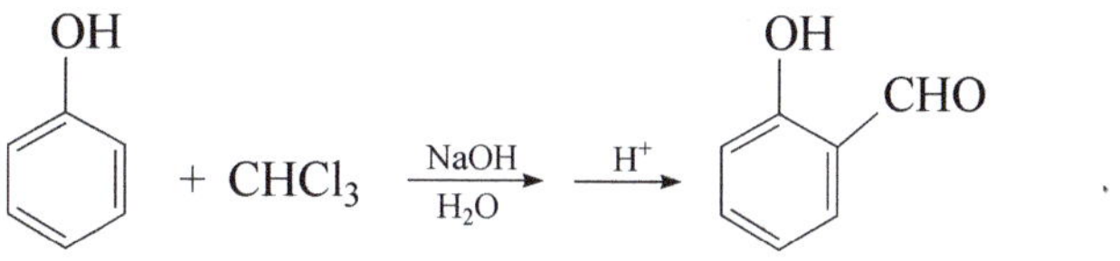

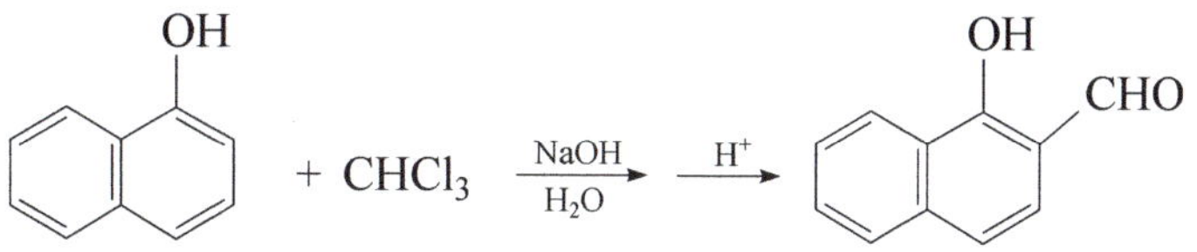

水杨醛的工业生产就是用苯酚和氯仿在 10%的氢氧化钠碱性溶液中加热进行的。

Reimer-Tiemann 反应的主要产物是邻羟基芳香醛，对羟基芳香醛只是反应的副产物。由于邻位产物中的两官能团之间可以形成分子内氢键，因此可以利用水蒸气蒸馏的方法将其分离。

Reimer-Tiemann 反应的机理是：氯仿在碱作用下先生成活性中间体二氯卡宾，二氯卡宾碳原子周围只有六个电子，是缺电子的亲电试剂，然后与酚发生亲电取代反应。其反应过程可表示如下：

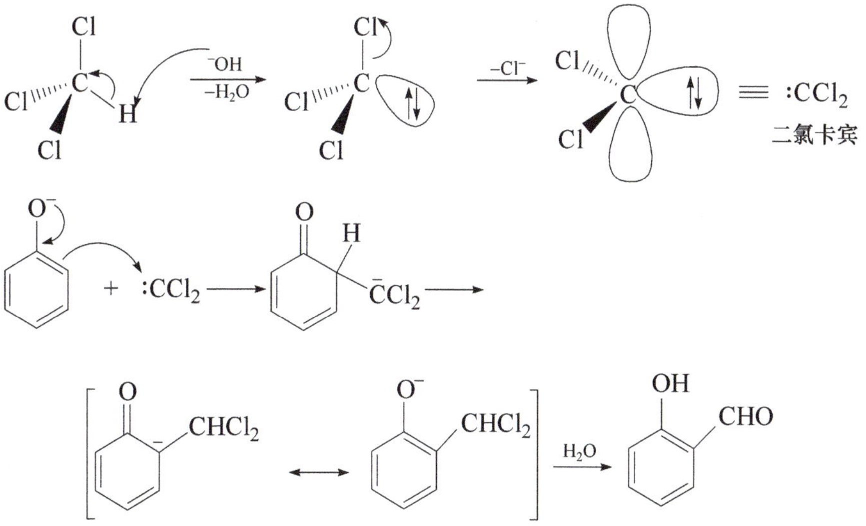

二氯卡宾

2. Vilsmeier 甲酰化反应

酚羟基是强活化基团，芳环的活性大，可以在 *N*-取代甲酰胺或 *N*,*N*-二取代甲酰胺(如

DMF)和三氯氧磷作用下，在酚的芳环上导入甲酰基，称为 Vilsmeier 甲酰化反应。例如

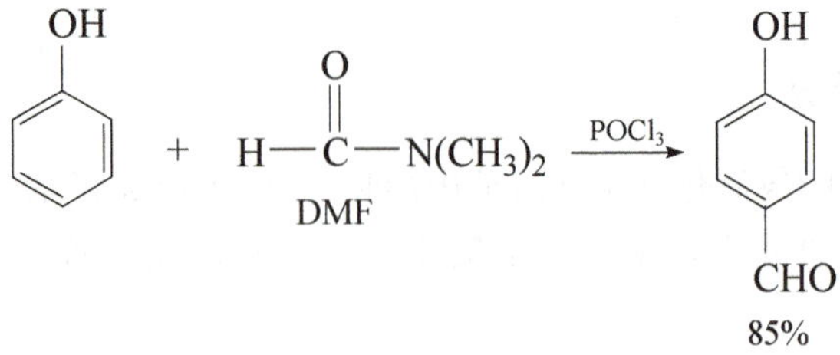

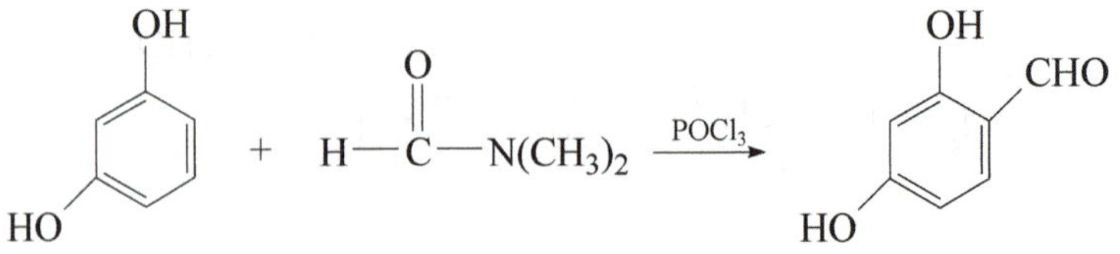

反应是 DMF 与 $POCl_3$ 先作用，形成亲电的 Vilsmeier 试剂，然后与酚发生亲电取代反应，生成酚醛。

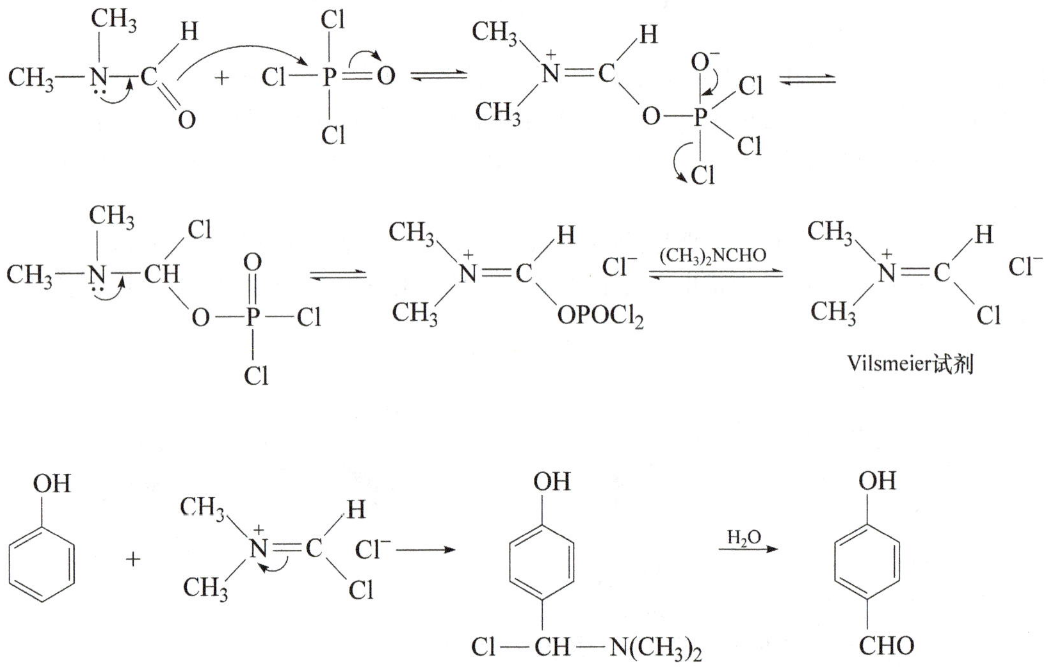

酚醚也可以发生 Vilsmeier 甲酰化反应。例如

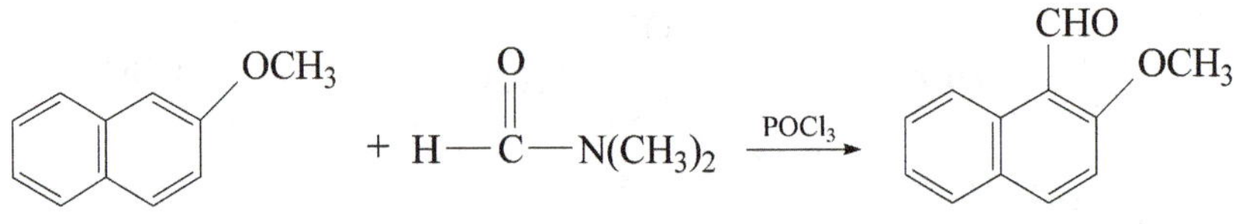

2-萘甲醚

2-甲氧基-1-萘甲醛

9.2.9 酚的氧化

酚很容易被氧化，氧化过程也比较复杂，在不同氧化剂作用下通常得到不同的氧化产物，较常见的是被氧化为醌。例如

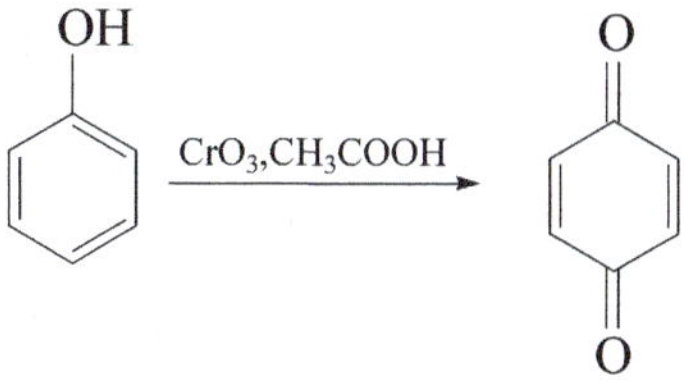
OH
CrO_3,CH_3COOH
O
O

对苯醌

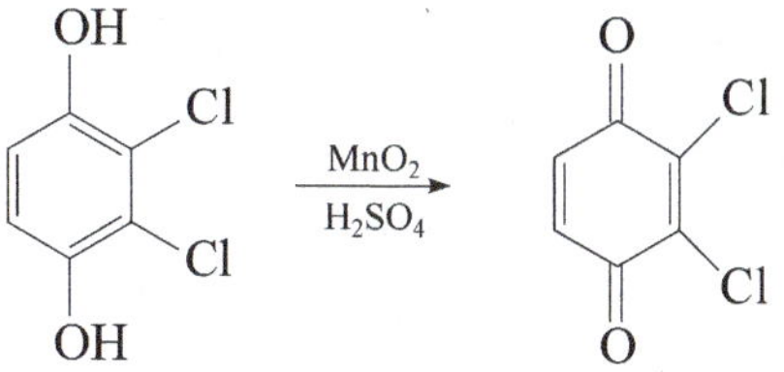
OH
Cl
Cl
OH
MnO_2
H_2SO_4
O
Cl
Cl
O

2,3-二氯-1,4-苯醌

有些酚类化合物可以用作工业及食品的抗氧化剂。

对苯醌很容易在亚硫酸的水溶液中被还原成对苯二酚，因此对苯二酚又称氢醌。

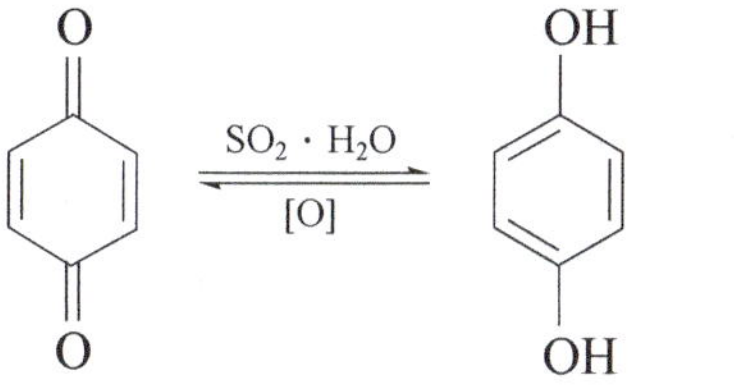
O
O
$SO_2 \cdot H_2O$
[O]
OH
OH

对苯醌　　　　对苯二酚(氢醌)

9.2.10 酚的制备

1. 磺化法

将苯磺酸钠或芳香族磺酸钠与氢氧化钠一起加热熔融，生成相应的酚钠或亚硫酸钠，酚钠酸化后得到酚。例如

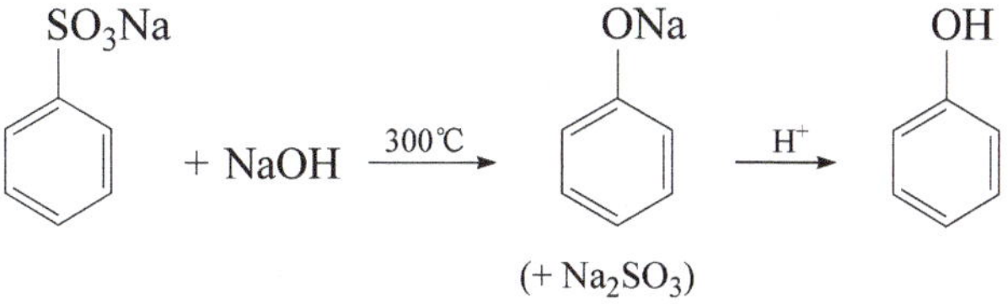
SO_3Na
+ NaOH
300℃
ONa
$(+ Na_2SO_3)$
H^+
OH

$$\text{C}_{10}\text{H}_7\text{SO}_3\text{Na} + \text{NaOH} \xrightarrow{300^\circ\text{C}} \text{C}_{10}\text{H}_7\text{ONa}\ (+\text{Na}_2\text{SO}_3) \xrightarrow{\text{H}^+} \text{C}_{10}\text{H}_7\text{OH}$$

工业上是将苯蒸气通入浓硫酸生成苯磺酸，再用亚硫酸钠中和制得苯磺酸钠，然后碱熔得到苯酚钠，通入二氧化硫得到苯酚，其各步反应分别为

$$C_6H_6 + H_2SO_4 \longrightarrow C_6H_5SO_3H + H_2O$$

$$C_6H_5SO_3H + Na_2SO_3 \longrightarrow C_6H_5SO_3Na + H_2O + SO_2$$

$$C_6H_5SO_3Na + NaOH \longrightarrow C_6H_5ONa + Na_2SO_3$$

$$C_6H_5ONa + H_2O + SO_2 \longrightarrow C_6H_5OH + Na_2SO_3$$

生产过程中，亚硫酸钠和二氧化硫可循环使用。

磺化-碱熔是古老的工业上制备酚的方法，流程复杂，操作烦琐，但产率较高且稳定，对设备要求也不高，成本较低。但如果芳环上有对高温碱熔敏感的基团存在，则不能用此方法制得相应的酚。

2. 异丙苯氧化法

用空气氧化异丙苯生成过氧化物，后者经稀硫酸分解生成苯酚和丙酮。

$$\text{C}_6\text{H}_5\text{CH(CH}_3)_2 \xrightarrow{\text{O}_2} \text{C}_6\text{H}_5\text{C(CH}_3)_2\text{OOH} \xrightarrow{\text{H}^+} \text{C}_6\text{H}_5\text{OH} + \text{CH}_3\text{COCH}_3$$

其反应过程可能为

$$\text{C}_6\text{H}_5\text{C(CH}_3)_2\text{—}\ddot{\text{O}}\text{—}\ddot{\text{O}}\text{H} \overset{\text{H}^+}{\rightleftharpoons} \text{C}_6\text{H}_5\text{C(CH}_3)_2\text{—}\ddot{\text{O}}\text{—}\overset{+}{\ddot{\text{O}}}\text{H}_2 \longrightarrow$$

$$\left[\text{CH}_3\text{—}\overset{+}{\text{C}}(\text{CH}_3)\text{—}\ddot{\text{O}}\text{—C}_6\text{H}_5 \longleftrightarrow (\text{CH}_3)_2\text{C}=\overset{+}{\ddot{\text{O}}}\text{—C}_6\text{H}_5 \right] \xrightarrow{\text{H}_2\ddot{\text{O}}} \text{CH}_3\text{—C}(\overset{+}{\text{H}_2\ddot{\text{O}}}:)(\text{CH}_3)\text{—}\ddot{\text{O}}\text{—C}_6\text{H}_5 \xrightarrow{-\text{H}^+}$$

$$CH_3-\overset{\overset{:\ddot{O}H}{|}}{\underset{\underset{CH_3}{|}}{C}}-\ddot{O}-C_6H_5 \longrightarrow CH_3-\overset{\overset{+}{:\ddot{O}H}}{\overset{\|}{C}}-CH_3 + {}^{-}:\ddot{O}-C_6H_5 \longrightarrow CH_3COCH_3 + C_6H_5OH$$

异丙苯可以从石油中的丙烯和苯经傅-克烷基化反应得到，而苯酚和丙酮都是重要的工业原料，因此这是目前生产苯酚最合理的方法，但对设备和技术要求较高。

3. 卤代苯水解法

卤代苯的水解是芳环上的亲核取代反应。由于在卤代苯中，卤原子与苯环存在 p-π 共轭，碳卤键更加牢固，因此卤代苯的水解比卤代烷的水解困难得多。例如，氯苯的水解需要在高温、高压和催化剂作用下才能进行。

$$C_6H_5Cl \xrightarrow[300\sim400℃,\ 200\sim300atm]{NaOH,Cu} C_6H_5OH$$

当卤原子的邻、对位上有硝基等强吸电子基团存在时，水解反应能在较温和的条件下进行（见 9.1.3）。

小　　结

1. 卤代芳烃是指芳环上的氢原子被卤素原子取代后的芳烃。在卤代芳烃中，卤原子上的一对 p 电子与芳环上的大 π 键形成七中心八电子的 p-π 共轭体系，因此碳卤键具有某些双键的性质，不如脂肪族卤代烃活泼。

2. 芳香族卤代烃中，卤素作为弱钝化的邻、对定位基，可以在芳环上发生亲电取代反应。

3. 当芳环上卤素的邻、对位有硝基等吸电子取代基时，可以与亲核试剂按加成-消除机理发生芳环上卤素被取代的亲核取代反应。

4. 当芳环上没有强吸电子基团时，在极强的碱（如 $NaNH_2/NH_3$）或在强烈的反应条件下，能按消除-加成机理发生卤素被取代的亲核取代反应。

5. Heck 反应：Heck 反应是经烯烃的芳基化反应合成苯乙烯型化合物的重要反应。

6. 酚是羟基与芳环直接相连的芳香族化合物。酚羟基氧原子上的未共用电子对可与苯环上的大 π 键形成七中心八电子的 p-π 共轭体系，使碳氧键更牢固，难以发生碳氧键断裂，使酚类化合物具有弱酸性，可溶于氢氧化钠溶液，而不溶于碳酸氢钠溶液。酚羟基是强活化的邻、对位定位基，容易在羟基的邻、对位发生芳环上的亲电取代反应。

7. 酚的化学反应：酚羟基的酰化成酯和 Fries 重排，得到酰基苯酚；Kolbe-Schmitt 反应，这是制备酚酸的一种方法；Claisen 重排，酚的烯丙基醚加热重排为邻烯丙基苯酚，当邻位都被占据时，经两次重排得到对烯丙基苯酚；酚环上的亲电取代反应，卤化、硝化、亚硝化、磺化和傅-克烷基化、酰基化反应；酚环上的甲酰化反应，Reimer-Tiemann 反应、Vilsmeier 反应；酚的氧化反应，氧化为醌。

8. 酚的主要制备方法：磺化碱熔法，异丙苯氧化法，卤代苯水解法。

习　　题

1. 下列氯代烃中，哪一个与 $AgNO_3/C_2H_5OH$ 溶液反应的速率最小？

(1) $C_6H_5CH_2CH_2Cl$　(2) 对氯乙苯（CH_2CH_3，Cl）　(3) $C_6H_5CH(CH_3)Cl$　(4) $C_6H_{11}CH(CH_3)Cl$

2. 按照下列化合物的名称，写出相应的结构式。

(1) 2-氯-3-甲基苯酚　　(2) 4-烯丙基-2,6-二溴苯酚

(3) 4-羟基-2-甲基苯乙酮　　(4) (*Z*)-1-(4-羟基苯基)-2-甲基丁-1-烯

3. 写出下列反应的主要产物。

(1) 1,2-二氯-4-硝基苯（Cl，Cl，NO_2）$\xrightarrow[\triangle]{Na_2CO_3/H_2O}$

(2) 4-氯-3-硝基甲苯（Cl，NO_2，CH_3）$\xrightarrow{C_6H_5CH_2SK}$

(3) 对溴苯氧负离子（O^-，Br）$\xrightarrow[NH_3(l)]{NaNH_2}$

(4) 2,4-二硝基氯苯（Cl，NO_2，NO_2）$\xrightarrow[(HOCH_2CH_2OCH_2)_2]{H_2NNH_2}$ $(C_6H_6N_4O_4)$

(5) 对氯三氟甲苯（CF_3，Cl）$\xrightarrow[H_2SO_4]{HNO_3}$ $\xrightarrow[CH_3OH]{CH_3ONa}$ $(C_8H_6F_3NO_3)$

(6) 间二氯苯（Cl，Cl）$\xrightarrow[H_2SO_4,120℃]{HNO_3}$ $\xrightarrow[(HOCH_2CH_2)_2O,140℃]{NH_3}$ $(C_6H_6N_4O_4)$

(7) 2-甲基苯甲醚（CH_3，OCH_3）$\xrightarrow{HI}$ $\xrightarrow{Na_2Cr_2O_7/H_2SO_4}$

(8) 对甲基苯甲醚（OCH_3，CH_3）$\xrightarrow[(CH_3CO)_2O]{2HNO_3}$ $\xrightarrow{\text{四氢吡咯（NH）}}$

(9) 邻溴苯甲醚（OCH_3，Br） $\xrightarrow{KNH_2}$ $\xrightarrow{\text{(5,5-二甲基双环二烯)}}$

(10) 2,5-二氯苯甲醚（OCH_3，Cl，Cl） $\xrightarrow{KNH_2,NH_3}$

4. 写出下列两个亲核取代反应的产物，并比较反应速率大小，给出合理的解释。

(1) 对溴硝基苯（Br，NO_2） $\xrightarrow{\text{哌啶（NH）}}$　　(2) 4-溴-2,6-二甲基硝基苯（Br，H_3C，CH_3，NO_2） $\xrightarrow{\text{哌啶（NH）}}$

5. 下列化合物可以利用 Heck 反应制得，指出下列化合物的前体。

(1) $C_6H_5CH=CHCH=CHCOCH_3$　　(2) $CH_3CH=CHCH=CHCOOCH_3$（O，OCH_3）

6. 将下列酚类化合物按酸性由强到弱排列，并用共振结构式解释其原因。

(1) 苯酚（OH）　　(2) 间硝基苯酚（OH，NO_2）　　(3) 对硝基苯酚（OH，NO_2）

7. 完成下列反应式。

(1) 苯酚（OH） + $ClCH_2CH=CHCH_3$ $\xrightarrow{NaOH}$ $\xrightarrow{\triangle}$

(2) 苯酚（OH） $\xrightarrow{NaOH}$ $\xrightarrow[150℃]{CO_2}$ $\xrightarrow{H^+}$ $\xrightarrow{CH_3COCl}$

(3) 苯酚（OH） $\xrightarrow[H_2SO_4]{CH_3COCl}$ ── $\xrightarrow[25℃]{AlCl_3}$；$\xrightarrow[165℃]{AlCl_3}$

(4) 对叔丁基苯酚钠（ONa，$C(CH_3)_3$） $\xrightarrow[\triangle,压力]{CO_2}$ $\xrightarrow{H_3O^+}$

8. 对下列转变提出合理的机理。

(1) 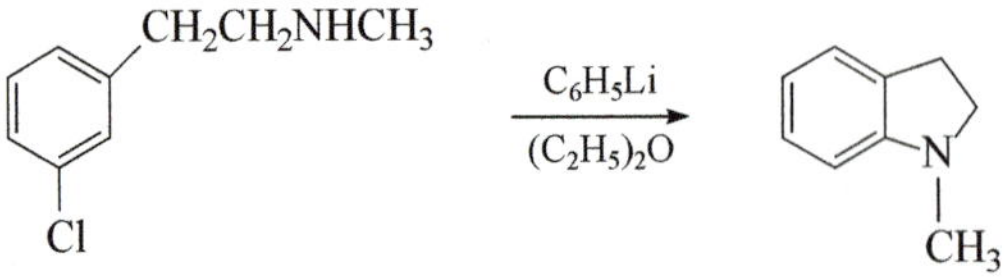

(2) 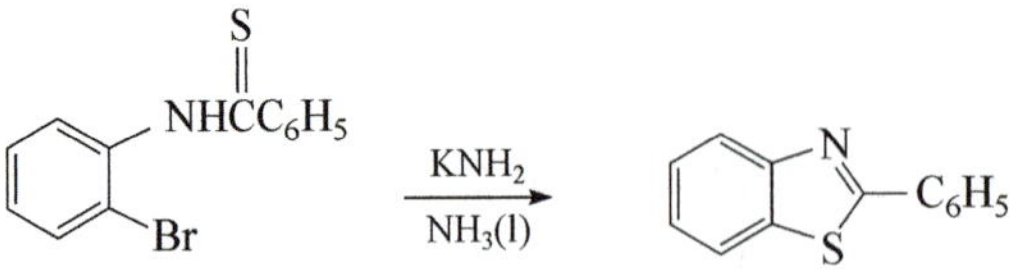

(3) 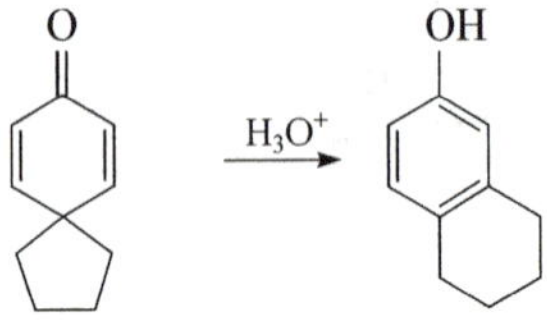

9. 化合物 **A** 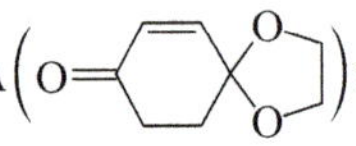 经稀硫酸水解得到乙二醇和化合物 **B**($C_6H_6O_2$)，熔点为 54℃。化合物 **B** 的红外光谱显示在 $1690cm^{-1}$ 有吸收峰，其 ^1H NMR 在 2.9 和 6.7 有单峰，面积比为 2∶1。化合物 **B** 在乙醇或水中放置异构化为化合物 **C**，熔点为 172～173℃。化合物 **C** 红外光谱中的 $1690cm^{-1}$ 吸收峰消失。试推测化合物 **B** 和 **C** 的结构式。

10. 化合物 **A**，分子式为 $C_{10}H_{14}O$，能溶于稀氢氧化钠溶液，但不溶于稀碳酸氢钠溶液。与溴水反应能生成二溴取代物，分子式为 $C_{10}H_{12}Br_2O$。其光谱数据如下：

^1H NMR(δ)：1.3(s，9H)，4.9(s，1H)，7.6(m，4H)

IR(σ/cm^{-1})：3250，834

试推测化合物 **A** 的结构式。

第10章 醛 和 酮

主要内容

➢醛、酮及 α,β-不饱和醛、酮的结构和命名。

➢醛、酮的物理性质(含波谱特征)。

➢醛、酮的化学性质:与亲核试剂的加成反应、缩合反应、羰基的氧化和还原及 α-氢的反应;α,β-不饱和醛、酮的共轭加成。

➢羰基亲核加成的反应机理和立体化学。

➢醌作为特殊的 α,β-不饱和醛、酮的简单介绍。

醛(aldehyde)和酮(ketone)都是在分子中含有羰基($\rangle C{=}O$,carbonyl group)的化合物。在醛分子中,羰基与一个氢原子和一个烃基相连(只有甲醛中羰基与两个氢原子相连),醛的通式为 $RCH{=}O$,—CHO 称为醛基。在酮分子中,羰基与两个烃基相连,酮的通式为 $RR'C{=}O$,酮中的羰基称为酮羰基。羰基是醛、酮的官能团。一元醛、酮的不饱和度为 1。

羰基与脂肪烃基相连的属于脂肪族醛、酮,与芳香烃基相连的属于芳香族醛、酮,烃基中含碳碳不饱和键的属于不饱和醛、酮。分子中含两个以上羰基的属于多元醛、酮。例如

CH_3CHO　　$RCHO$　　$CH_3CH_2COCH_3$　　$RCOR'$

脂肪醛　　脂肪酮

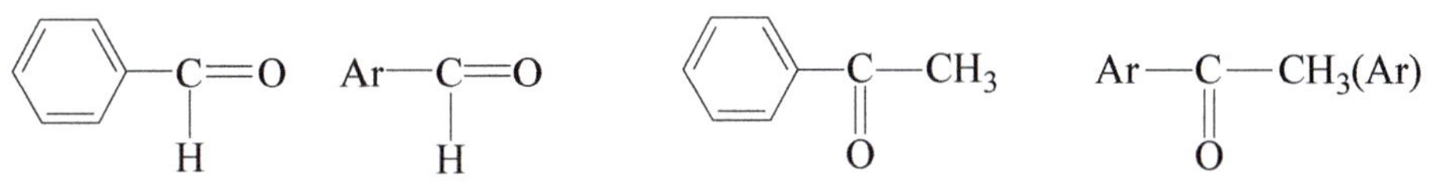

C_6H_5CHO　　$ArCHO$　　$C_6H_5COCH_3$　　$[ArCOCH_3(Ar)]$

芳(香)醛　　芳(香)酮

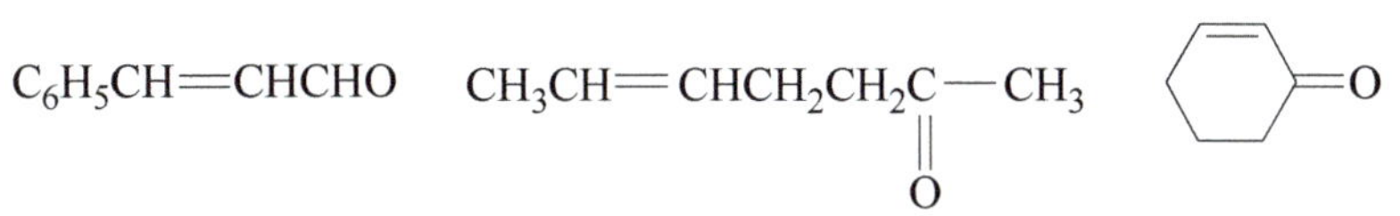

$C_6H_5CH{=}CHCHO$　　$CH_3CH{=}CHCH_2CH_2COCH_3$　　(环己烯酮)

不饱和醛、酮

10.1 醛、酮的结构和命名

10.1.1 醛、酮中羰基的结构

在醛、酮分子中，羰基的碳氧双键和与羰基相连的其他两个原子之间的键角都接近 120°。例如，甲醛、乙醛和丙酮的键角如下：

$$\underset{\text{甲醛}}{\mathrm{H_2C{=}O}} \quad \angle HCO\ 121.7° \quad \angle HCH\ 116.5° \quad C{=}O\ 120.3pm \quad C{-}H\ 110.1pm$$

$$\underset{\text{乙醛}}{\mathrm{CH_3(H)C{=}O}} \quad \angle CCO\ 122.5° \quad \angle CCH\ 116.8° \quad \angle HCO\ 120.7° \quad C{=}O\ 120.7pm \quad C{-}C\ 151.5pm \quad C{-}H\ 111.4pm$$

$$\underset{\text{丙酮}}{\mathrm{(CH_3)_2C{=}O}} \quad \angle CCO\ 121° \quad \angle CCC\ 117° \quad C{=}O\ 121.4pm \quad C{-}C\ 152.0pm$$

因此，可以认为羰基碳原子是 sp^2 杂化的，羰基碳原子和氧原子各以 sp^2 杂化轨道相互交盖生成碳氧 σ 键，同时羰基碳原子以另外两个 sp^2 杂化轨道与其他两个原子形成两个 σ 键，三个 σ 键在同一平面上。氧原子上两对未共用电子分别占在氧原子的 sp^2 杂化轨道上，羰基碳原子和羰基氧原子上两个未参与杂化的 p 轨道从侧面交盖生成碳氧 π 键。因此，羰基中的碳氧双键也与碳碳双键相似，是由一个 σ 键和一个 π 键组成的(图 10-1)。

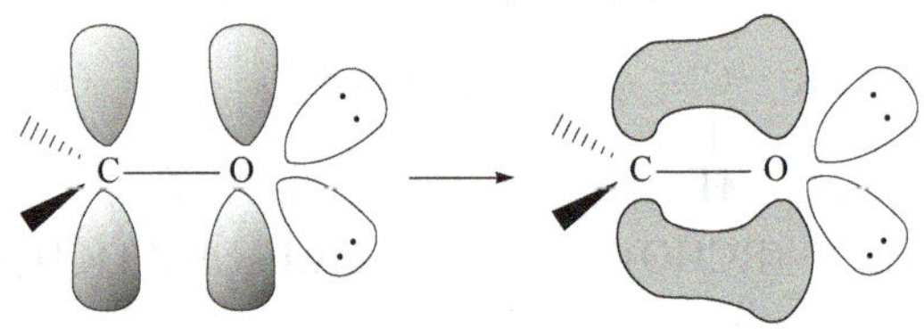

图 10-1　醛、酮分子中羰基碳氧双键形成示意图

但由于氧原子比碳原子的电负性大，因此羰基 π 电子云更倾向于偏向氧原子一边，使得羰基碳原子带部分正电荷，而氧原子带部分负电荷(图 10-2)。

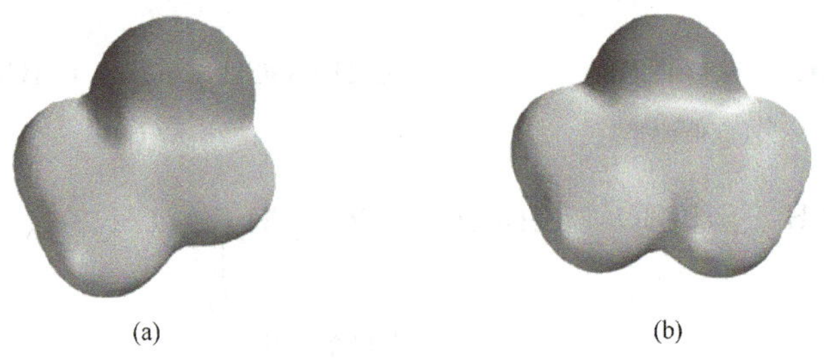

图 10-2　乙醛(a)和丙酮(b)的电子云密度分布图

羰基是一种极性不饱和键，具有一定的偶极矩。例如

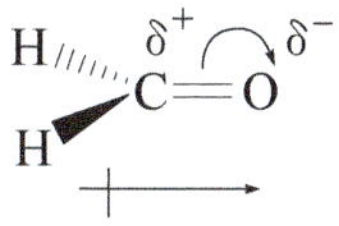

甲醛 μ=2.3D 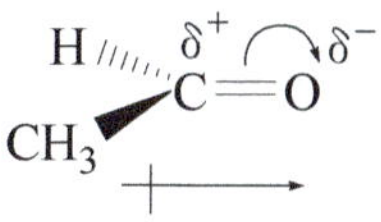　　乙醛 μ=2.7D 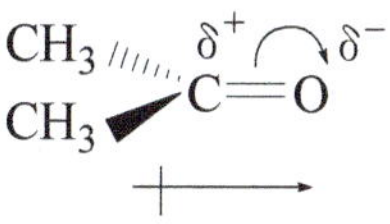　　丙酮 μ=2.9D

醛、酮的偶极矩比卤代烃和醚都大。例如

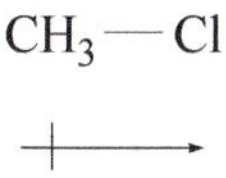

$CH_3—Cl$　μ=1.9D　　$(H_3C)_2\ddot{O}$　μ=1.30D

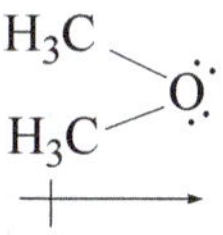

问题 10-1　简述碳氧双键和碳碳双键在结构上有哪些相同和不同。

10.1.2　醛、酮的命名

除简单的醛、酮用普通命名法外，通常结构较复杂的醛、酮都习惯按系统命名法命名。

1. 普通命名法

醛的普通命名与醇的普通命名法相似。例如

CH_3CH_2CHO　　$CH_3CH(CH_3)CH_2CHO$　　$C_6H_5—CHO$

丙醛 (propionaldehyde)　　异戊醛 (iso-valeraldehyde)　　苯甲醛 (benzaldehyde)

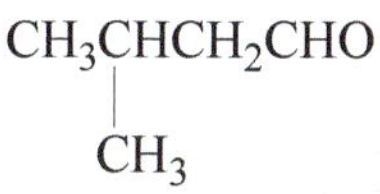

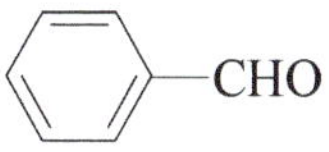

酮的普通命名则根据酮羰基所连接的两个烃基命名，连有不同烃基时，按照英文名称第一个字母的顺序先后列出。例如

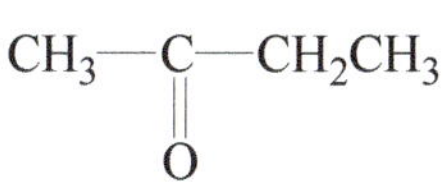

$CH_3—C(=O)—CH_2CH_3$　　$C_6H_5—C(=O)—C_6H_5$

乙甲酮 (ethyl methyl ketone)　　二苯甲酮 (diphenyl ketone)

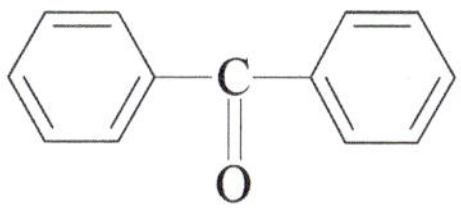

与羰基相邻的碳原子为 α-碳原子，外延依次为 β-、γ-、δ-、…碳原子，在普通命名法中常使用这种方法。例如

$BrCH_2CH_2CH_2CHO$　　$C_6H_5—CH=CHCHO$

γ-溴丁醛 (γ-bromobutyraldehyde)　　β-苯基丙烯醛 (β-phenylacrylaldehyde)

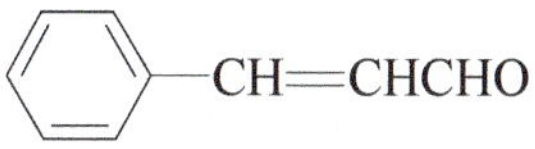

2. 系统命名法

脂肪族醛、酮的系统命名法与相应醇的系统命名相似。

醛、酮的系统命名法的要点如下：

(1) 选择含羰基碳在内的最长碳链为主链，根据主链上的碳原子个数称为某醛或某酮，当分子中有碳碳不饱和键时，则主链应尽可能把不饱和键和羰基包含在内。

(2) 从最靠近羰基碳的一端开始给主链编号，因为醛基总是在链端 C_1 的位置，所以命名时醛基的位次不必标出。酮羰基的位次则必须用阿拉伯数字标在母体名称“酮”的前面。

(3) 分子中若有取代基，则必须将取代基的名称、数目及其连在主链上的位次分别列在母体醛、酮名称的前面，取代基按英文名称第一个字母的顺序先后列出。通常将醛、酮分子中的芳环当成取代基命名。

(4) 分子中立体异构体的构型写在名称的最前面。例如

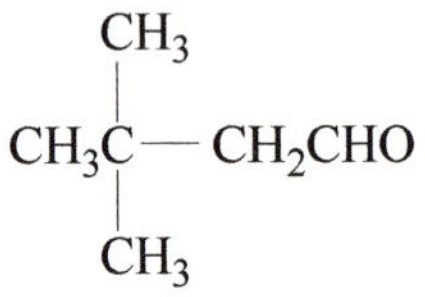

$CH_3C(CH_3)_2—CH_2CHO$

3,3-二甲基丁醛
(3,3-dimethylbutanal)

$CH_3CH═CHCHO$

丁-2-烯醛
(but-2-enal)

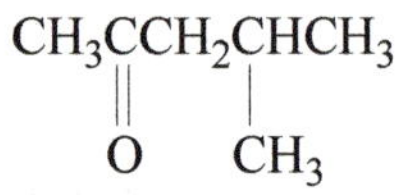

$CH_3C(═O)CH_2CH(CH_3)CH_3$

4-甲基戊-2-酮
(4-methylpentan-2-one)

$HOCH_2CH_2CHO$

3-羟基丙醛
(3-hydroxypropanal)

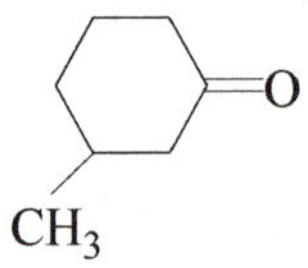

3-甲基环己酮
(3-methylcyclohexanone)

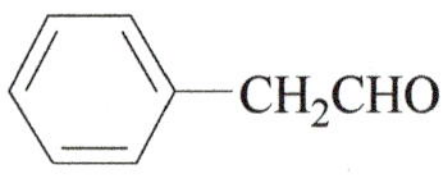

$C_6H_5—CH_2CHO$

苯(基)乙醛
(phenylacetadehyde)

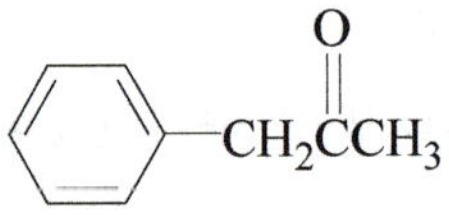

$C_6H_5—CH_2C(═O)CH_3$

1-苯基丙-2-酮
(1-phenylpropan-2-one)

$ClCH_2CH_2CH_2CHO$

4-氯丁醛
(4-chlorobutanal)

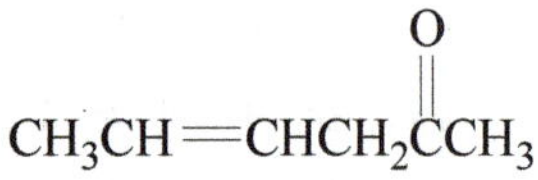

$CH_3CH═CHCH_2C(═O)CH_3$

己-4-烯-2-酮
(hex-4-en-2-one)

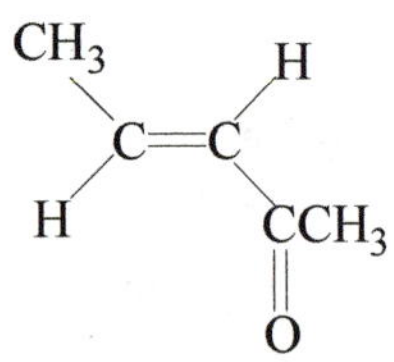

反戊-3-烯-2-酮
(*trans*-pent-3-en-2-one)

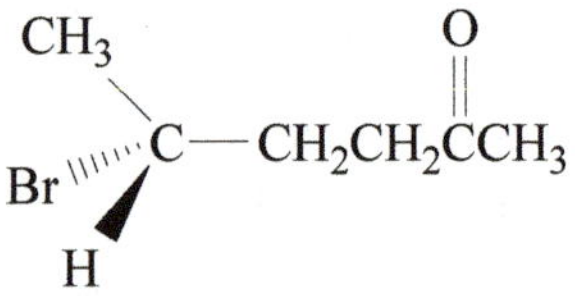

(*R*)-5-溴己-2-酮
[(*R*)-5-bromohexan-2-one]

分子中同时含有醛基和酮羰基时，以醛为母体，酮羰基作为取代基，用“氧亚基”表示。例如

$$\underset{\underset{\displaystyle O}{\|}}{CH_3C}CH_2CH_2CHO$$

4-氧亚基戊醛
(4-oxopentanal)

问题 10-2 用系统命名法命名下列化合物。

(1) $(CH_3)_3CCHO$
(2) $CH_3\underset{\underset{\displaystyle CH_3}{|}}{CH}CH_2CH_2\underset{\underset{\displaystyle O}{\|}}{C}CH_3$
(3) $C_6H_5CH_2CH_2COCH_3$
(4) 4-甲基环己酮结构：CH_3—(环己烷环)=O
(5) (苯环)—CH_2CH_2CHO
(6) 3,3-二甲基环己烷甲醛结构：环己烷环上一碳连两个 CH_3，另一碳连 —CHO
(7) $(CH_3)_2C{=}CH\underset{\underset{\displaystyle O}{\|}}{C}CH_3$
(8) $CH_3\underset{\underset{\displaystyle O}{\|}}{C}CH_2\overset{\overset{\displaystyle CH_3}{|}}{CH}CHO$

问题 10-3 写出下列化合物相应的结构式。

(1) 异丙基甲基酮
(2) 对甲氧基苯甲醛(茴香醛)
(3) 3-甲基环十五酮(麝香酮)
(4) 3-氧亚基戊二醛
(5) 1-苯基丙-1-酮
(6) 邻羟基苯甲醛

10.2 醛、酮的物理性质

对于单官能团的醛、酮，其分子之间不能生成氢键，没有缔合作用，因此其沸点比相应的醇低得多。但醛、酮的偶极矩较大，分子之间通过偶极相互间的吸引力比烃分子和醚分子大，因此其沸点比相对分子质量相近的烃和醚高。常温下，除甲醛是气体外，C_{12}以下的脂肪族醛、酮都是无色液体；高级的醛、酮为固体；芳香族酮大多为固体。

醛、酮分子中的羰基氧原子可以作为受体，与水分子或醇分子中羟基上的氢生成氢键，因此低级的醛、酮(如甲醛、乙醛、丙酮等)可与水混溶。醛、酮在水中的溶解度随分子中烃基的增大而减小，高级醛、酮则微溶或不溶于水。醛、酮都易溶于醇和一般的有机溶剂。

脂肪族醛、酮的相对密度小于 1，芳香族醛、酮的相对密度大于 1。

低级的醛有刺鼻气味，而某些醛、酮有特殊的香气，可用于化妆品的调制或食品添加剂。常见醛、酮的物理常数见表 10-1。

表 10-1 常见醛、酮的物理常数

化合物	熔点/℃	沸点/℃	相对密度	溶解度/[g·(100g H_2O)$^{-1}$]
甲醛(methanal)	−92	−21	0.815	55
乙醛(ethanal)	−121	20.8	0.7834	∞
丙醛(propanal)	−81	48.8	0.8085	20
丁醛(butanal)	−99	75.7	0.817	4

续表

化合物	熔点/℃	沸点/℃	相对密度	溶解度/[g·(100g H_2O)$^{-1}$]
戊醛(pentanal)	−92	103.4	0.81	小
苯甲醛(benzaldehyde)	−26	178.6	1.0415	0.33
丙酮(propanone)	−94.5	56.2	0.7899	∞
丁酮(butanone)	−86.3	79.6	0.8054	35.3
戊-2-酮(pentan-2-one)	−77.8	102	0.8089	6.3
戊-3-酮(pentan-3-one)	−42	101.5	0.813	4.7
己-2-酮(hexan-2-one)	−35	150	1.0281	—
环戊酮(cyclopentanone)	−51.3	130.7	0.951	43.3
环己酮(cyclohexanone)	−45	155	0.9478	—
苯乙酮(acetophenone)	21	202.6	1.024	不溶
二苯甲酮(benzophenone)	49	306	1.0976	不溶

在醛和酮的红外光谱中，羰基的伸缩振动在 1750～1680cm^{-1}有一个强的特征吸收峰，常用于羰基的鉴定。醛羰基的伸缩振动在 1725cm^{-1}附近，酮羰基的伸缩振动在 1710cm^{-1}附近。醛基中的 C—H 伸缩振动在 2720cm^{-1}和 2850cm^{-1}附近有两个等强度的中强吸收峰，比较特征，可用于区别醛和酮。当羰基与碳碳双键共轭时，羰基吸收峰向低波数位移，如 α,β-不饱和醛的羰基伸缩振动在 1705～1685cm^{-1}，α,β-不饱和酮的羰基伸缩振动在 1685～1665cm^{-1}；当与苯环共轭时，芳香醛的羰基伸缩振动在 1715～1690cm^{-1}，芳香酮的羰基伸缩振动在 1700～1680cm^{-1}，而且芳环在 1600cm^{-1}区域的吸收峰分裂为两个峰，即在 1580cm^{-1}附近又出现一个新的吸收峰。

3-甲基丁酮[$(CH_3)_2CHCOCH_3$]的红外光谱如图 10-3 所示。

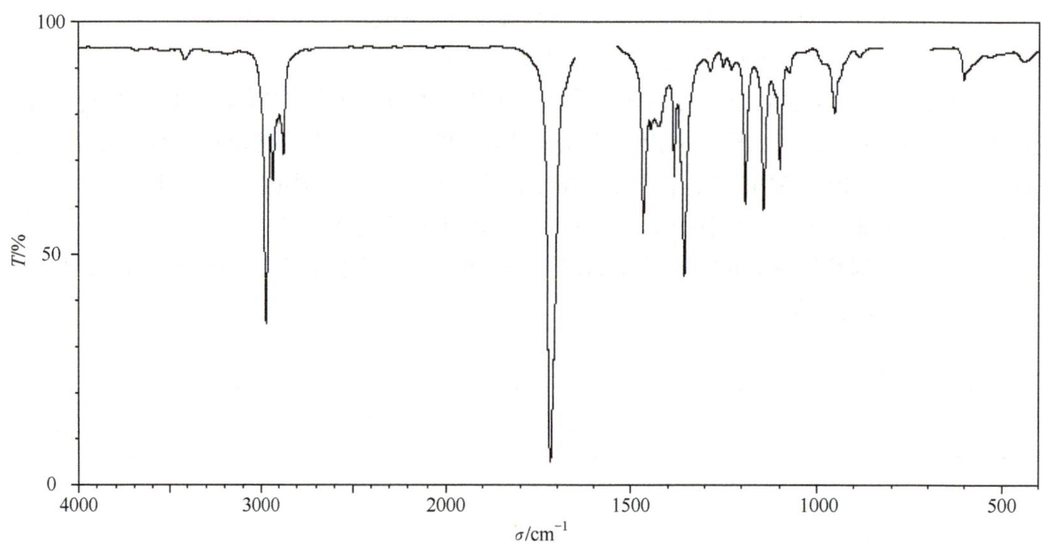

图 10-3　3-甲基丁酮[$(CH_3)_2CHCOCH_3$]的红外光谱

戊-1-烯-3-酮（α，β-不饱和酮）的红外光谱如图 10-4 所示。

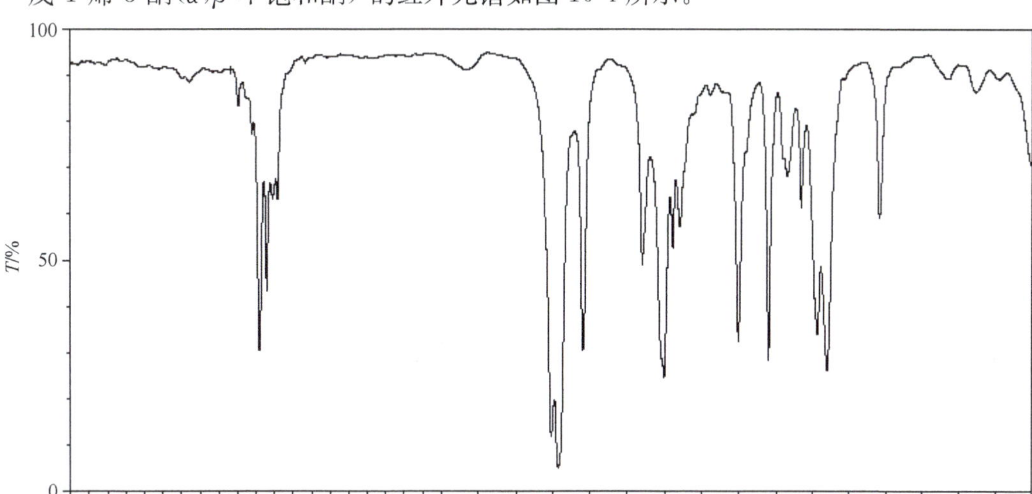

图 10-4　戊-1-烯-3-酮的红外光谱

苯甲醛的红外光谱如图 10-5 所示。

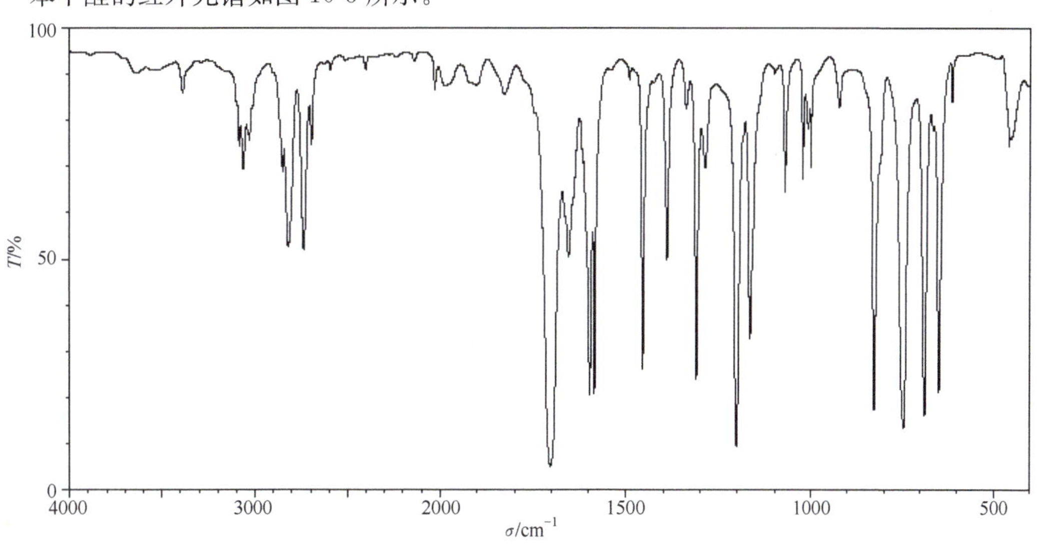

图 10-5　苯甲醛的红外光谱

在^{1}H NMR 谱中，醛基中氢的化学位移 δ 为 9～10，这是醛的特征吸收峰，可用于鉴定醛基的存在。羰基 α-位的甲基或亚甲基上氢的化学位移 δ 为 2.0～2.5。

在^{13}C NMR 谱中，醛羰基碳的化学位移 δ 为 190～200，酮羰基碳的化学位移 δ 为 205～220。羰基 α-碳的化学位移 δ 为 30～40。

在质谱图中，脂肪醛的分子离子峰（M）丰度中等，大于 C_4 的脂肪醛，分子离子峰很快减弱。而芳香醛的分子离子峰丰度很大。醛基发生 α-断裂，失去氢原子得到 M−1 峰，脂肪醛或芳香醛都有 M−1 峰，芳香醛的 M−1 峰比它的 M 峰还大。

$$\left[\mathrm{R{-}\underset{\underset{H}{|}}{C}{=}O}\right]^{+\cdot}\ (M) \longrightarrow \mathrm{R{-}C{\equiv}\overset{+}{O}}\ (M-1) + \mathrm{H\cdot}$$

醛发生 α-断裂失去烷基自由基，形成稳定的离子 H—C≡$\overset{+}{\mathrm{O}}$(m/z 29)，显示强峰。

$$\left[\mathrm{R{-}\underset{\underset{H}{|}}{C}{=}O}\right]^{+\cdot}\ (M) \longrightarrow \mathrm{H{-}C{\equiv}\overset{+}{O}}\ (m/z\ 29) + \mathrm{R\cdot}$$

对于相对分子质量较高的直链脂肪醛，α-断裂也可以形成 M−29 的离子峰。

$$\left[\mathrm{R{-}\underset{\underset{H}{|}}{C}{=}O}\right]^{+\cdot}\ (M) \longrightarrow \mathrm{R^{+}}\ (M-29) + \mathrm{H{-}C{\equiv}\dot{O}}$$

酮发生 α-断裂失去烷基自由基，形成稳定的离子 R—C≡$\overset{+}{\mathrm{O}}$，通常小的 R 保留在酰基正离子中，即遵循大的 R 以自由基形式离去的原则。

$$\left[\mathrm{R{-}\underset{\underset{R'}{|}}{C}{=}O}\right]^{+\cdot} \longrightarrow \mathrm{R'\cdot} + \mathrm{R{-}C{\equiv}\overset{+}{O}}\quad (R'>R)$$

例如，丁酮的分子离子峰为 72，失去乙基自由基后形成的乙酰基正离子峰为 43，是它的基峰，而失去甲基自由基后形成的丙酰基正离子峰(m/z 57)却很弱(图 10-6)。

$$\left[\mathrm{CH_3{-}\overset{\overset{O}{\|}}{C}{-}CH_2CH_3}\right]^{+\cdot}\ (m/z\ 72) \longrightarrow \mathrm{CH_3{-}C{\equiv}\overset{+}{O}}\ (m/z\ 43(基峰)) + \mathrm{CH_3CH_2\cdot}$$

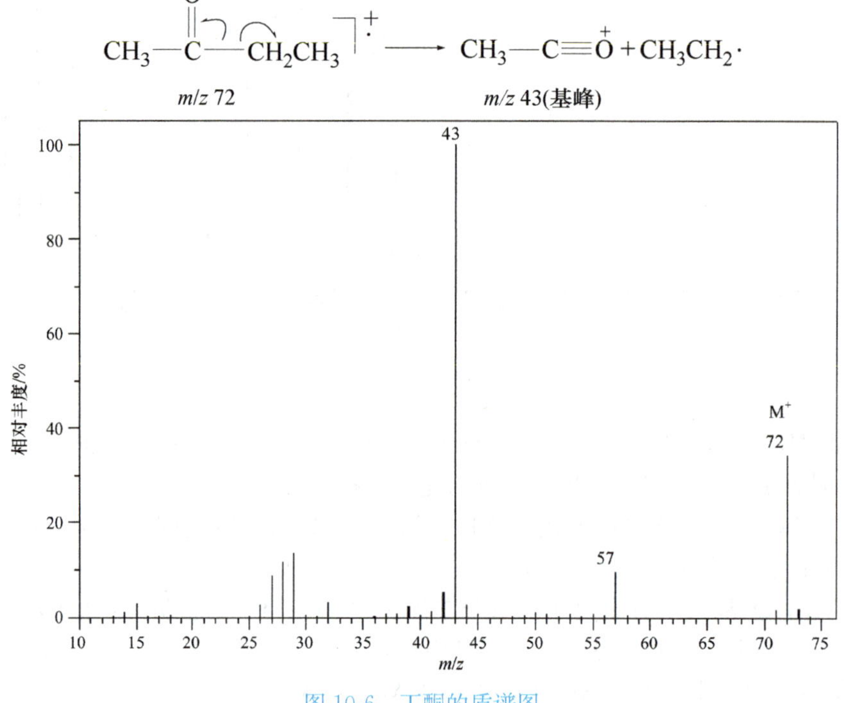

图 10-6 丁酮的质谱图

当醛、酮烷基中的 γ-碳原子上有氢(称为 γ-H)时,都会发生 McLafferty 重排。

m/z 72　　　　m/z 44　　　　28

丁醛的质谱图(图 10-7)中主要显示四个峰,分别为:分子离子峰(M^+)72、甲酰基正离子峰 29、McLafferty 重排后的正离子自由基峰 44 以及在 β-碳和 γ-碳之间断裂失去甲基自由基后的正离子峰 57。

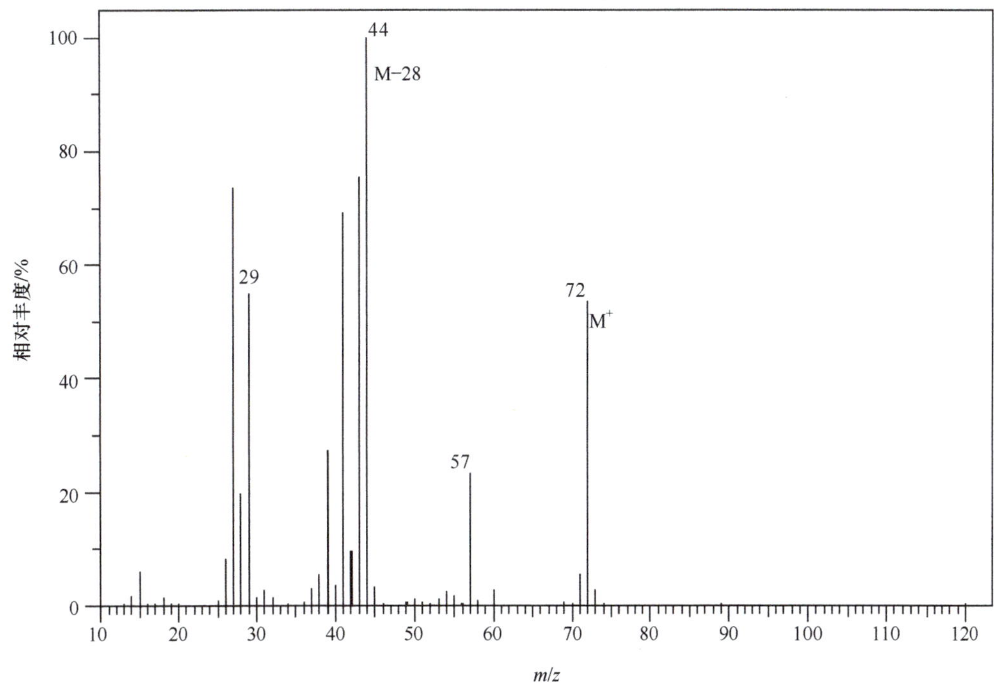

图 10-7　丁醛的质谱图

辛-2-酮的质谱图(图 10-8)中主要显示五个峰,分别为:分子离子峰(M^+)128、乙酰基正离子峰 43、庚酰基正离子峰 113、McLafferty 重排后的正离子自由基峰 58 及失去乙酰基自由基后的己基正离子峰 85。

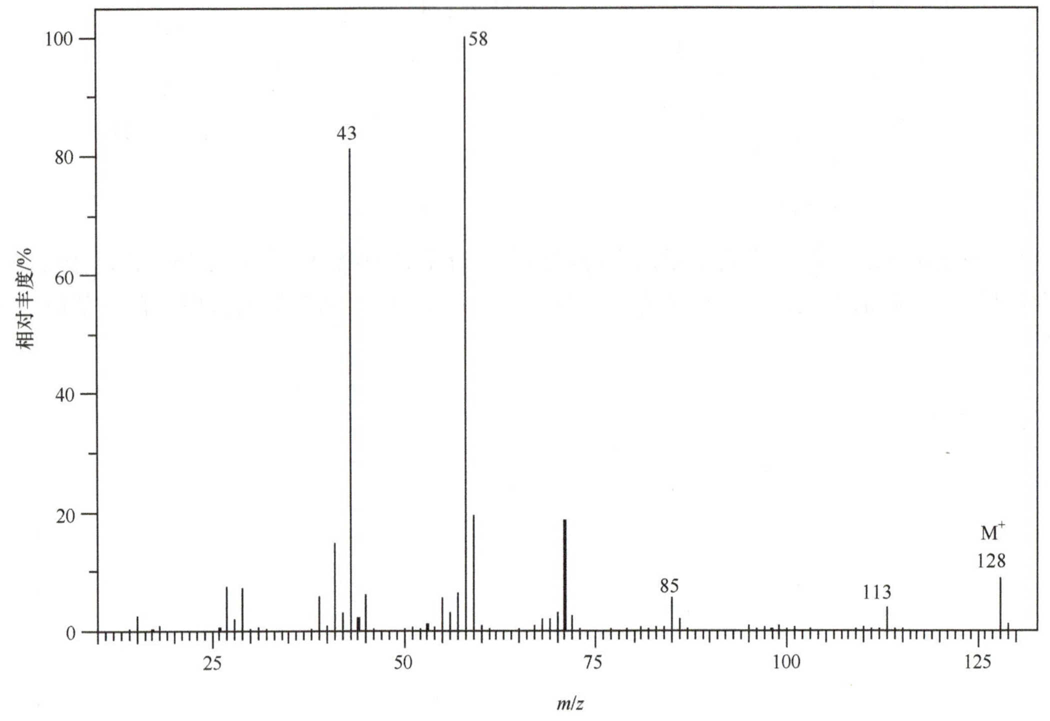

图 10-8 辛-2-酮的质谱图

10.3 醛、酮的亲核加成反应

羰基是醛、酮的官能团,其主要的化学性质都与羰基有关。醛、酮可以发生许多反应,从而得到有着广泛用途的各类化合物和衍生物。羰基上的亲核加成是醛、酮的主要反应之一。

羰基中的碳氧双键是极性不饱和键,由于氧原子比碳原子的电负性大,因此羰基上的 π 电子云偏向氧原子一边,使氧原子带有部分负电荷,碳原子带有部分正电荷。而带部分负电荷的氧原子比带部分正电荷的碳原子稳定,因此带部分正电荷的碳原子成为羰基的反应中心,在亲核试剂(Nu^-)的进攻下,羰基发生亲核加成(nucleophilic addition)反应。其反应机理如下:

$$\gt \overset{\delta^+}{C} = \overset{\delta^-}{O} \xrightleftharpoons[]{Nu^-,慢} \gt C(O^-)(Nu) \xrightleftharpoons[]{H^+,快} \gt C(OH)(Nu)$$

第一步是羰基在亲核试剂的进攻下打开 π 键,羰基碳原子由 sp^2 杂化转变为 sp^3 杂化,键角由 120°左右逐渐过渡到 109.5°左右,空间位阻增加,因此这一步是反应速率的决定步骤。由此可见，羰基碳原子的正电性大小、羰基碳原子所连基团的大小、亲核试剂的亲核能力等都对羰基亲核加成的反应速率有影响。羰基碳原子上所连的基团越小，反应越容易进行，因此醛比酮容易发生亲核加成反应；羰基碳原子上的正电荷越多，反应越容易进行。

对于醛、酮本身而言，影响其发生亲核加成反应的因素主要有电子效应和空间位阻效应。综合上述影响因素，醛、酮发生亲核加成反应的活性大致有以下次序：

醛>酮　　脂肪醛>芳香醛　　脂肪酮>芳香酮　　甲基酮>非甲基酮

凡是有利于羰基碳原子上正电荷增加的因素也有利于反应进行；亲核试剂的亲核性越强，反应越容易进行。

问题 10-4　简述在羰基的亲核加成反应中，$ClCH_2CHO$ 比 CH_3CHO 活泼、$C_6H_5CH_2CHO$ 比 $C_6H_5COCH_3$ 活泼的原因。

10.3.1　与氧亲核试剂的加成

水和醇都是相对较弱的含氧亲核试剂，然而在酸催化条件下都可以与活泼的羰基发生亲核加成反应。酸的作用是先与羰基上的氧（可以看成弱碱）结合，使羰基碳上的正电荷增加，有利于亲核试剂的进攻，发生羰基上的亲核加成。

$$\overset{\delta^+}{>C}=\overset{\delta^-}{\ddot{O}} + H^+ \rightleftharpoons \left[>C=\overset{+}{\ddot{O}}H \longleftrightarrow >\overset{+}{C}-\ddot{O}H \right] \xrightarrow{Nu^-} >C(\ddot{O}H)(Nu)$$

1. 与 H_2O 加成

醛、酮与 H_2O 反应生成相应的水合物(hydrate)。

$$\begin{matrix} R_2 \\ (H)R_1 \end{matrix}\!\!>C=O + H_2O \overset{H^+}{\rightleftharpoons} \begin{matrix} R_2 \\ (H)R_1 \end{matrix}\!\!>C<\!\!\begin{matrix} OH \\ OH \end{matrix}$$

水合物

这是一个平衡反应，由于在同一个碳原子上连有两个羟基（又称偕二醇）的结构在热力学上是很不稳定的，因此对于多数醛、酮，平衡都大大偏向左边，脱水生成原来的醛、酮。低级醛（如甲醛）在水溶液中主要是以水合物存在，但不能分离出来。例如

$$HCHO + H_2O \rightleftharpoons H_2C<\!\!\begin{matrix} OH \\ OH \end{matrix}$$

99.9%

$$CH_3CHO + H_2O \rightleftharpoons CH_3CH<\!\!\begin{matrix} OH \\ OH \end{matrix}$$

58%

醛、酮的水合物随着羰基上烷基的体积增大而迅速减少。例如

$$(CH_3)_3CCHO + H_2O \rightleftharpoons (CH_3)_3CCH(OH)_2 \quad 17\%$$

酮也难以形成相应的水合物，如丙酮的水合物在相应的平衡体系中仅占0.14%。

$$CH_3COCH_3 + H_2O \rightleftharpoons (CH_3)_2C(OH)_2 \quad 0.14\%$$

如果醛、酮分子中，羰基碳原子上连有吸电子基团，由于羰基碳上的正电荷增加，使羰基的活性增加，有些水合物也可以是稳定的。例如，三氯乙醛与水能形成稳定的水合物。

$$Cl_3C-CHO + H_2O \longrightarrow Cl_3C-CH(OH)_2 \quad \text{m.p.}57℃$$

三氯乙醛水合物的红外光谱中已不显示羰基的吸收峰。

环丙酮因分子的环张力较大，当形成水合物后，羰基碳原子由 sp^2 杂化转变为 sp^3 杂化，键的角张力有所缓解，因此环丙酮也较容易形成水合物。

$$\text{环丙酮} + H_2O \rightleftharpoons \text{1,1-环丙二醇}$$

酸或碱对醛、酮的水合反应有催化作用，其在酸或碱催化下的水合反应机理也略有不同。

碱催化反应：

$$HO^- + \rangle C=O \xrightleftharpoons{\text{慢}} \rangle C(O^-)(OH) \xrightleftharpoons[\text{快}]{H-OH} \rangle C(OH)_2 \quad (+\ ^-OH)$$

酸催化反应：

$$\rangle C=O \xrightleftharpoons[\text{快}]{H-\overset{+}{O}H_2} \rangle C=\overset{+}{O}H \xrightleftharpoons[\text{慢}]{HOH} \rangle C(OH)(\overset{+}{O}H_2) \xrightleftharpoons[\text{快}]{HOH} \rangle C(OH)_2 \quad (+\ H_3O^+)$$

问题 10-5　将下列醛、酮与 H_2O 形成水合物的平衡常数由小到大进行排列。

CH_3CHO、CH_3COCH_2Cl、$HCHO$、CH_3COCH_3、$ClCH_2CHO$

2. 与 ROH 加成

在无水强酸或干燥氯化氢气体催化下，醇作为亲核试剂，可以与醛或酮发生亲核加成反应，与一分子醇反应生成半缩醛(hemiacetal)或半缩酮(hemiketal)。然后半缩醛或半缩酮再与另一分子醇反应，生成缩醛(acetal)或缩酮(ketal)。

$$\rangle C{=}\ddot{O}: \underset{}{\overset{H^+}{\rightleftharpoons}} \rangle C{=}\overset{+}{\ddot{O}}H \overset{R\ddot{O}H}{\rightleftharpoons} \rangle C\langle^{\ddot{O}H}_{:\overset{+}{O}(H)R} \overset{-H^+}{\rightleftharpoons} \rangle C\langle^{\ddot{O}H}_{\ddot{O}R} \overset{H^+}{\rightleftharpoons} \rangle C\langle^{\overset{+}{O}H_2}_{\ddot{O}R}$$

半缩醛(酮)

$$\overset{-H_2O}{\rightleftharpoons} \rangle C{=}\overset{+}{\ddot{O}}R \overset{R\ddot{O}H}{\rightleftharpoons} \rangle C\langle^{\ddot{O}R}_{:\overset{+}{O}(H)R} \overset{-H^+}{\rightleftharpoons} \rangle C\langle^{\ddot{O}R}_{\ddot{O}R}$$

缩醛(酮)

这里酸质子与羰基氧的结合使羰基碳原子的正电性增加，有利于与醇的亲核加成。半缩醛中羟基的质子化有利于它的离去，有利于与另一分子醇的加成，最后生成缩醛(酮)。例如

$$CH_3CH_2CHO \xrightarrow[HCl(气)]{CH_3CH_2OH} \underset{\text{OH}}{CH_3CH_2CHOCH_2CH_3} \xrightarrow[HCl(气),\,-H_2O]{CH_3CH_2OH} CH_3CH_2CH(OCH_2CH_3)_2$$

丙醛乙基半缩醛　　　　　　　　丙醛二乙基缩醛

缩醛(酮)具有在同一个碳原子上连有与醚类似的两个烷氧基结构，因此对碱、氧化剂和还原剂稳定。但由于在酸催化下生成缩醛(酮)的反应是可逆平衡反应，因此在稀的酸性水溶液中，缩醛(酮)可以水解为原来的醛(酮)。例如

$$C_6H_{10}(OCH_3)_2 \underset{}{\overset{H^+,\,过量H_2O}{\rightleftharpoons}} C_6H_{10}{=}O + 2CH_3OH$$

缩酮

因此，在有机合成中可以利用这个性质保护反应物中的醛(酮)羰基。例如

$$CH_2{=}CHCHO \xrightarrow[HCl(气)]{CH_3OH} CH_2{=}CHCH(OCH_3)_2 \xrightarrow[0\sim5℃]{KMnO_4,\,OH^-}$$

丙烯醛二甲基缩醛

$$\underset{OH\ \ OH}{CH_2CHCH(OCH_3)_2} \xrightarrow{H^+,\,H_2O} \underset{OH\ \ OH}{CH_2CHCHO}$$

酮与简单的醇反应难以得到相应的缩酮，因为平衡偏向左边酮的一边。例如，丙酮与乙醇反应，在反应达到平衡后只含有 2%的缩酮。但如果用乙二醇与酮反应，则可以得到结构相对较稳定的五元环状缩酮。

$$RR'C{=}O + HOCH_2CH_2OH \xrightarrow{\text{干燥HCl}} \text{(R, R'-取代的 1,3-二氧戊环)}$$

另外，有一种特殊的水分离器装置，可以将形成缩酮过程中生成的水不断除去，使反应的平衡逐步向右移动，最后得到缩酮。

缩醛(酮)不仅可用于羰基的保护，也可以用于醇羟基的保护。例如

羰基保护：

$$CH_3\overset{O}{\overset{\|}{C}}CH_2CH_2C{\equiv}CH + HOCH_2CH_2OH \xrightarrow[\text{苯},\triangle]{H^+} H_3C\text{(二氧戊环)}CH_2CH_2C{\equiv}CH \quad 80\%$$

$$\xrightarrow[NH_3]{NaNH_2} H_3C\text{(二氧戊环)}CH_2CH_2C{\equiv}\bar{C}{:} \xrightarrow{CH_3I} H_3C\text{(二氧戊环)}CH_2CH_2C{\equiv}CCH_3 \quad 78\%$$

羟基保护：

$$HOCH_2CH(OH)CH_2OH \xrightarrow[H^+]{CH_3COCH_3} \text{(2,2-二甲基-1,3-二氧戊环-4-基)}CH_2OH \xrightarrow[\text{碱}]{RCOCl} \text{(2,2-二甲基-1,3-二氧戊环-4-基)}CH_2OC(O)R$$

$$\xrightarrow{\text{稀酸}} HOCH_2CH(OH)CH_2OC(O)R$$

缩醛和缩酮具有醚链结构，长期暴露在空气中易产生具有爆炸性的过氧化物，操作时必须特别注意安全。

当醛、酮分子中的适当位置有醇羟基存在时，可以在分子内形成稳定的、具有五元或六元环的环状半缩醛和半缩酮。例如

$$\underset{OH}{\underset{|}{C}}H_2CH_2CH_2CH_2CHO \rightleftharpoons \text{(2-羟基四氢吡喃, C上连 H 和 OH)}$$

不少糖类化合物就是以环状半缩醛或半缩酮的结构(见 16.1.3)存在于自然界。

在酸催化下，环状半缩醛或半缩酮可以与另一分子醇生成相应的缩醛或缩酮。

$$\text{(环状半缩醛, H、OH 连于与 O 相邻的 C 上)} \xrightleftharpoons{H^+,ROH} \text{(环状缩醛, H、OR 连于与 O 相邻的 C 上)}$$

硫醇的亲核性比醇强，能迅速与醛或酮反应生成二硫缩醛(dithioacetal)或二硫缩酮(dithioketone)。

$$R_2(R_1)HC{=}\ddot{O} + 2R\ddot{S}H \xrightleftharpoons{H^+} R_2(R_1)HC(\ddot{S}R)_2 \xrightarrow[CH_3OH,H_2O]{HgCl_2,HgO} R_2(R_1)HC{=}\ddot{O} + (RS)_2Hg\downarrow$$

二硫缩醛(酮)

二硫缩醛和二硫缩酮都不容易水解，只有在汞盐存在下，与反应体系中极微量的硫醇反应生成$(RS)_2Hg$沉淀，平衡逐渐移动，使二硫缩醛和二硫缩酮恢复到原来的醛、酮。但二硫缩醛和二硫缩酮仍然不宜直接用于羰基的保护。

但是，二硫缩醛和二硫缩酮可以在 Raney Ni 催化下加氢还原，脱硫后原来的羰基还原成亚甲基。

$$RR'C{=}O + HSCH_2CH_2SH \xrightarrow{H^+} \text{(2,2-RR'-1,3-二硫戊环)} \xrightarrow[\text{Raney Ni}]{H_2} RR'CH_2 + NiS\downarrow + C_2H_6\uparrow$$

问题 10-6　写出下列反应的产物。

(1) $CH_3CH_2CHO + CH_3CH_2OH \xrightarrow{\text{干燥 HCl}}$

(2) $HCHO + HOCH_2CH_2OH \xrightarrow{\text{干燥 HCl}}$

问题 10-7　用反应式说明下列过程。

$$\text{2-甲氧基四氢吡喃}(OCH_3) + CH_3CH_2OH \xrightarrow{H^+} \text{2-乙氧基四氢吡喃}(OC_2H_5) + CH_3OH$$

10.3.2　与碳亲核试剂的加成

1. 与氢氰酸加成

醛、酮可以与氢氰酸发生亲核加成反应，生成的加成产物称为氰醇(cyanohydrin)，反应通式如下：

$$\begin{matrix}R\\ \quad\backslash\\ \quad C=O\\ \quad/\\ R'\end{matrix} + HCN \rightleftharpoons \begin{matrix}R\quad OH\\ \backslash\ /\\ C\\ /\ \backslash\\ R'\quad CN\end{matrix}$$

氰醇

醛、脂肪族甲基酮及 C_8 以下的环酮都可以与氢氰酸发生加成反应。

反应溶液的酸碱性对加成的反应速率有很大影响。例如，丙酮与氢氰酸反应 3～4h，只有一半原料发生了反应，若在反应液中滴加一滴氢氧化钾溶液，则反应很快在 2min 内完成。若在反应液中加入酸，则反应速率减慢，如果加入大量的酸，则放置几周也不发生反应。这是因为氢氰酸是弱酸，在溶液中的电离平衡偏向左边：

$$HCN \rightleftharpoons H^+ + :\bar{C}\equiv N$$

而 CN^- 对羰基碳原子的亲核进攻是反应速率的决定步骤，碱的加入改变了上述平衡，有利于 CN^- 的生成，从而加速亲核加成反应。而酸的加入抑制了氢氰酸的电离，降低了 CN^- 的浓度，对亲核加成反应不利。因此，反应需要在微量碱催化下进行。醛、酮与氢氰酸加成的反应机理如下：

$$HCN + OH^- \xrightleftharpoons{快} :\bar{C}\equiv N + HOH$$

$$\begin{matrix}R\\ \backslash\\ C=\ddot{O}\\ /\\ (H)H_3C\end{matrix} + :\bar{C}\equiv N \xrightleftharpoons{慢} \begin{matrix}R\quad \ddot{O}:^-\\ \backslash\ /\\ C\\ /\ \backslash\\ (H)H_3C\quad CN\end{matrix} \xrightleftharpoons[快]{H-C\equiv N:} \begin{matrix}R\quad \ddot{O}H\\ \backslash\ /\\ C\\ /\ \backslash\\ (H)H_3C\quad CN\end{matrix} + :\bar{C}\equiv N$$

由于是可逆反应，因此反应结束后必须先将催化量的碱中和除去，否则在蒸馏时会因挥发性大的氢氰酸被蒸出而使平衡向左移动，结果氰醇被完全分解。

醛、酮与氢氰酸反应，产物氰醇比反应物醛、酮增加了一个碳原子，这是有机合成上碳链增长的反应。氰醇水解可以得到 α-羟基酸，后者失水得到 α,β-不饱和羧酸。氰醇用 Raney Ni 催化加氢可以得到 β-羟基胺。例如

$$\begin{matrix}H_3C\\ \backslash\\ C=O\\ /\\ H_3C\end{matrix} + HCN \longrightarrow \underset{氰醇}{\begin{matrix}H_3C\quad OH\\ \backslash\ /\\ C\\ /\ \backslash\\ H_3C\quad CN\end{matrix}} \xrightarrow[H^+或OH^-]{H_2O} \underset{\alpha\text{-羟基酸}}{\begin{matrix}H_3C\quad OH\\ \backslash\ /\\ C\\ /\ \backslash\\ H_3C\quad COOH\end{matrix}} \xrightarrow{-H_2O} \underset{\alpha,\beta\text{-不饱和羧酸}}{H_2C=\overset{\overset{CH_3}{|}}{C}-COOH}$$

$$\underset{氰醇}{R-\overset{\overset{OH}{|}}{CH}-C\equiv N} \xrightarrow[Raney\ Ni]{H_2} \underset{\beta\text{-羟基胺}}{R-\overset{\overset{OH}{|}}{CH}-CH_2NH_2}$$

醛、酮与氢氰酸加成时，可直接用氢氰酸作为反应试剂。尽管直接用氢氰酸可以得到满意的加成结果，但由于氢氰酸的挥发性大，且有剧毒，使用不便。实验室则常先将醛、酮与氰化钠或氰化钾的溶液混合，再慢慢加入无机酸反应。例如

$$CH_3COCH_3 \xrightarrow{NaCN+HCl} CH_3-\underset{CN}{\overset{OH}{C}}-CH_3$$

丙酮的氰醇在硫酸存在下与甲醇反应，经过加成产物的水解、甲酯化、脱水等反应生成甲基丙烯酸甲酯，后者聚合生成聚 α-甲基丙烯酸甲酯，即有机玻璃。

$$CH_3-\underset{CN}{\overset{OH}{C}}-CH_3 \xrightarrow[\triangle,\ 90\%]{CH_3OH,\ H_2SO_4} \underset{\text{甲基丙烯酸甲酯}}{CH_2=\underset{CH_3}{C}COOCH_3} \xrightarrow{\text{自由基引发剂}} \underset{\text{聚}\alpha\text{-甲基丙烯酸甲酯}}{\left[CH_2-\underset{COOCH_3}{\overset{CH_3}{C}}\right]_n}$$

问题 10-8 比较下列醛、酮与氢氰酸发生亲核加成的速率大小。

乙醛、苯乙酮、戊-2-酮、二苯酮、苯甲醛、甲基异丙基酮

问题 10-9 写出下列反应的产物。

$$CH_3CH_2CO-\langle\text{cyclohexane}\rangle=O \xrightarrow{NaCN+HCl}$$

---

2. 与格氏试剂等金属有机化合物加成

格氏试剂是卤化烷基镁(R—MgX)化合物，其中 C—Mg 键是高度极化的极性键，碳原子带部分负电荷，镁原子带部分正电荷(C^{δ^-}—Mg^{δ^+})。在无水醚溶液中，格氏试剂作为碳负离子的给予体进攻醛、酮中的羰基碳原子，生成加成产物格氏盐，后者水解后得到醇。

$$\overset{\delta^+}{>C}=\overset{\delta^-}{\ddot{O}}: + \overset{\delta^-}{R}-\overset{\delta^+}{MgX} \xrightarrow{(C_2H_5)_2O} \underset{\text{格氏盐}}{>C(R)-\ddot{O}^{-}\overset{+}{M}gX} \xrightarrow{H_2O} >C(R)-OH + Mg(OH)X$$

格氏试剂的碳负离子亲核性很强，与绝大多数醛、酮都能反应，而且加成这一步是不可逆的。

从上述反应式不难看出，当格氏试剂与甲醛反应时，产物是比相应卤代烃增加一个碳原子的伯醇；与其他醛反应生成的产物是仲醇；与酮反应则生成叔醇。例如

$$HCHO + (CH_3)_2CHCH_2MgBr \xrightarrow{(C_2H_5)_2O} \xrightarrow{H_3O^+} (CH_3)_2CHCH_2CH_2OH$$

$$CH_3CH_2CHO + C_6H_{11}MgBr \xrightarrow{(C_2H_5)_2O} \xrightarrow{H_3O^+} CH_3CH_2-\overset{OH}{CH}-C_6H_{11}$$

$$CH_3CH_2(CH_3CH_2)C{=}O + C_6H_5MgBr \xrightarrow{(C_2H_5)_2O} \xrightarrow{H_3O^+} CH_3CH_2-\underset{C_6H_5}{\overset{OH}{C}}-CH_2CH_3$$

酮与格氏试剂亲核加成的产率随酮羰基所连两个烃基及格氏试剂中烃基的体积增大而降低，当体积很大时甚至不能发生正常的加成反应。这时如果改用活性更强的有机锂试剂，则可以得到很好的加成产率。例如

$$(CH_3)_3C\overset{O}{\overset{\|}{C}}C(CH_3)_3 + (CH_3)_3C{-}Li \xrightarrow[-60℃]{(C_2H_5)_2O} \xrightarrow{H_3O^+} [(CH_3)_3C]_3C{-}OH \quad 81\%$$

炔化物是能提供碳负离子的化合物，是很强的亲核试剂，能与羰基发生亲核加成反应，生成在分子内导入炔键的醇。例如

$$CH_3CH_2\underset{H}{C}{=}O + CH_3C{\equiv}\bar{C}: \longrightarrow CH_3CH_2\overset{O^-}{CH}C{\equiv}CCH_3 \xrightarrow[\text{(弱酸)}]{C_5H_5NH^+} CH_3CH_2\overset{OH}{CH}C{\equiv}CCH_3$$

问题 10-10 写出下列反应的产物。

(1) $HCHO + CH_3\underset{CH_3}{CH}{-}MgBr \xrightarrow{(C_2H_5)_2O} \xrightarrow{H_3O^+}$

(2) $CH_3CH_2CHO + C_6H_5{-}CH_2{-}MgBr \xrightarrow{(C_2H_5)_2O} \xrightarrow{H_3O^+}$

(3) $CH_3COCH_3 + CH_3{-}C_6H_4{-}MgBr \xrightarrow{(C_2H_5)_2O} \xrightarrow{H_3O^+}$

(4) 环己酮 $({-}{=}O)$ + 环己基${-}MgBr \xrightarrow{(C_2H_5)_2O} \xrightarrow{H_3O^+}$

10.3.3 与氨衍生物的加成

醛、酮与氨的衍生物如羟胺(H_2NOH)、肼(H_2NNH_2)、苯肼($C_6H_5NHNH_2$)、2,4-二硝基苯肼[2,4-$(NO_2)_2C_6H_3NHNH_2$]、氨基脲($H_2NNHCONH_2$)等也发生亲核加成，经过先加成后消除，分别生成肟、腙、苯腙、2,4-二硝基苯腙、缩氨脲等缩合产物，反应通常在弱酸催化条件下进行，其反应通式可表示如下：

$$\mathrm{RR'C{=}\ddot{O}} + \mathrm{H^+} \rightleftharpoons \mathrm{RR'C{=}\overset{+}{\ddot{O}}H} \xrightleftharpoons{\mathrm{H_2\ddot{N}B}} \mathrm{RR'C(\ddot{O}H)(\overset{+}{N}H_2B)}$$

$$\xrightleftharpoons{-\mathrm{H^+}} \underset{\text{醇胺}}{\mathrm{RR'C(\ddot{O}H)(\ddot{N}HB)}} \xrightleftharpoons{\mathrm{H^+}} \mathrm{RR'C(\overset{+}{O}H_2)(\ddot{N}HB)} \underset{-\mathrm{H^+}}{\overset{-\mathrm{H_2\ddot{O}}}{\rightleftharpoons}} \mathrm{RR'C{=}\ddot{N}B}$$

B=OH、NH_2、NHC_6H_5、2,4-$(NO_2)_2C_6H_3NH$、$NHCONH_2$

醛、酮与氨衍生物的缩合产物总结如下：

$$\mathrm{RR'C{=}O} \xrightarrow[\text{羟胺}]{\mathrm{H_2NOH}} \underset{\text{肟}}{\mathrm{RR'C{=}NOH}}$$

$$\mathrm{RR'C{=}O} \xrightarrow[\text{肼}]{\mathrm{H_2NNH_2}} \underset{\text{腙}}{\mathrm{RR'C{=}NNH_2}}$$

$$\mathrm{RR'C{=}O} \xrightarrow[\text{苯肼}]{\mathrm{C_6H_5NHNH_2}} \underset{\text{苯腙}}{\mathrm{RR'C{=}NNH{-}C_6H_5}}$$

$$\mathrm{RR'C{=}O} \xrightarrow[\text{2,4-二硝基苯肼}]{\mathrm{2,4\text{-}(O_2N)_2C_6H_3NHNH_2}} \underset{\text{2,4-二硝基苯腙}}{\mathrm{RR'C{=}NNH{-}C_6H_3(NO_2)_2}}$$

$$\mathrm{RR'C{=}O} \xrightarrow[\text{氨基脲}]{\mathrm{H_2NNHCONH_2}} \underset{\text{缩氨脲}}{\mathrm{RR'C{=}NNHCONH_2}}$$

因为氨衍生物的亲核性比碳负离子弱，所以反应需在弱酸（pH＝4.5 左右）催化下进行，酸的作用是使羰基氧先质子化，增加羰基的极化度，使羰基碳原子上的正电荷增加，从而增加了羰基的亲电性，有利于亲核试剂的进攻，另外也有利于反应过程中醇胺的羟基质子化，形成水分子而容易离去。但反应的酸性又不能太强，否则氨衍生物会在强酸条件下首先成盐，使其失去亲核性，而不能与醛、酮发生亲核加成反应。

醛、酮与氨的衍生物生成的缩合产物通常都有固定的熔点和晶形，它们的熔点可以在化学手册中查到，通过测定缩合产物的熔点，可定性鉴定醛、酮羰基化合物。即使相对分子质量较小的醛、酮也能与 2,4-二硝基苯肼反应，生成橙黄色或橙红色的 2,4-二硝基苯腙沉淀，因此氨的衍生物称为羰基试剂。醛、酮与氨的衍生物生成的缩合产物在酸作用下可水解得到原来的羰基化合物。例如，肟经酸性水解得到原来的醛、酮。

$$R_1R_2C{=}NOH \xrightarrow[\triangle]{HCl,H_2O} R_1R_2C{=}O + H_2NOH$$

肟

由于醛、酮与氨的衍生物的缩合产物容易分离提纯，因此可以利用这个反应分离、纯化某些醛、酮化合物。

醛、酮与伯胺的反应与上述反应相似，也是先亲核加成再消除，产物为亚胺(imine)。

$$RR'C{=}\ddot{O} + R''{-}\ddot{N}H_2 \rightleftharpoons RR'C(O^-)(\overset{+}{N}H_2R'') \rightleftharpoons RR'C(\ddot{O}H)(NHR'') \xrightleftharpoons{-H_2O} RR'C{=}\ddot{N}{-}R''$$

亚胺

当 R、R′和 R″都是脂肪烃基时的亚胺不稳定，当有一个烃基是芳基的亚胺就是稳定的晶体。例如

$$C_6H_5{-}CHO + CH_3NH_2 \longrightarrow C_6H_5{-}CH{=}NCH_3$$

N-甲基苯甲亚胺

$$\text{环戊酮} + C_6H_5{-}NH_2 \longrightarrow \text{环戊基}{=}N{-}C_6H_5$$

N-苯基环戊亚胺

亚胺又称为 Schiff 碱，易被稀酸水解，重新生成醛、酮及伯胺，因此这个反应可用于保护醛、酮中的羰基。例如

$$C_6H_5{-}CH{=}NCH_3 \xrightleftharpoons{H^+,过量H_2O} C_6H_5{-}CHO + CH_3\overset{+}{N}H_3$$

Schiff 碱可以被还原，生成仲胺。

$$RR'C{=}NAr \xrightarrow{Pt,\ H_2} RR'CH{-}NHAr$$

在微量酸催化下，醛、酮与仲胺反应生成烯胺(enamine)。

$$R_2\ddot{N}H + {-}CH_2{-}C{=}\ddot{O} \rightleftharpoons {-}CH_2{-}C(\ddot{O}H)(\ddot{N}R_2) \xrightleftharpoons{H^+} {-}CH_2{-}C(\overset{+}{O}H_2)(\ddot{N}R_2)$$

$$\xrightleftharpoons{-H_2\ddot{O}} {-}CH(H){-}C{=}\overset{+}{N}R_2 \xrightarrow{H_2\ddot{O}} {-}CH{=}C{-}NR_2$$

烯胺

例如

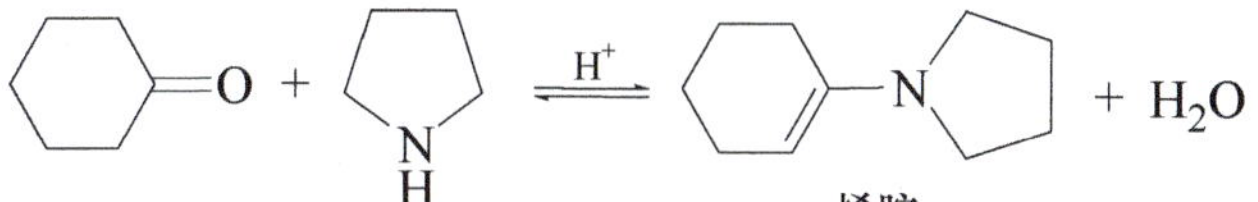

烯胺

当酮羰基碳上的氢不相等时，生成碳碳双键上取代基最少的烯胺是主要产物。例如

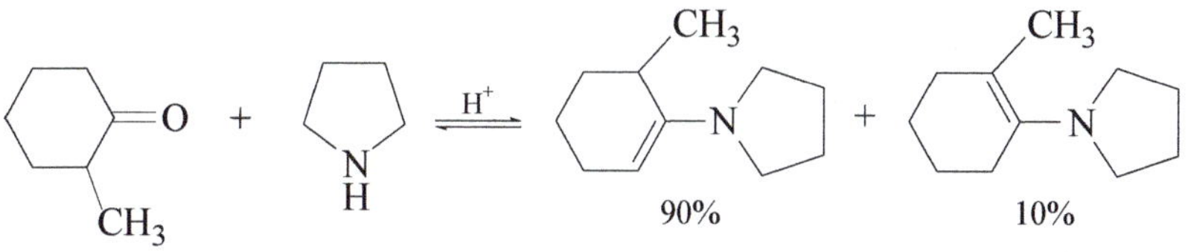

90%　　10%

烯胺与活泼卤代烃（如碘代烃、烯丙基卤代烃、苄基卤代烃、α-卤代酸酯等）反应，生成原来酮的α-位被烃化的产物。例如

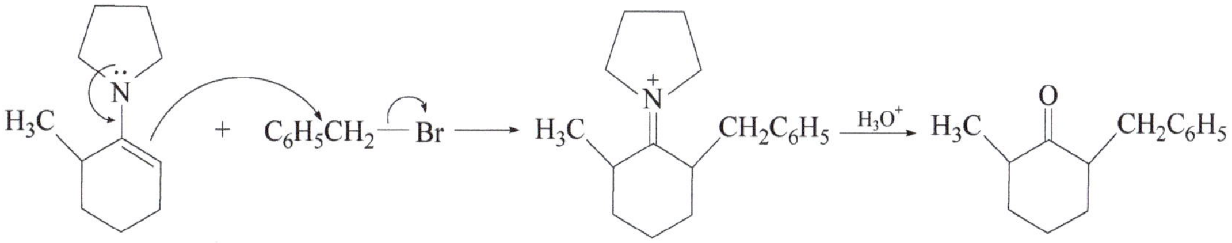

烯胺与酰卤反应，生成原来酮的α-位被酰化的产物，得到1,3-二酮。例如

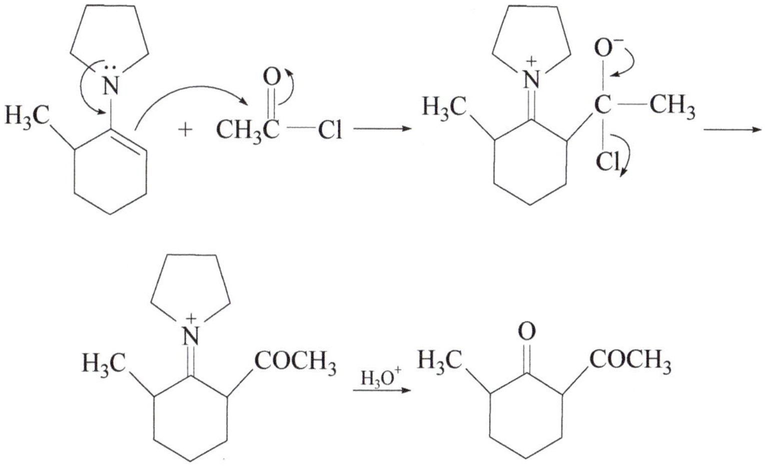

醛、酮与氨的反应一般难以进行。但甲醛与氨反应，首先生成不稳定的亚胺，然后经聚合去水生成笼状化合物六亚甲基四胺，也称乌洛托品（urotropine），可用作酚醛树脂的固化剂和有机合成中的氨化试剂，也是生产爆炸性极强的旋风炸药（PDX）的原料，临床上常用作尿道消毒剂。

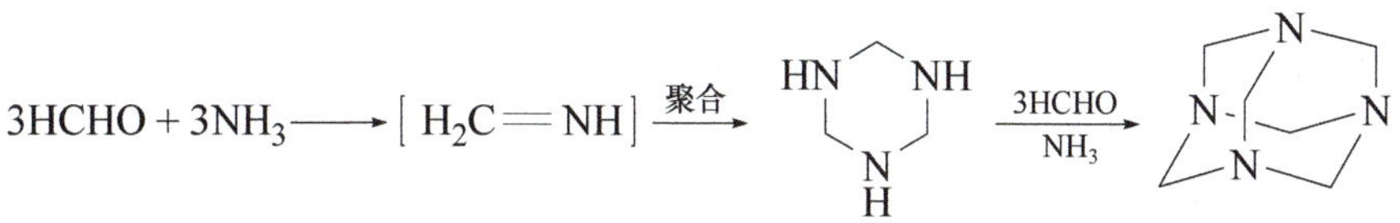

$$3HCHO + 3NH_3 \longrightarrow [H_2C{=}NH] \xrightarrow{\text{聚合}} \text{(六氢-1,3,5-三嗪)} \xrightarrow[NH_3]{3HCHO} \text{六亚甲基四胺}$$

六亚甲基四胺

醛、酮与羟氨缩合生成的肟有 E 和 Z 两种构型异构体，如苯甲醛肟的两种异构体分别为

(Z)-苯甲醛肟, m.p.35℃　　(E)-苯甲醛肟, m.p.132℃

按照顺序规则，碳原子上的优先基团和氮原子上的羟基在碳氮双键同一边的为 Z 构型，在两边的为 E 构型。Z 构型的肟不如 E 构型的肟稳定，将 Z 构型的肟溶于醇中，加入少量的酸，就可以转变为 E 构型。

酮肟在强酸催化下发生重排，生成酰胺的反应称为 Beckmann 重排反应。

$$RR'C{=}N{-}OH \xrightarrow{H^+} R{-}C({=}O){-}NHR'$$

常用的酸性催化剂有浓硫酸、多聚磷酸以及能产生强酸的五氯化磷、三氯化磷等。

Beckmann 重排的反应机理如下：

$$RR'C{=}N{-}\ddot{O}H \xrightleftharpoons{H^+} RR'C{=}N{-}\overset{+}{\ddot{O}}H_2 \longrightarrow \left[R{-}\overset{+}{C}{=}N{-}R' \longleftrightarrow R{-}C{\equiv}\overset{+}{N}{-}R'\right]$$

$$\xrightarrow[-H^+]{H_2\ddot{O}} R{-}C(\ddot{O}H){=}N{-}R' \xrightarrow{\text{互变异构}} R{-}C({=}\ddot{O}){-}NHR'$$

酸的作用是使羟基质子化，有利于它的离去。Beckmann 重排中，不对称酮肟的重排通常只得到单一的重排产物，总是与羟基处于反位的烃基带着一对电子迁移到氮原子上，说明质子化羟基的离去与迁移基团的迁移是同步协同进行的；而且迁移的碳原子为手性碳原子时，迁移后手性碳原子的构型保持不变。例如

$$(S)\text{-}CH_3CH_2(t\text{-}Bu)CH{-}C(CH_3){=}N{-}OH \xrightarrow[(C_2H_5)_2O]{H_2SO_4} (S)\text{-}CH_3CH_2(t\text{-}Bu)CH{-}NH{-}C({=}O)CH_3$$

Beckmann 重排提供了一种由酮制备酰胺的方法。

由环己酮经环己酮肟和 Beckmann 重排可以得到己内酰胺，后者在酸作用下开环聚合得到聚己内酰胺(尼龙-6 或锦纶)。

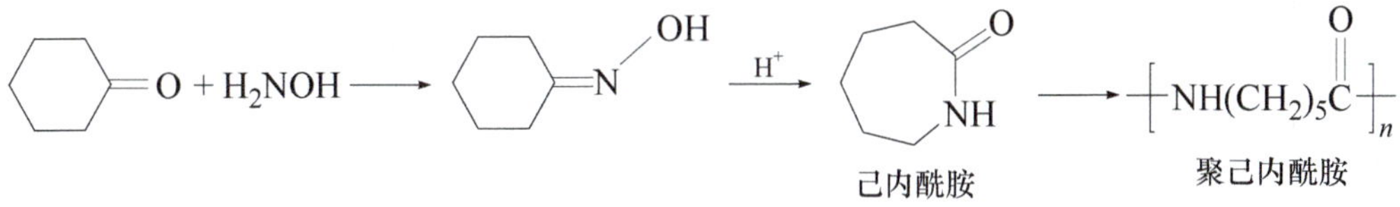

$$\text{环己酮} = O + H_2NOH \longrightarrow \text{环己酮肟} \xrightarrow{H^+} \text{己内酰胺} \longrightarrow \left[NH(CH_2)_5\overset{O}{\overset{\|}{C}} \right]_n$$

己内酰胺　　聚己内酰胺

问题 10-11　完成下列反应式。

(1) 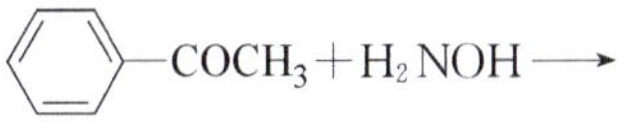 $C_6H_5-COCH_3 + H_2NOH \longrightarrow$

(2) $CH_3COCH_2CH_3 + N_2NNHCONH_2 \longrightarrow$

(3) 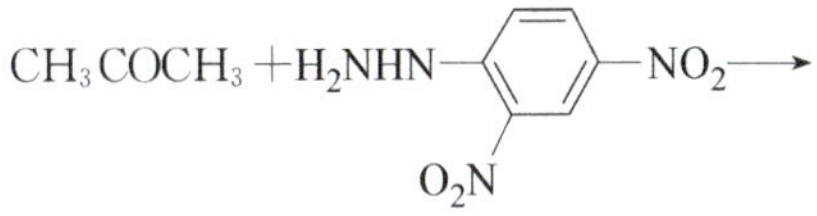 $CH_3COCH_3 + H_2NHN-C_6H_3(NO_2)_2 \longrightarrow$（2,4-二硝基苯肼）

(4)

$$\xrightarrow[\triangle]{H_2SO_4}$$

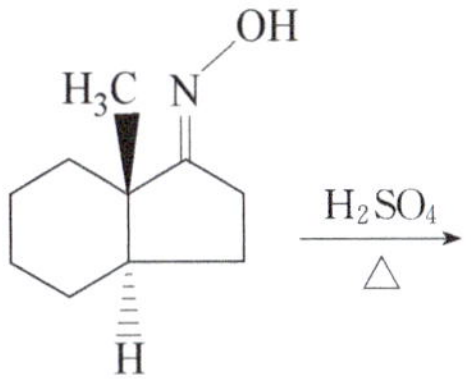

10.3.4　与亚硫酸氢钠的加成

醛、酮可以与亚硫酸氢钠溶液发生亲核加成反应，生成加成产物 α-羟基磺酸钠，反应通式如下：

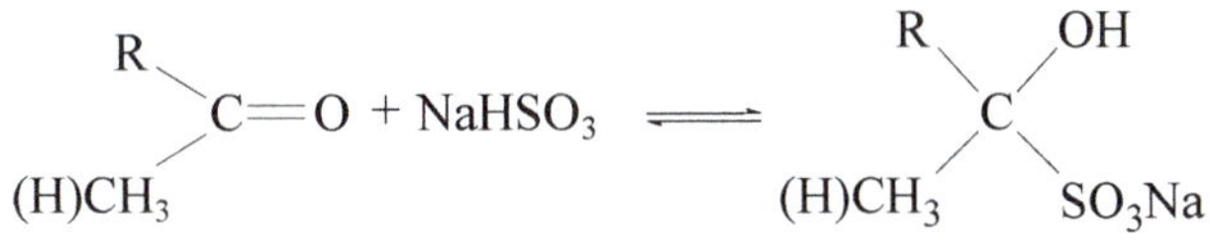

$$\begin{matrix} R \\ (H)CH_3 \end{matrix}\!\!>C{=}O + NaHSO_3 \rightleftharpoons \begin{matrix} R & & OH \\ & C & \\ (H)CH_3 & & SO_3Na \end{matrix}$$

α-羟基磺酸钠

醛、脂肪族甲基酮及 C_8 以下的环酮都可以与亚硫酸氢钠溶液发生加成反应。其反应机理如下：

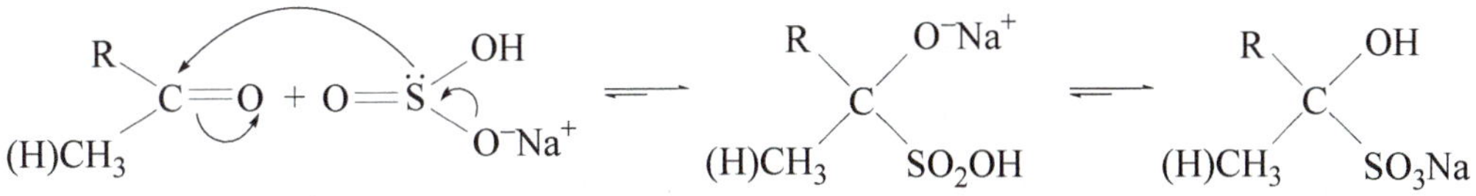

$$\begin{matrix} R \\ (H)CH_3 \end{matrix}\!\!>C{=}O + O{=}\ddot{S}\begin{matrix} OH \\ O^-Na^+ \end{matrix} \rightleftharpoons \begin{matrix} R & & O^-Na^+ \\ & C & \\ (H)CH_3 & & SO_2OH \end{matrix} \rightleftharpoons \begin{matrix} R & & OH \\ & C & \\ (H)CH_3 & & SO_3Na \end{matrix}$$

首先是带未共用电子对的亲核性较强的硫原子进攻羰基碳原子，生成加成产物，然后是分子内的两个官能团发生酸碱平衡反应生成 α-羟基磺酸钠。

α-羟基磺酸钠可溶于水，但不溶于饱和的亚硫酸氢钠溶液，从而得到白色晶体沉淀析出，由于反应迅速，现象明显，可用于区别与饱和的亚硫酸氢钠溶液不反应的酮。

α-羟基磺酸钠可以被稀酸或稀碱溶液分解，生成原来的醛、酮，因此可以利用这个反应分离、纯化某些醛、酮。

$$\mathrm{R(CH_3\ or\ H)C(OH)SO_3Na} \xrightarrow{H_3O^+} \mathrm{R(CH_3\ or\ H)C{=}O} + SO_2 + 2H_2O + Na^+$$

$$\mathrm{R(CH_3\ or\ H)C(OH)SO_3Na} \xrightarrow{OH^-} \mathrm{R(CH_3\ or\ H)C{=}O} + H_2O + Na^+ + SO_3^{2-}$$

α-羟基磺酸钠与等物质的量的 NaCN 反应生成氰醇。

$$\mathrm{R(CH_3\ or\ H)C{=}O} + NaHSO_3\ (\text{饱和溶液}) \rightleftharpoons \mathrm{R(CH_3\ or\ H)C(OH)SO_3Na}\downarrow$$

α-羟基磺酸钠

$$\mathrm{R(CH_3\ or\ H)C{=}O} + NaHSO_3 \xrightarrow{NaCN} \mathrm{R(CH_3\ or\ H)C(OH)CN}$$

氰醇

这是因为醛、酮与亚硫酸氢钠饱和溶液的反应是平衡反应，尽管平衡偏向产物 α-羟基磺酸钠，但加入的 NaCN 可以与平衡体系中的 $NaHSO_3$ 发生反应，使产生的 HCN 与醛、酮反应生成氰醇，从而使上述平衡逐渐向左移动，最终 α-羟基磺酸钠中的—SO_3Na 被—CN 取代得到氰醇。利用此反应制备氰醇可以避免直接使用毒性较大的 HCN。

10.4　羰基亲核加成反应的立体化学

在醛、酮分子中，羰基碳原子为 sp^2 杂化，羰基和与它相连的两个原子在同一平面内，亲核试剂可以从羰基所在平面的两边进攻羰基碳原子，生成加成产物，而加成产物的立体化学直接受控于羰基平面的对称性。

甲醛分子中羰基碳原子与相同的两个氢原子相连，分子所在的平面是分子的对称面，同时在该对称面内还有一个 C_2 对称轴，通过 C_2 对称轴的操作，对称面的两边可以互换，这样的面称为全同面(homotopic face)。对于具有全同面的羰基化合物，在加成时，亲核试剂从平面的上方和下方进攻，得到的是同一化合物。

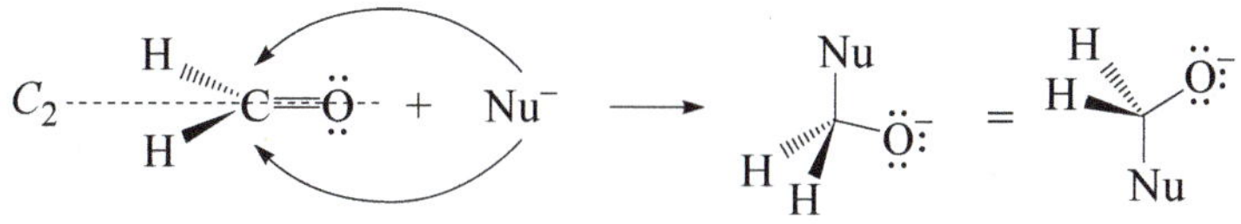

若羰基碳原子上所连的两个原子或基团不同，当亲核试剂从羰基所在平面的两边进攻时，羰基碳原子由 sp^2 杂化转变为 sp^3 杂化，且生成新的手性碳原子，这时会得到两种不同构型的加成产物。

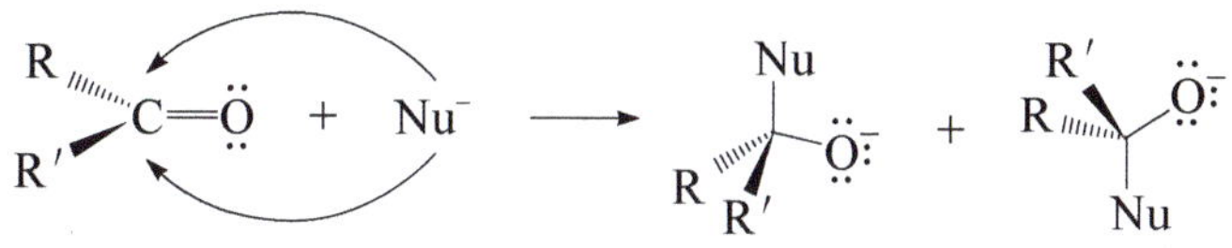

这样的羰基碳原子也称为潜手性碳原子(prochiral carbon atom)。

在乙醛分子中，羰基所在的平面为分子的对称面，但平面内没有 C_2 轴，上下两个面不能互换，这种平面称为对映面(enantiotopic face)。根据顺序规则从平面上面观察，若与羰基碳原子相连的三个原子按优先次序是顺时针排列的，则称此面为 *re*-面；若是逆时针排列的，则称此面为 *si*-面。亲核试剂从 *re*-面和 *si*-面进攻羰基碳原子得到的加成产物构型不同。由于从两边进攻的概率几乎相等，因此得到的是等量的、互为对映体的加成产物，即一对外消旋体。例如，乙醛与 $(CH_3)_2CHMgBr$ 反应得到一对外消旋体。

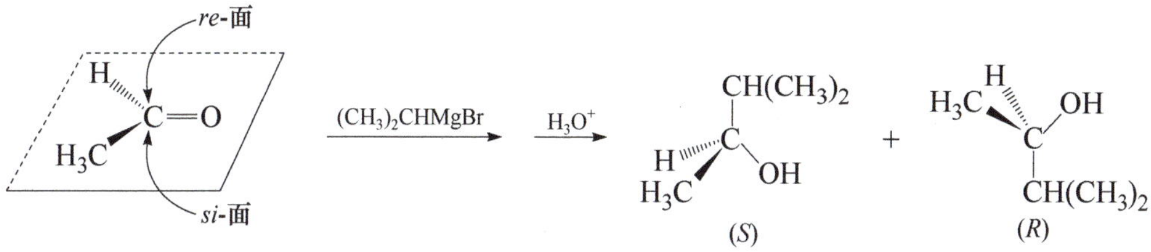

但从 *re*-面或 *si*-面进攻，与产物是 *R* 或 *S* 构型没有直接的联系。

有对映面的羰基化合物与非手性亲核试剂加成，生成的产物是外消旋体。而与手性亲核试剂加成，生成的产物却是两个含量不等的非对映异构体。例如

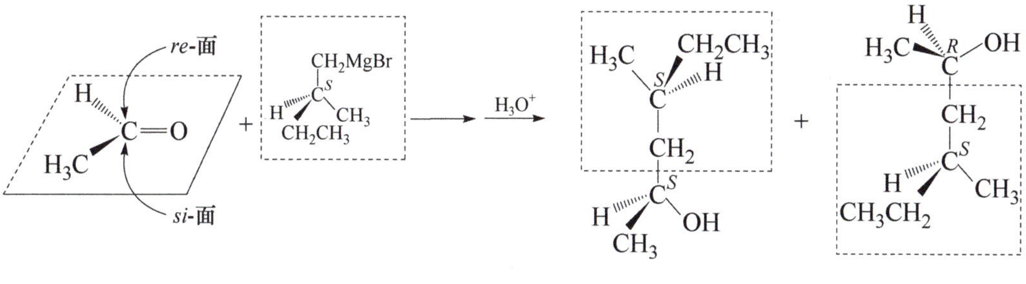

S,*S*≠*S*,*R*(份额不等)

手性试剂从 *re*-面和 *si*-面进攻羰基碳原子有不同的选择性，因为手性试剂从对映面两边所形成的过渡态并没有对映关系，它们的势能不等，反应的活化能也不相同，所以反应速率和反应产物的份额也不相等，这种选择性称为对映选择性。生物体内的酶对 *re*-面和 *si*-面有很

强的识别能力，有很高的对映选择性。

当羰基的 α-碳原子中有一个手性碳原子时，则羰基所在的平面就不是对映面了，这个平面称为非对映面(diastereotopic face)。亲核试剂从非对映面的两边向羰基碳原子的进攻概率是不等的，从空间位阻相对较小的一边进攻的概率较大，相应加成产物的份额较多，是主要产物。如果将 α-手性碳原子所连的三个基团按大小分别用 L(大)、M(中)、S(小)表示，则从势能分析，直接与羰基碳原子相连的烃基 R 应与手性碳原子上的 S 基团在构象上处于重叠式位置，这种构象是相对稳定的。这时，亲核试剂从空间位阻较小的 S 和 M 基团之间与碳氧双键所在平面成 107°进攻羰基碳原子，得到的产物是主要产物(图 10-9)。

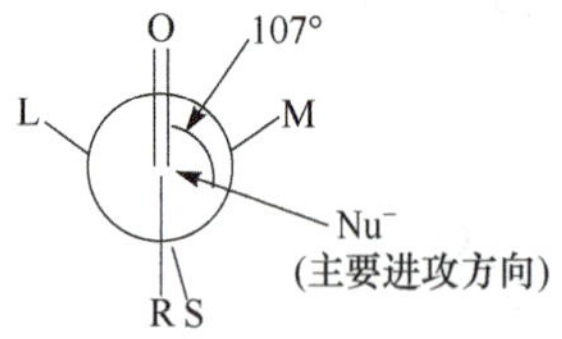

O 107° L M Nu^- (主要进攻方向) R S

图 10-9　亲核试剂对具有非对映面羰基的加成

这种模型称为 Cram-Felkin-Anh 模型，利用此模型分析的结果与 Cram 规则分析的结果是一致的。

例如，(*S*)-3-甲基戊-2-酮是 α-位具有手性碳原子的甲基酮，它与 HCN 反应按 Cram-Felkin-Anh 模型的构象进行，主要产物为(2*R*,3*S*)-3-甲基-2-氰基戊-2-醇。

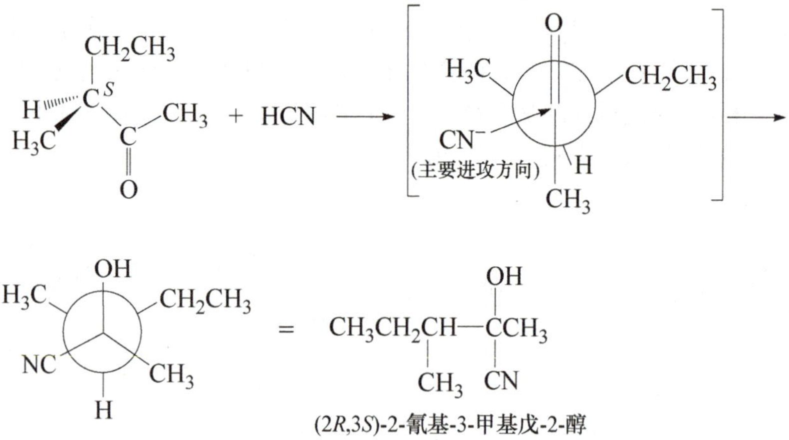

CH_2CH_3 H C *S* H_3C C CH_3 O ＋ HCN ⟶ [O H_3C CH_2CH_3 CN^- (主要进攻方向) H CH_3] ⟶

OH H_3C CH_2CH_3 NC CH_3 H ＝ $CH_3CH_2CH—CCH_3$ (OH; CH_3, CN)

(2*R*,3*S*)-2-氰基-3-甲基戊-2-醇

其中

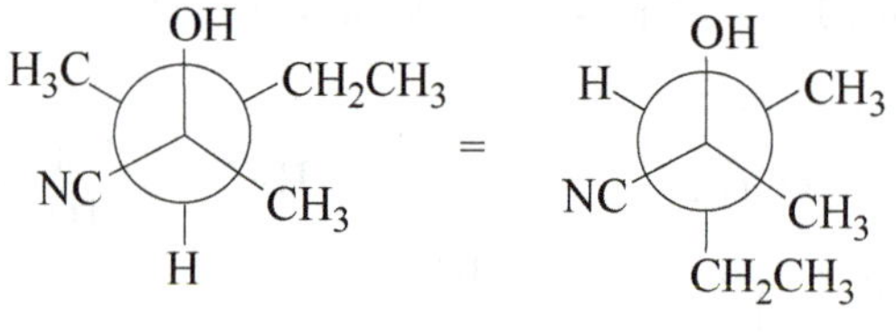

OH H_3C CH_2CH_3 NC CH_3 H ＝ OH H CH_3 NC CH_3 CH_2CH_3

后者是可以按照 Cram 规则得到的构象。

又如

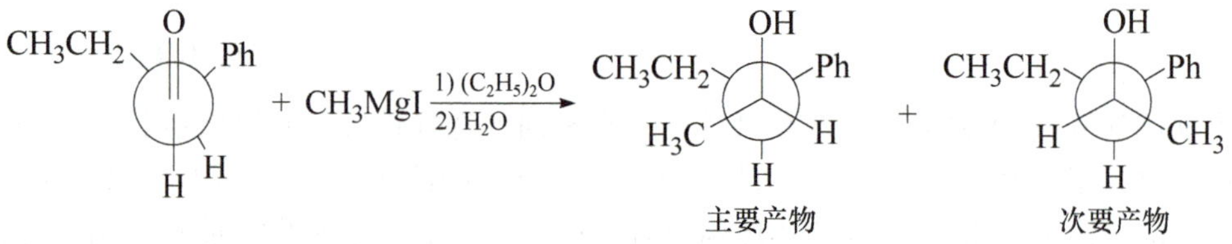

CH_3CH_2 O Ph H H ＋ CH_3MgI $\xrightarrow[2)\ H_2O]{1)\ (C_2H_5)_2O}$ OH CH_3CH_2 Ph H_3C H H ＋ OH CH_3CH_2 Ph H CH_3 H

主要产物　　次要产物

2-甲基环己酮也是α-碳原子为手性碳原子、具有非对映面的分子，它与氢氰酸反应，CN^-从远离甲基、空间位阻较小的一侧进攻羰基碳原子，这样得到的产物是主要产物。

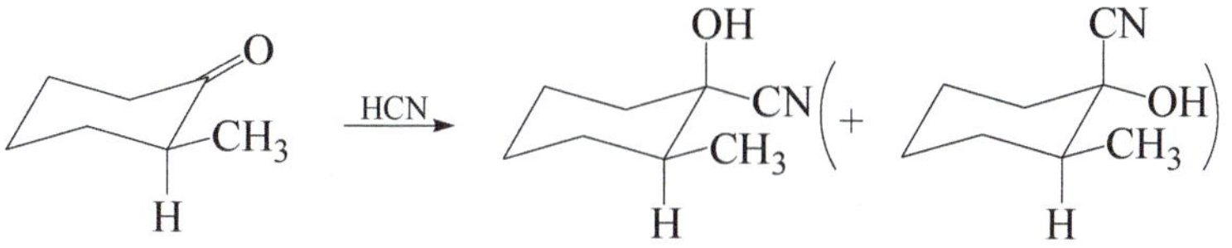

问题 10-12 写出(S)-2-苯基丁醛与溴化异丙基镁的反应产物。

10.5 α-氢的反应

羰基的$-I$效应使α-碳原子上的电子密度有所降低，因此α-碳原子上的氢(又称α-氢)与一般碳原子上的氢相比，其酸性有所增强。例如

	$CH_3-CH_2-\underline{H}$	$H_2C=CHCH_2-\underline{H}$	$CH_2=CH-\underline{H}$	$HC\equiv C-\underline{H}$	$CH_3C(=O)CH_2-\underline{H}$	$\underline{H}-CH_2CHO$
pK_a	~50	~44	~38	~25	~20	~17

	$CH_3C(=O)-CH(\underline{H})-C(=O)-OC_2H_5$	$C_6H_5C(=O)-CH(\underline{H})-C(=O)-CH_3$	$CH_3C(=O)-CH(\underline{H})-C(=O)-CH_3$	$CH_3C(=O)-CH(\underline{H})-C(=O)-H$
pK_a	10.7	9.4	8.9	5.9

因此，醛、酮中的α-氢表现为比其他碳原子上的氢有更大的活泼性，称为α-活泼氢。

10.5.1 酮式-烯醇式互变

对于具有α-氢的醛、酮，由于α-氢的活泼性，它可先以H^+的形式解离，然后转移到羰基氧原子上，形成烯醇式异构体，这种异构现象称为酮式-烯醇式互变异构。

$$RCH_2-\overset{O}{\overset{\|}{C}}-R \rightleftharpoons RCH=\overset{OH}{\overset{|}{C}}-R$$

酮式 烯醇式

由于酮式比烯醇式的势能低$46\sim59kJ\cdot mol^{-1}$，因此平衡主要偏向左边的酮式，在酮式-烯醇式平衡中，烯醇式的比例较少。若分子中有能使α-氢活泼性增强的吸电子基团，则烯醇式的含量增加。例如，戊-1,3-二酮(β-二酮)中多一个强吸电子羰基，其烯醇式达到15%，在烯醇式中，不但可以通过氢键形成相对较稳定的六元环结构，碳碳双键与另一个羰基也可以形成较稳

定的共轭体系。

$$CH_3COCH_3 \rightleftharpoons CH_2{=}C(OH)CH_3$$

酮式(>99.9%)　　烯醇式(<0.1%)

$$CH_3COCH_2COCH_3 \rightleftharpoons CH_3C(OH){=}CHCOCH_3$$

酮式(85%)　　烯醇式(15%)

在酸或碱催化下，酮式-烯醇式互变都可逆，且能迅速达到动态平衡。在酸作用下，羰基氧原子质子化，羰基的—I效应增强，从而使 α-氢更容易解离，有利于烯醇的形成。

$$H{-}CH_2{-}C(R){=}\ddot{O} \xrightleftharpoons{H_3O^+} H{-}CH_2{-}C(R){=}\overset{+}{O}H \ (H_2\ddot{O}) \rightleftharpoons CH_2{=}C(R){-}\ddot{O}H + H_3\ddot{O}^+$$

酮式　　烯醇式

其中第一步是羰基氧原子质子化，第二步是 α-氢以质子形式离去。

在碱催化下，碱直接与 α-氢结合，形成碳负离子，然后负电荷由 α-碳原子转移到电负性较强的氧原子上，形成烯醇负离子。

$$H{-}CH_2{-}C(R){=}\ddot{O} \xrightleftharpoons{^-:\ddot{O}H} {}^-CH_2{-}C(R){=}\ddot{O} \longleftrightarrow$$

酮式　　碳负离子

$$CH_2{=}C(R){-}\ddot{O}^- \xrightleftharpoons{H-\ddot{O}-H} CH_2{=}C(R){-}\ddot{O}H + H\ddot{O}^-$$

烯醇负离子　　烯醇式

其中第一步是在碱作用下，α-氢以质子形式离去，第二步是羰基氧原子质子化。

当醛、酮与强碱作用，则醛、酮可以完全转变为相应的烯醇盐。例如，丙酮与二异丙基氨基锂[$(i\text{-}C_3H_7)_2NLi$，简称 LDA]作用，可以完全转变为烯醇盐。

$$\underset{pK_a\ 20}{CH_3C(CH_3){=}O} + \underset{LDA}{(i\text{-}C_3H_7)_2\bar{N}\overset{+}{L}i} \longrightarrow H_2C{=}C(CH_3){-}\bar{O}\overset{+}{L}i + \underset{\sim 40}{(i\text{-}C_3H_7)_2NH}$$

碳负离子或烯醇负离子可以作为亲核试剂与其他试剂及羰基化合物发生许多反应。

如果羰基的 α-碳原子是具有一个活泼氢的手性碳原子，则它的旋光异构体可以在酸或碱作用下，经酮式-烯醇式互变发生外消旋化。例如，旋光的酮在碱催化下的外消旋化。

$$\underset{\text{(+)或(−)旋光体}}{C_6H_5\overset{O}{\overset{\|}{C}}\overset{*}{\underset{CH_3}{\underset{|}{C}}}HC_2H_5} \xrightleftharpoons{OH^-} \underset{\text{烯醇负离子}}{C_6H_5\overset{O^-}{\overset{|}{C}}{=}\underset{CH_3}{\underset{|}{C}}C_2H_5} \xrightleftharpoons{H_2O} \underset{\text{(±)外消旋体}}{C_6H_5\overset{O}{\overset{\|}{C}}\overset{*}{\underset{CH_3}{\underset{|}{C}}}HC_2H_5}$$

在烯醇负离子中有一个对称面，没有手性，它可以从平面的两边等概率地接受一个质子，分别由烯醇式转变为酮式，因此会等概率地得到互为对映体的两个旋光体，组成外消旋体，即发生了外消旋化。

问题 10-13　(1) 解释将乙醛在含有 NaOD 的 D_2O 稀溶液中振荡，甲基上的氢被氘取代的原理。

$$CH_3\overset{O}{\overset{\|}{C}}H \underset{D_2O}{\overset{DO^-}{\rightleftharpoons}} CD_3\overset{O}{\overset{\|}{C}}H$$

(2) 用反应式解释(R)-4-甲基己-3-酮在酸性或碱性溶液中发生外消旋化的过程。

10.5.2　卤代反应

在酸或碱催化下，醛、酮的 α-氢可以被卤素取代，生成 α-位一卤代或多卤代醛、酮。在酸催化下氯化、溴化和碘化主要得到一卤代醛、酮。

$$-\overset{H}{\overset{|}{\underset{|}{C}}}-\overset{O}{\overset{\|}{C}}- \xrightarrow{H^+,X_2} -\overset{X}{\overset{|}{\underset{|}{C}}}-\overset{O}{\overset{\|}{C}}-$$

酸的作用是使羰基氧原子质子化，促使烯醇式结构的形成，然后是卤素与烯醇中的碳碳双键发生亲电加成，再失去质子得到 α-位一卤代醛、酮。

$$-\underset{\ddot{O}:}{\underset{\|}{C}}-\overset{H}{\overset{|}{\underset{|}{C}}}- \xrightleftharpoons{H^+} -\underset{\overset{+}{\ddot{O}}H}{\underset{\|}{C}}-\overset{H}{\overset{|}{\underset{|}{C}}}- \xrightleftharpoons{\text{慢}} -\underset{:\ddot{O}H}{\underset{|}{C}}{=}\underset{|}{C}- \xrightleftharpoons{X-X} -\underset{\overset{+}{\ddot{O}}H}{\underset{\|}{C}}-\overset{X}{\overset{|}{\underset{|}{C}}}- \xrightleftharpoons{-H^+} -\underset{\ddot{O}:}{\underset{\|}{C}}-\overset{X}{\overset{|}{\underset{|}{C}}}-$$

由于反应中产生一分子卤化氢，因此即使没有酸催化，也只是开始时反应很慢，一旦反应开始后，就被反应自身产生的卤化氢催化，使反应很快完成。由于羰基氧原子质子化是烯醇化的关键，因此当醛、酮的 α-位导入卤原子后，羰基氧原子上的电子云密度相对减小，相对于未取代的醛、酮，它不容易再质子化，即难以再形成烯醇式结构而发生进一步卤化，所以在酸催化下，控制卤素的用量可以使反应停留在一卤代的阶段。

碱催化下的卤代反应是通过烯醇负离子进行的。首先碱夺取 α-氢生成烯醇负离子，然后卤素与烯醇负离子中的碳碳双键发生亲电加成，得到卤代产物。

$$—\underset{\|}{\overset{}{C}}—\overset{H}{\underset{|}{C}}— \xrightleftharpoons{HO^-} \left[—\underset{\|}{C}—\bar{C}— \longleftrightarrow —\underset{|}{C}=C— \right] \xrightarrow{X—X} —\underset{\|}{C}—\overset{X}{\underset{|}{C}}—$$

由于卤原子的－I效应，α-卤代醛、酮中α-氢的酸性增强，更容易在碱作用下形成烯醇负离子，相对于未取代的醛、酮，进一步卤化的速率更快。因此，碱催化下的卤代反应难以停留在α-位一卤代的阶段，反应要进行到所有的α-氢都被卤化为止。乙醛和甲基酮分子中都含有CH_3CO—结构，它们与卤素的氢氧化钠（X_2＋NaOH）溶液反应，甲基上的三个α-氢原子都被取代，生成α-三卤代醛或酮。

$$R(H)COCH_3 \xrightarrow{Br_2,NaOH} R(H)COCBr_3$$

α-三卤代醛、酮在碱的亲核进攻下，发生碳碳键断裂，生成羧酸盐和卤仿。因此，这个反应又称为卤仿反应（haloform reaction）。反应也可以用次卤酸盐代替卤素的碱溶液进行。

$$(H)R—\overset{O}{\overset{\|}{C}}—CX_3 \xrightleftharpoons{^-OH} (H)R—\overset{^-O}{\overset{|}{\underset{OH}{\underset{|}{C}}}}—CX_3 \longrightarrow (H)R—\overset{O}{\overset{\|}{\underset{OH}{\underset{|}{C}}}} + {}^-CX_3 \rightleftharpoons (H)R—\overset{O}{\overset{\|}{\underset{O^-}{\underset{|}{C}}}} + CHX_3$$

利用卤仿反应可以从甲基酮合成少一个碳原子的羧酸。例如

$$(CH_3)_3CCOCH_3 \xrightarrow[\triangle]{NaOCl} (CH_3)_3CCOONa+CHCl_3$$

当用次碘酸钠（或碘和氢氧化钠）作试剂时，则生成碘仿，生成碘仿的反应也称碘仿反应（iodoform reaction）。碘仿是具有特殊气味的黄色沉淀，因此可以用碘仿反应鉴定乙醛和甲基酮的存在。由于次卤酸盐具有氧化性，可将乙醇和 $CH_3\underset{OH}{\underset{|}{CH}}$— 结构的仲醇氧化成乙醛和甲基酮的结构，因此它们也可以发生碘仿反应。

10.5.3 醇醛缩合反应

在稀碱或稀酸催化作用下，具有α-氢的醛或酮对另一分子醛或酮进行亲核加成，α-氢加到另一分子醛或酮的羰基氧原子上，α-碳加到另一分子醛或酮的羰基碳原子上，生成β-羟基醛或β-羟基酮，这个反应称为醇醛缩合（aldol condensation）反应。

醛在稀碱催化下，碱夺取一分子醛的α-氢生成碳负离子或烯醇负离子。

$$RCH_2—\overset{O}{\overset{\|}{C}}—H \xrightleftharpoons[-H_2O]{^-OH} \left[R\bar{C}H—\overset{O}{\overset{\|}{C}}—H \longleftrightarrow RCH=\overset{O^-}{\overset{|}{C}}—H \right]$$

碳负离子　　　　烯醇负离子

然后碳负离子或烯醇负离子作为亲核试剂进攻另一分子醛的羰基，进行亲核加成，生成的氧负离子再从水分子中接受一个质子生成 β-羟基醛。

$$RCH_2-\overset{\ddot{O}:}{\overset{\|}{C}}-H + RCH=\overset{:\ddot{O}:^-}{\overset{|}{C}}-H \rightleftharpoons RCH_2-\overset{:\ddot{O}:^-}{\overset{|}{CH}}-\underset{R}{\underset{|}{CH}}-CHO \xrightleftharpoons{H-\ddot{O}H}$$

$$RCH_2-\overset{:\ddot{O}H}{\overset{|}{CH}}-\underset{R}{\underset{|}{CH}}-CHO + {}^-:\ddot{O}H$$

在加热条件下，β-羟基醛或酮中的 β-羟基很容易与 α-氢失去一分子水，生成 α,β-不饱和醛或 α,β-不饱和酮。

$$RCH_2\overset{OH}{\overset{|}{CH}}-\underset{R}{\underset{|}{CH}}CHO \xrightarrow{\triangle} RCH_2CH=\underset{R}{\underset{|}{C}}CHO$$

例如

$$2CH_3CH_2CH_2CHO \xrightarrow{10\%NaOH} CH_3CH_2CH_2\overset{OH}{\overset{|}{CH}}\underset{CH_2CH_3}{\underset{|}{CH}}CHO \xrightarrow{80\sim100℃} CH_3CH_2CH_2CH=\underset{CH_2CH_3}{\underset{|}{C}}CHO \quad 86\%$$

当醛的相对分子质量较大时，由于缩合反应的温度也较高，因此在碱作用下，庚醛缩合直接得到 α,β-不饱和醛。

醇醛缩合反应也可以在酸催化下进行。在稀酸催化下，首先是羰基质子化，形成烯醇，然后烯醇对另一分子质子化的羰基进行亲核加成。

$$RCH_2-\overset{\ddot{O}:}{\overset{\|}{C}}-H \xrightleftharpoons{H^+} \underset{H}{\underset{|}{RCH}}-\overset{:\overset{+}{O}H}{\overset{\|}{C}}-H \rightleftharpoons \underset{\text{烯醇}}{RCH=\overset{:\ddot{O}H}{\overset{|}{C}}-H}$$

$$RCH_2-\overset{:\overset{+}{O}H}{\overset{\|}{C}}-H + RCH=\overset{:\ddot{O}H}{\overset{|}{C}}-H \rightleftharpoons RCH_2-\overset{:\ddot{O}H}{\overset{|}{CH}}-\underset{R}{\underset{|}{CH}}-CH=\overset{+}{\ddot{O}}H \rightleftharpoons$$

$$RCH_2-\overset{:\ddot{O}H}{\overset{|}{CH}}-\underset{R}{\underset{|}{CH}}-CHO + H^+$$

酸的催化有利于烯醇对质子化羰基的亲核加成，也有利于 β-羟基醛中的羟基质子化，消除水分子，生成 α,β-不饱和醛。因此，酸催化下的醇醛缩合反应更容易得到 α,β-不饱和醛。

当用两种都含有 α-氢的不同醛进行醇醛缩合反应时，则得到四种不同的 β-羟基醛，产物结构相似，难以分离，没有制备意义。若选用一个没有 α-氢的醛（提供羰基）和另一个有 α-氢的醛（提供碳负离子），则可以得到比较满意的交叉醇醛缩合产物，称为交叉醇醛缩合（crossed aldol condensation）反应。甲醛和芳香醛都没有 α-氢，它们都可以提供羰基与具有 α-氢的醛发生交叉醇醛缩合反应。例如

$$HCHO + CH_3CHO \xrightarrow{10\%NaOH} HOCH_2CH_2CHO$$

$$C_6H_5CHO + CH_3CHO \xrightleftharpoons{10\%NaOH} C_6H_5\underset{}{\overset{OH}{\overset{|}{C}}}HCH_2CHO \xrightarrow[\triangle]{-H_2O} \underset{\text{肉桂醛(90\%)}}{C_6H_5CH{=}CHCHO}$$

$$C_6H_5CHO + CH_3COC_6H_5 \xrightleftharpoons{NaOH/H_2O} C_6H_5\overset{OH}{\overset{|}{C}}HCH_2COC_6H_5 \xrightarrow[\triangle]{-H_2O} \underset{85\%}{C_6H_5CH{=}CHCOC_6H_5}$$

芳香醛与含有 α-氢的脂肪醛、酮发生交叉醇醛缩合反应，生成 α,β-不饱和醛、酮，称为 Claisen-Schmidt 反应。

酮也可以发生醇醛缩合反应，但许多酮的醇醛缩合反应的平衡大大偏向反应物方向。例如，丙酮在碱性催化剂氢氧化钡作用下，生成缩合产物二丙酮醇。但在 20℃时，平衡混合物中只含有约 5%的缩合产物。

$$2CH_3COCH_3 \xrightleftharpoons{Ba(OH)_2} \underset{\text{二丙酮醇(5\%)}}{(CH_3)_2\overset{OH}{\overset{|}{C}}CH_2COCH_3}$$

将该反应在一种称为索氏（Soxhlet）抽提器（图 10-10）的特殊仪器中进行，将催化剂氢氧化钡放在滤纸筒中，丙酮放在下面的烧瓶中。丙酮的沸点（56℃）较低，加热沸腾后蒸气沿支管上升，在冷凝管中被冷却回流滴在滤纸筒中，在氢氧化钡作用下发生醇醛缩合反应，生成二丙酮醇。当液体（该体系含丙酮和二丙酮醇，氢氧化钡不溶于丙酮和二丙酮醇）累积到一定高度时，经虹吸管抽回到烧瓶中。二丙酮醇的沸点（164℃）很高，被积存在烧瓶中，从而使滤纸筒中的缩合产物经虹吸不断移出平衡体系，丙酮经加热回流又在滤纸筒中发生缩合反应，使反应体系重新建立平衡。如此反复循环，这样二丙酮醇的产率可以达到 70%左右。

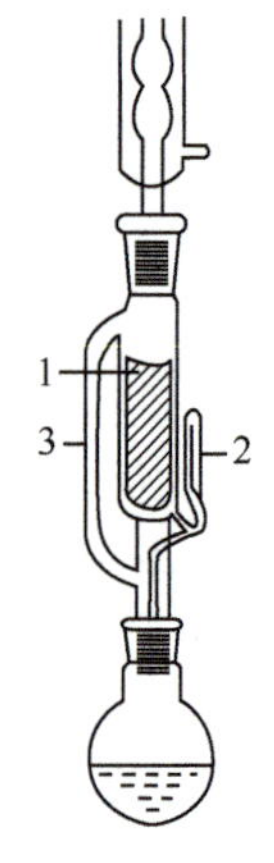

图 10-10　索氏抽提器
1. 滤纸筒；2. 虹吸管；3. 支管

二丙酮醇在 Lewis 酸催化下失水生成 α,β-不饱和酮。

$$(CH_3)_2\overset{OH}{\overset{|}{C}}CH_2COCH_3 \xrightarrow{H^+} (CH_3)_2C{=}CHCOCH_3$$

叔丁醇铝也可以催化醇醛缩合反应，缩合失水，得到 α,β-不饱和醛、酮。例如

$$2C_6H_5COCH_3 \xrightarrow[\text{二甲苯},100℃]{Al[OC(CH_3)_3]_3} C_6H_5\underset{\underset{CH_3}{|}}{C}{=}CHCOC_6H_5$$

77%

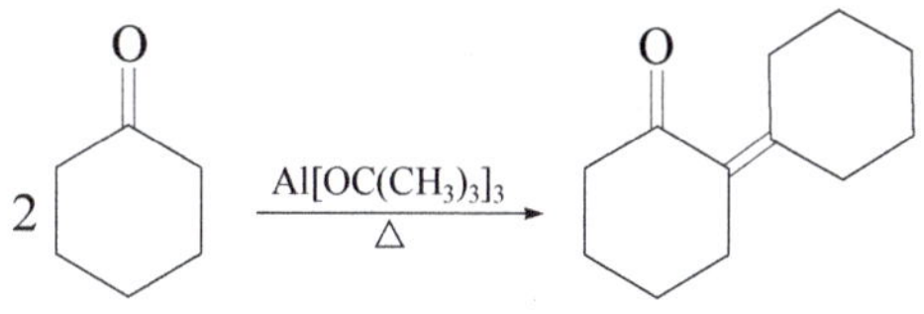

$$2\,\text{环己酮} \xrightarrow[\triangle]{Al[OC(CH_3)_3]_3} \text{2-亚环己基环己酮}$$

78%

在醇醛缩合反应中，一分子醛或酮的羰基碳原子与另一分子的 α-碳原子之间生成碳碳 σ 键。对于具有 α-氢的醛或酮，经醇醛缩合反应得到的产物中，碳原子数增加一倍，是有机合成中增长碳链的方法之一。例如，由丁醛经醇醛缩合、催化还原制得 2-乙基己-1,3-二醇，这是一种驱虫剂。

$$2CH_3(CH_2)_2CHO \longrightarrow CH_3CH_2CH_2\overset{\overset{OH}{|}}{C}H\underset{\underset{C_2H_5}{|}}{C}HCHO \xrightarrow{H_2,Ni} CH_3CH_2CH_2\overset{\overset{OH}{|}}{C}H\underset{\underset{C_2H_5}{|}}{C}HCH_2OH$$

2-乙基己-1,3-二醇

在不对称酮中，由于烷基具有给电子效应，因此 α-碳原子上烷基取代少的 α-氢酸性较强，容易在强碱作用下离去，表现为较高的反应活泼性（动力学有利），而 α-碳原子上烷基取代多的 α-氢酸性较弱，表现为较低的反应活泼性。因此，不对称酮在发生醇醛缩合反应时，究竟是哪边的 α-碳原子形成碳负离子或烯醇负离子，这涉及醇醛缩合反应的择向性问题，与反应的条件有关。二异丙基氨基锂（lithium diisopropylamide，简称 LDA）是体积很大的强碱，它有利于在 α-氢酸性较强、α-碳原子上取代基少的一边形成碳负离子或烯醇负离子。在低温下，二异丙基氨基锂能使不对称酮中烷基取代少的 α-碳原子几乎全部转变成碳负离子或烯醇负离子，这成为不可逆的一步，然后将另一种醛或酮慢慢地加入上述烯醇负离子溶液中，发生醇醛缩合反应，反应按一定择向进行，生成动力学缩合产物。例如

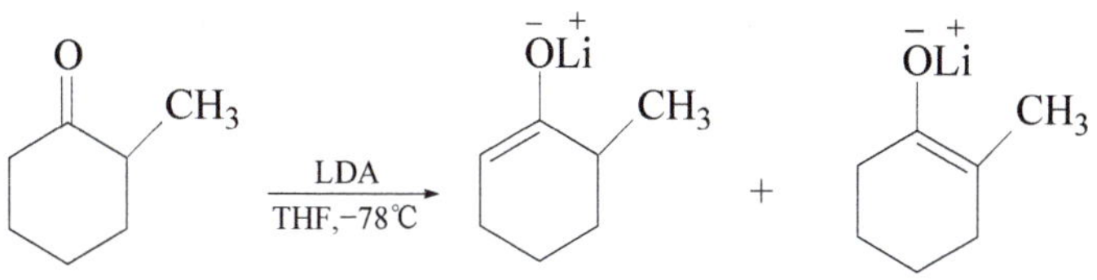

$$\text{2-甲基环己酮} \xrightarrow[THF,-78℃]{LDA} \text{烯醇锂盐}(\overset{-}{O}\overset{+}{Li},\ CH_3;\ \text{双键在取代少的一侧}) + \text{烯醇锂盐}(\overset{-}{O}\overset{+}{Li},\ CH_3;\ \text{双键在甲基一侧})$$

99 : 1

$$RCHO + \text{烯醇锂盐}(\overset{-}{O}\overset{+}{Li},\ CH_3) \longrightarrow R{-}\overset{\overset{H}{|}}{C}{=}\text{(2-亚烷基-6-甲基环己酮)}$$

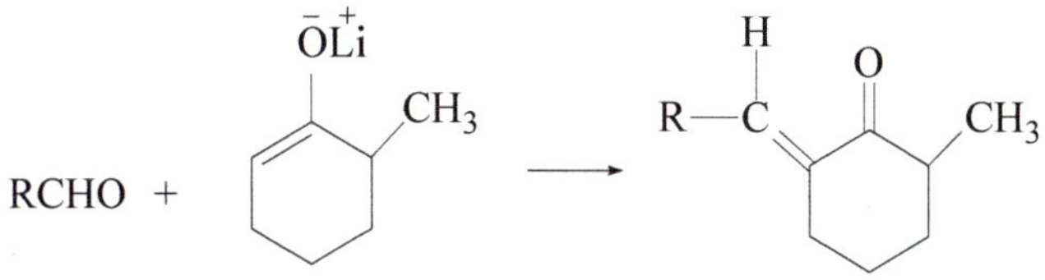

$$CH_3COCH_2CH_3 \xrightarrow[THF,-78℃]{LDA} H_2C{=}\overset{\overset{-\ +}{OLi}|}{C}CH_2CH_3 + CH_3\overset{\overset{-\ +}{OLi}|}{C}{=}CHCH_3$$

80 : 20

$$RCHO + H_2C{=}\overset{\overset{-\ +}{OLi}|}{C}CH_2CH_3 \longrightarrow R{-}CH{=}CHCOCH_2CH_3$$

三苯基甲基锂[$(C_6H_5)_3CLi$]也是体积大的强碱，与 LDA 一样，它能使不对称酮中 α-碳原子上烷基取代少的一边形成碳负离子或烯醇负离子，与另一种醛或酮发生缩合反应，生成动力学控制的醇醛缩合产物。

在酸催化下，则主要是形成稳定的烯醇，这是热力学控制的结果。例如

$$\text{2-甲基环己酮} \underset{}{\overset{H^+}{\rightleftharpoons}} \text{(质子化酮, }\overset{+}{HO}{=}\text{)} \underset{}{\overset{-H^+}{\rightleftharpoons}} \text{2-甲基环己-1-烯醇 (OH, CH}_3\text{)}$$

$$CH_3COCH_2CH_3 \overset{H^+}{\rightleftharpoons} CH_3\overset{\overset{+}{OH}\|}{C}CH_2CH_3 \overset{-H^+}{\rightleftharpoons} CH_3\overset{OH|}{C}{=}CHCH_3$$

当热力学控制的烯醇与另一分子醛或酮发生缩合反应，反应发生在不对称酮含 α-氢少的一边碳原子上。例如

$$C_6H_5{-}CHO + CH_3COCH_2CH_3 \xrightarrow{HCl} C_6H_5{-}CH{=}\overset{CH_3|}{C}COCH_3$$

88%

二羰基化合物可以发生分子内的醇醛缩合反应，特别当能生成五至七元环的缩合产物时，反应能顺利进行，脱水后得到 α,β-不饱和环酮。例如

$$\text{己-2,5-二酮} \xrightarrow{NaOH/H_2O} \text{3-羟基-3-甲基环戊酮 (OH, CH}_3\text{)} \xrightarrow[100℃]{-H_2O} \text{3-甲基环戊-2-烯酮}$$

己-2,5-二酮　　3-甲基环戊-2-烯酮

$$\text{辛-2,7-二酮} \xrightarrow{NaOH/H_2O} \text{(COCH}_3\text{, OH, CH}_3\text{ 取代环戊烷)} \xrightarrow[100℃]{-H_2O} \text{1-乙酰基-2-甲基环戊烯}$$

辛-2,7-二酮　　1-乙酰基-2-甲基环戊烯(85%)

脂肪族硝基化合物中，由于硝基的吸电子效应，α-氢的酸性（$pK_a=10$）比醛、酮 α-氢的酸性还强。在碱作用下，硝基烷烃可以形成相应的碳负离子或烯醇负离子，与醛、酮发生亲核加成反应，生成 β-硝基醇，称为 Henry 反应。

$$R_3R_2C{=}O + R_1CH_2NO_2 \xrightarrow{HO^-} R_2C(R_3)(OH)-CH(NO_2)-R_1$$

β-硝基醇

失水 → $R_3R_2C{=}C(R_1)NO_2$ 硝基烯烃

氧化（R_3=H）→ $R_2C(=O)-CH(R_1)NO_2$ α-硝基酮

还原 → $R_2C(R_3)(OH)-CH(NH_2)-R_1$ β-氨基醇

由 β-硝基醇再经过相关反应可以转化为相应的化合物。

问题 10-14 下列化合物哪些能发生碘仿反应？

苯乙酮、乙醛、乙醇、丙醛、丙酮、戊-2-醇、戊-3-醇、1-苯基丙-1-酮

问题 10-15 完成下列反应式。

(1) $CH_3COCH_2CH_3 \xrightarrow[NaOH]{Br_2}$

(2) $CH_3CH_2CH_2CHO \xrightarrow[CH_3CH_2OH]{CH_3CH_2ONa}$

(3) $CH_3COCH_2CH_2CH_2CHO \xrightarrow[CH_3CH_2OH,\triangle]{CH_3CH_2ONa}$

(4) C_6H_5—$CHO + CH_3COCH_3 \xrightarrow{OH^-}$

问题 10-16 在碱作用下，硝基烷烃可以形成相应的碳负离子或烯醇负离子：

$$R-CH_2-\overset{+}{N}(=\ddot{O}:)(-:\ddot{O}:^-) + :B^- \longrightarrow R-\overset{-}{\ddot{C}}H-\overset{+}{N}(=\ddot{O}:)(-:\ddot{O}:^-) \longleftrightarrow R-CH{=}\overset{+}{N}(-:\ddot{O}:^-)(-:\ddot{O}:^-) + H:B$$

试写出下列反应的机理。

$$C_6H_5CHO + CH_3NO_2 \xrightarrow{HO^-} C_6H_5CH{=}CHNO_2$$

问题 10-17 在腈化合物中，氰基 α-氢的酸性（$pK_a\sim25$）比醛、酮 α-氢的酸性小，在 $NaOC_2H_5/C_2H_5OH$ 条件下能与醛、酮发生类似的醇醛缩合反应，生成失水产物，试写出下列反应的产物。

$$C_6H_5CHO + C_6H_5CH_2CN \xrightarrow[C_2H_5OH]{C_2H_5O^-}$$

10.5.4 酮的α-碳上的烃化和酰化反应

酮在碱作用下，形成碳负离子或烯醇负离子，它可以作为亲核试剂与卤代烃反应，生成α-碳上烃化的产物。例如

$$\text{环己酮} \xrightarrow[(C_2H_5)_2O]{NaNH_2} [\text{烯醇负离子} \longleftrightarrow \text{碳负离子}] \xrightarrow{CH_3I} \text{2-甲基环己酮}$$

$$\text{2-甲基环己酮} \xrightarrow{LDA} [\text{碳负离子} \longleftrightarrow \text{烯醇负离子}] \xrightarrow{C_6H_5CH_2Cl} \text{2-甲基-6-}(CH_2C_6H_5)\text{环己酮}$$

与酰卤和酯反应(见13.14节和12.7节)，生成α-碳上酰化的产物。

在酮的α-碳上烃化或酰化过程中，必须用足够强的碱，使反应物酮迅速地全部转变为碳负离子或烯醇负离子，从而避免酮自身的醇醛缩合反应。对于不对称的酮，两个α-碳上的氢不同，在哪个碳原子上烃化或酰化涉及反应的区域选择性。在强碱作用下，于非质子溶剂中反应，主要得到动力学控制的产物，即取代在空间位阻较小、α-氢酸性相对较大的α-碳原子上。氨基钠、氢化钠、三苯甲基钠和LDA等都是根据不同情况选用的强碱。

10.6 醛、酮的氧化和还原反应

10.6.1 氧化反应

1. 醛、酮的直接氧化

在醛分子中，羰基碳原子上直接连有一个氢原子，因此醛很容易被氧化，氧化剂如$KMnO_4$、$K_2Cr_2O_7$、H_2CrO_4、Ag_2O、H_2O_2和Br_2等都能将醛氧化成相同碳原子数的羧酸。例如

$$CH_3(CH_2)_5CHO \xrightarrow[20℃]{KMnO_4,H_2SO_4,H_2O} CH_3(CH_2)_5COOH \quad 78\%$$

$$(CH_3)_2CHCHO \xrightarrow[H_2SO_4(稀)]{Na_2Cr_2O_7} (CH_3)_2CHCOOH \quad 90\%$$

$$\text{3-环己烯甲醛} \xrightarrow[THF/H_2O]{Ag_2O} \text{3-环己烯甲酸} \quad 97\%$$

Tollens试剂和Fehling试剂是选择性氧化醛基的弱氧化剂。Tollens试剂是氢氧化银的氨溶液，脂肪醛和芳香醛都可以被氧化，其氧化反应式如下：

$$RCHO+2Ag(NH_3)_2OH \xrightarrow{\triangle} RCOONH_4+Ag\downarrow+H_2O+3NH_3$$

在氧化反应中，+1 价的银氨络离子被还原为金属银，可附着在干净的玻璃器皿内壁，形成银镜，因此这个反应称为银镜反应。

Fehling 试剂是由硫酸铜溶液与酒石酸钾钠的碱性溶液临时混合而成的蓝色碱性铜络离子溶液。它只能氧化脂肪醛，芳香醛不被氧化，其氧化反应式如下：

$$RCHO + 2Cu^{2+} + NaOH + H_2O \xrightarrow{\triangle} RCOONa + Cu_2O\downarrow + 4H^+$$

在氧化反应中，+2 价铜离子被还原成砖红色的氧化亚铜沉淀。由于芳香醛不被 Fehling 试剂氧化，因此可以利用 Fehling 试剂区别脂肪醛和芳香醛。

与醛相比，酮较不容易被氧化，Tollens 试剂和 Fehling 试剂等弱氧化剂都不能氧化酮，因此可以利用它们对醛、酮氧化的选择性和明显的反应现象区别有关的醛和酮。

酮在强氧化剂(如高锰酸钾、硝酸等)作用下，在羰基的两边发生碳碳键的断裂，生成多种低级羧酸的混合物，因此没有制备上的意义。

$$RCH_2 \vdots \overset{O}{\overset{\|}{C}} \vdots CH_2R' \xrightarrow{HNO_3} RCOOH + R'CH_2COOH + R'COOH + RCH_2COOH$$

环酮氧化生成二元羧酸，只有对称性的环酮被氧化时生成单一的二元羧酸，具有制备上的意义。例如，环己酮被氧化为己二酸，后者是生产尼龙-66 的原料。

$$\text{环己酮} \xrightarrow{HNO_3} HOOC(CH_2)_4COOH \ (\text{己二酸})$$

环己酮　　己二酸

酮在二氧化硒氧化下生成 1,2-二羰基化合物，得到 α-二酮或 α-醛酮。例如

$$CH_3COCH_2CH_3 \xrightarrow{SeO_2} CH_3COCOCH_3$$

$$\text{环己酮} \xrightarrow{SeO_2} \text{1,2-环己二酮}$$

2. 过氧酸氧化

在过氧酸作用下，醛被氧化成酸，相当于在羰基和氢之间插入一个氧原子；酮被氧化成酯，相当于在羰基和一个烃基之间插入一个氧原子。

$$R-\overset{O}{\overset{\|}{C}}-R'(H) \xrightarrow{R''COOOH} R-\overset{O}{\overset{\|}{C}}-OR'(H)$$

酯(或酸)

这类反应称为 Baeyer-Villiger 氧化。常用的过氧酸为有机过氧酸，如过氧乙酸(CH_3CO_3H)、过氧三氟乙酸(CF_3CO_3H)、过氧苯甲酸($C_6H_5CO_3H$)、间氯过氧苯甲酸(m-$ClC_6H_4CO_3H$)等。

对于不对称的酮来说，究竟氧原子插入羰基与哪一个烃基之间，即生成的哪一种酯是主要产物？这必须从 Baeyer-Villiger 氧化的反应机理解释。

Baeyer-Villiger 氧化的反应机理如下：

$$R_1-\overset{\overset{\displaystyle O}{\|}}{C}-R_2 + R_3COOOH \rightleftharpoons R_1-\overset{\overset{\displaystyle \overset{+}{O}H}{\|}}{C}-R_2 + {}^{-}O-O\overset{\overset{\displaystyle O}{\|}}{C}-R_3$$

$$\rightleftharpoons R_1-\underset{\underset{\displaystyle O-O\overset{\overset{\displaystyle O}{\|}}{C}R_3}{|}}{\overset{\overset{\displaystyle OH}{|}}{C}}-R_2 \rightleftharpoons R_2-\overset{\overset{\displaystyle O}{\|}}{C}-OR_1 + R_3COOH$$

由反应机理可以看出，迁移的烃基带着一对成键电子迁移到氧原子上，生成哪一种酯与烃基的迁移能力大小有关，迁移基团的迁移能力一般次序如下：H＞叔烷基＞仲烷基～苯基＞伯烷基＞甲基，而且烃基上的给电子基团使迁移能力增大，吸电子基团使迁移能力减小。因此，醛、酮经 Baeyer-Villiger 氧化，其主要产物相当于在羰基和迁移能力相对较大的烃基之间插入一个氧原子。例如

$$C_6H_5-\overset{\overset{\displaystyle O}{\|}}{C}-CH_2CH_3 \xrightarrow[CHCl_3]{CF_3COOOH} C_6H_5-O-\overset{\overset{\displaystyle O}{\|}}{C}-CH_2CH_3$$

$$\text{2-甲基环戊酮} \xrightarrow[CHCl_3]{CF_3COOOH} \text{6-甲基-δ-戊内酯}$$

一般情况下，烃基的迁移和羧酸根的离去是协同进行的。迁移的烃基中，若与羰基碳原子直接相连的是手性碳原子，则迁移后手性碳原子的构型保持不变。

问题 10-18 写出下列酮被过氧三氟乙酸氧化的主要产物。

(1) $C_6H_5-\overset{\overset{\displaystyle O}{\|}}{C}-C_6H_4-OCH_3\,(p) \xrightarrow[CHCl_3]{CF_3COOOH}$

(2) $C_6H_5-\overset{\overset{\displaystyle O}{\|}}{C}-C_6H_4-NO_2\,(p) \xrightarrow[CHCl_3]{CF_3COOOH}$

---

3. Cannizzaro 反应

没有 α-活泼氢的醛（如 HCHO、ArCHO、R_3C—CHO 等）在浓碱作用下，发生自身氧化还原反应，其中一分子醛被氧化为羧酸，另一分子醛被还原为伯醇，这种歧化反应称为 Cannizzaro 反应。例如

$$2C_6H_5CHO \xrightarrow[2)\ H_3O^+]{1)\ 浓\ NaOH} C_6H_5COOH + C_6H_5CH_2OH$$

$$2HCHO \xrightarrow[2)\ H_3O^+]{1)\ 浓\ NaOH} HCOOH + CH_3OH$$

根据反应动力学研究，Cannizzaro 反应的反应速率可表示为 $v=k[醛]^2[OH^-]^2$，因此 Cannizzaro 反应的机理可能为

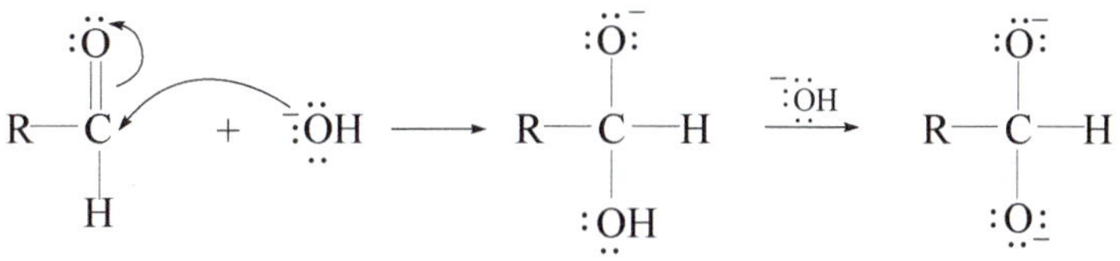

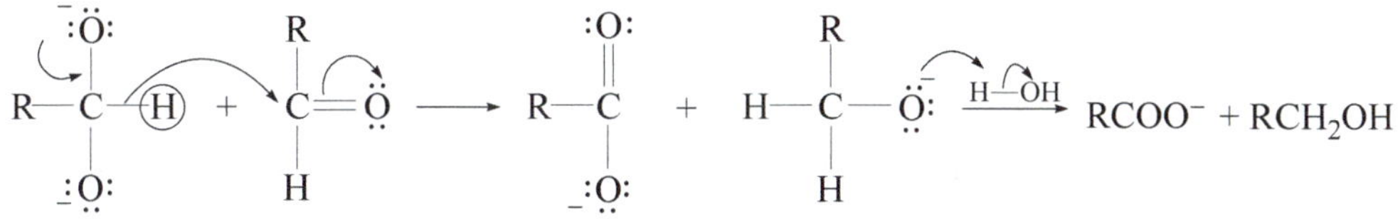

$$R-CHO + {}^-OH \longrightarrow R-CH(OH)-O^- \xrightarrow{{}^-OH} R-CH(O^-)_2$$

$$R-CH(O^-)_2 + RCHO \longrightarrow RCOO^- + RCH_2O^- \xrightarrow{H-OH} RCOO^- + RCH_2OH$$

在氧原子上负电荷的推动下，碳原子上的氢带着一对电子以氢负离子的形式转移到另一分子醛的羰基碳原子上。若 Cannizzaro 反应在 D_2O 中进行，与羟基相连的亚甲基(CH_2)中不含 D，说明亚甲基中的一个氢是由另一分子醛基中的氢转移过来的。

不同醛分子间发生的 Cannizzaro 反应称为交叉 Cannizzaro 反应。例如

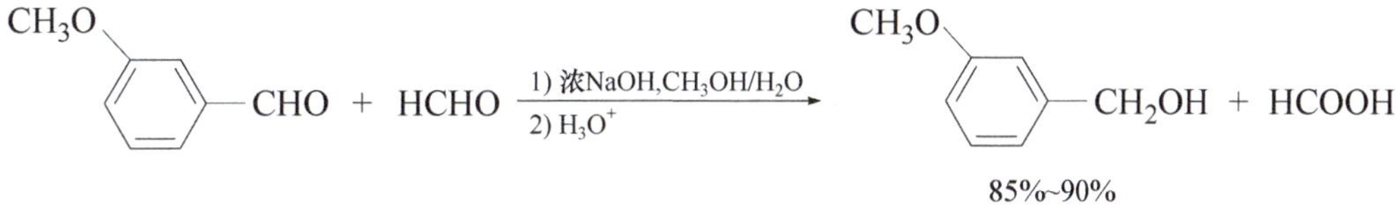

$$m\text{-}CH_3OC_6H_4CHO + HCHO \xrightarrow[2)\ H_3O^+]{1)\ 浓NaOH,CH_3OH/H_2O} m\text{-}CH_3OC_6H_4CH_2OH + HCOOH$$

85%~90%

在交叉 Cannizzaro 反应中，由于甲醛是还原性最强的醛，通常都是将没有 α-氢的醛与甲醛混合在一起反应，甲醛被氧化为甲酸，其他的醛被还原为醇。

在氢氧化钙作用下，过量甲醛与乙醛反应生成季戊四醇，反应分两步进行，先经过醇醛缩合反应生成没有 α-氢的三羟甲基乙醛，后者再与过量的甲醛发生交叉 Cannizzaro 反应，这是实验室和工业上制备季戊四醇的方法。

$$CH_3CHO + 3HCHO \xrightarrow{Ca(OH)_2} \underset{三羟甲基乙醛}{(HOCH_2)_3CCHO} \xrightarrow[55\sim65℃]{HCHO,Ca(OH)_2} \underset{季戊四醇}{(HOCH_2)_4C} + Ca(HCOO)_2$$

具有 α-氢的醛在浓碱作用下发生醇醛缩合反应，而不发生歧化反应。

问题 10-19 如何用化学方法区别下列化合物？

苯乙醛、对甲基苯甲醛、苯乙酮、1-苯基丙-2-酮

问题 10-20 Cannizzaro 反应也可以在分子内发生，试分别写出(1) C_6H_5COCHO，(2) $C_6H_5COCHCl_2$ 在浓 NaOH 水溶液中反应的产物。

问题 10-21　用反应机理说明下列反应过程。

$$(CH_3)_2CHCHO + CH_2O \xrightarrow{HO^-} HOCH_2\underset{CH_3}{\overset{CH_3}{|}}{C}CH_2OH$$

10.6.2　还原反应

醛、酮中的羰基可以被还原剂还原，根据还原剂和还原的条件不同，羰基可被还原为醇或亚甲基。

1. 还原成醇

1）催化氢化

在铂、钯、镍等金属催化剂作用下，醛、酮分子中的羰基被氢化还原为羟基，生成相应的伯醇或仲醇，醛被还原为伯醇，酮被还原为仲醇。

$$\begin{matrix}R \\ (R')H\end{matrix}\!\!>C{=}O \xrightarrow[Pt,Pd或Ni]{H_2} \begin{matrix}R \\ (R')H\end{matrix}\!\!>CH{-}OH$$

醛、酮用催化氢化的方法还原时，如果分子中有碳碳双键、碳碳叁键、硝基、氰基等其他不饱和基团，也可能同时被还原。例如

$$\underset{巴豆醛}{CH_3CH{=}CHCHO} + H_2 \xrightarrow{Ni} \underset{正丁醇}{CH_3CH_2CH_2CH_2OH}$$

2）金属氢化物还原

金属氢化物如硼氢化钠（$NaBH_4$）、氢化铝锂（$LiAlH_4$）等是有选择性的还原剂，它可以将醛、酮中的羰基还原为羟基，而不影响分子中的碳碳不饱和键和易被催化氢化的其他基团。例如

$$\underset{巴豆醛}{CH_3CH{=}CHCHO} \xrightarrow[2)\ H_3O^+]{1)\ NaBH_4,CH_3CH_2OH} \underset{巴豆醇}{CH_3CH{=}CHCH_2OH}$$

用硼氢化钠还原时，可以在碱性水溶液或醇溶液中进行，而氢化铝锂必须在无水的溶剂中使用。例如

$$\underset{肉桂醛}{C_6H_5CH{=}CHCHO} \xrightarrow[2)\ H_3O^+]{1)\ LiAlH_4,无水(C_2H_5)_2O} \underset{肉桂醇}{C_6H_5CH{=}CHCH_2OH}$$

金属氢化物是能提供氢负离子（H^-）的还原剂，氢负离子作为亲核原子，进攻醛、酮中的羰基碳原子，生成的醇盐经水解后生成相应的醇。还原产物的构型与醛、酮的结构有关。在丁-2-酮中，羰基所在的平面是分子的对映面，氢负离子从 *re*-面或 *si*-面进攻羰基碳原子的活化能相同，因此进攻概率相等，产物中 *R* 构型和 *S* 构型的量也相等，即得到外消旋体。例如

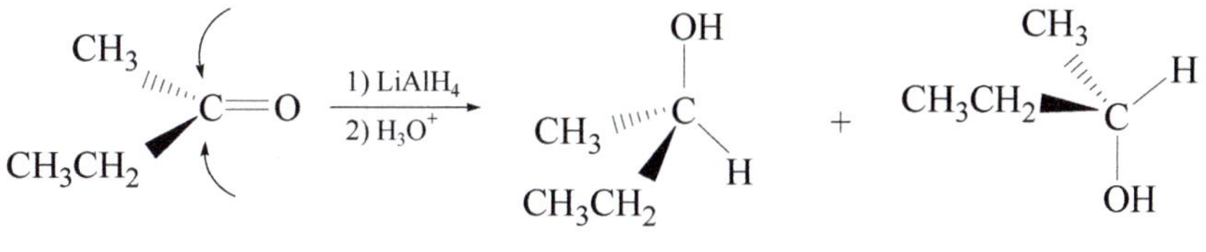

(R)-丁-2-醇 (S)-丁-2-醇

产物是 R 或 S 构型与亲核试剂从 *re*-面或 *si*-面进攻没有直接的内在联系。

在 4-叔丁基环己酮中，分子中有一个对称面，但羰基所在的平面并不是分子的对称面，而羰基所在的平面是个非对映面。因此，当用氢化铝锂还原时，氢负离子从羰基所在平面两边进攻的概率不等，所得产物的量也不相等。

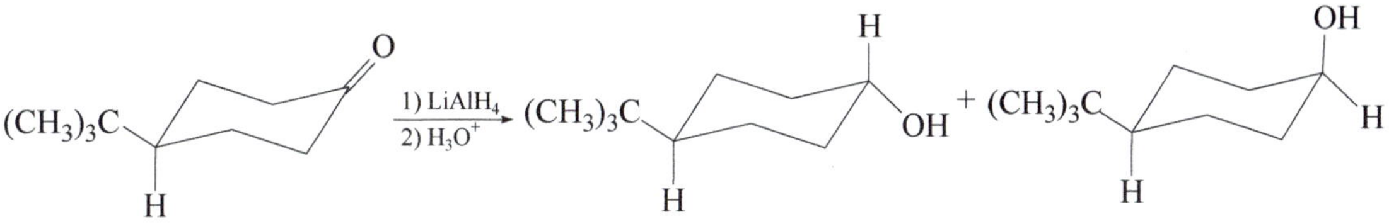

88% 12%

3，3，5-三甲基环己酮用硼氢化钠还原，也得到含量不等的两个异构体。

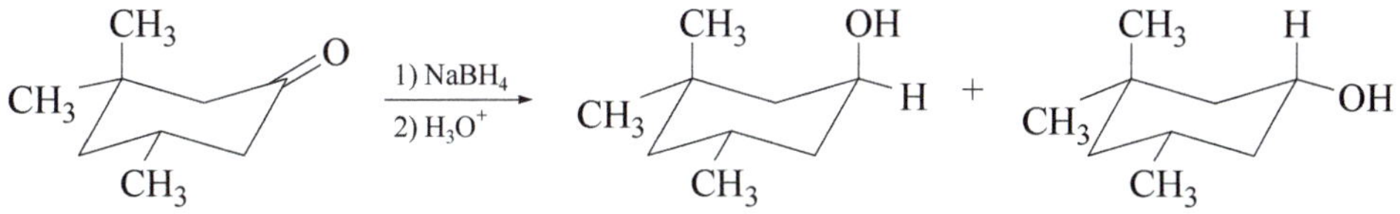

（Ⅰ）64% （Ⅱ）36%

由此可见，醛、酮用金属氢化物还原与羰基的亲核加成相似，还原产物的立体化学取决于羰基所在平面的对称性。在空间位阻影响下，氢负离子总是从位阻较小的一边进攻羰基碳原子的产物是主要产物。在 3，3，5-三甲基环己酮被硼氢化钠还原时，尽管构象（Ⅱ）比（Ⅰ）稳定，但由于氢负离子从上面进攻羰基碳原子时受到 3-位直立键上甲基的影响，而从下面进攻则没有此位阻影响，因此产物（Ⅰ）是主要产物。如果当氢负离子进攻羰基碳原子时，两边的空间位阻影响不大，则以相对稳定的产物是主要产物。例如

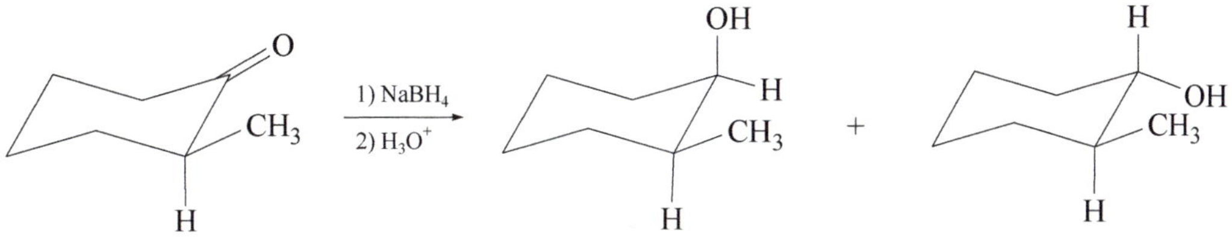

次要产物(31%) 主要产物(69%)

当羰基碳原子与一个手性碳原子相连时，反应产物也遵循 Cram-Felkin-Anh 模型分析的结果。例如，用氢化铝锂还原(S)-3-苯基丁-2-酮的产物为

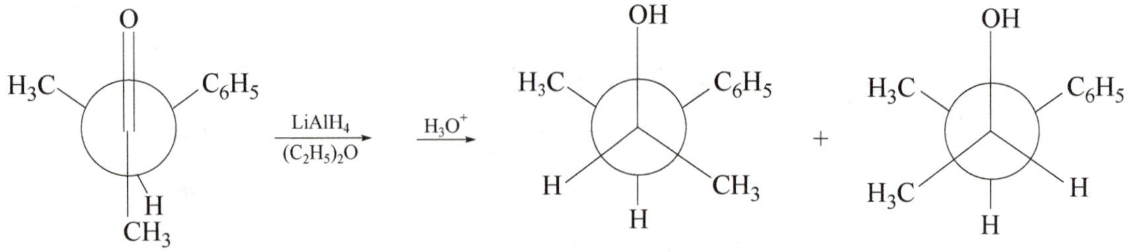

[Newman projection reaction scheme: ketone (O=, H_3C, C_6H_5, H, CH_3) $\xrightarrow[(C_2H_5)_2O]{LiAlH_4}$ $\xrightarrow{H_3O^+}$ two alcohol products (OH, H_3C, C_6H_5, H, CH_3, H) + (OH, H_3C, C_6H_5, H_3C, H, H)]

2.5 : 1

主要产物　　次要产物

3）Meerwein-Ponndorf-Verley 还原

1925～1926 年，Meerwein、Ponndorf、Verley 分别用烷氧基铝成功地将醛、酮还原成伯醇和仲醇，后来将异丙醇铝/异丙醇还原醛、酮成伯醇和仲醇的反应称为 Meerwein-Ponndorf-Verley 还原。这相当于 Oppenauer 反应（见 7.1.8）的逆反应。

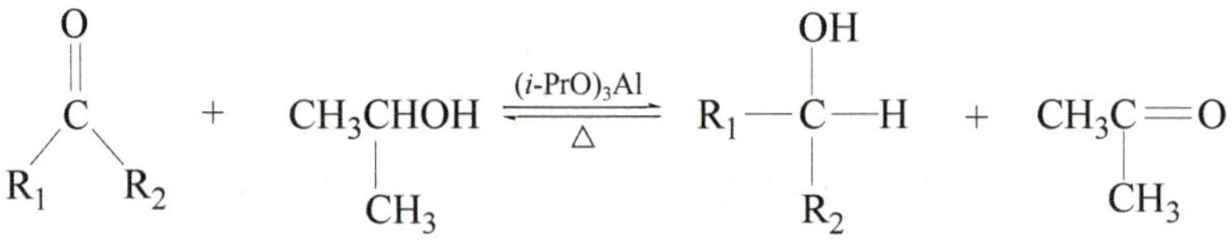

$$R_1R_2C{=}O + CH_3CH(OH)CH_3 \underset{\triangle}{\overset{(i\text{-PrO})_3Al}{\rightleftharpoons}} R_1-CH(OH)-R_2 + CH_3C(=O)CH_3$$

伯醇或仲醇

例如

$$CH_3CH{=}CHCHO + (CH_3)_2CHOH \xrightarrow{(i\text{-PrO})_3Al} CH_3CH{=}CHCH_2OH + CH_3COCH_3$$

Meerwein-Ponndorf-Verley 还原一般在苯或甲苯溶中进行，其反应机理可能为

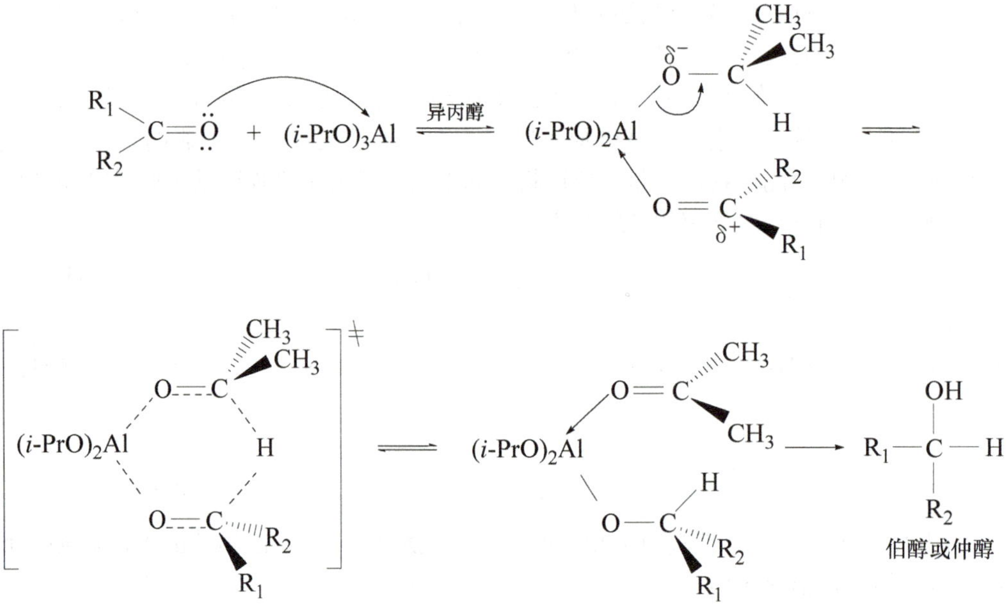

$$R_1R_2C{=}\ddot{O}: + (i\text{-PrO})_3Al \overset{异丙醇}{\rightleftharpoons} (i\text{-PrO})_2Al(\overset{\delta^-}{O}-CH(CH_3)_2)(O{=}\overset{\delta^+}{C}R_1R_2) \rightleftharpoons$$

$$\left[(i\text{-PrO})_2Al \text{ 六元环过渡态 } (O{\cdots}C(CH_3)_2{\cdots}H{\cdots}CR_1R_2{\cdots}O)\right]^{\neq} \rightleftharpoons (i\text{-PrO})_2Al(O{=}C(CH_3)_2)(O-CHR_1R_2) \longrightarrow R_1-CH(OH)-R_2$$

伯醇或仲醇

在还原过程中，异丙醇铝通过环状过渡态将氢以负离子形式转移给醛、酮，而自身被氧化为丙酮，丙酮的沸点较低，随着反应中生成的丙酮被蒸馏出，反应不断朝着还原产物的方向进行。异丙醇铝是选择性很高的还原剂，在还原不饱和羰基化合物时，只还原羰基，而不还原碳碳双键。另外，分子中若有易被还原的硝基，反应中也不被还原。

4）活泼金属的还原

利用活泼金属如 Na、Mg、Al 等，在适当的反应条件下能将醛、酮还原为相应的伯醇和仲醇。反应过程经过自由基负离子，其反应机理如下：

$$R_1C(R_2(H))=\ddot{O} \xrightarrow[(+e^-)]{M} R_1\dot{C}(R_2(H))-\ddot{O}:^- \xrightarrow{溶剂H} R_1\dot{C}(R_2(H))-\ddot{O}H \xrightarrow[(+e^-)]{M}$$

负离子自由基 自由基

$$R_1\bar{C}(R_2(H))-\ddot{O}H \xrightarrow{溶剂H} R_1CH(R_2(H))-\ddot{O}H$$

负离子

羰基从金属接受一个电子生成负离子自由基，负离子自由基从溶剂接受一个质子生成自由基，后者再从金属接受一个电子生成负离子，负离子再从溶剂接受一个质子生成醇。

负离子自由基也可以发生二聚生成双负离子，双负离子从溶剂接受质子生成 1,2-二醇，这是由酮经双分子还原生成频哪醇的方法。

$$2R_1\dot{C}(R_2(H))-\ddot{O}:^- \longrightarrow (H)R_2-C(R_1)(:\ddot{O}:^-)-C(R_1)(:\ddot{O}:^-)-R_2(H) \xrightarrow{溶剂H} (H)R_2-C(R_1)(:\ddot{O}H)-C(R_1)(:\ddot{O}H)-R_2(H)$$

负离子自由基 双负离子

酮在非质子溶剂中经活泼金属还原，主要发生双分子还原，生成 1,2-二醇的盐，后者经水解后得到频哪醇。例如

$$2CH_3COCH_3 \xrightarrow[C_6H_6,\triangle]{Mg\text{-}Hg} H_3C-C(CH_3)(O)-C(CH_3)(O)-CH_3\ (\text{两个 O 与 Mg 相连}) \xrightarrow{H_2O} H_3C-C(CH_3)(OH)-C(CH_3)(OH)-CH_3$$

四氯化钛在还原剂（如 Mg-Hg、Zn 等）作用下生成低价钛，能顺利地将酮还原，生成双分子的还原产物频哪醇。例如

$$2\ \text{环戊酮} \xrightarrow{\text{Mg-Hg,TiCl}_4} \text{1,1'-二羟基联环戊烷 (OH OH)}\quad 95\%$$

$$2C_6H_5COCH_3 \xrightarrow[\text{THF,室温,2h}]{TiCl_4\text{-}Zn} C_6H_5-\underset{HO}{\overset{CH_3}{C}}-\underset{OH}{\overset{CH_3}{C}}-C_6H_5$$

2. 还原成烃

1）Clemmensen 还原

醛、酮与锌汞齐/浓盐酸共热回流，羰基被还原为甲基或亚甲基，称为 Clemmensen 还原。此法特别适用于芳香酮还原制得直链烷基苯。例如

$$C_6H_5-COCH_2CH_2CH_3 \xrightarrow[\text{回流,88\%}]{\text{Zn-Hg/浓HCl}} C_6H_5-CH_2CH_2CH_2CH_3$$

由于醇不能被锌汞齐/浓盐酸还原，因此醇不是 Clemmensen 还原醛、酮到烃的中间体。

如果醛、酮分子有对酸敏感或对酸不稳定的基团存在，则不能用 Clemmensen 还原法还原。

2）Wolff-Kishner-黄鸣龙还原

Wolff-Kishner-黄鸣龙还原法是在碱性条件下将醛、酮羰基还原为甲基或亚甲基的方法。Wolff-Kishner 还原是将醛、酮与肼和金属钠或钾在耐高压的反应器中，在 200℃左右的高温下长时间加热，羰基被还原为甲基或亚甲基，操作十分不便。1946 年，我国化学家黄鸣龙在 Wolff-Kishner 还原法的基础上进行了改进，直接将醛、酮、氢氧化钠、肼的水溶液和一种高沸点的水溶性溶剂[一缩二乙二醇$(HOCH_2CH_2)_2O$或二缩三乙二醇$(HOCH_2CH_2OCH_2)_2$]一起加热 1h 左右，当醛、酮生成腙后蒸出水和过量的肼，再于 195～200℃回流 3～4h，完成反应。改进后的方法不需要高压，其操作简便、反应时间短、产率高。例如

$$C_6H_5-COCH_2CH_3 \xrightarrow[(HOCH_2CH_2)_2O,\triangle]{NH_2NH_2\text{-}H_2O,NaOH} C_6H_5-CH_2CH_2CH_3 + N_2\uparrow + H_2O$$

82%

$$\text{环癸酮} \xrightarrow[(HOCH_2CH_2)_2O,\triangle]{NH_2NH_2\text{-}H_2O,NaOH} \text{环癸烷} + N_2\uparrow + H_2O$$

47%

问题 10-22　写出下列反应的产物。

(1) 樟脑（双环酮，C=O） $\xrightarrow[2)\ H_3O^+]{1)\ LiAlH_4}$

---

(2) $\xrightarrow[\text{2) } H_3O^+]{\text{1) } NaBH_4}$

(3) $\xrightarrow[(HOCH_2CH_2)_2O, \triangle]{NH_2NH_2,\ KOH}$

(4) $\xrightarrow[\triangle]{\text{Zn-Hg/HCl}}$

问题 10-23 写出下列反应的产物。

$$\begin{matrix} CH_2—CHO \\ | \\ CH_2—CHO \end{matrix} + HCHO(过量) \xrightarrow{NaOH(浓)}$$

10.7 Wittig 反应

Wittig 反应是指醛、酮与 Wittig 试剂发生亲核加成生成碳碳双键的反应。常用的 Wittig 试剂是磷叶立德(ylide),由具有亲核性的三苯基膦$(C_6H_5)_3P$与卤代烃生成季鏻盐,然后季鏻盐在苯基锂或烷基锂作用下失去 α-氢得到磷叶立德。

$$\underset{三苯基膦}{(C_6H_5)_3P:} + CH_3CH_2—Br \xrightarrow{C_6H_6} \underset{季鏻盐}{(C_6H_5)_3\overset{+}{P}CH_2CH_3\overset{-}{Br}}$$

$$(C_6H_5)_3\overset{+}{P}CH_2CH_3\overset{-}{Br} + \underset{苯基锂}{C_6H_5Li} \longrightarrow \underset{\text{Wittig试剂}}{\left[(C_6H_5)_3P=CHCH_3 \longleftrightarrow (C_6H_5)_3\overset{+}{P}—\overset{-}{\ddot{C}}HCH_3\right]} + C_6H_6 + LiBr$$

Wittig 试剂与醛、酮的反应如下:

$$(C_6H_5)_3\overset{+}{P}—\overset{-}{C}\begin{matrix} R' \\ R \end{matrix} + \begin{matrix} O \\ \| \\ C \end{matrix} \longrightarrow (C_6H_5)_3\overset{+}{P}—\underset{R}{\overset{\overset{\overset{-}{O}—C}{|}}{C}}—R'$$

$$\longrightarrow \begin{matrix} O — C \\ | \quad\ \ | \\ (C_6H_5)_3P — C — R' \\ \quad\quad\ \ | \\ \quad\quad\ \ R \end{matrix} \xrightarrow{-(C_6H_5)_3P=O} \begin{matrix} R' \\ R \end{matrix}C=C\langle$$

Wittig 试剂与一般的醛、酮都可以发生反应。由于羰基的活性和空间位阻的影响，醛的反应速率比酮快。当生成的烯烃有不同构型时，通常得到 E 和 Z 两种构型的混合物。但当 Wittig 试剂 P═C 键与羰基、氰基（—CN）、酯基（—COOR）或苯基共轭时，则 Wittig 试剂比较稳定，生成的烯烃有明显的构型取向，一般是较大基团处于碳碳双键的反位，即主要得到 E 构型的产物。例如

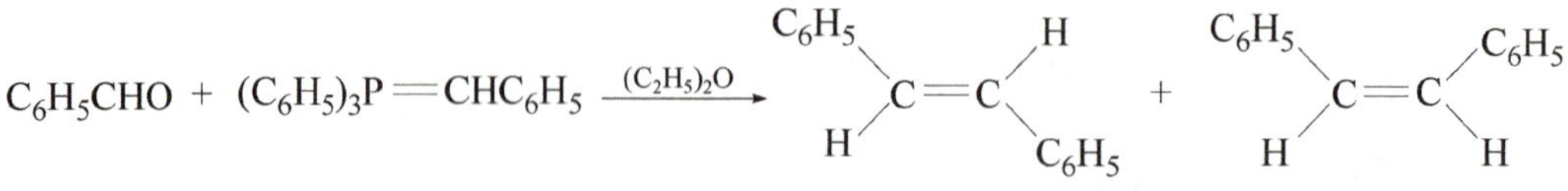

$$C_6H_5CHO + (C_6H_5)_3P{=}CHC_6H_5 \xrightarrow{(C_2H_5)_2O} (E)\text{-}C_6H_5CH{=}CHC_6H_5 + (Z)\text{-}C_6H_5CH{=}CHC_6H_5$$

主要产物(70%)　　次要产物(30%)

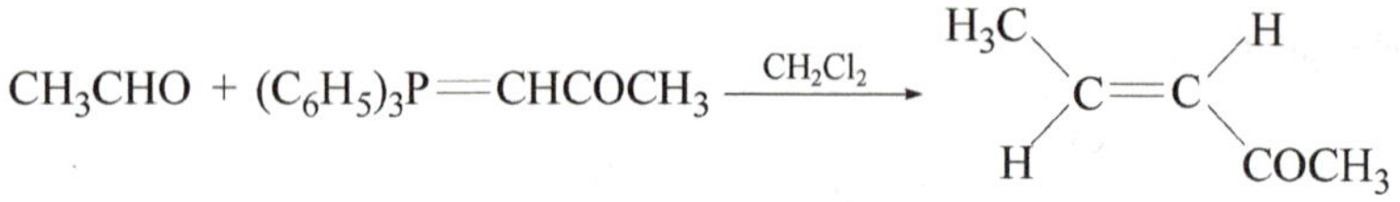

$$CH_3CHO + (C_6H_5)_3P{=}CHCOCH_3 \xrightarrow{CH_2Cl_2} (E)\text{-}CH_3CH{=}CHCOCH_3$$

主要产物(96%)

$$H_2C{=}CHCHO + (C_6H_5)_3P{=}C(CH_3)COOCH_3 \xrightarrow{CH_2Cl_2} (E)\text{-}CH_2{=}CH\text{-}CH{=}C(CH_3)COOCH_3$$

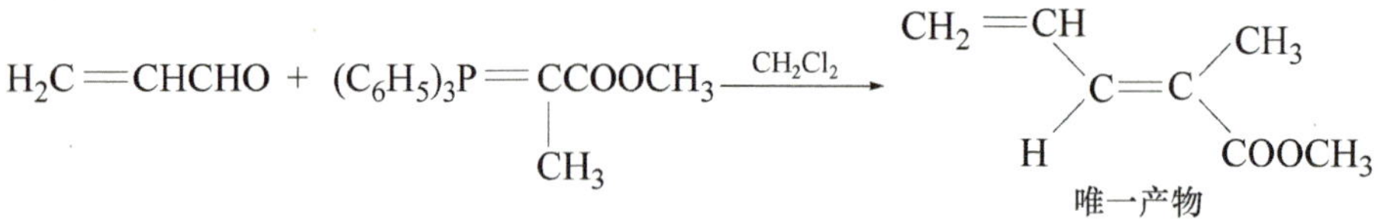

唯一产物

Wittig 反应是在弱碱性介质和比较温和的条件下进行的，并且反应产率一般都比较高，是合成烯烃的重要方法。

Wittig 反应已用于维生素 A 的工业合成。

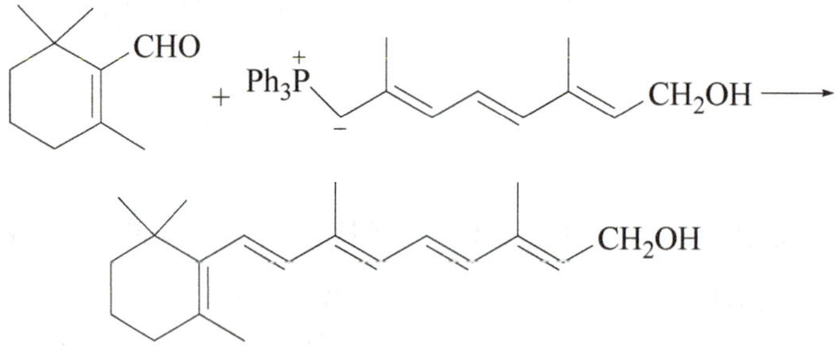

$$\text{CHO (2,6,6-三甲基环己烯甲醛)} + Ph_3\overset{+}{P}\text{-}\overset{-}{C}H\text{-}C(CH_3){=}CH\text{-}CH{=}CH\text{-}C(CH_3){=}CH\text{-}CH_2OH \longrightarrow \text{维生素A}$$

维生素A

问题 10-24　写出下列反应的产物。

(1) 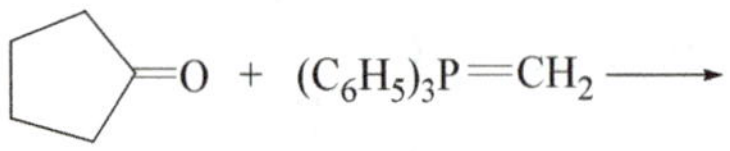 环戊酮 ═O + $(C_6H_5)_3P{=}CH_2 \longrightarrow$

(2) $CH_3CHO + (C_6H_5)_3P{=}C(CH_3)COCH_3 \xrightarrow{CH_2Cl_2}$

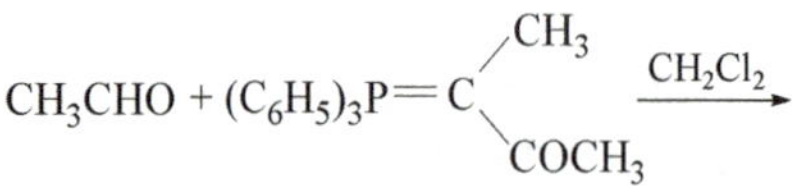

问题 10-25　选择适当的试剂，用 Wittig 反应合成下列化合物。

$$(H_3C)_2C{=}C(H)CH_2CH_3$$

10.8　安息香缩合反应

在氰离子(CN^-)催化下，两分子苯甲醛发生缩合生成安息香(benzoin)，称为安息香缩合(benzoin condensation)反应。

$$2\,C_6H_5CHO \xrightleftharpoons{CN^-} C_6H_5-\underset{\underset{O}{\|}}{C}-\underset{\underset{OH}{|}}{CH}-C_6H_5$$

安息香(苯偶姻)

安息香缩合反应的机理如下：

$$\underset{(\text{I})}{C_6H_5-\overset{\overset{\ddot{O}:}{\|}}{C}-H} + :\bar{C}N \rightleftharpoons \underset{(\text{II})}{C_6H_5-\overset{\overset{:\ddot{O}:^-}{|}}{\underset{\underset{CN}{|}}{C}}-H} \xrightleftharpoons{H^+转移} \underset{(\text{III})}{C_6H_5-\overset{\overset{:\ddot{O}H}{|}}{\underset{\underset{CN}{|}}{C}}:^-} \xrightleftharpoons{H-\overset{\overset{:\ddot{O}}{\|}}{C}-C_6H_5}$$

$$\underset{(\text{IV})}{C_6H_5-\overset{\overset{:\ddot{O}H}{|}}{\underset{\underset{CN}{|}}{C}}-\overset{\overset{:\ddot{O}:^-}{|}}{\underset{\underset{H}{|}}{C}}-C_6H_5} \xrightleftharpoons{H^+转移} C_6H_5-\overset{\overset{:\ddot{O}:^-}{|}}{\underset{\underset{CN}{|}}{C}}-\overset{\overset{:\ddot{O}H}{|}}{\underset{\underset{H}{|}}{C}}-C_6H_5 \rightleftharpoons$$

$$C_6H_5-\overset{\overset{O}{\|}}{C}-\overset{\overset{OH}{|}}{\underset{\underset{H}{|}}{C}}-C_6H_5$$

首先是氰负离子对苯甲醛发生亲核加成，生成具有四面体结构的负离子中间体(Ⅱ)，(Ⅱ)经质子转移，将氧上的负电荷转移到碳上，生成负离子中间体(Ⅲ)，然后(Ⅲ)对另一分子苯甲醛发生亲核加成，将两分子苯甲醛的碳架连接成(Ⅳ)，(Ⅳ)再经质子转移、氰基离去、恢复羰基，得到最后的缩合产物安息香。

苯甲醛中羰基是极性基团，碳原子带有部分正电荷，而经氰负离子的亲核加成和质子转移，带有部分正电荷的羰基碳原子转变成带负电荷，称为极性翻转(polarity reverse)。

安息香容易被氧化为二苯乙二酮。

$$C_6H_5\underset{\displaystyle OH}{\underset{|}{C}}HC_6H_5 \xrightarrow{65\%HNO_3} \underset{\text{二苯乙二酮(95\%)}}{C_6H_5COCOC_6H_5}$$

二苯乙二酮在强碱作用下发生重排，生成二苯乙醇酸（又称二苯羟乙酸）。

$$C_6H_5COCOC_6H_5 \xrightarrow[100℃,\triangle]{KOH,C_2H_5OH,H_2O} \underset{\text{二苯乙醇酸(95\%)}}{(C_6H_5)_2\underset{\displaystyle OH}{\underset{|}{C}}COOH}$$

其反应机理如下：

$$C_6H_5-\underset{\displaystyle :O:}{\underset{\|}{C}}-\underset{\displaystyle :O:}{\underset{\|}{C}}-C_6H_5 \xrightarrow{H\ddot{O}:^-} C_6H_5-\underset{\displaystyle :O:}{\underset{\|}{C}}-\overset{\displaystyle C_6H_5}{\overset{|}{\underset{\displaystyle :\ddot{O}:^-}{\underset{|}{C}}}}-\ddot{O}H \longrightarrow C_6H_5-\overset{\displaystyle C_6H_5}{\overset{|}{\underset{\displaystyle :\ddot{O}:^-}{\underset{|}{C}}}}-\underset{\displaystyle :O:}{\underset{\|}{C}}-\ddot{O}H$$

$$\longrightarrow C_6H_5-\overset{\displaystyle C_6H_5}{\overset{|}{\underset{\displaystyle :\ddot{O}H}{\underset{|}{C}}}}-\underset{\displaystyle :O:}{\underset{\|}{C}}-\ddot{O}:^- \xrightarrow{H_3O^+} C_6H_5-\overset{\displaystyle C_6H_5}{\overset{|}{\underset{\displaystyle :\ddot{O}H}{\underset{|}{C}}}}-\underset{\displaystyle :O:}{\underset{\|}{C}}-\ddot{O}H$$

10.9 α-卤代酮的重排

α-卤代酮（α-氯代酮和α-溴代酮）在氢氧化钠、醇钠或氨基钠作用下失去卤素，经环丙酮中间体重排成羧酸（RCOOH）或羧酸酯（RCOOR′），称为 Favorskii 重排反应。

$$CH_3\underset{\displaystyle Br}{\underset{|}{C}}H-\overset{\displaystyle O}{\overset{\|}{C}}-CH_2CH_3 \xrightarrow[H_2O]{HO^-} CH_3CH_2\underset{\displaystyle CH_3}{\underset{|}{C}}H-\overset{\displaystyle O}{\overset{\|}{C}}-O^-$$

其反应机理如下：

$$CH_3\underset{\displaystyle Br}{\underset{|}{C}}H-\overset{\displaystyle \ddot{O}:}{\overset{\|}{C}}-\underset{\displaystyle H}{\underset{|}{C}}HCH_3 \xrightarrow{R\ddot{O}:^-} CH_3\underset{\displaystyle Br}{\underset{|}{C}}H-\overset{\displaystyle \ddot{O}:}{\overset{\|}{C}}-\overset{-}{C}HCH_3 \longrightarrow \underset{\text{取代环丙酮中间体}}{\overset{\displaystyle \ddot{O}:}{\overset{\|}{C}}(CH_3CH-CHCH_3)} \xrightarrow{R\ddot{O}:^-}$$

$$\overset{\displaystyle ^-:\ddot{O}:\ \ :\ddot{O}R}{C}(CH_3CH-CHCH_3) \longrightarrow CH_3\overset{-}{\ddot{C}}H\underset{\displaystyle CH_3}{\underset{|}{C}}H-\overset{\displaystyle :O:}{\overset{\|}{C}}-:\ddot{O}R \xrightarrow[-RO^-]{ROH} CH_3CH_2\underset{\displaystyle CH_3}{\underset{|}{C}}H-\overset{\displaystyle :O:}{\overset{\|}{C}}-:\ddot{O}R$$

当用 HO^- 代替 RO^- 时，重排后得到的是羧酸。

重排经过取代环丙酮中间体，当取代环丙酮不对称时，则开环时倾向于形成比较稳定的碳负离子中间体。

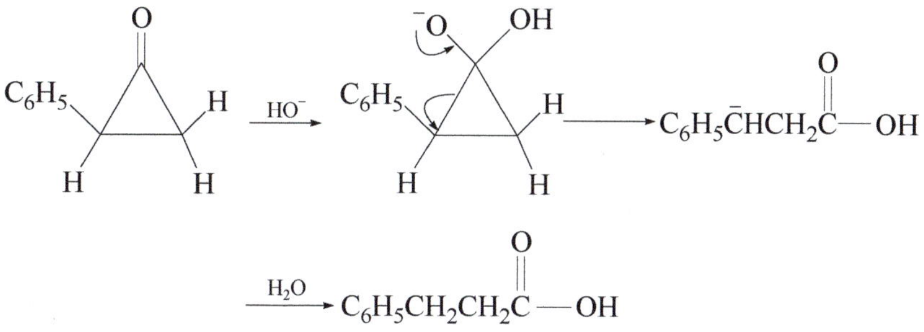

$$\xrightarrow{HO^-} \longrightarrow C_6H_5\bar{C}HCH_2\overset{O}{\overset{\|}{C}}-OH \xrightarrow{H_2O} C_6H_5CH_2CH_2\overset{O}{\overset{\|}{C}}-OH$$

α-卤代环酮重排后得到环缩小的羧酸或羧酸酯。例如

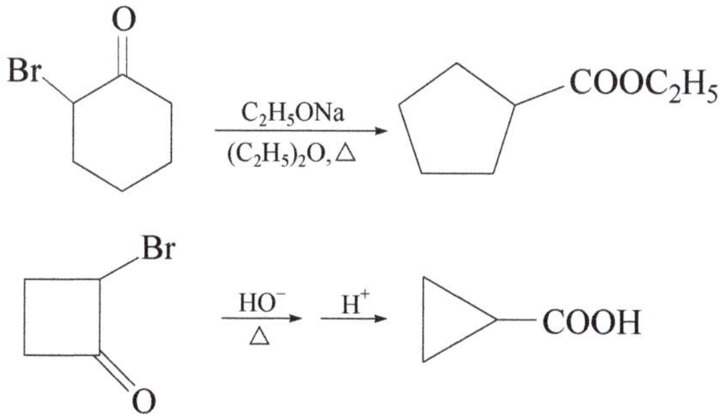

$$\xrightarrow[(C_2H_5)_2O,\triangle]{C_2H_5ONa} \quad -COOC_2H_5$$

$$\xrightarrow[\triangle]{HO^-} \xrightarrow{H^+} \quad -COOH$$

10.10 α,β-不饱和醛、酮的共轭加成

α,β-不饱和醛、酮的结构特征是羰基中的碳氧双键和相邻的碳碳双键形成 π-π 共轭体系，从它们的共振结构式可以看出，有羰基碳原子和 β-碳原子两个亲电中心。

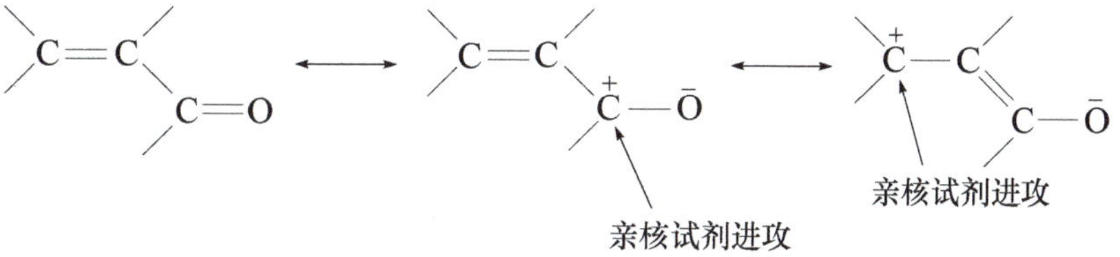

$$>C=C<\;\; >C=O \longleftrightarrow >C=C<\;\; >\overset{+}{C}-\bar{O} \longleftrightarrow >\overset{+}{C}-C<\;\; =C-\bar{O}$$

亲核试剂进攻

亲核试剂进攻

10.10.1 亲核加成

α,β-不饱和醛、酮在亲核加成过程中，亲核试剂可能进攻羰基碳原子或 β-碳原子，分别生成 1,2-加成产物和 1,4-加成产物。

1,2-加成：

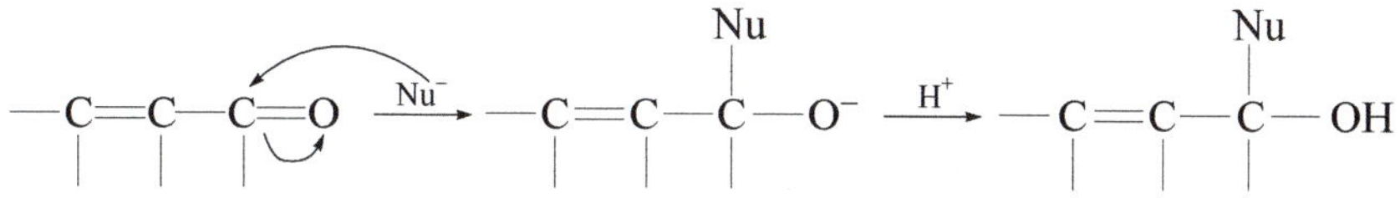

$$-\underset{|}{C}=\underset{|}{C}-\underset{|}{C}=O \xrightarrow{Nu^-} -\underset{|}{C}=\underset{|}{C}-\underset{|}{\overset{Nu}{\overset{|}{C}}}-O^- \xrightarrow{H^+} -\underset{|}{C}=\underset{|}{C}-\underset{|}{\overset{Nu}{\overset{|}{C}}}-OH$$

1,4-加成：

$$-\overset{|}{C}=\overset{|}{C}-\overset{|}{C}=O \xrightarrow{Nu^-} -\overset{Nu}{\overset{|}{C}}-\overset{|}{C}=\overset{|}{C}-O^- \xrightarrow{H^+} -\overset{Nu}{\overset{|}{C}}-\overset{|}{C}=\overset{|}{C}-OH \longrightarrow -\overset{Nu}{\overset{|}{C}}-\overset{|}{CH}-\overset{|}{C}=O$$

烯醇式　　酮式

1. 与 HCN 加成

α,β-不饱和醛、酮与 HCN 加成，经 1,4-加成生成烯醇，由于烯醇不稳定，异构化为稳定的酮式结构，主要得到 1,4-加成产物。例如

$$H_2C=CH-\underset{CH_3}{\underset{|}{C}}=O + HCN \longrightarrow \left[\underset{CN}{\underset{|}{CH_2}}-CH=\underset{CH_3}{\underset{|}{C}}-OH\right] \longrightarrow \underset{CN}{\underset{|}{CH_2}}-CH_2-\underset{CH_3}{\underset{|}{C}}=O$$

1,4-加成　　1,4-加成产物

2. 与有机金属化合物加成

α,β-不饱和醛、酮与格氏试剂加成可以得到 1,2-加成产物和 1,4-加成产物。如果 β-碳原子上的取代烃基和格氏试剂中烃基的体积都比较大，则主要得到 1,2-加成产物。例如

$$C_6H_5-CH=CHCHO \xrightarrow[2)\ H_3O^+]{1)\ C_6H_5MgBr,(C_2H_5)_2O} C_6H_5-CH=CH\overset{OH}{\overset{|}{C}H}-C_6H_5$$

只得到1,2-加成产物

$$C_6H_5-CH=CH-\overset{O}{\overset{\|}{C}}CH_3 \xrightarrow[2)\ H_3O^+]{1)\ C_6H_5MgBr,(C_2H_5)_2O} C_6H_5-CH=CH\overset{OH}{\overset{|}{\underset{C_6H_5}{\underset{|}{C}}}}CH_3 + C_6H_5-\underset{C_6H_5}{\underset{|}{C}H}CH_2\overset{O}{\overset{\|}{C}}CH_3$$

1,2-加成(88%)　　1,4-加成(12%)

如果 α,β-不饱和醛、酮中羰基碳原子上的取代基体积较大，则 1,4-加成产物的比例增加。例如

$$C_6H_5-CH=CH-\overset{O}{\overset{\|}{C}}-C_6H_5 \xrightarrow[2)\ H_3O^+]{1)\ C_6H_5MgBr,(C_2H_5)_2O} C_6H_5-\underset{C_6H_5}{\underset{|}{C}H}CH_2\overset{O}{\overset{\|}{C}}-C_6H_5$$

1,4-加成(94%)

$$C_6H_5-CH{=}CH-\overset{O}{\overset{\|}{C}}-C(CH_3)_2-CH_3 \xrightarrow[2)\ H_3O^+]{1)\ C_2H_5MgBr,(C_2H_5)_2O} C_6H_5-\underset{C_2H_5}{\underset{|}{CH}}-CH_2-\overset{O}{\overset{\|}{C}}-C(CH_3)_2-CH_3$$

1,4-加成(100%)

α,β-不饱和醛、酮与烃基锂试剂加成主要生成 1,2-加成产物，与二烃基铜锂反应则主要生成 1,4-加成产物。例如

$$(CH_3)_2C{=}CH\overset{O}{\overset{\|}{C}}CH_3 + C_6H_5Li \xrightarrow[2)\ H_2O]{1)\ (CH_3CH_2)_2O} (CH_3)_2C{=}CH\underset{C_6H_5}{\underset{|}{\overset{OH}{\overset{|}{C}}}}CH_3$$

4-甲基-2-苯基戊-3-烯-2-醇(67%)

$$(CH_3)_2C{=}CH\overset{O}{\overset{\|}{C}}CH_3 + (CH_2{=}CH)_2CuLi \xrightarrow[2)\ H_2O]{1)\ (CH_3CH_2)_2O} (CH_3)_2\underset{CH=CH_2}{\underset{|}{C}}-CH_2\overset{O}{\overset{\|}{C}}CH_3$$

二乙烯基铜锂　　　　4,4-二甲基己-5-烯-2-酮(72%)

3. Michael 加成反应

在碱性(如 HO^-/H_2O，$C_2H_5O^-/C_2H_5OH$)条件下，能提供碳负离子或烯醇负离子的化合物与 α,β-不饱和醛、酮发生共轭 1,4-亲核加成反应，称为 Michael 加成。例如

$$CH_2{=}CHCH{=}O + H_2C(COCH_3)_2 \xrightarrow{CH_3CH_2O^-} (CH_3CO)_2CH-CH_2-CH_2CH{=}O$$

反应机理如下：

$$CH_3COCH_2COCH_3 \underset{}{\overset{HO^-/H_2O}{\rightleftharpoons}} CH_3CO\ddot{C}^-HCOCH_3 \xrightarrow{\overset{\beta}{R}CH=\overset{\alpha}{C}H-\overset{\ddot{O}}{\overset{\|}{C}}-R}$$

$$(CH_3CO)_2CH-\underset{R}{\underset{|}{\overset{\beta}{CH}}}-\overset{\alpha}{CH}{=}\overset{:\ddot{O}:^-}{\overset{|}{C}}-R \xrightarrow{H-O-H} (CH_3CO)_2CH-\underset{R}{\underset{|}{\overset{\beta}{CH}}}-\overset{\alpha}{CH_2}-\overset{:O:}{\overset{\|}{C}}-R$$

$$H_2C{=}CH\overset{O}{\overset{\|}{C}}CH_3 + \text{2-甲基环己-1,3-二酮} \xrightarrow[CH_3OH]{KOH} \text{2-(}CH_2CH_2\overset{O}{\overset{\|}{C}}CH_3\text{)-2-甲基环己-1,3-二酮}$$

2-(3′-氧亚基丁基)-2-甲基环己-1,3-二酮(85%)

α,β-不饱和羰基化合物与烯胺也可以发生 Michael 加成。例如

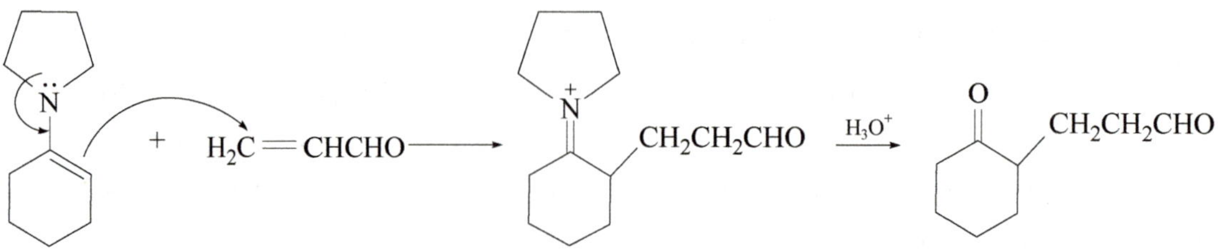

$$\text{(1-吡咯烷基环己烯)} + H_2C{=}CHCHO \longrightarrow \text{(2-}CH_2CH_2CHO\text{-环己亚胺鎓)} \xrightarrow{H_3O^+} \text{2-}(CH_2CH_2CHO)\text{环己酮}$$

Michael 加成反应是合成 1,5-二羰基化合物及 1,5-二官能团化合物的主要方法。

经过 Michael 加成得到的环己酮衍生物，如果进一步发生分子内的醇醛缩合反应，生成六元环状化合物，称为 Robinson 成环反应。例如

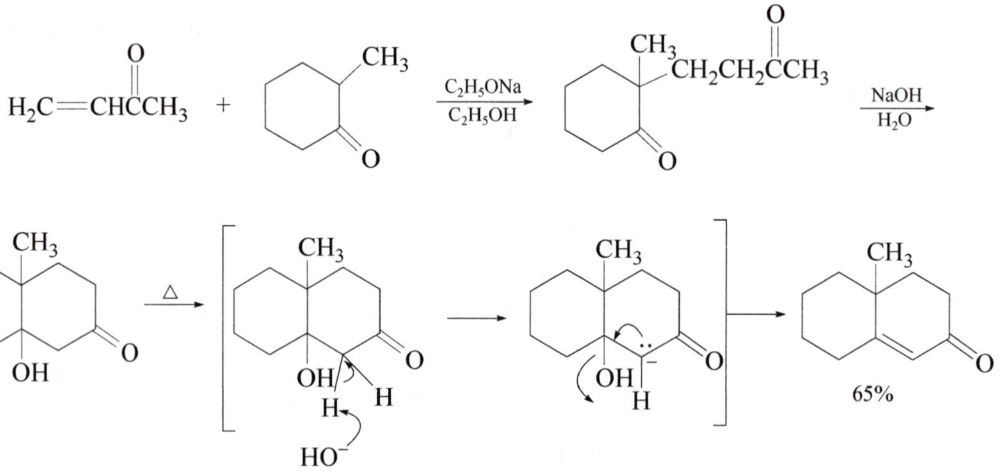

$$H_2C{=}CHCCH_3(=O) + \text{2-甲基环己酮} \xrightarrow[C_2H_5OH]{C_2H_5ONa} \text{2-}CH_3\text{-2-}(CH_2CH_2CCH_3(=O))\text{环己酮} \xrightarrow[H_2O]{NaOH}$$

$$\text{(羟基酮, }CH_3, OH\text{)} \xrightarrow{\triangle} [\ldots HO^- \ldots] \longrightarrow \text{(}CH_3\text{ 八氢萘酮)}\ 65\%$$

上述 Michael 加成产物 2-(3′-氧亚基丁基)-2-甲基环己-1,3-二酮在碱作用下进一步发生分子内的醇醛缩合反应，生成六元环状化合物。

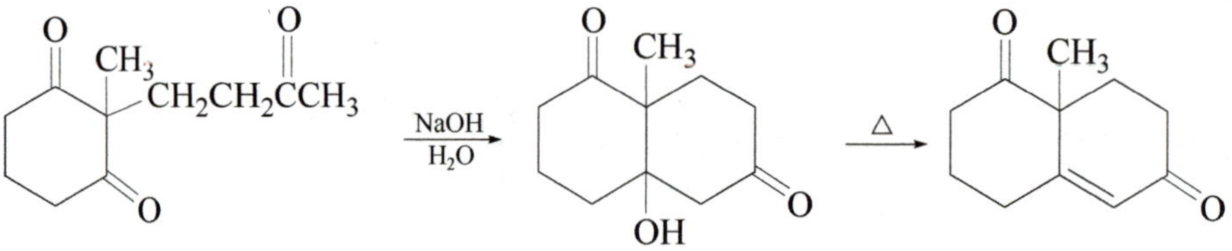

$$\text{2-}CH_3\text{-2-}(CH_2CH_2CCH_3(=O))\text{环己-1,3-二酮} \xrightarrow[H_2O]{NaOH} \text{(}CH_3, OH\text{ 二酮)} \xrightarrow{\triangle} \text{(}CH_3\text{ 烯二酮)}$$

Robinson 成环反应是合成碳环化合物的有效方法之一。

问题 10-26 通过逆合成分析，找出合成下列化合物的前体。

(1) 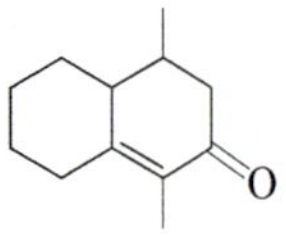 (2)

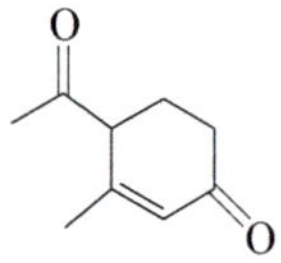

10.10.2 还原

α,β-不饱和醛、酮用氢化铝锂还原生成 β,γ-不饱和醇。例如

$$CH_3CH{=}CHCHO \xrightarrow{LiAlH_4} \underset{82\%}{CH_3CH{=}CHCH_2OH}$$

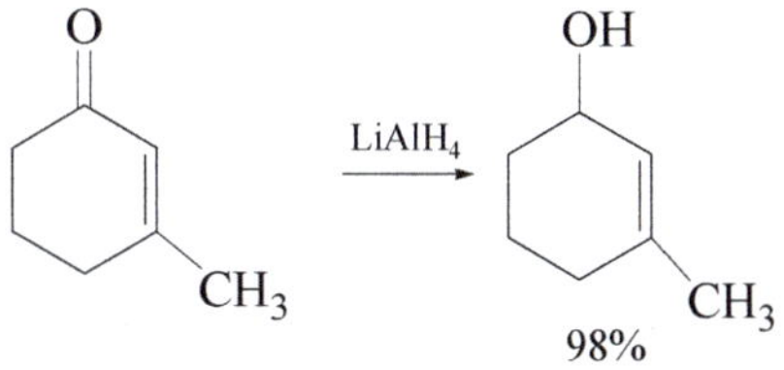

$$\text{3-甲基环己-2-烯酮} \xrightarrow{LiAlH_4} \underset{98\%}{\text{3-甲基环己-2-烯醇}}$$

如果用催化加氢还原，则主要生成饱和酮。例如

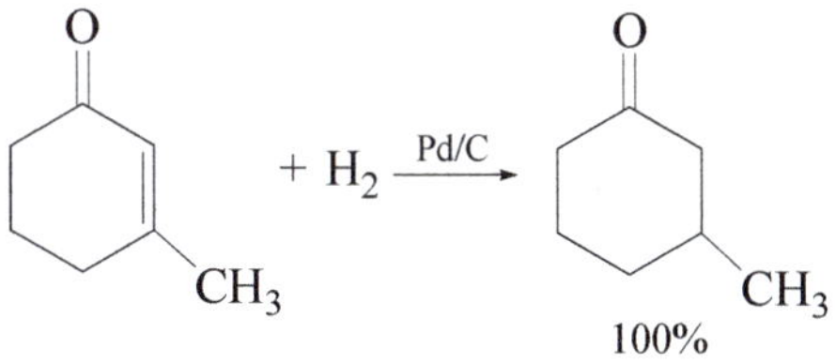

$$\text{3-甲基环己-2-烯酮} + H_2 \xrightarrow{Pd/C} \underset{100\%}{\text{3-甲基环己酮}}$$

10.10.3 插烯基缩合

羰基 α-碳上的氢是活泼氢，丁-2-烯醛相当于在乙醛的羰基和甲基之间插入一个乙烯基(—CH═CH—)，是 α,β-不饱和醛，羰基的 −I 效应可以通过 π-π 共轭传递到链端的甲基上，这时甲基上的氢(γ-氢)仍然是活泼氢，可以在碱催化下提供碳负离子，发生相应的缩合反应。例如

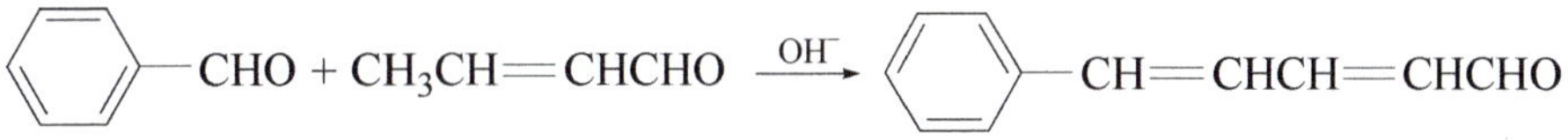

$$C_6H_5CHO + CH_3CH{=}CHCHO \xrightarrow{OH^-} C_6H_5CH{=}CHCH{=}CHCHO$$

这就是插烯原理。

问题 10-27　写出下列反应的产物。

$$C_6H_5C(CH_3){=}CHCHO \xrightarrow[2)\ H_3O^+]{1)\ LiAlH_4}$$

10.11 醛、酮的制备

10.11.1 醇的氧化和脱氢

伯醇和仲醇可直接被氧化剂氧化为醛和酮，或将伯醇和仲醇的蒸气通过加热的催化剂

（铜、银或镍等），脱氢后生成相应的醛和酮（见 7.1.8）。

甲醇的催化氧化是制备甲醛的重要方法，工业上通常将甲醇蒸气与空气的混合物在 620～720℃下通过银（一般以浮石为载体）催化剂，经水吸收后得到甲醛的水溶液，蒸去其中部分未反应的甲醇，得到约含 40％甲醛水溶液（俗称福尔马林），甲醇含量为 8％～10％。

将含 3％～8％甲醇蒸气的空气混合物在 340～360℃通过一定配比的 Fe_2O_3-MoO_3 催化剂（MoO_3 的活性差，但选择性好，而 Fe_2O_3 的活性高，但选择性差），可以得到高浓度且不含甲醇的甲醛，但此工艺投资较大，成本较高。

甲醛是产量很大的工业产品（世界年产量为 2500 万吨以上），主要用作酚醛树脂、氨基塑料、维尼纶、医药产品等的原料。

乙醇氧化得到乙醛，但由于乙醇作原料必须消耗大量的粮食，因此随着石油工业的发展，乙醛的工业生产主要由空气直接氧化乙烯得到（见 10.11.2）。

异丙醇蒸气通过加热的铜-锌、铜-铝催化剂，脱氢得到丙酮。仲醇脱氢得到酮。

$$CH_3CH(OH)CH_3 \xrightarrow[\triangle]{\text{催化剂}} CH_3COCH_3 + H_2$$

$$\text{环己醇} \xrightarrow[\triangle]{\text{催化剂}} \text{环己酮}$$

10.11.2 由烯烃或炔烃为原料制备

在一定压力下，以羰基钴为催化剂，烯烃与一氧化碳和氢气反应，在碳碳双键处加入一个醛基。例如

$$H_2C=CH_2 + CO + H_2 \xrightarrow[150\sim300\text{atm},\triangle]{\text{钴催化剂}} CH_3CH_2CHO$$

$$CH_3-CH=CH_2 + CO + H_2 \xrightarrow[150\sim300\text{atm},\triangle]{\text{钴催化剂}} \underset{76\%\sim81\%}{CH_3CH_2CH_2CHO} + \underset{19\%\sim24\%}{CH_3CH(CHO)CH_3}$$

主要产物是醛基加在烯烃的链端碳原子上。

环烯烃得到环取代甲醛。例如

$$\text{环戊烯} + CO + H_2 \xrightarrow[150\sim300\text{atm},\triangle]{\text{钴催化剂}} \underset{65\%}{\text{环戊基}-CHO}$$

工业上以乙烯为主要原料，在氯化钯-氯化铜催化下，用空气直接氧化得到乙醛，称为 Wacker 烯烃氧化。

$$H_2C=CH_2 + O_2 \xrightarrow[H_2O]{PdCl_2\text{-}CuCl_2} CH_3CHO$$

乙醛主要用作合成乙酸、乙酸酐、季戊四醇等的原料。

以丙烯为原料，在上述条件下氧化得到主要产物丙酮。

$$CH_3CH{=}CH_2 + O_2 \xrightarrow[H_2O]{PdCl_2\text{-}CuCl_2} \underset{92\%}{CH_3COCH_3} + \underset{2\%\sim4\%}{CH_3CH_2CHO}$$

炔烃在汞盐催化下水合生成酮。例如

$$CH_3(CH_2)_3C{\equiv}C(CH_2)_3CH_3 + H_2O \xrightarrow{HgSO_4, H_2SO_4} CH_3(CH_2)_3COCH_2(CH_2)_3CH_3$$

链端的炔烃水合后生成甲基酮。

10.11.3 芳烃的侧链氧化

芳烃侧链 α-碳上的氢容易被氧化，生成相应的醛或酮。例如

$$C_6H_5CH_3 \xrightarrow[H_2SO_4/H_2O]{MnO_2} C_6H_5CHO$$

$$C_6H_5CH_2CH_3 \xrightarrow[H_2SO_4/H_2O]{MnO_2} C_6H_5COCH_3$$

侧链甲基用铬酐和乙酸酐氧化时，先经过二乙酸酯，再水解，得到芳香醛。例如

$$o\text{-}BrC_6H_4CH_3 \xrightarrow[(CH_3CO)_2O]{CrO_3} o\text{-}BrC_6H_4CH(OCOCH_3)_2 \xrightarrow{H_2O} o\text{-}BrC_6H_4CHO$$

氧化过程中生成的二乙酸酯不易被进一步氧化，因此经分离后水解即得到芳香醛。

异丙苯在空气直接氧化下，经过氧化物重排后生成苯酚和丙酮。

$$C_6H_5CH(CH_3)_2 \xrightarrow{O_2} C_6H_5C(CH_3)_2\text{—OOH} \xrightarrow{H_3O^+} \xrightarrow{\text{重排}} C_6H_5OH + CH_3COCH_3$$

这是很有用的制备反应，因为苯酚和丙酮都是很重要的化工原料。而异丙苯可由苯和丙烯经 Friedel-Crafts 烃基化反应得到，因此是相当经济和合理的合成工艺。

10.11.4 Friedel-Crafts 酰基化反应

在无水三氯化铝等 Lewis 酸催化下，芳烃与酰卤或酸酐反应生成芳香酮(见 8.1.4)。

$$ArH + RCOCl \xrightarrow[\text{溶剂}]{AlCl_3} ArCOR + HCl$$

反应只停留在一酰基化阶段，不会发生多酰基化和碳架的重排，是制备芳香酮的重要方法。

10.12 醌

10.12.1 醌的结构

醌(quinone)是指有共轭环己二烯二酮结构特征的化合物,通常是有颜色的结晶固体。醌属于环状烯酮,而不是芳香类化合物。醌具有与α,β-不饱和醛、酮相似的化学性质。常见的醌及其相应的命名如下:

149pm
132pm

苯-1,4-醌(对苯醌),黄色 m.p. 115.7℃

苯-1,2-醌(邻苯醌),红色 m.p. 60~70℃(分解)

醌中的碳碳键是不等长的,如对苯醌的碳碳单键为149pm,碳碳双键为132pm,分别与通常的碳碳单键(154pm)和碳碳双键(134pm)相近。

除苯醌外,还有萘醌、蒽醌、菲醌等。例如

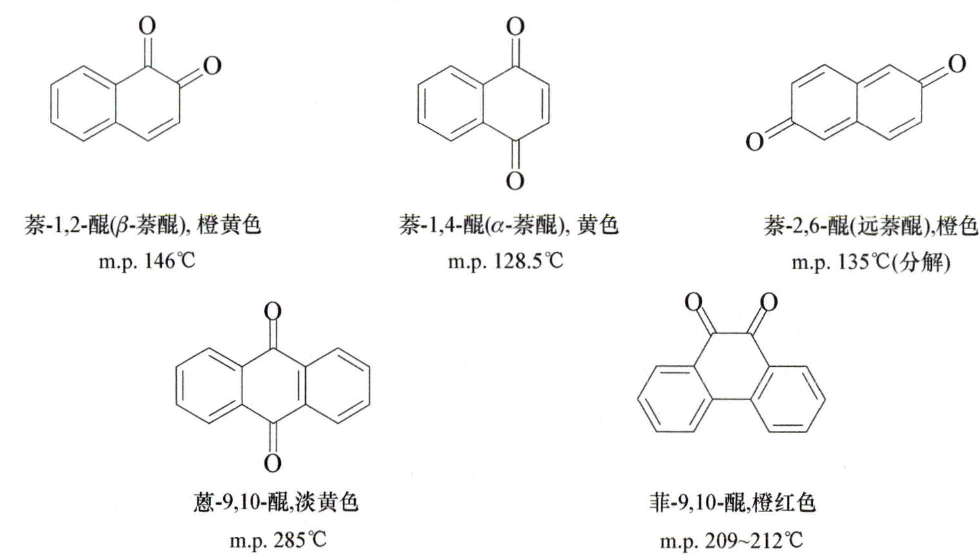

萘-1,2-醌(β-萘醌),橙黄色 m.p. 146℃

萘-1,4-醌(α-萘醌),黄色 m.p. 128.5℃

萘-2,6-醌(远萘醌),橙色 m.p. 135℃(分解)

蒽-9,10-醌,淡黄色 m.p. 285℃

菲-9,10-醌,橙红色 m.p. 209~212℃

含醌类结构的化合物广泛存在于自然界,不少具有特殊的功能和生物活性。例如,可用作染料的色素类醌有

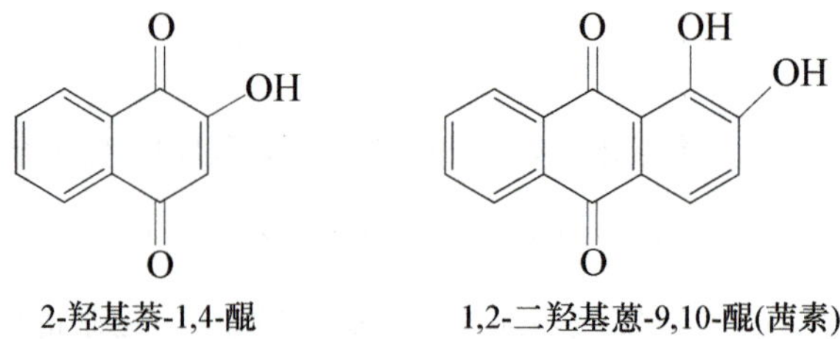

2-羟基萘-1,4-醌

1,2-二羟基蒽-9,10-醌(茜素)

具有生物活性的醌类化合物有

大黄素

辅酶Q_{10}

维生素K_1

10.12.2 醌的反应

醌类化合物具有 α,β-不饱和二酮的结构，因此既可以发生亲电加成反应，又可以发生亲核加成反应。

醌可发生碳碳双键的亲电加成反应。例如，在乙酸溶液中对苯醌与溴加成。

$$\xrightarrow[CH_3COOH]{Br_2} \xrightarrow[CH_3COOH]{Br_2}$$

对苯醌中的羰基可以与羟胺发生亲核加成反应，生成一肟或二肟。例如

$$\xrightarrow{NH_2OH} \xrightarrow{NH_2OH}$$

对苯醌单肟　对苯醌二肟

对苯醌单肟与对亚硝基苯酚之间存在互变异构。

$$\underset{}{\overset{互变异构}{\rightleftharpoons}}$$

对苯醌单肟　对亚硝基苯酚

对苯醌与氢氰酸发生 1,4-加成，生成 2-氰基苯-1,4-二酚。例如

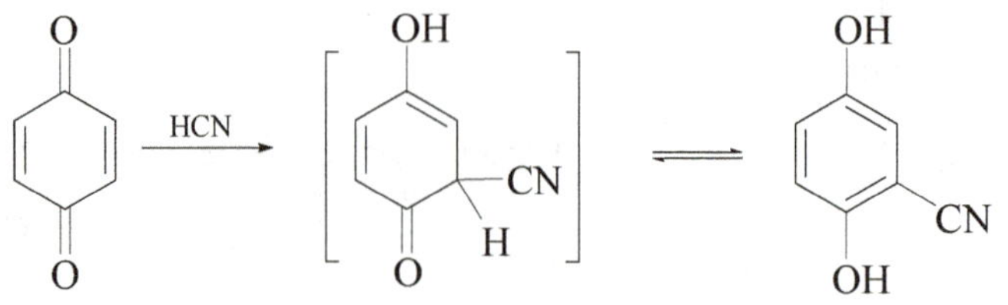

2-氰基苯-1,4-二酚

小　　结

1. 醛、酮是分子中都含有羰基的化合物。根据羰基所连的烃基又分为脂肪醛(酮)、芳香醛(酮)、饱和醛(酮)和不饱和醛(酮)。

2. 羰基是醛、酮的官能团,由碳氧双键组成的极性不饱和键。羰基碳原子为 sp^2 杂化,带部分正电荷,是亲核加成的反应中心,可与氢氰酸、格氏试剂、醇、氨及其衍生物、亚硫酸氢钠等亲核试剂反应;羰基的活性主要取决于羰基碳原子的正电性和空间位阻的大小。

3. 受羰基的影响,醛、酮分子中的 α-氢为活泼氢,在酸或碱催化下,能形成烯醇式结构、α-氢可被卤化,能发生醇醛缩合。

4. 醛、酮的缩合反应:酸或碱都可以催化醇醛缩合反应,得到 β-羟基醛、酮或 α,β-不饱和醛、酮。Claisen-Schmidt 是交叉醇醛缩合反应。

5. 酮在碱作用下,形成碳负离子或烯醇负离子,作为亲核试剂与卤代烃反应,生成 α-碳上烃化的产物,与酰卤和酯反应生成 α-碳上酰化的产物。

6. 醛、酮与 Wittig 试剂发生亲核加成生成碳碳双键,是合成烯烃的重要方法。

7. 两分子苯甲醛在氰离子催化下,发生安息香缩合反应。安息香容易被氧化为二苯乙二酮,后者在强碱作用下发生重排,生成二苯乙醇酸(又称二苯羟乙酸)。

8. α-卤代酮在氢氧化钠、醇钠或氨基钠作用下,发生 Favorskii 重排,生成羧酸或羧酸酯。

9. 醛、酮可发生氧化还原反应,醛比酮容易被氧化,酮较难被氧化。多种氧化剂都能将醛氧化为羧酸。Tollens 试剂和 Fehling 试剂都是弱氧化剂,脂肪醛和芳香醛都能被 Tollens 试剂氧化,而 Fehling 试剂只能氧化脂肪醛,芳香醛不被氧化,它们都不能氧化酮。催化加氢、$NaBH_4$、$LiAlH_4$、Meerwein-Ponndorf-Verley 还原都能将醛、酮还原为醇。

10. 羰基可被不同的还原剂还原,分别生成醇或烃。催化氢化和金属氢化物可将羰基还原成醇羟基,Clemmensen 或 Wolff-Kishner-黄鸣龙法可将羰基还原成甲基或亚甲基。酮在活泼金属(如 Na、Mg、Al 等)作用下,经过负离子自由基机理,发生双分子还原反应,生成相应的频哪醇。

11. Baeyer-Villiger 氧化:在过酸作用下,醛被氧化成酸,相当于在羰基和氢之间插入一个氧原子;酮被氧化成酯,相当于在羰基和一个迁移能力大的烃基之间插入一个氧原子。

12. Cannizzaro 歧化反应:没有 α-活泼氢的醛在浓碱作用下,发生自身的氧化还原反应,一分子醛被氧化为羧酸,另一分子的醛被还原为伯醇。

13. α,β-不饱和醛、酮分子中,因碳氧双键和碳碳双键形成 π-π 共轭,可发生 1,2-加成和

1,4-加成。由于插烯原理,α,β-不饱和醛、酮的γ-氢也是活泼氢,可以发生醇醛缩合反应。

14. Michael 加成反应是α,β-不饱和醛、酮与能提供碳负离子或烯醇负离子的化合物发生的 1,4-共轭加成。Michael 加成是合成 1,5-二羰基化合物及 1,5-二官能团化合物的主要方法。

15. α,β-不饱和醛、酮的选择性还原。

16. 醌是具有共轭环己二烯二酮结构特征的化合物,在分子中同时存在碳碳双键和碳氧双键,可以发生亲核加成和亲电加成。

习　题

1. 用系统命名法命名下列化合物或写出相应的结构式。

(1) $(CH_3)_3CCHO$

(2) 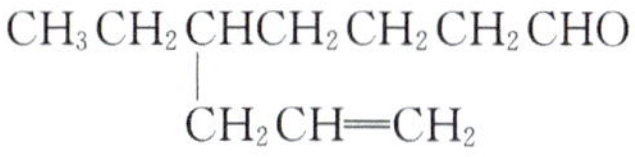 $CH_3CH_2CH(CH_2CH{=}CH_2)CH_2CH_2CH_2CHO$

(3) $(CH_3)_3CCOCH_2CH_3$

(4) 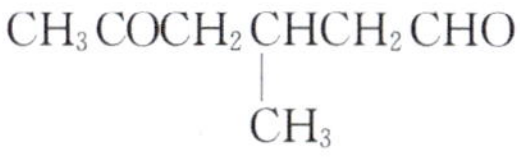 $CH_3COCH_2CH(CH_3)CH_2CHO$

(5) 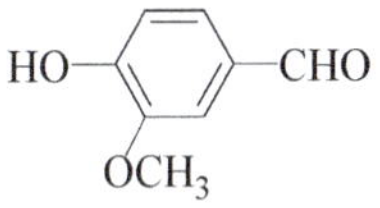 HO—(苯环,OCH$_3$)—CHO

(6) 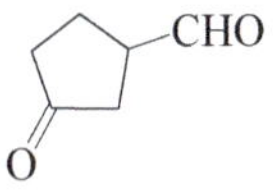 (环戊酮,3-位 CHO)

(7) 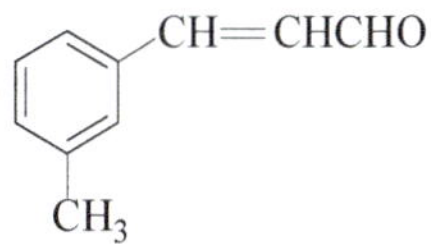 (间甲基苯基)CH═CHCHO,CH_3

(8) 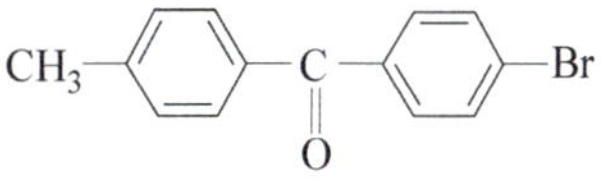 CH_3—(苯环)—C(═O)—(苯环)—Br

(9) 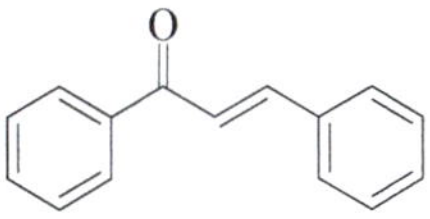 (苯基)C(═O)CH═CH(苯基)

(10) 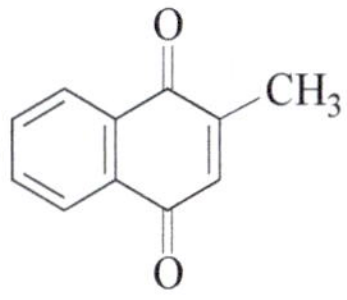 (2-甲基-1,4-萘醌)

(11) 丁-2-烯醛

(12) 1-(4-甲氧基苯基)丙-2-酮

(13) 环己-1,4-二酮

(14) 二环[2.2.2]庚-2-酮

(15) 3-氧亚基戊醛

(16) 4-甲基环己酮肟

(17) (2*S*,4*R*)-4-乙基-2-甲基环己酮

(18) 1-甲基萘-2,6-醌

2. 比较下列醛、酮化合物中羰基的活性次序。

(1) CH_3CHO, $HCHO$, $CH_3COCH_2CH_3$, CH_3COCH_3, C_6H_5CHO, $C_6H_5COCH_3$

(2) 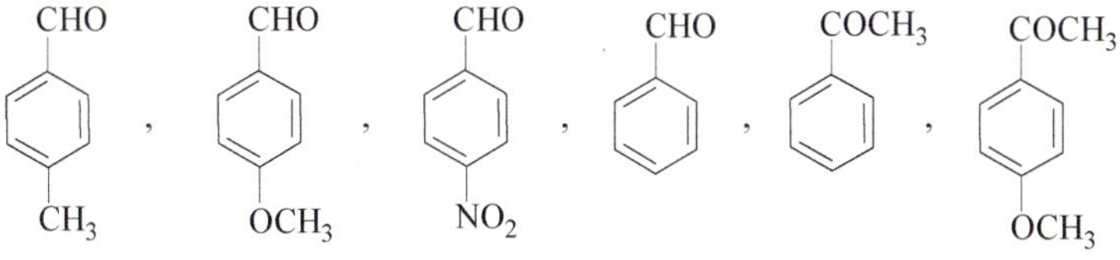 CHO/CH_3(对位),CHO/OCH_3(对位),CHO/NO_2(对位),CHO(苯),$COCH_3$(苯),$COCH_3$/OCH_3(对位)

3. 完成下列反应式。

(1) 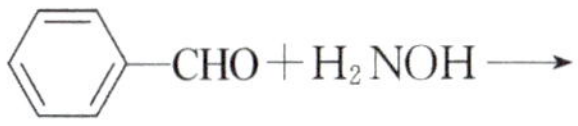 C_6H_5—CHO + H_2NOH ⟶

(2) $C_6H_5CH_2COCH_3 + H_2NNHCONH_2 \longrightarrow$

(3) $CH_3COCH_2CH_2CH_2COCH_3 \xrightarrow[\triangle]{NaOH}$

(4) $HOCH_2CH_2OH + CH_3COCH_3 \xrightarrow{HCl(气)}$

(5) $CH_3O-C_6H_4-CHO + HCHO \xrightarrow{NaOH(浓)}$

(6) $CH_3COCH_2CH_3 + C_6H_5-CH_2MgBr \xrightarrow[2)\ H_3O^+]{1)\ (C_2H_5)_2O}$

(7) $C_6H_5-CHO + CH_3CH{=}CHCHO \xrightarrow{NaOH}$

(8) $CH_3COCH_2CH_2CH_2CHO \xrightarrow[C_2H_5OH,\triangle]{C_2H_5ONa}$

(9) 环己-2-烯酮 $+ HCN \longrightarrow$

(10) 双环烯酮 $\xrightarrow{H_2, Pt}$

(11) $CH_3CO-C_6H_4-CHO \xrightarrow{Ag(NH_3)_2OH}$

(12) 环己-2-烯酮 $\xrightarrow[2)\ H_3O^+]{1)\ LiAlH_4}$

(13) 樟脑 $\xrightarrow[2)\ H_3O^+]{1)\ LiAlH_4}$

(14) $C_6H_5-CH{=}CHC(=O)-CH_3 + C_2H_5MgBr \xrightarrow[2)\ H_3O^+]{1)\ (C_2H_5)_2O}$

(15) $CH_3O-C_6H_4-CH_2COCH_3 \xrightarrow{NaOH+I_2}$

(16) $C_6H_5CH(CH_3)CHO$ (H, CH_3, C_6H_5, CHO) $\xrightarrow{C_6H_5MgBr} \xrightarrow{H_2O}$

4. 写出下列反应的各步产物。

(1) $C_6H_5-CH_2CH_2CH_2COCl \xrightarrow[C_6H_5NO_2]{AlCl_3} \qquad \xrightarrow{Zn\text{-}Hg/HCl}$

(2) 环己酮 $\xrightarrow[2)\ H_3O^+]{1)\ CH_3MgBr/(CH_3CH_2)_2O} \qquad \xrightarrow[\triangle]{H_2SO_4} \qquad \xrightarrow[2)\ H_2O_2, OH^-]{1)\ B_2H_6} \qquad \xrightarrow{CrO_3}$

(3) $CH_3COCH_2CH_2Br \xrightarrow[HCl(气)]{HOCH_2CH_2OH} \qquad \xrightarrow[2)\ CH_3CHO]{1)\ Mg/(C_2H_5)_2O} \qquad \xrightarrow{H_3O^+}$

(4) 甘油醛（CHO，H—C—OH，CH_2OH） $\xrightarrow[TsOH]{CH_3COCH_3} \qquad \xrightarrow[2)\ NH_4Cl, H_2O]{1)\ CH_2{=}CHMgBr} \qquad \xrightarrow[2)\ Zn/H_2O]{1)\ O_3}$

5. 如何用化学方法区别下列各组化合物？

(1) 2-戊醇，1-戊醇，2-戊酮，戊醛（CHO）

(2) 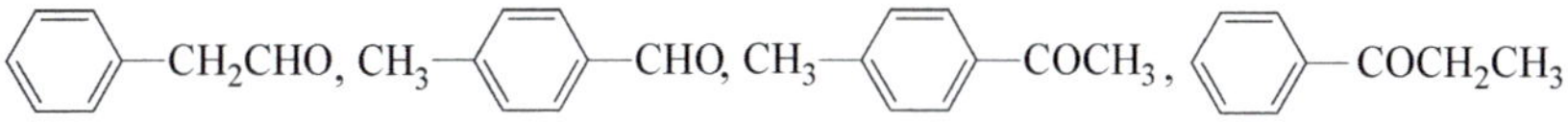 $C_6H_5CH_2CHO$, $CH_3-C_6H_4-CHO$, $CH_3-C_6H_4-COCH_3$, $C_6H_5COCH_2CH_3$

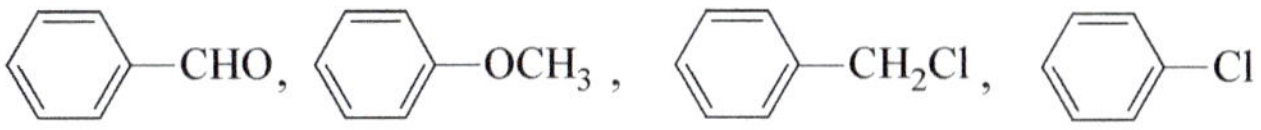

(3) C_6H_5CHO, $C_6H_5OCH_3$, $C_6H_5CH_2Cl$, C_6H_5Cl

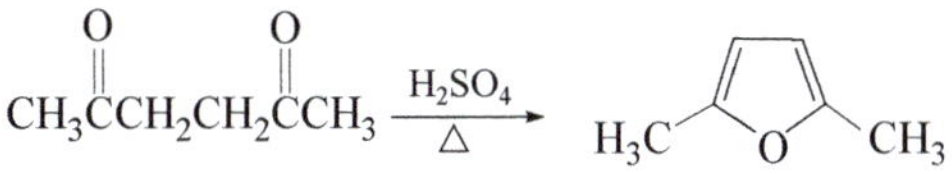

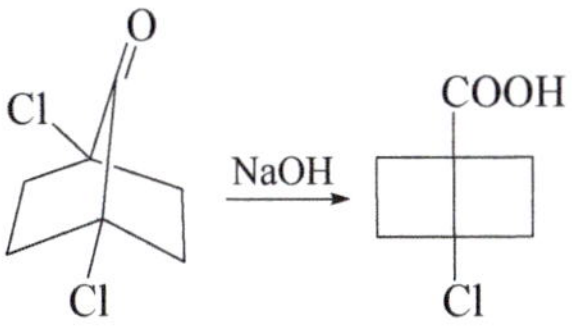

(4) C_6H_5CHO, $C_6H_5COCH_3$, $C_6H_5CH=CH_2$, $C_6H_5C\equiv CH$

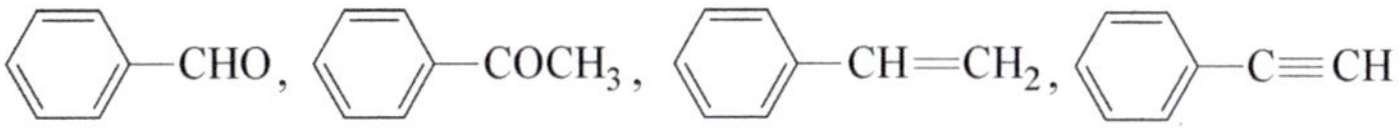

6. 如何实现下列转变？

(1)

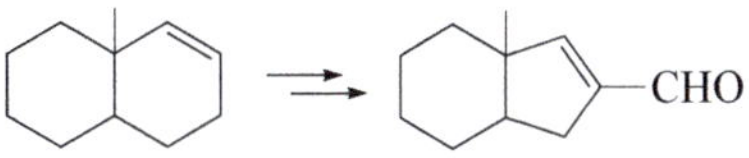

(2)

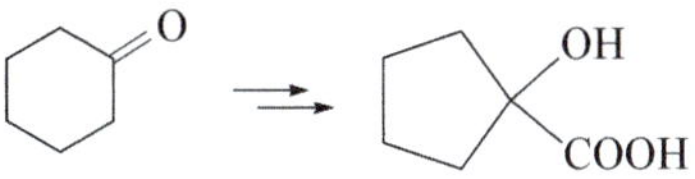

7. 推测下列反应的可能机理。

(1) 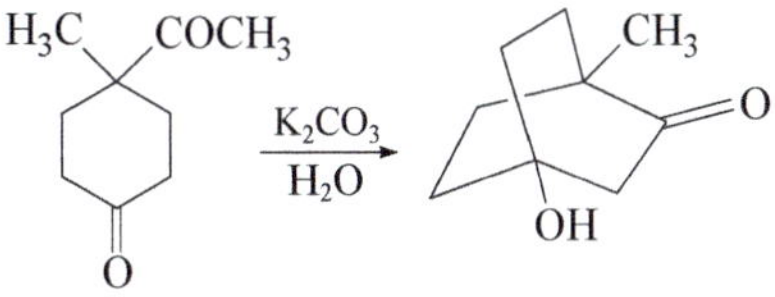 $\xrightarrow[H_2O]{K_2CO_3}$

(2) $CH_3\overset{O}{\overset{\|}{C}}CH_2CH_2\overset{O}{\overset{\|}{C}}CH_3 \xrightarrow[\triangle]{H_2SO_4}$

(3) $\xrightarrow{NaOH}$

(4) $+ Br_2 \xrightarrow{H^+(痕量)}$

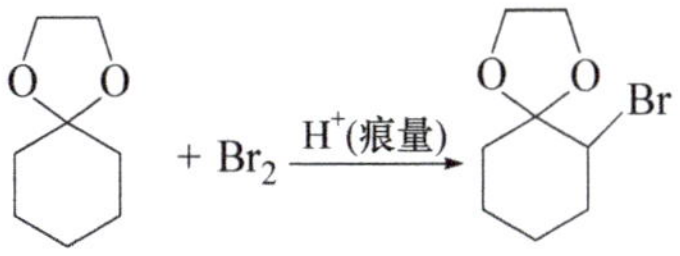

8. 由不超过四个碳原子的简单有机化合物合成下列化合物。

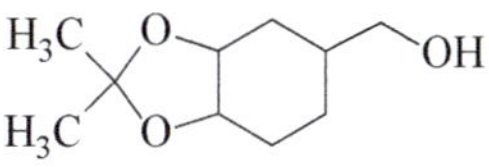

9. 由苯及不超过四个碳原子的原料合成下列化合物。

(1) $CH_3CH_2CH_2CH_2\underset{CH_2OH}{\underset{|}{C}H}CH_2CH_2CH_3$　　(2) $CH_3\overset{O}{\overset{\|}{C}}CH_2CH_2CH_2OH$

(3) 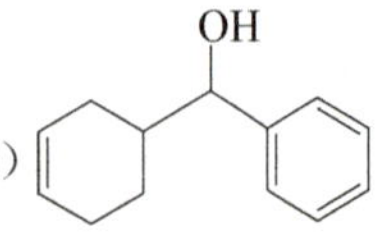 OH

10. 由苯、甲苯及不超过四个碳原子的原料合成下列化合物。

(1) 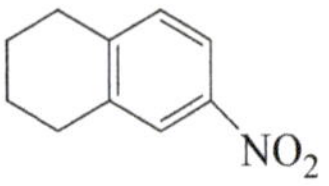 NO_2　　　(2) —CHO

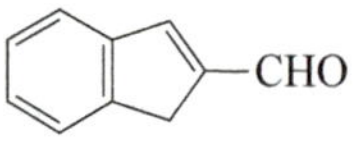

(3) $(CH_3)_3C$—⬡—CH_2CHCHO（CH_3） 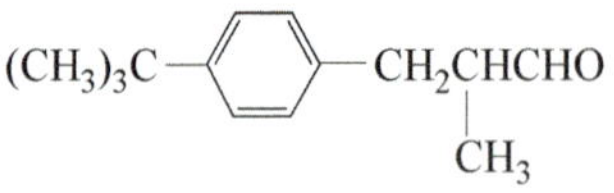　　　(4) 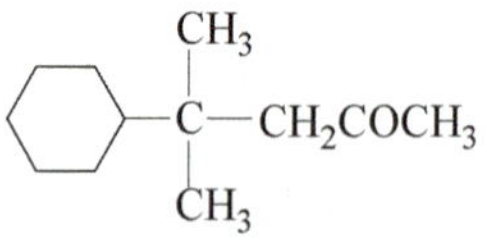 ⬡—C(CH_3)(CH_3)—CH_2COCH_3

11. 某旋光化合物 **A**,分子式为 $C_5H_{12}O$,**A** 经 $KMnO_4/OH^-$ 氧化得到没有旋光的化合物 **B**,分子式为 $C_5H_{10}O$,**B** 与溴化正丙基镁反应后水解得到化合物 **C**,**C** 可以被拆分为两个对映体。试推测 **A**～**C** 的结构式,并用反应式表示。

12. 某化合物 **A**,分子式为 $C_5H_{10}O$,与 Br_2/CCl_4 或金属钠均不发生反应。**A** 用稀盐酸或稀氢氧化钠的水溶液处理后都得到化合物 **B**,分子式为 $C_5H_{12}O_2$,**B** 与 HIO_4 水溶液反应得到甲醛和分子式为 C_4H_8O 的化合物 **C**,**C** 可以发生碘仿反应。试推测 **A**～**C** 的合理结构式。

13. 某化合物 **A**,分子式为 C_4H_8O,IR:1725cm^{-1} 处有强吸收峰,^1H NMR(δ):1.2(d,6H),3.3(m,1H),9.7(d,1H)。试推测 **A** 的结构式。

14. 某化合物 **A**,分子式为 $C_7H_{14}O$,IR:1710cm^{-1} 处有强吸收峰,^1H NMR(δ):1.0(s,9H),2.1(s,3H),2.3(s,2H)。试推测 **A** 的结构式。

15. 化合物 **A** 和 **B** 是互为异构体的二酮化合物,分子式为 $C_6H_{10}O_2$,其^1H NMR(δ)的数据分别如下:**A** 有两组峰,2.2(s,6H),2.8(s,4H);**B** 有两组峰,1.3(t,6H),2.8(q,4H)。试推测 **A** 和 **B** 的结构式。

16. 化合物 **A**,分子式为 $C_4H_6O_2$,IR:1740cm^{-1} 处有强吸收峰,核磁共振氢谱中只有一个单峰。试推测 **A** 的结构式。

17. 某化合物 **A**,分子式为 $C_6H_{12}O$,不与 Tollens 试剂反应,能与羟胺生成肟,催化氢化得到化合物 **B**,分子式为 $C_6H_{14}O$,**B** 经浓硫酸脱水,主要得到化合物 **C**,分子式为 C_6H_{12},**C** 经臭氧化/还原性水解,得到液体 **D** 和 **E**,分子式均为 C_3H_6O,**D** 能发生碘仿反应,但不与 Fehling 试剂反应,**E** 能与 Tollens 试剂反应得到银镜,但不发生碘仿反应。试推测 **A**～**E** 的结构式,并用反应式表示。

第 11 章　羧酸和取代酸

主要内容

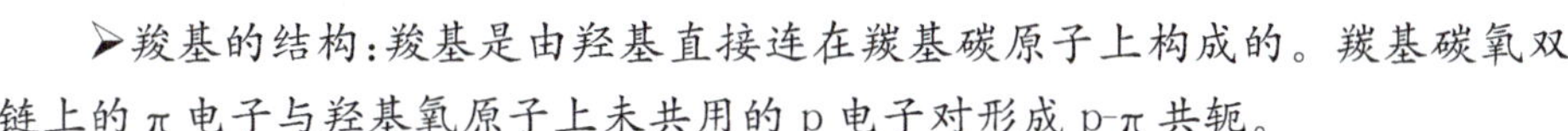

➢羧基的结构：羧基是由羟基直接连在羰基碳原子上构成的。羰基碳氧双键上的 π 电子与羟基氧原子上未共用的 p 电子对形成 p-π 共轭。

➢羧酸和取代羧酸的物理性质(含波谱特征)。

➢羧酸的化学性质：酸性；酯、酰胺、酰卤和酸酐的生成；脱羧反应；还原；α-氢的卤化。

➢卤代酸、醇酸和酮酸的反应及应用。

➢乙酰乙酸乙酯和丙二酸二乙酯的性质及其在有机合成中的应用。

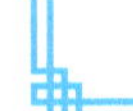

羧酸(carboxylic acid)是分子中含羧基(—COOH，carboxyl)的化合物。根据羧基所连的烃基不同，可分为脂肪族羧酸、脂环族羧酸、芳香族羧酸和杂环羧酸等。羧基是羧酸的官能团。

羧基与脂肪烃基相连的属于脂肪族羧酸，与芳香烃基相连的属于芳香族羧酸，与杂环相连的属于杂环羧酸。烃基中含卤素、羟基、氨基等取代基的属于取代羧酸，烃基中含碳碳不饱和键的属于不饱和羧酸。分子中含两个以上羧基的属于多元羧酸。例如

$CH_3—COOH$　　（环己基）—COOH

脂肪族羧酸

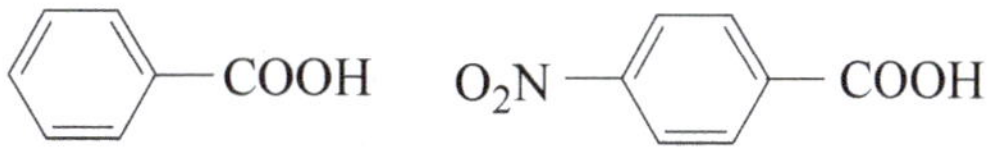

（苯基）—COOH　　O_2N—（对亚苯基）—COOH

芳香族羧酸

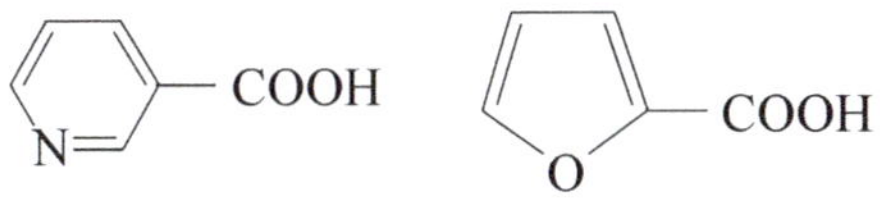

（3-吡啶基）—COOH　　（2-呋喃基）—COOH

杂环羧酸

CH_2COOH | Cl　　CH_2COOH | OH　　CH_2COOH | NH_2

取代羧酸

$C_6H_5CH=CHCOOH$　　（环己烯基）—COOH

不饱和羧酸

$CH_2(COOH)_2$　　HOOC—（对亚苯基）—COOH

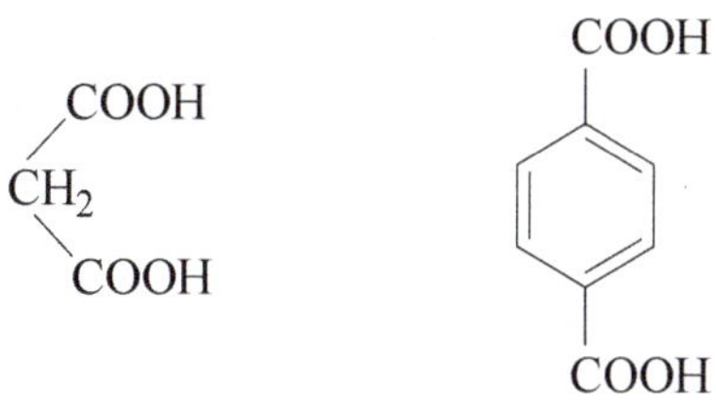

二元羧酸

羧酸广泛地存在于自然界，许多羧酸和取代羧酸是动植物代谢中的重要物质，与生命现象、人类生活紧密相关，也是化学工业的重要原料。

11.1 羧基的结构和命名

11.1.1 羧酸的结构

羧基是羟基直接连在羰基碳原子上构成的，羧基中的羰基碳原子与醛、酮中的羰基相似，也是 sp^2 杂化的。羧基碳氧双链上的 π 电子与羟基氧原子上未共用的 p 电子对形成 p-π 共轭，如图 11-1 所示。

p-π 共轭的结果使羰基碳原子上的正电荷有所减少，羰基与亲核试剂的反应活性降低，羟基中的氧氢键有所削弱，氢容易以质子的形式离去。乙酸的电子云密度分布图如图 11-2 所示。

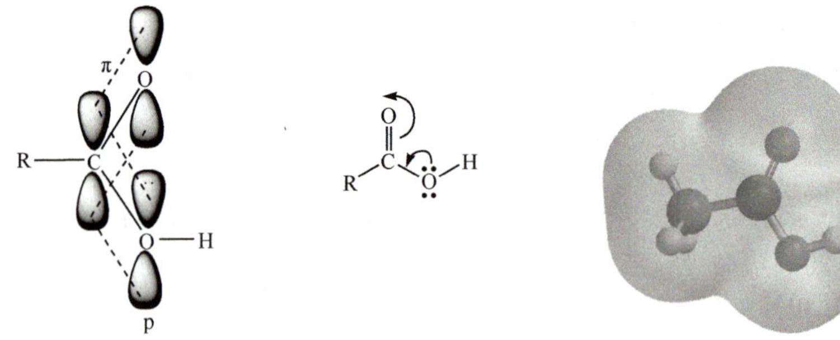

图 11-1 羧酸结构示意图

图 11-2 乙酸的电子云密度分布图

对于一元羧酸(或二缔合体)，X 射线衍射实验证明，羧酸中的 C═O 和 C—O 键的键长不相等。例如，在甲酸的结构中，各键长和键角数据如下：

甲酸

键长		键角	
C═O	123pm	H—C═O	124°
C—H	110pm	O—C═O	125°
C—O	134pm	C—O—H	106°
O—H	97pm	H—C—O	111°

C═O 键的键长与醛、酮中的 C═O 键长相近，C—O 键的键长比醇中的 C—O 键长短。而在甲酸盐中，两个 C—O 键的键长都是 126pm，说明在羧酸根(—COO⁻)中，两个 C—O 键没有区别，负电荷离域于三个原子之间。

11.1.2　羧酸的命名

许多羧酸可直接从自然界得到，因此不少羧酸都有根据来源命名的俗名，如蚁酸（甲酸）、醋酸（乙酸）、草酸（乙二酸）、琥珀酸（丁二酸）、安息香酸（苯甲酸）、月桂酸（十二酸）等。

羧酸的系统命名是选择分子中含羧基的最长碳链为主链，根据主链上碳原子的数目称为某酸。从羧基碳原子开始对主链碳原子编号，取代基在主链上的位次则根据主链碳原子的编号用阿拉伯数字标出，写在母体名称的前面。例如

丁酸 (butanoic acid)　　2-甲基戊酸 (2-methylpentanoic acid)　　2,3-二甲基丁酸 (2,3-dimethylbutanoic acid)

2-羟基丙酸 2-hydroxypropanoic acid)　　2,3-二溴丁酸 (2,3-dibromobutanoic acid)　　3-氧亚基丁酸 (3-oxobutanoic acid)

对于不饱和酸，必须选择含羧基和不饱和键在内的最长碳链作为主链，称为某烯（炔）酸。将不饱和键的位次标于母体名称“烯（炔）”之前，如果有构型，则将构型标在名称的最前面。对于主链大于 10 个碳原子的不饱和羧酸，命名时通常在主链碳数后面加一个“碳”字。例如

$(CH_3)_2C{=}CHCOOH$　　　　$CH_3(CH_2)_4CH{=}CHCH_2CH{=}CH(CH_2)_7COOH$

3-甲基丁-2-烯酸 (3-methylbut-2-enoic acid)　　十八碳-9,12-二烯酸 (octadec-9,12-dieneoic acid)

$$\begin{array}{c} CH_3(CH_2)_6CH_2 \quad\quad CH_2(CH_2)_6COOH \\ C{=}C \\ H \quad\quad\quad H \end{array}$$

(*Z*)-十八碳-9-烯酸(油酸)
[(*Z*)- octadec-9-enoic acid]

命名脂环酸和芳香酸时，将脂环和芳基作为取代基的甲酸命名。例如

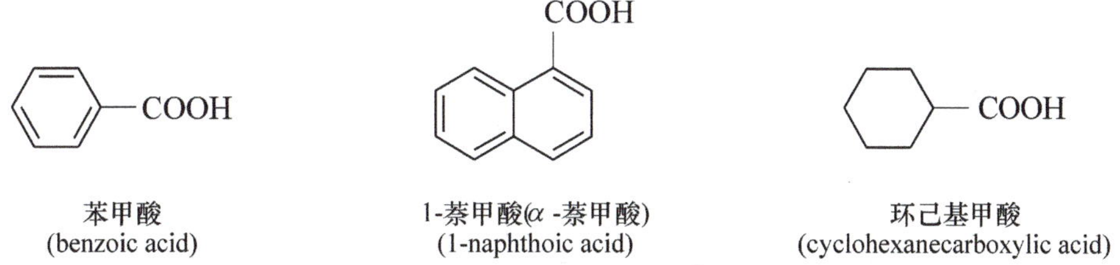

苯甲酸 (benzoic acid)　　1-萘甲酸(α -萘甲酸) (1-naphthoic acid)　　环己基甲酸 (cyclohexanecarboxylic acid)

$\mathrm{C_6H_4(OH)COOH}$（邻位）　　$\mathrm{C_6H_4(Br)COOH}$（间位）　　$\mathrm{CH_3O-C_6H_4-COOH}$（对位）

2-羟基苯甲酸
(2-hydroxybenzoic acid)

3-溴苯甲酸
(3-bromobenzoic acid)

4-甲氧基苯甲酸
(4-methoxybenzoic acid)

对于在主链上含有芳基或脂环基的羧酸，都把芳基或脂环基当作取代基命名。例如

$\mathrm{CH_3O-C_6H_4-CH{=}CHCOOH}$　　3-Br-环己基-COOH

3-(4-甲氧基苯基)丙-2-烯酸
[3-(4-methoxyphenyl)prop-2-enoic acid]

3-溴环己基甲酸
(3-bromocyclohexanecarboxylic acid)

命名二元羧酸及多元羧酸时，选择含有两个羧基在内的最长碳链为主链，作为母体二酸，称为某二酸。例如

$\mathrm{HOOCCOOH}$　　顺式 $\mathrm{HOOC(H)C{=}C(H)COOH}$　　$\mathrm{C_6H_4(COOH)_2}$（邻位）

乙二酸
(ethanedioic acid)

顺丁烯二酸
(*cis*-butenedioic acid)

邻苯二甲酸
(1,2-benzenedicarboxylic acid)

$\mathrm{HO-\overset{O}{\overset{\|}{C}}-CH_2\underset{}{\overset{Br}{\overset{|}{C}}}HCH_2CH_2-\overset{O}{\overset{\|}{C}}-OH}$

3-溴己二酸
(3-bromohexanedioic acid)

$\mathrm{HO-\overset{O}{\overset{\|}{C}}-\underset{CH_3}{\underset{|}{C}}H\overset{Ph}{\overset{|}{C}}HCH_2-\overset{O}{\overset{\|}{C}}-OH}$

2-甲基-3-苯基戊二酸
(2-methyl-3-phenylpentanedioic acid)

羧酸的普通命名法是从羧基的邻位碳原子开始对主链用 α、β、γ、δ、…、ω 依次编号，末端碳原子用 ω 表示。命名时主链上取代基的位置即用 α、β、γ、δ、…、ω 表示。例如

$\mathrm{\overset{\omega}{C}H_3\overset{\delta}{C}H_2\overset{\gamma}{C}H(CH_3)\overset{\beta}{C}H(CH_2CH_3)\overset{\alpha}{C}H_2COOH}$

β-乙基-γ-甲基己酸

(β-ethyl-γ-methylhexanoic acid)

$\mathrm{CH_3\underset{OH}{\underset{|}{C}}HCOOH}$　　$\mathrm{BrCH_2CH_2CH_2CH_2COOH}$　　$\mathrm{CH_3\underset{O}{\underset{\|}{C}}CH_2COOH}$

α-羟基丙酸
(α-hydroxypropanoic acid)

ω-溴代戊酸
(ω-bromopentanoic acid)

β-氧亚基丁酸
(β-butanone acid)

问题 11-1　用系统命名法命名下列化合物。

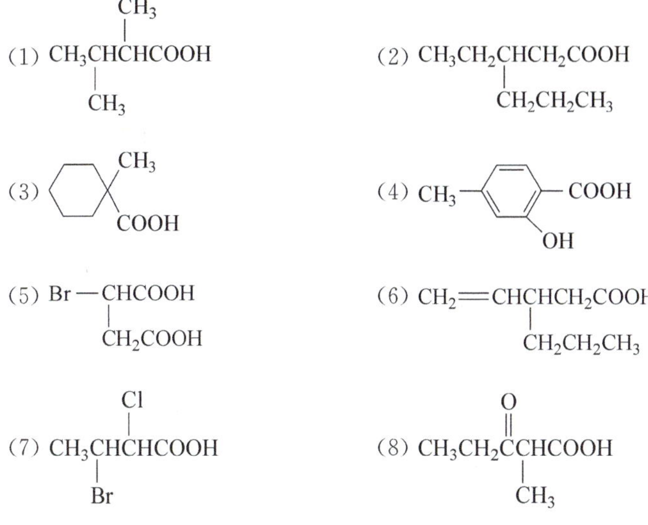

问题 11-2　按照下列化合物的名称写出相应的结构式。

(1) 2-溴-4-甲基己酸　　(2) 3-苯基丙烯酸

(3) 二羟基丁二酸　　(4) 4-甲基-3-氧亚基-4-苯基己酸

(5) 丁炔二酸　　(6) β-羟基戊酸

11.2　羧酸的物理性质

常温下，C_9 以下的饱和一元脂肪酸为液体，C_1～C_4 的低级脂肪酸具有较强的刺鼻气味，可溶于水，C_5～C_{10}的脂肪酸具有难闻的酸性腐臭味，难溶或不溶于水。C_{10}以上的脂肪酸呈蜡状固体，微味或无味，基本不溶于水。芳香羧酸大多为结晶固体，在水中溶解度不大。

直链饱和一元羧酸的沸点比相对分子质量相近的醇的沸点高。例如，甲酸和乙醇的相对分子质量都是 46，它们的沸点分别为 100.7℃和 78.3℃；乙酸和正丙醇的相对分子质量都是 60，它们的沸点分别为 118℃和 97.2℃。这是由于两个羧酸分子间能生成两个氢键，形成二缔合体。

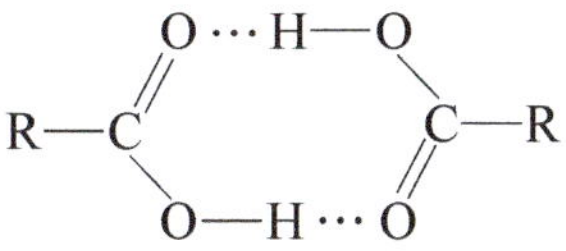

```
      O···H—O
     //       \
R—C           C—R
     \       //
      O—H···O
```

二缔合体

羧酸在液态和固态时主要以二缔合体的形式存在，相对分子质量小的甲酸和乙酸甚至在气态时也以二缔合体的形式存在。

直链饱和一元羧酸的熔点随着相对分子质量的增大呈锯齿状上升，而含偶数碳原子羧酸的熔点又比与它相邻的两个奇数碳原子羧酸的熔点高(图 11-3)。

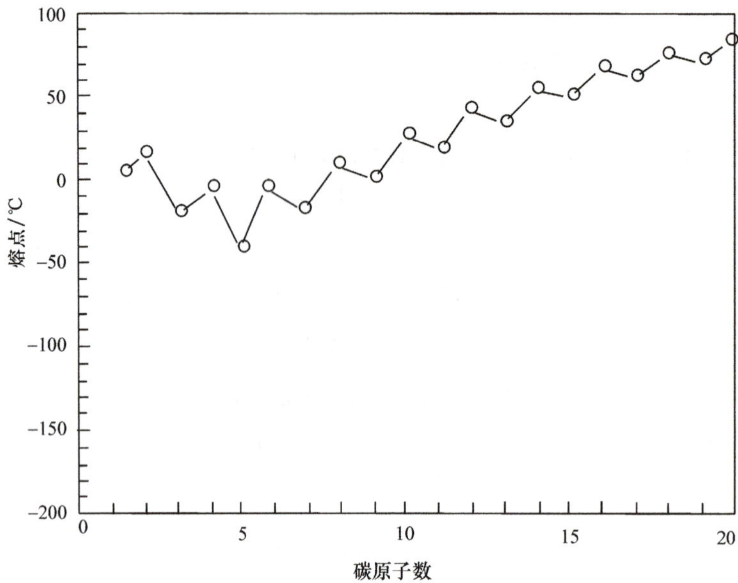

图 11-3　直链饱和一元羧酸的熔点曲线示意图

常见羧酸的物理常数见表 11-1。

表 11-1　常见羧酸的物理常数

化合物(俗名)	熔点/℃	沸点/℃	溶解度/[g·(100g H_2O)$^{-1}$]	pK_{a1}	pK_{a2}
甲酸(methanoic acid,蚁酸)	8.4	100.5	∞	3.77	—
乙酸(ethanoic acid,醋酸)	16.6	118	∞	4.76	—
丙酸(propanoic acid,初油酸)	−21	141	∞	4.88	—
丁酸(butanoic acid,酪酸)	−6	164	∞	4.82	—
戊酸(pentanoic acid,缬草酸)	−34.5	187	4.97	4.85	—
己酸(hexanoic acid,羊油酸)	−3	205	1.08	4.85	—
庚酸(heptanoic acid,毒水芹酸)	−11	223.5	—	4.89	—
辛酸(octanoic acid,羊脂酸)	16	239	0.07	4.85	—
十六酸(hexadecanoic acid,软脂酸)	62.9	221.5	不溶	6.46	—
十八酸(octadecanoic acid,硬脂酸)	70	383	不溶	6.37	—
乙二酸(ethanedioic acid,草酸)	189	157(分解)	10	1.26	4.27
丙二酸(propanedioic acid,缩苹果酸)	135	140(分解)	74	2.80	5.85
丁二酸(butanedioic acid,琥珀酸)	185	235 失水	5.8	4.21	5.64
戊二酸(pentanedioic acid,胶酸)	98	303	63.9	4.34	5.42
己二酸(hexanedioic acid,肥酸)	153	265/100 mmHg	2	4.42	5.61
苯甲酸(benzoic acid,安息香酸)	121.7	249	0.34	4.19	—
对苯二甲酸(*p*-phthalic acid,对酞酸)	300	—	不溶	3.52	4.85
丙烯酸(propenoic acid)	13	141	∞	4.26	—
3-苯基丙烯酸(3-phenyl propenoic acid,肉桂酸)	133	300	不溶	4.44	—

羧酸通常以二缔合体的形式存在，其 C=O 的伸缩振动在 1725～1695cm^{-1}，O—H 的伸缩振动也因二缔合体在 3330～2500cm^{-1} 表现为一个强而宽的峰，其中心在 3000cm^{-1} 附近。由于其吸收峰与 C—H 的伸缩振动叠加，因此在 2700～2000cm^{-1} 常出现肩峰。另外，1250cm^{-1} 附近的 C—O 伸缩振动吸收峰和 925cm^{-1} 附近的 O—H 弯曲振动吸收峰都是羧酸的特征峰。

在羧酸的二缔合体中，羧基上的氢受氢键缔合的去屏蔽效应，羧基中质子的 ^{1}H NMR 化学位移 δ 为 10～13，当与 D_2O 交换后，该信号消失。α-碳原子上的氢受羧基的影响，化学位移 δ 为 2.0～2.6。羧基碳原子的 ^{13}C NMR 化学位移 δ 在 180 左右。

11.3　羧酸的酸性

羧酸的化学性质主要发生在羧基上及羧基对 α-碳原子上的氢的影响。

$$\mathrm{R-\overset{|}{\underset{\underset{H}{|}}{C}}\overset{c}{\vdots}\overset{O}{\overset{\|}{C}}\overset{b}{\vdots}O\overset{a}{\vdots}H}\quad (d: \text{C—H})$$

在 a 处断裂，显示羧酸的酸性；在 b 处断裂，羧酸提供酰基，起酰基化作用；在 c 处断裂，羧基脱去 CO_2，表现为羧酸的脱羧反应；在 d 处断裂，是 α-碳原子上的氢原子受羧基的影响，活性增加，在一定条件下被取代。

11.3.1　羧酸酸性的强弱

羧基中 O—H 键受羰基与羟基的 p-π 共轭的影响，氢容易以质子形式离去，使羧酸显示酸性。解离后生成的负离子（$RCOO^-$）中的负电荷，因 p-π 共轭而不再只集中在原来的氧原子上，而是分散在三中心的共轭体系中，使负离子趋于稳定。

$$\left[-C\begin{matrix}\nearrow \ddot{O}: \\ \searrow :\ddot{O}:^- \end{matrix} \longleftrightarrow -C\begin{matrix}\nearrow :\ddot{O}:^- \\ \searrow \ddot{O}: \end{matrix}\right] \quad \text{或} \quad \left.-C\begin{matrix} O \\ O \end{matrix}\right\}^-$$

乙酸根的电子云密度分布图如图 11-4 所示。

羧酸在水溶液中有下列电离平衡：

$$RCOOH + H_2O \rightleftharpoons RCOO^- + H_3O^+$$

平衡常数用 K_a 表示：

$$K_a = \frac{[RCOO^-][H_3O^+]}{[RCOOH]}$$

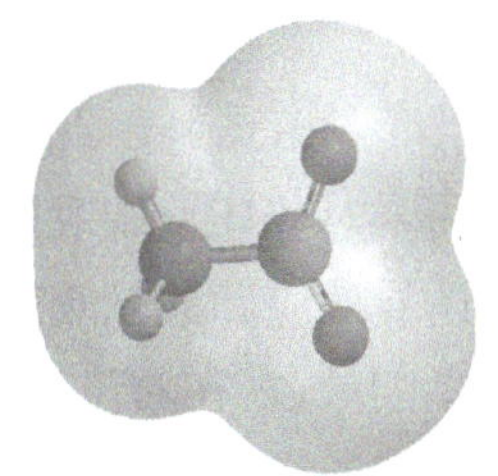
图 11-4　乙酸根的电子云密度分布图

K_a 值越大或 pK_a 值越小，说明酸性越强。大多数未取代的饱和一元羧酸是弱酸，pK_a 为 3～5，因此在电离平衡体系中，主要是以未电离的形式存在。例如，乙酸在水中解离的平衡常数 $K_a=1.75\times10^{-5}$，$pK_a=4.74$，这说明 $0.1mol\cdot L^{-1}$ 乙酸水溶液中，只有约 1.3%的乙酸分子解离。

羧酸的酸性比无机酸 HCl、H_2SO_4 等弱，但比碳酸（$pK_a=6.35$）和苯酚（$pK_a=10$）强。因此，羧酸能与 NaOH 和 $NaHCO_3$ 反应，而苯酚仅能与 NaOH 反应，但不与 $NaHCO_3$ 反应。

$$RCOOH + NaOH \longrightarrow RCOONa + H_2O$$

$$RCOOH + NaHCO_3 \longrightarrow RCOONa + H_2O + CO_2$$

因此，可以利用稀碳酸氢钠水溶液区别或分离羧酸和酚。

影响羧酸酸性强弱的主要因素是羧酸分子的结构，分子中凡有任何能使羧酸根负离子稳定的因素都有利于其酸性增强，羧酸根负离子的负电荷越分散，负离子越稳定，羧酸的酸性越强，反之则酸性越弱。因此，对取代的饱和一元羧酸，烃基上具有－I 效应的取代基使酸性增强，具有＋I 效应的取代基使酸性减弱。

烷基具有＋I 效应，因此在饱和的一元脂肪酸中，甲酸的酸性最强。例如

	HCOOH	CH_3COOH
pK_a	3.77	4.76

卤素具有－I 效应，卤素取代的脂肪族羧酸，其酸性比没有取代的羧酸强，且随着卤素的－I 效应增大而酸性增强。例如

	FCH_2COOH	$ClCH_2COOH$	$BrCH_2COOH$	ICH_2COOH
pK_a	2.66	2.86	2.90	3.18
	Cl_3CCOOH	$Cl_2CHCOOH$	$ClCH_2COOH$	CH_3COOH
pK_a	0.64	1.26	2.86	4.76

由于诱导效应随着碳链的传递迅速减弱，因此 α-取代的卤代酸的酸性比 β-取代和 γ-取代的酸性强。例如

	$CH_3CH_2CH_2COOH$	$ClCH_2CH_2CH_2COOH$	$CH_3CHClCH_2COOH$	$CH_3CH_2CHClCOOH$
pK_a	4.81	4.52	4.06	2.84

苯甲酸的酸性比乙酸稍强，这是由于在苯甲酸和乙酸分子中，羧基分别连在 sp^2 和 sp^3 杂化的碳原子上，而前者碳原子中的 s 成分比后者略多，因此前者碳原子的电负性比后者略强。结果是苯甲酸的酸性比乙酸稍强，比甲酸弱。

	HCOOH	C_6H_5COOH	CH_3COOH
pK_a	3.77	4.20	4.76

对芳环上有取代基的芳香族羧酸，要根据具体情况具体分析。芳环上的取代基可以通过诱导效应和共轭效应影响羧基的电离，即影响它的酸性。对于诱导效应，取代基在羧基的邻位影响最大，在对位影响最小，间位的影响居中。对于共轭效应，取代基在羧基的邻、对位有共轭效应的影响，而在间位没有共轭效应的影响。对于同时具有诱导和共轭效应的邻、对位上的取代基，还要考虑诱导效应和共轭效应的方向、大小。

例如，在硝基取代的苯甲酸中，硝基在羧基的邻、对位时，都具有－I 和－C 效应，但邻位

的－I 效应比对位大，而硝基在羧基的间位时，只有比邻位小的－I 效应，而没有－C 效应，因此酸性的强弱次序为邻硝基苯甲酸＞对硝基苯甲酸＞间硝基苯甲酸。

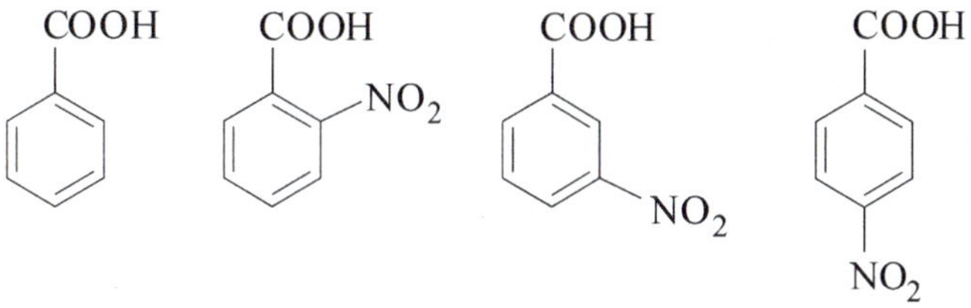

	苯甲酸 (COOH)	邻硝基苯甲酸 (COOH, NO_2)	间硝基苯甲酸 (COOH, NO_2)	对硝基苯甲酸 (COOH, NO_2)
pK_a	4.20	2.21	3.49	3.42

在卤素取代的苯甲酸中，卤素氯在羧基的邻、对位时，都具有－I 和＋C 效应，但邻位的－I 效应比对位大，而氯在羧基的间位时，只有比邻位小的－I 效应，因此酸性的强弱次序为邻氯苯甲酸＞间氯苯甲酸＞对氯苯甲酸。

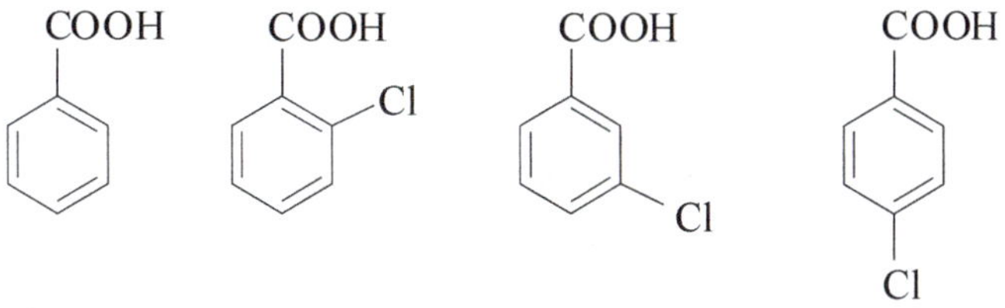

	苯甲酸 (COOH)	邻氯苯甲酸 (COOH, Cl)	间氯苯甲酸 (COOH, Cl)	对氯苯甲酸 (COOH, Cl)
pK_a	4.20	2.92	3.83	3.97

对于取代苯甲酸，除上述诱导和共轭电子效应外，空间效应有时也影响羧酸的酸性，一般来说，邻位取代苯甲酸因空间效应有利于羧基的解离，使酸性增强。另外，能在分子内形成氢键的也使羧酸的酸性增强。例如，邻羟基苯甲酸能在分子内形成氢键，这有利于羧基的解离。

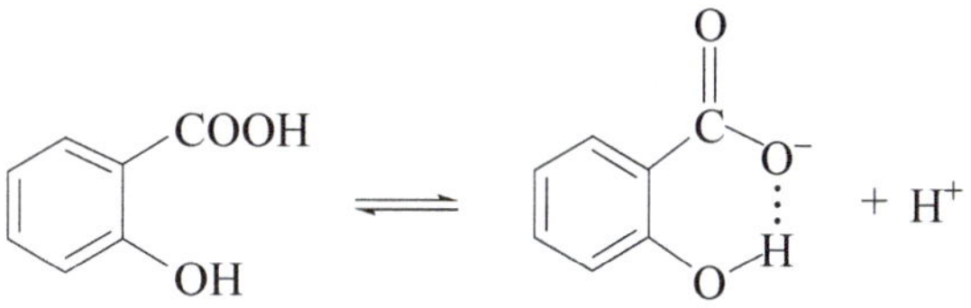

$$\text{邻羟基苯甲酸 (COOH, OH)} \rightleftharpoons \text{邻羟基苯甲酸根（}C(=O)O^- \cdots H-O\text{ 分子内氢键）} + H^+$$

邻羟基苯甲酸的 pK_a 为 2.98，而间羟基苯甲酸和对羟基苯甲酸的 pK_a 分别为 4.08 和 4.57。部分单取代苯甲酸的 pK_a 值见表 11-2。

表 11-2　部分单取代苯甲酸的 pK_a 值

R	*o*	*m*	*p*
H	4.20	4.20	4.20
CH_3	3.91	4.27	4.38
F	3.27	3.86	4.14
Cl	2.92	3.83	3.97
Br	2.85	3.81	3.97
I	2.86	3.85	4.02
OH	2.98	4.08	4.57
OCH_3	4.09	4.09	4.47
NO_2	2.21	3.49	3.42

二元羧酸分子中有两个羧基，它们是分步电离的，因此二元羧酸有两个 pK_a 值，即 pK_{a1} 和 pK_{a2}。由于羧基具有－I 诱导效应，有利于第一个羧基的电离，第一个羧基比饱和一元羧酸的酸性强，其 pK_{a1} 小于一元羧酸的 pK_a 值，但随着两个羧基之间碳链的增加，诱导效应的影响逐渐减弱，因此 C_4 以上的二元羧酸，其 pK_{a1} 已逐渐接近一元羧酸的 pK_a 值。由于二元羧酸两个羧基都电离生成两个带负电荷的羧酸根离子，同种电荷相斥，使羧酸根的双负离子势能升高，稳定性降低，因此第二个羧基的电离比第一个羧基的电离小，即 pK_{a2} 值大于 pK_{a1} 值。而 pK_{a1} 值与 pK_{a2} 值的差反映了两个羧基之间相互影响力的大小。例如

HOOCCOOH	CH_3COOH
pK_{a1} 1.27 pK_{a2} 4.27	pK_a 4.76
$HOOCCH_2COOH$	CH_3CH_2COOH
pK_{a1} 2.83 pK_{a2} 5.69	pK_a 4.87
$HOOCCH_2CH_2COOH$	$CH_3CH_2CH_2COOH$
pK_{a1} 4.21 pK_{a2} 5.64	pK_a 4.82

羧酸可以与碱及金属氧化物反应生成羧酸盐，羧酸的碱金属盐（如钠盐、钾盐等）都能溶于水。在注射用药、食品添加剂、表面活性剂等行业中，也常将羧酸制成相应的碱金属盐，如抗生素青霉素钠（或钾）盐、食品防腐剂苯甲酸钠等，以便在使用时能得到相应的溶液。

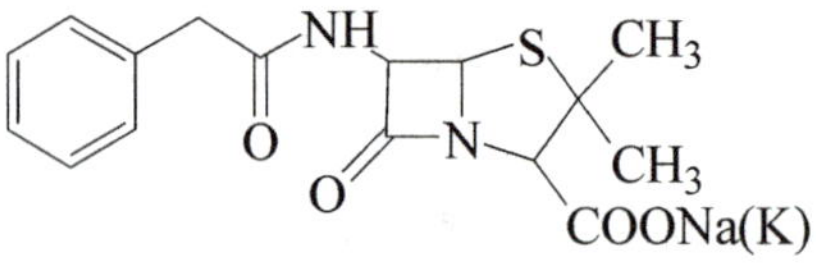

青霉素钠(钾) 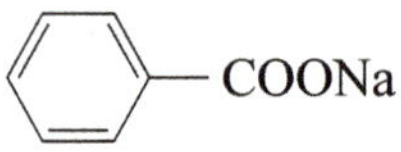　　　　苯甲酸钠

11.3.2 酸性的应用

利用羧酸的碱金属盐（如钠盐、钾盐等）都能溶于水的性质，可以将羧酸与其他不溶于水的中性或碱性化合物分离。例如，要把含有苯甲醚、苯甲酸和苯酚的混合物中各组分分离，可先将混合物溶于乙醚，因为苯甲酸可以溶于碳酸氢钠水溶液，所以可以用碳酸氢钠的水溶液将乙醚溶液中的苯甲酸提取到水溶液中，分离出水层，用盐酸酸化后将沉淀过滤、纯化，即得到苯甲酸。醚溶液再用氢氧化钠水溶液提取，苯酚被提取到水溶液中，分离出水层，用盐酸酸化、分离、纯化得到苯酚。苯甲醚仍留在醚溶液中，经水洗、干燥、蒸去乙醚、蒸馏纯化，得到苯甲醚。其分离过程示意如下：

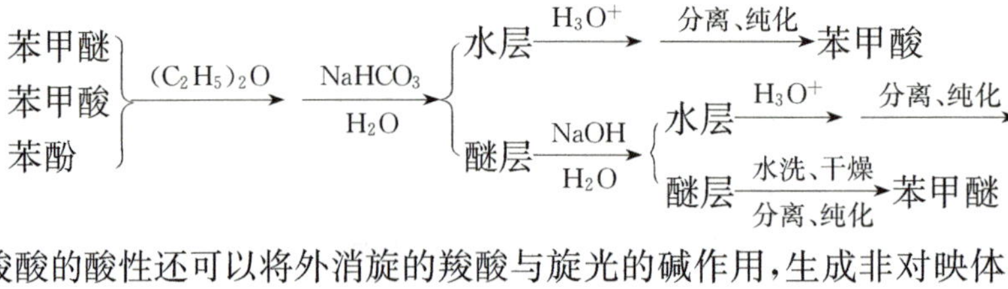

苯甲醚、苯甲酸、苯酚 $\xrightarrow{(C_2H_5)_2O}$ $\xrightarrow[H_2O]{NaHCO_3}$
- 水层 $\xrightarrow{H_3O^+}$ $\xrightarrow{\text{分离、纯化}}$ 苯甲酸
- 醚层 $\xrightarrow[H_2O]{NaOH}$
  - 水层 $\xrightarrow{H_3O^+}$ $\xrightarrow{\text{分离、纯化}}$ 苯酚
  - 醚层 $\xrightarrow[\text{分离、纯化}]{\text{水洗、干燥}}$ 苯甲醚

利用羧酸的酸性还可以将外消旋的羧酸与旋光的碱作用，生成非对映体的盐，经分离后，分别释放出旋光的酸，从而达到将外消旋的酸拆分的目的。其拆分的过程示意如下：

$$(\pm)\text{-酸} + (+)\text{-碱} \longrightarrow \left\{\begin{array}{l}(+)\text{-酸}\cdot(+)\text{-碱}\\(-)\text{-酸}\cdot(+)\text{-碱}\end{array}\right] \xrightarrow{\text{分步结晶}} \left\{\begin{array}{l}(+)\text{-酸}\cdot(+)\text{-碱}\xrightarrow{H_3O^+}(+)\text{-酸}\\(-)\text{-酸}\cdot(+)\text{-碱}\xrightarrow{H_3O^+}(-)\text{-酸}\end{array}\right.$$

（外消旋体）　（旋光的碱）　（非对映异构体）　（拆分开的非对映体）　（拆分开的对映体）

问题 11-3　试比较下列羧酸的酸性大小(由强到弱排列)。

(1) 苯甲酸、环己基甲酸

(2) 丙二酸、乙二酸、乙酸

(3) 丁-3-烯酸、丁-3-炔酸、丁酸

(4) 邻氯苯甲酸、邻甲基苯甲酸、邻硝基苯甲酸、邻甲氧基苯甲酸、邻氟苯甲酸

11.4　羧酸衍生物的生成

羧基中的羟基(HO—)可被烷氧基(RO—)、氨基(H_2N—)、酰氧基(RCOO—)或卤素(X—)取代，分别生成酯(ester)、酰胺(amide)、酸酐(acid anhydride)或酰卤(acyl halide)，它们称为羧酸衍生物。

$$\underset{\text{酯}}{R-\overset{O}{\overset{\|}{C}}-OR'} \qquad \underset{\text{酰胺}}{R-\overset{O}{\overset{\|}{C}}-NH_2} \qquad \underset{\text{酸酐}}{R-\overset{O}{\overset{\|}{C}}-OCOR'} \qquad \underset{\text{酰卤}}{R-\overset{O}{\overset{\|}{C}}-X}$$

11.4.1　酯的生成

在强酸催化下，羧酸与醇反应生成酯，称为羧酸的酯化(esterification)反应。若没有酸催化，则酯化反应很慢。

$$RCOOH + R'OH \underset{\triangle}{\overset{H^+}{\rightleftharpoons}} \underset{\text{酯}}{RCOOR'} + H_2O$$

常用的强酸催化剂有硫酸、氯化氢、对甲苯磺酸或强酸性阳离子交换树脂等。

酯化反应为可逆反应，在反应达到平衡时，只有部分羧酸能转变成酯。例如，等物质的量的乙酸和乙醇反应，当酯化反应达到平衡时只有 65%的乙酸转变成乙酸乙酯。反应时加入过量廉价、易得的反应物酸或醇，如用 1mol 乙酸与 8～10mol 乙醇反应，则约有 97%的乙酸转变成乙酸乙酯。另外，也可以在酯化过程中不断蒸出低沸点的酯，或者加入能与水形成共沸的溶剂(如苯或环己烷等)，在反应中不断将生成的水带出反应体系，使平衡向右移动，这些方法都能提高酯的产率。

在酯化反应中，羧酸和醇分子之间脱去一分子水，失水可按下面两种方式进行。

$$\underset{(\text{I})}{R-\overset{O}{\overset{\|}{C}}\,\fbox{$-OH\quad H-$}\,OR'} \quad \text{或} \quad \underset{(\text{II})}{R-\overset{O}{\overset{\|}{C}}-O\,\fbox{$-H\quad HO-$}\,R'}$$

方式(Ⅰ)是羧基中的羟基和醇羟基中的氢脱去一分子水生成酯；方式(Ⅱ)是羧基中羟基上的氢和醇羟基脱去一分子水生成酯。羧酸与伯醇和仲醇的酯化反应主要按方式(Ⅰ)脱水。其反应机理如下：

$$R-\overset{\overset{\displaystyle O}{\|}}{C}-OH \xrightleftharpoons{H^+} R-\overset{\overset{\displaystyle \overset{+}{O}H}{\|}}{C}-OH \xrightleftharpoons{H\ddot{O}R'} R-\underset{\underset{\displaystyle R'-\underset{+}{O}H}{|}}{\overset{\overset{\displaystyle OH}{|}}{C}}-OH \rightleftharpoons R-\underset{\underset{\displaystyle OR'}{|}}{\overset{\overset{\displaystyle :OH}{|}}{C}}-\overset{+}{O}H_2$$

$$\xrightleftharpoons{-H_2O} R-\overset{\overset{\displaystyle ^{+}OH}{\|}}{C}-OR' \xrightleftharpoons{-H^+} R-\overset{\overset{\displaystyle O}{\|}}{C}-OR'$$

在酸催化下，首先是羧基中的羰基氧质子化，羰基碳原子的正电性增加，亲电性增强，然后受醇羟基的亲核进攻，形成一个四面体中间体，这一步是反应速率的决定步骤。再经过质子转移、消除水分子、恢复平面结构和形成质子化的酯，最后消除质子得到酯。结果是羧基中的羟基被烷氧基取代，是羧酸经亲核加成-消除机理的亲核取代反应。

将羧基或醇分子中的羟基氧原子用同位素^{18}O标记，证实了该反应机理。

$$C_6H_5-\overset{\overset{\displaystyle O}{\|}}{C}\boxed{-OH + H-}{}^{18}OCH_2CH_3 \xrightleftharpoons{H^+} C_6H_5-\overset{\overset{\displaystyle O}{\|}}{C}-{}^{18}OCH_2CH_3 + H_2O$$

或

$$C_6H_5-\overset{\overset{\displaystyle O}{\|}}{C}\boxed{-{}^{18}OH + H-}OCH_2CH_3 \xrightleftharpoons{H^+} C_6H_5-\overset{\overset{\displaystyle O}{\|}}{C}-OCH_2CH_3 + H_2{}^{18}O$$

也可以利用醇羟基直接与手性碳原子相连的旋光的醇来验证。例如

$$CH_3-\overset{\overset{\displaystyle O}{\|}}{C}\boxed{-OH+H-}O-\underset{(R或S)}{\overset{\overset{\displaystyle CH_3}{|}}{\overset{*}{C}H}}-(CH_2)_5CH_3 \xrightleftharpoons{H^+} CH_3-\overset{\overset{\displaystyle O}{\|}}{C}-O-\underset{(R或S)}{\overset{\overset{\displaystyle CH_3}{|}}{\overset{*}{C}H}}-(CH_2)_5CH_3 + H_2O$$

如果在醇分子中发生碳氧键断裂，则旋光的醇就可能发生外消旋化。

从上述反应机理可以看出，加成后的中间体具有四面体结构，原来羧基碳原子周围的空间位阻增加。因此，羧酸和醇的α-碳上的取代基越多、体积越大，则加成的反应中间体越不稳定，反应活化能越大，酯化反应越难进行。对于同一羧酸，酯化的速率为伯醇大于仲醇，而甲醇的酯化速率最快，即 $CH_3OH > RCH_2OH > R_2CHOH$。不同羧酸的酯化速率为 $HCOOH > CH_3COOH > RCH_2COOH > R_2CHCOOH > R_3CCOOH$。

羧酸与叔醇的酯化反应主要按方式(Ⅱ)进行脱水，首先是叔醇在酸的作用下形成碳正离子，然后羧基中羰基的π键异裂，与碳正离子结合，生成烷氧键，利用羟基氧的未共用电子对再生成π键，最后失去质子生成酯。

$$R_3C—\ddot{O}H \overset{H^+}{\rightleftharpoons} R_3C—\overset{+}{\ddot{O}}H_2 \overset{-H_2O}{\rightleftharpoons} R_3C^+ \xrightleftharpoons{\ddot{O}=C(R')—\ddot{O}H} R'—C(=\overset{+}{\ddot{O}}H)—O—CR_3 \overset{-H^+}{\rightleftharpoons} R'—C(=\ddot{O}:)—OCR_3$$

该反应机理也被同位素^{18}O标记所证实。

$$CH_3—\overset{O}{\overset{\|}{C}}—^{18}OH + (CH_3)_3COH \overset{H^+}{\rightleftharpoons} CH_3—\overset{^{18}O}{\overset{\|}{C}}—OC(CH_3)_3 + H_2O$$

由于水的碱性比羧酸的碱性强，所以水比羧酸更容易与叔碳正离子结合，因此叔醇酯化的产率很低。

问题 11-4　比较羧酸及醇发生酯化反应的速率大小。

(1) 下列羧酸与同一醇的酯化反应：

CH_3CH_2COOH，CH_3COOH，$(CH_3)_3CCOOH$，$(CH_3)_2CHCOOH$

(2) 下列醇与同一羧酸的酯化反应：

CH_3CH_2OH，CH_3OH，$(CH_3)_2CHOH$

11.4.2　酰胺的生成

羧酸与氨或胺(RNH_2 或 R_2NH)在较低温度下反应可生成铵盐，铵盐加热时分解得到酰胺或 *N*-取代酰胺。

$$RCOOH + NH_3 \overset{H^+}{\rightleftharpoons} RCO\bar{O}\overset{+}{N}H_4 \overset{\triangle}{\rightleftharpoons} \underset{\text{酰胺}}{RCONH_2} + H_2O$$

$$RCOOH + R'NH_2 \rightleftharpoons RCO\bar{O}\,\overset{+}{N}H_3R' \overset{\triangle}{\rightleftharpoons} \underset{N\text{-取代酰胺}}{RCONHR'} + H_2O$$

由于羧酸铵盐是弱酸和弱碱生成的盐，所以铵盐与羧酸和氨处于可逆平衡状态，因此羧酸铵在加热条件下脱水生成酰胺的过程可能为

$$R—\overset{\ddot{O}:}{\overset{\|}{C}}—ONH_4 \overset{\triangle}{\rightleftharpoons} R—\overset{\ddot{O}:}{\overset{\|}{C}}—OH + \ddot{N}H_3 \rightleftharpoons R—\underset{^+NH_3}{\overset{:\ddot{O}:^-}{\overset{|}{\underset{|}{C}}}}—\ddot{O}H \rightleftharpoons R—\underset{\ddot{N}H_2}{\overset{^-:\ddot{O}:}{\overset{|}{\underset{|}{C}}}}—\overset{+}{\ddot{O}}H_2 \overset{-H_2O}{\rightleftharpoons} R\overset{O}{\overset{\|}{C}}—NH_2$$

由于整个反应可逆，因此必须在比较强烈的反应条件下，且不断除去反应中生成的水，才能得到较高产率的酰胺。例如

$$C_6H_5COOH + C_6H_5NH_2 \xrightarrow{225℃} \underset{N\text{-苯基苯甲酰胺}(84\%)}{C_6H_5CONHC_6H_5} + H_2O$$

将酰胺进一步加热或与脱水剂共热，酰胺进一步失水生成腈(nitrile)。例如

$$(CH_3)_2CH\overset{O}{\overset{\|}{C}}NH_2 \xrightarrow[200℃]{P_2O_5} (CH_3)_2CHC{\equiv}N$$
异丁腈(86%)

$$C_6H_5\overset{O}{\overset{\|}{C}}NH_2 \xrightarrow[200℃]{P_2O_5} C_6H_5C{\equiv}N$$
苯甲腈(74%)

11.4.3 酰卤的生成

羧酸与无机酸酰卤(如 $SOCl_2$、PCl_3 和 PCl_5 等)反应,羧基中的羟基被卤素取代,生成酰卤。酰卤中以酰氯最为重要。常用的氯化试剂有三氯化磷、五氯化磷或亚硫酰氯。

$$R—\overset{O}{\overset{\|}{C}}—OH + PCl_3 \longrightarrow R—\overset{O}{\overset{\|}{C}}—Cl + H_3PO_3$$
(沸点75℃)　酰氯　亚磷酸(沸点200℃)

$$R—\overset{O}{\overset{\|}{C}}—OH + PCl_5 \longrightarrow R—\overset{O}{\overset{\|}{C}}—Cl + POCl_3 + HCl\uparrow$$
(沸点166℃)　磷酰氯(沸点107℃)

$$R—\overset{O}{\overset{\|}{C}}—OH + SOCl_2 \longrightarrow R—\overset{O}{\overset{\|}{C}}—Cl + SO_2\uparrow + HCl\uparrow$$
亚硫酰氯(沸点77℃)

酰卤通常用蒸馏的方法进行提纯,因此制备酰卤时选用哪一种无机酸酰卤,必须先考虑生成的酰卤与反应物和反应的副产物之间有较大的沸点差,沸点相差越大,产物越容易分离纯化。例如

$$CH_3CH_2CH_2\overset{O}{\overset{\|}{C}}—OH + PCl_3 \longrightarrow CH_3CH_2CH_2\overset{O}{\overset{\|}{C}}—Cl + H_3PO_3$$
沸点98~102℃　沸点200℃

$$C_6H_5—\overset{O}{\overset{\|}{C}}—OH + PCl_5 \longrightarrow C_6H_5—\overset{O}{\overset{\|}{C}}—Cl + POCl_3 + HCl\uparrow$$
沸点197℃　沸点107℃

实验室常用亚硫酰氯(b. p. 77℃)制备酰氯,因为生成的副产物是气体 SO_2 和 HCl,很容易从反应体系中逸出(通过吸收装置吸收),蒸去低沸点的过量 $SOCl_2$,即可得到纯净的酰氯。

酰卤非常活泼,常用作酰化剂,广泛用于醇和胺的酰化,分别生成酯和酰胺(见 12.3 节)。最常用的酰卤为酰氯和酰溴。

11.4.4 酸酐的生成

除甲酸外,一元羧酸在脱水剂(如 P_2O_5、乙酸酐等)作用下加热,两分子之间失去一分子

水，生成酸酐。

$$R-\overset{O}{\overset{\|}{C}}-OH + HO-\overset{O}{\overset{\|}{C}}-R \xrightarrow[\triangle]{P_2O_5} \underset{\text{酸酐}}{R-\overset{O}{\overset{\|}{C}}-O-\overset{O}{\overset{\|}{C}}-R} + H_2O$$

两种不同羧酸之间脱水则得到三种酸酐的混合物，没有制备意义。但某些二元羧酸，如丁二酸、戊二酸、邻苯二甲酸等，只要在加热条件下就能生成含五元环或六元环的酸酐。

$$\text{戊二酸 (HOOC(CH}_2)_3\text{COOH)} \xrightarrow{\triangle} \text{戊二酸酐 (六元环)} + H_2O$$

$$\text{邻苯二甲酸} \xrightarrow{\triangle} \text{邻苯二甲酸酐} + H_2O$$

己二酸和庚二酸在加热条件下不能形成稳定的大于六元环的酸酐，而容易脱羧生成五元环或六元环的环酮。

$$\begin{matrix} CH_2CH_2COOH \\ | \\ CH_2CH_2COOH \end{matrix} \xrightarrow[\triangle]{300℃} \text{环戊酮} + CO_2 + H_2O$$

$$H_2C\begin{matrix} CH_2CH_2COOH \\ CH_2CH_2COOH \end{matrix} \xrightarrow[\triangle]{300℃} \text{环己酮} + CO_2 + H_2O$$

混合酸酐可用相应的酰卤和另一个干燥的羧酸盐共热制得。

$$R-\overset{O}{\overset{\|}{C}}-ONa + R'-\overset{O}{\overset{\|}{C}}-Cl \xrightarrow{\triangle} R-\overset{O}{\overset{\|}{C}}-O-\overset{O}{\overset{\|}{C}}-R' + NaCl$$

例如

$$CH_3CH_2COCl + CH_3COONa \xrightarrow{\triangle} \underset{60\%}{CH_3CH_2\overset{O}{\overset{\|}{C}}-O-\overset{O}{\overset{\|}{C}}CH_3}$$

11.5 脱羧反应

11.5.1 直接脱羧

在加热条件下，从羧酸的羧基中脱去二氧化碳的反应称为羧酸的脱羧(decarboxylation)

反应。一般饱和的脂肪族羧酸比较难脱羧，但当α-碳原子或β-碳原子上连有卤素、硝基、氰基、羰基和羧基等时，脱羧反应能在加热条件下顺利进行。例如

$$Cl_3CCOOH \xrightarrow{\triangle} CHCl_3 + CO_2$$

$$HOOC—COOH \xrightarrow{\triangle} HCOOH + CO_2$$

$$HOOCCH_2COOH \xrightarrow{\triangle} CH_3COOH + CO_2$$

$$RCOCH_2COOH \xrightarrow{\triangle} RCOCH_3 + CO_2$$

芳香族羧酸比脂肪族羧酸容易脱羧，在羧基的邻、对位上有吸电子取代基的芳香族羧酸更容易脱羧。例如

$$\text{2,4,6-}(NO_2)_3C_6H_2COOH \xrightarrow{\triangle} \text{1,3,5-}(NO_2)_3C_6H_3 + CO_2$$

11.5.2 脱羧偶联

在由铂电极制成的电解池中，将羧酸的钠盐在中性或弱酸性溶液中进行电解，羧酸根在阳极失去二氧化碳，同时生成脱羧偶联的烷烃。

$$2RCOONa + H_2O \xrightarrow{\text{电解}} \underbrace{R—R + 2CO_2}_{\text{阳极}} + \underbrace{NaOH + H_2}_{\text{阴极}}$$

这个反应称为 Kolbe 反应。反应经自由基机理进行，羧酸根负离子在阳极失去一个电子，生成相应的自由基，后者失去二氧化碳生成烷基自由基，两个烷基自由基结合生成烷烃。

$$R—\overset{O}{\overset{\|}{C}}—O^- \xrightarrow{-e^-} R—\overset{O}{\overset{\|}{C}}—O\cdot \longrightarrow R\cdot + CO_2$$

$$2R\cdot \longrightarrow R—R$$

Kolbe 反应可用于制备纯粹的烷烃。例如

$$\underset{\text{十四酸}}{2CH_3(CH_2)_{12}COOH} \xrightarrow{\text{电解}} \underset{\text{二十六烷(60\%)}}{CH_3(CH_2)_{24}CH_3}$$

11.5.3 Hunsdiecker 反应

将脂肪族羧酸或芳香族羧酸的银盐悬浮在无水惰性溶剂(如 CCl_4、苯、硝基苯等)中，与卤素加热回流，脱去二氧化碳，生成少一个碳原子的卤代烃。

$$RCOOH \xrightarrow[M=Ag^+, Tl^+, Hg^+]{M_2O/\text{溶剂}} RCOO^-M^+ \xrightarrow[\text{回流}, X=Cl, Br, I]{X_2, \text{无水溶剂}} RCOOX \longrightarrow RX$$

这个反应称为 Hunsdiecker 反应。例如

$$CH_3(CH_2)_{10}COOAg \xrightarrow[CCl_4,\triangle]{Br_2} CH_3(CH_2)_9CH_2Br \quad 67\%$$

$$p\text{-}O_2N\text{-}C_6H_4\text{-}COOAg \xrightarrow[CCl_4,\triangle]{Br_2} p\text{-}O_2N\text{-}C_6H_4\text{-}Br$$

$$\text{二羧酸(COOH, COOH)} \xrightarrow[2)\ Br_2,CCl_4]{1)\ AgNO_3,KOH} \text{二溴代物(Br, Br)}$$

利用 Hunsdiecker 反应，可以从自然界中含偶数碳原子的脂肪族羧酸制备含奇数碳原子的长链卤代烃，这是非常有用的方法。

Hunsdiecker 反应可能是经过自由基机理进行的。

$$RCOO^-M^+ + X^{\delta+}\text{—}X^{\delta-} \xrightarrow{-MX} RC(=O)O\text{—}X \xrightarrow{-X\cdot} CO_2 + R\cdot \xrightarrow[-X\cdot]{X\text{—}X} R\text{—}X$$

11.6　羧酸的还原

羧基中的碳氧双键很难用催化加氢的方法还原。而羧酸能被还原能力很强的氢化铝锂还原为伯醇，先还原为烷氧基铝锂，然后水解得到相应的醇。无水乙醚或无水四氢呋喃是氢化铝锂还原时常用的溶剂。

$$4RCOOH + 3LiAlH_4 \xrightarrow{(C_2H_5)_2O} (RCH_2O)_4AlLi + 2LiAlO_2 + H_2$$

$$(RCH_2O)_4AlLi \xrightarrow{H_2O} 4RCH_2OH$$

例如

$$(CH_3)_3C\text{—}COOH \xrightarrow[\text{无水乙醚}]{LiAlH_4} \xrightarrow{H_3O^+} (CH_3)_3C\text{—}CH_2OH \quad 92\%$$

$$3,5\text{-}(CH_3O)_2C_6H_3\text{—}COOH \xrightarrow[\text{无水乙醚}]{LiAlH_4} \xrightarrow{H_3O^+} 3,5\text{-}(CH_3O)_2C_6H_3\text{—}CH_2OH \quad 93\%$$

氢化铝锂是强碱，先夺取羧基上的氢，释放出氢气，生成羧酸锂盐，然后氢化铝将氢负离子转移到羧酸锂盐的羰基碳原子上，消除 $LiOAlH_2$ 形成醛，醛迅速被进一步还原为烷氧基锂，最后酸性水解得到伯醇。其还原的机理如下：

$$R-\overset{\overset{:\ddot{O}}{\|}}{C}-\ddot{O}-H + H-\overset{H}{\underset{H}{Al^-}}-H\ \overset{+}{Li} \longrightarrow R-\overset{\overset{:\ddot{O}}{\|}}{C}-\ddot{O}:^- Li^+ + AlH_3 + H_2$$

$$R-\underset{:\ddot{O}:^- Li^+}{\overset{:\ddot{O}}{\overset{\|}{C}}} + H-\overset{H}{\underset{H}{Al}} \longrightarrow R-\underset{:\ddot{O}:^- Li^+}{\overset{:\ddot{O}-AlH_2}{\overset{|}{C}}}-H \longrightarrow R-\underset{:O:}{\overset{\|}{C}}-H \xrightarrow[-AlH_3]{H-\overset{H}{\underset{H}{Al^-}}-H\ Li^+}$$

$$R-\underset{:\ddot{O}:^- Li^+}{\overset{H}{\overset{|}{C}}}-H \xrightarrow{H_2O} R-CH_2-OH$$

氢化铝锂还原羧酸不但产率较高，而且不饱和羧酸中的碳碳不饱和键不被还原。例如

$$CH_2{=}CHCH_2COOH \xrightarrow[\text{无水乙醚}]{LiAlH_4} \xrightarrow{H_2O} CH_2{=}CHCH_2CH_2OH$$

硼烷也能将羧酸还原为伯醇。由于硼烷还原羧基的反应比还原其他官能团(醛、酮中的羰基，氰基，酯基，酰卤等)快得多，因此在还原取代羧酸时，常能给出选择性还原产物。例如

$$CH_3CO-C_6H_4-COOH \xrightarrow{BH_3\cdot THF} CH_3CO-C_6H_4-CH_2OH$$

80%

11.7 羧酸与有机锂试剂的反应

1mol 羧酸与 2mol 有机锂试剂反应得到酮，反应通常在乙醚、苯或四氢呋喃溶剂中进行。

$$R-\overset{\overset{O}{\|}}{C}-O-H \xrightarrow[2)\ H_2O]{1)\ 2R'-Li} R-\overset{\overset{O}{\|}}{C}-R' + R'-H$$

首先是一分子有机锂试剂使羧基去质子化，生成羧酸锂。然后是另一分子有机锂试剂对羧酸锂的羰基进行加成，生成二价阴离子的锂盐，后者水解为酮的水合物，脱水后得到酮。

$$\mathrm{R{-}\overset{\overset{\displaystyle \ddot{O}:}{\|}}{C}{-}\ddot{\underset{..}{O}}{-}H + R'{-}Li \longrightarrow R'{-}H + R{-}\overset{\overset{\displaystyle \ddot{O}:}{\|}}{C}{-}\ddot{\underset{..}{O}}{:}^{-}\ Li^{+}}$$

$$\mathrm{R{-}\overset{\overset{\displaystyle \ddot{O}:}{\|}}{\underset{\underset{\displaystyle :\ddot{O}{:}^{-}\ Li^{+}}{|}}{C}} + R'{-}Li \longrightarrow R{-}\overset{\overset{\displaystyle :\ddot{O}{:}^{-}\ Li^{+}}{|}}{\underset{\underset{\displaystyle R'}{|}}{C}}{-}\ddot{\underset{..}{O}}{:}^{-}\ Li^{+} \xrightarrow{H_2O}}$$

$$\mathrm{\left[R{-}\overset{\overset{\displaystyle OH}{|}}{\underset{\underset{\displaystyle R'}{|}}{C}}{-}OH\right] \rightleftharpoons R{-}\overset{\overset{\displaystyle O}{\|}}{C}{-}R' + H_2O}$$

这是由羧酸合成酮的方法之一。例如

$$\mathrm{C_6H_5{-}COOH \xrightarrow[2)\ H_2O]{1)\ 2CH_3CH_2Li} C_6H_5{-}COCH_2CH_3}$$

$$\mathrm{C_6H_{11}{-}COOH \xrightarrow[2)\ H_2O]{1)\ 2\,C_6H_5{-}Li} C_6H_{11}{-}\overset{\overset{\displaystyle O}{\|}}{C}{-}C_6H_5}$$

羧酸的 α-碳上取代基少,空间位阻小,有利于加成反应的进行。

11.8 α-氢的反应

通过对羧基结构的讨论,已经清楚羧基碳原子比醛、酮羰基碳原子上的正电荷少,所以羧基对 α-H 的影响比醛、酮羰基对 α-H 的影响小。因此,羧酸的 α-H 卤代反应不容易进行,只有加入少量三氯化磷、三溴化磷或红磷(P)作催化剂,羧酸与氯或溴作用才能顺利得到 α-氯代或 α-溴代羧酸,称为 Hell-Volhard-Zelinsky 反应。例如

$$\mathrm{CH_3(CH_2)_3CH_2COOH + Br_2 \xrightarrow[\triangle]{PCl_3} CH_3(CH_2)_3\underset{\underset{\displaystyle Br}{|}}{C}HCOOH + HBr}$$

83%~89%

$$\mathrm{C_6H_5{-}CH_2COOH + Br_2 \xrightarrow[80^{\circ}C]{PCl_3,C_6H_6} C_6H_5{-}\underset{\underset{\displaystyle Br}{|}}{C}HCOOH + HBr}$$

60%~62%

三卤化磷的作用是将羧酸转变为酰卤。

$$3RCH_2COOH + PX_3 \longrightarrow 3RCH_2COX + H_3PO_3$$

由于酰卤的 α-H 比羧酸的 α-H 活泼，因此酰卤很容易以烯醇的形式与卤素发生加成，生成 α-卤代酰卤。α-卤代酰卤再与羧酸发生酰卤的交换反应，生成 α-卤代酸。反应中得到的羧酸酰卤继续以烯醇形式与卤素循环发生反应，因此反应只需要少量的三卤化磷（或红磷）作为催化剂。

$$R-CH_2-\overset{O}{\overset{\|}{C}}-X \xrightleftharpoons{H^+} R-CH=\overset{O-H}{\overset{|}{C}}-X \xrightarrow{X-X} \xrightarrow{-HX} R-\underset{X}{\underset{|}{CH}}-\overset{O}{\overset{\|}{C}}-X$$

$$R-\underset{X}{\underset{|}{CH}}-\overset{O}{\overset{\|}{C}}-X + RCH_2COOH \longrightarrow R-\underset{X}{\underset{|}{CH}}-\overset{O}{\overset{\|}{C}}-OH + RCH_2COX$$

过量的卤素能使 α-H 全部被卤化。因此，控制反应条件和卤素用量，可以使一卤代酸为主要产物。

通过 α-卤代酸可以制备 α-氨基酸、α-羟基酸、取代丙二酸、α,β-不饱和羧酸等。

$$RCH_2\underset{X}{\underset{|}{C}H}COOH \begin{cases} \xrightarrow{OH^-} RCH_2\underset{OH}{\underset{|}{C}H}COOH \\ \xrightarrow{NH_3} RCH_2\underset{NH_2}{\underset{|}{C}H}COOH \\ \xrightarrow[\triangle]{NaOH} R-CH=CHCOONa \xrightarrow{H^+} R-CH=CHCOOH \\ \xrightarrow{CN^-} RCH_2\underset{CN}{\underset{|}{C}H}COOH \xrightarrow{H_3O^+} RCH_2\underset{COOH}{\underset{|}{C}H}COOH \end{cases}$$

羧酸分子中烃基上的氢被其他原子或基团取代后的产物都称为取代羧酸。

问题 11-5　写出下列反应的产物。

(1) $\begin{matrix} CH_2COOH \\ | \\ CH_2COOH \end{matrix} \xrightarrow{\triangle}$

(2) $CH_3CH_2COOAg \xrightarrow[CCl_4,\triangle]{Br_2}$

(3) 邻-(羟甲基)苯甲酸（苯环上连 COOH 与 CH_2OH）$\xrightarrow[\triangle]{H_3O^+}$

(4) $CH_3CH_2CH_2COOH \xrightarrow{LiAlH_4} \xrightarrow{H_2O}$

---

(5) $CH_3CH_2COOH \xrightarrow[PCl_3(少量)]{Cl_2} \xrightarrow{NaCN}$

(6) $CH_3CH_2COOH \xrightarrow[P]{Cl_2} \xrightarrow[H^+]{C_2H_5OH}$

(7) (环己烯基)—COOH $\xrightarrow{LiAlH_4} \xrightarrow{H_2O}$

11.9　羧酸的制备

11.9.1　伯醇和醛的氧化

伯醇和醛能直接被氧化剂氧化为相应的羧酸(见 7.1.8 和 10.6.1)，常用的氧化剂有 H_2CrO_4/H_2SO_4、CrO_3/CH_3COOH、$K_2Cr_2O_7/H_2SO_4$、$KMnO_4$、HNO_3 等。例如

$$(CH_3)_3CCH(C(CH_3)_3)CH_2OH \xrightarrow[H_2O]{H_2CrO_4/H_2SO_4} (CH_3)_3CCH(C(CH_3)_3)COOH \quad 82\%$$

$$CH_3(CH_2)_5CHO \xrightarrow[H_2O,20℃]{KMnO_4/H_2SO_4} CH_3(CH_2)_5COOH \quad 76\%\sim78\%$$

由于羧酸不易被进一步氧化，且易于分离提纯，因此利用氧化反应由醇制备羧酸比由醇制备醛、酮容易操作。

11.9.2　烃的氧化

烯烃、炔烃和烷基取代芳烃在适当氧化剂氧化下都可以得到羧酸(见 5.1.8、5.3.6 和 8.1.5)。碳碳双键两个碳原子上都只有一个烷基取代的烯烃用浓高锰酸钾氧化，在碳碳双键处断裂，生成相应的羧酸，环烯烃氧化得到二元羧酸。例如

$$C_6H_5CH{=}CHCH_2CH_3 \xrightarrow{KMnO_4(浓)} C_6H_5COOH + CH_3CH_2COOH$$

$$\text{环己烯} \xrightarrow{KMnO_4(浓)} HOOC(CH_2)_4COOH$$

炔烃用浓高锰酸钾氧化，在碳碳叁键处断裂，生成相应的羧酸。例如

$$CH_3CH_2CH_2C{\equiv}CC_6H_5 \xrightarrow[或1)\ O_3,2)\ H_2O]{KMnO_4(浓)} CH_3CH_2CH_2COOH + C_6H_5COOH$$

烷基取代芳烃被氧化剂氧化为相应的芳香族羧酸。例如

$$\text{4-}CH_3\text{-2-}OCH_3\text{-1-}NO_2C_6H_3 \xrightarrow[2)\ H_3O^+]{1)\ KMnO_4/HO^-} \text{4-}COOH\text{-2-}OCH_3\text{-1-}NO_2C_6H_3 \quad 100\%$$

$$p\text{-}Cl\text{-}C_6H_4\text{-}CH(CH_3)_2 \xrightarrow[\triangle]{Na_2Cr_2O_7/H_2SO_4} p\text{-}Cl\text{-}C_6H_4\text{-}COOH$$

对于烷基取代芳烃，只要 α-碳原子上还有氢原子，就可以被氧化为羧基。

对二甲苯被硝酸氧化得到对苯二甲酸，后者是生产聚酯纤维的重要原料，因此对苯二甲酸是工业上生产吨位最大的羧酸之一。

$$H_3C\text{—}C_6H_4\text{—}CH_3 \xrightarrow{HNO_3} HOOC\text{—}C_6H_4\text{—}COOH$$

11.9.3 酯和腈的水解

油脂大量存在于自然界，主要成分是直链脂肪酸的甘油酯，油脂水解可以得到 $C_{10}\sim C_{18}$ 的直链脂肪族酸。

$$\begin{array}{l} n\text{-}CH_3(CH_2)_{11}COO—CH_2 \\ n\text{-}CH_3(CH_2)_{11}COO—CH \\ n\text{-}CH_3(CH_2)_{11}COO—CH_2 \end{array} \xrightarrow{NaOH} \xrightarrow{HCl} n\text{-}CH_3(CH_2)_{11}COOH \quad 89\%\sim95\%$$

腈(R—CN)在酸性或碱性水溶液中回流水解，得到羧酸。

$$R—C\equiv N + H_2O \xrightarrow[\triangle]{\text{酸或碱}} R—COOH$$

腈通常由伯卤代烃与氰化钠或氰化钾经 S_N2 反应得到，因此由卤代烃通过腈制得羧酸是使碳链增长的一种方法。例如

$$(CH_3)_2CHCH_2CH_2Cl \xrightarrow[CH_3COCH_3]{NaCN} (CH_3)_2CHCH_2CH_2CN \xrightarrow[H_2O,\triangle]{HO^-} \xrightarrow{H_3O^+} (CH_3)_2CHCH_2CH_2COOH$$

$$C_6H_5CH_2Br \xrightarrow[DMSO]{NaCN} \underset{92\%}{C_6H_5CH_2CN} \xrightarrow[\triangle]{H_3O^+} \underset{77\%}{C_6H_5CH_2COOH}$$

$$BrCH_2CH_2CH_2Br \xrightarrow[H_2O]{NaCN} \underset{77\%\sim86\%}{NCCH_2CH_2CH_2CN} \xrightarrow[\triangle]{H_2O,HCl} \underset{83\%\sim85\%}{HO—\overset{O}{\overset{\|}{C}}—CH_2CH_2CH_2—\overset{O}{\overset{\|}{C}}—OH}$$

由于氰化钠或氰化钾为碱性试剂，当用仲卤代烃或叔卤代烃反应时易发生消除反应，因此用仲卤代烃制腈时产率不高，而用叔卤代烃时主要得到消除反应的烯烃。

氰醇水解可以制得 α-羟基酸。例如

$$CH_3\overset{\overset{O}{\|}}{C}CH_2CH_2CH_3 \xrightarrow[2)\ H_3O^+]{1)\ NaCN} CH_3\underset{\underset{CN}{|}}{\overset{\overset{OH}{|}}{C}}CH_2CH_2CH_3 \xrightarrow[\triangle]{H_2O,HCl} CH_3\underset{\underset{COOH}{|}}{\overset{\overset{OH}{|}}{C}}CH_2CH_2CH_3$$

2-羟基-2-甲基戊酸(60%)

11.9.4 格氏试剂与二氧化碳的反应

格氏试剂与二氧化碳发生加成反应，加成产物水解得到羧酸。

$$R{-}MgX + \ddot{O}{=}C{=}\ddot{O} \longrightarrow R\overset{\overset{:O:}{\|}}{C}{-}\ddot{O}{:}^- \overset{+}{M}gX \xrightarrow{H_3O^+} RCOOH$$

伯、仲、叔卤代烃和芳香族卤代烃都可以制备成相应的格氏试剂，因此它们都可以通过格氏试剂与二氧化碳反应制得比卤代烃多一个碳原子的羧酸。例如

$$(CH_3)_2CHCH_2Br \xrightarrow[\text{无水乙醚}]{Mg} (CH_3)_2CHCH_2MgBr \xrightarrow[2)\ H_3O^+]{1)\ CO_2} (CH_3)_2CHCH_2COOH$$

$$C_6H_{11}Br \xrightarrow[\text{无水乙醚}]{Mg} C_6H_{11}MgBr \xrightarrow[2)\ H_3O^+]{1)\ CO_2} C_6H_{11}COOH$$

$$(CH_3)_3CCl \xrightarrow[\text{无水乙醚}]{Mg} (CH_3)_3CMgCl \xrightarrow[2)\ H_3O^+]{1)\ CO_2} (CH_3)_3CCOOH$$

$$\text{10-甲基-9-溴菲} \xrightarrow[THF]{Mg} \text{10-甲基-9-菲基溴化镁} \xrightarrow[2)\ H_3O^+]{1)\ CO_2} \text{10-甲基菲-9-甲酸}$$

操作时最好将格氏试剂的醚溶液倒入过量的干冰中，这样能控制反应在低温(−10～10℃)下进行，取得最好的效果。

11.10 羟　基　酸

羧酸烃基饱和碳原子上的氢被羟基取代后的产物称为羟基酸(hydroxy acid)，羟基连在脂肪烃基上的羟基酸称为醇酸(alcoholic acid)，羟基连在芳香族羧酸芳环上的羟基酸称为酚酸(phenolic acid)。

许多羟基酸存在于自然界的天然产物中，往往因其来源而有俗名。例如

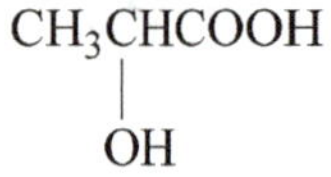

$$\underset{\large OH}{CH_3\overset{|}{C}HCOOH}$$
乳酸
(lactic acid)

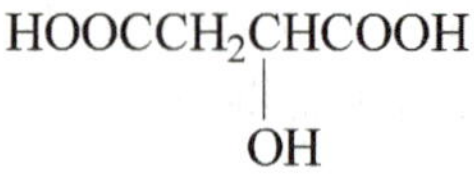

$$HOOCCH_2\underset{\large OH}{\overset{|}{C}H}COOH$$
苹果酸
(malic acid)

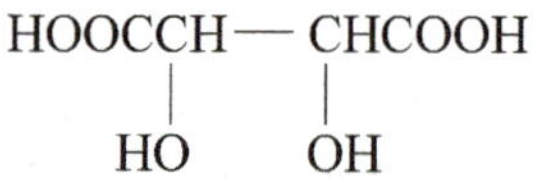

$$HOOC\underset{\large HO}{\overset{|}{C}H}-\underset{\large OH}{\overset{|}{C}H}COOH$$
酒石酸
(tartaric acid)

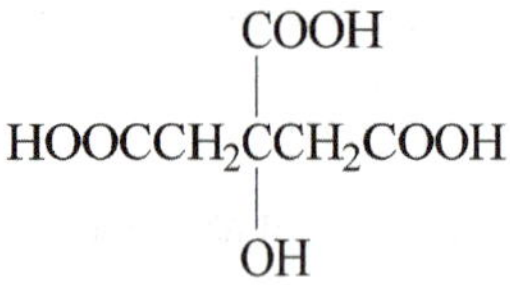

$$HOOCCH_2\underset{\large OH}{\overset{\large COOH}{C}}CH_2COOH$$
柠檬酸
(citric acid)

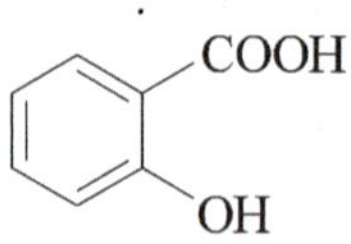

水杨酸
(salicylic acid)

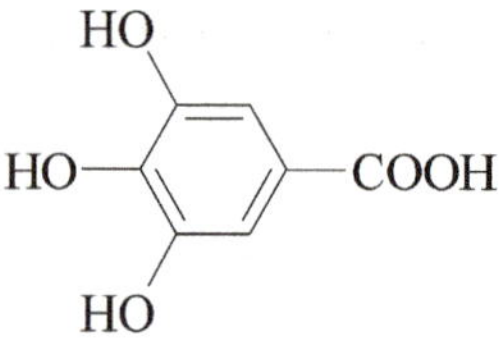

五倍子酸(没食子酸)
(gallic acid)

羟基酸是分子中同时含有羧基和羟基的双官能团化合物，分别具有羧酸、醇或酚的典型性质。另外，由于分子中羧基与羟基的相对位置不同，其相互影响的程度不同，还表现出某些特殊性质。

醇酸中的羟基和羧基都可以与水分子形成氢键，因此脂肪链不太长的醇酸一般都能溶于水。由于羟基的－I效应，α-醇酸的酸性比没有羟基取代的羧酸强。例如

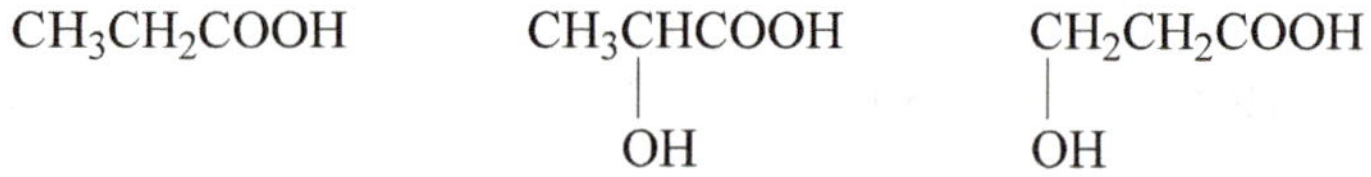

	CH_3CH_2COOH	$CH_3CH(OH)COOH$	$CH_2(OH)CH_2COOH$
pK_a	4.87	3.87	4.51

但这种诱导效应随着碳链的传递很快减弱。

11.10.1 醇酸的脱水反应

两分子 α-醇酸之间容易发生交叉酯化反应，脱去两分子水，生成交酯(lactide)。例如两分子 α-羟基丙酸(乳酸)交叉酯化脱去两分子水，生成丙交酯。

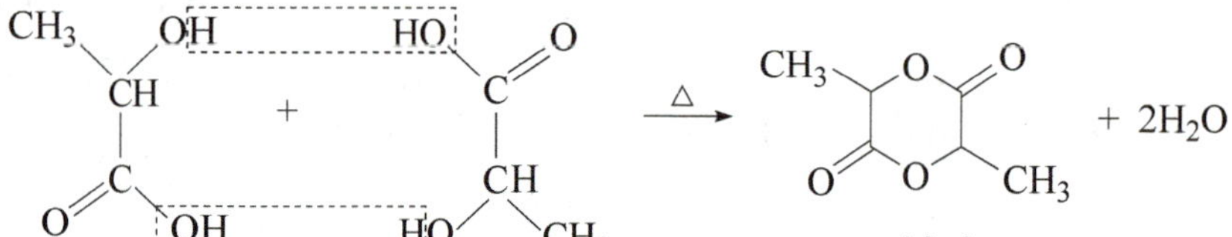

$$2\,CH_3CH(OH)COOH \xrightarrow{\triangle} \text{丙交酯} + 2H_2O$$

丙交酯

丙交酯在催化剂作用下可以开环聚合，生成聚丙交酯。

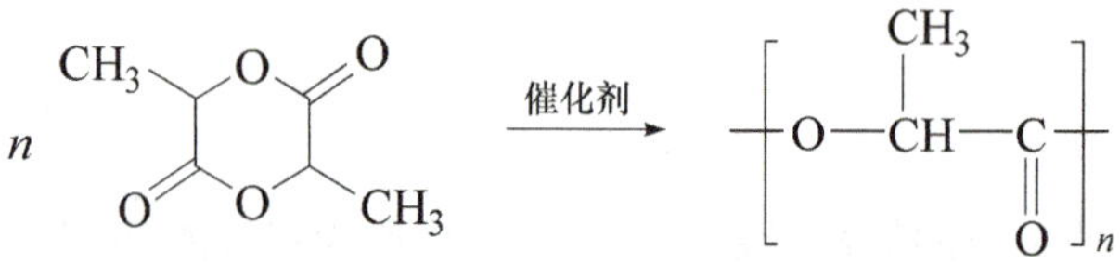

$$n\,\text{丙交酯} \xrightarrow{\text{催化剂}} \left[O-\overset{\large CH_3}{\overset{|}{C}H}-\underset{\large O}{\underset{\|}{C}} \right]_n$$

丙交酯　　聚丙交酯

聚丙交酯可以抽丝加工成外科手术中的伤口缝合用线，这种缝合用线能在体内缓慢分解为乳酸，对人体无害，术后不需拆除。

β-醇酸在加热时容易与 α-氢脱去一分子水，生成 α,β-不饱和羧酸。例如

$$CH_3\underset{\boxed{OH}}{CH}-\underset{\boxed{H}}{CH}COOH \xrightarrow{\triangle} CH_3CH=CHCOOH + H_2O$$

γ-醇酸极易发生分子内脱水，生成五元环的内酯(lactone)。游离的 γ-醇酸很难得到，通常都以内酯形式存在，但可以转变成相应的盐而稳定存在。例如

$$\begin{array}{l} CH_2CH_2C=O \\ | \qquad\quad\;\; | \\ CH_2OH\;\;OH \end{array} \longrightarrow \gamma\text{-丁内酯} + H_2O$$

γ-丁内酯

δ-醇酸发生分子内脱水生成六元环的内酯。例如

$$\begin{array}{l} CH_2CH_2CH_2C=O \\ | \qquad\qquad\quad\;\; | \\ CH_2OH \qquad\;\; OH \end{array} \longrightarrow \delta\text{-戊内酯} + H_2O$$

δ-戊内酯

大于 C_5 的 ω-醇酸在加热条件下发生分子间脱水，生成链状聚酯。例如

$$n\,HO(CH_2)_6COOH \longrightarrow HO(CH_2)_6\overset{O}{\overset{\|}{C}}\left[O(CH_2)_6\overset{O}{\overset{\|}{C}}\right]_{n-1}OH + (n-1)H_2O$$

聚酯

11.10.2　α-和 β-醇酸的分解反应

在浓硫酸存在下，α-醇酸加热分解为醛、酮及一氧化碳和水。

$$R\underset{OH}{\overset{R'(H)}{C}}COOH \xrightarrow[\triangle]{H_2SO_4(浓)} R-\underset{\|}{\overset{}{C}}-R'(H) + CO + H_2O$$
$$\qquad\qquad\qquad\qquad\qquad\qquad O$$

与稀硫酸一起加热，则分解为醛、酮和甲酸。

$$R\underset{OH}{\overset{R'(H)}{C}}COOH \xrightarrow[\triangle]{H_2SO_4(稀)} R-\underset{O}{\underset{\|}{C}}-R'(H) + HCOOH$$

β-醇酸在酸或碱催化下，分解为醛、酮和乙酸，类似于醇醛缩合反应的逆反应。

$$R\underset{OH}{\overset{R'(H)}{C}}CH_2COOH \xrightarrow{H^+或OH^-} R-\underset{O}{\underset{\|}{C}}-R'(H) + CH_3COOH$$

问题 11-6　写出下列反应的产物。

(1) $CH_3CH_2\underset{\displaystyle OH}{\underset{|}{C}}HCOOH \xrightarrow[\triangle]{H^+}$

(2) (邻羟甲基苯甲酸：苯环上 COOH 与 CH_2OH 处于邻位) $\xrightarrow[\triangle]{H^+}$

11.11　羰　基　酸

羧酸的烃基上含有醛羰基或酮羰基的羧酸分别称为醛酸或酮酸，统称为羰基酸。根据羰基碳原子是羧基的 α-、β-、γ-、…位分别称为 α-、β-、γ-、…羰基酸。

11.11.1　α-酮酸和 β-酮酸的分解反应

最简单的 α-酮酸是丙酮酸，与稀硫酸或浓硫酸一起加热，可发生分解，分别生成少一个碳原子的醛或酸。这是 α-酮酸的特性反应。

$$\text{(R)}CH_3-\overset{\displaystyle O}{\overset{\|}{C}}-COOH \xrightarrow[\triangle]{H_2SO_4(稀)} \text{(R)}CH_3-\overset{\displaystyle O}{\overset{\|}{C}}-H + CO_2$$

$$\text{(R)}CH_3-\overset{\displaystyle O}{\overset{\|}{C}}-COOH \xrightarrow[\triangle]{H_2SO_4(浓)} \text{(R)}CH_3-\overset{\displaystyle O}{\overset{\|}{C}}-OH + CO$$

最简单的 β-酮酸是乙酰乙酸，β-酮酸是不稳定的化合物，在室温以上就容易脱羧生成酮。

$$\text{(R)}CH_3\overset{\displaystyle O}{\overset{\|}{C}}CH_2COOH \xrightarrow{\triangle} \text{(R)}CH_3\overset{\displaystyle O}{\overset{\|}{C}}CH_3 + CO_2$$

脱羧可能是经过环状过渡态进行的，首先生成烯醇，再转变为酮。

$$\text{(R)}CH_3-C(=O)-CH_2-C(=O)-O-H \xrightarrow{\triangle} \left[\text{(R)}CH_3-C\overset{\cdots}{=}O\cdots H\cdots O\cdots C(=O)\cdots CH_2 \text{（六元环状过渡态）}\right]^{\neq} \xrightarrow{-CO_2}$$

$$\underset{烯醇式}{\text{(R)}CH_3-\overset{\displaystyle OH}{\overset{|}{C}}=CH_2} \longrightarrow \text{(R)}CH_3-\overset{\displaystyle O}{\overset{\|}{C}}-CH_3$$

这个反应称为β-酮酸的酮式分解。

丙二酸具有β-羰基酸的结构，也与β-酮酸类似，在加热条件下失去CO_2，发生脱羧反应，生成少一个碳原子的羧酸。

$$HOOCCH_2COOH \xrightarrow{\triangle} CH_3COOH + CO_2$$

11.11.2　乙酰乙酸乙酯

1. 乙酰乙酸乙酯的合成

乙酰乙酸乙酯（$CH_3\overset{O}{\overset{\|}{C}}CH_2\overset{O}{\overset{\|}{C}}OC_2H_5$）是最具有代表性的β-酮酸酯，是具有香味的无色液体，沸点为180℃，溶于乙醇、乙醚等有机溶剂，微溶于水。由于β-酮酸对热不稳定，很容易脱羧，因此β-酮酸酯不能用β-酮酸与醇直接在加热条件下酯化制备。乙酰乙酸乙酯是由两分子乙酸乙酯在乙醇钠作用下缩合制得。

$$CH_3\overset{O}{\overset{\|}{C}}-OC_2H_5 + H-CH_2\overset{O}{\overset{\|}{C}}OC_2H_5 \xrightarrow{C_2H_5ONa} \xrightarrow{H_3O^+} CH_3\overset{O}{\overset{\|}{C}}CH_2\overset{O}{\overset{\|}{C}}OC_2H_5 + C_2H_5OH$$

乙酰乙酸乙酯

结果相当于一分子酯的α-H被另一分子酯的酰基取代。这个反应称为Claisen酯缩合反应。

反应机理如下：

$$(1)\ H-CH_2\overset{O}{\overset{\|}{C}}OC_2H_5 + C_2H_5\ddot{O}^- \rightleftharpoons \left[\bar{C}H_2-\overset{O}{\overset{\|}{C}}OC_2H_5 \longleftrightarrow CH_2=\overset{O^-}{\overset{|}{C}}OC_2H_5\right] + C_2H_5OH$$

$$(2)\ CH_2=\overset{O^-}{\overset{|}{C}}OC_2H_5 + CH_3\overset{O}{\overset{\|}{C}}OC_2H_5 \rightleftharpoons CH_3\overset{O^-}{\overset{|}{C}}CH_2COOC_2H_5 \ (\text{C上连}\ OC_2H_5)$$

$$(3)\ CH_3\underset{OC_2H_5}{\overset{O^-}{\overset{|}{\underset{|}{C}}}}CH_2COOC_2H_5 \rightleftharpoons CH_3\overset{O}{\overset{\|}{C}}CH_2\overset{O}{\overset{\|}{C}}OC_2H_5 + C_2H_5\ddot{O}^-$$

$$\text{(4)}\ CH_3\overset{O}{\overset{\|}{C}}CH_2\overset{O}{\overset{\|}{C}}OC_2H_5 + C_2H_5\ddot{\underset{..}{O}}{:}^- Na^+ \rightleftharpoons CH_3\overset{O}{\overset{\|}{C}}\bar{C}H\overset{O}{\overset{\|}{C}}OC_2H_5\ Na^+ + C_2H_5OH \xrightarrow{H^+} CH_3\overset{O}{\overset{\|}{C}}CH_2\overset{O}{\overset{\|}{C}}OC_2H_5$$

第(1)步是在醇钠的作用下,乙酸乙酯转变为碳负离子或烯醇负离子。第(2)步是碳负离子或烯醇负离子对另一分子乙酸乙酯进行亲核加成,生成具四面体结构的负离子中间体。第(3)步是四面体结构的负离子中间体失去乙氧基负离子,生成乙酰乙酸乙酯。第(4)步是乙酰乙酸乙酯($\mathrm{p}K_a=11$)在碱性乙醇钠-乙醇体系中转变为乙酰乙酸乙酯的钠盐和乙醇($\mathrm{p}K_a=16$)。这几步反应都是可逆的。由于在第(4)步中生成的乙酰乙酸乙酯几乎可以完全转变成钠盐,因此带动了以上几步反应的平衡不断向右移动,促使缩合反应的完成。最后将乙酰乙酸乙酯的钠盐从反应体系中分离出来,酸化后得到乙酰乙酸乙酯。

由反应式可以看出,如果原料是只有一个 α-H 的酯,同样在上述反应条件下,则在第(4)步中就不能生成相应的钠盐,从而不能带动前面几步反应的平衡不断向右移动,使缩合反应不能进行。

若用两种都具有 α-H 的不同酯在醇钠作用下进行酯缩合反应,则得到四种缩合产物的混合物,产物的分离十分困难。在这种情况下,如果使用 LDA 将其中一种酯的 α-H 除去,形成相应的碳负离子或烯醇负离子,然后将另一种具有 α-H 的酯慢慢地加入上述碳负离子或烯醇负离子的反应液中,可以使其中一种交错的酯缩合产物成为主要产物。例如

$$CH_3CH_2CH_2\overset{O}{\overset{\|}{C}}OCH_3 \xrightarrow[THF]{LDA} CH_3CH_2\bar{C}H_2\overset{O}{\overset{\|}{C}}OCH_3 \xrightarrow[\text{(慢慢加入)}]{CH_3COOCH_3} \xrightarrow{HCl} CH_3CO\underset{CH_2CH_3}{\underset{|}{C}H}COOCH_3$$

若用一种没有 α-H 的酯(如甲酸酯、乙二酸酯、碳酸酯、苯甲酸酯等)与另一种含有 α-H 的酯进行交错的酯缩合反应,则可以很顺利地得到相应的缩合产物。例如

$$H\overset{O}{\overset{\|}{C}}OC_2H_5 + CH_3CH_2COOC_2H_5 \xrightarrow{C_2H_5ONa} \xrightarrow{H_3O^+} H\overset{O}{\overset{\|}{C}}\underset{CH_3}{\underset{|}{C}H}COOC_2H_5$$

$$\underset{COOC_2H_5}{\overset{COOC_2H_5}{|}} + H_2C(CH_2COOC_2H_5)_2 \xrightarrow{C_2H_5ONa} \xrightarrow{H_3O^+} \text{(环戊烷-1,2-二酮-3,5-二甲酸二乙酯)} + 2C_2H_5OH$$

二元羧酸酯也可以发生分子内的酯缩合反应,称为 Dieckmann 反应,主要用于制备五元

环和六元环的 β-酮酸酯。例如

$$\begin{matrix} CH_2CH_2COOC_2H_5 \\ | \\ CH_2CH_2COOC_2H_5 \end{matrix} \xrightarrow{C_2H_5ONa} \xrightarrow{H_3O^+} \text{2-乙氧羰基环戊酮 } (75\%\sim80\%) + C_2H_5OH$$

$$H_2C\begin{matrix} CH_2CH_2COOC_2H_5 \\ CH_2CH_2COOC_2H_5 \end{matrix} \xrightarrow{C_2H_5ONa} \xrightarrow{H_3O^+} \text{2-乙氧羰基环己酮} + C_2H_5OH$$

问题 11-7　以己二酸二乙酯为例，写出 Dieckmann 酯缩合反应的机理。

问题 11-8　以苯乙酮为主要原料合成下列化合物。

(1) $C_6H_5COCH_2COCH_3$　　(2) $C_6H_5COCH_2COOCH_3$

酯与具有 α-活泼氢的酮也可以发生类似于交错的酯缩合反应，称为酮酯缩合，产物具有 β-二酮的特征。先用 LDA 将酮分子中的 α-H 除去，形成相应的碳负离子或烯醇负离子，然后将另一种具有 α-H 的酯慢慢地加入上述碳负离子或烯醇负离子的反应液中，生成酮酯缩合产物。例如

$$\text{环己酮} \xrightarrow[THF]{LDA} \text{环己酮 } \alpha\text{-碳负离子} \xrightarrow[\text{(慢慢加入)}]{CH_3COOCH_2CH_3} \xrightarrow{HCl} \text{2-乙酰基环己酮 }(\text{环上 C—C(=O)CH}_3)$$

由于甲酸乙酯没有 α-H，不会发生自身的酯缩合，因此用甲酸乙酯与酮缩合时，可以将酮慢慢地加入甲酸乙酯的乙醇钠-乙醇溶液中，产物为 β-酮醛。例如

$$\underset{\text{甲酸乙酯}}{HCOOCH_2CH_3} + CH_3CH_2O^- \xrightarrow[\text{(慢慢加入)}]{\text{环己酮}} \xrightarrow{HCl} \text{2-甲酰基环己酮 }(\text{环上 C—C(=O)H})$$

用碳酸二乙酯与酮反应时，得到 β-酮酸酯。例如

$$\underset{\text{碳酸二乙酯}}{CO(OC_2H_5)_2} + CH_3CH_2O^- \xrightarrow[\text{(慢慢加入)}]{\text{环己酮}} \xrightarrow{HCl} \text{2-氧代环己烷甲酸乙酯 }(\text{环上 C—C(=O)OCH}_2CH_3)$$

问题 11-9　写出下列反应的产物。

(1) $CH_3CH_2CH_2COOC_2H_5 \xrightarrow[C_2H_5OH]{C_2H_5ONa}$

(2) $CH_3CH_2CH_2COOC_2H_5 + C_6H_5COOC_2H_5 \xrightarrow[C_2H_5OH]{C_2H_5ONa}$

2. 乙酰乙酸乙酯的性质

1）酮式-烯醇式互变异构

乙酰乙酸乙酯是具有甲基酮结构的 β-二羰基化合物，除具有酮及甲基酮的典型性质外，还能使溴的四氯化碳溶液褪色，与金属钠作用能放出氢气，与 $FeCl_3$ 溶液发生颜色反应。

在醛(酮)中，α-H 因受羰基的影响，存在酮式-烯醇式的互变异构，但烯醇式的含量极少。而在乙酰乙酸乙酯中，由于亚甲基受到羰基和酯基的双重影响，亚甲基上的氢更活泼，更易烯醇化，实验事实证明乙酰乙酸乙酯具有典型的烯醇式结构，存在酮式-烯醇式结构的平衡。

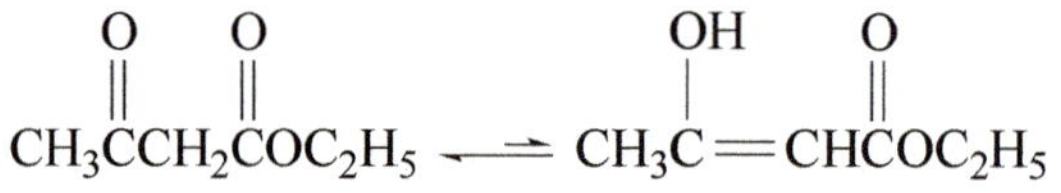

$$\underset{\text{酮式(92.5\%)}}{CH_3\overset{O}{\overset{\|}{C}}CH_2\overset{O}{\overset{\|}{C}}OC_2H_5} \rightleftharpoons \underset{\text{烯醇式(7.5\%)}}{CH_3\overset{OH}{\overset{|}{C}}=CH\overset{O}{\overset{\|}{C}}OC_2H_5}$$

另外，烯醇式结构中能形成 π-π 共轭，能经分子内氢键形成六元环，这些因素都有利于烯醇式的稳定。

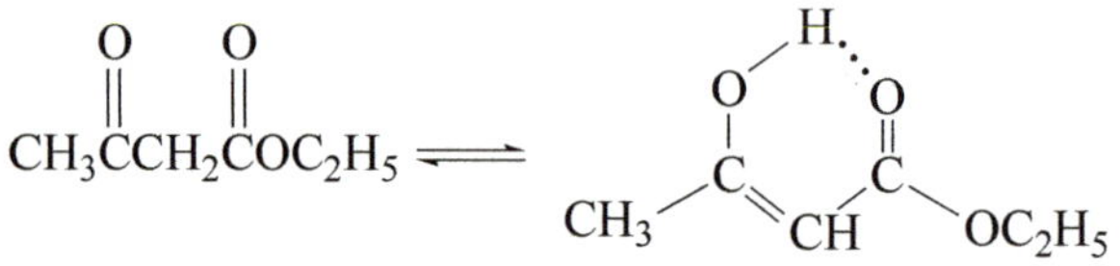

$$CH_3\overset{O}{\overset{\|}{C}}CH_2\overset{O}{\overset{\|}{C}}OC_2H_5 \rightleftharpoons \text{(CH}_3\text{—C(—O—H}\cdots\text{O=)=CH—C—OC}_2\text{H}_5\text{，六元环)}$$

因此，乙酰乙酸乙酯及 β 二羰基化合物中的烯醇式含量都比醛、酮中的烯醇式含量高得多。丙酮与部分 β-二羰基化合物中的烯醇式含量见表 11-3。

表 11-3　丙酮与部分 β-二羰基化合物中的烯醇式含量

化合物	烯醇式	烯醇式含量/%
丙酮 $CH_3-\overset{O}{\overset{\|}{C}}-CH_3$	$CH_2=\overset{OH}{\overset{\|}{C}}-CH_3$	0.000 15
丙二酸二乙酯 $C_2H_5O\overset{O}{\overset{\|}{C}}CH_2\overset{O}{\overset{\|}{C}}OC_2H_5$	$C_2H_5O\overset{OH}{\overset{\|}{C}}=CH\overset{O}{\overset{\|}{C}}OC_2H_5$	0.1
乙酰乙酸乙酯 $CH_3COCH_2\overset{O}{\overset{\|}{C}}OC_2H_5$	$CH_3\overset{OH}{\overset{\|}{C}}=CH\overset{O}{\overset{\|}{C}}OC_2H_5$	7.5

续表

化合物	烯醇式	烯醇式含量/%
乙酰丙酮 $CH_3\overset{O}{\overset{\parallel}{C}}CH_2\overset{O}{\overset{\parallel}{C}}CH_3$	$CH_3\overset{OH}{\overset{\vert}{C}}=CH\overset{O}{\overset{\parallel}{C}}CH_3$	80
苯甲酰丙酮 $C_6H_5\overset{O}{\overset{\parallel}{C}}CH_2\overset{O}{\overset{\parallel}{C}}CH_3$	$C_6H_5\overset{OH}{\overset{\vert}{C}}=CH\overset{O}{\overset{\parallel}{C}}CH_3$	90
α-苯甲酰苯乙酮 $C_6H_5\overset{O}{\overset{\parallel}{C}}CH_2\overset{O}{\overset{\parallel}{C}}C_6H_5$	$C_6H_5\overset{OH}{\overset{\vert}{C}}=CH\overset{O}{\overset{\parallel}{C}}C_6H_5$	96

2）乙酰乙酸乙酯的分解

乙酰乙酸乙酯在稀碱(或稀酸)溶液中酯基可以被水解，水解产物在酸性条件下转变成乙酰乙酸，乙酰乙酸是β-酮酸，不稳定，加热后脱羧生成酮，称为乙酰乙酸的酮式分解。

$$CH_3\overset{O}{\overset{\parallel}{C}}CH_2\overset{O}{\overset{\parallel}{C}}OC_2H_5 \xrightarrow{稀NaOH} CH_3\overset{O}{\overset{\parallel}{C}}CH_2\overset{O}{\overset{\parallel}{C}}ONa \xrightarrow{H^+} CH_3\overset{O}{\overset{\parallel}{C}}CH_2COOH \xrightarrow{\triangle} CH_3\overset{O}{\overset{\parallel}{C}}CH_3 + CO_2$$

$$CH_3\overset{O}{\overset{\parallel}{C}}CH_2\overset{O}{\overset{\parallel}{C}}OC_2H_5 \xrightarrow{稀HCl} CH_3\overset{O}{\overset{\parallel}{C}}CH_2COOH \xrightarrow{\triangle} CH_3\overset{O}{\overset{\parallel}{C}}CH_3 + CO_2$$

乙酰乙酸乙酯与浓碱共热，则酮羰基与活泼亚甲基之间发生碳碳键断裂，生成两分子乙酸。

$$CH_3\overset{O}{\overset{\parallel}{C}}CH_2\overset{O}{\overset{\parallel}{C}}OC_2H_5 \xrightarrow[\triangle]{40\%NaOH} \xrightarrow{H^+} 2CH_3COOH + CH_3CH_2OH$$

在浓碱条件下，OH^-为亲核试剂对酮羰基进行亲核加成，然后消去负离子$^-CH_2COOC_2H_5$，酸碱质子转移，酸化后得到两分子乙酸，称为乙酰乙酸乙酯的酸式分解。

$$CH_3\overset{O}{\overset{\parallel}{C}}CH_2\overset{O}{\overset{\parallel}{C}}OC_2H_5 + OH^- \longrightarrow CH_3\overset{O^-}{\overset{\vert}{\underset{OH}{\underset{\vert}{C}}}}-CH_2COOC_2H_5 \longrightarrow CH_3COOH + {}^-CH_2COOC_2H_5$$

$$\longrightarrow CH_3COO^- + CH_3COOC_2H_5 \xrightarrow{OH^-} CH_3COO^- + C_2H_5OH$$

3）乙酰乙酸乙酯亚甲基上的烃基化和酰基化

乙酰乙酸乙酯分子中亚甲基上的氢具有明显的酸性，在强碱作用下能形成具有亲核性的碳负离子，碳负离子与卤代烃或酰卤发生反应，生成相应的烃基化和酰基化产物，后者再进行酮式或酸式分解，生成甲基酮、取代乙酸(酸式分解)或β-二酮类化合物。

$$CH_3\overset{O}{\overset{\|}{C}}CH_2\overset{O}{\overset{\|}{C}}OC_2H_5 \xrightarrow{C_2H_5ONa} CH_3\overset{O}{\overset{\|}{C}}\underset{-}{C}H\overset{O}{\overset{\|}{C}}OC_2H_5 \longleftrightarrow CH_3\overset{O^-}{\overset{|}{C}}=CH\overset{O}{\overset{\|}{C}}OC_2H_5$$

$$CH_3\overset{O}{\overset{\|}{C}}\underset{-}{C}H\overset{O}{\overset{\|}{C}}OC_2H_5 \xrightarrow{RCH_2-X} CH_3\overset{O}{\overset{\|}{C}}\underset{CH_2R}{\underset{|}{C}H}\overset{O}{\overset{\|}{C}}OC_2H_5 \xrightarrow[\text{(酮式分解)}]{\text{稀}NaOH} \xrightarrow[\triangle]{H^+} \boxed{CH_3\overset{O}{\overset{\|}{C}}CH_2}CH_2R$$

$$CH_3\overset{O}{\overset{\|}{C}}\underset{CH_2R}{\underset{|}{C}H}\overset{O}{\overset{\|}{C}}OC_2H_5 \xrightarrow[\text{(酸式分解)}]{\text{浓}NaOH} \xrightarrow[\triangle]{H^+} CH_3COOH + RCH_2\underset{\text{取代乙酸}}{\boxed{CH_2COOH}} + C_2H_5OH$$

乙酰乙酸乙酯的单烃基化产物还可以继续发生烃化反应，生成二烃基化产物。

$$CH_3\overset{O}{\overset{\|}{C}}\underset{CH_2R}{\underset{|}{C}H}\overset{O}{\overset{\|}{C}}OC_2H_5 \xrightarrow{C_2H_5ONa} \xrightarrow{R'CH_2X} CH_3\overset{O}{\overset{\|}{C}}-\underset{RCH_2\ \ CH_2R'}{C}-\overset{O}{\overset{\|}{C}}OC_2H_5 \xrightarrow{\text{稀}NaOH} \xrightarrow[\triangle]{H^+} \boxed{CH_3\overset{O}{\overset{\|}{C}}CH}\underset{CH_2R'}{\underset{|}{}}CH_2R$$

2mol 乙酰乙酸乙酯与 1mol 二卤代烃反应，酮式分解后可得到二酮类化合物。

$$CH_3\overset{O}{\overset{\|}{C}}CH_2COOC_2H_5 \xrightarrow{C_2H_5ONa} \xrightarrow{XCH_2(CH_2)_nCH_2X} CH_3\overset{O}{\overset{\|}{C}}\underset{CH_2(CH_2)_nCH_2X}{\underset{|}{C}H}COOC_2H_5 \xrightarrow[C_2H_5ONa]{CH_3COCH_2COOC_2H_5}$$

$$\begin{array}{c} CH_3COCHCOOC_2H_5 \\ | \\ CH_2 \\ | \\ (CH_2)_n \\ | \\ CH_2 \\ | \\ CH_3COCHCOOC_2H_5 \end{array} \xrightarrow{\text{稀}NaOH} \xrightarrow[\triangle]{H^+} \boxed{CH_3\overset{O}{\overset{\|}{C}}CH_2}CH_2(CH_2)_nCH_2\boxed{CH_2\overset{O}{\overset{\|}{C}}CH_3}$$

乙酰乙酸乙酯的烃化常用活泼的伯卤代烃，其次是仲卤代烃。在此条件下，叔卤代烃容易消除卤化氢生成烯烃。乙烯式卤代烃和芳香族卤代烃不活泼，不能用作烃化剂。

乙酰乙酸乙酯的碳负离子与酰卤反应，在亚甲基上发生酰基化反应，生成酰基化的乙酰乙酸乙酯，然后在稀碱溶液中水解、酸化、加热脱羧，生成 1，3-二酮（酰基化丙酮），可用于 β-二酮的制备。

$$CH_3\overset{O}{\overset{\|}{C}}CH_2COOC_2H_5 \xrightarrow{NaH} \xrightarrow{RCOX} CH_3\overset{O}{\overset{\|}{C}}\underset{COR}{\underset{|}{C}H}COOC_2H_5 \xrightarrow{\text{稀}NaOH} \xrightarrow[\triangle]{H^+} \boxed{CH_3\overset{O}{\overset{\|}{C}}CH_2}\overset{O}{\overset{\|}{C}}R$$

这里在生成乙酰乙酸乙酯的碳负离子时，应该用氢化钠代替醇钠，以避免在使用醇钠时，反应中生成的醇与酰卤反应。

11.11.3 丙二酸二乙酯

丙二酸二乙酯[$CH_2(COOC_2H_5)_2$]的亚甲基受两个酯基的影响被活化，其活泼亚甲基上的反应性能与乙酰乙酸乙酯中的亚甲基相似，在有机合成上与乙酰乙酸乙酯具有同样的重要性，但丙二酸二乙酯不属于 β-酮酸酯。

丙二酸二乙酯中亚甲基上的氢具有微弱的酸性($pK_a=13$)，在醇钠等强碱作用下，生成相应的碳负离子或烯醇负离子，碳负离子与卤代烃反应，生成在亚甲基上导入单烃基或二烃基的烃化产物。例如

$$CH_2(COOC_2H_5)_2 \xrightarrow{C_2H_5ONa} \bar{C}H(COOC_2H_5)_2 \xrightarrow{RX} R-CH(COOC_2H_5)_2$$

$$\xrightarrow{OH^-} \xrightarrow{H^+} R-CH(COOH)_2 \xrightarrow[\triangle]{-CO_2} R-CH_2COOH$$

$$R-CH(COOC_2H_5)_2 \xrightarrow{C_2H_5ONa} R-\bar{C}(COOC_2H_5)_2 \xrightarrow{R'X}$$

$$RR'C(COOC_2H_5)_2 \xrightarrow{OH^-} \xrightarrow{H^+} RR'C(COOH)_2 \xrightarrow[\triangle]{-CO_2} RR'CHCOOH$$

利用丙二酸二乙酯与二卤代烃反应，可用于制备三至六元环的环烷酸。例如

$$CH_2(COOC_2H_5)_2 \xrightarrow{C_2H_5ONa} \bar{C}H(COOC_2H_5)_2 \xrightarrow{Br(CH_2)_4Br} Br-CH_2CH_2CH_2CH_2-CH(COOC_2H_5)_2$$

$$\xrightarrow{C_2H_5ONa} Br-CH_2CH_2CH_2CH_2-\bar{C}(COOC_2H_5)_2 \longrightarrow \text{1,1-环戊烷二甲酸二乙酯 } (C_5H_8)(COOC_2H_5)_2 \xrightarrow{OH^-} \xrightarrow{H^+}$$

$$(C_5H_8)(COOH)_2 \xrightarrow[\triangle]{-CO_2} C_5H_9-CH-COOH$$

二卤代烃与 2mol 丙二酸二乙酯反应，则可以得到二元羧酸。例如

$$\begin{matrix} CH_2-Br \\ | \\ CH_2-Br \end{matrix} + 2\bar{C}H(COOC_2H_5)_2 \longrightarrow \begin{matrix} CH_2-CH(COOC_2H_5)_2 \\ | \\ CH_2-CH(COOC_2H_5)_2 \end{matrix} \xrightarrow{OH^-} \xrightarrow{H^+}$$

$$\begin{matrix} CH_2-CH(COOH)_2 \\ | \\ CH_2-CH(COOH)_2 \end{matrix} \xrightarrow[\triangle]{-CO_2} \begin{matrix} CH_2-CH_2COOH \\ | \\ CH_2-CH_2COOH \end{matrix}$$

问题 11-10 完成下列反应式，写出各步反应的产物。

(1) $CH_3COCH_2COOC_2H_5 \xrightarrow[2)\ CH_3CH_2CH_2Br]{1)\ C_2H_5ONa} \quad \xrightarrow[2)\ CH_3CH_2Br]{1)\ C_2H_5ONa} \quad \xrightarrow[\triangle]{OH^-/H_2O} \xrightarrow[\triangle]{H_3O^+}$

(2) $CH_3COCH_2COOC_2H_5 \xrightarrow[2)\ ClCH_2COOC_2H_5]{1)\ C_2H_5ONa} \quad \xrightarrow[\triangle]{OH^-/H_2O} \xrightarrow[\triangle]{H_3O^+}$

(3) $CH_2(COOC_2H_5)_2 \xrightarrow[2)\ CH_3CH_2CH_2Br]{1)\ C_2H_5ONa} \quad \xrightarrow[2)\ CH_3Br]{1)\ C_2H_5ONa} \quad \xrightarrow[\triangle]{OH^-/H_2O} \xrightarrow[\triangle]{H_3O^+}$

(4) $CH_2(COOC_2H_5)_2 \xrightarrow[2)\ C_6H_5CH_2Cl]{1)\ C_2H_5ONa} \quad \xrightarrow[\triangle]{OH^-/H_2O} \xrightarrow[\triangle]{H_3O^+}$

小　　结

1. 羧酸的通式为 RCOOH，羧基(—COOH)是羧酸的官能团。根据羧酸分子中烃基 R 的不同，羧酸可分为脂肪族羧酸、芳香族羧酸、脂环羧酸、杂环羧酸、饱和羧酸、不饱和羧酸等。根据羧酸中含羧基的数目，羧酸又可分为一元羧酸、二元羧酸和多元羧酸。

2. 羧酸的系统命名是选择分子中含羧基的最长碳链为主链，根据主链上碳原子的数目称为某酸。从羧基碳原子开始对主链碳原子编号，取代基在主链上的位次则根据主链碳原子的编号用阿拉伯数字标出，写在母体名称的前面。一些常见羧酸经常根据它们的来源用其俗名。

3. 羧基中碳原子是 sp^2 杂化，羟基氧原子上的 p 电子对与羰基中的 π 键形成 p-π 共轭，羧酸负离子是具有 p-π 共轭的离域体系。

4. 羧酸具有一定的酸性，影响羧酸酸性强弱的主要因素有分子结构中的电子效应、空间效应及分子内的氢键等。

5. 在强酸催化下，羧酸与醇生成羧酸酯的反应称为羧酸的酯化反应。酯化反应是可逆反应，增加反应物的浓度或将某反应产物移出反应体系，可移动反应平衡，提高酯化反应的产率。

6. 羧酸与氨或胺在较低温度下反应可生成铵盐，铵盐加热时分解得到酰胺或 N-取代酰胺。

7. 羧酸与无机酸酰卤(如 PCl_3、PCl_5、$SOCl_2$、PBr_3、PBr_5 等)反应，生成羧基中的羟基被卤素取代的酰卤。

8. 除甲酸外，一元羧酸与脱水剂(P_2O_5)共热时，分子间脱水生成酸酐。丁二酸、戊二酸、邻苯二甲酸等二元羧酸则在分子内脱水生成具有五元环或六元环的环状酸酐。

9. 羧酸被强还原剂氢化铝锂还原生成伯醇。

10. 羧基的 α-H 在红磷(P)或三氯化磷、三溴化磷催化下与氯或溴反应，生成 α-氯代或溴代羧酸，称为 Hell-Volhard-Zelinsky 反应。

11. 羟基酸是分子中同时含有羧基和羟基的双官能团化合物，具有羧基和羟基的典型性质。α-醇酸发生分子间脱水生成交酯。β-醇酸发生分子内脱水生成 α,β-不饱和羧酸。γ-醇酸

和 δ-醇酸发生分子内脱水分别生成五元环和六元环的内酯。

12. 羰基酸是在羧酸的烃基上含有醛羰基或酮羰基的羧酸，分别称为醛酸或酮酸。根据羰基碳原子离羧基的位置不同分别有 α-、β-、γ-、…羰基酸。

13. 羧酸的制备通常有以下几种方法：

(1) 氧化法：伯醇和醛氧化为相同碳原子的羧酸；仲醇、酮、烯、炔等被强烈氧化时，生成碳链断裂的相应羧酸；芳环的侧链被氧化为相应的芳香族羧酸。

(2) 水解法：主要是酯和腈的水解，腈通常由卤代烃与氰化钠反应制备，有些不能经正常亲核取代反应制得腈的卤代烃(如叔卤代烃、新戊基卤、芳香族卤代烃等)，则可改用格氏试剂法。

(3) 格氏试剂法：格氏试剂与二氧化碳反应，经加成，再水解成增加一个碳原子的羧酸。格氏试剂的原料是卤代烃，如果卤代烃分子中有对格氏试剂敏感的基团(如活性氢、硝基、羰基等)，则不能直接用于制备格氏试剂。

14. 乙酰乙酸乙酯和丙二酸二乙酯是具有活泼亚甲基的 β-二羰基化合物，前者是 β-酮酸酯，后者是 β-二羧酸酯。乙酰乙酸乙酯和丙二酸二乙酯在强碱作用下能形成碳负离子或烯醇负离子，与卤代烃或酰卤反应，得到亚甲基被烃化或酰化的产物，然后水解、脱羧，可用来制备甲基酮或羧酸。

习　题

1. 命名下列化合物。

(1) $(CH_3)_3CCH_2CH(CH_3)COOH$ （CH₃ 连于 CH 上）

(2) $CH_3CH(CH_3)CH(OH)COOH$

(3) 邻位取代苯：CH_2COOH、CH_2OH

(4) $C_6H_5CH_2CH(Br)COOH$

(5) $HC\equiv CCH_2COOH$

(6) $HOOCCH(CH_3)CH_2CH_2CH(CH_3)COOH$

(7) H(CH₃)C=C(H)CH(CH₃)COOH（H 与 $CH(CH_3)COOH$ 同侧在上，CH_3 与 H 在下）

(8) $CH_3CO-C_6H_4-COOH$（对位）

2. 写出下列化合物的结构式。

(1) 2-异丙基-3-甲基庚酸　　(2) 6-羟基-2-萘甲酸

(3) 环己-2,4-二烯甲酸　　(4) 4-甲基己-3-酮酸

(5) α-溴-β-甲基己酸　　(6) (9Z,11E,13E)-十八碳-9,11,13-三烯酸

3. 将下列羧酸按酸性由强到弱排列。

(1) 环己基甲酸、苯甲酸

(2) 对氯苯甲酸、间氯苯甲酸、对硝基苯甲酸、间硝基苯甲酸

(3) 丙酸、丙炔酸、丙烯酸

(4) 乙二酸、丙二酸、戊二酸、丁二酸

(5) 苯甲酸、对甲氧基苯甲酸、对硝基苯甲酸

4. 完成下列反应式,写出下列反应的产物。

(1) $CH_3CH(Br)CH_2COOH + NaOH \xrightarrow{\triangle}$

(2) $C_6H_5CH(OH)CH_2COOH \xrightarrow[\triangle]{H^+}$

(3) 邻(羟甲基)苯甲酸(苯环上 COOH 与 CH_2OH 处于邻位) $\xrightarrow[\triangle]{H^+}$

(4) 2-氧代环己烷-1-甲酸(C1 上另连 CH_2COOH) $\xrightarrow{\triangle}$

(5) 环己烷(一个碳上连两个 COOH,相邻碳上连一个 COOH) $\xrightarrow{\triangle}$

(6) $CH_3CH_2COOH + Cl_2 \xrightarrow{P} \quad \xrightarrow{NaCN} \quad \xrightarrow{H_3O^+}$

5. 完成下列反应式,写出各步反应的产物。

(1) $CH_3COCH_2COOC_2H_5 \xrightarrow[2)\ ClCH_2COC_6H_5]{1)\ C_2H_5ONa} \quad \xrightarrow{OH^-/H_2O} \quad \xrightarrow[\triangle]{H^+}$

(2) $CH_3COCH_2COOC_2H_5 \xrightarrow[2)\ ClCH_2COOC_2H_5]{1)\ C_2H_5ONa} \quad \xrightarrow{OH^-/H_2O} \quad \xrightarrow[\triangle]{H^+}$

(3) 环戊酮 $\xrightarrow{HCN} \quad \xrightarrow{H_3O^+} \quad \xrightarrow{\triangle}$

6. 用化学方法区别下列各组化合物。

(1) 丁酸、3-苯基丙烯酸、邻羟基苯甲酸

(2) 苯甲酸、苄醇、对甲苯酚、苯甲醛

7. 给下列反应提出合理的机理。

(1) 3-环己烯基丙酸(环己烯环上连 CH_2CH_2COOH) $\xrightarrow[NaHCO_3,H_2O]{I_2,KI}$ 碘代双环内酯(稠合的六元碳环与六元内酯环,两个桥头 H,环上连 I,内酯 C=O)

(2) [2-甲基-4-甲基-1,3-二氧六环-4-基]CH_2COOH $\xrightarrow{H_3O^+}$ [4-羟基-4-甲基-四氢吡喃-2-酮]

8. 以乙烯为原料合成下列化合物,无机试剂和有机溶剂可任意选用。

(1) CH_3CH_2COOH　　(2) $CH_2{=}CHCOOH$　　(3) $(CH_2COOH)_2$

9. 以乙酰乙酸乙酯或丙二酸二乙酯及甲苯和不超过四个碳原子的有机化合物为原料合成下列化合物。

(1) $CH_3COCH(CH_3)CH_2CH{=}CH_2$　　(2) $CH_3COCH_2CH_2COOH$

(3) $C_6H_5CH_2CH_2COOH$　　(4) $CH_2{=}CHCH_2CH(CH_2CH{=}CH_2)COOH$

10. 用苯及不超过四个碳原子的有机化合物合成下列化合物。

(1) 对甲氧基苯甲酸(COOH, OCH_3)　　(2) 邻甲氧基苯甲酸(COOH, OCH_3)　　(3) 对位取代苯:$CH(CN)CH_3$, $CH_2CH(CH_3)_2$

11. 某酸性化合物 **A**,分子式为 $C_4H_8O_3$,有旋光活性,能溶于 NaOH 溶液和 $NaHCO_3$ 溶液。**A** 经加热容易生成化合物 **B**,分子式为 $C_4H_6O_2$,也能溶于 NaOH 溶液和 $NaHCO_3$ 溶液。**A** 经氧化后加热得到化合物 **C**,分子式为 C_3H_6O,有碘仿反应。试推测化合物 **A**~**C** 的结构式。

12. 化合物 **A** 是从白花蛇舌草中提取出来的,分子式为 $C_9H_8O_2$,能溶于 NaOH 溶液和 $NaHCO_3$ 溶液,与 $FeCl_3$ 溶液作用呈红色,,能使 Br_2/CCl_4 溶液褪色,用 $KMnO_4$ 氧化得到乙二酸和对羟基苯甲酸。试推测化合物 **A** 的结构式。

13. 某酸性化合物 **A**,分子式为 $C_6H_{10}O_4$,**A** 经加热得到化合物 **B**,分子式为 $C_6H_8O_3$。**B** 的 IR 和 ^1H NMR 特征峰如下:

IR(σ/cm^{-1}):1820,1755

^1H NMR(δ):1.0(d,3H),2.1(m,1H),2.8(d,4H)

试推测化合物 **A** 和 **B** 的结构式。

14. 某酸性化合物 **A**,分子式为 $C_9H_9NO_4$,^1H NMR(δ):1.6(d,3H),3.9(q,1H),7.5(d,2H),8.2(d,2H),12.1(s,1H)。试推测化合物 **A** 的结构式。

第 12 章　羧酸衍生物

主要内容

- ➢羧酸衍生物的结构和命名。
- ➢羧酸衍生物水解、醇解、氨解，酯的水解反应机理。
- ➢羧酸衍生物与格氏试剂的反应。
- ➢羧酸衍生物的还原反应。
- ➢酯和黄原酸酯的热消除反应。
- ➢烯酮和碳酸衍生物。
- ➢活泼氢化合物的缩合反应。
- ➢油脂的结构和性质。

羧酸分子中羧基的部分原子团被其他原子或基团取代，并经水解能生成羧酸的化合物称为羧酸衍生物。羧基中的羟基被—X、—OR、—OCOR、—NH_2(或—NHR、—NR_2)取代的羧酸衍生物分别称为酰卤、酸酐、酯、酰胺。腈(RCN)是羧基被氰基(—CN)取代，且能水解生成羧酸，因此也归在羧酸衍生物中讨论。

12.1　羧酸衍生物的结构和命名

12.1.1　羧酸衍生物的结构

羧酸衍生物酰卤、酸酐、酯和酰胺的结构中都含有酰基($\mathrm{R-\overset{\overset{\large O}{\|}}{C}-}$，acyl)，它们可以用通式 $\mathrm{R-\overset{\overset{\large O}{\|}}{C}-L}$ 表示[L＝X、OR、OCOR、NH_2(或 NHR、NR_2)]。其中与羰基直接相连的 L 原子上都有一对未共用电子对，它可以与羰基中的 π 电子形成 p-π 共轭，其结构可用共振式表示为

$$\mathrm{R-\overset{\overset{\ddot{O}:}{\|}}{C}-\ddot{L}} \longleftrightarrow \mathrm{R-\overset{\overset{:\ddot{O}:^-}{|}}{\underset{+}{C}}-\ddot{L}} \longleftrightarrow \mathrm{R-\overset{\overset{:\ddot{O}:^-}{|}}{C}=L^+}$$

但在酰卤中，由于卤原子与碳原子不在同一周期，相对而言，酰卤中的这种共轭不如酯、酸酐和酰胺中有效，而表现得比较弱，这可以从羧酸衍生物中 C_{sp^2}—L 键键长与通常的 C_{sp^3}—L 键键长的比较得到证实。酯、酸酐和酰胺中的 C_{sp^2}—L 键键长都比通常 C_{sp^3}—L 键键长短。而酰卤中的 C_{sp^2}—L 键键长却与通常 C_{sp^3}—L 键键长比较接近。例如

	CH_3COCl	$HCOOCH_3$	$(CH_3CO)_2O$	$HCONH_2$
C—L键长/pm	178.9	133.4	140.0	137.6

	CH_3—Cl	CH_3—OH	CH_3—NH_2
C—L键长/pm	178.4	143.0	147.4

12.1.2 羧酸衍生物的命名

酰卤和酰胺根据分子中所含的酰基命名。例如

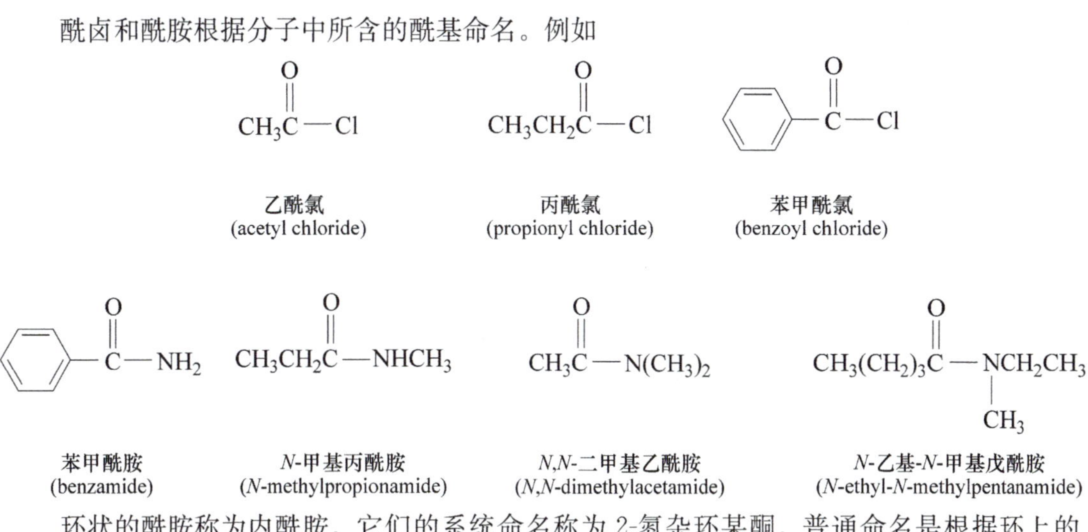

乙酰氯 (acetyl chloride)　丙酰氯 (propionyl chloride)　苯甲酰氯 (benzoyl chloride)

苯甲酰胺 (benzamide)　*N*-甲基丙酰胺 (*N*-methylpropionamide)　*N*,*N*-二甲基乙酰胺 (*N*,*N*-dimethylacetamide)　*N*-乙基-*N*-甲基戊酰胺 (*N*-ethyl-*N*-methylpentanamide)

环状的酰胺称为内酰胺。它们的系统命名称为 2-氮杂环某酮。普通命名是根据环上的碳原子数目称为某内酰胺，用希腊字母表示羰基和氮原子在环上的相对位置，放在某内酰胺的最前面。例如

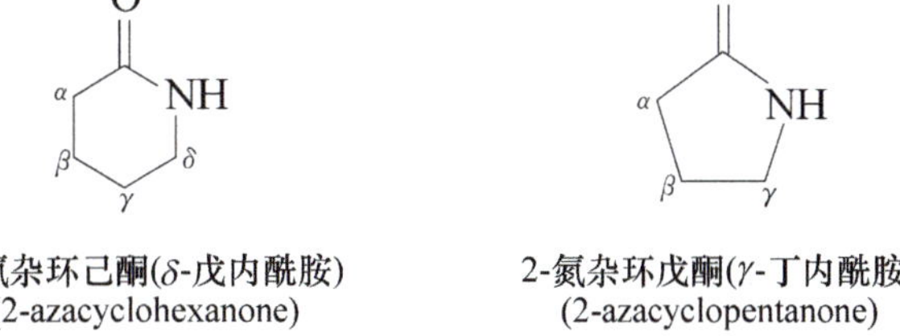

2-氮杂环己酮(δ-戊内酰胺) (2-azacyclohexanone)　2-氮杂环戊酮(γ-丁内酰胺) (2-azacyclopentanone)

酸酐和腈是根据它们水解得到的羧酸来命名。酸酐中两个酰基相同的称为单酐，命名时直接在羧酸名称后面加“酐”字，有时可以将“酸”字省去。当两个酰基不相同时称为混酐，混酐

的命名需在“酐”字前面将两个羧酸按相应英文名称的第一个字母排列的顺序分别列出。二元羧酸形成的环状酸酐命名时在二元羧酸的名称后加“酐”字。例如

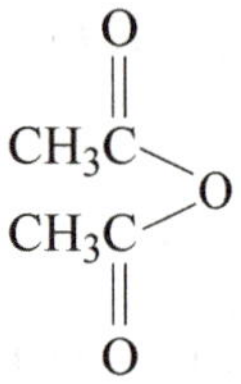

$CH_3C(=O)-O-C(=O)CH_3$

乙酸酐 (acetic anhydride)

$CH_3C(=O)-O-C(=O)CH_2CH_3$

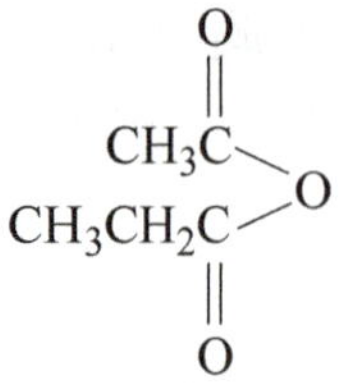

乙丙酐 (ethanoic propanoic anhydride)

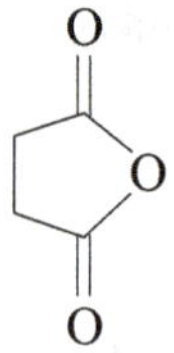

丁二酸酐 (butanedioic anhydride)

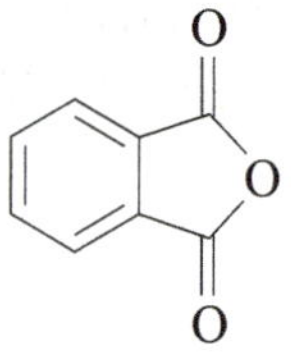

邻苯二甲酸酐 (phthalic anhydride)

$CH_3C\equiv N$

乙腈 (acetonitrile)

$C_6H_5C\equiv N$

苯甲腈 (benzonitrile)

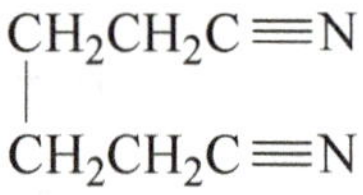

$NC-CH_2CH_2-CH_2CH_2-C\equiv N$（$CH_2CH_2C\equiv N$ / $CH_2CH_2C\equiv N$）

己二腈 (hexanedinitrile)

酯的命名是根据它水解得到的酸和醇称为“某酸某(醇)酯”，通常将“醇”字省去。例如

$HCOCH_2CH_3$（$HC(=O)OCH_2CH_3$）

甲酸乙酯 (ethyl formate)

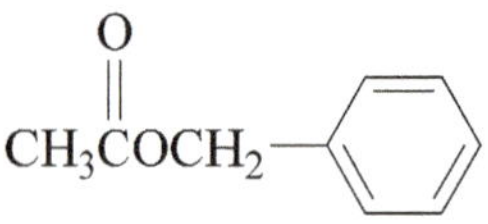

$CH_3C(=O)OCH_2-C_6H_5$

乙酸苄酯 (benzyl acetate)

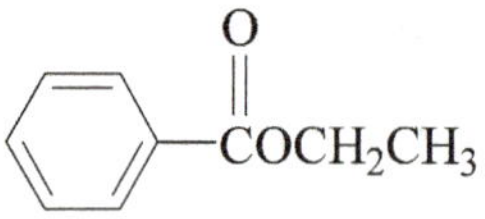

$C_6H_5-C(=O)OCH_2CH_3$

苯甲酸乙酯 (ethyl benzoate)

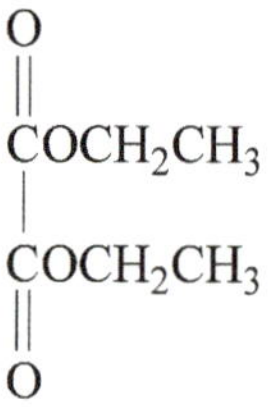

$CH_3CH_2OC(=O)-C(=O)OCH_2CH_3$

乙二酸二乙酯 (diethyl oxalate)

环状的酯称为内酯。它们的系统命名称为2-氧杂环某酮。普通命名是根据开链状态下的碳原子数目称为某内酯，用希腊字母表示羰基和氧原子在内酯环上的相对位置，放在某内酯的最前面。例如

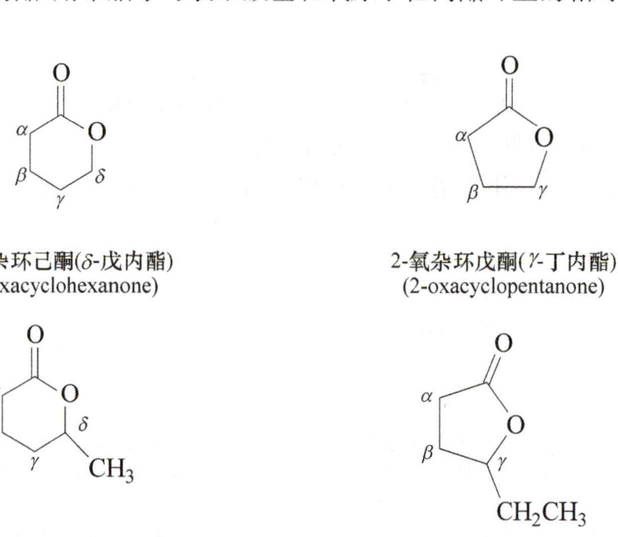

2-氧杂环己酮(δ-戊内酯) (2-oxacyclohexanone)

2-氧杂环戊酮(γ-丁内酯) (2-oxacyclopentanone)

3-甲基-2-氧杂环己酮(δ-己内酯) (3-methyl-2-oxacyclohexanone)

3-乙基-2-氧杂环戊酮(γ-己内酯) (3-ethyl-2-oxacyclopentanone)

12.2 羧酸衍生物的物理性质

低级的酰卤和酸酐是具有刺激性气味的无色液体，不溶于水，但遇水剧烈水解。酰氯的相对密度大于 1。酰卤、酸酐和酯都没有分子间的缔合，因此酰卤的沸点比相应的羧酸低，酸酐的沸点则比相对分子质量相当的羧酸低。高级的酰卤和酸酐为固体。酯的沸点比相应的羧酸和醇都低，与碳原子数相同的醛、酮相近。酯在水中溶解度较小，能溶于有机溶剂。低级酯是易挥发并具有芳香气味的无色液体。

酰胺分子间可以通过氮原子上的氢缔合，其沸点都高于相应的羧酸。当氮原子上的氢都被烷基取代后，因为分子间不能缔合而沸点降低。酰胺中除甲酰胺和某些 *N*-取代脂肪族酰胺外，其他酰胺都是固体。酰胺能与溶剂分子缔合，低级的酰胺能溶于水，甲酰胺、*N*-甲基甲酰胺和 *N*,*N*-二甲基甲酰胺(DMF)都能与水混溶。

腈一般为液体。C_4 以上的腈难溶于水，乙腈能与水混溶，是良好的极性溶剂。

常见羧酸衍生物的熔点和沸点见表 12-1。

表 12-1　常见羧酸衍生物的物理常数

化合物	熔点/℃	沸点/℃
乙酰氯(acetyl chloride)	−112	51
乙酰溴(acetyl bromide)	—	76.7
丙酰氯(propanoyl chloride)	−94	80
丁酰氯(butanoyl chloride)	−89	102
苯甲酰氯(benzoyl chloride)	−1	197
对硝基苯甲酰氯(4-nitrobenzoyl chloride)	72	154/15mmHg
乙酸酐(propanoic anhydride)	−73	140
丙酸酐(acetic anhydride)	−45	169
丁二酸酐(butanedioic anhydride)	119.6	261
顺丁烯二酸酐[(*Z*)-2-butenedioic anhydride]	53	202
苯甲酸酐(benzoic anhydride)	42	360
邻苯二甲酸酐(1,2-benzenedicarboxylic anhydride)	132	284.5
甲酸甲酯(methyl formate)	−99	31.5
甲酸乙酯(ethyl formate)	−80	54
乙酸甲酯(methyl acetate)	−98.7	59.1
乙酸乙酯(ethyl acetate)	−83.6	77.1
乙酸戊酯(pentyl acetate)	−78	142
苯甲酸乙酯(ethyl benzoate)	−34	212.4
甲基丙烯酸甲酯(methyl 2-metylpropenoate)	−50	100
丙二酸二乙酯(diethyl malonate)	−51.5	199.3
对苯二甲酸二甲酯(dimethyl tetrephthalate)	140	—

续表

化合物	熔点/℃	沸点/℃
甲酰胺(formamide)	2.5	200(分解)
乙酰胺(acetamide)	81	222
丙酰胺(propanamide)	79	213
N,*N*-二甲基甲酰胺(*N*,*N*-dimethylformamide)	—	153
苯甲酰胺(benzamide)	130	290
乙腈(acetonitrile)	—	81
苯甲腈(benzonitrile)	−10	70

羧酸衍生物的红外光谱在 1850～1630cm^{-1} 有羰基的伸缩振动强吸收峰。其伸缩振动频率见表 12-2。

表 12-2 羧酸衍生物中羰基的红外吸收峰

化合物	>C=O 的伸缩振动/cm^{-1}	化合物	>C=O 的伸缩振动/cm^{-1}
R—C(=O)—Cl	1815～1795	R—C(=O)—O—C(=O)—R(R′)	1845～1815(强) 1780～1745(弱)
Ar—C(=O)—Cl	1785～1740	R—C(=O)—NH_2	1690～1660
R—C(=O)—OR′	1750～1735	R—C(=O)—NHR′	1680～1630
Ar—C(=O)—OR′	1740～1715	R—C(=O)—NR'_2	1670～1640

羧酸衍生物中除羰基的特征吸收峰外，酸酐中的 C—O 伸缩振动吸收在 1250cm^{-1}，酯中的 C—O 伸缩振动吸收在 1200cm^{-1}，$RCONH_2$ 型酰胺的 N—H 伸缩振动吸收在 3400cm^{-1} 和 3300cm^{-1}，RCONHR 型酰胺的 N—H 伸缩振动吸收在 3400 cm^{-1}。

脂肪族腈的—CN 伸缩振动吸收在 2260～2240cm^{-1}，芳香族腈在 2240～2220cm^{-1}。

乙酸乙酯和苯甲腈的红外光谱分别如图 12-1 和图 12-2 所示。

在^{1}H NMR 中，羧酸衍生物中 α-碳原子上质子的化学位移与醛、酮的 α-碳原子上质子相近，其吸收峰稍向低场移动，δ 值为 2～3。在酯的烷氧基中，直接与氧原子相连的碳原子上质子的 δ 值为 3.7～4.1。酰胺中氮原子上质子的 δ 值为 5～8，峰形往往宽而低。

羧酸衍生物中 α-碳原子上质子和 β-碳原子上质子的化学位移见表 12-3。

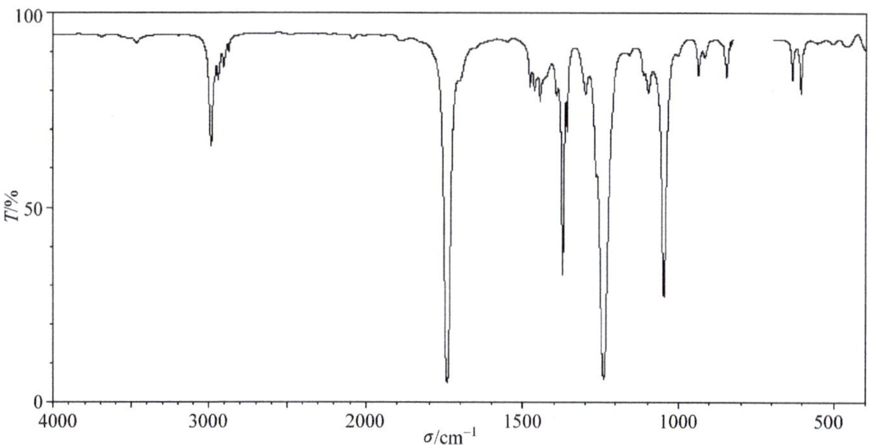

图 12-1　乙酸乙酯的红外光谱

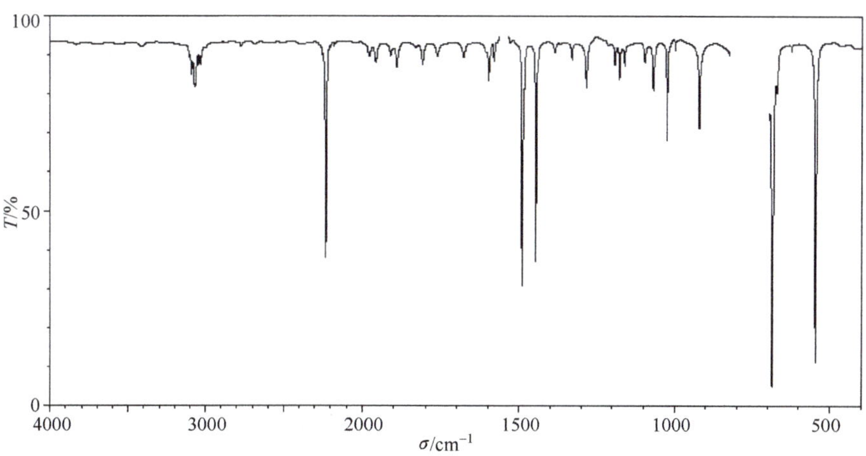

图 12-2　苯甲腈的红外光谱

表 12-3　羧酸衍生物中 α-碳原子上质子和 β-碳原子上质子的化学位移

Y	$C\underline{H}_3Y$	$RC\underline{H}_2Y$	$C\underline{H}—CR_2Y$
COCl	2.67	—	—
$COOCH_3$	2.03	2.13	1.12
$CONH_2$	2.08	2.23	1.13
CN	2.00	2.28	1.14
(CHO)	(2.20)	(2.40)	(1.08)

在^{13}C NMR 中，羧酸衍生物中羰基碳的化学位移 δ 为 160～180，氰基碳的 δ 为 120。

羧酸衍生物的质谱中，主要讨论酯、酰胺和腈的质谱。脂肪族一元羧酸酯的分子离子峰较弱，而芳香族一元羧酸酯的分子离子峰很强。在酯的质谱中，羰基两边的键最容易断裂(α-断裂)，生成相应的碎片峰。

$$\left[R \vdots C(=O)-OR'\right]^{+\cdot}$$ 产生 R^+ 和 $R'O-C\equiv\overset{+}{O}$

R^+ m/z=15,29,43,…,M−59等

$R'O-C\equiv\overset{+}{O}$ m/z=M−15,M−29,…,59等

$$\left[R-C(=O) \vdots OR'\right]^{+\cdot}$$ 产生 $R-C\equiv\overset{+}{O}$ 和 $R'\overset{+}{O}$

$R-C\equiv\overset{+}{O}$ m/z=43,57,…,M−31等

$R'\overset{+}{O}$ m/z=31,45,…,M−57,M−43等

当脂肪族羧酸酯的 γ-碳原子有氢原子时，也会发生 McLafferty 重排，产生相应的重排峰。

$$\left[\gamma\text{C(H)}-\beta\text{C}-\alpha\text{C}-C(=O)OR'\right]^{+\cdot} \longrightarrow \left[\alpha C=C(OH)-OR'\right]^{+\cdot} + C_\gamma=C_\beta$$

若 α-碳原子上有两个氢原子，即没有支链，$R'=CH_3$，则有 74 峰；$R'=CH_2CH_3$，则有 88 峰。

在酰胺的质谱中都可以观察到分子离子峰，芳香族酰胺的分子离子峰更强。酰胺是含氮化合物，质谱遵循氮规则，即分子中氮原子数为奇数时，分子离子峰的 m/z 为奇数。酰胺也是在羰基两边的键容易断裂(α-断裂)，从而生成相应的碎片峰。当氮原子上的氢没有被取代时，可观察到(a)处断裂时产生的 44 峰；在(b)处断裂时，当 $R=CH_3$，则产生 43 峰。

$$R \overset{(a)}{\vdots} C(=O) \overset{(b)}{\vdots} NH_2$$

(a) 断裂产生 $\left[C(NH_2)\equiv O\right]^{+\cdot}$ m/z=44

(b) 断裂产生 $\left[R-C\equiv O\right]^{+\cdot}$

在酰胺的质谱中也可以观察到 McLafferty 重排。

$$\left[\gamma\text{C(H)}-\beta\text{C}-\alpha\text{C}-C(=O)NH_2\right]^{+\cdot} \longrightarrow \underset{m/z=59}{\left[\alpha C=C(OH)-NH_2\right]^{+\cdot}} + C_\gamma=C_\beta$$

当氮原子上的氢没有被取代，α-碳原子上没有支链时，可观察到重排后的 59 峰。

脂肪族腈的分子离子峰很弱，通常观察不到。而失去氢后，可产生稳定的 M−1 峰。

$$\left[R-CH(H)-C\equiv N\right]^{+\cdot} \longrightarrow \underset{M-1}{R-CH=C=\overset{+}{\ddot{N}}}$$

$C_4 \sim C_{10}$的直链腈也易发生 McLafferty 重排，产生 41 峰。

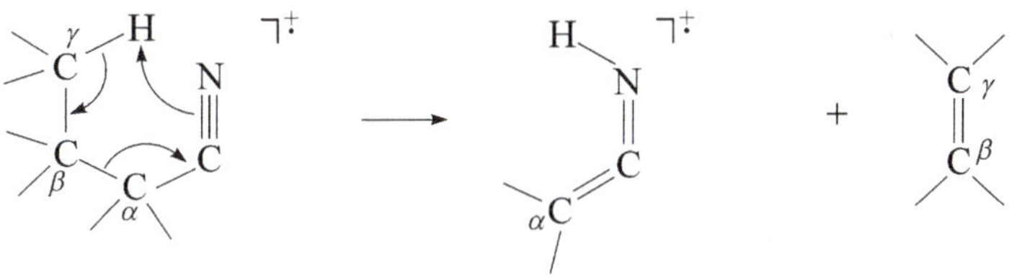

$m/z=41$

问题 12-1 命名下列化合物或写出相应的结构式。

(1) $CH_3CH_2COOCH_2CH(CH_3)_2$　　(2) $C_6H_5CON(CH_2CH_3)_2$

(3) 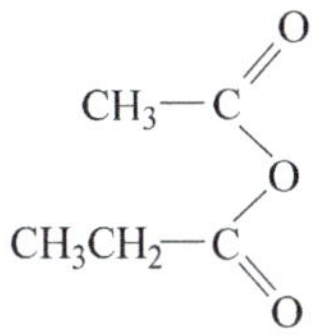 $CH_3-C(=O)-O-C(=O)-CH_2CH_3$　　(4) 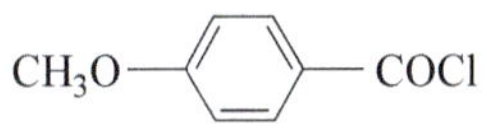 $CH_3O-C_6H_4-COCl$（对位）

(5) p-$CH_3C_6H_4CH_2CN$　　(6) 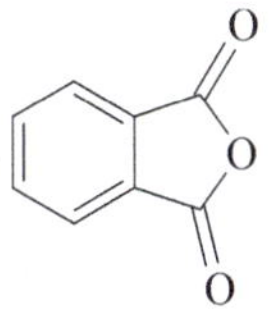 邻苯二甲酸酐结构式

(7) 乙酸苯酯　　(8) N-甲基苯甲酰胺

(9) 丁烯二酸酐　　(10) 己二腈

12.3 羧酸衍生物的亲核取代反应

羧酸衍生物主要的化学反应是由羰基引起的亲核取代反应，即羧酸衍生物的水解、醇解、氨解、酸解，反应的结果是 L 分别被 OH、OR、NH_2(或 NHR、NR_2)、OCOR 取代。在碱催化下的反应通式为

$$R-\overset{\overset{\displaystyle O}{\|}}{C}-L + Nu^- \longrightarrow R-\overset{\overset{\displaystyle O}{\|}}{C}-Nu + L^-$$

反应分两步进行。首先是亲核试剂进攻带部分正电荷的羰基碳原子，发生亲核加成，打开 π 键，形成具有四面体结构的氧负离子中间体，羰基碳原子由 sp^2 杂化转变为 sp^3 杂化。然后是离去基团 L 带着一对电子从氧负离子中间体离去，重新恢复碳氧双键，羰基碳原子也同时转变为 sp^2 杂化，生成 L 被取代的反应产物。其经加成-消除进行的亲核取代反应机理可表示为

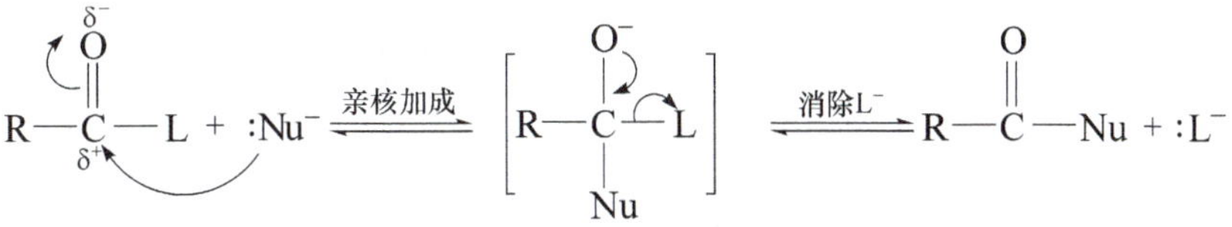

$$R-\overset{\overset{\displaystyle O^{\delta-}}{\|}}{C^{\delta+}}-L + :Nu^- \xrightleftharpoons{\text{亲核加成}} \left[R-\underset{\underset{\displaystyle Nu}{|}}{\overset{\overset{\displaystyle O^-}{|}}{C}}-L\right] \xrightleftharpoons{\text{消除}L^-} R-\overset{\overset{\displaystyle O}{\|}}{C}-Nu + :L^-$$

四面体中间体

从羧酸衍生物的亲核取代反应机理可以看出，在第一步亲核加成中，羰基碳原子上的正电性越大，其周围基团的空间位阻越小，对反应越有利。凡有利于羰基碳原子上正电性增加的因素和不大的空间位阻都有利于四面体中间体的形成，有利于反应的进行。第二步是离去基团的离去，离去基团 L^- 的碱性越弱，越容易离去，反应越容易进行。离去基团 L 的碱性由弱到强的次序为 $Cl^- < RCOO^- < RO^- < NH_2^-$，因此离去能力由大到小的次序为 $Cl^- > RCOO^- > RO^- > NH_2^-$。综合考虑，可以得到羧酸衍生物的亲核取代反应的活性次序为酰卤>酸酐>酯>酰胺。

羧酸衍生物的亲核取代反应也可以在酸催化下进行，其反应机理与上述类似，只是羰基先质子化，再发生亲核加成和消除离去基团。其表达式如下：

$$R-\overset{\overset{\large :O:}{\|}}{C}-L + H^+ \rightleftharpoons R-\overset{\overset{\large :\overset{+}{O}H}{\|}}{C}-L \xrightleftharpoons{:Nu^-} \left[R-\overset{\overset{\large :\ddot{O}H}{|}}{\underset{\underset{\large Nu}{|}}{C}}-L \right] \rightleftharpoons R-\overset{\overset{\large :O:}{\|}}{C}-Nu + H:L$$

四面体中间体

12.3.1 水解反应

酰卤、酸酐、酯、酰胺和腈均可以在酸性或碱性条件下水解(hydrolysis)生成羧酸。

$$R-\overset{\overset{\large O}{\|}}{C}-Cl + H_2O \xrightarrow{\text{室温}} R-\overset{\overset{\large O}{\|}}{C}-OH + HCl$$

$$R-\overset{\overset{\large O}{\|}}{C}-O\overset{\overset{\large O}{\|}}{C}R + H_2O \xrightarrow{\triangle} R-\overset{\overset{\large O}{\|}}{C}-OH + RCOOH$$

$$R-\overset{\overset{\large O}{\|}}{C}-OR' + H_2O \xrightarrow[\triangle]{H^+\text{或}OH^-} R-\overset{\overset{\large O}{\|}}{C}-OH + R'OH$$

$$R-\overset{\overset{\large O}{\|}}{C}-NH_2 + H_2O \xrightarrow[\text{回流}]{H^+\text{或}OH^-} R-\overset{\overset{\large O}{\|}}{C}-OH + NH_3$$

$$R-C\equiv N + H_2O \xrightarrow[\text{回流}]{H^+\text{或}OH^-} R-\overset{\overset{\large O}{\|}}{C}-OH + NH_3$$

1. 酰卤和酸酐的水解

酰卤和酸酐的反应活性较高，水解时一般不需要酸碱催化，多数酰卤和酸酐在空气中的湿气作用下即被水解，如乙酰氯在潮湿的空气中会看到有白色的氯化氢酸雾冒出。酸酐的水解反应比酰氯慢，但在湿空气中也会慢慢被水解，因此酰卤和酸酐需要在干燥的条件下保存。

2. 酯的水解

酯的水解是酯化反应的逆反应，在中性或酸性条件下反应可逆，存在下列动态平衡：

$$RCOOR' + H_2O \overset{H^+}{\rightleftharpoons} RCOOH + R'OH$$

增加水的量可以使水解反应的平衡向右移动。

在碱性溶液中水解时，由于碱能使生成的羧酸转变为羧酸盐，因此酯的碱性水解是不可逆反应。由于油脂是高级脂肪酸的甘油酯，它的碱性水解得到高级脂肪酸的钠盐，是生产肥皂的主要方法，因此酯的碱性水解又称为皂化(saponification)。

酯的水解反应中，酯可能在两处发生键的断裂。

$$R-\overset{\overset{O}{\|}}{C}\,\vdots\,O-R' \qquad\qquad R-\overset{\overset{O}{\|}}{C}-O\,\vdots\,R'$$

酰氧断键　　　　烷氧断键

在碱性条件下，酯的水解通常按以下机理进行：

$$R-\overset{\overset{:O:}{\|}}{C}-\ddot{O}R' + \ddot{O}H^- \underset{}{\overset{\text{慢}}{\rightleftharpoons}} R-\underset{\underset{:\ddot{O}H}{|}}{\overset{\overset{:\ddot{O}:^-}{|}}{C}}-OR' \overset{\text{快}}{\rightleftharpoons} R-\overset{\overset{:O:}{\|}}{C}-\ddot{O}H + R'\ddot{O}:^-$$

四面体中间体

$$R-\overset{\overset{:O:}{\|}}{C}-\ddot{O}H + R'\ddot{O}:^- \xrightarrow{\text{快}} R-\overset{\overset{:O:}{\|}}{C}-\ddot{O}:^- + R'\ddot{O}H$$

首先是羟基负离子对酯羰基碳原子的亲核进攻，生成具有四面体结构的负离子中间体，这一步是慢的反应速率决定步骤，然后从负离子中间体中消除烷氧基负离子，得到水解产物羧酸，而消除羟基负离子则得到原来的酯，这两步反应都可逆。由于在碱性条件下水解产物羧酸迅速转变为羧酸盐，这一步不可逆，因此酯在碱性条件下可水解完全。

从上述机理可以看出，当酯羰基附近的碳原子上有吸电子取代基时，羰基碳上的正电性增加，有利于羟基负离子的进攻。吸电子取代基的存在也有利于负离子中间体的稳定，有利于增加酯水解的速率，如氯乙酸乙酯的水解速率约比乙酸乙酯快 290 倍。由于水解经过四面体结构的中间体，空间位阻增加，因此凡是空间位阻小、对加成形成中间体这一步有利的，同样有利于增加酯水解的速率，如异丁酸乙酯的水解速率约只有乙酸乙酯的 1/100。

酯的碱性水解机理中，酯和碱都参与了过渡态的形成。烷氧基氧原子用^{18}O标记的丙酸乙酯在碱性水溶液中水解得到含^{18}O的乙醇。

$$CH_3CH_2\overset{\overset{O}{\|}}{C}-{}^{18}OC_2H_5 + NaOH \longrightarrow CH_3CH_2COONa + C_2H_5{}^{18}OH$$

这说明酯的碱性水解一般是按酰氧键断裂的机理进行的。

在酸性条件下，酯的水解通常按以下机理进行：

$$\mathrm{R{-}\overset{\overset{:\ddot{O}:}{\|}}{C}{-}\ddot{O}R'} \xrightleftharpoons{H^+} \mathrm{R{-}\overset{\overset{\overset{+}{\ddot{O}}H}{\|}}{C}{-}\ddot{O}R'} \underset{\text{慢}}{\xrightleftharpoons{H\ddot{O}H}} \mathrm{R{-}\overset{:\ddot{O}H}{\underset{:\overset{+}{O}H_2}{C}}{-}\ddot{O}R'} \xrightleftharpoons{\text{质子转移}} \mathrm{R{-}\overset{:\ddot{O}H}{\underset{:\ddot{O}H}{C}}{-}\overset{+}{\ddot{O}}R'(H)}$$

$$\xrightleftharpoons{-R'\ddot{O}H} \mathrm{R{-}\overset{\overset{:\overset{+}{O}H}{\|}}{C}{-}\ddot{O}H} \xrightleftharpoons{-H^+} \mathrm{R{-}\overset{\overset{:O:}{\|}}{C}{-}\ddot{O}H}$$

首先是酯分子中羰基氧原子接受质子，使羰基碳原子上的正电性增加，更容易接受弱亲核试剂水分子的进攻，生成与水加成的产物，这一步是慢的反应速率决定步骤，然后经过质子转移，使烷氧基以弱碱性的醇分子离去，再失去质子后得到羧酸，结果是酯发生了酰氧键的断裂。在酸性条件下，大多数由伯醇、仲醇生成的羧酸酯是按酰氧键断裂水解的机理进行的。

酯在酸性条件下水解，酯羰基附近碳原子上的极性基团对水解速率的影响不如在碱性条件下水解时的影响大，因为吸电子基团不利于羰基的质子化，而给电子基团又不利于水分子的亲核进攻。由于水解都经过四面体中间体，因此基团的空间位阻也同样影响水解的速率。

苯甲酸甲酯烷氧基的氧原子用^{18}O标记，在它的酸性水解产物中，^{18}O留在醇分子中，这说明其水解是按酰氧键断裂机理进行的。

$$\mathrm{C_6H_5{-}\overset{\overset{O}{\|}}{C}{-}{}^{18}OCH_3} + \mathrm{H_2O} \xrightleftharpoons{H^+} \mathrm{C_6H_5{-}\overset{\overset{O}{\|}}{C}{-}OH} + \mathrm{CH_3{}^{18}OH}$$

由叔醇生成的羧酸酯在酸性条件下水解，主要按烷氧键断裂的机理进行。

$$\mathrm{R{-}\overset{\overset{:O:}{\|}}{C}{-}\ddot{O}C(CH_3)_3} \xrightleftharpoons{H^+} \mathrm{R{-}\overset{\overset{\overset{+}{\ddot{O}}H}{\|}}{C}{-}\ddot{O}{-}C(CH_3)_3} \rightleftharpoons \mathrm{R{-}\overset{:\ddot{O}H}{\overset{|}{C}}{=}\ddot{O}} + \mathrm{\overset{+}{C}(CH_3)_3}$$

$$\mathrm{\overset{+}{C}(CH_3)_3} + \mathrm{H_2\ddot{O}} \rightleftharpoons \mathrm{H_2\overset{+}{\ddot{O}}{-}C(CH_3)_3} \xrightleftharpoons{-H^+} \mathrm{H\ddot{O}{-}C(CH_3)_3}$$

3. 酰胺和腈的水解

酰胺的水解比酯难，需要在强酸或强碱的作用下，经较长时间的加热回流。

$$\mathrm{R{-}\overset{\overset{O}{\|}}{C}{-}NH_2} + \mathrm{OH^-} \xrightarrow{\triangle} \mathrm{R{-}\overset{\overset{O}{\|}}{C}{-}O^-} + \mathrm{NH_3}$$

$$\mathrm{R{-}\overset{\overset{O}{\|}}{C}{-}NH_2} + \mathrm{H_3O^+} \xrightarrow{\triangle} \mathrm{R{-}\overset{\overset{O}{\|}}{C}{-}OH} + \mathrm{NH_4^+}$$

腈的水解需要在碱或酸溶液中进行，先水解成酰胺，然后继续水解生成羧酸。

$$\mathrm{R-CN \xrightarrow[\triangle]{H^+或OH^-} R-\overset{\overset{\large O}{\|}}{C}-NH_2 \xrightarrow[\triangle]{H^+或OH^-} R-\overset{\overset{\large O}{\|}}{C}-OH}$$

问题 12-2　写出下列反应的产物。

(1) $\mathrm{CH_3\overset{\overset{\large O}{\|}}{C}OC(CH_3)_3 + H_2{}^{18}O \xrightarrow{H^+}}$

(2) $\mathrm{CH_3CHO \xrightarrow{HCN} \quad \xrightarrow{H_3O^+}}$

12.3.2　醇解反应

酰卤、酸酐、酯和酰胺与醇反应生成酯，称为羧酸衍生物的醇解(alcoholysis)。

$$\mathrm{R-\overset{\overset{\large O}{\|}}{C}-Cl + H-OR'' \longrightarrow R-\overset{\overset{\large O}{\|}}{C}-OR'' + HCl}$$

$$\mathrm{R-\overset{\overset{\large O}{\|}}{C}-O\overset{\overset{\large O}{\|}}{C}R + H-OR'' \xrightarrow{\triangle} R-\overset{\overset{\large O}{\|}}{C}-OR'' + RCOOH}$$

$$\mathrm{R-\overset{\overset{\large O}{\|}}{C}-OR' + H-OR'' \xrightarrow[\triangle]{H^+或R''O^-} R-\overset{\overset{\large O}{\|}}{C}-OR'' + R'OH}$$

$$\mathrm{R-\overset{\overset{\large O}{\|}}{C}-NH_2 + H-OR' \xrightarrow[回流]{H^+或R''O^-} R-\overset{\overset{\large O}{\|}}{C}-OR' + NH_3}$$

1. 酰卤和酸酐的醇解

酰氯与醇或酚能迅速反应生成相应的酯，这也是合成酯的主要方法之一，从合成角度看，其结果往往比直接酯化还好。在酰氯的醇解反应中，通常加入有机碱，如吡啶(C_5H_5N)、三乙胺[$(C_2H_5)_3N$]、*N*,*N*-二甲基苯胺[$C_6H_5N(CH_3)_2$]，以除去生成的氯化氢，并催化加快醇解反应的速率。例如

$$\mathrm{CH_3\overset{\overset{\large O}{\|}}{C}-Cl + (CH_3)_3COH \xrightarrow[(CH_3CH_2)_2O]{C_6H_5N(CH_3)_2} CH_3-\overset{\overset{\large O}{\|}}{C}OC(CH_3)_3 + C_6H_5N(CH_3)_2\cdot HCl}$$

$$\mathrm{(CH_3)_3C-\overset{\overset{\large O}{\|}}{C}-Cl + HO-C_6H_5 \xrightarrow{C_5H_5N} (CH_3)_3C-\overset{\overset{\large O}{\|}}{C}-O-C_6H_5 + C_5H_5N\cdot HCl}$$

酸酐与醇反应生成相应的酯，这也是制备酯的常用方法。反应比酰卤温和，酸或碱可以加

快醇解的反应速率。环状酸酐醇解可以得到二元酸的单酯。在酸催化下，用过量的醇可以得到二元酸的二酯。例如

$$\text{(丁二酸酐)} + CH_3OH \xrightarrow{\text{回流}} \underset{\text{丁二酸一甲酯}}{\begin{array}{l}CH_2COOCH_3\\|\\CH_2COOH\end{array}} \xrightarrow{CH_3OH,H^+} \underset{\text{丁二酸二甲酯}}{\begin{array}{l}CH_2COOCH_3\\|\\CH_2COOCH_3\end{array}}$$

酸酐的醇解在工业上用来生产纤维素酯等产品。

2. 酯的醇解

酯的醇解反应是生成新的酯和醇的反应，因此酯的醇解又称为酯交换(ester exchange)或酯基转移(transesterification) 反应。反应通常在氯化氢、对甲苯磺酸等酸催化或醇钠等碱催化下进行。例如

$$CH_3CH_2\overset{O}{\overset{\|}{C}}-OCH_3 + (CH_3)_2CHOH \overset{H^+}{\rightleftharpoons} CH_3CH_2\overset{O}{\overset{\|}{C}}-OCH(CH_3)_2 + CH_3OH$$

酯交换反应是可逆的，可以用提高或降低某种醇的浓度来控制平衡的移动，使反应向预期的方向进行。例如，在上述反应中，不断将沸点比异丙醇低的甲醇蒸出，能使反应顺利进行。此方法常用于由低沸点醇的酯经酯交换反应生成高沸点醇的酯。例如

$$CH_2{=}CHCOOCH_3 + n\text{-}C_4H_9OH \xrightarrow{\text{对甲苯磺酸}} CH_2{=}CHCOOC_4H_9 + CH_3OH$$

工业上，在没有得到相当纯净的对苯二甲酸之前，曾将对苯二甲酸先转变成对苯二甲酸二甲酯，纯化后再与乙二醇进行酯交换反应，从而制得对苯二甲酸二(乙二醇)酯或聚酯涤纶。

$$CH_3OOC-C_6H_4-COOCH_3 + HOCH_2CH_2OH \xrightarrow{RONa} \underset{\text{对苯二甲酸二(乙二醇)酯}}{HOCH_2CH_2OOC-C_6H_4-COOCH_2CH_2OH} + CH_3OH$$

$$n\,CH_3OOC-C_6H_4-COOCH_3 + n\,HOCH_2CH_2OH \xrightarrow[\triangle]{Zn(OAc)_2,Sb_2S_3} \underset{\text{涤纶}}{\left[\overset{O}{\overset{\|}{C}}-C_6H_4-\overset{O}{\overset{\|}{C}}OCH_2CH_2O\right]_n}$$

3. 酰胺和腈的醇解

酰胺难以发生醇解，反应需要在酸性或碱性催化剂存在下加热到较高温度才能进行，但没有制备上的意义。例如

$$CH_3\overset{O}{\overset{\|}{C}}—NH_2 + CH_3CH_2OH \xrightarrow[\triangle]{\text{催化剂}} CH_3\overset{O}{\overset{\|}{C}}—OCH_2CH_3 + NH_3$$

腈在酸催化剂作用下醇解，先生成亚胺酯的盐，后者再水解生成羧酸酯。例如

$$CH_3C\equiv N + CH_3CH_2OH \xrightarrow{\text{无水氯化氢}} CH_3\overset{NH\cdot HCl}{\overset{\|}{C}}—OCH_2CH_3 \xrightarrow{H_3O^+} CH_3\overset{O}{\overset{\|}{C}}—OCH_2CH_3$$

问题 12-3　写出下列反应的产物。

(1) $CH_3\overset{O}{\overset{\|}{C}}—Cl + CH_3{}^{18}OH \xrightarrow{\text{吡啶}}$

(2) $(CH_3CO)_2O + HO—C_6H_4—CH_3 \longrightarrow$

12.3.3 氨(胺)解反应

酰卤、酸酐和酯与氨(胺)反应生成相应的酰胺，称为羧酸衍生物的氨(胺)解(aminolysis)。

$$R—\overset{O}{\overset{\|}{C}}—Cl + 2NH_3 \longrightarrow R—\overset{O}{\overset{\|}{C}}—NH_2 + NH_4Cl$$

$$R—\overset{O}{\overset{\|}{C}}—O\overset{O}{\overset{\|}{C}}R + NH_3 \longrightarrow R—\overset{O}{\overset{\|}{C}}—NH_2 + RCOOH$$

$$R—\overset{O}{\overset{\|}{C}}—OR' + NH_3 \longrightarrow R—\overset{O}{\overset{\|}{C}}—NH_2 + R'OH$$

在羧酸衍生物的醇解、氨解中，实际上是羧酸衍生物作为酰化剂使醇或氨(胺)酰化，分别生成酯和酰胺。而酰胺的酰化能力很弱，一般不用它作氨(胺)的酰化剂。

腈与氨和氯化铵一起在高压釜中加热，生成咪盐。例如

$$CH_3C\equiv N + NH_3 + NH_4Cl \xrightarrow{125\sim150℃} \underset{\text{咪盐}}{CH_3\underset{NH_2}{\underset{|}{C}}=\overset{+}{N}H_2\,Cl^-}$$

酰卤或酸酐与氨(胺)反应是合成酰胺的重要方法。由于反应中有酸生成，因此在反应中可加入氢氧化钠、三乙胺、吡啶等碱，以便中和反应生成的酸。例如

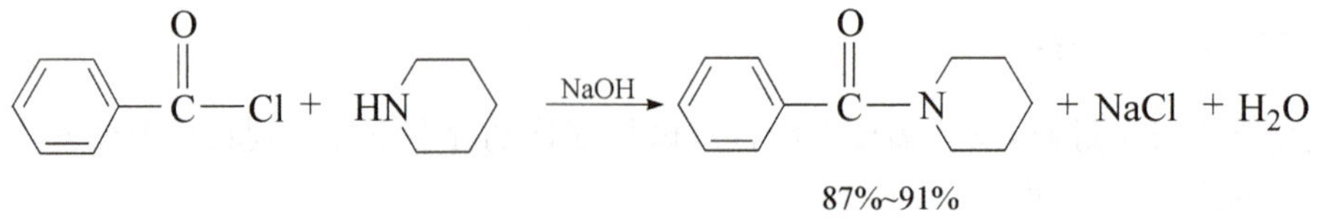

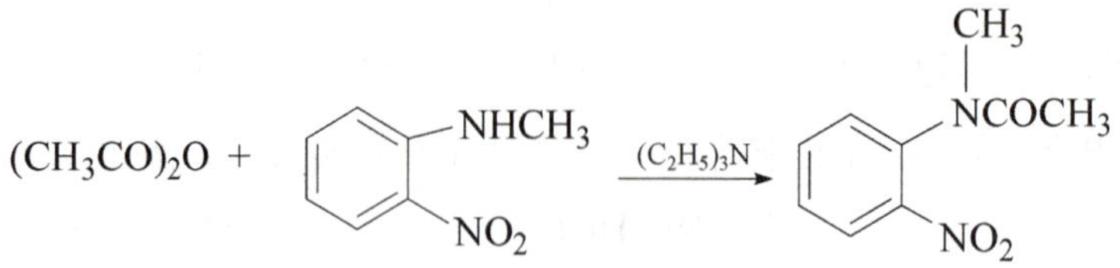

$$C_6H_5COCl + \text{HN(piperidine)} \xrightarrow{NaOH} C_6H_5CO\text{-N(piperidine)} + NaCl + H_2O$$

87%~91%

$$(CH_3CO)_2O + o\text{-}O_2NC_6H_4NHCH_3 \xrightarrow{(C_2H_5)_3N} o\text{-}O_2NC_6H_4N(CH_3)COCH_3$$

酸酐常用于芳香族伯胺或仲胺的酰化，可作为氨基的保护或酰胺的制备。

环状酸酐与氨(胺)反应，先生成开环的酰胺羧酸，后者加热后容易转变为酰亚胺。例如

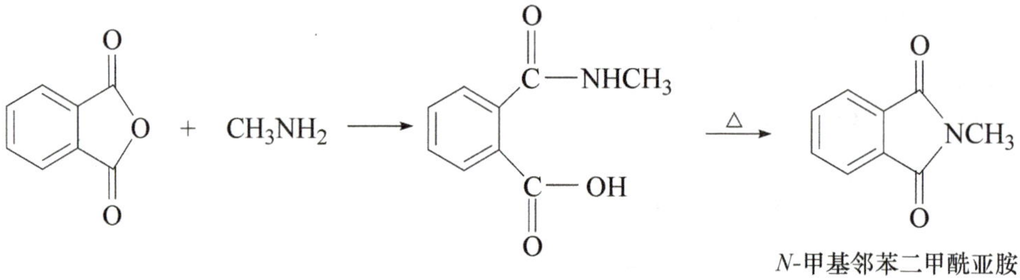

$$\text{邻苯二甲酸酐} + CH_3NH_2 \longrightarrow o\text{-}C_6H_4(CONHCH_3)(COOH) \xrightarrow{\triangle} \text{N-甲基邻苯二甲酰亚胺}$$

N-甲基邻苯二甲酰亚胺

在酰亚胺中，氮原子的未共用电子对与两个碳氧双键共轭，结果是氮原子上的电子云密度降低，甚至氮原子上的氢具有酸性，可以与强碱成盐。例如

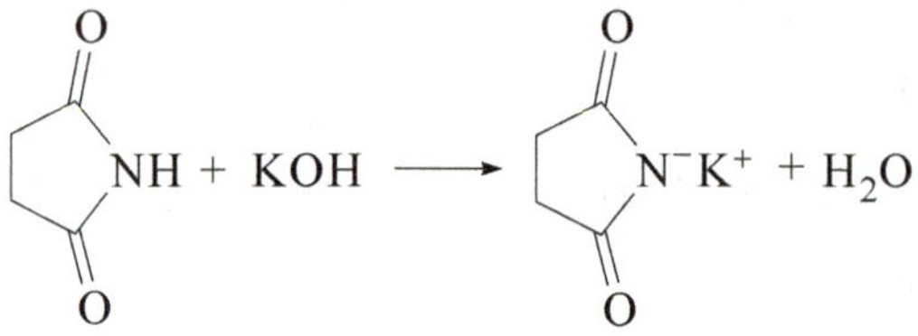

$$\text{丁二酰亚胺(NH)} + KOH \longrightarrow \text{丁二酰亚胺}N^-K^+ + H_2O$$

问题 12-4 写出下列反应的产物。

(1) 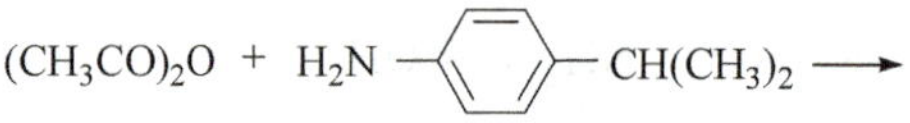 $(CH_3CO)_2O + H_2N\text{-}C_6H_4\text{-}CH(CH_3)_2 \longrightarrow$

(2) $(CH_3)_2C(NH_2)CH_2CH_2COOCH_3 \xrightarrow{CH_3OH}$

12.4 与格氏试剂等的反应

酰氯与等物质的量的格氏试剂在低温下反应生成酮。例如

$$(CH_3)_3C\overset{O}{\overset{\|}{C}}Cl + (CH_3)_3CMgBr \xrightarrow{\text{无水}(C_2H_5)_2O} (CH_3)_3C\overset{O}{\overset{\|}{C}}C(CH_3)_3$$

如果 1mol 酰氯与 2mol 格氏试剂反应，则生成的酮可以进一步与格氏试剂反应，最后得到叔醇，叔醇中的两个相同烷基都来自格氏试剂。

$$CH_3CH_2CH_2-\overset{O}{\overset{\|}{C}}-Cl \xrightarrow[(C_2H_5)_2O]{2\,CH_3CH_2MgBr} \xrightarrow{H_3O^+} CH_3CH_2CH_2-\underset{CH_2CH_3}{\underset{|}{\overset{OH}{\overset{|}{C}}}}-CH_2CH_3$$

酯与格氏试剂反应生成叔醇，叔醇中的两个相同烷基也都来自格氏试剂。

$$RCOOR' + R''MgBr \xrightarrow{\text{无水}(C_2H_5)_2O} R\underset{R''}{\underset{|}{\overset{OMgBr}{\overset{|}{C}}}}-OR' \xrightarrow{-R'OMgBr} RCOR''$$

$$\xrightarrow{R''MgBr} R\underset{R''}{\underset{|}{\overset{OMgBr}{\overset{|}{C}}}}-R'' \xrightarrow{H_3O^+} R\underset{R''}{\underset{|}{\overset{OH}{\overset{|}{C}}}}-R''$$

腈与格氏试剂反应，先生成加成产物，然后水解生成酮。例如

$$C_6H_5C{\equiv}N + C_6H_5MgBr \xrightarrow{\text{无水}(C_2H_5)_2O} \underset{\quad C_6H_5}{C_6H_5\underset{|}{C}}{=}NMgBr \xrightarrow{H_3O^+} \underset{\quad C_6H_5}{C_6H_5\underset{|}{C}}{=}O$$

有机镉化合物和二烷基铜锂都是反应活性比格氏试剂低的有机金属化合物。有机镉化合物只与酰氯反应，与醛、酮、硝基及其他羧酸衍生物的反应极慢或不反应，可用于酮酯类化合物的制备。但有机镉试剂毒性极大，易造成环境严重污染，不建议使用。例如

$$\begin{matrix} CH_2(CH_2)_3COCl \\ | \\ CH_2(CH_2)_3COOC_2H_5 \end{matrix} \xrightarrow[C_6H_6,\text{回流}]{(C_2H_5)_2Cd} \begin{matrix} CH_2(CH_2)_3COC_2H_5 \\ | \\ CH_2(CH_2)_3COOC_2H_5 \end{matrix}$$

88%

酰氯与二烷基铜锂反应生成酮，由于二烷基铜锂与酰氯分子中的酯基、氰基、卤素等不发生反应，因此可以利用这个反应合成具有这些官能团的酮类化合物。例如

$$\begin{matrix} CH_2CH_2COCl \\ | \\ CH_2CH_2\underset{O}{\underset{\|}{C}}CH_2(CH_2)_2CH_3 \end{matrix} \xrightarrow[(C_2H_5)_2O,\ -78℃]{(n\text{-}CH_3CH_2CH_2CH_2)_2CuLi} \begin{matrix} CH_2CH_2\overset{O}{\overset{\|}{C}}CH_2(CH_2)_2CH_3 \\ | \\ CH_2CH_2\underset{O}{\underset{\|}{C}}CH_2(CH_2)_2CH_3 \end{matrix}$$

问题 12-5　写出下列反应的产物。

(1) 1-甲基环戊烷甲酰氯（环戊基上连 CH_3 和 COCl） + CH_3MgI $\xrightarrow[-15℃]{(C_2H_5)_2O,FeCl_3}$ $\xrightarrow{H_3O^+}$

(2) $CH_3\overset{O}{\overset{\|}{C}}OCH_2CH_3$ + 环戊基—MgBr(过量) $\xrightarrow{(C_2H_5)_2O}$ $\xrightarrow{H_3O^+}$

(3) C_6H_5—CN + CH_3MgI $\xrightarrow{(C_2H_5)_2O}$ $\xrightarrow{H_3O^+}$

12.5　羧酸衍生物的还原

12.5.1　Rosenmund 还原

在羧酸衍生物中，酰氯最容易被还原，还原剂和还原条件不同，则还原产物不同，可以被还原为醇或醛。

酰氯用催化氢化或氢化铝锂还原，还原产物为伯醇。例如

$$C_6H_5COCl + LiAlH_4 \xrightarrow[\triangle]{(CH_3CH_2)_2O} \xrightarrow{H_2O} C_6H_5CH_2OH$$

$$CH_3CH_2COCl \xrightarrow[Pd/C,\triangle]{H_2} CH_3CH_2CH_2OH$$

如果将金属钯催化剂负载在硫酸钡上，并加入少量硫-喹啉，则催化剂被毒化而活性降低，用这种催化剂还原酰氯，可使还原产物停留在醛的阶段，而不被进一步还原。例如

$$CH_3CH_2COCl \xrightarrow[\text{硫-喹啉},\triangle]{H_2,Pd/BaSO_4} CH_3CH_2CHO$$

这个反应称为 Rosenmund 还原。反应物中若含有硝基、酯基、卤素等，则不受影响。

12.5.2　催化氢化或氢化铝锂还原

酯和酸酐也可以用催化氢化或氢化铝锂还原，还原产物为醇。例如

$$C_6H_5COOC_2H_5 + H_2 \xrightarrow[125℃,300atm]{CuO \cdot CuCrO_4} C_6H_5CH_2OH + C_2H_5OH$$

$$\text{丁二酸酐} + H_2 \xrightarrow[\triangle]{Pd} \begin{array}{l} CH_2CH_2OH \\ | \\ CH_2CH_2OH \end{array}$$

$$C_6H_5COOC_2H_5 + LiAlH_4 \xrightarrow[\triangle]{(C_2H_5)_2O} \xrightarrow{H_2O} C_6H_5CH_2OH + C_2H_5OH$$

$$(RCO)(R'CO)O \xrightarrow{LiAlH_4} \xrightarrow{H_2O} RCH_2OH + R'CH_2OH$$

但一元羧酸酐的还原没有制备意义。

三叔丁氧基氢化铝锂是比氢化铝锂还原能力弱得多的还原剂，它不还原硝基、氰基和酯基，与醛、酮的反应又很慢，但能将酰氯等羧酸衍生物还原为醛，是一种选择性还原剂。例如

$$p\text{-}NC\text{-}C_6H_4\text{-}COCl + LiAlH(t\text{-}OBu)_3 \xrightarrow[\text{低温}]{(CH_3OCH_2CH_2)_2O} p\text{-}NC\text{-}C_6H_4\text{-}CHO\ (80\%) + Al(t\text{-}OBu)_3 + LiCl$$

$$C_6H_5CON(C_2H_5)_2 + LiAlH(t\text{-}OBu)_3 \xrightarrow[\text{低温}]{(C_2H_5)_2O} C_6H_5CHO\ (91\%)$$

$$(CH_3)_3CC\equiv N + LiAlH(t\text{-}OBu)_3 \longrightarrow (CH_3)_3CCHO$$

硼氢化钠（$NaBH_4$）的还原能力比氢化铝锂弱，不能直接将酯还原为醇，但如果在反应中加入无水氯化锂，即用 $NaBH_4$-LiCl 还原，由于生成了还原能力比 $NaBH_4$ 强的 $LiBH_4$，可以将酯还原为伯醇。例如

$$3,5\text{-}(HO)_2C_6H_3COOC_2H_5 \xrightarrow{NaBH_4\text{-}LiCl} 3,5\text{-}(HO)_2C_6H_3CH_2OH$$

酰胺和腈用氢化铝锂还原生成相应的胺。例如

$$CH_3CH_2CH_2CONH_2 + LiAlH_4 \xrightarrow{(C_2H_5)_2O} \xrightarrow{H_2O} CH_3CH_2CH_2CH_2NH_2$$

$$C_6H_{11}\text{-}CON(CH_3)_2 + LiAlH_4 \xrightarrow{(C_2H_5)_2O} \xrightarrow{H_2O} C_6H_{11}\text{-}CH_2N(CH_3)_2$$

$$C_6H_5\text{-}CN + LiAlH_4 \xrightarrow{(C_2H_5)_2O} \xrightarrow{H_2O} C_6H_5\text{-}CH_2NH_2$$

12.5.3 酯的金属钠还原

酯在无水醇溶液中，可以被金属钠还原为相应的伯醇。例如

$$CH_3(CH_2)_{10}COOC_2H_5 \xrightarrow{Na,C_2H_5OH} \underset{75\%}{CH_3(CH_2)_{10}CH_2OH} + C_2H_5OH$$

这个反应称为 Bouveault-Blanc 还原，反应中碳碳双键不受影响。在发现氢化铝锂还原酯之前，用金属钠加无水乙醇是将酯还原为醇的最有效方法，也是大规模由酯还原为醇最经济的方法。

在无氧条件下，将脂肪酸酯和金属钠在乙醚或甲苯、二甲苯等非质子溶剂中回流反应，得到双分子还原产物 α-羟基酮（又称为偶姻，acyloin），称为酮醇缩合反应。

$$2R-\underset{OR'}{\underset{|}{C}}=O \xrightarrow[\text{回流}]{Na,C_6H_6} \begin{matrix} R-C=O \\ | \\ R-CH-OH \end{matrix}$$

α-羟基酮

反应过程中，可能是先形成负离子自由基，然后两个负离子自由基经过偶联而得到产物。其反应机理可能为

$$2R-\underset{OR'}{\underset{|}{C}}=\ddot{O} \xrightarrow[Na]{+e^-} 2R-\underset{OR'}{\underset{|}{\dot{C}}}-\ddot{O}:^- \longrightarrow \left[\begin{matrix} OR' \\ | \\ R-C-\ddot{O}:^- \\ | \\ R-C-\ddot{O}:^- \\ | \\ OR' \end{matrix}\right] \longrightarrow \begin{matrix} R-C=\ddot{O} \\ | \\ R-C=\ddot{O} \end{matrix}$$

$$\xrightarrow[2Na]{+2e^-} \begin{matrix} R-C-\ddot{O}:^- \\ \| \\ R-C-\ddot{O}:^- \end{matrix} \xrightarrow{H_2O} \left[\begin{matrix} R-C-\ddot{O}H \\ \| \\ R-C-\ddot{O}H \end{matrix}\right] \longrightarrow \begin{matrix} R-C=\ddot{O} \\ | \\ R-C-\ddot{O}H \end{matrix}$$

利用二元羧酸酯可以合成环状的 α-羟基酮。例如

$$\begin{matrix} CH_2COOC_2H_5 \\ | \\ CH_2COOC_2H_5 \end{matrix} \xrightarrow{Na,(CH_3)_3SiCl} \xrightarrow{CH_3OH} \text{2-羟基环丁酮}\ (85\%)$$

$$(CH_2)_6\begin{matrix} CH_2COOC_2H_5 \\ CH_2COOC_2H_5 \end{matrix} \xrightarrow{Na,C_6H_4(CH_3)_2} \xrightarrow{CH_3COOH} \text{2-羟基环癸酮}\ (70\%)$$

12.6 Reformatsky 反应

在惰性溶剂中，α-溴代羧酸酯和锌粉与醛、酮反应，反应物水解后得到 β-羟基酸酯，称为 Reformatsky 反应。

$$R_3COR_2 + BrCH(R_1)COOC_2H_5 \xrightarrow[(C_2H_5)_2O]{Zn} R_3R_2C(OZnBr)CH(R_1)COOC_2H_5 \xrightarrow{H_3O^+} R_3R_2C(OH)CH(R_1)COOC_2H_5$$

常用的反应溶剂有乙醚、四氢呋喃、乙二醇二甲醚、苯、甲苯、乙腈、二甲基甲酰胺、二甲亚砜等。

在反应中，首先是 α-溴代羧酸酯和锌粉反应生成类似于格氏试剂的有机锌试剂或相应烯醇的锌盐，然后烯醇的锌盐与醛、酮分子中的羰基加成，经过六元环状过渡态，再水解得到 β-羟基酸酯。

$$BrCH(R_1)COOC_2H_5 + Zn \longrightarrow Br\overset{+}{Zn}\ \overset{-}{C}H(R_1)-C(=O)OC_2H_5 \longrightarrow R_1CH=C(\overset{-}{O}\overset{+}{Zn}Br)OC_2H_5$$

烯醇的锌盐

$$R_3COR_2 + R_1CH=C(OZnBr)OC_2H_5 \longrightarrow [\text{六元环状过渡态}] \xrightarrow{H_3O^+} R_3R_2C(OH)CH(R_1)COOC_2H_5$$

例如

$$C_6H_5CHO + BrCH(CH_3)COOC_2H_5 \xrightarrow[(C_2H_5)_2O]{Zn} \xrightarrow{H_3O^+} C_6H_5CH(OH)CH(CH_3)COOC_2H_5$$

生成的 β-羟基酸酯容易脱水转变为 α,β-不饱和羧酸酯。例如

$$CH_3COCH_3 + BrCH_2COOC_2H_5 \xrightarrow[(C_2H_5)_2O]{Zn} \xrightarrow[\triangle]{H_3O^+} CH_3C(CH_3)=CHCOOC_2H_5$$

Reformatsky 反应是合成 β-羟基酸酯或 α,β-不饱和羧酸酯的重要反应。反应中不能用金属镁代替锌，因为有机锌试剂或相应的烯醇锌盐的反应活性比格氏试剂小，它不会与酯羰基反应，而只与反应活性比酯大的醛、酮反应。

12.7 酯参与的缩合反应

Claisen 反应是典型的酯缩合反应，在碱作用下，一个酯基以烯醇负离子形式对另一个酯基进行亲核取代反应(见 11.11.2)。乙酸乙酯缩合生成乙酰乙酸乙酯。

$$CH_3\overset{O}{\overset{\|}{C}}-OC_2H_5 + H-CH_2\overset{O}{\overset{\|}{C}}OC_2H_5 \xrightarrow{C_2H_5ONa} \xrightarrow{H_3O^+} \underset{\text{乙酰乙酸乙酯}}{CH_3\overset{O}{\overset{\|}{C}}CH_2\overset{O}{\overset{\|}{C}}OC_2H_5} + C_2H_5OH$$

分子内的酯缩合反应称为 Dieckmann 缩合。例如

$$C_2H_5OOC(CH_2)_4COOC_2H_5 \xrightarrow[\triangle]{C_2H_5ONa} \text{2-乙氧羰基环己烯醇负离子} \xrightarrow{H^+} \text{2-乙氧羰基环己酮}$$

两种不同的羧酸酯的缩合称为交错 Claisen 酯缩合。一个有 α-活性氢的酯提供烯醇负离子，对另一个没有 α-活性氢的酯进行亲核取代，生成缩合产物。甲酸酯、乙二酸酯和碳酸酯等都可以与有 α-活性氢的酯(能提供烯醇负离子)反应。例如

$$C_6H_5CH_2COOC_2H_5 + \underset{\text{甲酸乙酯}}{HCOOC_2H_5} \xrightarrow{C_2H_5ONa} \xrightarrow{H^+} C_6H_5\underset{\underset{CHO}{|}}{C}HCOOC_2H_5$$

$$C_6H_5CH_2COOC_2H_5 + \underset{\text{乙二酸二乙酯}}{\underset{\underset{COOC_2H_5}{|}}{COOC_2H_5}} \xrightarrow{C_2H_5ONa} \xrightarrow{H^+} C_6H_5\underset{\underset{COCOOC_2H_5}{|}}{C}HCOOC_2H_5$$

$$C_6H_5CH_2COOC_2H_5 + \underset{\text{碳酸二乙酯}}{CO(OC_2H_5)_2} \xrightarrow{C_2H_5ONa} \xrightarrow{H^+} C_6H_5\underset{\underset{COOC_2H_5}{|}}{C}HCOOC_2H_5$$

由酮提供的烯醇负离子也可以与酯进行亲核取代反应，相当于酮的 α-位酰基化。例如

$$\text{环己酮} + HCOOC_2H_5 \xrightarrow{NaH} \underset{70\%\sim74\%}{\text{2-甲酰基环己酮 (CHO)}}$$

$$CH_3COCH_3 + CH_3(CH_2)_4COOC_2H_5 \xrightarrow{NaH} \underset{54\%\sim65\%}{CH_3(CH_2)_4COCH_2COCH_3}$$

酯酯缩合或酮酯缩合都是合成 1,3-二官能团化合物的重要方法。

12.8　酯的热消除反应

羧酸酯在高温(400～500℃)下发生裂解，将烷氧基的 β-碳原子上的氢转移给离去基团，生成烯烃和相应的羧酸，称为酯的热消除反应。

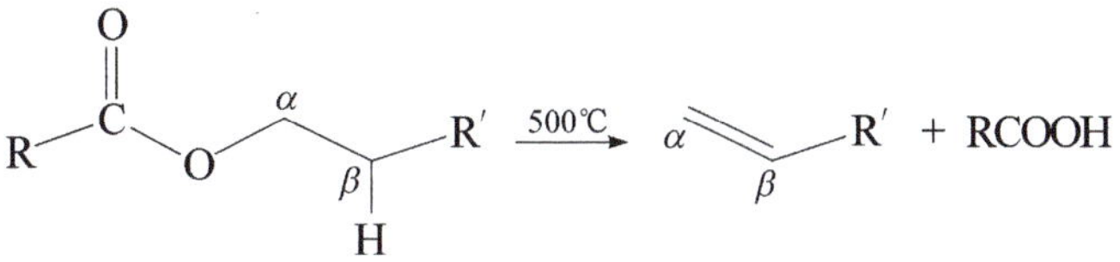

$$\mathrm{RC(=O)O\overset{\alpha}{C}H_2\overset{\beta}{C}H(H)R'} \xrightarrow{500^\circ\mathrm{C}} \overset{\alpha}{C}H_2=\overset{\beta}{C}HR' + \mathrm{RCOOH}$$

反应中，酰氧基的消除与 β-氢的转移以及 π 键的生成是分子内经过环状过渡态同时完成的。消除时，消除基团在构象上处于重叠式，并处于同一侧，因此是顺式消除。

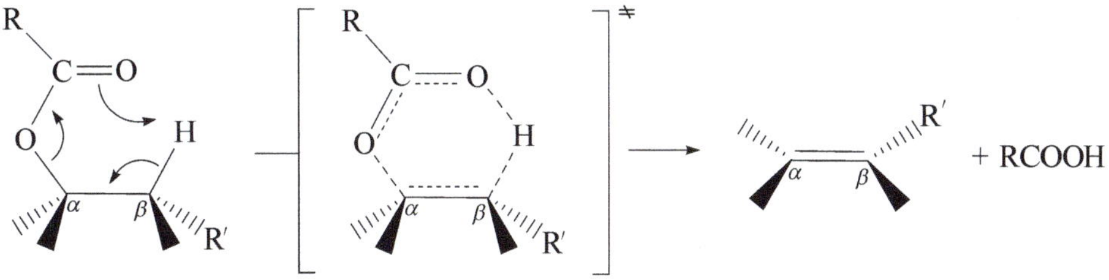

$$\text{环状酯} \longrightarrow [\text{环状过渡态}]^{\neq} \longrightarrow \overset{\alpha}{C}=\overset{\beta}{C}\text{—}R' + \mathrm{RCOOH}$$

如果酯的烷氧基上的两个 β-碳原子都有氢，即有两种不同的 β-氢，则消除时有两种可能，主要得到 Hofmann 烯烃，即消除相对酸性较大、位阻较小的 β-氢的产物为主。例如

$$\mathrm{(CH_3)_2CH\underset{\beta}{C}H_2CH(OCOCH_3)\underset{\beta}{C}H_3} \xrightarrow{450^\circ\mathrm{C}} \mathrm{(CH_3)_2CHCH_2CH{=}\underset{\beta}{C}H_2} + \mathrm{CH_3COOH}$$

当 β-碳原子上连有两个可消除的 β-氢时，则由于消除时的构象不同，会得到 E 和 Z 不同构型的烯烃，但主要产物是 E 构型。例如，1,2-二苯基乙醇的乙酸酯热消除时的主要产物为(E)-1,2-二苯乙烯。

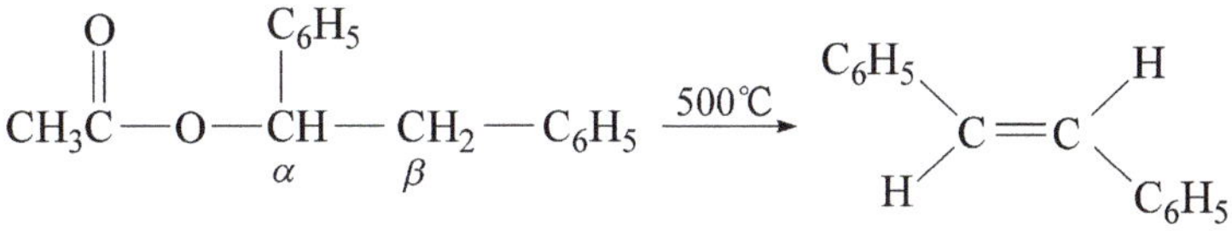

$$\mathrm{CH_3\overset{O}{\overset{\|}{C}}{-}O{-}\underset{\alpha}{C}H(C_6H_5){-}\underset{\beta}{C}H_2{-}C_6H_5} \xrightarrow{500^\circ\mathrm{C}} \mathrm{(C_6H_5)HC{=}CH(C_6H_5)}$$

(E)-1,2-二苯乙烯(主要产物)

由于 1,2-二苯基乙醇的乙酸酯形成消除的环状过渡态时有两种重叠式构象，部分重叠式构象(Ⅰ)比全重叠式(Ⅱ)稳定，相对构象(Ⅰ)比构象(Ⅱ)多，因此消除得到的主要烯烃为 E 构型。

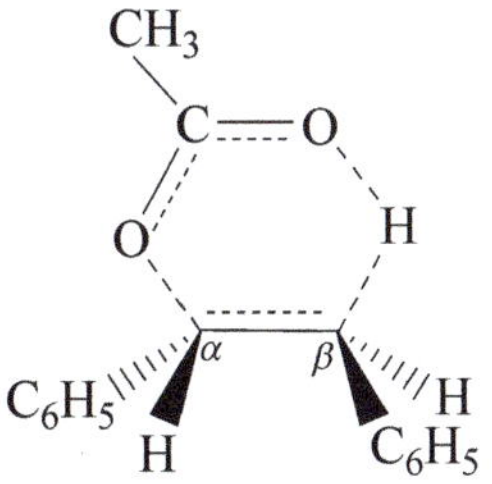

(Ⅰ) 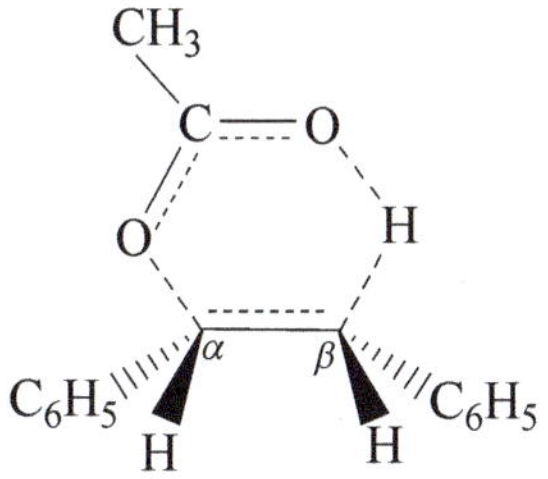　　　　(Ⅱ)

由于酯的热消除反应是经过环状过渡态进行的，因此消除不会发生碳架的重排，这对于合成具有环外双键的化合物是十分有用的。例如

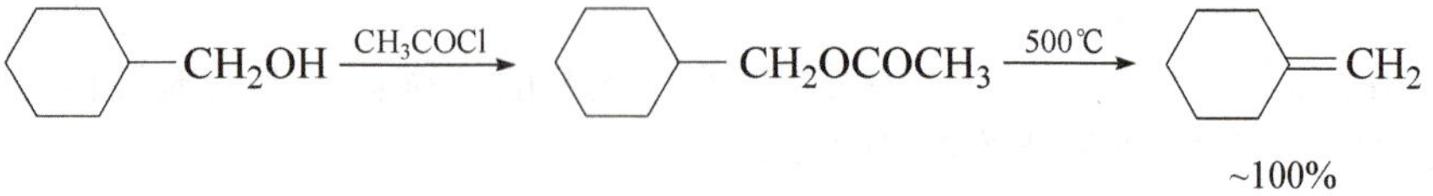

$$\text{C}_6\text{H}_{11}\text{—CH}_2\text{OH} \xrightarrow{CH_3COCl} \text{C}_6\text{H}_{11}\text{—CH}_2\text{OCOCH}_3 \xrightarrow{500℃} \text{C}_6\text{H}_{10}\text{=CH}_2 \quad (\sim100\%)$$

而在酸催化下，醇的消除是通过碳正离子中间体进行的，会因碳正离子的重排而得不到预期的烯烃。

12.9 黄原酸酯的热消除反应

黄原酸又称烷氧基硫代甲酸。黄原酸及黄原酸酯的结构为

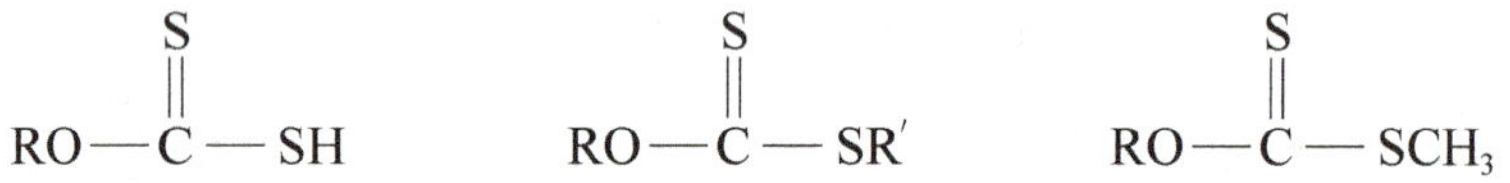

$$RO-\overset{\overset{S}{\|}}{C}-SH \qquad RO-\overset{\overset{S}{\|}}{C}-SR' \qquad RO-\overset{\overset{S}{\|}}{C}-SCH_3$$

黄原酸　　黄原酸酯　　黄原酸甲酯

黄原酸甲酯可由二硫化碳与醇在碱性条件下反应，生成黄原酸盐，后者再与碘甲烷发生 S_N2 反应，得到黄原酸甲酯。

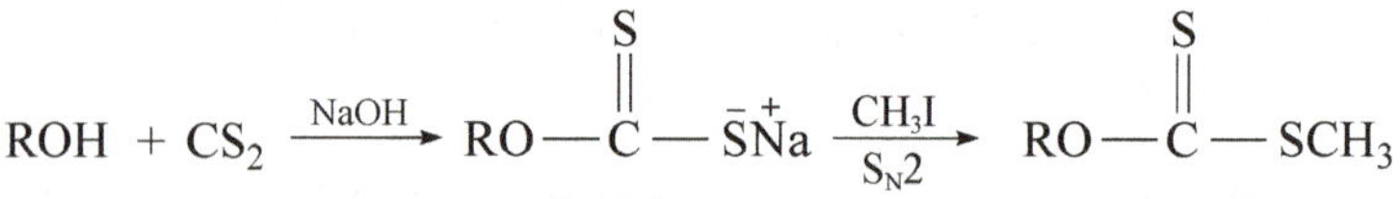

$$ROH + CS_2 \xrightarrow{NaOH} RO-\overset{\overset{S}{\|}}{C}-\overset{-}{S}\overset{+}{Na} \xrightarrow[S_N2]{CH_3I} RO-\overset{\overset{S}{\|}}{C}-SCH_3$$

黄原酸盐　　黄原酸甲酯

黄原酸甲酯的热消除反应可以在较低的温度(100～200℃)下发生，烷氧基上 β-氢的转移以及 π 键的生成也是分子内经过环状过渡态完成的。

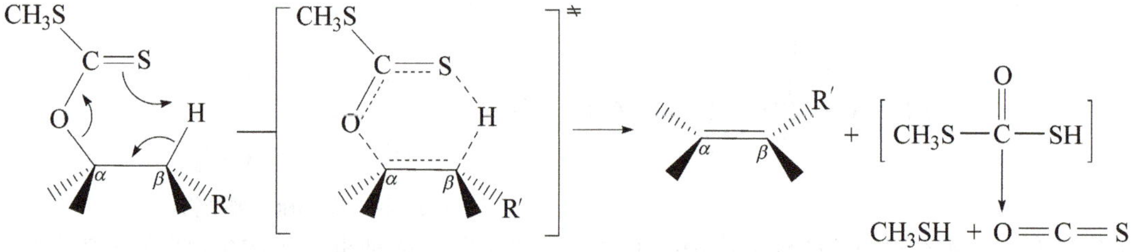

$$\text{CH}_3\text{S—C(=S)—O—C}_\alpha\text{—C}_\beta\text{(H)R}' \longrightarrow [\text{环状过渡态}]^{\ddagger} \longrightarrow \text{C}_\alpha\text{=C}_\beta\text{R}' + \left[CH_3S-\overset{\overset{O}{\|}}{C}-SH\right] \longrightarrow CH_3SH + O{=}C{=}S$$

因此，黄原酸甲酯的热消除反应和酯的热消除反应具有相似的反应机理，反应的立体选择性和区域选择性规律也相似。

问题 12-6　选择适当的反应试剂或写出相应的反应产物。

(1) $(CH_3)_3CCH_2COCl \xrightarrow{?} (CH_3)_3CCH_2CHO$

(2) 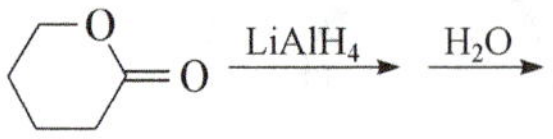 δ-戊内酯 $\xrightarrow{LiAlH_4} \xrightarrow{H_2O}$

---

(3) 邻苯二甲酸酐 $\xrightarrow{LiAlH_4}$ $\xrightarrow{H_2O}$

(4) $(CH_3)_2CHCOCl \xrightarrow{?} (CH_3)_2CHCON(C_2H_5)_2 \xrightarrow{LiAlH_4}$

(5) $C_6H_5CH_3 \xrightarrow{?} C_6H_5CH_2Cl \xrightarrow{?} C_6H_5CH_2CN \xrightarrow{LiAlH_4}$

12.10 烯酮和碳酸衍生物

12.10.1 烯酮

烯酮是含有 $\rangle C=C=O$ 结构的化合物，可以看成羧酸中羧基上的羟基和 α-碳原子上的氢失去一分子水而形成的羧酸内酐。

$$R-\underset{H}{\underset{|}{CH}}-\underset{OH}{\underset{|}{C}}=O \xrightarrow{-H_2O} R-CH=C=O$$

最简单的烯酮为乙烯酮，是有剧毒的气体，沸点为-48℃，可以由乙酸高温热解得到。

$$CH_3COOH \xrightarrow{\triangle} CH_2=C=O + H_2O$$

烯酮具有类似累积二烯的结构，羰基碳原子为 sp 杂化，碳碳和碳氧之间的两个 π 键互相垂直。烯酮的化学性质十分活泼，羰基能与具有活泼氢的许多化合物如水、醇、氨、羧酸、卤化氢反应，生成氢被取代的乙酰基化合物。反应通式可表示为

$$H_2C=C=O + H-Y \longrightarrow \left[H_2C=\overset{OH}{\overset{|}{C}}-Y\right] \rightleftharpoons CH_3\overset{O}{\overset{\|}{C}}-Y$$

例如

$$H_2C=C=O + H_2O \longrightarrow CH_3\overset{O}{\overset{\|}{C}}-OH \quad \text{羧酸}$$

$$H_2C=C=O + ROH \longrightarrow CH_3\overset{O}{\overset{\|}{C}}-OR \quad \text{酯}$$

$$H_2C=C=O + NH_3 \longrightarrow CH_3\overset{O}{\overset{\|}{C}}-NH_2 \quad \text{酰胺}$$

$$H_2C=C=O + RCOOH \longrightarrow CH_3\overset{O}{\overset{\|}{C}}-O-\overset{O}{\overset{\|}{C}}R \quad \text{酸酐}$$

$$H_2C=C=O + HX \longrightarrow CH_3\overset{O}{\overset{\|}{C}}-X \quad \text{酰卤}$$

因此,烯酮是相当理想的高效乙酰化试剂。工业上用乙烯酮与乙酸反应制备乙酸酐。

烯酮与格氏试剂反应,生成酮。

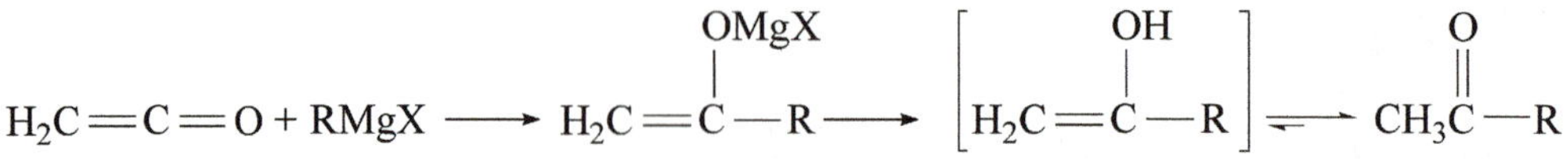

$$H_2C{=}C{=}O + RMgX \longrightarrow H_2C{=}\underset{}{\overset{OMgX}{\overset{|}{C}}}{-}R \longrightarrow \left[H_2C{=}\overset{OH}{\overset{|}{C}}{-}R\right] \rightleftharpoons CH_3\overset{O}{\overset{\|}{C}}{-}R$$

乙烯酮能自身发生二聚,生成二聚乙烯酮(双乙烯酮),加热后又可重新分解为乙烯酮。

$$\begin{array}{c} H_2C{=}C{=}O \\ + \\ H_2C{=}C{=}O \end{array} \longrightarrow \begin{array}{l} H_2C{=}C{-}O \\ \quad\;\; |\quad\;\; | \\ \quad H_2C{-}C{=}O \end{array}$$

二聚乙烯酮

二聚乙烯酮与乙醇反应生成乙酰乙酸乙酯,乙酰乙酸乙酯是重要的有机合成原料。

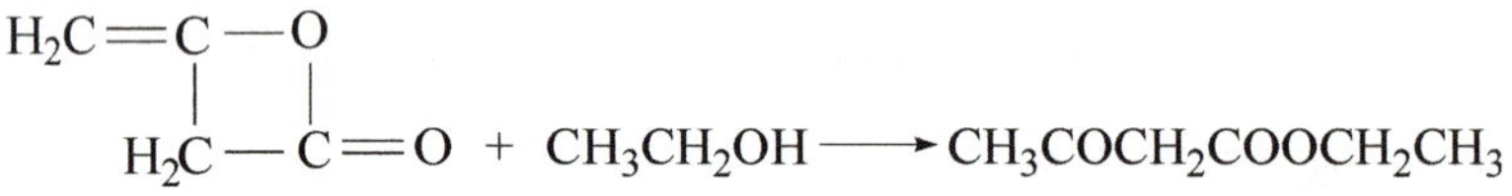

$$\begin{array}{l} H_2C{=}C{-}O \\ \quad\;\; |\quad\;\; | \\ \quad H_2C{-}C{=}O \end{array} + CH_3CH_2OH \longrightarrow CH_3COCH_2COOCH_2CH_3$$

二聚乙烯酮

12.10.2 碳酸衍生物

碳酸是两个羟基都连在一个羰基碳原子上的化合物。碳酸不稳定,即使在水溶液中也存在下列分解平衡:

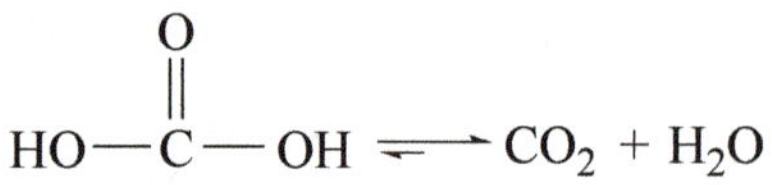

$$HO{-}\overset{O}{\overset{\|}{C}}{-}OH \rightleftharpoons CO_2 + H_2O$$

碳酸

受热则释放出二氧化碳。碳酸中的两个羟基都可以看成羧羟基,与羧酸中的羟基相似,可以被取代,生成单取代或双取代的碳酸衍生物。例如

单取代碳酸衍生物:

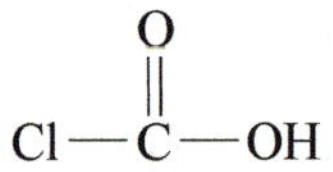

$$Cl{-}\overset{O}{\overset{\|}{C}}{-}OH$$ 氯代甲酸

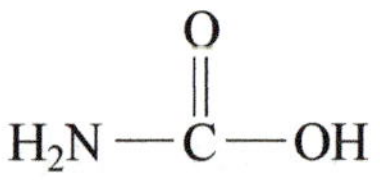

$$H_2N{-}\overset{O}{\overset{\|}{C}}{-}OH$$ 氨基甲酸

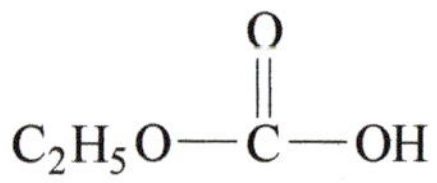

$$C_2H_5O{-}\overset{O}{\overset{\|}{C}}{-}OH$$ 碳酸单乙酯

双取代碳酸衍生物:

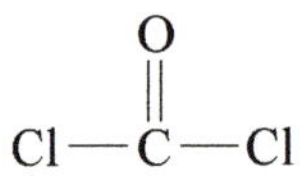

$$Cl{-}\overset{O}{\overset{\|}{C}}{-}Cl$$ 光气

$$H_2N{-}\overset{O}{\overset{\|}{C}}{-}NH_2$$ 尿素

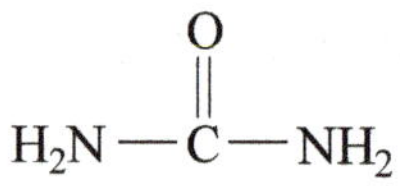

$$C_2H_5O{-}\overset{O}{\overset{\|}{C}}{-}OC_2H_5$$ 碳酸二乙酯

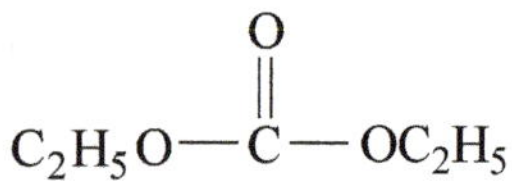

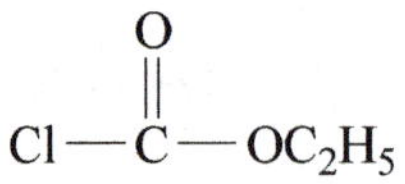

$$Cl{-}\overset{O}{\overset{\|}{C}}{-}OC_2H_5$$ 氯甲酸乙酯

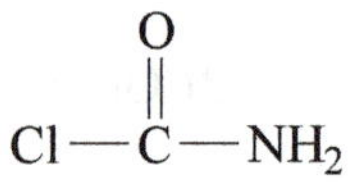

$$Cl{-}\overset{O}{\overset{\|}{C}}{-}NH_2$$ 氯代甲酰胺

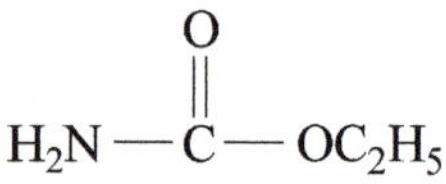

$$H_2N{-}\overset{O}{\overset{\|}{C}}{-}OC_2H_5$$ 氨基甲酸乙酯

相对而言,单取代碳酸衍生物不如双取代碳酸衍生物稳定,前者容易分解而释放出二氧化碳。

例如

$$Cl-\overset{\overset{\displaystyle O}{\|}}{C}-OH \longrightarrow CO_2 + HCl$$

$$H_2N-\overset{\overset{\displaystyle O}{\|}}{C}-OH \longrightarrow CO_2 + NH_3$$

$$C_2H_5O-\overset{\overset{\displaystyle O}{\|}}{C}-OH \longrightarrow CO_2 + C_2H_5OH$$

双取代碳酸衍生物相对比较稳定，而且是很重要的试剂或工业原料。

碳酸二酯可以与羧酸酯或酮反应，发生交叉的酯缩合反应，得到 β-二羧酸酯或 β-酮酸酯。例如

$$C_6H_5\underset{}{\overset{\overset{\displaystyle COOC_2H_5}{|}}{C}}H-H + CH_3CH_2O-\overset{\overset{\displaystyle O}{\|}}{C}-OCH_2CH_3 \xrightarrow[2)\ H_3O^+]{1)\ C_2H_5ONa} C_6H_5\overset{\overset{\displaystyle COOC_2H_5}{|}}{C}H-COOC_2H_5$$

碳酸二乙酯　　　　β-二羧酸酯

$$\text{环庚酮}-H + CH_3CH_2O-\overset{\overset{\displaystyle O}{\|}}{C}-OCH_2CH_3 \xrightarrow[2)\ H_3O^+]{1)\ NaH} \text{2-乙氧羰基环庚酮}\ (COOC_2H_5)$$

碳酸二乙酯　　　　β-酮酸酯(91%~94%)

光气是一种无色的窒息性毒气，沸点为 8.2℃。工业上将 CO 和 Cl_2 通过 100～200℃的活性炭催化剂制得光气。

$$CO + Cl_2 \longrightarrow Cl-\overset{\overset{\displaystyle O}{\|}}{C}-Cl$$

光气很容易发生水解、醇解和氨解等亲核取代反应。醇解可以得到氯甲酸酯和碳酸二酯，氨解可以得到氯代甲酰胺或尿素。

尿素又称脲(carbamide)，存在于人和哺乳动物的尿中，是哺乳动物体内蛋白质代谢的最终产物，成人每天随尿可排出 25～30g 尿素。

尿素为无色结晶形固体，熔点为 133～135℃，易溶于水及乙醇，不溶于乙醚。具有碳酸二酰胺的结构，故具有酰胺的一般化学性质。尿素还可以看成氨基取代甲酰胺，因此具有弱碱性，但不能使石蕊试纸变色。

尿素能与硝酸和乙二酸生成不溶性的盐。

$$H_2N\overset{O}{\overset{\|}{C}}NH_2 + HNO_3 \longrightarrow H_2N\overset{O}{\overset{\|}{C}}NH_2 \cdot HNO_3 \downarrow$$

$$2\ H_2N\overset{O}{\overset{\|}{C}}NH_2 + \begin{array}{l} COOH \\ | \\ COOH \end{array} \longrightarrow \begin{array}{l} COOH \cdot H_2N\overset{O}{\overset{\|}{C}}NH_2 \\ | \\ COOH \cdot H_2N\overset{O}{\overset{\|}{C}}NH_2 \end{array} \downarrow$$

尿素与酰胺相似，能在酸或碱催化下水解，生成二氧化碳、氨等。

$$H_2N\overset{O}{\overset{\|}{C}}NH_2 + H_2O \xrightarrow[\text{或}OH^-]{H^+} 2NH_3 + CO_2$$

尿素在土壤中被存在于植物及微生物中的尿素酶水解，释放出氨。

尿素与亚硝酸反应能定量释放出氮气，同时生成二氧化碳和水。通过测定氮气的释放量，可以测定尿素的含量。

$$H_2N\overset{O}{\overset{\|}{C}}NH_2 + 2\ HNO_2 \longrightarrow 2N_2\uparrow + 2H_2O + \left[HO\overset{O}{\overset{\|}{C}}OH\right] \longrightarrow H_2O + CO_2$$

将尿素慢慢加热至熔点以上，两分子尿素之间失去一分子氨，生成缩二脲(biuret)。

$$NH_2-\overset{O}{\overset{\|}{C}}-\boxed{NH_2 + H}-NH-\overset{O}{\overset{\|}{C}}-NH_2 \xrightarrow{150\sim160℃} NH_2-\overset{O}{\overset{\|}{C}}-NH-\overset{O}{\overset{\|}{C}}-NH_2 + NH_3$$

缩二脲

缩二脲难溶于水，易溶于碱溶液。在碱溶液中，缩二脲可与极稀的硫酸铜溶液发生紫色或紫红色的颜色反应，称为缩二脲反应。凡分子中具有两个或两个以上酰胺键($-\overset{O}{\overset{\|}{C}}-NH-$)结构的化合物，如多肽、蛋白质等，均可发生这种颜色反应，可用于多肽和蛋白质的定性鉴定。

12.11 活泼氢化合物的缩合反应

12.11.1 Michael 加成

α,β-不饱和酯、α,β-不饱和腈、α,β-不饱和酰胺和 α,β-不饱和硝基化合物等也和 α,β-不饱和醛、酮一样可以发生 Michael 加成反应，生成 1,4-共轭加成产物。例如

$$(CH_3)_2C{=}CH{-}\overset{O}{\overset{\|}{C}}{-}OC_2H_5 + CH_2(COOC_2H_5)_2 \xrightarrow[C_2H_5OH]{C_2H_5ONa} (CH_3)_2\underset{\underset{CH(COOC_2H_5)_2}{|}}{C}{-}CH_2{-}\overset{O}{\overset{\|}{C}}{-}OC_2H_5 \quad 70\%$$

$$CH_3CH{=}CH{-}\overset{O}{\overset{\|}{C}}{-}OC_2H_5 + CH_3CH_2NO_2 \xrightarrow[\triangle]{R_4\overset{+}{N}H\overset{-}{O}H} CH_3\underset{\underset{CH_3-CHNO_2}{|}}{CH}{-}CH_2{-}\overset{O}{\overset{\|}{C}}{-}OC_2H_5$$

$$2CH_2{=}CH{-}C{\equiv}N + CH_2(COCH_3)_2 \xrightarrow[t\text{-}BuOH]{(C_2H_5)_3N} CH_3CO{-}\underset{\underset{CH_2-CH_2-C\equiv N}{|}}{\overset{\overset{CH_2-CH_2-C\equiv N}{|}}{C}}{-}COCH_3$$

$$C_6H_5{-}\underset{\underset{CH_2CH_3}{|}}{\overset{\overset{CN}{|}}{CH}} + CH_2{=}CH{-}C{\equiv}N \xrightarrow[CH_3OH]{KOH} C_6H_5{-}\underset{\underset{CH_2CH_3}{|}}{\overset{\overset{CN}{|}}{C}}{-}CH_2{-}CH_2{-}C{\equiv}N$$

$$CH_2{=}CH{-}NO_2 + \text{2-(methoxycarbonyl)cyclohexanone } (\text{环己酮}, \text{2-位 } COOCH_3) \xrightarrow[2)\ H_2O]{1)\ CH_3CH_2O^-} \text{2-}COOCH_3\text{-2-}CH_2CH_2NO_2\text{-环己酮}$$

其反应机理如下：

$$CH_2(COOC_2H_5)_2 \xrightleftharpoons{C_2H_5\ddot{O}^-} \overset{-}{C}H(COOC_2H_5)_2 \rightleftharpoons C_2H_5OCOCH{=}\underset{\underset{:\ddot{O}:^-}{|}}{C}{-}OC_2H_5$$

$$C_2H_5OCOCH{=}\underset{\underset{:\ddot{O}:^-}{|}}{C}{-}\ddot{O}C_2H_5 + (CH_3)_2C{=}CH{-}\overset{:O:}{\overset{\|}{C}}{-}\ddot{O}C_2H_5 \rightleftharpoons (CH_3)_2\underset{\underset{CH(COOC_2H_5)_2}{|}}{C}{-}CH{=}\overset{:\ddot{O}:^-}{\overset{|}{C}}{-}\ddot{O}C_2H_5$$

$$\xrightleftharpoons{C_2H_5OH} (CH_3)_2\underset{\underset{CH(COOC_2H_5)_2}{|}}{C}{-}CH{=}\overset{OH}{\overset{|}{C}}{-}OC_2H_5 \rightleftharpoons (CH_3)_2\underset{\underset{CH(COOC_2H_5)_2}{|}}{C}{-}CH_2{-}\overset{O}{\overset{\|}{C}}{-}OC_2H_5$$

Michael 加成反应是合成 1,5-二官能团化合物的重要方法，特别对 1,5-二羰基化合物，是首选的合成设计途径。

Michael 加成反应中的亲电共轭体系可以外延扩大，而亲核加成可以在更大的共轭体系中进行，从而得到相应的加成产物。

$$\underset{6}{CH_3CH}=\underset{5}{CH}-\underset{4}{CH}=\underset{3}{CH}-\underset{2}{\overset{\overset{1}{O}}{\overset{\|}{C}}}-OCH_3+CH_2(COCH_3)_2 \xrightarrow{\text{碱}}$$

$$CH_3\overset{5}{C}H(\underset{6\ \ 7}{CH(COCH_3)_2})-\overset{4}{CH_2}-\overset{3}{CH}=\overset{2}{CH}-\underset{1}{\overset{\overset{O}{\|}}{C}}-OCH_3 \quad 72\%$$

这里经过1,6-共轭加成得到1,7-二羰基化合物。

12.11.2 Perkin反应

芳香醛与羧酸酐在酸酐相应的羧酸盐催化下，加热反应，生成β-芳基-α,β-不饱和羧酸的反应称为Perkin反应。例如，苯甲醛和乙酸酐在乙酸钠催化下加热反应，得到(E)-肉桂酸。

$$C_6H_5CHO+(CH_3CO)_2O\xrightarrow[175℃,5h]{CH_3COONa}\underset{(E)\text{-肉桂酸}(55\%)}{(C_6H_5)(H)C=C(H)(COOH)}$$

芳环上的吸电子取代基有利于反应的进行，给电子取代基则对反应不利。

Perkin反应的缺点是反应温度较高，有时反应产率也不好，但由于原料容易得到，价格便宜，可在工业生产中使用。例如

$$\underset{\text{呋喃甲醛}}{\text{2-呋喃基}-CHO}+(CH_3CO)_2O\xrightarrow[150℃,7h]{CH_3COONa}\underset{\text{呋喃丙烯酸}(74\%)}{\text{2-呋喃基}-CH=CHCOOH}$$

12.11.3 Knoevenagel反应

在弱碱催化下，醛、酮与含活泼亚甲基的化合物发生亲核加成反应，最终消除一分子水，得到相应的缩合产物，称为Knoevenagel反应。常用的碱性催化剂有吡啶、六氢吡啶及一些伯胺和仲胺。例如

$$Cl-C_6H_4-CH=O+H_2C(COCH_3)-COOC_2H_5\xrightarrow[C_2H_5OH]{C_2H_5NH_2}Cl-C_6H_4-CH=C(COOC_2H_5)(COCH_3)\quad 86\%$$

活泼亚甲基化合物是指亚甲基同时连有吸电子基团的化合物，常见的吸电子基团有CHO、COR、COOR、COOH、CN、NO_2、SOR、SO_2R等。由于硝基的吸电子能力特别强，与单

硝基相连的硝基化合物就可以发生 Knoevenagel 反应。

Knoevenagel 反应的机理如下：

$$CH_3COCH_2COOC_2H_5 \xrightleftharpoons{\text{碱}} CH_3CO\bar{C}HCOOC_2H_5 \rightleftharpoons CH_3\overset{O^-}{\overset{|}{C}}=CHCOOC_2H_5$$

$$Cl-C_6H_4-CH=O + CH_3\overset{O^-}{\overset{|}{C}}=CHCOOC_2H_5 \rightleftharpoons Cl-C_6H_4-\underset{\displaystyle CH_3CO-CH-COOC_2H_5}{\underset{|}{CH}}-O^-$$

$$\xrightleftharpoons{\text{溶剂H}} Cl-C_6H_4-\overset{OH}{\overset{|}{CH}}-\underset{COCH_3}{\underset{|}{CH}}-COOC_2H_5$$

Knoevenagel 反应是合成 α,β-不饱和化合物的重要反应。例如

$$(CH_3)_2CHCH_2CHO + CH_2(COOC_2H_5)_2 \xrightarrow[C_6H_6]{\text{哌啶}} (CH_3)_2CHCH_2CH=C(COOC_2H_5)_2$$

$$C_6H_5CHO + CH_3NO_2 \xrightarrow{n\text{-}C_5H_{11}NH_2} C_6H_5CH=CHNO_2$$

$$\begin{matrix}CH_3CH_2\\ \quad\diagdown\\ \quad C=O\\ \quad\diagup\\ H_3C\end{matrix} + H_2C\begin{matrix}\diagup CN\\ \diagdown COOC_2H_5\end{matrix} \xrightarrow[C_6H_6]{HOAc,\ \text{哌啶}} \begin{matrix}CH_3CH_2\\ \quad\diagdown\\ \quad C\\ \quad\diagup\\ H_3C\end{matrix}=C\begin{matrix}\diagup CN\\ \diagdown COOC_2H_5\end{matrix}$$

12.11.4　Darzens 反应

在醇钠或氨基钠等强碱作用下，醛、酮与 α-卤代酸酯反应，生成 α,β-环氧酸酯的反应称为 Darzens 反应。

$$\begin{matrix}R_1\\ \quad\diagdown\\ \quad C=O\\ \quad\diagup\\ R_2\\ (H)\end{matrix} + R_3\underset{X}{\underset{|}{C}}HCOOC_2H_5 \xrightarrow[C_2H_5OH]{C_2H_5ONa} \begin{matrix}R_1\\ \quad\diagdown\\ \quad C\\ \quad\diagup\\ R_2\\ (H)\end{matrix}\overset{O}{\frown} \begin{matrix}\diagup COOC_2H_5\\ C\\ \diagdown R_3\end{matrix}$$

首先是 α-卤代酸酯在碱作用下形成碳负离子或烯醇负离子，然后碳负离子或烯醇负离子对醛、酮羰基发生亲核加成，最后是带负电荷的氧对碳卤键发生亲核取代，生成环氧酸酯。其反应机理可表示如下：

$$R_3-\underset{X}{\underset{|}{CH}}COOC_2H_5 \xrightarrow{C_2H_5O^-} R_3-\underset{X}{\underset{|}{\bar{C}}}COOC_2H_5 \longleftrightarrow R_3-\underset{X}{\underset{|}{C}}=\overset{:\ddot{O}:^-}{\overset{|}{C}}-OC_2H_5$$

$$\underset{R_2(H)}{\overset{R_1}{C}}=\ddot{O}: + R_3-\underset{X}{\underset{|}{C}}=\overset{:\ddot{O}:^-}{\overset{|}{C}}-OC_2H_5 \longrightarrow$$

$$\underset{R_2(H)}{\overset{R_1}{C}}(\ddot{O}:^-)-\overset{R_3}{\underset{X}{C}}-\overset{O}{\overset{\|}{C}}-OC_2H_5 \longrightarrow \underset{R_2(H)}{\overset{R_1}{C}}\overset{O}{\frown}\underset{R_3}{\overset{COOC_2H_5}{C}}$$

α,β-环氧酸酯在温和条件下碱性水解（皂化），再酸化得到不稳定的 α,β-环氧羧酸，受热消除二氧化碳，经重排后生成醛或酮。例如

$$C_6H_5COCH_3 + ClCH_2COOC_2H_5 \xrightarrow[NaNH_2]{C_2H_5ONa} \xrightarrow{-HCl} \underset{C_6H_5}{\overset{H_3C}{C}}\overset{}{\underset{O}{\frown}}CHCOOC_2H_5 \quad 62\%\sim64\%$$

$$\xrightarrow[C_2H_5OH,H_2O]{C_2H_5ONa} \underset{C_6H_5}{\overset{H_3C}{C}}\underset{O}{\frown}CHCOONa \xrightarrow[\triangle]{HCl} \underset{C_6H_5}{\overset{H_3C}{C}}\underset{O}{\frown}CH-\underset{O-H}{\underset{|}{C}}=O \xrightarrow{-CO_2}$$

$$\underset{C_6H_5}{\overset{H_3C}{C}}=\underset{OH}{\underset{|}{CH}} \longrightarrow C_6H_5-\overset{CH_3}{\overset{|}{CH}}-CHO \quad 65\%\sim70\%$$

如果用 $Cl\underset{R}{\underset{|}{C}}HCOOC_2H_5$ 代替 $ClCH_2COOC_2H_5$，则得到的产物为酮。

12.11.5 Mannich 反应

在弱酸性催化条件下，甲醛、二甲胺和具有 α-活性氢的酮反应，生成 α-活性氢被胺甲基取代的产物，称为 Mannich 反应。例如，在少量盐酸催化下，将苯乙酮、低聚甲醛和二甲胺盐酸盐的乙醇溶液加热，得到 3-二甲氨基-1-苯丙-1-酮的盐酸盐。

$$C_6H_5COCH_3 + HCHO + HN(CH_3)_2\cdot HCl \xrightarrow[\triangle]{C_2H_5OH} C_6H_5COCH_2-\boxed{CH_2-N(CH_3)_2}\cdot HCl$$

胺甲基化(63%)

其游离碱又称为 Mannich 碱。

一般认为 Mannich 反应是甲醛与二甲胺形成亚胺盐，然后与醛、酮的烯醇发生加成反应，其反应机理可表示如下：

$$O=CH_2 \underset{}{\overset{H^+}{\rightleftharpoons}} H-\overset{+}{O}=CH_2 \xrightarrow{H\ddot{N}(CH_3)_2} H_2\overset{+}{O}-CH_2-N(CH_3)_2 \underset{}{\overset{-H_2O}{\rightleftharpoons}} CH_2=\overset{+}{N}(CH_3)_2$$

$$C_6H_5C(CH_3)=O \overset{H^+}{\rightleftharpoons} C_6H_5C(CH_2-H)=\overset{+}{O}H \overset{-H^+}{\rightleftharpoons} C_6H_5C(\ddot{O}H)=CH_2 \xrightarrow{CH_2=\overset{+}{N}(CH_3)_2}$$

$$C_6H_5C(=\overset{+}{O}H)-CH_2CH_2-N(CH_3)_2 \overset{-H^+}{\rightleftharpoons} C_6H_5C(=O)-CH_2CH_2-N(CH_3)_2$$

在 Mannich 反应中，除醛、酮的 α-活性氢外，羧酸、羧酸酯、脂肪族硝基化合物、腈的 α-活性氢及炔氢和酚羟基的邻、对位氢也可发生此反应。醛除常用的甲醛外，也可用其他的醛。胺一般用二甲胺及其他仲胺(如六氢吡啶等)。因此，Mannich 反应具有广泛的合成用途。例如，托品酮的合成如下：

$$^{-}OOC-CH_2-CO-CH_2-COO^{-} + OHC-(CH_2)_2-CHO + H_2NCH_3 \xrightarrow[-2H_2O]{pH=5} \text{(N-甲基二羧酸根双环酮)} \xrightarrow[-2CO_2]{2H^+} \text{托品酮}$$

托品酮(90%)

问题 12-7　利用 Darzens 反应，从指定原料合成下列化合物。

(1) 从苯合成苯乙醛　　(2) 从丁-2-酮合成 3-甲基戊-2-酮

问题 12-8　由不超过两个碳原子的有机原料合成 $CH_3CH(Cl)CH_2COOC_2H_5$。

12.12 油　　脂

12.12.1 油脂的结构

油和脂肪统称为油脂。通常在常温下为固态或半固态的油脂称为脂肪，大部分从哺乳动物中得到的油脂，如牛油、羊油、猪油等为脂肪；通常在常温下为液态的油脂称为油，大部分从植物和冷血动物中得到的油脂，如菜子油、豆油、芝麻油、鱼油等为油。但在实际生活中，对脂肪和油并没有这样严格区分。例如，牛油是固体，是脂肪而不是油；鱼油是液体，是油而不是脂肪。

油脂的主要成分是由三分子高级脂肪酸与一分子甘油所形成的酯。在天然油脂中，三个脂肪酸相同时称为甘油同酸酯，脂肪酸不相同时称为甘油混酸酯。从动植物中取得的油脂都是甘油混酸酯。

$$\begin{array}{l} CH_2-O\overset{\overset{\large O}{\|}}{C}R_1 \\ \;| \\ CH-O\overset{\overset{\large O}{\|}}{C}R_2 \\ \;| \\ CH_2-O\overset{\overset{\large O}{\|}}{C}R_3 \end{array}$$

甘油三羧酸酯结构通式

从天然油脂中得到的脂肪酸大多为含 12～20 个偶数碳原子的直链饱和脂肪酸和不饱和脂肪酸。油脂中常见的饱和脂肪酸有

月桂酸(十二酸)：$CH_3(CH_2)_{10}COOH$，m. p. 44℃

豆蔻酸(十四酸)：$CH_3(CH_2)_{12}COOH$，m. p. 54℃

软脂酸(十六酸)：$CH_3(CH_2)_{14}COOH$，m. p. 63℃

硬脂酸(十八酸)：$CH_3(CH_2)_{16}COOH$，m. p. 69℃

动物脂肪中硬脂酸的含量较高。

油脂中常见的不饱和脂肪酸有

油酸(9*Z*-十八碳烯酸)：$CH_3(CH_2)_7CH{=}CH(CH_2)_7COOH$，m. p. 13℃

亚油酸(9*Z*,12*Z*-十八碳二烯酸)：$CH_3(CH_2)_4(CH{=}CHCH_2)_2(CH_2)_6COOH$，m. p. −5℃

亚麻酸(9*Z*,12*Z*,15*Z*-十八碳三烯酸)：$CH_3CH_2(CH{=}CHCH_2)_3(CH_2)_6COOH$，m. p. −11℃

花生四烯酸(5*Z*,8*Z*,11*Z*,14*Z*-二十碳四烯酸)：$CH_3(CH_2)_4(CH{=}CHCH_2)_4(CH_2)_2COOH$，m. p. −49.5℃

EPA(5*Z*,8*Z*,11*Z*,14*Z*,17*Z*-二十碳五烯酸)：$CH_3CH_2(CH{=}CHCH_2)_5(CH_2)_2COOH$，m. p. −54℃

DHA(4*Z*,7*Z*,10*Z*,13*Z*,16*Z*,19*Z*-二十二碳六烯酸)：$CH_3CH_2(CH{=}CHCH_2)_6CH_2COOH$，m. p. −45℃

在上述天然的不饱和脂肪酸中，第一个双键的位置大多在 C_9 和 C_{10} 之间，几乎所有的双键都是顺式构型，而且双键与双键之间极少出现共轭的情况。其中，亚油酸和亚麻酸是人类必须从饮食中摄取的少数几种不饱和脂肪酸。

12.12.2 油脂的物理性质

纯净的油脂一般是无色、无臭、无味的中性非极性化合物。相对密度均小于 1，不溶于水，微溶于低级醇，易溶于乙醚、氯仿、苯和石油醚等有机溶剂。天然油脂是多组分的混合物，没有恒定的沸点和熔点。

在不饱和脂肪酸中，由于碳碳双键的顺式构型导致油脂分子呈弯曲形，分子与分子之间不能紧密排列，分子间的作用力减小，其熔点比相对分子质量相近的饱和脂肪酸的熔点低。因此，含有不饱和脂肪酸比例较高的植物油，如棉子油、花生油、玉米油、豆油、菜子油等在常温下为液态；而含饱和脂肪酸比例较高的动物脂肪，如牛油、羊油、猪油等在常温下为固态或半固态。但冷血动物的脂肪，如深海鱼油中因含丰富的不饱和脂肪酸，因此 EPA 和 DHA 在室温下也是液态。

12.12.3 油脂的化学性质

1. 皂化

油脂在氢氧化钾或氢氧化钠作用下水解，得到甘油和高级脂肪酸的钾盐或钠盐(肥皂)。

$$\begin{array}{l} CH_2-O-\overset{O}{\overset{\|}{C}}-R_1 \\ | \\ CH\ -O-\overset{O}{\overset{\|}{C}}-R_2 \\ | \\ CH_2-O-\overset{O}{\overset{\|}{C}}-R_3 \end{array} + 3NaOH \xrightarrow{\triangle} \begin{array}{l} CH_2-OH \\ | \\ CH\ -OH \\ | \\ CH_2-OH \end{array} + \begin{cases} R_1COONa \\ R_2COONa \\ R_3COONa \end{cases}$$

1g 油脂完全皂化时所需氢氧化钾的质量(单位：mg)称为油脂的皂化值(saponification number)。根据皂化值的大小，可以判断油脂的平均相对分子质量。皂化值越大，油脂的平均相对分子质量越小。

2. 加成

含有不饱和脂肪酸的油脂，分子中的碳碳双键可以与氢、卤素等发生加成反应。

1) 加氢

含不饱和脂肪酸的油脂，其中的碳碳双键可以在催化剂作用下加氢，转变为含饱和脂肪酸较多的油脂，从而由液态的油转变成半固态的脂肪，因此油脂的氢化又称为“油脂的硬化”。氢化后的油脂不易被氧化而变质，便于储藏和运输，常用作制造肥皂和人造奶油的原料。

2) 加碘

100g 油脂所能吸收碘的质量(单位：g)称为油脂的碘值(iodine number)。碘值可用于衡量油脂的不饱和程度，碘值越大，油脂的不饱和程度越大。由于碘与碳碳双键加成的速率不大，因此测定时常用氯化碘(ICl)或溴化碘(IBr)的冰醋酸溶液代替碘。

3. 酸败

油脂暴露在空气中放置过久，会产生难闻的刺鼻臭味，这是油脂发生了变质，这种现象称为油脂的酸败。油脂酸败是空气中的氧、水分、真菌及微生物作用的结果。油脂中不饱和脂肪酸的碳碳双键受空气中氧的作用，发生碳链的断裂，生成具有难闻气味的低级醛和酸等。而油脂中的饱和脂肪酸在真菌或微生物作用下，在羧酸的β-位发生β-氧化，生成β-酮酸，β-酮酸再进一步分解生成带有不愉快气味的酮或羧酸。

油脂的酸值是衡量油脂酸败程度的重要指标。中和 1g 油脂中的游离脂肪酸所需氢氧化钾的质量(单位：mg)称为油脂的酸值。油脂的酸值越高，说明其中游离脂肪酸的含量越多，即酸败越严重。当食用油脂的酸值大于 6.0 时，则不能再食用。

12.12.4 甘油磷脂

磷脂(phospholipids)广泛存在于动植物的组织中，在动物的肝、脑、神经细胞以及植物的种子中尤为丰富，是生物膜的主要构成成分。

磷脂中最重要的是甘油磷脂。甘油磷脂与甘油三酯类似，只是甘油中C_3上的羟基被磷酸酯化，而C_2碳原子为R构型。通常R_1为饱和脂肪烃基，R_2为不饱和脂肪烃基。

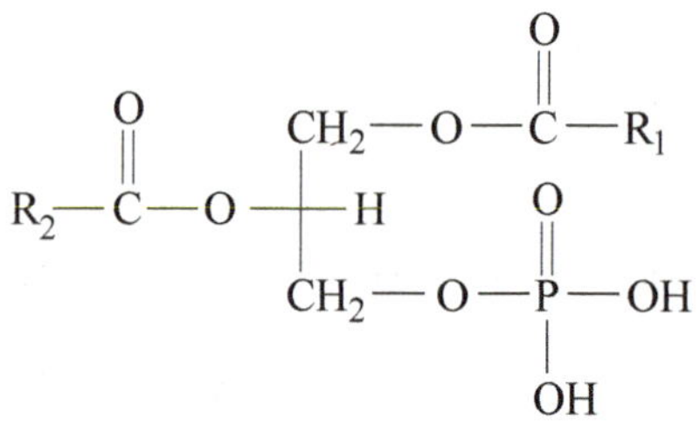

$CH_2-O-C(=O)-R_1$
$R_2-C(=O)-O-CH$
$CH_2-O-P(=O)(OH)-OH$

甘油磷脂

在生物膜结构中，磷酸基以磷酸二酯键的形式存在，与磷酸基形成第二个磷脂的化合物中都含有羟基，如乙醇胺、胆碱等，分别构成脑磷脂、卵磷脂等。

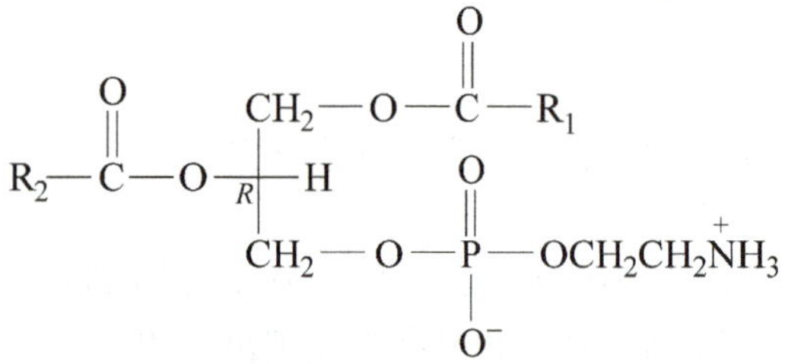

$CH_2-O-C(=O)-R_1$
$R_2-C(=O)-O-\overset{R}{C}H$
$CH_2-O-P(=O)(O^-)-OCH_2CH_2\overset{+}{N}H_3$

脑磷脂(cephalin)

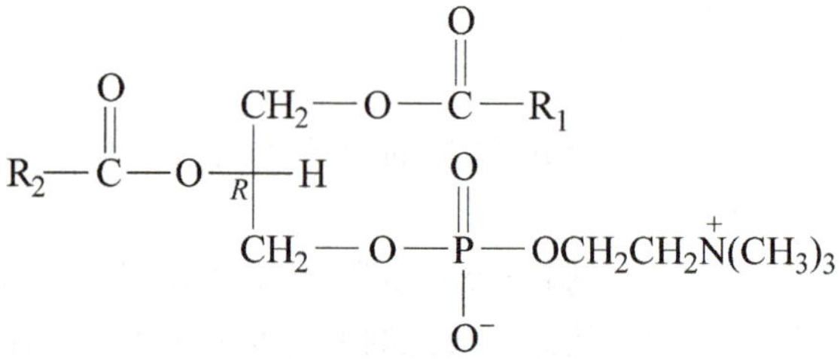

$CH_2-O-C(=O)-R_1$
$R_2-C(=O)-O-\overset{R}{C}H$
$CH_2-O-P(=O)(O^-)-OCH_2CH_2\overset{+}{N}(CH_3)_3$

卵磷脂(lecithin)

小　结

在羧酸分子中，羧基中的羟基被其他原子或基团取代，并经水解能生成羧酸的化合物称为羧酸衍生物。羟基被—X、—OR、—OCOR、—NH_2（或—NHR、—NR_2）取代的羧酸衍生物分别称为酰卤、酸酐、酯、酰胺。腈（RCN）是羧基被氰基（—CN）取代的羧酸衍生物，水解也生成羧酸。

羧酸衍生物可以发生水解、醇解、氨（胺）解等亲核取代反应，主要按亲核加成-消除机理进行，分别生成羧酸、酯、酰胺（或 *N*-取代酰胺）。亲核取代反应的活性次序为

$$R-\overset{\overset{\displaystyle O}{\|}}{C}-Cl > R-\overset{\overset{\displaystyle O}{\|}}{C}-O-\overset{\overset{\displaystyle O}{\|}}{C}-R > R-\overset{\overset{\displaystyle O}{\|}}{C}-OR > R-\overset{\overset{\displaystyle O}{\|}}{C}-NH_2$$

酯水解生成羧酸，可以在酸催化或碱催化条件下进行。在碱性条件下，伯醇和仲醇的酯主要按酰氧键断裂水解，经加成-消除的双分子机理进行；在酸性条件下，叔醇的酯主要按烷氧键断裂水解，经碳正离子的单分子机理进行。酰胺和腈的水解需在酸或碱催化下长时间回流才能完成。

酰卤、酯与格氏试剂反应生成酮，进一步与格氏试剂反应可生成叔醇。

腈与格氏试剂反应生成酮。

酰卤、酯和酸酐都可以被氢化铝锂还原为醇，酰卤用 Rosenmund 还原剂还原可以停留在醛的阶段，酰胺被氢化铝锂还原为胺。

酯被金属钠还原有 Bouveault-Blanc 还原和酮醇缩合（偶姻）反应。

Claisen 反应是典型的酯缩合反应，分子内的酯缩合反应称为 Dieckmann 缩合。酯酯缩合或酮酯缩合都是合成 1,3-二官能团化合物的重要方法。

α-溴代羧酸酯和锌粉与醛、酮反应，反应物水解后得到 β-羟基酸酯，称为 Reformatsky 反应。Reformatsky 反应是合成 β-羟基酸酯或 α,β-不饱和羧酸酯的重要反应。

羧酸酯在高温下发生裂解，将烷氧基的 β-碳原子上的氢转移给离去基团，生成烯烃和相应的羧酸，称为酯的热消除反应，主要得到 Hofmann 烯烃。反应是经过环状过渡态进行的，因此是顺式消除，且不会发生碳架的重排。

黄原酸甲酯的热消除反应和酯的热消除反应具有相似的反应机理，反应的立体选择性和区域选择性规律也相似。

活泼氢化合物的缩合反应：

(1) Michael 加成反应是合成 1,5-二官能团化合物的重要方法，特别对 1,5-二羰基化合物，是首选的合成设计途径。

(2) Perkin 反应是芳香醛与羧酸酐在酸酐相应的羧酸盐催化下，加热反应，生成 β-芳基-α,β-不饱和羧酸的反应。

(3) Knoevenagel 反应是在弱碱催化下，醛、酮与含活泼亚甲基的化合物发生亲核加成反应，最终消除一分子水，得到相应的缩合产物，是合成 α,β-不饱和化合物的重要反应。

(4) Darzens 反应是醛、酮与 α-卤代酸酯在醇钠或氨基钠等强碱作用下，生成 α,β-环氧酸

酯的反应。

(5) Mannich 反应是在弱酸性催化条件下，甲醛、二甲胺和具有 α-活性氢的酮反应，生成 α-活性氢被胺甲基取代的产物，在合成上有着广泛的应用。

烯酮和碳酸衍生物：乙烯酮、光气、尿素。

油脂的主要成分是高级脂肪酸的甘油酯。

习　题

1. 命名下列化合物或写出相应的结构式。

(1) 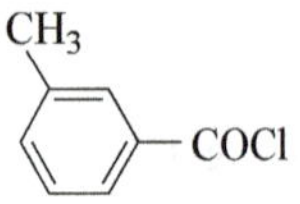 $3\text{-}CH_3\text{-}C_6H_4\text{-}COCl$ 　　(2) $CH_3CO\text{-}C_6H_4\text{-}CONH_2$（对位）

(3) 3-甲基-2,5-呋喃二酮（H_3C 取代的马来酸酐结构） 　　(4) $CH_3OCO\text{-}C_6H_4\text{-}COOCH_3$（对位）

(5) 烯丙基丙二酰氯 　　(6) 2-甲基丙烯酸甲酯

(7) *N*-甲基丁二烯亚胺 　　(8) 异丁腈

(9) 乙丙酐 　　(10) 丙烯酸乙烯酯

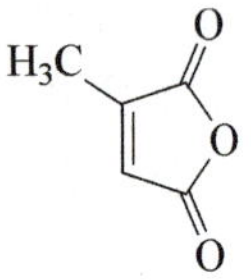

2. 写出下列反应的主要产物。

(1) 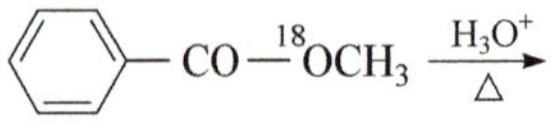 $C_6H_5\text{-}CO\text{—}^{18}OCH_3 \xrightarrow[\triangle]{H_3O^+}$

(2) 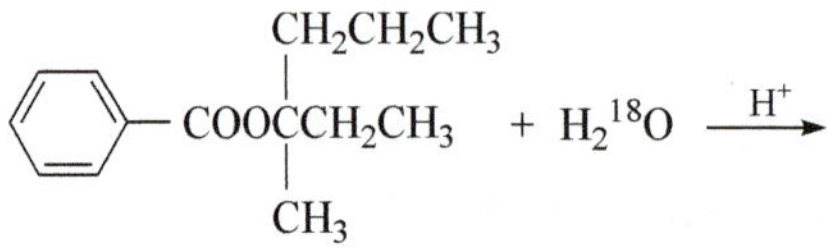 $C_6H_5\text{-}COOC(CH_3)(CH_2CH_2CH_3)CH_2CH_3 + H_2{}^{18}O \xrightarrow{H^+}$

(3) $CH_3CH_2CH_2COCl \xrightarrow[Pd,BaSO_4]{H_2}$

(4) 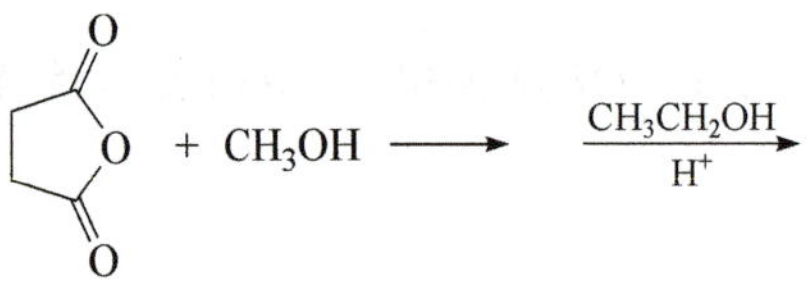 丁二酸酐 $+ CH_3OH \longrightarrow \xrightarrow[H^+]{CH_3CH_2OH}$

(5) 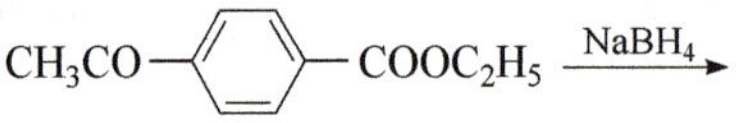 $CH_3CO\text{-}C_6H_4\text{-}COOC_2H_5 \xrightarrow{NaBH_4}$

(6) 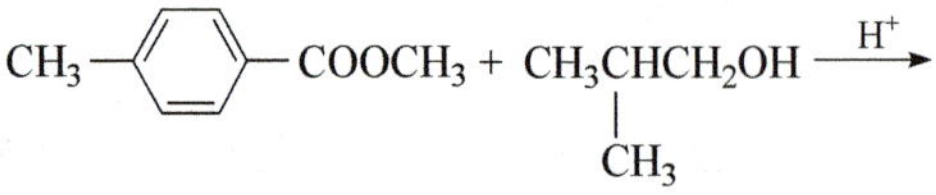 $CH_3\text{-}C_6H_4\text{-}COOCH_3 + CH_3CH(CH_3)CH_2OH \xrightarrow{H^+}$

(7) 2-甲基环己酮 + $CH_3COCH{=}CH_2$ $\xrightarrow{HO^-}$

(8) CH_3O—(3,4-二甲氧基苯基)—CHO + $NCCH_2COOC_2H_5$ $\xrightarrow{\text{四氢吡咯}}$

3. 完成下列反应式。

(1) C_6H_5—COCl + 环己醇 $\longrightarrow$

(2) C_6H_5—COCl + 四氢吡咯(NH) $\longrightarrow$

(3) 丁二酸酐 + C_6H_5—NH_2 $\longrightarrow$

(4) C_6H_5—COCl + $(CH_3CH_2)_2CuLi$ $\longrightarrow$

(5) 环戊酮 + HCHO + $(CH_3)_2NH \cdot HCl$ $\longrightarrow$

(6) 己内酰胺(NH) $\xrightarrow{NaOH,H_2O}$

(7) 环戊基—C≡N + CH_3CH_2MgBr $\xrightarrow{(C_2H_5)_2O}$ $\xrightarrow{H_3O^+}$

(8) N-甲基-2-哌啶酮 $\xrightarrow{LiAlH_4}$ $\xrightarrow{H_2O}$

(9) H_3C—C_6H_4—$COOC_2H_5$ $\xrightarrow{LiAlH_4}$ $\xrightarrow{H_2O}$

(10) C_6H_5—COCl $\xrightarrow{LiAlH(t\text{-}OBu)_3}$ $\xrightarrow{H_2O}$

(11) $(CH_3)_2CHCHO$ + $BrCH_2COOC_2H_5$ $\xrightarrow[C_6H_6]{Zn}$ $\xrightarrow{H_2O}$ $\xrightarrow{[O]}$

(12) $CH_3COCH{=}CH_2$ + $CH_3COCH_2NO_2$ $\xrightarrow[CH_3OH]{CH_3ONa}$

4. 对下列反应提出合理的反应机理。

(1) 2-乙酰基苯基苯甲酸酯（邻位 $COCH_3$、$OCOC_6H_5$）$\xrightarrow[50℃]{KOH,Py}$ 2-苯基色酮（C_6H_5）

(2) 环庚-1,3-二酮 $\xrightarrow[C_2H_5OH]{C_2H_5ONa}$ 2-乙酰基环戊酮（$COCH_3$）

(3) $CH_2(COOC_2H_5)_2 \xrightarrow[C_2H_5OH]{C_2H_5ONa}$ $\xrightarrow{\text{环氧乙烷}}$ α-乙氧羰基-γ-丁内酯（$COOC_2H_5$）

5. 合成题。

(1) 由不超过五个碳原子的单官能团化合物合成

(a) $(CH_3)_2CHCH_2CH_2CH_2COOCH_3$ (b) $(CH_3)_2CHCH_2CON(CH_2CH_3)_2$

(2) 由苯或甲苯及不超过四个碳原子的有机化合物合成

(a) CH_2COOCH_3—$CH_2COOC_2H_5$ (b) C_6H_5—$CH(COOC_2H_5)_2$

(3) 由不超过四个碳原子的有机化合物和其他试剂合成

(a) $CH_3COOCH_2C(CH_3)_3$ (b) CH_3COO—环己基

6. 由苯和不超过三个碳原子的有机原料合成下列化合物。

(1) $CH_3C(OH)(CH_3)-CH(C_6H_5)-COOC_2H_5$ (2) C_6H_5—C(=O)—(3-甲酰基环己-3-烯基)（CHO）

(3) H_3C、H_3C 取代环己烯基—$COCH_2COOC_2H_5$

7. 推测下列结构式。

(1) 某中性化合物 **A**，分子式为 $C_{10}H_{12}$，经臭氧化还原性水解得到 **B**(C_3H_6O)和 **C**(C_7H_6O)，**B** 与 $Ag(NH_3)_2OH$ 无反应，**C** 与 $Ag(NH_3)_2OH$ 反应后酸化得到 **D**($C_7H_6O_2$)。**D** 与 PCl_3 反应生成 **E**，**E** 与 NH_3 反应生成 **F**(C_7H_7NO)，**F** 与 Br_2/NaOH 反应得到碱性比脂肪胺弱的 **G**(C_6H_7N)。试推测化合物 **A**～**G** 的结构式，并写出相应的反应式。

(2) 某中性化合物 **A**，分子式为 $C_7H_{13}O_2Br$，与 NH_2OH 或 $C_6H_5NHNH_2$ 不能生成肟或苯腙，其光谱数据如下：

IR(σ/cm^{-1})：1740 有强峰，2950～2850 有吸收峰，3000 以上无吸收峰

^1H NMR(δ)：1.0(t,3H)，1.3(d,6H)，2.1(m,2H)，4.2(t,1H)，4.6(m,1H)

试推测化合物 **A** 的结构式，并指出核磁共振氢谱的归属。

(3) 某化合物 **A**，分子式为 $C_7H_6O_3$，能溶于氢氧化钠和碳酸氢钠溶液，与 $FeCl_3$ 有颜色反应，**A** 与乙酐作用生成化合物 **B**，分子式为 $C_9H_8O_4$，**A** 与甲醇反应能生成具有香气的化合物 **C**，分子式为 $C_8H_8O_3$。**B** 经硝化，可得到两种一硝基取代物。试推测化合物 **A**～**C** 的结构式。

(4) 化合物 **A** 和 **B** 互为同分异构体，分子式为 $C_4H_8O_2$，其 IR 和 ^1H NMR 数据分别如下：

A　IR(σ/cm^{-1})：1740 有强吸收峰，3000～2900 有吸收峰，3000 以上无吸收峰

^1H NMR(δ)：1.25(t,3H)，2.03(s,3H)，4.12(q,2H)

B　IR(σ/cm^{-1})：1725 有强吸收峰，3000～2900 有吸收峰，3000 以上无吸收峰

^1H NMR(δ)：1.29(d,6H)，5.13(七重峰,1H)，8.0(s,1H)

试推测化合物 **A** 和 **B** 的结构式。

第 13 章 含氮有机化合物

主要内容

➢硝基化合物的结构和还原。

➢脂肪族胺和芳香族胺的结构，胺的命名。

➢胺的碱性、烃化和酰化反应，Hinsberg 反应，季铵盐和季铵碱，Hofmann 消除，叔胺氧化物，Cope 消除。

➢胺的亚硝化反应，重氮化合物，重氮甲烷及其反应，芳香族重氮盐及其重氮基的取代和偶联。

➢芳香族胺芳环上的亲电取代反应。

➢胺的制备。

凡在分子中含有氮元素的有机化合物统称为含氮有机化合物。含氮有机化合物的种类很多，如硝基化合物、胺、腈、异腈酸酯、重氮化合物、偶氮化合物和叠氮化合物等。本章主要讨论胺类化合物，对硝基化合物仅作简单介绍。

13.1 硝基化合物

烃基上的氢原子被硝基（$—NO_2$）取代的化合物称为硝基化合物。硝基化合物分为脂肪族硝基化合物和芳香族硝基化合物。硝基连在脂肪族烃基上的称为脂肪族硝基化合物，硝基直接连在芳环上的称为芳香族硝基化合物。

13.1.1 硝基化合物的结构

硝基甲烷是最简单的脂肪族硝基化合物。其结构如下：

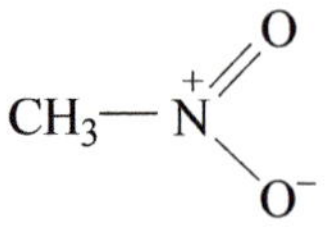

$$CH_3—\overset{+}{N}(=O)—O^-$$

C—N 147pm　N—O 121~122pm

∠ONO=127°

硝基中的氮原子为 sp^2 杂化，三个 sp^2 杂化轨道分别与碳原子和两个氧原子形成三个 σ 键，σ 键之间的键角接近 120°。氮原子上未参与杂化的 p 轨道与两个氧原子上的 p 轨道从侧面交盖，形成三中心四电子的共轭体系。由于两个 N—O 键的键长相等，因此硝基可以用共振式表

示为

$$\left[-\overset{+}{N}\begin{matrix} \nearrow O \\ \searrow O^- \end{matrix} \longleftrightarrow -\overset{+}{N}\begin{matrix} \nearrow O^- \\ \searrow O \end{matrix} \right]$$

硝基是强吸电子取代基,硝基甲烷的偶极矩为 3.5D。硝基邻位碳原子上的氢受硝基的影响具有明显的酸性,如硝基甲烷的 pK_a 值为 10.2,能在碱作用下形成碳负离子与羰基化合物发生缩合反应。

$$CH_3(CH_2)_7CHO + CH_3NO_2 \xrightarrow[C_2H_5OH]{NaOH} CH_3(CH_2)_7\underset{OH}{CH}CH_2NO_2$$

1-硝基癸-2-醇

芳醛与硝基甲烷缩合时,生成的 β-羟基化合物容易失水,最终得到 α,β-不饱和硝基化合物。例如

$$C_6H_5-CHO + CH_3NO_2 \longrightarrow C_6H_5-CH=CHNO_2$$

β-硝基苯乙烯

α,β-不饱和硝基化合物也可以发生 Michael 加成。例如

$$\text{2-(COOCH}_3\text{)环己酮} + CH_2=CH-NO_2 \xrightarrow[2)\ H_2O]{1)\ C_2H_5O^-} \text{2-(COOCH}_3\text{)-2-(}CH_2CH_2NO_2\text{)环己酮}$$

芳香族硝基化合物比脂肪族硝基化合物重要得多。在芳香族硝基化合物中,硝基氮原子和氧原子上的 p 轨道与芳环上的 p 轨道形成大的共轭体系,硝基苯的结构如图 13-1(a)所示。硝基苯环上的电子云密度比苯低[图 13-1(b)]。

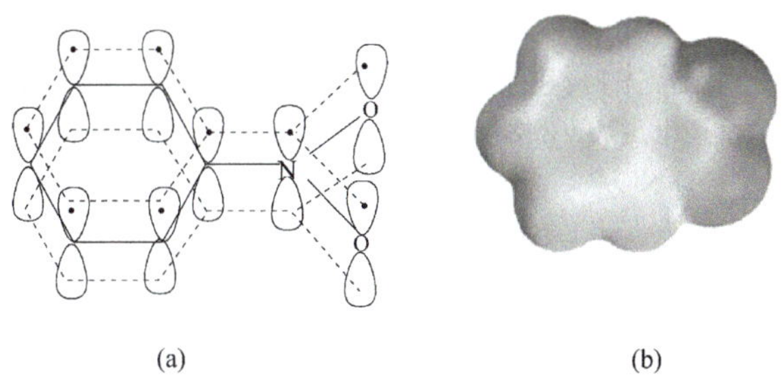

图 13-1　硝基苯的结构示意图(a)和电子云密度分布图(b)

13.1.2　芳香族硝基化合物的还原

芳环上的硝基可以被多种还原剂还原,还原可以分步进行,得到不同的还原产物。例如

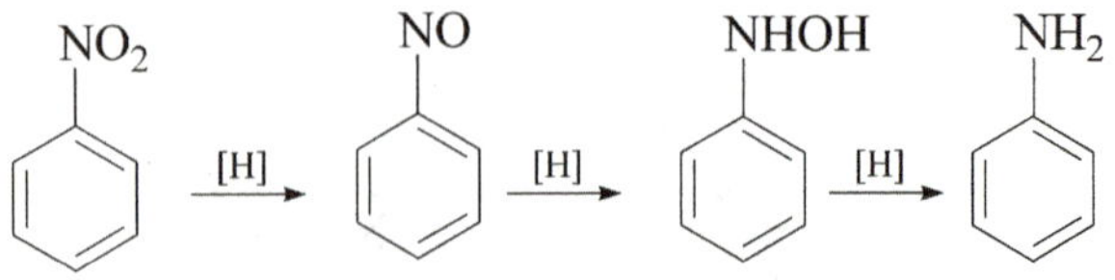

硝基苯　　亚硝基苯　　*N*-羟基苯胺　　苯胺

芳香族硝基化合物的重要性主要在于它被还原为芳香族胺后，能经不同的反应转变为多种类型的有机合物。

硝基化合物可以在 Ni 或 Pt 催化下，加压氢化还原为胺，催化氢化对环境污染小，适合工业生产。例如

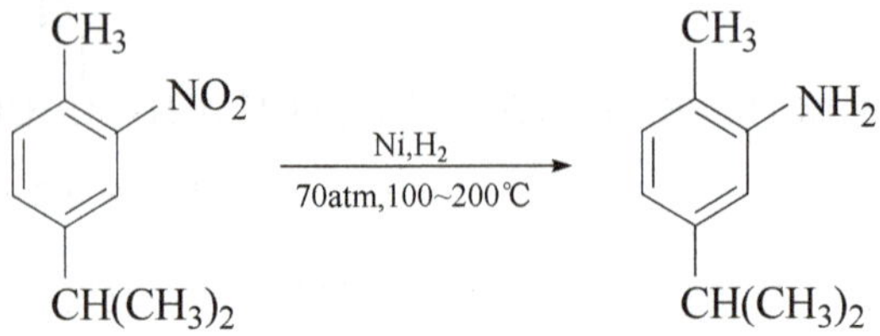

在强酸（通常用稀盐酸）性条件下，用铁、锌、锡等金属还原，硝基被直接还原为胺。例如

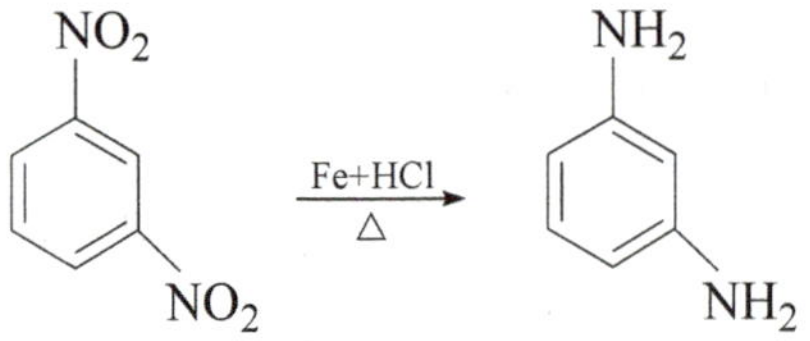

90%

用金属还原硝基化合物对环境的污染严重。

在中性或弱酸性条件下，硝基苯被还原为 *N*-羟基苯胺。在强还原剂作用下，*N*-羟基苯胺可以进一步被还原为苯胺。

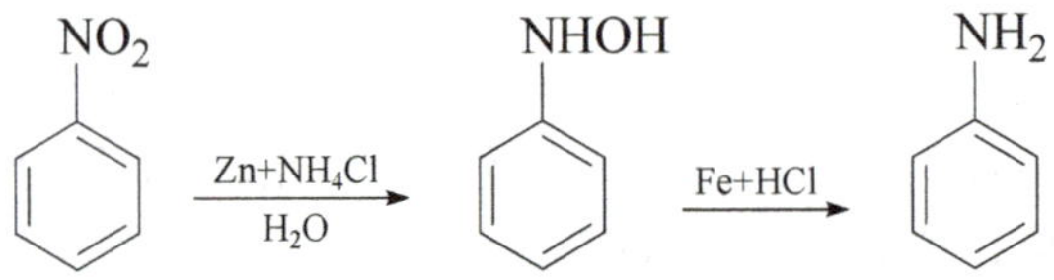

N-羟基苯胺

在适当的反应条件下，硫化钠、硫化铵、硫氢化钠、硫氢化铵及氯化亚锡/盐酸等对芳香族多硝基化合物的还原有选择性，这种选择性仅仅是实验结果，还没有规律可以预测。例如

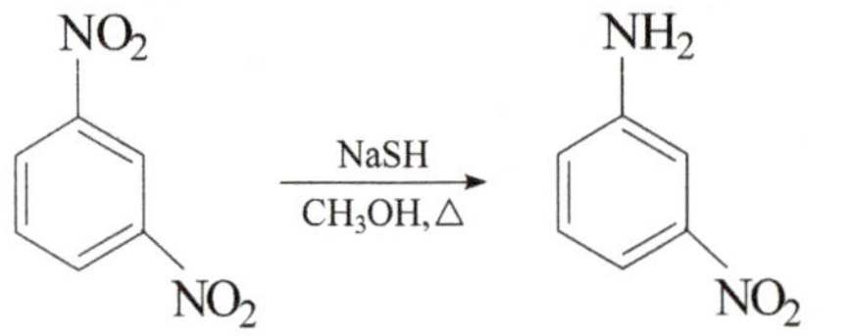

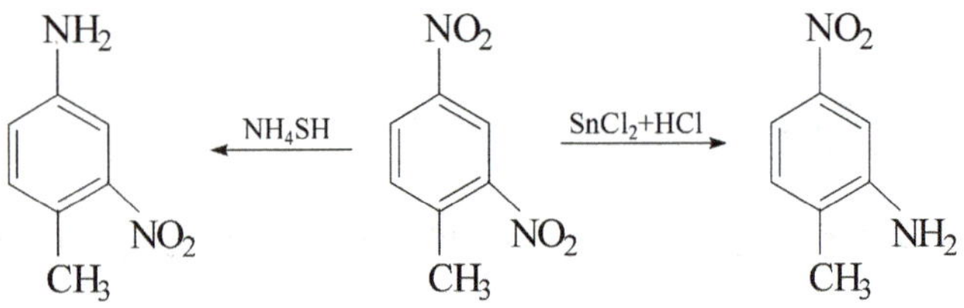

当硝基苯在碱性条件下还原时，由于亚硝基苯和 N-羟基苯胺被继续还原的速率很慢，因此得到双分子缩合的还原产物。例如

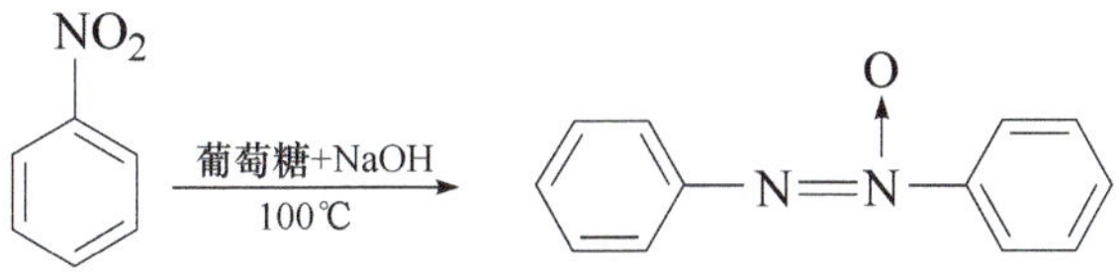

$$C_6H_5NO_2 \xrightarrow[100℃]{\text{葡萄糖}+NaOH} C_6H_5-N=\overset{O\uparrow}{N}-C_6H_5$$

氧化偶氮苯

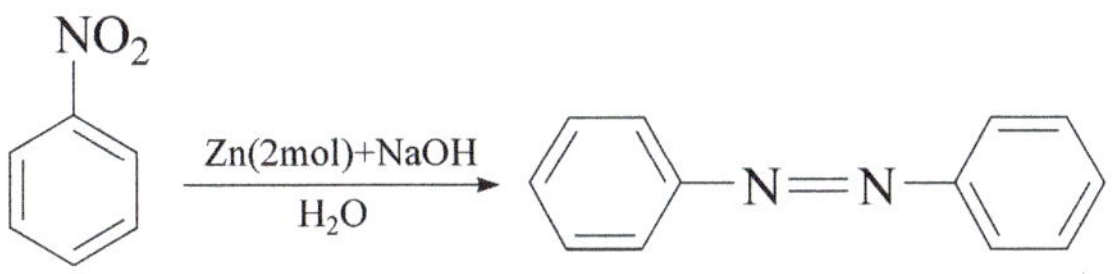

$$C_6H_5NO_2 \xrightarrow[H_2O]{Zn(2mol)+NaOH} C_6H_5-N=N-C_6H_5$$

偶氮苯

$$C_6H_5NO_2 \xrightarrow[C_2H_5OH]{Zn(3mol)+NaOH} C_6H_5-NH-NH-C_6H_5$$

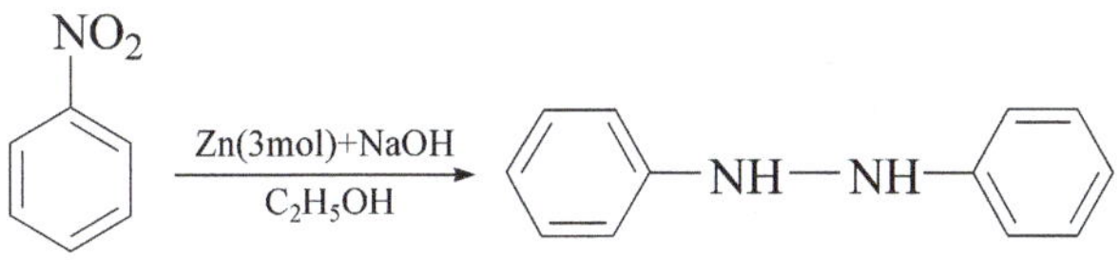

氢化偶氮苯

13.2　胺的结构和命名

氨的烃基取代物称为胺(amine)。胺可以根据氮原子上所连烃基的数目分为伯胺(primary amine)、仲胺(secondary amine)和叔胺(tertiary amine)。与一个烃基相连的称为伯胺，与两个烃基相连的称为仲胺，与三个烃基相连的称为叔胺。

NH_3	RNH_2	R_2NH(或 R_1R_2NH)	R_3N(或 $R_1R_2R_3N$)
氨	伯胺	仲胺	叔胺

铵盐或铵碱分子中四个氢原子都被烃基取代的产物分别称为季铵盐或季铵碱。

$\overset{+}{N}H_4\overset{-}{Cl}$	$RR_1R_2R_3\overset{+}{N}\overset{-}{Cl}$	$\overset{+}{N}H_4\overset{-}{O}H$	$RR_1R_2R_3\overset{+}{N}\overset{-}{O}H$
铵盐	季铵盐	铵碱	季铵碱

在胺化合物中，氨基的氮原子只直接与脂肪族烃基相连的称为脂肪族胺，直接与芳环相连的称为芳香族胺。最简单的脂肪族胺是甲胺(CH_3NH_2)，最简单的芳香族胺是苯胺，结构式为

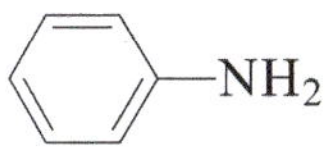

$$C_6H_5-NH_2$$

13.2.1　胺的结构

氨、甲胺和三甲胺的键长、键角数据如下：

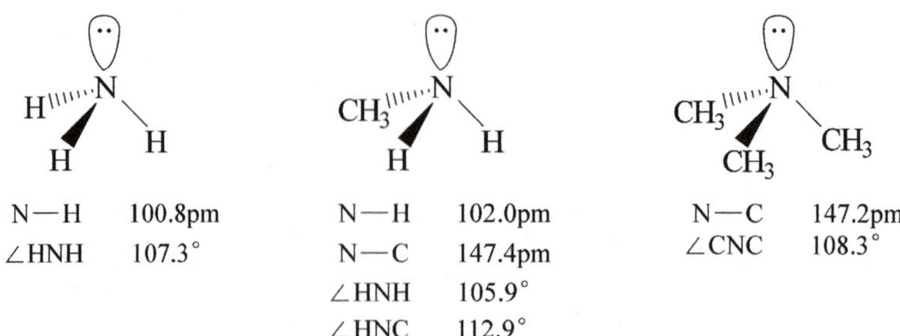

由此表明，在氨及胺分子中，氮原子为 sp^3 杂化，其中三个 sp^3 轨道分别与氢原子和碳原子生成氮氢和氮碳 σ 键，另一个 sp^3 轨道上有一对未共用电子对。胺分子呈比较矮的角锥形，可以有两个互为对映体的构型，由于只需要克服 25～37.6kJ · mol^{-1} 的活化能，就可以由一种构型翻转为另一种构型，因此在室温条件下，两种构型就可以很快地互相翻转。

即使某个胺分子中的三个烃基不相同，也因为在室温下两种构型翻转的速率可达到 10^3～10^5 次 · $秒^{-1}$，而无法分离得到它们的对映体。但四个烃基都不相同的季铵盐或季铵碱则是手性分子，可以被拆分成一对对映体。

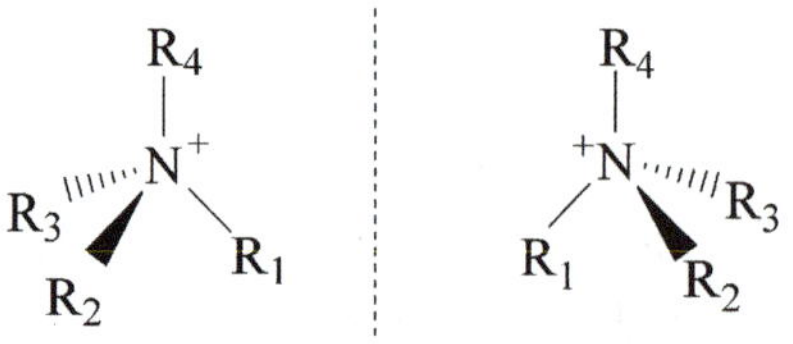

一对对映体

苯胺分子中的键长和键角数值为

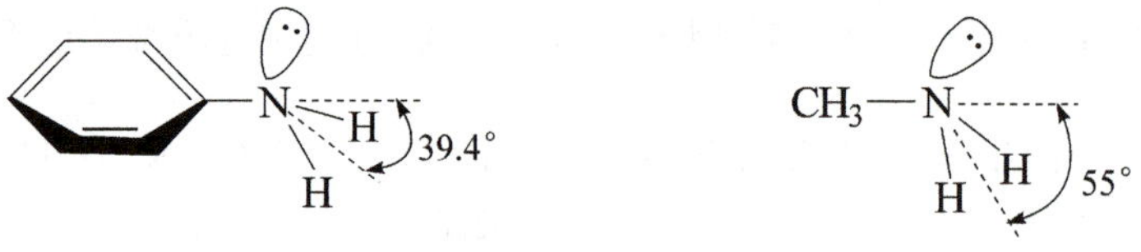

N—H	105pm	∠HNH	113.9°
N—C	140pm	∠CNH	119.7°

苯环平面与 H—N—H 三个原子所在平面的交叉角为 39.4°，比甲胺中 C—N 键与 H—N—H 三个原子所在平面的交叉角(55°)小，这说明苯胺分子的角锥形更矮，而趋于更扁平。$N—C_{sp^2}$ 键比甲胺中的 $N—C_{sp^3}$ 键短，即具有部分双键的性质。苯胺的键长和键角数据表明，苯胺中氮原子的 sp^3 杂化状态更接近 sp^2 杂化。氮原子上的一对未共用电子对所在的杂化轨道具有更多的 p 轨道成分，它可以与苯环上的 p 轨道从侧面有较多的重叠，形成更大的共轭体系。苯胺环上的电子云密度比苯高，其电子云密度分布图如图 13-2 所示。

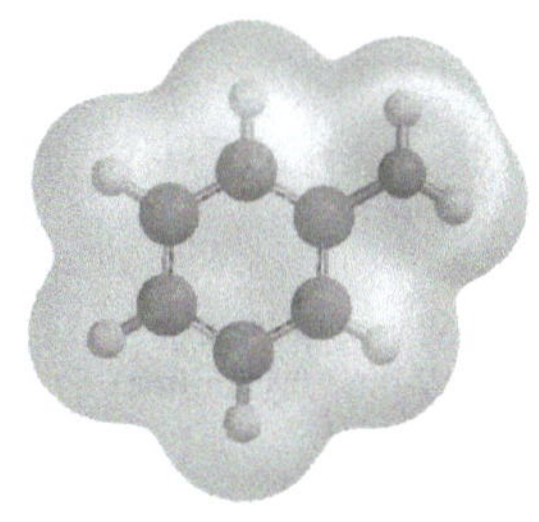

图 13-2 苯胺的电子云密度分布图

苯胺的结构可用共振式表示如下：

$C_6H_5-\ddot{N}H_2 \longleftrightarrow$ （邻位负电荷）$=\overset{+}{N}H_2 \longleftrightarrow$ （对位负电荷）$=\overset{+}{N}H_2 \longleftrightarrow$ （邻位负电荷）$=\overset{+}{N}H_2$

因此，芳环上的氨基表现为给电子取代基。从下列几个化合物的偶极矩的关系也可以得到相同的结论。

$C_6H_5CF_3$ $\mu=2.9D$ ； $p\text{-}H_2NC_6H_4CF_3$ $\mu=4.3D$ ； $C_6H_5NH_2$ $\mu=1.29D$

其他芳香胺也具有类似的结构。

13.2.2 胺的命名

氨基是胺的官能团，只含一个氨基的胺称为一元胺，含有两个或多个氨基的胺称为二元胺或多元胺。

简单一元胺通常用普通命名法命名，即在“胺”字前面加上与氮原子相连的烃基名称和数目。例如

CH_3NH_2	$CH_3CH_2NH_2$	$C_6H_5NH_2$
甲胺 (methylamine)	乙胺 (ethylamine)	苯胺 (aniline)
$(CH_3CH_2)_2NH$	$CH_3CH_2NHCH_3$	$C_6H_5NHCH_3$
二乙胺 (diethylamine)	乙甲胺 (ethylmethylamine)	*N*-甲基苯胺 (*N*-methylaniline)

$(CH_3CH_2)_3N$ 三乙胺 (triethylamine)

$C_6H_5N(CH_3)_2$ *N*,*N*-二甲基苯胺 (*N*,*N*-dimethylaniline)

$C_6H_5N(CH_3)CH_2CH_3$ *N*-乙基-*N*-甲基苯胺 (*N*-ethyl-*N*-methylaniline)

$H_2NCH_2CH_2NH_2$ 乙二胺 (ethylenediamine)

$H_2N-C_6H_4-NH_2$ 对苯二胺 (*p*-phenylenediamine)

$C_6H_5-NH-C_6H_5$ 二苯胺 (diphenylamine)

对于结构比较复杂的胺，则可按系统命名法命名，即选择含氨基的最长碳链为主链，称某胺。然后从靠近氨基的一端开始对主碳链依次编号，把与官能团氨基相连的碳原子的编号写在“胺”字前面。例如

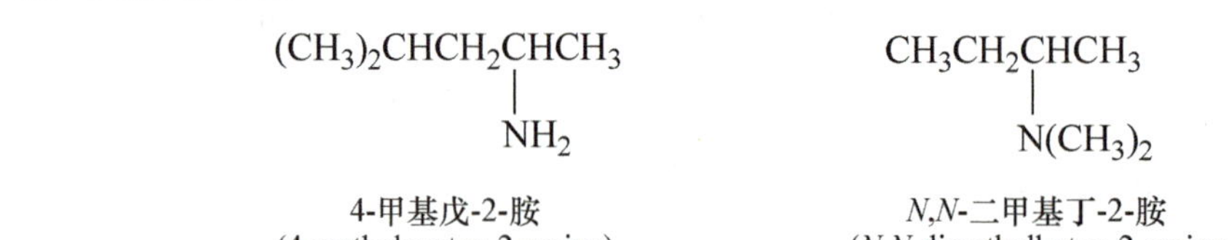

4-甲基戊-2-胺 (4-methylpentan-2-amine)　　*N*,*N*-二甲基丁-2-胺 (*N*,*N*-dimethylbutan-2-amine

季铵盐及季铵碱的命名则与相应的铵盐及氢氧化铵相似。例如

$(CH_3)_4\overset{+}{N}\overset{-}{Cl}$ 氯化四甲基铵 (tetramethylammonium chloride)

$C_6H_5CH_2\overset{+}{N}(C_2H_5)_3\overset{-}{Cl}$ 氯化苄基三乙基铵 (benzyltriethylammonium chloride)

$(CH_3)_4\overset{+}{N}\overset{-}{OH}$ 氢氧化四甲基铵 (tetramethylammonium hydroxide)

问题 13-1 命名下列化合物。

(1) $(CH_3)_2CHCH_2NH_2$　　(2) $H_2NCH_2CH_2NHCH_3$

(3) $CH_2=CHCH_2NHCH_3$　　(4) $CH_3CH_2CH(CH_3)N(CH_3)_2$

(5) $C_6H_{11}-N(CH_3)CH_2CH_3$　　(6) $C_6H_{11}-NH-C_6H_{11}$

(7) $H_2N-C_6H_4-NH-C_6H_5$　　(8) $CH_3O-C_6H_4-N(C_2H_5)_2$

问题 13-2 写出下列化合物的结构式。

(1) 对甲基苄胺　　(2) *N*,*N*-二甲基环戊胺

(3) 4,4′-二甲基二苯胺　　(4) 烯丙基胺

(5) 氢氧化乙基三甲基铵　　(6) *N*-甲基-2-萘胺

(7) 2-氨基-4′-硝基二苯甲酮　　(8) 分子式为 $C_4H_{11}N$ 的手性伯胺

13.3　胺的物理性质

甲胺、乙胺、二甲胺和三甲胺在室温下为气体，其他低级脂肪族胺为液体。

胺分子中氮原子上的未共用电子对能与水分子形成分子间的氢键，因此 C_6 以下的低级胺能溶于水，随着烃基增大，高级胺与烷烃相似，难溶或不溶于水。

在伯胺和仲胺中，因为氮原子上还有氢原子，它们可以在分子间形成氢键，但氢键不如醇分子之间的氢键强，所以它们的沸点比相对分子质量相近的醇的沸点低。

低级脂肪族胺具有令人不愉快的难闻臭味。动物腐烂时能产生剧毒且极臭的丁-1,4-二胺(腐胺)和戊-1,5-二胺(尸胺)。

芳香族胺为高沸点的液体或低熔点的固体，一般难溶于水。芳香族胺的毒性很大，能通过蒸气的吸入或透过皮肤被吸收而引起严重中毒。苯胺、联苯胺、α-萘胺和 β-萘胺等芳香族胺都有致癌作用。部分胺的物理常数见表 13-1。

表 13-1　部分胺的物理常数

化合物	结构式	熔点/℃	沸点/℃	溶解度/[g·(100g H_2O)$^{-1}$]	pK_b(25℃)
甲胺(methylamine)	CH_3NH_2	−93.5	−6.3	溶	3.38
二甲胺(dimethylamine)	$(CH_3)_2NH$	−93	6.9	溶	3.27
三甲胺(trimethylamine)	$(CH_3)_3N$	−117	4	91	4.21
乙胺(ethylamine)	$C_2H_5NH_2$	−81	16.6	溶	3.36
二乙胺(diethylamine)	$(C_2H_5)_2NH$	−48	56.3	溶	3.06
三乙胺(triethylamine)	$(C_2H_5)_3N$	−114.7	89.3	14	3.25
丙胺(propylamine)	$CH_3(CH_2)_2NH_2$	−83	48.7	溶	3.29
丁胺(butylamine)	$CH_3(CH_2)_3NH_2$	−49	77.8	溶	3.23
戊胺(pentylamine)	$CH_3(CH_2)_4NH_2$	−50	104	溶	—
二丙胺(dipropylamine)	$(CH_3CH_2CH_2)_2NH$	−63	110	微溶	—
三丙胺(tripropylamine)	$(CH_3CH_2CH_2)_3N$	−107	157	微溶	—
乙二胺(ethylenediamine)	$H_2NCH_2CH_2NH_2$	8.5	118	溶	—
己二胺(hexamethylenediamine)	$H_2N(CH_2)_6NH_2$	41～42	204～205	微溶	—
苯胺(aniline)	$C_6H_5NH_2$	−6	184	3.7	9.37
苄胺(benzylaniline)	$C_6H_5CH_2NH_2$	10	185	微溶	4.66
N-甲基苯胺(*N*-methylaniline)	$C_6H_5NHCH_3$	−57	196	3.7	9.20
N,*N*-二甲基苯胺(*N*,*N*-dimethylaniline)	$C_6H_5N(CH_3)_2$	2.5	194	1.4	9.62
二苯胺(diphenylamine)	$(C_6H_5)_2NH$	54	302	不溶	13.2

红外光谱：伯胺的 N—H 大多有不对称和对称两个伸缩振动吸收峰，液体脂肪族伯胺的两个吸收峰分别在 3400～3300cm^{-1} 和 3300～3200cm^{-1}，液体芳香族伯胺的两个吸收峰则分

别在 3500～3390cm^{-1}和 3420～3300cm^{-1}，两峰间隔在 100cm^{-1}左右。而仲胺的 N—H 伸缩振动在 3500～3300cm^{-1}，芳香族仲胺的吸收强度比脂肪族仲胺强，而且峰形尖锐。

另外，脂肪族伯胺在 1650～1590cm^{-1}有 N—H 的弯曲振动吸收峰，也可作为鉴定的依据。

核磁共振谱：由于氮原子有较大的电负性，因此与氮原子相连的 α-碳原子上质子的化学位移向低场移动，其 δ 值为 2.2～2.9，随着 α-碳原子上的质子数目不同而化学位移不同。

	CH_3NR_2	$R'CH_2NR_2$	R'_2CHNR_2
δ	2.3	2.7	2.9

β-碳原子上质子的化学位移受氮原子的影响较小，其 δ 值为 1.1～1.7。

在伯胺和仲胺中，直接连在氮原子上的质子的化学位移受溶剂、溶液浓度和温度影响较大，其 δ 值为 0.5～5，且一般为宽峰，当加入 D_2O 后该峰消失。芳香族胺中，氮原子上的质子的化学位移为 2.9～4.8。

在胺的^{13}C NMR 谱中，伯胺 α-碳的化学位移为 40～60，仲胺 α-碳的化学位移为 50～70，叔胺 α-碳的化学位移为 65～75。

质谱：脂肪族胺的分子离子峰很弱，相对分子质量较大的开链脂肪族胺通常观察不到分子离子峰。芳香族胺的分子离子峰则较强，同时还伴随一个很强的 M－1 峰。脂肪族胺最主要的裂解是 α,β-断裂，形成亚铵正离子。

$$R-CH_2-\overset{|}{\underset{|}{C}}-\overset{+\cdot}{\underset{|}{N}}- \longrightarrow R\dot{C}H_2 + \gt C=\overset{+}{N}\lt$$

m/z=30,44,58,72,…

当烷基的 α-碳原子没有支链的伯胺发生 α,β-断裂时，会出现 m/z=30 的强碎片峰。

13.4 胺的碱性

胺的化学性质与胺的官能团氨基或取代氨基有关，氨基或取代氨基中氮原子上有未共用电子对，能与质子结合而显碱性；同时使胺分子具有亲核性，可以作为亲核试剂发生亲核取代反应；可以对醛、酮等羰基化合物发生亲核加成反应。对于芳香族胺，氮原子的未共用电子对可以与芳环上的 π 键共轭，使芳环上的电子云密度增加，更容易发生芳环上的亲电取代反应。

胺与氨相似，其碱性比水强，胺的水溶液显弱碱性。在水溶液中有下列平衡：

$$NH_3 + HOH \rightleftharpoons \overset{+}{N}H_4 + OH^-$$

$$RNH_2 + HOH \rightleftharpoons R\overset{+}{N}H_3 + OH^-$$

胺的碱性强弱可用其水溶液中的碱解离常数 K_b 或 K_b 的对数的负值 pK_b 表示：

$$K_b=\frac{[R\overset{+}{N}H_3][OH^-]}{[RNH_2]} \qquad pK_b=-\lg K_b$$

K_b 的数值越大，pK_b 越小，碱性越强。部分胺的 pK_b 值见表 13-1。

胺的碱性强弱也可以用胺的共轭酸的解离常数 K_a 或 K_a 的对数的负值 pK_a 表示：

$$R\overset{+}{N}H_3 + H_2O \rightleftharpoons RNH_2 + H_3O^+$$

$$K_a = \frac{[RNH_2][H_3O^+]}{[R\overset{+}{N}H_3]} \qquad pK_a = -\lg K_a$$

这时，K_a 的数值越小，pK_a 越大，碱性越强。

胺的碱性强弱次序为脂肪族胺＞氨＞芳香族胺。在脂肪族胺中，烷基的给电子诱导效应使氮原子上的电子云密度增加，有利于碱性增强，但随着烷基的增加，氮原子与质子结合的空间位阻也随之增加，结果反映出来的是碱性不但没有增强，反而有所减弱，因此氮原子上烷基的诱导效应和位阻效应对胺的碱性强弱都有影响。胺在水溶液中的碱性强弱还需要考虑相应铵盐在水溶液中的稳定性，随着氮原子上烷基的增加，氢原子减少，相应胺质子化后的共轭酸（铵盐）在水中的溶剂化程度减弱，这意味着胺的共轭酸在水中的稳定性减弱，解离常数增大，即相应胺的碱性减弱。例如，乙基和正丁基取代的伯、仲、叔胺的相应铵盐在水溶液中测得的 pK_a 值如下：

	NH_3	$<C_2H_5NH_2$	$<(C_2H_5)_3N$	$<(C_2H_5)_2NH$
pK_a	9.26	10.64	10.76	10.99

	NH_3	$<n\text{-}C_4H_9NH_2$	$<(n\text{-}C_4H_9)_3N$	$<(n\text{-}C_4H_9)_2NH$
pK_a	9.26	10.61	10.87	11.28

因此，综合各种因素的影响结果，低级脂肪族胺在水溶液中的碱性强弱次序为仲胺＞叔胺＞伯胺。然而，在气相或非质子溶剂中，脂肪族胺的碱性强弱主要取决于氮原子上烷基总的给电子诱导效应，凡是胺共轭酸中的正电荷能被给电子诱导效应分散的，胺共轭酸的稳定性增加，因此其碱性的强弱次序为叔胺＞仲胺＞伯胺。

芳香族胺中，氮原子上未共用电子对所在的杂化轨道具有更多的 p 轨道成分，能与苯环的 π 轨道形成更大的共轭体系，使氮原子周围的电子云密度降低，碱性减弱。芳香族胺的碱性比氨和脂肪族胺的碱性都弱。

芳环上取代基的电子效应对芳香族胺的碱性强弱有直接的影响，通过诱导效应或共轭效应能使芳环上电子密度增加的，相应芳香族胺的碱性增强，而使芳环上电子密度减少的，相应芳香族胺的碱性减弱。当芳香族胺在氨基的邻、对位上有—OH、—OR、—OCOR、$—NH_2$、—NHR、—NHCOR 等基团时，由于它们给电子的共轭效应比吸电子的诱导效应强，总的效应是使芳环上电子密度增加，因此相应芳香族胺的碱性增加。但当这些基团在芳香族胺氨基的间位时，只有吸电子的诱导效应起作用，因此相应芳香族胺的碱性反而减弱。

芳环上的吸电子取代基，包括既有吸电子诱导效应又有吸电子共轭效应，以及仅有吸电子诱导效应的基团，都使相应芳香族胺的碱性减弱。在芳环上，当硝基处在氨基的邻、对位时，可以通过吸电子的诱导效应和共轭效应使氨基的碱性明显减弱；当硝基处在氨基的间位时，则通过吸电子的诱导效应使氨基的碱性减弱。表 13-2 是部分取代芳香族胺共轭酸的 pK_a 值。

表 13-2 部分取代芳香族胺共轭酸的 pK_a 值

取代基	pK_a		
	邻	间	对
H	4.63	4.63	4.63
CH_3	4.44	4.72	5.10
OH	4.72	4.17	5.50
OCH_3	4.52	4.23	5.34
Cl	2.65	3.52	3.98
NO_2	−0.26	2.47	1.00

脂肪族胺和芳香族胺都可以与强酸(盐酸、硫酸等)作用形成盐,称为铵盐。在铵盐中,原来氨基氮原子上的未共用电子对与酸中的氢离子生成共价键,三价氮原子变为四价铵盐正离子:

$$R(Ar)—NH_2 + HCl \longrightarrow R(Ar)\overset{+}{N}H_3\overset{-}{Cl}$$

脂肪族胺的碱性相对较强,甚至与弱酸乙酸也能成盐。游离胺容易被氧化分解,而铵盐却是稳定的,通常为无色的结晶形固体,不容易被氧化,也没有游离胺令人不愉快的怪味。例如,临床上用的麻黄碱药物都是它的盐酸盐。

$$C_6H_5\underset{\displaystyle OH}{CH}—\underset{\displaystyle CH_3}{CH}—NHCH_3 + HCl \longrightarrow C_6H_5\underset{\displaystyle OH}{CH}—\underset{\displaystyle CH_3}{CH}—NHCH_3\cdot HCl$$

麻黄碱(m.p.79℃,有恶臭味,容易被氧化)　　麻黄碱盐酸盐(m.p.217℃,无味,稳定)

胺的无机酸盐易溶于水,而不溶于非极性的有机溶剂。医药上常将不溶于水的胺类药物制成相应的盐酸盐,用作肌肉注射针剂。例如

$$H_2N-C_6H_4-COOCH_2CH_2N(C_2H_5)_2 \xrightarrow{HCl} H_2N-C_6H_4-COOCH_2CH_2N(C_2H_5)_2\cdot HCl$$

普鲁卡因　　盐酸普鲁卡因

铵盐是弱碱的盐,遇强碱则游离出有机胺,利用这一性质可以将胺与其他不溶于酸的有机化合物分离。

$$R(Ar)\overset{+}{N}H_3\overset{-}{Cl} + NaOH \longrightarrow R(Ar)—NH_2 + NaCl + H_2O$$

例如,欲将胺与中性有机化合物分离,可将混合物用稀盐酸处理,胺与盐酸成盐溶于稀盐酸中,而中性有机化合物不溶于稀盐酸,分出酸性水层,再用碱碱化,将游离出的胺提纯后得到纯净的胺。

$CH_3(CH_2)_{10}CH_3$ + $CH_3(CH_2)_9NH_2$ $\xrightarrow{稀盐酸}$
- 有机层 $CH_3(CH_2)_{10}CH_3$
- 水层 $CH_3(CH_2)_9\overset{+}{N}H_3\overset{-}{Cl}$ $\xrightarrow{NaOH}$
  - 有机层 $CH_3(CH_2)_9NH_2$
  - 水层 NaCl

问题 13-3　比较下列胺的碱性大小。

(1) 苯胺、对甲氧基苯胺、对硝基苯胺、对氯苯胺

(2) $H_2C{=}CHCH_2NH_2$、$CH_3CH_2CH_2NH_2$、$HC{\equiv}CCH_2NH_2$

(3) 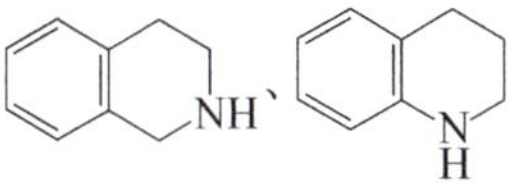 1,2,3,4-四氢异喹啉、1,2,3,4-四氢喹啉

问题 13-4　下列含氮化合物的碱性由强到弱的次序为$R\ddot{N}H_2 > RCH{=}\ddot{N}R' > RC{\equiv}N:$，试解释原因。

13.5　氨基的烃化和酰化

13.5.1　烃化反应

胺作为亲核试剂可以与伯卤代烃发生 S_N2 反应，在氮原子上引入烷基的反应称为氨基的烃化。伯胺与伯卤代烃反应生成仲胺的盐。

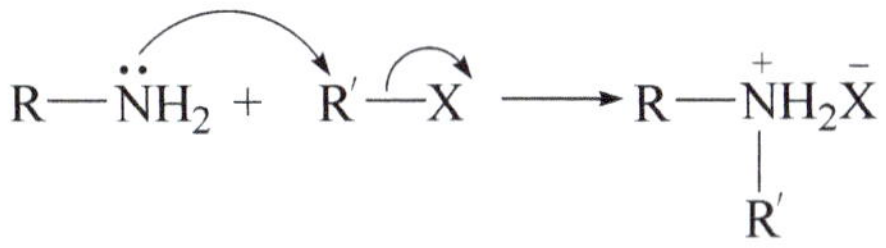

$$R-\ddot{N}H_2 + R'-X \longrightarrow R-\overset{+}{N}H_2(R')\overset{-}{X}$$

仲胺的盐与未反应的伯胺之间经质子转移得到仲胺。

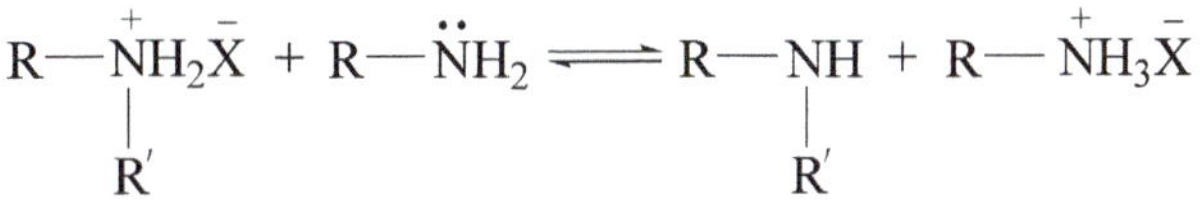

$$R-\overset{+}{N}H_2(R')\overset{-}{X} + R-\ddot{N}H_2 \rightleftharpoons R-NH(R') + R-\overset{+}{N}H_3\overset{-}{X}$$

仲胺可以继续与卤代烃反应，生成叔胺。

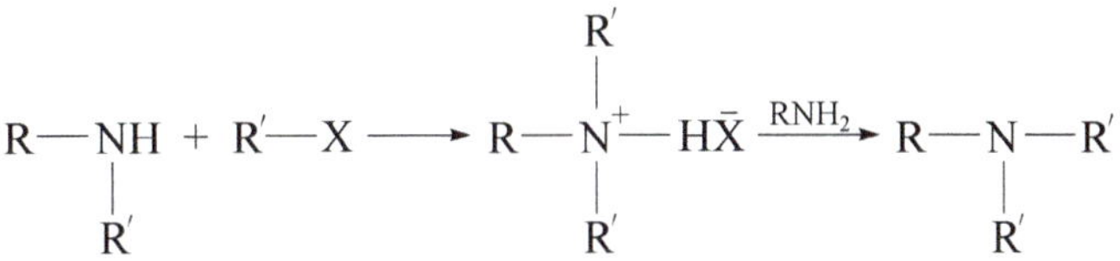

$$R-NH(R') + R'-X \longrightarrow R-\overset{+}{N}H(R')_2\,\overset{-}{X} \xrightarrow{RNH_2} R-N(R')-R'$$

叔胺进一步与卤代烃反应得到季铵盐。

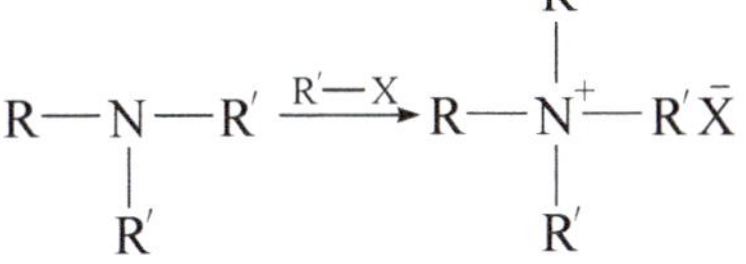

$$R-N(R')-R' \xrightarrow{R'-X} R-\overset{+}{N}(R')_2-R'\,\overset{-}{X}$$

季铵盐

季铵盐是离子型的白色结晶固体，具有盐的性质，熔点高，能溶于水，而不溶于有机溶剂，可用作表面活性剂。当季铵盐中四个烃基不相同时，分子具有光学活性。

由于氨与卤代烃反应通常得到伯胺、仲胺、叔胺和季铵盐的混合物，因此氨基的烃化并不是制备胺的理想方法。

季铵盐与氢氧化钠或氢氧化钾反应，生成季铵碱，反应存在下列平衡：

$$R_4\overset{+}{N}\overset{-}{X} + KOH \rightleftharpoons \underset{\text{季铵碱}}{R_4\overset{+}{N}\overset{-}{O}H} + KX$$

用湿的氧化银代替氢氧化钠或氢氧化钾，由于生成 AgX 沉淀，反应向右移动，可用于季铵碱的制备。

$$R_4\overset{+}{N}\overset{-}{X} + AgOH \longrightarrow R_4\overset{+}{N}\overset{-}{O}H + AgX\downarrow$$

季铵碱是与氢氧化钠或氢氧化钾碱性强度相当的吸湿性强碱。

季铵盐可以用作有机反应中的相转移催化剂。例如，1-溴辛烷与氰化钠水溶液经长时间回流也得不到相应的取代产物。在这种情况下，如果选用适当大小烷基的季铵盐为相转移催化剂，则反应能很顺利地进行。

$$CH_3(CH_2)_7Br + NaCN \xrightarrow[H_2O]{CH_3(CH_2)_{15}\overset{+}{N}(n\text{-}C_4H_9)_3\overset{-}{Br}} \underset{95\%}{CH_3(CH_2)_7CN}$$

相转移催化剂也常用于烯烃和醇的氧化反应。

13.5.2 酰化反应

脂肪族或芳香族伯胺和仲胺中氮原子上的氢原子被酰基取代，生成 *N*-取代酰胺或 *N*，*N*-二取代酰胺，称为胺的酰化反应，常用的酰化试剂有酰卤和酸酐。例如

$$\underset{\text{伯胺}}{C_6H_5NH_2} + \underset{\text{酸酐}}{(CH_3CO)_2O} \longrightarrow \underset{N\text{-取代酰胺}}{C_6H_5NHCOCH_3} + CH_3COOH$$

$$\underset{\text{仲胺}}{(CH_3CH_2CH_2CH_2)_2NH} + \underset{\text{酰氯}}{C_6H_5COCl} \longrightarrow \underset{N,N\text{-二取代酰胺}}{C_6H_5CON(CH_2CH_2CH_2CH_3)_2}$$

叔胺的氮原子上没有氢，不能生成酰胺。

酰胺大多具有固定的熔点，可用于胺的定性鉴定。酰胺在酸或碱催化下可以被水解为原来的胺，这个性质可用于胺的提纯以及在反应中对氨基进行保护。例如，从苯胺经硝化制备对硝基苯胺，为防止硝酸对苯胺的氧化，必须先将氨基用酰基保护，硝化后再水解去保护得到对硝基苯胺。

$$\underset{\text{苯胺}}{C_6H_5NH_2} \xrightarrow{CH_3COCl} \underset{\text{乙酰苯胺}}{C_6H_5NHCOCH_3} \xrightarrow{HNO_3} \underset{\text{对硝基乙酰苯胺}}{p\text{-}O_2NC_6H_4NHCOCH_3} \xrightarrow[H_2O]{H^+} \underset{\text{对硝基苯胺}}{p\text{-}O_2NC_6H_4NH_2}$$

与酰氯相似，磺酰氯也可以与脂肪族或芳香族伯胺和仲胺反应，生成相应的磺酰胺，常用

的磺酰氯有苯磺酰氯和对甲苯磺酰氯，反应通常在氢氧化钠或氢氧化钾溶液中进行。

$$RNH_2 + CH_3-C_6H_4-SO_2Cl \longrightarrow CH_3-C_6H_4-SO_2NHR$$

对甲苯磺酰氯　　　　*N*-烃基对甲苯磺酰胺

$$R_2NH + CH_3-C_6H_4-SO_2Cl \longrightarrow CH_3-C_6H_4-SO_2NR_2$$

对甲苯磺酰氯　　　　*N*,*N*-二烃基对甲苯磺酰胺

伯胺和仲胺的苯磺酰胺或对甲苯磺酰胺都是固体。磺酰基具有极强的吸电子诱导效应，由伯胺生成的磺酰胺的氮原子上的氢具有一定的酸性，因此 *N*-烃基对甲苯磺酰胺能溶于氢氧化钠或氢氧化钾溶液。

$$CH_3-C_6H_4-SO_2NHR + NaOH \longrightarrow CH_3-C_6H_4-SO_2\overset{-}{N}R\overset{+}{Na}$$

而 *N*,*N*-二烃基对甲苯磺酰胺中，因为氮原子上没有氢，所以不溶于氢氧化钠或氢氧化钾溶液（也不溶于酸）。叔胺的氮原子上没有氢，因此叔胺不发生酰化反应。伯胺、仲胺和叔胺与磺酰氯的碱性溶液反应的现象不同，据此可以对它们进行鉴别，称为 Hinsberg 反应。

磺酰胺水解得到原来的胺，但其水解的速率比酰胺慢得多。

问题 13-5　完成下列反应式。

(1) $CH_3O-C_6H_4-NHCH_3 + CH_3CH_2COCl \longrightarrow$

(2) $C_6H_5-Cl \xrightarrow{?} O_2N-C_6H_4-Cl \xrightarrow[C_2H_5OH]{C_2H_5ONa} \xrightarrow{Fe+HCl} \xrightarrow{(CH_3CO)_2O}$

13.6 季铵碱和 Hofmann 消除反应

季铵盐与湿的氧化银反应，可以用于季铵碱的制备。

$$R_4\overset{+}{N}\overset{-}{X} + AgOH \longrightarrow R_4\overset{+}{N}\overset{-}{O}H + AgX\downarrow$$

季铵碱

当季铵碱的烃基上有 β-氢时，加热分解生成烯烃，称为 Hofmann 消除反应。例如

$$(CH_3CH_2)_4\overset{+}{N}\overset{-}{O}H \xrightarrow{\triangle} H_2C=CH_2 + (CH_3CH_2)_3N + H_2O$$

$$CH_3CH_2CH_2CH_2\overset{+}{N}(CH_3)_3\overset{-}{O}H \xrightarrow{\triangle} CH_3CH_2CH=CH_2 + (CH_3)_3N + H_2O$$

当烃基上有两个不同的β-氢时，则生成的主要产物是碳碳双键上取代基较少的烯烃，这种烯烃称为 Hofmann 烯烃。例如

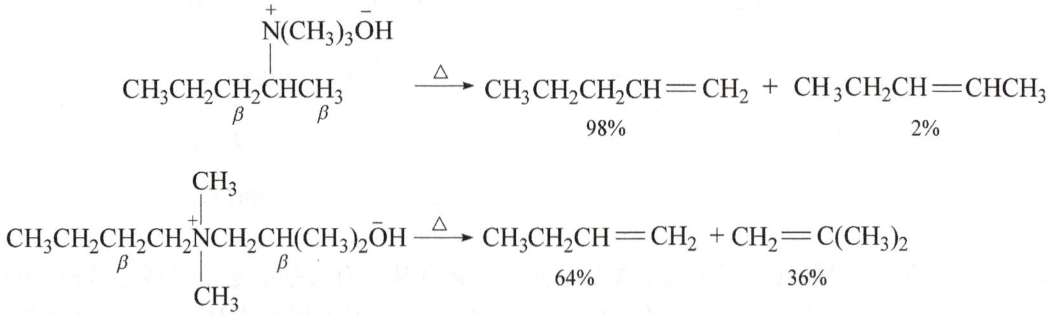

$$\underset{\quad\;\;\beta\qquad\;\;\;\beta}{CH_3CH_2CH_2\overset{\overset{+}{N}(CH_3)_3\overset{-}{O}H}{\overset{|}{C}}HCH_3} \xrightarrow{\triangle} \underset{98\%}{CH_3CH_2CH_2CH{=}CH_2} + \underset{2\%}{CH_3CH_2CH{=}CHCH_3}$$

$$CH_3CH_2\underset{\beta}{C}H_2CH_2\overset{+}{N}(CH_3)_2CH_2\underset{\beta}{C}H(CH_3)_2\overset{-}{O}H \xrightarrow{\triangle} \underset{64\%}{CH_3CH_2CH{=}CH_2} + \underset{36\%}{CH_2{=}C(CH_3)_2}$$

Hofmann 消除反应的区域选择性称为 Hofmann 规则。Hofmann 消除反应的区域选择性可以从反应过渡态的稳定性得到解释：$(CH_3)_3N^+$ 是强吸电子基团，β-碳原子上的烷基是给电子基团，它们都同时通过诱导效应影响β-碳原子上氢的酸性强弱，^-OH 首先进攻β-碳原子上烷基取代基较少、位阻较小、酸性较强的氢，形成β-碳原子上带部分负电荷的过渡态，酸性较强的β-氢形成的β-碳原子上带部分负电荷的过渡态较稳定(参见 E1cB)。例如，上述氢氧化仲戊基三甲基铵的消除中，过渡态(Ⅰ)比过渡态(Ⅱ)稳定，从而得到动力学控制的 Hofmann 烯烃。

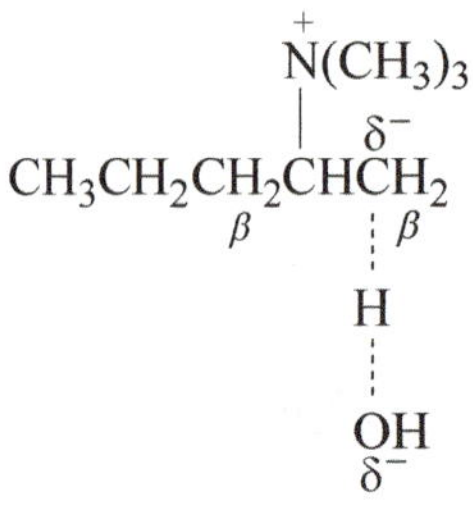

$$CH_3CH_2CH_2CH(\overset{+}{N}(CH_3)_3)\overset{\delta^-}{C}H_2\cdots H\cdots \overset{\delta^-}{O}H$$

(Ⅰ)相对稳定

$$CH_3CH_2\overset{\delta^-}{C}HCH(\overset{+}{N}(CH_3)_3)CH_3,\quad \overset{\delta^-}{C}H\cdots H\cdots \overset{\delta^-}{O}H$$

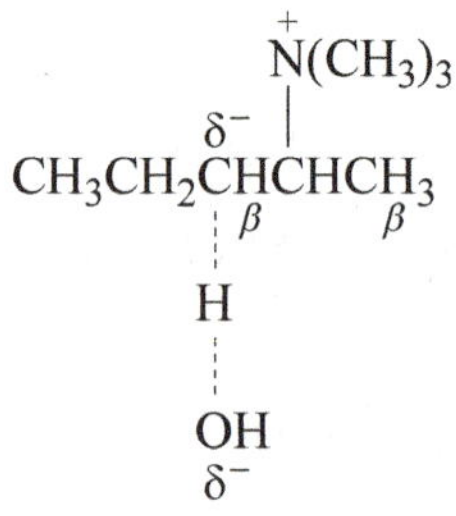

(Ⅱ)相对不稳定

Hofmann 消除反应是类似 E1cB 的 E2 消除，消除时多数为反式共平面消除，即需要 H—C—C—N 在同一平面内，且 H 与 N 处于反位。如果从消除的构象分析，同样也得到主要产物是 Hofmann 烯烃的结论。

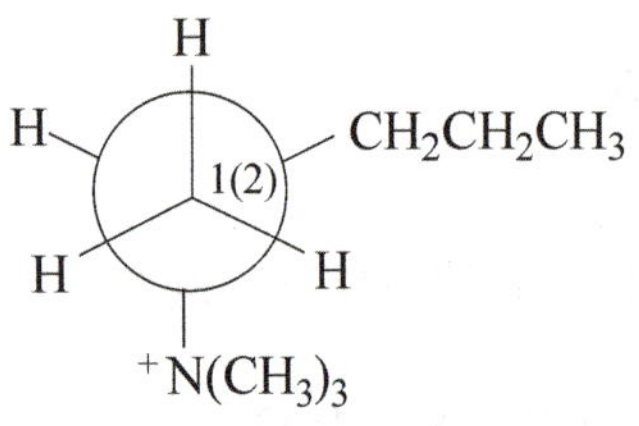

前碳 1(2)：H（上）、H、H；后碳：$CH_2CH_2CH_3$、H、$^+N(CH_3)_3$（下）

(Ⅰ)

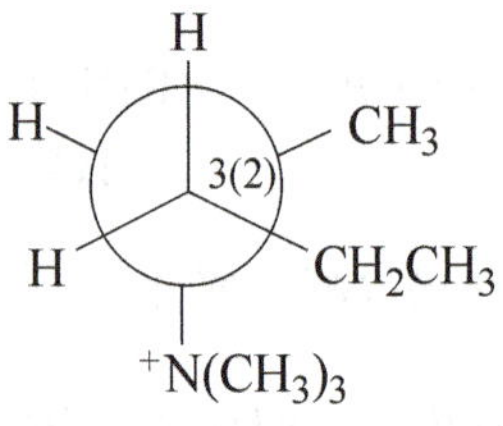

前碳 3(2)：H（上）、H、CH_2CH_3；后碳：CH_3、H、$^+N(CH_3)_3$（下）

(Ⅱ)

前碳 3(2)：H（上）、CH_3CH_2、H；后碳：CH_3、H、$^+N(CH_3)_3$（下）

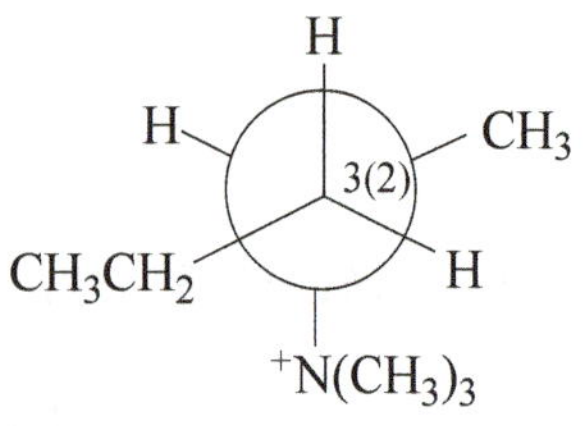

(Ⅲ)

构象(Ⅰ)是消除仲戊基 C_1 上的β-氢，构象(Ⅱ)和(Ⅲ)是消除仲戊基 C_3 上的β-氢，但在构象(Ⅱ)和(Ⅲ)中，由于$(CH_3)_3N^+$ 和 CH_2CH_3 处于顺位交叉状态，相对不够稳定，这种构象的份

额不如构象(Ⅰ)多，因此主要得到按构象(Ⅰ)消除的 Hofmann 烯烃。

如果季铵碱烃基的 β-碳原子上连有苯基或乙烯基，则反应不遵循 Hofmann 规则。例如

$$C_6H_5CH_2CH_2-\overset{+}{N}(CH_3)_2-CH_2CH_3\ \overset{-}{O}H \xrightarrow{\triangle} C_6H_5CH=CH_2 + CH_2=CH_2$$

94%　　　6%

氢氧化四甲基铵中，因为没有 β-氢，加热分解只生成三甲胺和甲醇。

$$(CH_3)_4\overset{+}{N}\overset{-}{O}H \xrightarrow{\triangle} (CH_3)_3N + CH_3OH$$

问题 13-6　写出下列季铵碱消除的主要产物。

(1) 1-甲基-1-环戊基三甲基铵 $\overset{+}{N}(CH_3)_3\ \overset{-}{O}H$

(2) $(CH_3)_3CCH_2C(CH_3)_2\overset{+}{N}(CH_3)_3\ \overset{-}{O}H$（$\overset{+}{N}(CH_3)_3$ 连在 $C(CH_3)_2$ 上）

(3) 环己烷衍生物（取代基 CH_3、H、H、$N(CH_3)_2$、H_3C、D） $\xrightarrow{CH_3I}$ $\xrightarrow[H_2O]{Ag_2O}$ $\xrightarrow{\triangle}$

(4) 2,2,6-三甲基哌啶（H_3C、N、H、CH_3、CH_3） $\xrightarrow[(过量)]{CH_3I}$ $\xrightarrow[H_2O]{Ag_2O}$ $\xrightarrow{\triangle}$

13.7　胺的氧化和 Cope 消除反应

胺很容易被氧化，常用的氧化剂大多都将胺氧化为复杂的混合物。但叔胺在过氧化氢或过氧酸作用下，被氧化为叔胺氧化物。例如

$$C_6H_5N(CH_3)_2 \xrightarrow[或过氧酸]{H_2O_2} C_6H_5\overset{+}{N}(O^-)(CH_3)_2$$

N,N-二甲基苯胺　　*N,N*-二甲基苯胺-*N*-氧化物

$$C_6H_{11}CH_2N(CH_3)_2 \xrightarrow[或过氧酸]{H_2O_2} C_6H_{11}CH_2\overset{+}{N}(O^-)(CH_3)_2$$

N,N-二甲基环己基甲胺　　*N,N*-二甲基环己基甲胺-*N*-氧化物

叔胺氧化物是具有较大偶极矩的极性化合物，熔点高，易溶于水，而不溶乙醚、苯等非极性的有机溶剂。

叔胺氧化物具有四面体结构，氮原子上的三个取代基和氧原子分别处于四面体的四个顶点，当叔胺氧化物中的三个取代基不同时，分子有光学活性。

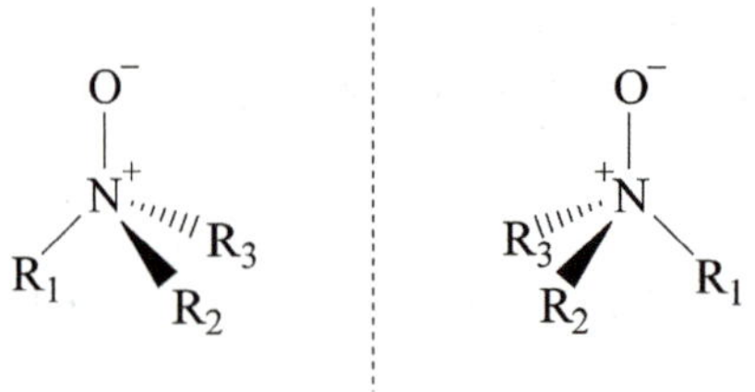

$$\ce{O^-}$$

当叔胺氧化物的烃基上有 β-氢时，加热分解生成烯烃和 N,N-二烷基取代羟胺，称为 Cope 消除反应。例如

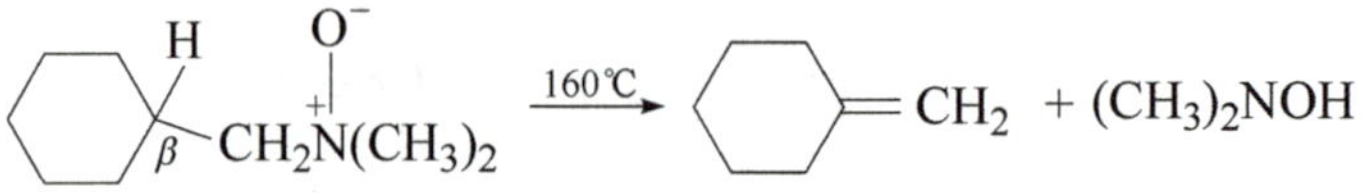

$$\text{环己基}(\beta\text{-H})\text{-}CH_2\overset{+}{N}(O^-)(CH_3)_2 \xrightarrow{160℃} \text{亚甲基环己烷}(=CH_2) + (CH_3)_2NOH$$

当烃基上有两个不同的 β-氢时，则得到烯烃的混合物，但以 Hofmann 烯烃为主。而在得到的 Zaitsev 烯烃中也是 E 构型产物占主要。例如

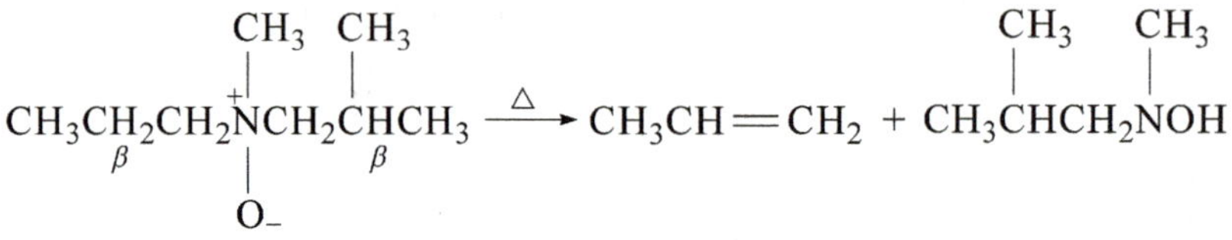

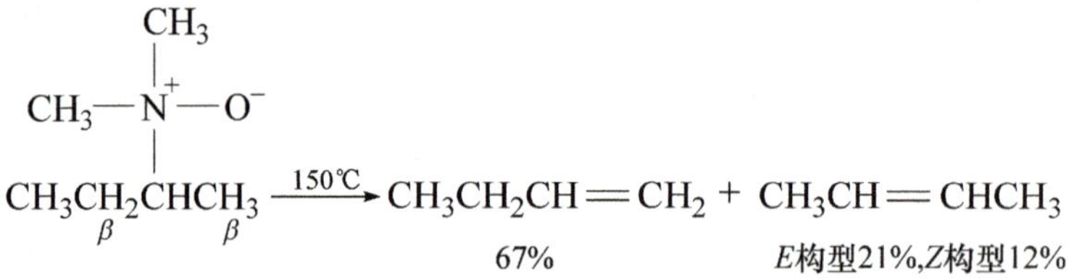

$$CH_3\underset{\beta}{CH_2}CH_2\overset{+}{N}(CH_3)(O^-)CH_2\underset{\beta}{CH}(CH_3)CH_3 \xrightarrow{\triangle} CH_3CH{=}CH_2 + CH_3CH(CH_3)CH_2N(CH_3)OH$$

$$CH_3\underset{\beta}{CH_2}CH(\overset{+}{N}(CH_3)_2O^-)\underset{\beta}{CH_3} \xrightarrow{150℃} \underset{67\%}{CH_3CH_2CH{=}CH_2} + \underset{E\text{构型}21\%,Z\text{构型}12\%}{CH_3CH{=}CHCH_3}$$

Cope 消除是分子内的 E2 顺式消除，叔胺氧化物中氧上的负电荷作为碱，进攻 β-碳原子上取代基少而相对酸性较强的 β-氢，经过五元环过渡态得到消除产物，其中 π 键的生成和 σ 键的断裂是协同完成的。

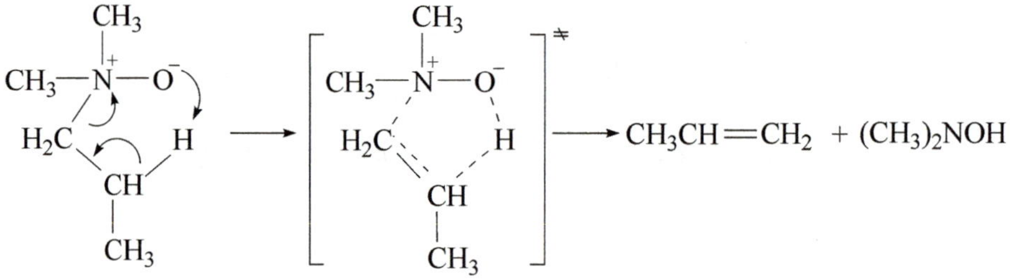

$$(CH_3)_2\overset{+}{N}(O^-)CH_2CH(H)CH_3 \longrightarrow \left[\text{五元环过渡态}\right]^{\neq} \longrightarrow CH_3CH{=}CH_2 + (CH_3)_2NOH$$

问题 13-7　写出下列反应的主要产物。

(1) 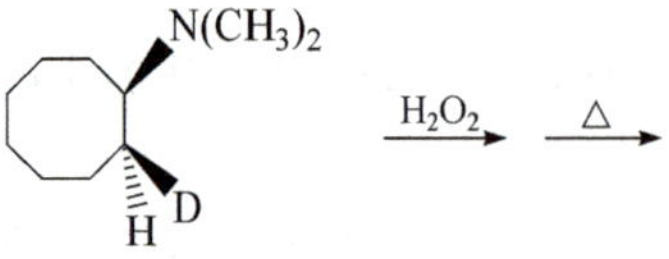 环辛基-$N(CH_3)_2$（相邻碳上有 H、D） $\xrightarrow{H_2O_2}$ $\xrightarrow{\triangle}$

(2) 环己基-$N(CH_3)_2$（相邻碳上分别有 H、D 和 H_3C、D） $\xrightarrow{H_2O_2}$ $\xrightarrow{\triangle}$

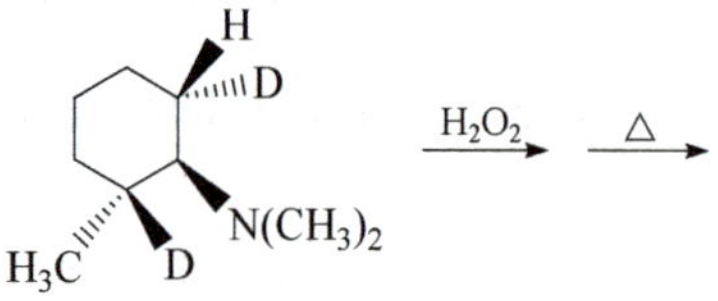

(3) 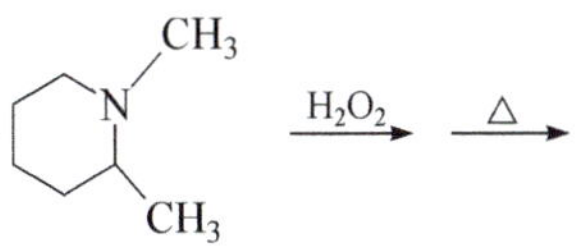 1,2-二甲基哌啕 $\xrightarrow{H_2O_2}$ $\xrightarrow{\triangle}$

13.8　胺与亚硝酸的反应

13.8.1　仲胺、叔胺与亚硝酸的反应

脂肪族仲胺和芳香族仲胺与亚硝酸反应都生成 *N*-亚硝基胺。例如

$$(CH_3)_2NH \xrightarrow[H_2O]{NaNO_2,HCl} (CH_3)_2N—NO$$

N-亚硝基二甲胺(88%~90%)

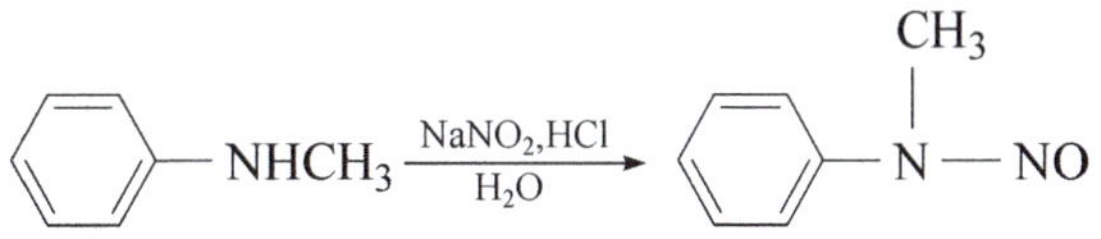

$$C_6H_5—NHCH_3 \xrightarrow[H_2O]{NaNO_2,HCl} C_6H_5—N(CH_3)—NO$$

N-亚硝基-*N*-甲基苯胺(87%~93%)

N-亚硝基胺为黄色油状物或黄色固体,具有强烈的致癌作用。腌制食品及罐头食品中常有少量的亚硝酸盐或外加的用作防腐剂的少量亚硝酸钠,这些亚硝酸盐在胃酸作用下产生亚硝酸,可能引起机体内的某些胺类化合物亚硝化而产生致癌的亚硝胺。

脂肪族叔胺与亚硝酸不反应,只能生成不稳定的盐。

$$R_3N + HNO_2 \longrightarrow R_3\overset{+}{N}HN\overset{-}{O}_2$$

芳香族叔胺与亚硝酸反应,在芳环上发生亚硝基化反应,生成亚硝基芳香族胺。例如

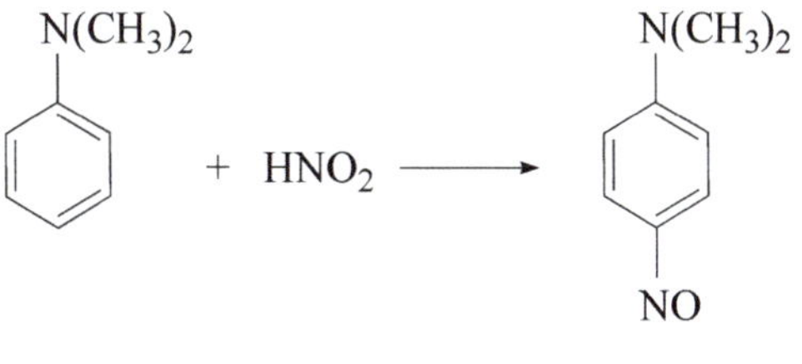

$$C_6H_5N(CH_3)_2 + HNO_2 \longrightarrow p\text{-}ON—C_6H_4—N(CH_3)_2$$

对亚硝基-*N*,*N*-二甲基苯胺

13.8.2　伯胺与亚硝酸的反应

脂肪族伯胺与亚硝酸反应生成极不稳定的脂肪族重氮盐,即使在低温下脂肪族重氮盐也会自动分解,定量地放出氮气,形成烃基碳正离子。然后碳正离子与反应体系中的负离子结合,或碳正离子经重排生成更稳定的碳正离子后再与负离子结合,得到相应的醇或卤代烃。碳正离子也可消除邻位碳原子上的氢得到烯烃。例如

$$CH_3CH_2CH_2CH_2NH_2 \xrightarrow{NaNO_2,HCl} CH_3CH_2CH_2CH_2\overset{+}{N}\equiv N: \xrightarrow{-N_2} CH_3CH_2CH_2\overset{+}{C}H_2$$

$$CH_3CH_2CH_2\overset{+}{C}H_2 \longrightarrow CH_3CH_2CH_2CH_2OH + CH_3CH_2CH_2CH_2Cl + CH_3CH_2CH{=}CH_2$$

$$\downarrow \text{重排}$$

$$CH_3CH_2\overset{+}{C}HCH_3 \longrightarrow CH_3CH_2CH(Cl)CH_3 + CH_3CH_2CH(OH)CH_3 + \underset{(E+Z)}{CH_3CH{=}CHCH_3} + CH_3CH_2CH{=}CH_2$$

因此，脂肪族伯胺与亚硝酸的反应没有制备意义。

邻氨基醇在在亚硝酸作用下，可以得到类似于频哪醇重排的产物频哪酮。例如

$$CH_3C(CH_3)(OH){-}C(CH_3)(NH_2)CH_3 \xrightarrow{HNO_2} CH_3C(CH_3)(OH){-}C(CH_3)(\overset{+}{N}{\equiv}N)CH_3 \longrightarrow CH_3\overset{+}{C}(\ddot{O}H){-}C(CH_3)_2CH_3 \xrightarrow{-H^+} CH_3C(=O){-}C(CH_3)_2CH_3$$

1-氨甲基环醇在亚硝酸作用下，得到环上增加一个碳原子的环酮。

$$(CH_2)_n\,C(OH)(CH_2NH_2) \xrightarrow{HNO_2} (CH_2)_{n+1}C{=}O$$

例如

$$\text{1-(氨甲基)环己醇 (HO, }CH_2NH_2) \xrightarrow{HNO_2} \text{HÖ:, }CH_2{-}\overset{+}{N}{\equiv}N \xrightarrow[-H^+]{-N_2} \text{环庚酮}$$

这个反应称为 Tiffeneau-Demjanov 环扩大的重排反应。

1-氨甲基环醇可由环己酮与 HCN 的加成产物或环己酮与 CH_3NO_2 的缩合产物还原得到。

$$\text{环己酮} \xrightarrow{HCN} \text{1-羟基环己基甲腈 (HO, CN)}$$

$$\text{环己酮} \xrightarrow{CH_3NO_2} \text{1-(硝基甲基)环己醇 (HO, }CH_2NO_2)$$

$$\xrightarrow{[H]} \text{1-(氨甲基)环己醇 (HO, }CH_2NH_2)$$

低温(0～5℃)下，芳香族伯胺在强酸溶液中与亚硝酸发生重氮化(diazotization)反应，生成芳香族重氮盐。例如

$$C_6H_5NH_2 + NaNO_2 + 2HCl \xrightarrow{0\sim5℃} C_6H_5\overset{+}{N}{\equiv}N\,\overset{-}{Cl} + NaCl + 2H_2O$$

氯化重氮苯

13.9　芳香族胺芳环上的亲电取代反应

13.9.1　卤化反应

芳环上的氨基是强活化基团，芳胺很容易与氯和溴发生芳环上的亲电取代反应，通常都得到 2,4,6-三氯代或三溴代产物，很难停留在一氯化或一溴化阶段。例如，向苯胺的水溶液中滴加溴水，立即得到白色的 2,4,6-三溴苯胺沉淀。

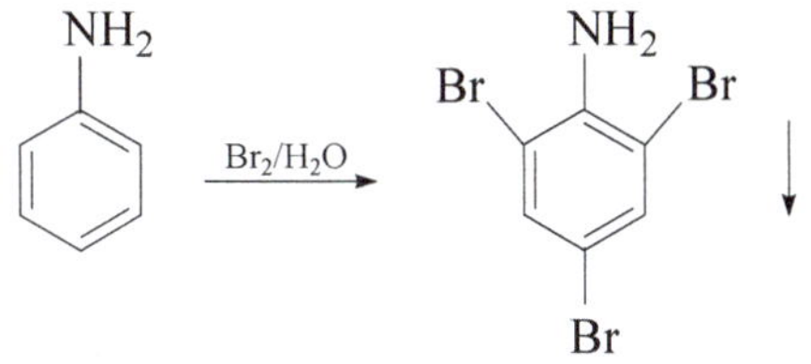

Br_2/H_2O

只有把氨基转变为乙酰氨基，降低它的活化能力，然后溴化，才能得到一取代产物，最后把乙酰基水解除去。例如

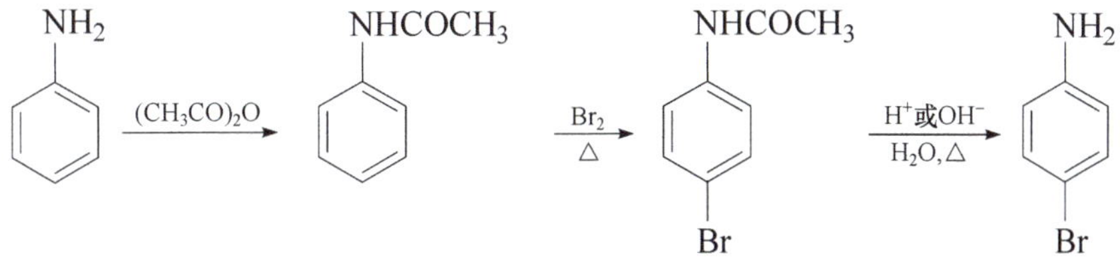

$(CH_3CO)_2O$　Br_2, △　H^+或OH^-, H_2O, △

若对位上已有取代基团，则生成邻位取代物。

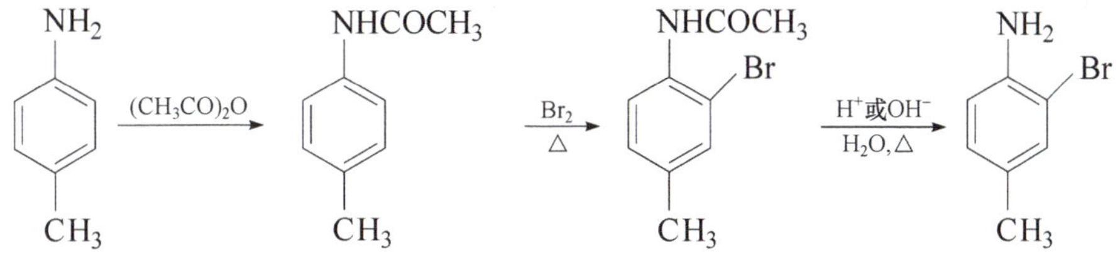

$(CH_3CO)_2O$　Br_2, △　H^+或OH^-, H_2O, △

13.9.2　硝化反应

硝酸是较强的氧化剂，苯胺用硝酸直接硝化时，伴随生成较多的氧化反应产物。如果先将苯胺溶于浓硫酸，将生成的硫酸氢盐硝化，则得到间位硝化产物，再用碱处理，得到间硝基苯胺。

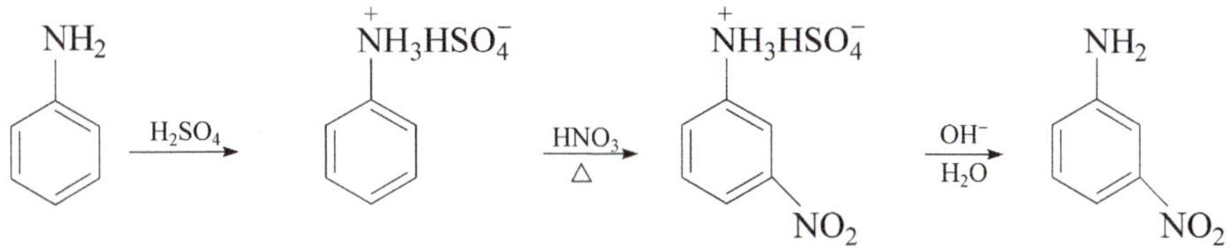

H_2SO_4　HNO_3, △　OH^-, H_2O

若要得到邻硝基苯胺或对硝基苯胺，则必须先将氨基用酰基保护起来，硝化反应后再除去保护基。

$$C_6H_5NH_2 \xrightarrow{(CH_3CO)_2O} C_6H_5NHCOCH_3 \xrightarrow[\triangle]{HNO_3} p\text{-}O_2NC_6H_4NHCOCH_3 \xrightarrow[H_2O]{OH^-} p\text{-}O_2NC_6H_4NH_2$$

$$C_6H_5NH_2 \xrightarrow{(CH_3CO)_2O} C_6H_5NHCOCH_3 \xrightarrow[\triangle]{H_2SO_4} p\text{-}HO_3SC_6H_4NHCOCH_3 \xrightarrow[H_2SO_4]{HNO_3} 2\text{-}NO_2\text{-}4\text{-}SO_3H\text{-}C_6H_3NHCOCH_3 \xrightarrow[\triangle]{H_2O,H^+} o\text{-}O_2NC_6H_4NH_2$$

13.9.3 磺化反应

苯胺的磺化反应实际上是苯胺的硫酸氢盐在高温时的重排反应。

$$C_6H_5NH_2 \xrightarrow{(浓)H_2SO_4} C_6H_5\overset{+}{N}H_3HSO_4^- \xrightarrow[\triangle]{180\sim190℃} p\text{-}H_2NC_6H_4SO_3H \longrightarrow p\text{-}H_3\overset{+}{N}C_6H_4SO_3^-$$

生成的对氨基苯磺酸在分子内形成内盐。

13.9.4 酰化反应

芳香族伯胺和仲胺的氮原子上还有氢，要使酰化反应发生在芳环上，必须先将氨基用酰基保护，在芳环上酰化后再将氨基上的保护基除去。例如

$$C_6H_5NH_2 \xrightarrow{(CH_3CO)_2O} C_6H_5NHCOCH_3 \xrightarrow[CS_2]{CH_3COCl,AlCl_3} p\text{-}CH_3COC_6H_4NHCOCH_3 \xrightarrow[H_2O,\triangle]{OH^-} p\text{-}CH_3COC_6H_4NH_2$$

芳香族叔胺的氮原子上没有氢，可以在温和的条件下直接在芳环上发生酰化反应。例如

$$C_6H_5N(CH_3)_2 \xrightarrow[室温]{CH_3COCl,AlCl_3} p\text{-}CH_3COC_6H_4N(CH_3)_2$$

芳香族叔胺与 *N*,*N*-二甲基甲酰胺(DMF)和三氯氧磷反应，直接在氨基的对位导入甲酰基，称为 Vilsmeier 反应。例如

$$\text{C}_6\text{H}_5\text{N(CH}_3)_2 \xrightarrow[\text{POCl}_3]{\text{HCON(CH}_3)_2} p\text{-(CH}_3)_2\text{N—C}_6\text{H}_4\text{—CHO}$$

13.10　联苯胺重排

氢化偶氮苯在酸催化下发生重排，生成 4,4′-二氨基联苯的反应称为联苯胺重排(benzidine rearrangement)。

$$\text{C}_6\text{H}_5\text{—NH—NH—C}_6\text{H}_5 \xrightarrow[\triangle]{\text{H}^+} \underset{70\%}{\text{H}_2\text{N—C}_6\text{H}_4\text{—C}_6\text{H}_4\text{—NH}_2} + \underset{30\%}{\text{H}_2\text{N—C}_6\text{H}_4\text{—C}_6\text{H}_4\text{—NH}_2\ (2,4'\text{-})}$$

$$o\text{-CH}_3\text{C}_6\text{H}_4\text{—NH—NH—C}_6\text{H}_4\text{CH}_3\text{-}o \xrightarrow[\triangle]{\text{H}^+} \text{H}_2\text{N—C}_6\text{H}_3(\text{CH}_3)\text{—C}_6\text{H}_3(\text{CH}_3)\text{—NH}_2$$

如果用不同的联苯胺混合在同一体系中进行重排反应，实验结果表明，并没有观察到交叉的重排产物，这说明联苯胺重排是分子内的重排。但联苯胺重排的确切机理仍然不清楚。联苯胺重排是合成对称性联苯化合物的重要方法。

问题 13-8　写出下列反应的主要产物。

$$\text{C}_6\text{H}_5\text{—NH—NH—C}_6\text{H}_4\text{—CH}_3 + o\text{-C}_2\text{H}_5\text{C}_6\text{H}_4\text{—NH—NH—C}_6\text{H}_5 \xrightarrow[\triangle]{\text{H}^+}$$

13.11　重氮化合物

脂肪族重氮化合物的通式为 $R_2C{=}N_2$。最简单的脂肪族重氮化合物为重氮甲烷，分子式为 $CH_2{=}N_2$，其结构可以用两个共振极限式表示为

$$\left[:\overset{-}{\text{C}}\text{H}_2\text{—}\overset{+}{\text{N}}{\equiv}\text{N}: \longleftrightarrow \text{CH}_2{=}\overset{+}{\text{N}}{=}\overset{-}{\ddot{\text{N}}}:\right]$$

重氮甲烷为具有爆炸性的黄色有毒气体，熔点为－145℃，沸点为－25℃。能溶于乙醚，通常在使用时也就用它的醚溶液。

重氮甲烷可以用 N-甲基-N-亚硝基对甲苯磺酰胺在碱作用下分解得到。

$$CH_3-C_6H_4-SO_2N(NO)CH_3 \xrightarrow[C_2H_5OH]{KOH} CH_2N_2 + CH_3-C_6H_4-SO_2OC_2H_5 + H_2O$$

氨基乙酸乙酯与亚硝酸反应，生成重氮乙酸乙酯。

$$H_2NCH_2COOC_2H_5 \xrightarrow[0℃]{NaNO_2,HCl} \underset{85\%}{N_2{=}CHCOOC_2H_5}$$

13.11.1 重氮甲烷的反应

1. 与酸性化合物的反应

羧酸与重氮甲烷的乙醚溶液反应释放出氮气，生成羧酸甲酯。

$$RCOOH + CH_2N_2 \longrightarrow RCOOCH_3 + N_2\uparrow$$

多数情况下反应几乎是定量的，反应完只要将溶液蒸发除去，即可得到纯净的羧酸甲酯。例如

$$C_6H_5COOH + CH_2N_2 \longrightarrow \underset{100\%}{C_6H_5COOCH_3} + N_2\uparrow$$

其反应机理如下：

$$R-\overset{\overset{:O:}{\|}}{C}-\ddot{O}-H + \left[CH_2{=}\overset{+}{N}{=}\overset{-}{\ddot{N}}: \longleftrightarrow \overset{-}{:}CH_2-\overset{+}{N}{\equiv}N:\right] \longrightarrow R-\overset{\overset{:O:}{\|}}{C}-\ddot{\underset{..}{O}}:^- + CH_3-\overset{+}{N}{\equiv}N:$$

$$R-\overset{\overset{:O:}{\|}}{C}-\ddot{\underset{..}{O}}:^- + CH_3-\overset{+}{N}{\equiv}N: \longrightarrow RCOOCH_3 + N_2\uparrow$$

重氮甲烷中的碳原子具有亲核性，先与羧酸中的质子结合成甲基重氮离子，然后甲基重氮离子在羧酸根的亲核进攻下，离去氮分子而生成羧酸酯。

重氮甲烷与其他酸性化合物如氢卤酸、磺酸和酚反应，分别生成卤代甲烷、磺酸甲酯和甲基芳基醚，与 β-二酮和 β-酮酸酯中的烯醇反应生成相应烯醇的甲醚。

$$HX + CH_2N_2 \longrightarrow CH_3X + N_2$$

$$RSO_3H + CH_2N_2 \longrightarrow RSO_3CH_3 + N_2$$

$$ArOH + CH_2N_2 \longrightarrow ArOCH_3 + N_2$$

$$CH_3C(=O)CH{=}C(OH)CH_3 + CH_2N_2 \longrightarrow CH_3C(=O)CH{=}C(OCH_3)CH_3 + N_2$$

$$CH_3C(OH){=}CHCOOC_2H_5 + CH_2N_2 \longrightarrow CH_3C(OCH_3){=}CHCOOC_2H_5 + N_2$$

因此，重氮甲烷是很重要的甲基化试剂。

2. 与醛、酮的反应

醛、酮与重氮甲烷反应分别得到甲基酮和增加一个碳原子的酮。

$$RCHO + CH_2N_2 \longrightarrow RCOCH_3$$

$$RCOR' + CH_2N_2 \longrightarrow RCOCH_2R' \quad 或 \quad RCH_2COR'$$

首先是重氮甲烷作为亲核试剂对醛、酮中的羰基进行亲核加成，然后是羰基上的一个烃基或氢迁移到相邻的原重氮甲烷的亚甲基上，同时离去氮分子，得到多一个碳原子的酮。其反应过程如下：

$$R-C(=\ddot{O}:)-R'(H) + :\bar{C}H_2-\overset{+}{N}\equiv N: \longrightarrow R-C(:\ddot{O}:^-)(R'(H))-CH_2-\overset{+}{N}\equiv N: \longrightarrow R-C(=O)-CH_2R'(H) + N_2$$

当 $R'=H$ 时，即由醛得到甲基酮。当 R 和 R' 不同时，则迁移能力大的基团迁移的产物是主要的。这里基团迁移能力的次序为 $H > CH_3 > RCH_2 > R_2CH > R_3C$。

若亲核加成后带负电荷的氧原子进攻亚甲基，则得到环氧化合物。

$$R-C(:\ddot{O}:^-)(R'(H))-CH_2-\overset{+}{N}\equiv N: \longrightarrow R-C(R'(H))\overset{O}{\diagup\diagdown}CH_2 + N_2$$

因此，重氮甲烷与醛、酮的反应除得到增加一个碳原子的酮外，还伴随有环氧化合物的生成。例如

$$\text{环己酮} + :\bar{C}H_2-\overset{+}{N}\equiv N: \xrightarrow[25℃]{CH_3OH} \text{1-氧负离子环己基}-CH_2-\overset{+}{N}\equiv N \xrightarrow{-N_2} \text{环庚酮}\ (63\%)$$

$$\xrightarrow[25℃]{CH_3OH} \text{1-氧负离子环己基}-CH_2-\overset{+}{N}\equiv N \xrightarrow{-N_2} \text{螺环氧化合物}\ (15\%)$$

此反应可用于环酮的扩环。

问题 13-9　乙烯酮与重氮甲烷反应生成环丙酮，试写出其反应机理。

$$H_2C{=}C{=}O + CH_2N_2 \longrightarrow \triangleright{=}O + N_2$$

---

3. 与酰氯的反应

酰氯与重氮甲烷反应生成α-重氮酮。

$$RCOCl + :\bar{C}H_2{-}\overset{+}{N}{\equiv}N: \longrightarrow R{-}\underset{Cl}{\overset{O^-}{C}}{-}CH_2{-}\overset{+}{N}{\equiv}N: \xrightarrow{-Cl^-}$$

$$R{-}\overset{O}{\overset{\|}{C}}{-}\overset{H}{CH}{-}\overset{+}{N}{\equiv}N: \xrightarrow{-H^+} \left[R{-}\overset{O}{\overset{\|}{C}}{-}CH{=}\overset{+}{N}{=}\ddot{N}: \longleftrightarrow R{-}\overset{O^-}{C}{=}CH{-}\overset{+}{N}{\equiv}N:\right]$$

α-重氮酮

α-重氮酮在氧化银催化下，先失去氮分子，生成酰基卡宾，再发生烃基迁移重排得到烯酮，称为Wolff 重排。

$$R{-}\overset{O^-}{C}{=}CH{-}\overset{+}{N}{\equiv}N: \xrightarrow{Ag_2O} RCH{=}C{=}O$$

α-重氮酮　　　　烯酮

烯酮非常活泼，能迅速与水、醇、氨（胺）和羧酸等反应，使它们发生酰基化，分别生成羧酸、酯、酰胺和酸酐。

$$RCH{=}C{=}O + \begin{cases} H_2O \longrightarrow RCH_2COOH \text{（羧酸）} \\ R'OH \longrightarrow RCH_2COOR' \text{（酯）} \\ NH_3 \longrightarrow RCH_2CONH_2 \text{（酰胺）} \\ R'NH_2 \longrightarrow RCH_2CONHR' \text{（酰胺）} \\ R'COOH \longrightarrow RCH_2COOCOR' \text{（酸酐）} \end{cases}$$

烯酮

因此，Wolff 重排反应在水溶液中进行，直接得到产物羧酸。例如

$$\text{1-萘基-COCHN}_2 \xrightarrow[H_2O,\triangle]{Ag_2O} \text{1-萘基-CH}_2\text{COOH} \quad 79\%\sim88\%$$

从原料羧酸经酰氯、α-重氮酮、烯酮，再水解，可以得到比原料羧酸多一个碳原子的羧酸，称为 Arndt-Eistert 合成法，可以用于从自然界存在的含偶数碳原子的羧酸合成含奇数碳原子的羧酸。

13.11.2　重氮乙酸乙酯与醛、酮的反应

重氮乙酸乙酯与醛、酮反应和重氮甲烷类似，得到的产物是 β-酮酸酯。例如

$$\text{2,2-二甲基环己酮} + \left[\begin{array}{c} \text{COOC}_2\text{H}_5 \\ | \\ \text{HC}=\overset{+}{\text{N}}=\overset{-}{\ddot{\text{N}}}: \\ \updownarrow \\ \text{COOC}_2\text{H}_5 \\ | \\ \overset{-}{:}\text{CH}-\overset{+}{\text{N}}\equiv\text{N}: \end{array} \right] \xrightarrow{BF_3\cdot(C_2H_5)_2O} \text{1-O}^{-}\text{-2,2-二甲基环己基-CH(COOC}_2\text{H}_5)-\overset{+}{\text{N}}\equiv\text{N}: \xrightarrow{-N_2} \text{2-COOC}_2\text{H}_5\text{-7,7-二甲基环庚酮}$$

13.12　芳香族重氮盐

无机酸的芳香族重氮盐一般为无色固体，在低温(0～5℃)的水溶液中比脂肪族重氮盐稳定。但干燥的重氮盐大多数极不稳定，爆炸性能强，受热或震动都可能引起强烈的爆炸，因此制备的重氮盐仅只能在低温的水溶液中可以保存一段时间。当温度升高时，即使在室温下，大多数重氮盐也会缓缓分解，因此重氮盐在制备后都直接将其水溶液尽快用于下一步反应，而不将它从水溶液中分离出来。

芳香族重氮盐的化学性质很活泼，可以发生许多反应，通过芳香族重氮盐可以制得许多芳香族化合物。反应大致可分为重氮基被取代的反应和氮保留的偶联反应。

13.12.1　重氮基被取代的反应

1. 被羟基取代

芳香族重氮硫酸盐在强酸溶液中加热，放出氮气，得到重氮基被羟基取代的酚类化合物。例如

$$C_6H_5NH_2 \xrightarrow{NaNO_2,H_2SO_4,H_2O} C_6H_5\overset{+}{N}_2\overset{-}{O}SO_3H \xrightarrow[\triangle]{H_3O^+} C_6H_5OH$$

$$m\text{-}O_2NC_6H_4NH_2 \xrightarrow{NaNO_2,H_2SO_4,H_2O} m\text{-}O_2NC_6H_4\overset{+}{N}_2\overset{-}{O}SO_3H \xrightarrow[\triangle]{H_3O^+} m\text{-}O_2NC_6H_4OH$$

81%~86%

为了避免生成的酚与未反应的重氮盐进一步反应，反应必须在强酸性条件下进行。

氯化重氮苯水溶液在酸性条件下温热，重氮基也可以被 OH 取代得到酚。例如

$$C_6H_5\overset{+}{N}_2\overset{-}{Cl} \xrightarrow[\triangle]{H_3O^+} C_6H_5OH$$

如果将氧化亚铜和硝酸铜的水溶液加入冷的重氮盐水溶液中，可以得到更高产率的酚。

$$p\text{-}CH_3C_6H_4\overset{+}{N}_2\overset{-}{Cl} \xrightarrow[Cu(NO_3)_2,H_2O]{Cu_2O} p\text{-}CH_3C_6H_4OH$$

2. 被卤素取代

亚铜盐能催化芳香族重氮盐的分解，因此芳香族重氮盐在氯化亚铜/盐酸、溴化亚铜/氢溴酸及氰化亚铜/氰化钾溶液中分解，分别生成氯代芳烃、溴代芳烃及芳香腈。例如

$$p\text{-}CH_3C_6H_4NH_2 \xrightarrow[H_2O,0℃]{NaNO_2,HCl} p\text{-}CH_3C_6H_4\overset{+}{N}_2\overset{-}{Cl} \xrightarrow{CuCl,HCl} p\text{-}CH_3C_6H_4Cl$$

70%~79%

$$o\text{-}ClC_6H_4NH_2 \xrightarrow[H_2O,10℃]{NaNO_2,HBr} o\text{-}ClC_6H_4\overset{+}{N}_2\overset{-}{Br} \xrightarrow{CuBr,HBr} o\text{-}ClC_6H_4Br$$

89%~95%

$$\text{(2-}CH_3\text{)}C_6H_4NH_2 \xrightarrow[H_2O,0℃]{NaNO_2,HCl} \text{(2-}CH_3\text{)}C_6H_4\overset{+}{N}_2\overset{-}{Cl} \xrightarrow{CuCN,KCN} \text{(2-}CH_3\text{)}C_6H_4CN \quad 64\%\sim70\%$$

这个反应称为 Sandmeyer 反应，这里一价铜盐不能用其他的盐代替，如不能用 KCl 和 KBr 代替 CuCl 和 CuBr。Gattermann 发现：如果改用铜粉催化，将重氮盐与盐酸或氢溴酸共热也可以生成芳香族氯化物和芳香族溴化物，称为 Gattermann 反应。

在芳香族重氮盐的溶液中加入碘化钾或碘化钠，在室温下重氮基即被碘原子取代，生成碘代芳烃。例如

$$\text{(2-Br)}C_6H_4NH_2 \xrightarrow[H_2O,0\sim5℃]{NaNO_2,HCl} \text{(2-Br)}C_6H_4\overset{+}{N}_2\overset{-}{Cl} \xrightarrow[25℃]{KI} \text{(2-Br)}C_6H_4I \quad 72\%\sim83\%$$

芳香族重氮氟硼酸盐是比较稳定的重氮盐，可以从溶液中沉淀分离出来，将干燥后的重氮氟硼酸盐（仍然比较稳定）缓和加热，即可以得到氟代芳烃。重氮氟硼酸盐可以由芳香族胺与氟硼酸和亚硝酸钠反应，或由芳香族胺重氮盐再与氟硼酸反应制得。例如

$$\text{(3-}CH_3\text{)}C_6H_4NH_2 \xrightarrow[0℃]{NaNO_2,HBF_4} \text{(3-}CH_3\text{)}C_6H_4\overset{+}{N}_2\overset{-}{B}F_4 \xrightarrow{\triangle} \text{(3-}CH_3\text{)}C_6H_4F \quad 89\%$$

$$C_6H_5NH_2 \xrightarrow[H_2O,0℃]{NaNO_2,HCl} C_6H_5\overset{+}{N}_2\overset{-}{Cl} \xrightarrow{HBF_4} C_6H_5\overset{+}{N}_2\overset{-}{B}F_4 \xrightarrow{\triangle} C_6H_5F \quad 51\%\sim57\%$$

这个反应称为 Schiemann 反应。芳香族氟化物和芳香腈都难以直接取代得到，但通过重氮盐反应却可以很方便地制取。

1961 年，Olah 将 Schiemann 反应进行了推广，从相应的重氮盐制得了芳香族氯化物和溴化物。例如

$$o\text{-}CH_3C_6H_4\overset{+}{N}_2B\overset{-}{C}l_4 \xrightarrow{35\sim37℃} o\text{-}CH_3C_6H_4Cl \quad 77.5\%$$

$$p\text{-}FC_6H_4\overset{+}{N}_2B\overset{-}{B}r_4 \xrightarrow{128\sim134℃} p\text{-}FC_6H_4Br \quad 96.5\%$$

3. 被硝基取代

将芳香族重氮氟硼酸盐悬浮在亚硝酸钠溶液中，用铜粉处理，重氮基被硝基取代，生成芳香族硝基化合物。例如

$$p\text{-}O_2NC_6H_4NH_2 \xrightarrow{NaNO_2,HBF_4} p\text{-}O_2NC_6H_4\overset{+}{N}_2B\overset{-}{F}_4 \xrightarrow[Cu]{NaNO_2} p\text{-}O_2NC_6H_4NO_2 \quad 67\%\sim82\%$$

这个反应也称为 Gattermann 反应。利用该反应可以合成一些结构特殊而用一般方法难以制备的芳香族硝基化合物。

4. 被氢原子取代

芳香族重氮盐在次磷酸(H_3PO_2)水溶液中反应，则重氮基可被氢取代。例如

$$C_6H_5NH_2 \xrightarrow[H_2O,0\sim5℃]{NaNO_2,HCl} C_6H_5\overset{+}{N}_2\overset{-}{C}l \xrightarrow[H_2O]{H_3PO_2} C_6H_6$$

这是还原脱氨的反应。除次磷酸外，也可以用乙醇或硼氢化钠代替次磷酸作为还原剂。

利用这个反应可以借助氨基的强邻、对位定位基效应，合成一些用其他方法难以得到的芳香族化合物。例如

$$C_6H_5NH_2 \xrightarrow{3Br_2} 2,4,6\text{-}Br_3C_6H_2NH_2 \xrightarrow[H_2O,0\sim5℃]{NaNO_2,HCl} 2,4,6\text{-}Br_3C_6H_2\overset{+}{N_2}\overset{-}{Cl} \xrightarrow[H_2O]{H_3PO_2} 1,3,5\text{-}Br_3C_6H_3$$

而用苯直接溴化是无法得到 1,3,5-三溴苯的。

问题 13-10 完成下列反应式。

(1) $C_6H_5NO_2 \xrightarrow[Fe]{Br_2} \quad \xrightarrow{H_2/Pt} \quad \xrightarrow[0\sim5℃]{NaNO_2+HCl} \quad \xrightarrow{CuCl}$

(2) $C_6H_5CH_3 \xrightarrow{?} p\text{-}CH_3C_6H_4NO_2 \xrightarrow[2)\ OH^-]{1)\ Sn,HCl} \quad \xrightarrow{(CH_3CO)_2O} \quad \xrightarrow{Cl_2} \quad \xrightarrow{OH^-/H_2O} \quad \xrightarrow[0\sim5℃]{NaNO_2+HCl} \quad \xrightarrow{H_3PO_2}$

13.12.2 重氮盐的偶联反应

芳基重氮盐是离子型化合物，其芳基重氮正离子的结构主要可以用两个极限式的共振杂化体表示：

$$\underset{(\text{I})}{Ar-\overset{+}{N}\equiv N:} \longleftrightarrow \underset{(\text{II})}{Ar-\ddot{N}=\overset{+}{N}:}$$

芳基重氮正离子可以作为亲电试剂与芳香族化合物发生反应。反应时，芳基重氮正离子以极限式(Ⅱ)进攻芳环，发生芳环上的亲电取代反应。但由于芳基重氮正离子的亲电性较弱，因此只有芳环上有强给电子基团、芳环被高度活化的酚类或芳香胺才能发生亲电取代反应，生成偶联化合物。重氮盐与酚的偶联需在弱碱性(pH=8～10)条件下进行。例如

$$C_6H_5-\ddot{N}=\overset{+}{N}: + C_6H_5-OH \xrightarrow[pH=8\sim10]{NaOH,0℃} C_6H_5-N=N-C_6H_4-OH$$

对羟基偶氮苯

偶联主要发生在酚羟基的对位，当对位被占据时，则偶联发生在酚羟基的邻位。

弱碱性条件的作用是让弱酸性的酚转变为酚盐，酚盐中的苯氧基负离子通过共轭效应使原来羟基的邻、对位上电子云密度增大，有利于亲电试剂重氮盐正离子的进攻，使偶联反应容易进行。但太强的碱会使重氮盐转变为重氮酸盐，不利于偶联反应进行。

$$C_6H_5-\overset{+}{N}\equiv N\,\overset{-}{Cl} \underset{H_2O}{\overset{NaOH}{\rightleftharpoons}} C_6H_5-N=N\overset{-}{O}\,\overset{+}{Na}$$

重氮酸盐

重氮盐与芳香族叔胺的偶联需在弱酸性(pH=5~7)条件下进行。例如

$$C_6H_5-\ddot{N}=\overset{+}{N}: + C_6H_5-N(CH_3)_2 \xrightarrow[pH=5\sim7]{HOAc,0℃} C_6H_5-N=N-C_6H_4-N(CH_3)_2$$

对二甲基氨基偶氮苯

偶联主要发生在氨基的对位,当对位被占据时,则偶联发生在氨基的邻位。

弱酸性条件的作用是增加芳香族叔胺在水中的溶解度,但酸性不能太强,否则芳香族叔胺都转变成铵盐,降低了游离胺的浓度,不利于偶联反应进行。

芳香族伯胺或仲胺的氮原子上还有氢,当在冷的弱酸性溶液中与芳香族重氮盐反应时,先在氮原子上发生偶联反应,生成重氮氨基芳香族化合物,后者在酸性条件下再重排成氨基偶氮化合物。例如

$$C_6H_5-\ddot{N}=\overset{+}{N}: + C_6H_5-NH_2 \xrightarrow[pH=5\sim7]{HOAc,0℃} C_6H_5-N=N-NH-C_6H_5$$

$$\xrightarrow{C_6H_5-NH_2\cdot HCl} C_6H_5-N=N-C_6H_4-NH_2$$

对氨基偶氮苯

偶氮化合物通常都有鲜明的颜色,其中许多可用作染料,称为偶氮染料。世界上偶氮染料的用量约占合成染料的 2/3,芳香族重氮盐与酚及芳胺的偶联反应是合成偶氮染料的重要反应。

大多数偶氮染料具有致癌作用,使用时要特别注意。

甲基橙是 4′-二甲氨基偶氮苯-4-磺酸钠,也是一种有色的偶氮化合物,由于颜色不稳定,且染色不牢,不能用作染料。但甲基橙能在酸、碱溶液中因发生结构的变化而显示不同的颜色,可用作酸碱指示剂。

$$^{-}O_3S-C_6H_4-N=N-C_6H_4-N(CH_3)_2 \underset{OH^-}{\overset{H^+}{\rightleftharpoons}} {}^{-}O_3S-C_6H_4-NH-N=C_6H_4=\overset{+}{N}(CH_3)_2$$

变色范围: pH>4.4,黄色　　　　pH<3.1,红色

13.12.3 芳香族重氮盐的芳基化反应

在碱性条件下,芳香族重氮盐与其他芳香族化合物反应,结果是重氮盐中的芳基取代了其他芳香族化合物芳环上的氢,偶联成联苯型化合物,称为 Gomberg-Bachmann 芳基化反应。例如

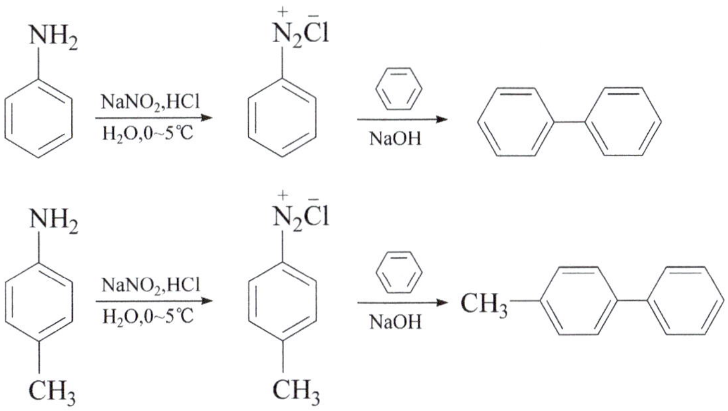

由于芳香族重氮盐容易发生其他反应，因此芳基化反应的产率一般不高，大多数不超过 40%。但它是合成联苯型化合物，特别是合成不对称联苯型化合物的重要方法。

芳基化反应也可以在分子内进行。例如

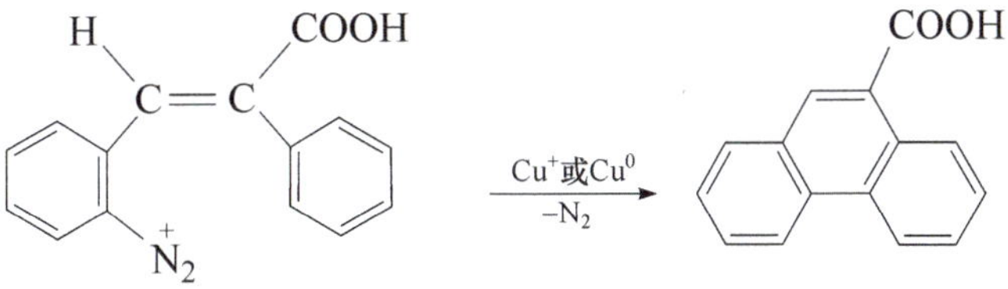

具有以下结构的重氮盐都可以在碱或稀酸条件下发生分子内的偶联反应：

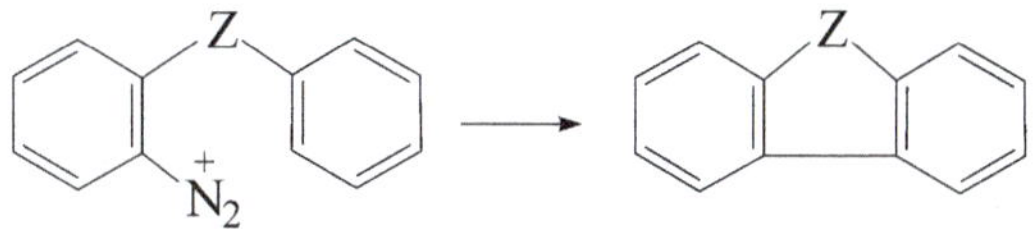

Z=CH_2, NH(R), S, O, CO, SO_2, CH_2CH_2, CH═CH(顺)等

问题 13-11　写出下列反应的产物。

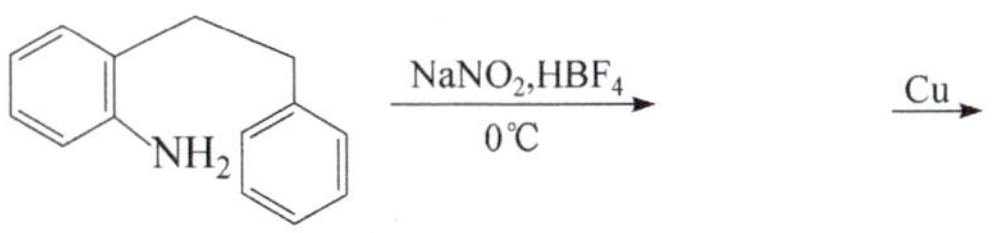

13.13　胺的制备

13.13.1　氨或胺的烃化

氨的氮原子上有一对未共用电子对，能作为亲核试剂与卤代烃发生亲核取代反应，生成伯胺。

$$H_3N: + R-X \xrightarrow{S_N2} H_3\overset{+}{N}R + X^-$$

生成的铵盐与氨形成下列平衡，得到一定量的伯胺：

$$H_3\overset{+}{N}R + H_3N \rightleftharpoons RNH_2 + \overset{+}{N}H_4$$

伯胺可以进一步与卤代烃反应，生成一定量的仲胺，仲胺进一步烃化生成叔胺。叔胺氮原子上仍有未共用电子对，能与卤代烃进一步反应，生成季铵盐（见 13.5 节）。因此，氨或胺的烃化得到的是多种胺的混合物，只有用大大过量的氨与卤代烃反应，才可以得到伯胺是主要产物。

13.13.2 Gabriel 合成

邻苯二甲酰亚胺中，由于氮原子与两个羰基相连，氮原子上的氢受两个羰基的影响，具有酸性，能与碱金属成盐，形成具有亲核性的邻苯二甲酰亚胺负离子。

邻苯二甲酰亚胺（:NH） + KOH ⟶ 邻苯二甲酰亚胺钾（$:\overset{-}{N}:\overset{+}{K}$） + H_2O

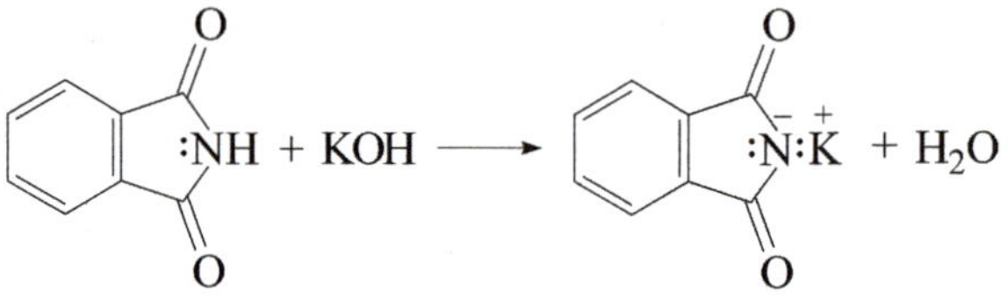

pK_a=8.3　　　　pK_a=15.7

邻苯二甲酰亚胺负离子与卤代烃发生 S_N2 反应，生成 *N*-烃基取代产物，后者水解后得到伯胺，称为 Gabriel 合成。

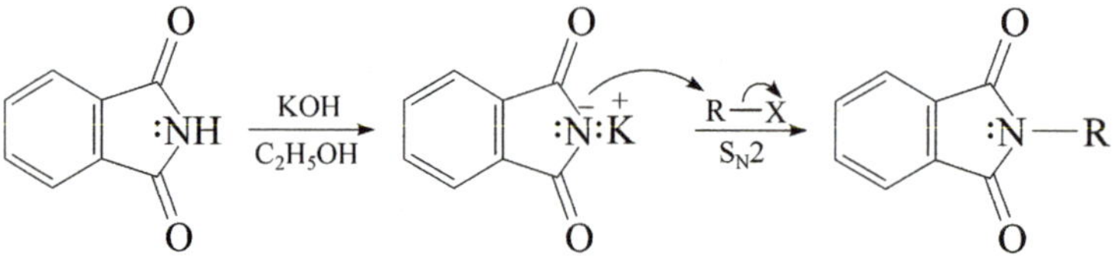

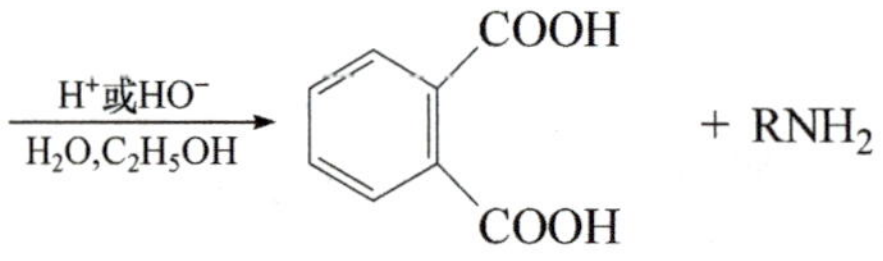

邻苯二甲酰亚胺（:NH） $\xrightarrow[C_2H_5OH]{KOH}$ 邻苯二甲酰亚胺钾（$:\overset{-}{N}:\overset{+}{K}$） $\xrightarrow[S_N2]{R-X}$ *N*-烃基邻苯二甲酰亚胺（:N—R）

$\xrightarrow[H_2O,C_2H_5OH]{H^+或HO^-}$ 邻苯二甲酸（COOH，COOH） + RNH_2

DMF 是 *N*-烃基化反应的最好溶剂。*N*-烃基邻苯二甲酰亚胺可以在酸性或碱性条件下水解，酸性水解时得到伯胺的盐，加碱游离出伯胺；碱性水解则直接得到伯胺和邻苯二甲酸的盐。

邻苯二甲酰亚胺的氮原子上只有一个氢原子，只能导入一个烷基，是制备伯胺的一种好方法。Gabriel 合成反应（S_N2）中，烃化试剂仅适用于位阻不大的伯卤代烃，而仲和叔卤代烃容易发生消除反应，芳香族卤代烃不活泼，也不能用作烃化剂。

在 Gabriel 合成中，当用 α-卤代酸酯作为烃化剂时，烃化产物水解得到 α-氨基酸，可用于 α-氨基酸的制备。

如果 *N*-烃基邻苯二甲酰亚胺在酸性或碱性条件下水解很困难，可以用水合肼进行肼解。

$$\text{邻苯二甲酰亚胺-N-R} \xrightarrow[C_2H_5OH]{NH_2NH_2 \cdot H_2O} \text{邻苯二甲酰肼} + RNH_2 + H_2O$$

13.13.3　含氮化合物的还原

1. 硝基化合物的还原

芳香族伯胺主要是由相应的芳香族硝基化合物还原制备，芳香族硝基化合物可以在酸性或碱性溶液中用化学还原剂还原，或用催化加氢还原。常用的化学还原剂有铁、锌和锡等金属和盐酸。例如

$$C_6H_5NO_2 \xrightarrow{Fe,HCl} \xrightarrow{NaOH} C_6H_5NH_2$$

$$Cl-C_6H_4-NO_2 \xrightarrow{Fe,HCl} \xrightarrow{NaOH} Cl-C_6H_4-NH_2$$

铁屑加盐酸是最经济的还原剂，缺点是产生大量的废渣铁泥和废液，严重污染环境，在工业生产中已逐渐被催化加氢还原代替。

当分子中有易被还原的醛或酮羰基时，则要选用只还原硝基而不还原羰基的比较温和的还原剂。例如

$$m\text{-}OHC-C_6H_4-NO_2 \xrightarrow{SnCl_2,HCl} \xrightarrow{NaOH} m\text{-}OHC-C_6H_4-NH_2$$

$$m\text{-}CH_3CO-C_6H_4-NO_2 \xrightarrow{Sn,HCl} \xrightarrow{NaOH} m\text{-}CH_3CO-C_6H_4-NH_2$$

$$o\text{-}OHC-C_6H_4-NO_2 \xrightarrow{FeSO_4,NH_3,H_2O} o\text{-}OHC-C_6H_4-NH_2$$

如果用锌加盐酸还原，则除将硝基还原为氨基外，醛、酮中的羰基也被还原为烃基(Clemmensen 还原)。

二硝基化合物用硫氢化钠、硫化钠和硫化铵等还原时，可以用计算量的还原剂只还原其中一个硝基。例如

$$\text{1,3-}C_6H_4(NO_2)_2 \xrightarrow[C_2H_5OH,\triangle]{NaSH} \text{3-}O_2NC_6H_4NH_2$$

$$\text{2,4-}(NO_2)_2C_6H_3CH_3 \xrightarrow[C_2H_5OH,\triangle]{NaSH} \text{2-}O_2N\text{-4-}H_2NC_6H_3CH_3$$

利用催化氢化将硝基化合物还原为伯胺是既方便又对环境污染小的有效方法，常用的催化剂有 Ni、Pt、Pd 等。例如

$$\text{2-}CH_3C_6H_4NO_2 \xrightarrow[C_2H_5OH]{\text{Raney Ni}, H_2} \text{2-}CH_3C_6H_4NH_2 \quad 90\%$$

$$\text{2-}CH_3CONHC_6H_4NO_2 \xrightarrow[C_2H_5OH]{Pt, H_2} \text{2-}CH_3CONHC_6H_4NH_2 \quad 90\%$$

$$\text{4-}C_2H_5OOCC_6H_4NO_2 \xrightarrow[C_2H_5OH,\triangle]{PtO_2,H_2} \text{4-}C_2H_5OOCC_6H_4NH_2 \quad 91\%\sim100\%$$

2. 酰胺和腈的还原

酰胺在无水乙醚溶液中用氢化铝锂还原，酰胺中的羰基被还原为亚甲基，生成相应的胺。

$$R-\overset{O}{\overset{\|}{C}}-NR'_2 \xrightarrow[(C_2H_5)_2O]{LiAlH_4} \xrightarrow{H_2O} RCH_2NR'_2$$

R 为烷基或芳基，R′为氢、烷基或芳基。R′＝H 时还原成伯胺，*N*-烃基取代酰胺还原成仲胺，*N*,*N*-二烃基取代酰胺还原成叔胺。例如

$$C_6H_5CONH_2 \xrightarrow[(C_2H_5)_2O]{LiAlH_4} \xrightarrow{H_2O} C_6H_5CH_2NH_2$$

伯胺

$$CH_3CONHCH_3 \xrightarrow[(C_2H_5)_2O]{LiAlH_4} \xrightarrow{H_2O} CH_3CH_2NHCH_3$$

仲胺

$$\text{N-甲基-2-吡咯烷酮} \xrightarrow[(C_2H_5)_2O]{LiAlH_4} \xrightarrow{H_2O} \text{N-甲基吡咯烷}$$

叔胺

腈用氢化铝锂还原或催化氢化，生成伯胺。例如

$$F_3C-C_6H_4-CH_2CN \xrightarrow[(C_2H_5)_2O]{LiAlH_4} \xrightarrow{H_2O} F_3C-C_6H_4-CH_2CH_2NH_2$$

$$CH_3CH_2CH_2CH_2CN \xrightarrow[(C_2H_5)_2O]{Ni,H_2(100atm)} CH_3CH_2CH_2CH_2CH_2NH_2$$

3. 肟和烷基叠氮化合物的还原

醛、酮的肟可以被氢化铝锂、钠加乙醇及催化加氢还原为伯胺。例如

$$CH_3(CH_2)_5CH=NOH \xrightarrow[\text{或}LiAlH_4]{Na+C_2H_5OH} CH_3(CH_2)_5CH_2-NH_2$$

$$CH_3CH_2CH_2C(=NOH)CH_3 \xrightarrow[C_2H_5OH]{H_2,Ni} CH_3CH_2CH_2CH(NH_2)CH_3$$

伯卤代烃或仲卤代烃与叠氮化钠反应生成烷基叠氮化合物，后者用氢化铝锂还原或催化加氢得到伯胺。例如

$$C_6H_5CH_2CH_2-Br \xrightarrow[S_N2]{\bar{N}=\overset{+}{N}=\bar{N}\ Na^+} C_6H_5CH_2CH_2N_3 \xrightarrow[2)\ H_2O]{1)\ LiAlH_4} C_6H_5CH_2CH_2NH_2$$

$$C_6H_{11}-Br \xrightarrow[S_N2]{NaN_3} C_6H_{11}-N_3 \xrightarrow[2)\ H_2O]{1)\ LiAlH_4} C_6H_{11}-NH_2$$

13.13.4 由羧酸及其衍生物经异氰酸酯的重排

1. 酰胺的 Hofmann 重排

酰胺与氯或溴的氢氧化钠溶液（或相应次卤酸盐的碱溶液）反应，释放出二氧化碳，生成比

酰胺少一个碳原子的伯胺，称为 Hofmann 重排反应。例如

$$(CH_3)_3CCH_2CONH_2 \xrightarrow{Br_2, NaOH, H_2O} (CH_3)_3CCH_2NH_2 \quad 94\%$$

其反应机理为先形成中间体异氰酸酯：

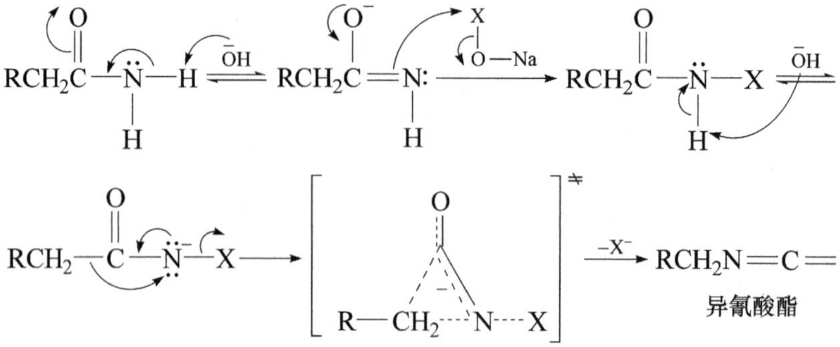

$$RCH_2C(=O)-\ddot{N}H-H \overset{\bar{O}H}{\rightleftharpoons} RCH_2C(-O^-)=N(H): \xrightarrow{X-O-Na} RCH_2C(=O)-\ddot{N}(H)-X \overset{\bar{O}H}{\rightleftharpoons}$$

$$RCH_2-C(=O)-\ddot{N}^--X \longrightarrow \left[R-CH_2\cdots N\cdots X \right]^{\neq} \xrightarrow{-X^-} RCH_2N=C=O$$

异氰酸酯

异氰酸酯水解脱羧得到少一个碳原子的伯胺：

$$RCH_2N=C=O + H_2O \longrightarrow RCH_2NHCOOH \xrightarrow{-CO_2} RCH_2NH_2$$

异氰酸酯

邻苯二甲酰亚胺经 Hofmann 重排得到邻氨基苯甲酸。

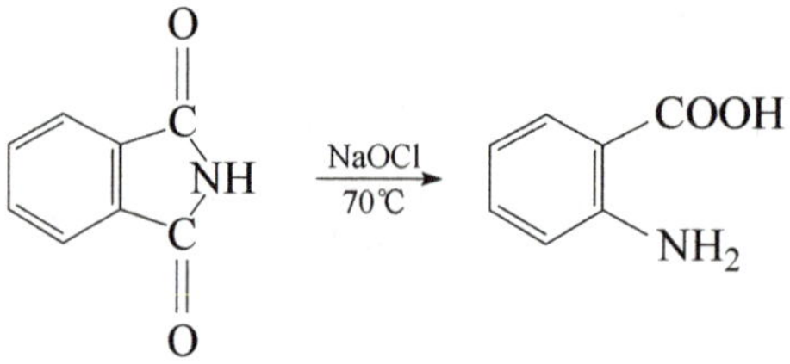

$$\text{邻苯二甲酰亚胺} \xrightarrow[70℃]{NaOCl} \text{邻氨基苯甲酸}(COOH, NH_2)$$

Hofmann 重排反应中，如果迁移的碳原子为手性碳原子，则迁移后手性碳原子的构型保持不变。这说明在重排过程中，R 的迁移和离去基团的离去可能是协同进行的。

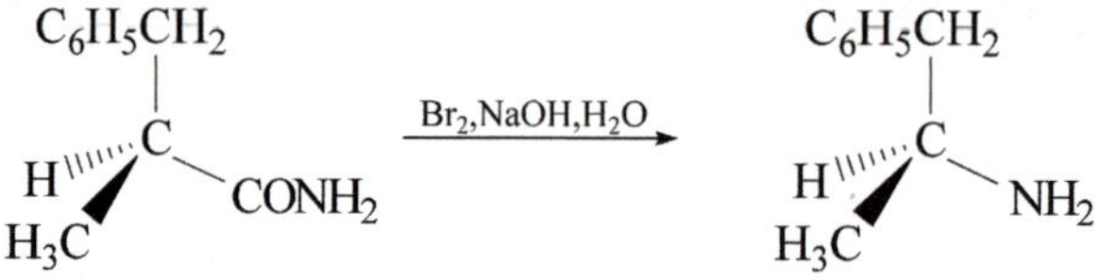

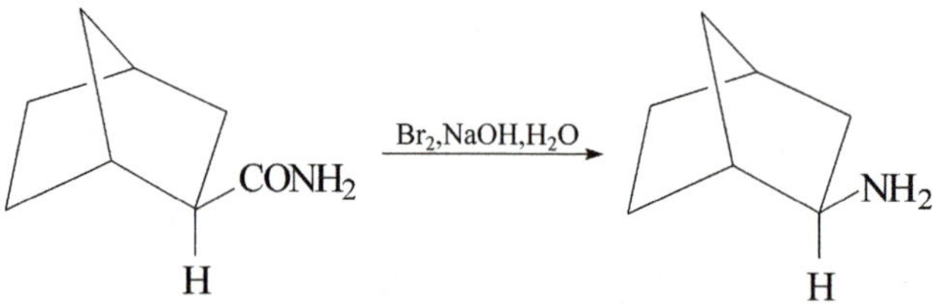

$$C_6H_5CH_2-C(H)(CH_3)-CONH_2 \xrightarrow{Br_2, NaOH, H_2O} C_6H_5CH_2-C(H)(CH_3)-NH_2$$

$$\text{(双环化合物)}-CONH_2 \xrightarrow{Br_2, NaOH, H_2O} \text{(双环化合物)}-NH_2$$

Hofmann 重排反应的结果是生成伯胺，与 NH_2 相连的碳原子可以是伯碳、仲碳或叔碳，因此它可以用于合成难以用亲核取代反应合成的胺。

2. Lossen 重排、Curtius 重排和 Schmidt 重排

Lossen 重排、Curtius 重排和 Schmidt 重排的反应机理都与 Hofmann 重排反应类似，经异氰酸酯中间体，然后水解得到相应的伯胺。

Lossen 重排是异羟肟酸（RCONHOH）或其酰化物（RCONHOCOR′）在碱溶液中加热重排得到异氰酸酯。

$$RCH_2C(=O)-\ddot{N}(OCOR')-H \underset{}{\overset{^-OH}{\rightleftharpoons}} RCH_2C(=O)-\ddot{N}^--OCOR' \longrightarrow \left[R-CH_2\cdots N\cdots OCOR' \right]^{\neq} \xrightarrow{-\ ^-OCOR'} RCH_2N=C=O$$

异氰酸酯

例如

$$C_6H_5CHO \xrightarrow[H_2O_2]{NH_2OH} C_6H_5C(=O)-NHOH \xrightarrow[\triangle]{NaOH} C_6H_5N=C=O \xrightarrow[-CO_2]{H_2O} C_6H_5NH_2$$

Curtius 重排是酰基叠氮（$RCON_3$）化合物在加热或光照条件下重排得到异氰酸酯。

$$RCH_2C(=O)-\ddot{N}=\overset{+}{N}=\overset{-}{\ddot{N}}: \longleftrightarrow RCH_2C(=O)-\overset{-}{\ddot{N}}-\overset{+}{N}\equiv N \xrightarrow[\triangle]{-N_2} RCH_2N=C=O$$

异氰酸酯

$$RCH_2C(=O)-\overset{-}{\ddot{N}}-\overset{+}{N}\equiv N \xrightarrow[h\nu]{-N_2} \left[RCH_2C(=O)-\ddot{N} \right] \longrightarrow RCH_2N=C=O$$

酰基氮宾　　异氰酸酯

酰基叠氮可以由酰氯与叠氮化钠反应得到。例如

$$(CH_3)_2CHCH_2COCl \xrightarrow{NaN_3} (CH_3)_2CHCH_2CON_3 \xrightarrow[CHCl_3]{-N_2} (CH_3)_2CHCH_2-N=C=O$$

$$\xrightarrow[-CO_2]{H_2O} (CH_3)_2CHCH_2NH_2$$

Schmidt 重排是羧酸与等物质的量的叠氮酸（HN_3）在惰性溶剂中，用硫酸作缩合剂进行缩合，得到酰基叠氮，后者分解重排成异氰酸酯。

$$RCH_2COOH \overset{H^+}{\rightleftharpoons} RCH_2C(=O)-\overset{+}{O}H_2 \overset{-H_2O}{\rightleftharpoons} RCH_2C\equiv\overset{+}{O} \xrightarrow[-H^+]{HN_3}$$

$$RCH_2C(=O)-\overset{-}{\ddot{N}}-\overset{+}{N}\equiv N \xrightarrow{-N_2} RCH_2N=C=O$$

异氰酸酯

例如

$$\text{环丁基-COOH} \xrightarrow[H_2SO_4]{HN_3} \xrightarrow[KOH]{H_2O} \text{环丁基-}NH_2 \quad 60\%\sim80\%$$

异氰酸酯水解脱羧后得到胺；醇解则得到氨基甲酸酯，后者水解后也得到胺。

$$\underset{\text{异氰酸酯}}{RCH_2N{=}C{=}O} + R'OH \longrightarrow \underset{\text{氨基甲酸酯}}{RCH_2NHCOOR'} \xrightarrow{H_2O} RCH_2NH_2$$

Lossen 重排、Curtius 重排和 Schmidt 重排与 Hofmann 重排反应一样，如果迁移的碳原子为手性碳原子，则迁移后手性碳原子的构型也保持不变。

13.13.5 醛、酮的还原胺化

醛、酮与氨或胺缩合生成亚胺，亚胺经还原得到胺，称为醛、酮的还原胺化。例如

$$\text{环己酮} + NH_3 \xrightarrow[C_2H_5OH]{\text{Raney Ni, } H_2} \text{环己基-}NH_2 \quad 80\%$$

$$\underset{1}{C_6H_5CHO} + \underset{1}{NH_3} \xrightarrow{Ni,\ H_2} C_6H_5CH_2NH_2 \quad 89\%$$

生成的伯胺还可以与原来的醛、酮缩合，缩合产物（Schiff 碱）还原后得到仲胺。因此，当用 2mol 醛或酮与 1mol 氨反应时，主要得到两个烃基相同的仲胺。例如

$$\underset{2}{C_6H_5CHO} + \underset{1}{NH_3} \xrightarrow{Ni,\ H_2} C_6H_5CH_2NHCH_2C_6H_5 \quad 81\%$$

当醛、酮与伯胺经缩合、催化加氢，则得到两个烃基不同的仲胺。例如

$$(CH_3)_2CHCHO + CH_3(CH_2)_3NH_2 \xrightarrow[C_2H_5OH]{H_2,\ Pt} (CH_3)_2CHCH_2NH(CH_2)_3CH_3 \quad 92\%$$

$$(CH_3)_2CHCHO + CH_3(CH_2)_3NH_2 \longrightarrow \underset{\text{Schiff碱}}{(CH_3)_2CHCH{=}N(CH_2)_3CH_3} \longrightarrow (CH_3)_2CHCH_2NH(CH_2)_3CH_3$$

反应的中间产物是缩合产物 Schiff 碱。氢化铝锂也可以将 Schiff 碱还原为仲胺。例如

$$CH_3COCH_3 \xrightarrow[H^+]{C_6H_5NH_2} CH_3C(=NC_6H_5)CH_3 \xrightarrow[2)\ H_2O]{1)\ LiAlH_4} \underset{75\%}{CH_3CH(NHC_6H_5)CH_3}$$

醛、酮与仲胺催化加氢，生成叔胺。例如

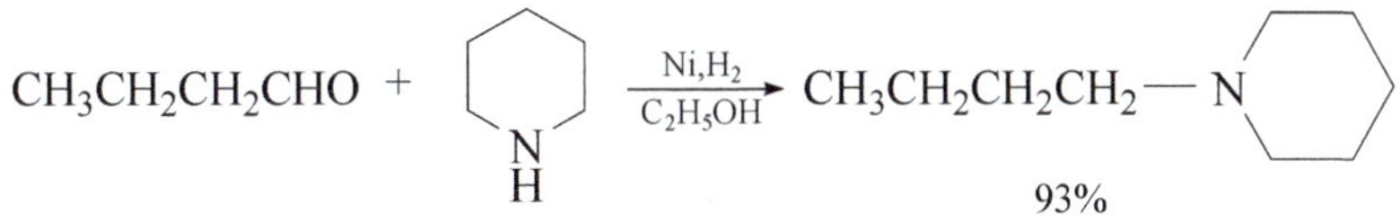

$$CH_3CH_2CH_2CHO + \text{六氢吡啶} \xrightarrow[C_2H_5OH]{Ni,H_2} CH_3CH_2CH_2CH_2-N(\text{六氢吡啶基})\quad 93\%$$

反应的中间产物可能是醇胺或脱水产物烯胺。

$$CH_3CH_2CH_2CH(OH)-N(\text{六氢吡啶基}) \qquad CH_3CH_2CH{=}CH-N(\text{六氢吡啶基})$$

醇胺　　　烯胺

13.14 烯　　胺

13.14.1 烯胺的结构和制备

烯胺具有 α,β-不饱和叔胺的结构，与烯醇负离子类似，氮原子和 β-碳原子都可以作为亲核中心。

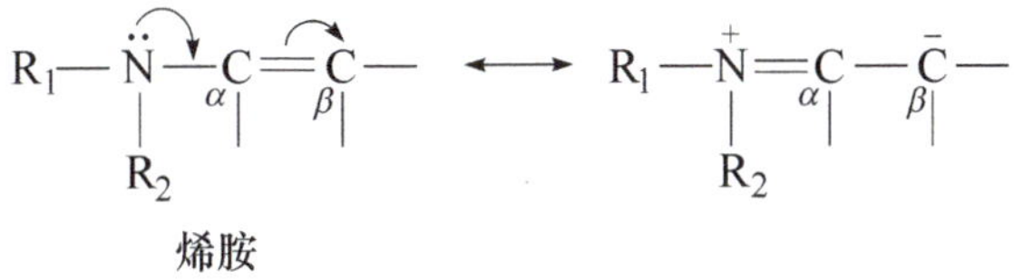

$$R_1-\ddot{N}(R_2)-\underset{\alpha}{C}{=}\underset{\beta}{C}- \longleftrightarrow R_1-\overset{+}{N}(R_2){=}\underset{\alpha}{C}-\underset{\beta}{\overset{-}{C}}-$$

烯胺

在酸催化下，用至少有一个 α-氢的酮与仲胺加热反应生成烯胺，反应中加入能与水生成共沸混合物的溶剂如苯、甲苯等，以便用分水器除去生成的水，或加入四氯化钛（$TiCl_4$）等强脱水剂，都可以加速反应进行。例如

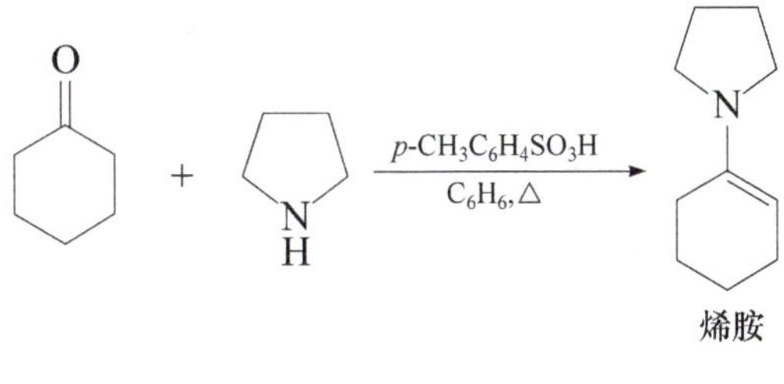

$$\text{环己酮} + \text{四氢吡咯} \xrightarrow[C_6H_6,\triangle]{p\text{-}CH_3C_6H_4SO_3H} \text{1-(四氢吡咯基)环己烯}$$

烯胺

烯胺水解后得到原来的酮。常用的仲胺有四氢吡咯、吗啉和六氢吡啶。

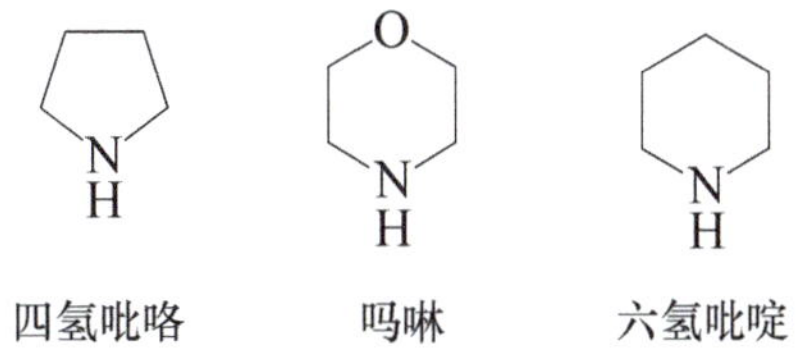

四氢吡咯　　吗啉　　六氢吡啶

不对称的酮与仲胺反应，主要生成碳碳双键上取代基少的烯胺。例如

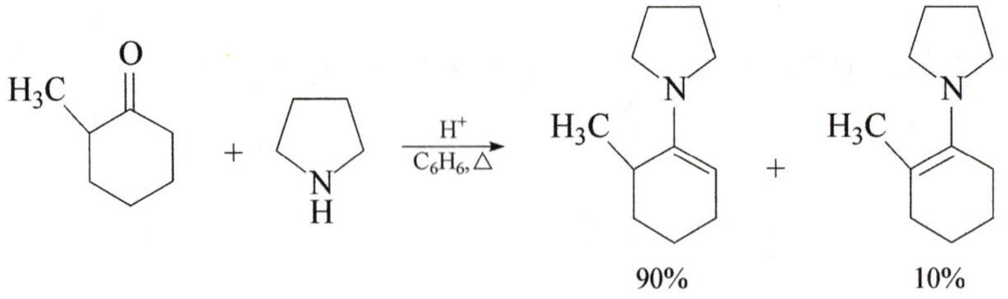

13.14.2 烯胺参与的反应

烯胺与活泼卤代烃，如碘甲烷、烯丙基卤代烃、苄基卤代烃、α-卤代醚、α-卤代腈、α-卤代酮、α-卤代酸酯等发生 S_N2 反应，主要生成烯胺 β-碳原子上的烃化产物，水解后生成 α-位上烃化的酮。例如

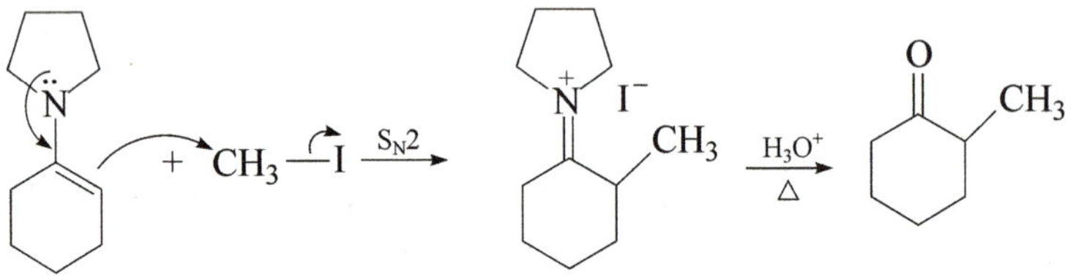

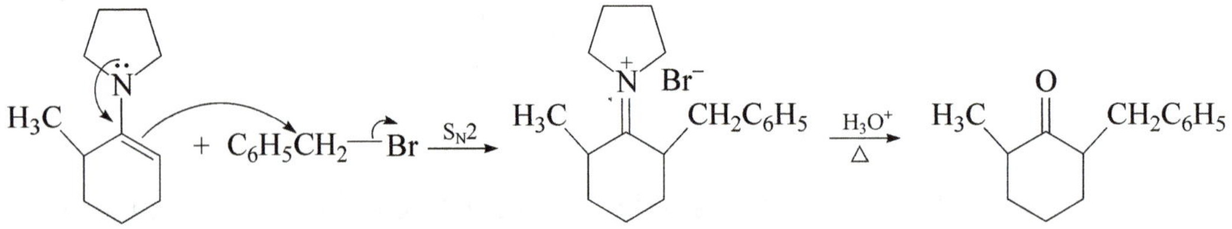

烯胺与酰氯或酸酐反应，经亲核加成-消除，水解后得到 β-二酮。例如

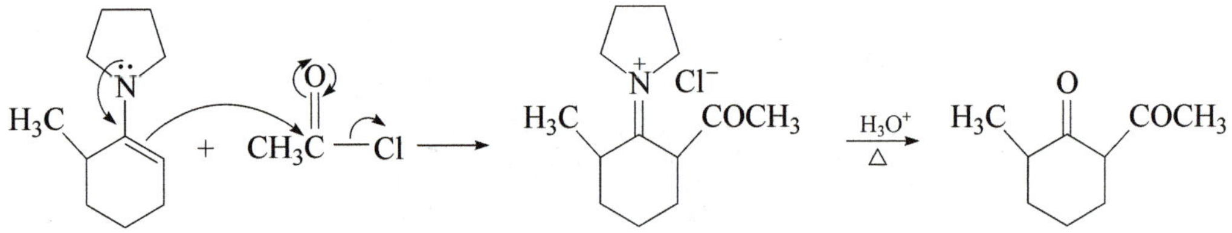

烯胺也可以与 α,β-不饱和腈、α,β-不饱和羧酸酯、α,β-不饱和酮发生 Michael 加成反应。例如

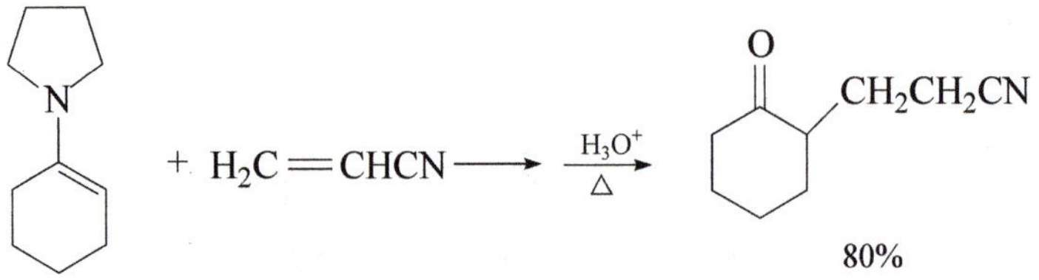

小　　结

1. 烃基上的氢原子被硝基取代得到硝基化合物，硝基化合物分为脂肪族硝基化合物和芳香族硝基化合物。脂肪族硝基化合物中，硝基 α-碳原子上的氢具有酸性，在碱作用下能与羰基化合物发生缩合反应。

2. 芳环上的硝基可以被催化氢化和多种化学还原剂还原。催化氢化和在强酸性条件下用金属还原，硝基直接被还原为胺。硫化钠、硫化铵、硫氢化钠、硫氢化铵及氯化亚锡/盐酸等能选择性还原芳香族多硝基化合物。在碱性条件下可还原为不同类型的偶氮苯化合物。

3. 氨和脂肪胺中氮原子为 sp^3 杂化，一对未共用电子对占据在 sp^3 杂化轨道上，分子呈低矮的角锥形，构型能自由翻转。芳香族胺中，未共用电子对占据的 sp^3 杂化轨道具有更多的 p 轨道成分，与芳环上的 π 轨道能部分交盖成更大的共轭体系。当季铵盐或季铵碱中四个烃基不相同时，分子有光学活性，可被拆分为一对对映体。

4. 胺具有碱性，碱性次序为脂肪族胺＞芳香族胺；对于脂肪族胺（水溶液中），仲胺＞叔胺＞伯胺。

5. 胺的氮原子上的氢可以被酰卤、酸酐、磺酰氯等酰化，生成相应的酰胺。胺的磺酰化反应可以用来鉴别伯胺、仲胺和叔胺。

6. 胺具有亲核性，能与卤代烃发生 S_N2 反应，生成氮原子上烃化的产物，最后可生成季铵盐。季铵盐与湿的氧化银反应生成季铵碱。季铵碱在加热条件下，能发生反式共平面的 Hofmann 消除反应，生成碳碳双键上取代基相对较少的 Hofmann 烯烃。

7. 叔胺的氧化和 Cope 重排。顺式消除生成 Hofmann 烯烃。

8. 芳香族胺的亲电取代反应。

9. 重氮甲烷与酸、醛酮和酰氯的反应，Wolff 重排。

10. 脂肪族伯胺与亚硝酸反应生成混合物，同时定量释放出氮气，可用于伯胺的定量测定。仲胺生成具有致癌作用的 *N*-亚硝基化产物。芳香族伯胺生成重氮盐，经重氮盐可以转变成酚、芳腈、芳香族硝基化合物、芳香族卤代烃等多种芳香族化合物，还可以通过偶联生成多种偶氮化合物。

11. 联苯胺重排是分子内的重排反应，结合重氮盐的取代反应是合成对称性联苯型化合物的重要方法。

12. 胺的制备：氨或胺的烃化；Gabriel 合成；硝基化合物的还原；酰胺和腈的还原；肟和烷基叠氮化合物的还原；醛、酮的还原胺化；Lossen 重排、Curtius 重排、Schmidt 重排和 Hofmann 重排。

13. 烯胺的烃化、水解生成 α-位烃基化的酮；酰化、水解生成 β-二酮；发生 Michael 反应生成 1,5-二官能团化合物。

阅读材料

(1) 叶绿素(chlorophyll)。叶绿素是植物进行光合作用时重要的色素。叶绿素吸收大部分红光和紫光,但反射绿光,因此叶绿素呈现绿色。叶绿素从光中吸收能量,然后利用吸收的能量将二氧化碳转变为碳水化合物。自然界的叶绿素是由蓝绿色的叶绿素 a(分子式为 $C_{35}H_{72}O_5N_4Mg$,m. p. 117～120℃)和黄绿色的叶绿素 b(分子式为 $C_{35}H_{70}O_6N_4Mg$,m. p. 120～130℃)以 3∶1(物质的量比)的比例组成。1960 年,由美国化学家 Woodward 领导的合成小组在实验室成功地合成了叶绿素 a。

叶绿素

叶绿素a: R=—CH_3;叶绿素b: R= —CHO

(2) 维生素 B_{12}。维生素 B_{12} 为暗红色针状晶体,具有很强的医治恶性贫血症的功能。1926 年在肝脏提取液中发现了维生素 B_{12},1948 年由动物的肝脏中分离取得纯品,1954 年用 X 射线衍射法确定了它的结构。维生素 B_{12} 是第一种被发现的含钴天然产物,其结构极为复杂,对强酸、强碱和高温不稳定。Woodward 组织了 14 个国家的 100 多位化学家,协同研究攻关,经过 10 多年的不懈努力,终于在 1972 年完成了维生素 B_{12} 全合成工作,这是迄今为止人工合成的最复杂的、具有里程碑意义的有机化合物,在有机合成史上书写了最辉煌的一页。

维生素B_{12}

习 题

1. 命名下列化合物。

(1) $CH_3CH_2CHCH_3$（CH 上连 NH_2）

(2) $CH_2=CHCH_2NHCH_3$

(3) 环戊基—$N(CH_3)_2$

(4) 环己基—NH—环己基

(5) C_6H_5—$CH_2CH_2\overset{+}{N}(CH_3)_3\overset{-}{O}H$

(6) 苯环上连 Br 和 $NCH(CH_3)_2$（N 上另连 CH_3），Br 与 N 基处于间位

(7) CH_3—C_6H_4—N=N—C_6H_4—$N(CH_3)_2$（两苯环均为对位取代）

2. 写出下列化合物的结构式。

(1) 2-苯基乙胺　　(2) *N*-异丙基丁胺

(3) *N*-甲基对甲苯胺　　(4) *N*-乙基-*N*-甲基环己胺

3. 比较下列胺的碱性大小。

(1) $CH_3CH_2NH_2$，$BrCH_2CH_2NH_2$，$CF_3CH_2NH_2$

(2) NH_3，$CH_3CH_2NH_2$，$C_6H_5NH_2$，$(C_6H_5)_2NH$

(3) C_6H_5—NH_2，CH_3O—C_6H_4—NH_2，O_2N—C_6H_4—NH_2，Cl—C_6H_4—NH_2（均为对位取代）

(4) C_6H_5—NH_2，C_6H_5—$NHCH_3$，C_6H_5—CH_2NH_2

4. *N*,*N*-二甲基苯胺的碱性只略强于苯胺，而 2,6-二甲基-*N*,*N*-二甲基苯胺的碱性却比 2,6-二甲基苯胺强得多，试给出合理的解释。

5. 写出下列反应的主要产物。

(1) $CH_3CH_2NO_2 + CH_3CH_2CHO \xrightarrow{OH^-}$

(2) H_3C—C_6H_4—$NHCH_3$（对位） $\xrightarrow{CH_3CH_2COCl}$

(3) 椅式环己烷：$(CH_3)_3C$（平伏键），OH 与 NH_2 位于相邻碳上（均为平伏键） $\xrightarrow{HNO_2}$

(4) 椅式环己烷：$(CH_3)_3C$（平伏键），OH（平伏键）与相邻碳上的 NH_2（直立键） $\xrightarrow{HNO_2}$

(5) 喹诺里西啶季铵盐：N 上连 CH_3（N^+），环上连 NO_2，$\overset{-}{O}H$ $\xrightarrow{\triangle}$

(6) 哌啶（环—NH） $\xrightarrow{NaNO_2,HCl}$

(7) 间硝基苯胺（苯环上连 NO_2 与 NH_2，间位） $\xrightarrow[2)\ H_3PO_2]{1)\ NaNO_2,HCl}$

(8) $CH_3CH_2CH_2CH(N^+(CH_3)_3)CH(CH_3)CH_3\ \bar{O}H \xrightarrow{\triangle}$

(9) $C_6H_5CH_2CH(CH_3)—\overset{+}{N}(CH_3)_2(O^-) \xrightarrow{\triangle}$

(10) $(CH_3)_2N—C_6H_5 \xrightarrow{DMF,POCl_3}$

6. 完成下列反应式。

(1) $C_6H_5—CH_2Br \xrightarrow{NaCN} \xrightarrow{LiAlH_4} \xrightarrow{(CH_3CO)_2O}$

(2) 邻甲基苯胺 $\xrightarrow[0\sim5℃]{NaNO_2,HCl} \xrightarrow[CuCN]{KCN} \xrightarrow{H_3O^+}$

(3) 甲苯 $\xrightarrow{?}$ 对硝基甲苯 $\xrightarrow{Fe/HCl} \xrightarrow{Br_2/H_2O} \xrightarrow[0\sim5℃]{NaNO_2,HCl} \xrightarrow{CuCl}$

(4) 邻氯硝基苯 $\xrightarrow{NaNH_2} \xrightarrow[0\sim5℃]{NaNO_2,HCl} \xrightarrow[pH=8\sim10]{HO—C_6H_4—CH_3}$

(5) $(CH_3CH_2)_2NH + C_6H_5COCl \longrightarrow \xrightarrow[2)\ H_2O]{1)\ LiAlH_4}$

(6) 1-甲基-1-(二甲氨基)环戊烷 [$N(CH_3)_2$, CH_3] $\xrightarrow{H_2O_2} \xrightarrow{\triangle}$

(7) 2,4-二甲基吡咯烷 [H_3C, N—H, CH_3] $\xrightarrow{CH_3I} \xrightarrow{Ag_2O} \xrightarrow{\triangle}$

(8) 奎宁环 (N) $\xrightarrow{CH_3I} \xrightarrow{Ag_2O} \xrightarrow{\triangle}$

(9) $CH_3(CH_2)_3CH{=}CH_2 \xrightarrow[过氧化物]{HBr} \xrightarrow{邻苯二甲酰亚胺钾 (NK)} \xrightarrow[\triangle]{H_3O^+}$

(10) 1,2,3-环丙烷三甲酰氯 (COCl, ClCO, COCl) $\xrightarrow[过量]{(CH_3)_2NH} \xrightarrow[2)\ H_2O]{1)\ LiAlH_4} \xrightarrow{CH_3I} \xrightarrow{Ag_2O} \xrightarrow{\triangle}$

7. 氢氧化(4-叔丁基环己基)三甲铵有顺式和反式两种异构体，试比较它们发生 Hofmann 消除反应的难易程度，并给出合理的解释。

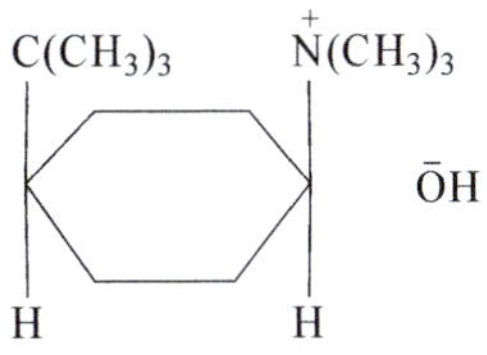

$C(CH_3)_3$　$\overset{+}{N}(CH_3)_3$　$\bar{O}H$　H　H

顺式

$C(CH_3)_3$　H　$\bar{O}H$　H　$\underset{+}{N}(CH_3)_3$

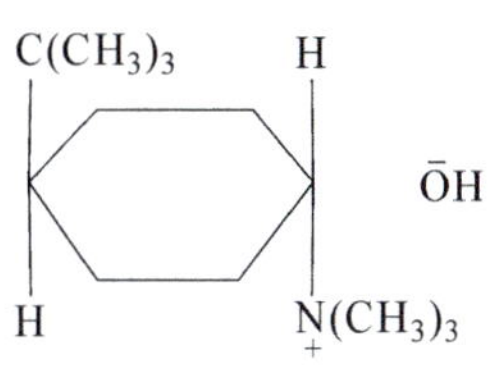

反式

8. 如何实现下列转变？

(1) 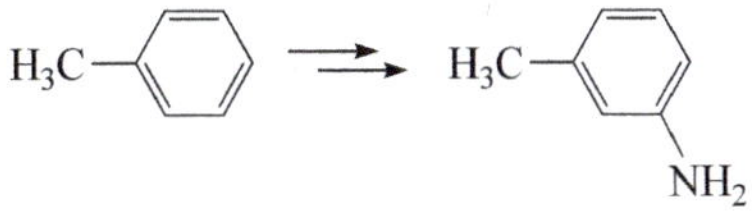 H_3C- $\longrightarrow$ H_3C-　NH_2

(2) NH $\longrightarrow$ $N(CH_3)_2$

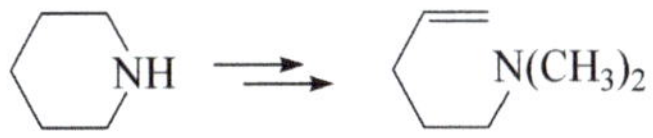

(3) 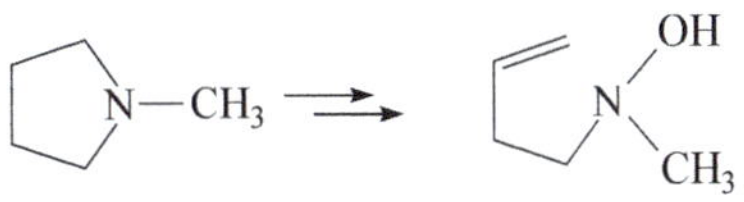 $N-CH_3$ $\longrightarrow$ OH　N　CH_3

(4) 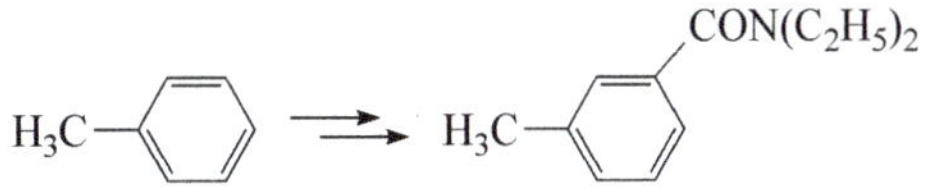 H_3C- $\longrightarrow$ H_3C-　$CON(C_2H_5)_2$

(5) $\longrightarrow$ CH_2CH_3　CH_2NH_2

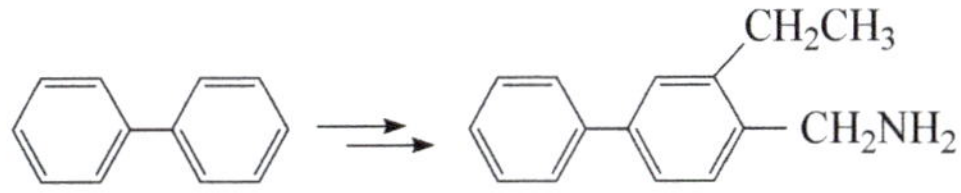

9. 合成题。

(1) 从甲苯合成①间硝基甲苯；②间氯甲苯；③4-氰基苯甲酸；④3,5-二溴甲苯。

(2) 从苯合成①对二硝基苯；②间溴氯苯；③间溴苯酚；④间氟苯乙酮。

(3) 从间二甲苯合成 1-溴-2-氟-3,5-二甲基苯。

(4) 从对硝基苯胺合成①3,5-二溴苯胺；②3,4,5-三氯苯胺。

10. 推测下列化合物的结构式。

(1) 化合物 **A**，分子式为 $C_6H_{13}N$，先与 1mol CH_3I 反应，然后用湿的氧化银处理，再加热得到戊-1,4-二烯和三甲胺。试推测化合物 **A** 的结构式。

(2) 化合物 **A**，分子式为 $C_6H_{15}N$，**A** 的红外光谱显示在 3500～3200cm^{-1} 无吸收。**A** 的 ^1H NMR 谱显示：δ 1.0(s,9H)，2.1(s,6H)。试推测化合物 **A** 的结构式。

(3) 化合物 **A**，分子式为 $C_5H_{11}NO_2$，能被还原为 **B**，分子式为 $C_5H_{13}N$。**B** 与过量 CH_3I 反应后再用湿的氧化银处理得到化合物 **C**，分子式为 $C_8H_{21}NO$，**C** 加热分解为三甲胺和 2-甲基丁-1-烯。试推测化合物 **A**～**C** 的结构式，并写出反应式。

第14章 主要官能团之间的转换

有机化合物中官能团的转换和引入的方法是有机反应讨论的主要内容，其最终目的是认识各类化合物的性质以及合成出具有各种不同官能团的目的分子。官能团的转换和引入涉及反应的可能性、反应的条件、反应的立体化学要求、反应产物的特征等。其涉及的反应类型有各种不同的取代、加成、消除、氧化、还原、重排等。本章仅对有机化合物中的主要官能团之间的转换和形成进行初步讨论和总结。

14.1 转变成烷基的反应

1. 碳碳不饱和键还原

$$CH_3\underset{\displaystyle CH_3}{\overset{|}{C}}{=}CHCH_2CH_2CH_3 \xrightarrow[CH_3CH_2OH,25℃]{H_2,PtO_2} CH_3\underset{\displaystyle CH_3}{\overset{|}{C}}HCH_2CH_2CH_2CH_3 \quad 100\%$$

$$CH_3CH_2CH_2C{\equiv}CCH_2CH_3 \xrightarrow{H_2,Pt} CH_3CH_2CH_2CH_2CH_2CH_2CH_3 \quad 100\%$$

2. 羰基化合物还原

$$C_6H_5COCH_2CH_2CH_3 \xrightarrow[\triangle]{Zn(Hg),HCl} C_6H_5CH_2CH_2CH_2CH_3$$

(Clemmensen还原)

$$\xrightarrow[NH_2NH_2,\triangle]{KOH,(HOCH_2CH_2)_2O}$$

(Wolff-Kishner-黄鸣龙还原)

3. 芳环直接烷基化

$$C_6H_6 + CH_3CH_2CH_2Cl \xrightarrow{AlCl_3} C_6H_5CH(CH_3)_2$$

4. 芳香族胺重氮盐取代

$$\text{2,4,6-三溴苯胺 }(NH_2, Br, Br, Br) \xrightarrow[0\sim5^{\circ}C]{NaNO_2,HCl} \text{2,4,6-三溴苯重氮盐 }(N_2Cl, Br, Br, Br) \xrightarrow{H_3PO_2} \text{1,3,5-三溴苯 }(Br, Br, Br)$$

14.2 转变成碳碳双键的反应

1. 卤代烃的消除

卤代烃的消除反应在碱性条件下进行，消除的主要产物是碳碳双键上烃基相对较多的 Zaitsev 烯烃。

$$CH_3\underset{\displaystyle Br}{\underset{|}{C}}HCH_2CH_3 \xrightarrow{\text{碱}} \underset{80\%}{CH_3CH{=}CHCH_3} + \underset{20\%}{H_2C{=}CHCH_2CH_3}$$

$$CH_3\overset{\displaystyle CH_3}{\overset{|}{\underset{\displaystyle Cl}{\underset{|}{C}}}}CH_2CH_3 \xrightarrow{\text{碱}} \underset{70\%}{CH_3\overset{\displaystyle CH_3}{\overset{|}{C}}{=}CHCH_3} + \underset{30\%}{H_2C{=}\overset{\displaystyle CH_3}{\overset{|}{C}}CH_2CH_3}$$

2. 醇的消除

醇的消除反应在酸或 Lewis 酸催化条件下进行，消除的主要产物也是碳碳双键上烃基相对较多的 Zaitsev 烯烃。

$$CH_3\underset{\displaystyle OH}{\underset{|}{C}}HCH_2CH_3 \xrightarrow{H_2SO_4} \underset{\text{主要产物}}{CH_3CH{=}CHCH_3} + \underset{\text{次要产物}}{H_2C{=}CHCH_2CH_3}$$

$$CH_3\overset{\displaystyle CH_3}{\overset{|}{\underset{\displaystyle OH}{\underset{|}{C}}}}CH_2CH_3 \xrightarrow{H_2SO_4} \underset{\text{主要产物}}{CH_3\overset{\displaystyle CH_3}{\overset{|}{C}}{=}CHCH_3} + \underset{\text{次要产物}}{H_2C{=}\overset{\displaystyle CH_3}{\overset{|}{C}}CH_2CH_3}$$

3. 炔键的还原

碳碳叁键用 Lindlar Pd 催化氢化或钠加液氨还原，都可以得到主要是烯烃的还原产物。两种还原方法得到的烯烃构型不同，前者得到顺式烯烃，后者得到反式烯烃。

$$CH_3CH_2CH_2C\equiv CCH_2CH_3 + H_2 \xrightarrow{\text{Lindlar Pd}} \underset{CH_3CH_2CH_2}{\overset{H}{}}C=C\underset{CH_2CH_3}{\overset{H}{}}$$

$$CH_3CH_2C\equiv CCH_2CH_3 \xrightarrow{Na,NH_3(l)} \underset{H}{\overset{CH_3CH_2}{}}C=C\underset{CH_2CH_3}{\overset{H}{}}$$

4. 季铵碱的热消除

季铵碱加热后分解为叔胺和碳碳双键上烃基相对较少的 Hofmann 烯烃。

$$\underset{(CH_3)_3N^+\ OH^-}{CH_3\underset{|}{C}HCH_2CH_3} \xrightarrow{\triangle} \underset{95\%}{H_2C=CHCH_2CH_3} + \underset{5\%}{CH_3CH=CHCH_3} + N(CH_3)_3$$

5. 叔胺氧化物的热消除

叔胺在过氧化氢作用下很容易生成叔胺氧化物，后者在加热条件下发生消除反应，生成碳碳双键上烃基相对较少的 Hofmann 烯烃。

$$\underset{(CH_3)_2N^+—O^-}{CH_3\underset{|}{C}HCH_2CH_3} \xrightarrow{\triangle} \underset{67\%}{H_2C=CHCH_2CH_3} + \underset{33\%}{CH_3CH=CHCH_3}$$

叔胺氧化物的热消除是立体选择性很高的顺式消除反应。

H₃C, CH₃, N⁺, O⁻, H (环辛基叔胺氧化物) $\xrightarrow{\triangle}$ 环辛烯 (H, H)

81%

6. 醛、酮与 Wittig 试剂的反应

Wittig 试剂与醛、酮反应，在醛、酮羰基所在的位置形成碳碳双键。与醇和卤代烃的消除相比，该反应具有位置专一性特征，没有区域选择性和重排的问题。

$$CH_3O-C_6H_4-CHO + Ph_3P=CH-C_6H_4-NO_2 \xrightarrow[\triangle]{C_6H_6}$$

$$CH_3O-C_6H_4-CH=CH-C_6H_4-NO_2$$

89%

7. 醛、酮的双分子还原

$$\underset{H_3C}{\overset{Ph}{>}}C{=}O \xrightarrow[CH_3OCH_2CH_2OCH_3,\text{回流}4h]{TiCl_4/Zn} \underset{H_3C}{\overset{Ph}{>}}C{=}C\underset{CH_3}{\overset{Ph}{<}} + \underset{H_3C}{\overset{Ph}{>}}C{=}C\underset{Ph}{\overset{CH_3}{<}}$$

92%

这个反应称为 McMurry 反应，可以合成空间位阻或环张力较大的烯烃。

14.3　转变成碳碳叁键的反应

1. 先引入碳碳双键，然后加卤素，再经消除卤化氢转变为碳碳叁键

$$CH_3CH_2CH{=}CHCH_2CH_3 + Br_2 \longrightarrow CH_3CH_2\underset{Br}{\underset{|}{C}}H{-}\underset{Br}{\underset{|}{C}}HCH_2CH_3 \xrightarrow{NaNH_2} CH_3CH_2C{\equiv}CCH_2CH_3$$

2. 炔化物的烃基化

$$C_6H_{11}{-}C{\equiv}CNa + CH_3CH_2Br \longrightarrow C_6H_{11}{-}C{\equiv}C{-}CH_2CH_3$$

14.4　转变成卤代烃的反应

1. 烃的直接卤化

烷烃是分子中仅含碳、氢两种元素，没有官能团，对酸和碱、氧化剂和还原剂都稳定的化合物。但烷烃可以与氯和溴按自由基机理发生相应的取代反应，得到氯代烃和溴代烃。反应活性是氯>溴，叔氢>仲氢>伯氢。对伯、仲、叔氢卤化的选择性是溴>氯。例如，叔丁烷的溴化和氯化结果如下：

$$CH_3{-}\underset{CH_3}{\overset{CH_3}{\underset{|}{\overset{|}{C}}}}{-}H \xrightarrow[\triangle]{Br_2} CH_3{-}\underset{CH_3}{\overset{CH_3}{\underset{|}{\overset{|}{C}}}}{-}Br$$

$$CH_3{-}\underset{CH_3}{\overset{CH_3}{\underset{|}{\overset{|}{C}}}}{-}H \xrightarrow[\triangle]{Cl_2} CH_3{-}\underset{CH_3}{\overset{CH_3}{\underset{|}{\overset{|}{C}}}}{-}Cl + CH_3{-}\underset{CH_3}{\overset{CH_2Cl}{\underset{|}{\overset{|}{C}}}}{-}H$$

2 ∶ 1

溴化时得到的 2-溴-2-甲基丙烷几乎是唯一产物，而氯化时得到 2∶1 的 2-氯-2-甲基丙烷与 1-氯-2-甲基丙烷的混合物。

如果烷烃分子的氢都等价，则直接卤化制得相应的卤代烃是可以用于合成的。例如

$$\text{C}_6\text{H}_{12} + Cl_2 \xrightarrow{h\nu} \text{C}_6\text{H}_{11}\text{—Cl}$$

碳碳双键 α-位上的氢可以与卤素发生自由基取代反应，生成烯丙式卤代烃。例如

$$CH_3CH{=}CH_2 + Cl_2 \xrightarrow{h\nu} ClCH_2CH{=}CH_2$$

$$CH_3CH{=}CH_2 + NBS \xrightarrow{\triangle} BrCH_2CH{=}CH_2$$

烷基取代苯中 α-位上的氢可以与卤素发生类似的自由基取代反应，生成苄基卤代烃。

$$C_6H_5\text{—}CH_2CH_3 + Cl_2 \xrightarrow{h\nu} C_6H_5\text{—}CH(Cl)CH_3$$

它们在自由基反应的链增长步骤中分别生成较稳定的有 p-π 共轭的烯丙基自由基和苄基自由基。

$$\dot{C}H_2CH{=}CH_2 \qquad C_6H_5\text{—}\dot{C}H_2$$

烯丙基自由基　　苄基自由基

芳烃直接卤化可以得到芳香族卤代烃。

$$C_6H_6 + Br_2 \xrightarrow{FeBr_3} C_6H_5Br$$

对于取代芳烃，卤化时遵循定位规则。

2. 醇的卤化

醇的官能团是羟基，醇与氢卤酸反应，醇分子中的羟基被卤素取代，生成卤化烃。这是饱和碳原子上的亲核取代反应，亲核原子是卤素负离子，而离去基团并不是离去能力很弱的羟基负离子，而是羟基质子化后的水分子，因此反应试剂必须是氢卤酸或相应的氢卤酸盐与硫酸。反应产物的构型特点与反应物醇中烃基的结构有关。

$$CH_3CH_2CH_2CH_2CH_2OH \xrightarrow[\triangle]{HCl,ZnCl_2} CH_3CH_2CH_2CH_2CH_2Cl$$

$$(CH_3)_3CCH_2OH \xrightarrow{HBr} CH_3C(CH_3)(Br)CH_2CH_3$$

$$CH_3CH_2CH_2CH_2OH \xrightarrow[\triangle]{KBr,H_2SO_4} CH_3CH_2CH_2CH_2Br$$

3. 烯烃与卤化氢、卤素、次卤酸加成

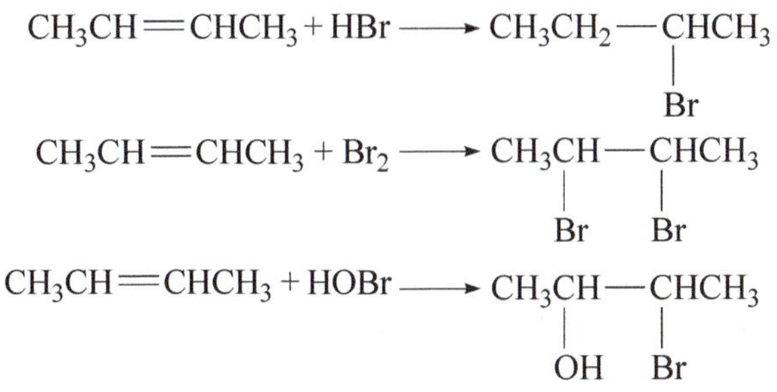

$$CH_3CH{=}CHCH_3 + HBr \longrightarrow CH_3CH_2{-}CH(Br)CH_3$$

$$CH_3CH{=}CHCH_3 + Br_2 \longrightarrow CH_3CH(Br){-}CH(Br)CH_3$$

$$CH_3CH{=}CHCH_3 + HOBr \longrightarrow CH_3CH(OH){-}CH(Br)CH_3$$

不对称烯烃与卤化氢和次卤酸的加成遵循马氏规则。

4. 醚与氢卤酸反应

醚与氢卤酸反应发生醚链断裂，实际上是饱和碳原子的亲核取代反应，断裂后的反应产物与醚中两烃基的结构有关。

$$CH_3OCH_2CH_2CH_3 \xrightarrow[\triangle]{HI} CH_3I + CH_3CH_2CH_2OH$$

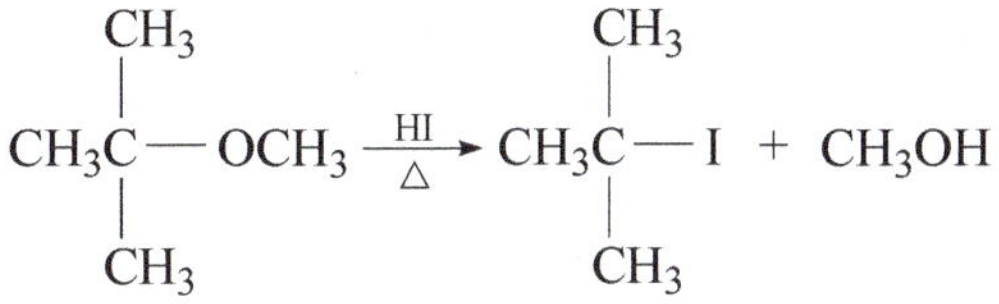

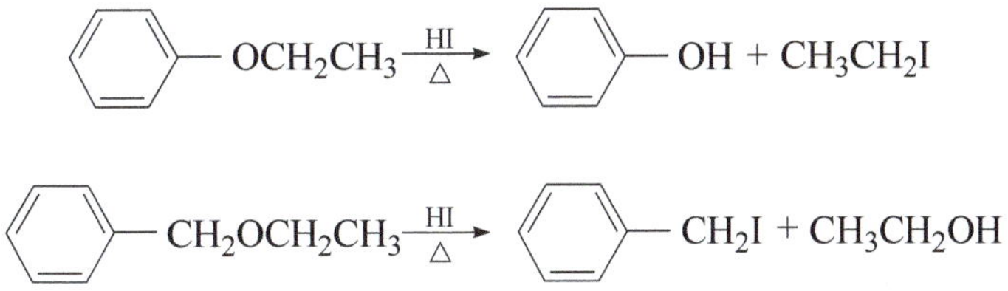

$$CH_3C(CH_3)_2{-}OCH_3 \xrightarrow[\triangle]{HI} CH_3C(CH_3)_2{-}I + CH_3OH$$

$$C_6H_5{-}OCH_2CH_3 \xrightarrow[\triangle]{HI} C_6H_5{-}OH + CH_3CH_2I$$

$$C_6H_5{-}CH_2OCH_2CH_3 \xrightarrow[\triangle]{HI} C_6H_5{-}CH_2I + CH_3CH_2OH$$

生成的醇在过量的氢卤酸作用下也可以进一步转变为相应的卤代烃。

5. 芳胺重氮盐被卤素取代

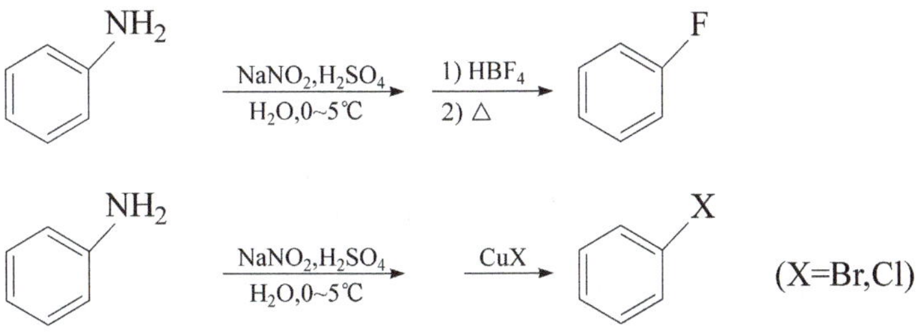

$$C_6H_5NH_2 \xrightarrow[H_2O,0\sim5^\circ C]{NaNO_2,H_2SO_4} \xrightarrow[2)\ \triangle]{1)\ HBF_4} C_6H_5F$$

$$C_6H_5NH_2 \xrightarrow[H_2O,0\sim5^\circ C]{NaNO_2,H_2SO_4} \xrightarrow{CuX} C_6H_5X \quad (X=Br,Cl)$$

6. 芳环上的氯甲基化反应

在无水氯化锌作用下，苯与甲醛和浓盐酸反应，苯环上的氢被氯甲基取代的反应称为氯甲基化反应。

$$C_6H_6 + HCHO + HCl(浓) \xrightarrow{ZnCl_2} C_6H_5-CH_2Cl$$

氯甲基苯也称为苄氯，非常活泼，可以与氢氧化钠、氰化钠、胺和格氏试剂等发生相应的亲核取代反应，分别得到苄醇、苯乙腈、苄胺和偶联产物。

7. 醛、酮、羧酸的 α-位卤化

醛、酮在酸或碱作用下，α-位上的氢可以被卤素取代，生成 α-卤代醛或 α-卤代酮。在酸性条件下，卤代反应可控制在一卤代阶段。

$$Cl-C_6H_4-COCH_3 \xrightarrow[CH_3COOH]{Br_2} Cl-C_6H_4-COCH_2Br$$

在三氯化磷或三溴化磷等催化下，羧酸 α-位上的氢被溴取代生成 α-溴代羧酸的反应称为 Hell-Volhard-Zelinsky 反应。

$$CH_3(CH_2)_3CH_2COOH + Br_2 \xrightarrow[\triangle]{PCl_3} CH_3(CH_2)_3CH(Br)COOH$$

$$C_6H_5CH_2COOH + Br_2 \xrightarrow[\triangle]{PCl_3} C_6H_5CH(Br)COOH$$

在此反应条件下，也可以用少量的红磷代替三氯化磷，此时红磷与溴反应生成三溴化磷，具有与三氯化磷相同的催化作用。

相应的碘代酸和氟代酸不能用此方法制得。氯气与乙酸也可以在微量碘催化下反应，得到 α-氯乙酸。

8. Hunsdiecker 反应

将脂肪族羧酸或芳香族羧酸的银盐悬浮在无水惰性溶剂（如 CCl_4、苯、硝基苯等）中，与卤素加热回流，脱去二氧化碳，生成少一个碳原子的卤代烃。

$$RCOOH \xrightarrow[M=Ag^+,Tl^+,Hg^+]{M_2O/溶剂} RCOO^- M^+ \xrightarrow[回流,X=Cl,Br,I]{X_2,无水溶剂} RCOOX \longrightarrow RX$$

Hunsdiecker 反应是从自然界中含偶数碳原子的脂肪族羧酸制备含奇数碳原子的长链卤代烃的非常有用的方法。例如

$$CH_3(CH_2)_{10}COOAg \xrightarrow[CCl_4,\triangle]{Br_2} CH_3(CH_2)_9CH_2Br \quad 67\%$$

$$\text{1-甲基环己基-}CH_2COOAg \xrightarrow[CCl_4,\triangle]{Br_2} \text{1-甲基-1-}CH_2Br\text{环己烷} \quad 94\%$$

14.5 转变成醇的反应

1. 卤代烃的水解

$$CH_3CH_2CH_2CH_2CH_2Cl + NaOH \xrightarrow{H_2O} CH_3CH_2CH_2CH_2CH_2OH$$

$$C_6H_5CH_2Cl + H_2O \xrightarrow{Na_2CO_3} C_6H_5CH_2OH$$

2. 烯烃的水合和硼氢化-氧化

$$\text{1-甲基环己烯} + H_2O \xrightarrow{H_2SO_4} \text{1-甲基环己醇}$$

$$\text{1-甲基环己烯} \xrightarrow[2)\ H_2O_2,\ OH^-]{1)\ B_2H_6} \text{反-2-甲基环己醇}\ (\pm)$$

烯烃的水合和硼氢化-氧化都相当于在碳碳双键上加一分子水，前者产物遵循马氏规则；而后者从反应产物的结果来看，相当于在碳碳双键上以顺式、反马氏规则加一分子水。

3. 醛、酮的还原

$$CH_3CH_2CH_2CH_2CHO \xrightarrow{NaBH_4} CH_3CH_2CH_2CH_2CH_2OH$$

$$CH_3CH{=}CHCH_2CHO \xrightarrow[(CH_3CH_2)_2O]{LiAlH_4} \xrightarrow[\triangle]{H_3O^+} CH_3CH{=}CHCH_2CH_2OH$$

$$\text{4-}(CH_3)_3C\text{-环己酮} \xrightarrow[(CH_3CH_2)_2O]{LiAlH_4} \xrightarrow[\triangle]{H_3O^+} \text{4-}(CH_3)_3C\text{-环己醇（OH 平伏键）}$$

$$\text{3-环己烯基-}COCH_3 \xrightarrow[Ni]{H_2} \text{环己基-}CH(OH)CH_3$$

用异丙醇铝/异丙醇将醛、酮还原成伯醇、仲醇，称为 Meerwein-Ponndorf-Verley 还原。

$$\text{环己酮} + (CH_3)_2CHOH \xrightarrow{(i\text{-PrO})_3Al} \text{环己醇(C(OH)H)}$$

4. 格氏试剂与醛、酮、酯和环氧乙烷的反应

$$C_6H_{11}MgCl + HCHO \xrightarrow{Et_2O} \xrightarrow{H_3O^+} C_6H_{11}CH_2OH$$

$$(CH_3)_2CHMgBr + CH_3CHO \xrightarrow{Et_2O} \xrightarrow{H_3O^+} (CH_3)_2CHCH(OH)CH_3$$

$$CH_3CH_2MgBr + \text{环己酮} \xrightarrow{Et_2O} \xrightarrow{H_3O^+} \text{1-乙基环己醇 (C(OH)CH}_2\text{CH}_3\text{)}$$

$$2C_6H_5MgBr + CH_3COOC_2H_5 \xrightarrow{Et_2O} \xrightarrow{H_3O^+} CH_3-C(OH)(C_6H_5)-C_6H_5$$

$$CH_3CH_2CH_2CH_2MgBr + HCOOC_2H_5 \xrightarrow{Et_2O} \xrightarrow{H_3O^+} CH_3(CH_2)_3-CH(OH)-(CH_2)_3CH_3$$

$$3C_6H_5MgBr + O=C(OC_2H_5)_2 \xrightarrow{Et_2O} \xrightarrow{H_3O^+} C_6H_5-C(C_6H_5)(C_6H_5)-OH$$

$$C_6H_5MgBr + H_2C\overset{O}{-}CH_2 \xrightarrow{Et_2O} \xrightarrow{H_3O^+} C_6H_5CH_2CH_2OH$$

格氏试剂来自卤代烃，通过格氏试剂可以转变为各种不同的醇。

5. 羧酸和酯的还原

$$(CH_3)_3CCOOH \xrightarrow[(CH_3CH_2)_2O]{LiAlH_4} \xrightarrow{H_3O^+} (CH_3)_3CCH_2OH$$

$$C_6H_5CH_2COOC_2H_5 \xrightarrow[(CH_3CH_2)_2O]{LiAlH_4} \xrightarrow{H_3O^+} C_6H_5CH_2CH_2OH + CH_3CH_2OH$$

$$CH_3CH=CHCH_2COOCH_2CH_3 \xrightarrow[\triangle]{Na/C_2H_5OH} CH_3CH=CHCH_2CH_2OH + CH_3CH_2OH$$

6. 芳醛及没有 α-氢的醛的歧化

$$C_6H_5CHO \xrightarrow{浓KOH} \xrightarrow{H_3O^+} C_6H_5CH_2OH + C_6H_5COOH$$

$$(CH_3)_3CCHO \xrightarrow{浓KOH} \xrightarrow{H_3O^+} (CH_3)_3CCH_2OH + (CH_3)_3CCOOH$$

$$C_6H_5CHO + HCHO \xrightarrow{浓KOH} \xrightarrow{H_3O^+} C_6H_5CH_2OH + HCOOH$$

有甲醛参加的交叉歧化反应中，总是甲醛被氧化为甲酸。

7. 环氧化合物的开环

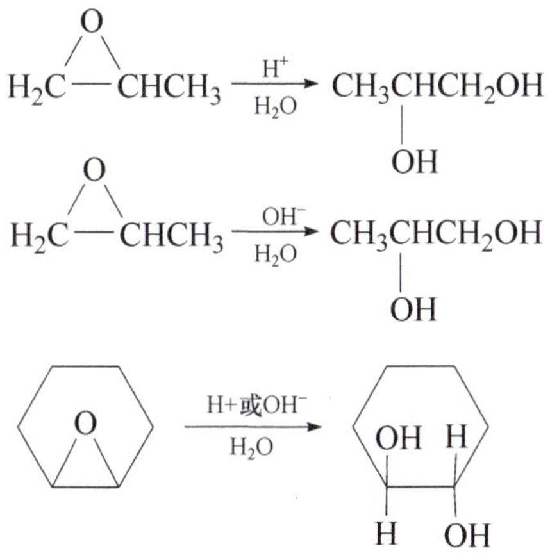

$$H_2C\overset{O}{—}CHCH_3 \xrightarrow[H_2O]{H^+} CH_3\underset{OH}{\underset{|}{C}}HCH_2OH$$

$$H_2C\overset{O}{—}CHCH_3 \xrightarrow[H_2O]{OH^-} CH_3\underset{OH}{\underset{|}{C}}HCH_2OH$$

$$\text{环氧环己烷} \xrightarrow[H_2O]{H^+或OH^-} \text{反式-1,2-环己二醇（OH、H / H、OH）}$$

环氧化合物在酸或碱的水溶液中都可以开环，生成反式的邻位二醇。

8. 烯烃的氧化

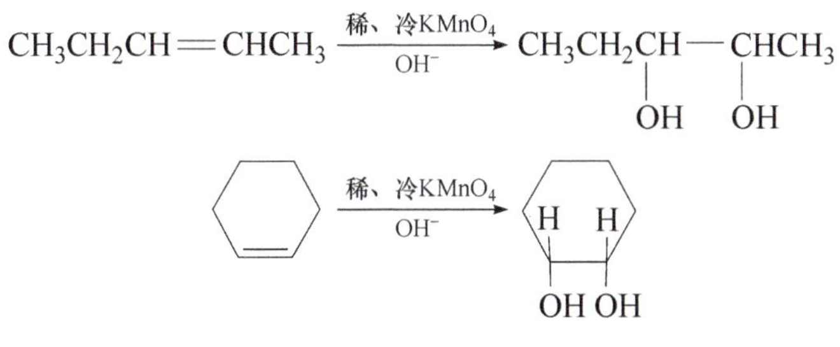

$$CH_3CH_2CH{=}CHCH_3 \xrightarrow[OH^-]{稀、冷KMnO_4} CH_3CH_2\underset{OH}{\underset{|}{C}}H—\underset{OH}{\underset{|}{C}}HCH_3$$

$$\text{环己烯} \xrightarrow[OH^-]{稀、冷KMnO_4} \text{顺式-1,2-环己二醇（H H / OH OH）}$$

烯烃经稀、冷高锰酸钾氧化得到顺式的邻位二醇。

14.6　转变成酚的反应

1. 芳环上的磺化碱熔

芳香族磺酸与氢氧化钠或氢氧化钾熔融转变为酚类化合物。

$$CH_3-C_6H_5 \xrightarrow[\triangle]{H_2SO_4} CH_3-C_6H_4-SO_3H \xrightarrow[\sim 300℃]{NaOH} \xrightarrow{H_3O^+} CH_3-C_6H_4-OH$$

$$\beta\text{-}C_{10}H_7SO_3H \xrightarrow[\sim 300℃]{NaOH} \xrightarrow{H_3O^+} \beta\text{-}C_{10}H_7OH$$

2. 活泼卤代芳烃的亲核取代

$$2,4\text{-}(NO_2)_2C_6H_3Cl \xrightarrow[\triangle]{NaOH} \xrightarrow{H_3O^+} 2,4\text{-}(NO_2)_2C_6H_3OH$$

3. 芳醚的断裂

$$Cl-C_6H_4-OCH_2CH_3 \xrightarrow[\triangle]{HI} Cl-C_6H_4-OH$$

4. 芳基烯丙基醚重排

在加热条件下，芳基烯丙基醚重排成邻烯丙基酚的反应称为 Claisen 重排。例如

$$C_6H_5-O-\overset{1}{C}H_2\overset{2}{C}H=\overset{3}{C}H_2 \xrightarrow{\triangle} o\text{-}HO-C_6H_4-\overset{3}{C}H_2\overset{2}{C}H=\overset{1}{C}H_2$$

$$C_6H_5-O-\overset{1}{C}H_2\overset{2}{C}H=\overset{3}{C}H\overset{4}{C}H_3 \xrightarrow{\triangle} o\text{-}HO-C_6H_4-\underset{3}{C}H(\overset{4}{C}H_3)\underset{2}{C}H=\underset{1}{C}H_2$$

重排到邻位时，是烯丙基的 C_3 直接连在苯环上，而在 C_1 和 C_2 之间形成新的碳碳双键。如果苯环上醚链的两个邻位被占据，则重排发生在醚链的对位，这时仍然是 C_1 连在苯环上。

$$2,6\text{-}(CH_3)_2C_6H_3-O-\overset{1}{C}H_2\overset{2}{C}H=\overset{3}{C}H_2 \xrightarrow{\triangle} 4\text{-}(\overset{1}{C}H_2\overset{2}{C}H=\overset{3}{C}H_2)\text{-}2,6\text{-}(CH_3)_2C_6H_2OH$$

Claisen 重排是碳[3,3]σ 迁移反应，重排到邻位时发生一次迁移，重排到对位时则发生了两次迁移。

5. 异丙苯氧化

$$C_6H_5CH(CH_3)_2 \xrightarrow{O_2} C_6H_5C(CH_3)_2-OOH \xrightarrow{H_3O^+} C_6H_5OH + CH_3COCH_3$$

异丙苯可来自石油化工，而苯酚和丙酮都是重要的工业原料，这是很经济、合理的路线。

6. 芳香族重氮盐的水解

$$m\text{-}O_2NC_6H_4NH_2 \xrightarrow[0\sim5℃]{NaNO_2,H_2SO_4} m\text{-}O_2NC_6H_4\overset{+}{N}_2HSO_4^- \xrightarrow[\triangle]{H_2SO_4,H_2O} m\text{-}O_2NC_6H_4OH$$

$$\text{2-Br-4-}H_3C\text{-}C_6H_3NH_2 \xrightarrow[0\sim5℃]{NaNO_2,H_2SO_4} \text{2-Br-4-}H_3C\text{-}C_6H_3\overset{+}{N}_2HSO_4^- \xrightarrow[\triangle]{H_2SO_4,H_2O} \text{2-Br-4-}H_3C\text{-}C_6H_3OH$$

14.7　转变成醚的反应

1. 卤代烃与醇钠或酚钠的反应

脂肪族简单醚可以通过醇分子之间脱水制得，但不能用于制备混合醚，因为得到的产物是难以分离的混合物。混合醚通常用醇钠或酚钠与卤代烃经亲核取代反应制备。这种方法称为 Williamson 合成法，反应必须在无水条件下进行。

$$R-ONa + R'-X \longrightarrow R-O-R'$$

醇钠是强碱，因此卤代烃最好选用不容易消除的伯卤代烃，这样才能尽可能避免消除产物的生成。例如

$$(CH_3)_3CONa + CH_3CH_2Br \longrightarrow (CH_3)_3COCH_2CH_3$$

如果选用叔丁基溴与乙醇钠反应，则得到的是消除产物，而得不到醚。

$$(CH_3)_3CBr + CH_3CH_2ONa \longrightarrow (CH_3)_2C=CH_2 + CH_3CH_2OH + NaBr$$

因此，在 Williamson 合成法中不宜使用叔卤代烃和仲卤代烃。

对于烷芳混合醚，由于芳香族卤代烃不活泼，只能选用酚钠与脂肪族卤代烃反应。例如

$$C_6H_5ONa + CH_3CH_2Br \longrightarrow C_6H_5OCH_2CH_3$$

因此，在 Williamson 合成法中，选择哪种卤代烃和醇钠作为反应原料是必须考虑的问题。

制备芳香甲醚和芳香乙醚时，还可以用硫酸二甲酯或硫酸二乙酯代替相应的卤代烃，它们都是常用的甲基化和乙基化试剂。例如

$$C_6H_5ONa + (CH_3CH_2O)_2SO_2 \xrightarrow{NaOH+H_2O} C_6H_5OCH_2CH_3 + CH_3CH_2OSO_2ONa$$

2. 醇羟基之间的脱水反应

$$CH_3CH_2OH \xrightarrow[\triangle]{H_2SO_4} CH_3CH_2OCH_2CH_3$$

$$HOCH_2CH_2CH_2CH_2OH \xrightarrow[\triangle]{H^+} \text{(四氢呋喃)}$$

3. 烯烃的环氧化

$$\text{(顺)-}H(H_3C)C{=}C(H)CH_2CH_3 \xrightarrow{RCOOOH} \text{顺式环氧化物 (}H_3C, CH_2CH_3\text{)} \quad (\pm)$$

烯烃在过酸作用下的环氧化是立体专一性的顺式加成反应。

1980 年，Sharpless 等发现在由(+)或(−)-酒石酸二乙酯(DET)或酒石酸二异丙酯(DIPT)和四异丙氧基钛[$Ti(i\text{-}OPr)_4$]形成的钛络合物手性催化剂作用下，烯丙式醇可以被过氧叔丁醇立体选择性环氧化。例如

$$\text{(顺)-}C_6H_5CH{=}CHCH_2OH \xrightarrow[t\text{-BuOOH}]{(R,R)\text{-}(+)\text{-DET}, Ti(i\text{-}OPr)_4} \text{环氧化物 (}C_6H_5, CH_2OH\text{)}$$

ee 91%

$$\text{(反)-}CH_3(CH_2)_9CH{=}CHCH_2OH \xrightarrow[t\text{-BuOOH}]{(R,R)\text{-}(+)\text{-DET}, Ti(i\text{-}OPr)_4} \text{环氧化物 (}CH_3(CH_2)_9, CH_2OH\text{)}$$

ee 95%

Sharpless 环氧化可以得到高 ee 值的环氧化产物，是一个高效的由试剂控制的反应，因此根据所用的手性催化剂，对产物的构型有很高的可预测性。

Shi 利用过硫酸氢钾为氧化剂，以果糖衍生物（[结构式]或其对映体）为手性催化剂（又称 Shi-催化剂），成功地实现了 *E* 构型的二取代烯烃和三取代烯烃的不对称环氧化，得到对映选择性氧化产物，称为 Shi 不对称环氧化（Shi-asymmetric epoxidation）反应。例如

$$\text{1-甲基环己烯} \xrightarrow[\text{CH}_3\text{CN/H}_2\text{O,pH=10}]{\text{KHSO}_5\text{,Shi-催化剂}} \text{1-甲基-1,2-环氧环己烷}$$

对映选择性达 91%。Shi 不对称环氧化反应已成功地应用于天然产物的合成。

14.8　转变成醛的反应

1. 伯醇的氧化

$$CH_3CH_2CH_2CH_2OH \xrightarrow[CH_2Cl_2,25℃]{PCC} CH_3CH_2CH_2CHO$$

2. 烯烃的臭氧化

$$CH_3CH_2CH{=}CH_2 \xrightarrow{O_3} \xrightarrow{Zn/H_2O} CH_3CH_2CHO + HCHO$$

$$CH_3CH_2CH{=}CHCH_2CH_3 \xrightarrow{O_3} \xrightarrow{Zn/H_2O} CH_3CH_2CHO$$

3. 链端炔烃的硼氢化-氧化

$$CH_3CH_2CH_2CH_2CH_2CH_2C{\equiv}CH \xrightarrow{R_2BH} \underset{CH_3CH_2CH_2CH_2CH_2CH_2}{}\!\!C(H){=}C(BR_2)(H)$$

$$\xrightarrow[OH^-]{H_2O_2} CH_3CH_2CH_2CH_2CH_2CH_2CH_2CHO$$

一般采用位阻较大的二取代硼烷，可以使链端的炔键只与一分子硼烷反应，经氧化水解后得到醛。

4. 甲基取代芳烃的氧化

$$C_6H_5CH_3 \xrightarrow[60\%H_2SO_4]{MnO_2} C_6H_5CHO$$

5. Rosenmund 还原

用负载在硫酸钡上的金属钯作催化剂，酰氯加氢还原可以得到还原产物醛，称为 Rosenmund 还原。

$$CH_3CH_2COCl + H_2 \xrightarrow[\triangle]{Pd/BaSO_4} CH_3CH_2CHO$$

$$\text{2-萘甲酰氯(COCl)} + H_2 \xrightarrow[\text{二甲苯},\triangle]{Pd/BaSO_4} \text{2-萘甲醛(CHO)}$$

6. 芳环上的甲酰化反应

在 $AlCl_3$ 和 CuCl 催化下，等物质的量的 CO 和 HCl 与苯反应，直接在苯环上导入甲酰基的反应称为 Gattermann-Koch 反应。

$$\text{苯} + CO + HCl \xrightarrow[\triangle]{AlCl_3,CuCl} \text{苯甲醛(CHO)}$$

这与芳环上的 Friedel-Crafts 酰基化反应相似，只是甲酰氯极不稳定，一旦生成后立即分解为 CO 和 HCl，因此这里亲电的酰化剂可能是甲酰基正离子。

$$:C\equiv O + H^+ \longrightarrow H-C\equiv\overset{+}{O} \longleftrightarrow H-\overset{+}{C}=O$$

甲酰基正离子

$$\text{间苯二酚(OH, OH)} \xrightarrow{Zn(CN)_2,HCl} \xrightarrow{H_2O} \text{2,4-二羟基苯甲醛(CHO, OH, OH)} \quad \text{(Gatterman反应)}$$

$$\text{N,N-二甲基苯胺}(N(CH_3)_2) + HCON(CH_3)_2 \xrightarrow[2)\ H_2O]{1)\ POCl_3} \text{对二甲氨基苯甲醛}(CHO, N(CH_3)_2) \quad \text{(Vilsmeier反应)}$$

在 Vilsmeier 反应中，只有活泼芳烃(如 *N*,*N*-二甲基苯胺、酚、酚醚等)与二甲基甲酰胺和三氯氧磷反应，才能在芳环上导入甲酰基。

反应中，首先是二甲基甲酰胺与三氯氧磷生成 $[Cl\overset{+}{C}HN(CH_3)_2]Cl_2\overset{O}{\overset{\|}{P}}O^-$，亲电试剂为

$Cl\overset{+}{C}HN(CH_3)_2$。然后与活泼芳环发生亲电取代反应，生成的亚胺盐水解后生成芳醛。

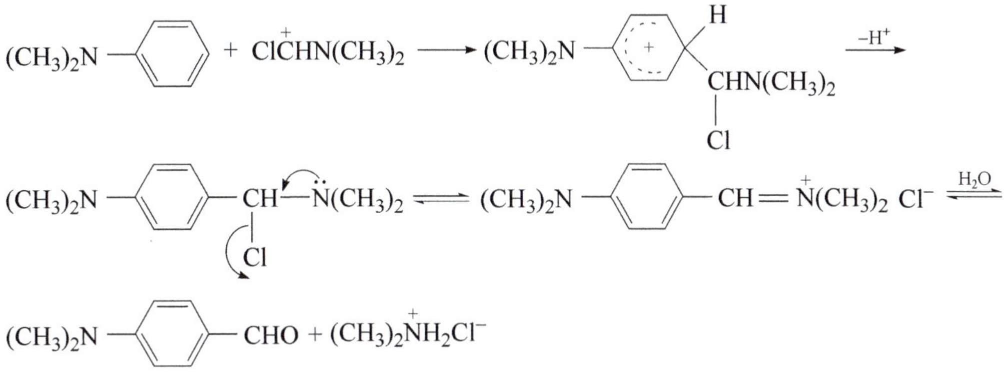

$$(CH_3)_2N-C_6H_5 + Cl\overset{+}{C}HN(CH_3)_2 \longrightarrow (CH_3)_2N-\overset{+}{C_6H_5}-CH(Cl)N(CH_3)_2 \xrightarrow{-H^+}$$

$$(CH_3)_2N-C_6H_4-CH(Cl)-\ddot{N}(CH_3)_2 \rightleftharpoons (CH_3)_2N-C_6H_4-CH=\overset{+}{N}(CH_3)_2\ Cl^- \overset{H_2O}{\rightleftharpoons}$$

$$(CH_3)_2N-C_6H_4-CHO + (CH_3)_2\overset{+}{N}H_2Cl^-$$

7. α,α-二卤代芳烃的水解

$$C_6H_5CHCl_2 \xrightarrow[H_2O]{Na_2CO_3} C_6H_5CHO$$

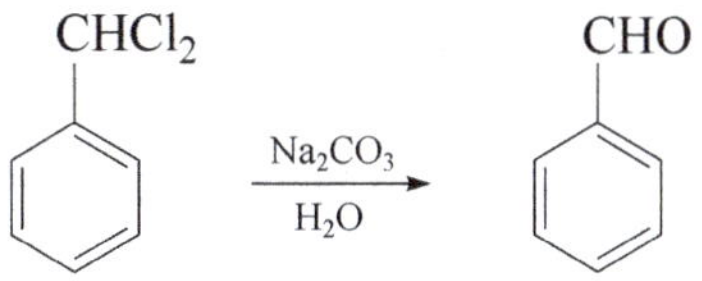

14.9　转变成酮的反应

1. 仲醇的氧化

$$CH_3CH_2CH_2CH_2CH_2CH_2\underset{OH}{\underset{|}{C}}HCH_3 \xrightarrow{Na_2Cr_2O_7,\ H_2SO_4, H_2O} CH_3CH_2CH_2CH_2CH_2CH_2\underset{O}{\underset{\|}{C}}CH_3$$

2. 烯烃的臭氧化

$$CH_3CH_2\overset{CH_3}{\overset{|}{C}}=CH_2 \xrightarrow{O_3} \xrightarrow{Zn/H_2O} CH_3CH_2\overset{CH_3}{\overset{|}{C}}=O + HCHO$$

3. 炔烃的硼氢化-氧化

$$CH_3CH_2C\equiv CCH_2CH_3 \xrightarrow[THF]{B_2H_6} \xrightarrow[OH^-]{H_2O_2} CH_3CH_2CH_2COCH_2CH_3$$

只有对称的炔烃才能得到单一产物。

4. 炔烃的水合

$$CH_3CH_2CH_2C\equiv CCH_2CH_2CH_3 + H_2O \xrightarrow{HgSO_4,H_2SO_4} CH_3CH_2CH_2CH_2\underset{\underset{O}{\|}}{C}CH_2CH_2CH_3$$

$$CH_3CH_2CH_2CH_2CH_2CH_2C\equiv CH + H_2O \xrightarrow{HgSO_4,H_2SO_4} CH_3CH_2CH_2CH_2CH_2CH_2\underset{\underset{O}{\|}}{C}CH_3$$

链端炔烃得到甲基酮，不对称的炔烃得到两个酮的混合物。

5. 腈、酰氯与格氏试剂的反应

$$C_6H_5C\equiv N + C_6H_5MgBr \xrightarrow{(C_2H_5)_2O} \xrightarrow{H_3O^+} C_6H_5\underset{\underset{O}{\|}}{C}C_6H_5$$

$$CH_3COCl + CH_3CH_2CH_2CH_2MgCl \xrightarrow[-70℃]{(C_2H_5)_2O,FeCl_3} CH_3COCH_2CH_2CH_2CH_3$$

6. β-酮羧酯的烃化物成酮水解

$$CH_3COCH_2COOC_2H_5 \xrightarrow[2)\ RX]{1)\ OH^-} CH_3CO\underset{\underset{R}{|}}{C}HCOOC_2H_5 \xrightarrow[2)\ H_3O^+]{1)\ OH^-,H_2O} CH_3COCH_2R$$

RX 可以是卤代烷烃、卤代烯烃、卤代酮、卤代羧酸酯等，分别得到含甲基酮的不同产物。

7. 芳烃侧链 α-碳上的氧化

$$C_6H_5CH_2CH_3 \xrightarrow[(CH_3CO)_2O]{CrO_3} \xrightarrow{H_3O^+} C_6H_5COCH_3$$

8. 芳烃的酰化

$$C_6H_5CH_3 + CH_3COCl \xrightarrow{AlCl_3} p\text{-}CH_3C_6H_4COCH_3$$

$$1,3\text{-}(HO)_2C_6H_4 + CH_3CN \xrightarrow[HCl]{ZnCl_2} 2,4\text{-}(HO)_2C_6H_3COCH_3$$

9. 频哪醇重排

邻二叔醇在酸性条件下容易发生频哪醇重排反应。

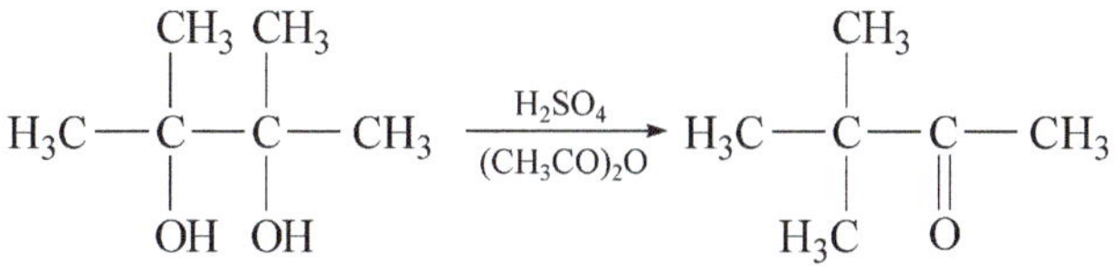

$$H_3C-\underset{OH}{\overset{CH_3}{C}}-\underset{OH}{\overset{CH_3}{C}}-CH_3 \xrightarrow[(CH_3CO)_2O]{H_2SO_4} H_3C-\underset{H_3C}{\overset{CH_3}{C}}-\underset{\|}{C}(=O)-CH_3$$

频哪醇的重排产物称为频哪酮，其特点是酮羰基的 α-碳原子通常是季碳原子，这种重排产物是用一般合成方法难以制得的。

结构不对称的频哪醇重排时，首先是其中一个羟基先质子化以水分子离去，形成相对较稳定的碳正离子，然后才是迁移能力大的基团发生迁移，生成相应的频哪酮。

两个羟基处于 aa 键和 ae 键的邻位环己二叔醇在发生频哪醇重排时，分别生成不同的重排产物。例如

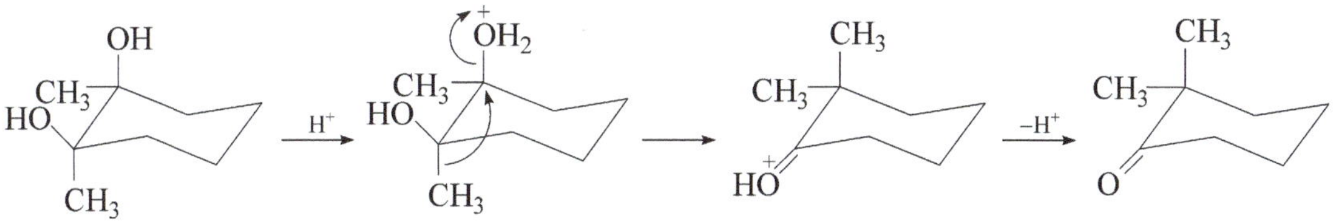

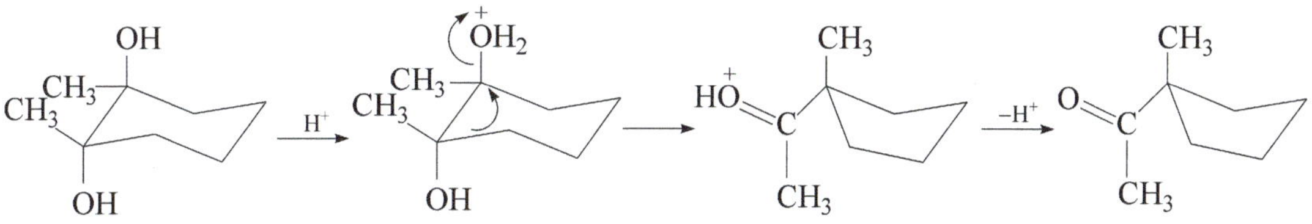

某些能形成与频哪醇重排中的碳正离子类似的反应物，在反应中也可以发生相似的重排。例如

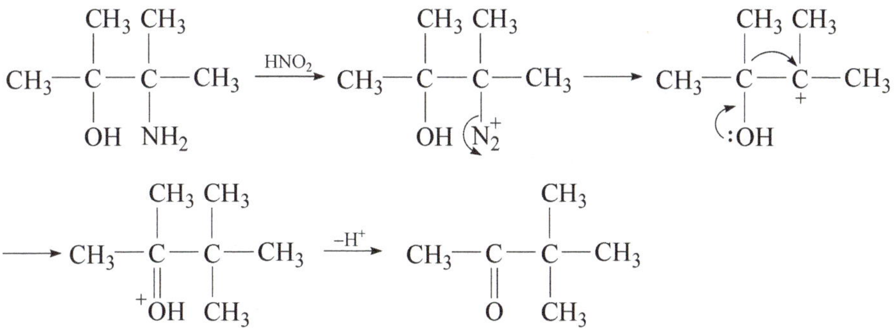

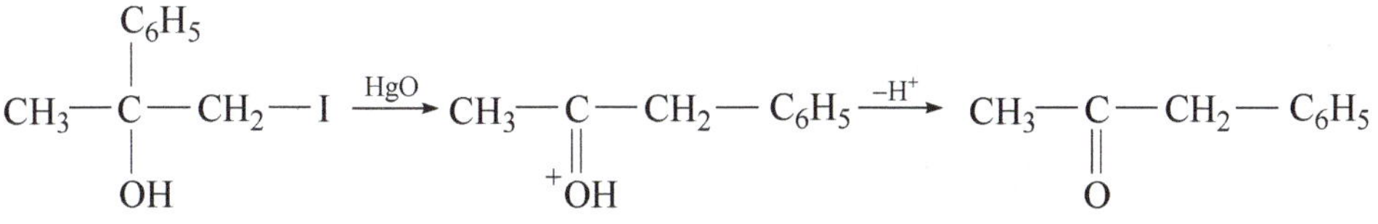

$$CH_3-\underset{OH}{\overset{CH_3}{C}}-\underset{NH_2}{\overset{CH_3}{C}}-CH_3 \xrightarrow{HNO_2} CH_3-\underset{OH}{\overset{CH_3}{C}}-\underset{N_2^+}{\overset{CH_3}{C}}-CH_3 \longrightarrow CH_3-\underset{:OH}{\overset{CH_3}{C}}-\overset{CH_3}{\underset{+}{C}}-CH_3$$

$$\longrightarrow CH_3-\underset{^+OH}{C}-\underset{CH_3}{\overset{CH_3}{C}}-CH_3 \xrightarrow{-H^+} CH_3-\underset{O}{\overset{}{C}}-\underset{CH_3}{\overset{CH_3}{C}}-CH_3$$

$$CH_3-\underset{OH}{\overset{C_6H_5}{C}}-CH_2-I \xrightarrow{HgO} CH_3-\underset{^+OH}{C}-CH_2-C_6H_5 \xrightarrow{-H^+} CH_3-\underset{O}{C}-CH_2-C_6H_5$$

10. 己二酸和庚二酸的脱羧反应

己二酸和庚二酸受热可以同时脱羧、脱水生成环戊酮和环己酮。

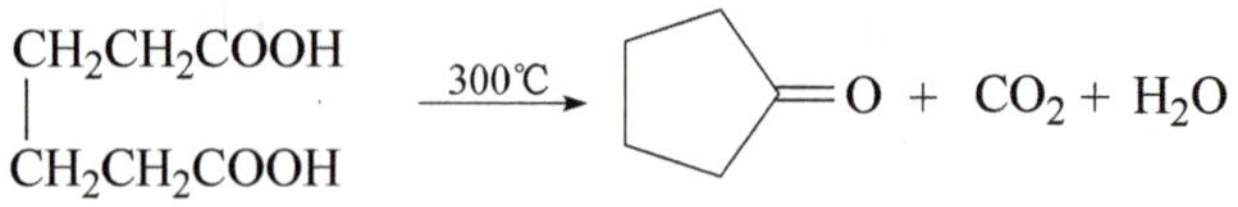

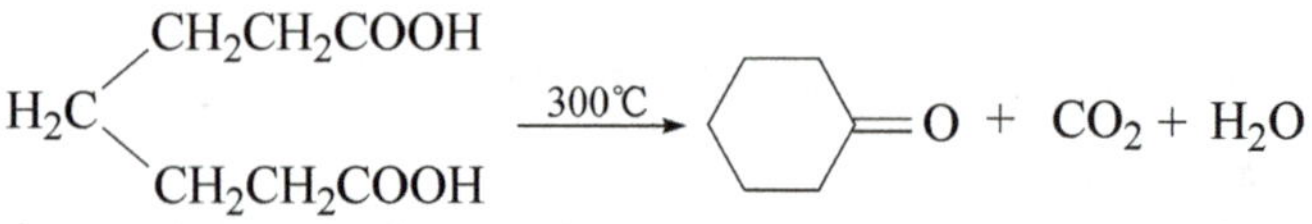

$$\begin{matrix}CH_2CH_2COOH\\|\\CH_2CH_2COOH\end{matrix}\xrightarrow{300℃}\text{环戊酮}(C_5H_8{=}O)+CO_2+H_2O$$

$$H_2C\begin{matrix}\diagup CH_2CH_2COOH\\ \diagdown CH_2CH_2COOH\end{matrix}\xrightarrow{300℃}\text{环己酮}(C_6H_{10}{=}O)+CO_2+H_2O$$

11. 羧酸与有机锂试剂的反应

1mol 羧酸与 2mol 有机锂试剂反应得到酮。

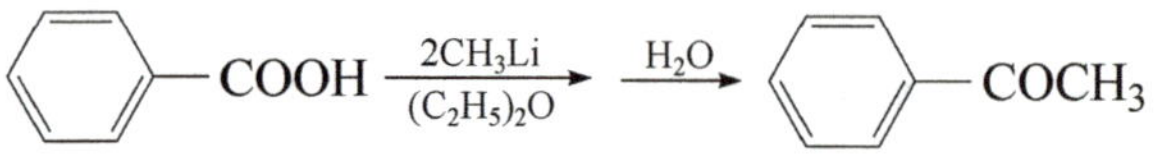

$$C_6H_5COOH\xrightarrow[(C_2H_5)_2O]{2CH_3Li}\xrightarrow{H_2O}C_6H_5COCH_3$$

82%

$$\text{2,2-二苯基环丙烷羧酸 (Ph, Ph; COOH, H)}\xrightarrow{2C_6H_5Li}\xrightarrow{H_2O}\text{(Ph, Ph; }COC_6H_5\text{, H)}$$

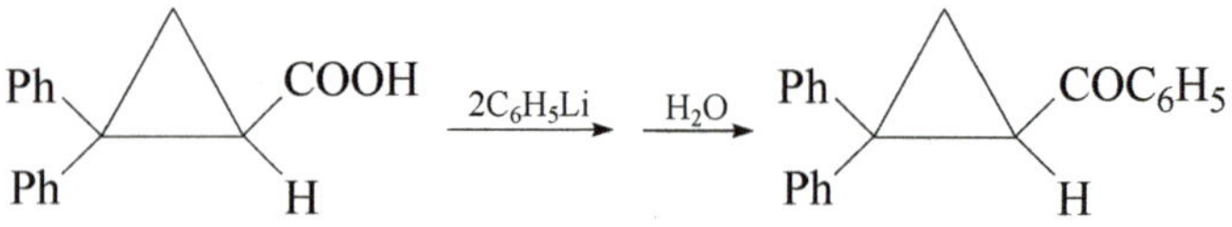

73%

反应在乙醚、苯或四氢呋喃溶剂中进行。

14.10 转变成羧酸的反应

1. 伯醇、醛和酮的氧化

$$CH_3CH_2CH_2OH\xrightarrow{K_2Cr_2O_7,H_2SO_4}CH_3CH_2COOH$$

$$(CH_3)_2CHCHO\xrightarrow[\triangle]{Ag_2O}(CH_3)_2CHCOOH$$

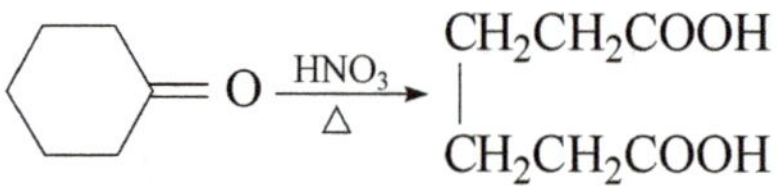

$$\text{环己酮}\xrightarrow[\triangle]{HNO_3}\begin{matrix}CH_2CH_2COOH\\|\\CH_2CH_2COOH\end{matrix}$$

只有对称性的环酮氧化时才可以得到单一产物。

2. 格氏试剂与二氧化碳的反应

$$(CH_3)_3CMgBr+CO_2\xrightarrow{Et_2O}\xrightarrow{H_3O^+}(CH_3)_3CCOOH$$

3. 烃的氧化

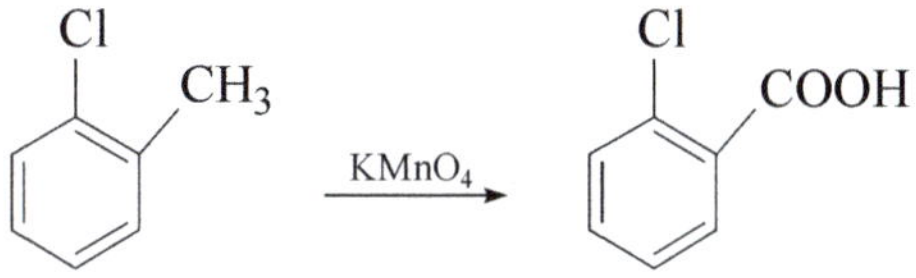

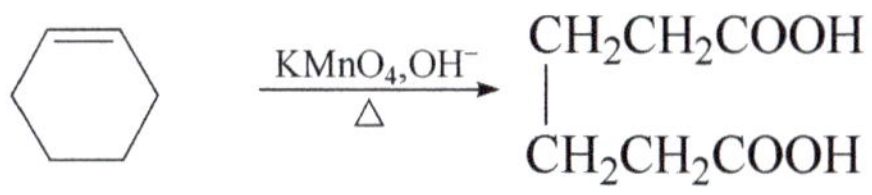

$$\text{(2-chlorotoluene)} \xrightarrow{KMnO_4} \text{(2-chlorobenzoic acid)}$$

$$\text{(cyclohexene)} \xrightarrow[\triangle]{KMnO_4,OH^-} \begin{matrix} CH_2CH_2COOH \\ | \\ CH_2CH_2COOH \end{matrix}$$

$$CH_3CH_2CH_2C{\equiv}CCH_2CH_3 \xrightarrow[CCl_4]{O_3} \xrightarrow{H_2O} CH_3CH_2CH_2COOH + CH_3CH_2COOH$$

$$CH_3CH_2CH_2C{\equiv}CCH_2CH_3 \xrightarrow[OH^-,\triangle]{KMnO_4} \xrightarrow{H_3O^+} CH_3CH_2CH_2COOH + CH_3CH_2COOH$$

4. 羧酸衍生物(含腈)的水解

$$CH_3CH_2COOR \xrightarrow[H^+或OH^-]{H_2O} CH_3CH_2COOH$$

$$(CH_3CO)_2O \xrightarrow{H_2O} CH_3COOH$$

$$(C_6H_5)_2CHCH_2COCl \xrightarrow{H_2O,Na_2CO_3} (C_6H_5)_2CHCH_2COOH$$

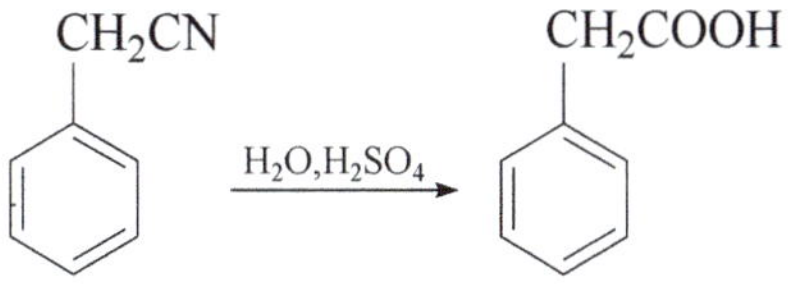

$$C_6H_5CH_2CN \xrightarrow{H_2O,H_2SO_4} C_6H_5CH_2COOH$$

5. 甲基酮的卤仿反应

$$(CH_3)_3CCOCH_3 \xrightarrow[H_2O]{NaOCl} \xrightarrow{H^+} (CH_3)_3CCOOH$$

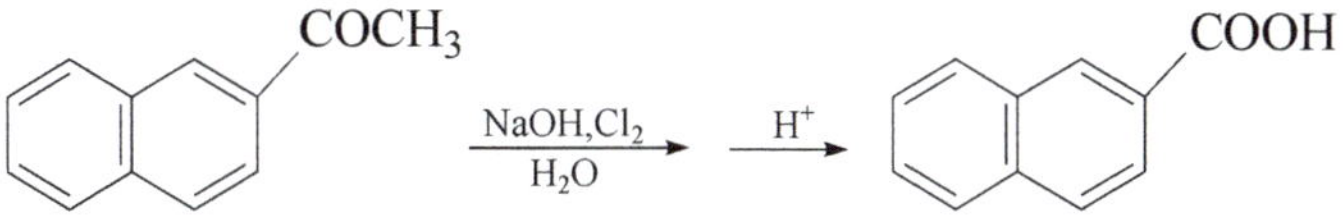

$$\text{2-}C_{10}H_7COCH_3 \xrightarrow[H_2O]{NaOH,Cl_2} \xrightarrow{H^+} \text{2-}C_{10}H_7COOH$$

6. 丙二酸酯的烃化水解

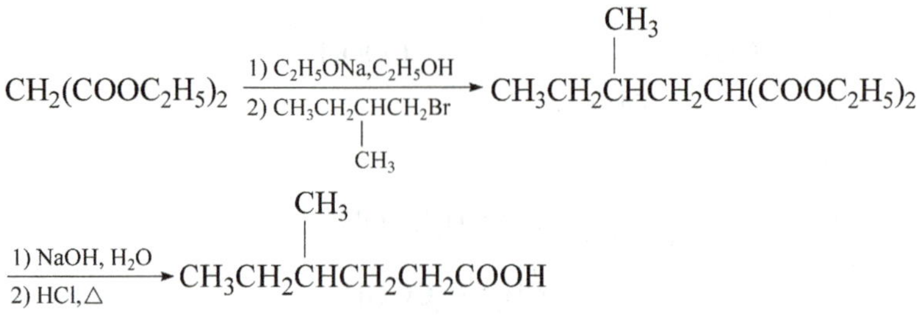

$$CH_2(COOC_2H_5)_2 \xrightarrow[2)\ CH_3CH_2CH(CH_3)CH_2Br]{1)\ C_2H_5ONa, C_2H_5OH} CH_3CH_2CH(CH_3)CH_2CH(COOC_2H_5)_2$$

$$\xrightarrow[2)\ HCl, \triangle]{1)\ NaOH, H_2O} CH_3CH_2CH(CH_3)CH_2CH_2COOH$$

$$CH_2(COOC_2H_5)_2 \xrightarrow[2)\ BrCH_2CH_2CH_2CH_2Br]{1)\ C_2H_5ONa, C_2H_5OH} \text{(环戊基)}C(COOC_2H_5)_2 \xrightarrow[2)\ H^+, \triangle]{1)\ NaOH, H_2O} \text{(环戊基)}CHCOOH$$

7. α-卤代酮的 Favorskii 重排反应

$$C_6H_5CH_2COCH_2Cl \xrightarrow[2)\ H_3O^+]{1)\ NaOH, H_2O} C_6H_5CH_2CH_2COOH$$

$$\text{2-溴环己酮} \xrightarrow[2)\ H_3O^+]{1)\ NaOH, H_2O} \text{环戊基}-COOH$$

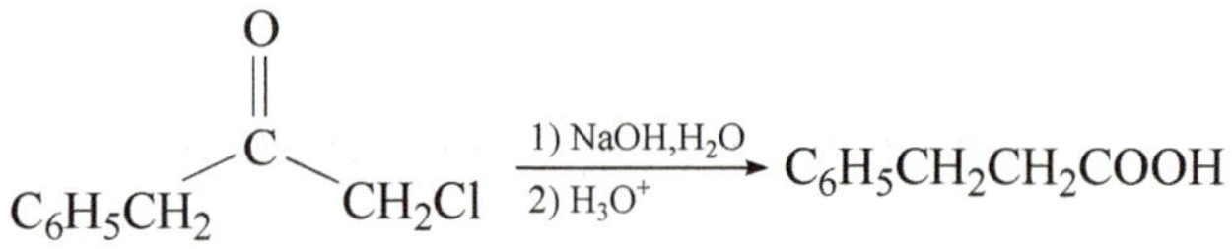

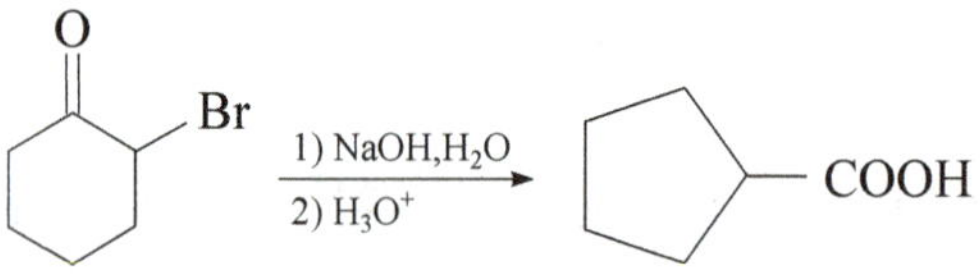

如果重排反应在醇溶剂中进行,则重排后得到相应的羧酸酯。

14.11 转变成胺的反应

1. 卤代烃的氨(胺)解

$$CH_3(CH_2)_6CH_2Br + NH_3(\text{过量}) \longrightarrow \underset{\text{通常得到混合物}}{CH_3(CH_2)_6CH_2NH_2}$$

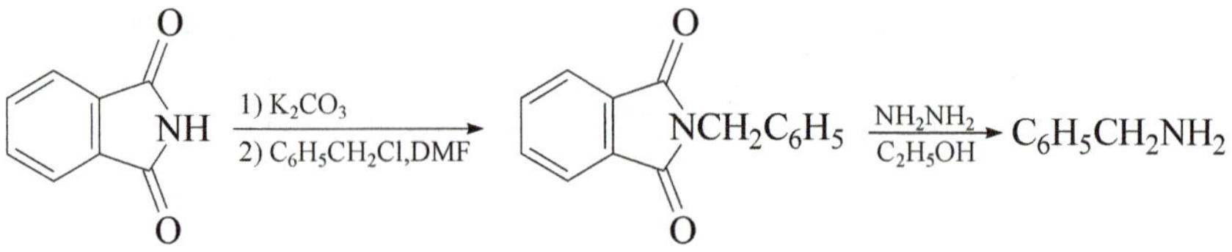

$$\text{邻苯二甲酰亚胺(NH)} \xrightarrow[2)\ C_6H_5CH_2Cl, DMF]{1)\ K_2CO_3} \text{邻苯二甲酰亚胺-}NCH_2C_6H_5 \xrightarrow[C_2H_5OH]{NH_2NH_2} C_6H_5CH_2NH_2$$

2. 芳香族卤代烃的亲核取代

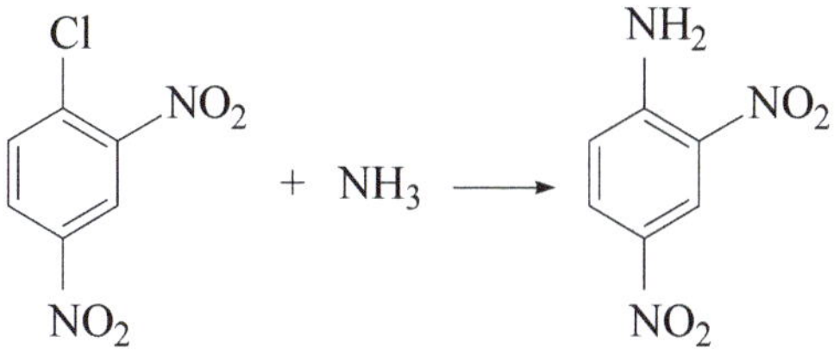

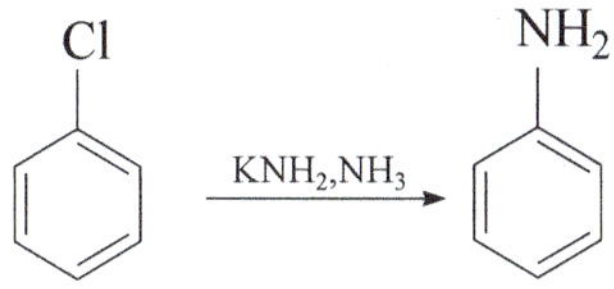

$$\text{1-Cl-2,4-(NO}_2)_2\text{C}_6\text{H}_3 + NH_3 \longrightarrow \text{1-NH}_2\text{-2,4-(NO}_2)_2\text{C}_6\text{H}_3$$

$$C_6H_5Cl \xrightarrow{KNH_2,NH_3} C_6H_5NH_2$$

3. 硝基化合物的还原

$$p\text{-}ClC_6H_4NO_2 \xrightarrow[2)\ NaOH]{1)\ Fe,HCl} p\text{-}ClC_6H_4NH_2$$

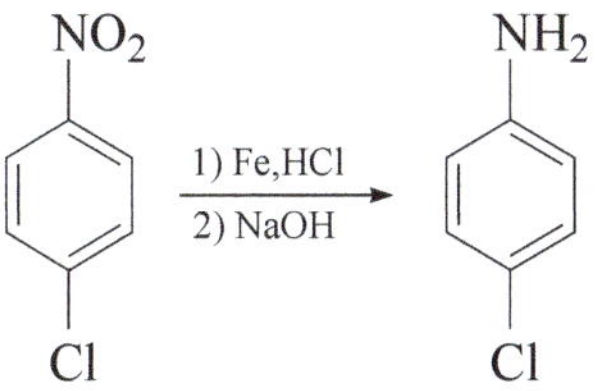

4. 腈和酰胺的还原

$$CH_3CH_2CH_2CN \xrightarrow{H_2,Pd/C} CH_3CH_2CH_2CH_2NH_2$$

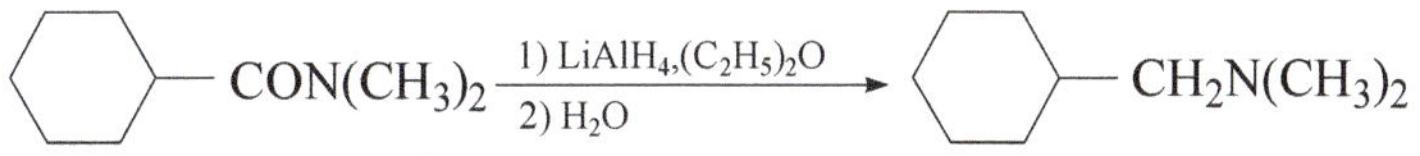

$$C_6H_{11}\text{—}CON(CH_3)_2 \xrightarrow[2)\ H_2O]{1)\ LiAlH_4,(C_2H_5)_2O} C_6H_{11}\text{—}CH_2N(CH_3)_2$$

5. 醛、酮的还原胺化

醛、酮在氨(胺)存在下催化加氢还原,生成伯胺、仲胺和叔胺的反应称为醛、酮的还原胺化。

$$CH_3CH_2COCH_2CH_3 + NH_3 \longrightarrow \xrightarrow[Ni]{H_2} CH_3CH_2CH(NH_2)CH_2CH_3$$

$$\text{环己酮}(C_6H_{10}{=}O) + NH_3 \longrightarrow \xrightarrow[C_2H_5OH]{H_2,Ni} C_6H_{11}\text{—}NH_2$$

$$C_6H_5\text{—}CHO + CH_3CH_2NH_2 \longrightarrow \xrightarrow[C_2H_5OH]{H_2,Pt/C} C_6H_5\text{—}CH_2NHCH_2CH_3$$

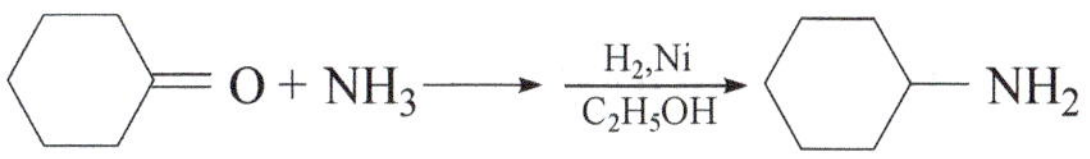

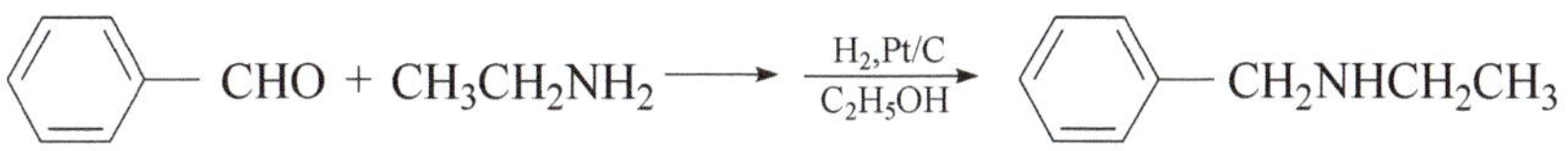

反应经过加成、消除得到亚胺，亚胺再被还原得到胺化产物。

醛、酮与仲胺反应后催化加氢得到叔胺。

$$CH_3CH_2CH_2CHO + \text{哌啶} \longrightarrow \xrightarrow[C_2H_5OH]{H_2,Ni} CH_3CH_2CH_2CH_2-N(\text{哌啶基})$$

醛、酮的还原胺化是合成胺类化合物的有效方法。

6. Hofmann 重排

酰胺与次卤酸盐的碱性溶液（或卤素的氢氧化钠溶液）反应，生成比酰胺少一个碳原子的伯胺，称为 Hofmann 重排或 Hofmann 降解。

$$R-\overset{O}{\overset{\|}{C}}-NH_2 \xrightarrow{NaOH/X_2} R-NH_2 + CO_2$$

反应经过异氰酸酯中间体，然后水解得到相应的伯胺。例如

$$m\text{-}BrC_6H_4CONH_2 \xrightarrow[NaOH]{Br_2} m\text{-}BrC_6H_4CONHBr \xrightarrow{\text{重排}} m\text{-}BrC_6H_4N=C=O \xrightarrow[H_2O]{HO^-} m\text{-}BrC_6H_4NH_2 \ (87\%)$$

如果酰胺的 α-碳原子为手性碳原子，则重排后手性碳原子的构型保持不变。例如

$$(H)(CH_3)(C_6H_5)C-CONH_2 \xrightarrow{Br_2+NaOH} (H)(CH_3)(C_6H_5)C-NH_2$$

Hofmann 重排可以用于合成脂肪族或芳香族伯胺，特别是利用亲核取代反应难以制得的伯胺，用 Hofmann 重排反应却可以得到较好的结果。

7. Lossen 重排、Curtius 重排和 Schmidt 重排

Lossen 重排、Curtius 重排和 Schmidt 重排的反应机理都与 Hofmann 重排反应类似，经异氰酸酯中间体，然后水解得到相应的伯胺。

Lossen 重排：

$$C_6H_5CHO \xrightarrow[H_2O_2]{NH_2OH} C_6H_5\overset{O}{\overset{\|}{C}}-NHOH \xrightarrow[\triangle]{NaOH} C_6H_5N=C=O \xrightarrow[-CO_2]{H_2O} C_6H_5NH_2$$

Lossen 重排中除用异羟肟酸（RCONHOH）外，还可以用其酰化物（RCONHOCOR′）。

Curtius 重排：

(cis-2-苯基环丙烷甲酰氯) $\xrightarrow{NaN_3}$ $\xrightarrow[CHCl_3]{-N_2}$ (异氰酸酯) $\xrightarrow[-CO_2]{H_2O}$ (胺)

Schmidt 重排：

$$CH_3(CH_2)_3CH_2COOH \xrightarrow[H_2SO_4]{HN_3} CH_3(CH_2)_3CH_2CON_3 \xrightarrow{重排} CH_3(CH_2)_3CH_2—N=C=O$$

$$\xrightarrow[KOH]{H_2O} \underset{70\%\sim75\%}{CH_3(CH_2)_3CH_2NH_2}$$

Lossen 重排、Curtius 重排和 Schmidt 重排与 Hofmann 重排反应一样，如果迁移的碳原子为手性碳原子，则迁移后手性碳原子的构型也保持不变。

14.12　转变成酯的反应

1. 羧酸的直接酯化

$$CH_3COOH + CH_3CH_2OH \underset{}{\overset{H^+}{\rightleftharpoons}} CH_3COOCH_2CH_3$$

2. 羧酸衍生物的醇解

$$CH_3COCl + (CH_3)_3COH \xrightarrow[Et_2O]{C_6H_5N(CH_3)_2} CH_3COOC(CH_3)_3$$

$$CH_3CH_2COCl + C_6H_5OH \xrightarrow{Et_3N} CH_3CH_2COOC_6H_5$$

3. 酮或醛的过氧酸氧化

酮与过氧酸反应，在酮羰基与烃基之间插入一个氧原子，结果是酮被氧化重排生成酯，称为 Baeyer-Villiger 氧化重排。

$$R—\underset{R'}{C}=O + CH_3COOOH \longrightarrow R—\underset{OR'}{C}=O$$

对于 R 和 R′不相同的不对称酮，可以得到两种不同的氧化重排产物，但由于 R 和 R′的迁移能力不同，结果总是氧插入羰基和迁移能力较大的烃基之间，这种酯是氧化重排的主要产物。基团迁移能力的大小次序为 H>芳基>叔烷基>仲烷基>伯烷基>甲基。

$$C_6H_{11}COCH_3 + C_6H_5COOOH \xrightarrow{CHCl_3} \underset{67\%}{C_6H_{11}OCOCH_3}$$

在同样条件下，醛被氧化重排为酸。

14.13 转变成酰胺的反应

1. 羧酸衍生物的氨(胺)解

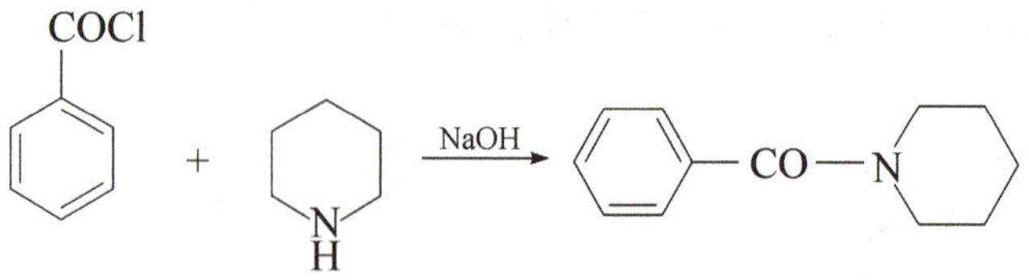

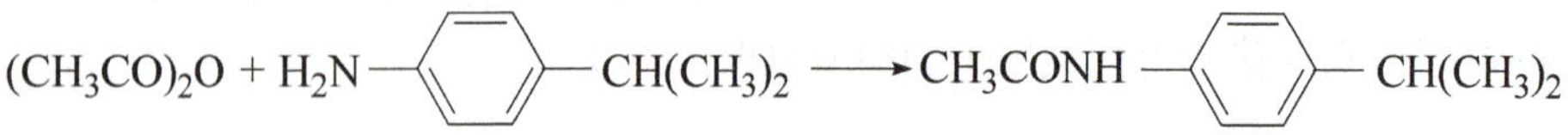

$$C_6H_5COCl + \text{哌啶} \xrightarrow{NaOH} C_6H_5CO-N(CH_2)_5$$

$$(CH_3CO)_2O + H_2N-C_6H_4-CH(CH_3)_2 \longrightarrow CH_3CONH-C_6H_4-CH(CH_3)_2$$

$$CH_3CH_2COOCH_2CH_3 + CH_3NH_2 \longrightarrow CH_3CH_2CONHCH_3$$

2. 腈的部分水解

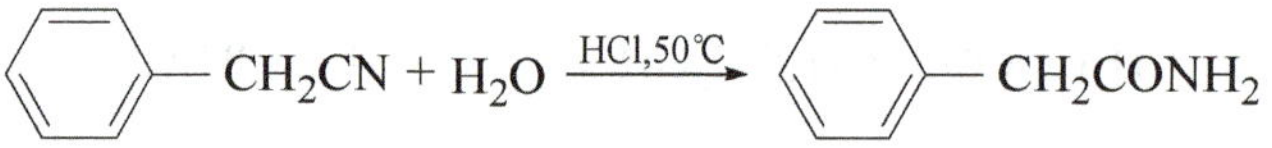

$$C_6H_5CH_2CN + H_2O \xrightarrow{HCl,50℃} C_6H_5CH_2CONH_2$$

3. Beckmann 重排

酮肟在酸性催化剂(如 H_2SO_4、$POCl_3$、PCl_5、聚磷酸等)作用下重排生成酰胺,称为 Beckmann 重排。

$$RR'C{=}N{-}OH \xrightarrow{PCl_5} RCONHR'$$

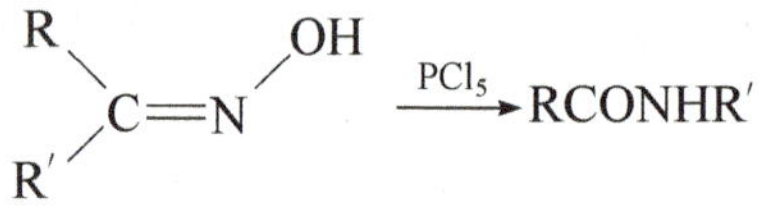

在 Beckmann 重排反应中,只有与羟基处于反位的烃基才能迁移,因此酮肟的两种顺反异构体经重排后的产物是不同的。例如

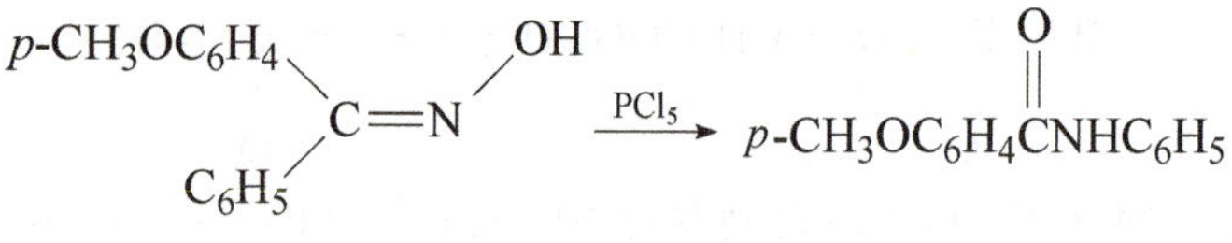

$$(p\text{-}CH_3OC_6H_4)(C_6H_5)C{=}N{-}OH \xrightarrow{PCl_5} p\text{-}CH_3OC_6H_4\overset{O}{\overset{\|}{C}}NHC_6H_5$$

*Z*构型

$$(C_6H_5)(p\text{-}CH_3OC_6H_4)C{=}N{-}OH \xrightarrow{PCl_5} C_6H_5\overset{O}{\overset{\|}{C}}NHC_6H_4OCH_3\text{-}p$$

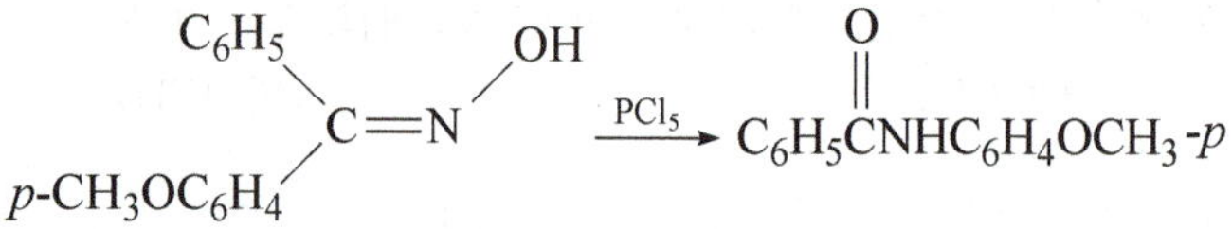

*E*构型

如果迁移的碳原子是手性碳原子,则迁移后手性碳原子的构型保持不变。这说明迁移基团在迁移过程中没有离开分子,迁移与水分子的离去是同步完成的。例如

$$(CH_3)_2CH(CH_3)CH\text{—}C(CH_3)\text{=}N\text{—}OH \xrightarrow{H^+} (CH_3)_2CH(CH_3)CH\text{—}NHCOCH_3$$

14.14　转变成腈的反应

1. 卤代烃与氰化物的反应

$$CH_3CH_2CH_2Br + NaCN \xrightarrow[\triangle]{CH_3CH_2OH} CH_3CH_2CH_2CN$$

2. 酰胺脱水

$$CH_3CH_2CH_2CH_2CH(CH_2CH_3)CONH_2 \xrightarrow[C_6H_6,\triangle]{P_2O_5\text{或}SOCl_2} CH_3CH_2CH_2CH_2CH(CH_2CH_3)CN$$

3. 芳胺重氮盐的取代

$$p\text{-}CH_3C_6H_4NH_2 \xrightarrow[0\sim5℃]{NaNO_2,HCl} p\text{-}CH_3C_6H_4\overset{+}{N}_2Cl^- \xrightarrow[\triangle]{CuCN,KCN} p\text{-}CH_3C_6H_4CN$$

14.15　转变成酸酐的反应

1. 羧酸直接脱水

$$CH_3COOH \xrightarrow{\triangle} (CH_3CO)_2O$$

$$o\text{-}C_6H_4(COOH)_2 \xrightarrow{\triangle} C_6H_4(CO)_2O$$

2. 酰氯与羧酸或羧酸盐的反应

$$CH_3(CH_2)_5COCl + CH_3(CH_2)_5COOH \xrightarrow[\triangle]{C_5H_5N} CH_3(CH_2)_5\overset{O}{\overset{\|}{C}}-O-\overset{O}{\overset{\|}{C}}(CH_2)_5CH_3$$

$$CH_3CH_2COCl + CH_3COONa \xrightarrow{Et_2O} CH_3CH_2\overset{O}{\overset{\|}{C}}-O-\overset{O}{\overset{\|}{C}}CH_3$$

3. 羧酸与酸酐的交换

$$(CH_3CO)_2O + 2C_6H_5COOH \overset{\triangle}{\rightleftharpoons} \underset{72\%\sim74\%}{(C_6H_5CO)_2O} + 2CH_3COOH$$

14.16 转变成多官能团的反应

1. 氰醇的生成和转换

醛、酮与氢氰酸反应生成的氰醇水解可以得到α-羟基酸，后者失水得到α,β-不饱和羧酸。氰醇用 Raney Ni 催化加氢可以得到β-羟基胺。相应的产物都比原来的反应物醛、酮增加了一个碳原子，是碳链增长的反应。

$$(H_3C)_2C=O + HCN \longrightarrow \underset{\text{氰醇}}{(H_3C)_2C(OH)CN} \xrightarrow[H^+或OH^-]{H_2O} \underset{\alpha\text{-羟基酸}}{(H_3C)_2C(OH)COOH} \xrightarrow{-H_2O} \underset{\alpha,\beta\text{-不饱和羧酸}}{H_2C=\overset{CH_3}{\overset{|}{C}}-COOH}$$

$$\underset{\text{氰醇}}{R-\overset{OH}{\overset{|}{CH}}-C\equiv N} \xrightarrow[Raney\ Ni]{H_2} \underset{\beta\text{-羟基胺}}{R-\overset{OH}{\overset{|}{CH}}-CH_2NH_2}$$

2. 醇醛缩合反应

醇醛缩合反应生成β-羟基醛或β-羟基酮，β-羟基醛或β-羟基酮失去一分子水，生成α,β-不饱和醛或α,β-不饱和酮。

$$2RCH_2CHO \xrightarrow{HO^-} RCH_2\overset{OH}{\overset{|}{CH}}-\underset{R}{\underset{|}{C}}HCHO \xrightarrow{\triangle} RCH_2CH=\underset{R}{\underset{|}{C}}CHO$$

3. Fries 重排

在 $AlCl_3$ 催化下，酚的酯类化合物重排生成酚酮的反应称为 Fries 重排。

$$\text{C}_6\text{H}_5\text{OCOC}_6\text{H}_5 \xrightarrow{\text{AlCl}_3} o\text{-HOC}_6\text{H}_4\text{COC}_6\text{H}_5 + p\text{-HOC}_6\text{H}_4\text{COC}_6\text{H}_5$$

$$m\text{-H}_3\text{CC}_6\text{H}_4\text{OCOCH}_3 \begin{cases} \xrightarrow{25℃} \text{4-羟基-2-甲基苯乙酮 (OH, H}_3\text{C, COCH}_3) \\ \xrightarrow{165℃} \text{2-羟基-4-甲基苯乙酮 (OH, COCH}_3\text{, H}_3\text{C)} \end{cases}$$

4. Reformatsky 反应

在锌粉作用下，α-卤代酸酯与醛、酮在惰性溶剂中反应，反应产物经水解得到β-羟基酸酯，称为 Reformatsky 反应。例如

$$C_6H_5COCH_3 + BrCH_2COOC_2H_5 \xrightarrow[(C_2H_5)_2O]{Zn} \xrightarrow{H_2O} C_6H_5C(OH)(CH_3)CH_2COOC_2H_5$$

α-卤代酸酯与锌粉可能先生成有机锌试剂，由于其活性较低，只能与活性较大的醛、酮的羰基加成，而与酯羰基不发生反应。

$$BrCH_2COOC_2H_5 + Zn \xrightarrow{(C_2H_5)_2O} H_2C{=}C(OZnBr)OC_2H_5$$

$$C_6H_5C(=O)CH_3 + H_2C{=}C(OZnBr)OC_2H_5 \longrightarrow C_6H_5C(CH_3)(OZnBr)CH_2C(=O)OC_2H_5$$

$$\xrightarrow{H_2O} C_6H_5C(CH_3)(OH)CH_2COOC_2H_5$$

β-羟基酸酯经水解可以转变为β-羟基酸。β-羟基酸酯和β-羟基酸都可以脱水，分别生成

α,β-不饱和羧酸酯和 α,β-不饱和羧酸。

5. Michael 加成

在醇钠、六氢吡啶等碱存在下，含活泼亚甲基的化合物（如丙二酸二乙酯、乙酰乙酸乙酯、氰乙酸乙酯、乙酰丙酮等）或能提供碳负离子的化合物与 α,β-不饱和醛、酮或 α,β-不饱和羧酸酯及 α,β-不饱和腈等发生 1,4-共轭加成的反应称为 Michael 加成。例如

$$\text{环己-2-烯酮} + CH_2(COOC_2H_5)_2 \xrightarrow[C_2H_5OH]{C_2H_5ONa} \text{3-}[CH(COOC_2H_5)_2]\text{环己酮}$$

当由酮提供 α-碳负离子时，反应总是发生在取代基多的 α-碳原子上。例如

$$\text{2-甲基环己酮} + CH_2{=}CH{-}C(=O){-}OC_2H_5 \xrightarrow[C_2H_5OH]{C_2H_5ONa} \text{2-}CH_3\text{-2-}(CH_2CH_2COOC_2H_5)\text{环己酮}$$

Michael 加成主要用于合成 1,5-二羰基化合物或 1,5-二官能团化合物。Michael 加成反应是可逆的放热反应，一般在较低温度下就能发生反应，反应温度的升高对逆反应有利。

6. Robinson 增环反应

在醇钠等碱存在下，环酮或环酮衍生物与 α,β-不饱和醛、酮先发生 Michael 加成，随后发生醇醛缩合，生成五元或六元环状化合物的反应称为 Robinson 增环反应。例如

$$\text{环己酮} + H_2C{=}CH{-}C(=O){-}CH_3 \xrightarrow[\text{碱}]{\text{Michael加成}} \text{2-}(CH_2CH_2COCH_3)\text{环己酮} \xrightarrow[-H_2O]{\text{醇醛缩合}} \text{八氢萘-2-酮（}\Delta^{1,8a}\text{）}$$

反应中可以直接用 Mannich 碱的季铵盐代替 α,β-不饱和醛、酮，因为 Mannich 碱的季铵盐在加热时得到 α,β-不饱和醛、酮。例如

$$\text{2-}(COOC_2H_5)\text{环己酮} + \overset{+}{N}(CH_3)_3\,I^-{-}CH_2CH_2{-}C(=O){-}CH_3 \xrightarrow[\text{碱}]{\text{Michael加成}} \text{2-}COOC_2H_5\text{-2-}(CH_2CH_2COCH_3)\text{环己酮} \xrightarrow[-H_2O]{\text{醇醛缩合}} \text{4a-}COOC_2H_5\text{-八氢萘-2-酮}$$

凡是六元环的 α,β-不饱和醛、酮，从双键处断开，很容易推测其前体是 1,5-二羰基化合物，可以

通过 Michael 加成得到。

7. Perkin 反应

在弱碱催化下，芳香醛或杂环芳香醛与羧酸酐发生缩合反应，生成 α,β-不饱和羧酸，称为 Perkin 反应。例如

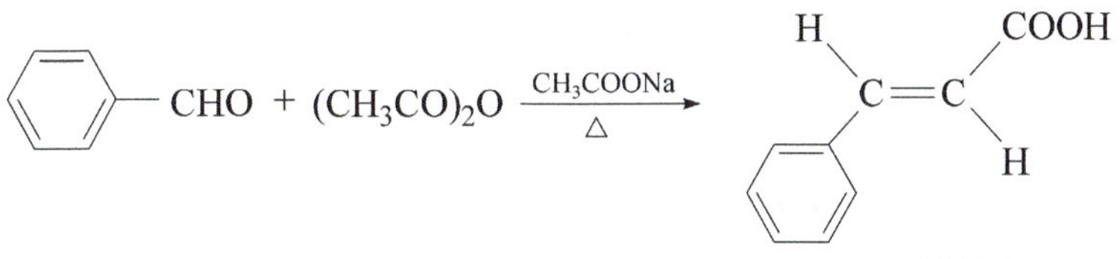

$$C_6H_5CHO + (CH_3CO)_2O \xrightarrow[\triangle]{CH_3COONa} (E)\text{-}C_6H_5CH{=}CHCOOH$$

(*E*)-肉桂酸

常用的催化剂是与酸酐相对应的羧酸盐。缩合产物主要是 E 构型。

8. 二芳羟乙酸重排

二苯乙二酮在浓氢氧化钠作用下，重排成二苯乙醇酸的钠盐，酸化后得到二苯乙醇酸，由于具有 α-羟基乙酸的结构特征，因此也称为二芳羟乙酸重排。

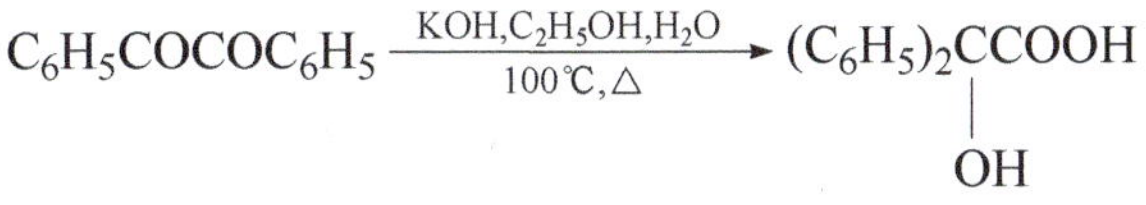

$$C_6H_5COCOC_6H_5 \xrightarrow[100℃,\triangle]{KOH,C_2H_5OH,H_2O} (C_6H_5)_2C(OH)COOH$$

二苯乙醇酸(95%)

脂肪族邻二酮也能发生类似的二芳羟乙酸重排反应。例如

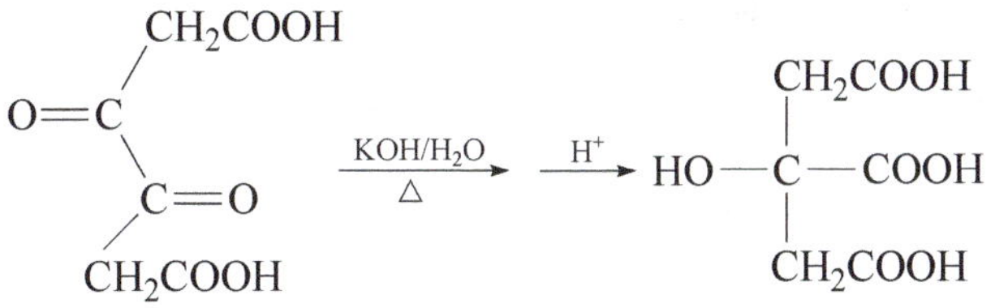

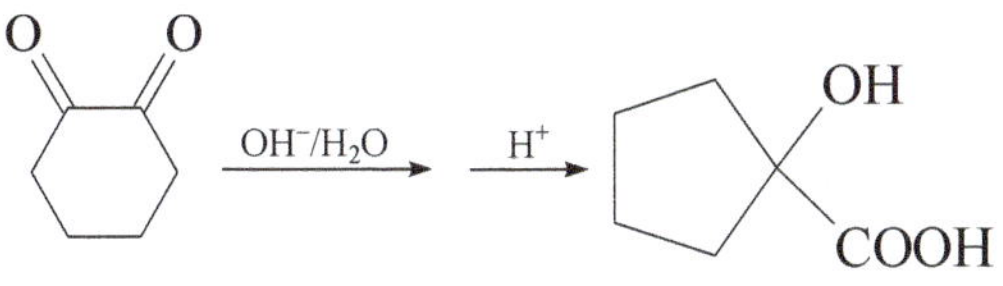

$$HOOCCH_2\text{-}CO\text{-}CO\text{-}CH_2COOH \xrightarrow[\triangle]{KOH/H_2O} \xrightarrow{H^+} HO\text{-}C(CH_2COOH)_2\text{-}COOH$$

$$\text{环己-1,2-二酮} \xrightarrow{OH^-/H_2O} \xrightarrow{H^+} \text{1-羟基环戊烷甲酸 (OH, COOH)}$$

9. Claisen 酯缩合反应

Claisen 酯缩合反应是在碱作用下，由两分子酯缩合生成 β-羰基酸酯，这是制备 1,3-二官能团化合物的主要方法。从反应的结果看，是具有 α-活泼氢的酯的 α-位被另一个作为酰化剂的酯酰化。由于两个不同的都具有 α-活泼氢的酯在缩合时会得到四种难以分离的混合物，因此没有制备上的意义。只有当一个没有 α-活泼氢的酯与另一个有 α-活泼氢的酯发生交叉的 Claisen 酯缩合才有制备上的意义。例如

$$C_6H_5COOC_2H_5 + CH_3COOC_2H_5 \xrightarrow{C_2H_5ONa} \xrightarrow{H_2O} C_6H_5COCH_2COOC_2H_5$$

Claisen 酯缩合的产物为 β-羰基酸酯，水解后得到 β-羰基酸，β-羰基酸在加热条件下很容易脱羧，最后得到酮。因此，有时在解析某些酮的合成时，如果在酮羰基的 α-位加上一个酯基（$—COOC_2H_5$），或许对合成设计有益。例如，用不超过三个碳原子的有机原料合成下列酮：

$$CH_3CH_2CO\underset{\displaystyle CH_3}{\underset{|}{C}H}CH_2CH{=}CH_2$$

如果在酮羰基的 α-位加上一个酯基，情况就变得简单多了。

$$CH_3CH_2CO\overset{\displaystyle COOC_2H_5}{\overset{|}{\underset{\displaystyle CH_3}{\underset{|}{C}}}}CH_2CH{=}CH_2$$

合成路线如下：

$$CH_3CH_2COOH \xrightarrow[H^+]{C_2H_5OH} CH_3CH_2COOC_2H_5$$

$$2CH_3CH_2COOC_2H_5 \xrightarrow{C_2H_5ONa} CH_3CH_2CO\underset{\displaystyle CH_3}{\underset{|}{C}H}COOC_2H_5 \xrightarrow{C_2H_5ONa} \xrightarrow{CH_2{=}CHCH_2Cl}$$

$$CH_3CH_2CO\overset{\displaystyle COOC_2H_5}{\overset{|}{\underset{\displaystyle CH_3}{\underset{|}{C}}}}CH_2CH{=}CH_2 \xrightarrow[\triangle]{OH^-} CH_3CH_2CO\underset{\displaystyle CH_3}{\underset{|}{C}H}CH_2CH{=}CH_2$$

对称的五元或六元环酮的合成也可以先在酮羰基的 α-位加上一个酯基，然后利用二元酸酯的分子内 Dieckmann 缩合反应制得。例如

$$CH_3—CH(CH_2CH_2COOC_2H_5)_2 \xrightarrow{C_2H_5ONa} \text{4-甲基-2-乙氧羰基环己酮} \xrightarrow[\triangle]{OH^-} \text{4-甲基环己酮}$$

对称环酮

在碱性条件下，没有 α-氢的羧酸酯与有 α-氢的酮也可以发生缩合反应，生成 1,3-二官能团化合物。例如

$$C_6H_5COOC_2H_5 + CH_3COC_6H_5 \xrightarrow[C_2H_5OH]{C_2H_5ONa} \xrightarrow{H_3O^+} C_6H_5COCH_2COC_6H_5$$

$$O{=}C(OC_2H_5)_2 + \text{环庚酮} \xrightarrow{NaH} \xrightarrow{H_3O^+} \text{2-乙氧羰基环庚酮}$$

10. Knoevenagel 反应

在有机碱催化下，醛、酮与含有活泼亚甲基的化合物（如丙二酸酯、丙二酸、氰乙酸酯等）发生缩合反应，生成 α,β-不饱和化合物的反应称为 Knoevenagel 反应。例如

$$C_6H_5\text{—}CHO + CH_2(COOC_2H_5)_2 \xrightarrow{\text{六氢吡啶}} C_6H_5\text{—}CH{=}C(COOC_2H_5)_2 \quad 91\%$$

$$(CH_3)(CH_3CH_2)C{=}O + NC\text{—}CH_2COOC_2H_5 \xrightarrow{\text{吡啶}} (CH_3)(CH_3CH_2)C{=}C(CN)COOC_2H_5 \quad 85\%$$

Knoevenagel 反应的条件比较温和，即使脂肪醛在这种有机碱催化下也不会发生醇醛缩合反应。因此，Knoevenagel 反应适用于合成多种类型的 α,β-不饱和化合物。

11. 安息香缩合

在氰化钾的催化作用下，两分子苯甲醛缩合生成二苯基羟乙酮的反应称为安息香缩合。

$$2C_6H_5CHO \xrightleftharpoons{CN^-} C_6H_5CH(OH)\text{—}C(=O)C_6H_5$$

安息香

缩合产物的特点是具有 α-羟基酮的双官能团化合物。

12. 联苯胺重排

氢化偶氮苯在酸催化下发生分子内重排，生成 4，4′-二氨基联苯的反应称为联苯胺重排。

$$C_6H_5\text{—}NH\text{—}NH\text{—}C_6H_5 \xrightarrow[\triangle]{H^+} H_2N\text{—}C_6H_4\text{—}C_6H_4\text{—}NH_2$$

联苯胺上的两个氨基可以经过重氮盐被 H 及其他取代基（如卤素、羟基、硝基、氰基等）取代，因此可以通过联苯胺重排反应合成对称的联苯型化合物。例如

$$C_6H_5CH_3 \xrightarrow[H_2SO_4]{HNO_3} o\text{-}NO_2C_6H_4CH_3 \xrightarrow[NaOH]{Zn} (o\text{-}CH_3C_6H_4)NH\text{—}NH(C_6H_4CH_3\text{-}o) \xrightarrow{H^+}$$

$$H_2N\text{—}C_6H_3(CH_3)\text{—}C_6H_3(CH_3)\text{—}NH_2 \xrightarrow[HCl]{NaNO_2} \xrightarrow{H_3PO_2} 3,3'\text{-}(CH_3)_2C_6H_4\text{—}C_6H_4$$

$$H_2N\text{-}C_6H_3(CH_3)\text{-}C_6H_3(CH_3)\text{-}NH_2 \xrightarrow[HBF_4]{NaNO_2} \xrightarrow{CuCN} NC\text{-}C_6H_3(CH_3)\text{-}C_6H_3(CH_3)\text{-}CN$$

$$\xrightarrow[\triangle]{H_3O^+} HOOC\text{-}C_6H_3(CH_3)\text{-}C_6H_3(CH_3)\text{-}COOH$$

13. Mannich反应

在弱酸催化下，具有α-活泼氢的醛、酮、酯、腈和硝基化合物等与甲醛和胺（伯胺或仲胺）缩合，生成α-活泼氢被胺甲基或取代胺甲基取代的反应称为Mannich反应。

$$C_6H_5\text{-}CO\text{-}CH_2\text{-}H + H_2C{=}O + H\text{-}N(C_2H_5)_2 \xrightarrow{H^+} C_6H_5\text{-}COCH_2CH_2N(C_2H_5)_2$$

Mannich反应的产物称为Mannich碱，具有β-氨基醛、酮的结构特征。Mannich反应是合成β-氨基醛、酮的重要方法之一。例如，通过Mannich反应可以制得颠茄酮和颠茄醇。

$$\begin{matrix}CH_2CHO\\|\\CH_2CHO\end{matrix} + CH_3NH_2 + \begin{matrix}CH_2COOH\\|\\C{=}O\\|\\CH_2COOH\end{matrix} \xrightarrow{pH=5} \text{颠茄酮} \xrightarrow{H_2/Ni} \text{颠茄醇}$$

颠茄酮　　颠茄醇

Mannich碱还可以为Michael加成反应提供反应物α,β-不饱和醛、酮。

14. 邻二醇的氧化

邻二醇可以被高碘酸氧化，两个羟基之间的碳碳σ键发生断裂，生成醛、酮或羧酸等。

$$(CH_3)_2C(OH)\text{-}C(OH)(CH_3)_2 + IO_4^- \xrightarrow{THF} \text{环状高碘酸酯中间体} \longrightarrow 2(CH_3)_2CO + IO_3^-$$

氧化过程经过环状中间体，如果邻位两个羟基相距太远，并且由于几何原因而不能靠近，形成不了环状中间体，则这种邻二醇就不能被高碘酸氧化。例如

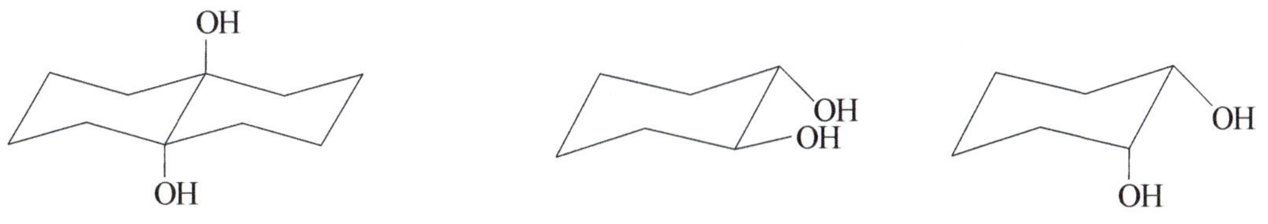

$$\text{反式十氢萘-4a,8a-二醇（OH 分别处于环的两侧）}$$

不能被高碘酸氧化

$$\text{环己烷-1,2-二醇（两种构型）}$$

能被高碘酸氧化

邻位多元醇及 α-羰基醇同样可以被高碘酸氧化。例如

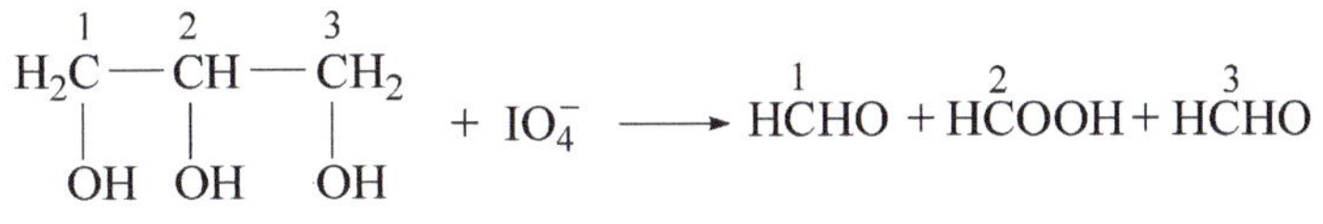

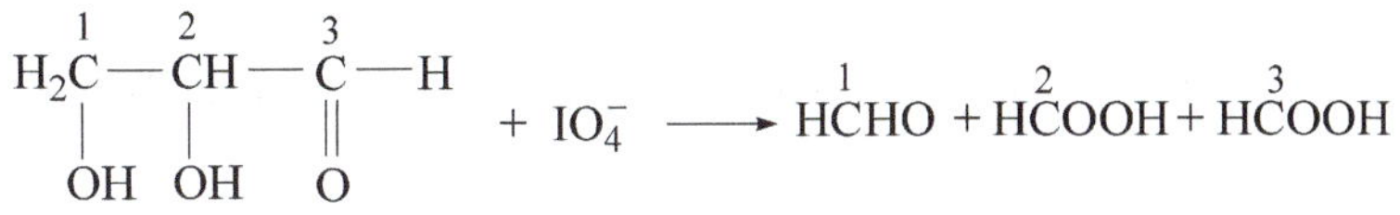

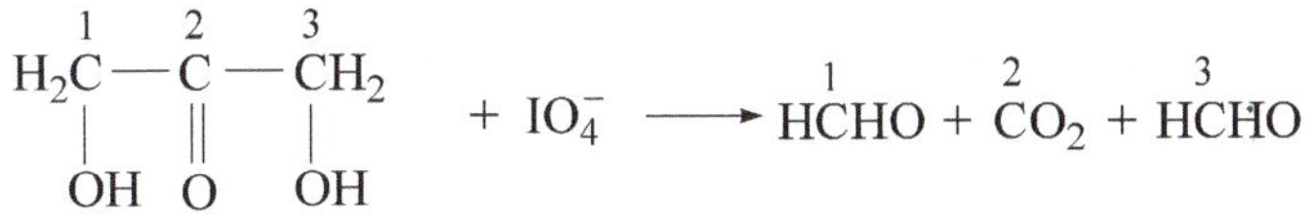

$$\underset{\text{OH}}{\overset{1}{\text{H}_2\text{C}}}-\underset{\text{OH}}{\overset{2}{\text{CH}}}-\underset{\text{OH}}{\overset{3}{\text{CH}_2}} + IO_4^- \longrightarrow \overset{1}{\text{HCHO}} + \overset{2}{\text{HCOOH}} + \overset{3}{\text{HCHO}}$$

$$\underset{\text{OH}}{\overset{1}{\text{H}_2\text{C}}}-\underset{\text{OH}}{\overset{2}{\text{CH}}}-\underset{\text{O}}{\overset{3}{\text{C}}}-\text{H} + IO_4^- \longrightarrow \overset{1}{\text{HCHO}} + \overset{2}{\text{HCOOH}} + \overset{3}{\text{HCOOH}}$$

$$\underset{\text{OH}}{\overset{1}{\text{H}_2\text{C}}}-\underset{\text{O}}{\overset{2}{\text{C}}}-\underset{\text{OH}}{\overset{3}{\text{CH}_2}} + IO_4^- \longrightarrow \overset{1}{\text{HCHO}} + \overset{2}{\text{CO}_2} + \overset{3}{\text{HCHO}}$$

15. 酮和酯的双分子还原

酮与镁、镁汞齐或铝汞齐在非质子溶剂中反应，发生双分子还原偶联，生成频哪醇。

$$2(CH_3)_2CO + Mg \xrightarrow{C_6H_6} \begin{matrix}(CH_3)_2C-O^- \\ | \\ (CH_3)_2C-O^-\end{matrix}\ Mg^{2+} \xrightarrow{H_2O,H^+} \begin{matrix}(CH_3)_2C-OH \\ | \\ (CH_3)_2C-OH\end{matrix}$$

$$\text{环戊酮}=O \xrightarrow[\text{THF}]{\text{Mg/Hg}} \xrightarrow[H_2O]{H^+} \text{1,1'-二羟基联环戊烷（OH OH）}$$

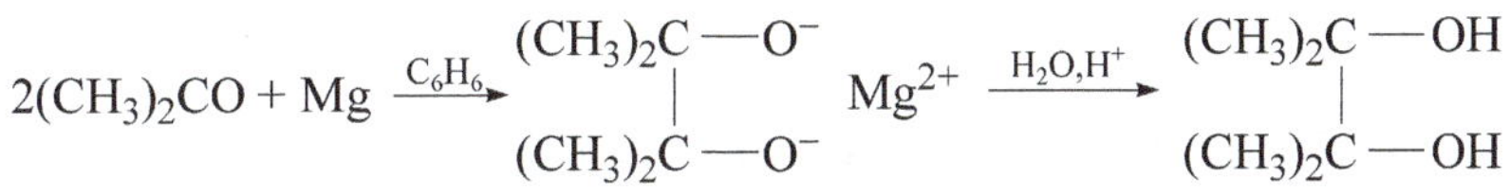

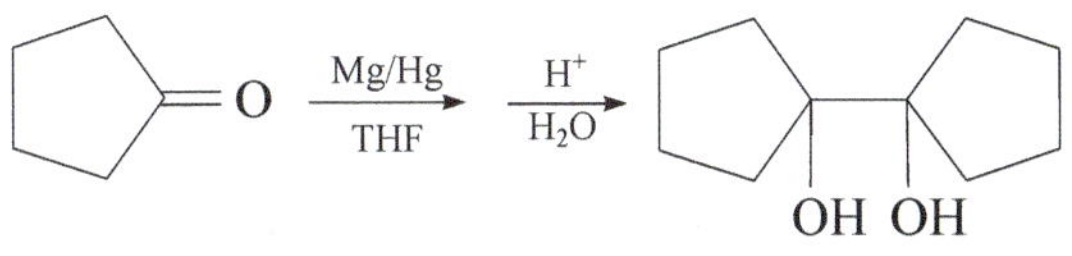

酮与低价钛（$TiCl_4/Zn$）试剂在低温下反应，也发生双分子还原偶联，生成频哪醇。

$$\begin{matrix}Ph \\ H_3C\end{matrix}\!\!>C=O \xrightarrow[\text{THF},0℃,2h]{TiCl_4/Zn} Ph-\underset{OH}{\overset{CH_3}{C}}-\underset{OH}{\overset{CH_3}{C}}-Ph$$

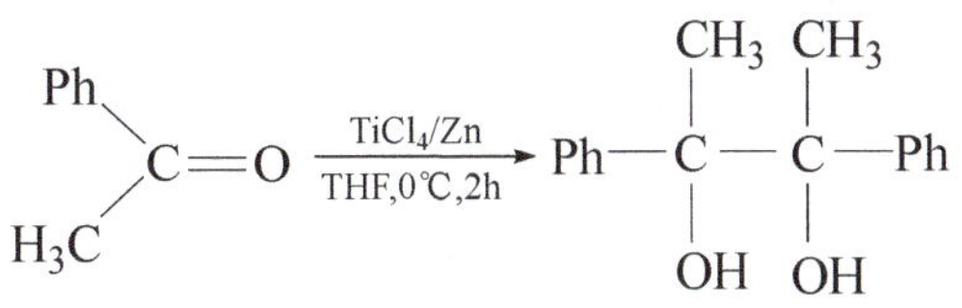

91%

酯与金属钠作用，然后水解得到双分子的还原偶联产物，生成酮醇。

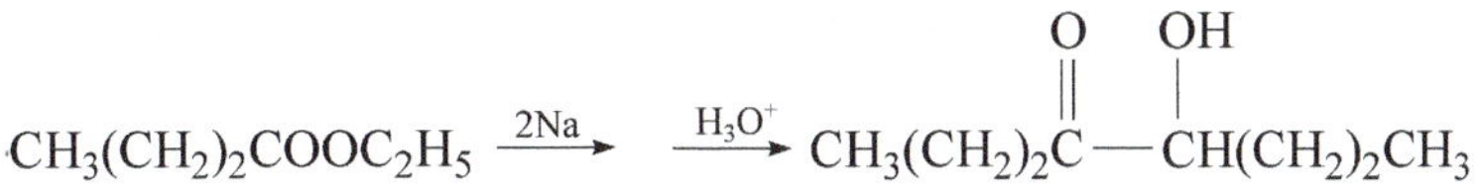

$$CH_3(CH_2)_2COOC_2H_5 \xrightarrow{2Na} \xrightarrow{H_3O^+} CH_3(CH_2)_2\overset{O}{\overset{\|}{C}}-\overset{OH}{\overset{|}{C}}H(CH_2)_2CH_3$$

二元酸酯与金属钠作用后水解，可以得到环状的酮醇。例如

$$\begin{matrix}CH_2CH_2COOC_2H_5 \\ | \\ CH_2CH_2COOC_2H_5\end{matrix} \xrightarrow{2Na} \xrightarrow{H_3O^+} \text{2-羟基环己酮}$$

14.17 同时生成双官能团的反应

这里主要是指同时生成1,3-、1,4-、1,5-和1,6-双官能团的反应。这些反应在有机合成中通常是十分重要的。

1. 1,3-双官能团

β-羟基醛(酮)、β-羟基酸酯、β-羟基腈、β-二羰基化合物等都属于1,3-双官能团化合物。β-羟基类化合物都可以脱水生成相应的α,β-不饱和化合物,从合成的角度看,它们之间是密切相关的。

1,3-双官能团化合物主要可以从醇醛缩合、Claisen缩合、Reformatsky反应、Mannich反应、醛(酮)α-位的酰化、烯胺的酰化、活性亚甲基化合物的酰化等反应得到。而Perkin反应、Knoevenagel反应可以直接得到相应的α,β-不饱和化合物。

1) 醇醛缩合反应

$$2RCH_2CHO \xrightarrow{HO^-} RCH_2\underset{OH}{\underset{|}{C}H}-\underset{R}{\underset{|}{C}H}CHO \xrightarrow{\triangle} RCH_2CH=\underset{R}{\underset{|}{C}}CHO$$

2) Mannich反应

$$C_6H_5COCH_3 + HCHO + (CH_3)_2NH \longrightarrow C_6H_5COCH_2CH_2N(CH_3)_2 \xrightarrow{\triangle} C_6H_5COCH=CH_2$$

3) Reformatsky反应

$$C_6H_5CHO + BrCH_2COOC_2H_5 \xrightarrow{Zn} \xrightarrow{H_3O^+} C_6H_5\overset{OH}{\overset{|}{C}H}CH_2COOC_2H_5 \xrightarrow{\triangle} C_6H_5CH=CHCOOC_2H_5$$

4) Claisen缩合

$$2RCH_2COOC_2H_5 \xrightarrow[2)\ H_3O^+]{1)\ C_2H_5ONa} RCH_2CO\underset{R}{\underset{|}{C}H}COOC_2H_5$$

$$HCOOC_2H_5 + RCH_2COOC_2H_5 \xrightarrow[2)\ H_3O^+]{1)\ C_2H_5ONa} HCO\underset{R}{\underset{|}{C}H}COOC_2H_5$$

$$C_6H_5COOC_2H_5 + CH_3COCH_3 \xrightarrow[2)\ H_3O^+]{1)\ C_2H_5ONa} C_6H_5COCH_2COCH_3$$

5) 烯胺的酰化

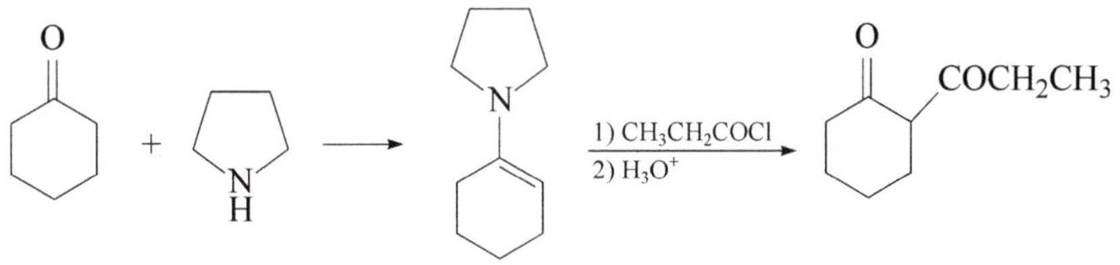

$$\text{环己酮} + \text{四氢吡咯} \longrightarrow \text{烯胺} \xrightarrow[2)\ H_3O^+]{1)\ CH_3CH_2COCl} \text{2-}(COCH_2CH_3)\text{环己酮}$$

6）乙酰乙酸乙酯或丙二酸二乙酯亚甲基上的酰化

$$CH_3COCH_2COOC_2H_5 \xrightarrow[2)\ C_6H_5COCl]{1)\ NaH} CH_3COCH(COC_6H_5)COOC_2H_5 \xrightarrow[2)\ H_3O^+,\triangle]{1)\ HO^-,H_2O} CH_3COCH_2COC_6H_5$$

2. 1,4-双官能团

1）乙酰乙酸乙酯或丙二酸二乙酯与 α-卤代酮或 α-卤代酸酯的反应

$$CH_3COCH_2COOC_2H_5 \xrightarrow[2)\ BrCH_2COCH_3]{1)\ C_2H_5ONa} CH_3COCH(CH_2COCH_3)COOC_2H_5 \xrightarrow[2)\ H_3O^+,\triangle]{1)\ HO^-,H_2O} CH_3COCH_2CH_2COCH_3$$

$$CH_3COCH_2COOC_2H_5 \xrightarrow[2)\ BrCH_2COOC_2H_5]{1)\ C_2H_5ONa} CH_3COCH(CH_2COOC_2H_5)COOC_2H_5 \xrightarrow[2)\ H_3O^+,\triangle]{1)\ HO^-,H_2O} CH_3COCH_2CH_2COOC_2H_5$$

2）烯胺与 α-卤代酮或 α-卤代酸酯的反应

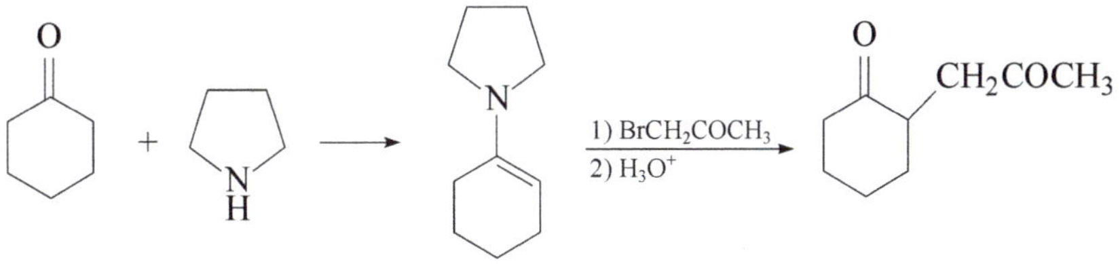

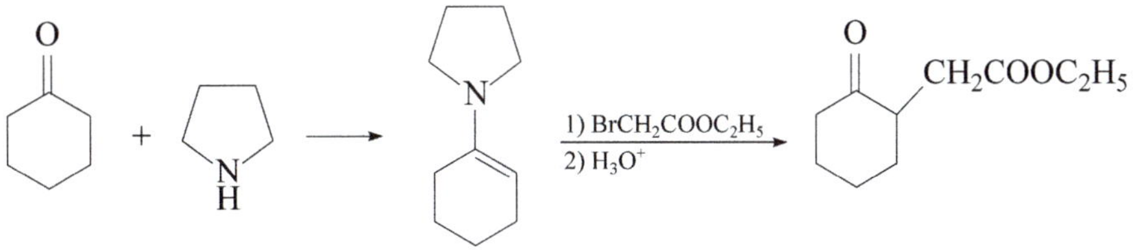

$$\text{环己酮} + \text{四氢吡咯} \longrightarrow \text{烯胺} \xrightarrow[2)\ H_3O^+]{1)\ BrCH_2COCH_3} \text{2-}(CH_2COCH_3)\text{环己酮}$$

$$\text{环己酮} + \text{四氢吡咯} \longrightarrow \text{烯胺} \xrightarrow[2)\ H_3O^+]{1)\ BrCH_2COOC_2H_5} \text{2-}(CH_2COOC_2H_5)\text{环己酮}$$

例如，化合物（双环烯酮）的合成分析如下：

$$\text{双环烯酮} \Longrightarrow \text{2-(2-氧代丙基)环己酮} \Longrightarrow \text{环己酮} + BrCH_2COCH_3$$

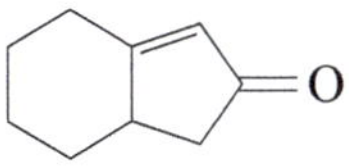

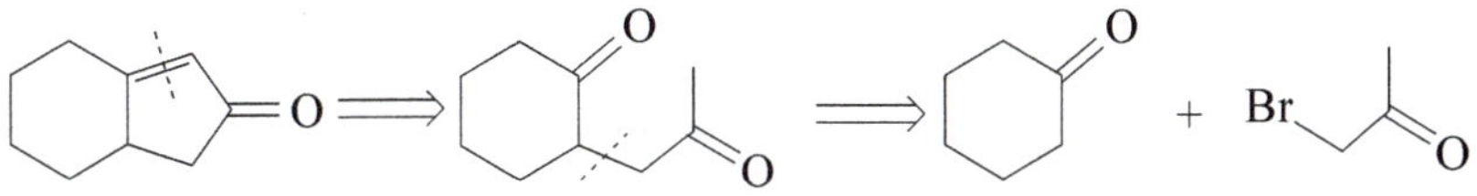

3）活性亚甲基化合物与 1,2-环氧化合物的反应

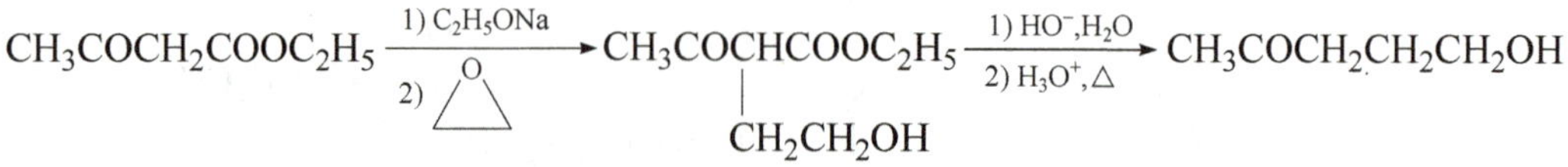

$$CH_3COCH_2COOC_2H_5 \xrightarrow[2)\ \text{环氧乙烷}]{1)\ C_2H_5ONa} CH_3COCH(CH_2CH_2OH)COOC_2H_5 \xrightarrow[2)\ H_3O^+,\triangle]{1)\ HO^-,H_2O} CH_3COCH_2CH_2CH_2OH$$

3. 1,5-双官能团

Michael 反应是合成 1,5-双官能团化合物的最佳选择。

$$C_6H_5CH{=}CHCOOC_2H_5 + CH_3COCH_2COOC_2H_5 \xrightarrow[2)\ H_3O^+,\triangle]{1)\ C_2H_5ONa} C_6H_5CH(CH_2COCH_3)CH_2COOH$$

$$C_6H_5CH{=}CHCOOC_2H_5 + CH_2(COOC_2H_5)_2 \xrightarrow[2)\ H_3O^+,\triangle]{1)\ C_2H_5ONa} C_6H_5CH(CH_2COOH)CH_2COOH$$

例如，化合物 HO OH 的合成分析如下：

HO OH ⟹ O O ⟹ O $COOC_2H_5$ ⟹

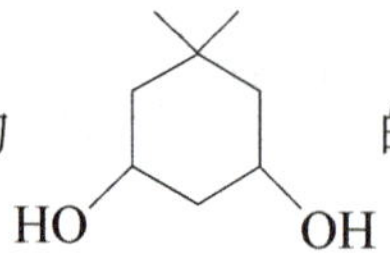

$COOC_2H_5$ O $COOC_2H_5$ ⟹ O + $CH_2(COOC_2H_5)_2$

⇓

$2CH_3COCH_3$

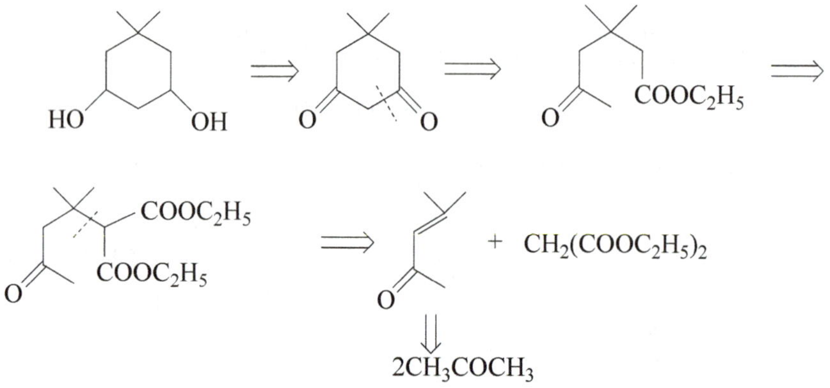

4. 1,6-双官能团

合成中如涉及 1,6-双官能团化合物，最方便的是先将两官能团对接成环己烯的衍生物，然后通过 Diels-Alder 反应实现环己烯衍生物的合成。

例如，化合物 $COCH_3$ 的合成分析如下：

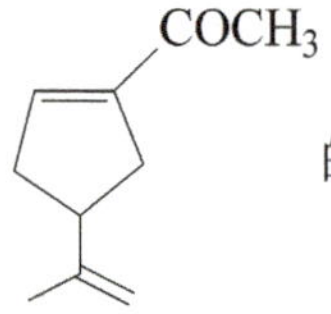

$COCH_3$ ⟹ CHO $COCH_3$ ⟹ ⟹ +

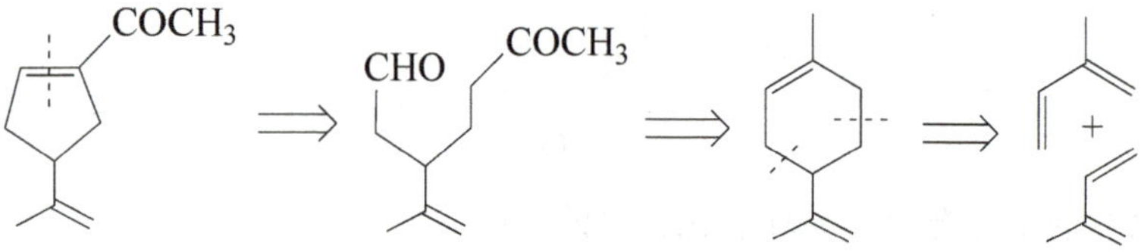

14.18 合成杂环的反应

1. 生成五元杂环的主要反应

Paal-Knorr 合成法是合成五元杂环的主要方法，用 1，4-二羰基化合物为主要原料，分别在不同反应条件下合成五元杂环呋喃、吡咯和噻吩及其衍生物。在无水的酸性条件下，1，4-二羰基化合物脱水得到呋喃或其衍生物。例如

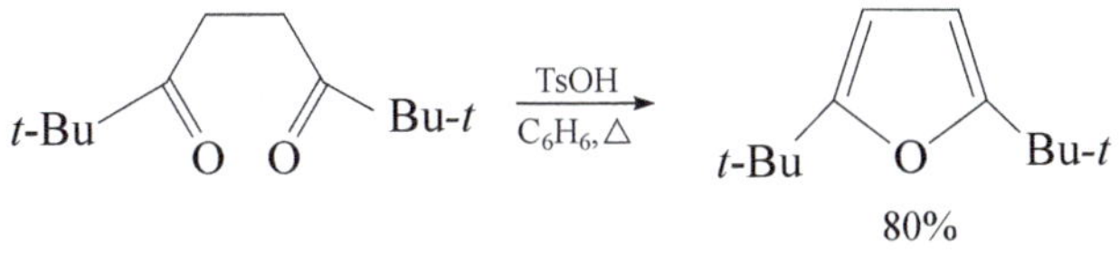

t-Bu … Bu-t $\xrightarrow[C_6H_6, \triangle]{TsOH}$ t-Bu … O … Bu-t

80%

1，4-二羰基化合物与氨或胺反应，得到吡咯或其衍生物。

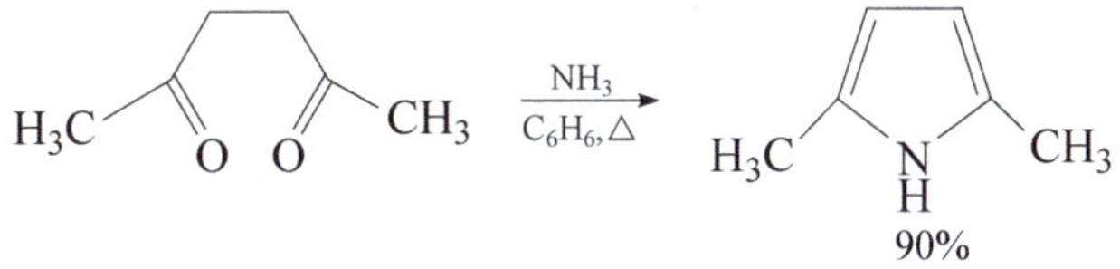

H_3C … CH_3 $\xrightarrow[C_6H_6, \triangle]{NH_3}$ H_3C … NH … CH_3

90%

1，4-二羰基化合物与硫化物反应，得到噻吩或其衍生物。

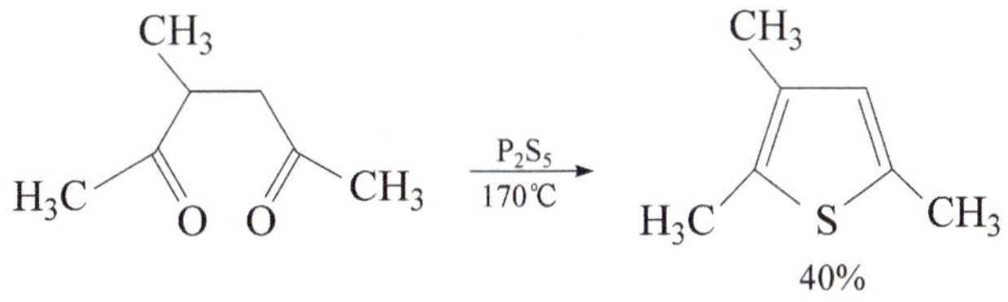

CH_3 H_3C … CH_3 $\xrightarrow[170℃]{P_2S_5}$ CH_3 H_3C … S … CH_3

40%

如果用 LR 试剂代替 P_2S_5，则反应产率有较大提高。

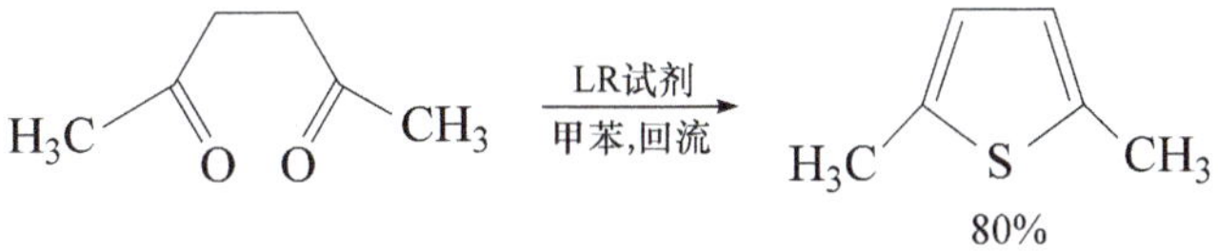

H_3C … CH_3 $\xrightarrow[\text{甲苯,回流}]{\text{LR试剂}}$ H_3C … S … CH_3

80%

LR试剂 = (CH_3O, S, P, S, P, S, S, OCH_3)

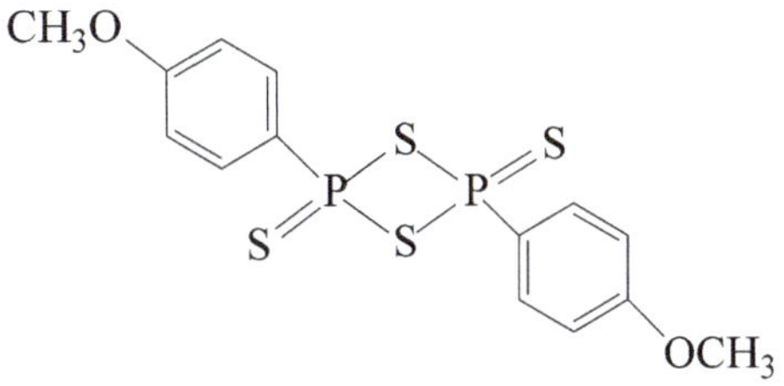

2. 生成吡啶环的主要反应

Hantzsch 合成法是合成吡啶同系物的主要方法。该方法用一分子醛、两分子 β-羰基酸酯和氨在醇溶液中发生缩合，生成 1，4-二氢吡啶衍生物，后者经硝酸氧化生成吡啶衍生物。

$$CH_3OCO—CH_2(COCH_3) + RCHO + H_2C(COCH_3)—COOCH_3 + NH_3 \xrightarrow[-H_2O]{CH_3OH} \xrightarrow{HNO_3}$$ 2,6-二甲基-4-R-吡啶-3,5-二甲酸二甲酯

利用不同的醛和不同类型的 β-羰基酸酯可以合成具有不同取代基的吡啶类化合物。

3. 生成吲哚环的主要反应

Fischer 合成法是合成吲哚同系物的重要方法。该方法是利用醛、酮的苯腙在酸性催化剂存在下，经加热重排消除一分子氨得到具有吲哚环的化合物。

$$C_6H_5NHN=C(R_1)CH_2R_2 \xrightarrow[-NH_3]{H^+}$$ 2-R_1-3-R_2-吲哚

例如

$$C_6H_5NHN=C(CH_3)_2 \xrightarrow[-NH_3]{H^+}$$ 2-甲基吲哚 60%

$$C_6H_5NHN=CHCH_2CH_3 \xrightarrow[-NH_3]{H^+}$$ 3-甲基吲哚 34%

$$C_6H_5NHN=C_6H_{10} \xrightarrow[-NH_3]{H^+}$$ 四氢咔唑

习　题

1. 如何实现下列转变?

(1) 环己烷 → 顺-1,2-环己二醇（H H / OH OH）

(2) $CH_3CH_2C\equiv CH \rightarrow CH_3CH_2CH_2CHO$

(3) $(CH_3)_3C-Cl \rightarrow (CH_3)_3C-OCH_3$

(4) [CH₃ 取代双环烯] → [CH₃ 取代双环烯，环上 —CHO]

(5) $CH_3COCH_3 \rightarrow CH_3-C(CH_3)_2-COOH$

(6) $CH_3CH_2COOC_2H_5 \rightarrow CH_3CH_2CH(OH)CH(CH_3)COOH$

(7) H、CH_3、CH_2CH_3—C—COOH → H、CH_3、CH_2CH_3—C—NH_2

(8) 甲苯（CH_3） → 间氯苯胺（NH_2，Cl）

(9) 环己酮（=O） → $H_2N(CH_2)_5COOH$

(10) 硝基苯（NO_2） → 间溴氯苯（Br，Cl）

2. 完成下列反应式。

(1) 亚甲基环戊烷（$=CH_2$） $\xrightarrow[2)\ H_2O_2,OH^-]{1)\ B_2H_6}$

(2) 异丙苯（$CH(CH_3)_2$） $\xrightarrow{Br_2,h\nu}$ $\xrightarrow[Et_2O]{Mg}$ $\xrightarrow{环氧乙烷}$ $\xrightarrow{H_3O^+}$

(3) 环己基$-C\equiv C-CH_3$ $\xrightarrow[NH_3(l)]{Na}$

(4) 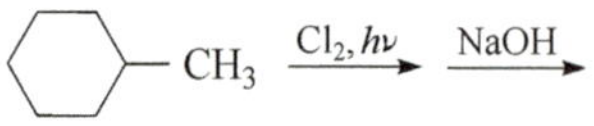 环己基—CH_3 $\xrightarrow{Cl_2, h\nu}$ $\xrightarrow{NaOH}$

(5) 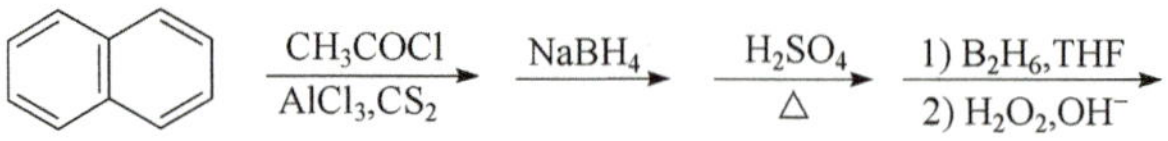 萘 $\xrightarrow[AlCl_3, CS_2]{CH_3COCl}$ $\xrightarrow{NaBH_4}$ $\xrightarrow[\triangle]{H_2SO_4}$ $\xrightarrow[2)\ H_2O_2, OH^-]{1)\ B_2H_6, THF}$

(6) $CH_3COCH_2CH_3 \xrightarrow[NaOH]{Br_2}$

(7) $C_6H_5COCH_3 \xrightarrow[2)\ NH_4Cl, H_2O]{1)\ Mg, C_6H_6}$

(8) 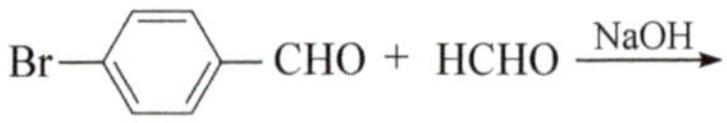 Br—C_6H_4—CHO + HCHO $\xrightarrow{NaOH}$

(9) 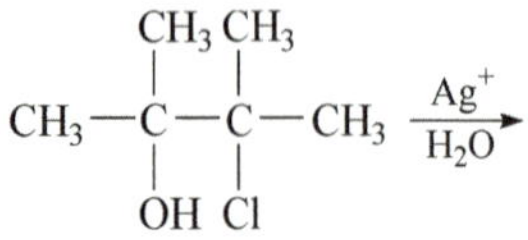 $CH_3-C(CH_3)(OH)-C(CH_3)(Cl)-CH_3 \xrightarrow[H_2O]{Ag^+}$

(10) 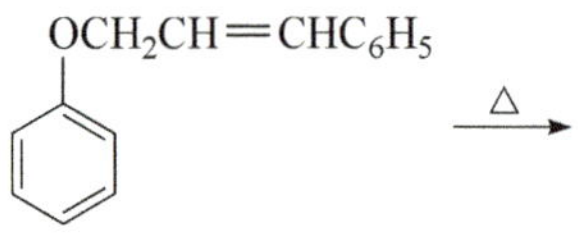 $C_6H_5OCH_2CH{=}CHC_6H_5 \xrightarrow{\triangle}$

(11) 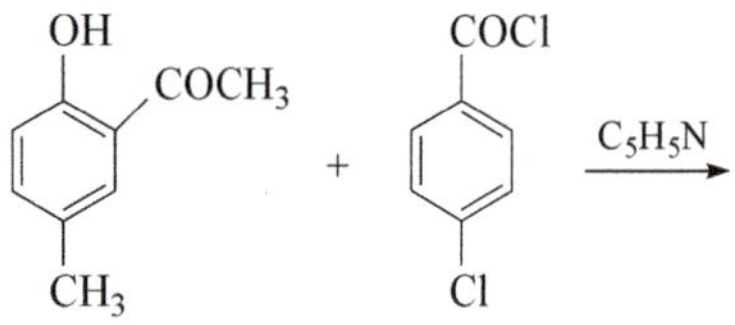 2-羟基-5-甲基苯乙酮（OH, $COCH_3$, CH_3 取代苯）+ 对氯苯甲酰氯（COCl, Cl 取代苯）$\xrightarrow{C_5H_5N}$

3. 选择适当原料合成下列化合物。

(1)  对苯二甲腈（CN, CN 对位取代苯）

(2) 2,6-二氯-4-氨基-N,N-二甲基苯胺（$N(CH_3)_2$, Cl, Cl, NH_2）

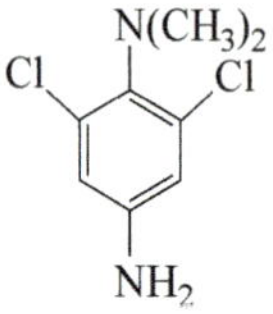

(3) 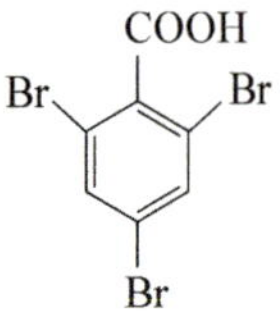 2,4,6-三溴苯甲酸（COOH, Br, Br, Br）

(4) 环己亚基取代：$=C(CN)COOC_2H_5$，邻位 CH_2CH_2CN

(5) 5,5-二甲基-1,3-环己二酮（O, O）

(6) 2,6-二硝基苯胺（NH_2, O_2N, NO_2）

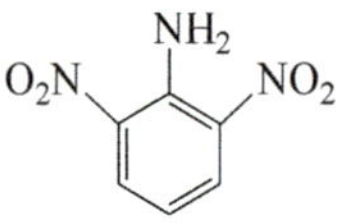

(7) 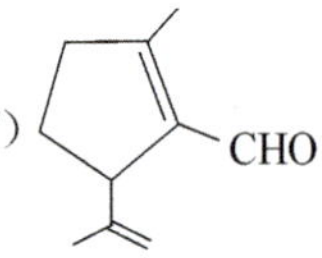 2-甲基-5-异丙烯基-1-环戊烯-1-甲醛（CHO）

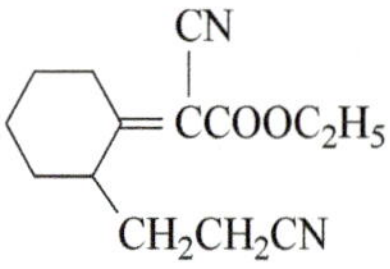

(8) 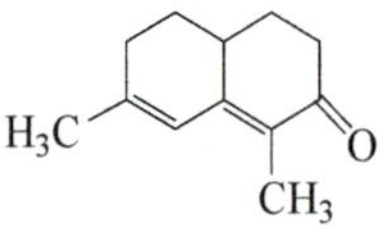 H_3C, CH_3, O 取代的八氢萘酮结构

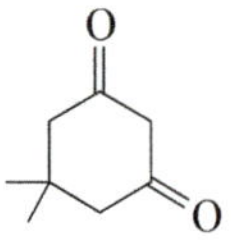

第 15 章 周环反应

主要内容

➢分子轨道对称性守恒原理。

➢前线轨道理论。

➢电环化反应：$4n$ 电子体系，$4n+2$ 体系，电环化反应的选择规律。

➢环加成反应：[2+2]，[4+2]，1，3-偶极环加成。

➢ σ 迁移反应：[1，j]H 迁移，[1，j]C 迁移，[3，3]C 迁移。

20 世纪 60 年代以前，有机化学家发现，有些反应并不能用通常的离子型反应机理和自由基反应机理解释，这些反应不受酸、碱、催化剂和溶剂极性的影响，也不受自由基引发剂或抑制剂的影响，反应过程中既不产生自由基，也不产生离子型的活性中间体，反应只要在加热或光照的条件下就可以进行，而且在加热或光照条件下反应的产物不同，具有高度的立体选择性。例如

另外，还有许多重要的反应，如 Diels-Alder 反应、Claisen 重排反应等都有相似的反应特点。这些反应通常都是经过一个环状过渡态、反应中旧键的断裂和新键的生成是同时发生且协同进行的。这类反应称为周环反应(pericyclic reaction)。

15.1 分子轨道对称性守恒原理

1965 年，著名有机化学家 Woodward R B 和量子化学家 Hoffmann R 在大量实验事实和理论研究的基础上进行了总结，提出了协同反应中分子轨道对称性守恒原理(conservation principle of the molecular orbital symmetry)。分子轨道对称性守恒原理认为：在协同反应中，由反应物到产物，轨道的对称性始终不变，即在分子轨道重新组合的过程中，分子轨道的对称性是守恒的。根据协同反应中的分子轨道对称性守恒原理，可以预测该协同反应能否进行以及反应的立体化学特征。分子轨道对称性守恒原理的提出是近代有机化学的重大成就之一。为此，Hoffmann R 和福井谦一(前线轨道理论的提出者)共同获得 1981 年 Nobel 化学奖。

15.2 前线轨道理论

分子轨道对称性守恒原理的理论处理有三种方法：前线轨道理论、能量相关理论和芳香过渡态理论。本章主要在前线轨道理论的基础上进行讨论。

前线轨道理论是福井谦一在 1952 年提出的，前线轨道理论认为：在由原子结合成分子的化学反应中，原有的原子轨道通过线性组合成新目标分子的分子轨道，原来各原子所带电子重新从能级最低的分子轨道开始依次填充到各分子轨道上，这样进入成键轨道的电子数多于进入反键轨道的电子数，从而使体系能量降低。其中被电子占据的能量最高的轨道称为最高已占轨道[highest occupied molecular orbital(HOMO)]，没有被电子占据的能量最低的轨道称为最低未占轨道[lowest unoccupied molecular orbital(LUMO)](见 5.2.2)。HOMO 和 LUMO都称为前线轨道[frontier molecular orbital (FMO)]。

当两个分子相互作用时，前线轨道上的电子是关键，相当于原子中的“价电子”，当一个分子的最高已占轨道与另一个分子的最低未占轨道相互作用时，即形成新目标分子中的成键轨道和反键轨道，“价电子”以一定顺序填充到能量较低的成键轨道上，反键轨道则为无电子填充的空轨道，这样新目标分子体系的总能量得到降低。

在由若干个小分子结合成新的分子时，对成键作出贡献的也是最外层的分子轨道和外层电子。

15.3 轨道对称性

分子轨道可用波函数 ψ 表示，也可用几何图形表示。以乙烯为例，两个 p 轨道组合成两个分子轨道(ψ_1 和 ψ_2)，一个是 π 成键轨道，另一个是 π^* 反键轨道。图 15-1 是其 π 轨道示意图。

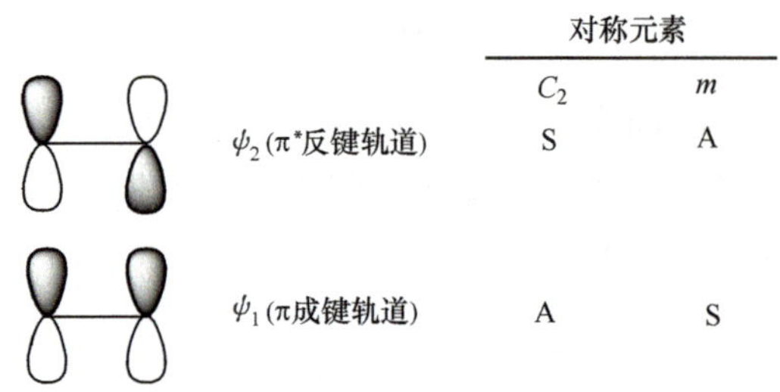

图 15-1 乙烯的 π 轨道示意图和对称元素

轨道的对称性与对称操作元素有关。通常选用的对称元素有二阶对称轴(C_2)和对称面(m)。m 为垂直于分子所在平面且平分 π 键的平面,C_2 为分子平面与 m 面的交线(图 15-2)。

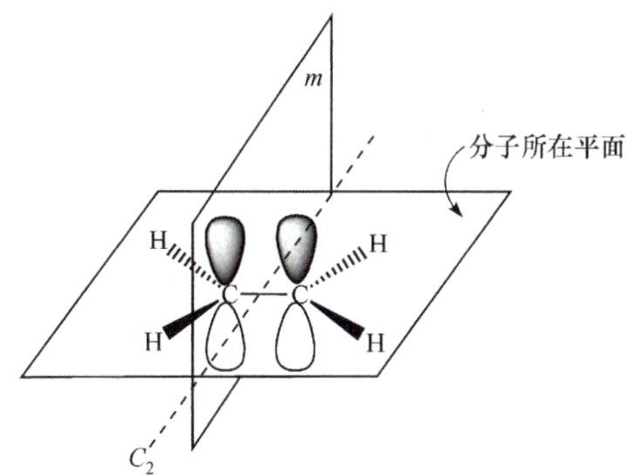

图 15-2　乙烯分子 π 轨道中的对称元素 C_2 和 m

凡对某一对称元素操作后,其分子轨道得到"重现",即与对称操作前完全一样,则称分子轨道对该对称元素是对称的,用 S 表示。若操作后分子轨道形状相同,但相位相反,则称分子轨道对该对称元素是反对称的,用 A 表示。从图 15-1 中可以看出,乙烯的 π 和 π^* 轨道对对称元素 C_2 和 m 的反映是不同的。

分子轨道对称性守恒原理的意义在于:在基元反应的整个反应过程中,反应物、过渡状态及产物分子轨道的对称性始终保持不变,是对称性允许的反应,反应所需活化能较低,可以顺利进行。如果在反应过程中对称性发生变化,则为对称性禁阻的反应。

需要指出的是,对称性禁阻的反应并不是反应完全不能进行,只是协同反应时所需活化能很高,通常情况下不易发生。

丁-1,3 二烯中,四个 p 轨道组合成四个分子轨道(ψ_1,ψ_2,ψ_3 和 ψ_4),其中 π_1 和 π_2 是成键轨道,π_3^* 和 π_4^* 是反键轨道。图 15-3 是丁-1,3-二烯的 π 轨道与对称元素 C_2 和 m 的对应关系。

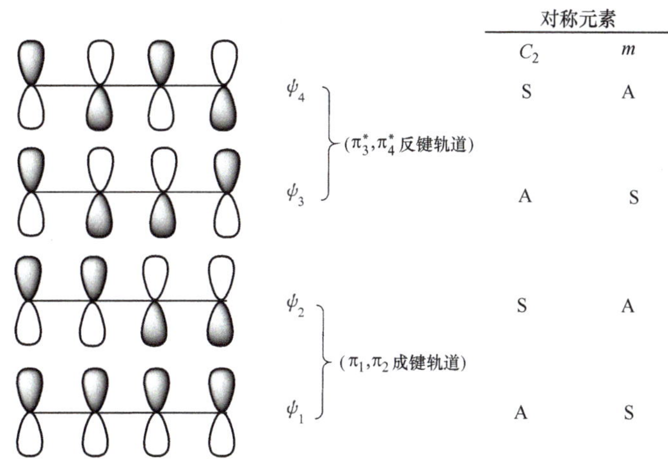

图 15-3　丁-1,3-二烯的 π 轨道示意图和对称元素

己-1,3,5-三烯中,六个 p 轨道组合成六个分子轨道(ψ_1,ψ_2,ψ_3,ψ_4,ψ_5 和 ψ_6),π_1、π_2 和 π_3

是三个成键轨道，π_4^*、π_5^* 和 π_6^* 是三个反键轨道。图 15-4 是己-1,3,5-三烯的 π 轨道与对称元素 C_2 和 m 的对应关系。

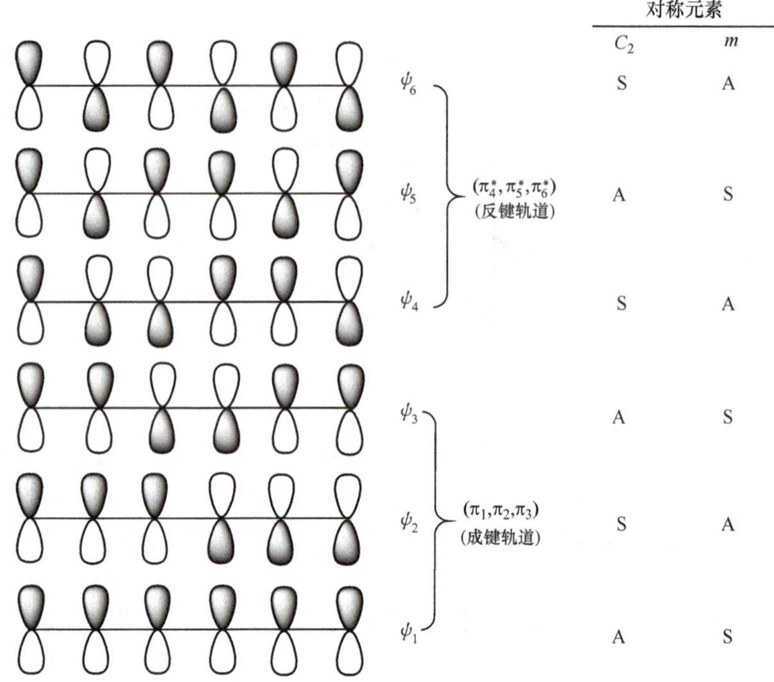

图 15-4 己-1,3,5-三烯的 π 轨道示意图和对称元素

15.4 电环化反应

线型共轭多烯烃经过环状过渡态，共轭多烯烃的两个末端碳原子上的 π 电子环合成一个新的 σ 键，生成比原来共轭多烯烃少一个碳碳双键的环烯烃的反应或其逆反应称为电环化反应。电环化反应的立体化学与线型共轭体系中参加反应的 π 电子数有关。根据 π 电子数可将共轭体系分为 $4n$ 体系和 $4n+2(n=0,1,2,\cdots)$ 体系来讨论。

15.4.1 4*n* 体系

在丁-1,3-二烯及取代的共轭二烯烃中，由于其 π 电子数等于 $4(n=1)$，因此它们都属于 $4n$ 体系。这里以(2*E*,4*Z*)-己-2,4-二烯为例，说明在加热条件下环合生成顺-3,4-二甲基环丁烯和在光照条件下环合生成反-3,4-二甲基环丁烯的过程。

CH_3 H H CH_3 ⇌($h\nu$) (*E*) CH_3 H (*Z*) CH_3 H ⇌(△) CH_3 H H CH_3

反-3,4-二甲基环丁烯　　(2*E*,4*Z*)-己-2,4-二烯　　顺-3,4-二甲基环丁烯根据微观可逆性原则，电环化反应的正反应和逆反应所经过的途径是相同的。下面从$(2E,4Z)$-己-2,4-二烯的环合进行分析，因为这样比较容易理解，其分析结果同样适用于开环的逆反应。

反应中二烯烃中的两个 π 键转变成一个新的 π 键和一个新的 σ 键，其余的化学键部分并没有发生变化，因此必须考察体系中 π 轨道的对称性。$(2E,4Z)$-己-2,4-二烯的 π 轨道(图 15-5)与丁-1,3-二烯的 π 轨道相似。

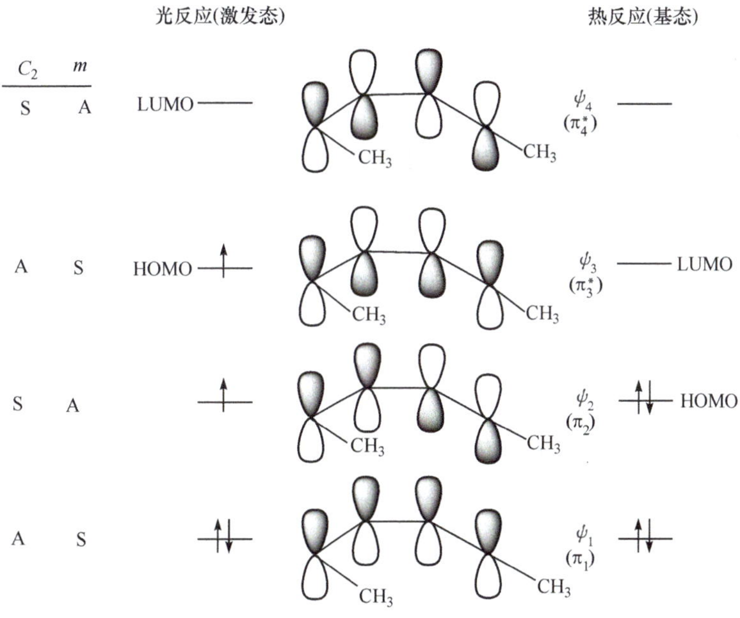

图 15-5 $(2E,4Z)$-己-2,4-二烯的 π 轨道

由图 15-5 可以看出，$(2E,4Z)$-己-2,4-二烯的 π 轨道的对称性对于对称元素 C_2 是按反对称、对称交替变化的，而对于对称元素 m 是按对称、反对称交替变化的。反应时，按照前线轨道理论，在加热条件下，$(2E,4Z)$-己-2,4-二烯发生电环化反应，起关键作用的是最高已占轨道(HOMO)$\psi_2(\pi_2)$和它的对称性，从图 15-5 中可以看出，只有当 $\psi_2(\pi_2)$中的 $C_2—C_3$ 键和 $C_4—C_5$ 键同时采用顺旋的方式，轨道才能同相位重叠，使共轭二烯烃两个末端碳原子上的 π 电子环合成一个新的 σ 键，得到顺-3,4-二甲基环丁烯。

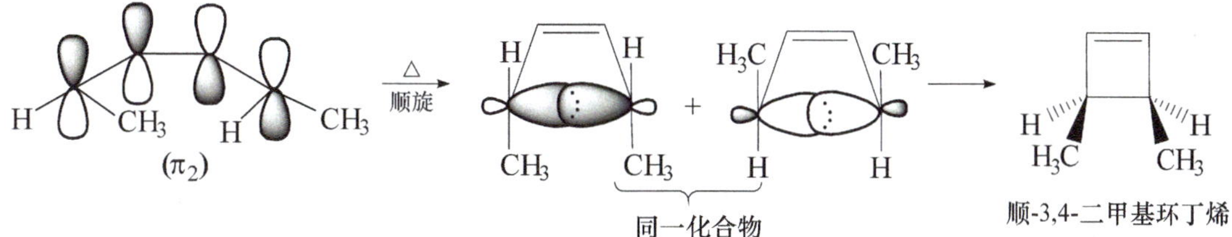

反应过程中，反应物、过渡态和产物对于对称元素 C_2 和 m 始终保持对称性不变，因此反应是对称性允许的反应，所需活化能较低，反应可顺利进行。

在光照条件下，$\psi_2(\pi_2)$上的一个电子跃迁到 $\psi_3(\pi_3^*)$上，这时的最高已占轨道(HOMO)是

$\psi_3(\pi_3^*)$，它对 C_2 和 m 的对称性与 $\psi_2(\pi_2)$ 恰巧相反，要使(2E,4Z)-己-2,4-二烯在光照条件下发生电环化反应，只有当 $\psi_3(\pi_3^*)$ 中的 $C_2—C_3$ 键和 $C_4—C_5$ 键同时采用对旋的方式，轨道才能同相位重叠，使共轭二烯烃两个末端碳原子上的 π 电子环合成一个新的 σ 键，结果得到的是反-3,4-二甲基环丁烯[(3R,4R)-3,4-二甲基环丁烯和(3S,4S)-3,4-二甲基环丁烯]。

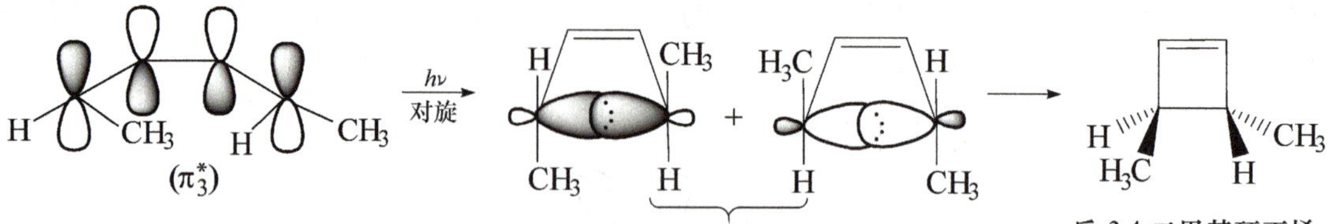

H CH₃ H CH₃ (π_3^*) hν 对旋 H CH₃ CH₃ H + H₃C H H CH₃ 一对对映体 → H CH₃ H₃C H 反-3,4-二甲基环丁烯

反应过程中，反应物、过渡态和产物对于对称元素 C_2 和 m 始终保持对称性不变，因此反应是对称性允许的反应，所需活化能较低，反应可顺利进行。

由于 4n 体系的共轭多烯烃在基态时的 HOMO 都有相同的对称性，因此加热条件下顺旋关环是对称性允许的，而对旋是对称性禁阻的；在光照条件下对旋关环是对称性允许的，而顺旋是对称性禁阻的。

15.4.2　4n+2 体系

在己-1,3,5-三烯及取代的共轭三烯烃中，由于其 π 电子数等于 6(n=1)，因此它们都属于 4n+2 体系。这里以(2E,4Z,6Z)-辛-2,4,6-三烯为例，说明在加热条件下环合生成反-5,6-二甲基环己-1,3-二烯和在光照条件下环合生成顺-5,6-二甲基环己-1,3-二烯的过程。

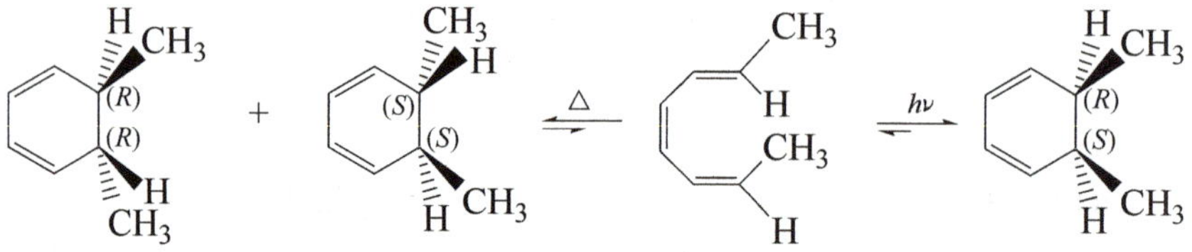

H CH₃ (R) (R) H CH₃ + CH₃ H (S) (S) H CH₃ ⇌△ CH₃ H CH₃ H ⇌hν H CH₃ (R) (S) H CH₃

辛-2,4,6-三烯的 π 轨道(图 15-6)与己-1,3,5-三烯的 π 轨道相似。

在加热条件下，(2E,4Z,6Z) 辛 2,4,6 三烯发生电环化反应，起关键作用的是最高已占轨道(HOMO) $\psi_3(\pi_3)$ 和它的对称性，从图 15-6 中可以看出，只有当 $\psi_3(\pi_3)$ 中的 $C_2—C_3$ 键和 $C_6—C_7$ 键同时采用对旋的方式，轨道才能同相位重叠，使共轭三烯烃两个末端碳原子上的 π 电子环合成一个新的 σ 键，得到一对外消旋体，都是反-5,6-二甲基环己-1,3-二烯[(5R,6R)-5,6-二甲基环己-1,3-二烯和(5S,6S)-5,6-二甲基环己-1,3-二烯]。

H CH₃ H CH₃ (π_3) △ 对旋 H H₃C CH₃ H + CH₃ H H CH₃ 一对对映体 → H CH₃ H₃C H 反-5,6-二甲基环己-1,3-二烯

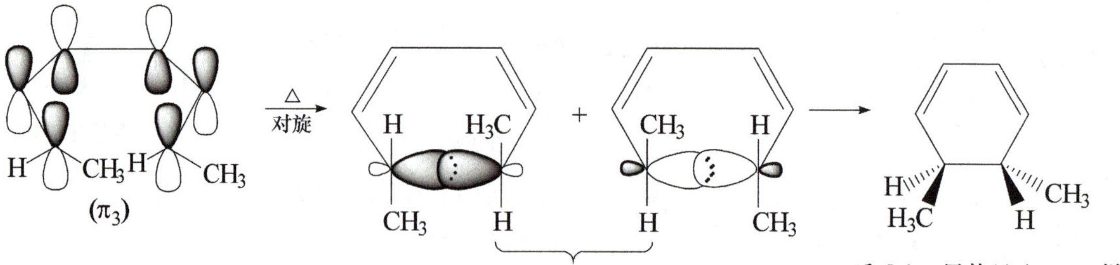

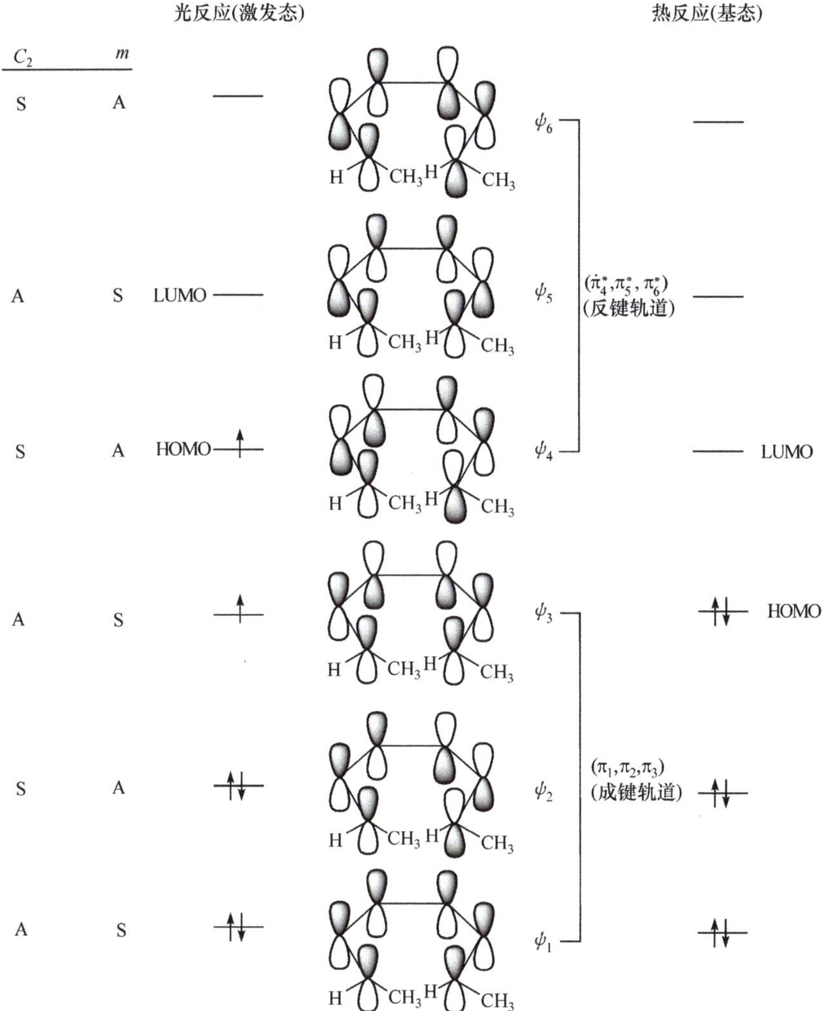

图 15-6 (2*E*,4*Z*,6*Z*)-辛-2,4,6-三烯的 π 轨道

在光照条件下,$\psi_3(\pi_3)$上的一个电子跃迁到 $\psi_4(\pi_4^*)$上,这时的最高已占轨道(HOMO)是 $\psi_4(\pi_4^*)$,它对 C_2 和 m 的对称性与 $\psi_3(\pi_3)$恰巧相反。因此,(2*E*,4*Z*,6*Z*)-辛-2,4,6-三烯在光照条件下发生电环化反应,只有当 $\psi_4(\pi_4^*)$中的 $C_2—C_3$ 键和 $C_6—C_7$ 键同时采用顺旋的方式,轨道才能同相位重叠,使共轭三烯烃两个末端碳原子上的 π 电子环合成一个新的 σ 键,结果得到的是顺-5,6-二甲基环己-1,3-二烯。

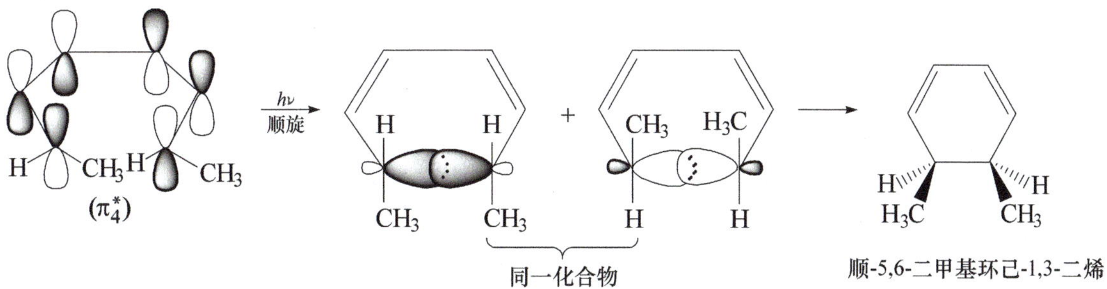

反应过程中，反应物、过渡态和产物对于对称元素 C_2 和 m 始终保持对称性不变，因此反应是对称性允许的反应，所需活化能较低，反应可顺利进行。

$(2E,4Z,6E)$-辛-2,4,6-三烯在加热条件下，环化得到顺-5,6-二甲基环己-1,3-二烯；在光照条件下，则环化得到反-5,6-二甲基环己-1,3-二烯。

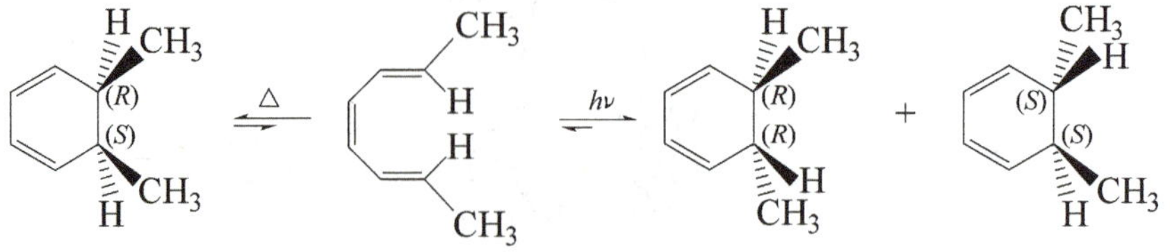

由于 $4n+2$ 体系的共轭多烯烃在基态时的 HOMO 都有相同的对称性，因此加热条件下对旋关环是对称性允许的，而顺旋是对称性禁阻的；在光照条件下顺旋关环是对称性允许的，而对旋是对称性禁阻的。

由于电环化反应为可逆反应，因此开链共轭多烯烃的关环或环烯烃的开环所经过的途径是相同的，环合和开环的旋转方式也相同。在电环化反应中，其体系的 π 电子数均按开链共轭多烯烃中的 π 电子数计算。

环烯烃旋转开环时，若两种顺旋方式或两种对旋方式的产物不同，则以势能最低的稳定产物为主。例如

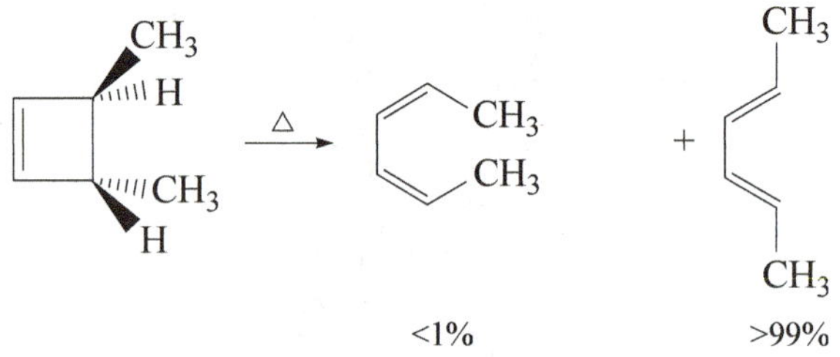

<1%　　>99%

电环化反应的选择性规律可归纳见表 15-1。

表 15-1　电环化反应的选择性规律

共轭体系 π 电子数	加热(基态)	光照(激发态)
$4n$	顺旋允许，对旋禁阻	对旋允许，顺旋禁阻
$4n+2$	对旋允许，顺旋禁阻	顺旋允许，对旋禁阻

15.5　环加成反应

在光照或加热条件下，两个带有双键、共轭双键或具有孤电子对的分子相互作用，生成稳定环状化合物的协同反应称为环加成反应(cycloaddition reaction)。

环加成反应可以根据参与反应的每个分子所提供的 π 电子数分类。例如，由一分子乙烯与一分子丁-1,3-二烯生成环己烯的 Diels-Alder 反应是[4+2]的环加成反应，反应中两分子的 π 体系的两端同时生成两个 σ 键，闭合成稳定的环状化合物。

[4+2]环加成

两分子乙烯闭合成环状化合物环丁烷是[2+2]的环加成反应。

[2+2]环加成

前线轨道理论认为：当两个分子发生环加成反应时，电子从一个分子的 HOMO 进入另一个分子的 LUMO，两分子之间 σ 键同时形成，因此 HOMO 和 LUMO 的对称性起决定作用，只有相位相同时才能相互之间发生交盖重叠，使体系的能量降低，趋于稳定。

这里主要以[4+2]和[2+2]环加成反应为例进行讨论。

15.5.1　[4+2]环加成反应

[4+2]环加成反应又称 4π+2π 环加成反应。Diels-Alder 反应是典型的[4+2]环加成，在乙烯与丁-1,3-二烯的环加成反应中，它们基态时的 HOMO 和 LUMO 如图 15-7 所示。

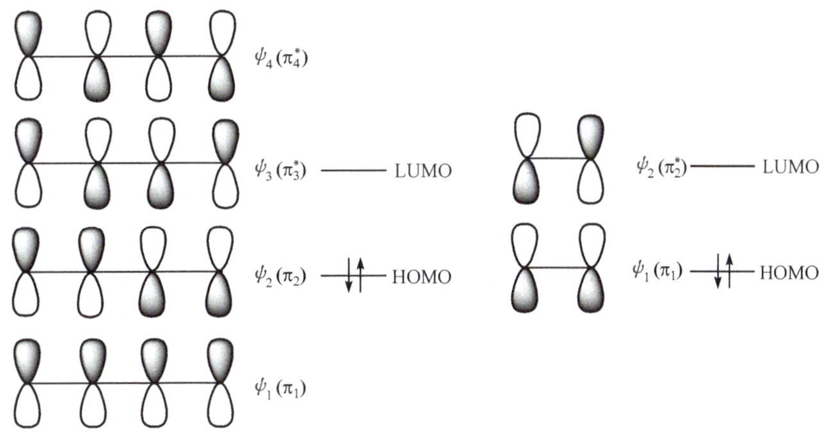

图 15-7　丁-1,3-二烯和乙烯在基态时的 HOMO 和 LUMO

由图 15-7 可以看出，无论是丁-1,3-二烯基态时的 HOMO 和乙烯基态时的 LUMO，还是乙烯基态时的 HOMO 和丁-1,3-二烯基态时的 LUMO，在同面-同面加成都是相位重叠允许的。

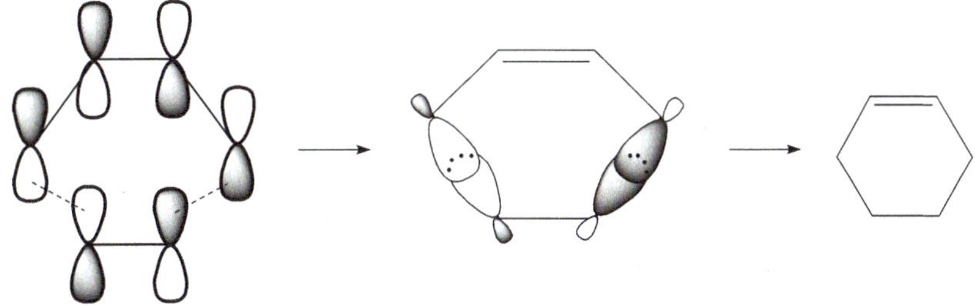

丁-1,3-二烯基态时的 HOMO 和乙烯基态时的 LUMO，同面-同面加成相位重叠允许

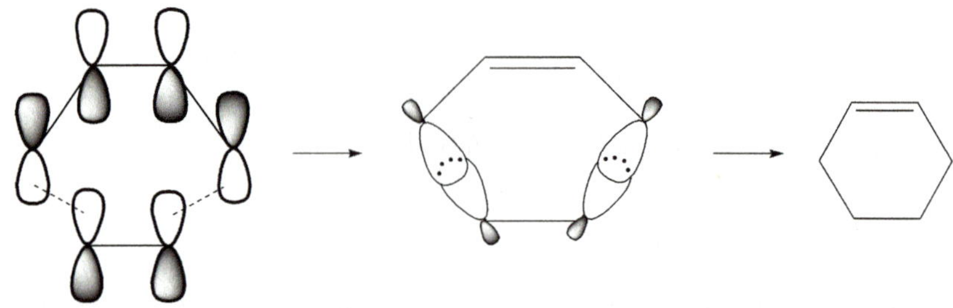

乙烯基态时的 HOMO 和丁-1,3-二烯基态时的 LUMO,同面-同面加成相位重叠允许

因此,对于[4+2]环加成反应,在加热条件下同面-同面加成是轨道对称性允许的,可以顺利进行。结果是产物的构型总是取顺式加成,得到立体专一性加成产物。例如

$$+ \ CH_2{=}CHCHO \xrightarrow{\triangle}$$ CHO

100%

$$+ \ CH_2{=}CHCOOH \xrightarrow{\triangle}$$ H COOH

90%

在光照条件下,无论是丁-1,3-二烯激发态的 HOMO[$\psi_3(\pi_3^*)$]和乙烯基态时的 LUMO 还是乙烯激发态的 HOMO 为 $\psi_2(\pi_2^*)$和丁-1,3-二烯基态时的 LUMO,在同面-同面加成时相位都不匹配。因此,在光照条件下,同面-同面加成是轨道对称性禁阻的。

丁-1,3-二烯激发态时的HOMO和乙烯基态时的LUMO　　乙烯激发态时的HOMO和丁-1,3-二烯基态时的LUMO

Diels-Alder 反应是一步完成的反应,当共轭二烯烃与亲二烯体分子彼此靠近时,它们相互作用,经过环状过渡态,形成新的分子,反应中新的 σ 键和 π 键的生成与旧的 π 键的断裂是同步进行的。Diels-Alder 反应通常是由共轭二烯烃的 HOMO 与亲二烯体的 LUMO 发生作用,反应中电子从 HOMO“流入”LUMO。因此,当亲二烯体的烯键或炔键碳原子上连有—CHO、—COR、—COOR、—CN、—NO_2 等吸电子取代基,共轭二烯烃上连有给电子取代基时,有利于 Diels-Alder 反应的进行。

Diels-Alder 反应是立体专一性的顺式加成反应。在反应产物中，共轭二烯烃和亲二烯体将保持原来的构型关系。例如

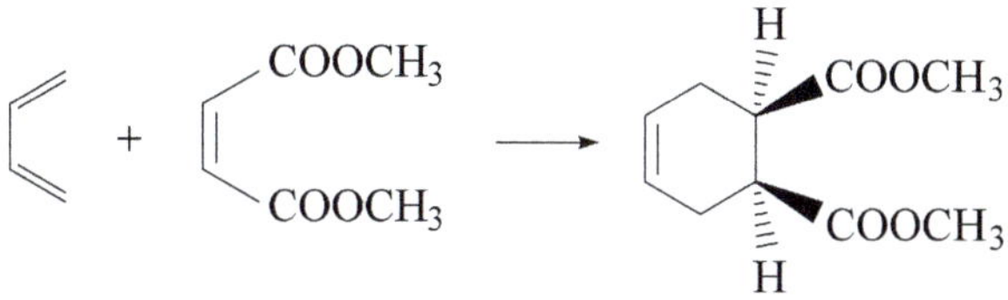

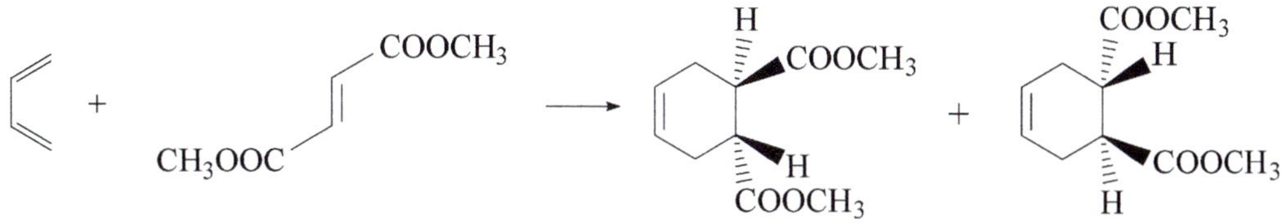

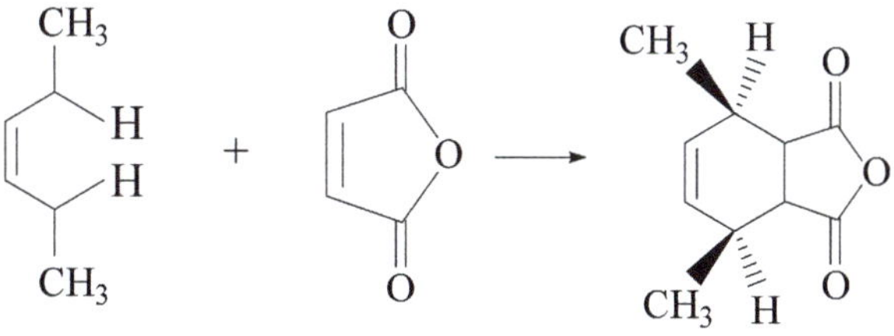

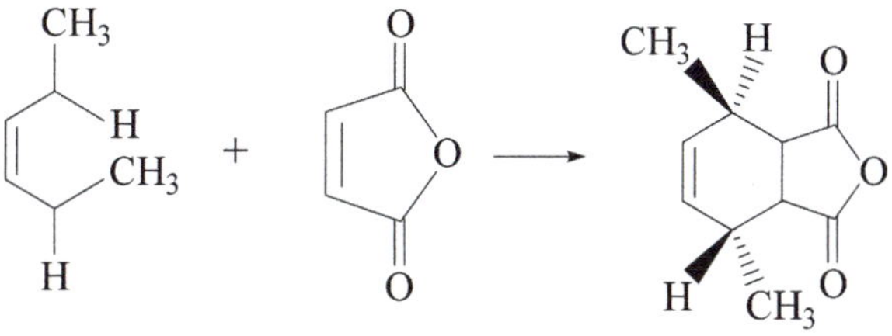

$COOCH_3$ $COOCH_3$ H H

CH_3OOC $COOCH_3$ H H $COOCH_3$ $COOCH_3$

CH_3 H H CH_3 O O O O O O

CH_3 H CH_3 H O O O O O O

当亲二烯体上的吸电子不饱和基团与烯键（或炔键）共轭时，Diels-Alder 反应优先生成内型（endo）加成产物。例如

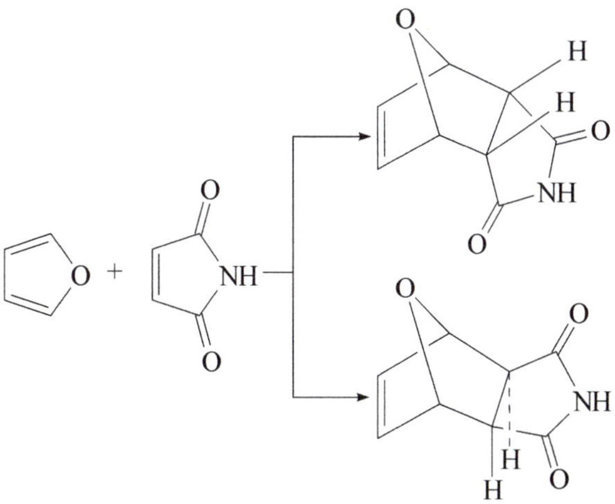

O O NH O H H O NH O (内型)

O H H O NH O (外型)

在加成产物中，共轭二烯烃中的 C_2—C_3 键和亲二烯体中原来与烯键（或炔键）共轭的不饱和基团位于连接平面同侧的生成物称为内型(endo)生成物，而位于连接平面异侧的生成物称为外型(exo)生成物。

Diels-Alder 反应中，共轭二烯烃必须取 *s*-顺式的构象，如果由于某些几何原因，*s*-反式的构象不能转变为 *s*-顺式的构象，则不能发生 Diels-Alder 反应。例如

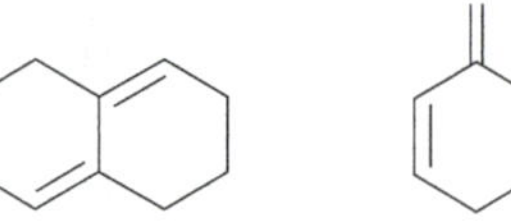

上述两种共轭二烯烃都不能发生 Diels-Alder 反应。

Diels-Alder 反应为可逆反应。成环正反应的反应温度相对较低，反应温度升高则发生逆向的开环反应。成环的正反应和开环的逆反应在合成上都有很大的用途。

15.5.2 [2+2]环加成反应

[2+2]环加成反应又称 2π+2π 环加成反应。乙烯的二聚是典型的[2+2]环加成反应，乙烯分子 π 轨道中的电子在基态和激发态时的分布如图 15-8 所示。

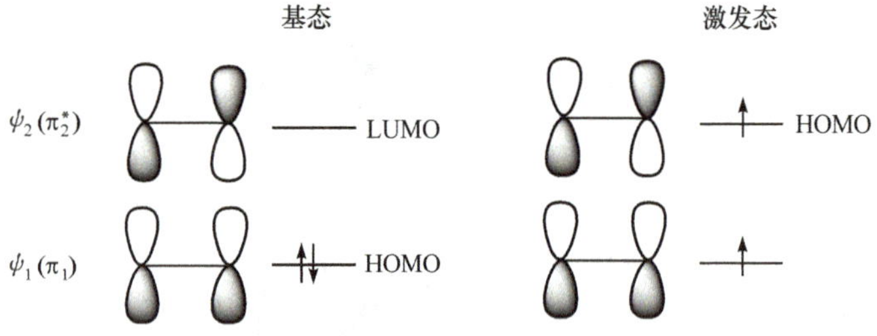

图 15-8 乙烯分子 π 轨道中的电子在基态和激发态时的分布

在加热条件下，由于基态时两个乙烯分子的 HOMO 和 LUMO 相位不匹配，因此[2+2]的同面-同面热反应加成是轨道对称性禁阻的。

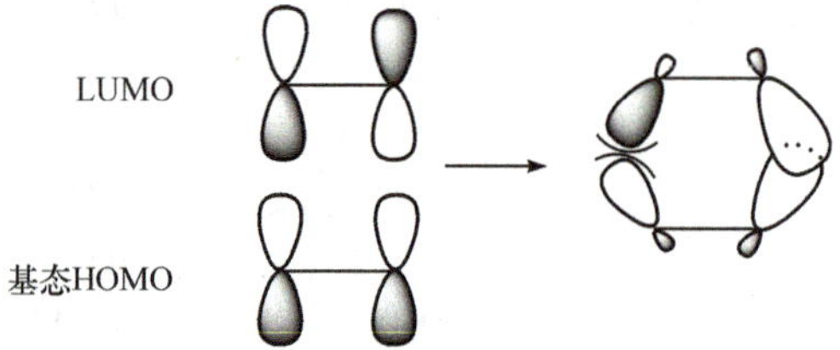

在光照条件下，由于激发态乙烯分子的 HOMO 和基态乙烯分子的 LUMO 相位相互匹配，因此[2+2]的同面-同面光反应加成是轨道对称性允许的。

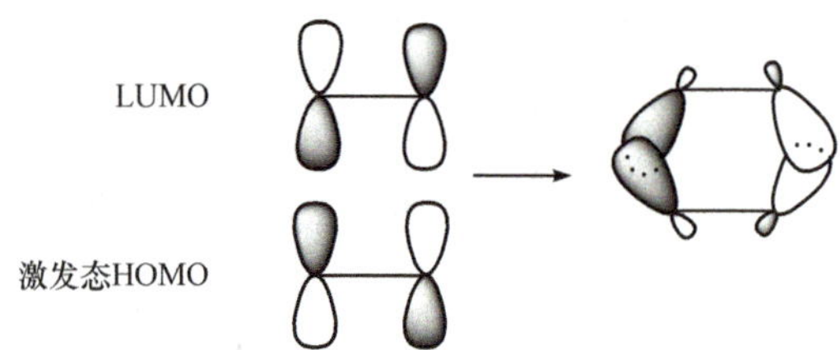

例如

$$2\ C_6H_5CH{=}CHCOOH \xrightarrow{h\nu}$$ （两种环丁烷二聚产物）

15.5.3 1,3-偶极加成

有些分子的结构可以用偶极共振式表示，如臭氧(O_3)、重氮甲烷(CH_2N_2)、叠氮化合物(RN_3)等。

$$\bar{O}-\overset{+}{O}=O \longleftrightarrow \bar{O}-O-\overset{+}{O}$$

$$\bar{C}H_2-\overset{+}{N}\equiv N \longleftrightarrow \bar{C}H_2-N=\overset{+}{N}$$

$$R-\bar{N}-\overset{+}{N}\equiv N \longleftrightarrow R-\bar{N}-N=\overset{+}{N}$$

在它们的共振式中都有一个共振结构式具有 1,3-偶极的形式，1,3-偶极化合物具有三原子四电子的 π 体系，其分子轨道与烯丙基负离子的分子轨道类似(图 15-9)。

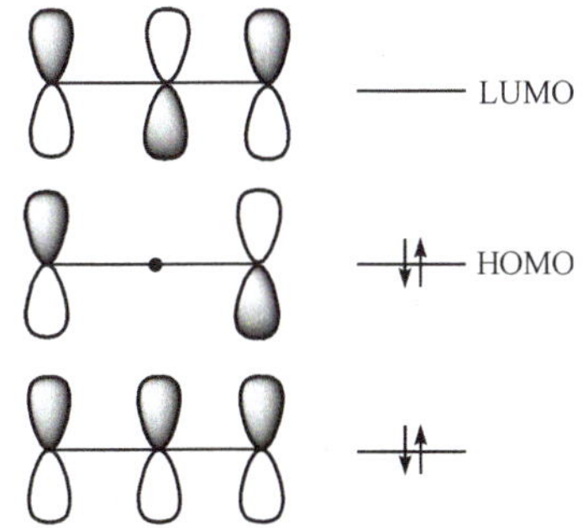

图15-9 1,3-偶极化合物的 π 分子轨道

由图 15-9 可以看出，1,3-偶极化合物的 HOMO 的对称性与共轭二烯烃分子的 HOMO 的对称性是相同的，因此 1,3-偶极分子也可以发生[4+2] 环加成反应。反应与 Diels-Alder 反应相似，在热反应条件下，无论是利用 1,3-偶极分子的 HOMO 和烯键的 LUMO 或 1,3-偶极分子的 LUMO 和烯键的 HOMO，轨道对称性都是允许的。例如

$$RHC{=}CHR' + \bar{O}-O-\overset{+}{O} \longrightarrow$$ （1,2,3-三氧杂环戊烷，R、R′ 顺式）

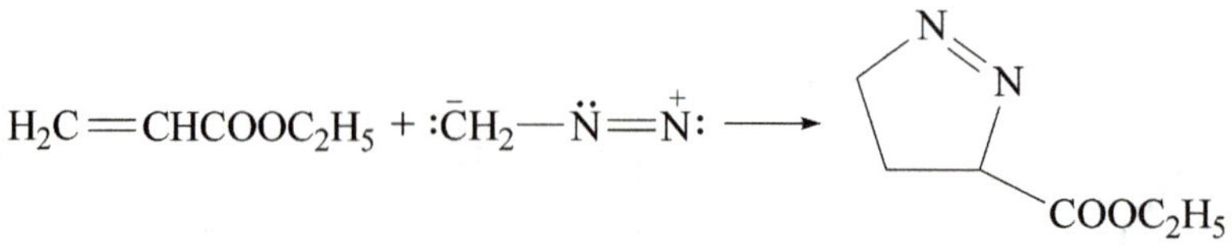

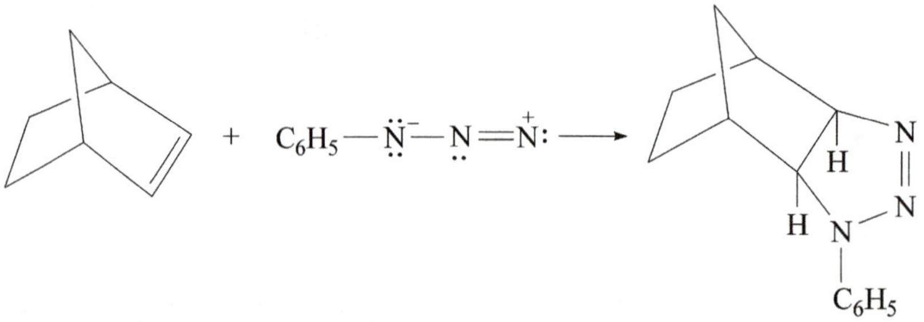

$$H_2C{=}CHCOOC_2H_5 + :\bar{C}H_2{-}\ddot{N}{=}\overset{+}{N}: \longrightarrow$$ N N $COOC_2H_5$

$$+ \quad C_6H_5{-}\ddot{N}^{-}{-}N{=}\overset{+}{N}: \longrightarrow$$ N H N H N C_6H_5

环加成反应的选择性规律可归纳见表 15-2。

表 15-2　环加成反应的选择性规律

参与反应的总 π 电子数	加热	光照
$4n$	禁阻	允许
$4n+2$	允许	禁阻

15.6　σ 迁移反应

在化学反应中，一个 σ 键从原来的位置迁移到新的位置，同时 π 键伴随着相应位移的反应称为 σ 迁移反应。例如

$$\underset{5}{\overset{H}{CH_2}}{-}\underset{4}{CH}{=}\underset{3}{CH}{-}\underset{2}{CH}{=}\underset{1}{CD_2} \xrightarrow{\triangle} CH_2{=}CH{-}CH{=}CH{-}\overset{H}{CD_2}$$

反应中 C_5—H 发生 σ 键断裂，C_5 上的 H 迁移到 C_1 上，生成 C_1—H 新的 σ 键，同时 π 键发生相应的位移。

除碳氢 σ 键可以发生迁移反应外，碳碳 σ 键和碳氧 σ 键也可以发生迁移反应。例如

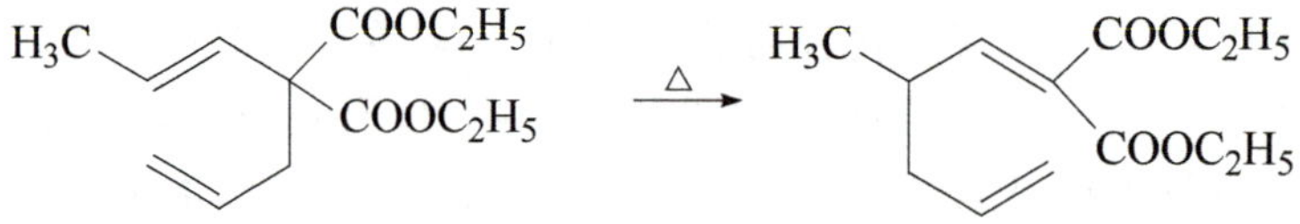

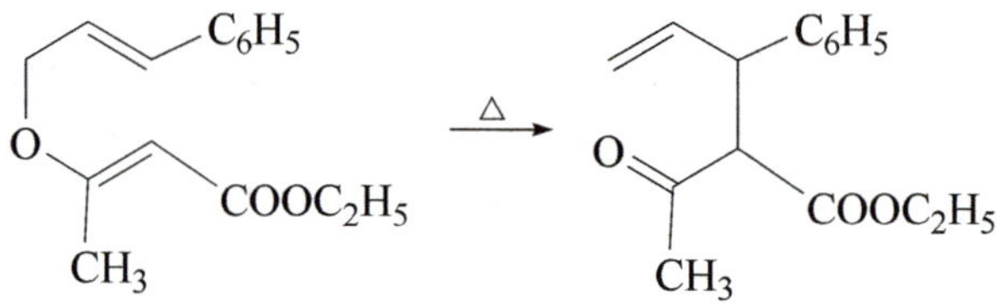

H_3C　$COOC_2H_5$　$COOC_2H_5$　$\xrightarrow{\triangle}$　H_3C　$COOC_2H_5$　$COOC_2H_5$

C_6H_5　O　$COOC_2H_5$　CH_3　$\xrightarrow{\triangle}$　C_6H_5　O　$COOC_2H_5$　CH_3

在 σ 迁移反应中，旧 σ 键的断裂及新 σ 键的生成和 π 键的位移是同时协同进行的，因此 σ 迁移反应是通过环状过渡态的协同反应。

σ 迁移反应的命名是以反应物中发生迁移的 σ 键作为标准，分别从其两边用阿拉伯数字编号，把新生成 σ 键的两个原子的编号 i,j 放在方括号中，称为$[i,j]$ σ 迁移。例如

$$\underset{j=1}{\overset{\overset{i=1}{H}|}{CH_2}}-\underset{2}{CH}=\underset{3}{CH}-\underset{4}{CH}=\underset{5}{CH_2} \longrightarrow CH_2=CH-\overset{H|}{CH}-CH=CH_2 \quad [1,3]\sigma迁移$$

$$\longrightarrow CH_2=CH-CH=CH-\overset{H|}{CH_2} \quad [1,5]\sigma迁移$$

$$\begin{array}{l} \overset{i=1}{CH_2}-\overset{2}{CH}=\overset{3}{CH_2} \\ | \\ \underset{j=1}{CH_2}-\underset{2}{CH}=\underset{3}{CH}-\underset{4}{CH}=\underset{5}{CH_2} \end{array} \longrightarrow \begin{array}{l} CH_2=CH-CH_2 \\ \qquad\qquad\quad | \\ CH_2=CH-CH-CH=CH_2 \end{array} \quad [3,3]\sigma迁移$$

15.6.1 氢原子的[1,j]迁移

对氢原子的[1,j]迁移，可将其 C—H 断裂后生成一个氢原子和一个含奇数碳原子的共轭多烯自由基来处理。以[1,3]氢迁移、[1,5]氢迁移等为例，反应的立体选择性完全取决于烯丙基自由基和戊二烯自由基等含奇数碳原子的共轭多烯自由基 π 分子轨道的对称性。

烯丙基自由基和戊二烯自由基的 π 轨道如图 15-10 所示。

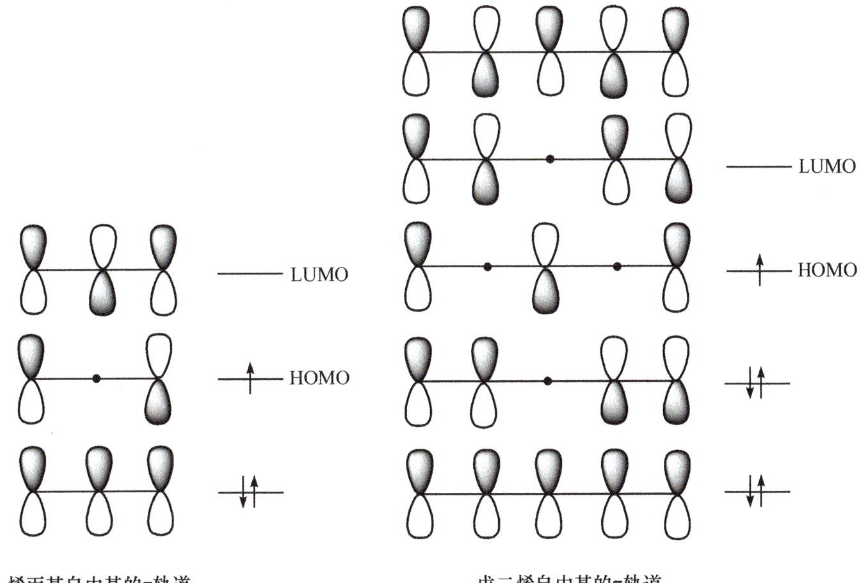

图 15-10 烯丙基自由基和戊二烯自由基的 π 轨道

由图 15-10 可以看到，对共轭多烯自由基而言，分子轨道中最高已占轨道 HOMO 是 π 体

系的非键轨道，非键轨道上偶数碳原子上的电子云密度为零，而奇数碳原子上的电子云密度数值相等，但相位交替变化，即每增加两个原子，相位改变一次(图 15-11)。

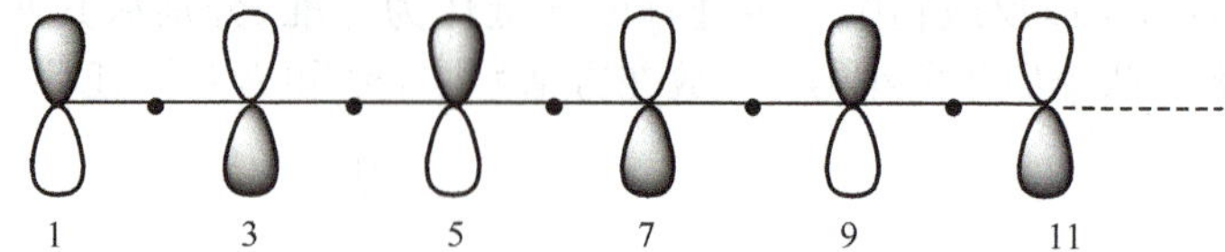

图 15-11　奇数碳原子共轭多烯自由基的非键轨道

在 σ 迁移中，氢原子的 1s 轨道与共轭多烯自由基的最高已占轨道 HOMO 相互作用生成新的 σ 键，从烯丙烯自由基 HOMO 的对称性分析可以看出，其轨道两端的相位不同，与氢原子 1s 轨道相位不会都相互匹配。因此，在基态条件下，氢原子的 1,3-同面迁移是对称性禁阻的[图 15-12(a)]。

对氢原子的 1,3-异面迁移，虽然轨道相位相互匹配，但需要跃过分子平面(节面)，反应所需活化能很高，通常情况下也不容易发生。

但在激发态(光照)条件下，由于最外层电子跃迁到反键轨道上，此时轨道的相位相互匹配，允许发生 1,3-同面迁移。因此，光照条件下，氢原子的 1,3-同面迁移是对称性允许的[图 15-12(b)]。

戊二烯自由基 HOMO 两端相位相同，它与氢原子 1s 轨道相位匹配。因此，在基态条件下，氢原子的 1,5-同面迁移是对称性允许的[图 15-12(c)]。

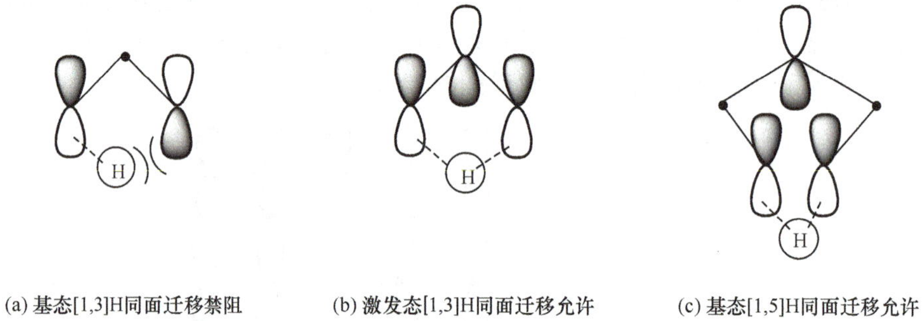

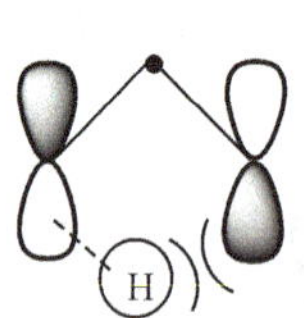

(a) 基态[1,3]H同面迁移禁阻

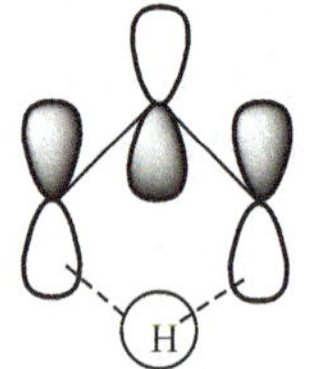

(b) 激发态[1,3]H同面迁移允许

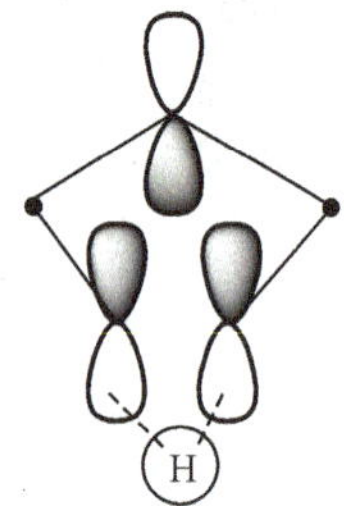

(c) 基态[1,5]H同面迁移允许

图 15-12　氢原子的[1,*j*]迁移

例如

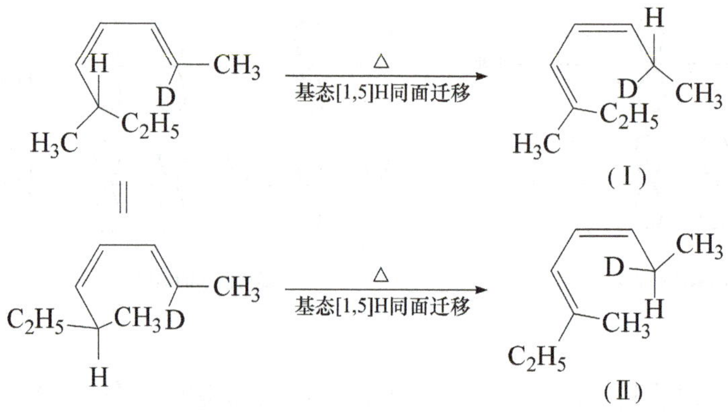

△ 基态[1,5]H同面迁移 → (Ⅰ)

△ 基态[1,5]H同面迁移 → (Ⅱ)

而在激发态(光照)条件下,戊二烯自由基的最外层电子跃迁到反键轨道上,即基态时的 LUMO 成为激发态时的 HOMO,这时就与氢原子 1s 轨道相位不再匹配。因此,在激发态条件下,氢原子的 1,5-同面迁移是对称性禁阻的。

综上所述,氢原子 [1,j]迁移的反应规律可归纳见表 15-3。

表 15-3 氢原子 [1,j]迁移的反应规律

迁移方式	加热(基态)	光照(激发态)
1,3-同面	禁阻	允许
1,3-异面	允许	禁阻
1,5-同面	允许	禁阻
1,5-异面	禁阻	允许

注:若 j 为 7、9、…,依此类推。

需要强调的是,对于异面迁移,尽管对称性允许,但迁移需要跃过分子平面,反应活化能很高,通常情况下不易发生。

15.6.2 碳原子的[1,j]迁移

由于碳原子自由基最外层轨道为 p 轨道,它有相位相反的两瓣,因此反应比氢原子略复杂。以碳原子的 1,3-迁移为例,虽然其 1,3-同面迁移相位不匹配,但可以通过碳原子构型的翻转满足迁移时的相位要求。这样的过渡态是轨道对称性允许的,空间条件也是可能的,即迁移时伴随迁移碳原子的构型改变。

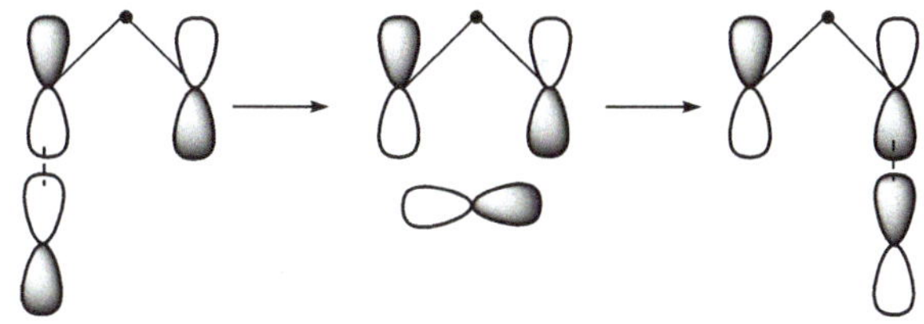

例如

碳原子的 1,5-迁移,由于相位匹配,同面迁移后碳原子的构型保持不变。

15.6.3 碳原子的[i,j]迁移

[i,j]迁移有各种类型,最常见的有碳[3,3]σ 迁移(又称 Cope 重排)。对于[3,3]迁移,可看成是两个烯丙基自由基的相互作用,由于两个烯丙基自由基的 HOMO 两端的相位可以相互匹配,因此在加热条件(基态)下,碳[3,3] σ 迁移反应可以顺利进行。

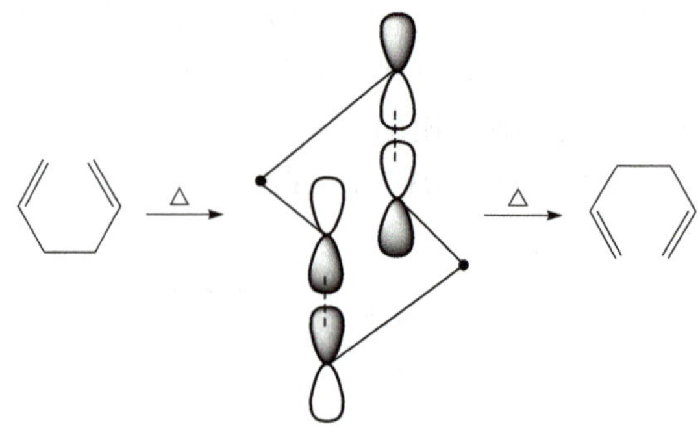

碳[3,3]σ 迁移具有高度的立体选择性。例如，内消旋-3,4-二甲基己-1,5-二烯重排后，几乎都是(*Z*,*E*)-辛-2,6-二烯(99.7%)。这可以从重排时经过六元环过渡态的椅式构象得到解释。

内消旋-3,4-二甲基己-1,5-二烯　　　　(*Z*,*E*)-辛-2,6-二烯

若重排时经过船式过渡态，则生成的产物应该是(*E*,*E*)-辛-2,6-二烯或(*Z*,*Z*)-辛-2,6-二烯。

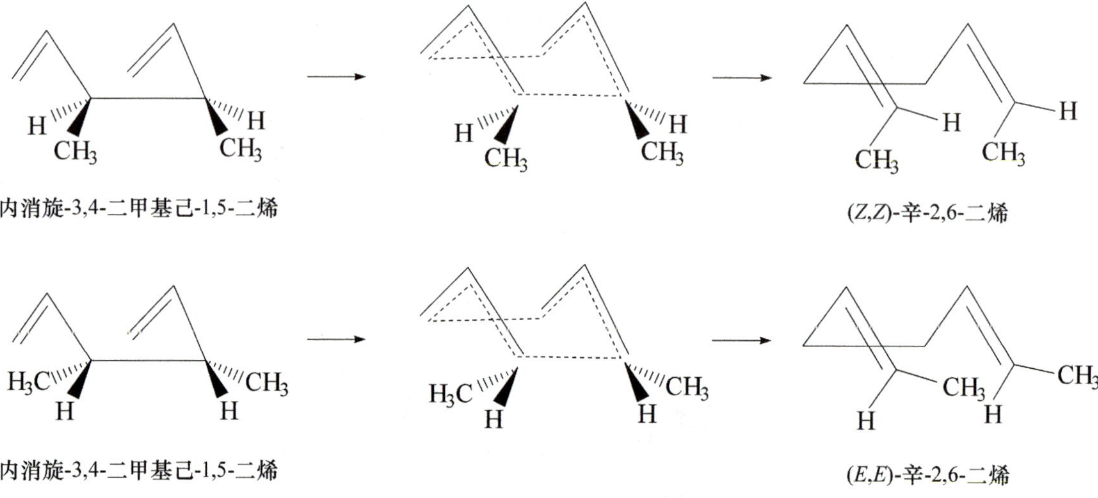
内消旋-3,4-二甲基己-1,5-二烯　　　　(*Z*,*Z*)-辛-2,6-二烯

内消旋-3,4-二甲基己-1,5-二烯　　　　(*E*,*E*)-辛-2,6-二烯

Claisen 重排也是碳氧 σ 键之间发生的[3,3]σ 迁移反应。例如

△　　芳构化

首先发生[3,3]σ 迁移，生成中间产物环己二烯酮衍生物，后者再经酮-烯醇互变异构，芳构化为最终产物。

碳原子的[i,j]迁移除可发生[3,3]迁移外，还可发生[5,5]、[7,7]等σ迁移方式。

[3,3]σ迁移反应是可逆反应，反应的平衡偏向化合物热力学相对稳定的一边。例如

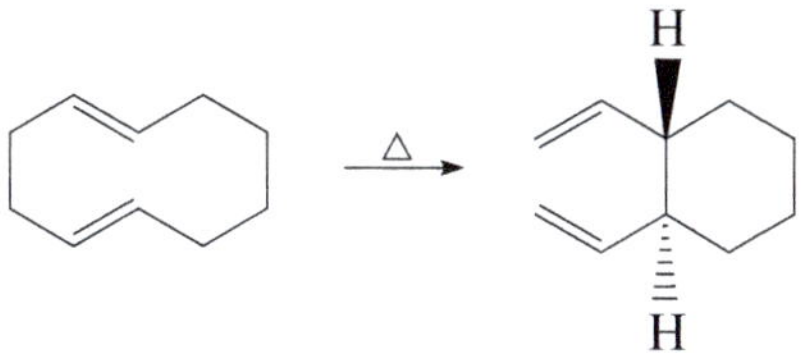

反应物为非共轭的环癸二烯烃，分子内存在一定的张力，而重排产物具有相对稳定的六元环结构，因此后者的热力学稳定性比前者高，有利于平衡向右进行。又如

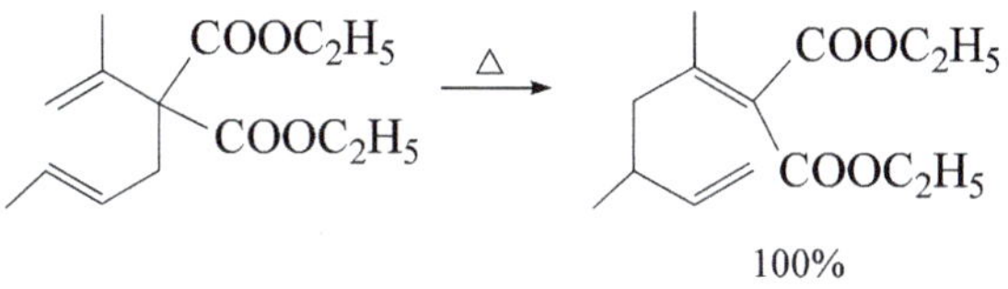

$COOC_2H_5$　$COOC_2H_5$　$\xrightarrow{\triangle}$　$COOC_2H_5$　$COOC_2H_5$

100%

由于重排产物中有一个碳碳双键与酯羰基形成π-π共轭，使体系相对更稳定，因此反应平衡几乎完全偏向右边，得到相应的[3,3]迁移产物。

小　　结

1. 周环反应是由分子轨道控制的协同反应，反应过程中分子轨道的对称性是守恒的。反应时旧键的断裂和新键的生成是同时进行的。

2. 周环反应中不产生自由基，不产生离子型的活性中间体，反应不受酸、碱、催化剂和溶剂极性的影响，不受自由基引发剂或抑制剂的影响，反应只要在加热或光照的条件下就可以进行，在加热或光照条件下反应的产物不同，产物具有高度的立体选择性。

3. 周环反应主要分为电环化反应、环加成反应和σ迁移反应。

电环化反应的选择性规律如下：

共轭体系π电子数	加热(基态)	光照(激发态)
$4n$	顺旋允许，对旋禁阻	对旋允许，顺旋禁阻
$4n+2$	对旋允许，顺旋禁阻	顺旋允许，对旋禁阻

环加成的选择性规律如下：

参与反应的总π电子数	加热	光照
$4n$[如2+2]	禁阻	允许
$4n+2$[如4+2]	允许	禁阻

σ迁移反应的选择性规律如下：

[i,j]H 迁移	加热	光照
[1,3]H 迁移	同面禁阻	异面允许，但难以实现
[1,5]H 迁移	同面允许	异面允许
[i,j]C 迁移		
[1,3]C 迁移	同面，构型翻转	
[1,5]C 迁移	同面，构型保持	
[3,3]C 迁移	同面-同面迁移允许	

习　题

1. 完成下列反应式。

(1) 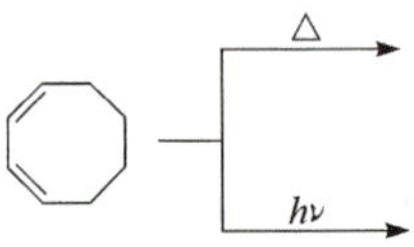

(2) 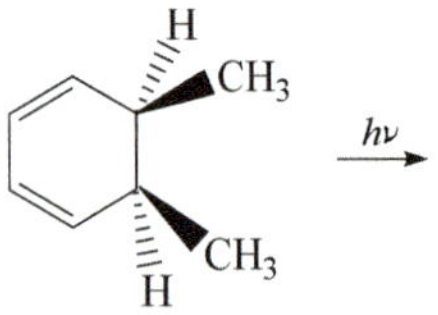

(3) 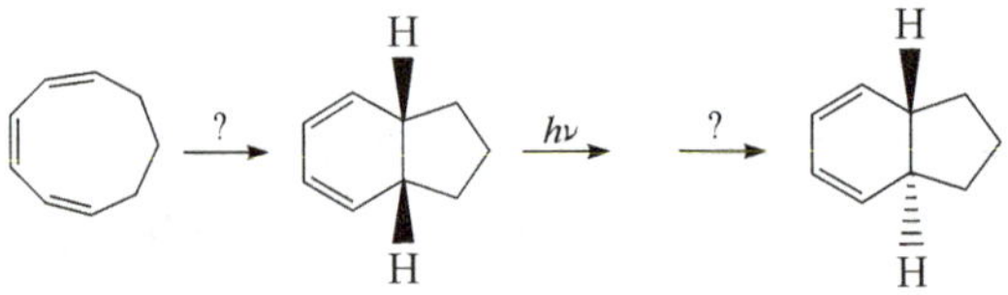

(4) 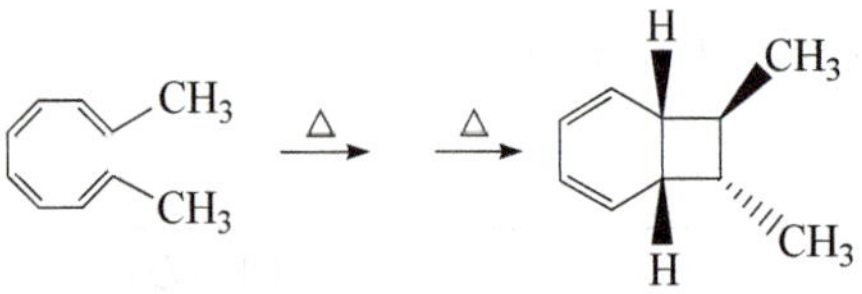

(5) 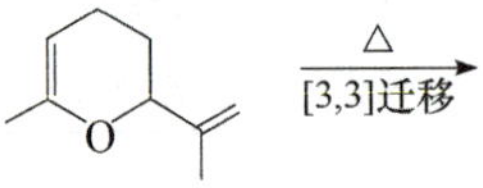

(6) 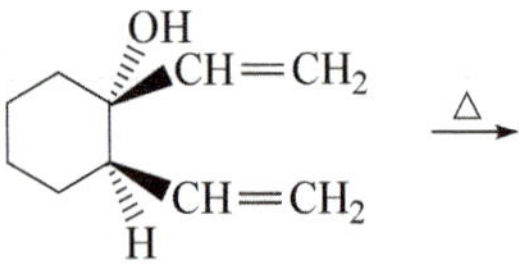

(7) 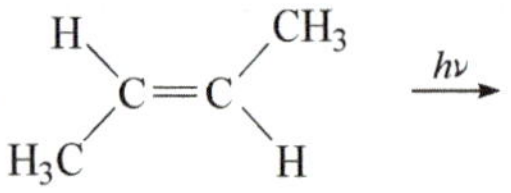

(8) 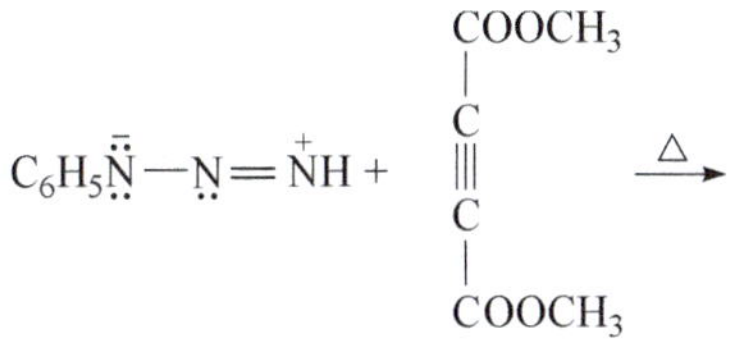 $C_6H_5\ddot{N}-\ddot{N}=\overset{+}{N}H$ + $CH_3OOC-C\equiv C-COOCH_3$ $\xrightarrow{\triangle}$

(9) 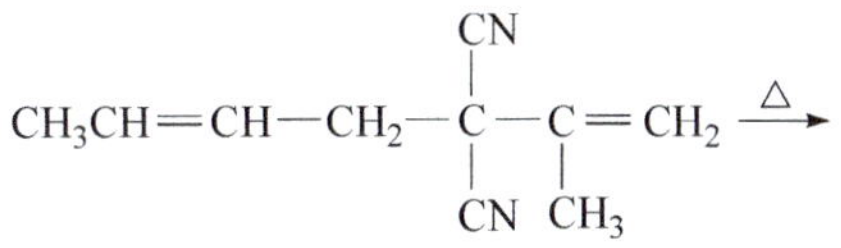 $CH_3CH=CH-CH_2-C(CN)_2-C(CH_3)=CH_2$ $\xrightarrow{\triangle}$

(10) 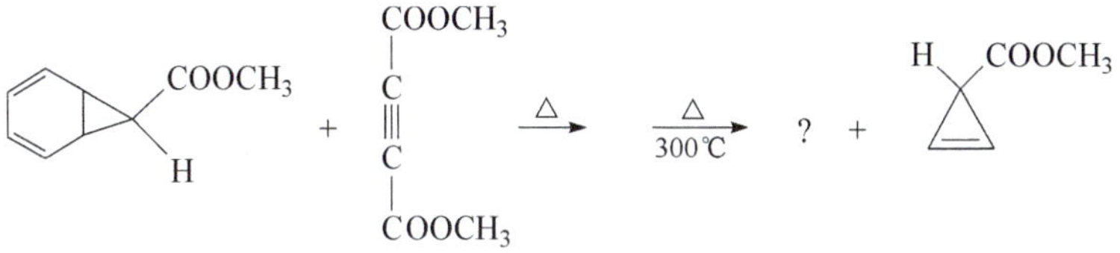 [双环化合物，含 COOCH₃ 与 H] + $CH_3OOC-C\equiv C-COOCH_3$ $\xrightarrow{\triangle}$ $\xrightarrow[300℃]{\triangle}$? + [环丙烯，含 H 与 COOCH₃]

2. 解释下列重排反应。

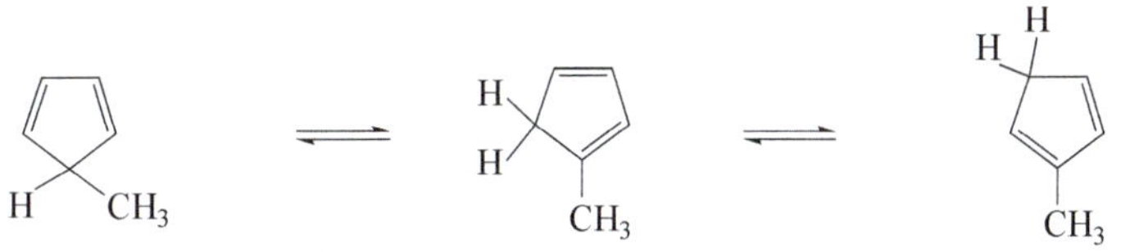

5-甲基环戊-1,3-二烯 ⇌ 1-甲基环戊-1,3-二烯 ⇌ 3-甲基环戊-1,3-二烯

3. 指出下列反应的类型。

(1) 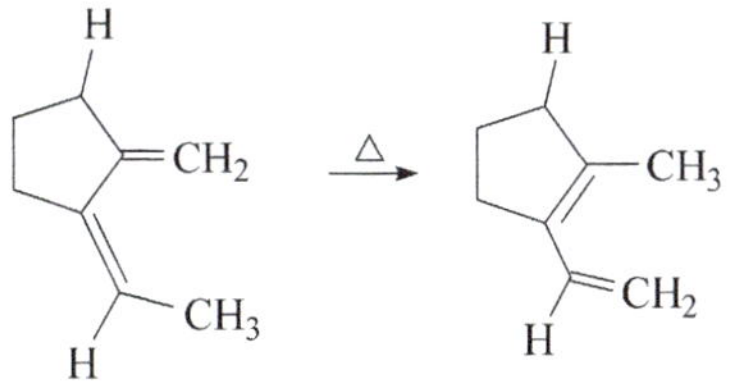 $\xrightarrow{\triangle}$

(2)  $\xrightarrow{\triangle}$

(3) 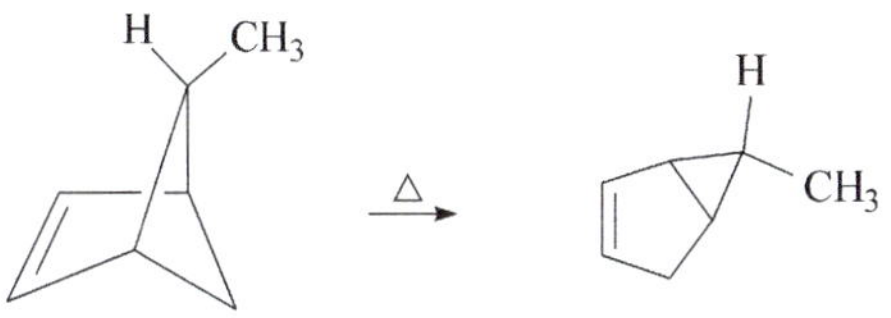 $\xrightarrow{\triangle}$

(4) 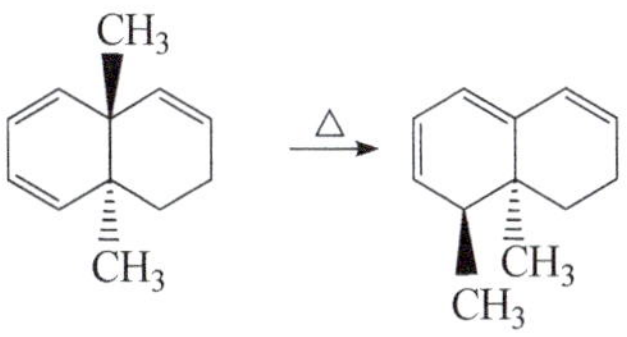 $\xrightarrow{\triangle}$

(5) 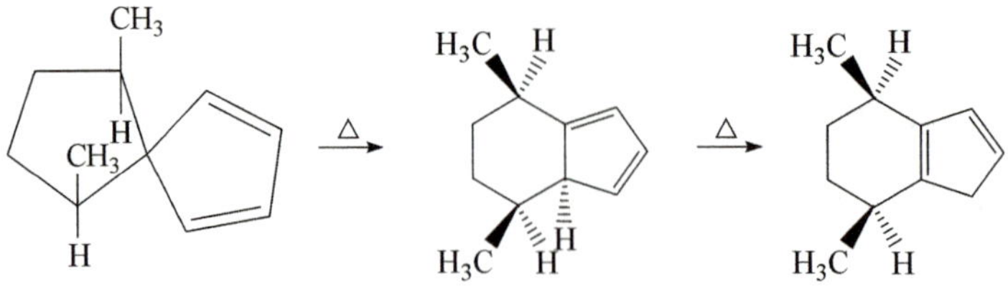 [结构式：CH_3、H、CH_3、H 取代的螺环化合物] $\xrightarrow{\triangle}$ [H_3C、H、H_3C、H、H 取代的双环化合物] $\xrightarrow{\triangle}$ [H_3C、H、H_3C、H 取代的双环化合物]

4. 给出实现下列反应的条件。

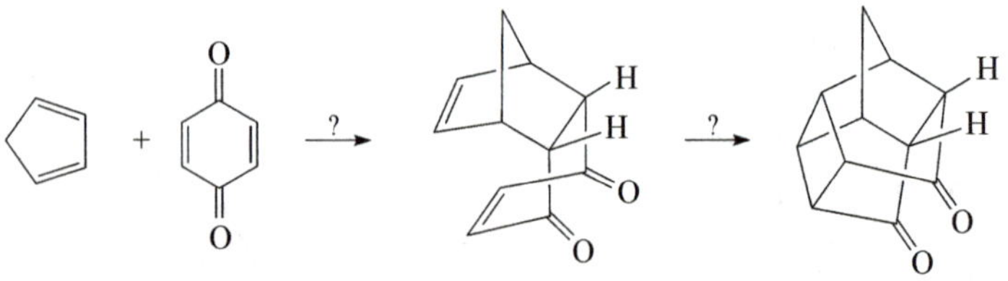

[环戊二烯] + [对苯醌] $\xrightarrow{?}$ [加成产物] $\xrightarrow{?}$ [笼状二酮]

5. 解释下列反应过程。

(1) 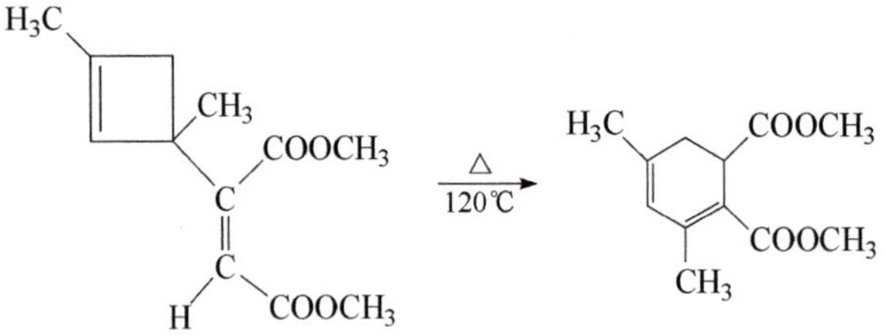 [H_3C、CH_3 取代的环丁烯，连有 $C(COOCH_3)=C(H)COOCH_3$] $\xrightarrow[120℃]{\triangle}$ [H_3C、CH_3、两个 $COOCH_3$ 取代的环己二烯]

(2) 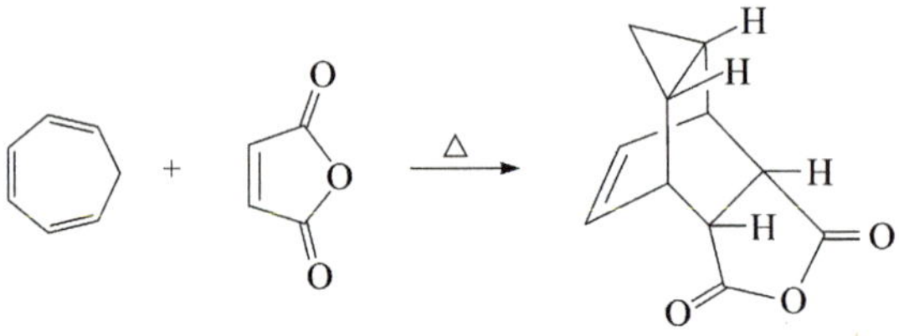 [环庚三烯] + [马来酸酐] $\xrightarrow{\triangle}$ [加成产物]

6. 合成题。

(1) 由环己酮和不超过四个碳原子的有机原料及必要的无机试剂合成

[目标产物结构式]

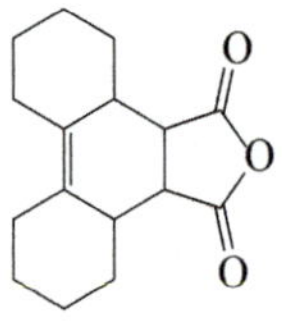

(2) 由不超过四个碳原子的有机原料及必要的无机试剂合成

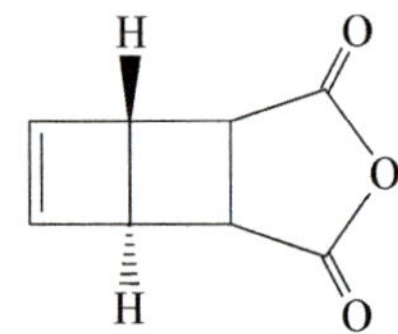

第16章 糖类化合物

主要内容

➢糖的分类：单糖、低聚糖和多糖。

➢单糖的开链结构、构型和环状结构。开链结构用 Fischer 投影式表示，相对构型通常用 D 或 L 表示，环状结构用 Haworth 结构式表示。

➢单糖的性质：碱催化下的异构化，糖苷的生成，氧化和还原反应，糖脎的生成。

➢二糖的结构：还原性二糖有乳糖、麦芽糖和纤维二糖，非还原性二糖有蔗糖。

➢多糖的结构：主要简单介绍淀粉和纤维素。

糖类(saccharide)化合物是自然界分布最广、数量最多的一类有机化合物，葡萄糖、果糖、蔗糖、米面等淀粉、棉花、木材等动植物纤维等都属于糖类。早年这些化合物的结构并不十分清楚，而在对它们进行初步分析后发现，它们的经验式大多符合 $C_n(H_2O)_m$，因此当时就把它们看成碳的水合物，将这类有机化合物称为碳水化合物(carbohydrate)。后来发现有些糖类化合物的分子式并不符合 $C_n(H_2O)_m$ 中碳和水的比例，“碳水化合物”这个名词很不确切。从结构和化学性质分析，它们都是多羟基醛、酮或水解后能生成多羟基醛、酮的化合物，而与糖相似，因此把它们统称为糖类化合物。

糖类化合物是植物光合作用的产物。植物在日光照射下，通过叶绿素的催化作用，将空气中的二氧化碳和水经过复杂的变化过程转变为相对分子质量不同的糖类化合物，同时放出氧气，这个过程就是光合作用。

$$nCO_2 + mH_2O \xrightarrow[\text{叶绿素}]{\text{太阳能}} \underset{\text{糖类化合物}}{C_n(H_2O)_m} + nO_2$$

糖类化合物在生物体的代谢过程中被氧化为二氧化碳和水，同时释放出供生物体维持生命活动的能量，满足机体生长和活动的需要。

$$\underset{\text{糖类化合物}}{C_n(H_2O)_m} + nO_2 \xrightarrow{\text{生物体代谢过程}} nCO_2 + mH_2O + \text{能量}$$

从自然界的大循环看，可以认为糖类化合物是储存太阳能和维持人类及动植物生命不可缺少的物质。

根据糖类化合物的结构和水解性质可以把它们分为以下三类：

(1) 单糖(monosaccharide)。不能被水解为相对分子质量更小的多羟基醛、酮称为单糖，如葡萄糖、果糖、核糖等。

(2) 低聚糖(oligosaccharide)。又称寡糖，是由 2～10 个单糖分子缩合成的糖类化合物，如麦芽糖、乳糖、蔗糖等。水解时生成两分子单糖的称为二糖，生成三分子单糖的称为三糖。

(3) 多糖(polysaccharide)。水解时能生成 10 个以上单糖分子的糖类化合物称为多糖，如淀粉、纤维素等。

16.1 单糖的结构、构型和构象

16.1.1 单糖的结构

单糖是多羟基醛或多羟基酮。根据单糖分子中所含的碳原子数分为戊糖、己糖等。分子中含有醛基的单糖称为醛糖(aldose)，如葡萄糖是己醛糖；含有酮基的单糖称为酮糖(ketose)，如果糖是己酮糖。自然界中以五个和六个碳原子的单糖最为普遍。在书写糖的结构时，通常将羰基写在上端，从醛基或靠近酮基的一端开始对碳链进行编号。

戊醛糖 (aldopentose)	戊酮糖 (ketopentose)	己醛糖 (aldohexose)	己酮糖 (ketohexose)
^{1}CHO	^{1}CH$_2$OH	^{1}CHO	^{1}CH$_2$OH
^{2}CHOH	^{2}C=O	^{2}CHOH	^{2}C=O
^{3}CHOH	^{3}CHOH	^{3}CHOH	^{3}CHOH
^{4}CHOH	^{4}CHOH	^{4}CHOH	^{4}CHOH
^{5}CH$_2$OH	^{5}CH$_2$OH	^{5}CHOH	^{5}CHOH
		^{6}CH$_2$OH	^{6}CH$_2$OH

大多数醛糖和酮糖中都含有一个以上不对称碳原子。最简单的单醛糖是丙醛糖，也称为甘油醛。甘油醛中有一个不对称碳原子，它有一对对映异构体，用 Fischer 投影式表示为

CHO; H—C—OH; CH$_2$OH	CHO; HO—C—H; CH$_2$OH
(*R*)-(+)-甘油醛 D-(+)-甘油醛	(*S*)-(−)-甘油醛 L-(−)-甘油醛

16.1.2 单糖的构型及表示法

在 20 世纪初还没有能测定有机化合物的绝对构型时，人为地规定把右旋甘油醛的 OH 写在 Fischer 投影式的右边，并用 D 表示其构型；而把左旋甘油醛的 OH 写在 Fischer 投影式的左边，并用 L 表示其构型。20 世纪 50 年代后，经构型的测定，右旋甘油醛的绝对构型为 *R* 构型，正好与人为规定的 D 构型一致。

己醛糖含有 4 个不同的不对称碳原子，应该有 $2^4=16$ 个异构体，葡萄糖是己醛糖，是 16

个异构体中的一种。己酮糖含有 3 个不同的不对称碳原子，应该有 $2^3=8$ 个异构体，果糖是己酮糖，是 8 个异构体中的一种。含相同碳原子数的酮糖比醛糖的异构体少。

单糖的结构一般用 Fischer 投影式表示。例如，葡萄糖的构型可表示为

（Ⅰ）　（Ⅱ）　（Ⅲ）　（Ⅳ）

其中，式（Ⅱ）、式（Ⅲ）和式（Ⅳ）是式（Ⅰ）的不同简式写法，在式（Ⅱ）中省略 H，在式（Ⅲ）中用"—"代表 OH，在式（Ⅳ）中用"△" 代表 CHO，用"○"代表 CH_2OH。

葡萄糖的系统命名为（2*R*，3*S*，4*R*，5*R*）-2，3，4，5，6-五羟基己醛。但由于糖大多数都有多个不对称碳原子，用系统命名法比较麻烦，也不直观，因此糖通常都使用俗名，用离羰基最远的、编号最大的一个不对称碳原子的构型与甘油醛的构型比较，若构型与 D-甘油醛相同，属于 D 型糖；若构型与 L-甘油醛相同，则属于 L 型糖。例如

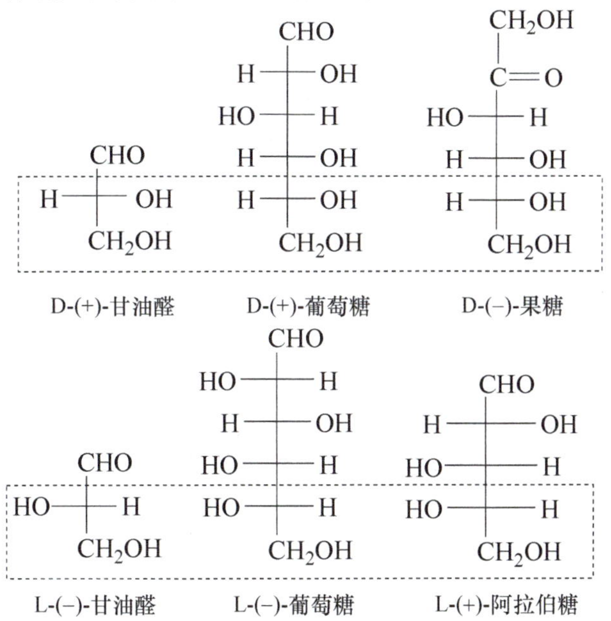

D-(+)-甘油醛　D-(+)-葡萄糖　D-(−)-果糖

L-(−)-甘油醛　L-(−)-葡萄糖　L-(+)-阿拉伯糖

因此，用 D 或 L 表示的构型是相对构型。在己醛糖的 16 个异构体中，其中 8 个为 D 型糖，8 个为 L 型糖。D 型糖的对映体一定是 L 型糖。旋光物质的旋光方向与构型之间没有必然的关系，D 型化合物或 L 型化合物都可以是右旋或左旋的。

由醛糖通过醛基上的反应，得到逐步增加一个碳原子的醛糖，称为糖的递增反应。由于递增反应不涉及原醛糖中的不对称碳原子，因此由 D-甘油醛通过逐步递增的方法可以得到四碳、五碳、六碳的 D 型醛糖，由 L-甘油醛得到四碳、五碳、六碳的 L 型醛糖。例如，由 4 个碳原子的 D-赤藓糖可以通过下列反应分别递升为 D-核糖和 D-阿拉伯糖。

HCN；H_2, Pd/$BaSO_4$；HCl, H_3O^+

D-赤藓糖 → D-核糖

D-赤藓糖 → D-阿拉伯糖

用同样的递增反应可以得到其他不同碳原子数的 D 型醛糖。从 L 型糖通过递增反应则可以得到其他不同碳原子数的 L 型醛糖。

图 16-1 是 C_3～C_6 的 D 型醛糖各异构体的 Fischer 投影式和名称。

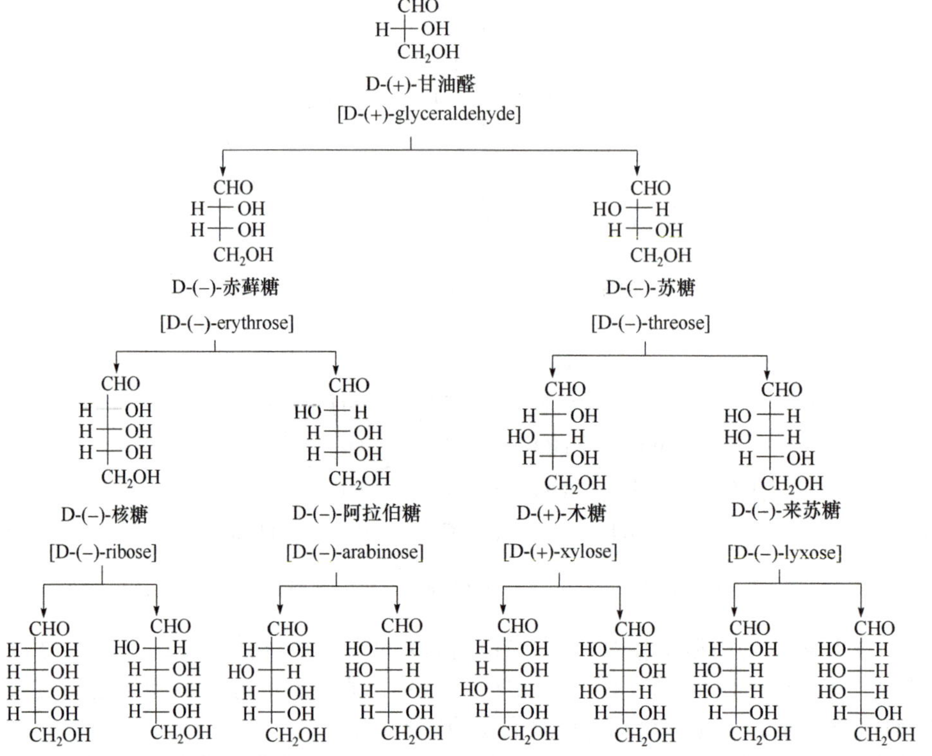

图 16-1 C_3～C_6 的 D 型醛糖异构体

很多具有相同碳原子数的糖在结构上很相近，如 D-葡萄糖与 D-甘露糖，它们仅是第一个不对称碳原子(C_2)的构型不同。只有一个不对称碳原子的构型不同的非对映异构体称为差向异构体(epimers)。D-葡萄糖与 D-甘露糖互为 C_2 差向异构体。又如，D-半乳糖和 D-葡萄糖互为 C_4 差向异构体。

问题 16-1　用 Fischer 投影式写出戊醛糖的所有构型异构体。

在含有相同碳原子数的酮糖和醛糖中，酮糖比醛糖少一个不对称碳原子，因此旋光异构体的数目也只有相应醛糖的一半。图 16-2 是 $C_3 \sim C_6$ 的 D 型酮糖各异构体的 Fischer 投影式和名称。

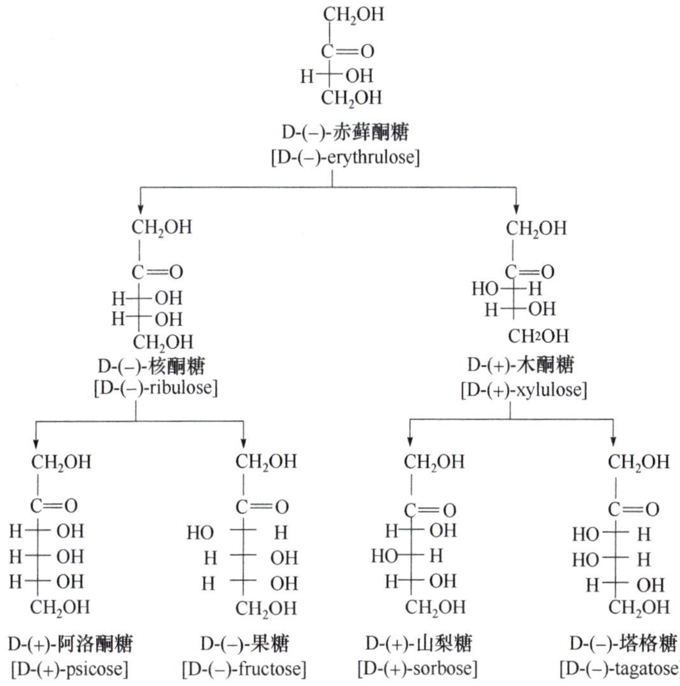

图 16-2　$C_3 \sim C_6$ 的 D 型酮糖异构体

16.1.3　单糖的环状结构

按照糖的开链结构式，单糖是多羟基的醛、酮，但有些反应和现象却难以用开链结构式解释。例如

(1) 在单糖的红外光谱图中，没有观察到羰基的特征吸收峰，在醛糖的核磁共振谱中也没有观察到醛基上的质子信号。

(2) 醛糖与醛试剂饱和 $NaHSO_3$ 溶液不发生反应，得不到相应的加成产物沉淀。

(3) D-葡萄糖是己醛糖中的一种，然而，将它在不同的溶剂及温度条件下结晶，可以得到熔点及比旋光度都不同的晶体，一种晶体的熔点为 146℃，新配制的溶液比旋光度为＋112°；而另一种晶体的熔点为 150℃，新配制的溶液比旋光度为＋18.7°。但这两种新配制溶液的比旋光度都随着放置的时间增长而变化，前者逐渐下降，后者逐渐上升，最后都恒定在＋52.7°，这种现象称为变旋(mutarotation)现象。

(4) 普通的醛能与两分子的醇发生反应生成缩醛，但是D-葡萄糖等醛糖却只能与一分子醇生成缩醛，这说明在形成缩醛前，糖分子中的醛基可能已经与自身分子中的羟基形成了半缩醛结构。

若己醛糖中的醛基与自身分子中的羟基形成半缩醛，则形成环状结构，根据环的稳定性原则，则可能与C_5上的羟基形成六元环结构。在形成六元环的半缩醛时，原来的羰基碳原子(C_1)转变为不对称碳原子，在形成半缩醛过程中生成的羟基对环而言就有不同的取向。一种是半缩醛中的羟基(OH)与C_5上的羟甲基(CH_2OH)在环的同一边，称为β-D-葡萄糖；另一种是半缩醛中的羟基(OH)与C_5上的羟甲基(CH_2OH)在环的两边，称为α-D-葡萄糖。

β-D-葡萄糖和α-D-葡萄糖之间仅是C_1的构型不同，而其他不对称碳原子的构型完全相同，它们是互为非对映异构体的差向异构体，互称为正位异构体，或称为异头物(anomers)。

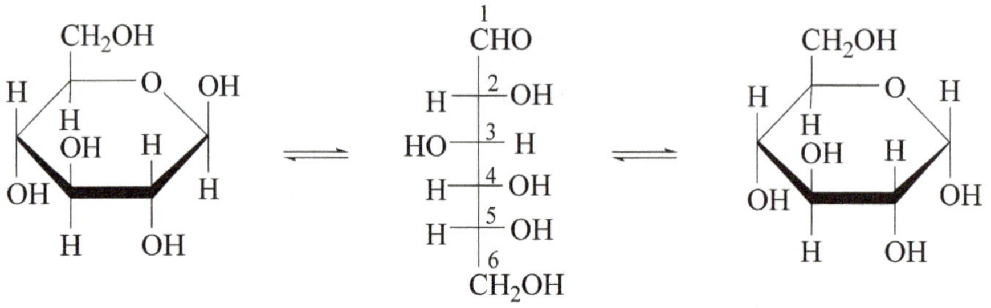

β-D-葡萄糖(~63%)
m.p.150℃，$[\alpha]_D^{25}=+18.7°$
(环状结构)

D-葡萄糖
(开链结构)

α-D-葡萄糖(~37%)
m.p.146℃，$[\alpha]_D^{25}=+112°$
(环状结构)

在D-葡萄糖的水溶液中，两个环状结构β-D-葡萄糖和α-D-葡萄糖可以经过开链结构式而相互转换。在达到平衡时，比旋光度也达到一个恒定值+52.7°，这时β-D-葡萄糖约占63%，α-D-葡萄糖约占37%，而开链结构仅占0.1%。醛糖都有这种变旋现象。

半缩醛的环状结构称为Haworth结构式，下面是将D-葡萄糖的Fischer投影式改写成Haworth结构式的过程。

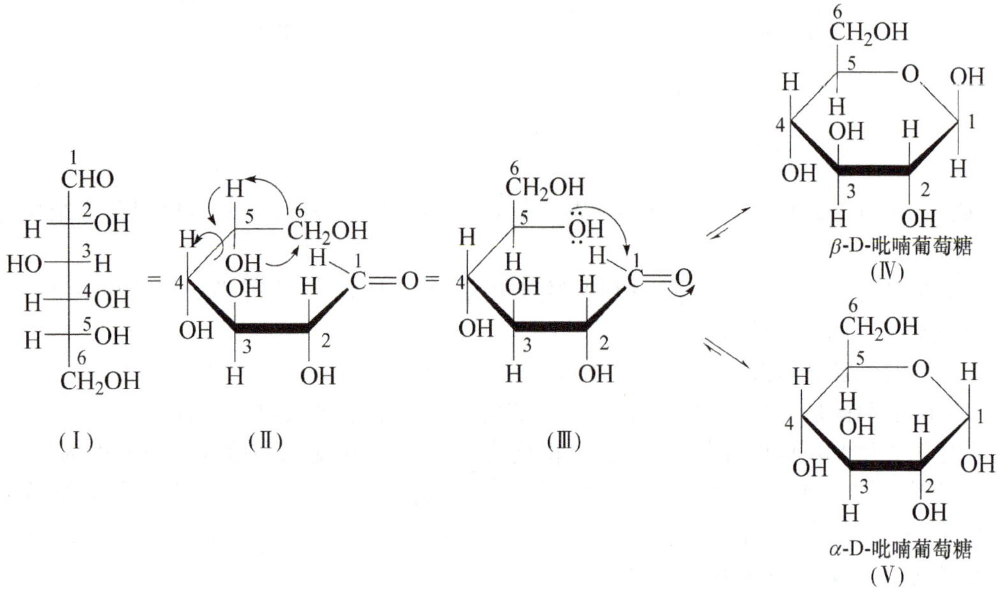

(Ⅰ)　(Ⅱ)　(Ⅲ)

β-D-吡喃葡萄糖
(Ⅳ)

α-D-吡喃葡萄糖
(Ⅴ)

首先将开链结构式(Ⅰ)顺时针侧倒，由于 $C_2 \sim C_6$ 碳原子都为 sp^3 杂化，可以将糖的主碳架排列成环状结构(Ⅱ)，然后将不对称碳原子 C_5 沿 $C_4—C_5$ 键旋转 120°，使 C_5 上在环状平面下面的羟基转到环状平面中，得到结构(Ⅲ)，使它更靠近醛基，最后 C_5 上的羟基从醛羰基所在平面的两边进行加成，从而得到 β-和 α-两种六元环的半缩醛葡萄糖(Ⅳ)和(Ⅴ)。

由于 Haworth 结构式中的氧杂环己烷与吡喃环( )相似，因此通常把具有氧杂环己烷结构的糖称为吡喃糖(pyranose)，如 β-D-吡喃葡萄糖和 α-D-吡喃葡萄糖。

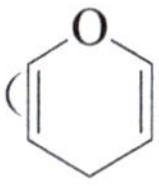

D-葡萄糖中，若 C_1 上的醛基与 C_4 上的羟基形成环状半缩醛，则形成氧杂环戊烷结构。由于氧杂环戊烷与呋喃环( )相似，因此把具有氧杂环戊烷结构的糖称为呋喃糖(furanose)，它同样也存在正位异构体，如 β-D-呋喃葡萄糖和 α-D-呋喃葡萄糖。

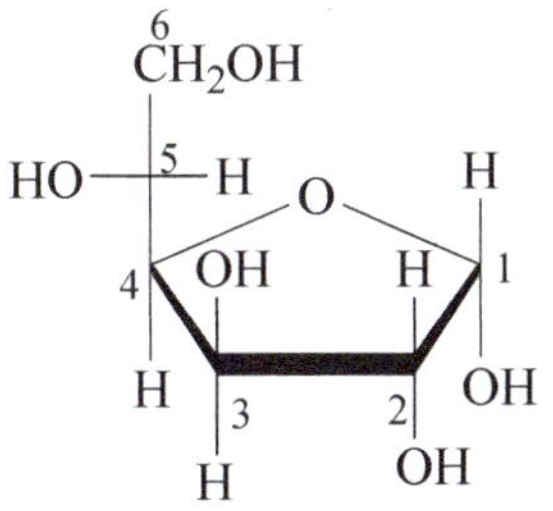

α-D-呋喃葡萄糖　　β-D-呋喃葡萄糖

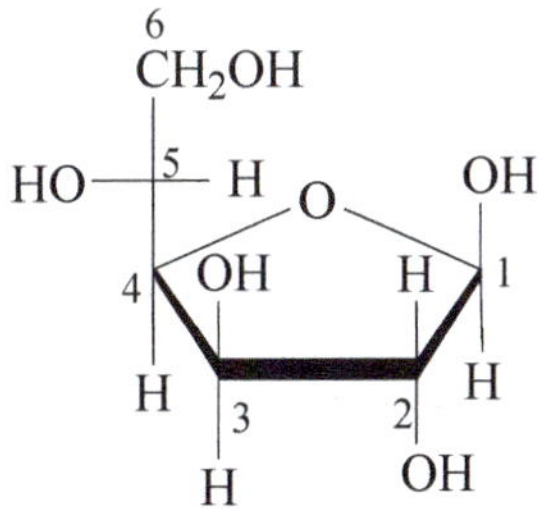

但 D-葡萄糖中，呋喃糖只占 1%，而吡喃糖占 99%。

酮糖也有环状结构式，如 D-果糖在水溶液中，开链结构式和环状结构式也存在动态平衡，也有变旋光现象。

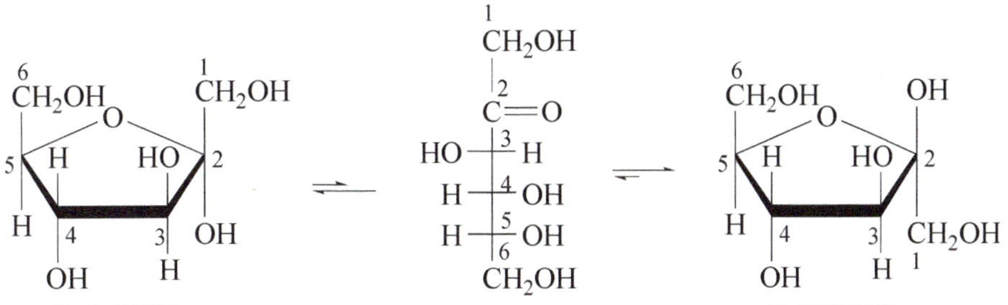

α-D-呋喃果糖　　D-果糖　　β-D-呋喃果糖

当 C_2 上的羟基与 C_5 上的羟甲基处于环的两边时称为 α-D-呋喃果糖；而当 C_2 上的羟基与 C_5 上的羟甲基处于环的同一边时称为 β-D-呋喃果糖。

16.1.4　单糖环状结构的构象

单糖的 Haworth 结构式能清楚地反映环上各原子或原子团之间的相互关系，但由于氧杂环己烷并不在同平面上，因此它不能真实地反映分子的三维空间结构状态。氧杂环己烷与环己烷一样，以相对比较稳定的椅式构象存在。将 D 型糖的 Haworth 结构式改写成椅式构象时，通常把环上的氧原子放在椅式构象的右上角，把 C_5 上的羟甲基放在 e 键的位置，然后将羟基按其所在碳原子的构型写在 e 键或 a 键上。在 β-D-吡喃葡萄糖的优势构象中，所有体积大的取代基(羟基和羟甲基)都在 e 键的位置上；而在 α-D-吡喃葡萄糖的优势构象中，半缩醛中的羟基在 a 键位置上，因此 β-D-吡喃葡萄糖的构象比 α-D-吡喃葡萄糖的构象更稳定，在葡萄糖水溶液的动态平衡中，β-异构体比 α-异构体的含量高。

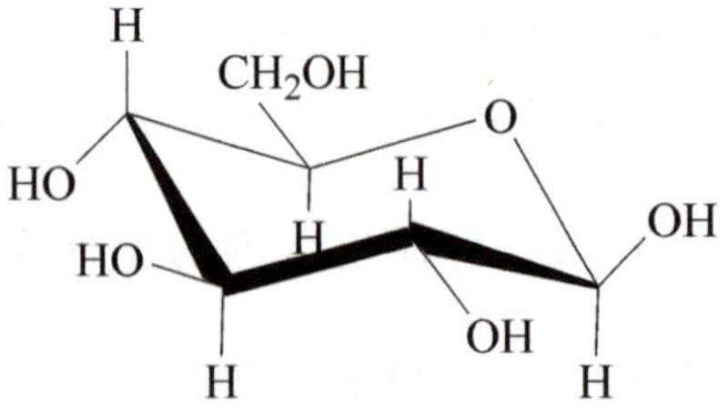

β-D-呋喃葡萄糖 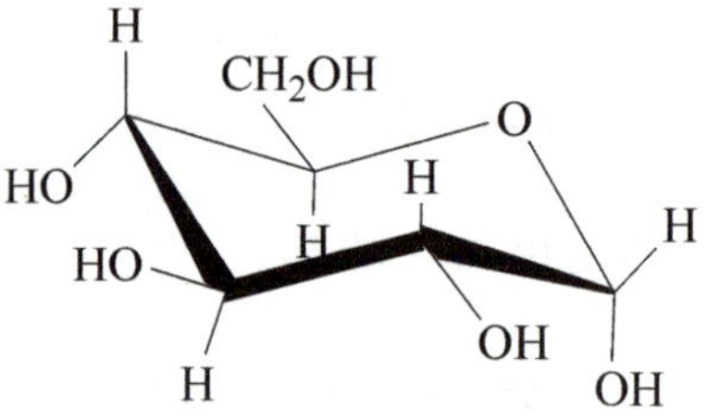　　　　α-D-呋喃葡萄糖

其他 D-己醛糖的构象也可以通过相应的 Haworth 结构式准确画出，或通过比较与 D-葡萄糖的各碳原子上的构型差别，直接从葡萄糖的构象式推导出。例如，D-葡萄糖和 D-甘露糖之间仅 C_2 的构型不同，因此将 β-D-吡喃葡萄糖构象中 C_2 上的 OH 由 e 键改写在 a 键上，即成为 β-D-吡喃甘露糖的构象式；D-葡萄糖和 D-阿洛糖之间是 C_3 的构型不同，D-葡萄糖和 D-半乳糖之间是 C_4 的构型不同，因此将 β-D-吡喃葡萄糖构象中 C_3 或 C_4 上的 OH 分别由 e 键改写在 a 键上，即成为 β-D-吡喃阿洛糖的构象式和 β-D-吡喃半乳糖的构象式。

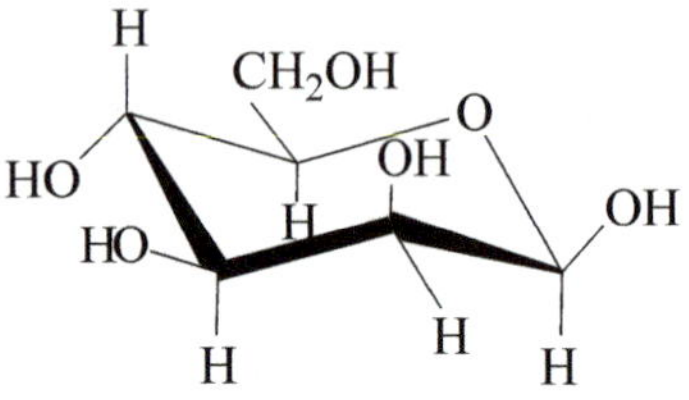

β-D-吡喃甘露糖 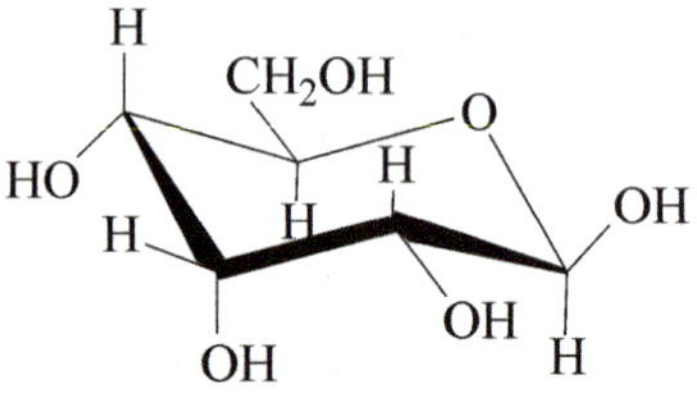　　　　β-D-吡喃阿洛糖 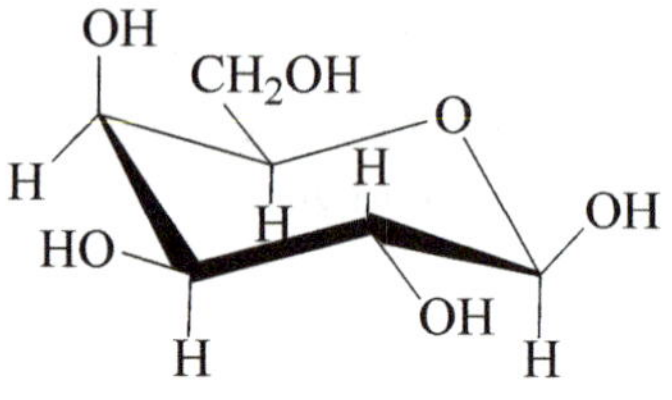　　　　β-D-吡喃半乳糖

问题 16-2　写出 α-D-甘露糖和 β-D-半乳糖的 Haworth 结构式和相应的稳定构象式。

16.2　单糖的性质

单糖大多是具有一定熔点的固体，有不同甜味，但各自的甜度相差甚远。大多易溶于水，难溶于低极性或非极性的有机溶剂。

由于绝大多数单糖都是手性分子，因此这些单糖及其衍生物都具有旋光活性。凡在分子内能形成半缩醛的糖在水溶液中都具有变旋现象。

单糖作为多羟基醛、酮，可以发生多种化学反应。

16.2.1 碱催化下的异构化反应

在碱性条件下，糖中羰基的 α-碳原子上的活泼氢可以通过烯二醇或烯二醇负离子，使 α-碳原子的构型发生变化。例如

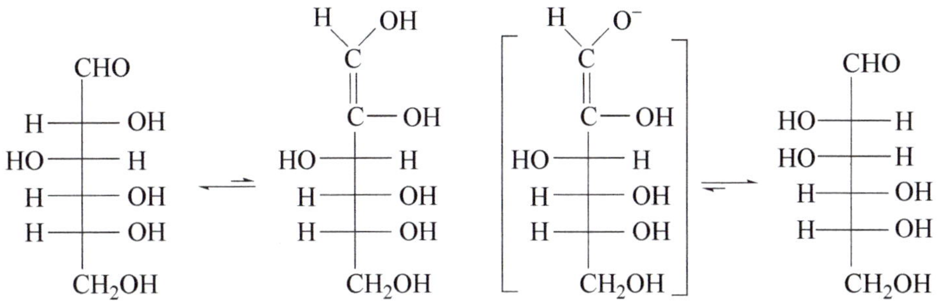

D-葡萄糖　　烯二醇　　烯二醇负离子　　D-甘露糖

这种使多个不对称碳原子分子中的一个不对称碳原子的构型发生转化的作用称为差向异构化(epimerization)。

在同样条件下，醛糖也可以通过烯二醇或烯二醇负离子转变成酮糖。例如

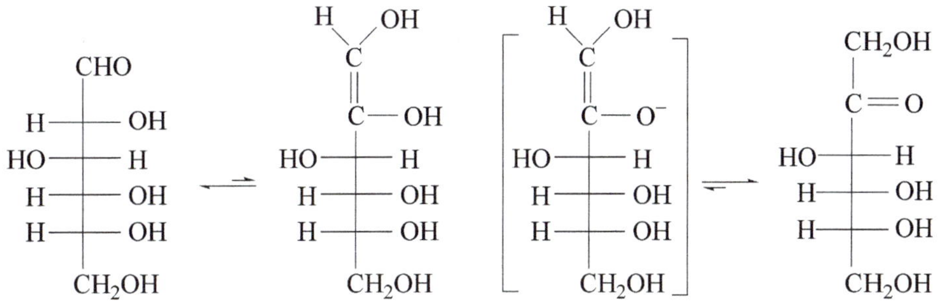

D-葡萄糖　　烯二醇　　烯二醇负离子　　D-果糖

因此，将 D-葡萄糖在 8×10^{-3} mol · L^{-1} NaOH 溶液中，于 35℃ 放置几天，会得到 D-果糖(28%)、D-甘露糖(3%)和 D-葡萄糖的混合物。

16.2.2 糖苷的生成

单糖的环状结构是一种半缩醛(酮)，半缩醛(酮)中的羟基能与其他含有羟基、氨基或巯基等活泼氢的化合物发生分子间的脱水反应，其生成物称为糖苷(glycoside)，糖苷中的糖部分称为糖基(glycosyl)，非糖部分称为糖配基(aglycone)。糖基和糖配基之间生成的键称为糖苷键(glycosidic bond)。

由葡萄糖生成的苷称为葡萄糖苷(glucoside)。例如，在干燥氯化氢存在下，D-(+)-葡萄糖与甲醇反应，生成甲基-D-葡萄糖苷。

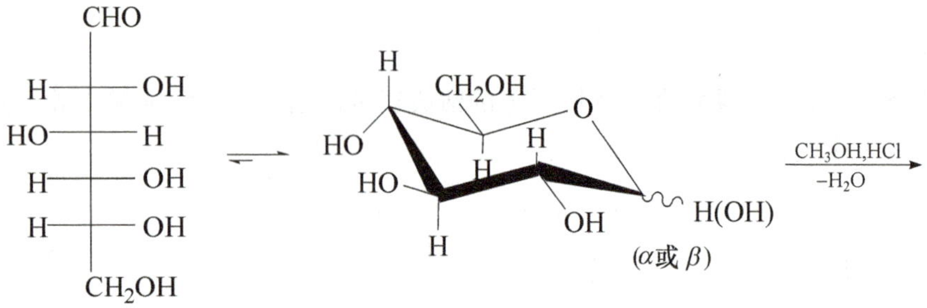

D-(+)-葡萄糖　　D-(+)吡喃葡萄糖

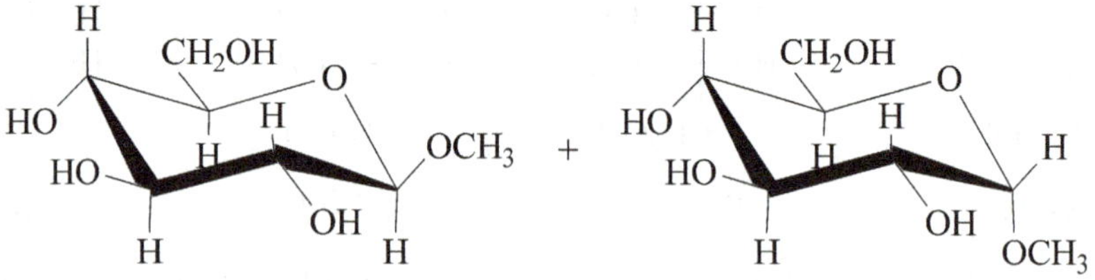

$\xrightarrow[-H_2O]{CH_3OH,HCl}$

甲基-β-D-吡喃葡萄糖苷 m.p.107℃, $[\alpha]_D^{25}=-35°$

甲基-α-D-吡喃葡萄糖苷 m.p.165℃, $[\alpha]_D^{25}=+158°$

糖苷是缩醛(酮)的结构，因此对碱稳定，但在酸性条件下容易水解，水解成相应的糖和糖配基。糖苷在水溶液中也不存在开链结构，因此无变旋现象。

糖苷是自然界中分布相当广泛，是对生命体具有重要作用的物质。核酸中的核苷或脱氧核苷是由核糖与含氮杂环化合物形成的氮糖苷，这将在第17章中讨论。

16.2.3 氧化反应

1. 溴水氧化

溴水能将醛糖中的醛基氧化成羧基，生成糖酸，氧化时溴水颜色褪去。在pH=5.0时，己醛糖被氧化时直接生成醛糖酸的内酯。例如

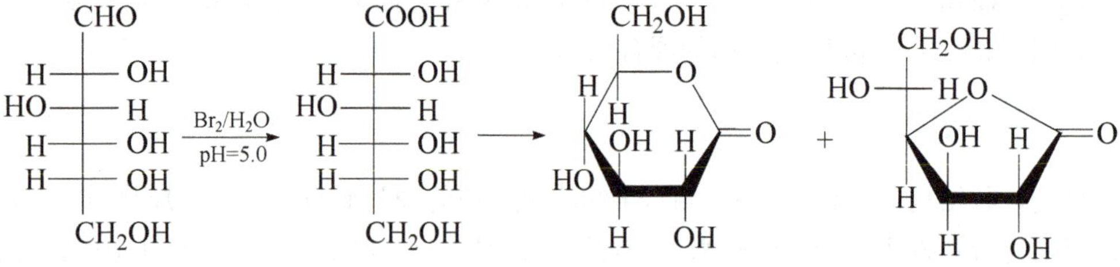

$\xrightarrow[pH=5.0]{Br_2/H_2O}$

D-葡萄糖　　D-葡萄糖酸　　D-葡萄糖酸-δ-内酯　　D-葡萄糖酸-γ-内酯

溴水不能氧化糖中的羟基和酮糖中的羰基，因此可以用溴水区别醛糖和酮糖。

问题16-3　用简单的化学方法区别下列各组糖。

(1) D-葡萄糖和D-果糖　　(2) D-葡萄糖和甲基-D-吡喃葡萄糖苷

---

2. 硝酸氧化

稀硝酸的氧化作用比溴水强，能将醛糖中的醛基和末端的羟甲基氧化为羧基，生成糖二酸。糖二酸容易在分子中形成二内酯。例如

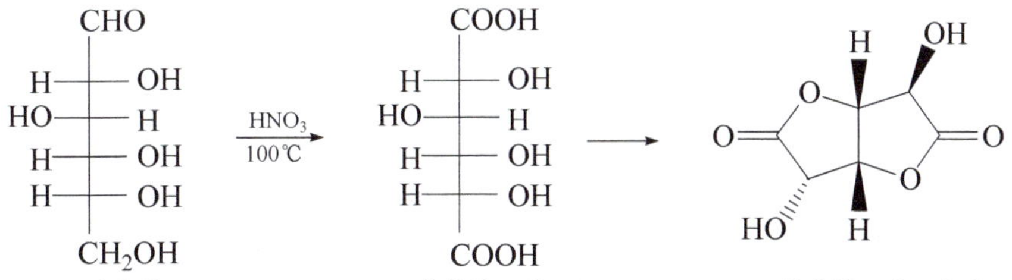

D-葡萄糖　　D-葡萄糖二酸　　D-葡萄糖二酸二内酯

利用醛糖的氧化产物糖二酸是否有旋光活性可推测糖的构型。如果用浓硝酸氧化，则糖分子中的醇羟基也被氧化，同时发生碳碳键的断裂，从而生成不同的小分子氧化产物。

3. Tollens 试剂和 Benedict 试剂氧化

Tollens 试剂是具有弱氧化性的银氨络离子，具有碱性。它能将醛氧化成酸，同时+1 价银离子被还原为银，可生成银镜，而酮不发生此反应。但由于醛糖和酮糖可以在碱性条件下经烯二醇相互转换，因此 Tollens 试剂与醛糖和酮糖都能反应生成银镜。

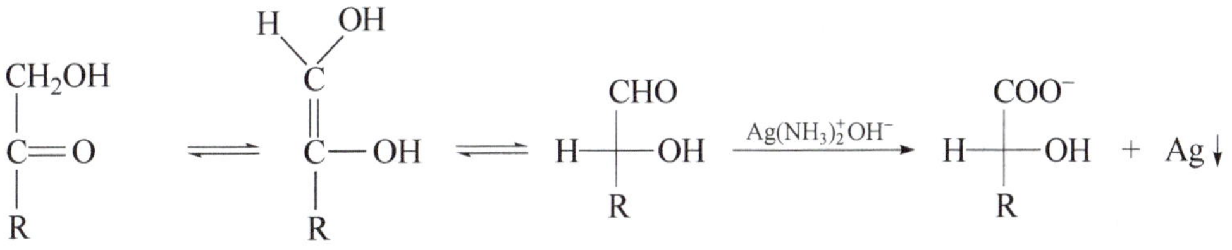

酮糖　　烯二醇　　醛糖　　银镜

Benedict 试剂（由 $CuSO_4$、Na_2CO_3 和柠檬酸配制的蓝色溶液）和 Fehling 试剂（由 $CuSO_4$ 水溶液和酒石酸钾钠-NaOH 水溶液临时混合配制）也能与醛糖和酮糖反应，糖被氧化，同时生成砖红色的氧化亚铜（Cu_2O）沉淀。

$$\text{醛糖或酮糖} + Cu^{2+} \longrightarrow \text{氧化产物} + Cu_2O\downarrow$$

凡能被 Tollens 试剂、Benedict 试剂和 Fehling 试剂氧化的糖称为还原糖，所有的单糖都是还原糖。由于上述试剂都呈碱性，而醛糖在碱性条件下易发生差向异构化或重排，因此上述试剂不能用于醛糖酸的合成。糖苷在碱性条件下不能转变为相应的醛糖或酮糖，因此糖苷不被上述试剂氧化，是没有还原性的非还原性糖。

Tollens 试剂、Benedict 试剂和 Fehling 试剂通常都可以用于糖的检验，临床上就是用 Benedict 试剂进行尿糖检测。

4. 高碘酸氧化

糖分子中含有多个邻二醇结构和 α-羰基醇结构，因此可以被高碘酸氧化，氧化时发生碳碳键的断裂。每断裂一个碳碳键，消耗一分子高碘酸。1mol D-葡萄糖被氧化时，生成 5mol 甲

酸和 1mol 甲醛。

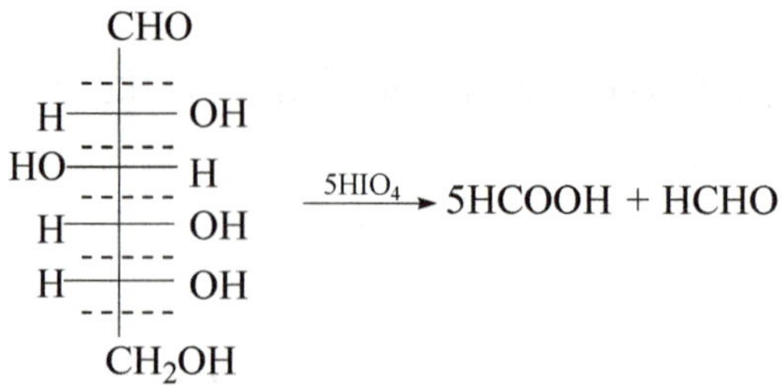

$$\xrightarrow{5HIO_4} 5HCOOH + HCHO$$

糖苷中的邻二醇结构也能被高碘酸氧化。1mol 甲基-β-D-吡喃葡萄糖苷氧化时消耗 2mol 高碘酸，除生成 1mol 甲酸外，还得到只含有 C_1 和 C_5 两个不对称碳原子的氧化产物，因此甲基-β-D-吡喃己醛糖苷都生成相同的氧化产物。

$$\xrightarrow{2HIO_4} \quad + \overset{3}{H}COOH$$

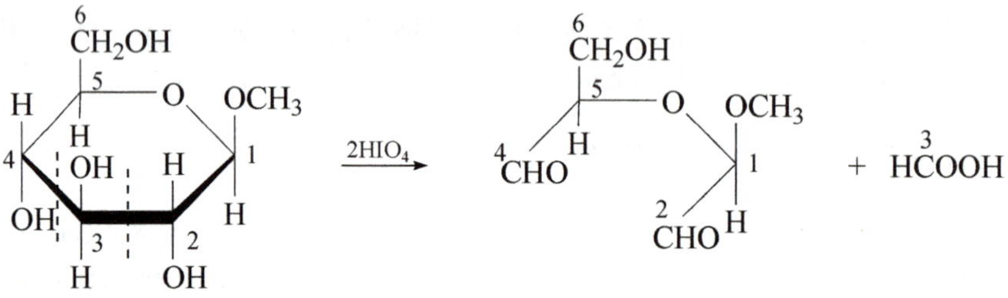

甲基-β-D-吡喃葡萄糖苷

同理，甲基-α-D-吡喃己醛糖苷也都生成相同的氧化产物，两者之间仅是 C_1 不对称碳原子的构型不同。

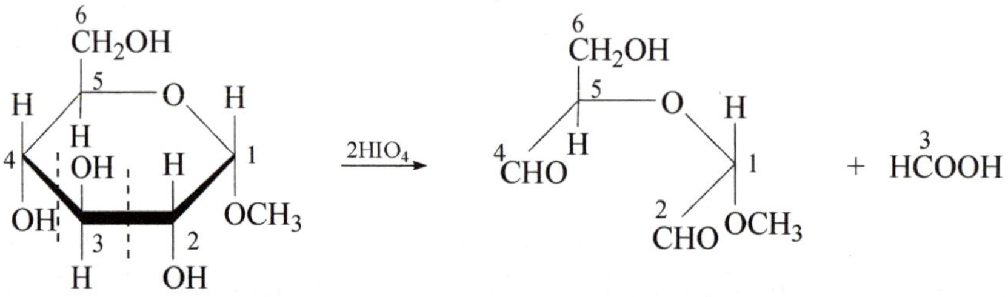

$$\xrightarrow{2HIO_4} \quad + \overset{3}{H}COOH$$

甲基-α-D-吡喃己醛糖苷

而 1mol 呋喃型糖苷氧化时也消耗 2mol 高碘酸，但产物中有 1mol 甲醛。

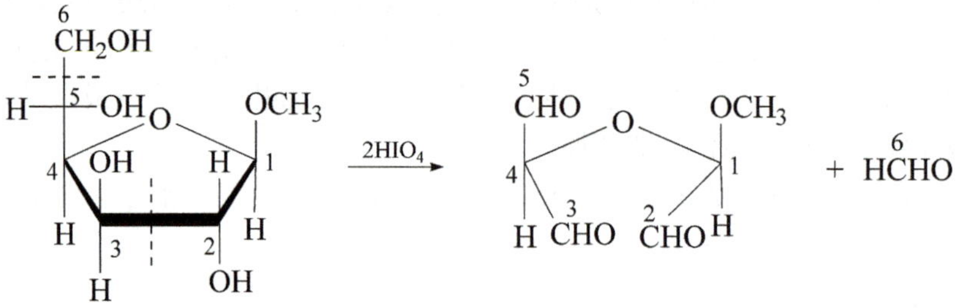

$$\xrightarrow{2HIO_4} \quad + \overset{6}{H}CHO$$

甲基-β-D-呋喃葡萄糖苷

通过对氧化产物的分析，可以推测 D-己糖苷或己糖是吡喃型糖还是呋喃型糖。高碘酸氧化法是确定糖环状结构大小的一种方法。

另一种用于确定糖环状结构大小的方法是最常用的甲基化法。还是以 D-葡萄糖为例，首先在无水酸催化下将半缩醛糖转变为糖苷，然后用$(CH_3)_2SO_4$/NaOH 或 CH_3I/Ag_2O 使分子中其他羟基都甲基化，得到 1,2,3,4,6-五-*O*-甲基-D-葡萄糖苷，糖苷再用稀盐酸水解，因为 C_1 上的糖苷键是缩醛，可以被水解，而其他甲氧醚键不被水解，因此得到 2,3,4,6-四-*O*-甲基-D-葡萄糖，后者的开链结构用硝酸氧化，只有在羟基两边的碳碳键发生断裂，在 C_5—C_6 处断裂得到三-*O*-甲基木糖二酸，在 C_4—C_5 处断裂得到二-*O*-甲基-L-酒石酸。根据实验结果，则可以判断葡萄糖是由醛基与 C_5 上的羟基形成半缩醛，构成六元环状结构。

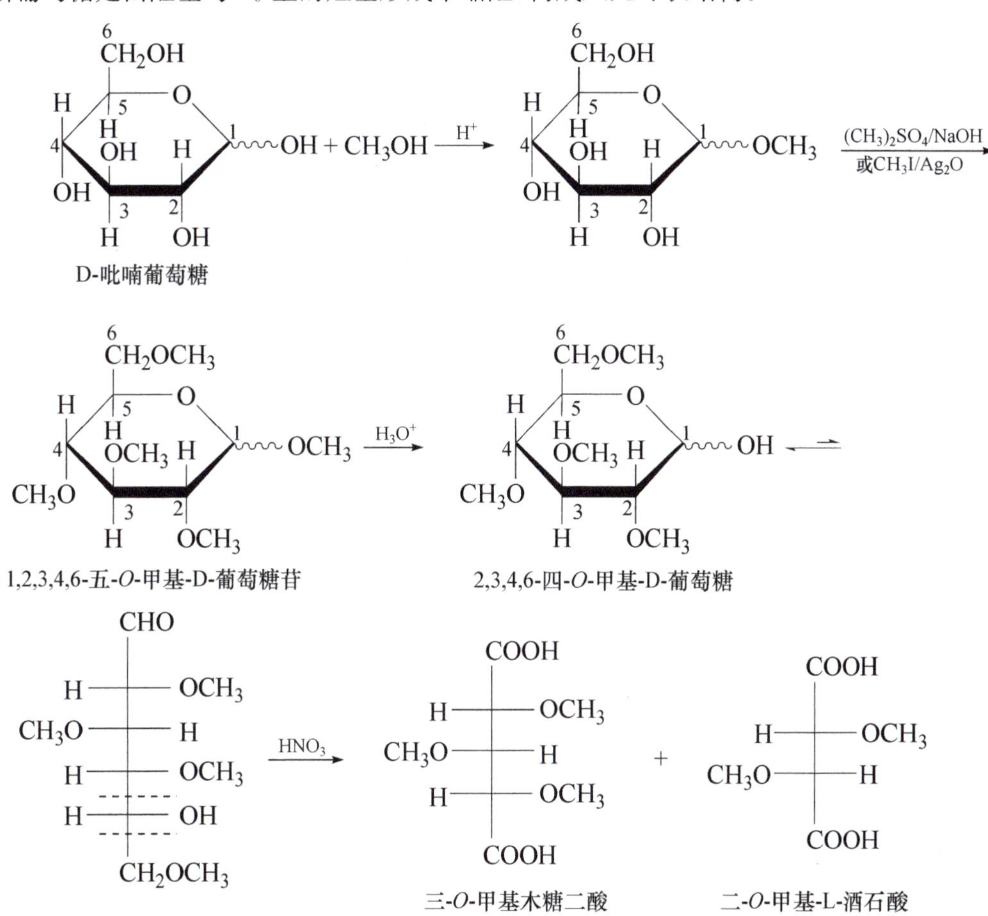

D-吡喃葡萄糖

1,2,3,4,6-五-*O*-甲基-D-葡萄糖苷　　2,3,4,6-四-*O*-甲基-D-葡萄糖

三-*O*-甲基木糖二酸　　二-*O*-甲基-L-酒石酸

如果是醛基与 C_4 上的羟基形成半缩醛，构成五元环状结构，则经硝酸氧化后的产物应该是二-*O*-甲基-L-酒石酸和 2-甲氧基丙二酸。

二-*O*-甲基-L-酒石酸　　2-甲氧基丙二酸

16.2.4 还原反应

醛酮和酮糖中的羰基可以被金属氢化物(如 $NaBH_4$)或催化加氢(如 H_2+Pd/C、H_2+Raney Ni)的方法还原为相应的醇羟基。还原产物称为糖醇,糖醇可以用作食品添加剂和食糖的替代物。山梨糖醇还是合成维生素 C 的主要原料。

D-葡萄糖 $\xrightarrow[Pd/C]{H_2}$ D-葡萄糖醇 = L-山梨糖醇

酮糖还原后得到互为 C_2 差向异构体的糖醇。

D-果糖 $\xrightarrow[2)\ H_3O^+]{1)\ NaBH_4}$ D-葡萄糖醇 + D-甘露糖醇

16.2.5 糖脎的生成

1mol 醛糖或酮糖可与 3mol 苯肼发生反应,在 C_1 或 C_2 位上分别生成苯腙,称为糖脎(osazones)。例如,D-葡萄糖与苯肼反应生成 D-葡萄糖脎。

D-葡萄糖 $\xrightarrow{3C_6H_5NHNH_2}$ D-葡萄糖脎

醛糖生成糖脎后,C_2 不再是不对称碳原子,而其余不对称碳原子的构型保持不变,因此 C_2 差向异构体的醛糖生成相同的糖脎。例如,D-甘露糖与 D-葡萄糖互为 C_2 差向异构体,与苯肼反应生成相同的 D-葡萄糖脎。酮糖与苯肼反应也是在 C_1 和 C_2 位上分别生成苯腙的脎。因此,

C_3、C_4 和 C_5 构型相同的醛糖和酮糖与苯肼反应都生成相同的糖脎。

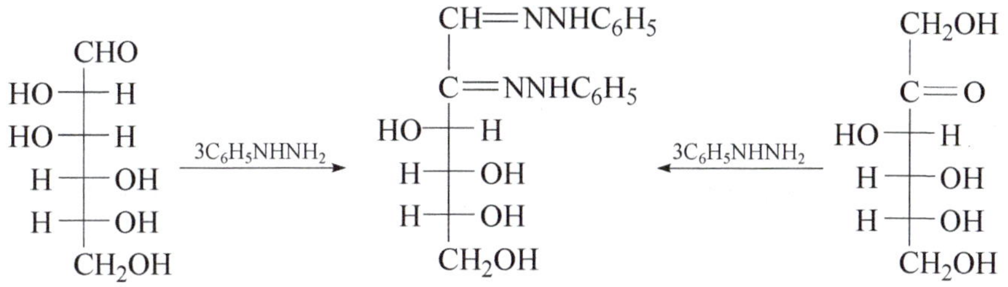

CHO
HO—H
HO—H
H—OH
H—OH
CH_2OH
D-甘露糖

$\xrightarrow{3C_6H_5NHNH_2}$

$CH{=}NNHC_6H_5$
$C{=}NNHC_6H_5$
HO—H
H—OH
H—OH
CH_2OH
D-葡萄糖脎

$\xleftarrow{3C_6H_5NHNH_2}$

CH_2OH
C=O
HO—H
H—OH
H—OH
CH_2OH
D-果糖

糖脎是不溶于水的黄色结晶，不同的糖脎具有不同的结晶形状和熔点，生成糖脎的速率也不相同。因此，可以根据糖脎的晶形、熔点和成脎的反应时间对糖进行定性鉴定。

问题 16-4 有三种单糖和过量的苯肼反应生成相同的糖脎，其中一种单糖的 Fischer 投影式为

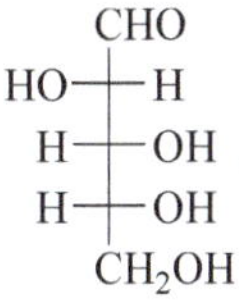

CHO
HO—H
H—OH
H—OH
CH_2OH

，试写出其他两种单糖的 Fischer 投影式。

16.3 重要的单糖衍生物

重要的单糖衍生物(monosaccharide derivative)除糖酸内酯和糖苷外，还有脱氧糖(deoxysugar)和氨基糖等。

16.3.1 脱氧糖

脱氧糖通常是指单糖中的一个或几个羟基被氢原子取代的糖，以脱氧戊醛糖和脱氧己醛糖最具有代表性。例如，D-核糖的 C_2 上的羟基被氢原子取代得到 D-2-脱氧核糖；L-甘露糖的 C_6 上的羟基被氢原子取代得到 6-脱氧-L-甘露糖(L-鼠李糖)；L-半乳糖的 C_6 上的羟基被氢原子取代得到 6-脱氧-L-半乳糖(L-岩藻糖)。

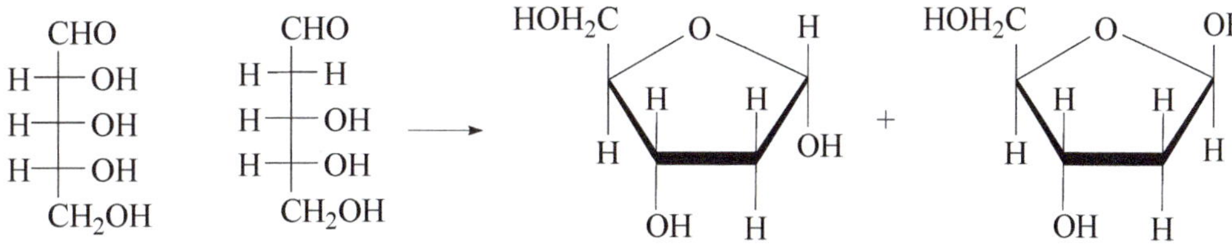

CHO
H—OH
H—OH
H—OH
CH_2OH
D-核糖

CHO
H—H
H—OH
H—OH
CH_2OH
D-2-脱氧核糖

→

HOH_2C O H H H H OH H OH H
α-D-2-脱氧核糖

+

HOH_2C O OH H H H H H OH H
β-D-2-脱氧核糖

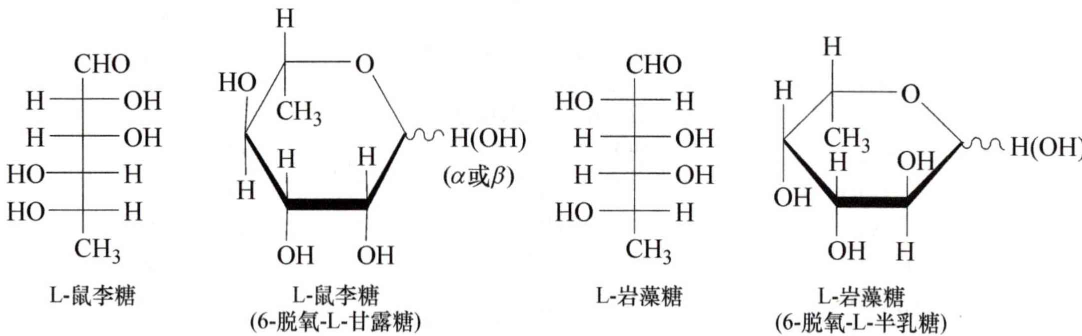

L-鼠李糖　　L-鼠李糖 (6-脱氧-L-甘露糖)　　L-岩藻糖　　L-岩藻糖 (6-脱氧-L-半乳糖)

D-核糖和 D-2-脱氧核糖都是核酸的重要组成部分；L-鼠李糖是植物细胞壁的成分；L-岩藻糖是藻类糖蛋白的成分，它们是生物体重要的代谢物质和结构物质。

16.3.2 氨基糖

氨基糖是指糖分子中的羟基(除 C_1 上半缩醛中的羟基外)被氨基取代的糖，通常较多的是单糖的 C_2 上的羟基被氨基或乙酰氨基取代的衍生物。氨基糖广泛存在于自然界中，是多糖蛋白和脂蛋白的组成部分。*β*-D-2-氨基葡萄糖和 *β*-D-2-氨基半乳糖及它们的 *N*-乙酰基衍生物是存在于甲壳质和糖蛋白中最常见的氨基糖，如 *N*-乙酰基-*β*-D-2-氨基葡萄糖是甲壳质(chitin)的基本结构单位。

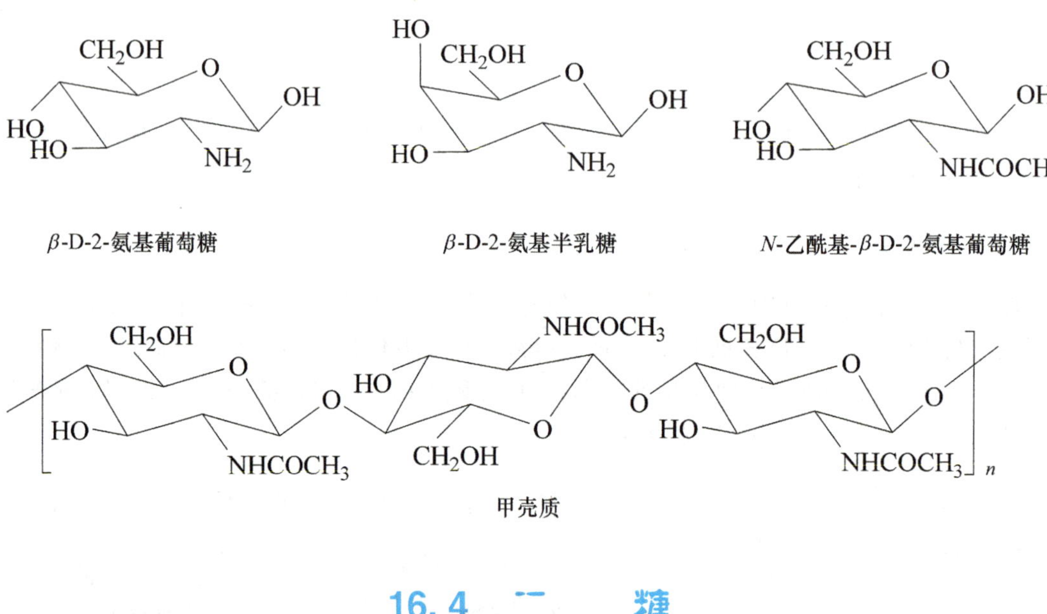

β-D-2-氨基葡萄糖　　*β*-D-2-氨基半乳糖　　*N*-乙酰基-*β*-D-2-氨基葡萄糖

甲壳质

16.4 二　　糖

二糖(disaccharide)是水解后能生成两个相同或不同单糖的低聚糖化合物。二糖分为非还原性二糖和还原性二糖。

16.4.1　还原性二糖

还原性二糖是由一分子单糖的半缩醛羟基与另一分子单糖的羟基(除 C_1 上半缩醛中的羟基外)失去一分子水而形成的。前面的单糖形成糖苷,后面的单糖保留半缩醛的羟基,后面的单糖可以形成开链式,有变旋现象,能与苯肼反应生成脎,可以与 Tollens 试剂、Fehling 试剂和 Benedict 试剂反应,因此称为还原性二糖。乳糖、麦芽糖和纤维二糖都是还原性二糖。

1. 乳糖

乳糖(lactose)有甜味,甜度约是蔗糖的 70%,存在于人及哺乳动物的乳汁中。人乳含乳糖为 7%～8%,牛、羊乳含乳糖为 4%～5%。乳糖为 4-*O*-(β-D-吡喃半乳糖基)-D-吡喃葡萄糖,是由 β-D-半乳糖和 D-葡萄糖以 β-1,4′-苷键相连的还原性二糖。

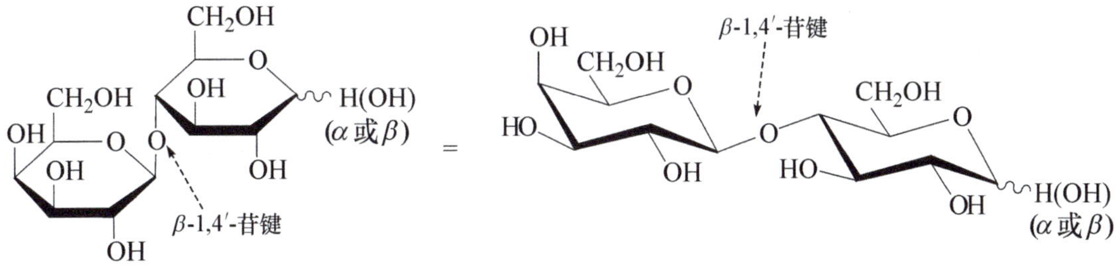

乳糖在人体内经乳糖酶水解为葡萄糖和半乳糖而被人体吸收。乳糖在水中溶解度较小,而且基本没有吸湿性,常用作医药和食品工业的辅料。

2. 麦芽糖

麦芽糖(maltose)是淀粉在淀粉糖化酶作用下的部分水解产物,由于麦芽中含有淀粉糖化酶,且常被用来将淀粉水解成麦芽糖,因此将水解产物取名为麦芽糖。麦芽糖为 4-*O*-(α-D-吡喃葡萄糖基)-D-吡喃葡萄糖。

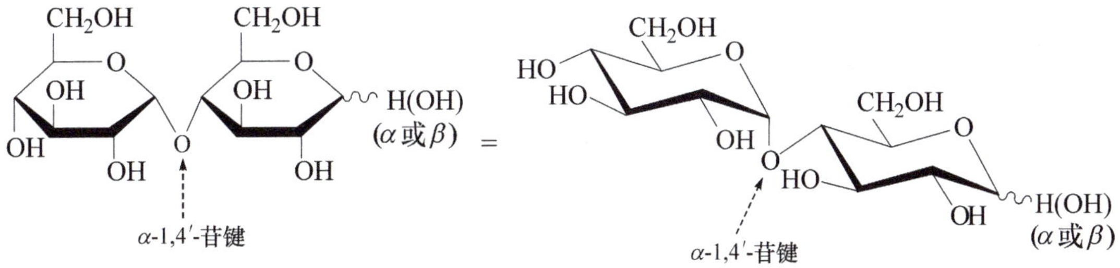

麦芽糖经 α-葡萄糖苷酶水解生成两分子 D-葡萄糖,因此麦芽糖是由一分子 α-D-葡萄糖和另一分子 D-葡萄糖以 α-1,4′-苷键相连的还原性二糖。

麦芽糖甜度比蔗糖小,饴糖的主要组分是麦芽糖。人和哺乳动物利用体内的麦芽糖酶(maltase)将麦芽糖水解为葡萄糖而被消化吸收。

3. 纤维二糖

纤维二糖(cellobiose)是纤维素在纤维素酶的作用下部分水解的产物。纤维二糖能被 β-

葡萄糖苷酶水解生成两分子D-葡萄糖，但不能被α-葡萄糖苷酶水解，因此纤维二糖是由两分子D-葡萄糖以β-1,4′-苷键相连的。纤维二糖为4-*O*-(β-D-吡喃葡萄糖基)-D-吡喃葡萄糖。

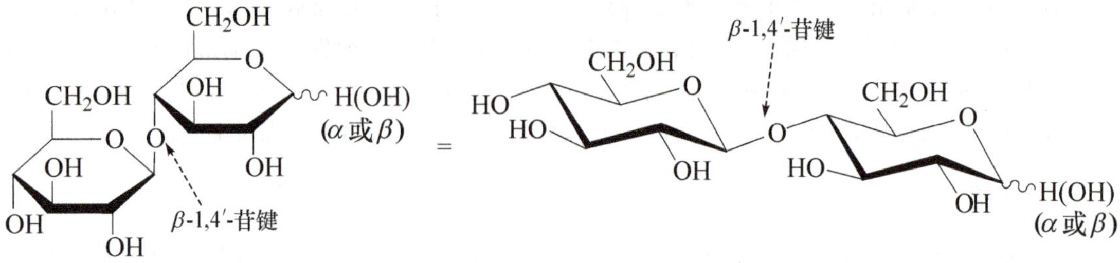

纤维二糖无甜味，也不能被人体消化吸收。

16.4.2 非还原性二糖

非还原性二糖是由两分子单糖的半缩醛羟基失去一分子水而形成的。两个单糖都形成了糖苷，不存在半缩醛的羟基，不能形成开链式，没有变旋现象，不能与苯肼反应生成脎，也不与Tollens试剂、Fehling试剂和Benedict试剂反应，因此是非还原性糖。蔗糖(sucrose)是非还原性二糖。

蔗糖在自然界中分布最为广泛，以甘蔗(质量分数为16%～26%)和甜菜(质量分数为12%～15%)中的含量最为丰富。

蔗糖在酸或酶催化下水解生成一分子α-D-葡萄糖和一分子β-D-呋喃果糖。蔗糖能被α-葡萄糖苷酶水解，不能被β-葡萄糖苷酶水解，说明它是一个α-葡萄糖苷。另外，蔗糖也能被β-果糖苷酶水解，说明它也是一个β-果糖苷。因此，它是由D-葡萄糖和D-果糖的两个半缩醛羟基脱水得到的苷，蔗糖为2-*O*-(α-D-吡喃葡萄糖基)-β-D-呋喃果糖。

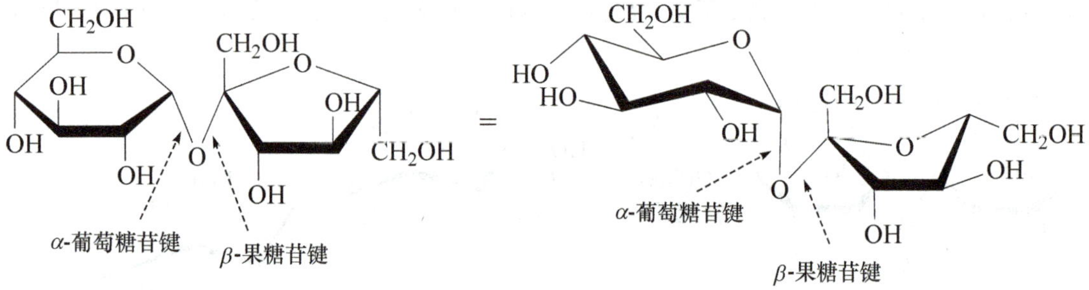

蔗糖是右旋糖，比旋光度为+66.5°，而D-果糖是左旋糖，比旋光度为−92.5°，D-葡萄糖是右旋糖，比旋光度为+52.7°。旋光数值是果糖大于葡萄糖，由于蔗糖水解后生成等量的D-葡萄糖和D-果糖的混合物，因此旋光方向与果糖相同，是左旋的。由于水解前后旋光方向发生了转变，因此把蔗糖水解转化成葡萄糖和果糖的等物质的量的混合物称为转化糖。

$$\underset{\substack{\text{蔗糖} \\ [\alpha]_D^{25}=+66.5^\circ}}{C_{12}H_{22}O_{11}} + H_2O \xrightarrow{\text{水解}} \underset{\substack{\text{葡萄糖} \\ [\alpha]_D^{25}=+52.7^\circ}}{C_6H_{12}O_6} + \underset{\substack{\text{果糖} \\ [\alpha]_D^{25}=-92.5^\circ}}{C_6H_{12}O_6}$$

蔗糖是人类消耗量最大的二糖，其甜度比葡萄糖大，但略小于果糖。蜜蜂体内的转化酶可以水解蔗糖，因此蜂蜜中主要是转化糖。人类利用体内的蔗糖酶将蔗糖水解为 D-葡萄糖和 D-果糖而被消化吸收。

问题 16-5　海藻二糖是自然界中分布较广的非还原性二糖，没有变旋现象，不生成糖脎，也不能被溴水氧化成糖酸，用酸水解只得到 D-葡萄糖，可以被 α-葡萄糖苷酶水解，但不能被 β-葡萄糖苷酶水解。试写出海藻二糖的 Haworth 结构式和相应的构象式。

16.5　多　　糖

多糖是众多单糖分子通过糖苷键连接起来的高分子化合物，是生物体储存能量和构成细胞结构的重要物质。多糖大多为不溶于水的无定形粉末，无甜味。

由单一类型的单糖为结构单位聚合而成的多糖称为同多糖（homopolysaccharides）。自然界中分布最广泛、含量最丰富的重要多糖为纤维素、淀粉和糖原，它们都是同多糖，它们的最终水解产物都是 D-葡萄糖。

16.5.1　纤维素

纤维素（cellulose）是植物中最丰富、最重要的结构多糖。木材中含纤维素 40%～60%（质量分数，下同），亚麻约含纤维素 80%，棉花含纤维素 90%以上。纤维素是重要的工业原料。

纤维素的纯品为无色、无味、无臭，不溶于水和一般有机溶剂的固体。在酸性条件下水解的最终产物是 D-葡萄糖。纤维素则是以 D-吡喃葡萄糖为结构单位，经 β-1，4′-苷键连接的长链聚合物。

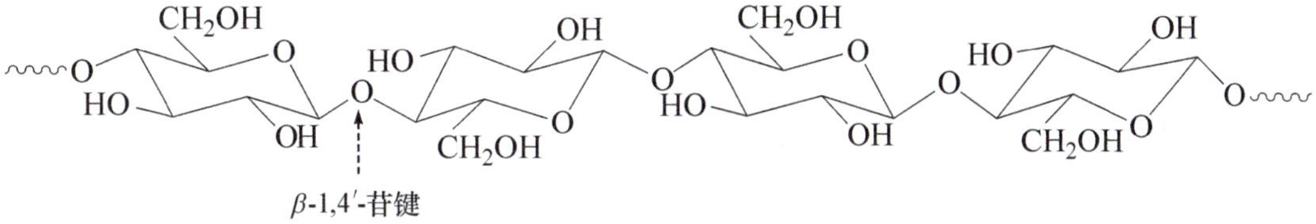

CH_2OH　OH　CH_2OH　OH
O　HO　O　HO
HO　O　HO　O
OH　CH_2OH　OH　CH_2OH

β-1,4′-苷键

纤维素分子以长链聚合物线性排列，链与链之间靠纤维素分子中的许多羟基相互之间的氢键而结合在一起，形成纤维素束。多个纤维素束像绳索一样绞合在一起形成纤维。

人体内没有能水解纤维素 β-1，4′-苷键的纤维素酶（cellulase），因此纤维素不能作为人类的营养物质被消化吸收，但是纤维素对人体有着极为重要的作用。食草动物牛、马、羊等的消化道中孳生着某些微生物群体，由它们产生的纤维素酶能使纤维素水解成葡萄糖，因此食草动物能以纤维素为食，并从中获取营养。

16.5.2　淀粉

淀粉（starch）是植物的主要能量储备库，它作为人类日常食物中糖类化合物的主要来源，具有极其重要的经济价值。小麦、大麦、水稻、玉米、豆类、土豆、山药、红薯等都是淀粉的主要来源。天然淀粉由直链淀粉(amylose)和支链淀粉(amylopectin)组成,直链淀粉占 10%~30%,而支链淀粉占 70%~90%。

直链淀粉一般含 200~2000 个 D-葡萄糖结构单位,是葡萄糖以 α-1,4′-苷键连接的,没有分支的多糖聚合物。直链淀粉不易溶于冷水,在热水中有一定溶解度。直链淀粉呈有规则的左手螺旋状排列,螺旋的每一圈约含六个葡萄糖结构单位(图 16-3)。

α-1,4′-苷键

直链淀粉遇碘显蓝色,就是因为直链淀粉与恰好能钻入隧道中的碘分子之间形成蓝色的络合物(图 16-4)。

图 16-3　直链淀粉的螺旋结构

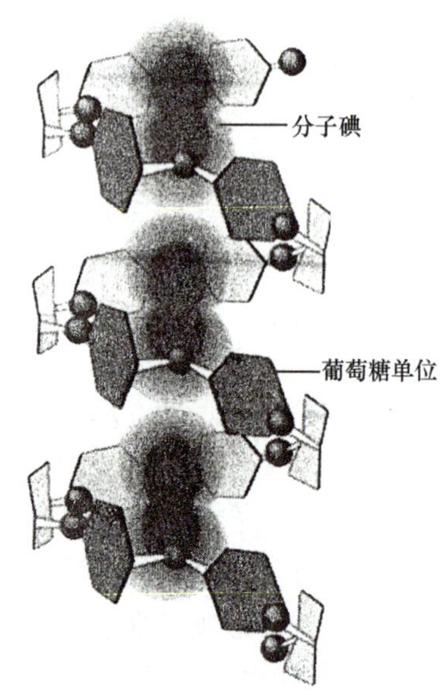

图 16-4　直链淀粉与碘分子形成络合物

支链淀粉是葡萄糖以 α-1,4′-苷键和 α-1,6′-苷键连接的,带有支链的多糖聚合物。

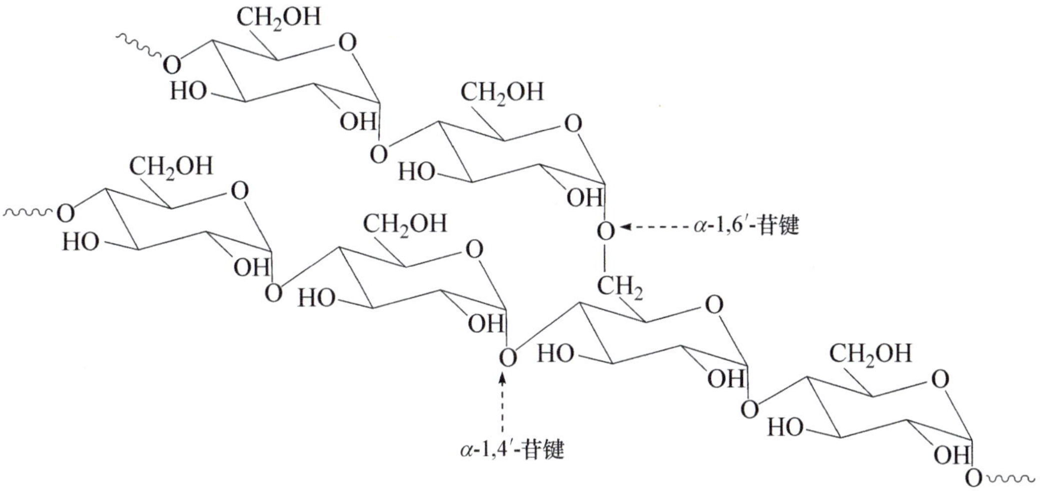

支链淀粉遇碘显紫色或紫红色。

支链淀粉一般含 6000～40 000 个 D-葡萄糖结构单位，主链由 α-1,4′-苷键连接而成，分支处为 α-1,6′-苷键连接。每 20～25 个葡萄糖基就可能出现一个分支点。支链淀粉不溶于水，在热水中膨胀成糊状。

16.5.3 糖原

糖原(glycogen)是由多余的葡萄糖在动物体内的酶催化下转变而来的，是脊椎动物体内糖的储存形式，在肝细胞和肌肉细胞中含量最高。糖原的结构单位也是 D-葡萄糖，其结构与支链淀粉相似，但分支更多更密集，结构更复杂，平均每隔 8～12 个葡萄糖单位就出现一个分支(图 16-5)。糖原与支链淀粉相似，遇碘呈紫红色。

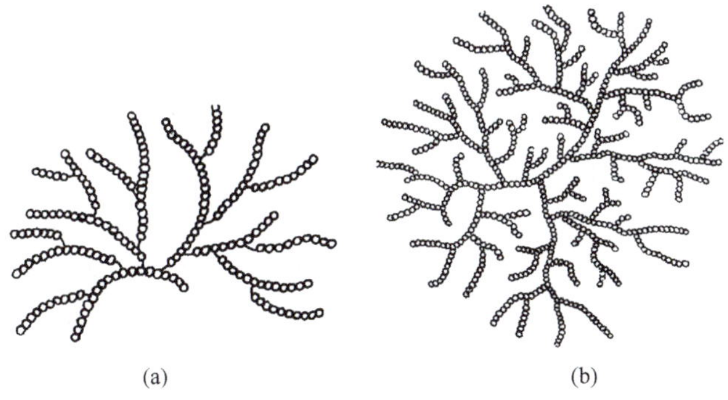

图 16-5 支链淀粉(a)和糖原(b)的分支状链示意图

16.5.4 环糊精

环糊精(cyclodextrin，CD)是由淀粉(直链淀粉或支链淀粉)在环糊精葡萄糖基转移酶作用下生成的含有 6～12 个葡萄糖结构单位，以 α-1,4′-苷键连接的闭环结构，是相对分子质量为 1200 左右的低聚糖的总称。其中含有六个、七个、八个 α-D-葡萄糖结构单位的环糊精分别称为环六糊精(α-环糊精)、环七糊精(β-环糊精)和环八糊精(γ-环糊精)。

环糊精的形状像一个略呈锥形的无底圆筒,其中伯羟基围成锥形的小口,而仲羟基围成锥形的大口(图 16-6)。因此,环糊精具有内腔疏水而外部亲水的特性,在催化、分离、食品、医药、农业化工及轻工业等领域中受到化学和化工研究者极大的重视和广泛应用。

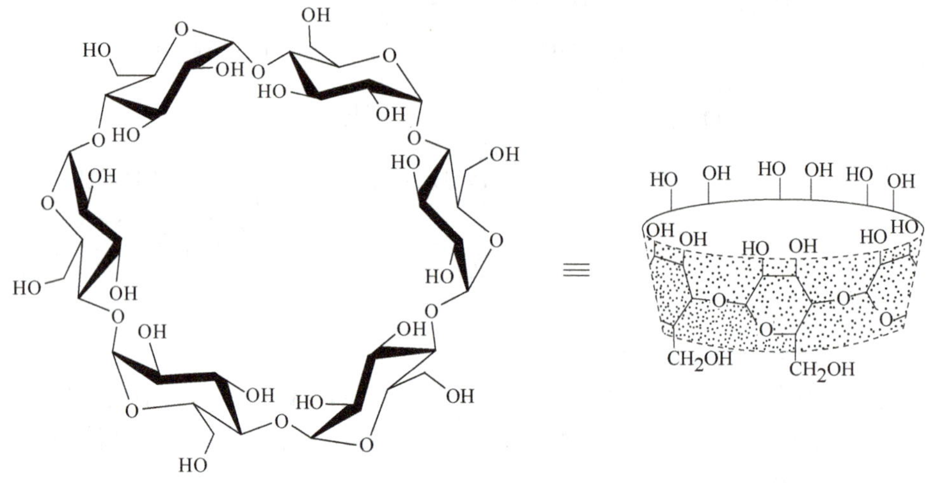

图 16-6　α-环糊精结构和模型示意图

小　　结

1. 单糖是多羟基醛、酮。单糖的构型通常用相对构型 D/L 标记。单糖通常用俗名命名。重要的单糖有 D-葡萄糖、D-半乳糖、D-甘露糖、D-果糖和 D-核糖等。

2. 单糖有开链结构和环状结构,开链结构用 Fischer 投影式表示,环状结构用 Haworth 结构式(呋喃型或吡喃型)及相应的构象式表示。环状结构存在 α-或 β-正位异构体。在糖的水溶液中其 α-及 β-正位异构体和开链结构之间形成动态平衡。

3. 糖的环状结构大小常用甲基化法和高碘酸氧化法测定。

4. 在碱性条件下,醛糖和酮糖能通过烯二醇或烯二醇负离子而产生互变异构。能被 Tollens 试剂或 Fehling 试剂、Benedict 试剂氧化的糖为还原性糖,单糖都是还原性糖。醛糖和酮糖与苯肼能生成糖脎,可用于糖的鉴定。溴水和稀硝酸是糖的选择性氧化剂。高碘酸氧化能使糖或糖苷分子中邻二羟基的碳碳键发生断裂。单糖的半缩醛(酮)中的羟基与其他含有羟基、氨基或巯基等活泼氢的非糖成分发生分子间脱水生成糖苷。

5. 麦芽糖、纤维二糖和乳糖是还原性二糖。麦芽糖和纤维二糖是由 D-葡萄糖分别通过 α-1,4′-苷键和 β-1,4′-苷键相连的二糖。乳糖是由 β-D-半乳糖和 D-葡萄糖以 β-1,4′-苷键相连的二糖。蔗糖是由葡萄糖与果糖脱水相连的非还原性二糖。它既是葡萄糖苷,又是果糖苷。以上二糖中的糖苷键都可以分别被专一性酶水解。

6. 淀粉、纤维素和糖原都是以 D-葡萄糖为基本结构单位的同多糖。淀粉和糖原含有α-1,4′-苷键和 α-1,6′-苷键;纤维素含有 β-1,4′-苷键。它们都是生物体的能量物质和结构物质。

习　题

1. 解释下列概念性名词，必要时可举例说明。

   (1) 醛糖和酮糖　(2) 差向异构与正位异构　(3) 还原性糖和非还原性糖

   (4) 糖苷　(5) 糖脎　(6) 变旋现象

2. 将下列开链结构式改写成 Haworth 结构式(吡喃型)。

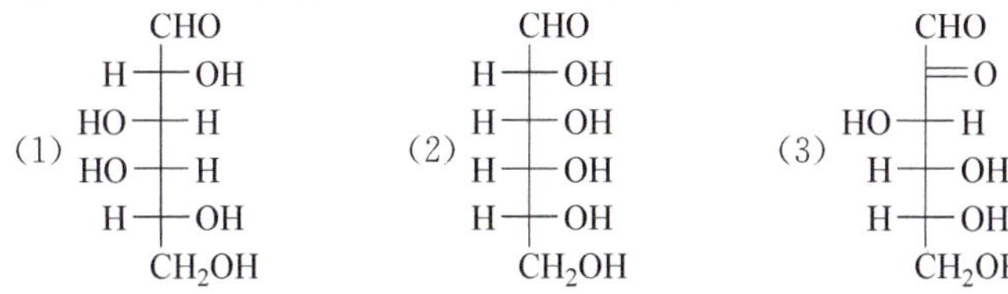

3. 写出下列糖的稳定构象式。

   (1) α-D-吡喃半乳糖　(2) β-D-吡喃甘露糖　(3) α-D-吡喃艾杜糖　(4) β-D-阿拉伯糖

4. 如何用简单的化学方法区别下列各糖?

   (1) 葡萄糖与果糖　(2) 葡萄糖与蔗糖　(3) 蔗糖与淀粉

5. 化合物 **A** 和 **B** 是两个都具有旋光活性的丁醛糖，与苯肼反应生成相同的糖脎。用硝酸氧化都生成含四个碳原子的二元酸，但前者的氧化产物有旋光性，后者的氧化产物没有旋光性。试推测 **A** 和 **B** 的可能结构式。

6. D-核糖的开链结构式为

   CHO
   H—|—OH
   H—|—OH
   H—|—OH
   CH_2OH

   (1) 写出 β-D-核糖的 Haworth 结构式(呋喃型)。

   (2) 写出 D-核糖与下列试剂反应的产物。

   ①异丙醇(干燥 HCl)；②苯肼(过量)；③稀硝酸；④溴水；⑤H_2(Ni 为催化剂)。

7. 写出 D-葡萄糖和 D-果糖用 H_2/Ni 还原的反应产物，比较产物之间有什么不同。

8. 化合物 **A** 用高碘酸氧化得到化合物 **B**，**B** 经酸性水解后得到化合物 **C**，**C** 用溴水氧化得到化合物 **D**。试推测化合物 **B**～**D** 的结构式，注意相应的立体化学。

   (A) $\xrightarrow{HIO_4}$ **B** $(C_7H_{12}O_4)$ $\xrightarrow{H_3O^+}$ **C** $(C_4H_8O_4)$ $\xrightarrow[H_2O]{Br_2}$ **D** $(C_4H_6O_4)$

   (A 的结构式：含 H_3C、CH_3 的二氧五环，环上连有 CH_2OH、H，以及侧链 CH(OH)—CH(OH)CHO)

9. 某二糖 **A**，分子式为 $C_{11}H_{20}O_{10}$，不能被 Fehling 溶液氧化，但可以被 α-葡萄糖苷酶水解成 D-葡萄糖和 D-戊糖。**A** 与 $(CH_3)_2SO_4$/NaOH 反应生成七甲氧基衍生物 **B**，**B** 经稀盐酸水解后得到 2,3,4,6-四-*O*-甲基-D-葡萄糖和三-*O*-甲基戊糖 **C**，**C** 经溴水氧化生成 2,3,4-三-*O*-甲基-D-核糖酸。试推测 **A** 的可能结构式，并写出其稳定构象式。

第 17 章　氨基酸、多肽、蛋白质和核酸

主要内容

➢氨基酸的结构、分类与命名。

➢氨基酸的性质：同时具有氨基和羧基的性质，等电点和与水合茚三酮的反应可用于氨基酸的鉴别。

➢氨基酸的合成：α-溴代羧酸的氨化、Strecker 合成法、乙酰氨基丙二酸酯法、Gabriel 合成法。

➢肽的结构、命名。

➢肽的序列测定：分为 N-端测定法和 C-端测定法。

➢多肽的合成：氨基酸的 N-端和 C-端的保护，多肽链的液相合成和固相合成。

➢蛋白质的一级结构和二级结构。

➢核酸分为 RNA 和 DNA，RNA 和 DNA 的基本结构单位。

氨基酸、肽、蛋白质和核酸是有机化学和生物化学研究的关于生命科学的重要领域。

α-氨基酸是组成蛋白质及生物活性肽的基本结构单位。生物体内生物活性肽、结构复杂的蛋白质和生物酶都是由 α-氨基酸组成的。

肽是由多种氨基酸按照一定的排列顺序，由一个 α-氨基酸的羧基与另一个 α-氨基酸的氨基脱水生成的酰胺类化合物。连接氨基酸之间的酰胺键称为肽键。

蛋白质是多种氨基酸通过肽键连接的、具有特定空间构象和生物功能的大分子。它和核酸、糖、脂等生物大分子共同构成生命的物质基础。

核酸是由核苷酸连接起来的链状生物大分子，是自然界一切生命的遗传物质。

17.1　氨　基　酸

17.1.1　氨基酸的结构、分类与命名

羧酸碳链上的氢原子被氨基取代的化合物称为氨基酸(amino acid)。氨基连在羧酸 α-碳原子上的称为 α-氨基酸。在数百种已知结构的氨基酸中，有 22 种 α-氨基酸出现在蛋白质分子中，是组成蛋白质的结构单元，而且与核酸中的遗传密码有对应的关系，因此称为蛋白质氨

基酸、编码氨基酸或标准氨基酸。在 α-氨基酸中，除甘氨酸(氨基乙酸)外，α-碳原子都为不对称碳原子，它们都具有旋光性。通常 α-氨基酸的构型也用相对构型 D/L 表示，构成蛋白质的手性蛋白质氨基酸的构型都是 L 构型。

$$\begin{array}{c} \mathrm{COOH} \\ | \\ \mathrm{H_2N}\text{——}\!\!+\!\!\text{——}\mathrm{H} \\ | \\ \mathrm{R} \end{array}$$

L-氨基酸

根据 α-氨基酸中 R 的不同，氨基酸可分为脂肪族氨基酸、芳香族氨基酸和杂环氨基酸。根据氨基酸中含氨基和羧基的相对数目不同，也可将氨基酸分为中性氨基酸(含有一个氨基和一个羧基)、酸性氨基酸(含有两个羧基和一个氨基)和碱性氨基酸(含有一个羧基和两个氨基)。表 17-1 列出 22 种蛋白质氨基酸，其中前 20 种是常见蛋白质氨基酸。大多数氨基酸可以在人体内合成，但另外有 10 种氨基酸是人体必需的氨基酸(对成年人指 8 种氨基酸)，它们不能被人在体内自身合成，或者虽能被合成(如精氨酸与组氨酸)，但不能满足正常的需要(特别对婴幼儿)，而必须从不同的食物中摄取，如果人体缺乏这些氨基酸，则会引发某些疾病，因此称为必需氨基酸，用“ * ”标记。

氨基酸的系统命名是将氨基作为羧酸的取代基来命名，但通常按其来源和性质使用俗名。22 种蛋白质 α-氨基酸的俗名、英文缩写、中英文代号及等电点(pI)见表 17-1。

表 17-1　22 种蛋白质 α-氨基酸的俗名、英文缩写及中英文代号

氨基酸	英文缩写	代号(中文)	R	pK_{a1}	pK_{a2}	pK_{a3}①	pI
甘氨酸(glycine)	Gly	G(甘)	H—	2.34	9.60		5.97
丙氨酸(alanine)	Ala	A(丙)	CH_3—	2.34	9.69		6.00
* 缬氨酸(valine)	Val	V(缬)	$(CH_3)_2CH$—	2.32	9.62		5.96
* 亮氨酸(leucine)	Leu	L(亮)	$(CH_3)_2CHCH_2$—	2.36	9.60		5.98
* 异亮氨酸(isoleucine)	Ile	I(异亮)	$CH_3CH_2CH(CH_3)$—	2.36	9.68		6.02
* 蛋氨酸(methionine)	Met	M(蛋)	$CH_3SCH_2CH_2$—	2.28	9.21		5.74
脯氨酸(proline)	Pro	P(脯)	COOH NH (完整结构式)	1.99	10.60		6.30
* 苯丙氨酸(phenylalanine)	Phe	F(苯丙)	$C_6H_5CH_2$—	1.83	9.13		5.48
酪氨酸(tyrosine)	Tyr	Y(酪)	p-$HOC_6H_4CH_2$—	2.20	9.11	10.07	5.66
* 色氨酸(tryptophan)	Trp	W(色)	CH_2— N H	2.38	9.39		5.89
* 苏氨酸(threonine)	Thr	T(苏)	$CH_3CH(OH)$—	2.09	9.10		5.60
丝氨酸(serine)	Ser	S(丝)	$HOCH_2$—	2.21	9.15		5.68
天冬酰胺(asparagine)	Asn	N(天冬酰胺)	H_2NCOCH_2—	2.02	8.84		5.41

续表

氨基酸	英文缩写	代号(中文)	R	pK_{a1}	pK_{a2}	pK_{a3}①	pI
半胱氨酸(cysteine)	Cys	C(半胱)	$HSCH_2$—	1.96	8.18	10.28	5.07
谷氨酰胺(glutamine)	Gln	Q(谷酰胺)	$H_2NCOCH_2CH_2$—	2.17	9.13		5.65
天冬氨酸(aspartic acid)	Asp	D(天冬)	$HOCOCH_2$—	1.88	9.60	3.65	2.77
谷氨酸(glutamic acid)	Glu	E(谷)	$HOCOCH_2CH_2$—	2.19	9.67	4.25	3.22
* 赖氨酸(lysine)	Lys	K(赖)	$H_2N(CH_2)_4$—	2.18	8.95	10.53	9.74
* 精氨酸(arginine)	Arg	R(精)	HN=C(NH_2)NH(CH_2)$_3$—	2.17	9.04	12.48	10.76
* 组氨酸(histidine)	His	H(组)	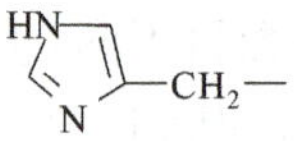 HN, N, CH_2—	1.82	9.17	6.04	7.59
硒代半胱氨酸(selenocystenine)	Sec	U(—)	$HSeCH_2$—				—
吡咯赖氨酸(pyrrolysine)	Pyl	O(—)	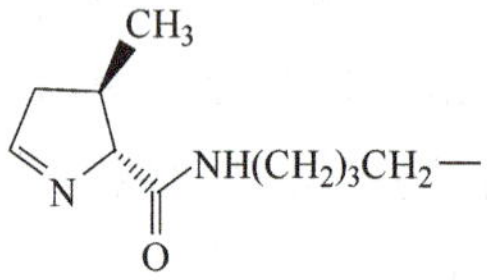 CH_3, N, O, $NH(CH_2)_3CH_2$—				—

① pK_{a3}为氨基酸侧链上可解离基团的解离常数。

最后两种 α-氨基酸是被发现不久的、比较罕见的蛋白质氨基酸，只存在于某些特殊的蛋白质分子中，硒代半胱氨酸(1986 年)只存在于含硒蛋白中，吡咯赖氨酸(2002 年)仅存在于一些真菌和古细菌体内。

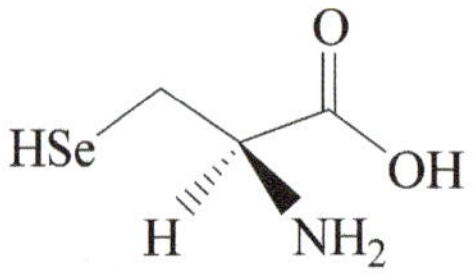

HSe, O, OH, H, NH_2

硒代半胱氨酸

CH_3, H, H, N, NH, O, O, OH, H, NH_2

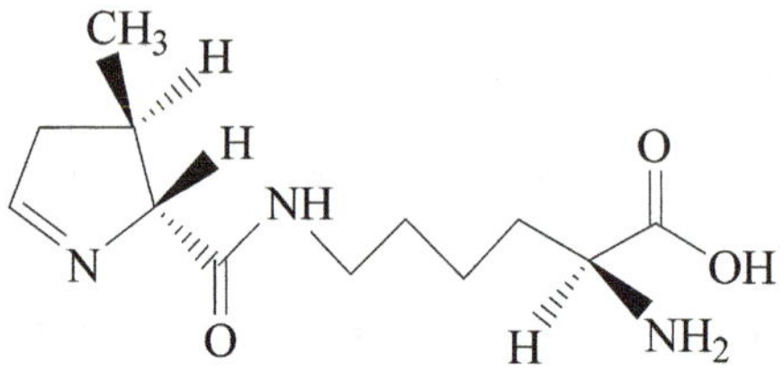

吡咯赖氨酸

问题 17-1　L-苏氨酸(Thr)为(2*S*,3*R*)-2-氨基-3-羟基丁酸，请用 Fischer 投影式写出其结构式。

问题 17-2　什么是人体必需氨基酸？为什么可以把精氨酸和组氨酸也列为人体必需氨基酸？

17.1.2　非蛋白质氨基酸

除上述 22 种基本的蛋白质氨基酸外，还发现有众多的非蛋白质氨基酸，它们与核酸中的遗传密码没有对应的关系，有的是蛋白质的组成成分，但它们都是由蛋白质氨基酸进入多肽链后被修饰而衍生的，如胶原蛋白中的 4-羟基脯氨酸和 5-羟基赖氨酸。

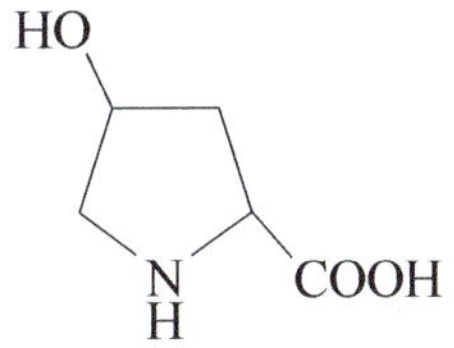

4-羟基脯氨酸

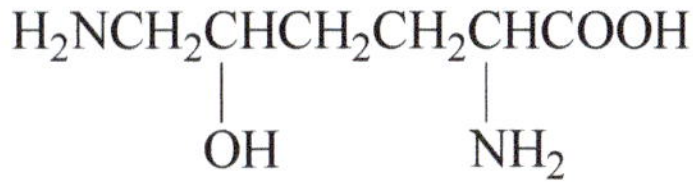

$$H_2NCH_2CHCH_2CH_2CHCOOH$$（3位 OH，6位 NH_2）

5-羟基赖氨酸

有的非蛋白质氨基酸并不是蛋白质的组成成分，但它们却具有重要的生物活性或是代谢的中间产物，如动物体内重要的神经传导递质 γ-氨基丁酸(GABA)，以及氨基酸代谢(尿素循环)的中间体 L-瓜氨酸(L-citruline)和 L-鸟氨酸(L-ornithine)。

$H_2NCH_2CH_2CH_2COOH$

γ-氨基丁酸

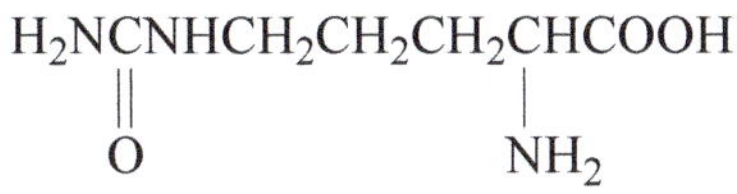

$H_2NC(=O)NHCH_2CH_2CH_2CH(NH_2)COOH$

L-瓜氨酸

$H_2NCH_2CH_2CH_2CH(NH_2)COOH$

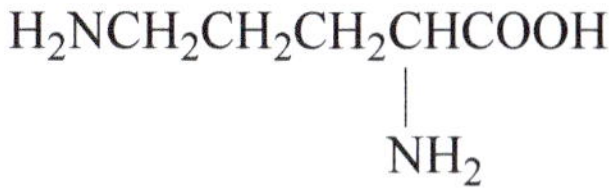

L-鸟氨酸

非蛋白质氨基酸具有独特的生理活性，科学家通过构效研究，可以设计和合成出某些天然并不存在的非蛋白质氨基酸为人类服务。例如，可以用于临床治疗癌症的苯丙氨酸氮芥就是一种非蛋白质 α-氨基酸。

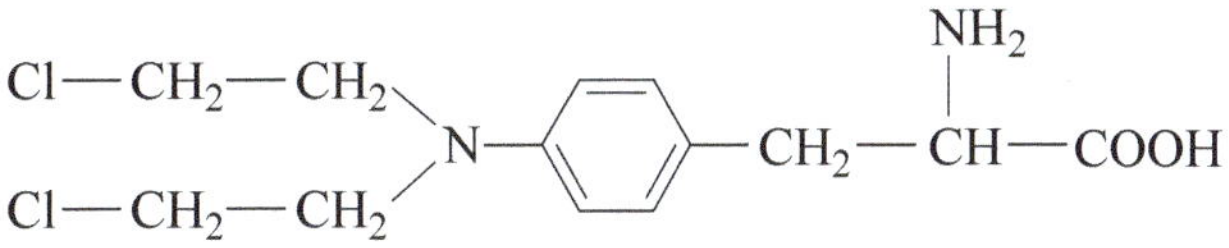

$$(Cl—CH_2—CH_2)_2N—C_6H_4—CH_2—CH(NH_2)—COOH$$

4-[N,N-二(β-氯乙基)-氨基]苯丙氨酸(苯丙氨酸氮芥)

因为非蛋白质氨基酸结构的多样性且具有不同的生物活性，所以其构效关系的研究引起了众多化学家、生物学家和药物学家的关注。

17.1.3　氨基酸的酸碱性质与等电点

氨基酸都为无色结晶形固体，易溶于水，而难溶于乙醚、苯等非极性有机溶剂。氨基酸分子具有氨基和羧基，可自身形成内盐，称为两性离子或偶极离子。

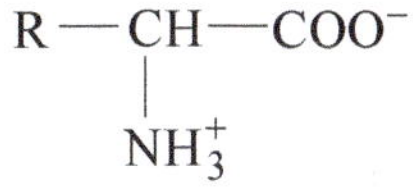

$$R—CH(NH_3^+)—COO^-$$

氨基酸的内盐

通常情况下，α-氨基酸在它的晶体结构和水溶液中也都以偶极离子形式存在。因此，氨基酸一般都具有较高的熔点(一般在 200℃以上)。多数氨基酸在熔化时发生分解，释放出二氧化碳，因此熔点并不是可靠的能用于鉴定 α-氨基酸的物理常数。α-氨基酸都难溶于非极性有机溶剂，而易溶于水，但不同 α-氨基酸在水中的溶解度大小各不相同。

α-氨基酸是两性化合物，分子中既有氨基又有羧基，既可以与酸形成铵盐，又可以与碱形成羧酸盐。

$$H_3N^+—\underset{\substack{|\\R}}{CH}—COO^- + HCl \longrightarrow H_3N^+—\underset{\substack{|\\R}}{CH}—COOH\ Cl^-$$

$$H_3N^+—\underset{\substack{|\\R}}{CH}—COO^- + NaOH \longrightarrow H_2N—\underset{\substack{|\\R}}{CH}—COO^-\ Na^+$$

氨基酸的两性离子在水溶液中存在以下平衡：

$$\underset{(\text{I})}{HO^- + H_3N^+—\underset{\substack{|\\R}}{CH}—COOH} \xrightleftharpoons{H_2O} \underset{\text{两性离子}}{H_3N^+—\underset{\substack{|\\R}}{CH}—COO^-} \xrightleftharpoons{H_2O} \underset{(\text{II})}{H_2N—\underset{\substack{|\\R}}{CH}—COO^- + H_3O^+}$$

但由于在氨基酸两性离子中，COO^-结合 H^+ 的能力和 H_3N^+ 给出 H^+ 的能力并不完全相等，即离子(Ⅰ)和(Ⅱ)的量是不等的，因此电中性的氨基酸两性离子的水溶液的 pH 不等于 7。

在酸性溶液中，氨基酸主要以正离子(Ⅰ)的形式存在，在电场中氨基酸向负极移动。在碱性溶液中，氨基酸主要以负离子(Ⅱ)的形式存在，在电场中氨基酸向正极移动。

$$\underset{\substack{(\text{I})\\ \text{酸性条件}}}{H_3N^+—\underset{\substack{|\\R}}{CH}—COOH} \underset{H^+}{\overset{OH^-}{\rightleftharpoons}} \underset{\text{两性离子}}{H_3N^+—\underset{\substack{|\\R}}{CH}—COO^-} \underset{H^+}{\overset{OH^-}{\rightleftharpoons}} \underset{\substack{(\text{II})\\ \text{碱性条件}}}{H_2N—\underset{\substack{|\\R}}{CH}—COO^-}$$

调节水溶液的 pH，可以使离子(Ⅰ)和(Ⅱ)的量相等，溶液中的净电荷为零，在电场中氨基酸既不向正极移动，也不向负极移动，这时溶液的 pH 就是该氨基酸的等电点(isoelectric point)，用 pI 表示。

完全质子化的氨基酸盐酸盐在解离时相当于二元酸，是分步进行的，而羧基的解离能力大于质子化氨基的解离能力。例如，甘氨酸盐酸盐在水溶液中解离时的平衡反应式分别表示为

$$H_3N^+CH_2COOH + H_2O \xrightleftharpoons{K_{a1}} H_3O^+ + H_3N^+CH_2COO^- \qquad (pK_{a1}=2.34)$$

$$H_3N^+CH_2COO^- + H_2O \xrightleftharpoons{K_{a2}} H_3O^+ + H_2NCH_2COO^- \qquad (pK_{a2}=9.69)$$

则

$$K_{a1}=\frac{[H_3O^+][H_3N^+CH_2COO^-]}{[H_3N^+CH_2COOH]} \qquad K_{a2}=\frac{[H_3O^+][H_2NCH_2COO^-]}{[H_3N^+CH_2COO^-]}$$

由于在等电点时$[H_3N^+CH_2COOH]=[H_2NCH_2COO^-]$，因此从上两式可得

$$\frac{[H_3O^+][H_3N^+CH_2COO^-]}{K_{a1}}=\frac{[H_3N^+CH_2COO^-]K_{a2}}{[H_3O^+]}$$

整理后得

$$[H_3O^+]^2 = K_{a1}K_{a2} \qquad [H_3O^+] = \sqrt{K_{a1}K_{a2}}$$

$$-\lg[H_3O^+] = -\frac{1}{2}\lg(K_{a1}K_{a2})$$

$$pH = \frac{pK_{a1} + pK_{a2}}{2} = pI$$

当甘氨酸盐酸盐的水溶液用碱滴定时可以得到如图 17-1 所示的滴定曲线，其中 $pK_{a1} = 2.34$，$pK_{a2} = 9.69$。

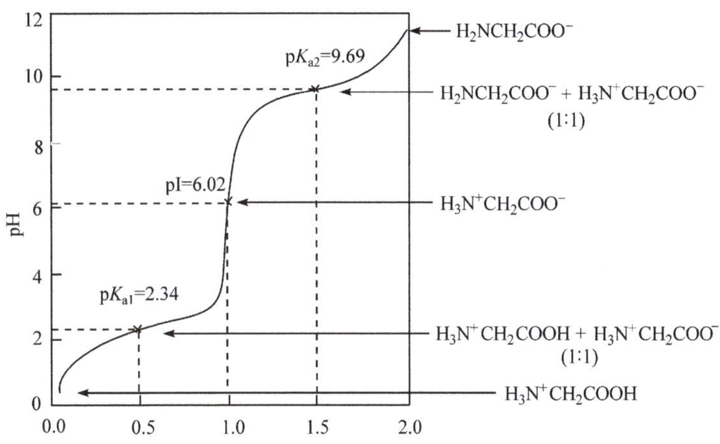

图 17-1　甘氨酸盐酸盐的滴定曲线

滴定开始后，当碱用量为 0.5mol 时，甘氨酸盐酸盐（$H_3N^+CH_2COOH$）中的一半被中和而解离为甘氨酸两性离子，这时溶液中$[H_3N^+CH_2COOH] = [H_3N^+CH_2COO^-]$，pH＝2.34，即为 pK_{a1}；当碱用量为 1.0mol 时，甘氨酸完全以两性离子（$H_3N^+CH_2COO^-$）存在于溶液中，分子的净电荷等于零，pH＝6.02，即为等电点 pI；当碱用量为 1.5mol 时，甘氨酸两性离子中的一半转变为甘氨酸负离子（$H_2NCH_2COO^-$），这时溶液中$[H_2NCH_2COO^-] = [H_3N^+CH_2COO^-]$，pH＝9.69，即为 pK_{a2}；当碱用量为 2mol 时，甘氨酸完全转变为它的共轭碱 $H_2NCH_2COO^-$。

氨基酸在其等电点时，两性离子的浓度最大，氨基酸在水中的溶解度最小，因此可通过调节不同的 pH，分离氨基酸的混合物。

不同氨基酸的等电点不同，通过氨基酸等电点的测定可以鉴别氨基酸。一般中性氨基酸的等电点 pI 为 5.0～6.3；酸性氨基酸的 pI 为 2.8～3.2；碱性氨基酸的 pI 为 7.6～10.8。

对于不含酸性或碱性侧链的中性氨基酸，其 pI 等于 pK_{a1} 和 pK_{a2} 的算术平均值。对于酸性氨基酸和碱性氨基酸，其 pI 都等于 pK_{a3} 和与 pK_{a3} 接近的 pK_{a1} 或 pK_{a2} 的算术平均值，或者为

$$\text{酸性氨基酸的 pI} = \frac{pK_{a1} + pK_{a3}}{2} \qquad \text{碱性氨基酸的 pI} = \frac{pK_{a2} + pK_{a3}}{2}$$

例如

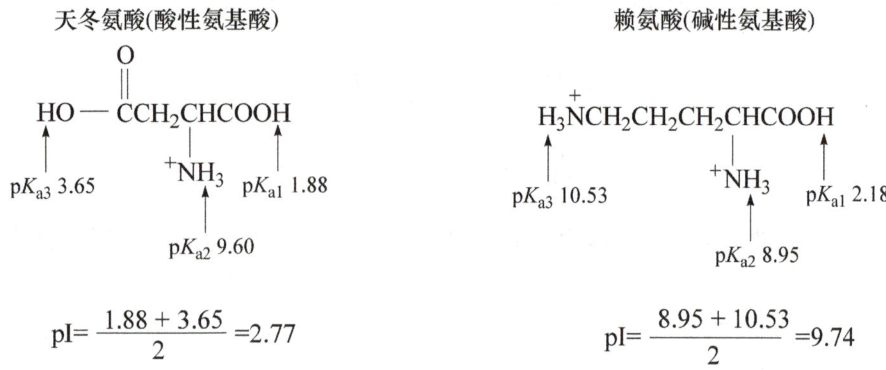

$$pI=\frac{1.88+3.65}{2}=2.77 \qquad pI=\frac{8.95+10.53}{2}=9.74$$

17.2 α-氨基酸的反应

17.2.1 氨基的反应

α-氨基酸中的氨基具有氨基的典型反应，可以被酰化、烃化，可以与亚硝酸、甲醛等试剂反应。

1. 与亚硝酸反应

当α-氨基酸中的氨基是伯胺时，与脂肪族伯胺相似，可以与亚硝酸反应释放出 N_2，生成α-羟基酸。

$$\mathrm{R{-}CH(NH_2){-}COOH + HNO_2 \longrightarrow R{-}CH(OH){-}COOH + H_2O + N_2\uparrow}$$

反应是定量完成的，通过计量释放出的氮气，可以定量地测定分子中氨基的含量。这种方法称为 van Slyke 氨基测定法。但脯氨酸中只有亚氨基，与亚硝酸作用不放出氮气。

2. 氨基的酰化

α-氨基酸中的氨基可以被酰氯或酸酐酰化，通常用于对氨基的保护。氯甲酸苄酯是常用的酰化剂。例如

$$\mathrm{C_6H_5CH_2OCOCl + H_3\overset{+}{N}CH(CH_2CH(CH_3)_2)COO^- \xrightarrow[2)\ H_3O^+]{1)\ NaOH/H_2O} C_6H_5CH_2OCONHCH(CH_2CH(CH_3)_2)COOH}$$

其中的 $C_6H_5CH_2OCO$—称为苄氧羰基，简写为 Z 或 Cbz，常用作氨基的保护基团，苄氧羰基可以用催化氢解的方法除去。

$$C_6H_5CH_2OCONHCH(R)COOH \xrightarrow{H_2/Pd} C_6H_5CH_3 + [HOCONHCH(R)COOH] \longrightarrow H_3\overset{+}{N}CH(R)COO^- + CO_2$$

氯甲酸叔丁酯也是常用于保护氨基的酰化剂。例如

$$(CH_3)_3COCOCl + H_3\overset{+}{N}CH(R)COO^- \xrightarrow[2)\ H_3O^+]{1)\ NaOH/H_2O} (CH_3)_3COCONHCH(R)COOH$$

保护基$(CH_3)_3COCO$—称为叔丁氧羰基,简写为 Boc。叔丁氧羰基可以用无水酸处理的方法除去。

$$(CH_3)_3COCONHCH(R)COOH \xrightarrow{CF_3COOH} \left[(CH_3)_3\overset{+}{C}\right] + \left[HOCONHCH(R)COOH\right]$$

$$\left[(CH_3)_3\overset{+}{C}\right] \xrightarrow{-H^+} (CH_3)_2C{=}CH_2 \qquad \left[HOCONHCH(R)COOH\right] \longrightarrow H_3\overset{+}{N}CH(R)COO^- + CO_2$$

在肽的合成中常用苄氧羰基和叔丁氧羰基保护氨基酸中的氨基。

3. 氨基的烃化

在弱碱性条件下,氨基酸的 α-氨基与 2,4-二硝基氟苯发生芳环上的亲核取代反应,生成 2,4-二硝基苯基氨基酸(DNP-氨基酸)。

$$O_2N\text{-}C_6H_3(NO_2)\text{-}F + H_2NCH(R)COO^- \xrightarrow[2)\ H_3O^+]{1)\ pH=8\sim9} O_2N\text{-}C_6H_3(NO_2)\text{-}NHCH(R)COOH$$

DNP-氨基酸

产物为稳定的黄色固体,用层析法可以与标准氨基酸的相应产物比较,因此可用于氨基酸的定性鉴定。

17.2.2 羧基的反应

α-氨基酸中的羧基具有羧酸的典型反应,可以生成酯、酰卤、酰胺,可以被还原等。例如,在 α-氨基酸的无水醇溶液中通入干燥氯化氢气体,回流反应后,即可得到相应的 α-氨基酸酯的盐酸盐。

$$C_6H_5CH_2\underset{\stackrel{|}{^+NH_3}}{C}HCOO^- + CH_3OH \xrightarrow{HCl} C_6H_5CH_2\underset{\stackrel{|}{^+NH_3\,Cl^-}}{C}HCOOCH_3$$

90%

$$H_3\overset{+}{N}CH_2COO^- + C_6H_5CH_2OH \xrightarrow{C_6H_5SO_3H} H_3\overset{+}{N}CH_2COOCH_2C_6H_5 \cdot C_6H_5SO_3^-$$

90%

氨基酸的甲酯、乙酯和苄酯可以作为多肽合成时的中间体,反应中酯基对羧基起保护作用。苄酯的特点是在肽生成后,可以通过氢解的方法将苄基除去。例如

$$C_6H_5CH_2OCONH\underset{\stackrel{|}{CH_2C_6H_5}}{C}HCOOH + H_2NCH_2COOCH_2C_6H_5 \xrightarrow[CHCl_3]{偶联剂}$$

$$C_6H_5CH_2OCONH\underset{\stackrel{|}{CH_2C_6H_5}}{C}HCONHCH_2COOCH_2C_6H_5 \xrightarrow{H_2,Pd} H_3\overset{+}{N}\underset{\stackrel{|}{CH_2C_6H_5}}{C}HCONHCH_2COO^- + C_6H_5CH_3 + CO_2$$

二肽

氨基酸与无机酸酰卤(如 PCl_5 或 PCl_3)反应,可以生成相应的氨基酸酰氯,但在反应时有时需要将氨基作适当的保护,氨基酸酰氯的制备主要是为了提高羧基的酰化能力。

问题 17-3 写出下列反应的主要产物。

$$CH_3CH_2\underset{\stackrel{|}{NH_2}}{C}HCOOH + CH_3CH_2COCl \longrightarrow$$

问题 17-4 写出苯丙氨酸与下列试剂反应的主要产物。

(1) CH_3OH,HCl (2) $(CH_3CO)_2O$ (3) 1) PhCOCl,NaOH; 2) H^+,H_2O

17.2.3 与水合茚三酮反应

在水溶液中,将 α-氨基酸与水合茚三酮一起加热,氨基酸失去氨,生成醛。氨再与水合茚三酮缩合,生成紫色的有机物(λ_{max}=570nm)。

$$\text{水合茚三酮} + H_2N\underset{\stackrel{|}{R}}{C}HCOOH \longrightarrow \text{紫色化合物} + RCHO + CO_2$$

水合茚三酮　　　　紫色化合物

反应十分灵敏,这是 α-氨基酸的特征反应,可用于 α-氨基酸的定性和定量分析。但 α-氨基在环中的仲胺型氨基酸,如脯氨酸和羟基脯氨酸,由于不能失去氨,因此与水合茚三酮不能发生上述反应,而只生成另一种结构的黄色有机物(λ_{max}=440nm)。

17.2.4 金属络合物的生成

α-氨基酸中的羧基可以与金属离子形成羧酸盐，同时 α-氨基氮原子上的未共用电子对可以与金属离子形成环状的配价键，生成稳定的金属盐络合物。例如，α-氨基酸与 Cu^{2+} 能形成蓝色络合物结晶体，可用于 α-氨基酸的分离和鉴定。

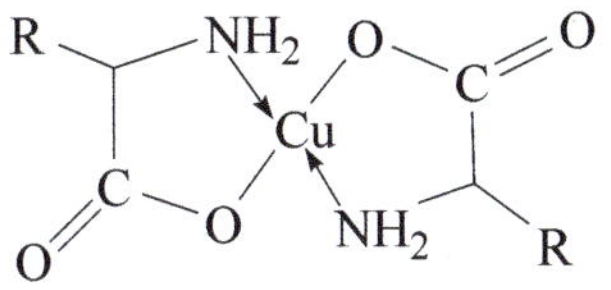

蓝色

17.3 α-氨基酸的合成

17.3.1 α-溴代羧酸的氨化

α-溴代羧酸与过量的氨气发生亲核取代反应是最早合成 α-氨基酸的方法之一，反应在封管或高压釜中进行。例如

$$\underset{\displaystyle Br}{CH_3CHCOOH} + 2NH_3 \xrightarrow{H_2O} \underset{\displaystyle {}^{+}NH_3}{CH_3CHCOO^-} + NH_4Br$$

65%~70%

由于 α-氨基酸中氨基的碱性比氨小，亲核能力较弱，进一步再烷基化的倾向很小，不会产生多烷基化的产物，因此能得到比较满意的 α-氨基酸外消旋体。

α-溴代羧酸可在三溴化磷催化下，由羧酸与溴反应制得(见 Hell-Volhard-Zelinski 反应)。

17.3.2 Strecker 合成法

1850 年德国化学家 Strecker 首先发表了由乙醛、氨和 HCN 在水溶液中反应得到外消旋丙氨酸的论文。合成涉及两步反应，首先生成中间体 α-氨基腈，然后再水解得到 α-氨基酸，相对于醛而言，反应产物增加了一个碳原子。

$$CH_3CHO + HCN + NH_3 \longrightarrow \underset{\displaystyle NH_2}{CH_3CHC{\equiv}N} \xrightarrow{H_3O^+} \underset{\displaystyle {}^{+}NH_3}{CH_3CHCOO^-}$$

后来 Zelinski 对此进行了改进，直接用醛和铵盐与能提供氰基负离子的试剂在水溶液中反应，同样经过 α-氨基腈中间体，后者水解得到 α-氨基酸。

$$CH_3CHO \xrightarrow[NaCN]{NH_4Cl} \underset{\displaystyle NH_2}{CH_3CHC{\equiv}N} \xrightarrow[2)\ HO^-]{1)\ H_2O,HCl} \underset{\displaystyle {}^{+}NH_3}{CH_3CHCOO^-}$$

改进后的方法避免了操作中直接使用氢氰酸的危险性。

17.3.3 乙酰氨基丙二酸酯法

丙二酸二乙酯与亚硝酸反应生成亚硝基丙二酸二乙酯，后者重排后生成丙酮酸二乙酯肟，肟在乙酸酐存在下催化加氢，生成乙酰氨基丙二酸二乙酯。

$$CH_2(COOC_2H_5)_2 \xrightarrow{HNO_2} \underset{\text{亚硝基丙二酸二乙酯}}{O{=}N{-}CH(COOC_2H_5)_2} \longrightarrow$$

$$\underset{\text{丙酮酸二乙酯肟}}{HON{=}C(COOC_2H_5)_2} \xrightarrow{(CH_3CO)_2O,H_2/Pt} \underset{\text{乙酰氨基丙二酸二乙酯}}{CH_3CONHCH(COOC_2H_5)_2}$$

乙酰氨基丙二酸二乙酯是合成 α-氨基酸的关键中间体，它可以与多种试剂作用，生成不同的 α-氨基酸。例如，与异丁基溴反应，可以制备缬氨酸。

$$CH_3CONHCH(COOC_2H_5)_2 + (CH_3)_2CHCH_2Br \xrightarrow{C_2H_5ONa}$$

$$(CH_3)_2CHCH_2{-}\overset{NHCOCH_3}{\overset{|}{C}}(COOC_2H_5)_2 \xrightarrow{H_3O^+,\triangle} (CH_3)_2CHCH_2{-}\underset{^+NH_3}{\underset{|}{C}H}COO^-$$

(±)-缬氨酸 (51%)

与甲醛反应，可以制备丝氨酸。

$$CH_3CONHCH(COOC_2H_5)_2 + HCHO \xrightarrow{HO^-} HOCH_2{-}\overset{NHCOCH_3}{\overset{|}{C}}(COOC_2H_5)_2 \xrightarrow[2)\ -CO_2]{1)\ H_3O^+} HOCH_2{-}\underset{^+NH_3}{\underset{|}{C}H}COO^-$$

(±)-丝氨酸 (65%)

与 3-亚甲基吲哚反应，可以制备色氨酸。

$$CH_3CONHCH(COOC_2H_5)_2 + \text{(3-亚甲基-3H-吲哚)}{=}CH_2 \xrightarrow{\text{Michael加成}}$$

$$\text{(3H-吲哚-3-基)}{-}CH_2{-}\overset{NHCOCH_3}{\overset{|}{C}}(COOC_2H_5)_2 \xrightarrow[2)\ -CO_2]{1)\ H_2O} \text{(3H-吲哚-3-基)}{-}CH_2{-}\underset{^+NH_3}{\underset{|}{C}H}COO^-$$

(±)-色氨酸(81%)

17.3.4 Gabriel 合成法

用邻苯二甲酰亚胺钾与卤代酸酯或卤代丙二酸二乙酯反应都可以合成不同的氨基酸。

例如

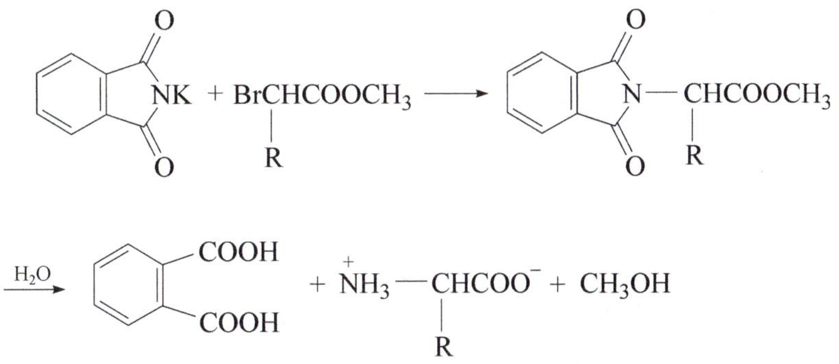

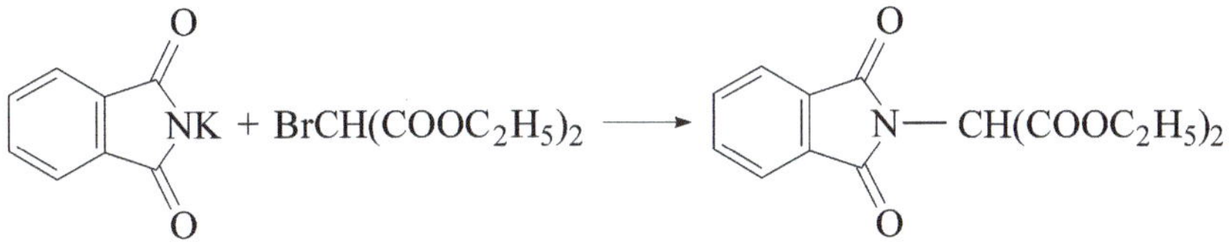

$$\text{邻苯二甲酰亚胺钾(NK)} + BrCH(R)COOCH_3 \longrightarrow \text{邻苯二甲酰亚氨基}-CH(R)COOCH_3$$

$$\xrightarrow{H_2O} C_6H_4(COOH)_2 + \overset{+}{N}H_3-CH(R)COO^- + CH_3OH$$

$$\text{邻苯二甲酰亚胺钾(NK)} + BrCH(COOC_2H_5)_2 \longrightarrow \text{邻苯二甲酰亚氨基}-CH(COOC_2H_5)_2$$

邻苯二甲酰亚氨基丙二酸二乙酯

$$\xrightarrow{C_2H_5ONa} \xrightarrow{ClCH_2CH_2SCH_3} \text{邻苯二甲酰亚氨基}-C(COOC_2H_5)_2(CH_2CH_2SCH_3) \xrightarrow[\triangle]{H_3O^+} CH_3SCH_2CH_2-CH(\overset{+}{N}H_3)COO^-$$

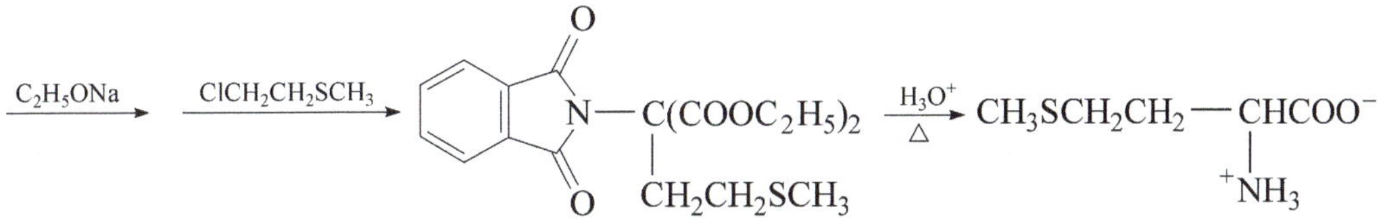

(±)-蛋氨酸(50%)

邻苯二甲酰亚氨基丙二酸二乙酯也可以与 α,β-不饱和羧酸酯发生 Michael 加成，加成产物水解后得到酸性氨基酸。例如

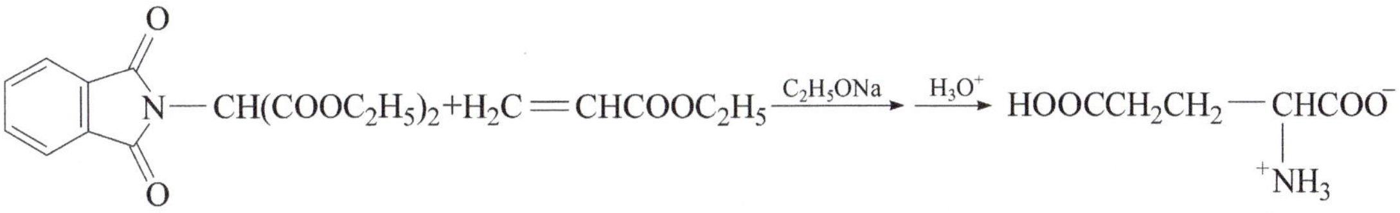

$$\text{邻苯二甲酰亚氨基}-CH(COOC_2H_5)_2 + H_2C=CHCOOC_2H_5 \xrightarrow{C_2H_5ONa} \xrightarrow{H_3O^+} HOOCCH_2CH_2-CH(\overset{+}{N}H_3)COO^-$$

(±)-谷氨酸(70%)

邻苯二甲酰亚氨基丙二酸二乙酯与 1,3-二溴丙烷反应，可以制备脯氨酸。

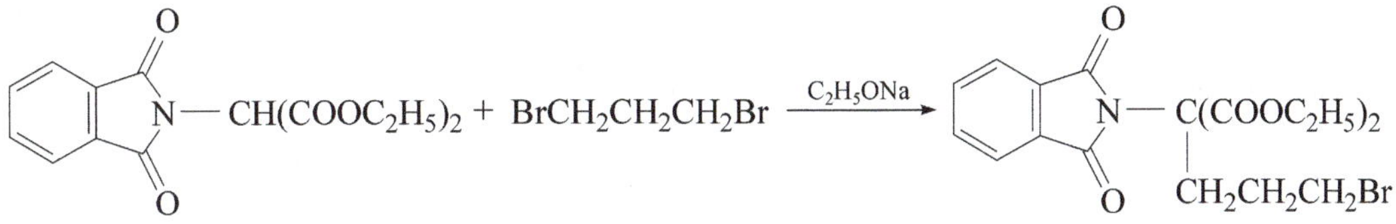

$$\text{邻苯二甲酰亚氨基}-CH(COOC_2H_5)_2 + BrCH_2CH_2CH_2Br \xrightarrow{C_2H_5ONa} \text{邻苯二甲酰亚氨基}-C(COOC_2H_5)_2(CH_2CH_2CH_2Br)$$

$$\xrightarrow[C_2H_5OH]{NaOH} \text{Br}\!-\!CH_2CH_2\!-\!C(NH_2)(COO^-)_2 \longrightarrow \text{(吡咯烷-2,2-二羧酸根)} \xrightarrow[2)\ -CO_2]{1)\ H_3O^+} \text{(±)-脯氨酸(70\%)}$$

(±)-脯氨酸(70%)

问题 17-5　用丙二酸二乙酯及丙烯腈合成谷氨酸和鸟氨酸。

$H_2NCHCOOH$ (CH_2CH_2COOH)　谷氨酸

$H_2NCHCOOH$ ($CH_2CH_2CH_2NH_2$)　鸟氨酸

17.4　α-氨基酸的拆分

用上述方法合成的 α-氨基酸都是外消旋体，而在大多数情况下，只有 L 型氨基酸才是有用的，因此必须将外消旋体进行拆分。通常氨基酸的拆分有化学结晶法和酶拆分法。

17.4.1　化学结晶法

先将 α-氨基酸的外消旋体转变为 *N*-酰基-DL-α-氨基酸，然后与一种旋光的碱[如马钱子碱(strychnine)]作用，生成非对映体的两种盐，再选择合适的条件和溶剂，使其中一种盐结晶析出，重结晶纯化后再加酸分解，得到旋光的 *N*-酰基氨基酸。

$$\text{DL-氨基酸} \xrightarrow{\text{苯甲酰化}} N\text{-苯酰基-DL-氨基酸} \xrightarrow{\text{马钱子碱}} \xrightarrow{\text{结晶分离}}$$

$$N\text{-苯酰基-L-氨基酸马钱子碱盐晶体} \xrightarrow{H_3O^+} N\text{-苯酰基-L-氨基酸} \xrightarrow{HO^-,\ H_2O} \xrightarrow{H_3O^+} \text{L-氨基酸}$$

17.4.2　酶拆分法

酶是手性分子，具有专一的催化活性。将外消旋的 α-氨基酸制备成相应的 *N*-乙酰基或 *N*-氯乙酰基衍生物，然后在酰基转移酶(如猪肾中的酰化氨基酸水解酶)作用下水解，由于这种酶只识别水解 L-氨基酸形成的酰胺键，因此水解后只游离出 L-α-氨基酸，而 *N*-乙酰基-D-氨基酸或 *N*-氯乙酰基-D-氨基酸不被水解，从而达到分离的目的。

$$\text{DL-}H_2N\underset{R}{CH}COO^- \xrightarrow{(CH_3CO)_2O} \text{DL-}CH_3CONH\underset{R}{CH}COO^- \xrightarrow[H_2O]{\text{酰基转移酶}} \begin{cases} \text{L-}H_2N\underset{R}{CH}COO^- + CH_3COO^- \\ \text{D-}CH_3CONH\underset{R}{CH}COO^- \end{cases}$$

17.5 肽

17.5.1 肽的结构和命名

肽(peptide)广泛地存在于自然界中，具有重要的生物活性。最简单的肽由两个氨基酸组成，称为二肽(dipeptide)。例如，由丙氨酸与甘氨酸形成的丙-甘肽，其中含有一个肽键(—CONH—，peptide bond)。

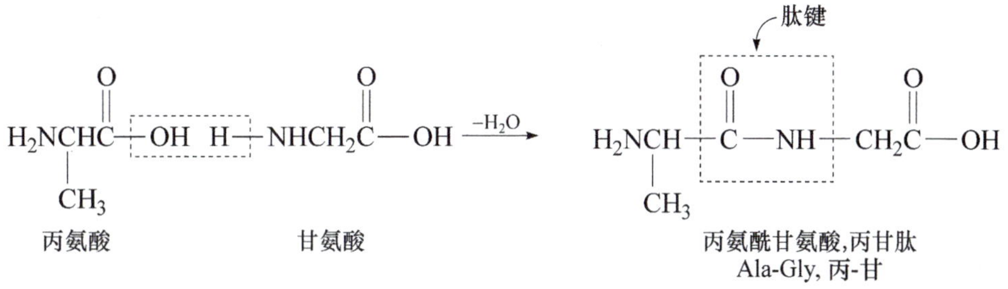

$$\underset{\text{丙氨酸}}{H_2NCH(CH_3)C(=O)-OH} + \underset{\text{甘氨酸}}{H-NHCH_2C(=O)-OH} \xrightarrow{-H_2O} \underset{\text{丙氨酰甘氨酸,丙甘肽 Ala-Gly, 丙-甘}}{H_2NCH(CH_3)-\overset{\text{肽键}}{C(=O)-NH}-CH_2C(=O)-OH}$$

肽键是一种酰胺键，氮原上的未共用电子对与羰基的 π 键形成 p-π 共轭，因此肽键中的碳氮键具有双键的性质，键长为 132pm，比一般有机胺中的碳氮单键(149pm)短，而比碳氮双键(127pm)长。因此，肽键中的碳氮键不能自由旋转，且与碳、氮原子相连的原子一起处于同一平面上，即肽键具有平面结构的特点。

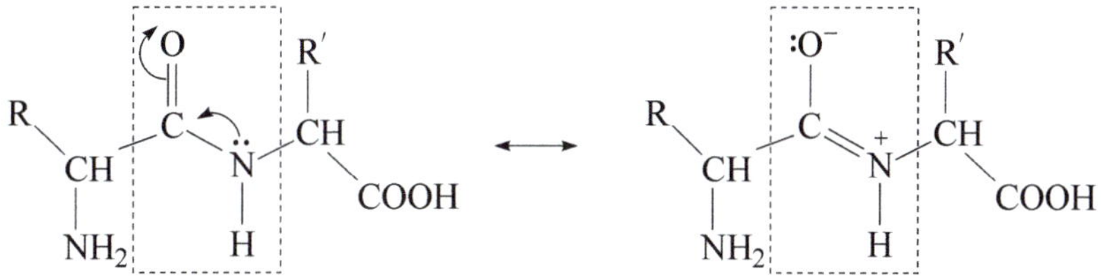

$$R-CH(NH_2)-C(=O)-\ddot{N}H-CH(R')-COOH \longleftrightarrow R-CH(NH_2)-C(-O^-)=\overset{+}{N}H-CH(R')-COOH$$

理论上两个氨基酸组成的二肽应该有四种。例如，甘氨酸与丙氨酸可以组成甘-甘、丙-丙、甘-丙和丙-甘四种二肽。在肽链中，由于氨基酸单位相对于原来的氨基酸分子已不完整，因此把肽链中的氨基酸单位称为氨基酸残基(amino acid residue)。

含有三个、四个、五个氨基酸结构单位的肽分别称为三肽(tripeptide)、四肽(tetrapeptide)、五肽 (pentapeptide)。在书写多肽分子时，通常把有氨基的一端(称为 N-端)写在左边，把有羧基的一端(称为 C-端)写在右边。与氨基酸相似，多肽中 N-端和 C-端也构成两性离子。对于相对分子质量不大的小肽，其晶体的熔点也都比较高。

肽的命名是以 C-端的氨基酸为母体，把肽链中各氨基酸名称中的“酸”改为“酰”，然后从 N-端氨基酸开始，按照肽链中氨基酸的顺序依次排列在母体前面，各氨基酸残基之间都用“-”隔开。例如

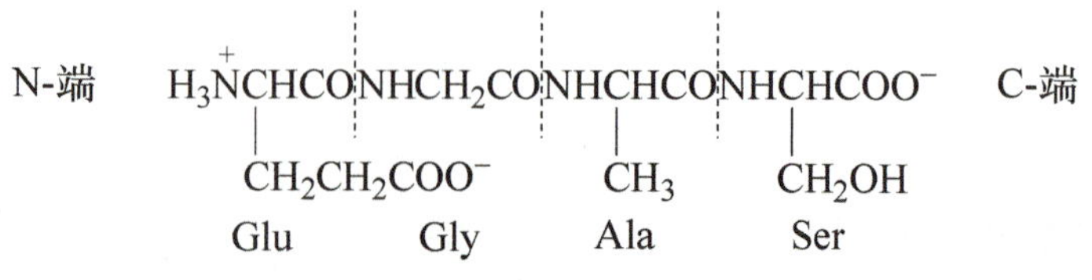

谷氨酰-甘氨酰-丙氨酰-丝氨酸

当多肽分子中的 N-端和 C-端以肽键连接时，则构成环肽(cyclic peptide)。例如

D-Phe → L-Pro → L-Val → L-Orn → L-Leu
↑ ↓
L-Leu ← L-Orn ← L-Val ← L-Pro ← D-Phe

箭头的指向表示由羧基去与氨基成肽键的方向。

17.5.2 多肽结构的测定

多肽的红外光谱有羰基的特征吸收峰。含有芳香环的氨基酸(Tyr，Phe)的紫外光谱在 254nm 和 280nm 附近有最大吸收峰。多肽的相对分子质量可用不同的质谱技术（如 FAB-MS、ESI-MS/MALDI-MS、GC-MS 和 HPLC-MS 等)进行测定。

1. 多肽分子中氨基酸的组分和相对含量

首先将多肽在稀盐酸(6mol · L^{-1})中于 110～120℃加热 20h 左右，使多肽彻底水解为游离的氨基酸(酸性水解时，色氨酸会发生分解而被破坏)，然后用层析法或氨基酸自动分析仪进行分析(图 17-2)，从而确定多肽分子中氨基酸的组分和各氨基酸的相对含量。

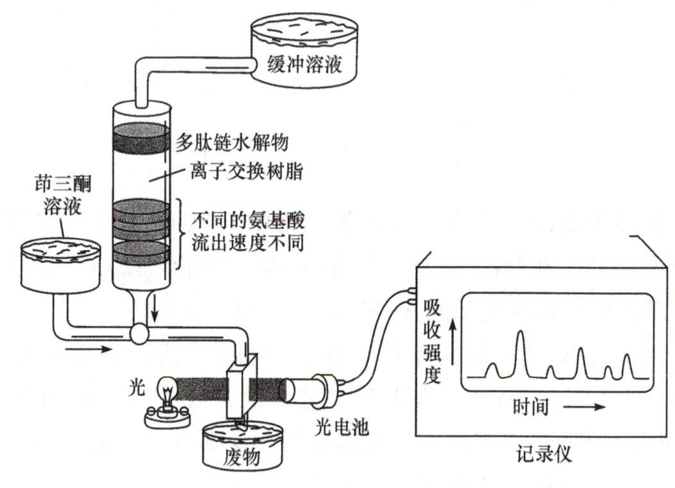

图 17-2 氨基酸自动分析仪示意图

2. 多肽分子中氨基酸排列顺序的确定

1) 端基分析法

无论多肽的分子多大，它都有 N-端和 C-端，如果选择一个适当的试剂与多肽的 N-端或 C-

端氨基酸反应，然后将肽键水解，则连有反应试剂的氨基酸就是链端的氨基酸。

A. N-端氨基酸的测定

Sanger 法：2，4-二硝基氟苯（DNFB）与多肽 N-端的氨基发生芳环上的亲核取代反应，生成 DNP-多肽，后者经酸水解，肽键断裂，除 N-端氨基酸得到黄色的 DNP-氨基酸衍生物外，其余均为游离氨基酸。然后将 DNP-氨基酸衍生物的 R_f 值与标准的已知 DNP-氨基酸衍生物的 R_f 值比较，可鉴别出 N-端氨基酸。Sanger F 首先将 2，4-二硝基氟苯用于多肽及蛋白质的 N-端氨基酸的鉴定，因此 2，4-二硝基氟苯也称为 Sanger 试剂。

$$2,4\text{-}(O_2N)_2C_6H_3F + H_3\overset{+}{N}CHR-CO\text{-}(NH-CHR'-CO)_n-NH-CHR''COO^- \xrightarrow{\text{弱碱中}}$$

$$2,4\text{-}(O_2N)_2C_6H_3-NHCHR-CO\text{-}(NH-CHR'-CO)_n-NH-CHR''COO^- \xrightarrow{H_3O^+}$$

$$\underset{\text{黄色}}{2,4\text{-}(O_2N)_2C_6H_3-NHCHRCOOH} + \text{混合游离氨基酸}$$

环肽及 N-端没有游离氨基的多肽则不能利用上述方法鉴别。

丹酰氯（dansyl chloride）即 5-（二甲氨基）萘-1-磺酰氯，能与多肽 N-端的游离氨基反应，形成相应的磺酰胺，得到 *N*-5-（二甲氨基）萘-1-磺酰基取代的多肽，后者水解后，N-端连有 5-（二甲氨基）萘-1-磺酰基的氨基酸从多肽链上断裂下来，它具有荧光，可以用薄层层析或纸层析方法鉴定。

$$\underset{\text{5-(二甲氨基)萘-1-磺酰氯}}{5\text{-}(CH_3)_2N\text{-}C_{10}H_6\text{-}1\text{-}SO_2Cl} + H_3\overset{+}{N}CH(R)CONHCH(R_1)CO\text{---}NHCH(R_n)COO^- \xrightarrow{HO^-}$$

$$\underset{N\text{-5-(二甲氨基)萘-1-磺酰基多肽}}{5\text{-}(CH_3)_2N\text{-}C_{10}H_6\text{-}1\text{-}SO_2-NHCH(R)CONHCH(R_1)CO\text{---}NHCH(R_n)COO^-} \xrightarrow{HCl}$$

$$\underset{N\text{-5-(二甲氨基)萘-1-磺酰基氨基酸}}{5\text{-}(CH_3)_2N\text{-}C_{10}H_6\text{-}1\text{-}SO_2-NHCH(R)COOH} + H_3\overset{+}{N}CH(R_1)CO\text{---}NHCH(R_n)COOH$$

Edman 法：Edman 法是利用异硫氰酸苯酯与肽链 N-端氨基酸的氨基反应，生成苯氨基硫代甲酸衍生物。然后在有机溶剂中经无水氯化氢的作用，发生关环反应，生成苯基乙内酰硫脲的衍生物，从肽链上断裂下来，而肽链中的酰胺键不受影响。

$$H_2N-CH(R)-C(=O)-N(H)-\text{肽链} \xrightarrow{C_6H_5N=C=S} \text{(S=C—N}(C_6H_5)\text{H—C(=O)—NH—肽链, HN—CH(R))}$$

$$\xrightarrow[\text{有机溶剂}]{\text{HCl(无水)}} \text{苯基乙内酰硫脲衍生物} + \text{肽链}-NH_2$$

苯基乙内酰硫脲衍生物
(PTH衍生物)

肽链—NH_2
(少一个氨基酸残基)

将苯基乙内酰硫脲的衍生物分离后，用薄层层析、气相色谱、高效液相色谱或质谱等方法鉴定，可确定多肽 N-端氨基酸是哪一种氨基酸。也可以将苯基乙内酰硫脲的衍生物进行水解，再对水解的氨基酸进行鉴定。利用 Edman 法除去 N-端氨基酸后，剩下的肽链仍然具有 N-端和 C-端的多肽。经分离后再多次重复以上操作，可将肽链上的氨基酸逐个断裂下来进行鉴定。Edman 法测定多肽 N-氨基酸的方法已经实现自动化。

B. C-端氨基酸的分析

羧肽酶只能使多肽 C-端的 α-氨基酸从肽链上断裂下来。在恒温条件下，将多肽在羧肽酶催化下水解，溶液中首先出现的是从肽链的 C-端断裂下来的 α-氨基酸，同时得到 C-端少一个氨基酸的多肽，然后继续在酶催化下水解，又从肽链的 C-端断裂下来第二个 α-氨基酸。因此，通过对不同时间段水解液中 α-氨基酸的分析，可以了解不同 α-氨基酸在水解液中出现的先后顺序，由此可以推测出 C-端氨基酸的排列顺序。但在实际操作时，一般只可以准确测定出多肽 C-端的三四个 α-氨基酸的顺序。

2）多肽链的选择性水解

实际上，多肽中氨基酸的顺序测定复杂得多，仅依靠端基分析的方法解决顺序问题是不现实的。多肽可以在某些酶的催化下，选择特定的肽键断裂，生成相应的小分子多肽片段，再结合端基分析的方法确定各片段的 N-端或 C-端的氨基酸，然后结合其他获得的信息，将相关片段拼接，从而逐步确定多肽中所有氨基酸的排列顺序。例如，胰蛋白酶(trypsin)只专一性水解羰基属于赖氨酸或精氨酸的肽键，胰凝乳蛋白酶(chymotrypsin，又称糜蛋白酶)只专一性水解羰基属于苯丙氨酸或酪氨酸的肽键。

$$\text{甘氨酸-精氨酸-亮氨酸-丙氨酸}\xrightarrow[\text{水解}]{\text{胰蛋白酶}}\text{甘氨酸-精氨酸}+\text{亮氨酸-丙氨酸}$$

$$\text{甘氨酸-酪氨酸-丙氨酸-缬氨酸}\xrightarrow[\text{水解}]{\text{胰凝乳蛋白酶}}\text{甘氨酸-酪氨酸}+\text{丙氨酸-缬氨酸}$$

上述两个四肽可被酶选择性水解为小片段的二肽，再分别对小片段二肽进行端基分析，即可以拼接成原来四肽中氨基酸的顺序。

近年来，随着质谱技术的发展，已将质谱用于生物大分子的分析，使多肽中氨基酸顺序的测定等均有了很快的发展，其特点是所需样品用量少、灵敏度高、准确性好、分析速度快。

问题 17-6　写出五肽丙-缬-苯丙-丙-丙的完整结构。

17.5.3　肽链的合成

许多蛋白质和多肽都具有非常重要的生物活性作用，是生命活动中不可缺少的物质。生物体内有许多相对分子质量较小的多肽，它们可以由几个或几十个氨基酸残基组成，具有强烈的生理活性，也常称为生物活性肽。例如，从脑下垂体中分离得到的催产素(oxytocin)是含有九个氨基酸残基的九肽，C-端以酰胺的形式存在，1-位和 6-位两个半胱氨酸残基上的 SH 以二硫键形成环状分子。催产素具有促进子宫平滑肌收缩和刺激乳腺分泌乳汁的功能。

```
S———————————————————S
|                   |
Cys—Tyr—Ile—Gln—Asn—Cys—Pro—Leu—Gly—NH2
1   2   3   4   5   6   7   8   9
```

催产素

但是，生物活性肽在体内的含量极低，为 $10^{-9}\sim10^{-6}\,mol\cdot L^{-1}$体液水平。因此，研究多肽链的合成是化学家和生物学家都非常关心的课题，不但可以用合成的多肽与天然分离到的多肽进行结构和理化性质的比较，鉴定天然多肽中氨基酸连接顺序的正确性，还可以对其结构进行修饰或合成其模拟产物，为寻找新的药物开辟途径。例如，将催产素 1-位上的游离氨基换成羟基，4-位上的 Gln 换成 Thr，这样得到的类似物其促进子宫平滑肌收缩的强度比天然催产素强 8 倍。

蛋白质和多肽都是由各种氨基酸按一定顺序以肽键连接起来的大分子，由于氨基酸分子同时具有氨基和羧基，因此即使两种不同的氨基酸连接也会产生四种不同的二肽。例如

$$\underset{\text{Phe}}{\text{苯丙氨酸}} + \underset{\text{Gly}}{\text{甘氨酸}} \longrightarrow \text{Phe-Phe} + \text{Phe-Gly} + \text{Gly-Phe} + \text{Gly-Gly}$$

因此，肽链的合成应不少于以下三步操作：①必须先将一个氨基酸的 N-端和另一个氨基酸的 C-端分别用保护基团进行保护；②使肽键在偶联试剂作用下只能在指定的羧基和氨基之间生成；③在不影响生成的肽键的条件下，去除保护基。例如，苯丙氨酸-甘氨酸的合成：

$$\underset{\text{N-端保护的苯丙氨酸}}{X—\underset{\underset{CH_2C_6H_5}{|}}{NHCHCOOH}} + \underset{\text{C-端保护的甘氨酸}}{H_2NCH_2\overset{\overset{O}{\|}}{C}—Y} \xrightarrow{\text{偶联试剂}} X—\underset{\underset{CH_2C_6H_5}{|}}{NHCH}\overset{\overset{O}{\|}}{C}—NHCH_2\overset{\overset{O}{\|}}{C}—Y$$

$$\xrightarrow{\text{去除保护基}} \underset{\text{Phe-Gly}}{H_3\overset{+}{N}\underset{\underset{CH_2C_6H_5}{|}}{CH}\overset{\overset{O}{\|}}{C}—NHCH_2COO^-}$$

其中，X 为 N-端保护基，Y 为 C-端保护基。

1. 氨基的保护

氨基的保护通常用酰基，常用的有苄氧羰基（$C_6H_5CH_2OCO—$）和叔丁氧羰基［$(CH_3)_3COCO—$］。

氯甲酸苄酯与氨基酸在碱性条件下反应生成 *N*-苄氧羰基氨基酸。例如

$$\underset{\text{氯甲酸苄酯}}{C_6H_5CH_2OCOCl} + \underset{\text{苯丙氨酸}}{H_3\overset{+}{N}\underset{\underset{CH_2C_6H_5}{|}}{CH}COO^-} \xrightarrow[2)\ H_3O^+]{1)\ NaOH,H_2O} \underset{N\text{-苄氧羰基苯丙氨酸}(82\%\sim87\%)}{C_6H_5CH_2OCONH\underset{\underset{CH_2C_6H_5}{|}}{CH}COOH}$$

苄氧羰基（benzyloxycarbonyl group 或 carbobenzoxy group）缩写为 Cbz，简写为 Z。因此，氯甲酸苄酯可简写为 Z-Cl，*N*-苄氧羰基苯丙氨酸可简写为 Z-Phe。

氯甲酸叔丁酯与氨基酸反应，则生成 *N*-叔丁氧羰基氨基酸。例如

$$\underset{\text{氯甲酸叔丁酯}}{(CH_3)_3COCOCl} + \underset{\text{苯丙氨酸}}{H_3\overset{+}{N}\underset{\underset{CH_2C_6H_5}{|}}{CH}COO^-} \xrightarrow[2)\ H_3O^+]{1)\ NaOH,H_2O} \underset{N\text{-叔丁氧羰基苯丙氨酸}}{(CH_3)_3COCONH\underset{\underset{CH_2C_6H_5}{|}}{CH}COOH}$$

叔丁氧羰基（*tert*-butoxycarbonyl group）缩写为 Boc。

2. 羧基的保护

羧基的保护是将羧基转变为相应的酯，通常是转变为苄酯或叔丁酯。例如

$$H_2N\underset{\underset{CH_2CH(CH_3)_2}{|}}{CH}COOH \xrightarrow[HCl]{C_6H_5CH_2OH} H_2N\underset{\underset{CH_2CH(CH_3)_2}{|}}{CH}COOCH_2C_6H_5$$

羧基用苄酯保护的优点是当接成肽后可以用催化氢解的方法除去保护基。例如

$$\underset{\text{N-苄氧羰基丙氨酰-亮氨酸苄酯}}{\text{Z—NHCH(CH}_3\text{)CO—NHCH(CH}_2\text{CH(CH}_3)_2\text{)COOCH}_2\text{C}_6\text{H}_5} \xrightarrow{H_2,Pd} \underset{\text{丙氨酰-亮氨酸}}{\text{H}_3\overset{+}{\text{N}}\text{CH(CH}_3\text{)CO—NHCH(CH}_2\text{CH(CH}_3)_2\text{)COO}^-}$$

羧基的叔丁酯可以在温和的酸性条件(如 CF_3COOH/H_2O)下水解，除去保护基。甲酯和乙酯也可以用于羧基的保护，但甲酯和乙酯的水解需要在碱性条件下进行，这可能会影响形成的肽键。

3. 肽键的生成

1）液相合成

N-端保护的氨基酸在使羧基活化的试剂作用下，能与 C-端保护的氨基酸或没有被保护的游离氨基酸在温和的条件下反应，生成肽键。常用的活化试剂有 N,N'-二环己基碳二亚胺(简称 DCC 或 DCCI)，选择适当的溶剂(如 $CHCl_3$)，反应在溶液中进行。

反应过程中生成的 O-酰基二环己基异脲是与酰氯或酸酐具有类似活性的羧酸衍生物，能与另一分子氨基酸反应，生成肽键。例如

$$\text{Z—NHCH(CH}_3\text{)COO—H} + \underset{N,N'\text{-二环己基碳二亚胺}}{\text{C}_6\text{H}_{11}\text{—N=C=}\ddot{\text{N}}\text{—C}_6\text{H}_{11}} \rightleftharpoons \text{Z—NHCH(CH}_3\text{)COO}^- + \text{C}_6\text{H}_{11}\text{—N=C=}\overset{+}{\text{N}}\text{H—C}_6\text{H}_{11} \longrightarrow$$

$$\underset{O\text{-酰基二环己基异脲}}{\text{Z—NHCH(CH}_3\text{)—C(=O)—O—C(=N—C}_6\text{H}_{11}\text{)—NH—C}_6\text{H}_{11}} \xrightarrow[\text{CH}_2\text{CH(CH}_3)_2]{\text{H}_2\ddot{\text{N}}\text{CHCOOH}} \text{Z—NHCH(CH}_3\text{)—C(OH)(NHCH(CH}_2\text{CH(CH}_3)_2\text{)COOH)—O—C(=N—C}_6\text{H}_{11}\text{)—NH—C}_6\text{H}_{11}$$

$$\longrightarrow \underset{N\text{-苄氧羰基丙氨酰-亮氨酸}}{\text{Z—NHCH(CH}_3\text{)—C(=O)—NHCH(CH}_2\text{CH(CH}_3)_2\text{)COOH}} + \underset{\text{二环己基脲}}{\text{C}_6\text{H}_{11}\text{—NH—C(=O)—NH—C}_6\text{H}_{11}}$$

N-苄氧羰基丙氨酰-亮氨酸在 DCC 作用下，再与另一分子氨基酸生成肽键。

$$\text{Z—NHCH—}\overset{\overset{\Large O}{\|}}{\text{C}}\text{—NHCHCOOH}\ (\text{NHCH 上连 }CH_3;\ \text{NHCHCOOH 上连 }CH_2CH(CH_3)_2) \xrightarrow[2)\ H_2NCHCOOH\ (CH_2C_6H_5)]{1)\ DCC} \text{Z—NHCHCONHCHCONHCHCOOH}\ (CH_3;\ CH_2CH(CH_3)_2;\ CH_2C_6H_5)$$

N-苄氧羰基丙氨酰-亮氨酸　　　　N-苄氧羰基丙氨酰-亮氨酰-苯丙氨酸

N-苄氧羰基丙氨酰-亮氨酰-苯丙氨酸催化氢化，除去保护基得到三肽：丙氨酰-亮氨酰-苯丙氨酸。

$$\text{Z—NHCHCONHCHCONHCHCOOH}\ (CH_3;\ CH_2CH(CH_3)_2;\ CH_2C_6H_5) \xrightarrow{H_2,Pd} H_2\text{NCHCONHCHCONHCHCOOH}\ (CH_3;\ CH_2CH(CH_3)_2;\ CH_2C_6H_5)$$

N-苄氧羰基丙氨酰-亮氨酰-苯丙氨酸　　　　丙氨酰-亮氨酰-苯丙氨酸

肽键的生成中，羧基的活化除用 DCC 使羧基转变 *O*-酰基二环己基异脲外，还可以将羧基转变为活泼的酯或某些混合酸酐，再与其他 C-端被保护的氨基酸反应，生成相应的肽键。

问题 17-7　用苄氧羰基为氨基的保护基团，以游离氨基酸为原料，写出合成甘-丙-酪三肽的反应式。

2）固相合成

在上述多肽合成中，每一个肽键的生成都必须对官能团进行保护，然后偶联，再除去保护基，反应的每一步产物还要进行分离和纯化，操作非常麻烦，经多步处理后的最终产率也不高，步骤越多，总产率越低，因此对于合成较大的多肽链是不现实的。

1962 年，美国生物化学家 Merrifield R B 发展了一种多肽链的固相合成法，其特点是肽链的连接在不溶性的高分子树脂表面进行，中间产物不需要分离纯化，合成过程可以连续进行。多肽链的固相合成为以后多肽合成的自动化奠定了基础。

Merrifield 用苯乙烯和少量的对氯甲基苯乙烯进行共聚，生成在少量苯环上含氯甲基的聚苯乙烯树脂，也称 Merrifield 树脂。

$$C_6H_5CH{=}CH_2 + p\text{-}ClCH_2C_6H_4CH{=}CH_2 \longrightarrow \text{~}CH(C_6H_5)\text{—}CH_2\text{—}CH(C_6H_4CH_2Cl\text{-}p)\text{—}CH_2\text{—}CH(C_6H_5)\text{—}CH_2\text{~} = p\text{-}ClCH_2C_6H_4\text{—(树脂)}$$

由于树脂中的氯甲基非常活泼，在接肽反应时，N-端用叔丁氧基保护的氨基酸在碱性条件下，首先与树脂中的氯甲基发生亲核取代反应（S_N2），生成相应的酯，这样就将 *N*-叔丁氧基氨基酸固定在树脂上，后续的接肽反应即在树脂上进行，因此称为肽的固相合成。

$$\underset{\text{R}}{(CH_3)_3COCONHCHCOO^-} + CH_2\text{—}Cl\text{—}C_6H_4\text{—树脂} \xrightarrow{S_N2} \underset{\text{R}}{(CH_3)_3COCONHCHCOO}\text{—}CH_2\text{—}C_6H_4\text{—树脂}$$

N-叔丁氧羰基氨基酸

第二步是将固定在树脂上的第一个氨基酸用酸处理，除去氨基上的保护基，然后用 N-端被叔丁氧基保护的另一个氨基酸和 DCC 处理，生成第一个肽键。重复以上处理，即可逐步将不同氨基酸接成肽链。当接肽完成后，将 N-端的保护基除去，得到 C-端连在树脂上的多肽，后者在温和的条件下经 HF 处理，即得到多肽。

$$\underset{\text{R}}{(CH_3)_3COCONHCHCOO}\text{—}CH_2\text{—}C_6H_4\text{—树脂} \xrightarrow[CH_2Cl_2]{CF_3COOH} \underset{\text{R}}{H_2NCHCOO}\text{—}CH_2\text{—}C_6H_4\text{—树脂} \xrightarrow[\underset{R_1}{(CH_3)_3COCONHCHCOOH}]{DCC}$$

$$\underset{R_1}{(CH_3)_3COCONHCHCO}\text{—}\underset{\text{R}}{NHCHCOO}\text{—}CH_2\text{—}C_6H_4\text{—树脂} \xrightarrow[CH_2Cl_2]{CF_3COOH} \underset{R_1}{H_2NCHCO}\text{—}\underset{\text{R}}{NHCHCOO}\text{—}CH_2\text{—}C_6H_4\text{—树脂}$$

$$\xrightarrow[\underset{R_2}{(CH_3)_3COCONHCHCOOH}]{DCC} \underset{R_2}{(CH_3)_3COCONHCHCO}\text{—}\underset{R_1}{NHCHCO}\text{—}\underset{\text{R}}{NHCHCOO}\text{—}CH_2\text{—}C_6H_4\text{—树脂}$$

$$\xrightarrow[CH_2Cl_2]{CF_3COOH} \underset{R_2}{H_2NCHCO}\text{—}\underset{R_1}{NHCHCO}\text{—}\underset{\text{R}}{NHCHCOO}\text{—}CH_2\text{—}C_6H_4\text{—树脂} \quad \cdots\cdots$$

$$\xrightarrow[(CH_3)_3COCONHCH(R_n)COOH]{DCC} (CH_3)_3COCONHCH(R_n)CO\text{---}NHCH(R_2)CO—NHCH(R_1)CO—NHCH(R)COO—CH_2—C_6H_4—\text{树脂}$$

$$\xrightarrow[CH_2Cl_2]{CF_3COOH} (CH_3)_3COCONHCH(R_n)CO\text{---}NHCH(R_2)CO—NHCH(R_1)CO—NHCH(R)COO—CH_2—C_6H_4—\text{树脂}$$

$$H_2NCH(R_n)CO\text{---}NHCH(R_2)CO—NHCH(R_1)CO—NHCH(R)COO—CH_2—C_6H_4—\text{树脂} \xrightarrow{HF}$$

$$H_3\overset{+}{N}CH(R_n)CO\text{---}NHCH(R_2)CO—NHCH(R_1)CO—NHCH(R)COOH + \text{树脂}—C_6H_4—CH_2OH$$

17.6 蛋白质

17.6.1 蛋白质的结构

蛋白质和多肽相似，都是由氨基酸以酰胺键连接的高分子化合物。它们之间没有明确的界限，通常将相对分子质量在 10 000 以上的多肽称为蛋白质。蛋白质水解生成相对分子质量不等的肽和氨基酸，进一步水解的最终产物都是氨基酸。另外，蛋白质分子具有相对严密和比较稳定的空间结构，而多肽却没有相对严密和稳定的空间结构，即多肽的空间结构比较易变，且具有可塑性。

按照化学组分，蛋白质可分为单纯蛋白质和结合蛋白质。单纯蛋白质中只含 α-氨基酸，而不含其他物质。而结合蛋白质是单纯蛋白质还结合有其他非蛋白质部分。这里的非蛋白质部分称为辅基。例如，结合蛋白质中的核蛋白，其辅基是核酸；脂蛋白的辅基是脂类；金属蛋白的辅基是金属离子等。

蛋白质中被发现有 22 种氨基酸，但其结构相当复杂，分有一级、二级、三级和四级结构。

蛋白质的一级结构主要是指每个肽链中所含氨基酸的数目、种类和排列顺序，另外还包括含多肽链的数目和二硫键(—S—S—)的数目和位置。例如，胰岛素是胰脏分泌的一种激素，猪胰岛素有 A 和 B 两条肽链，共 51 个氨基酸残基(或氨基酸单位)组成。图 17-3 是猪胰岛素的一级结构示意图。

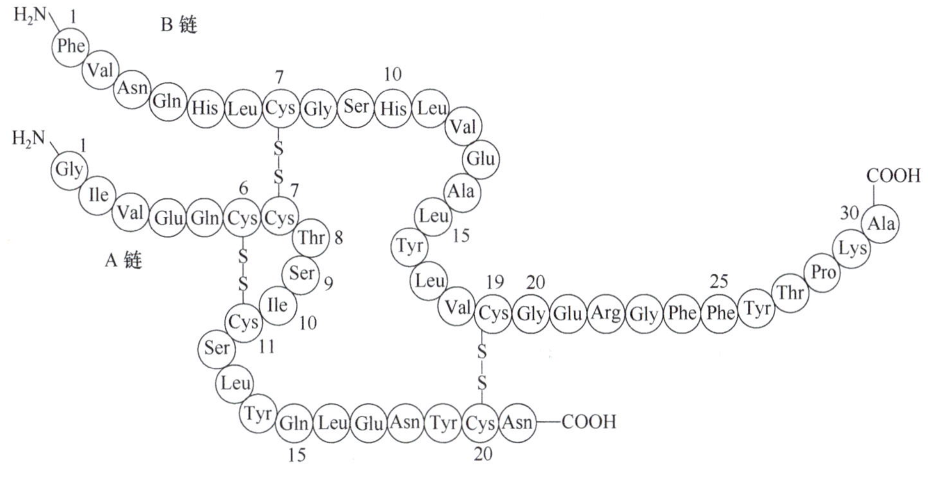

图 17-3　猪胰岛素的一级结构示意图

A 链的 N-端为甘氨酸(Gly)，C-端为天冬酰胺(Asn)，共有 11 种 21 个氨基酸残基；B 链的 N-端为苯丙氨酸(Phe)，C-端为丙氨酸(Ala)，共有 16 种 30 个氨基酸残基，A 链和 B 链之间通过两对二硫键相互连接。另外，A 链的 6-位和 11-位上的两个半胱氨酸(Cys)之间也经过二硫键相互连接。人胰岛素和猪胰岛素仅在 B 链第 30 位氨基酸单位有区别，人胰岛素 B 链的 C-端为苏氨酸(Thr)。

蛋白质生物功能的多样性与蛋白质的空间结构密切相关，蛋白质的二级、三级和四级结构是指不同层次上的空间结构。

蛋白质的二级结构是指在一级结构基础上，肽链通过链内或链间的氢键所维系的主链骨架在空间的构象关系。最主要的二级结构包括 α-螺旋和 β-折叠。

1. α-螺旋

α-螺旋(α-helix)是最常见的二级结构，最早是由 Pauling L 和 Corey R 于 1951 年提出的。在蛋白质的 α-螺旋多肽链结构中，每个肽键中氮原子上的氢与排列在它后面的第四个氨基酸残基上的羰基氧之间形成氢键，使肽链形成围绕中心轴盘绕的螺旋形构象。螺旋的每一圈含 3.6 个氨基酸残基，每个氨基酸残基围绕中心轴呈 100°弧形排列，并沿中心轴升高 150pm，两圈之间的螺距约为 540pm，螺旋的半径为 230pm。氨基酸残基上的侧链 R 基团位于螺旋的外侧，α-螺旋结构柔软而有弹性。绝大多数蛋白质分子中的 α-螺旋都是右手螺旋结构(见图 17-4 中的两种表示)。

2. β-折叠

β-折叠(β-pleated sheet)是 Pauling L 和 Corey R 提出 α-螺旋结构的同年发现和提出的另

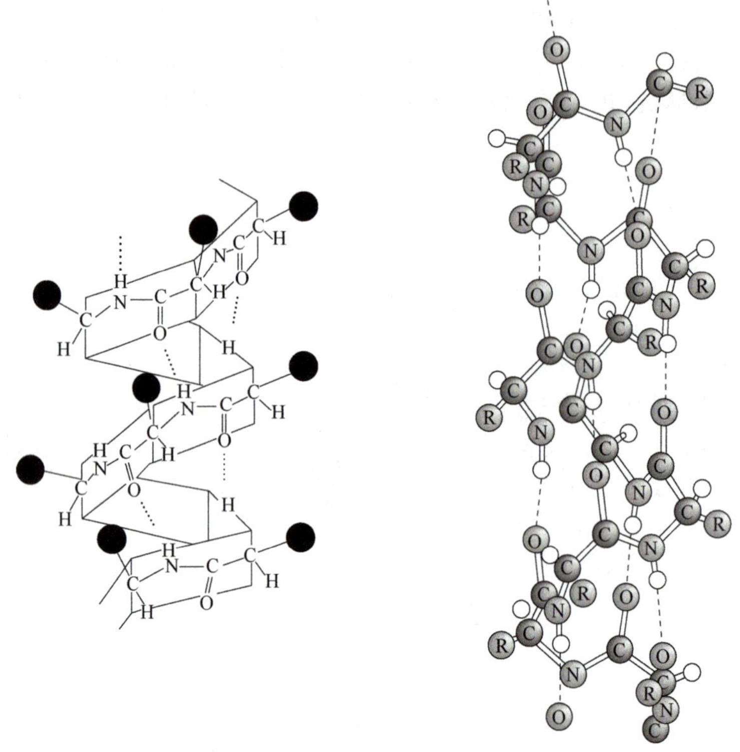

图 17-4 蛋白质的 α-螺旋结构示意图

一种常见的蛋白质二级结构。在 β-折叠的二级结构中，肽链与肽链之间平行排列，肽链与肽链靠氢键维系，排列成与扇面相似的折叠面。肽链排列时可以是同向平行排列，也可以是逆向平行排列，或者同向与逆向混合平行排列。由于相邻两肽链必须彼此靠得比较近，因此氨基酸残基上的侧链 R 基团一般都比较小，并交替排列在折叠面的上下两边，这样可以避免相邻侧链上 R 基团之间产生的空间障碍(图 17-5)。

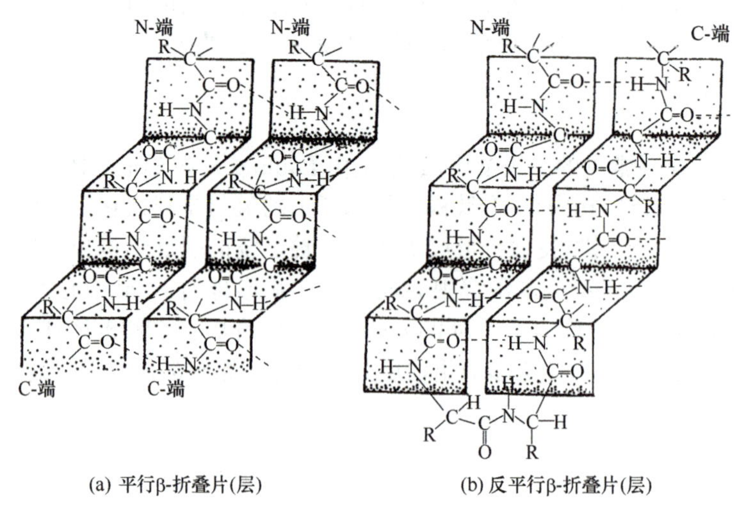

图 17-5 蛋白质的 β-折叠片(层)结构示意图

α-螺旋和 β-折叠是蛋白质的主要二级结构，实际上蛋白质的空间形状在很大程度上与肽链的一级结构，即氨基酸的组成及排列顺序密切相关。大多数蛋白质也不是仅以某种二级结构存在，而是多种二级结构共存。

蛋白质的三级结构是指蛋白质分子在二级结构的基础上，多肽链经过进一步卷曲、折叠而构成的一种不规则的、特定的、更复杂的空间结构。尽管已有不少蛋白质的三级结构经过 X 射线单晶衍射技术和 NMR 技术等分析技术确定，但相对于自然界中众多的蛋白质而言，三级结构清楚的还为数不多。肌红蛋白是哺乳动物肌肉中负责储藏和输送氧的蛋白质，它是一种较小的球状蛋白，相对分子质量为 17 800，是一条由 153 个氨基酸残基组成的多肽链，主肽链中有 75%盘旋成 α-螺旋结构，都是右手螺旋构象。多肽链曲绕成三级结构的球状体。图 17-6 是肌红蛋白的三级结构示意图。

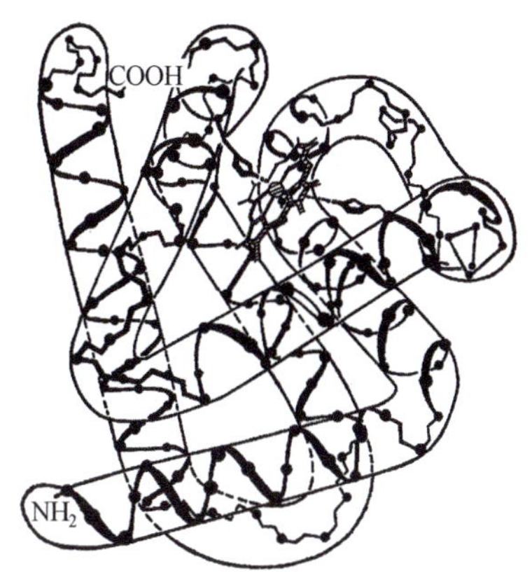

图 17-6　肌红蛋白的三级结构示意图

蛋白质的四级结构是指由具有三级结构的蛋白质分子的几条多肽链聚合而成的大分子蛋白质，具有特定的构象。每一个具有三级结构的多肽链称为亚基(subunit)，由少数亚基聚合而成的蛋白质称为寡聚体(oligomer)，最常见的寡聚体蛋白质是二聚体。由几十个乃至上千个亚基聚合而成的蛋白质称为多聚蛋白质。蛋白质的四级结构包括亚基的种类、数目、空间排布以及亚基之间的相互作用，只有两条及两条以上多肽链的寡聚体蛋白质或多聚蛋白质才有四级结构。例如，血红蛋白的四级结构已基本清楚，相对分子质量为 65 000，它是由两条 α-链和两条 β-链组成的聚合体。α-链有 141 个氨基酸残基，β-链有 146 个氨基酸残基，每条肽链的三级结构都卷曲成球状，与肌红蛋白的三级结构非常相似，都有一个空穴容纳一个血红素，四个亚基之间通过侧链间的相互作用而紧密交叉相嵌，形成具有四级结构的球状血红蛋白分子。图 17-7 是球状血红蛋白分子的四级结构示意图。

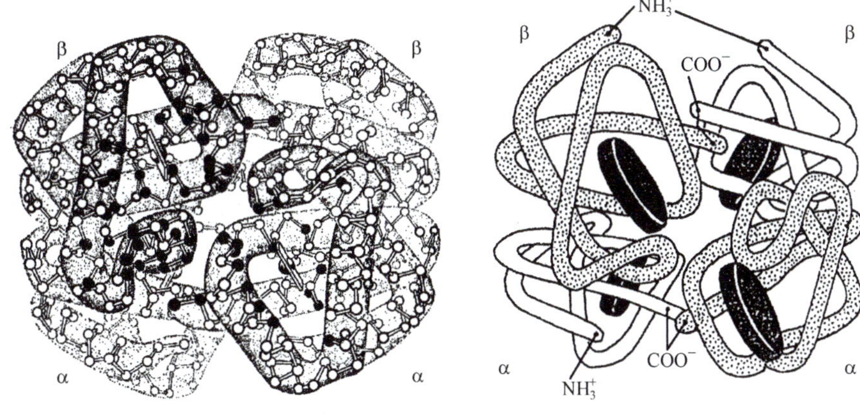

图 17-7　血红蛋白的四级结构示意图

问题 17-8　什么是蛋白质的一级结构和二级结构？

17.6.2 蛋白质的性质

蛋白质的类型很多，结构也相当复杂，但它都是由 20 多种 L-α-氨基酸（仅甘氨酸无手性碳）组成，因此蛋白质的性质主要取决于分子中肽链的组成和空间结构特征。蛋白质分子中的肽链也具有 N-端和 C-端。另外，在肽链中氨基酸单位的侧链上还含有不同数量的羧基、氨基或其他碱性基团，因此蛋白质也具有两性性质，不同蛋白质有不同的等电点。

蛋白质结构的特定空间构象赋予蛋白质某些特殊的生理活性，而这种高度有序的构象是靠肽链中不同基团之间较弱的作用力（如氢键、van der Waals 力等）维持的。因此，当活性蛋白质受到某些物理因素（如加热、光辐射、超声波、剧烈振荡和搅拌等）或化学因素（如强酸、强碱、重金属盐、尿素、三氯乙酸、丙酮、乙醇等试剂）的影响后，肽链中不同基团之间较弱的作用力被改变或破坏，蛋白质分子的高级结构发生了变化，失去了原有的空间结构（蛋白质变性后一级结构没有发生变化），从而失去原来的生理活性，并引起理化性质的变化，称为蛋白质的变性（denaturation）。蛋白质的变性会使酶失去催化能力，抗体失去免疫作用，激素丧失调节作用等。

蛋白质的变性在现实生活中具有重要的意义。临床上或日常生活中常用加热、紫外线和乙醇等方法进行消毒或杀菌，通过这些方法使病毒和细菌的蛋白质变性，从而失去致病性和繁殖能力。当人体重金属盐（如汞盐）中毒时，应尽早服用大量富含蛋白质的乳制品或鸡蛋清，使蛋白质在消化道中与汞盐结合成变性的不溶物，再通过洗胃等方法洗出不溶物，尽可能阻止和避免汞盐被吸收。

17.7 核　　酸

核酸是 1869 年首先从细胞核中分离得到的酸性物质，因此称为核酸。由于核酸在生命活动中具有极其重要的作用，因此受到化学家和生物学家的极大关注，取得了丰硕的研究成果。

17.7.1 核酸的组成与结构

核酸是由多个核苷酸通过 3′，5′-磷酸二酯键相连的生物大分子。核酸用酸完全水解，生成磷酸、戊糖（核糖或脱氧核糖）和含嘌呤环及嘧啶环的杂环碱的混合物。如果用稀酸、稀碱或某些酶控制部分水解，则先生成核苷酸，核苷酸继续水解则生成磷酸和核苷，核苷再继续水解生成戊糖和杂环碱。

核酸中的戊糖有 β-D-核糖和 β-D-2-脱氧核糖两种。

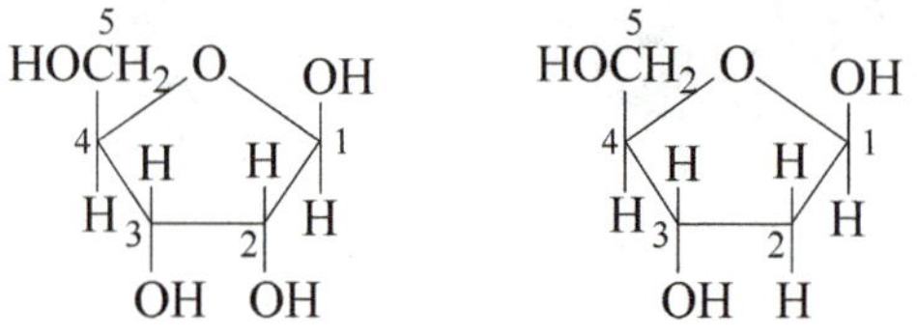

β-D-核糖　　　　β-D-2-脱氧核糖

含嘌呤环及嘧啶环的杂环碱通常有

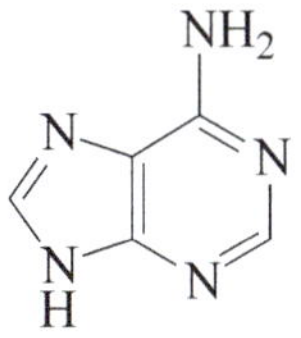

腺嘌呤
(adenine,A)

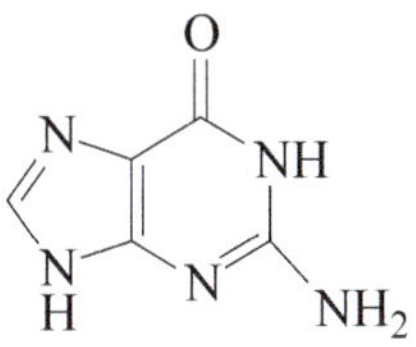

鸟嘌呤
(guanine,G)

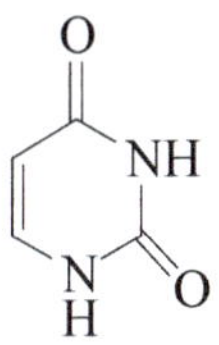

尿嘧啶
(uracil,U)

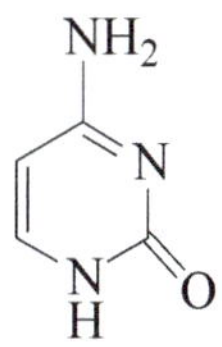

胞嘧啶
(cytosine,C)

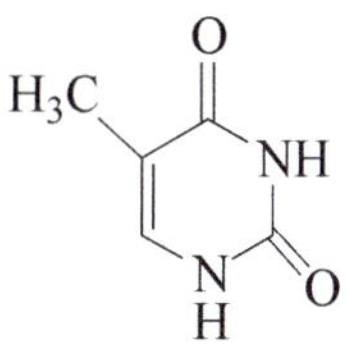

胸腺嘧啶
(thymine,T)

材料阅读

嘧啶、嘌呤及其衍生物简介

嘧啶为无色低熔点固体，熔点为 22℃，沸点为 123～124℃，易溶于水。嘧啶的氮原子均具有碱性，碱性比吡啶弱，其共轭酸的 $pK_a=1.23$。化学性质与吡啶相似，亲电取代反应活性比吡啶小，较易发生亲核取代反应。嘧啶衍生物广泛分布在生物体内，尿嘧啶、胸腺嘧啶和胞嘧啶是核酸的组成部分。

另外，在合成药物磺胺嘧啶和维生素 B_1 中都含有嘧啶环结构。

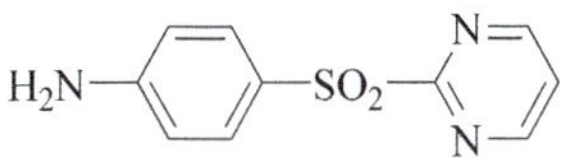

磺胺嘧啶(SD)

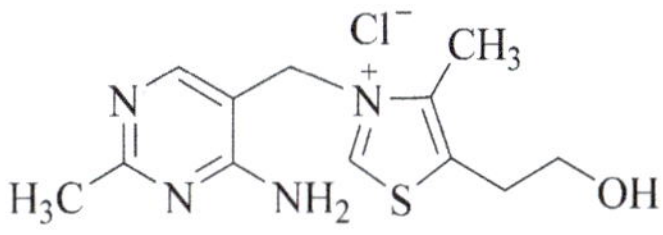

（硫胺素）维生素B_1

嘌呤环由一个嘧啶环和一个咪唑环稠合而成，为无色结晶固体，熔点为 216～217℃，易溶于水。嘌呤既是弱碱($pK_a=2.30$)，又是弱酸($pK_a=8.97$)。嘌呤衍生物如腺嘌呤和鸟嘌呤是核酸的组成部分。尿酸和咖啡碱也都是嘌呤的衍生物。

嘧啶的衍生物如尿嘧啶、胞嘧啶、胸腺嘧啶和嘌呤衍生物如腺嘌呤和鸟嘌呤都是核酸的组成部分，在生命过程中具有非常重要的作用。

核糖与不同的含嘌呤环和嘧啶环的杂环碱生成的苷称为核糖核苷。例如

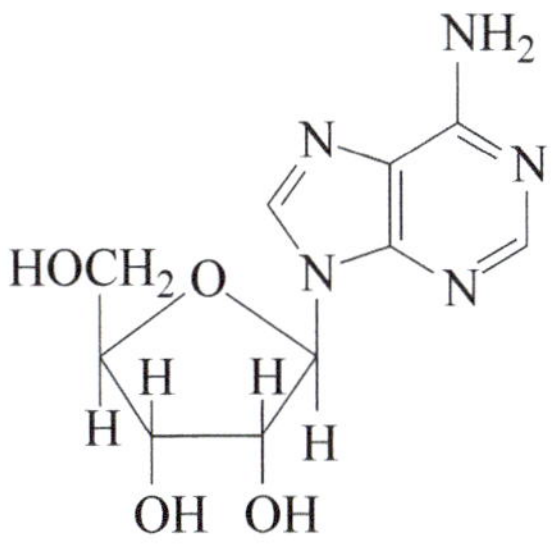

腺嘌呤核苷(adenosine)

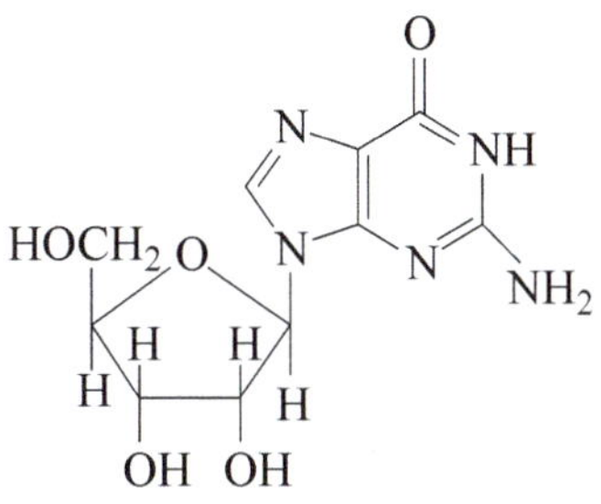

鸟嘌呤核苷(guanosine)

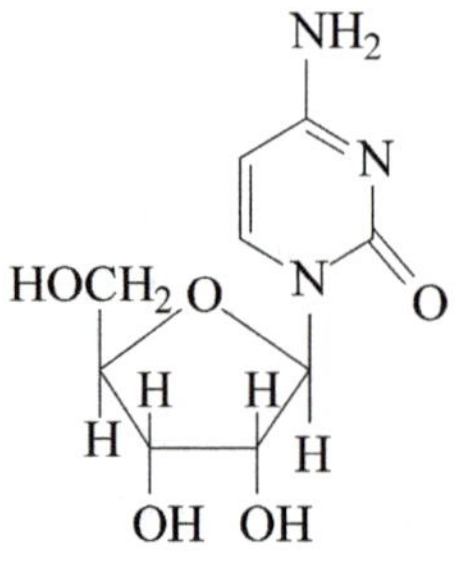

胞嘧啶核苷(cytidine) 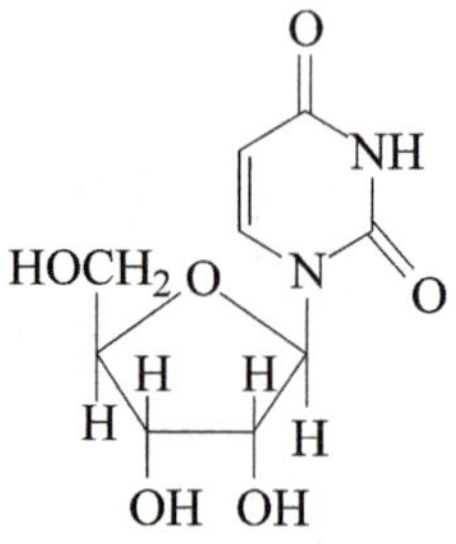　　　　尿嘧啶核苷(uridine)

脱氧核糖与不同的含嘌呤环和嘧啶环的杂环碱生成的苷称为脱氧核糖核苷。例如

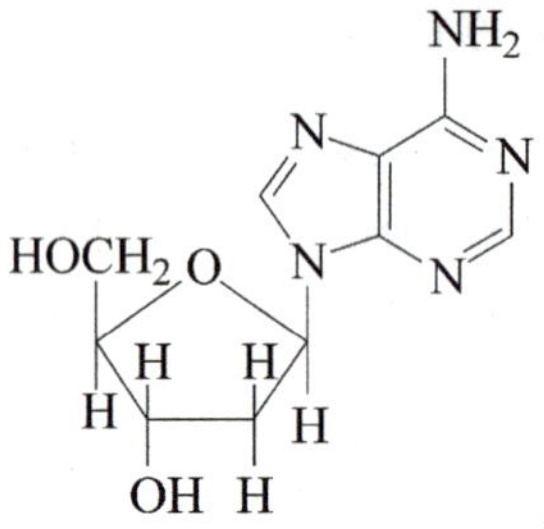

腺嘌呤脱氧核苷(deoxyadenosine) 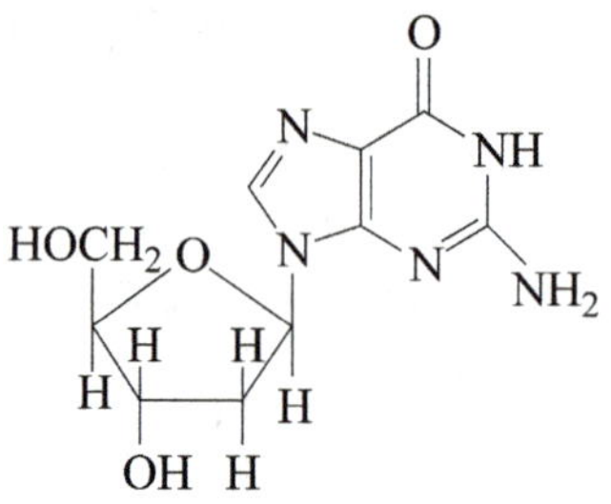　　　　鸟嘌呤脱氧核苷(deoxyguanosine)

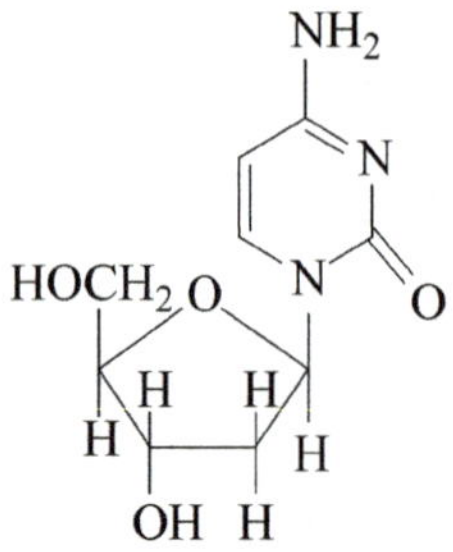

胞嘧啶脱氧核苷(deoxycytidine) 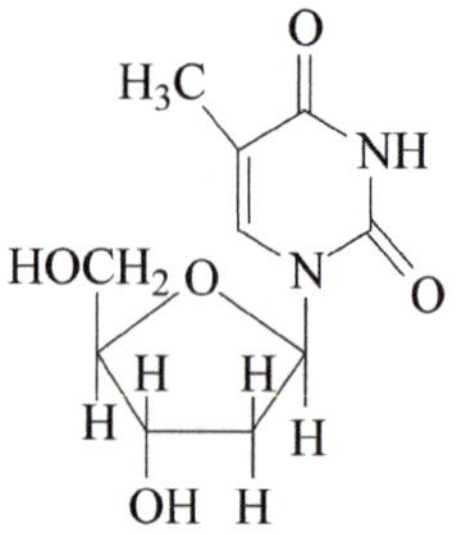　　　　胸腺嘧啶脱氧核苷(deoxythymidine)

核糖核苷和脱氧核糖核苷中胞嘧啶、腺嘌呤和鸟嘌呤三个含氮杂环是相同的。另外，尿嘧啶只存在于核糖核苷中，而胸腺嘧啶只存在于脱氧核糖核苷中。

核糖核苷和脱氧核糖核苷的磷酸酯称为核苷酸，细胞中游离的核苷酸主要是以 5′-核苷酸的形式存在。例如

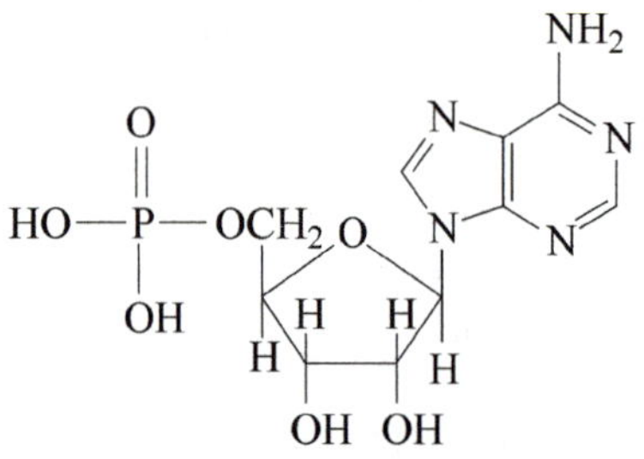

腺嘌呤核苷酸 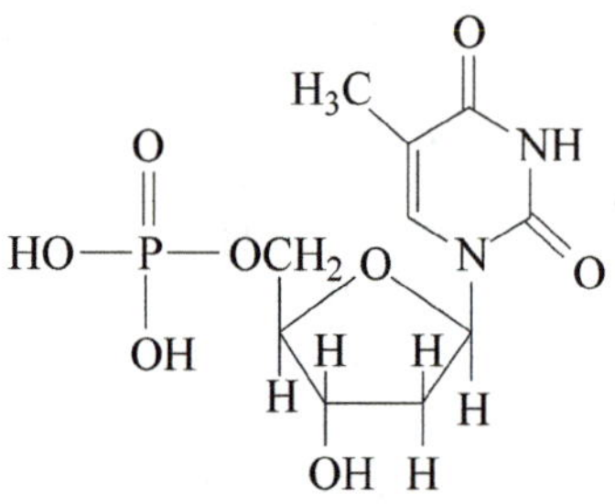　　　　胸腺嘧啶脱氧核苷酸

核酸分为核糖核酸(RNA)和脱氧核糖核酸(DNA)。RNA 的基本结构单位是核糖核苷酸,是由多个核糖核苷酸通过 3′,5′-磷酸二酯键相连的生物大分子。而 DNA 的基本结构单位是脱氧核糖核苷酸,是由多个脱氧核糖核苷酸通过 3′,5′-磷酸二酯键相连的生物大分子。图 17-8分别是核糖核酸和脱氧核糖核酸的部分结构。

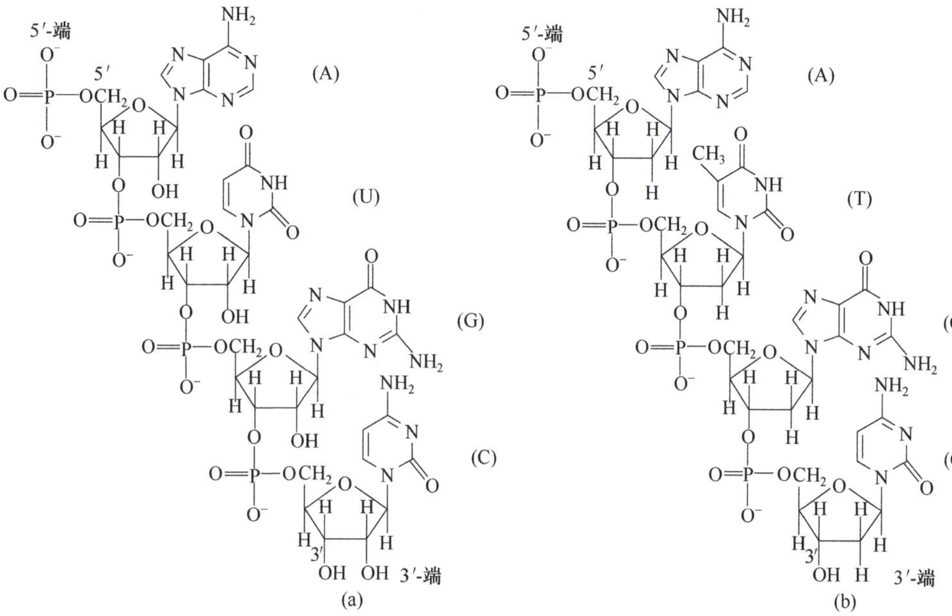

图 17-8 核糖核酸(a)和脱氧核糖核酸(b)的部分结构(四聚核苷酸)

核酸的一级结构是指含有不同杂环碱的核苷酸在核酸中的排列顺序;二级、三级结构是指核酸的空间结构,空间结构与核苷酸链(包括链内和链与链之间)通过氢键折叠、卷曲产生的构象有关。

17.7.2 DNA 的二级结构

1953 年,Watson J D 和 Crick F H C 在前人研究的基础上,应用 DNA 晶体的 X 射线衍射图谱和分子模型,提出了 DNA 的双螺旋结构模型。双螺旋结构模型认为:DNA 是由两条反向平行的脱氧核糖核苷酸链围绕一个假想的轴盘绕成右手双螺旋,两条链通过嘧啶碱基和嘌呤碱基之间形成的氢键固定(图 17-9)。

在双螺旋结构中,嘌呤碱的总数和嘧啶碱的总数相等,即 T+C=A+G,而且碱基之间的氢键配对严格遵循以下规律:A 与 T 通过两个氢键配对,G 与 C 通过三个氢键配对(图 17-10),这就是 DNA 分子中的碱基互补规律。

在 DNA 的右手双螺旋结构中,当一条多核苷酸链中的碱基排列顺序确定以后,另一条多核苷酸链中的碱基排列顺序也就确定了。这种互补规律在 DNA 的复制和遗传信息的传递中起到关键的作用。

DNA 的相对分子质量极大,其中 A、G、C 和 T 四个碱基在数量和排列顺序上有着千差万别的变化,DNA 作为决定遗传的物质基础,携带着全部的遗传密码(genetic code)。DNA 具

螺旋轴
3′
5′
糖-磷酸骨架
3.4 nm
大沟
小沟
0.34 nm
碱基对
5′
2 nm
3′

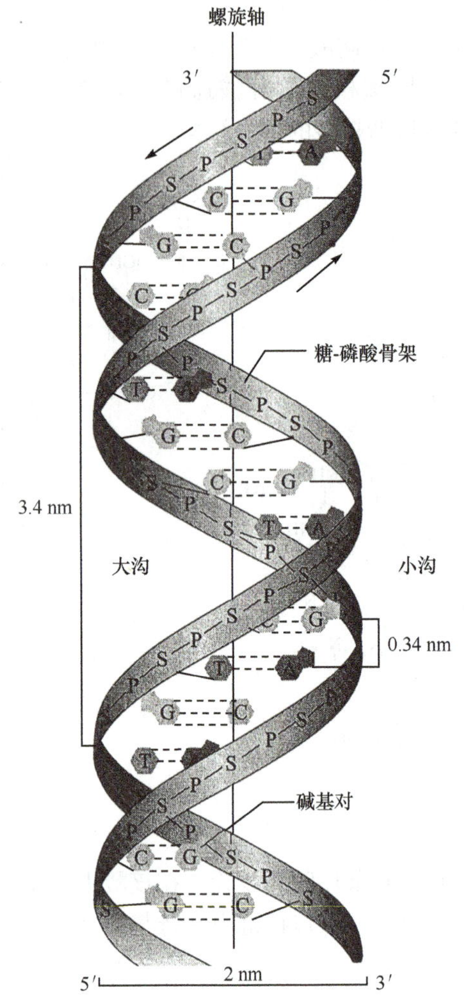

图 17-9 DNA 双螺旋结构示意图

S:核糖基,P:磷酸基

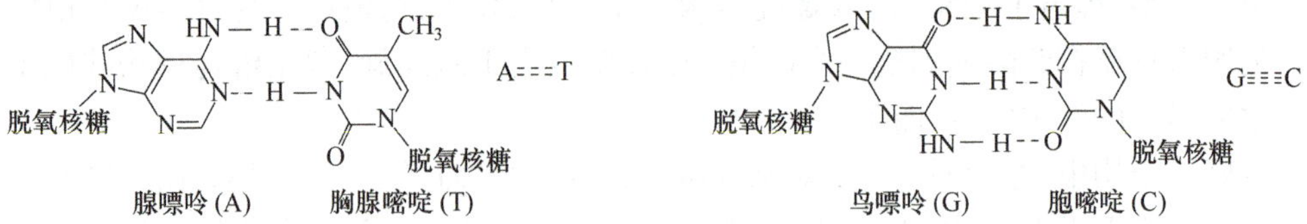

脱氧核糖
脱氧核糖
A≡≡T
腺嘌呤 (A)
胸腺嘧啶 (T)
脱氧核糖
脱氧核糖
G≡≡≡C
鸟嘌呤 (G)
胞嘧啶 (C)

图 17-10 DNA 中碱基配对规律

有按自身结构精确复制的功能，当细胞分裂时，组成 DNA 双螺旋结构的两条链解开成两条单链，然后分开的两条单链各自作为模板，按照碱基配对的互补规律，分别合成两条新的 DNA 双螺旋分子，并进入两个子细胞，这样两个子细胞中的 DNA 双螺旋结构中的碱基排列顺序就和母细胞中的 DNA 双螺旋结构中的碱基排列顺序完全一致(图 17-11)。这样亲代细胞 DNA 中的遗传信息就准确无误地传给了子代细胞。

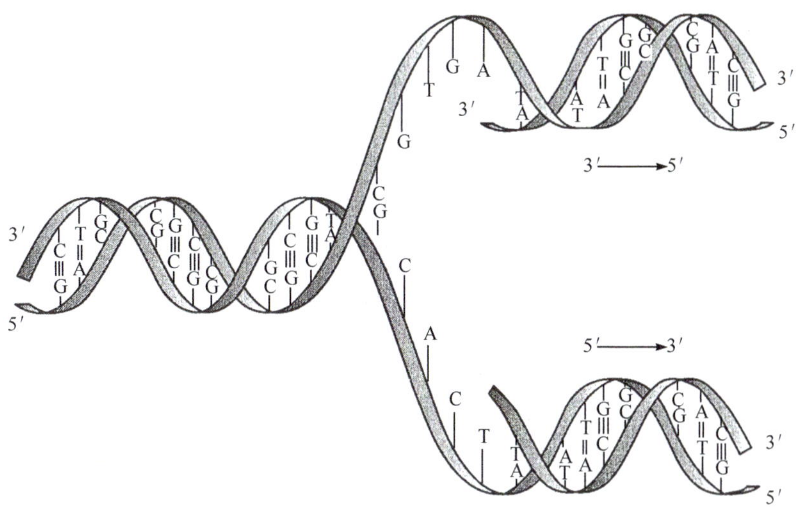

图 17-11　DNA 的复制

17.7.3　RNA 的结构和功能

大多数 RNA 是单链结构，从化学组成上看，与 DNA 不同的是，在 RNA 中，糖的组成是核糖，四个碱基分别为 A、G、C 和 U，而没有 DNA 中的碱基 T。在 RNA 分子中，嘌呤碱基和嘧啶碱基的总数也不一定相等，不遵守两种碱基完全配对的原则。RNA 的主要生物功能是传递、翻译和表达 DNA 所携带的遗传信息，然后按照 DNA 的结构特征合成具有特异生命功能的蛋白质。

因此，RNA 可按其生物功能不同分为信使 RNA(mRNA)、转移 RNA(tRNA)和核糖体 RNA(rRNA)。mRNA 是细胞中含量较少的一类 RNA，约占细胞中 RNA 总量的 5%，mRNA 分子中的核苷酸排列顺序取决于 DNA，mRNA 分子链中每三个按序排列的碱基代表一个遗传密码，当 mRNA 形成后进入细胞质中，在蛋白质的合成基地上，按照密码决定每个氨基酸在肽链中的位置，因此 mRNA 成了蛋白质生物合成的模板，即在合成蛋白质时控制氨基酸的排列顺序。tRNA 约占细胞中 RNA 总量的 15%，tRNA 的功能是把 mRNA 携带的关于蛋白质的氨基酸顺序信息翻译成氨基酸，并由 tRNA 将各氨基酸运送到核糖体，按特定位置合成蛋白质。rRNA 是细胞中含量最多的一类 RNA，约占细胞中 RNA 总量的 80%，蛋白质的合成就是在 rRNA 上进行的，它是合成蛋白质的基地。

小　　结

1. α-氨基酸是组成生物活性肽及蛋白质的基本结构单位，绝大多数蛋白质由 20～22 种 α-氨基酸组成，其中除甘氨酸外，均含有手性碳原子，具有旋光性，均为 L 构型。根据 α-碳上取代基的性质，可将 α-氨基酸分为中性、酸性、碱性三大类型；按烃基分为脂肪族氨基酸、芳香族氨基酸和杂环氨基酸。氨基酸的缩写符号为相应英文名称的头三个字母或单个字母，一般都有中文代号。除蛋白质氨基酸外，自然界存在种类繁多的非蛋白质氨基酸，并具有明显的生物活性。

2. 由于氨基酸是偶极离子，大多数以内盐形式存在，因此具有较高的熔点(或分解点)。大多数氨基酸溶于水，溶于酸或碱的介质中，而不溶于有机溶剂。等电点(pI)是氨基酸的重要物理常数，当溶液的 pH 等于其等电点时，氨基酸以两性离子形式存在，其所带正电荷与负电荷数量相等，净电荷为零。

3. 氨基酸具有一般的氨基与羧基的反应。α-氨基酸与水合茚三酮反应产生蓝紫色(除脯氨酸及羟基脯氨酸)，可用于 α-氨基酸的定性和定量分析。α-氨基酸与金属盐反应生成稳定的络合物。例如，α-氨基酸与 Cu^{2+} 能形成蓝色络合物结晶体，可用于 α-氨基酸的分离和鉴定。

4. 氨基酸的合成：α-溴代羧酸的氨化、Strecker 合成法、乙酰氨基丙二酸酯法和 Gabriel 合成法。

5. 氨基酸的拆分：化学结晶法和酶拆分法。

6. 多肽的命名是以 C-端氨基酸作为母体，其他氨基酸作为酰基取代基按顺序放在母体前面。

7. 多肽分子中氨基酸的排列顺序可以利用端基分析法(包括 N-端和 C-端氨基酸的分析测定)和多肽链的选择性水解等方法确定。

8. 多肽的合成。

液相合成：在偶联试剂 DCC 作用下，将 N-端保护的氨基酸与 C-端保护的氨基酸或没有被保护的游离氨基酸于温和的条件下反应，生成肽键。

固相合成：先将 N-端叔丁氧基保护的氨基酸的 C-端以酯基的形式固定在树脂上，然后在 DCC 作用下，分步将 *N*-叔丁氧基氨基酸以肽键形式接在已固定在树脂上的氨基酸上，最后除去保护基，并从树脂上解离。

9. 生物活性肽和蛋白质的结构单位相似，都是氨基酸，仅相对分子质量大小不同，但没有明确的界限。蛋白质是结构非常复杂的生物大分子，其功能与多肽链的氨基酸组成、数目、排列顺序及其空间结构密切相关。蛋白质的结构可以分为一级结构、二级结构、三级结构和四级结构。一级结构是指多肽链中氨基酸残基的连接方式和排列顺序，二级结构是指多肽链的主链骨架中若干肽段在空间的伸展方式，主要包括 α-螺旋和 β-折叠。

10. 核酸分为核糖核酸(RNA)和脱氧核糖核酸(DNA)。RNA 的基本结构单位是核糖核苷酸，是由多个核糖核苷酸通过 $3',5'$-磷酸二酯键相连的生物大分子。而 DNA 的基本结构单位是脱氧核糖核苷酸，是由多个脱氧核糖核苷酸通过 $3',5'$-磷酸二酯键相连的生物大分子。核酸用酸完全水解，生成磷酸、戊糖(核糖或脱氧核糖)和含嘌呤环及嘧啶环的杂环碱的混合物。DNA 是由两条反向平行的脱氧核糖核苷酸链围绕一个假想的轴盘绕成右手双螺旋，两条链通过嘧啶碱基和嘌呤碱基之间形成的氢键固定。大多数 RNA 是单链结构，RNA 可按其生物功能不同分为信使 RNA(mRNA)、转移 RNA(tRNA)和核糖体 RNA(rRNA)。

习　题

1. 举例解释下列名词。

(1) α-氨基酸　(2) 偶极离子　(3) 等电点　(4) 必需氨基酸

(5) L-氨基酸　(6) 肽键　(7) N-端和 C-端　(8) 端基分析

2. 写出下列氨基酸与过量盐酸和过量氢氧化钠水溶液反应的产物。

(1) 脯氨酸　　(2) 酪氨酸　　(3) 谷氨酸

3. 写出下列反应的产物。

(1) 苯丙氨酸＋水合茚三酮　　(2) α-氨基丁酸＋丙酰氯

(3) 氯甲酸苄酯＋丙氨酸　　(4) 赖氨酸＋过量乙酸酐

(5) 丙氨酸＋2,4-二硝基氟苯

4. 用邻苯二甲酰亚胺、α-溴代丙二酸二乙酯、苄氯和其他合适的试剂合成(±)-苯丙氨酸。

5. 用邻苯二甲酰亚胺、α-溴代丙二酸二乙酯、环氧乙烷、甲硫醇和其他合适的试剂合成(±)-蛋氨酸。

6. 写出下列两个多肽的结构式。

(1) Ala-Leu-Ile-Glu　　(2) Val-Pro-Tyr-Leu-Arg

7. 写出下列二肽和三肽的结构式，并分别指出它们在 pH＝2、7、12 的水溶液中的主要离子形式。

(1) Lys-Gly　　(2) Ala-Asp-Val

8. 用 L-苯丙氨酸和 L-丙氨酸及必要的有机试剂合成苯丙-丙二肽。

9. 某五肽 **A** 由甘$_2$、丙、苯丙、缬组成，与 HNO_2 反应无 N_2 放出，经部分水解后能分离得到丙-甘和甘-丙二肽。试推测 **A** 中氨基酸排列的可能顺序。

10. 某环状九肽经部分水解后，可分离得到下列三肽：丝-脯-苯丙、脯-苯丙-精、甘-苯丙-丝、脯-脯-甘、精-脯-脯、苯丙-丝-脯、脯-甘-苯丙。试推测此环肽中氨基酸的排列顺序。

第 18 章　萜类和甾族化合物

主要内容

➢萜类化合物的结构，单萜、倍半萜、三萜及多萜，维生素 A 和 β-胡萝卜素。

➢甾族化合物的结构，重要的甾族化合物，胆甾醇、胆甾酸、甾族激素。

18.1　萜类化合物

萜类(terpene)化合物是广泛存在于自然界的一类有机化合物，几乎所有植物的叶、花和果实中都含有萜类化合物，一些动物和真菌中也含有萜类化合物。通过提取分离，可以从中得到不同用途的萜类化合物或萜类混合物，它们有的可用作香料和药物，如从花卉植物中得到的玫瑰油、橙花油、柠檬香油等香料可用于调配香精，从松脂中可得到用于治疗伤痛擦剂的松节油；有的萜类化合物具有很强的抗氧化性，能消除体内的氧自由基。由于萜类化合物用途广泛，现在有许多萜类化合物已被人工合成出来，目前萜类化合物已经超过 2 万种。

18.1.1　萜类化合物的结构

萜类化合物主要含碳、氢和氧三种元素，其碳原子数大多为“异戊二烯单位”的整数倍。异戊二烯的系统名为 2-甲基丁-1，3-二烯，如果规定 C_1 为异戊二烯的“头”，C_4 为异戊二烯的“尾”，则大多数萜类化合物在结构上有一共同的特点，都是由多个异戊二烯以“头-尾”的形式相互连接的，碳架可以是开链的或环状的。萜类化合物可按分子中含“异戊二烯单位”的数目进行分类，含 2、3、4、6、8、…个异戊二烯单位的分别称为单萜、倍半萜、二萜、三萜、四萜等。

$$\underset{1}{H_2C}=\underset{2}{\overset{\overset{CH_3}{|}}{C}}-\underset{3}{CH}=\underset{4}{CH_2}$$

异戊二烯单位

头　尾　头　尾

18.1.2　典型萜类化合物举例

1. 单萜类

单萜含有两个异戊二烯单位，可以分为开链单萜、单环单萜和双环单萜。链状的单萜化合物称为开链单萜。例如

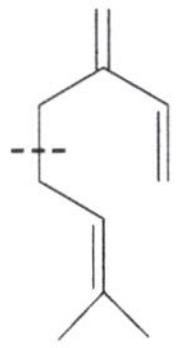

CHO　CH_2OH　CH_2OH　CHO　CHO

月桂烯 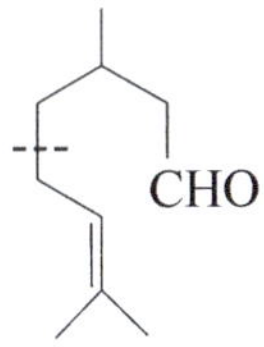　香茅醛 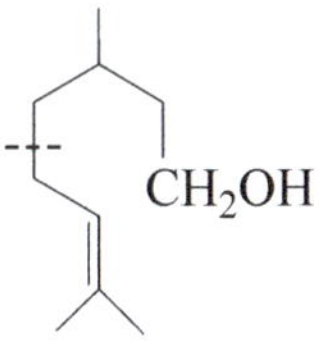　香茅醇 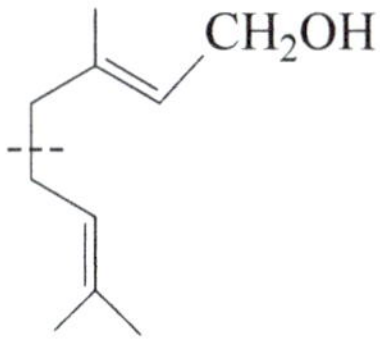　香叶醇 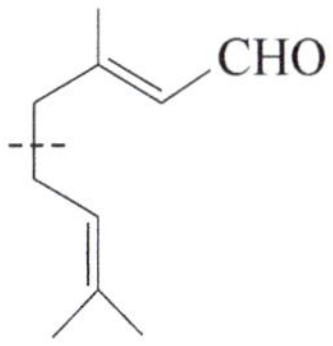　柠檬醛a 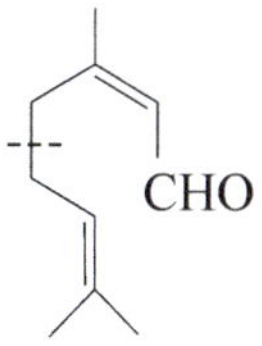　柠檬醛b

以上开链单萜大多来自相应的香精油中，如香茅醛主要存在于柠檬桉、香茅草等植物中；香叶醇存在于玫瑰油、香叶油和依兰油中；柠檬醛存在于柠檬油、柠檬草油和山苍子油中，有的可直接用作调香的原料，有的可用作香料工业或其他合成目的的合成中间体。例如，由月桂烯可以制得芳樟醇。

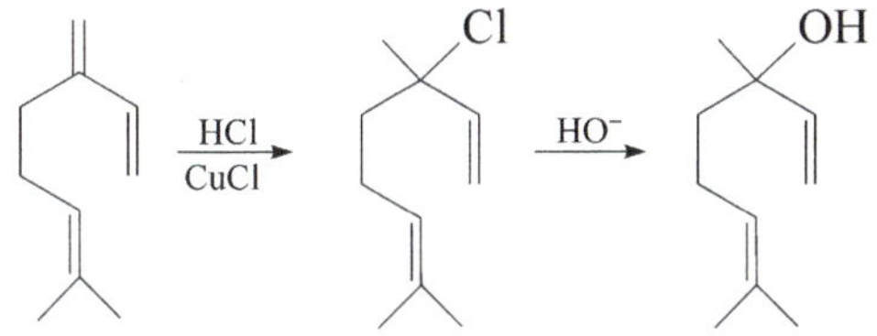

$\xrightarrow[CuCl]{HCl}$ (Cl) $\xrightarrow{HO^-}$ (OH)

月桂烯　芳樟醇

反应中同时还可以分离得到香叶醇和橙花醇，而芳樟醇及其酯类都是很重要的化妆品配方原料。又如，从柠檬醛可以合成紫罗兰酮及其相应衍生物。

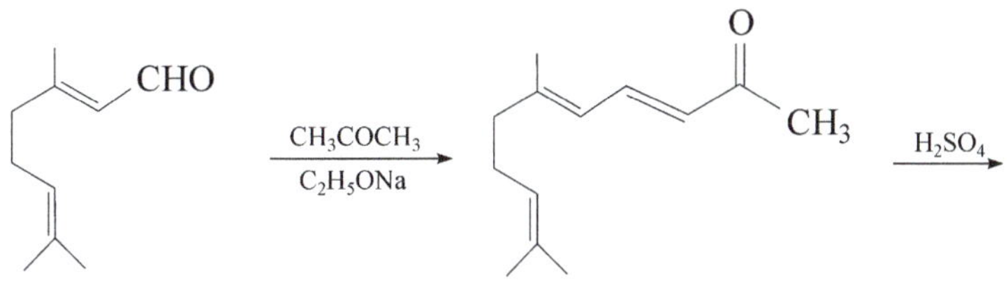

(CHO) $\xrightarrow[C_2H_5ONa]{CH_3COCH_3}$ (O, CH_3) $\xrightarrow{H_2SO_4}$

柠檬醛

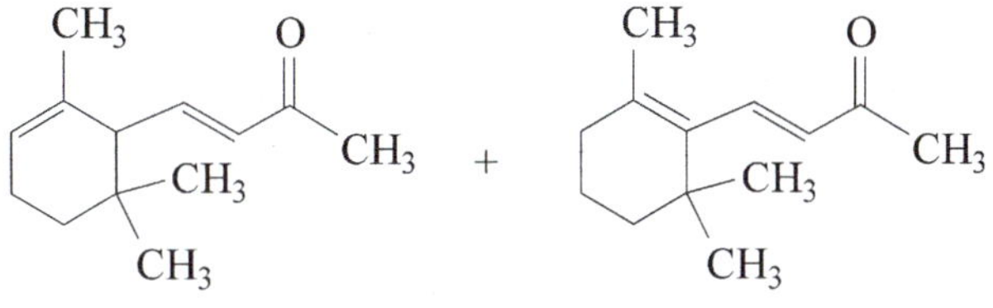

(CH_3, O, CH_3, CH_3, CH_3) + (CH_3, O, CH_3, CH_3, CH_3)

α-紫罗兰酮　β-紫罗兰酮

其中 β-紫罗兰酮又可以用作合成维生素 A 的原料。

含一个环的单萜化合物称为单环单萜。例如

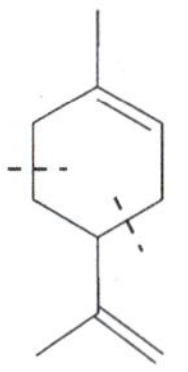

(OH)　(O)

苧烯　α-水芹烯 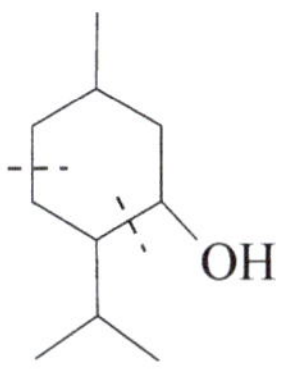　薄荷醇 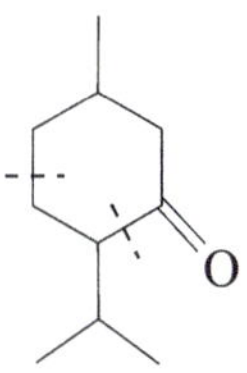　薄荷酮

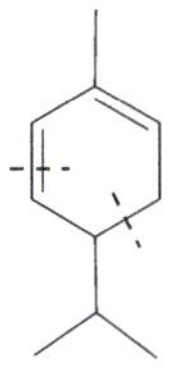

其中，薄荷醇是比较重要的单环单萜，它有 3 个不对称碳原子，应有 8 个异构体，组成 4 对外消旋体。存在于天然薄荷油中的主要成分是左旋薄荷醇，即(—)-薄荷醇，其稳定构象式为

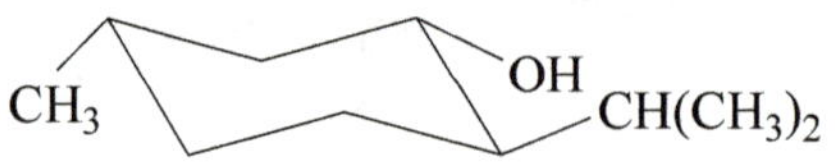

CH_3　OH　$CH(CH_3)_2$

(—)-薄荷醇具有清凉的芳香气味，有杀菌、防腐和局部止痛的作用，广泛应用于医药、日用化工和食品工业。

含两个环的单萜化合物称为双环单萜。例如

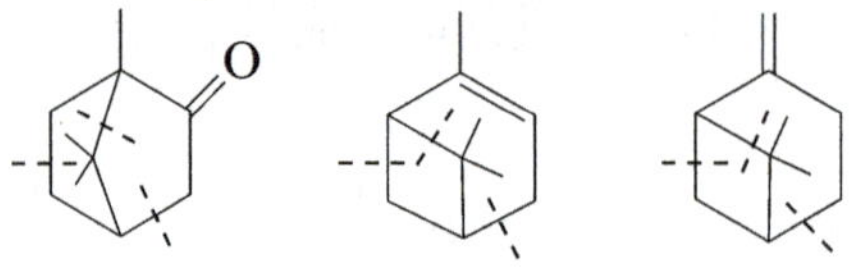

樟脑　　α-蒎烯　　β-蒎烯

樟脑有两个不对称碳原子，由于位于二环的桥头，被碳桥固定而不能翻转，因此樟脑只有一对对映体，其构象式表示如下：

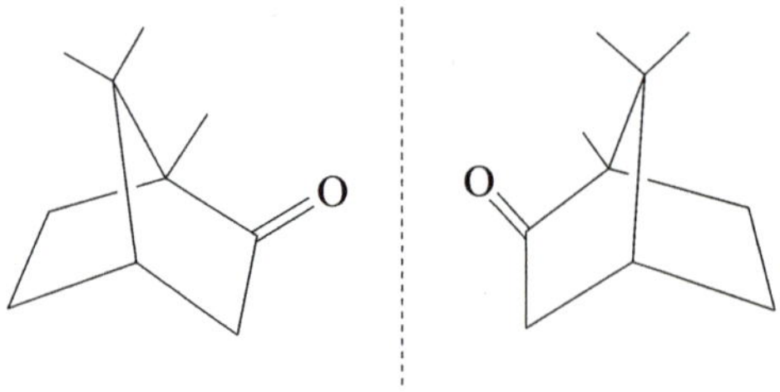

(−)-樟脑　　(+)-樟脑

天然樟脑是右旋体，存在于樟树的根、干和枝，经水蒸气蒸馏得到樟脑油，进一步精制纯化得到纯品。樟脑具有强心、兴奋中枢神经等作用，广泛用于医药工业。樟脑有强烈的樟木气味，用作防蛀剂。樟脑还可用作增塑剂和制备无烟火药的原料。合成樟脑为外消旋体，工业上是用松节油中所含的 α-蒎烯或 β-蒎烯为原料合成的。

2. 倍半萜、二萜及多萜类

橙花叔醇、法呢醇、芹子烯(蛇床烯)、石竹烯都是含有 3 个异戊二烯单位的倍半萜。

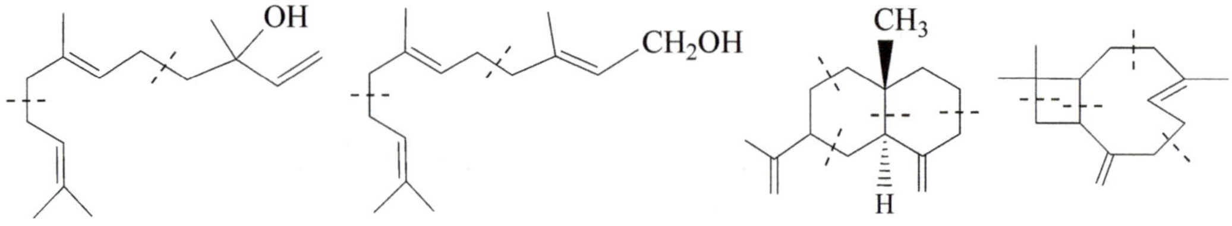

OH　CH_2OH　CH_3　H

橙花叔醇　　法呢醇　　芹子烯(蛇床烯)　　石竹烯

橙花叔醇主要存在于苦橙花油等香精油中，具有玫瑰和苹果香气，是可用于食品工业的香料。法呢醇存在于金合欢、橙叶等多种植物中，具有类似百合花的香气，但含量低，属于名贵香料，用于香精的调配。

维生素 A 有 A_1 和 A_2 两种，是含有 4 个异戊二烯单位的二萜。维生素 A_1 又称视黄醇，是一种油溶性的黄色晶体，其生物活性比维生素 A_2 强。

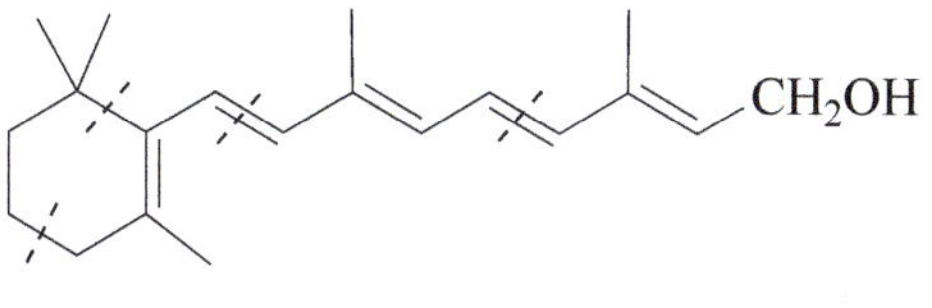

维生素A_1(视黄醇) 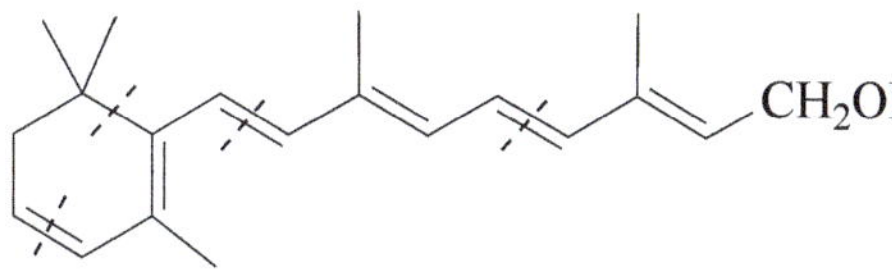　　　　维生素A_2

维生素 A 主要存在于鱼肝油和蛋黄中。人和其他哺乳动物缺乏维生素 A 会导致暗视觉丧失的夜盲症，特别是婴幼儿，还会影响其发育和免疫能力。

角鲨烯是含有 6 个异戊二烯单位的重要三萜，大量存在于鲨鱼的肝脏中，另外也存在于橄榄油和米糠油中。在分子中间是“尾-尾”相连的对称结构。

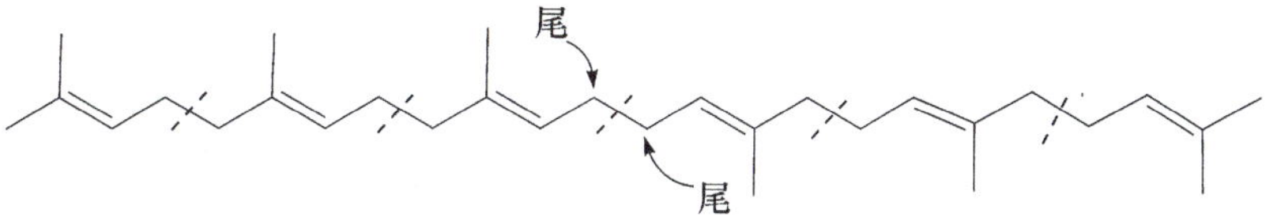

角鲨烯可以作为合成药物的中间体。

胡萝卜素和番茄红素都是重要的含有 8 个异戊二烯单位的四萜。胡萝卜素有三种异构体，其中以 β-胡萝卜素最为重要。β-胡萝卜素不仅存在于胡萝卜中，也广泛存在于水果、多种蔬菜和动物肝脏、乳汁脂肪中。β-胡萝卜素在动物体内酶的作用下能转变为维生素 A_1，一分子 β-胡萝卜素能产生两分子维生素 A_1。

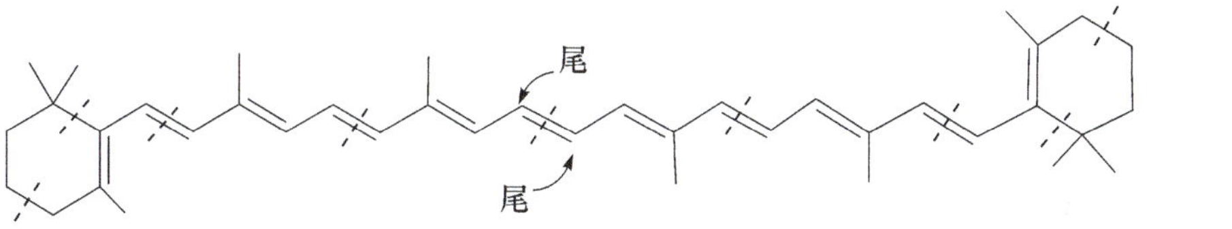

β-胡萝卜素

番茄红素是植物中所含的一种天然色素，主要存在于番茄和其他多种水果中。番茄红素具有非常优越的生理功能，其抗氧化性能远强于胡萝卜素和维生素 E。番茄红素分子中的碳碳双键都是 E 构型。在分子中间呈“尾-尾”相连的对称结构。

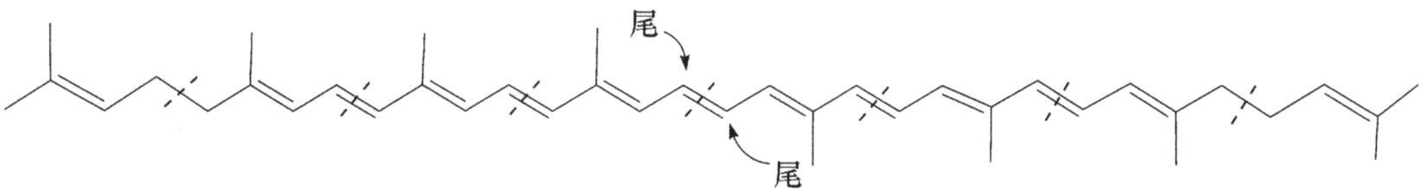

番茄红素

问题 18-1 划出下列化合物中的异戊二烯单位，并指出它们各属于几萜。

(1) 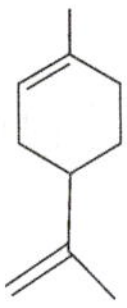 (2) 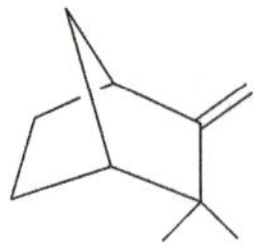 (3)

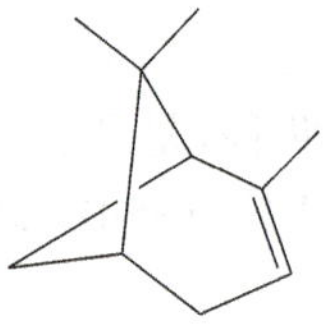

(4) 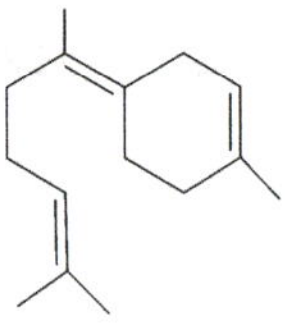 (5) 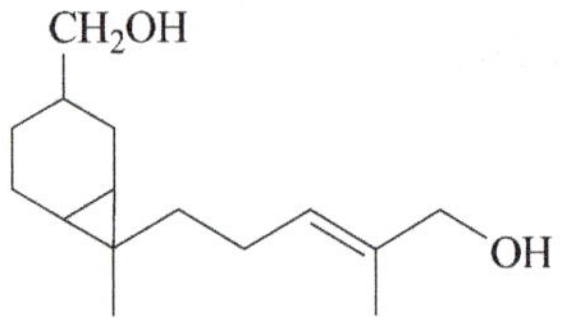 CH_2OH OH

18.2 甾族化合物

甾族(steroid)化合物是一类广泛存在于动植物组织内、不易溶于水、在生命活动中起着重要调节生理作用的天然产物，主要包括胆甾醇、胆甾酸、甾族激素等。

18.2.1 甾族化合物的结构

甾族化合物的结构较为复杂，分子中都含有一个环戊烷并多氢或全氢菲的母核结构，四个环分别称为 A、B、C 和 D 环。一般情况下，在母核的 C_{10}、C_{13} 和 C_{17} 位上分别连有 R_1、R_2 和 R_3 三个支链，其中 R_1 和 R_2 通常为 CH_3，称为角甲基，R_3 为碳原子数不等的烃基。“甾”就是根据这类化合物的结构而造的象形字，“田”字代表结构中的四个环，“巛”代表三个支链。甾族化合物的碳架结构和碳原子的编号为

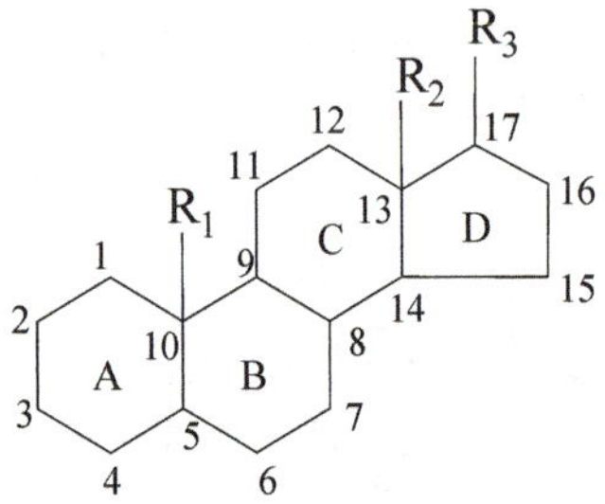

R_3 R_2 17 12 11 16 R_1 13 C D 1 9 15 14 2 8 10 A B 3 7 5 4 6

自然界存在的甾族化合物中，B 环与 C 环都是以反式稠合的，C 环与 D 环也大多以反式稠合，而 A 环与 B 环可以有顺式稠合或反式稠合，但多数为反式稠合。主要的构象式为

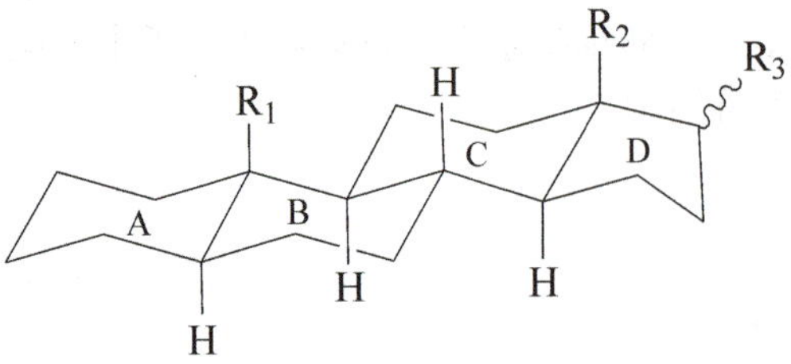

R_2 R_3 H R_1 C D A B H H H

A、B二环反式稠合

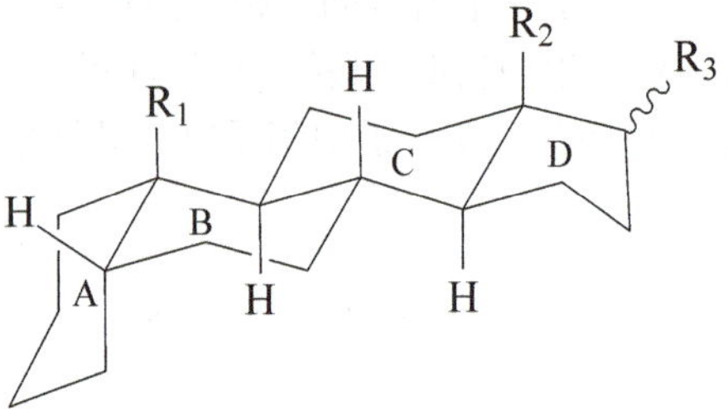

R_2 R_3 H R_1 C D H B A H H

A、B二环顺式稠合

C_{10}和 C_{13}上的角甲基分别编为 C_{18}和 C_{19}，C_{17}上 R_3 为碳原子数不等的侧链或取代基团。例如，胆甾烷的结构为

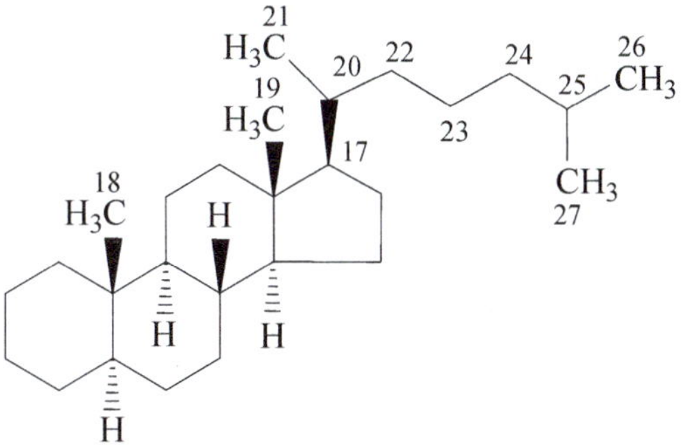

其相应的构象可表示为

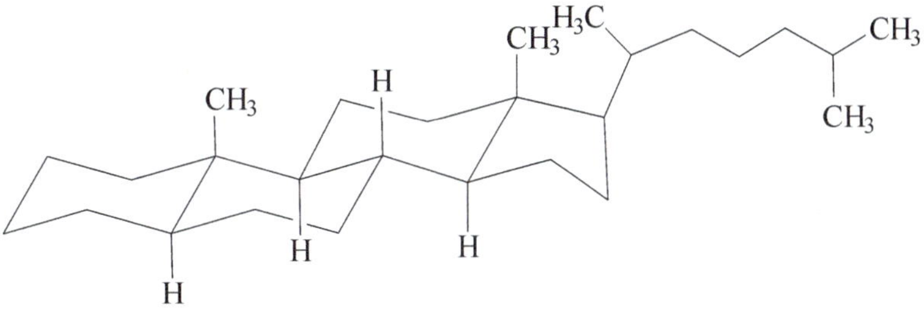

18.2.2 典型的甾族化合物

1. 胆甾醇

胆甾醇的化学名称为 3β-羟基-5-胆甾烯或$\triangle^5$-胆甾烯-3β-醇，是 18 世纪人们从胆石中最早发现的一种固体醇化合物，因此也称为胆固醇(cholesterol)。胆甾醇为无色或微黄色结晶固体，熔点为 147～149℃，微溶于水，易溶于热乙醇、乙醚和氯仿等有机溶剂。其结构式为

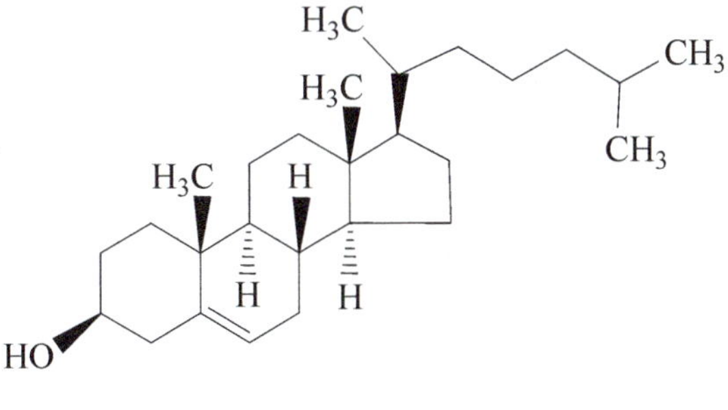

相应的构象式为

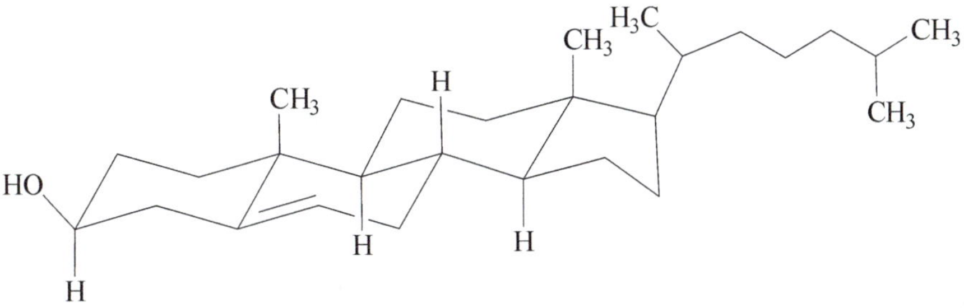

胆甾醇是一种动物甾醇，主要存在于人和动物的脂肪、血液、脑和脊髓中，以脑中胆甾醇的含量最高，其含量可达到脑组织干量的17%，蛋类和部分水产品中也含较丰富的胆甾醇。由于甾族化合物中的两个角甲基都在母核环平面的上方，因此可将角甲基作为参考标准，凡母核环上的取代基与角甲基在环平面同侧，用β表示；在环平面异侧，用α表示。因此，胆甾醇可命名为3β-羟基-5-胆甾烯。人体中的胆固醇主要在肝脏中经生物合成和从食物中摄取，其中大部分在体内进一步转化为胆甾酸、维生素D、甾族激素等，因此胆甾醇在体内有很重要的生理作用。但在血液中，过高含量的胆甾醇会沉积在血管壁上，使血管变窄，血流不畅，引起血管硬化和心血管疾病。在胆汁中，过量胆甾醇的沉积可形成胆结石，胆结石主要由胆甾醇组成。

2. 麦角甾醇和7-脱氢胆甾醇

麦角甾醇(ergosterin)是一种植物甾醇，存在于酵母和某些植物中。麦角甾醇在紫外光照射下，B环被打开，经过一系列变化，最后生成非甾族化合物维生素D_2。

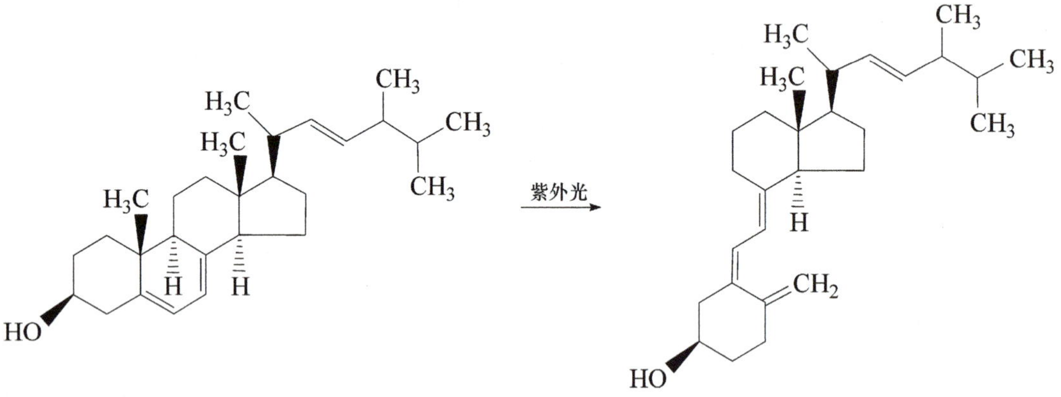

麦角甾醇 → 紫外光 → 维生素D_2

胆甾醇在肠结膜细胞内的酶作用下生成7-脱氢胆甾醇，它是一种动物甾醇，存在于人体的皮肤中，B环中存在共轭双键。7-脱氢胆甾醇在紫外光照射下，B环被打开，经过一系列变化，最后生成非甾族化合物维生素D_3。

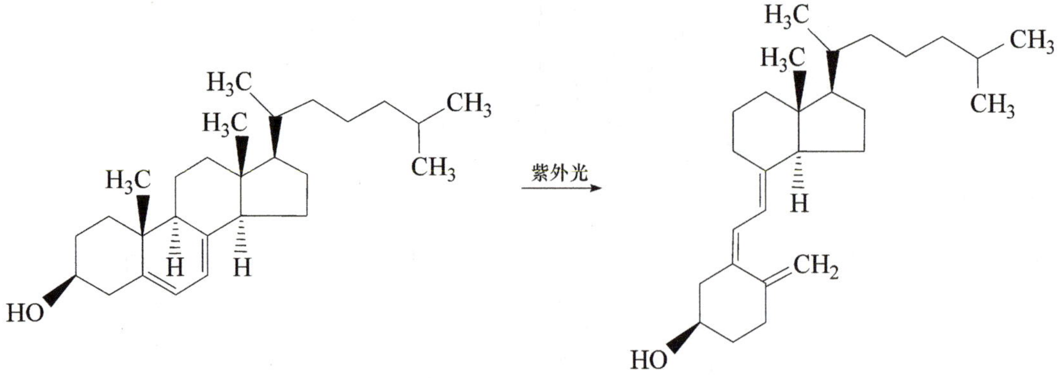

7-脱氢胆甾醇 → 紫外光 → 维生素D_3

维生素D_2和D_3都属于D族维生素，能促进人体对钙、磷的吸收，促进骨骼钙化及牙齿生长，但过量服用维生素D会引起中毒，多晒太阳是获取维生素D_3的安全途径。

3. 胆汁酸

胆固醇在人和动物的肝脏中经组织代谢转化为胆酸(cholic acid)、脱氧胆酸(deoxycholic acid)和鹅脱氧胆酸(chenodeoxycholic acid,3α,7α-二羟基-5β-胆烷-24-酸)等胆汁酸。胆酸是一种具有甾环结构的酸性化合物,其结构特征是 A 环和 B 环以顺式稠合。从人和牛的胆汁中分离出来的胆汁酸的主要成分是胆酸。

在胆汁中,胆酸主要以其羧基和甘氨酸或牛磺酸($H_2NCH_2CH_2SO_3H$)中的氨基形成酰胺键,再形成相应的钠盐或钾盐。它们是动物体内的脂肪乳化剂,能促进脂肪在肠中的消化和吸收。

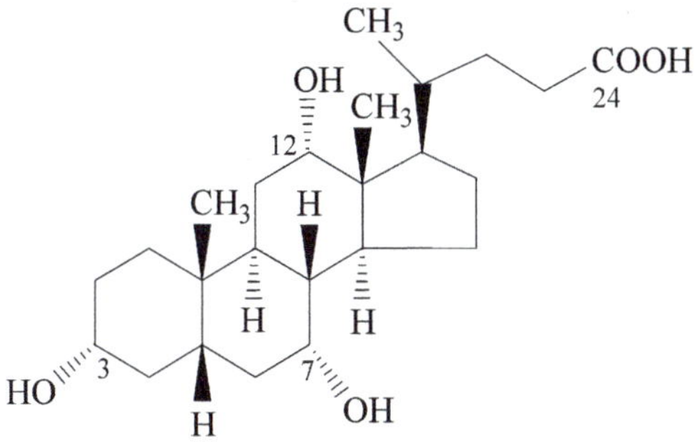

胆酸
(3α,7α12α-三羟基-5β胆烷-24-酸)

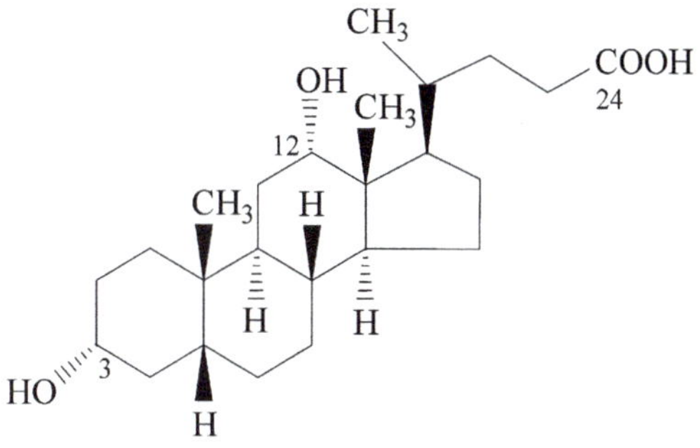

脱氧胆酸
(3α,12α-二羟基-5β胆烷-24-酸)

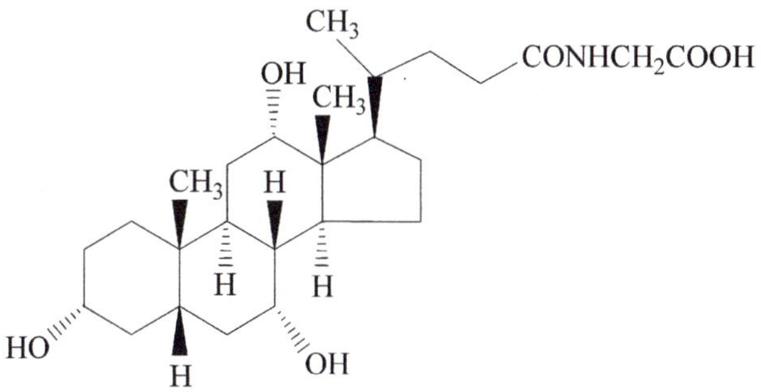

甘氨胆酸

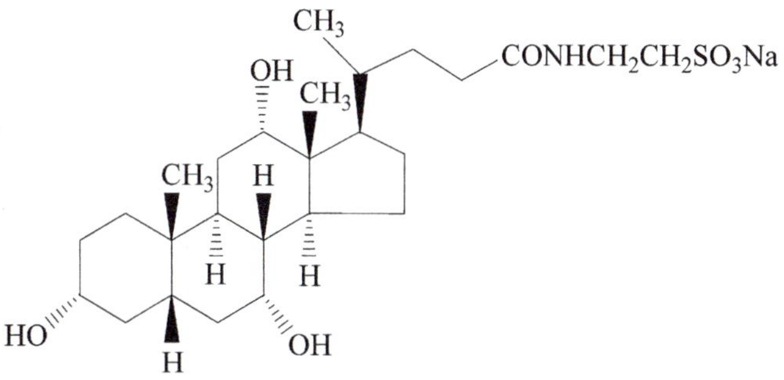

牛磺胆酸钠

4. 甾族激素

激素是由人体的各内分泌腺分泌的、能调节身体各组织和器官功能的、具有生物活性的一类有机化合物。尽管这种物质的产生是相当微量的，但却是维持代谢所必需的，它控制着生长、发育和生殖等所有代谢过程。激素按其结构可分为两类：一类是含氮激素，如胰岛素、肾上腺素和甲状腺素等；另一类是甾族激素（steroid hormone），如性激素和肾上腺皮质激素。

性激素有雄性激素（androgenic hormone）和雌性激素（estrogenic hormone），它们是由性腺（睾丸或卵巢）分泌的，对动物生长发育和控制第二性征起着决定性作用。例如，睾丸酮和雄酮都是雄性激素。

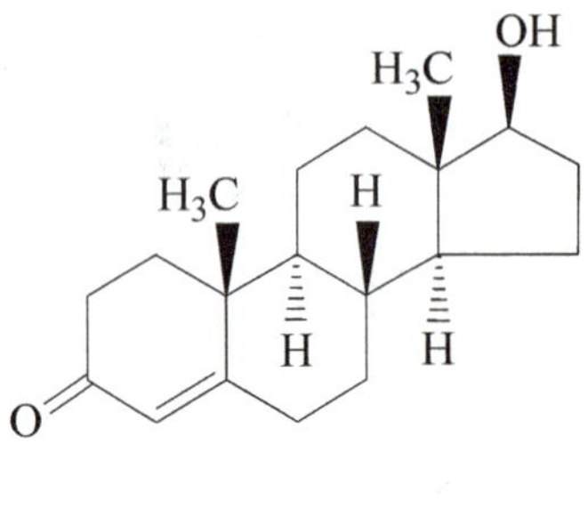

睾丸酮 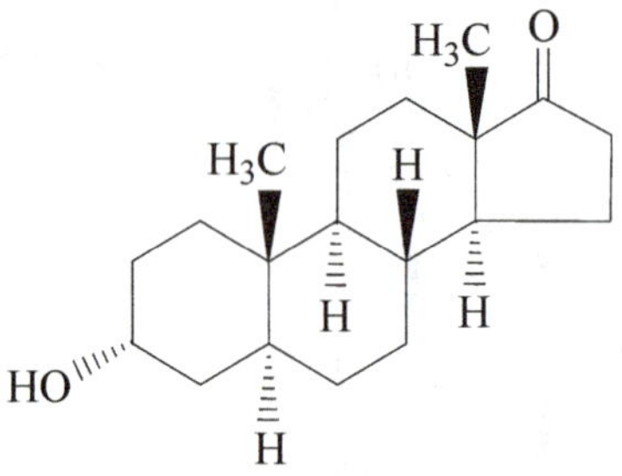　　雄酮

雌二醇（estradiol）和孕二酮（progesterone，黄体酮）都是雌性激素，都是由卵巢在不同时间段分泌的。

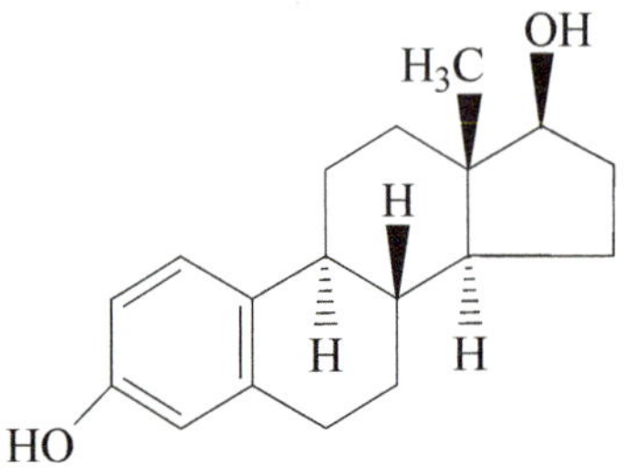

雌二醇 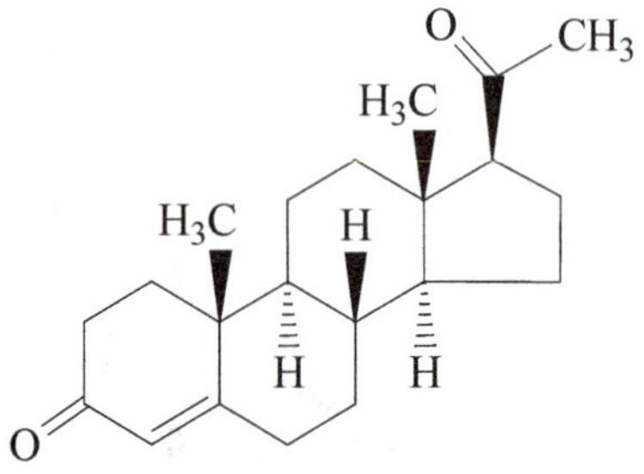　　孕二酮(黄体酮)

乙炔基雌二醇和炔诺酮都是人工合成的两种雌性激素。乙炔基雌二醇比雌二醇具有更强的效能，炔诺酮则是女用的口服避孕药。

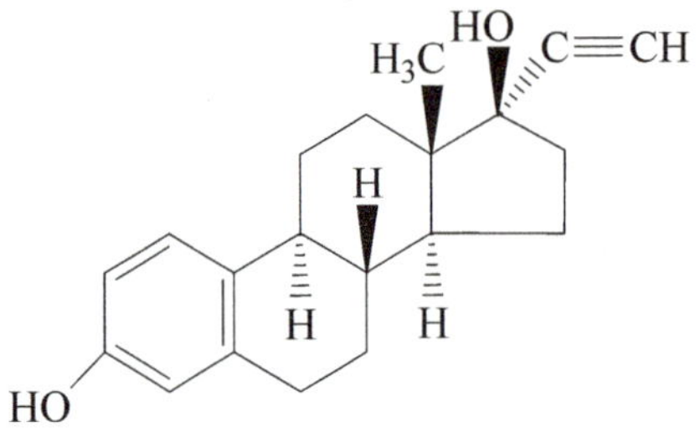

乙炔基雌二醇 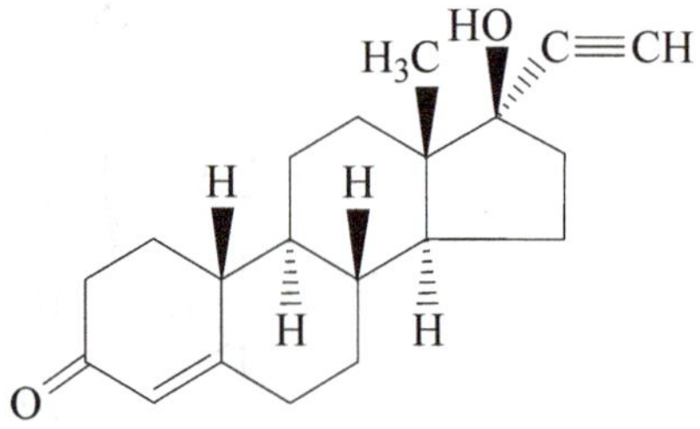　　炔诺酮

肾上腺皮质激素(adrenal corticoid)是由肾上腺皮质分泌产生的一类物质。较主要的肾上腺皮质激素有皮质酮、可的松和皮质醇(氢化可的松),它们在结构上有相似的部分,A 环中都有 α,β-不饱和酮的结构,C_{17} 上都有—$COCH_2OH$ 取代基。C_{11} 上含有羟基或羰基官能团的肾上腺皮质激素具有促进糖代谢的作用,对脂肪和蛋白质的代谢也具有调节作用,能促使红细胞和血小板的增生,临床上可的松用于治疗风湿性关节炎。

皮质酮　　　　可的松　　　　皮质醇(氢化可的松)

11-去氧皮质酮和 17α-羟基-11-去氧皮质酮都是在 C_{11} 上无含氧官能团的皮质激素,这类皮质激素具有很强的促进电解质代谢的作用,能维持人体内电解质的平衡和体液的容量,临床上可用于钾、钠失调病症的治疗。

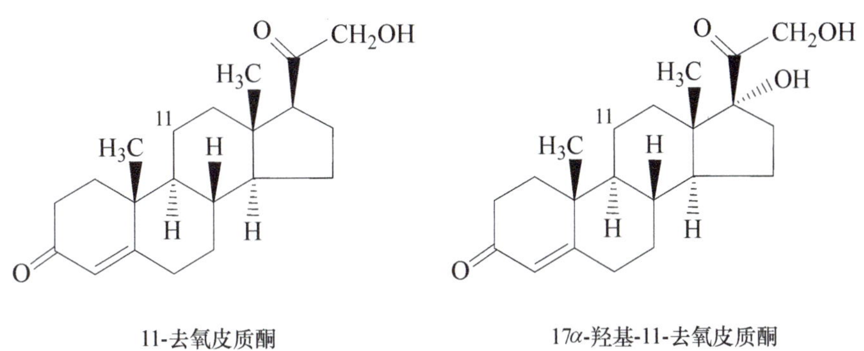

11-去氧皮质酮　　　　17α-羟基-11-去氧皮质酮

小　结

1. 萜类化合物大多具有“异戊二烯单位”整数倍的碳原子数,在萜类化合物的骨架中,“异戊二烯单位”大多以“头-尾”相接的形式相互连接成开链的或环状的结构。

萜类化合物广泛存在于自然界中,几乎所有植物的叶、花和果实中都含有萜类化合物。大多萜类化合物易挥发和具有芳香气味,广泛用于化妆品和医药等工业。

2. 甾族化合物的结构特点是含一个环戊烷并多氢或全氢菲的母核结构,一般情况下,母核的 C_{10}、C_{13} 和 C_{17} 位还含有三个支链。

甾族化合物具有很强的生理效应,在动植物组织内和生命活动中起着重要的调节生理作用。重要的甾族化合物有胆甾醇、胆甾酸、甾族激素等。

习　题

1. 指出下列化合物各属于几萜化合物，并划出其中的异戊二烯单位。

(1)　　　　(2)

(3)　　　　(4)

2. 写出下列甾族化合物的构象式。

(1)
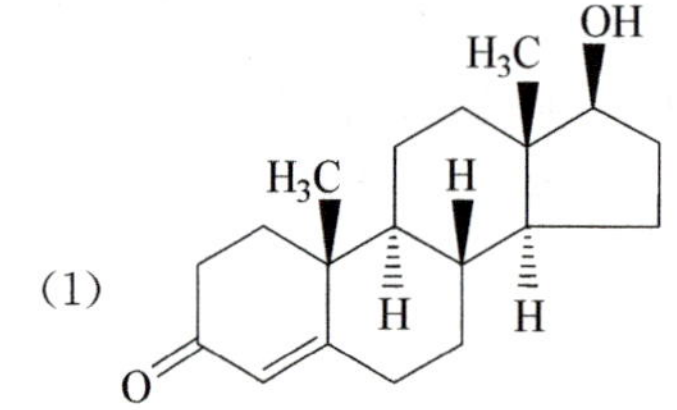

睾丸酮

(2)

雄酮

主要参考书目

古练权，汪波，黄志纾，等. 2008. 有机化学. 北京：高等教育出版社

胡宏纹. 2006. 有机化学(上、下册). 3 版. 北京：高等教育出版社

邢其毅，裴伟伟，徐瑞秋，等. 2005. 基础有机化学(上、下册). 3 版. 北京：高等教育出版社

Bruice P Y. 2014. Organic Chemistry. 7th ed. New York: Pearson Education Inc.

Carey F A, Giuliano R M. 2011. Organic Chemistry. 8th ed. New York: The McGraw-Hill Companies, Inc.

Kürti L, Czakó B. 2007. 有机合成中命名反应的战略性应用. 北京：科学出版社

McMurry J. 2012. Organic Chemistry. 8th ed. New York: Brooks/Cole, Cengage Learning

Wade Jr L G. 2010. Organic Chemistry. 7th ed. New York: Pearson Education Inc.

科 学 出 版 社

教学支持说明

科学出版社为了对教师的教学提供支持，特对教师免费提供本教材的电子课件，以方便教师教学。

获取电子课件的教师需要填写如下情况的调查表，以确保本电子课件仅为任课教师获得，并保证只能用于教学，不得复制传播用于商业用途。否则，科学出版社保留诉诸法律的权利。

地址：北京市东黄城根北街 16 号，100717

科学出版社　化学与资源环境分社　丁　里(收)

联系方式：010-64002239　　010-64011132(传真)

chem@mail. sciencep. com

(登录科学出版社网站：www. sciencep. com“教材天地”栏目可下载本表)

请将本证明签字盖章后，邮寄或者传真到我社，我们确认销售记录后立即赠送。

如果您对本书有任何意见和建议，也欢迎您告诉我们。意见经采纳，我们将赠送书目，教师可以免费赠书一本。

证　明

兹证明________大学________学院/_____系第_____学年□上/□下学期开设的课程，采用科学出版社出版的________________/________(书名/作者)作为上课教材。任课教师为____________共_____人，学生_____个班共_____人。

任课教师需要与本教材配套的电子课件。

电　话 ：________________________

传　真 ：________________________

E-mail ：________________________

地　址 ：________________________

邮　编 ：________________________

院长/系主任：________(签字)

(学院/系办公室章)

_____年_____月_____日